AF292304

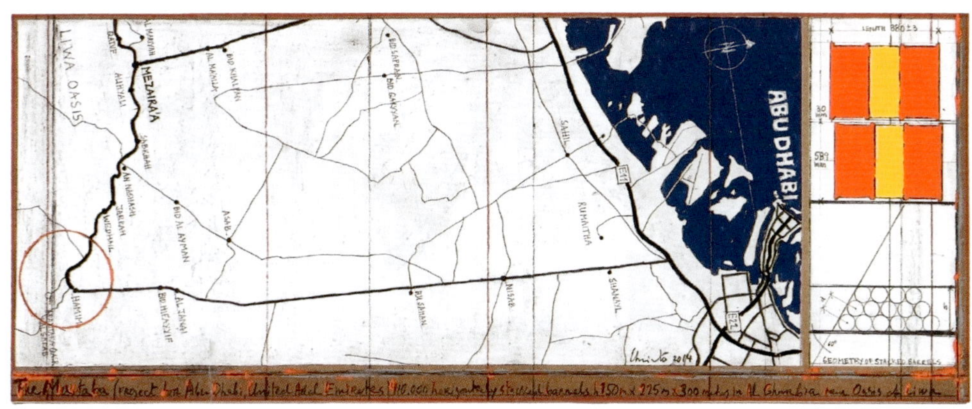


The Mastaba (Project for Abu Dhabi, United Arab Emirates) 410,000 horizontally stacked barrels h 150m x 225m x 300 meters in Al Ghurabia near Oasis of Liwa

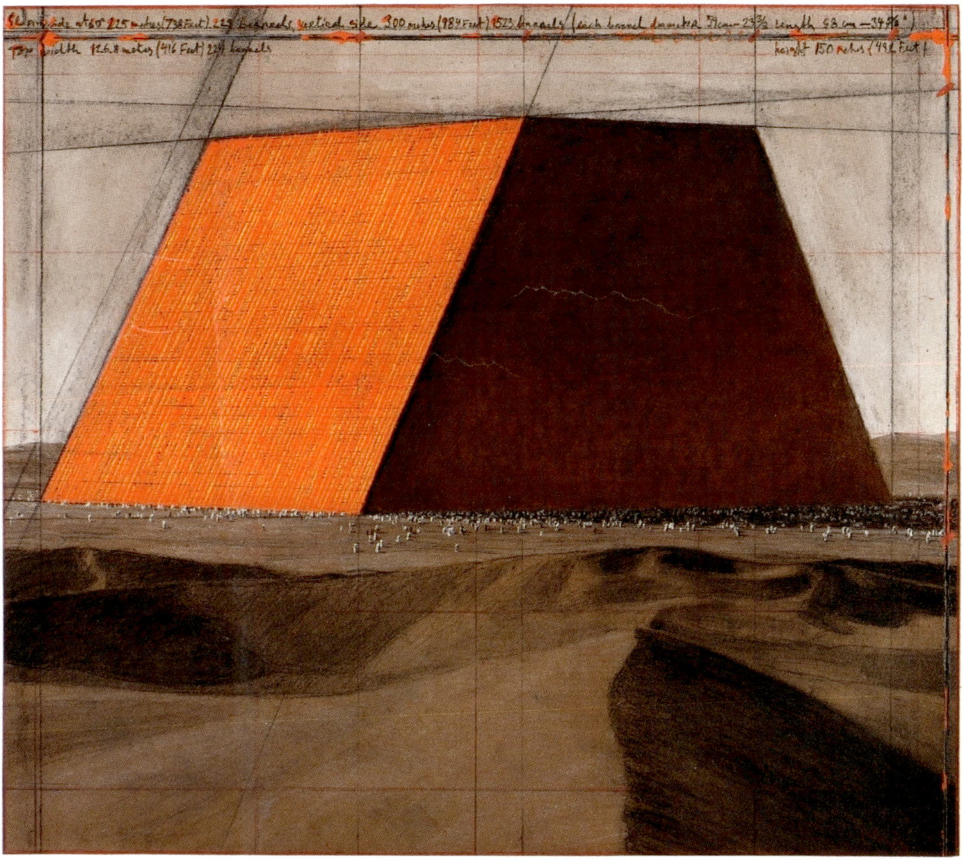

Christo
and
Jeanne-Claude

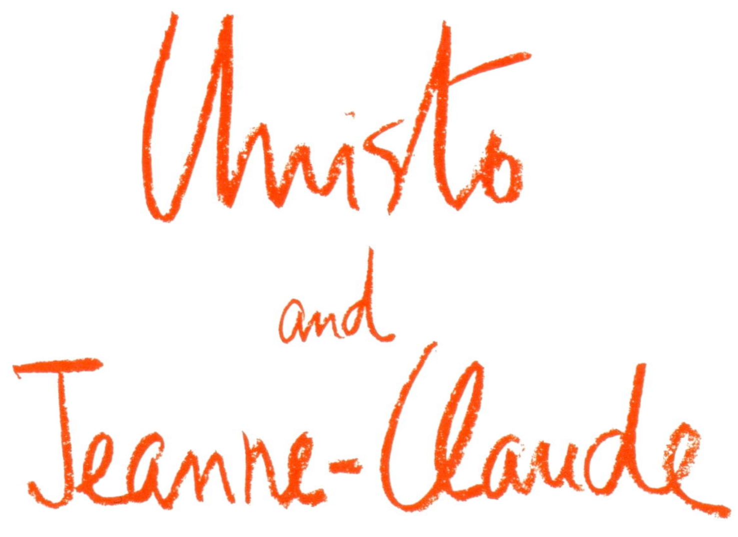


*Photographs by*
Wolfgang Volz

*Introduction by*
Lorenza Giovanelli

*Picture commentary by*
Jeanne-Claude
and Jonathan Henery

TASCHEN

# Contents

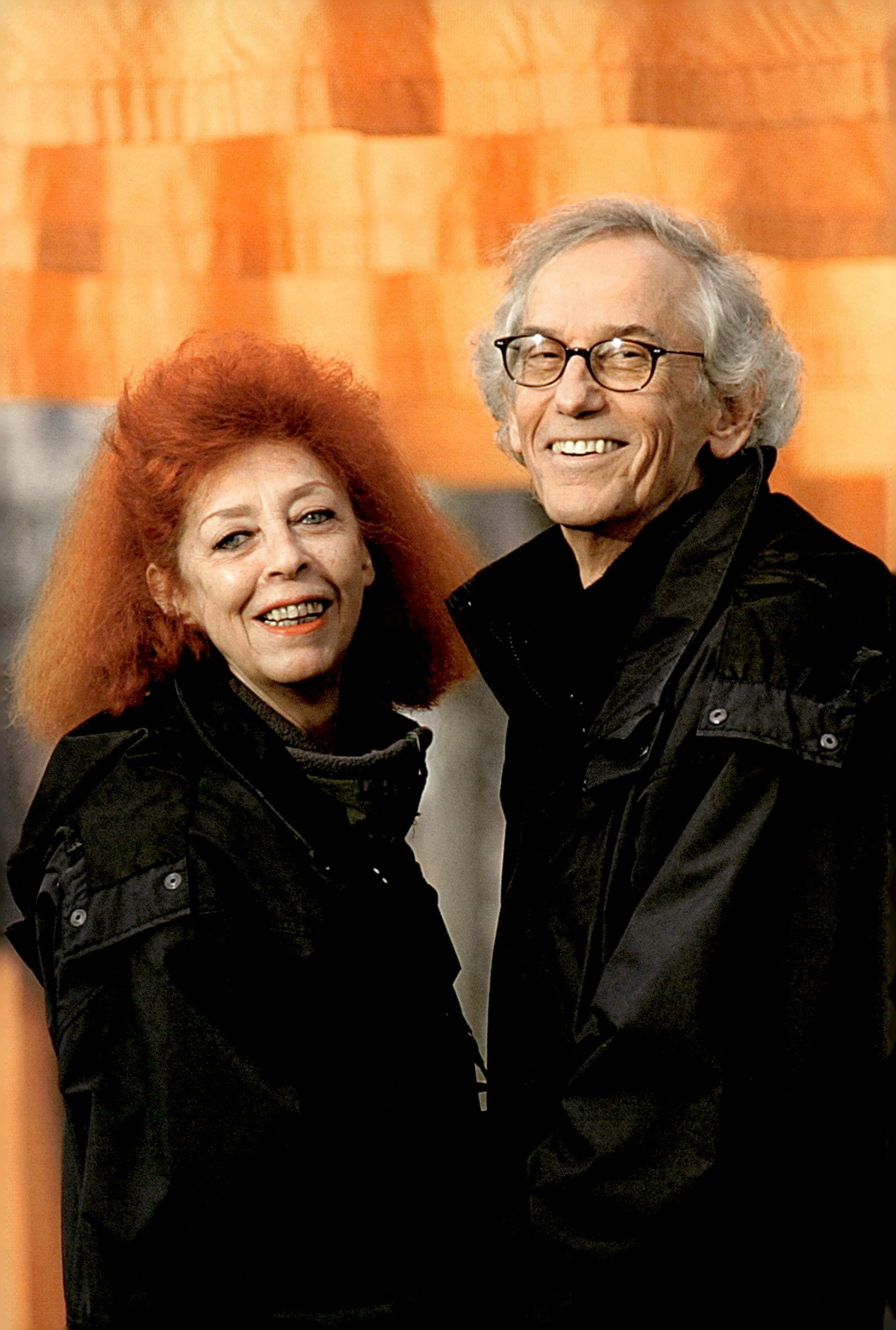

# The Beauty of Being Alive

*Lorenza Giovanelli*

*"What people should understand, is to read our projects as they'd read a book."* – Christo

From blocking a small road on the Rive Gauche, to wrapping the parliament building of a newly reunified nation, the work of Christo and Jeanne-Claude has always resisted any form of categorization. Contradictory by nature, their work has transcended the boundaries that for centuries have defined art. At once conceptual and extremely physical, sculptural and pictorial, theirs is a form of art that has struck the perfect balance between the ephemeral and the permanent.

Their magnificent and commanding projects deliberately have a short life—generally 14 days—which makes them experiences of unique and profound intensity for each individual who, precisely because of their temporary nature, is driven by a sort of urgency to see them, to touch them, to *feel* them, whatever sensory or emotive response they may evoke. Yet, being transitory allows them to continue to exist beyond the boundaries dictated by the relentless flow of time, in the memories of those who built them and of those who lived them. Any glimpse of permanence is limited to the hundreds of preparatory drawings Christo himself created to ideate and finance each project—a most treasured collection of paper trails.

Christo and Jeanne-Claude's works are fabulous expeditions, each with a gigantic scope, closely resembling the architectural design of permanent structures and urban and landscape planning. Their essence is nevertheless unequivocally nomadic, since they are created to exist only once, as fleeting moments of life, snapshots of a moment that once was not and will never be again.

"You see a giant empty plain. Then a nomadic tribe arrives, builds an entire town of fabric, lives there a few weeks, and one day they fold all their fabric tents and are gone. And what remains? A vast empty plain. The nomads are gone." – Jeanne-Claude.

But when what Jeanne-Claude liked to call "gentle disturbance" ends, it is almost impossible to look with the same eyes at the places these projects once inhabited, because something happened there, even if the plain lies empty. That "something" changed those places—not their characteristics, but the perception and the sense we have of them. For Christo and Jeanne-Claude, pure art is this: foolish, totally useless, created for its own sake, and absolutely irrational. From the smallest of the *Packages* made in Paris in the early 1960s, to the delicate pattern of hundreds of branches embraced by a translucent fabric veil, marked only by the subtle lines of ropes, in Christo and Jeanne-Claude's works there is nothing abstract, nothing imagined; it is all there, corporeal and tangible. There are no tricks, but only and exclusively what is real. They are emblems of a beauty free from any artifice—sometimes imperfect but by no means lacking a naturally sophisticated elegance. What is captured is a beauty that is subject to the perpetual becoming of life, which, immortalized in a fraction of an instant, becomes infinite.

# Die Schönheit des Lebens

*Lorenza Giovanelli*

*„Die Leute sollten lernen, unsere Projekte wie ein Buch zu lesen."* – Christo

Ob sie eine schmale Straße am linken Seine-Ufer blockieren oder das Parlamentsgebäude einer gerade wiedervereinigten Nation verhüllen – das Werk von Christo und Jeanne-Claude passt in keine Schublade. Mit ihren zutiefst ambivalenten Arbeiten haben die Künstler die seit Jahrhunderten geltenden Regeln der Kunst gesprengt. Ihre Projekte sind konzeptuell und im nächsten Moment von ungeahnt physischer Präsenz, sie sind malerisch und skulptural zugleich und bewegen sich gekonnt auf der Grenze zwischen dem Ephemeren und dem Dauerhaften.

Christo und Jeanne-Claudes Projekte sind zutiefst beeindruckend, und dass sie meist nicht länger als 14 Tage existieren, geschieht mit voller Absicht. Es macht sie zu einem unverwechselbaren und intensiven Erlebnis für all jene, die – gerade aufgrund des kurzen Lebens, das den Arbeiten beschert ist – den Drang verspüren, sie zu sehen, zu berühren, ja zu *fühlen*, ganz gleich, welche Reaktionen sie am Ende auslösen. Es ist gerade die Vergänglichkeit, die dazu führt, dass die Projekte weiterleben, losgelöst von der unerbittlich fortschreitenden Zeit – in der Erinnerung derer, die geholfen haben, sie zu errichten, und derer, die sie live erlebt haben. Das Einzige, was physisch fortlebt, sind die hunderte von Zeichnungen und Collagen, die Christo zur Vorbereitung der Projekte schafft, um seine Vision zu visualisieren und die Arbeiten zu finanzieren – Kunstwerke von eigenem Rang und eigener Bedeutung.

Die Projekte von Christo und Jeanne-Claude sind einzigartige Expeditionen von ungeheurem Ausmaß. Sie erinnern in ihrer Erscheinung zwar an dauerhafte Architektur, Stadt- oder Landschaftsplanung, und doch sind sie im Kern nomadischer Natur, geschaffen, um nur kurz zu existieren, als flüchtiger Moment, der im nächsten Augenblick bereits vergangen ist und nie zurückkehren wird.

„Du siehst diese unendlich leere Steppe. Im nächsten Moment zieht ein Nomadenstamm vorbei, errichtet eine ganze Stadt aus Stoff, lebt für drei Wochen an diesem Ort, um schließlich die Zelte abzubrechen und sich im Nichts aufzulösen. Und was bleibt? Eine unendlich leere Steppe, und die Nomaden sind für immer verschwunden." – Jeanne-Claude.

Doch wenn ihre Projekte, die Jeanne-Claude stets als „sanfte Eingriffe" bezeichnet hat, enden, dann ist es kaum möglich, die Orte mit den gleichen Augen zu sehen, denn etwas hat sich verändert, auch wenn nichts zurückbleibt. Dieses „etwas" hat die Orte verwandelt – nicht ihr Aussehen, aber die Art, wie wir die Orte wahrnehmen. Für Christo und Jeanne-Claude ist wahre Kunst immer dies: töricht, vollkommen nutzlos, geschaffen, um zu existieren, vollkommen irrational. Von den ersten kleinen *Packages*, die in den 1960er-Jahren in Paris entstanden, hin zu den delikaten Formen der von einem Schleier aus lichtdurchlässigem Stoff umspannten Äste, gehalten von einem Netz aus Seilen – in Christo und Jeanne-Claudes Werken ist nichts abstrakt, nichts fiktiv. Alles ist real, ist physisch. Es gibt keine Tricks, keinen doppelten Boden, sondern nur das, was offensichtlich ist. Sie ahmen nichts nach, sind Ausdruck wahrhaftiger Schönheit – manchmal vielleicht nicht perfekt, aber stets von erhabener Eleganz. Ihre Schönheit ist wie das Leben selbst: vergänglich, aber durch den unauslöschlichen Moment seiner einmaligen Existenz für die Ewigkeit geschaffen.

# La beauté d'être en vie

*Lorenza Giovanelli*

*«Ce que les gens doivent comprendre, c'est que nos projets se lisent comme des livres.»* – Christo

Qu'il s'agisse de barrer une petite rue de la rive gauche à Paris ou d'empaqueter le parlement d'un pays récemment réunifié, le travail de Christo et Jeanne-Claude a toujours résisté à toute tentative de classification. Contradictoire par nature, leur œuvre transcende les frontières qui définissent l'art depuis des siècles. Conceptuelle mais en même temps très physique, sculpturale et picturale, leur forme artistique a trouvé le parfait équilibre entre l'éphémère et le permanent.

Somptueux, imposants, leurs projets sont volontairement de courte durée – en général, 14 jours –, ce qui en fait des expériences d'une intensité unique, profonde, pour tous ceux qui, du fait précisément de ce caractère temporaire, sont poussés par une sorte d'urgence à aller les voir, les toucher, les ressentir, selon les réactions sensorielles ou émotionnelles qu'ils suscitent. Pourtant, le fait même qu'ils soient provisoires leur permet de continuer à exister par-delà les limites dictées par le passage implacable du temps, dans la mémoire de ceux qui les ont bâtis, qui en ont été les témoins. Si permanence il y a, elle se limite aux centaines de dessins préparatoires réalisés par Christo lui-même pour formaliser et financer chaque projet, précieux corpus de traces couchées sur le papier.

Les œuvres de Christo et Jeanne-Claude sont des aventures fabuleuses, toujours d'une envergure considérable, qui ont beaucoup à voir avec la conception architecturale de bâtiments permanents et l'aménagement urbain et paysager. Pour autant, ils sont clairement nomades par nature puisque conçus pour une seule apparition, comme des tranches de vie fugaces, des instantanés d'un moment qui n'existait pas avant et ne se reproduira plus.

«Vous avez devant vous une immense plaine vide. Arrive une tribu nomade qui construit toute une ville de toile, l'habite quelques semaines et, un beau jour, plie ses tentes et s'en va. Et que reste-t-il ? Une grande plaine vide. Les nomades sont partis.» – Jeanne-Claude.

Et lorsque prend fin ce que Jeanne-Claude aimait à qualifier de «douce perturbation», il est presque impossible de regarder avec le même œil les lieux que ces projets ont investis car, même si la plaine reste vide, quelque chose s'y est passé. Ce «quelque chose» a modifié le lieu – pas ses caractéristiques, mais la perception et le ressenti que nous en avons. Tel est pour Christo et Jeanne-Claude l'art pur : absurde, totalement inutile, créé pour lui-même et absolument irrationnel. Depuis le plus petit des *Empaquetages*, réalisé à Paris au début des années 1960, jusqu'au délicat entrelacs de branchages habillés d'un voile translucide uniquement sillonné par un subtil réseau de cordes, il n'y a rien d'abstrait, rien d'imaginé dans les œuvres de Christo et Jeanne-Claude ; tout est là, physique et tangible. Aucun trucage, mais le réel et lui seul. Emblèmes d'une beauté dénuée de tout artifice, ces projets sont parfois imparfaits, mais ne manquent jamais d'une élégance nourrie de sophistication naturelle. Ce qu'ils condensent, c'est une beauté soumise aux aléas perpétuels de la vie, mais qui, immortalisée durant un bref laps de temps, devient éternelle.

# Christo and Jeanne-Claude

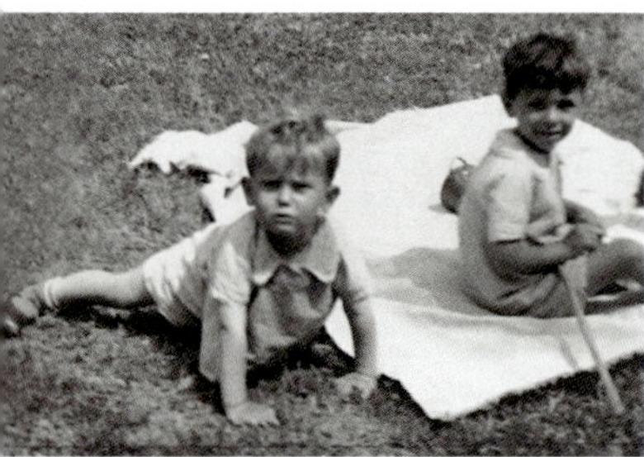

**1935, June 13**, at 10 pm, in Gabrovo, Bulgaria.
Birth of Christo Vladimirov Javacheff, son of Tzveta Dimitrova
Yavacheva and Vladimir Ananiev Yavachev.

**13. Juni 1935**, 22 Uhr, Gabrowo, Bulgarien.
Geburt von Christo Vladimiroff Javacheff, Sohn von Tzveta
Dimitrova Yavacheva und Vladimir Ananiev Yavachev.

**13 juin 1935**, 22 heures, Gabrovo, Bulgarie.
Naissance de Christo Vladimirov Javacheff, fils de Tzveta Dimitrova
Yavacheva et de Vladimir Ananiev Yavachev.

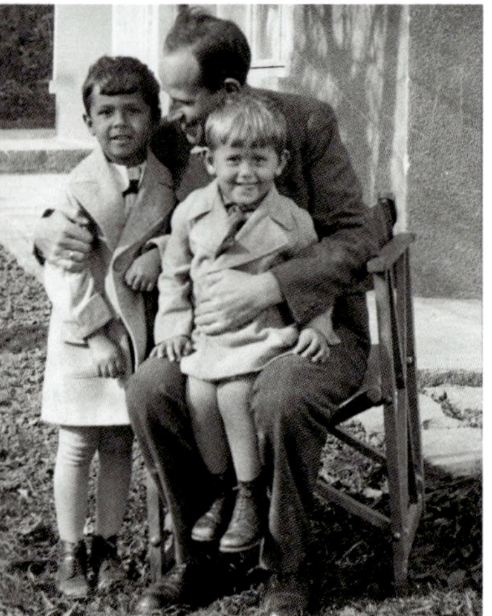

*Top:* **1937**, Gabrovo, Bulgaria.
Christo and his elder brother Anani.

*Oben:* **1937**, Gabrowo, Bulgarien.
Christo und sein älterer Bruder Anani.

*En haut:* **1937**, Gabrovo, Bulgarie.
Christo et son frère aîné Anani.

*Photo: Vladimir Yavachev*

*Left:* **1939**, Gabrovo. Vladimir Yavachev with his two elder sons,
Anani and Christo, at their home.

*Links:* **1939**, Gabrowo. Vladimir Yavachev zu Hause mit seinen
beiden älteren Söhnen Anani und Christo.

*À gauche:* **1939**, Gabrovo. Vladimir Yavachev et ses deux fils aînés
Anani et Christo devant leur maison.

*Photo: Tzveta Yavacheva*

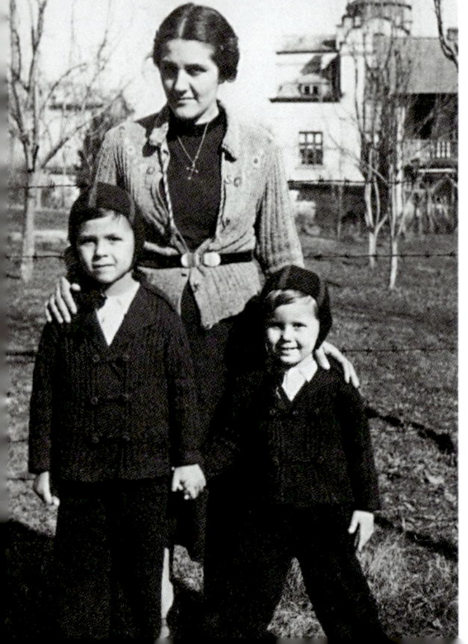

**1939**, Gabrovo. Tzveta Yavacheva with her two elder sons,
Anani and Christo.
**1939**, Gabrowo. Tzveta Yavacheva mit ihren beiden älteren Söhnen
Anani und Christo.
**1939**, Gabrovo. Tzveta Yavacheva et ses deux fils aînés
Anani et Christo.

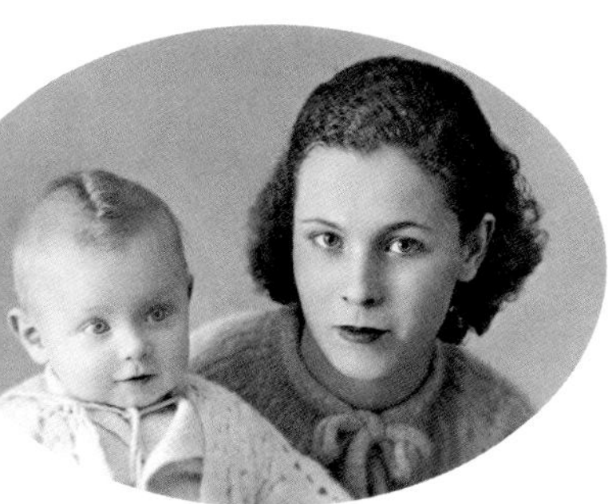

**1935, June 13**, at 8 pm, in Casablanca, Morocco. Birth of Jeanne-Claude Marie Denat, daughter of Précilda Angela Eton and Captain Léon Denat, born in the province of Savoie, France.

**13. Juni 1935**, 20 Uhr, Casablanca, Marokko. Geburt von Jeanne-Claude Marie Denat, Tochter von Précilda Angela Eton und Hauptmann Léon Denat, geboren im französischen Département Savoyen.

**13 juin 1935**, 20 heures, Casablanca, Maroc. Naissance de Jeanne-Claude Marie Denat, fille de Précilda Angela Eton et du capitaine Léon Denat, né en Savoie, France.

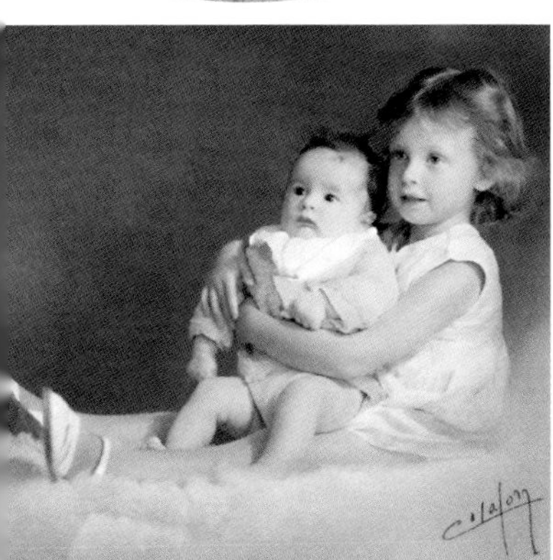

*Top:* **1935**, Casablanca, Morocco. Jeanne-Claude with her mother, Précilda Angela.

*Oben:* **1935**, Casablanca, Marokko. Jeanne-Claude mit ihrer Mutter Précilda Angela.

*En haut:* **1935**, Casablanca, Maroc. Jeanne-Claude et sa mère Précilda Angela.

*Left:* **1939**, Casablanca. Jeanne-Claude holding her baby sister Joyce-May Alazrachi.

*Links:* **1939**, Casablanca. Jeanne-Claude hält ihre kleine Schwester Joyce-May Alazrachi.

*À gauche:* **1939**, Casablanca. Jeanne-Claude tenant dans ses bras sa petite sœur Joyce-May Alazrachi.

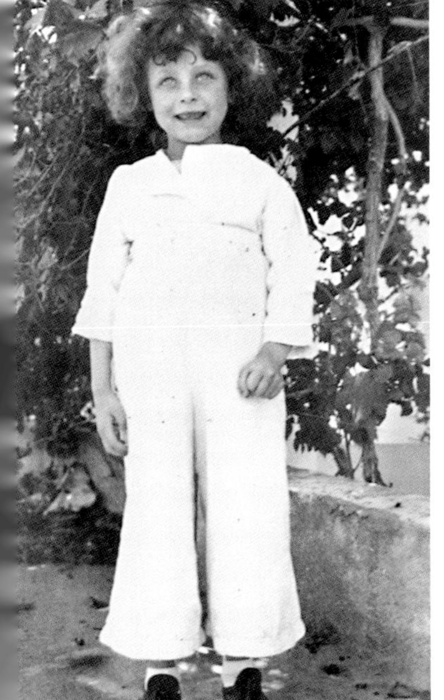

**1940**, Taroudant, Morocco. Jeanne-Claude spends a few months in a southern French military outpost.

**1940**, Taroudant, Marokko. Jeanne-Claude verbringt einige Monate in einem französischen Militärposten in Südmarokko.

**1940**, Taroudant, Maroc. Jeanne-Claude passe plusieurs mois dans un avant-poste militaire français du sud du Maroc.

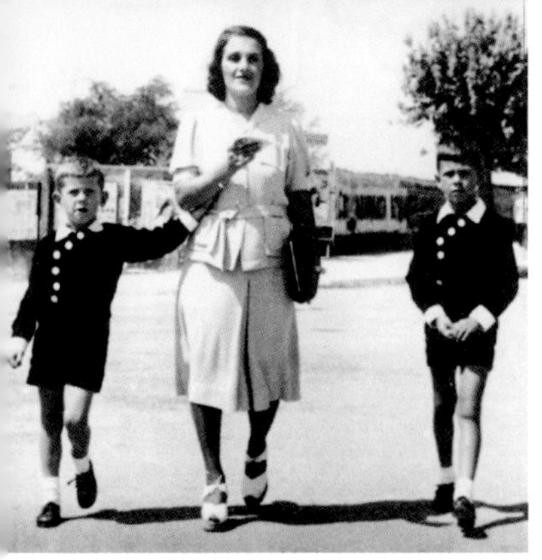

**1941**, Summer in Varna, Bulgaria. On vacation by the Black Sea, Tzveta Yavacheva with her two elder sons, Christo (on the left) and Anani Yavachev.

**1941**, Sommer in Warna, Bulgarien. Tzveta Yavacheva mit ihren beiden älteren Söhnen Christo (links) und Anani Yavachev im Urlaub am Schwarzen Meer.

Été **1941**, Varna, Bulgarie. Vacances au bord de la mer Noire: Tzveta Yavacheva et ses deux fils aînés Christo (à gauche) et Anani Yavachev.

*Photo: Vladimir Yavachev*

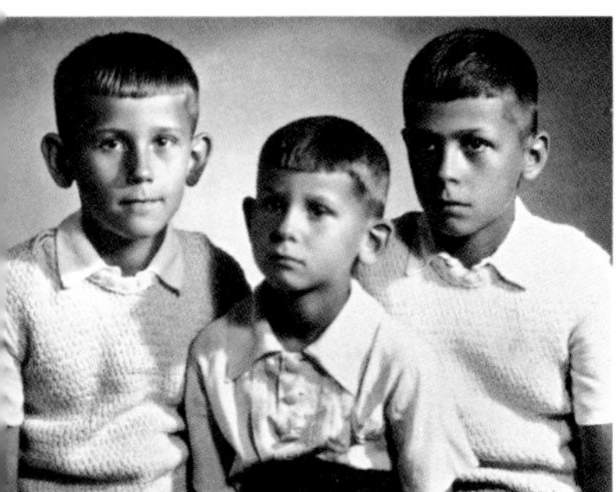

**1942**, Gabrovo, Bulgaria. The three brothers: Christo, Stefan, and Anani.

**1942**, Gabrowo, Bulgarien. Die drei Brüder Christo, Stefan und Anani.

**1942**, Gabrovo, Bulgarie. Les trois frères: Christo, Stefan et Anani.

*Photo: Vladimir Yavachev*

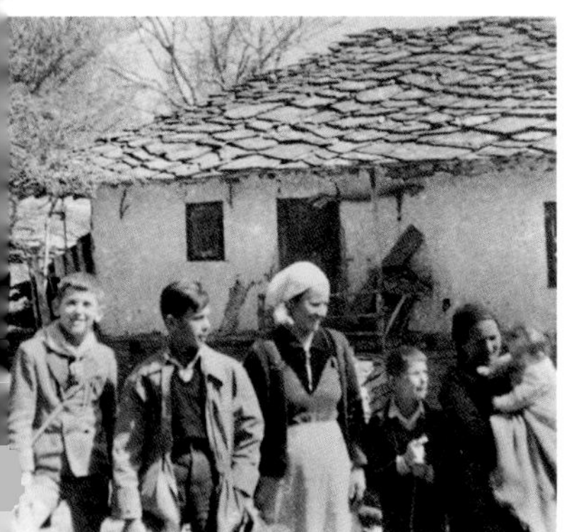

**1945**, Katchori, outside Gabrovo, Bulgaria. *From left:* Christo, his elder brother Anani, "Aunty" Penia's daughter-in-law, younger brother Stefan, and Penia with her grandchild.

**1945**, Katschori bei Gabrowo, Bulgarien. *Von links:* Christo, sein älterer Bruder Anani, „Tantchen" Penias Schwiegertochter, sein jüngerer Bruder Stefan und Penia mit ihrem Enkelkind.

**1945**, Katchori, près de Gabrovo, Bulgarie. *À partir de la gauche:* Christo, son frère aîné Anani, la belle-fille de « Tante » Penia, le frère cadet Stefan, Penia et son petit-fils.

*Photo: Vladimir Yavachev*

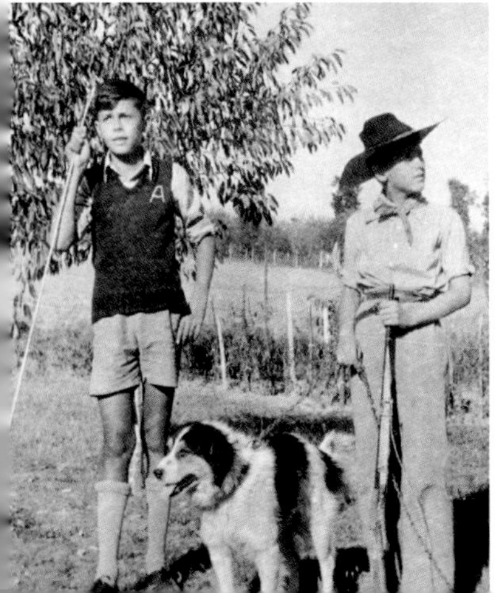

**1945**, in the garden of their home, outside Gabrovo, Anani and Christo with their dog Sharo.

**1945**, im Garten des Hauses bei Gabrowo, Anani und Christo mit ihrem Hund Sharo.

**1945**, près de Gabrovo, dans le jardin de leur maison, Anani et Christo avec leur chien Sharo.

*Photo: Vladimir Yavachev*

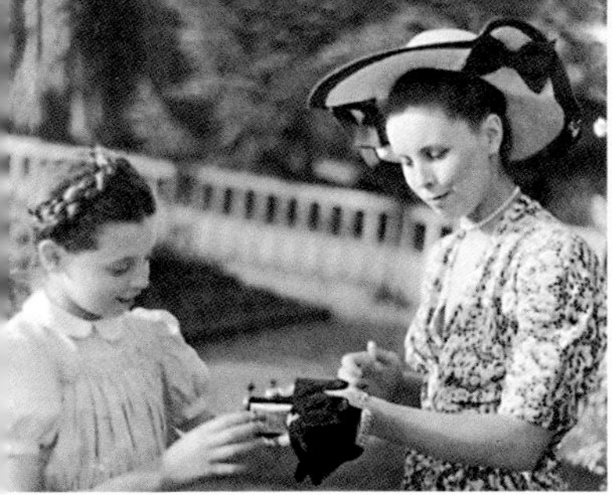

1946, in a Paris garden. Jeanne-Claude receives
her first camera from her mother.

1946, in einem Garten in Paris. Jeanne-Claude erhält
von ihrer Mutter ihren ersten Fotoapparat.

1946, dans un jardin parisien. Jeanne-Claude reçoit
son premier appareil photo de sa mère.

*Photo: Jacques de Guillebon*

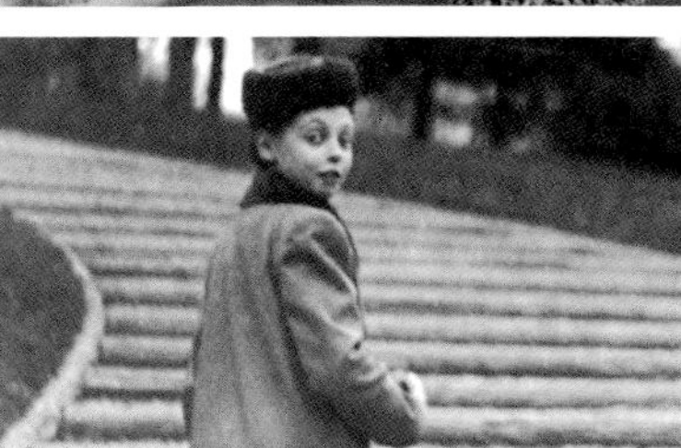

1946, Jeanne-Claude in Paris.

1946, Jeanne-Claude in Paris.

1946, Jeanne-Claude à Paris.

*Photo: Jacques de Guillebon*

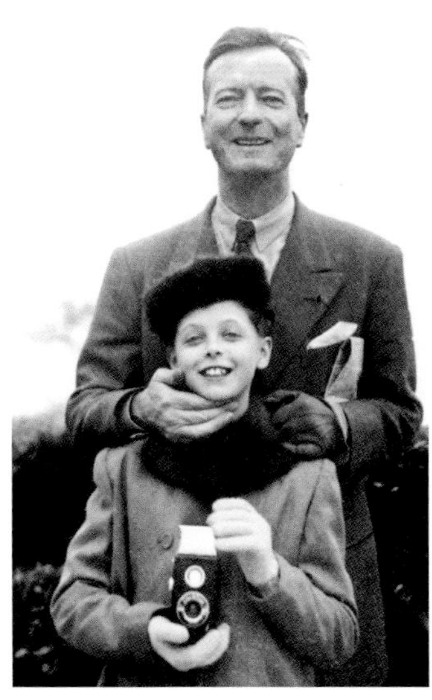

1946, Paris. Jacques de Guillebon and Jeanne-Claude
with her first camera.

1946, Paris. Jacques de Guillebon und Jeanne-Claude
mit ihrem ersten Fotoapparat.

1946, Paris. Jacques de Guillebon et Jeanne-Claude
avec son premier appareil photo.

*Photo: Précilda de Guillebon*

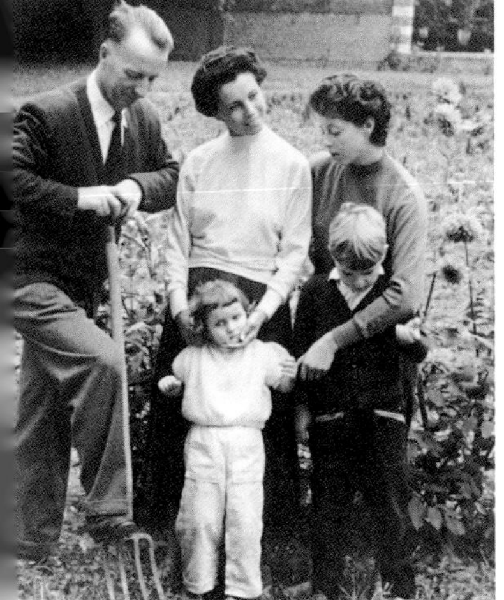

1955, at his property at the Château d'Essertaux in Picardy,
France, Jacques de Guillebon plays "gentleman farmer."
Next to him, his wife, Précilda, and three of her five children:
Alexandra, Norbert, and Jeanne-Claude.

1955, Jacques de Guillebon spielt auf seinem Besitz, dem Château
d'Essertaux in der Picardie, Frankreich, den Hobby-Landwirt.
Neben ihm seine Frau Précilda und drei ihrer fünf Kinder:
Alexandra, Norbert und Jeanne-Claude.

1955, dans sa propriété au château d'Essertaux, Picardie, Jacques de
Guillebon joue les *gentleman farmer*. À ses côtés, son épouse Précilda
et trois de ses cinq enfants : Alexandra, Norbert et Jeanne-Claude.

*Photo: Wjera Fechheimer*

**Portrait of Mother, Gabrovo, Bulgaria**
Drawing 1949: 35.3 x 25.5 cm (13⅞ x 10″)
Pencil and charcoal on paper
*Photo: Eeva-Inkeri*

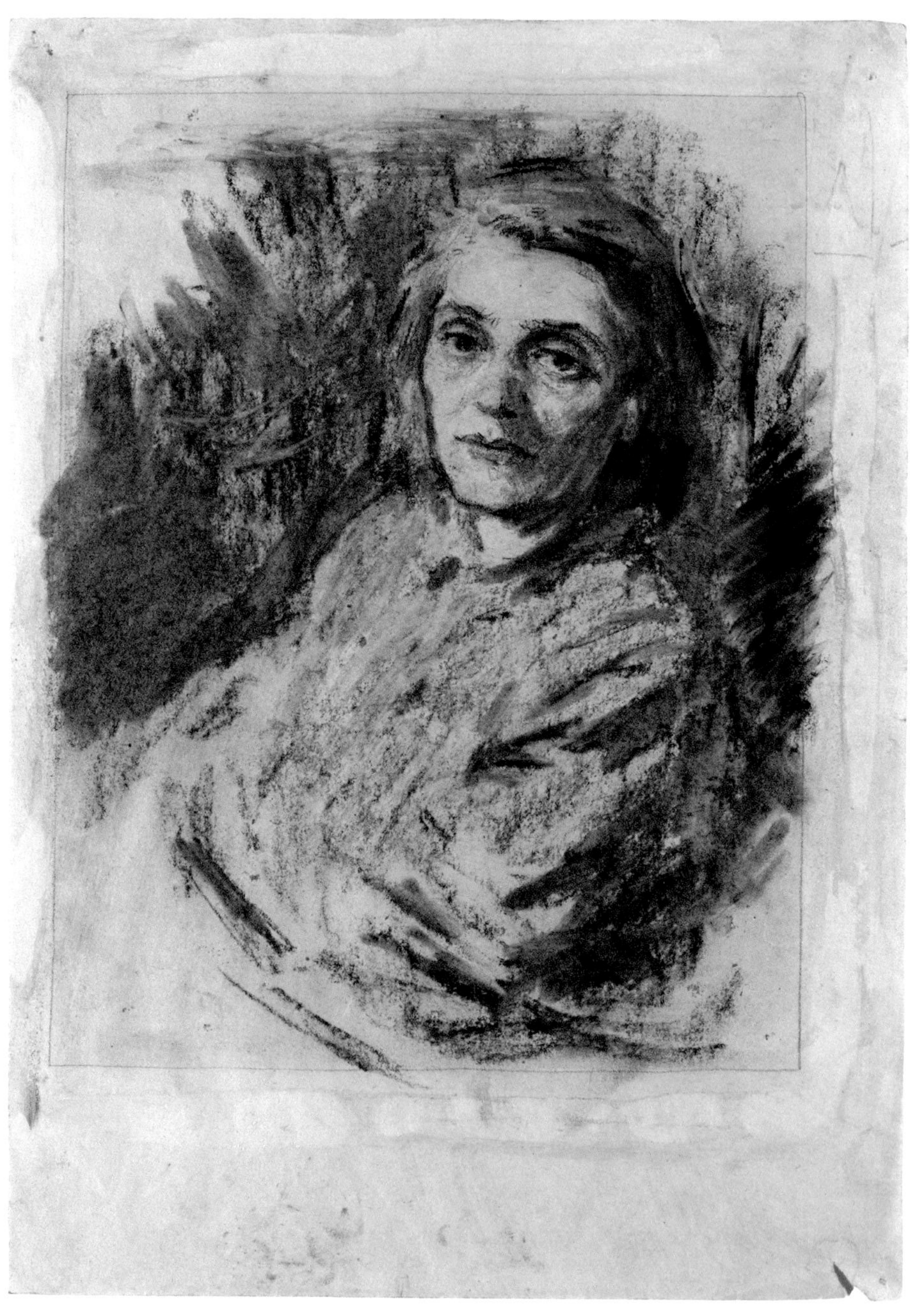

**Father Reading**
Drawing 1949: 35.3 x 25.5 cm (13⅞ x 10″)
Pencil on paper
*Photo: Eeva-Inkeri*

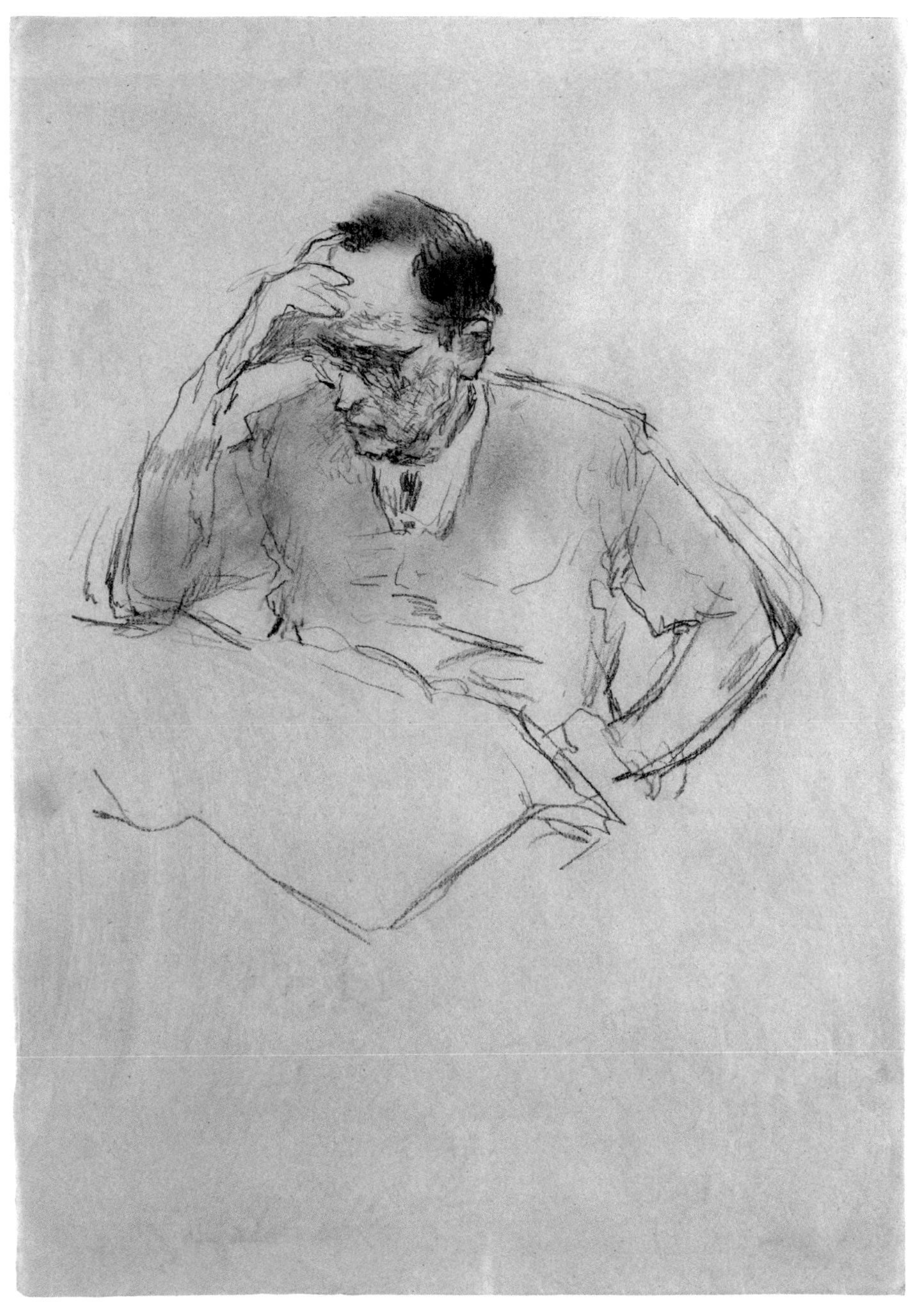

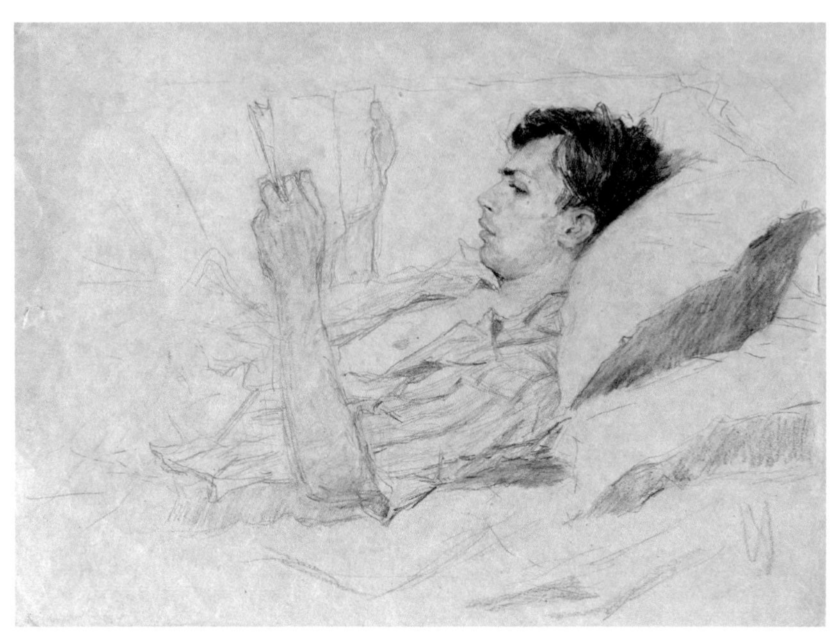

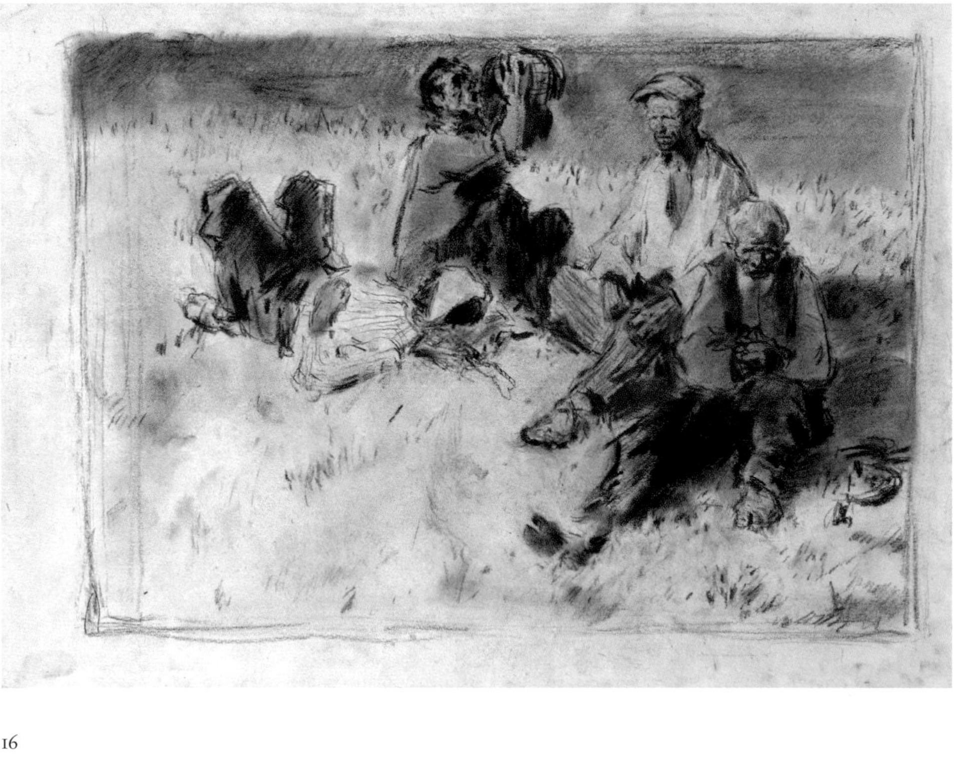

*Opposite top:*
**Anani Reading**
Drawing 1951:
25.5 x 35.3 cm (10 x 13 ⅞")
Pencil on paper
*Photo: Eeva-Inkeri*

*Opposite bottom:*
**Farmers Resting in a Field**
Drawing 1954:
35 x 50 cm (13 ¾ x 19 ¾")
Study for an oil painting
Charcoal on paper
*Photo: Eeva-Inkeri*

*Below:*
**Self Portrait**
Oil on wood 1953:
32 x 24.5 cm
(12 ⅝ x 9 ⅞")
*Photo: Eeva-Inkeri*


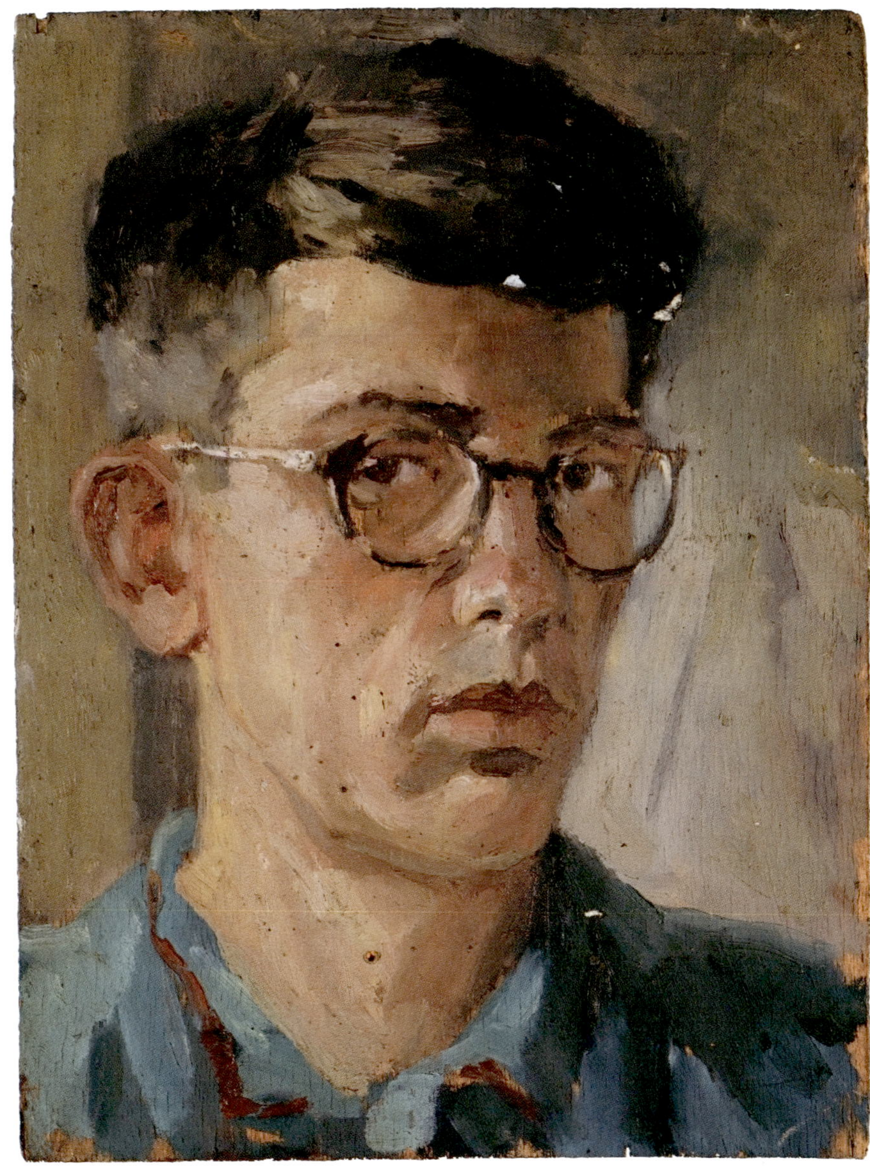

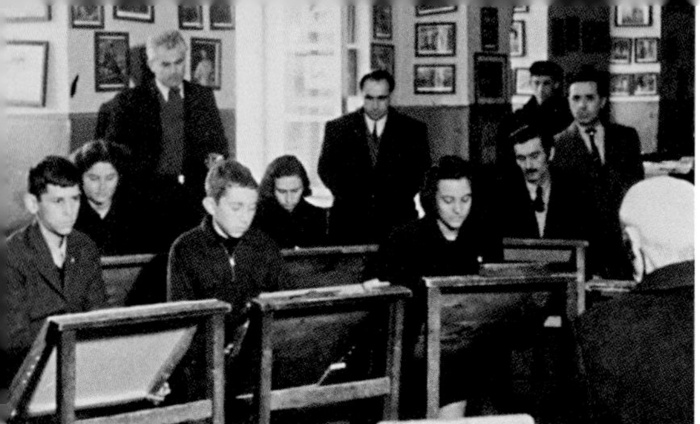

**1949**, Gabrovo. Christo, on the far left, during a drawing lesson.

**1949**, Gabrowo. Christo (ganz links) während einer Zeichenstunde.

**1949**, Gabrovo. Christo (à l'extrême gauche) pendant un cours de dessin.

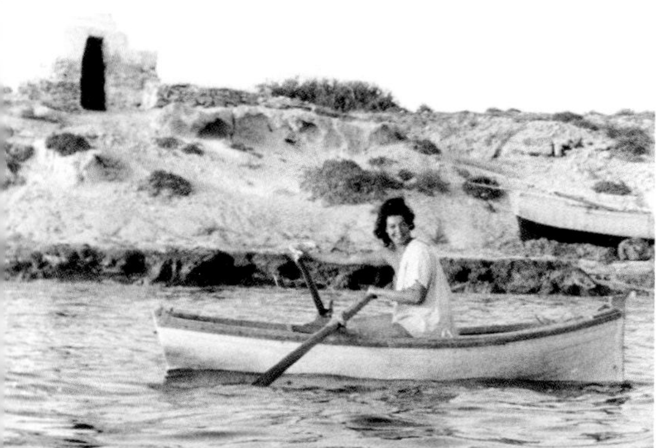

**1955**, Lallah Meryam, near Zarzis, South Tunisia. Jeanne-Claude in her boat *Le Picardie*.

**1955**, Lallah Meryam bei Zarzis, Südtunesien. Jeanne-Claude in ihrem Boot *Le Picardie*.

**1955**, Lallah Meryam, près de Zarzis, dans le Sud tunisien. Jeanne-Claude dans son bateau *Le Picardie*.

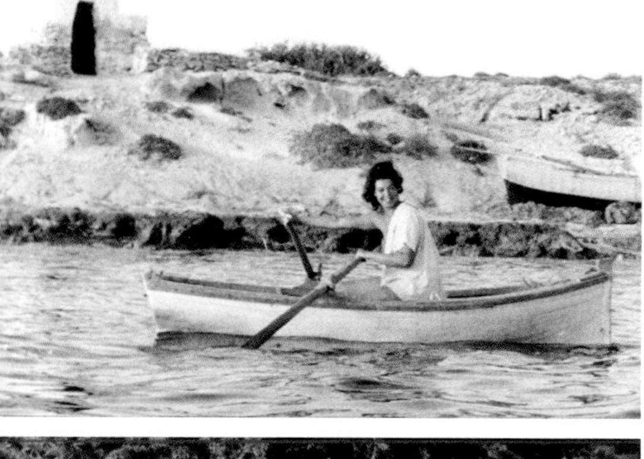

**1957**, Geneva, Switzerland. Christo with one of his oil-on-canvas portraits, which he signed with his family name, "Javacheff."

**1957**, Genf, Schweiz. Christo mit einem von ihm in Öl auf Leinwand gemalten Porträt, das er mit seinem Familiennamen „Javacheff" signiert hat.

**1957**, Genève, Suisse. Christo avec un de ses portraits à l'huile sur toile, qu'il signait de son nom de famille « Javacheff ».

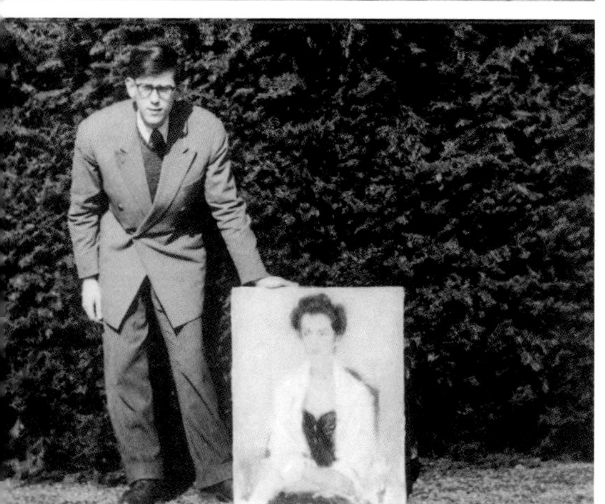

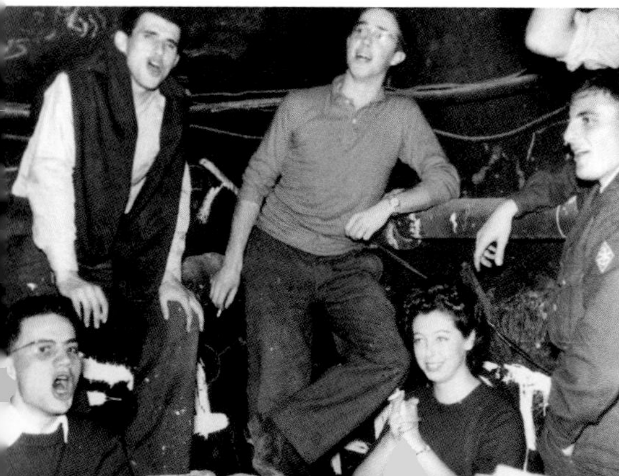

**1958**, Paris. Some cadets entertain Jeanne-Claude (the stepdaughter of the Governor of the École Polytechnique, Général Jacques de Guillebon).

**1958**, Paris. Einige Kadetten unterhalten Jeanne-Claude (die Stieftochter des Direktors der École Polytechnique, General Jacques de Guillebon).

**1958**, Paris. Quelques cadets de l'École polytechnique distraient Jeanne-Claude (belle-fille du directeur de l'École, le général Jacques de Guillebon).

*Photo: École Polytechnique*

## Portrait of Précilda de Guillebon

61 x 38 cm (24 x 15″). Oil on canvas 1959, mounted on painted wooden frame made by Christo
*Photo: Christian Bauer*

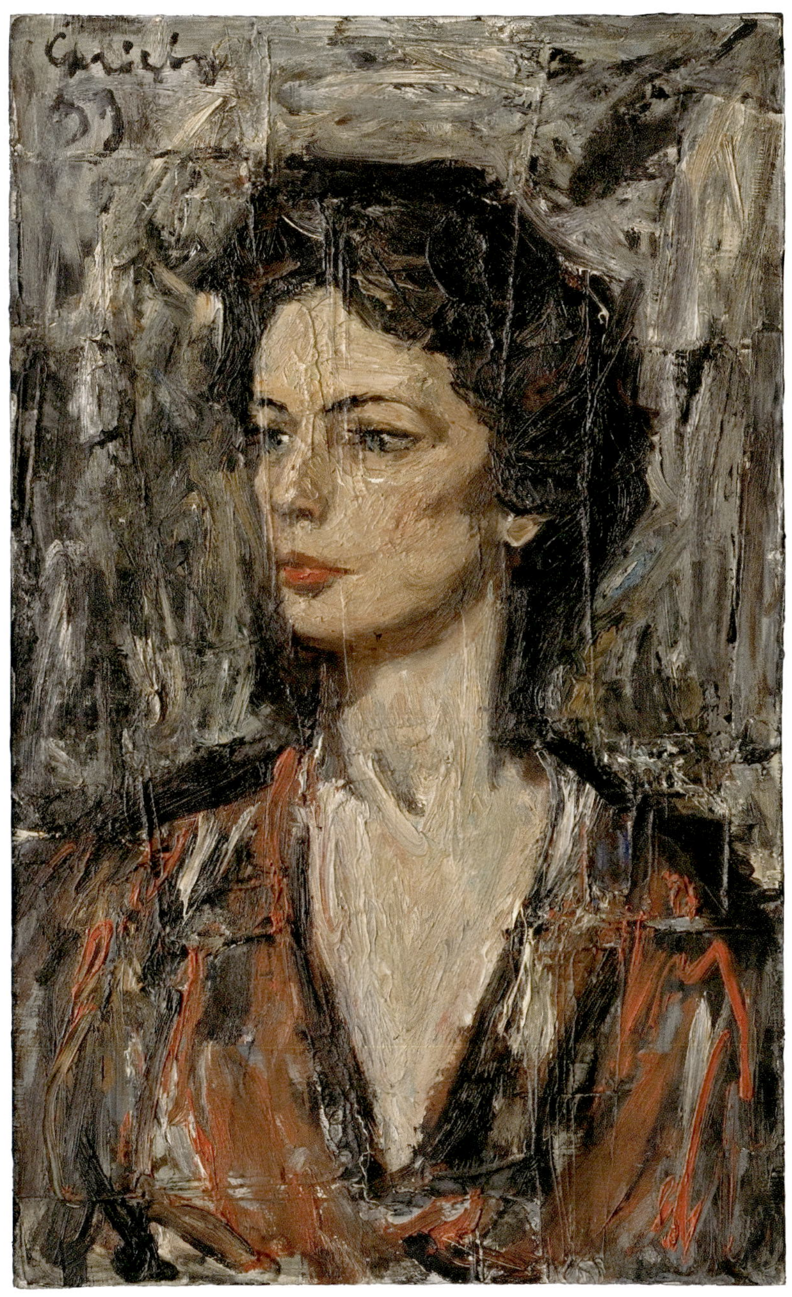

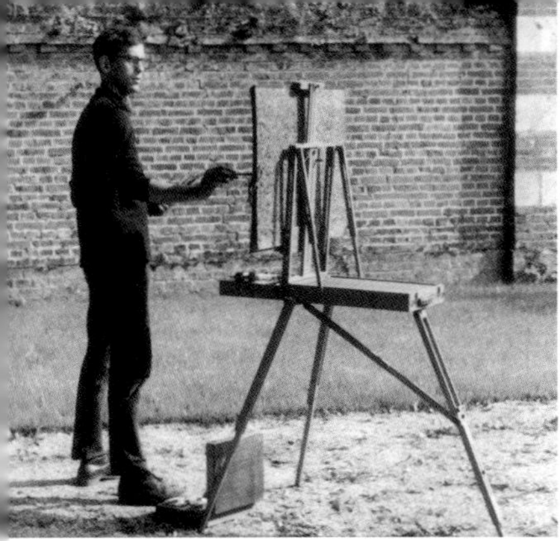

**1959**, Château d'Essertaux. Having painted the portrait of every member of the Guillebon family, Christo decided to paint a "portrait" of their castle.

**1959**, Château d'Essertaux. Nachdem er jedes Mitglied der Familie Guillebon porträtiert hatte, entschloss sich Christo, ein „Porträt" ihres Schlosses zu malen.

**1959**, château d'Essertaux. Après avoir peint le portrait de tous les membres de la famille Guillebon, Christo décida de peindre un « portrait » de leur château.

*Photo: Wjera Fechheimer*

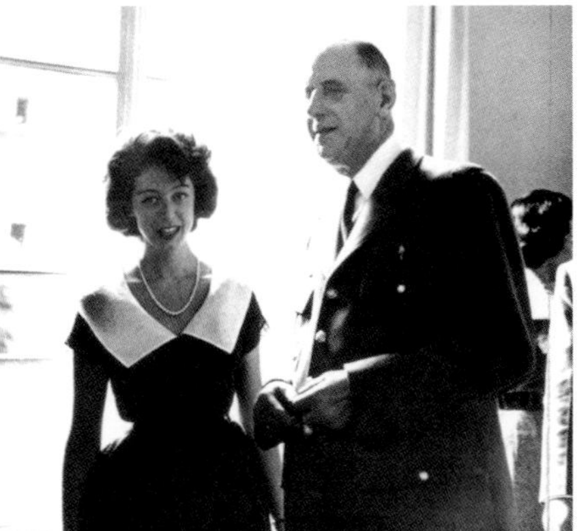

**1959**, Paris, École Polytechnique. Jeanne-Claude with General Charles de Gaulle at the residence of her parents Précilda and Jacques de Guillebon.

**1959**, Paris, École Polytechnique. Jeanne-Claude mit General Charles de Gaulle auf dem Wohnsitz ihrer Eltern Précilda und Jacques de Guillebon.

**1959**, Paris, École polytechnique. Jeanne-Claude avec le général de Gaulle dans la résidence de ses parents Précilda et Jacques de Guillebon.

*Photo: École Polytechnique*

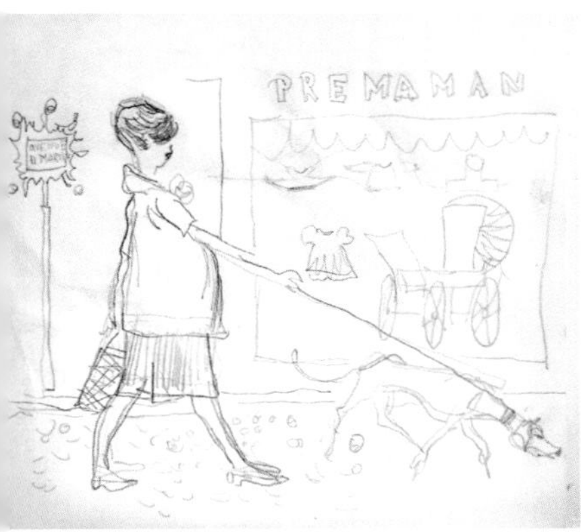


Jeanne-Claude walking Gelbi, her Saluki dog, along Avenue Henri-Martin, Paris, early May 1960, a few days before the May 11 birth of their son Cyril.

Jeanne-Claude beim Spaziergang mit Gelbi, ihrem Saluki-Windhund, Avenue Henri-Martin, Paris, Anfang Mai 1960, einige Tage vor der Geburt ihres Sohnes Cyril am 11. Mai.

Jeanne-Claude promenant Gelbi, son sloughi (lévrier arabe), avenue Henri-Martin à Paris, début mai 1960, quelques jours avant la naissance de leur fils Cyril, le 11 mai.

Drawing 1960: 15.2 x 18.6 cm (6 x 7⅜″). Pencil on paper
*Photo: Eeva-Inkeri*

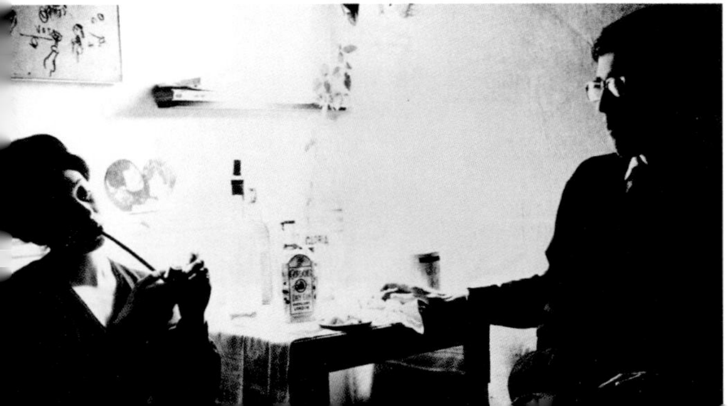

**1961**, Paris, 24 rue Saint-Louis-en-l'Île. Jeanne-Claude and Christo at home.

**1961**, Paris, 24 Rue Saint-Louis-en-l'Île. Jeanne-Claude und Christo zu Hause.

**1961**, Paris, 24, rue Saint-Louis-en-l'Île. Jeanne-Claude et Christo à la maison.

*Photo: Harry Shunk*

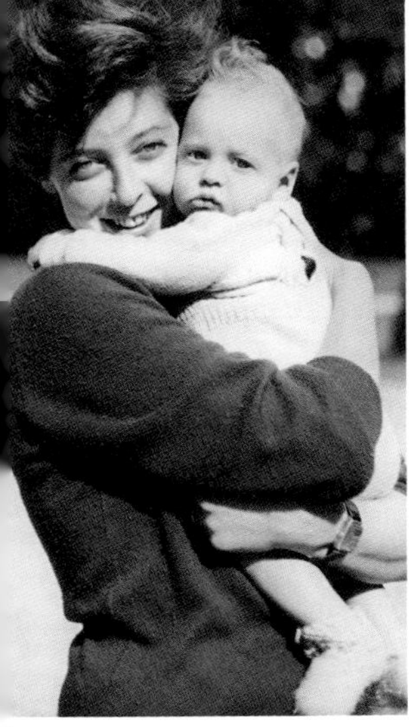

*Left:* **July 1960**, Essertaux, Picardy, France. Jeanne-Claude and Cyril.

*Links:* **Juli 1960**, Essertaux, Picardie, Frankreich. Jeanne-Claude und Cyril.

*À gauche:* **Juillet 1960,** Essertaux, Picardie. Jeanne-Claude et Cyril.

*Photo: Wjera Fechheimer*

*Center:* **1961**, Paris, in the garden of Notre-Dame. Christo, back from a portrait session, with Cyril, playing with the painter's kit.

*Mitte:* **1961**, Paris, im Garten von Notre-Dame. Der von einer Porträtsitzung zurückgekehrte Christo mit Cyril, der mit seinen Malutensilien spielt.

*Au centre:* **1961**, Paris, au jardin de Notre-Dame. Christo revenant d'une séance de portrait et Cyril jouant avec le matériel du peintre.

*Photo: Jeanne-Claude*

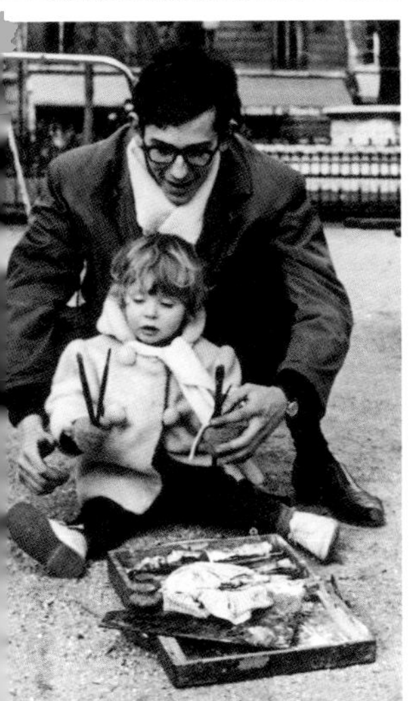

*Bottom:* **1961**, Paris. Christo asked Jeanne-Claude to be photographed so that he would later have a choice of images for the cover of his issue of the magazine *KWY*. Artists Lourdes Castro, René Bertholo, Jan Voss, José Escada, João Vieira, Costa Pinheiro, and Gonçalo Duarte also designed issues of *KWY*.

*Unten:* **1961**, Paris. Christo bat Jeanne-Claude, sich fotografieren zu lassen, damit er später eine Auswahl von Bildern für das Cover seiner Ausgabe des Magazins *KWY* hätte. Die Künstler Lourdes Castro, René Bertholo, Jan Voss, José Escada, João Vieira, Costa Pinheiro und Gonçalo Duarte gestalteten ebenfalls Ausgaben von *KWY*.

*En bas:* **1961**, Paris. Christo avait demandé à Jeanne-Claude de poser pour une séance photo afin de disposer d'un choix d'images pour la couverture de son édition du magazine *KWY*. Les artistes Lourdes Castro, René Bertholo, Jan Voss, José Escada, João Vieira, Costa Pinheiro et Gonçalo Duarte ont également conçu des numéros de *KWY*.

*Photo: Harry Shunk*

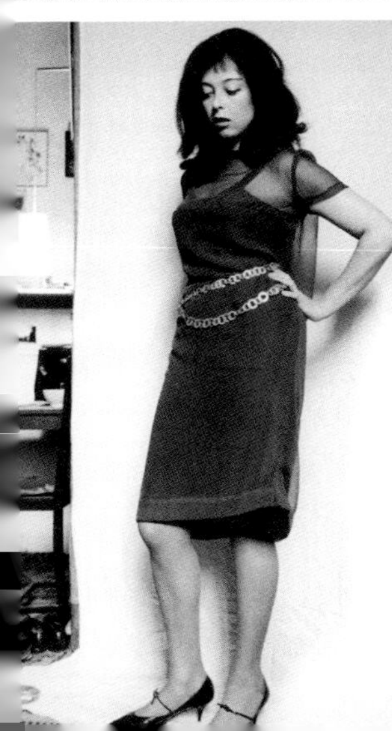

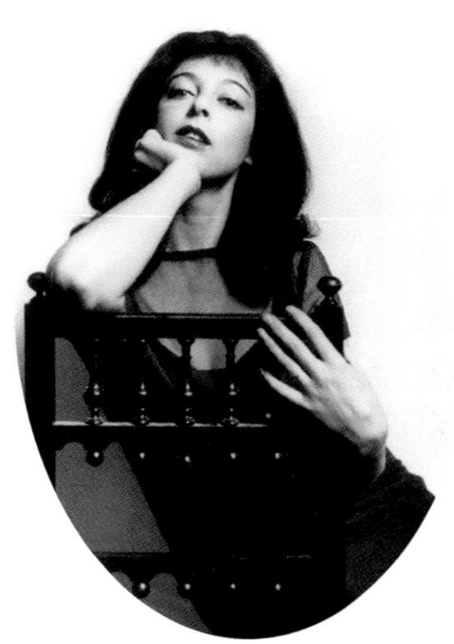

*Right:* The chair on which Jeanne-Claude is seated was later wrapped by Christo. It is now in the collection of the Cleveland Museum of Art, Cleveland, Ohio, USA, a gift from Agnes Gund.

*Rechts:* Der Stuhl, auf dem Jeanne-Claude sitzt, wurde später von Christo verhüllt. Er befindet sich jetzt in der Sammlung des Cleveland Museum of Art, Cleveland, Ohio, USA, ein Geschenk von Agnes Gund.

*À droite:* La chaise sur laquelle est assise Jeanne-Claude fut empaquetée plus tard par Christo. Elle se trouve aujourd'hui dans les collections du Cleveland Museum of Art, Cleveland, Ohio, USA, don d'Agnes Gund.

*Photo: Harry Shunk*

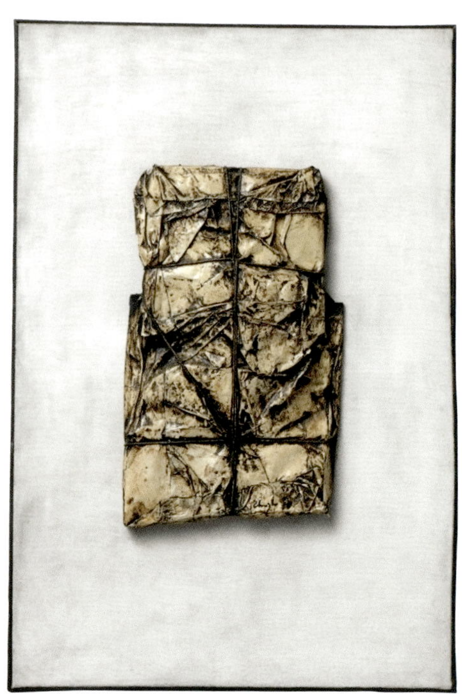

**Empaquetage 1958**
74 x 51 cm (29 ⅛ x 20″)
Paper, rope, paint, and lacquer,
mounted on fabric, board, and wood
Würth Collection, Künzelsau, Germany
*Photo: Christian Bauer*

*Opposite:*
**Untitled 1959 (Cratère)**
162 x 116 x 8 cm (63 ¾ x 45 ⅝ x 3 ⅛″)
Enamel paint, sand, paint, and wood
Collection Kunstpalast, Düsseldorf, Germany
*Photo: Christian Bauer*

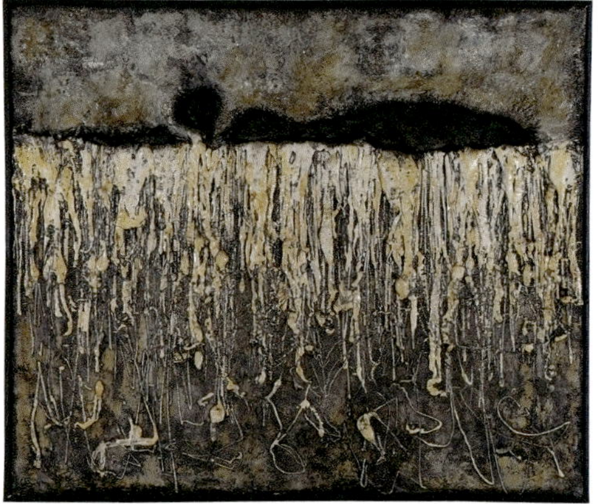

*Right:*
**Untitled 1959 (Cratère)**
54 x 65 cm (21 ¼ x 25 ⅝″)
Enamel paint, sand, paint, and wood
Private collection

**Untitled 1959 (Cratère)**
92 x 127 x 15 cm (36 ¼ x 50 x 5 ⅞″)
Enamel paint, sand, paint, metal, and wood
Würth Collection, Künzelsau, Germany
*Photo: Christian Bauer*

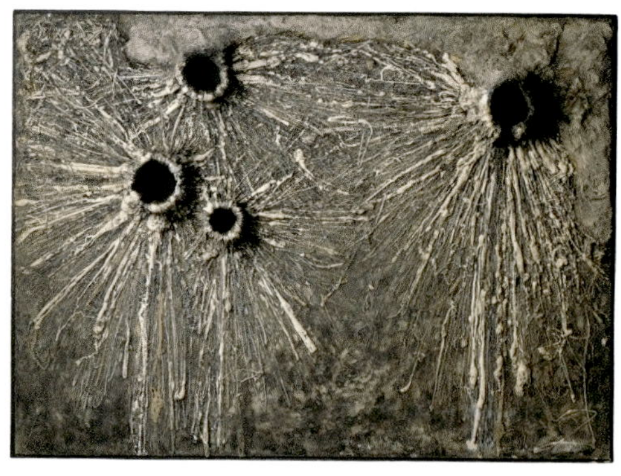

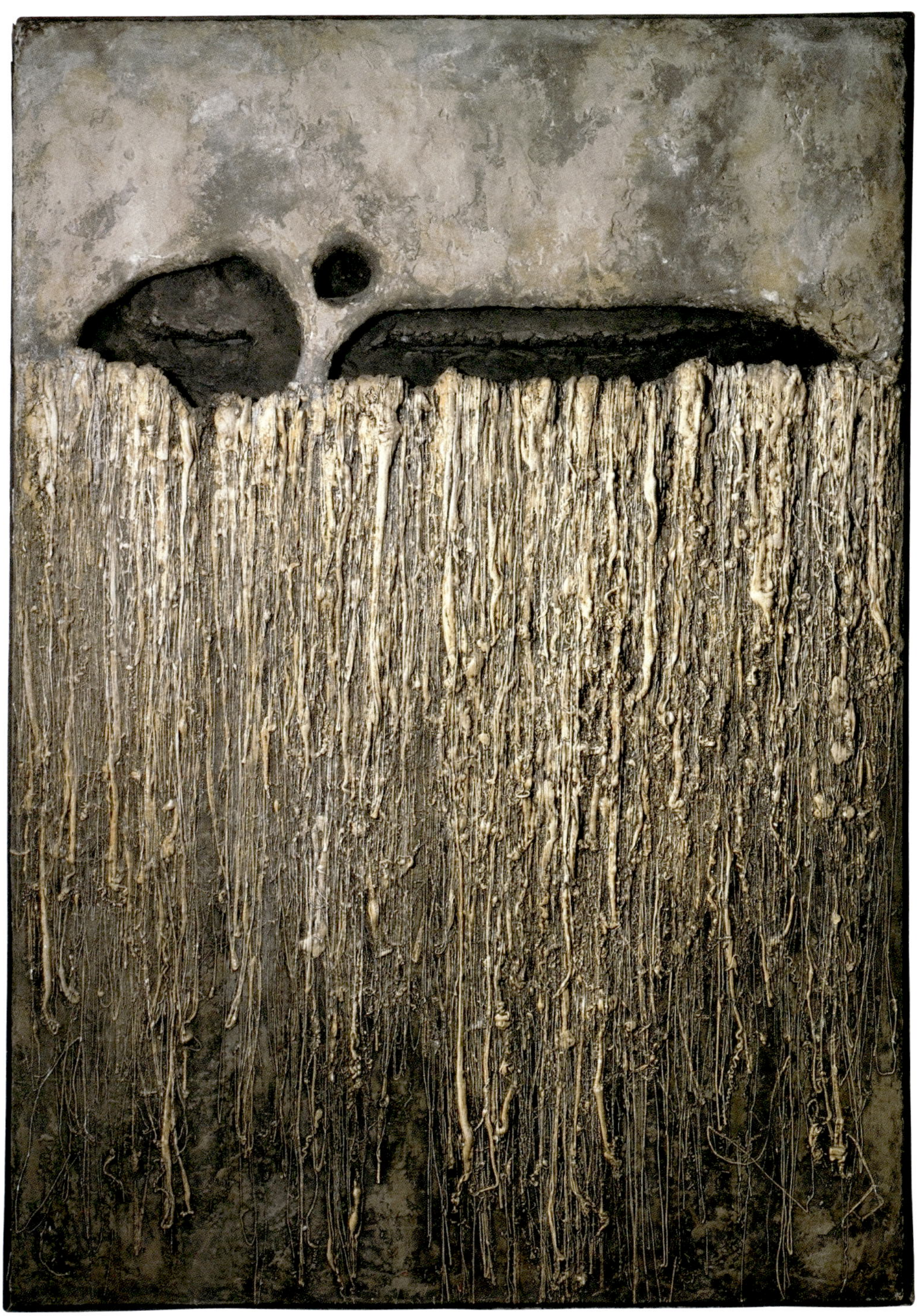

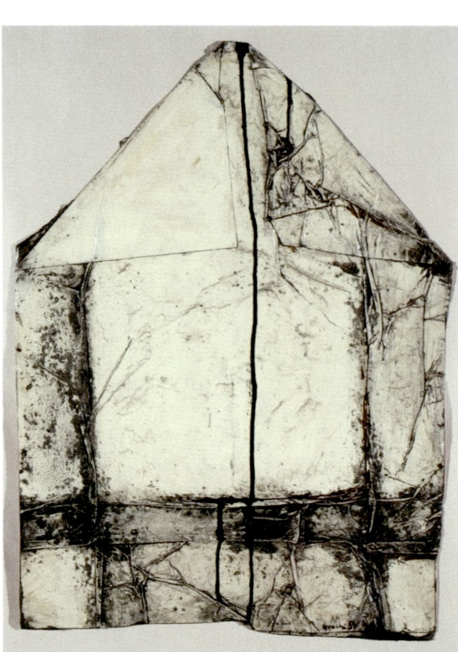

**Surface
d'Empaquetage 1959**
64 x 48.5 cm (25 ¼ x 19 ⅛″)
Paper, paint, sand,
and lacquer
*Photo: Eeva-Inkeri*

*Right:*
**Package 1959**
138 x 12 x 12 cm
(54 ¼ x 4 ¾ x 4 ¾″)
Fabric, steel wire, rope, paint,
lacquer paint, and wood
*Photo: Vitor Branco*

*Below:*
**Surface
d'Empaquetage 1959**
75 x 62 cm (29 ½ x 24 ½″)
Paper, paint, and lacquer,
mounted and framed by the
artist with burlap and wood
*Photo: Eeva-Inkeri*

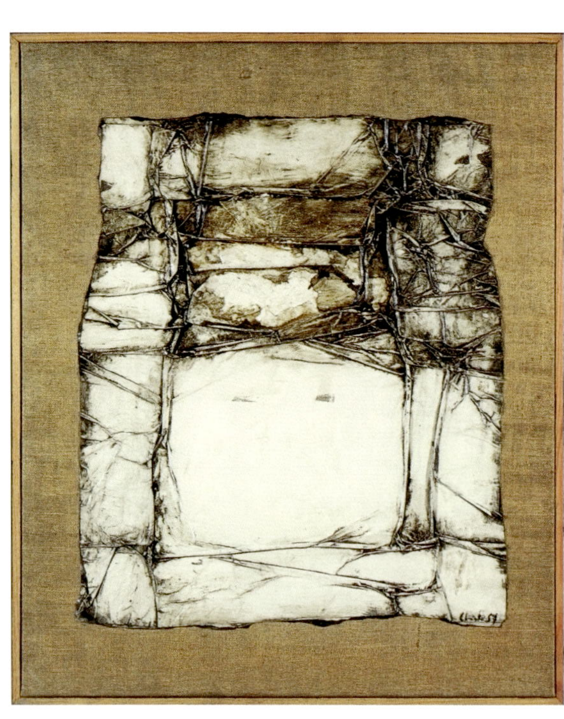

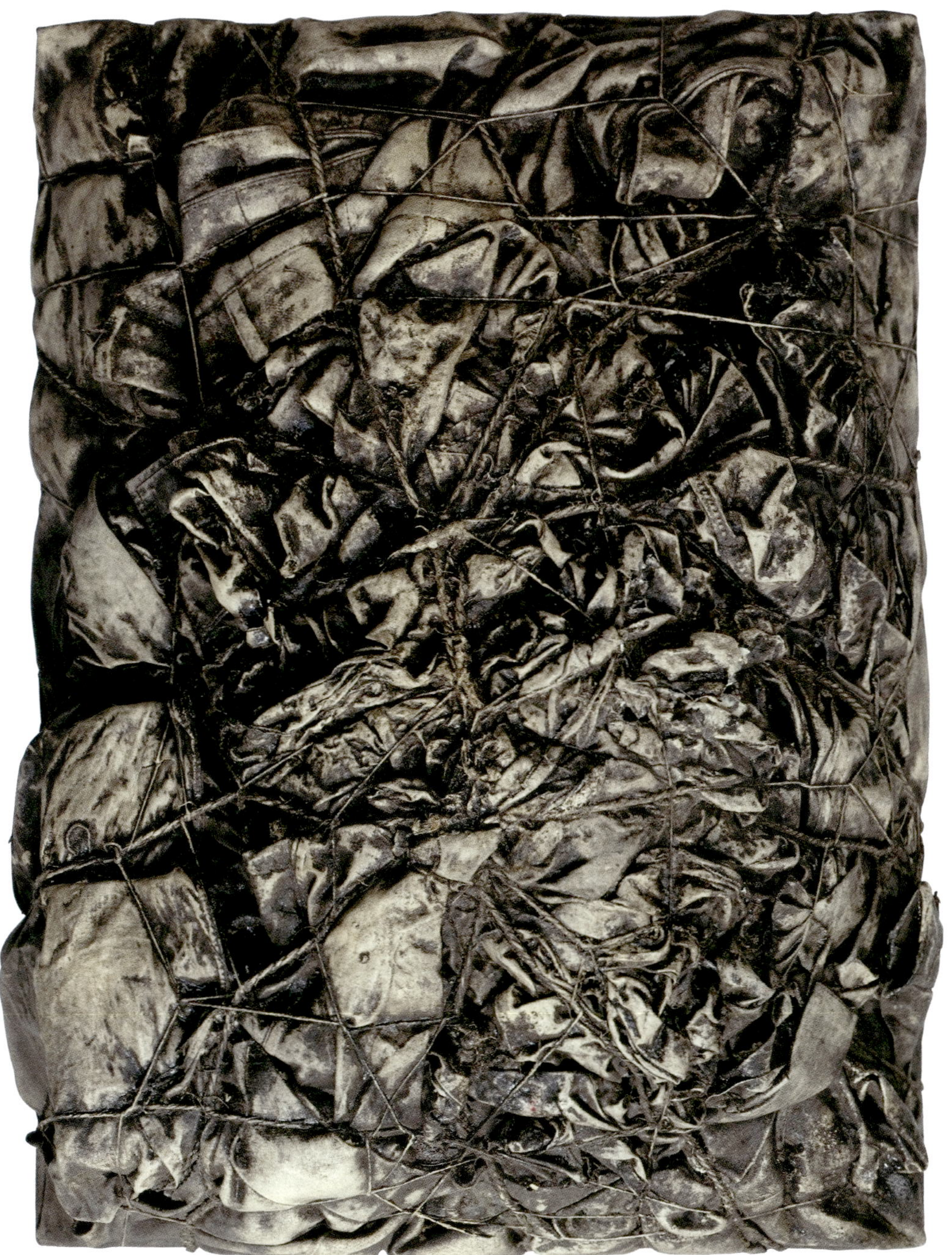

**Package 1958**  60 x 45 x 20 cm (23 ¾ x 17 ¾ x 7 ⅞″). Fabric, lacquer, and ropes. Private collection
*Photo: Eeva-Inkeri*

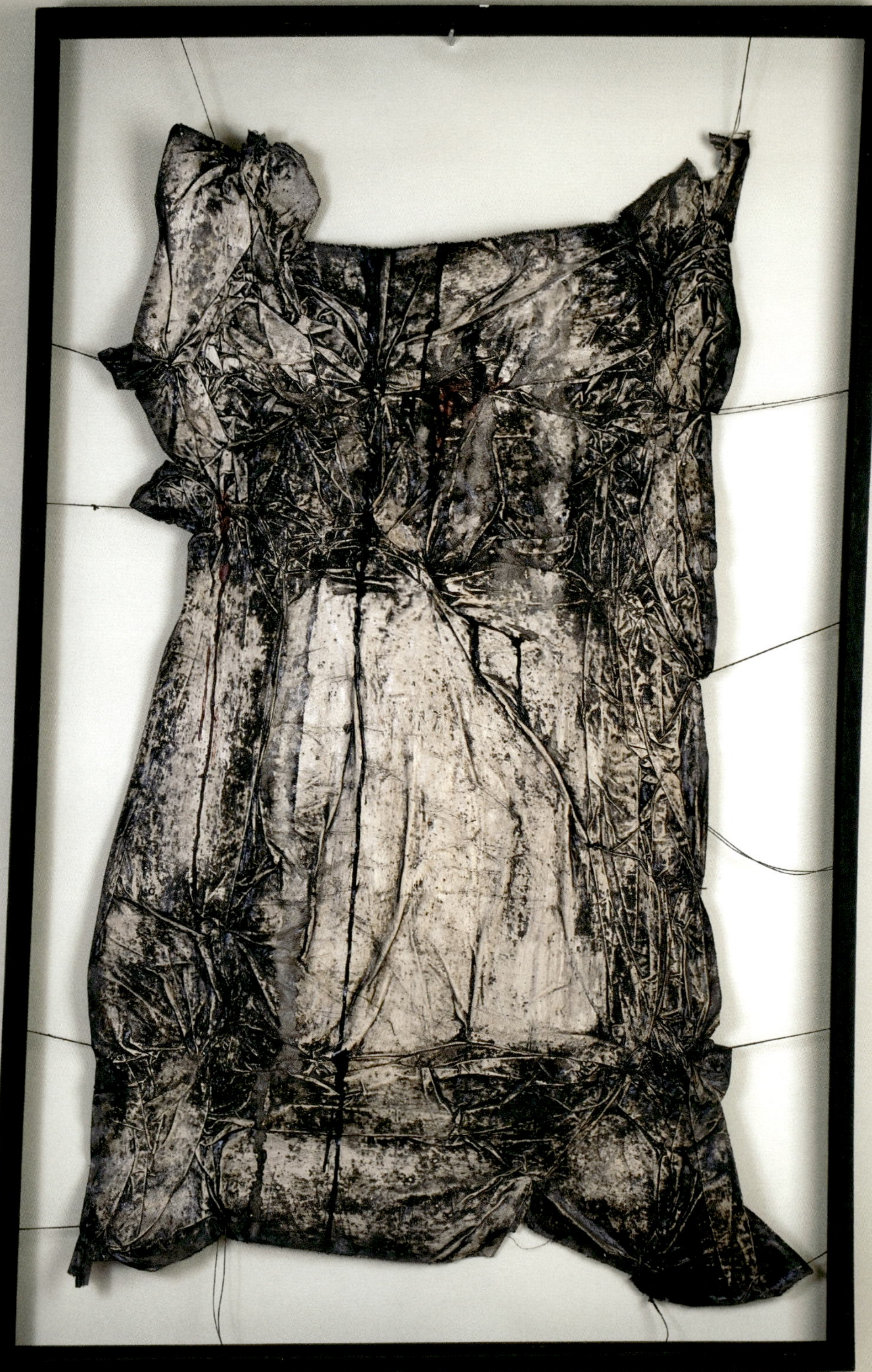

*Opposite:*
**Surface d'Empaquetage 1958**
158.5 x 102 x 7 cm (62 ⅜ x 40 ⅛ x 2 ¾")
Fabric, enamel paint, rope, and wood
Collection Denyse Durand-Ruel, France

*Below:*
**Package 1959**
37 x 26 x 16 cm (14 ½ x 10 ¼ x 6 ¼")
Fabric, lacquer, and ropes
*Photo: Eeva-Inkeri*

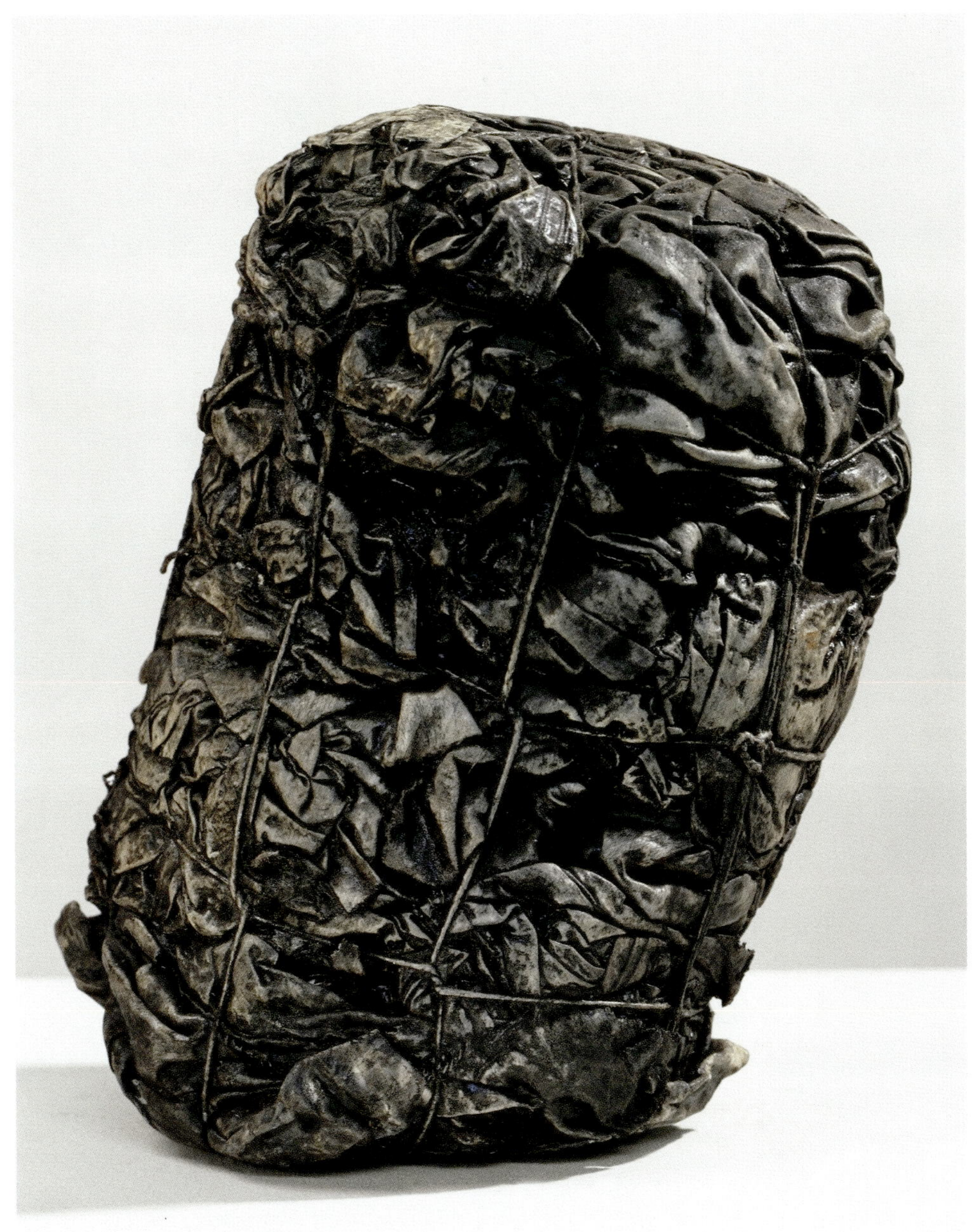

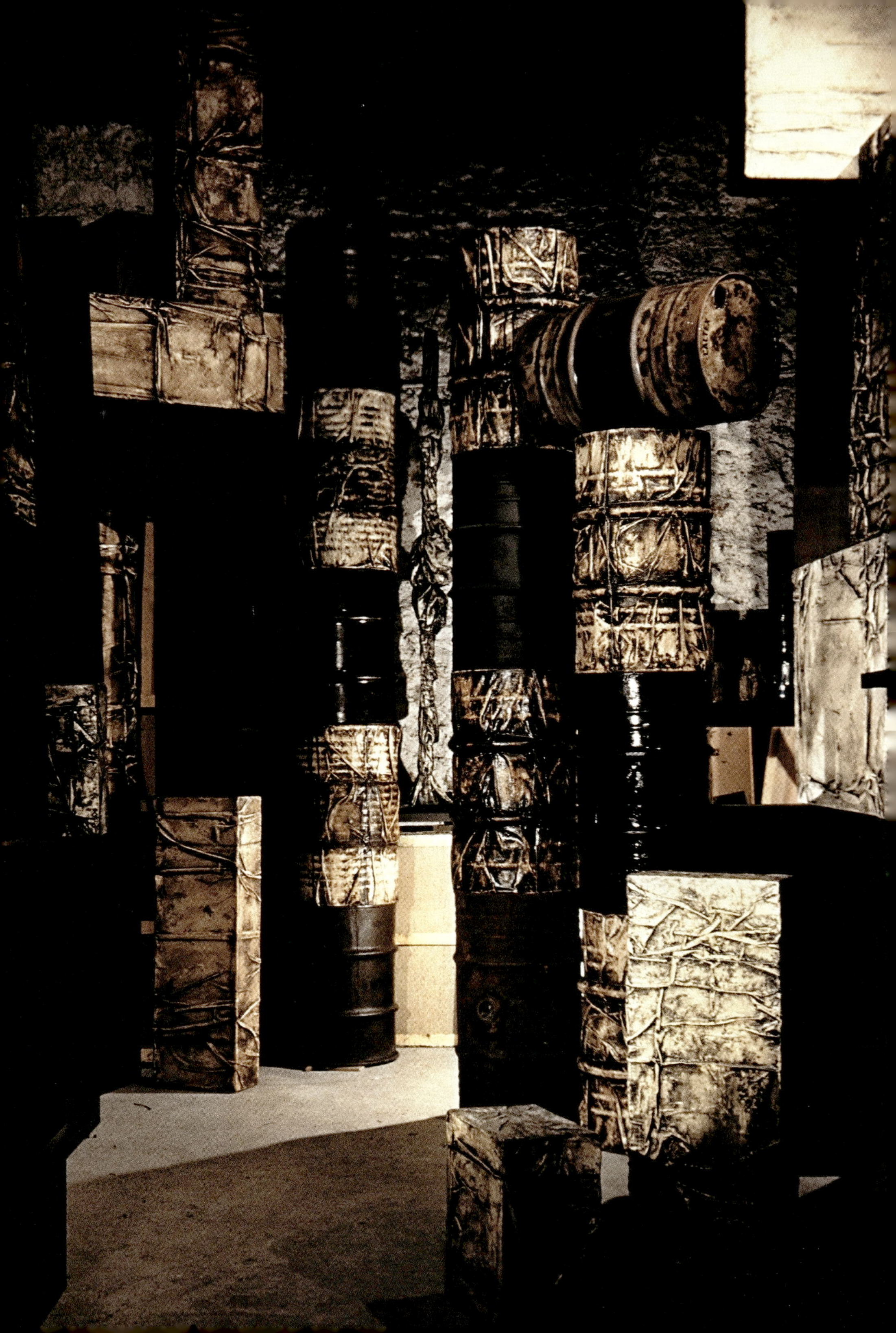

*Opposite:*
**Inventory 1958–60 (Detail)**
Partial view of "La Cave" (the
wine cellar in the basement of
the apartment building, 4 Avenue
Raymond-Poincaré, Paris, where
Jeanne-Claude lived before she
moved in with Christo).
*Center:* A 1958 sculpture, *Pichenette.*

Teilansicht von „La Cave"
(Weinkeller im Untergeschoss
des Wohnhauses in der Avenue
Raymond-Poincaré 4, Paris, wo
Jeanne-Claude lebte, bevor sie
mit Christo zusammenzog).
*Mitte:* Eine Skulptur von 1958,
*Pichenette.*

Vue partielle de « La Cave »
(celle de l'appartement du 4,
avenue Raymond-Poincaré, Paris,
où Jeanne-Claude vécut avant
d'emménager avec Christo).
*Au centre :* Une sculpture de 1958,
*Pichenette.*

Barrels and wooden crates
(some wrapped, some not
wrapped), fabric, lacquer paint,
rope, and wire.
*Photo: René Bertholo*

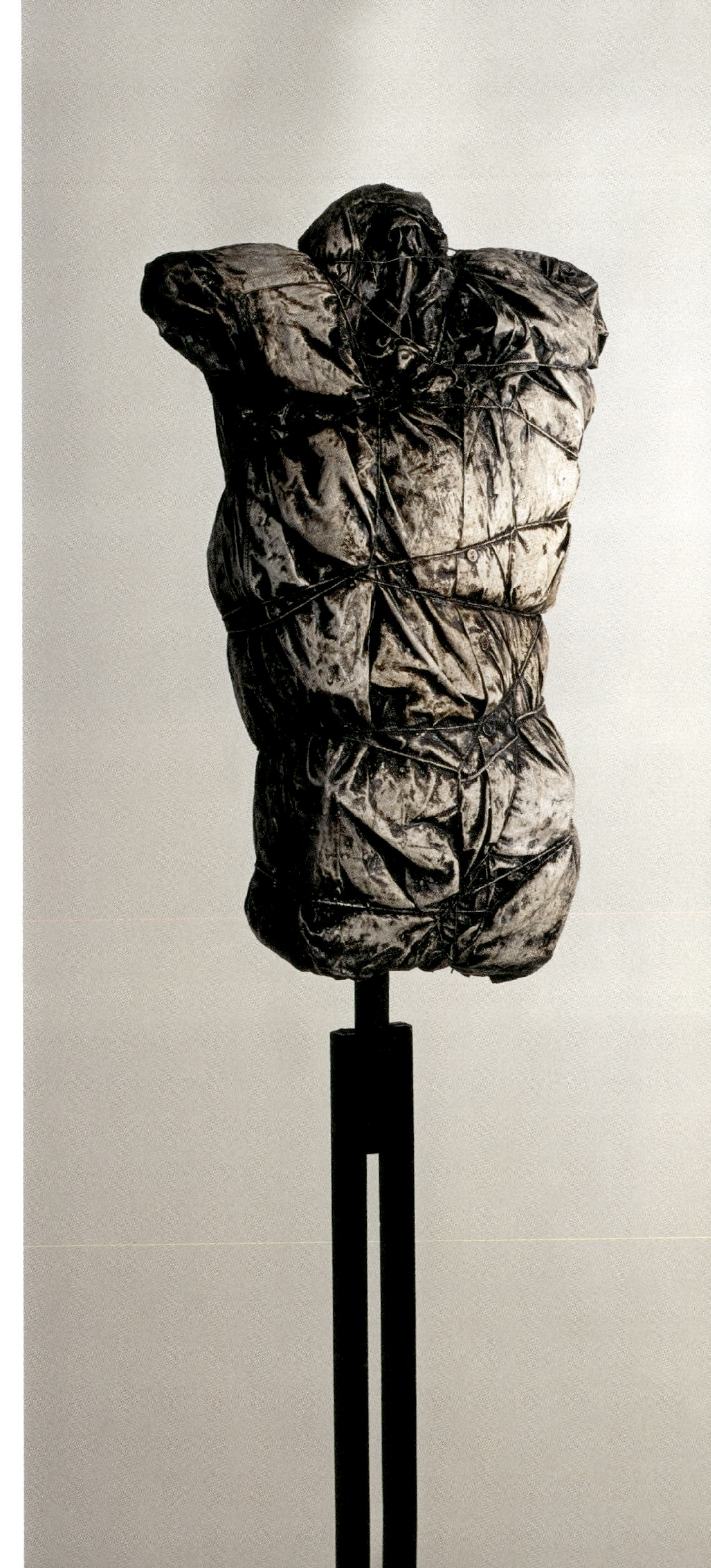

**Wrapped Torso 1958 (Detail)**
166.5 x 46 x 28 cm (65 ½ x 18⅛ x 11″)
Fabric shirt, mannequin, lacquer
paint, rope, and twine, mounted
by the artist on a wooden stand
Museum Boijmans Van Beuningen,
Rotterdam, the Netherlands

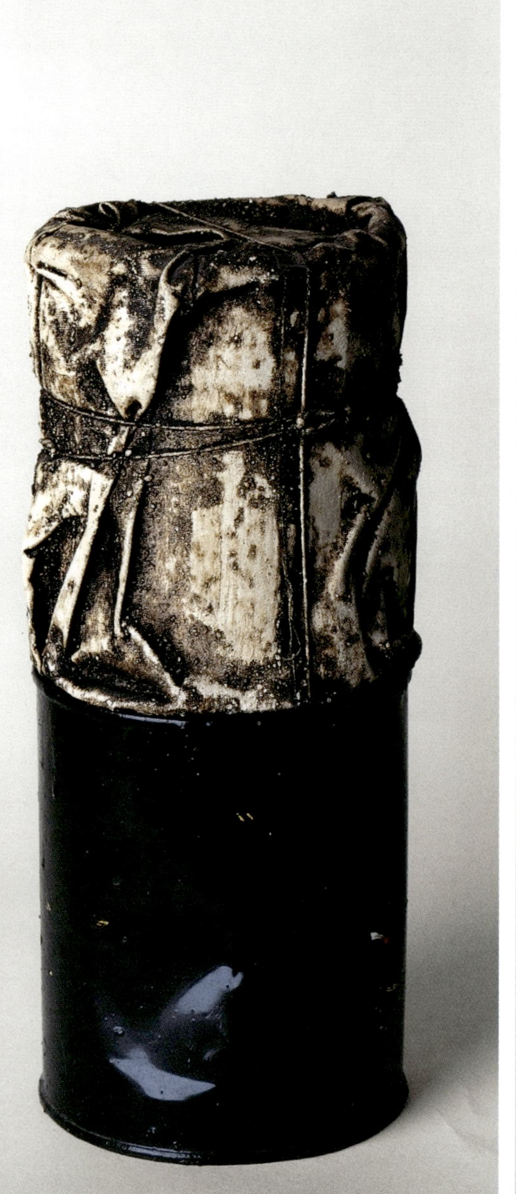

**Wrapped Can 1958**
Group of two, one wrapped
25 x 10.5 cm diameter (9 ¾ x 4⅛″)
Fabric, lacquer paint, rope, and two cans
Private collection

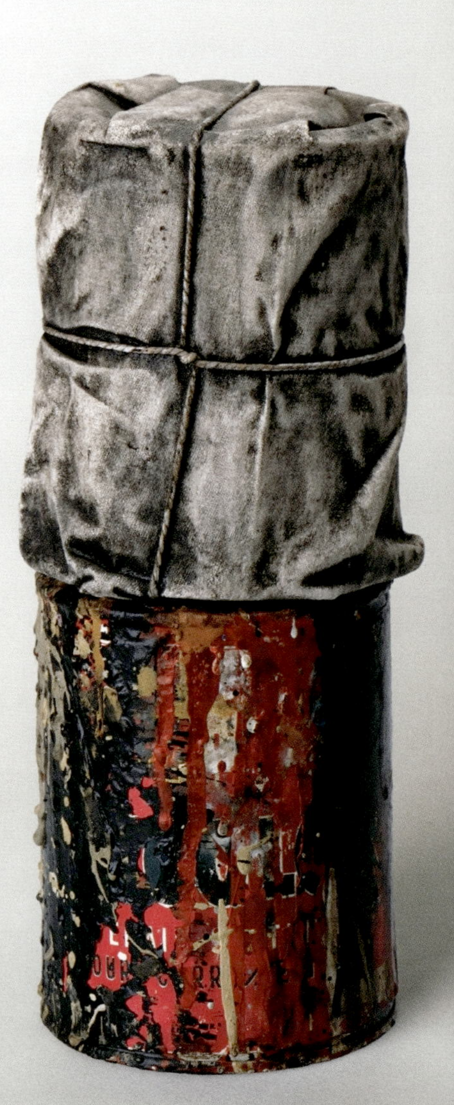

**Wrapped Can 1958**
Group of two, one wrapped
Each: 13 x 10 cm diameter (5⅛ x 4″)
Fabric, rope, enamel paint, and two cans
Collection Dominik and Madeleine Keller,
Switzerland

**Wrapped Can 1958**
20 x 8 x 8 cm (7⅞ x 3⅛ x 3⅛″)
Fabric, rope, lacquer paint, and two cans
Private collection, Europe

**Wrapped Bottle 1958**
20.3 x 7.6 cm (8 x 3″)
Bottle, fabric, rope, lacquer paint, and sand
Collection Kimiko Powers, Carbondale,
Colorado, USA
*Photo: Hugo Doetsch*

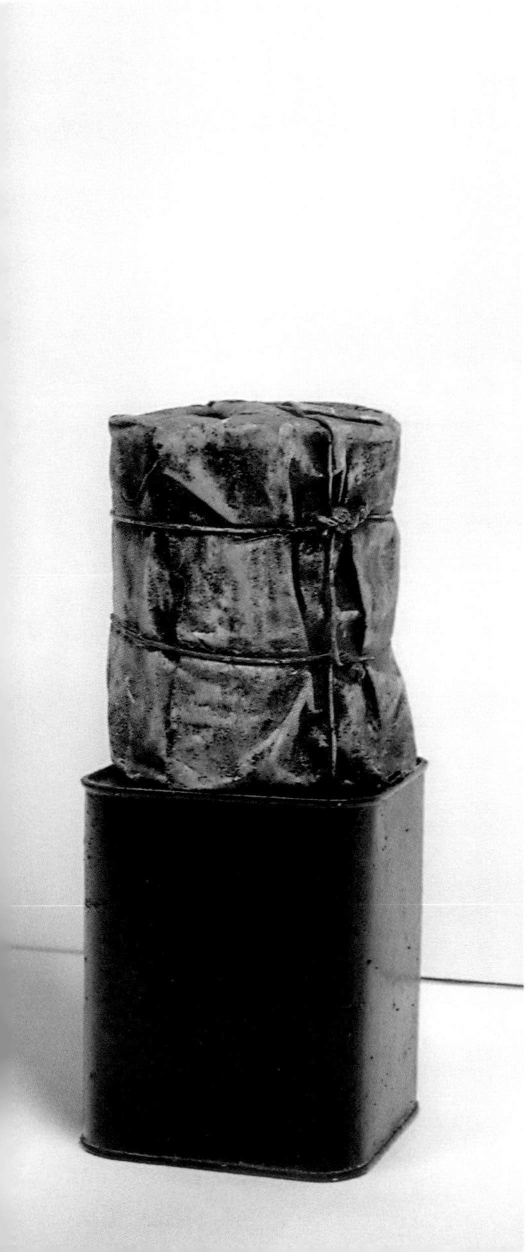

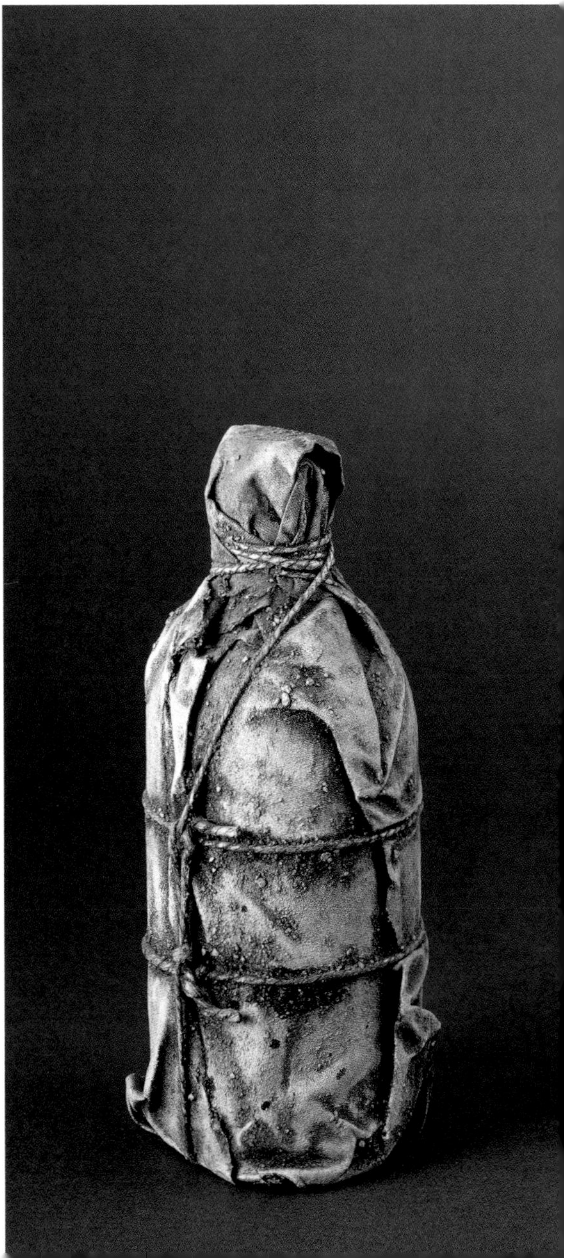

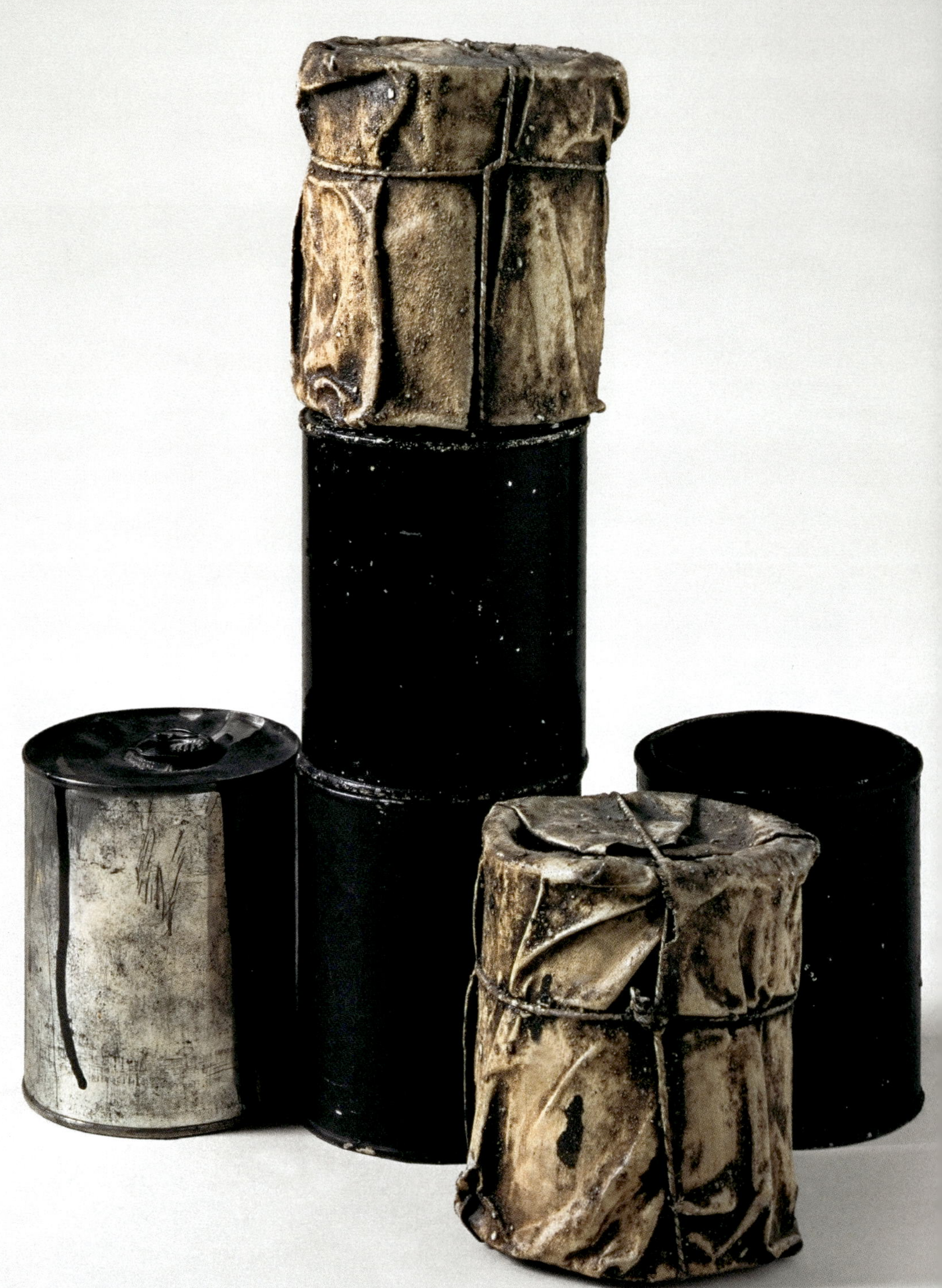

**Wrapped Cans 1960**  Group of six cans, two wrapped. Diameter of each: 10.5 cm (4⅛″)
Height of each: 12 to 14 cm (4¾ to 5½″). Fabric, rope, lacquer paint, and six cans. Tate Gallery, London
*Photo: Courtesy Tate Gallery*

**Wrapped Cans and a Bottle 1958**
Group of three cans, two wrapped, and a bottle
Two cans, each: 13.4 x 10.7 cm (5 ¼ x 4 ¼″)
One can: 11.7 x 10 cm (4 ⅝ x 4″)
Bottle: 14.5 x 6.4 cm (5 ¾ x 2 ½″)
Fabric, lacquer paint, rope, cans, glass bottle,
plastic cap, and red pigment
Würth Collection, Künzelsau, Germany

*Below:*
**Wrapped Cans and a Bottle 1958–59**
Group of ten cans, five wrapped, and a glass bottle
Five wrapped cans, each: 13 x 10.5 cm (5 ⅛ x 6″)
Five cans, each: 12 x 10 cm (4 ¾ x 4 ⅛″)
Glass bottle: 27 x 7.5 cm (10 ⅝ x 3″)
Fabric, rope, lacquer, paint, cans, and a glass bottle
Würth Collection, Künzelsau, Germany
*Photo: Eeva-Inkeri*

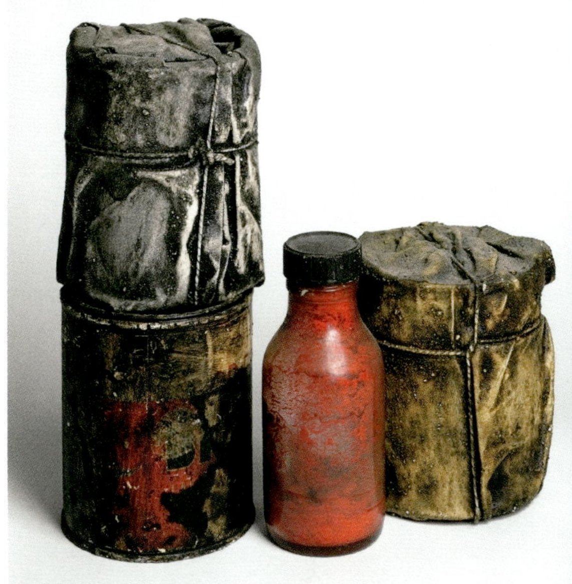

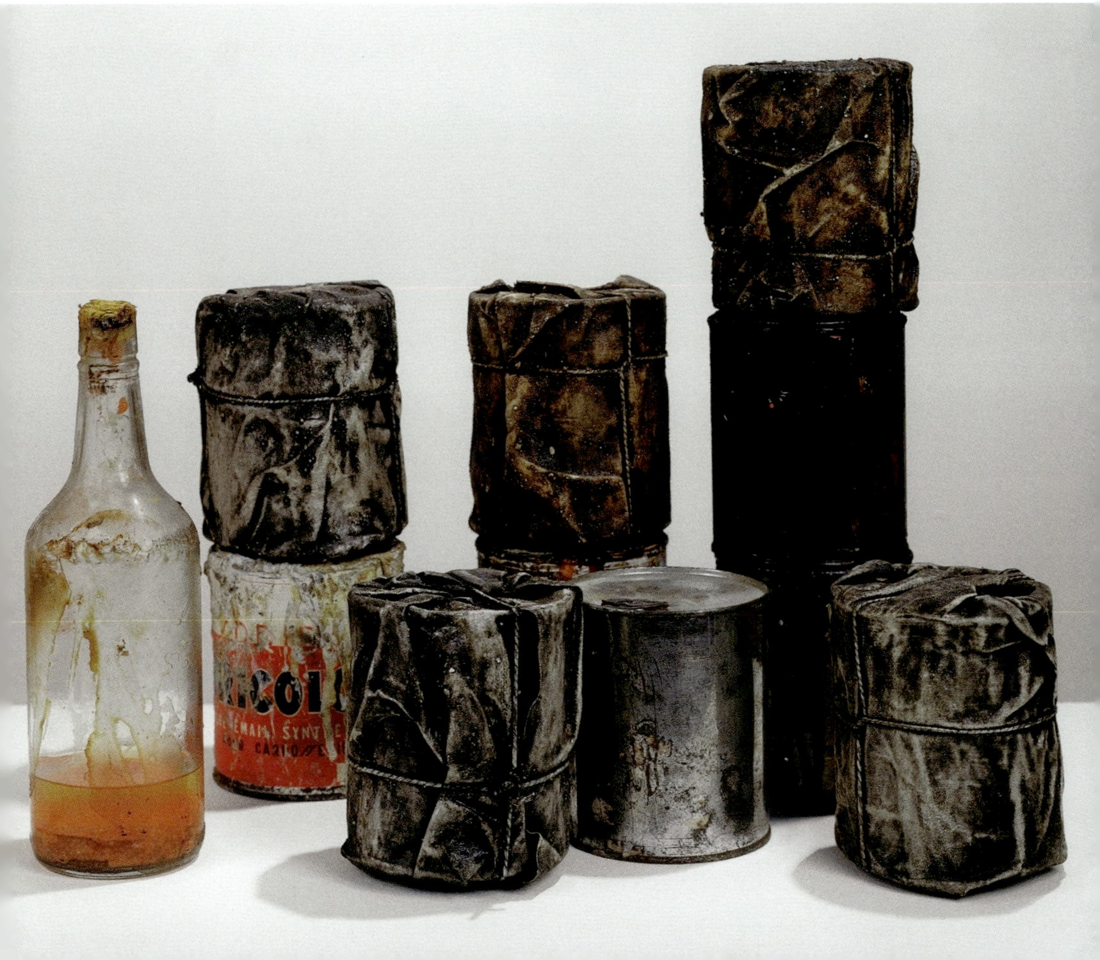

**Wrapped Bottle and Cans 1958–60**
Group of ten cans, six wrapped, and
three bottles, one wrapped
Overall size: 28 x 74 x 28 cm (11 x 29 x 11″)
Cans, bottles, lacquered canvas, and twine
*Photo: Eeva-Inkeri*



**Shelves 1958**
Group of nine cans, five wrapped
90 x 30 x 18 cm (35 ½ x 11 ⅞ x 7 ⅛″)
Cans, fabric, rope, lacquer, paint,
wood, glass, and steel wire mesh
*Photo: Eeva-Inkeri*

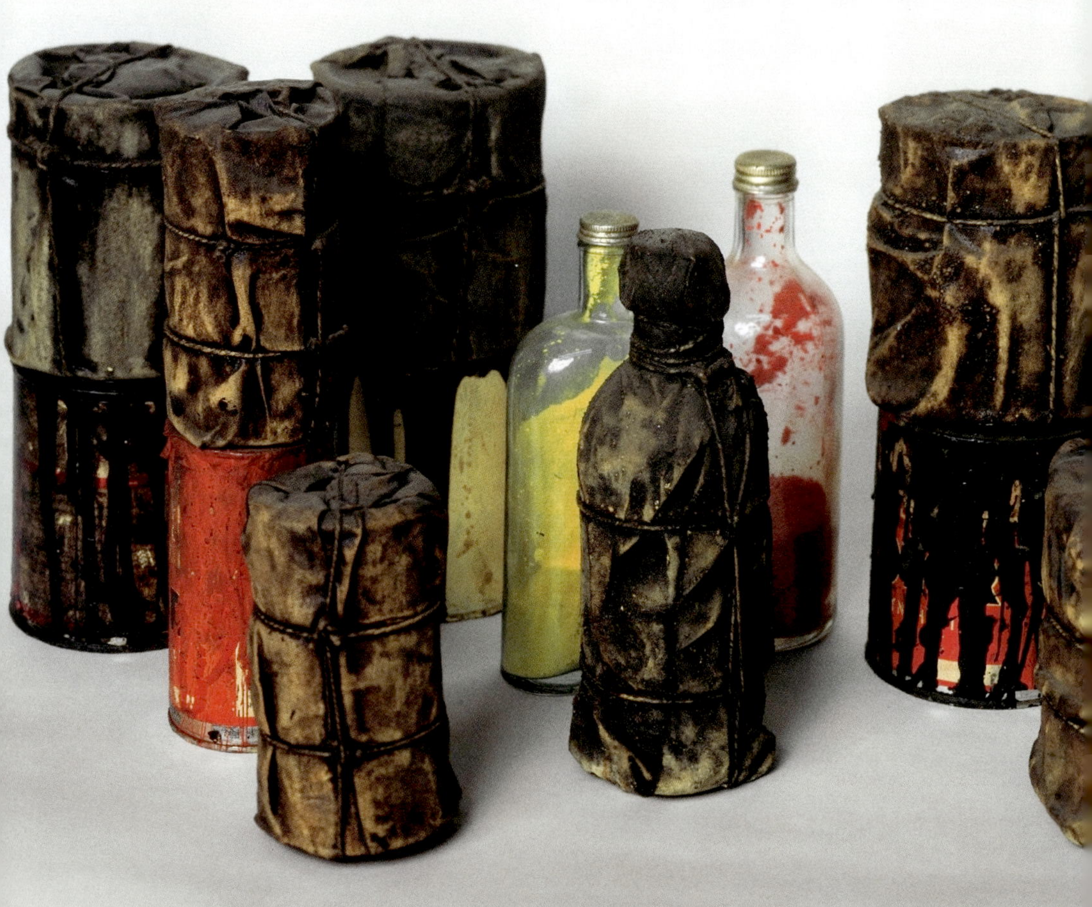

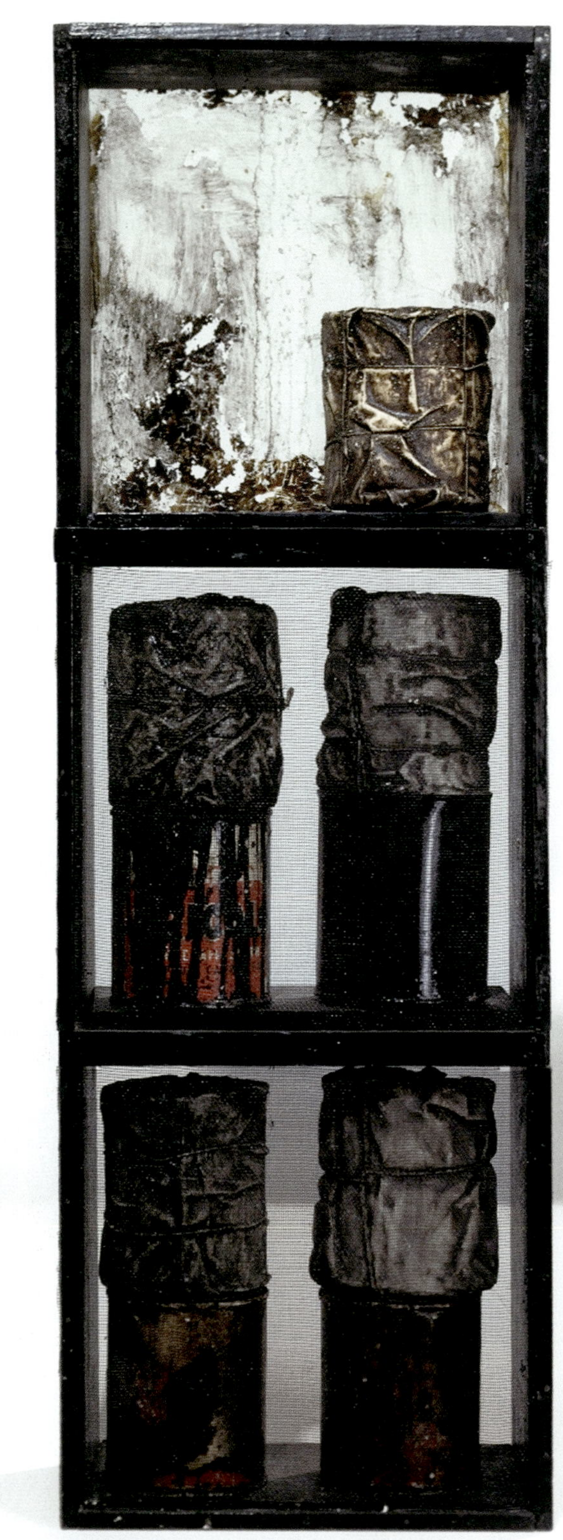

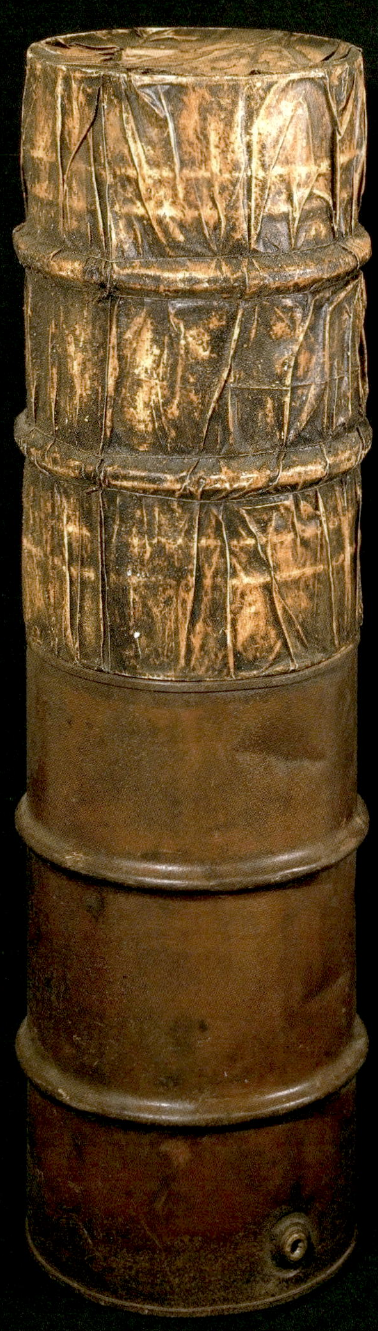

**Wrapped Oil Barrel 1958**  Group of two barrels. One wrapped: 62.2 x 37 cm (24 ½ x 14 ½")
One not wrapped: 65.5 x 37 cm (25 ¾ x 14 ½"). Fabric, lacquer, steel wire, and two oil barrels
The Vilcek Foundation, New York, USA

**Wrapped Oil Barrel 1961**  Group of two barrels from *Inventory*. Each: 63.5 x 40 cm diameter (25 x 15¾″ diameter)
Fabric, steel wire, paint, lacquer, and two oil barrels (one wrapped). Kunstmuseum, Bern, Switzerland
Gift of Anne-Marie and Victor Loeb Foundation.  *Photo: Courtesy Kunstmuseum, Bern*

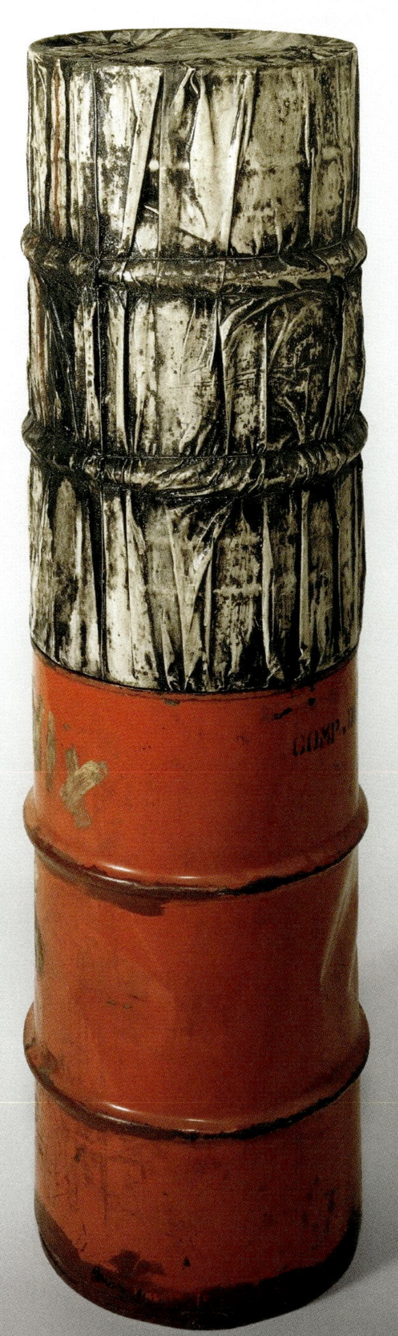

**Wrapped Oil Barrel 1958–59**  Group of two barrels, one wrapped. Each: 63 x 36 cm diameter (24 ¾ x 14 ¼")
Fabric, lacquer, steel wire, and two barrels. Private collection, Stockholm, Sweden

*Opposite:*
**Wrapped Oil Barrel 1958**  Group of three barrels, one wrapped. 64 x 36.5 cm (25 ¼ x 14 ⅜") wrapped;
60 x 38.5 cm (23 ⅝ x 15 ¼") red; 59 x 38.5 cm (23 ¼ x 15 ¼") blue. Fabric, steel wire, and three oil barrels
Wilhelm Lehmbruck Museum, Duisburg, Germany. *Photo: Wilhelm Lehmbruck Museum*

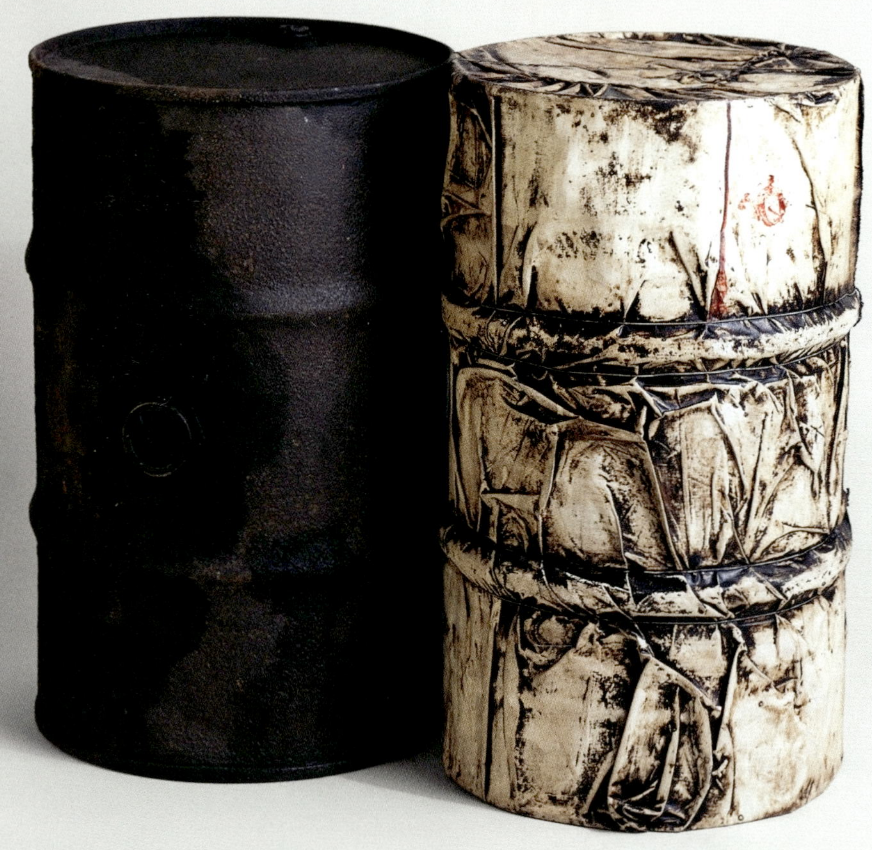

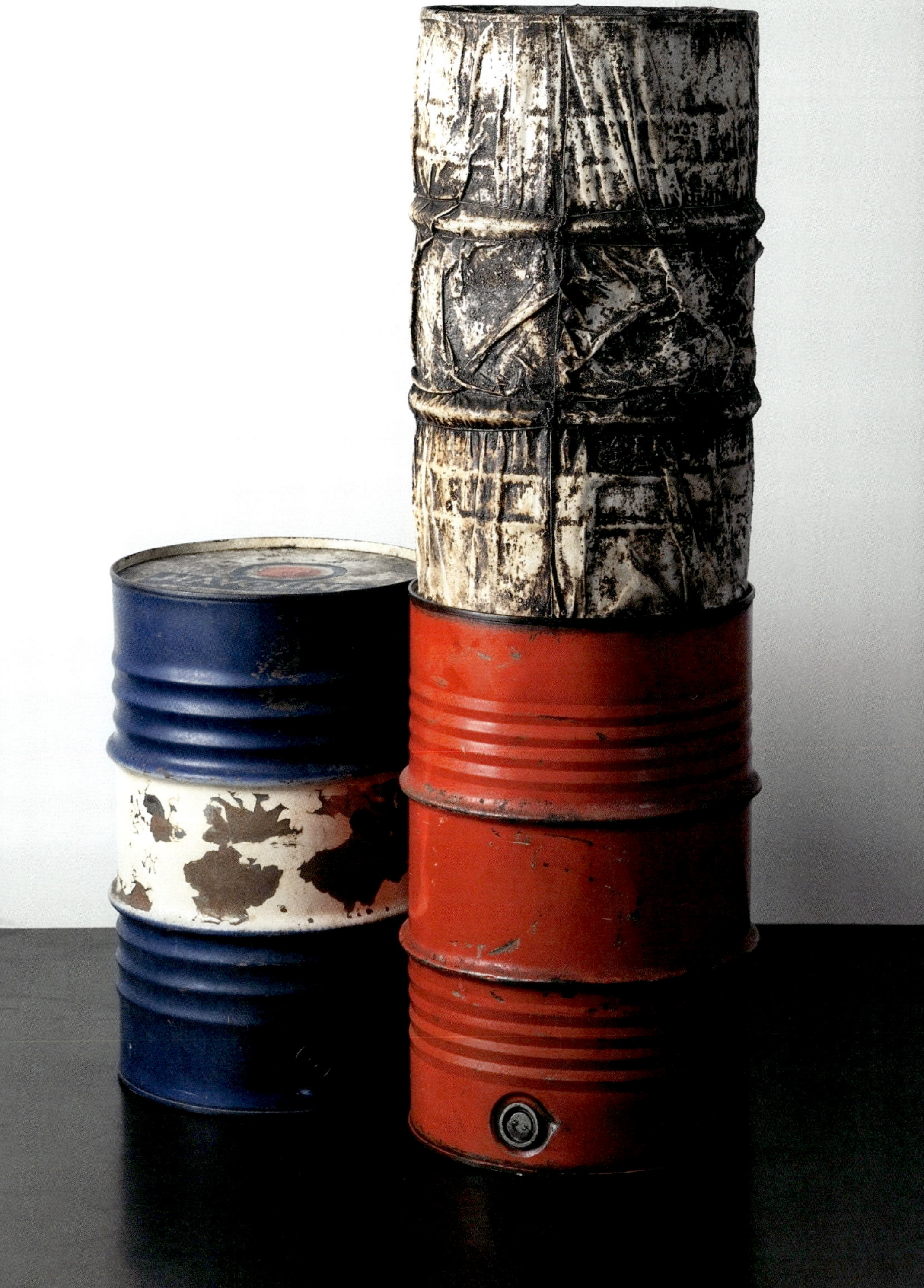

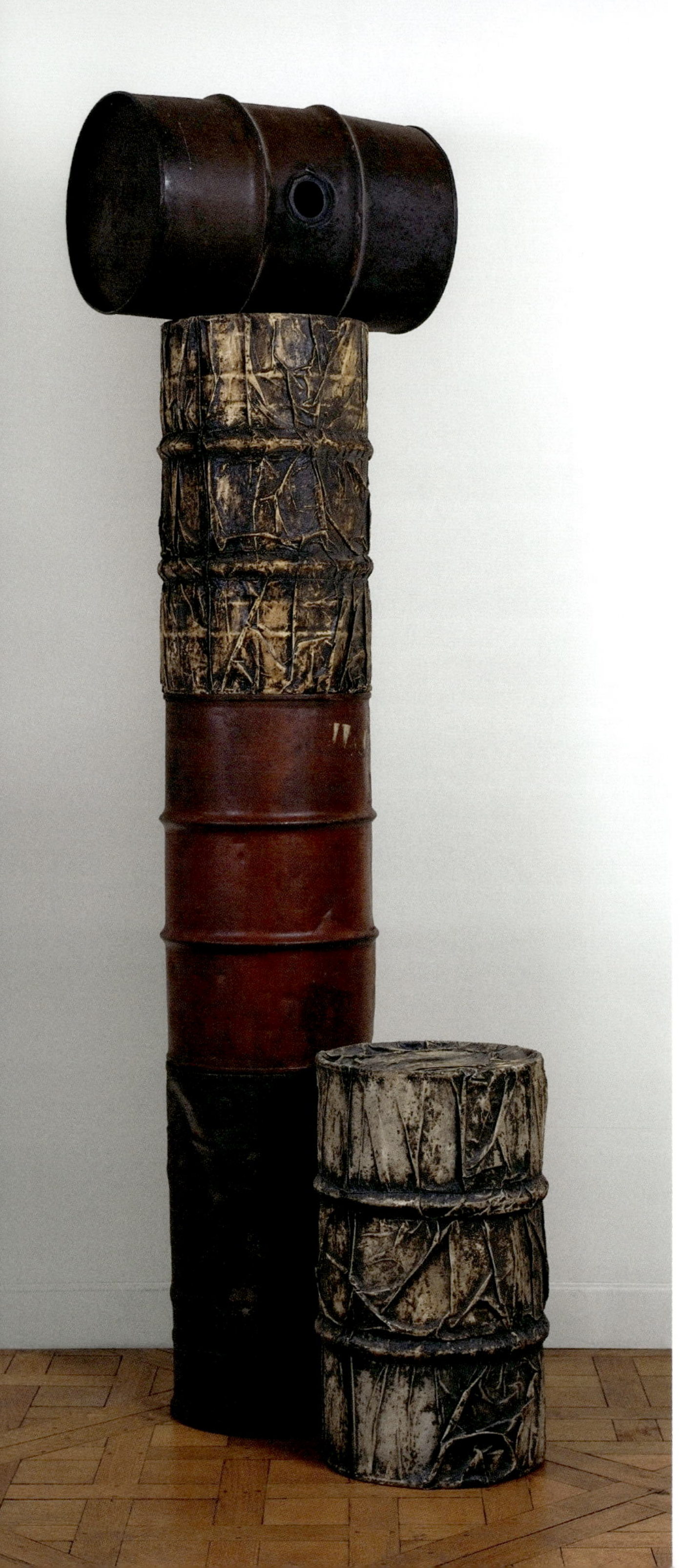

**Wrapped Oil Barrels 1958**
Group of five barrels, two wrapped
One wrapped: 65 x 37 cm (25⅝ x 14″)
One wrapped: 63.5 x 36.5 cm
(25 x 14⅜″)
Lacquer paint, fabric, steel wire,
and five barrels
Private collection, Cologny,
Switzerland

*Opposite:*
**Wrapped Oil Barrels 1958–59**
Group of eight barrels,
four wrapped:
60 x 37 cm diameter (23¾ x 14¾″)
60 x 37 cm diameter (23¾ x 14¾″)
63 x 36 cm diameter (24¾ x 14¼″)
59.5 x 38.5 cm diameter (23½ x 15¼″)
Four barrels (not wrapped):
63 x 36.5 cm diameter (24¾ 14⅜″)
64 x 37.5 cm diameter (25¼ x 14¾″)
65 x 37 cm diameter (25⅝ x 14¾″)
64 x 37.5 cm diameter (25¼ x 14¾″)
Lacquered fabric, steel wire,
and eight barrels
Würth Collection, Künzelsau,
Germany
*Photo: Eeva-Inkeri*

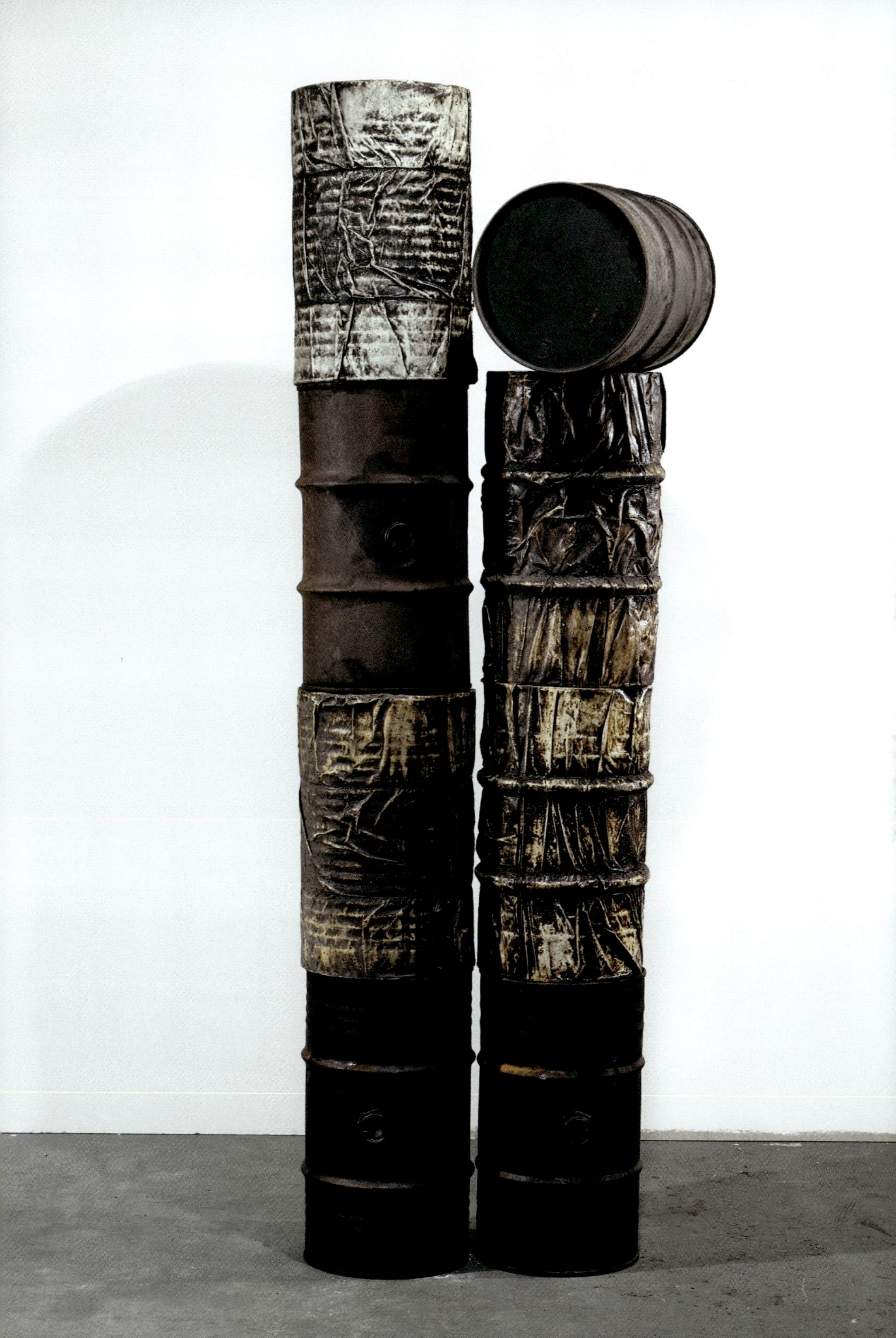

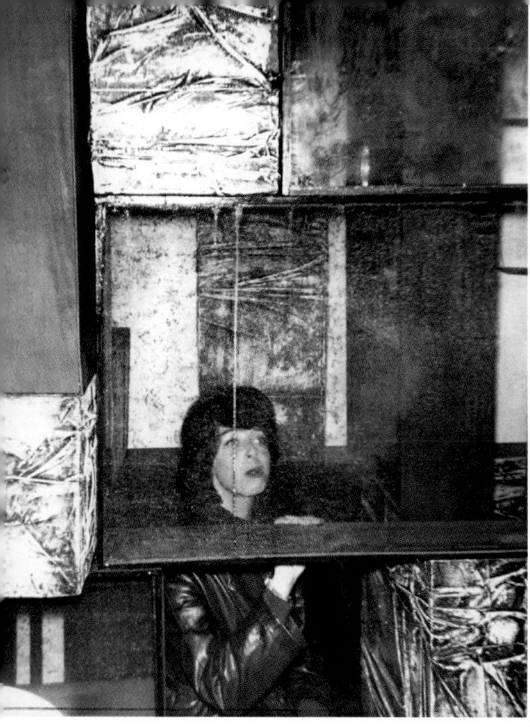

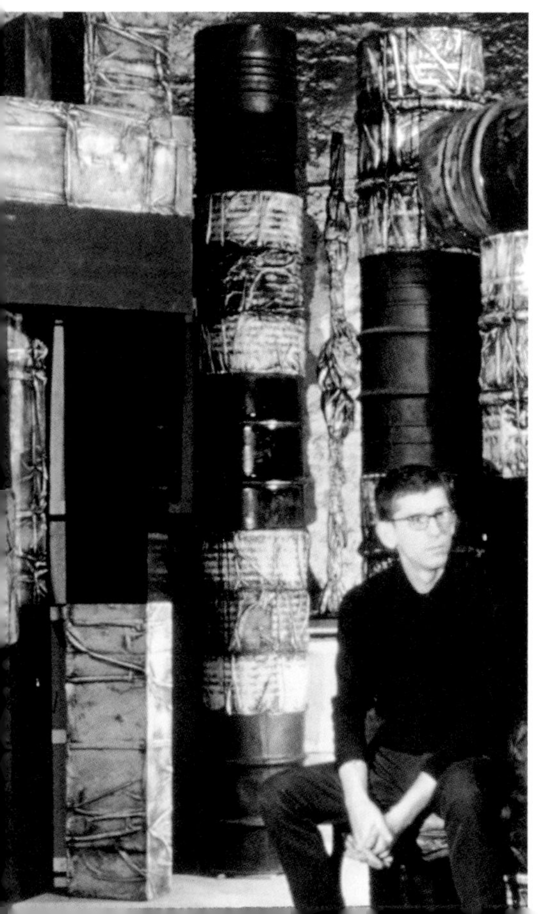

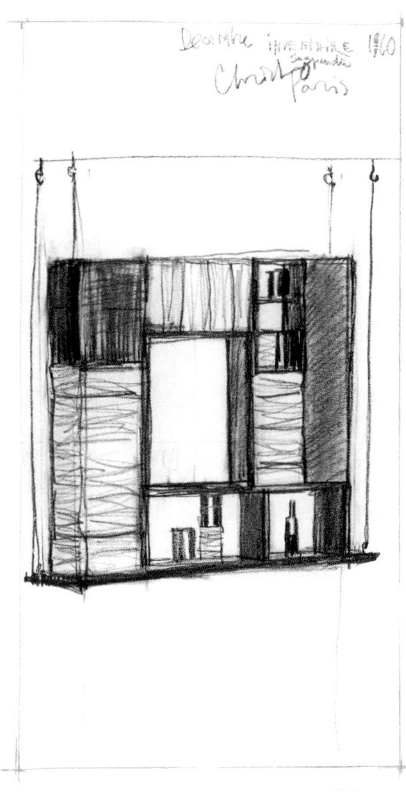


*Left top:*

**Inventory 1960 (Detail)**

Jeanne-Claude in "La Cave," 4 Avenue Raymond-Poincaré, Paris, with part of *Inventory*.

Jeanne-Claude in „La Cave", Avenue Raymond-Poincaré 4, Paris, mit einem Teil von *Inventory*.

Jeanne-Claude dans « La Cave », 4, avenue Raymond-Poincaré, Paris, avec une partie d'*Inventaire*.

*Photo: René Bertholo*

*Left bottom:*

**Inventory 1960 (Detail)**

Christo in "La Cave," the cellar of the small apartment in which Jeanne-Claude lived.

Christo in „La Cave", dem Keller des kleinen Apartments, in dem Jeanne-Claude lebte.

Christo dans « La Cave » du petit appartement où Jeanne-Claude vécut.

*Photo: René Bertholo*

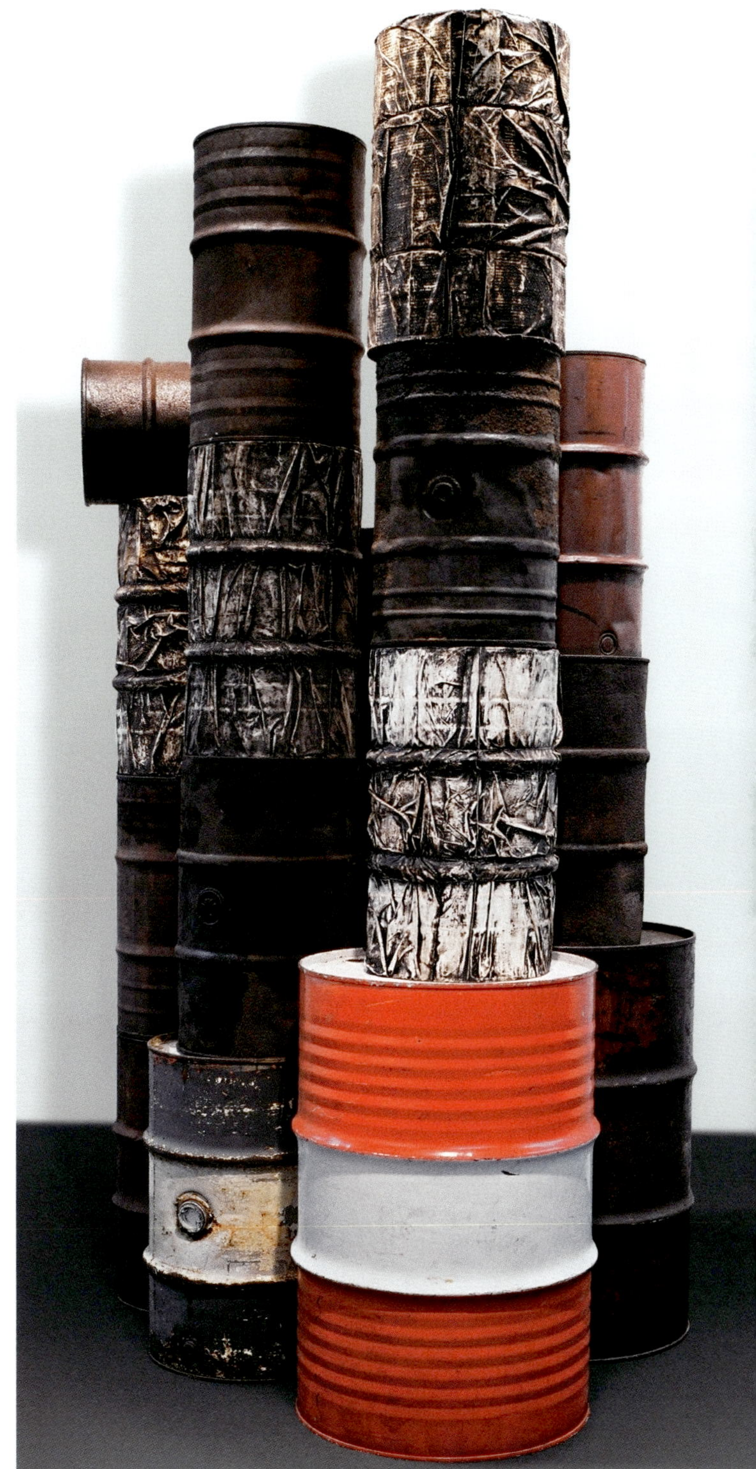

*Opposite:*
**Décembre Inventaire
Suspendu**
Drawing 1960:
32.5 x 18 cm (12 ¾ x 7 ⅛″)
Pencil on paper
*Photo: Eeva-Inkeri*

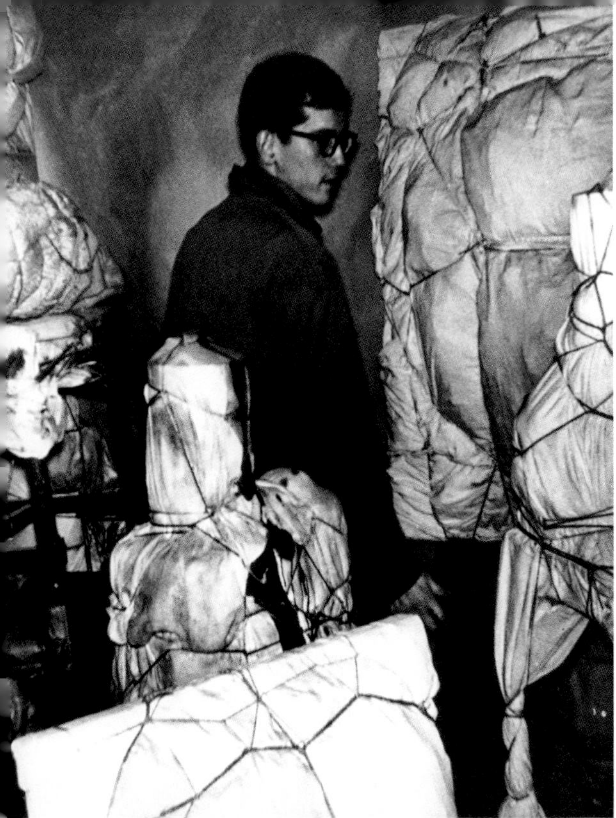

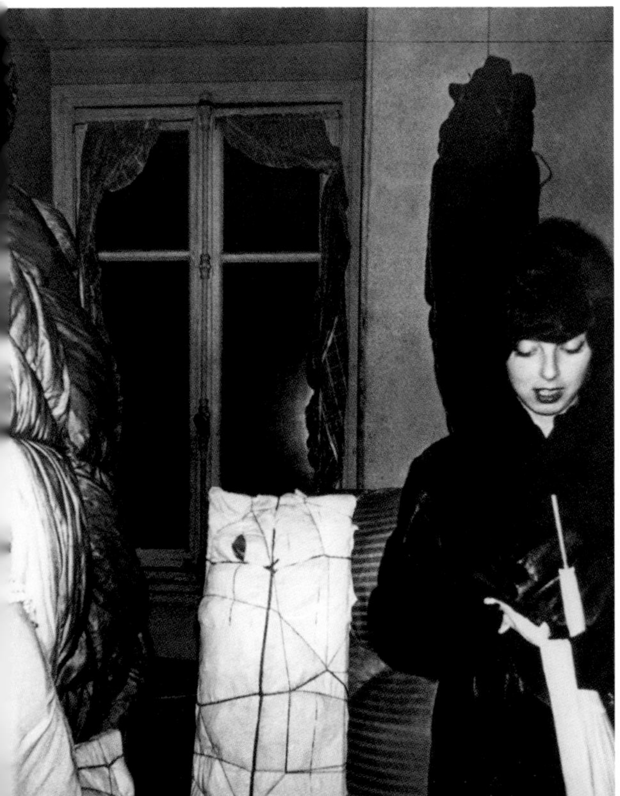

*Left:* **1961**, Paris. Christo in his studio. Center, partially hidden, *Package on a Table 1961*, now in the collection of the Centre Pompidou, Paris. In front of Christo's face, *Package 1961,* now in the collection of the Kröller-Müller Museum, Otterlo, the Netherlands.

*Links:* **1961**, Paris. Christo in seinem Atelier. In der Mitte, teilweise verdeckt, *Package on a Table 1961*, heute in der Sammlung des Centre Pompidou, Paris. Vor Christos Gesicht *Package 1961*, heute in der Sammlung des Kröller-Müller Museums, Otterlo, Niederlande.

*À gauche:* **1961**, Paris. Christo dans son atelier. Au centre, partiellement caché, *Package on a Table 1961*, qui fait aujourd'hui partie des collections du Centre Pompidou, Paris. Devant le visage de Christo, *Package 1961*, aujourd'hui dans les collections du musée Kröller-Müller, Otterlo, Pays-Bas.

*Bottom:* **1961**, Jeanne-Claude in Christo's studio, 14 rue de Saint-Senoch, Paris.

*Unten:* **1961**, Jeanne-Claude in Christos Atelier, Rue de Saint-Senoch 14, Paris.

*En bas:* **1961**, Jeanne-Claude dans l'atelier de Christo, 14, rue de Saint-Senoch, Paris.

*Photos: Jean-Jacques Lévèque*

The first time Christo had shown Jeanne-Claude his seventh-floor studio, no elevator, the experience was memorable for her. The old French stairway lights were on a timer. The "minuterie" was turning off the light every three minutes; you then had to find and push a button in the stairway to get three more minutes of light. As Christo was opening the door, the lights went off but Jeanne-Claude had time to see a room filled with packages, from floor to ceiling. Jeanne-Claude, then, knew Christo only through the portraits he was painting for the Guillebon family. Knowing nothing about contemporary art, Jeanne-Claude got scared. In 1958, when they met, Christo understood that Jeanne-Claude was not knowledgeable about modern art. Patiently, he first took her to the Louvre, then to modern art galleries, and by the time she had been to contemporary art galleries, she was able to appreciate Christo's *Packages*.

Als Christo Jeanne-Claude zum ersten Mal sein Atelier
im siebten Stock ohne Fahrstuhl zeigte, war das für sie
eine unvergessliche Erfahrung. Die alten französischen
Treppenhauslampen waren mit einer Zeitschaltuhr so
eingestellt, dass alle drei Minuten das Licht ausging.
Man musste dann einen Schalter suchen und drü-
cken, um für weitere drei Minuten Licht zu haben. Als
Christo die Tür öffnete, ging das Licht gerade aus, doch
Jeanne-Claude konnte noch einen Raum erkennen, der
vom Boden bis zur Decke mit Paketen angefüllt war.
Jeanne-Claude kannte Christo damals nur durch die
Porträts, die er von der Familie Guillebon gemalt hatte.
Da sie nichts über zeitgenössische Kunst wusste, bekam
Jeanne-Claude Angst. Bei ihrem Kennenlernen 1958
wurde Christo klar, dass Jeanne-Claude keine Kennt-
nisse über moderne Kunst hatte. Geduldig nahm er
sie zuerst in den Louvre und dann in Galerien für
moderne Kunst mit, und danach war sie auch in der
Lage, Christos *Packages* zu schätzen.

La première fois que Christo montra à Jeanne-Claude
son atelier situé au 7ᵉ étage sans ascenseur, l'expérience
fut mémorable pour elle. L'éclairage vétuste des escaliers
était réglé par une minuterie qui s'éteignait toutes les
trois minutes ; il fallait alors trouver le bouton dans
l'escalier pour obtenir trois minutes de lumière supplémentaires. Au moment où Christo ouvrit la porte, la
lumière s'éteignit, mais Jeanne-Claude eut le temps de
voir l'atelier rempli d'empaquetages du sol au plafond.
Jeanne-Claude ne connaissait alors Christo que par les
portraits qu'il avait peints pour la famille Guillebon.
Ignorant tout de l'art contemporain, elle fut affolée.
En 1958, quand ils se rencontrèrent, Christo comprit
que Jeanne-Claude n'avait aucune connaissance de l'art
moderne. Patiemment, il l'emmena d'abord au Louvre,
puis dans des galeries d'art moderne, et lorsqu'elle fut
familiarisée avec les galeries d'art contemporain, elle put
apprécier les *Empaquetages* de Christo.

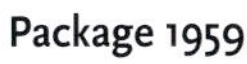

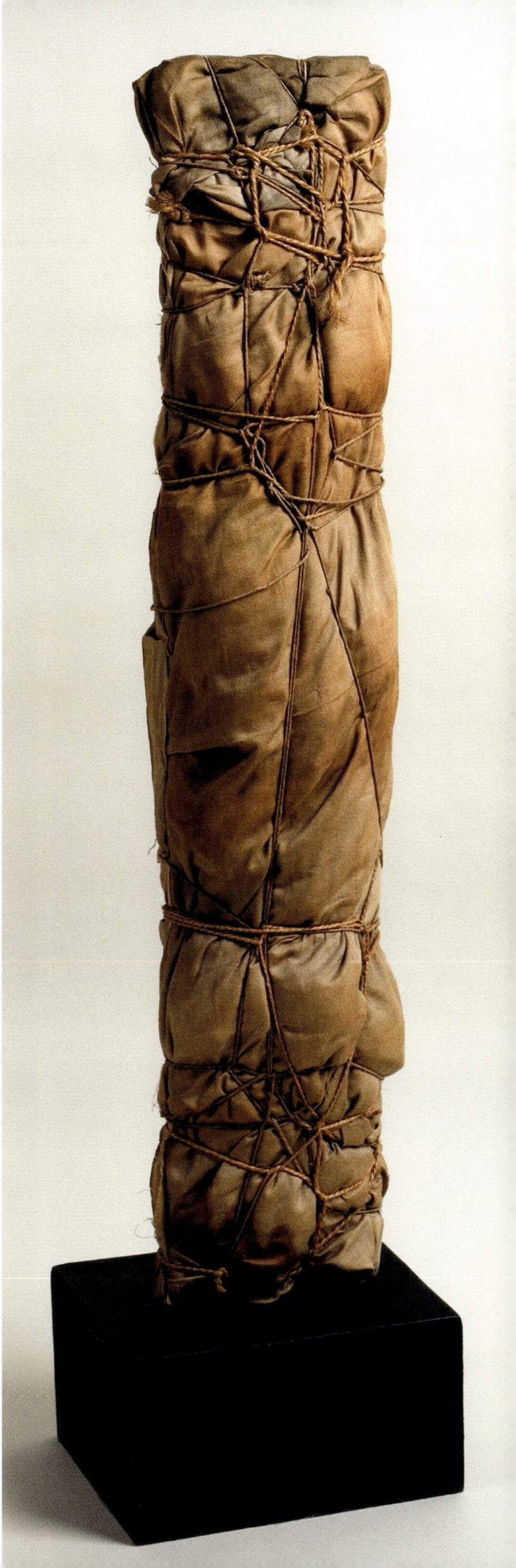

**Package 1959**
100 x 19 x 17 cm (39 ⅜ x 7 ½ x 6 ¾")
Fabric, twine, rope, on wooden base made by the artist
Collection Denyse Durand-Ruel, France

**Package 1960**
50 x 21 x 18 cm (19 ¾ x 8 ¼ x 7 ⅛")
Embroidered cotton tablecloth and ropes,
on wooden base made by the artist
*Photo: Raymond de Seynes*

**Package 1960**
75 x 34.3 x 20.2 cm (29 ½ x 13 ½ x 8")
Fabric, rope, and twine
Museum of Contemporary Art San Diego,
La Jolla, California, Bequest of David C. Copley
*Photo: Eeva-Inkeri*

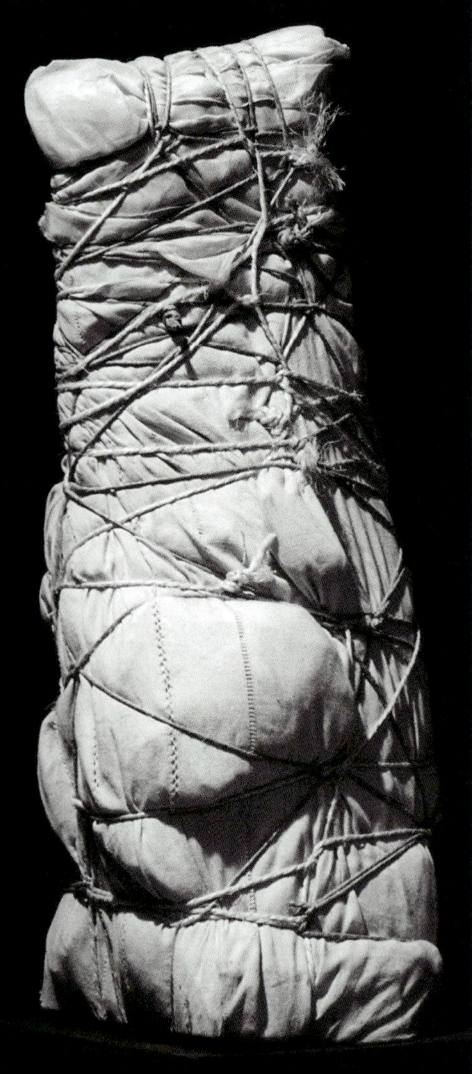

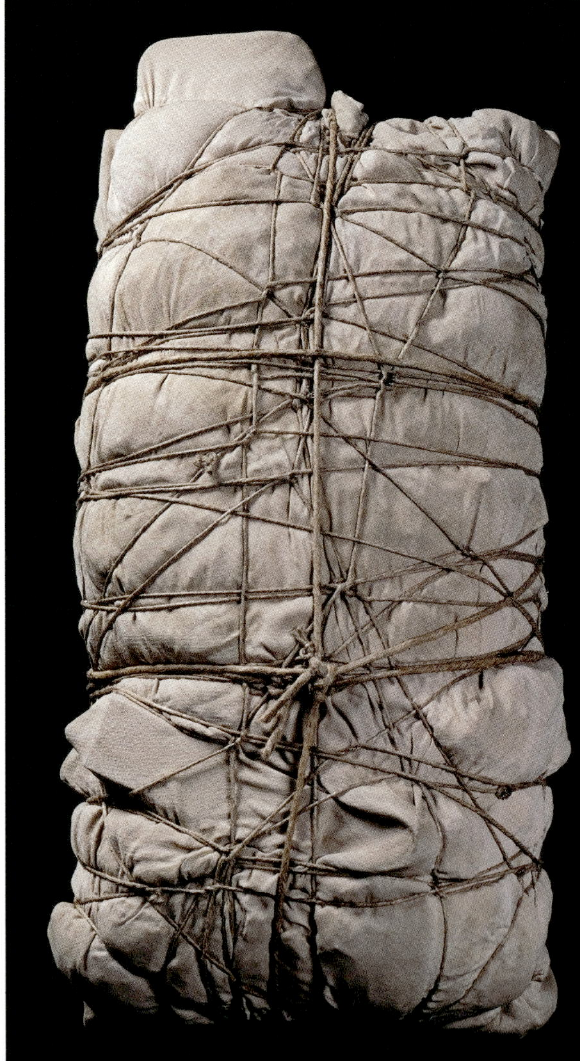

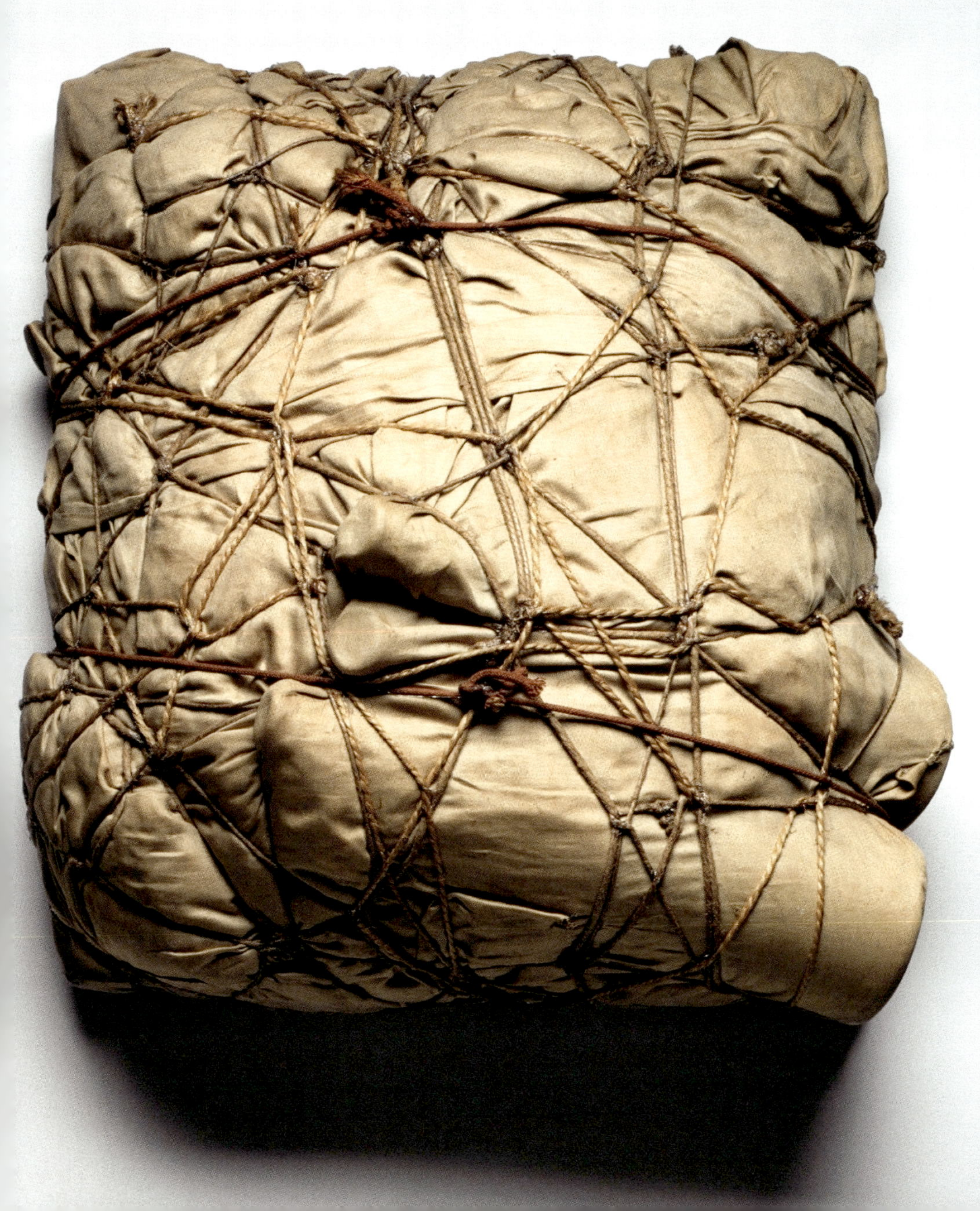
**Package 1961**  45.7 x 41.9 x 16.5 cm (18 x 16 ½ x 6 ½″). Fabric, rope, twine, cord, and board
National Gallery of Art, Washington, D.C., USA. Gift of Dorothy and Herbert Vogel
*Photo: Ricardo Blanc*

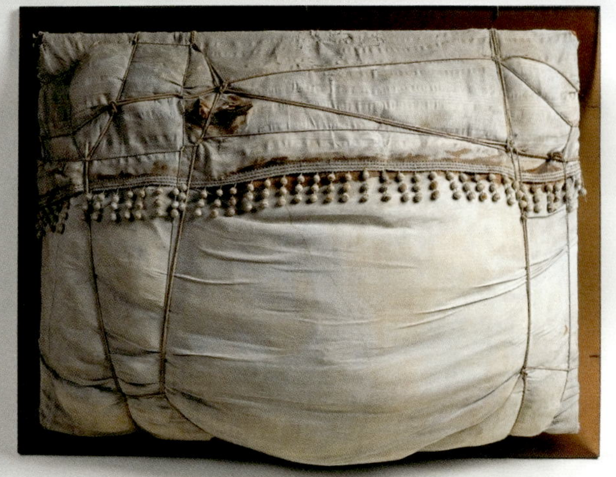

**Package 1961**
56 x 90 x 27 cm (22 x 35 ½ x 10 ⅝″)
Two types of fabric, rope, and tassels,
mounted on wooden support
Collection Luisella Zignone, Biella, Italy

*Opposite:*
**Package 1961**
130 x 180 x 33 cm (51 ¼ x 70 ⅞ x 13″)
Fabric, rope, twine, and board
Kröller-Müller Museum, Otterlo, the
Netherlands (former Visser Collection)
*Photo: Courtesy Kröller-Müller Museum*

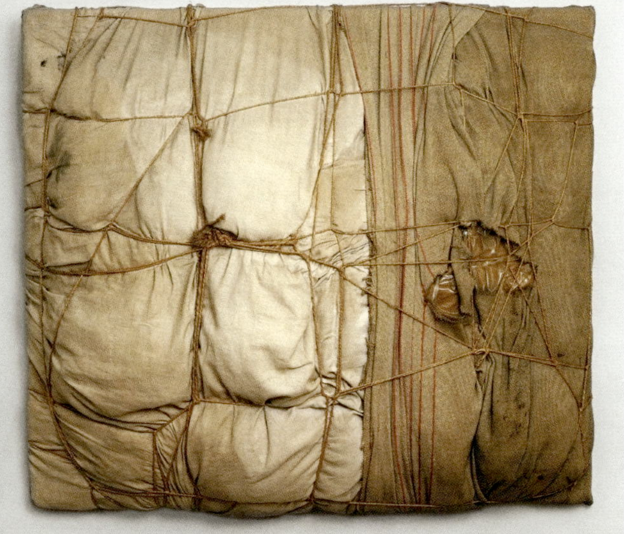

**Package 1961**
91.5 x 78.7 x 20.2 cm (31 x 36 x 8″)
Fabrics, polyethylene, rope, and board
Collection Jeanette Bonnier, Stockholm,
Sweden

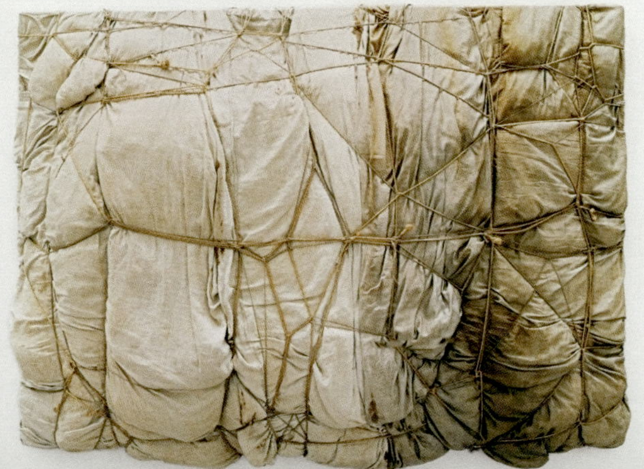

*Left:*
**Package 1961**
94 x 67 x 17 cm (37 x 26 ⅜ x 6 ¾″)
Mounted on board: 115 x 81 cm (45 ¼ x 32″)
Fabric, polyethylene, rope, twine,
and board, mounted on board
Stedelijk Museum, Amsterdam,
the Netherlands
*Photo: Courtesy Stedelijk Museum*

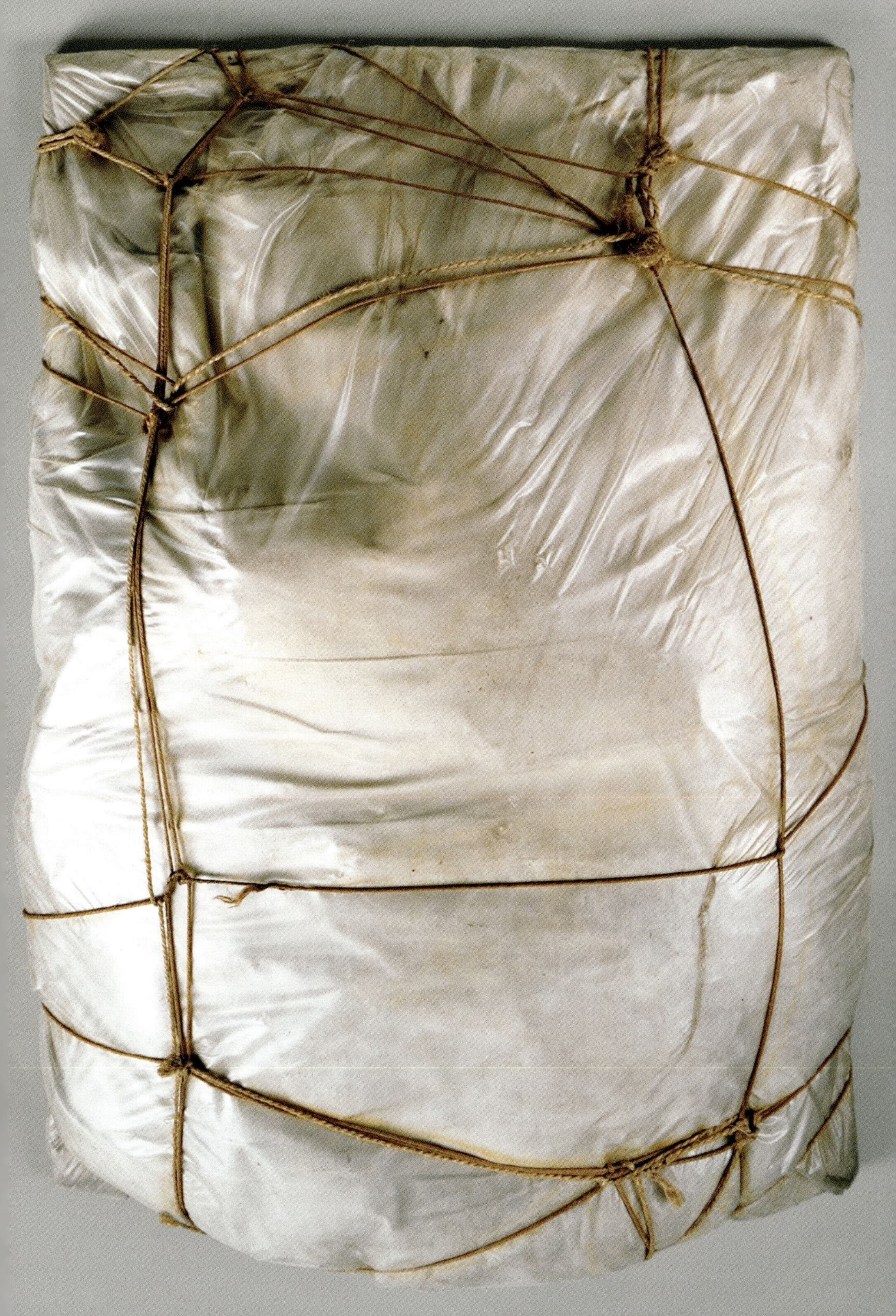

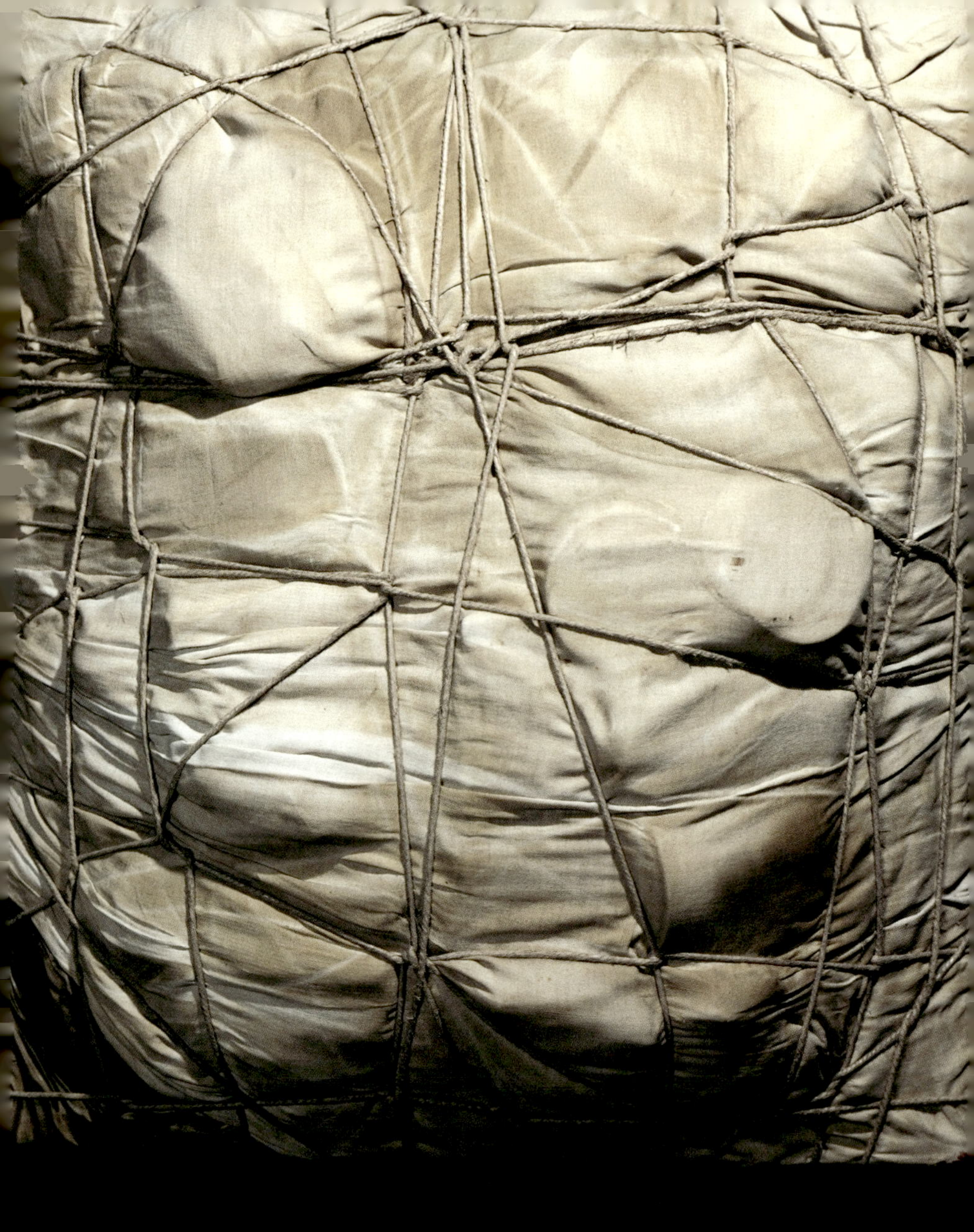

**Package 1961**  73.7 x 62.8 x 20.3 cm (29 x 24 ¾ x 8″). Fabric, rope, and board
Smithsonian American Art Museum, Washington, D.C., USA   *Photo: Fong Juhori*

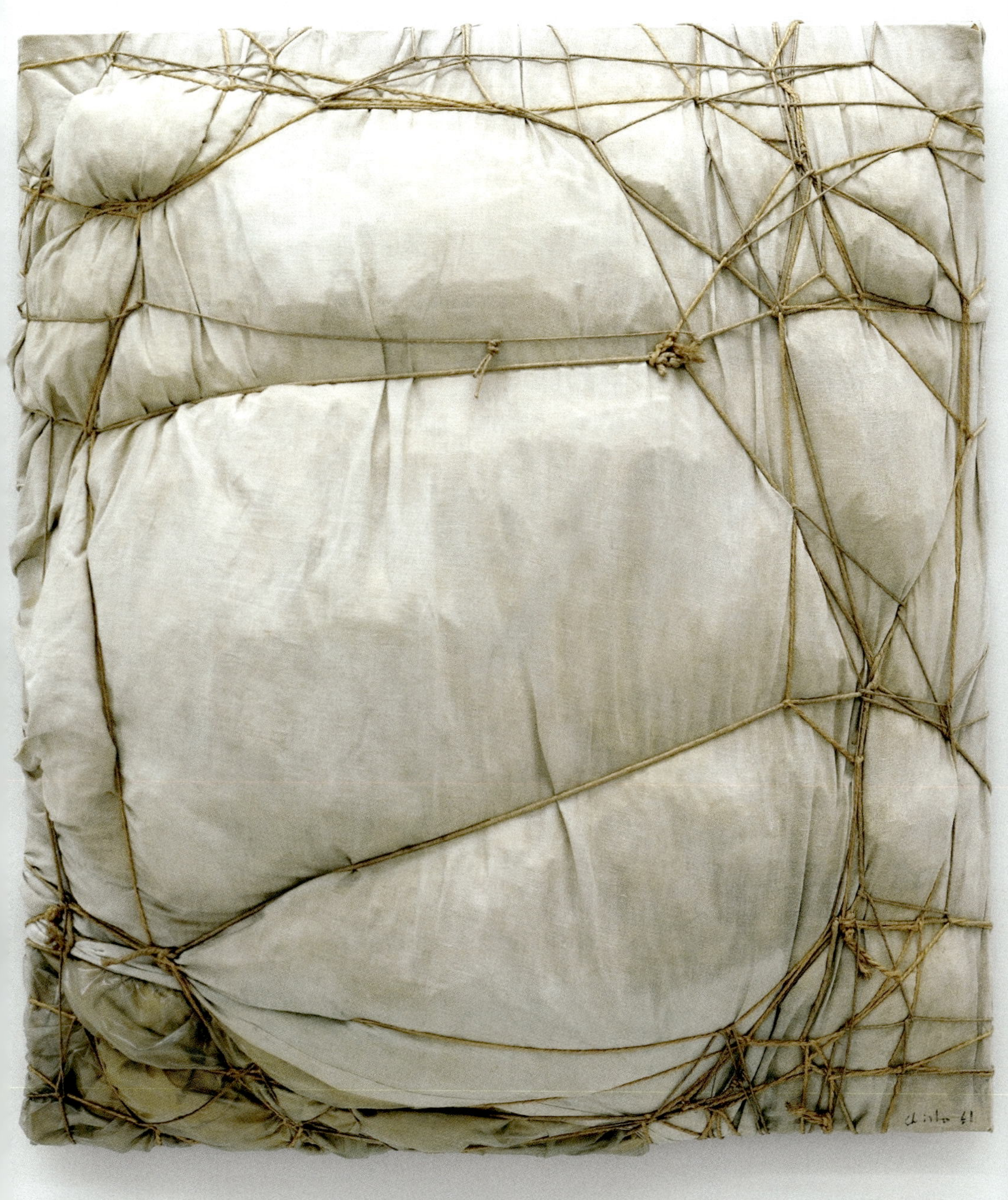

**Package 1961**  84.2 x 76.6 x 19.1 cm (33⅛ x 30⅛ x 7½″). Fabric, polyethylene, rope, and board
Glenstone Collection, Potomac, Maryland, USA.  *Photo: Eeva-Inkeri*

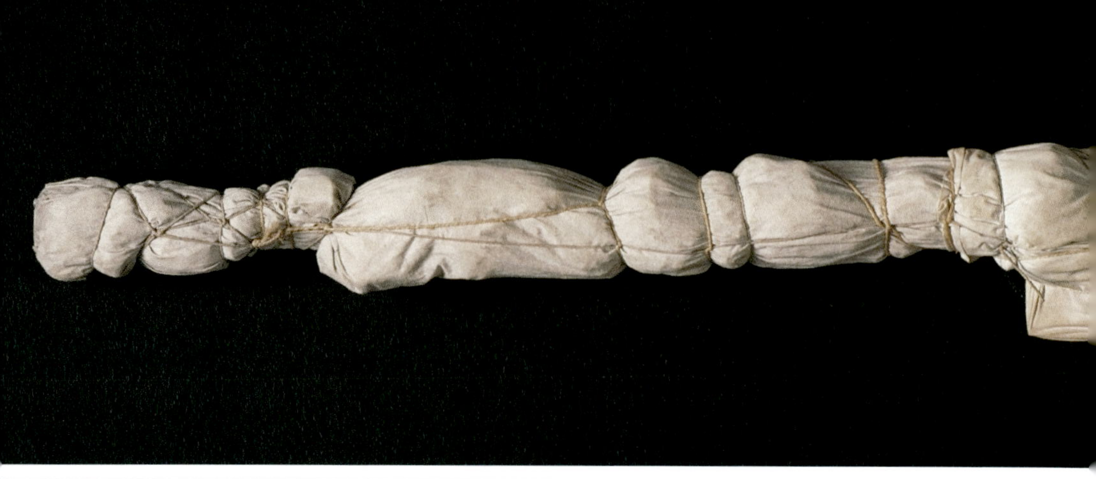

**Package 1961**  94 x 71 x 30.5 cm (37 x 28 x 12″). Fabric, polyethylene, rope, and board

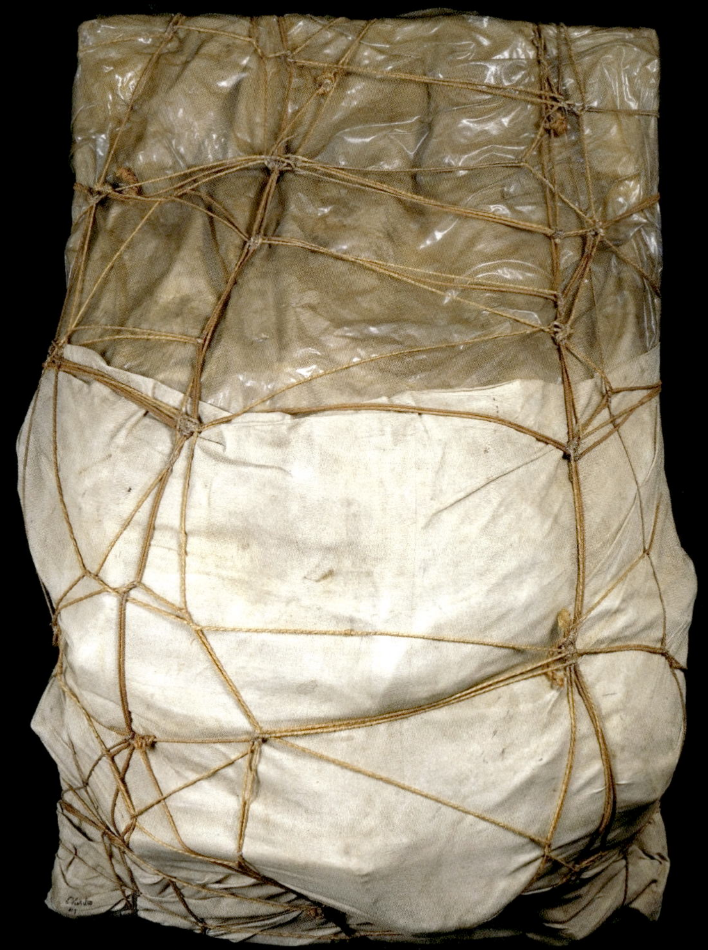

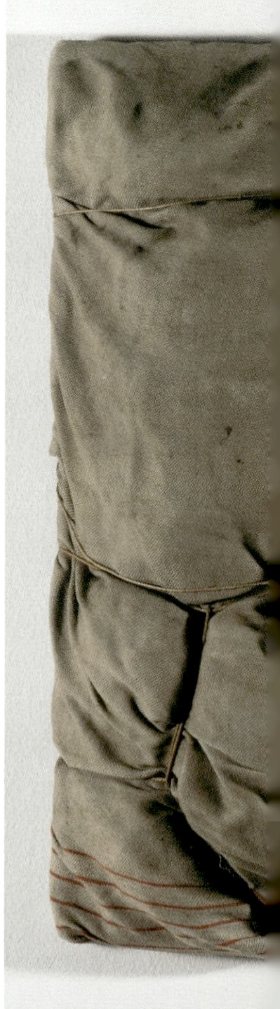

**Package 1961** 25 x 202 x 12 cm (9⅞ x 79⅞ x 4¾"). Fabric, rope, twine, and wood
Würth Collection, Künzelsau, Germany. *Photo: Christian Bauer*

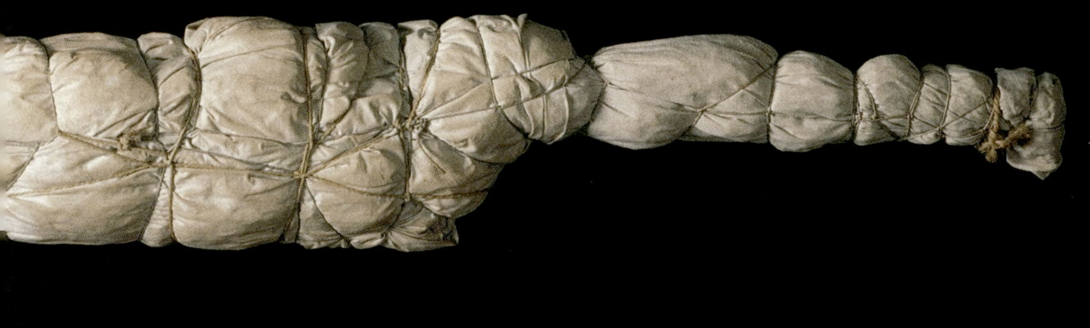

**Package 1961**  84 x 137 x 20.3 cm (33 x 54 x 8"). Fabric, rope, and board. The Museum of Modern Art, New York, USA

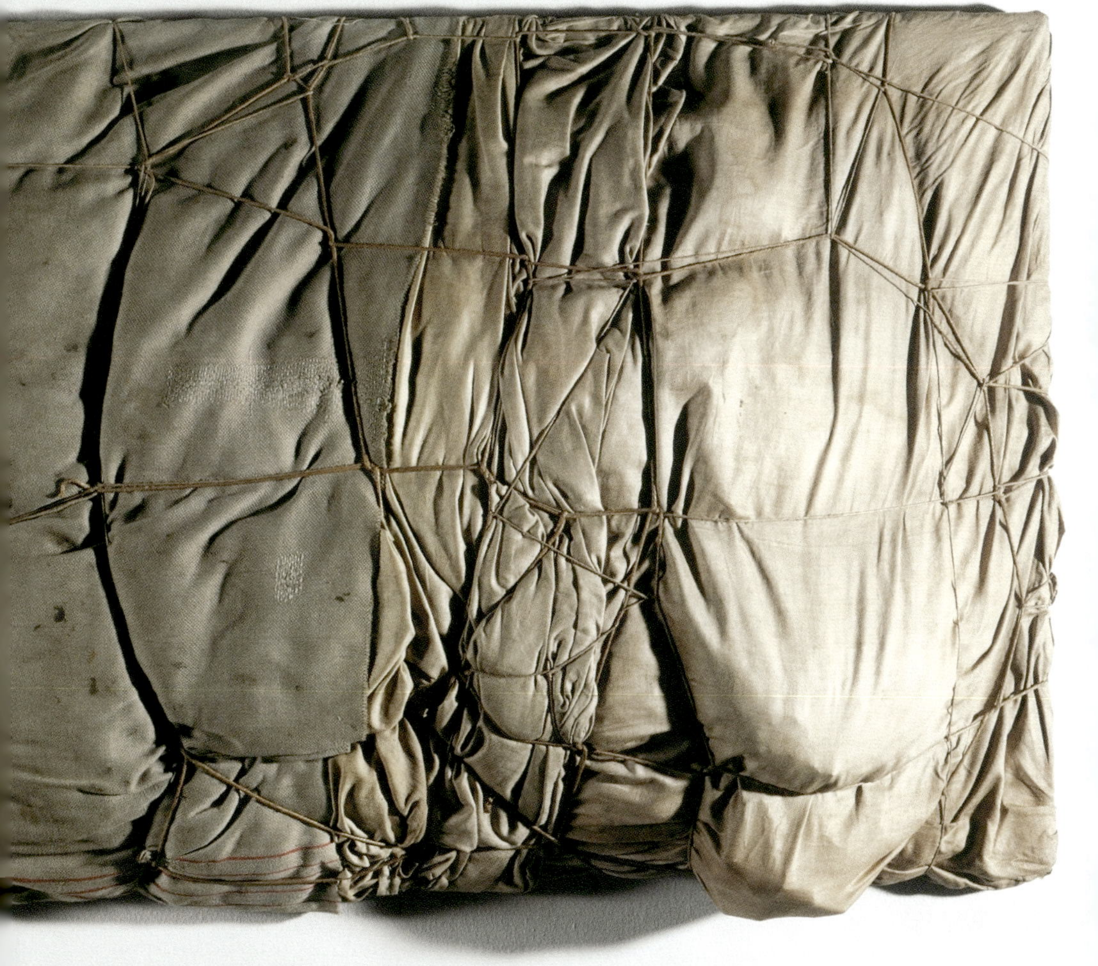

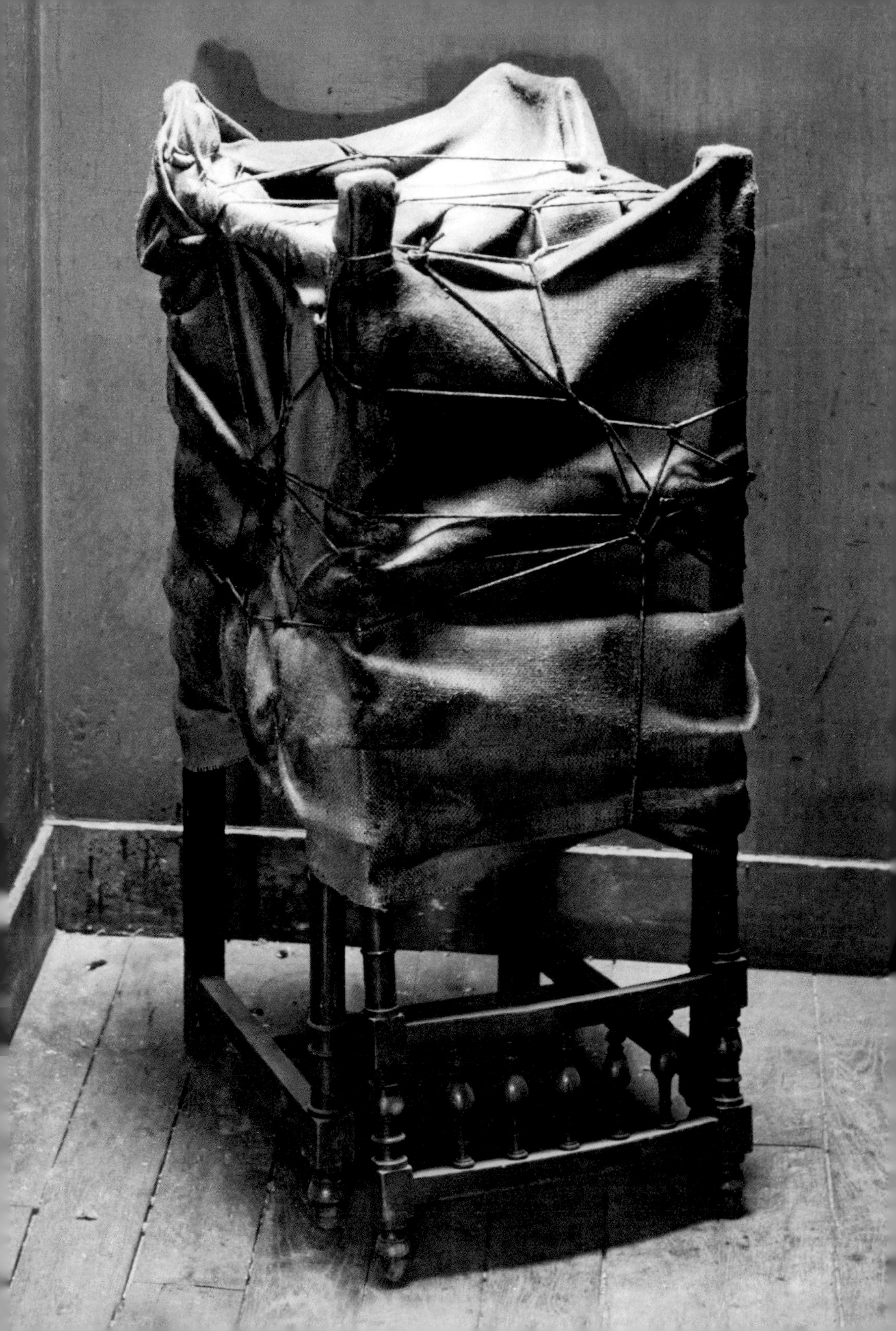

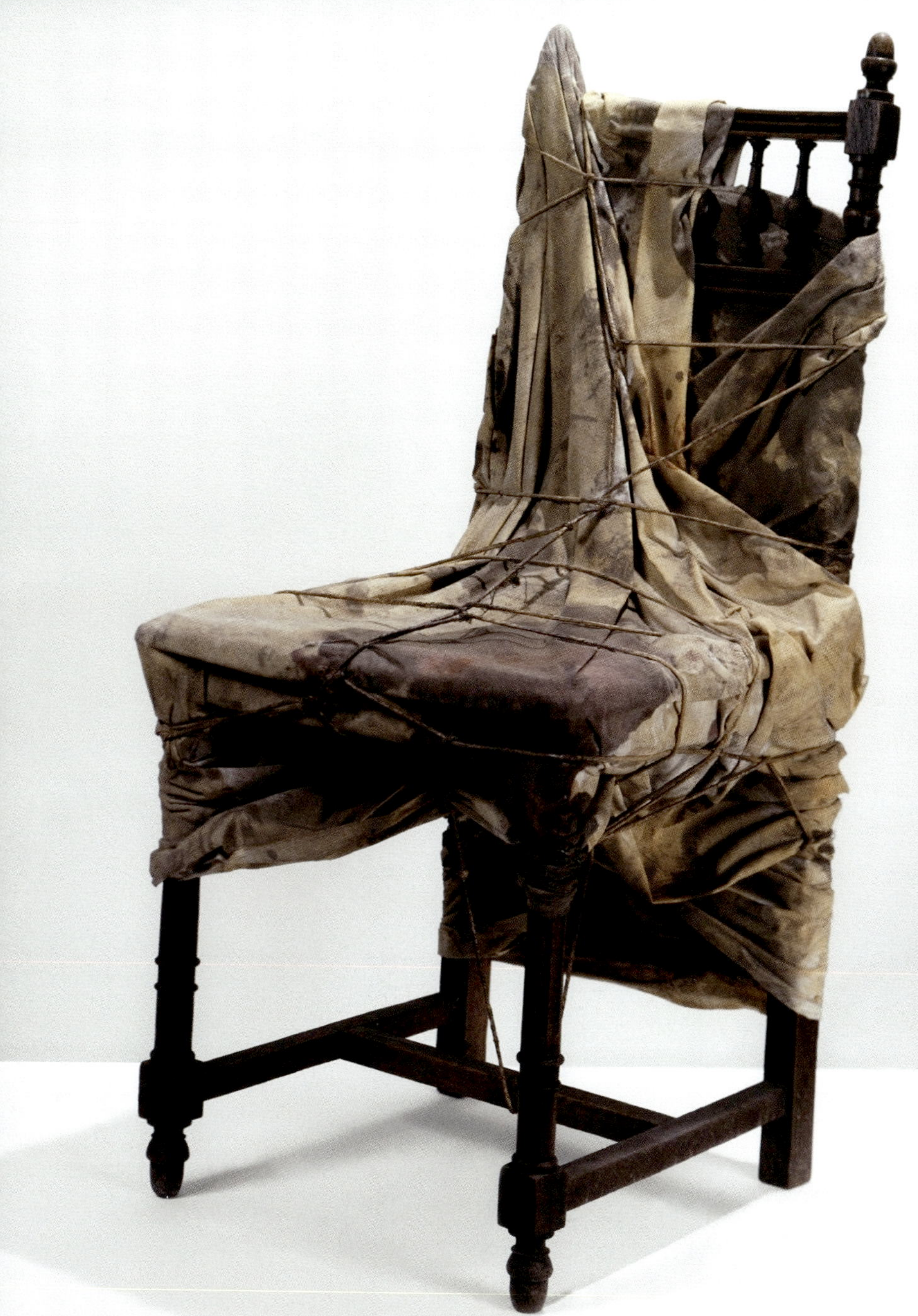

*Opposite:*
**Two Wrapped Chairs 1961**
90 x 42.5 x 44 cm (35 ½ x 16 ¾ x 17 ⅜″). Two chairs,
burlap, rope, and lacquer. Private collection
*Photo: Raymond de Seynes*

**Wrapped Chair 1961**
90 x 42.5 x 44 cm (35 ½ x 16 ¾ x 17 ⅜″)
Chair, fabric, rope, enamel paint, and lacquer
The Cleveland Museum of Art. Gift of Agnes Gund
*Photo: Eeva-Inkeri*

**Wrapped Night Table 1960**  94 x 40 x 33 cm (37 x 15¾ x 13″). Fabric, rope, twine, and wooden night table. Private collection. *Photo: Eeva-Inkeri*

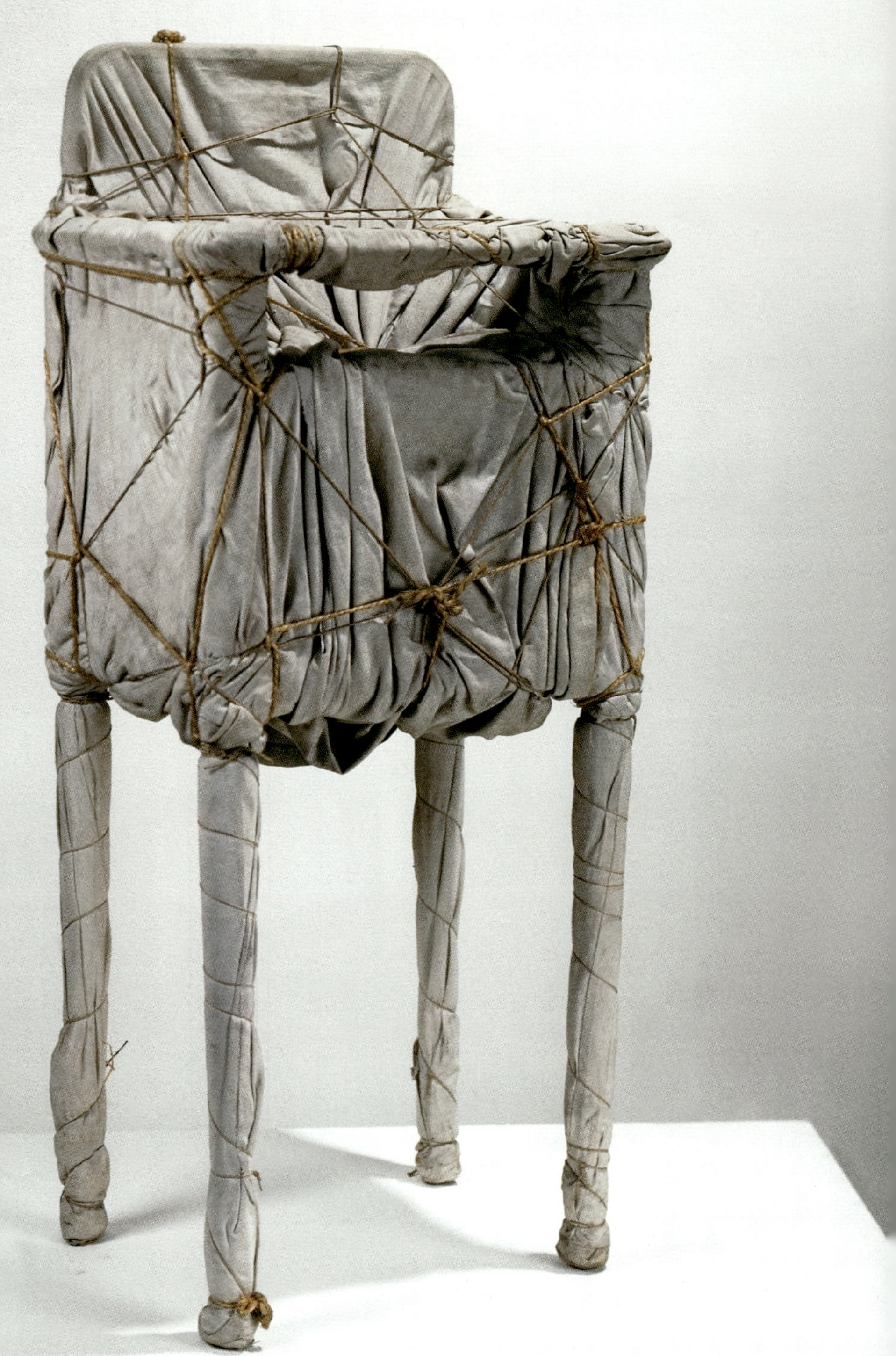

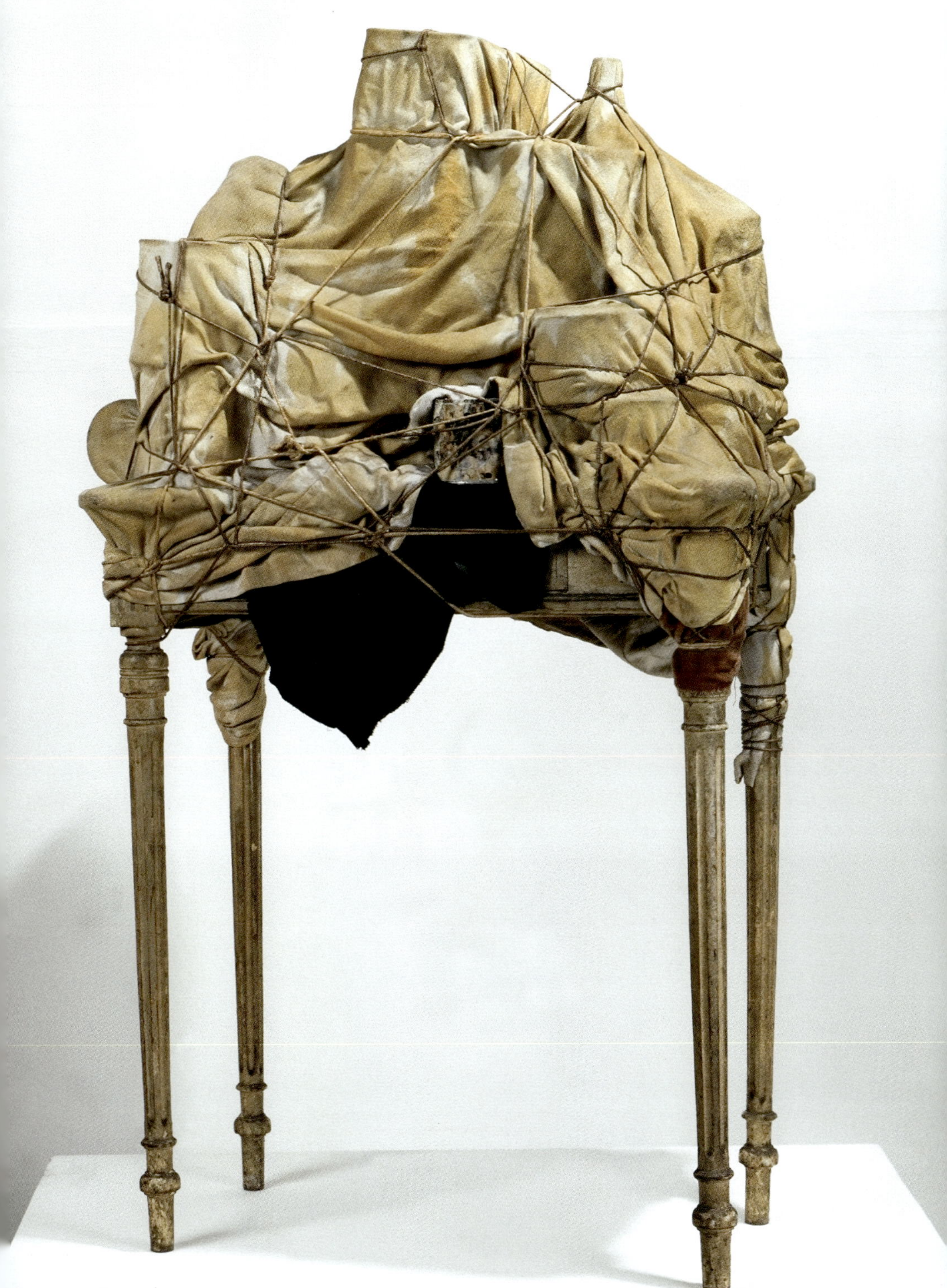

**Package on a Table 1961**  124 x 61.5 x 30 cm (48¾ x 24¼ x 11¾"). Wooden table, three types of fabric, twine, rope, lacquer, and can. Würth Collection, Künzelsau, Germany

**Package 1961**  84 x 165 x 35 cm (33⅛ x 65⅛ x 13¾″). Fabric, polyethylene, rope, and twine.  *Photo: Eeva-Inkeri*

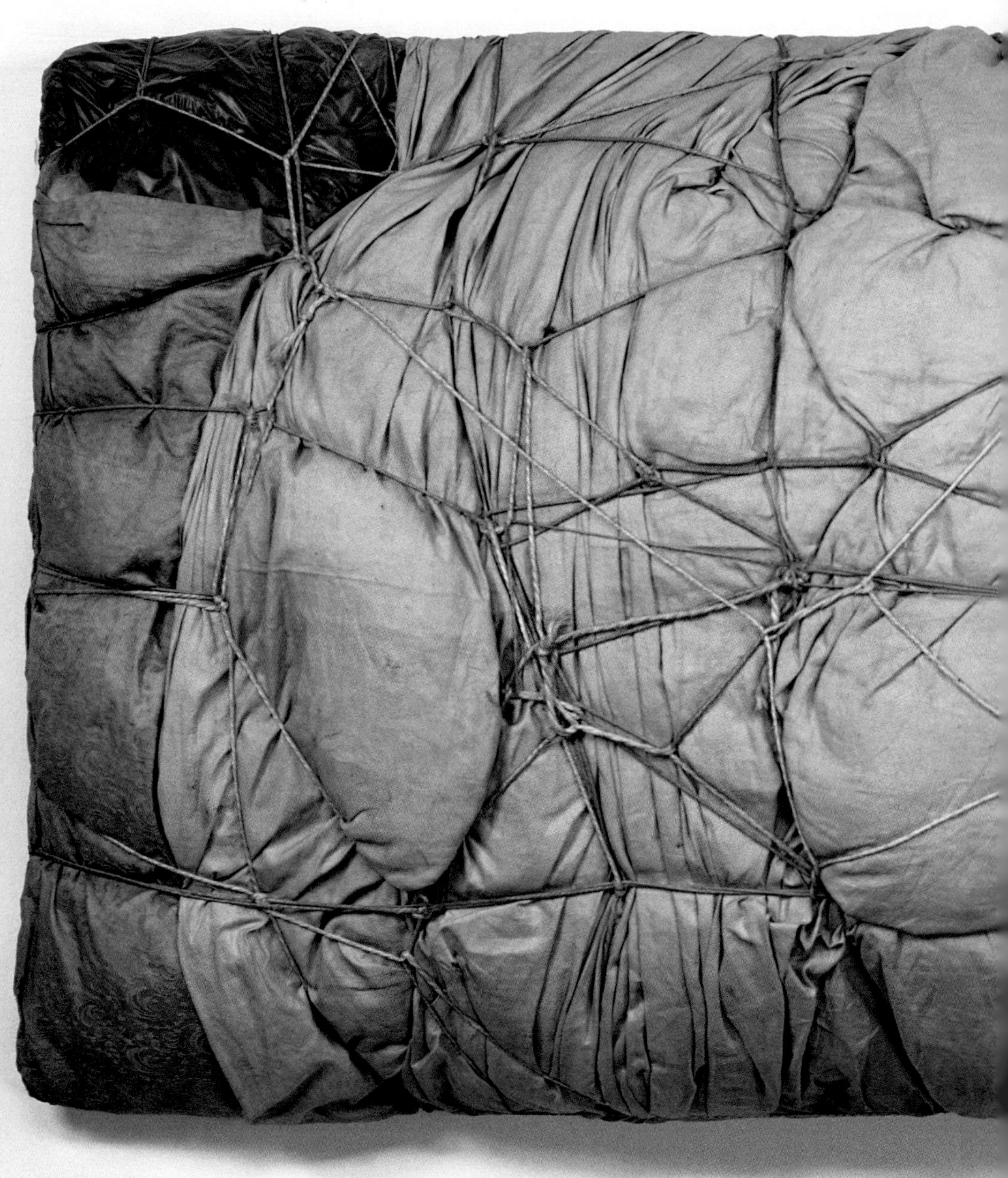

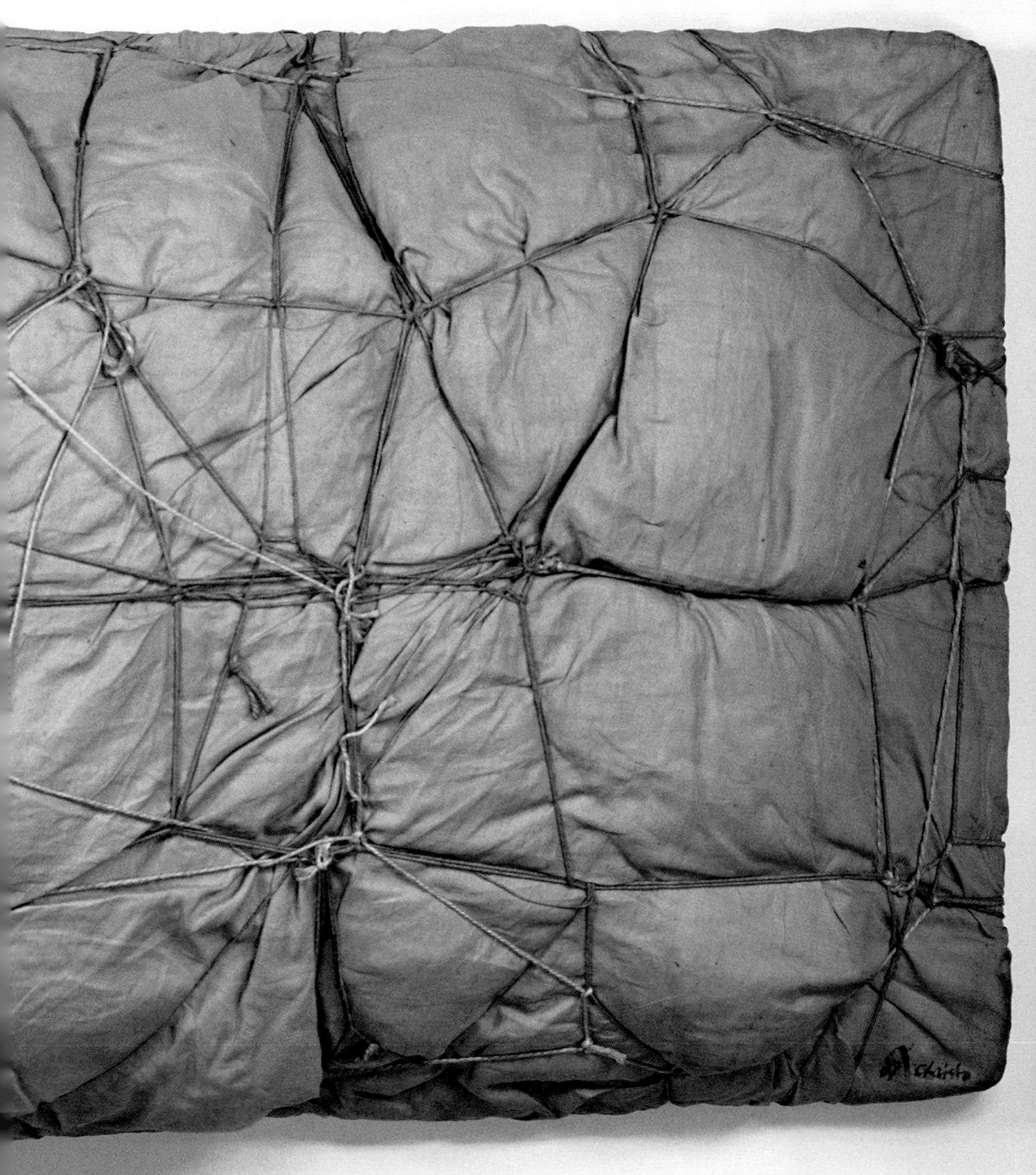

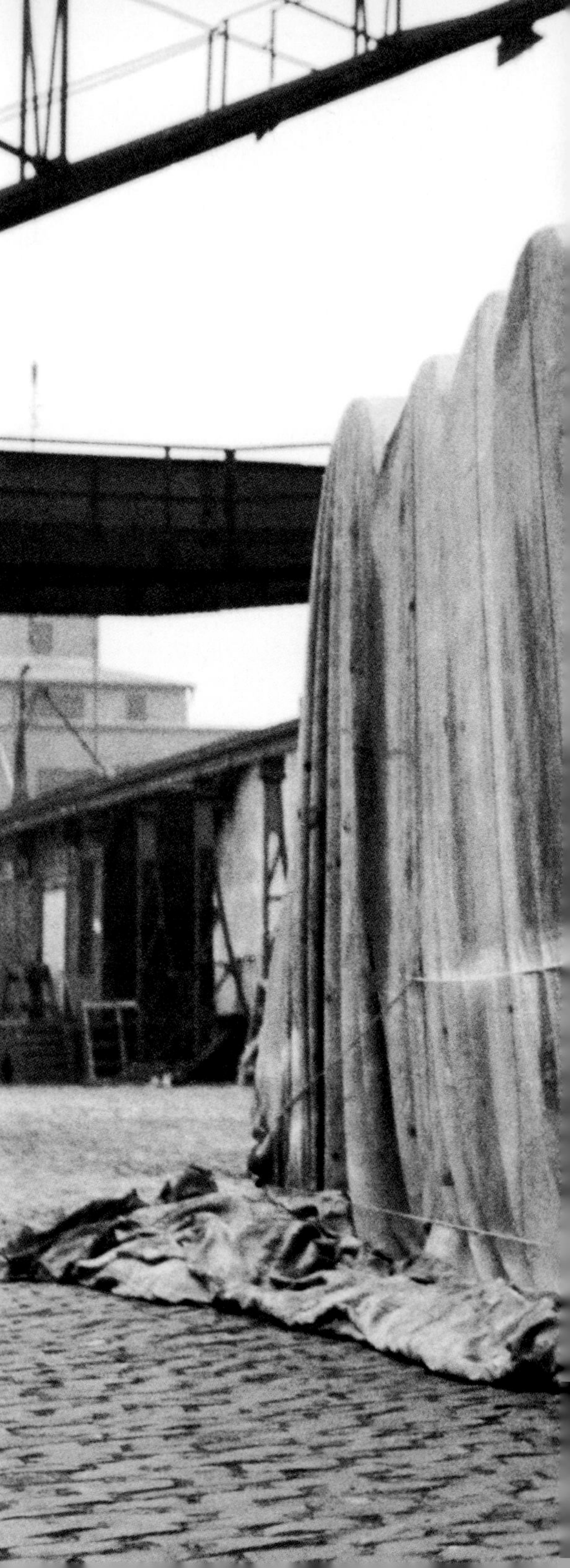

## Dockside Packages, Cologne Harbor, 1961 (Detail)

At the same time as Christo's first personal exhibition at the Galerie Haro Lauhus in Cologne in 1961, Christo and Jeanne-Claude created their first temporary outdoor environmental work of art. For the *Dockside Packages*, the artists used several stacks of oil barrels and large rolls of industrial paper, covering them with tarpaulins, which they secured with ropes. With the permission of the Port Authority, all the materials were borrowed from the dockworkers. *Dockside Packages* was composed of separate parts of various sizes, each approximately 5 x 2 x 10 meters (16.4 x 6.5 x 32.8 feet). The temporary work of art remained for two weeks.

Anlässlich Christos erster Einzelausstellung in der Galerie Haro Lauhus in Köln 1961 schufen Christo und Jeanne-Claude ihr erstes gemeinsames temporäres Projekt im Außenraum. Für die *Dockside Packages* verwandten die Künstler mehrere Stapel aus Ölfässern und große Rollen aus Industriepapier, die sie mit Persenningstoff bedeckten und mit Seilen sicherten. Mit Genehmigung der Hafenverwaltung wurden alle Materialien von den Hafenarbeitern ausgeliehen. *Dockside Packages* bestand aus mehreren separaten Teilen unterschiedlichen Ausmaßes mit einer ungefähren Größe von je 5 x 2 x 10 Metern. Das temporäre Kunstwerk blieb für zwei Wochen bestehen.

À l'époque où Christo présentait sa première exposition personnelle à la galerie Haro Lauhus, en 1961 à Cologne, Christo et Jeanne-Claude créèrent leur première œuvre d'art environnementale éphémère en plein air. Pour *Dockside Packages*, les artistes utilisèrent plusieurs empilements de barils de pétrole et de larges bandes de papier industriel, couvrant l'ensemble de bâches fixées par des cordes. Tous les matériaux furent empruntés aux dockers du port de Cologne avec l'autorisation des autorités portuaires. *Dockside Packages* était composé de plusieurs parties de différentes tailles mesurant chacune environ 5 x 2 x 10 mètres. Cette œuvre éphémère resta en place pendant deux semaines.
*Photo: Stefan Wewerka*

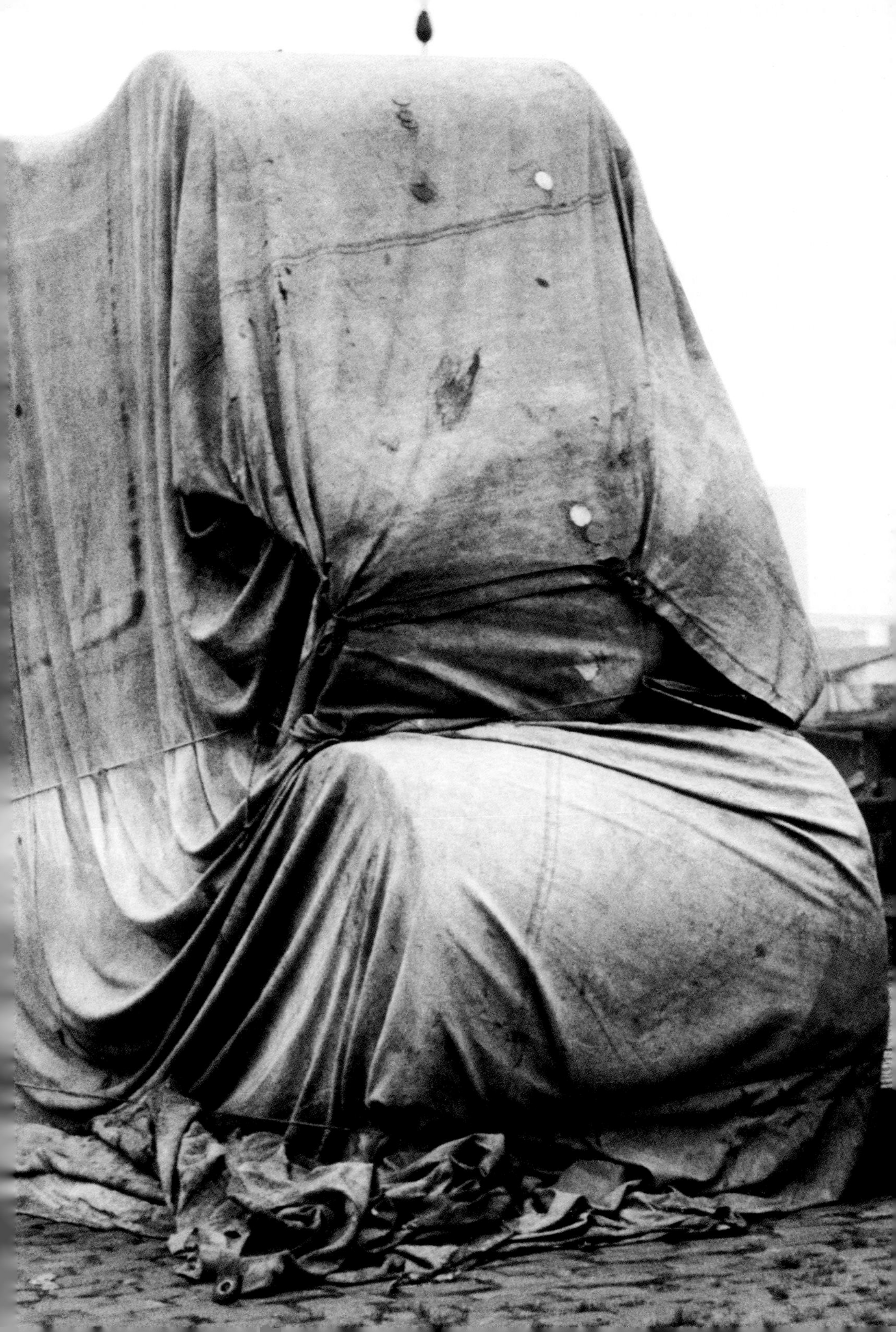

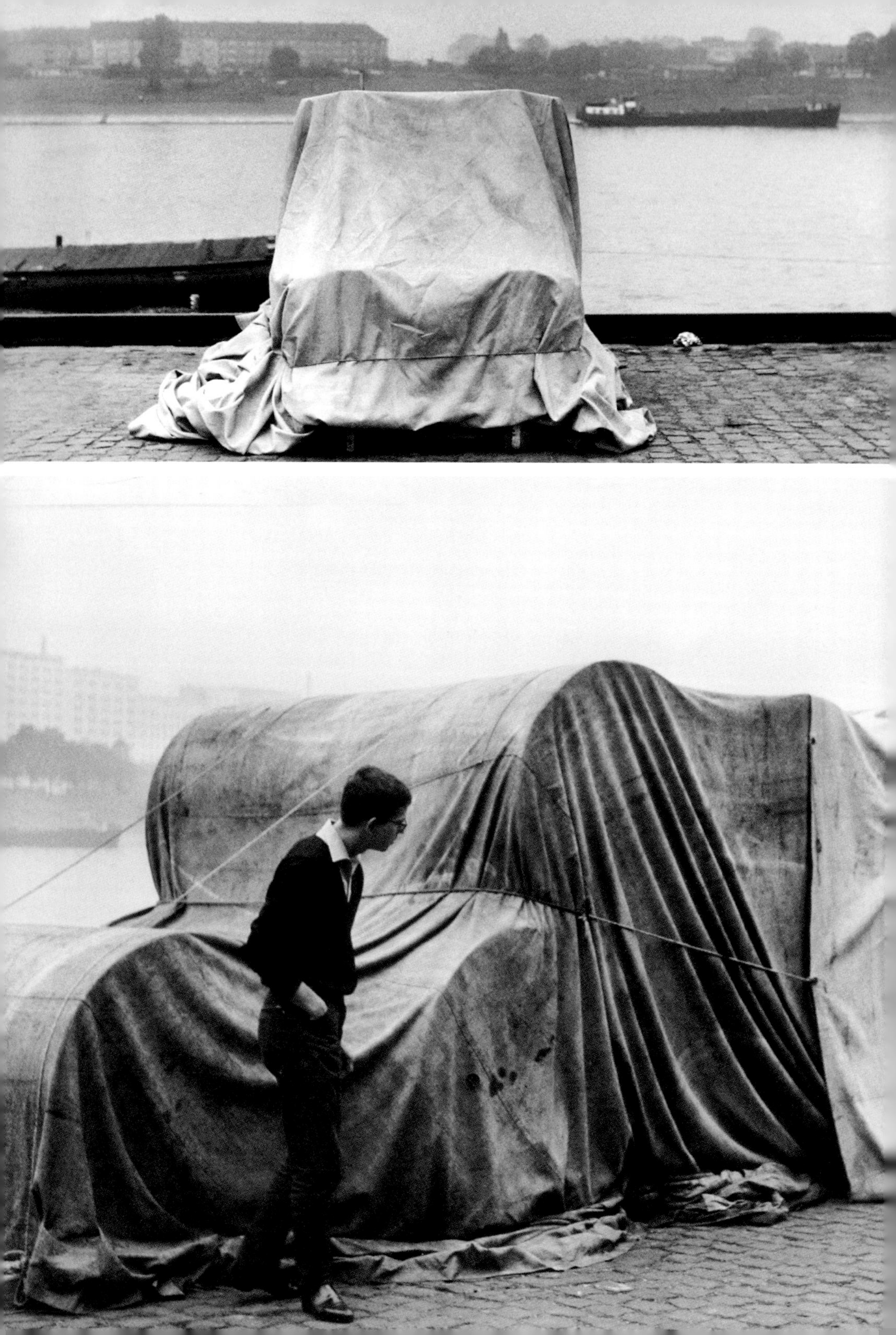

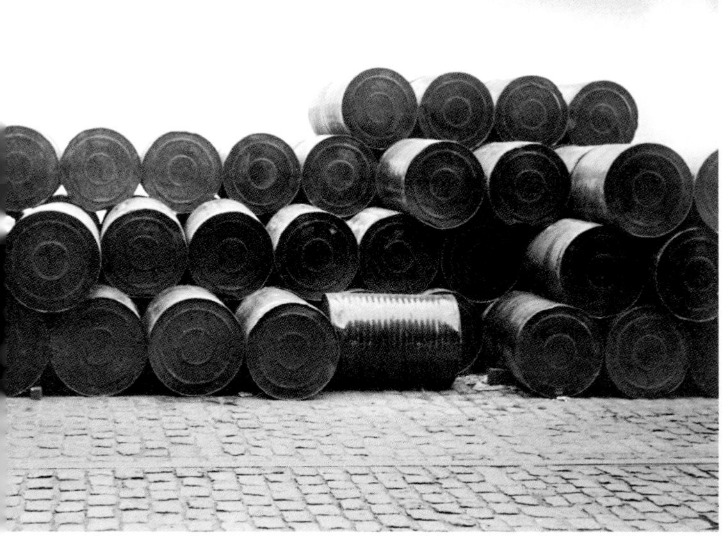

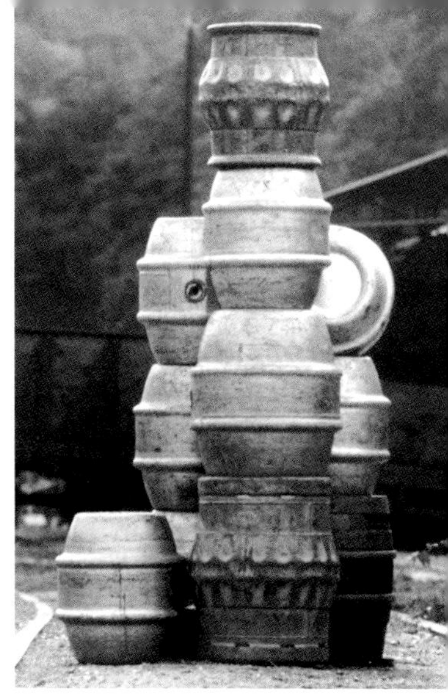



**Dockside Packages and Barrels Structures 1961**
Cologne Harbor, Germany. A temporary installation,
these works are no longer in existence.
*Photos: Stefan Wewerka*

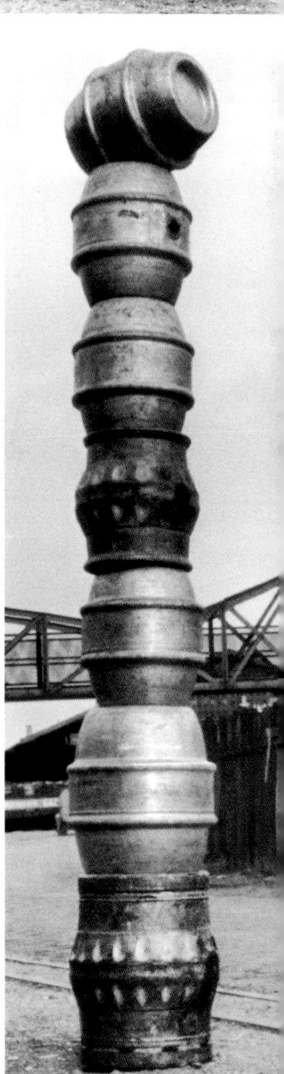

*Left:*

**Oil Barrels Column 1961**

On the street in front of the July/August 1961
exhibition at the Galerie Haro Lauhus,
Cologne, Germany. This work is no longer in
existence.

Auf der Straße vor der im Juli/August 1961
stattfindenden Ausstellung in der Galerie Haro
Lauhus, Köln. Dieses Werk existiert nicht mehr.

Dans la rue, devant l'exposition de juillet/
août 1961 présentée à la galerie Haro Lauhus,
Cologne, Allemagne. Cette œuvre n'existe plus.

*Photo: Stefan Wewerka*

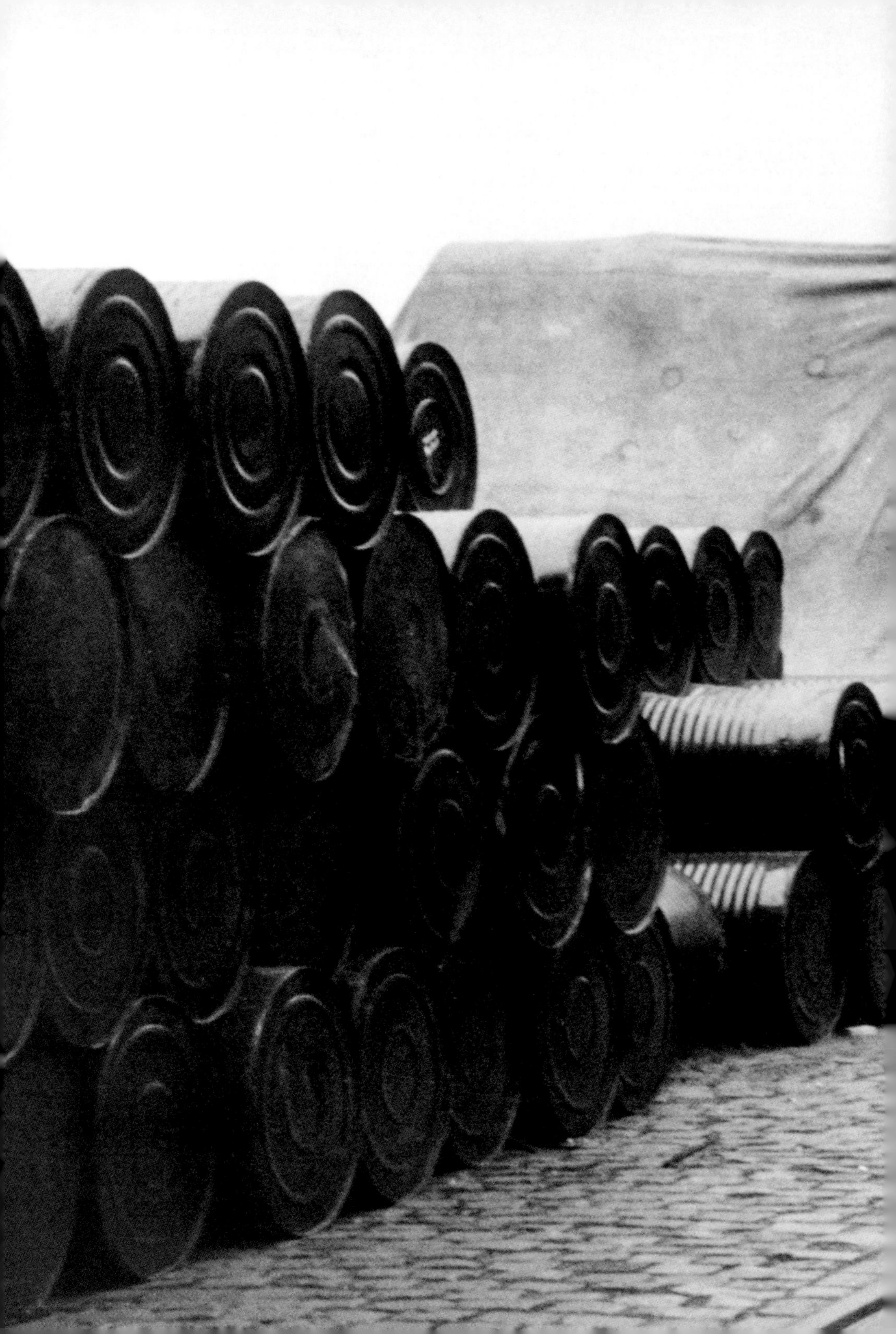

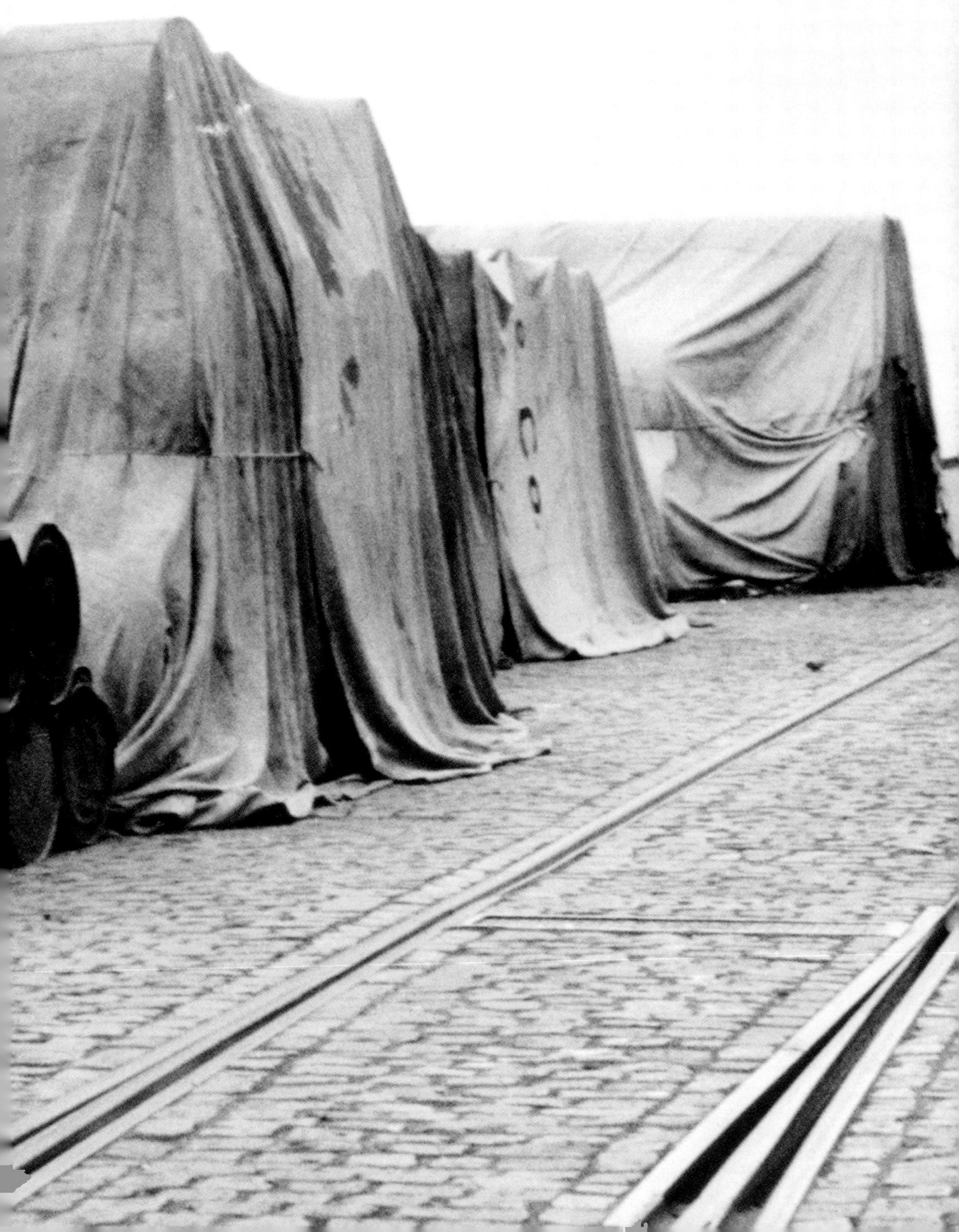

Dockside Packages, Cologne Harbor 1961 (Detail)
Photo: Stefan Wewerka

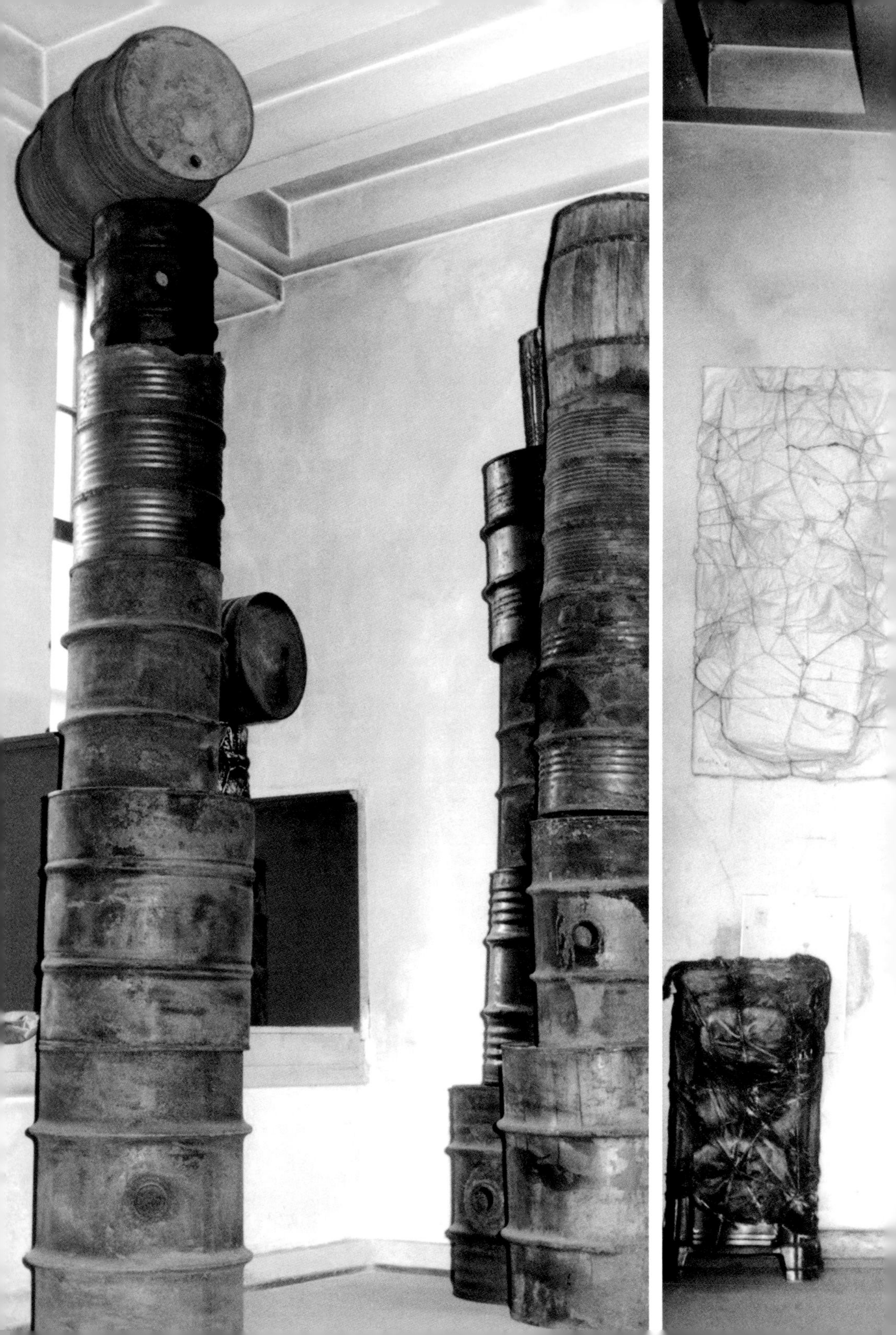

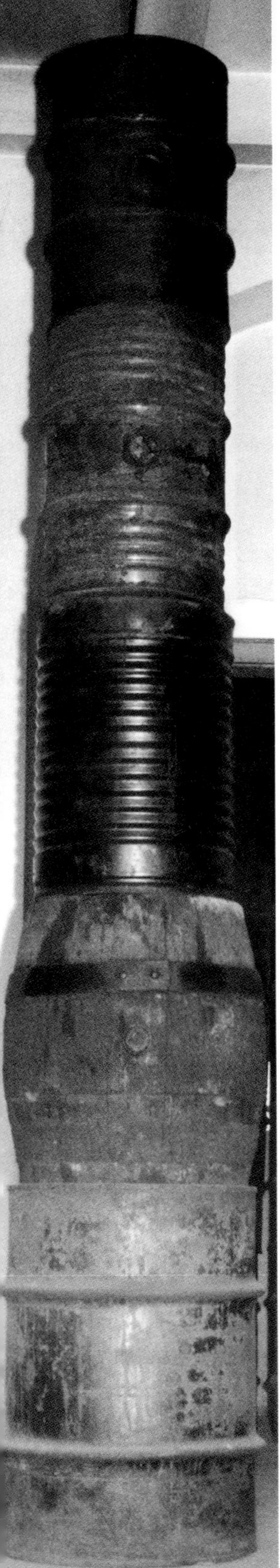



**Oil Barrels Structures June 1961**
Partial view of the exhibition at the
Galerie Haro Lauhus, Cologne, Germany
*Photo: Stefan Wewerka*

*Left:*

**Oil Barrels Structures June 1961**
Partial view of the exhibition at the
Galerie Haro Lauhus, Cologne,
Germany. On the wall, *Package 1961*.
Left, on the floor, *Wrapped Stove 1961*.

Teilansicht der Ausstellung in der
Galerie Haro Lauhus, Köln. An der
Wand *Package 1961*; links auf dem Boden
*Verhüllter Ofen 1961*.

Vue partielle de l'exposition à la galerie
Haro Lauhus, Cologne, Allemagne.
Au mur, *Empaquetage 1961* ; à gauche
au sol, *Four Empaqueté 1961*.

*Photo: Stefan Wewerka*

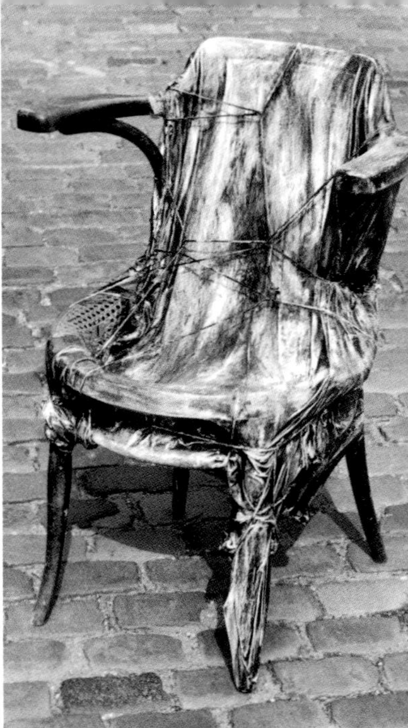

*Top right:*

**Wrapped Chair 1960**
81.3 x 48.2 x 45.7 cm (32 x 19 x 18″)
Wooden wicker armchair, fabric, lacquer paint, and rope. This work is lost.
*Photo: Stefan Wewerka*

*Below:*

**Package 1961**
Exhibited in 1961 at the Galerie Haro Lauhus, Cologne. Fabrics,
polyethylene, and ropes on wooden support.
A photograph of this work was used to create the 1961 photomontage
*Project for a Wrapped Public Building*. This work is lost.

Eine Fotografie dieses Werks wurde für die Fotomontage *Projekt für ein
verhülltes öffentliches Gebäude* verwendet. Dieses Werk ist verloren.

Une photographie de cette œuvre servit à créer le photomontage de 1961
*Projet d'un Édifice Public Empaqueté*. L'œuvre est aujourd'hui perdue.

*Photo: Stefan Wewerka*

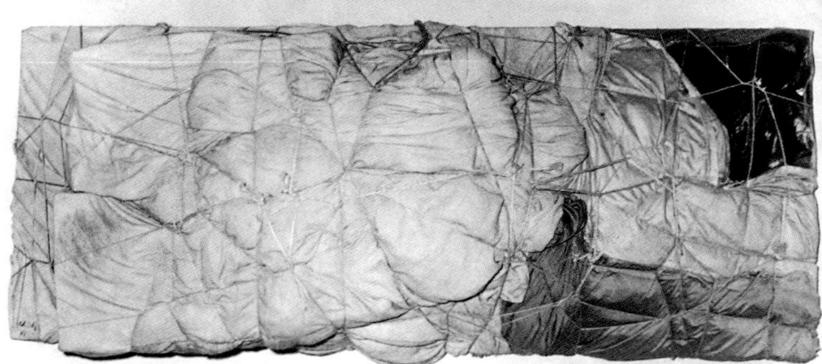

# Project for a Wrapped Public Building

*I. General notes:*
The building could be located at a vast open space.
A building with a rectangular base, without a façade.
The building will be completely closed—that is,
wrapped on all sides. Access will be underground
with entrances placed at 15 or 20 meters from the
building. The building will be wrapped with tarpaulins, rubberized fabric and reinforced plastic fabric
of an average width of 10 to 20 meters, and with metal
cables and ordinary ropes. With the metal cables we
can obtain the attachment points which can then be
used to wrap the building. The cables make
scaffolding unnecessary. To obtain the required result,
some 10,000 meters of tarpaulin, 20,000 meters of
cables and 80,000 meters of rope will be needed.

This project for a wrapped public building can be
used:
I. As a sports hall—with swimming pools, a football
stadium, an olympic stadium or as a skating or ice-
hockey rink.
II. As a concert hall, planetarium, conference hall
or as an experimental testing site.
III. As a historical museum, or as a museum of
ancient art and modern art.
IV. As a parliament building or a prison.

*I. Allgemeine Bemerkungen:*
Das Gebäude befindet sich auf einem weiten und
symmetrischen Platz. Ein Gebäude mit einer recht-
eckigen Basis, ohne eine Fassade. Das Gebäude wird
vollständig abgeschlossen sein – das heißt, auf jeder
Seite verhüllt. Der Zugang wird unterirdisch erfol-
gen, etwa 15 oder 20 Meter vom Gebäude entfernt.
Die Verhüllung des Gebäudes erfolgt mit gummier-
ten Segeltuch- und verstärkten Kunststoffbahnen mit
einer durchschnittlichen Breite von 10 bis 20 Metern
sowie mit Stahl- und mit gewöhnlichen Seilen. Mithilfe der Stahlseile können wir die Punkte erhalten,
die dann zur Verhüllung des Gebäudes verwendet
werden können. Die Stahlseile machen eine Einrüs-
tung überflüssig. Um das gewünschte Ergebnis zu
erhalten, sind etwa 10.000 Quadratmeter Segeltuch,
20.000 Meter Stahlseil und 80.000 Meter Seil
erforderlich.

Dieses Projekt für ein verhülltes Gebäude kann
verwendet werden als:
I. Sporthalle mit Schwimmbecken, Fußballstadion
und olympisches Stadion oder als Eisbahn oder
Eishockeyspielfeld.
II. Konzerthalle, Planetarium, Konferenzsaal oder
als experimentelles Testgelände.
III. Historisches Museum oder als Museum für alte
und moderne Kunst.
IV. Parlamentsgebäude oder als Gefängnis.

*I. Notes générales:*
Il s'agit d'un immeuble situé dans un emplacement
vaste et régulier. Un bâtiment ayant une base rectangulaire, sans aucune façade. Le bâtiment sera complètement fermé – c'est-à-dire empaqueté de tous les
côtés. Les entrées seront souterraines, placées environ
à 15 ou 20 mètres de cet édifice. L'empaquetage de cet
immeuble sera exécuté avec des bâches, des toiles
gommées et des toiles de matière plastique renforcée
d'une largeur moyenne de 10 à 20 mètres, des cordes
métalliques et ordinaires. Avec les cordes de métal
nous pouvons obtenir les points d'ancrage qui
peuvent servir ensuite à l'empaquetage du bâtiment.
Les cordes métalliques évitent la construction d'un
échafaudage. Pour obtenir le résultat voulu il faut
environ 10000 mètres de bâches, 20000 mètres de
cordes métalliques, 80000 mètres de cordes
ordinaires.

Le présent projet pour un édifice public empaqueté
est utilisable I. Comme salle sportive – avec des piscines, le stade de football, le stade des disciplines
olympiques,
ou soit comme patinoire à glace ou à hockey.
II. Comme salle de concert, planétarium, salle
de conférence et essais expérimentaux.
III. Comme un musée historique, d'art ancien et
d'art moderne.
IV. Comme salle parlementaire ou une prison.

CHRISTO
*October 1961, Paris*

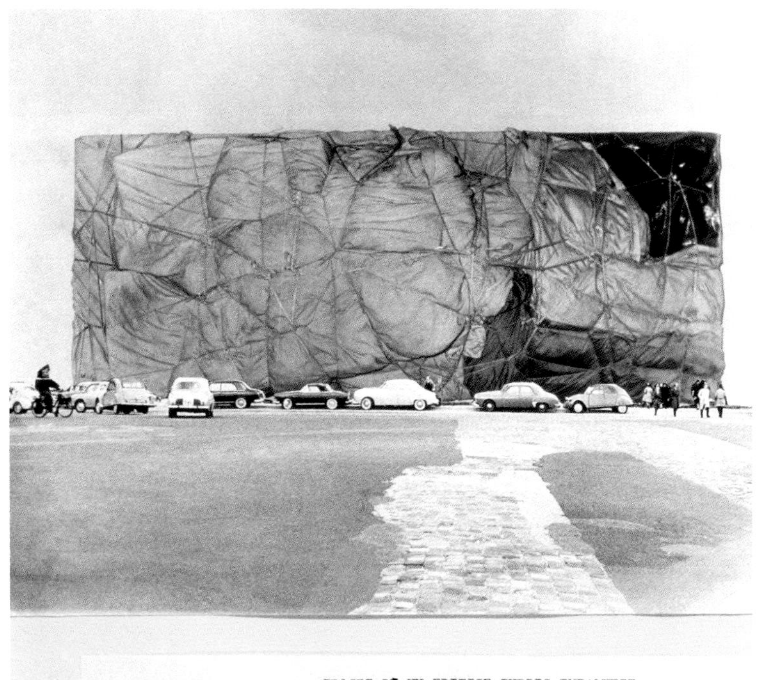

PROJET D UN EDIFICE PUBLIC EMPAQUETE

I. Notes générales:
Il s'agit d'un immeuble situé dans un emplacement vaste et régulier.
Un bâtiment ayant une base rectangulaire, sans
aucune façade.Le bâtiment sera completement
fermé-c'est à dire empaqueté de tous les côtés. Les entrées seront souterraines, placées
environ à I5 ou 20 metres de cet edifice.
L'empaquetage de cet immeuble sera éxécuté
avec des bâches des toiles gommées et des
toiles de matiere plastique renforcée d'un
largeur mouenne de IO à 20 metres, des cordes
métalliques et ordinaires. Avec les cordes
de métal nous pouvons obtenir les points,
qui peuvent servir en suite à l'empaquetage
de bâtiment. Les cordes métalliques évitent
la construction d'un échafaudage. Pour obtenir le resultat nécessaire il faut environ
I0000 metres de bâches, 20000 metres de
cordes métalliques, 80000 metres de cordes
ordinaires.
Le present projet pour un edifice public
empaqueté est utilisable:
I.Comme salle sportive-avec des piscines,
le stade de football, le stade des disciplines olimpiques, ou soit comme patinoire
à glace ou à hockey.
II.Comme salle de concert, planetarium, salle de conférence et essais expérimentaux.
III.Comme un musée historique, d'art anci-
éne et d'art moderne.
IV.Comme salle parlementaire ou un prison.

                    CHRISTO
                    octobre I96I, Paris

**Projet d'un Édifice Public Empaqueté**
Collaged photographs 1961: 41.5 x 25 cm (16 ½ x 9 ¾″)
Two photographs and a typed text
*Photo: Harry Shunk*

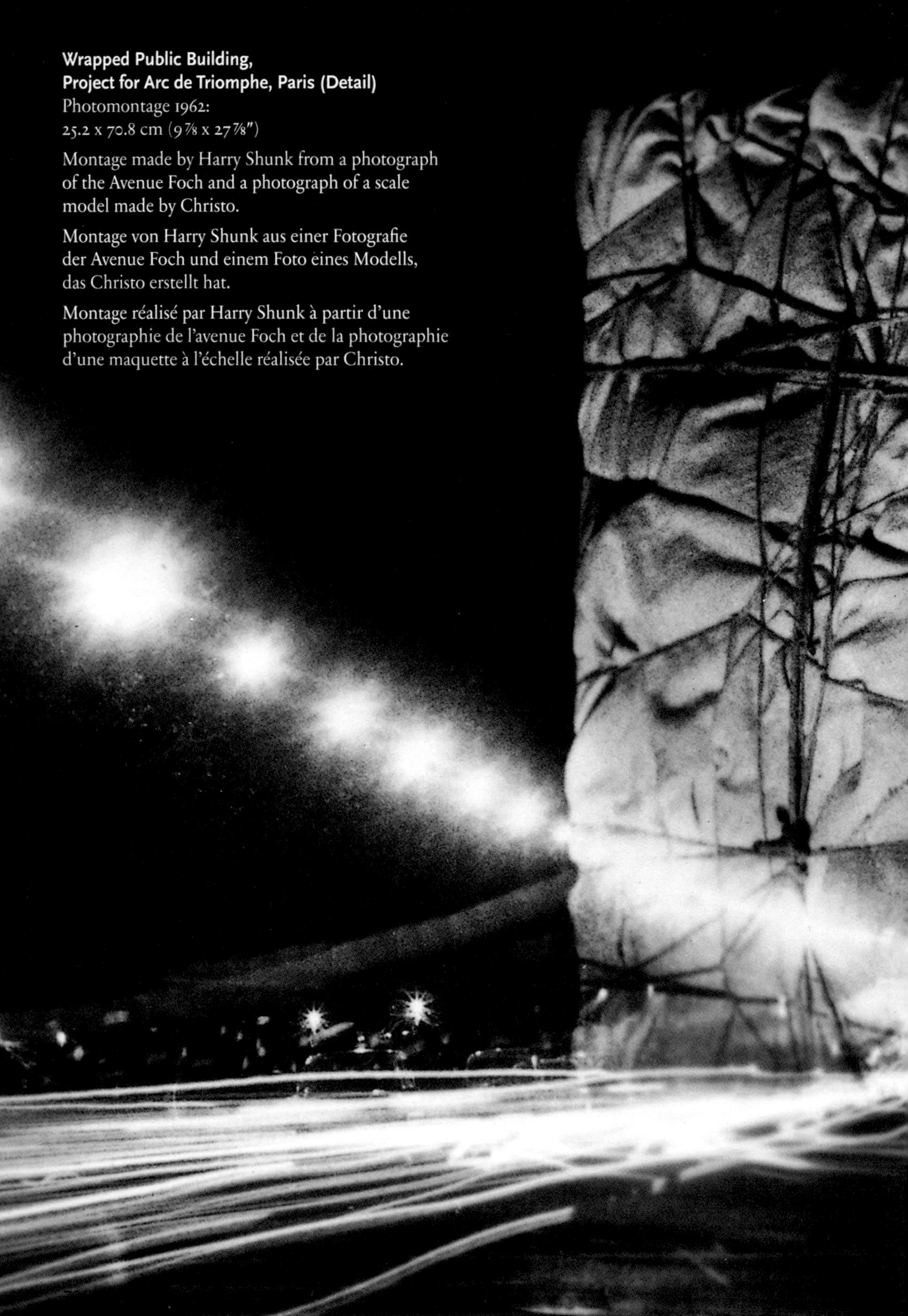

**Wrapped Public Building,
Project for Arc de Triomphe, Paris (Detail)**
Photomontage 1962:
25.2 x 70.8 cm (9 7/8 x 27 7/8″)

Montage made by Harry Shunk from a photograph
of the Avenue Foch and a photograph of a scale
model made by Christo.

Montage von Harry Shunk aus einer Fotografie
der Avenue Foch und einem Foto eines Modells,
das Christo erstellt hat.

Montage réalisé par Harry Shunk à partir d'une
photographie de l'avenue Foch et de la photographie
d'une maquette à l'échelle réalisée par Christo.

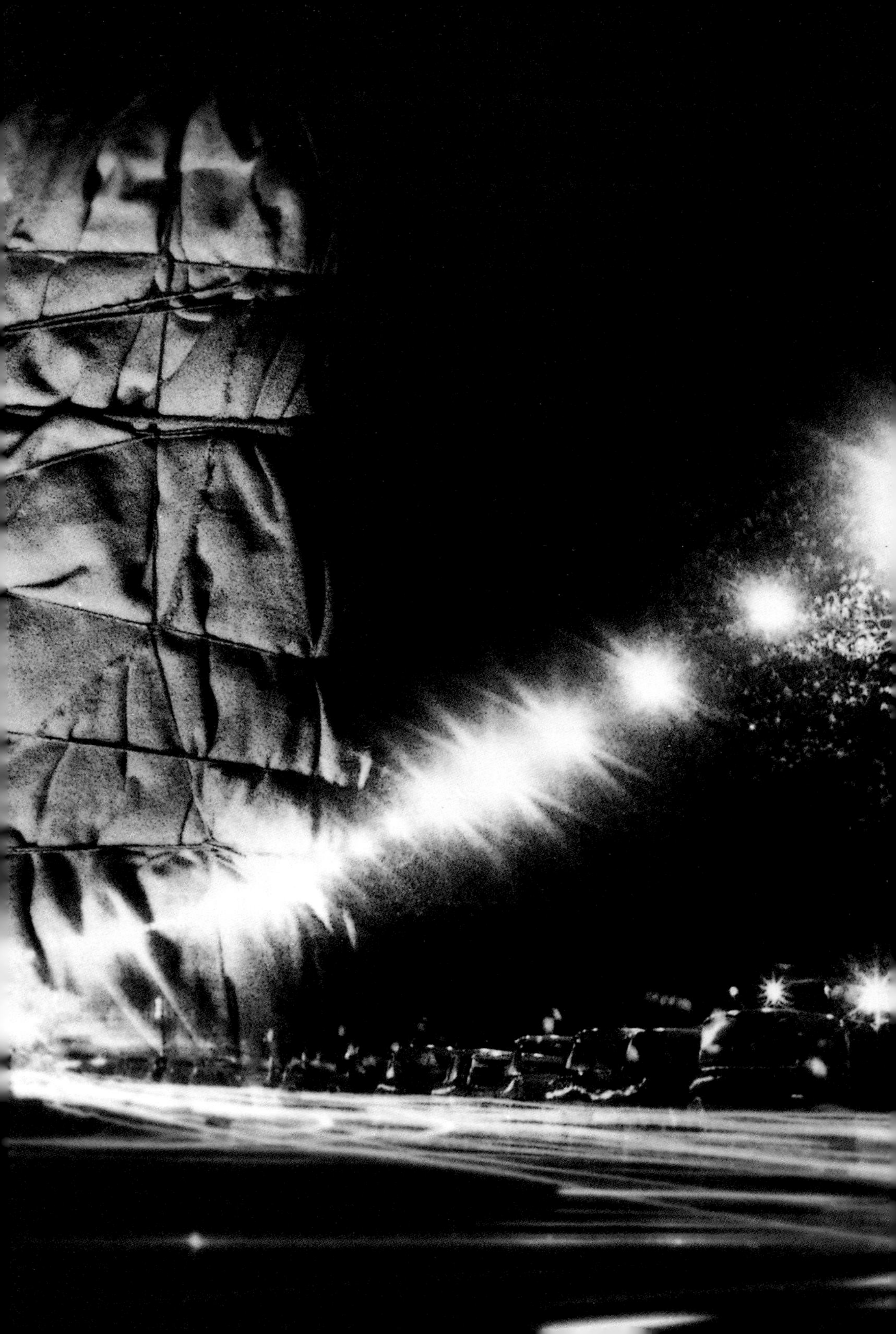

# Project for the Wrapping of the École Militaire, Paris
## (Abridged and edited version)

*Historical note about the Royal Military School:*
The monumental architecture of its time, Gabriel's
masterpiece was built between 1751 and 1788 at the
Marquise de Pompadour's instigation. The École
Militaire is situated between Avenue de La Motte-
Picquet, Avenue de Lowendal and Avenue de Suffren.
For the wrapping of the main façade toward the
Avenue de La Motte-Picquet, facing the Champ-de-
Mars from Avenue Anatole-France and Avenue
Pierre-Loti—toward the Quai d'Orsay—close to the
Eiffel Tower (see photomontage); as well as for the
wrapping of the main building, the idea is to completely cover the "castle" using tarpaulins, steel cables,
and hemp ropes.
The cables make scaffolding unneccessary and will
facilitate the work. With the metal cables we can
obtain the attachment points which can then be
used to wrap the building.
For the wrapping, the following materials will be
needed: approximately 10,000 meters of tarpaulin
(each 5 to 10 meters wide), 50,000 meters of steel
cable and 150,000 meters of ordinary rope.

*Historische Anmerkung zur Königlichen
Militärschule:*
Gabriels Meisterstück, ein Musterbeispiel für die
Monumentalarchitektur seiner Zeit, wurde zwischen
1751 und 1788 auf Betreiben der Marquise de Pompa-
dour erbaut. Die École Militaire steht zwischen der
Avenue de La Motte-Picquet, der Avenue de Lowen-
dal und der Avenue de Suffren.
Für die Verhüllung der Hauptfassade an der Avenue
de La Motte-Picquet mit Blick zum Champ-de-Mars
von der Avenue Anatole-France und der Avenue
Pierre-Loti – Richtung Quai d'Orsay – nahe dem
Eiffelturm (siehe Fotomontage) wie auch für die
Verhüllung des Hauptgebäudes geht es darum, das
„Schloss" mittels Persennings, Stahlseilen und Seilen

vollständig zu bedecken. Durch die Seile erübrigt
sich das Einrüsten, was die Arbeit erleichtert. Mithilfe
der Metallseile können wir die Befestigungspunkte
erhalten, die wir für die Verhüllung des Gebäudes
nutzen können.
Für die Verhüllung wird folgendes Material
gebraucht: ungefähr 10.000 Meter Segeltuch (jeweils
5 bis 10 Meter breit), 50.000 Meter Stahlseil und
150.000 Meter gewöhnliches Seil.

*Notes historiques pour l'École royale militaire:*
L'architecture monumentale du temps, chef-d'œuvre
de Gabriel, qui fut construit de 1751 à 1788 à l'instigation de la marquise de Pompadour. L'École militaire
est située entre l'avenue de La Motte-Picquet, l'avenue
de Lowendal et l'avenue de Suffren.
Pour l'empaquetage de la façade principale vers
l'avenue de La Motte-Picquet, donnant vers le
Champ-de-Mars par l'avenue Anatole-France et
l'avenue Pierre-Loti – sortant sur le quai d'Orsay –
près de la tour Eiffel (voir le projet photomontage);
ainsi que pour l'empaquetage du bâtiment principal
de l'École militaire à Paris, il s'agit de recouvrir
complètement le château avec des bâches et des
cordes solides de métal et de chanvre. Les cordes de
métal évitent la construction d'un échafaudage pour
aider au travail des ouvriers. Avec les cordes métalliques nous pouvons obtenir les points principaux
qui peuvent servir ensuite à l'empaquetage du
bâtiment principal.
Pour obtenir le résultat nécessaire il faut environ
10.000 mètres de bâche d'une largeur de 5 à 10 mètres,
50.000 mètres de corde métallique et 150.000 mètres
de corde ordinaire.

CHRISTO
*September/October 1961, Paris*

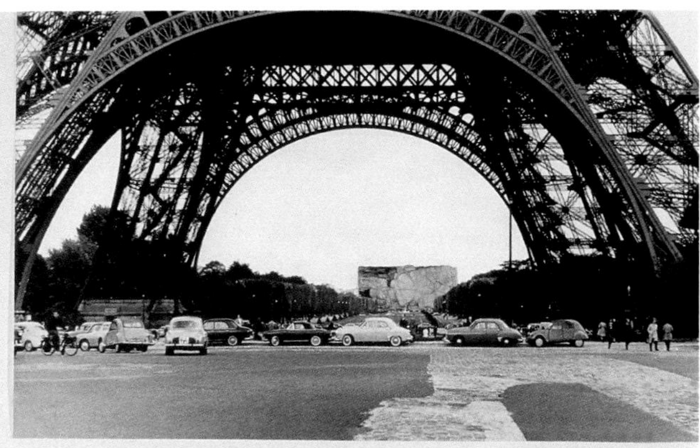

PROJET POUR L'EMPAQUETAGE DE L'ECOLE MILITAIRE
A PARIS

A:
I ,Notes historiques pour l'ecole Royale militaire
"L'architecture monumentale du temps,chef-d'oeuvre de Gabriel,
qui fut construit de I75I à I788 à l'instignation de la marquise
de Pompadour"/Charles Besnier/
   La construction de l'ecole militaire s'est faite en deux periode
des:
   La premiere periode:I75I-I764
   La deuxieme periode:I765-I788
   Dans le projet de Gabriel:
   Il s'agit de loger 500 élèves;I etat major;I intendant;50 ofi-
ciers;I2-I5 maitres de langues ét sciences;2 ecuyers;les prêtres
de la Mission;I medecin;I chrurgien;I tailleur;I cordonnier.
   Dans l'extrait du détail de la dépense à faire pour la construction de l'Hotel de l'Ecole Royale militaire, non compris l'eglise
,du 24 mai I752,signé par Gabriel le montant est de 8227411 LT
   II ,Projet de Gabriel
   "D'un emplacement vaste et regulier"
   L'ecole militaire est formée d'un grand bâtiment principal
à trois faces:l'une sur la Seine,l'autre sur Meudon,la troisième
sur Paris.Tous les bâtiments accessoires:infirmeries,logement
des soeure,du medecin,du chirurgien,de l'apothicaire,des aumômers,
des écuyers,les écuries,les remises,la boulangerie,la buonderie,
les puits,les resérvoirs,la chapelle sont distribués à droit et
à gauche,derrière le bâtiment principal.
   L'Hotel de l'Ecole militaire dont l'entrée principale est
tournée vers la Seine presente un bâtiment principal avec 5 pavillons en avant-corps;celui du milieu orné d'un ordre colossal,
couronné d'un dôme quadrangulaire dans l'esprit de ceux de LBmer-
rcier du Louvre et de celui que Gabriel destinait à Versailles
dans son grand projet;les autres avec des ordres tétrastyles
coiffés de combles en forme de pyramides.Les deux pavillons
situés aux extrémités de cette façade se trouvent en quelque
sorte isaIés du corps principal de celle-ci,aux quelle ils ne
sont relies que par des constructions sans étage.
   Le chateau vu du Champs-de-Mars:
   Une masse imposante et sévère aux lignes calmes,à décoration
volontairement sobre.
   Une toiture d'ardoises,à haut comble coiffe le corps de logis
principal percé de 24 fenêtres,dont celles du premièr étage sont
ornées de frontons triangulaires,alors que celles d'attique ont
une forme presque carrée.Un avant corps colossal de IO côlonnes
corinthiennes,comprenant deux étages et supportant un grand
fronton à tympon sculpté,anime en son centre cette façale,attest

                                                      I

stant la seduction du style néo-classique sur l'esprit de Gabriel.
   Supporté par un attique formant étage,un dôme quadrangulaire
d'un dessin inspiré de ceux du Louvre,et orné chacune de ses
faces d'un cadron d'horloge,confere à maison royale une majesté
nécessaire./Robert Laulain,I950 Paris/

   B:
   I ,L'Ecole Militaire-L'empaquetage
   L'Ecole Militaire est située entre:l'avenue de la Motte Picquet;l'avenue Duquesne;l'avenue de Lowendal et l'avenue de Suffren.
   Projet pour l'empaquetage de la façade principale vers l'avenue de la Motte Picquet,donant vers le Champs-de-Mars par l'avenue Anatole France et l'avenue Pierre Loti-sortant sur le Quai
d'Orsay-pres de la tour Eiffel/voir le projet photomontage/
   Pour l'empaquetage du bâtiment principal de l'ecole militaire
à Paris;il s'agit de recouvrir completement le Chateau avec,bâ-
ches et des cordes solides de metal et paillé.Les cordes de métal
envitent la construction d'un echaffodage pour aider du travail
des ouvriers.Avec les cordes métalliques nous pouvons obtenir les
principaux points,qui peuvent servir en suite à définitivement
empaquetage du bâtiment principal.Pour obtenir le resultat nécessaire il faut environ IO,000 mt.de bâches d'une largeur de 5 à IO
mts,50,000 metres de cordes métalliques et I50,000 mts. de cordes
ordinaire.
   Le présent projet est utilisable:
   I/Comme camouflage du bâtiment principal pendant les travaux
d'entrétiehs:nettoyage des murs,réparation des murs etc...
   2/Comme,décortion monumentale pour un spectacle son et lumière.
   3/Comme,présantation du bâtiment principal pendant une fermétu-
re temporaire de l'ecole militaire.
   4/Comme,echaffaudage de l'Ecole militaire,avec un empaquetage
semblable pendant une eventuelle demolition d'immeuble même,pro-
tégent la circulation normale des piétons et des voitures.

                                          CHRISTO
                                          septembre/octobre I96I
                                          Paris

                                                                II

**Projet pour l'Empaquetage de l'École Militaire à Paris**
Collaged photographs 1961: 42.5 x 42.5 cm (16 ¾ x 16 ¾")
Two photographs and a typed text
*Photo: Harry Shunk*

# Project for a Temporary Wall of Oil Barrels, Rue Visconti, Paris
**(Abridged and edited version)**

Rue Visconti is a one-way street, between Rue Bonaparte and Rue de Seine, 140 meters long with an average width of 3 meters. The street ends at number 25 on the left side and at 26 on the right. It has few shops: a bookstore, a modern art gallery, an antique shop, an electrical supply shop, and a grocery store.

"[…] At the angle of Rue Visconti and Rue de Seine, the cabaret du Petit More (or Maure) was opened in 1618. The poet Saint-Amant, an assiduous customer, died there. The art gallery that now stands on the site of the tavern has fortunately retained the façade and the seventeenth-century sign." (p. 134, Rochegude/Clébert, *Promenades dans les rues de Paris,* Rive Gauche, Editions Denoël)

The Wall will be built between numbers 1 and 2, completely closing the street to traffic, and will cut all communication between Rue Bonaparte and Rue de Seine. Constructed with 50-liter-capacity oil barrels, the Wall will be 4.3 meters high and will be as wide as the street: 3.8 meters. This Iron Curtain can be used as a barricade during a period of public work in the street, or to transform the street into a dead end. Finally, its principle can be extended to a whole area or an entire city.

Die Rue Visconti ist eine Einbahnstraße zwischen der Rue Bonaparte und der Rue de Seine, 140 Meter lang mit einer durchschnittlichen Breite von 3 Metern. Die Straße endet auf der linken Seite mit der Hausnummer 25, auf der rechten Seite mit der Hausnummer 26. Es gibt einige Läden: eine Buchhandlung, eine moderne Kunstgalerie, einen Antiquitätenladen, einen Laden für Elektrobedarf, ein Lebensmittelgeschäft.

„[…] An der Ecke von Rue Visconti und Rue de Seine eröffnete 1618 das Cabaret du Petit More (oder Maure). Der Dichter Saint-Amant, ein regelmäßiger Besucher, starb dort. Die Kunstgalerie, die sich nun an der Stelle der Gaststätte befindet, hat glücklicherweise die Fassade und das Schild aus dem 17. Jahrhundert erhalten." (S. 134, Rochegude/Clébert, *Promenades dans les rues de Paris*, Rive Gauche, Editions Denoël.)

Die Mauer wird zwischen den Hausnummern 1 und 2 errichtet und die Straße gänzlich für den Verkehr gesperrt und somit jegliche Verbindung zwischen der Rue Bonaparte und der Rue de Seine unterbunden. Errichtet aus 50-Liter-Fässern, wird die Mauer 4,30 Meter hoch und entsprechend der Breite der Straße 3,80 Meter breit sein. Dieser Eiserne Vorhang kann als Barrikade während Bauarbeiten genutzt werden oder, um die Straße in eine Sackgasse zu verwandeln. Schließlich kann sein Prinzip auf ein ganzes Viertel oder eine ganze Stadt ausgeweitet werden.

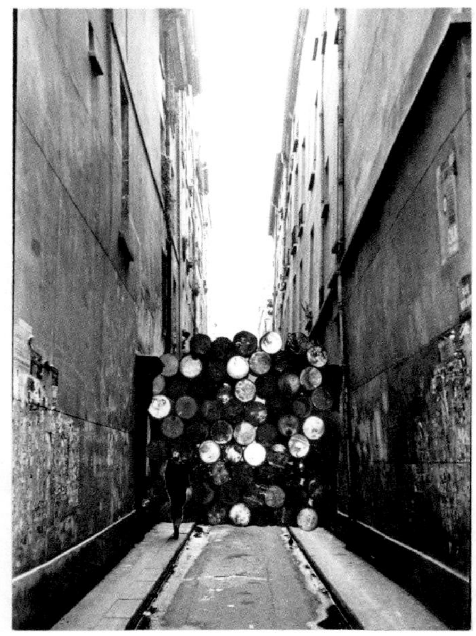

PROJET DU MUR PROVISOIRE DE TONNEAUX METALLIQUES
(Rue Visconti, Paris 6)

Entre la rue Bonaparte et la rue de Seine, la rue Visconti, à sens unique, longue de 140 m., a une largeur moyenne de 3m. Elle se termine au numéro 25 à gauche et au 26 à droite.

Elle compte peu de commerces: une librairie, une galerie d'art moderne, un antiquaire, un magasin d'électricité, une épicerie... "à l'angle de la rue Visconti et de la rue de Seine le cabaret du Petit More (ou Maure) a été ouvert en 1618. Le poète de Saint-Amant qui le fréquentait assidûment y mourut. La galerie de peinture qui remplace la taverne a heureusement conservé la façade, la grille et l'enseigne du XVll ème. siècle" (p.134. Rochegude/Clébert - Promenade dans les rues de Paris, Rive gauche, édition Denoël).

Le Mur sera élevé entre les numéros 1 et 2, fermera complètement la rue à circulation, coupera toute communication entre la rue Bonaparte et la rue de Seine.

Exclusivement construit avec les tonneaux métalliques destinés au transport de l'essence et de l'huile pour voitures, (estampillés de marques diverses: ESSO, AZUR, SHELL, BP et d'une contenance de 5o l. ou de 2oo l.) le Mur, haut de 4 m., a une largeur de 2,9o m. 8 tonneaux couchés de 5o l., ou 5 tonneaux de 2oo l., en constituent la base. 15o tonneaux de 5o l., ou 8o tonneaux de 2oo l. sont necessaires à l'éxécution du Mur.

Ce "rideau de fer" peut s'utiliser comme barrage durant une période de travaux publiques, ou servir à transformer définitivement une rue en impasse. Enfin son principe peut s'étendre à tout un quartier, voir à une cité entière.

CHRISTO
Paris, Octobre 1961

**Projet du Mur Provisoire de Tonneaux Métalliques (Rue Visconti, Paris 6)**
Collage 1961: 24 x 40.6 cm (9 ½ x 16″)
Two collaged photographs and a typewritten text
*Photo: Harry Shunk*

Entre la rue Bonaparte et la rue de Seine, la rue Visconti, à sens unique, longue de 140 mètres, a une largeur de 3 mètres. Elle se termine au numéro 25, à gauche, et au 26, à droite.

Elle compte peu de commerces : une librairie, une galerie d'art moderne, un antiquaire, un magasin d'électricité, une épicerie.

« […] À l'angle de la rue Visconti et de la rue de Seine, le cabaret du Petit More (ou Maure) fut ouvert en 1618. Le poète Saint-Amant, qui le fréquentait assidûment, y mourut. La galerie de peinture qui remplace la taverne a heureusement conservé la façade , la grille et l'enseigne du XVIIᵉ siècle. » (page 134, Rochegude/Clébert, *Promenades dans les rues de Paris*, Rive gauche, Éditions Denoël).

Le mur sera élevé entre les numéros 1 et 2, fermera complètement la rue à la circulation, coupera toute communication entre la rue Bonaparte et la rue de Seine. Construit au moyen de barils de pétrole d'une contenance de 50 litres, le mur sera d'une hauteur de 4,3 mètres et aussi large que la rue : 3,8 mètres.

Ce « rideau de fer » peut s'utiliser comme barrage durant une période de travaux publics, ou servir à transformer définitivement une rue en impasse. Enfin, son principe peut s'étendre à tout un quartier, voire à une cité entière.

CHRISTO
*Paris, October 1961*

*Right:*

**Wall of Oil Barrels – The Iron Curtain**
**Rue Visconti, Paris 1961–62**  (June 27, 1962)
89 oil barrels, 4.3 x 3.8 x 0.65 m (14 x 13 x 2.1 ft.)
*Photo: Jean-Dominique Lajoux*

*Below:*

**June 27, 1962**, Christo in front of *Wall of Oil Barrels –*
*The Iron Curtain, Rue Visconti, Paris.*

**27. Juni 1962**, Christo vor *Wall of Oil Barrels –*
*The Iron Curtain, Rue Visconti, Paris.*

**27 juin 1962**, Christo devant le *Mur de Barils de Pétrole –*
*Le Rideau de Fer, Rue Visconti, Paris.*

*Photo: France Soir*

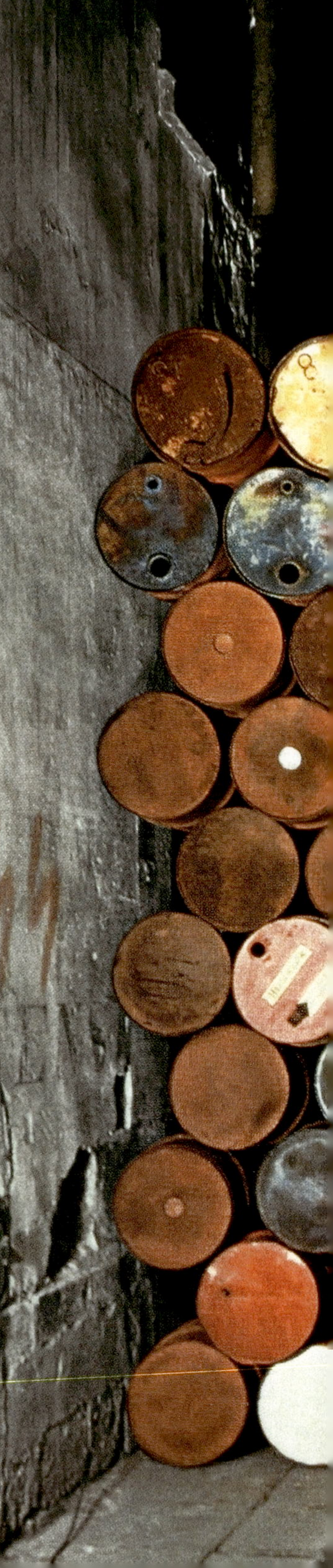

76

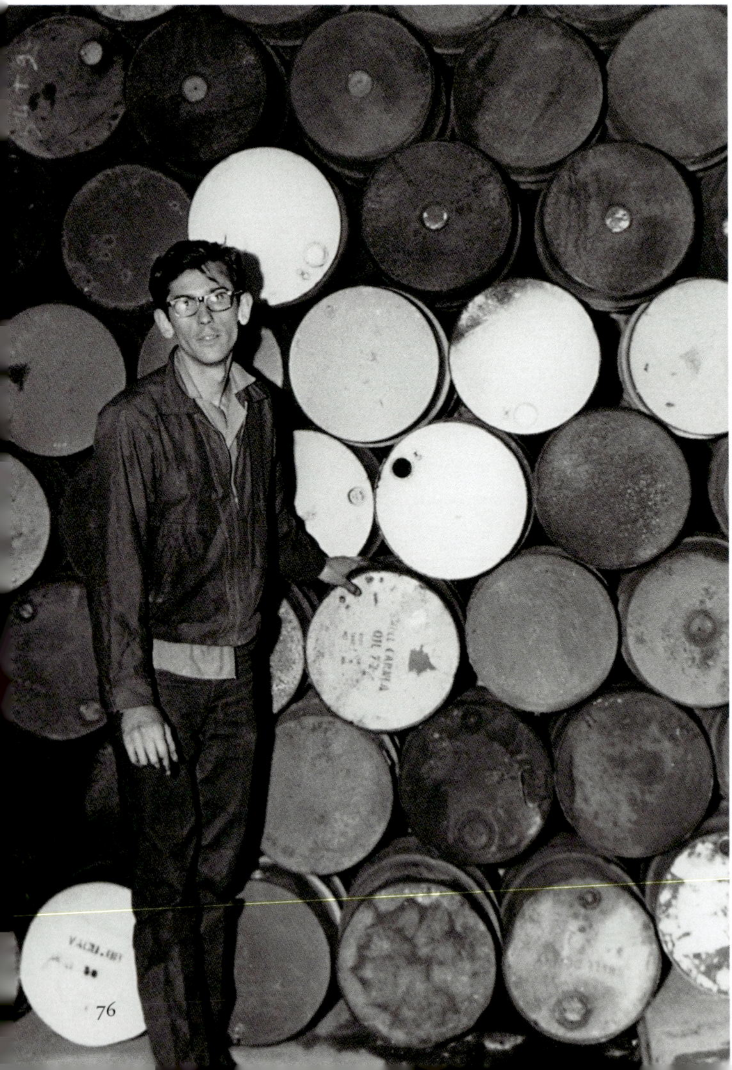

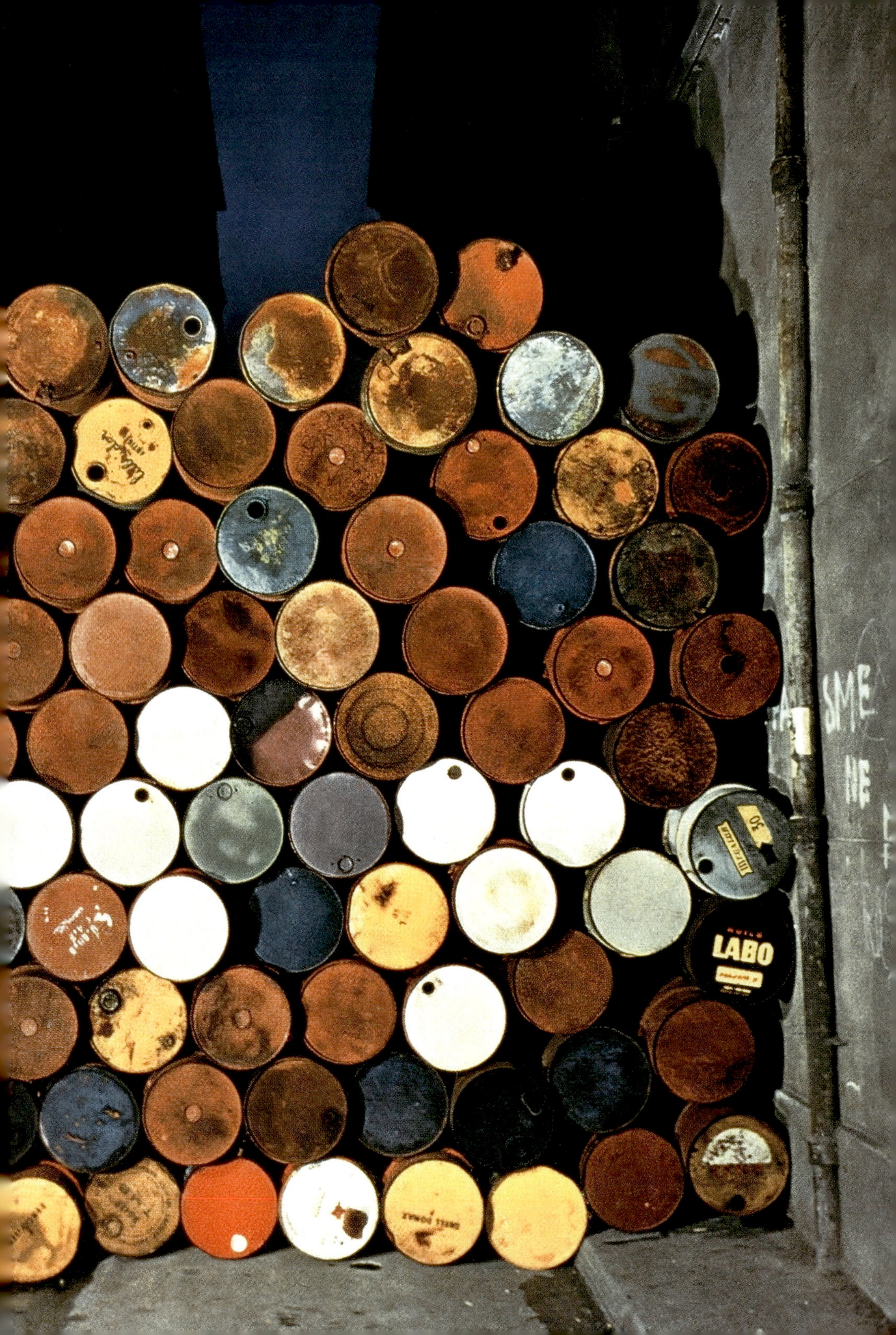
LABO
SME
NE

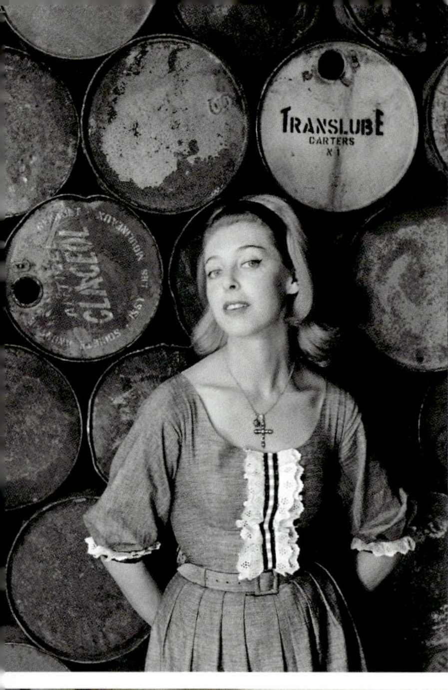

**June 1962**, Jeanne-Claude in front of the
*Wall of Oil Barrels*, inside the Galerie J, Paris.

**Juni 1962**, Jeanne-Claude vor der
*Wall of Oil Barrels* in der Galerie J, Paris.

**Juin 1962**, Jeanne-Claude devant le
*Mur de Barils de Pétrole* à l'intérieur de la Galerie J, Paris.

*Photo: Raymond de Seynes*

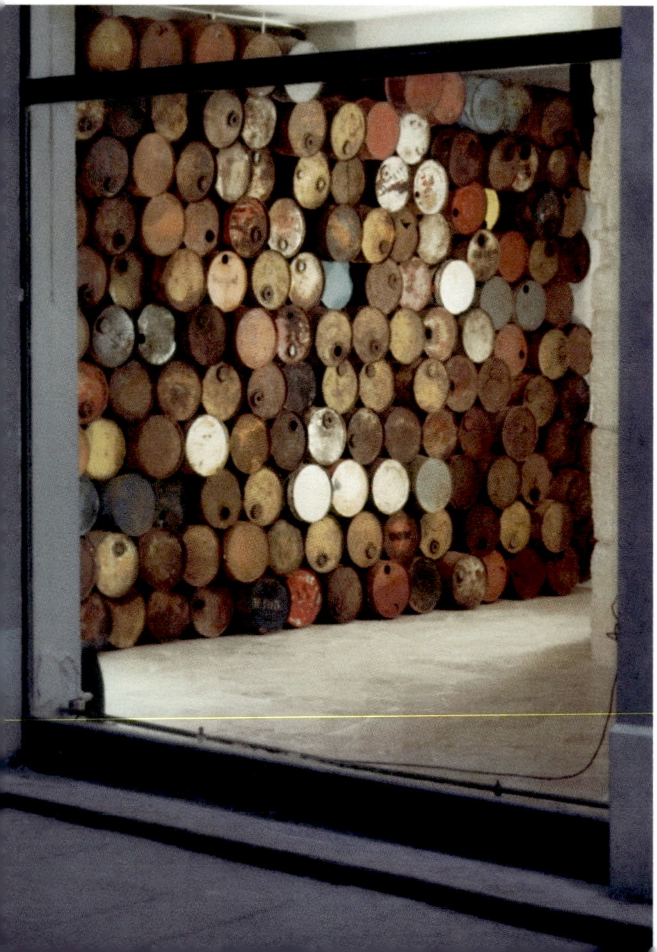

*Left and opposite:*
**Wall of Oil Barrels 1962 (Detail)**
Installation view in Galerie J, Paris
3.05 m x 5.76 m x 91.5 cm
(10 ft. x 18.9 ft. x 36″)
*Photos: Jean-Dominique Lajoux*

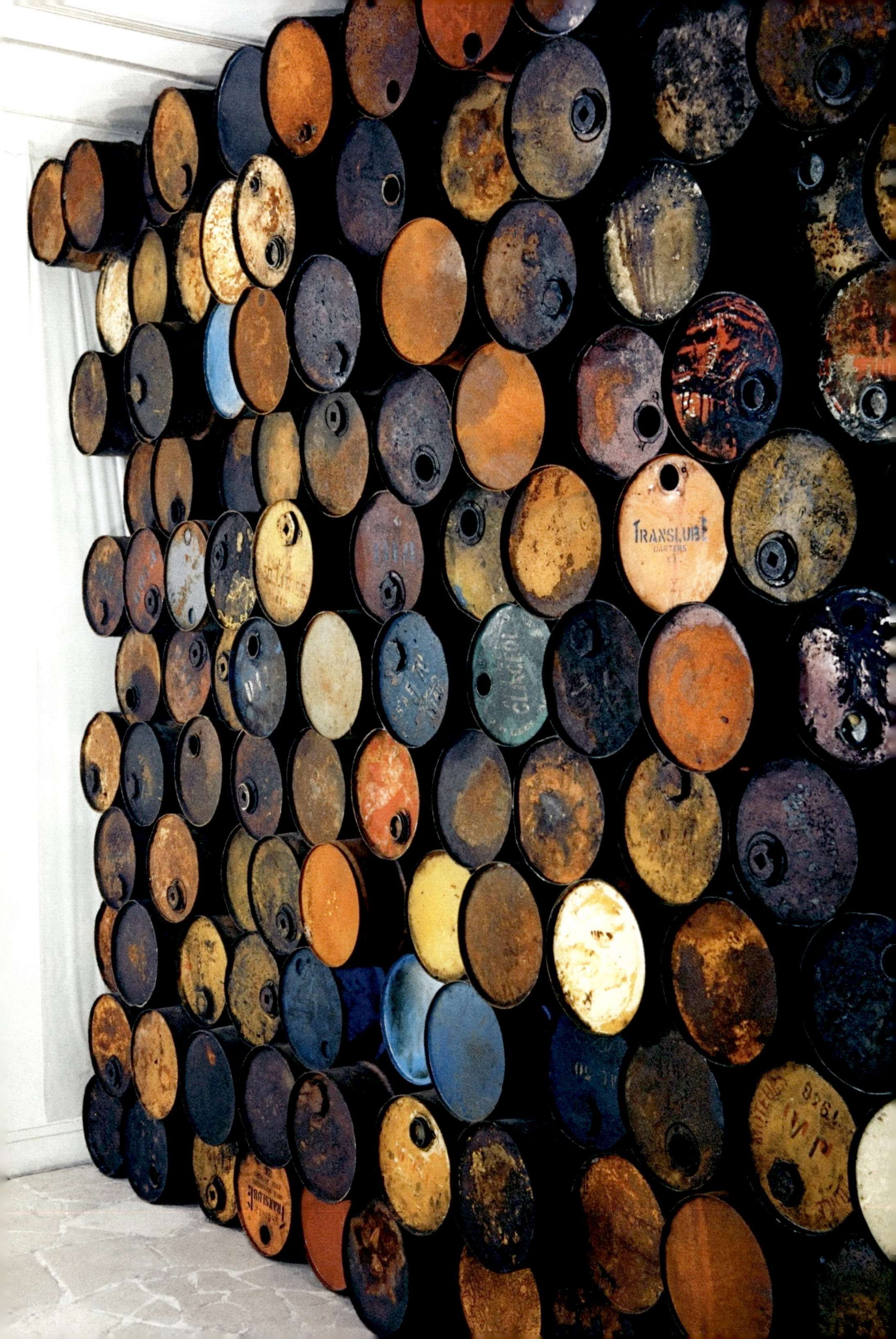

## Wall of Oil Barrels 1962

Gentilly near Paris, France, in the
studio of artist friend Jan Voss.

Gentilly in der Nähe von Paris, im Atelier
des befreundeten Künstlers Jan Voss.

Gentilly près de Paris, dans
l'atelier de l'ami artiste Jan Voss.

This work no longer exists.
*Photo: Jean-Dominique Lajoux*

Before moving to New York in 1964,
Christo and Jeanne-Claude transported
most of the sculptures composing *Inventory* from "La Cave" in Paris to the garage
below Jan Voss's studio in Gentilly. Those
works included crates and *Wrapped Crates*,
barrels and *Wrapped Barrels*.
Because Christo and Jeanne-Claude in
New York failed to pay the rent for the
garage, the landlord threw everything in
the garbage.

Bevor sie 1964 nach New York zogen,
brachten Christo und Jeanne-Claude
die meisten Skulpturen, die zu *Inventory*
gehören, von „La Cave" in Paris zu der
Garage unterhalb des Ateliers von Jan Voss
in Gentilly. Zu diesen Werken gehörten
Kisten und *Verhüllte Kisten*, Fässer und
*Verhüllte Fässer*. Weil Christo und Jeanne-
Claude es versäumten, von New York aus
die Miete für die Garage zu überweisen,
warf der Vermieter alles auf den Müll.

Avant de déménager à New York en 1964,
Christo et Jeanne-Claude transportèrent
la plupart des sculptures composant
l'*Inventaire* de « La Cave », à Paris, dans
le garage situé sous l'atelier de Jan Voss,
à Gentilly. Parmi ces œuvres se trouvaient
des caisses et des *Caisses Empaquetées*, des
barils et des *Barils Empaquetés*. Après leur
arrivée à New York, Christo et Jeanne-
Claude ayant omis de lui faire parvenir
le loyer du garage, le propriétaire jeta
l'ensemble de son contenu à la poubelle.



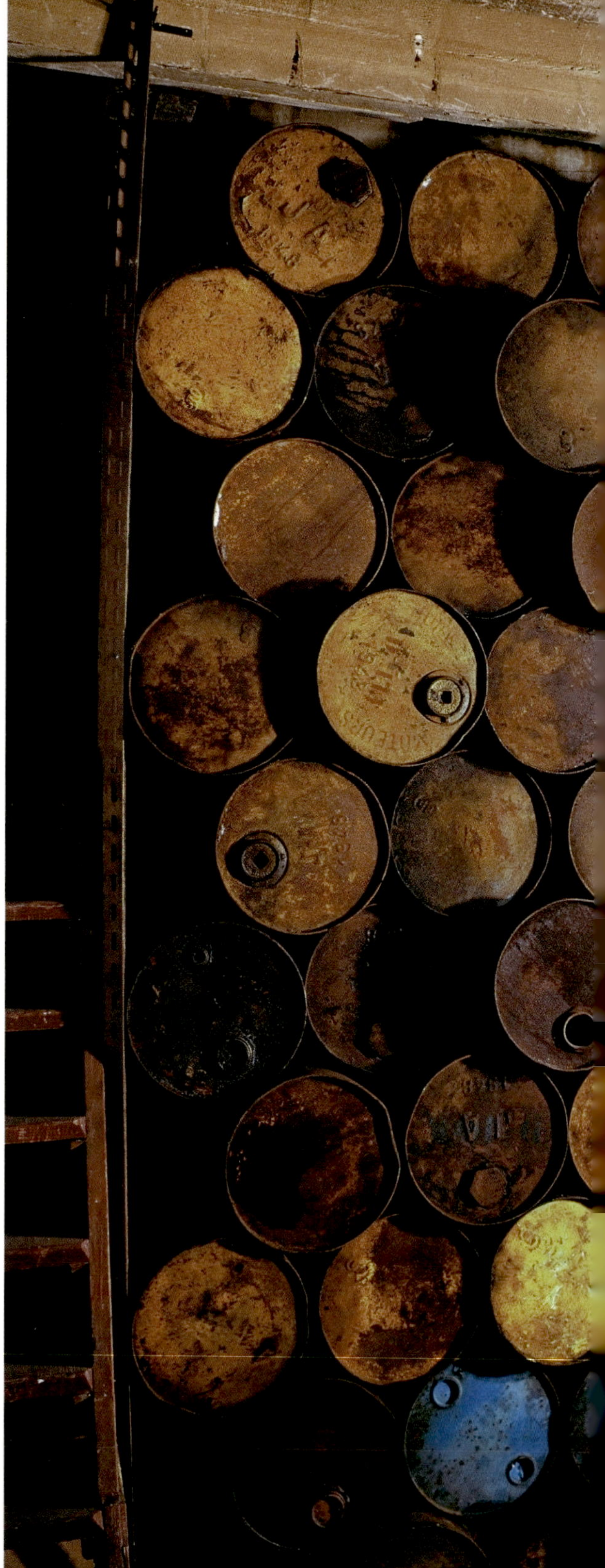

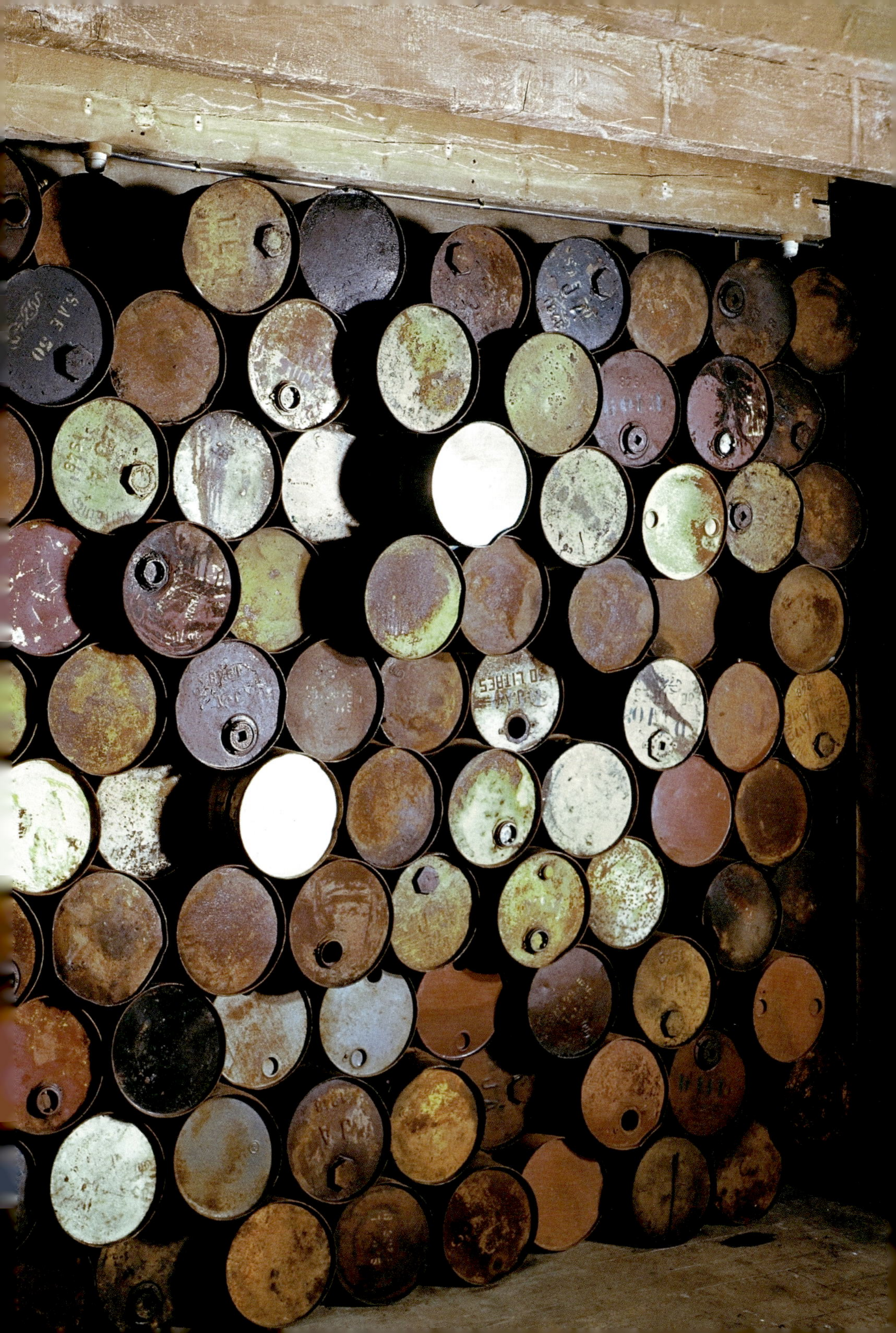

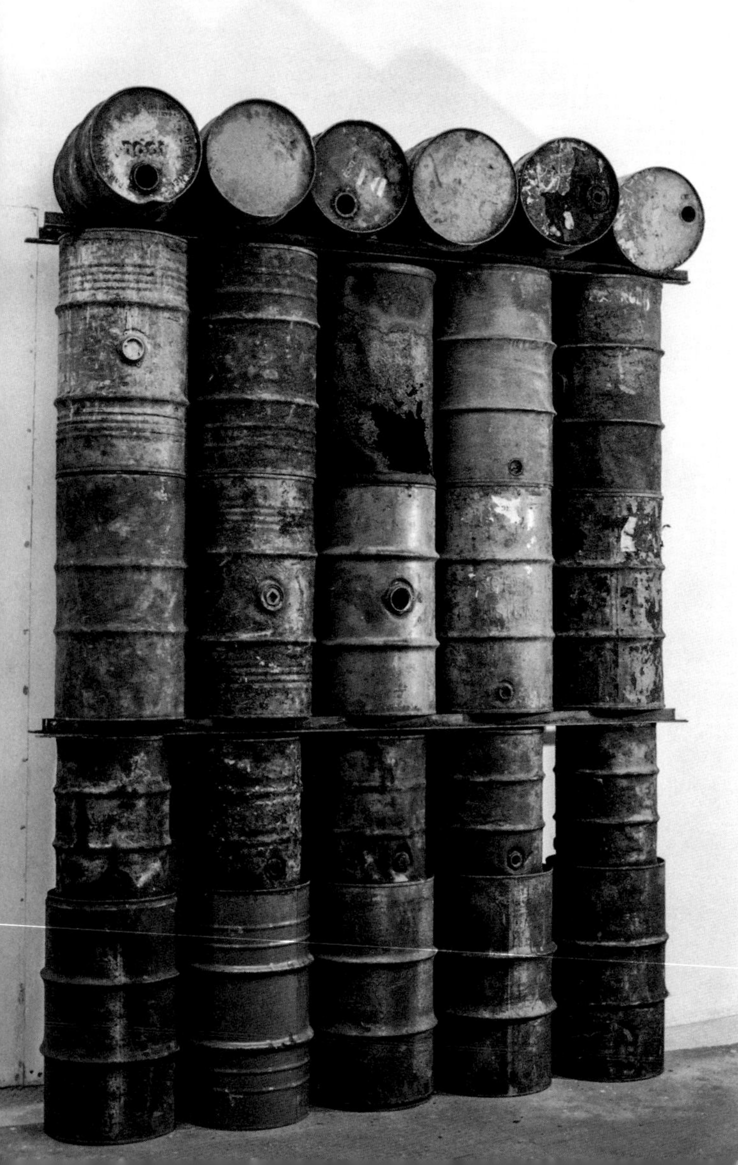

**26 Oil Barrels Structure 1962**
2.85 x 2.45 m (9.3 x 8 ft.)
Twenty five barrels
(temporary installation)
*Photo: Jean-Dominique Lajoux*

*Opposite left from top to bottom:*
**Colonne Monumentale
sur une Autoroute**
Drawing 1962:
17.5 x 15 cm (6 5/8 x 5 7/8″)
Ink on tracing paper
*Photo: Harry Shunk*

**Mur d'Assemblage
dans un Hall d'Entrée**
Drawing 1962:
15 x 17.5 cm (5 7/8 x 6 5/8″)
Ink on tracing paper
*Photo: Harry Shunk*

**Relief Monumental
pour Immeuble Industriel**
Drawing 1962:
15 x 17.5 cm (5 7/8 x 6 5/8″)
Ink on tracing paper
*Photo: Harry Shunk*

**Relief Monumental –
Mur d'Assemblage pour
une Façade**
Drawing 1962:
15 x 17.5 cm (5 7/8 x 6 5/8″)
Ink on tracing paper
*Photo: Harry Shunk*

*Opposite, right:*
**Oil Barrels Column 1962**
290 x 55 cm (114 x 21 5/8″)
Five barrels (temporary
installation)
*Photo: Jean-Dominique Lajoux*

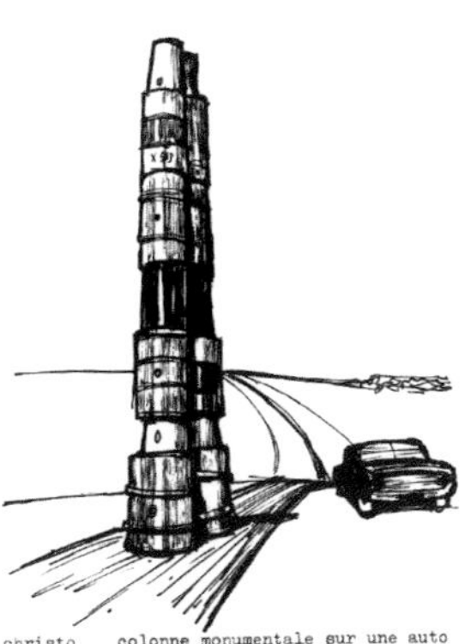

christo    colonne monumentale sur une auto
route

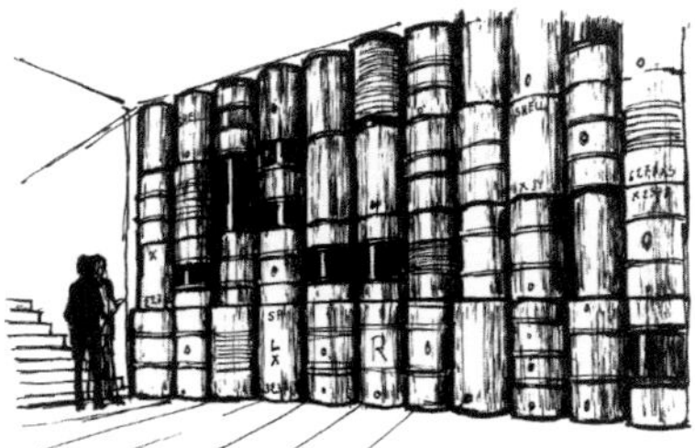

christo    mur d'assemblage dans un hall d'entrée

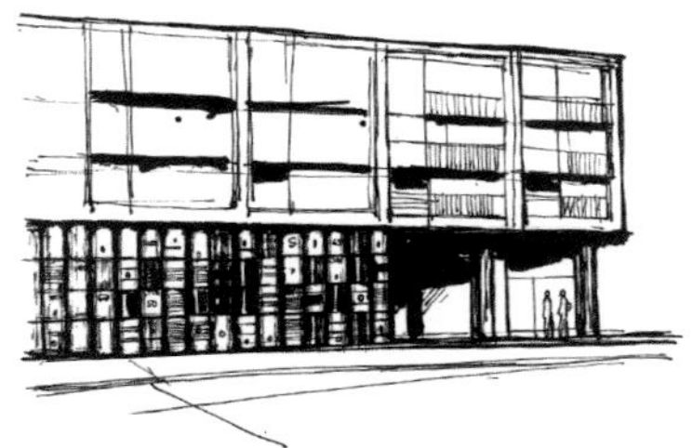

christo    relief monumental pour immeuble industriel

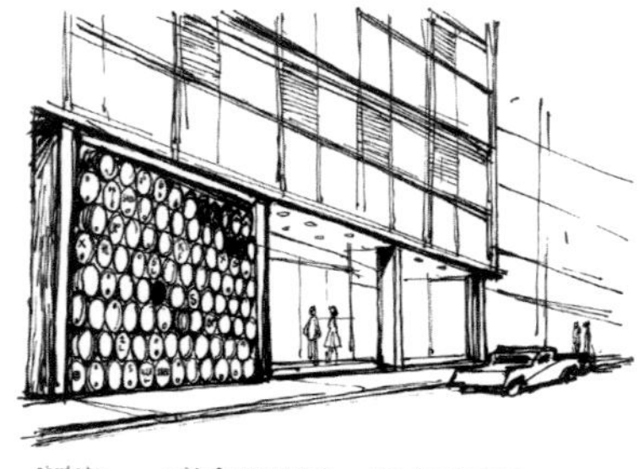

christo    relief monumental - mur d'assemblage pour une
façade.

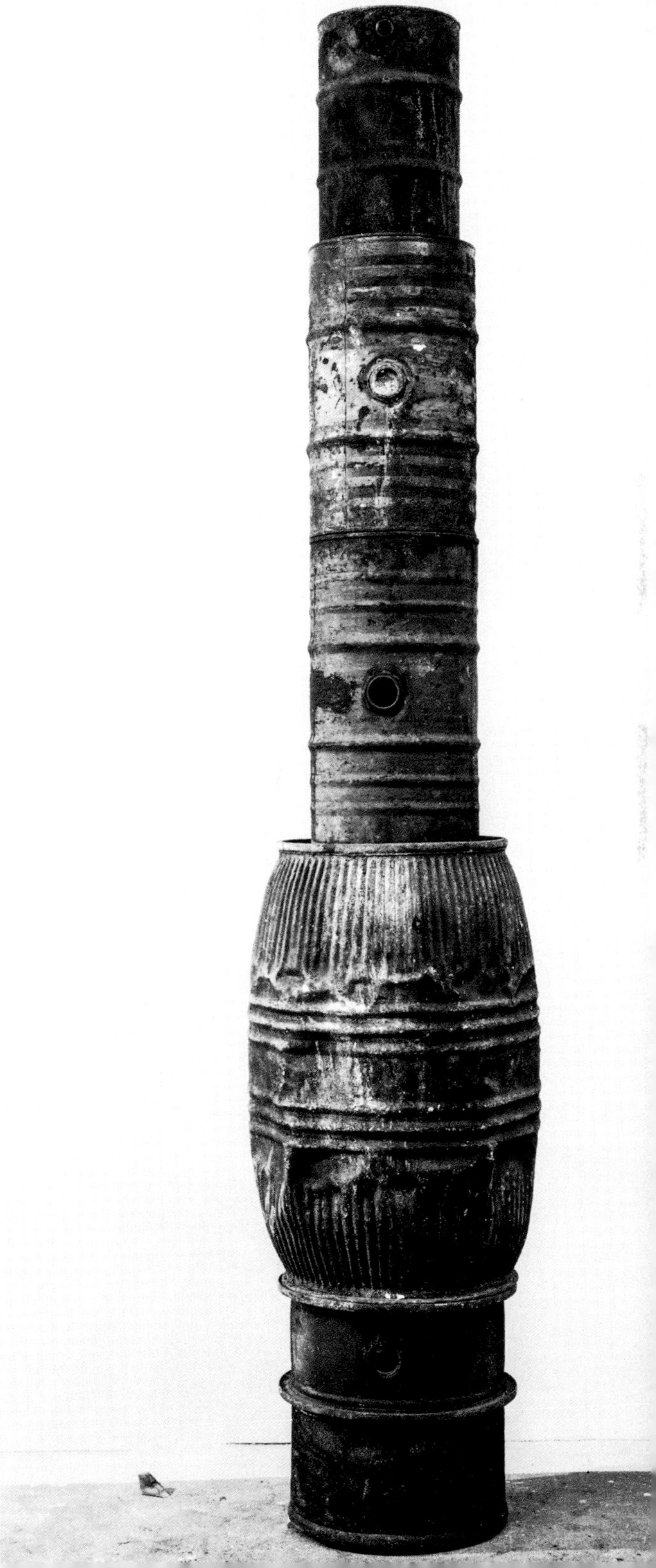

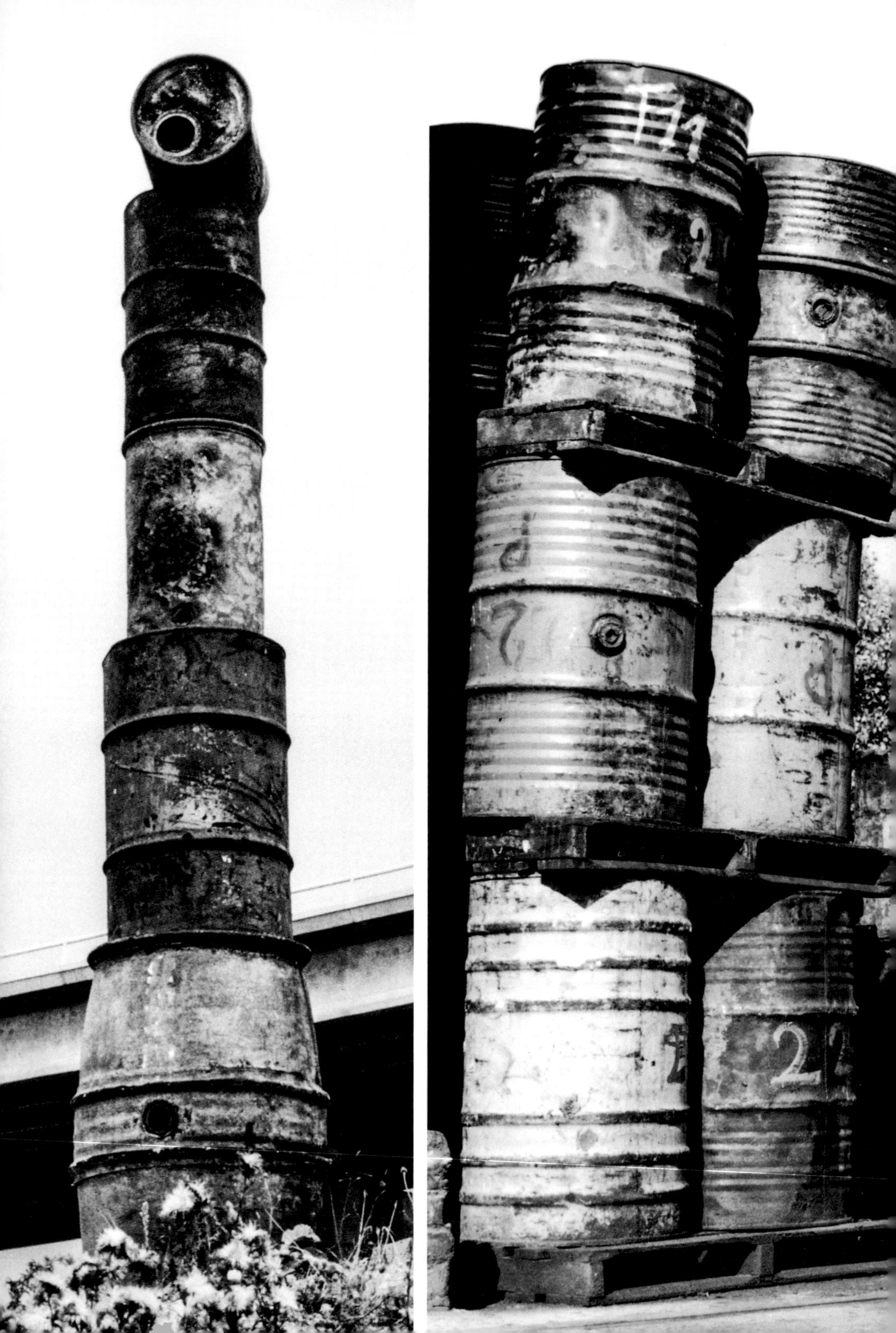

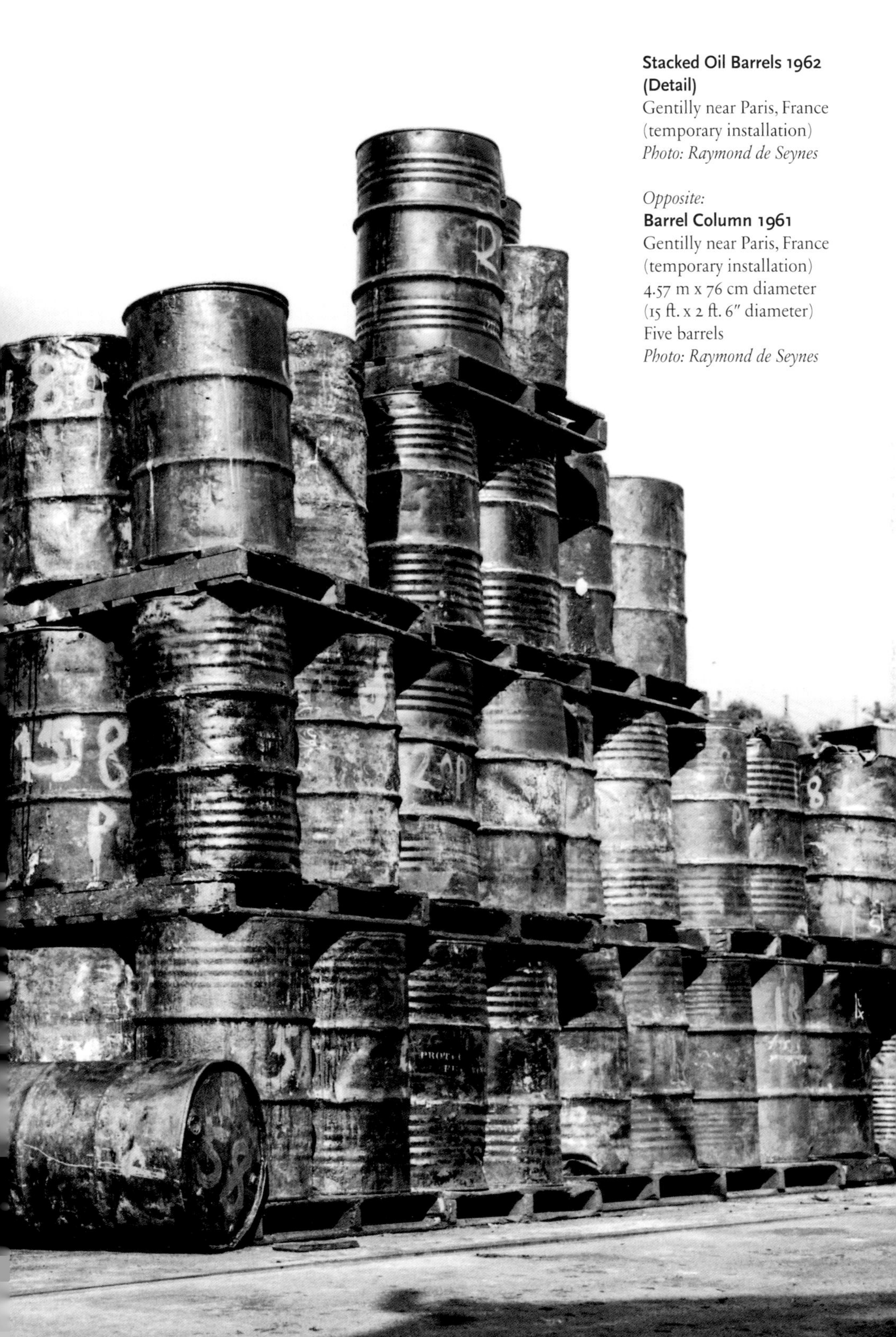

**Stacked Oil Barrels 1962**
**(Detail)**
Gentilly near Paris, France
(temporary installation)
*Photo: Raymond de Seynes*

*Opposite:*
**Barrel Column 1961**
Gentilly near Paris, France
(temporary installation)
4.57 m x 76 cm diameter
(15 ft. x 2 ft. 6″ diameter)
Five barrels
*Photo: Raymond de Seynes*

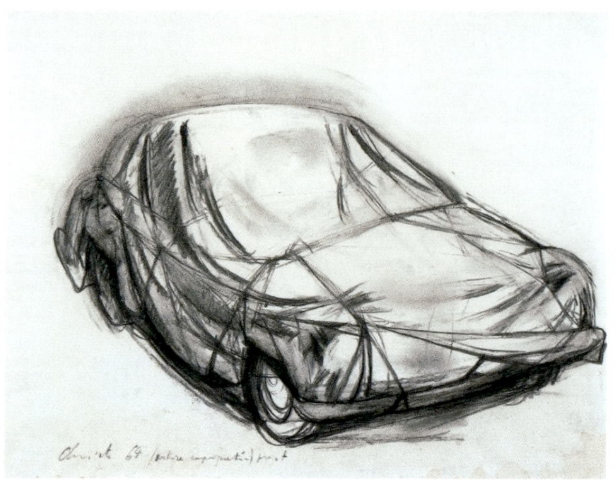

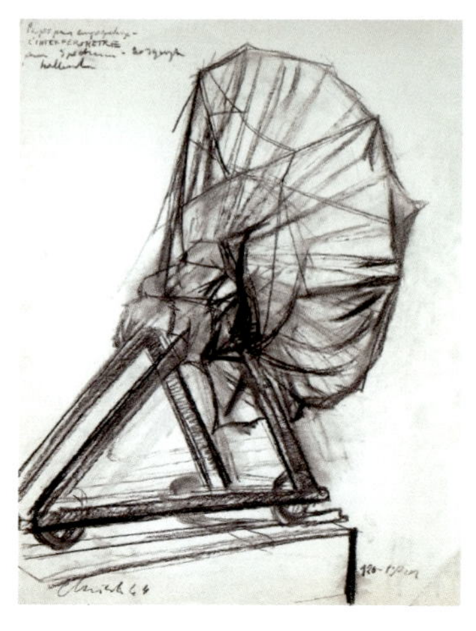

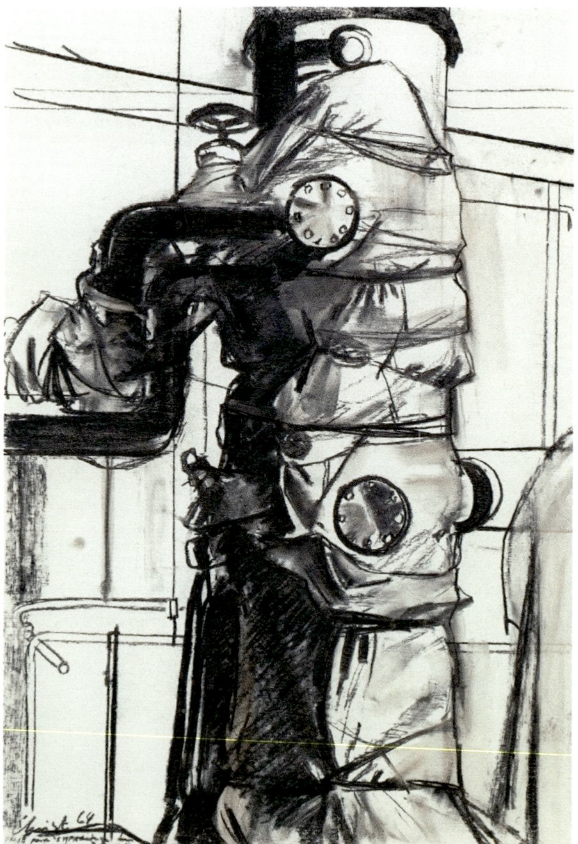

*Top left:*
**Voiture Empaquetée, Projet**
Drawing 1964:
36 x 43.5 cm (14⅛ x 17⅛″)
Charcoal on paper
Private collection, New York, USA

*Top right:*
**Projet pour Empaquetage l'Interferometre pour Spectrum Bergeyk, Hollande**
Drawing 1964:
75 x 54 cm (29 x 21¼″)
Charcoal on paper
*Photo: Eeva-Inkeri*

*Left:*
**Projet pour Empaquetage Usine Spectrum, Bergeyk**
Drawing 1964:
76.7 x 52.2 cm (30¼ x 20½″)
Charcoal on paper
*Photo: Christian Bauer*

*Opposite:*
**Wrapped Car (Volkswagen) 1963**
February 1963, Düsseldorf, Germany
152 x 160 x 413 cm (5 x 5.3 x 13.5 ft.)
Automobile, rubberized tarpaulin, and rope. This work no longer exists.
*Photos: Charles Wilp*

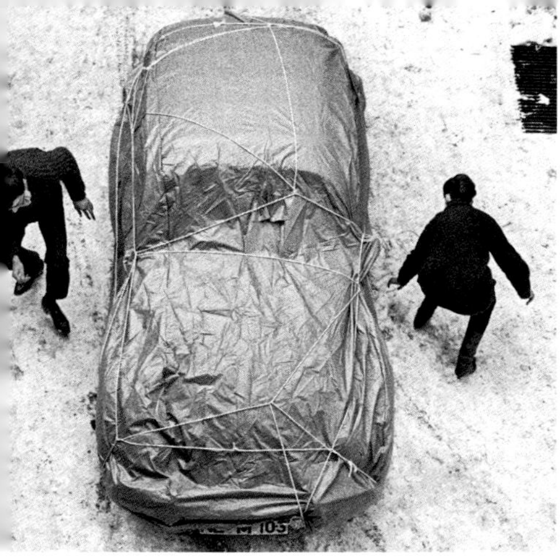

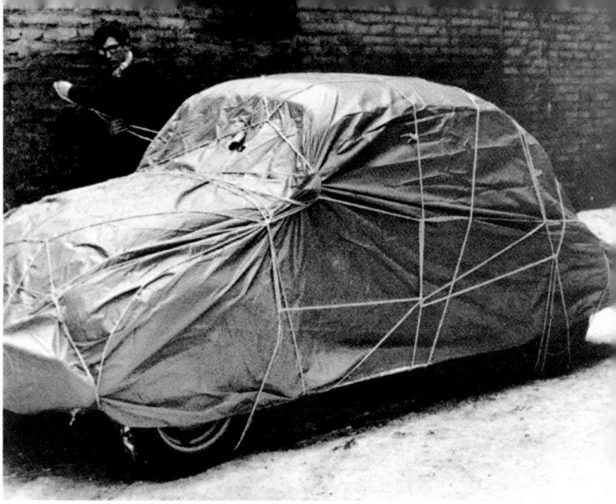

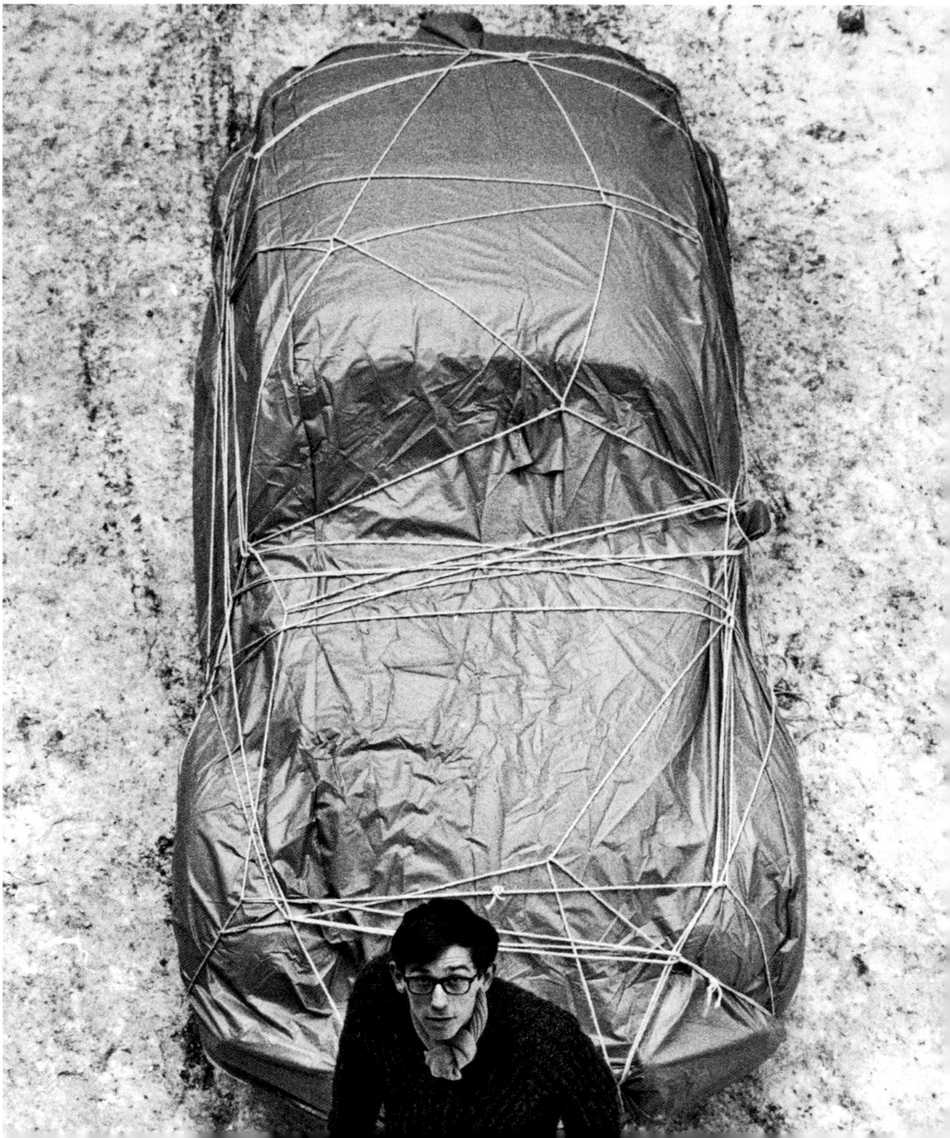

# Wrapped 1961 Volkswagen Beetle Saloon, 1963–2014

In February 1963, on the occasion of Christo's solo exhibition at Galerie Schmela in Düsseldorf, Germany, Christo and Jeanne-Claude wrapped a Volkswagen Beetle. The brand-new vehicle that was used for the sculpture was lent to the artists by Claus Harden, a colleague of photographer and filmmaker Charles Wilp. *Wrapped Car (Volkswagen), 1963* existed only for a short time due to Harden's request that the vehicle was returned to him in its unwrapped, original state. Many years later, Harden admitted that his request to unwrap the vehicle was one of his worst decisions.

In 2013, Christo returned to Düsseldorf to give a lecture at the Museum Kunstpalast. Remembering the *Wrapped Car (Volkswagen)* and regretting its loss, he decided to recreate the original work of art. After purchasing a mint-colored 1961 Volkswagen Beetle—the identical model he and Jeanne-Claude used over 50 years earlier—Christo had the fluids removed from the vehicle and had it mounted on casters. Then, in 2014, Christo wrapped the car, thereby creating *Wrapped 1961 Volkswagen Beetle Saloon, 1963–2014*.

Anlässlich Christos Einzelausstellung in der Düsseldorfer Galerie Schmela im Februar 1963 verhüllten Christo und Jeanne-Claude einen VW Käfer. Der brandneue Wagen, den die Künstler für ihre Arbeit nutzten, war ihnen von Claus Harden geliehen worden, einem Kollegen des Fotografen und Filmemachers Charles Wilp. Da Harden darauf bestanden hatte, das Auto in seinem unverhüllten Originalzustand zurückzuerhalten, existierte *Wrapped Car (Volkswagen), 1963* nur für kurze Zeit. Jahre später gestand Harden ein, dass seine Forderung, den Wagen wieder auszupacken, wohl einer seiner größten Fehler gewesen sei.

Als sich Christo 2013 erneut in Düsseldorf aufhielt, um einen Vortrag im Museum Kunstpalast zu halten, erinnerte er sich an die zu seinem Bedauern verlorengegangene Arbeit und beschloss, das originale Kunstwerk wiederherzustellen. Christo erwarb einen mintfarbenen VW Käfer von 1961 – das exakt gleiche Modell, das er und Jeanne-Claude schon 50 Jahre zuvor verwendet hatten –, ließ alle Flüssigkeiten entfernen und die Karosserie auf Rollfüße montieren. Im folgenden Jahr schließlich verhüllte Christo das Auto und schuf so den *Verhüllten 1961 Volkswagen Käfer, 1963–2014*.

En février 1963, à l'occasion de l'exposition personnelle de Christo à la galerie Schmela à Düsseldorf, Christo et Jeanne-Claude ont emballé une Coccinelle Volkswagen. Le véhicule flambant neuf utilisé à cet effet leur avait été prêté par Claus Harden, collègue du photographe et réalisateur Charles Wilp. *Wrapped Car (Volkswagen), 1963* eut une existence éphémère puisque Harden avait exigé que le véhicule lui soit rendu dans son état d'origine, c'est-à-dire non emballé. Bien des années plus tard, Harden reconnut que cette exigence avait été l'une des pires décisions de sa vie.

En 2013, Christo revint à Düsseldorf pour donner une conférence au Kunstpalast. Comme il se souvenait de *Wrapped Car (Volkswagen)* et en regrettait la disparition, il décida de recréer l'œuvre originale. Après avoir acheté une Coccinelle de 1961 de couleur turquoise – identique à celle que lui-même et Jeanne-Claude avaient utilisée plus de cinquante ans plus tôt –, Christo l'a fait entièrement vidanger et monter sur des roulettes. Puis, l'année suivante, il l'a emballée pour obtenir *1961 Volkswagen Coccinelle, Empaqueté, 1963–2014*.

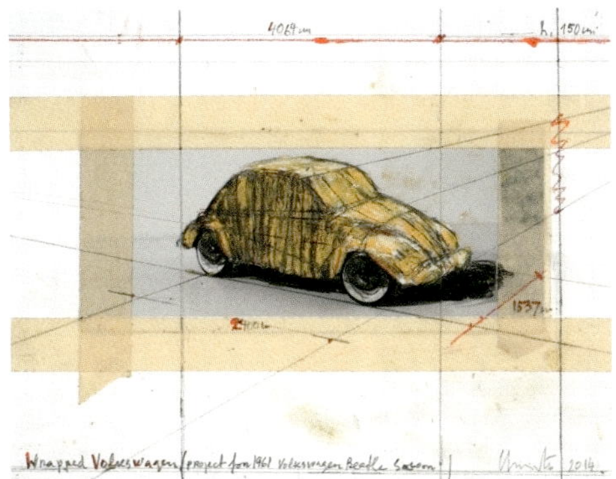

**Wrapped Volkswagen
(Project for 1961 Beetle Saloon)**
Collage 2014: 21.5 x 28 cm (8 ½ x 11″)
Pencil, wax crayon, enamel paint,
photograph, and tape

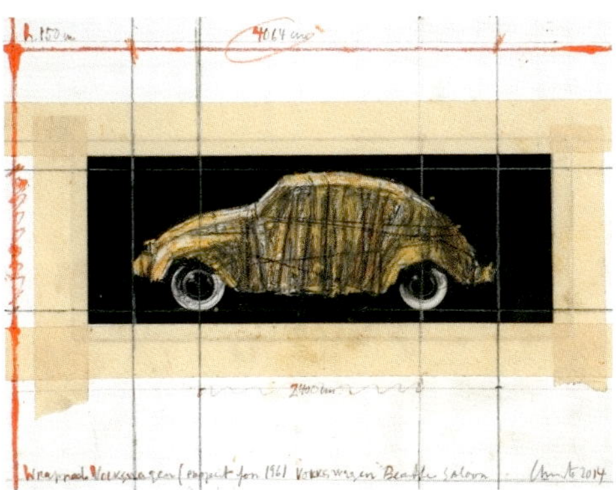

**Wrapped Volkswagen
(Project for 1961 Beetle Saloon)**
Collage 2014: 21.5 x 28 cm (8 ½ x 11″)
Pencil, wax crayon, enamel paint,
photograph, and tape

**Wrapped 1961 Volkswagen Beetle Saloon 1963–2014**  150 x 154 x 404.4 cm (59 x 61 x 160″)
1961 Volkswagen Beetle Saloon, tarpaulin with grommets, and ropes

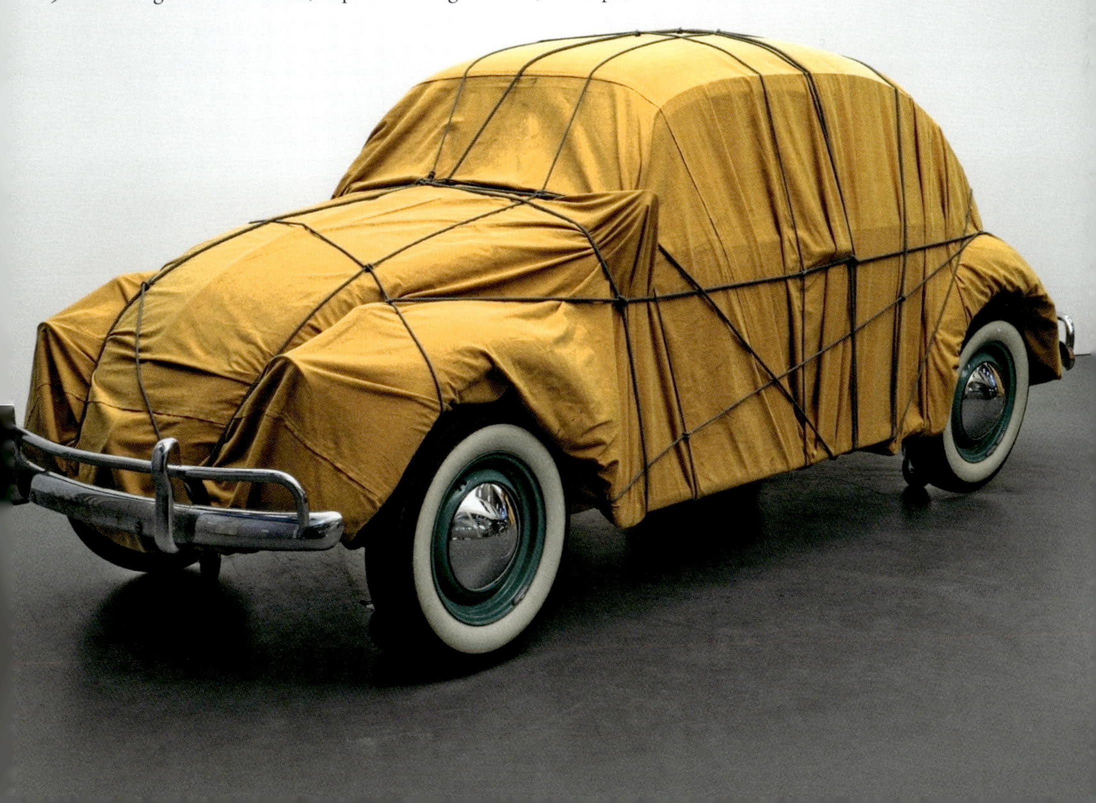

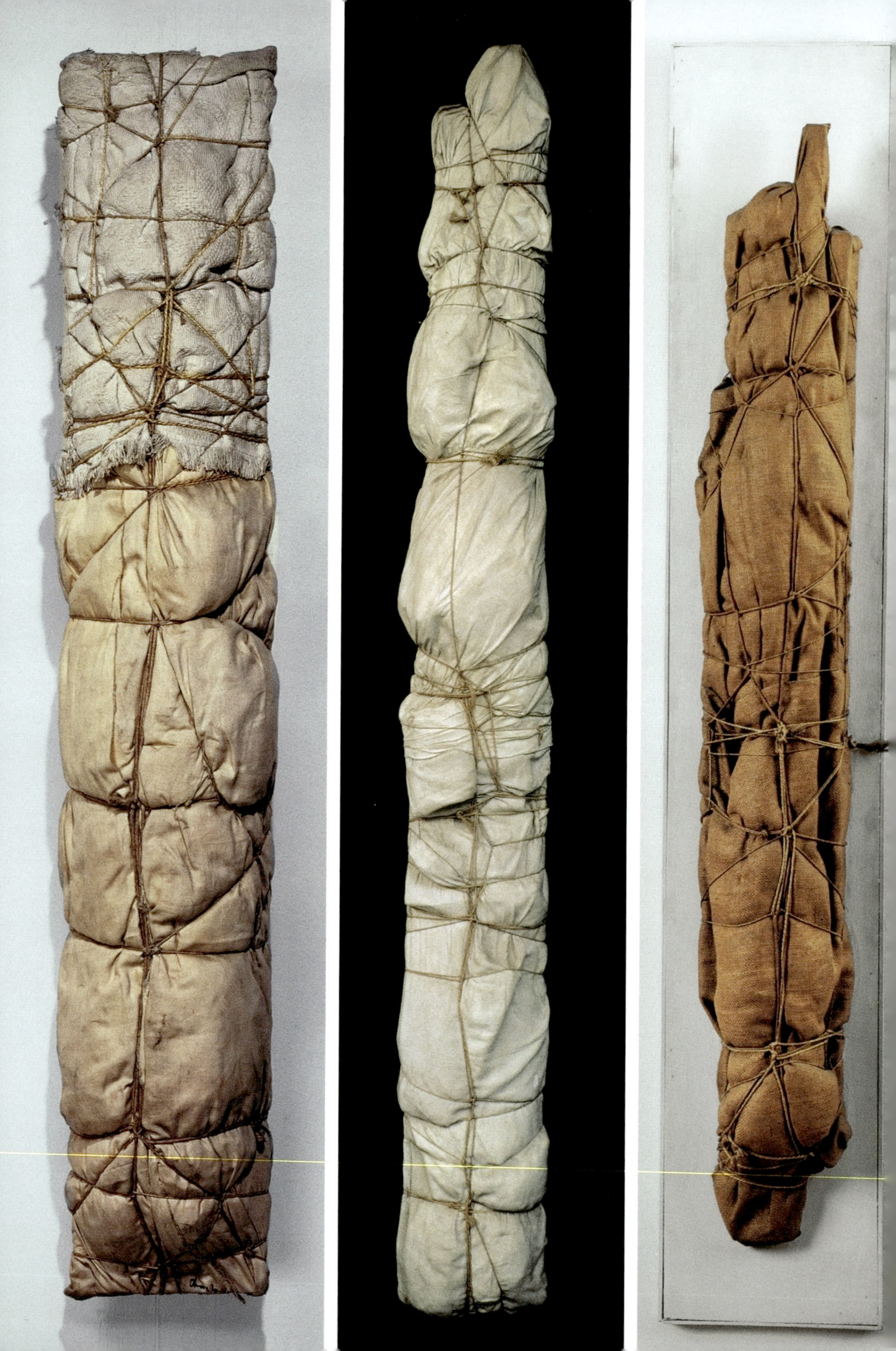

*Opposite left:*
**Package 1961**
125 x 21.5 x 21.5 cm (49 ¼ x 8 ½ x 8 ½")
Two types of fabric, rope, board, and twine
*Photo: Eeva-Inkeri*

*Opposite center:*
**Package 1962**
213.4 x 25 x 11.5 cm (84 x 9 ¾ x 4 ½")
Fabric, rope, twine, and board
Collection Lilja Art Fund Foundation,
Switzerland
*Photo: Eeva-Inkeri*

*Opposite right:*
**Package 1961**
120 x 17 x 12.5 cm (47 ¼ x 6 ¾ x 5")
Fabric, rope, and twine, mounted on
painted wooden board by Christo
Collection Michèle Liénart van Hidth
de Jeude, Belgium

*Below:*
**Wrapped Jerry Can 1961**
48 x 35 x 19 cm (19 x 13 ¾ x 7 ½")
Metal Jerry can, fabric, and rope
*Photo: Eeva-Inkeri*


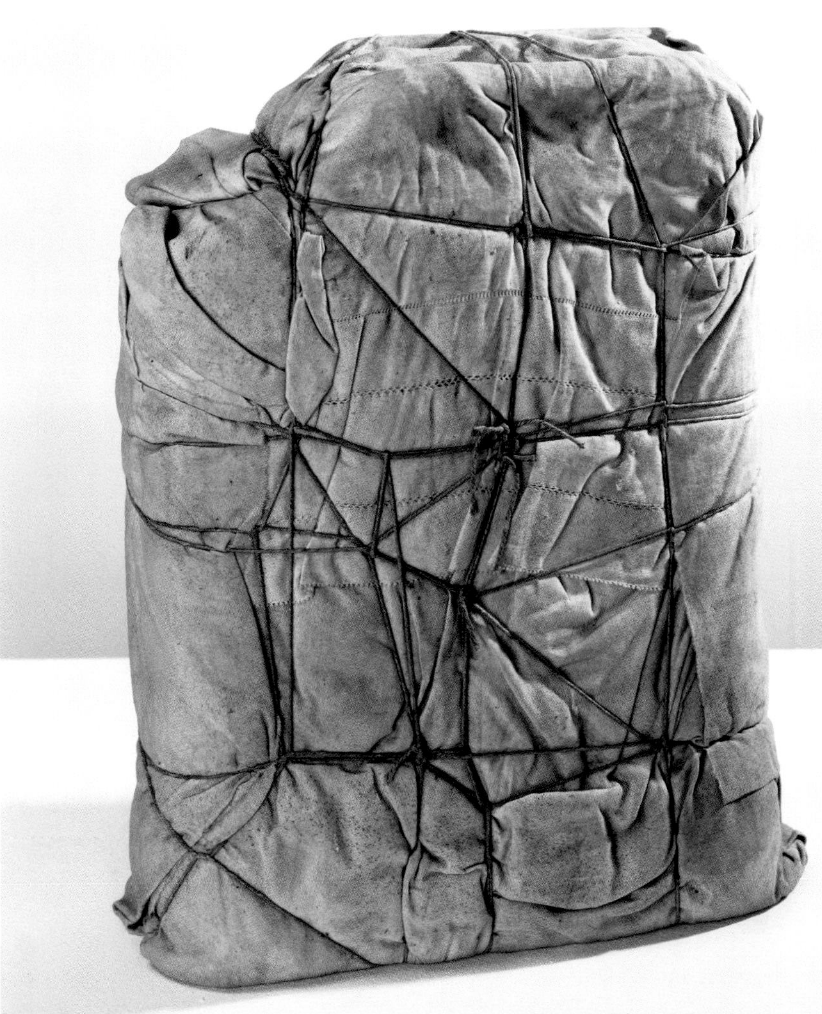

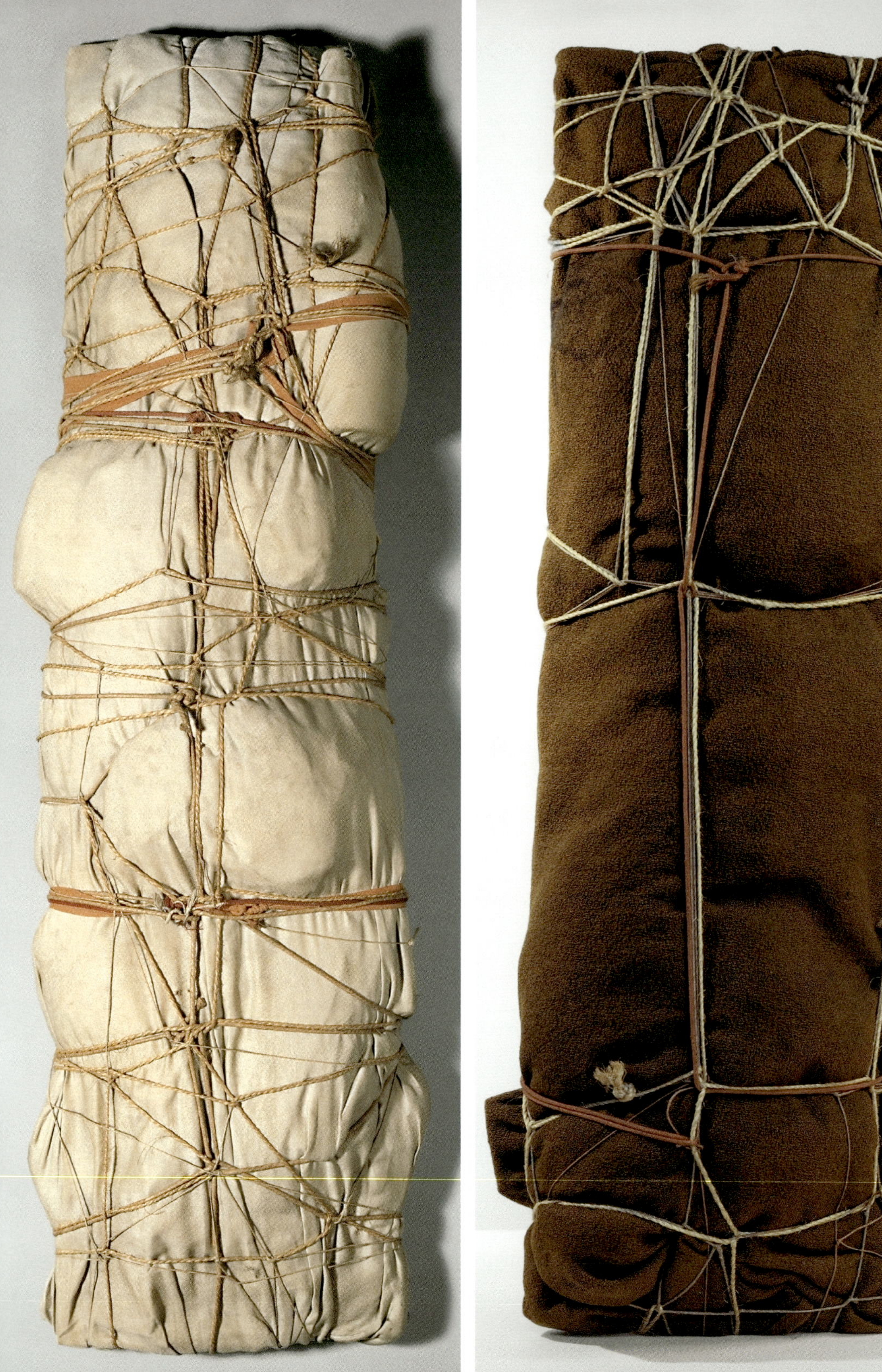

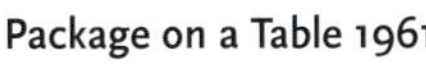

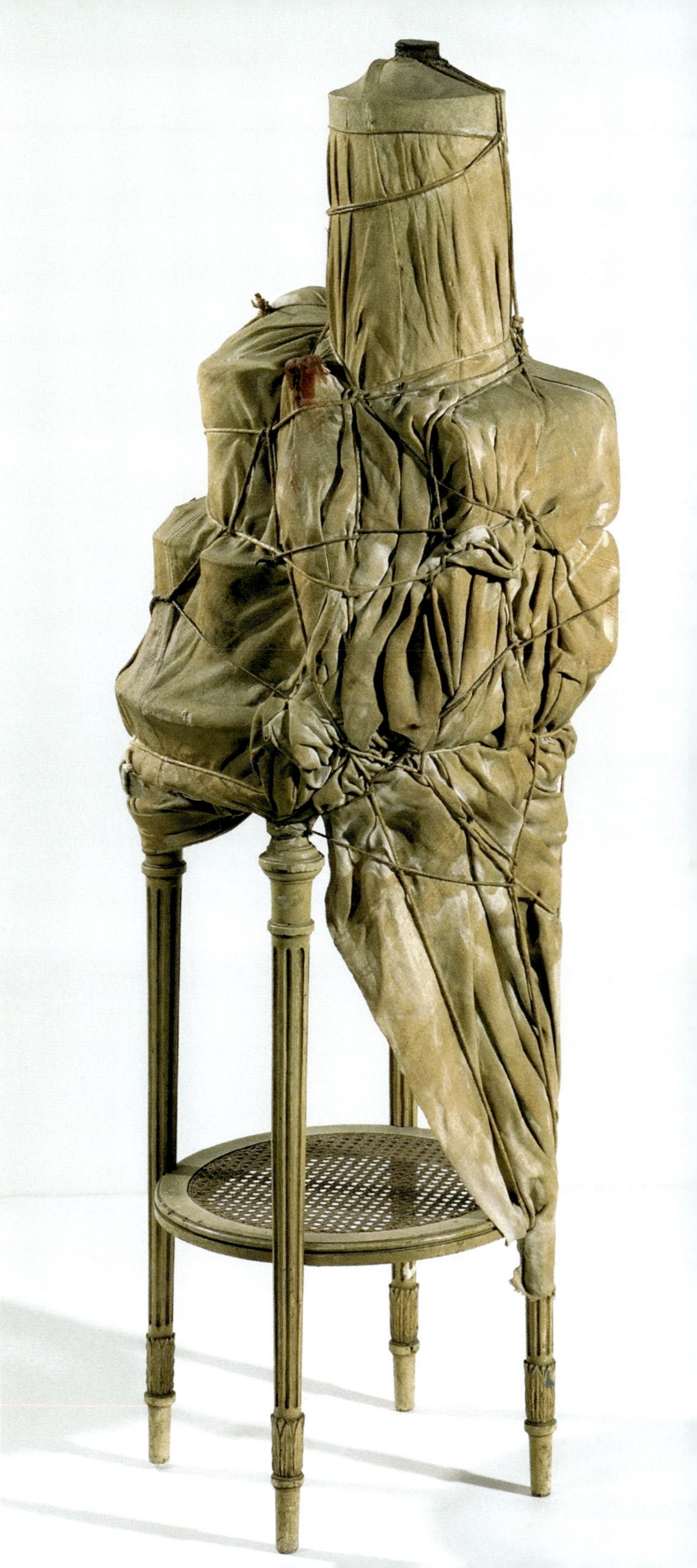

**Package on a Table 1961**
107.2 x 42 x 42 cm
(42 ¼ x 16 ½ x 16 ½")
Fabric, lacquer, rope, and
round wooden table
Musée National d'Art Moderne,
Centre Pompidou, Paris, France
*Photo: Eeva-Inkeri*

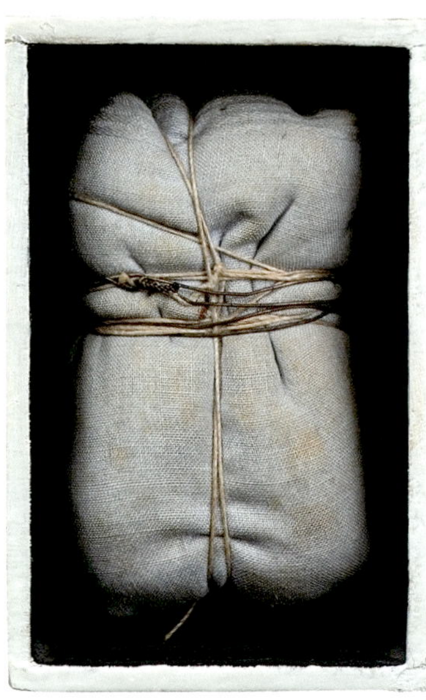

*Left:*
**Package 1963**
Package:
7 x 4.4 x 2.5 cm (2 ¾ x 1 ⅝ x 1″)
Frame, painted wood:
8.6 x 5.7 x 3.4 cm (3 ⅜ x 2 ¼ x 1 ⅜″)
Fabric, twine, and wire in a
wooden frame made by Christo
(the smallest *Package*)

*Below:*
**Package 1962**
68 x 82 x 20 cm (26 ¾ x 32 ¼ x 7 ⅞″)
Fabric, rope, twine, girth,
and board
Collection François Sage,
Paris, France

*Opposite:*
**Package 1962**
Size without support:
33 x 24 x 11.5 cm (13 x 9 ½ x 4 ½″)
Fabric, twine, rope, webbing,
and board, mounted on a
wooden backing covered with
green velvet
Collection Mr. and Mrs. Howard
E. Rachofsky, Dallas, Texas, USA
*Photo: Eeva-Inkeri*

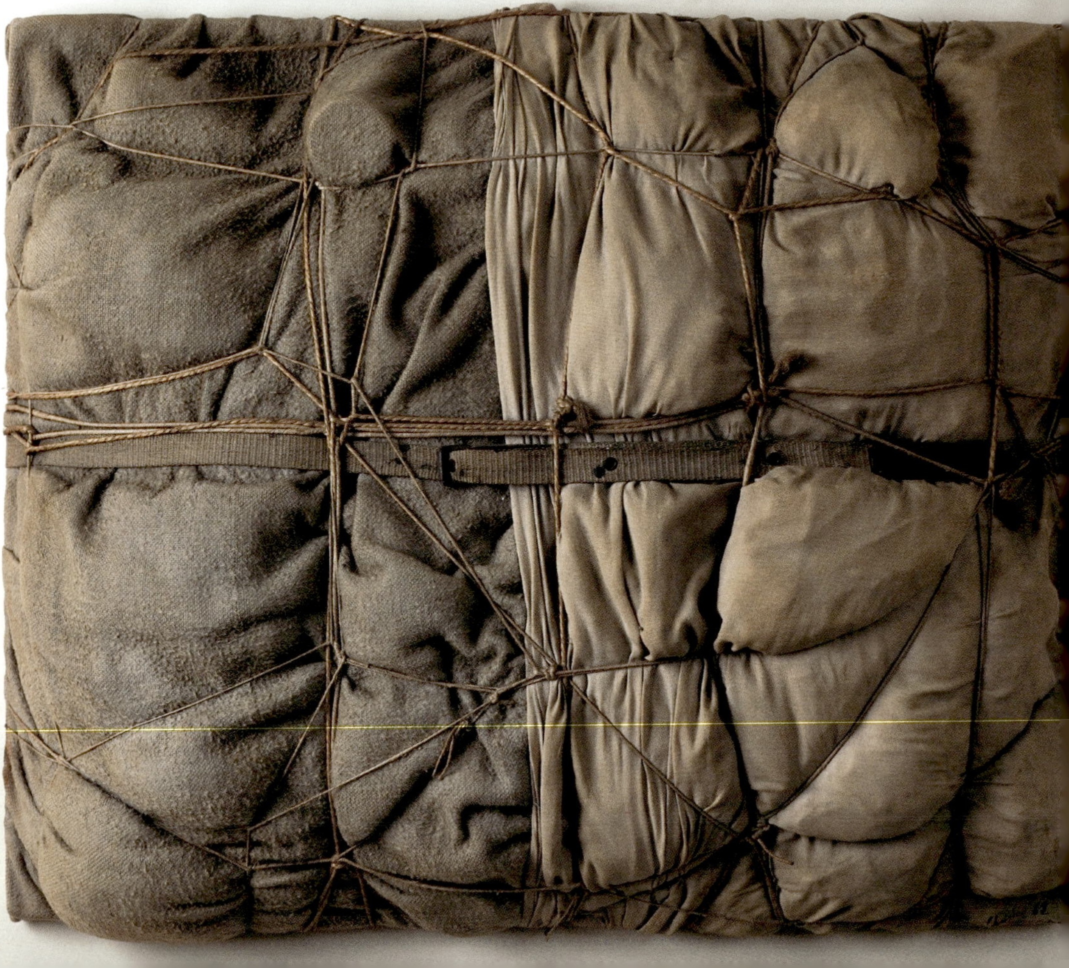

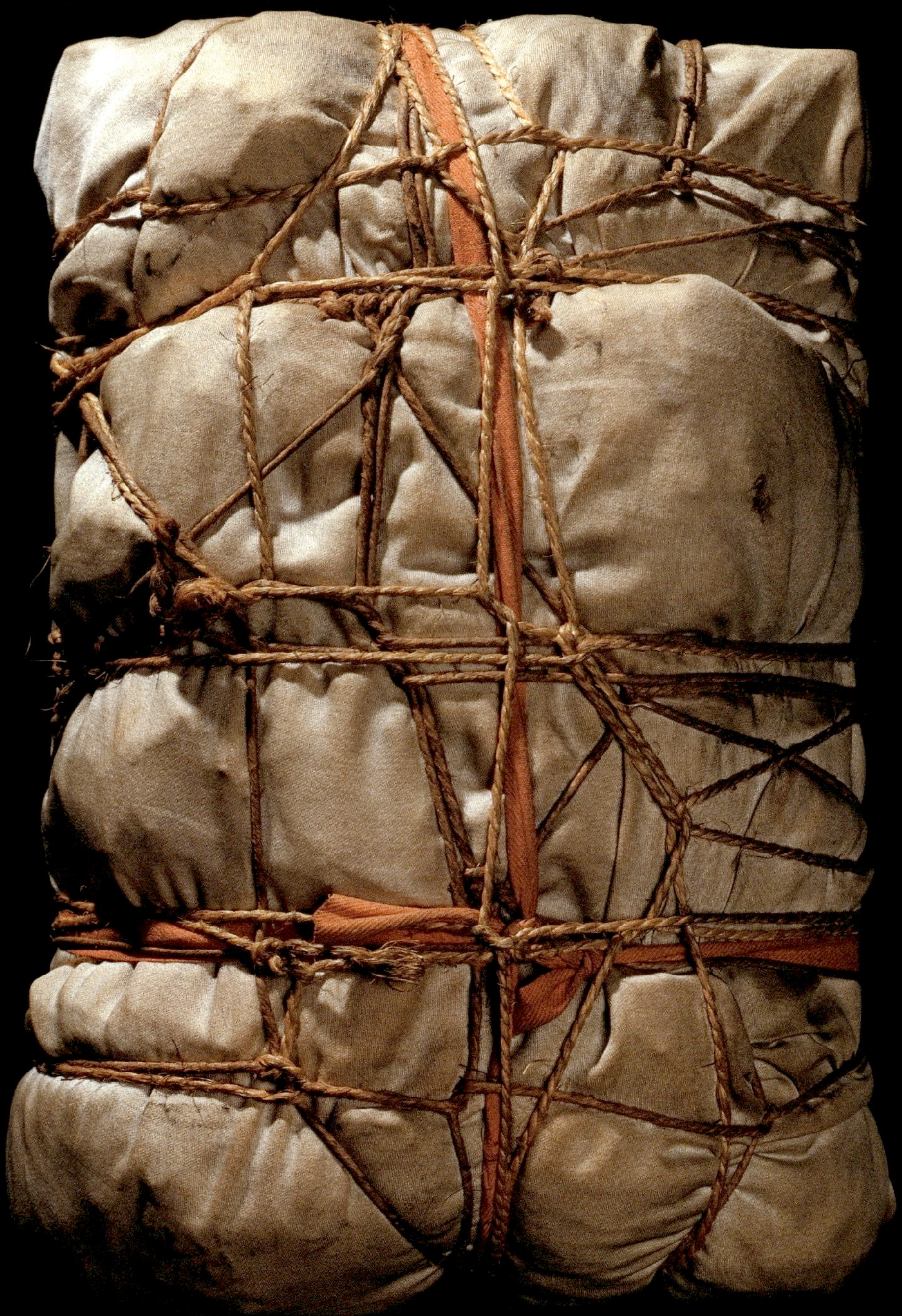

**Package 1961**
42 x 38 x 16 cm (16 ½ x 15 x 6 ¼")
Fabric, rope, twine, cord, and board,
mounted on green velvet in a gold frame
Collection Christophe Durand-Ruel, France


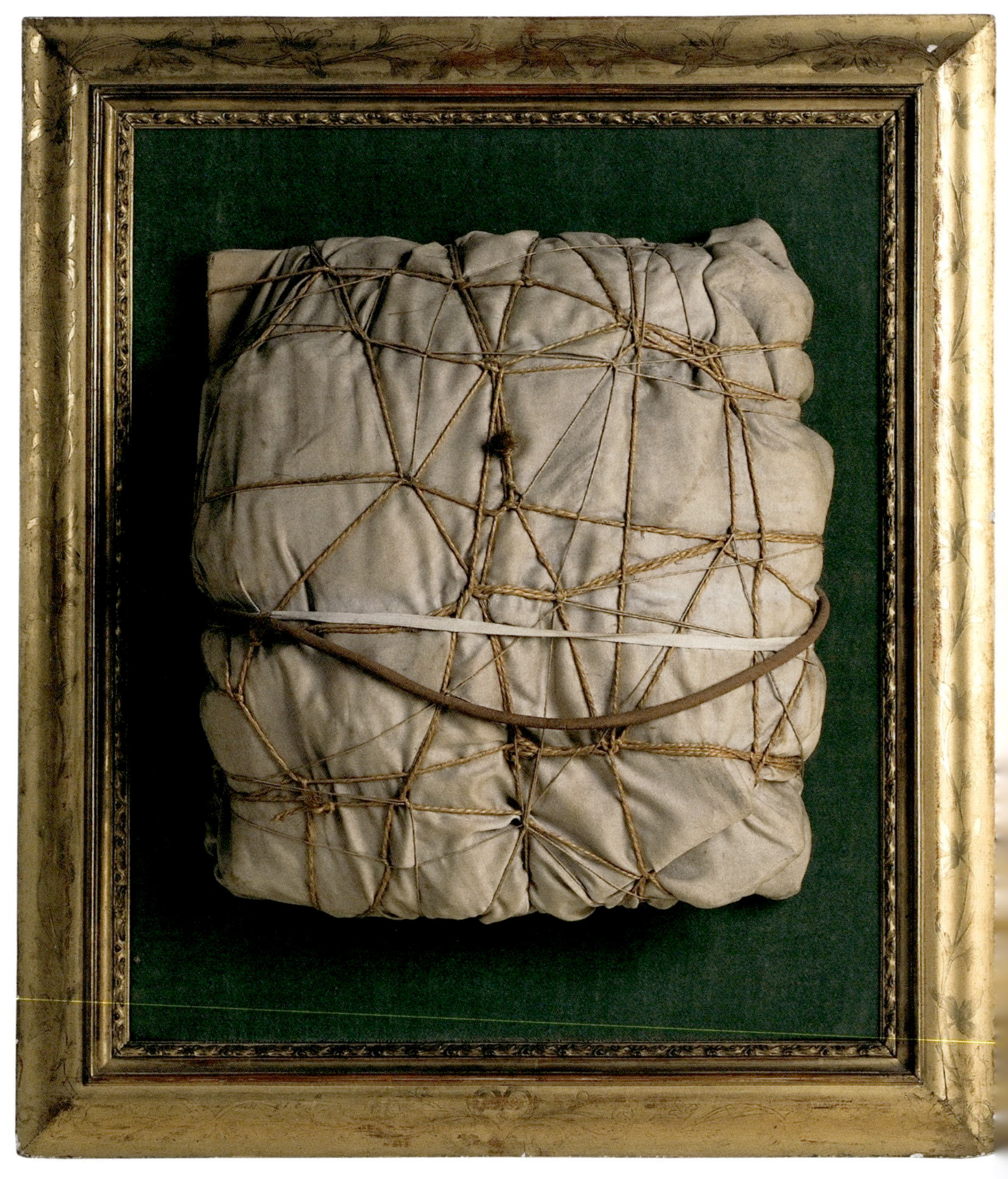

**Package 1963**
29 x 22 x 11 cm (11 ⅜ x 8 ⅝ x 4 ⅜″)
Fabric, rope, and cord, mounted on a
burlap-covered board, in a gold wooden frame
Private collection, Europe

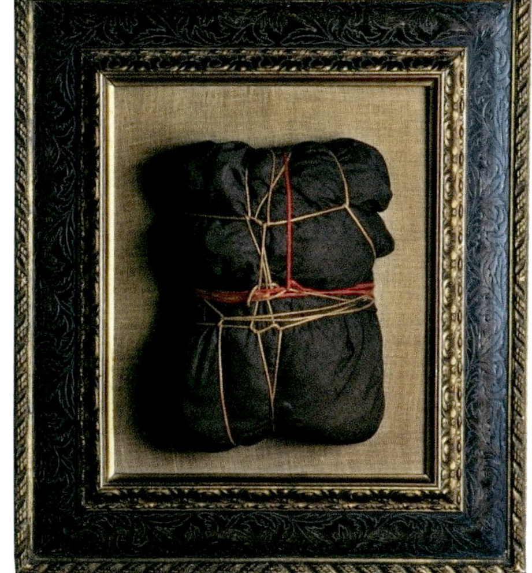


**Package 1960**
68 x 83 x15 cm (26 ¾ x 32 ¾ x 5 ⅞″)
Silk fabric, rope, and twine, mounted on green
velvet-covered board, in a gold frame
Collection Angelo Baldassarre, Bari, Italy
*Photo: Baldassarre Archives*

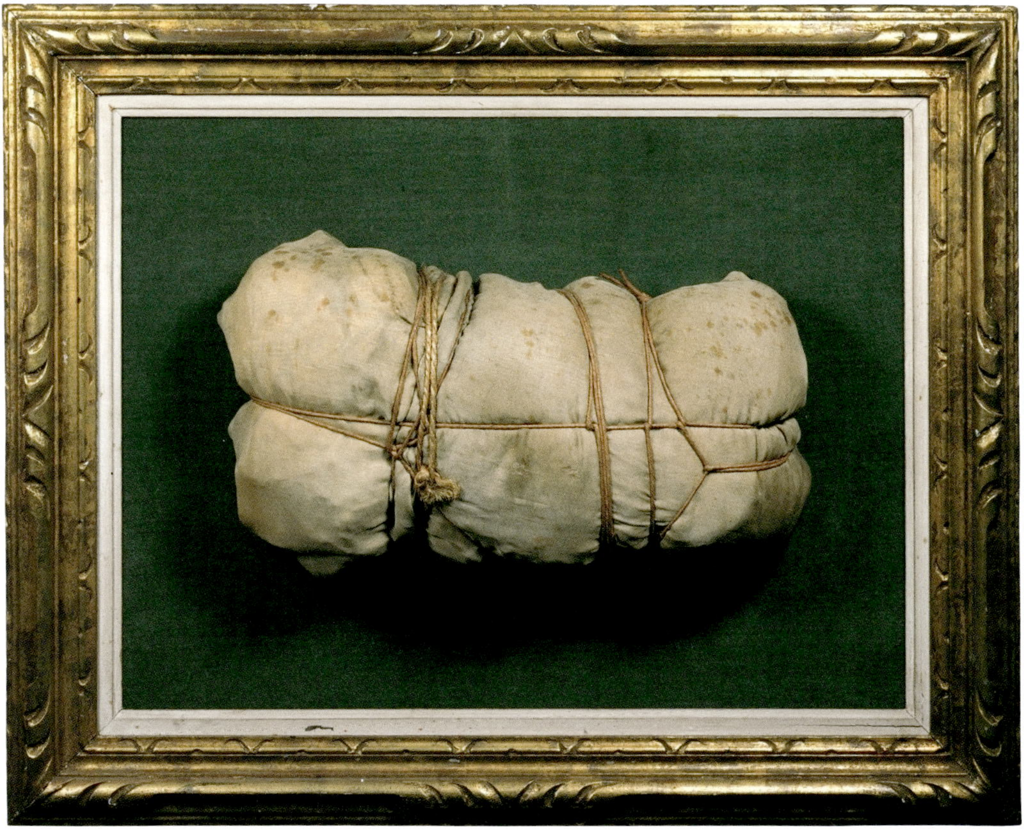

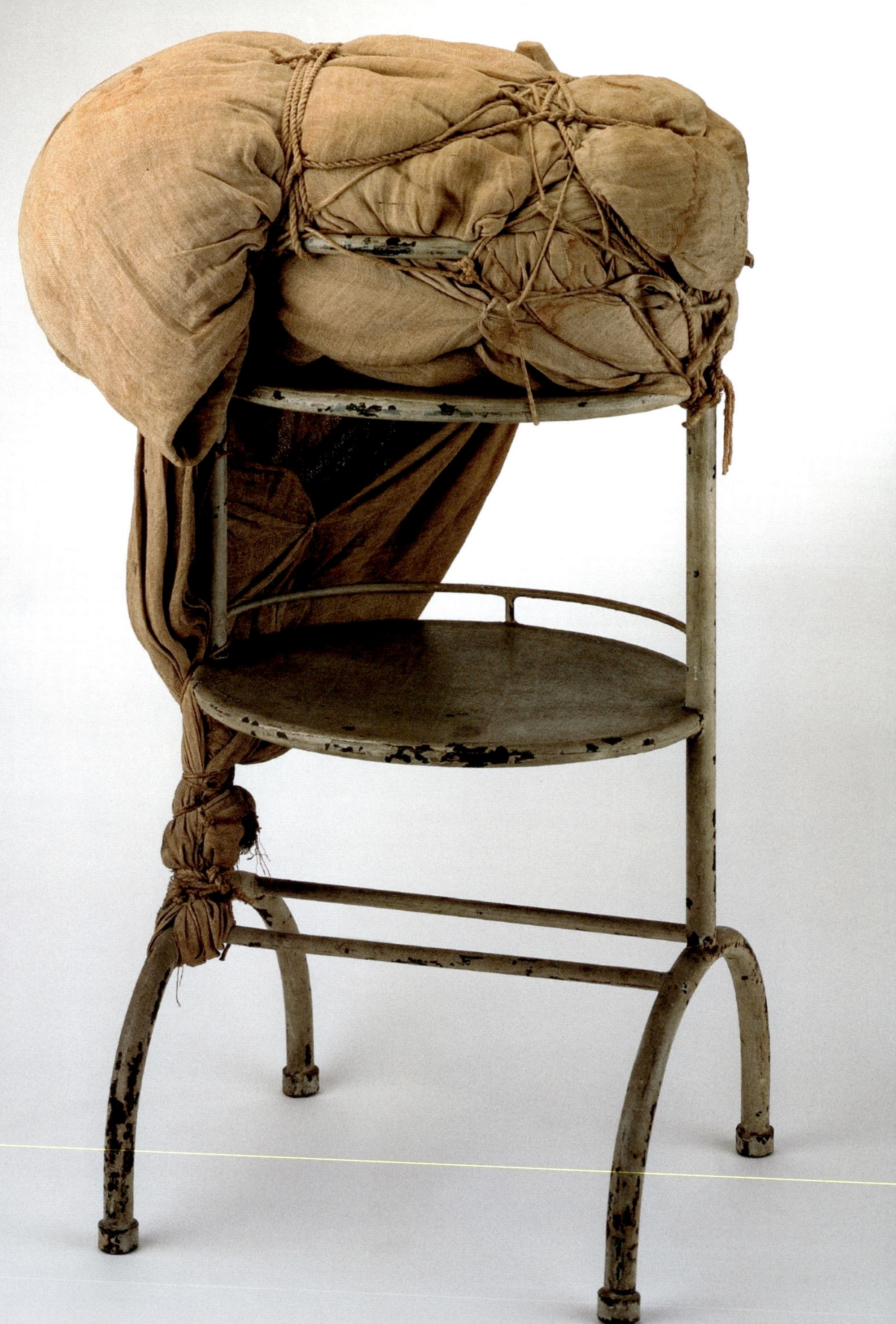

**Package on a Table 1963**  95 x 63 x 43 cm (37 ⅜ x 24 ¾ x 17″). Fabric, rope, cord, and painted steel table
Stedelijk Museum, Amsterdam, the Netherlands. *Photo: Courtesy Stedelijk Museum*

Summer 1963. Partial view
of the exhibition at the
Galleria del Leone, Venice,
Italy.

Sommer 1963. Teilansicht
der Ausstellung in
der Galleria del Leone,
Venedig, Italien.

Été 1963. Vue partielle de
l'exposition à la Galleria
del Leone, Venise, Italie.

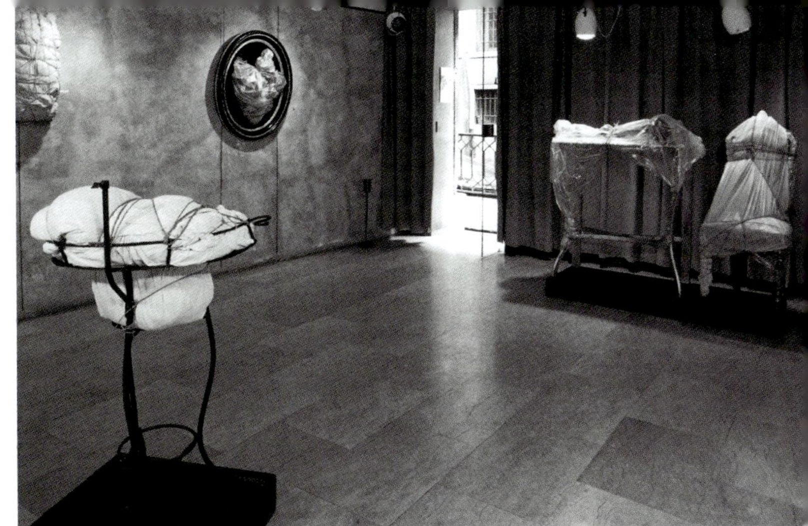

**Wrapped Table and Wrapped Chair 1963**  106.6 x 152.5 x 40.6 cm (42 x 60 x 16″). Wooden console table,
chair, crystal candelabra, polyethylene, twine, and rope. Property of the estate of the artist and Fiorenza and
Ettore Camuffo, Venice, Italy. *Photo: Eeva-Inkeri*

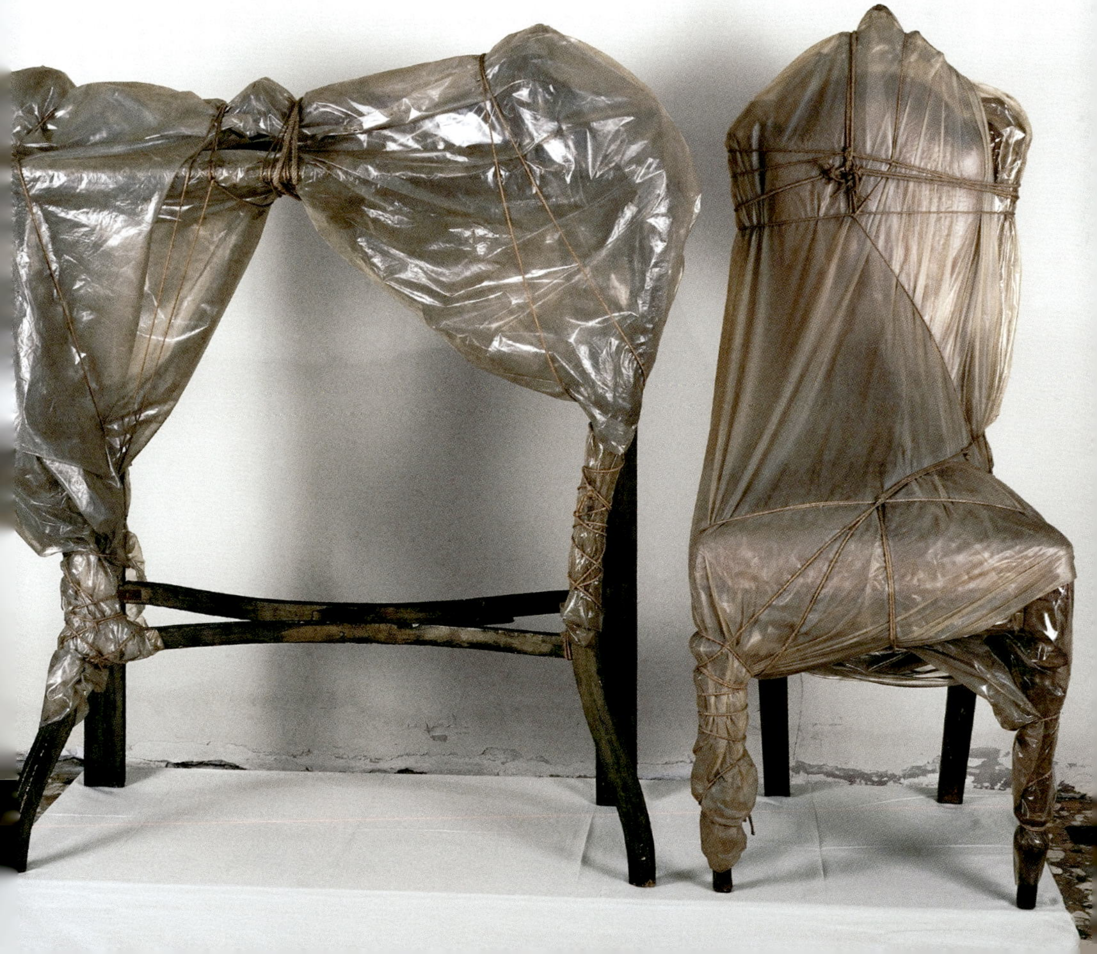

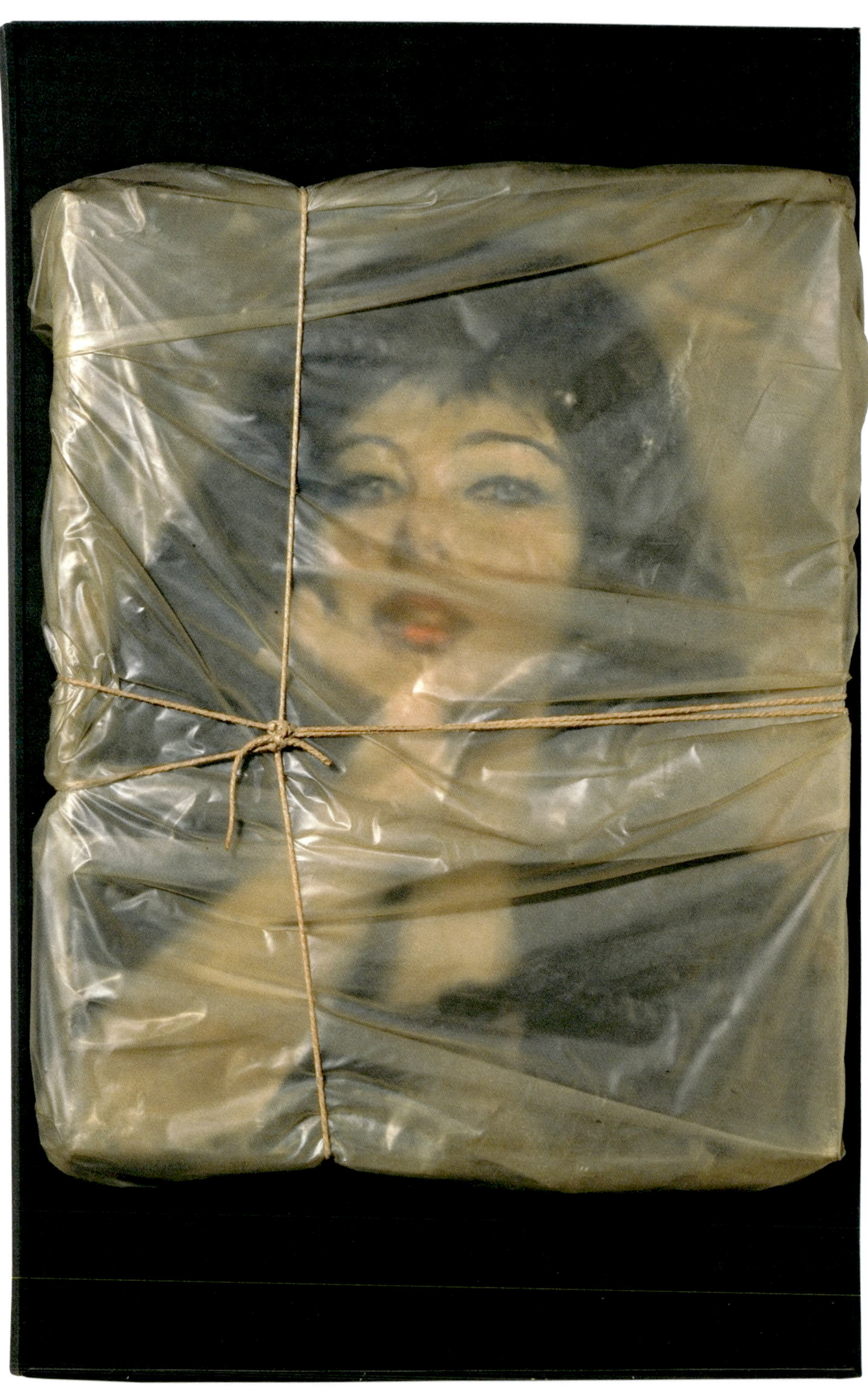

*Opposite:*
**Wrapped Portrait of Jeanne-Claude 1963**
78.5 x 51.2 x 5 cm (30⅞ x 20⅛ x 2")
Oil-on-canvas portrait painted by Christo Javacheff.
Wrapped with polyethylene and rope by Christo,
mounted on a painted wooden board
Collection Museum of Contemporary Art San Diego,
La Jolla, California, Bequest of David C. Copley
*Photo: Christian Bauer*

*Below:*
**Wrapped Woman, Project**
Drawing 1963:
50 x 43.2 cm (19¹¹⁄₁₆ x 17")
Pencil on paper
Private collection
*Photo: Eeva-Inkeri*


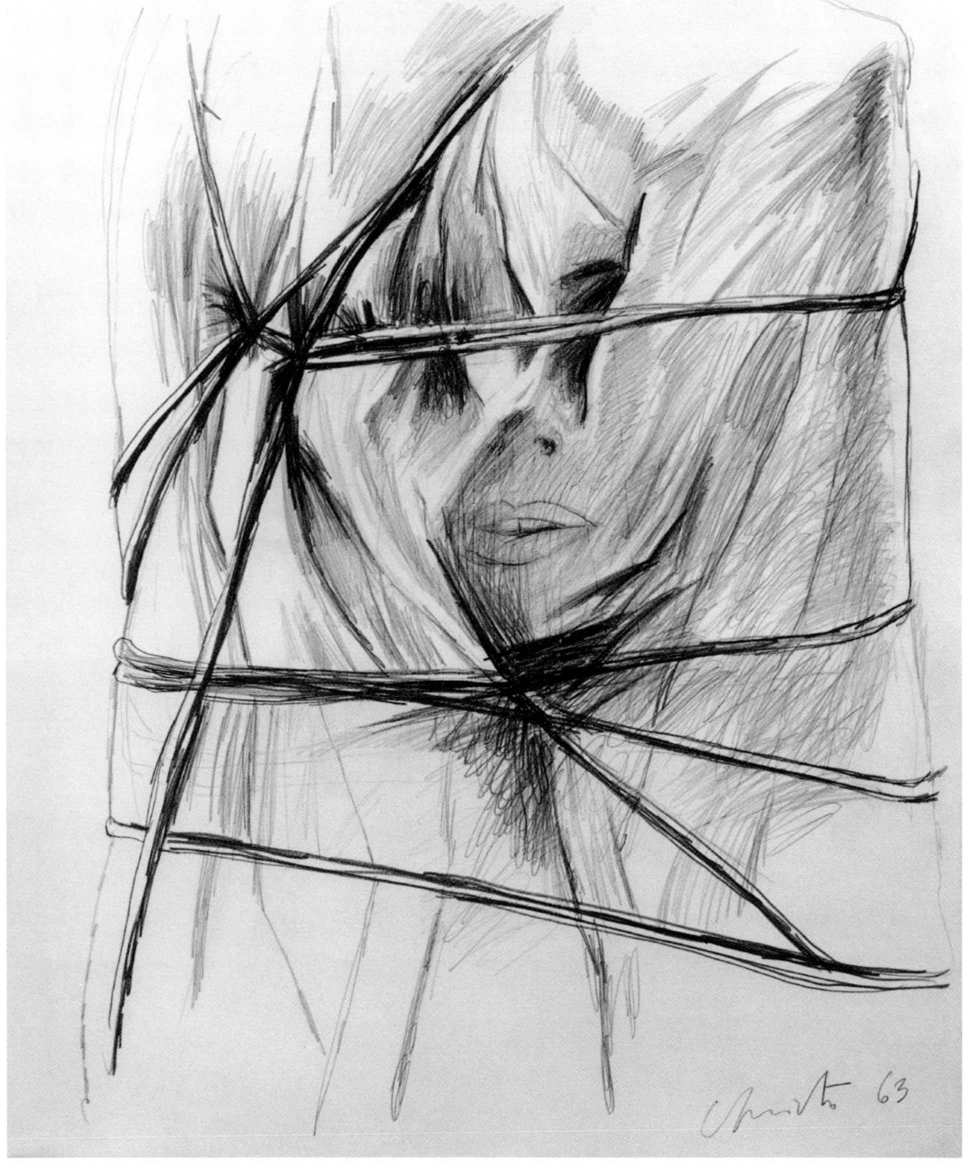

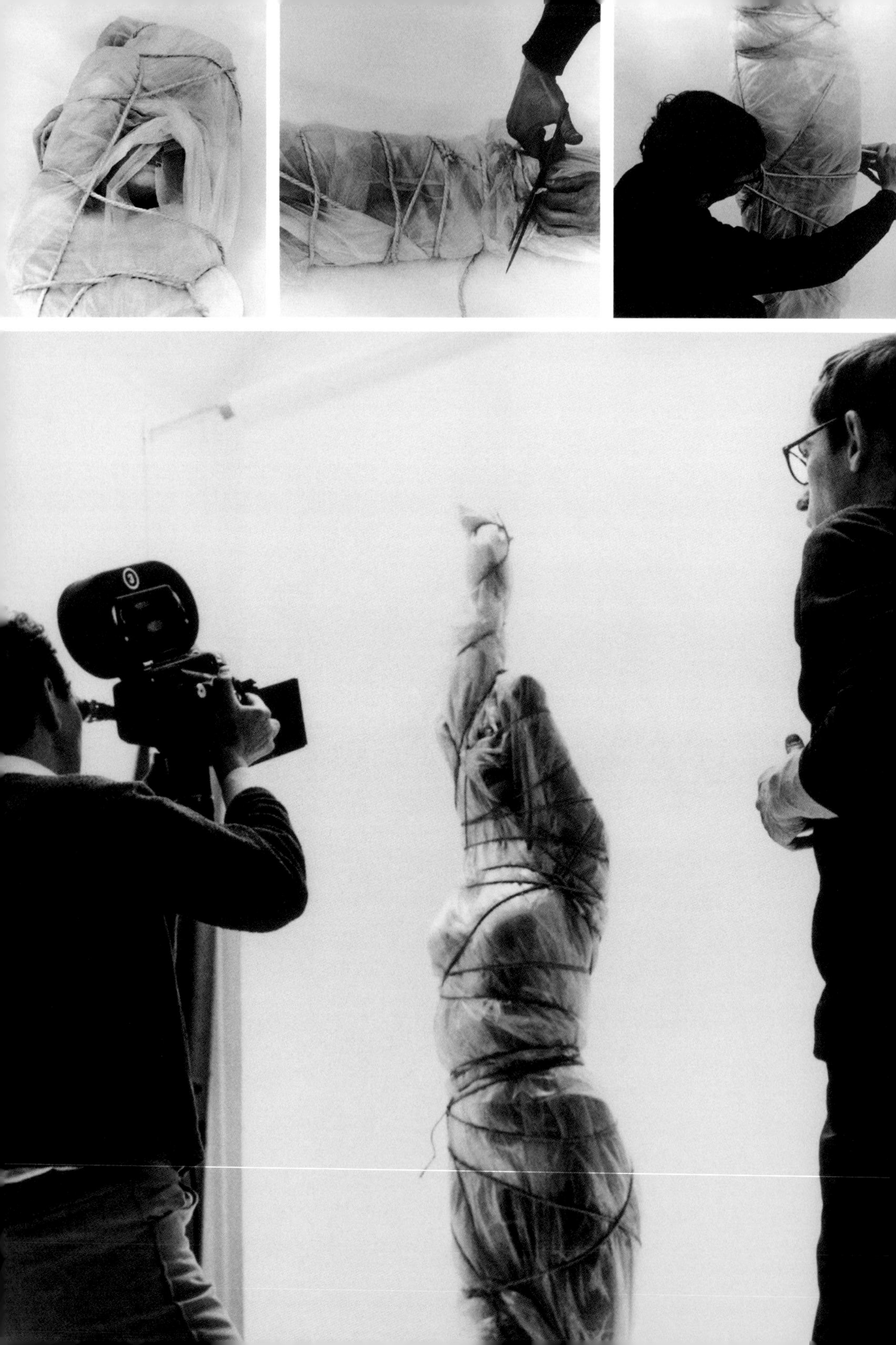

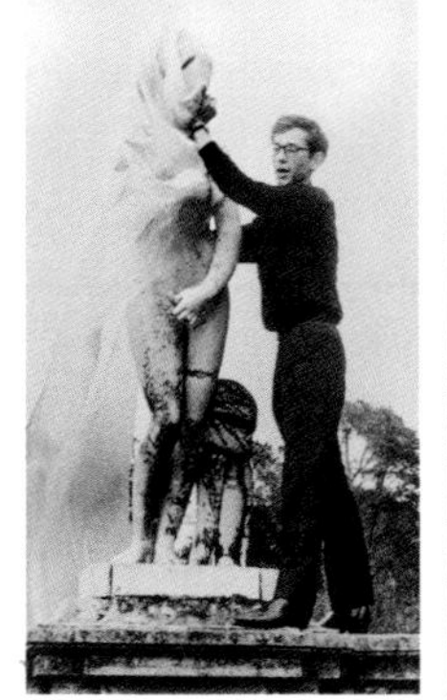
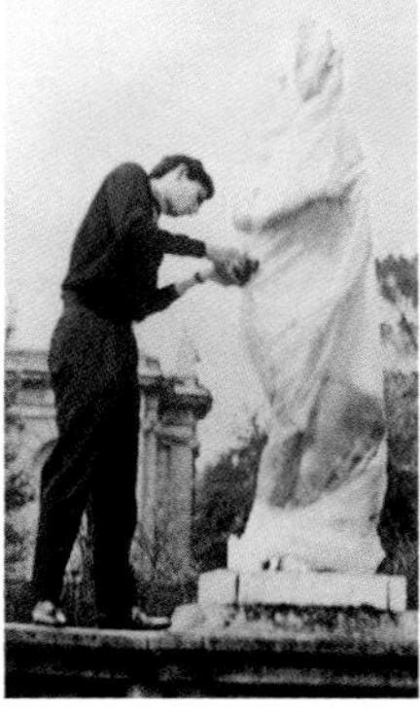
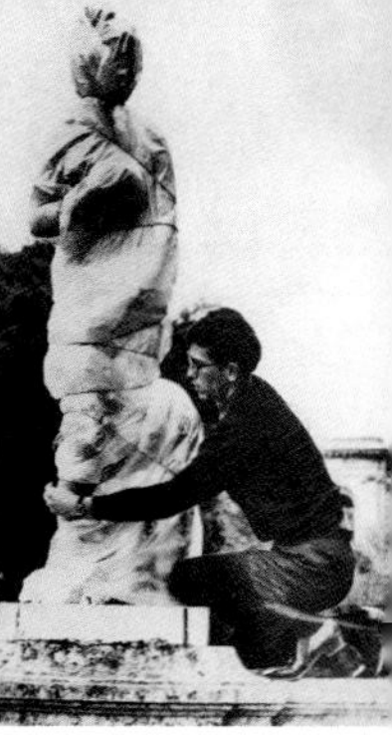

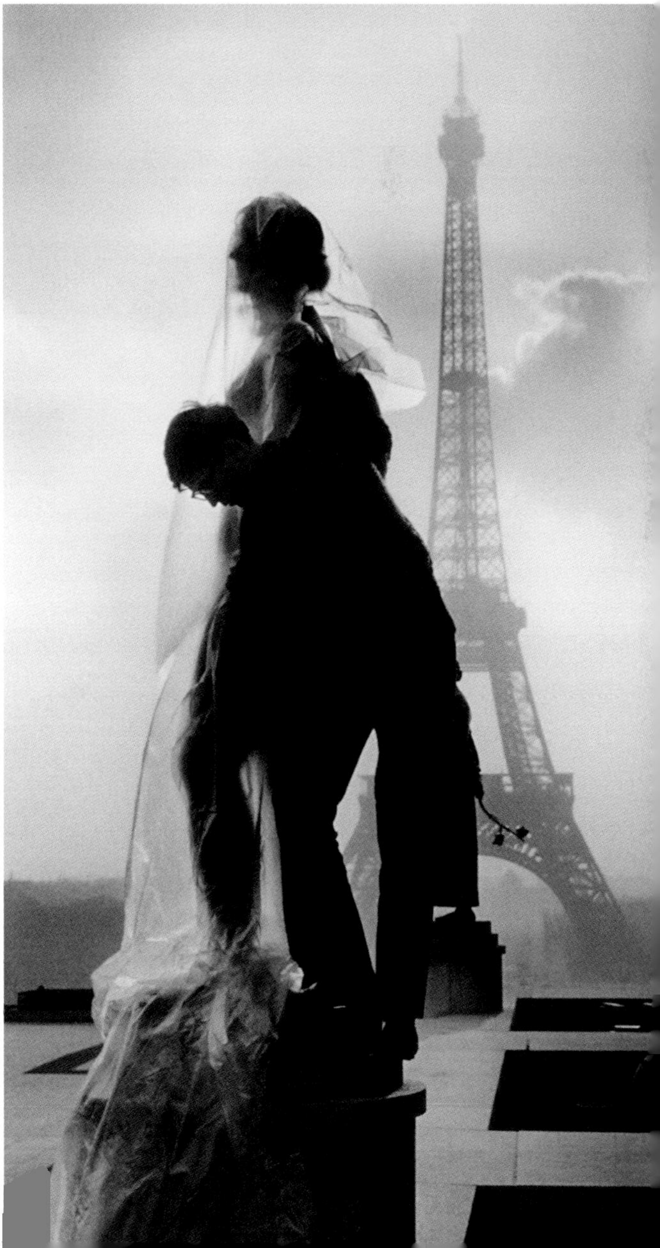

*Opposite top:*

**Wrapped Woman 1963**
In Charles Wilp's film studio in Düsseldorf, Germany. Fashion model Ruth, polyethylene, and rope
*Photos: Charles Wilp*

*Opposite bottom:*
Charles Wilp filming *Wrapped Woman* in London.
Charles Wilp filmt *Wrapped Woman* in London.
Charles Wilp filmant *Wrapped Woman* à Londres.
*Photo: Anthony Haden-Guest*

*Top:*

**Wrapped Venus 1963**
Garden of the Villa Borghese, Rome, Italy. Stone Venus, polyethylene, and rope
*Photos: UPI*

Without permission Christo wrapped a statue of the Villa Borghese. The police did not interfere, thinking that the curators were doing conservation work. The statue remained wrapped for six months.

Ohne Genehmigung verhüllte Christo eine der Statuen der Villa Borghese. Die Polizei schritt nicht ein, weil sie glaubte, die Kuratoren würden Instandhaltungsarbeiten durchführen. Die Statue blieb sechs Monate lang verhüllt.

Sans autorisation, Christo empaqueta une statue de la Villa Borghèse. Pensant que des conservateurs restauraient cette œuvre, la police ne songea pas à intervenir. La statue resta empaquetée pendant six mois.

*Right:*
On February 14, 1964, Christo wrapped one of the gilded statues on the Esplanade du Trocadéro in Paris, France.

Am 14. Februar 1964 verhüllte Christo eine der vergoldeten Statuen auf der Esplanade du Trocadéro in Paris, Frankreich.

Le 14 février 1964, Christo empaqueta l'une des statues dorées sur l'esplanade du Trocadéro, Paris, France.

*Photo: Harry Shunk*

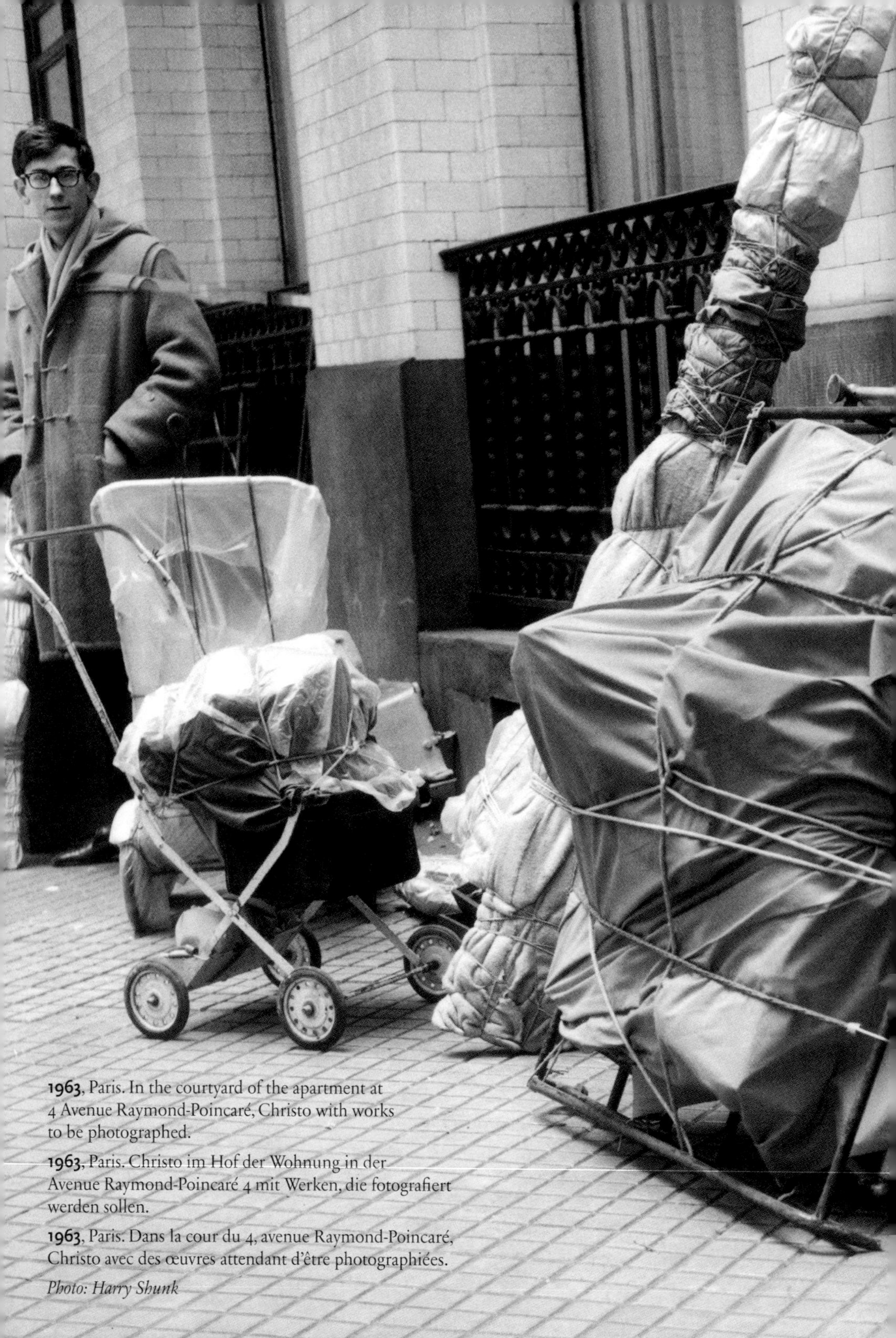

**1963**, Paris. In the courtyard of the apartment at
4 Avenue Raymond-Poincaré, Christo with works
to be photographed.

**1963**, Paris. Christo im Hof der Wohnung in der
Avenue Raymond-Poincaré 4 mit Werken, die fotografiert
werden sollen.

**1963**, Paris. Dans la cour du 4, avenue Raymond-Poincaré,
Christo avec des œuvres attendant d'être photographiées.

*Photo: Harry Shunk*

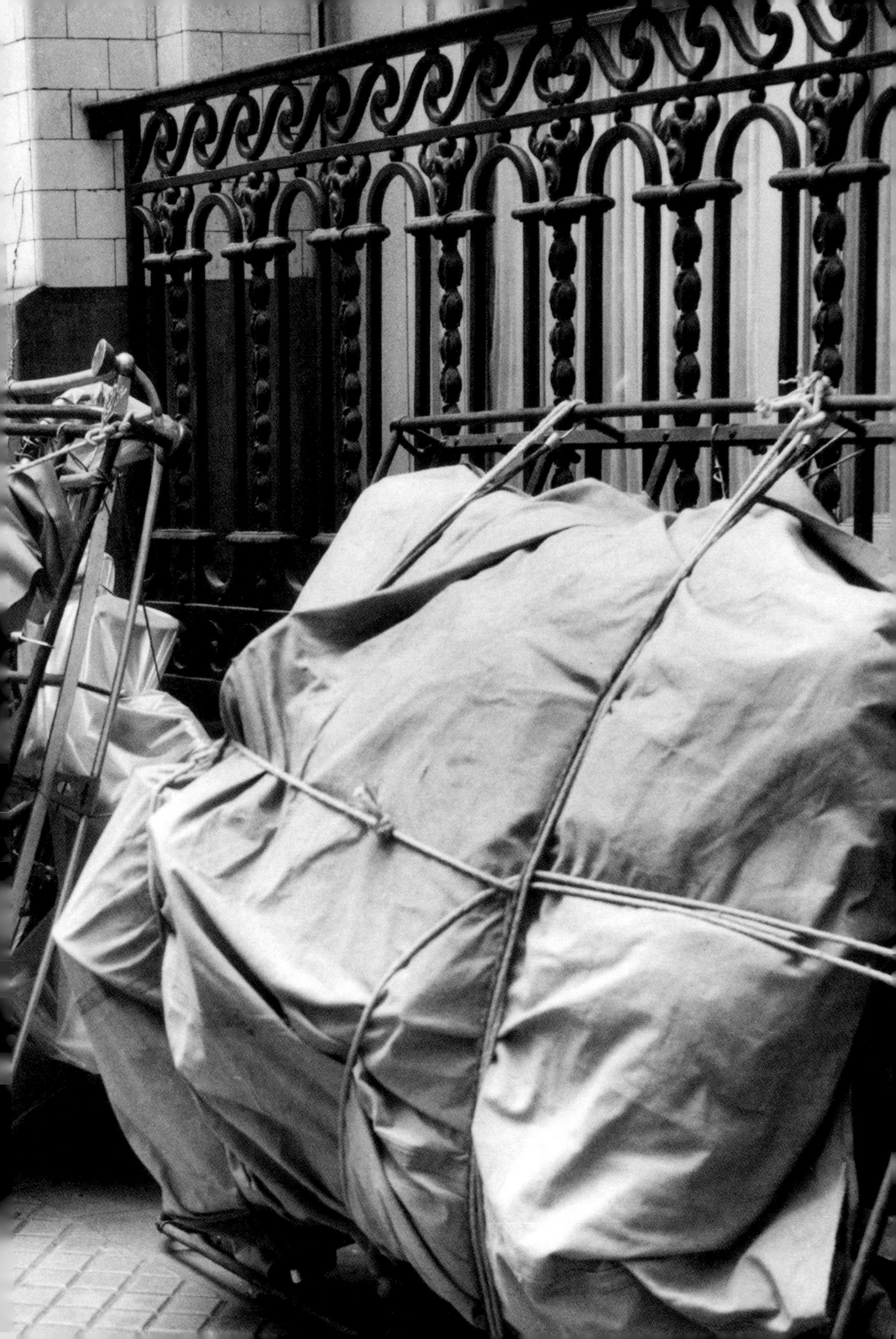

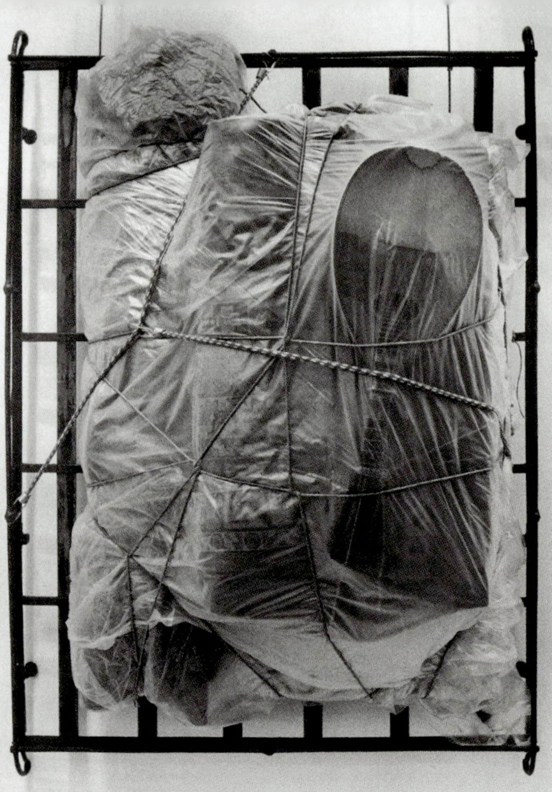

**Package on Luggage Rack 1962**
63 x 150 x 107 cm (24 ⅞ x 59 x 42 ⅛″)
Tarpaulin, rope, rubberized cord,
and metal luggage rack
*Photo: Christian Bauer*

*Opposite:*
**Wrapped Bicycle on Luggage Rack 1962**
45 x 150 x 130 cm (17 ¾ x 59 ⅛ x 51 ¼″)
Polyethylene, bicycle, rope, elastic cord,
and metal luggage rack
Würth Collection, Künzelsau, Germany
*Photo: Studio Hartland, Amsterdam*

*Below:*
**Package on Luggage Rack 1962**
63.5 x 136 x 95.2 cm (25 x 53 ½ x 37 ½″)
Polyethylene, rope, rubberized cord, mattress,
baby carriage, and metal luggage rack
Collection Lilja Art Fund Foundation,
Switzerland
*Photo: Eeva-Inkeri*

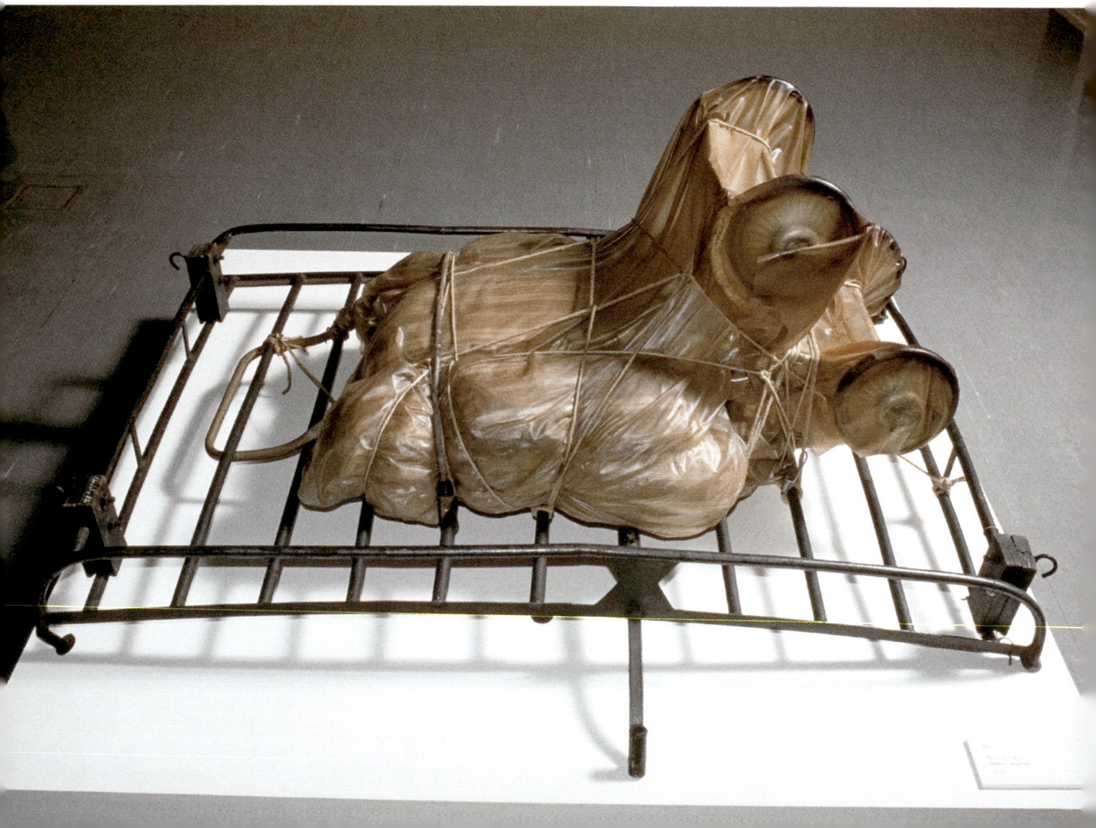

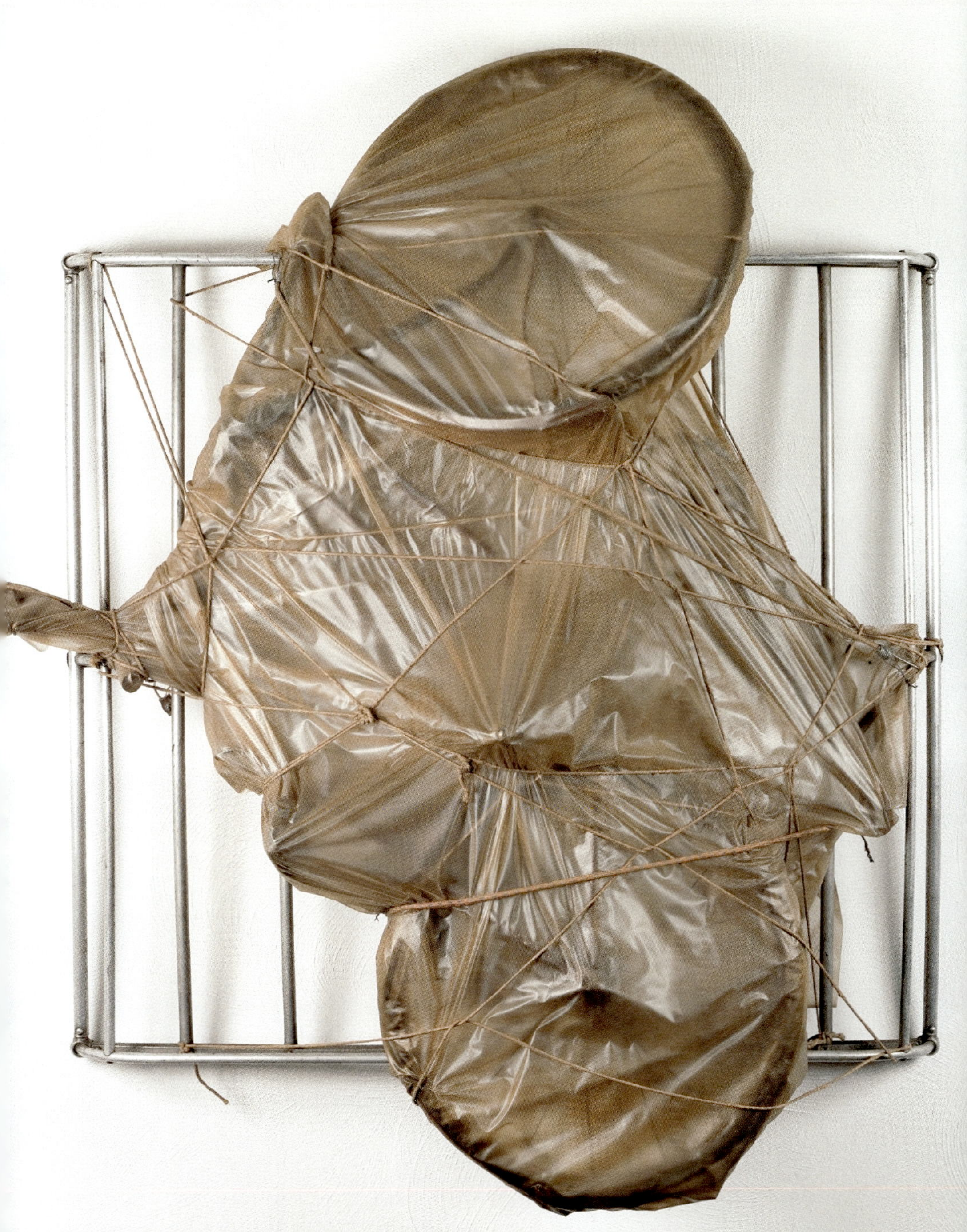

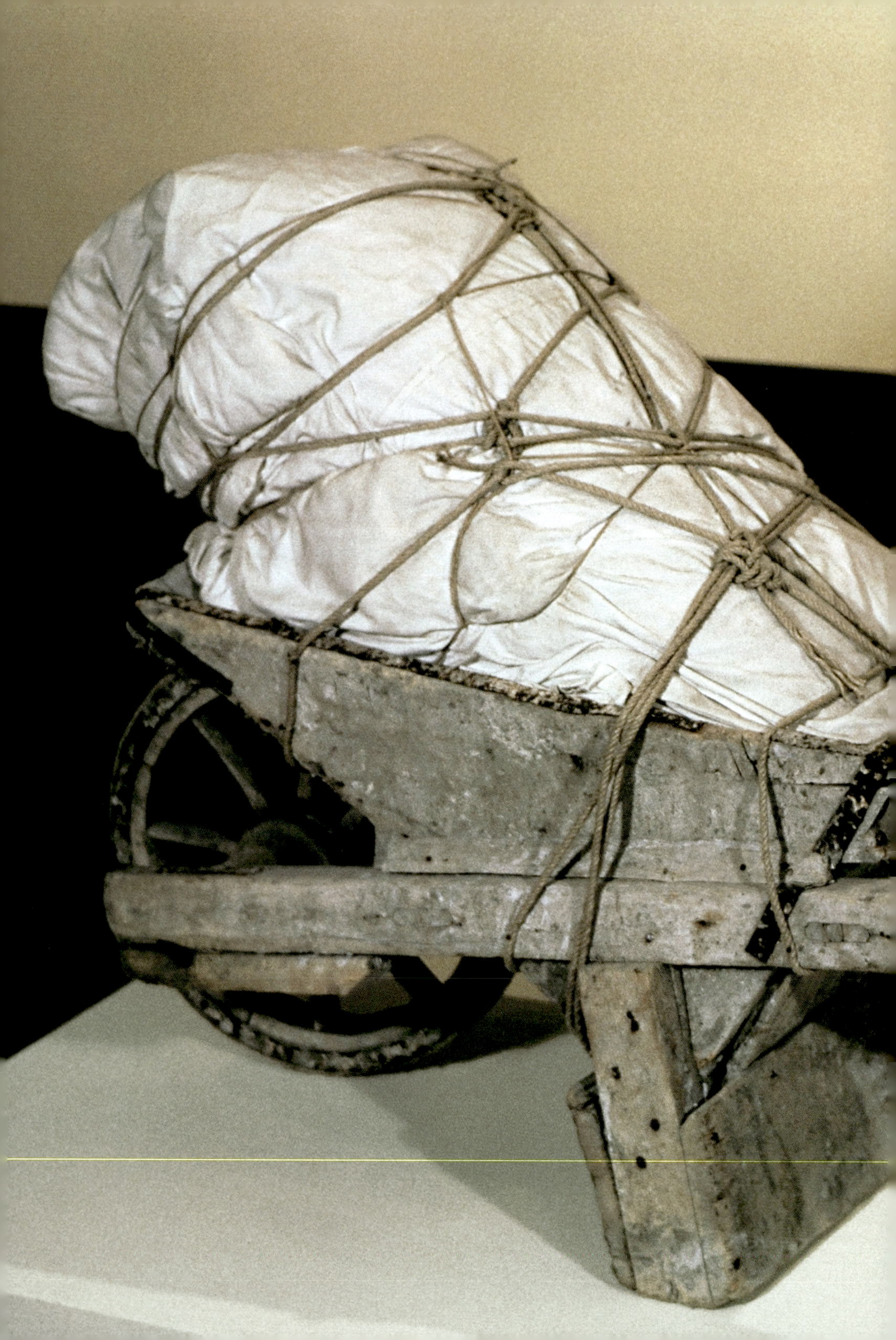

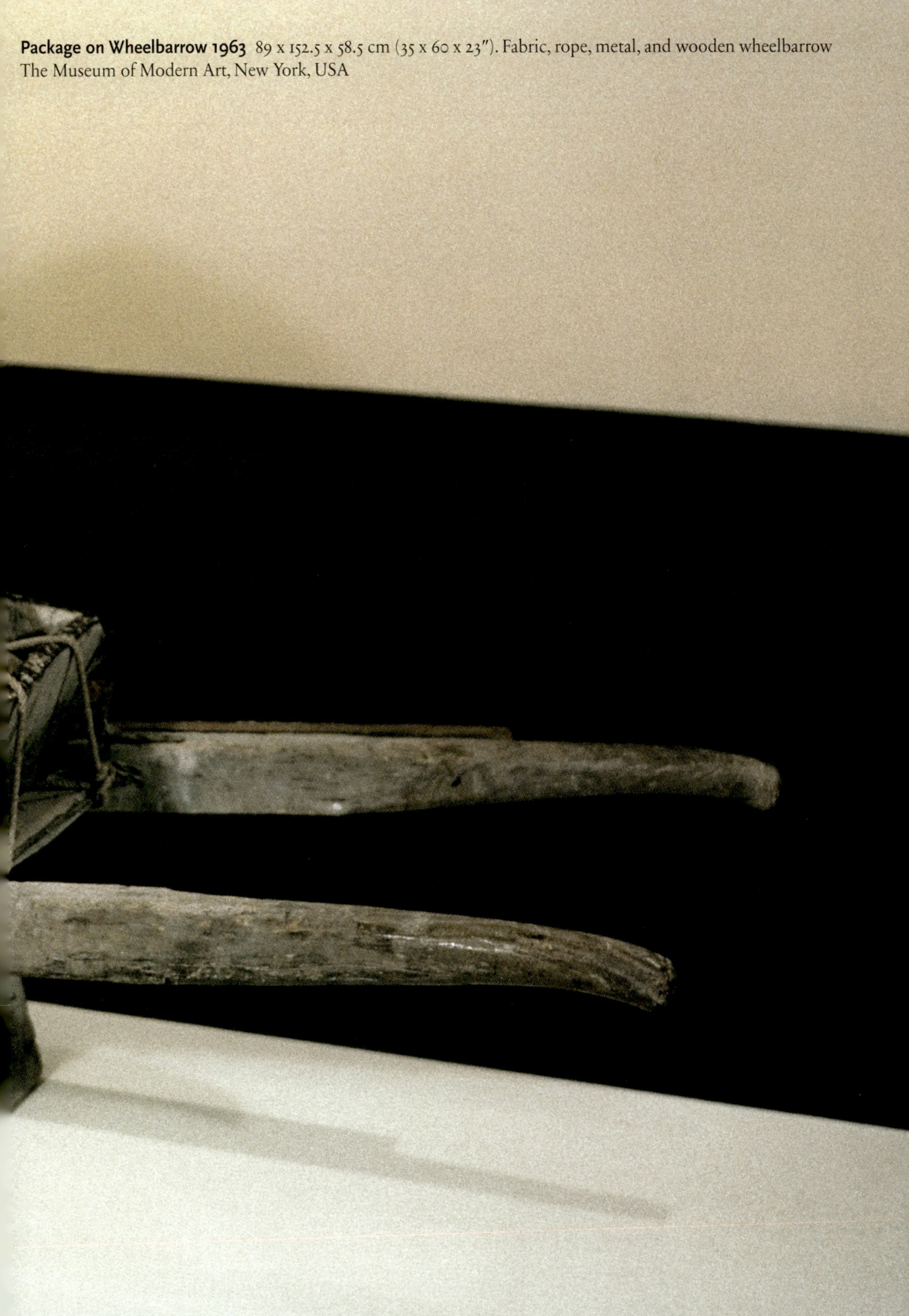

**Package on Wheelbarrow 1963**  89 x 152.5 x 58.5 cm (35 x 60 x 23"). Fabric, rope, metal, and wooden wheelbarrow
The Museum of Modern Art, New York, USA

**Wrapped
Motorcycle 1962**
97 x 170 x 50 cm
(38 ¼ x 67 x 19 ⅝")
Polyethylene, rope,
and motorcycle
Collection
Denyse Durand-
Ruel, France
*Photo: Harry Shunk*


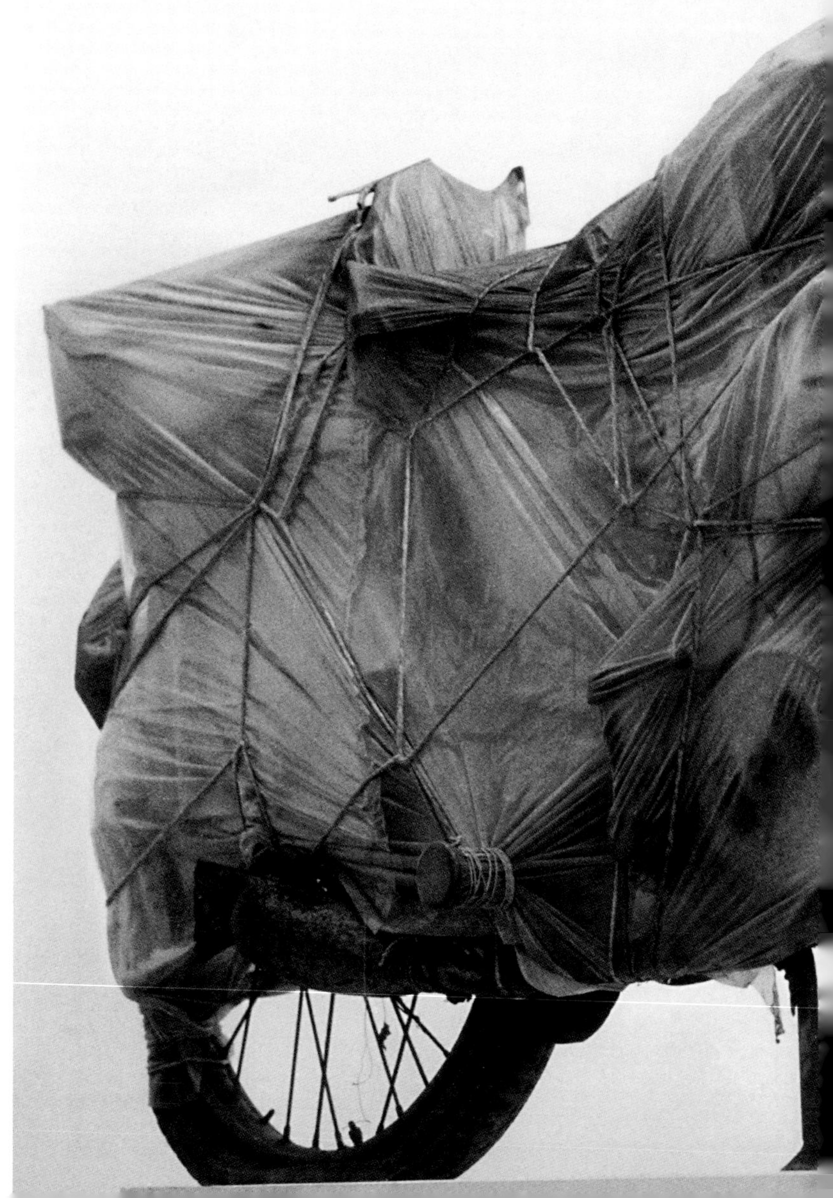

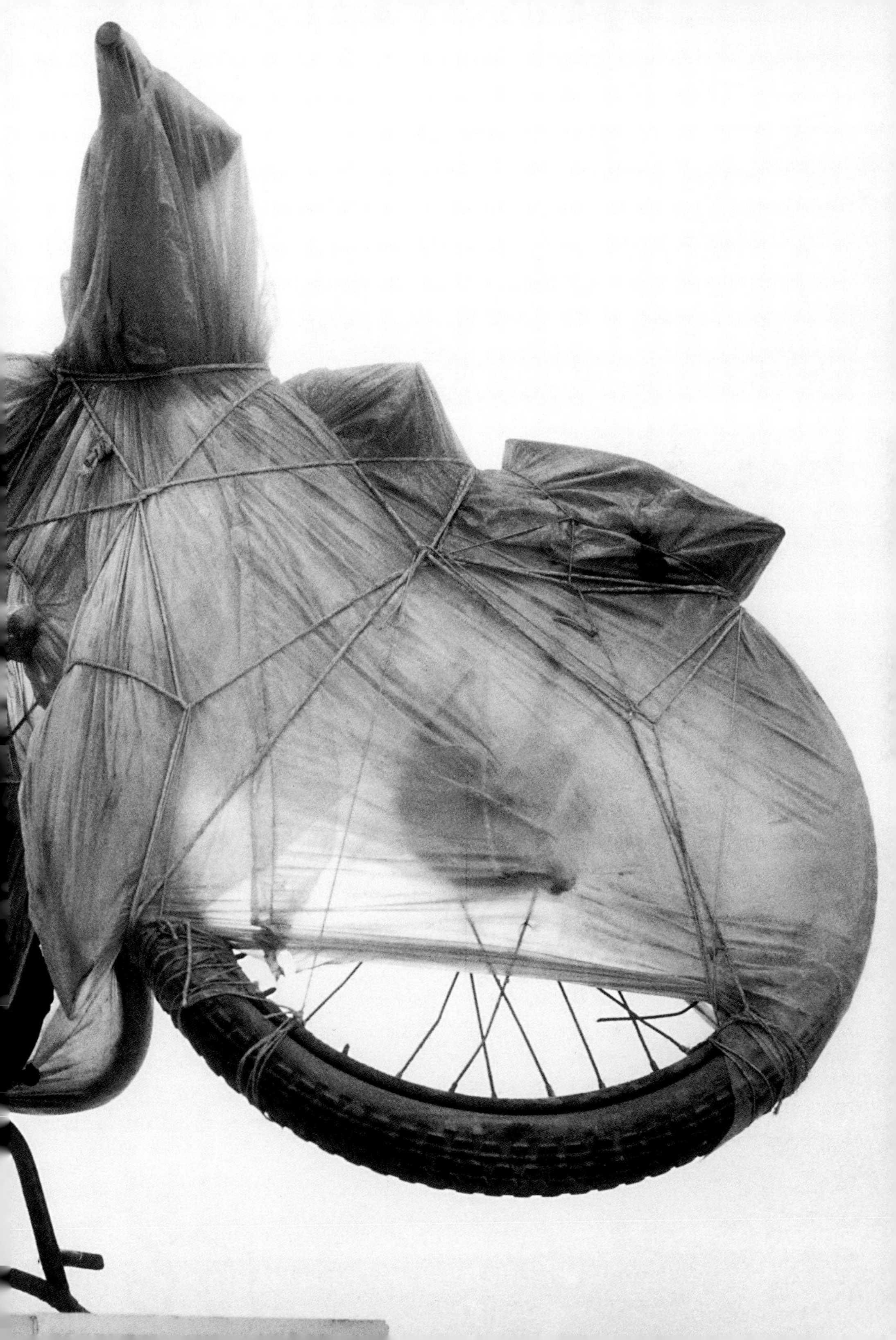

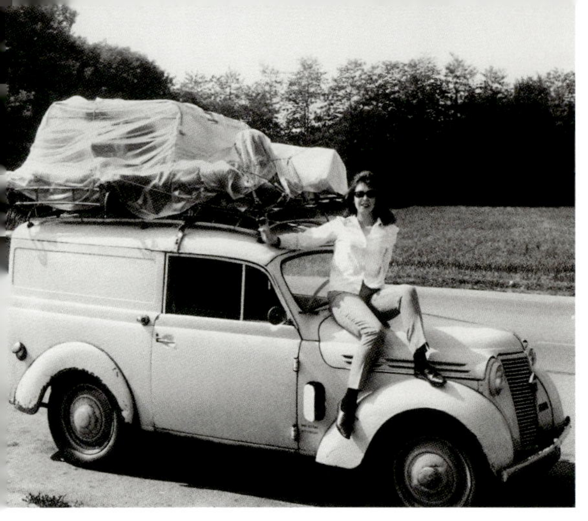

Jeanne-Claude and the Juva 4 Renault, 1963: The car, a former Post Office van, is loaded inside and on top with the forthcoming exhibition at the Galleria Apollinaire, Milan, Italy. During their trips throughout Europe for exhibitions, Christo and Jeanne-Claude often slept in the back of the car to save on hotel expenses.

Jeanne-Claude und der Renault Juva 4, 1963: Der früher von der Post genutzte Kombi ist innen und auf dem Dach mit Objekten für die bevorstehende Ausstellung in der Galleria Apollinaire in Mailand beladen. Während der Fahrten quer durch Europa zu Ausstellungen schliefen Christo und Jeanne-Claude oft hinten im Auto, um Hotelkosten zu sparen.

Jeanne-Claude et la Renault Juva 4, 1963 : À l'intérieur et sur le toit, l'ancienne fourgonnette postale est chargée de la future exposition présentée à la Galleria Apollinaire, Milan, Italie. Pendant leurs voyages à travers l'Europe entrepris au gré des expositions, Christo et Jeanne-Claude dormaient souvent à l'arrière de la voiture pour économiser les frais d'hôtel.

*Photo: Christo*

*Below:*
**Package on Luggage Rack 1962**
45 x 150 x 120 cm (17 ¾ x 59 x 46 ¼″)
Tarpaulin, fabric, rope, rubberized cord, and metal luggage rack
*Photo: Eeva-Inkeri*

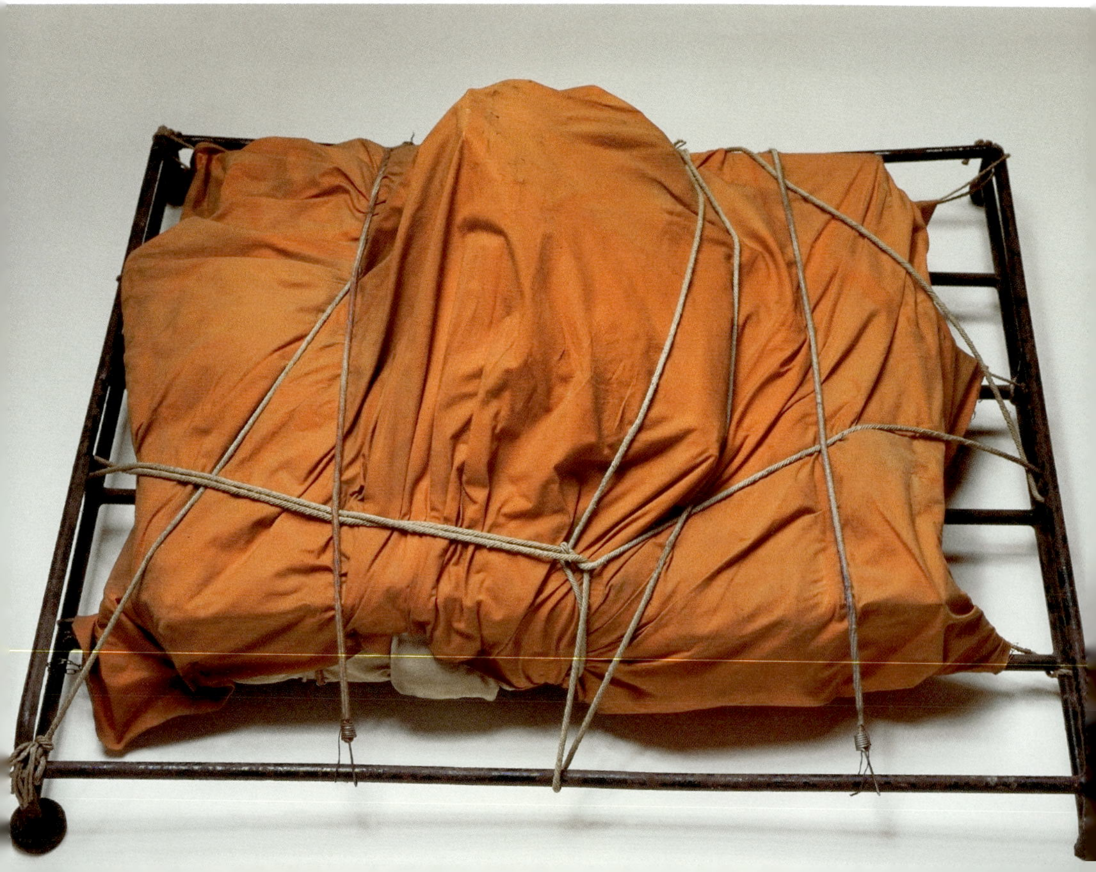

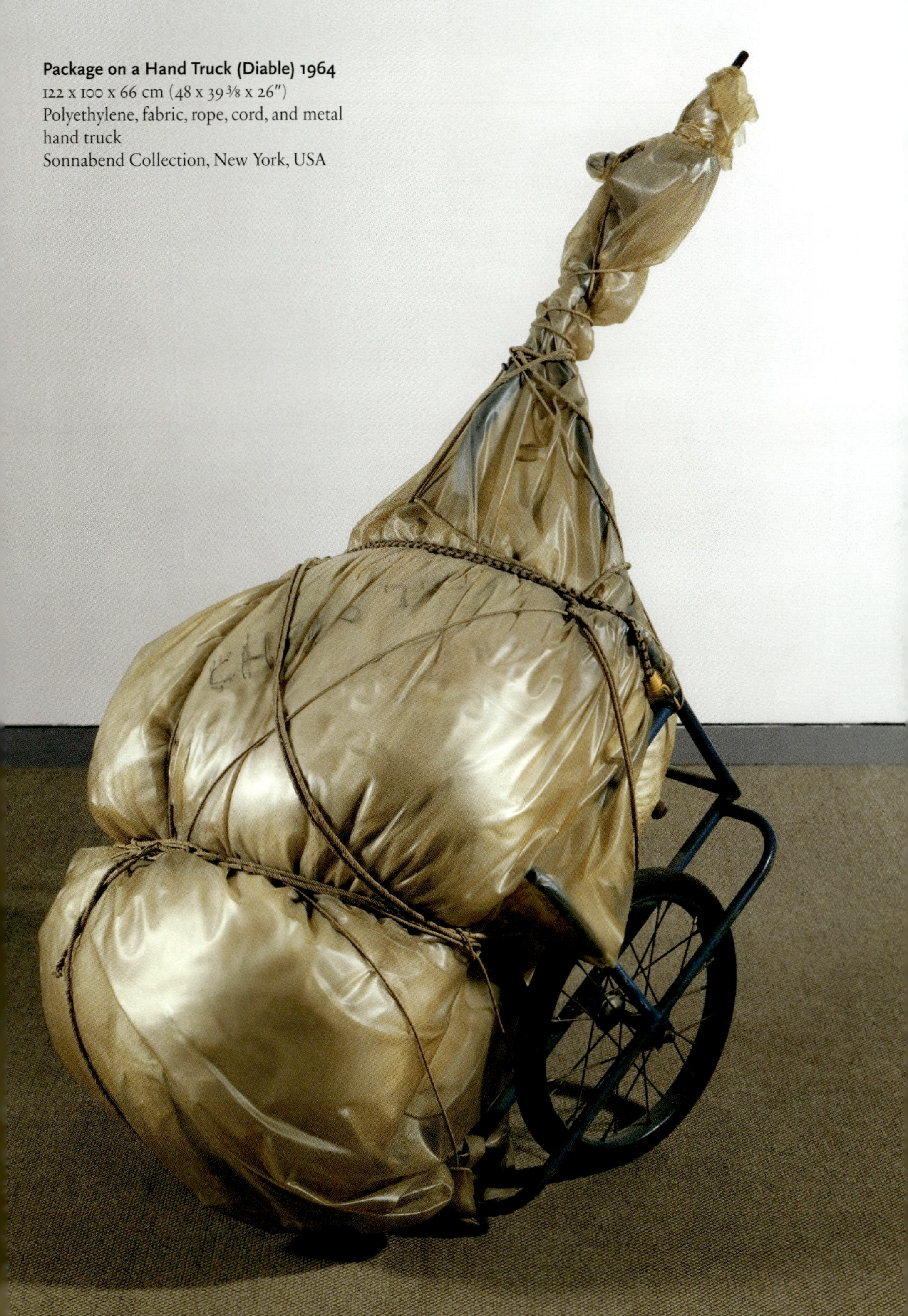


**Package on a Hand Truck (Diable) 1964**
122 x 100 x 66 cm (48 x 39 ⅜ x 26″)
Polyethylene, fabric, rope, cord, and metal
hand truck
Sonnabend Collection, New York, USA

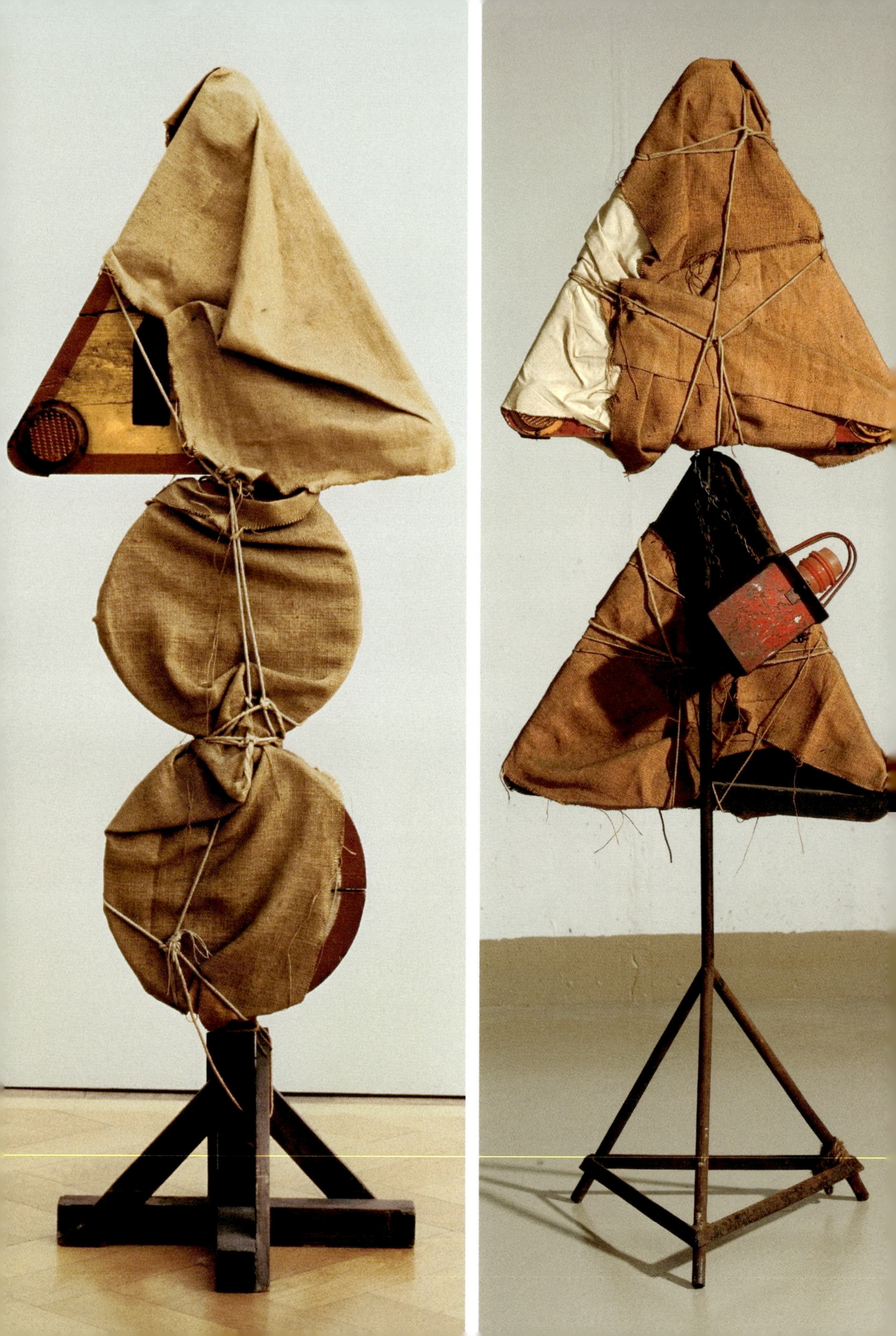

*Opposite left:*
**Wrapped Road Signs 1963**
143 x 56 x 46.5 cm
(56 ¼ x 22 x 18 ¼")
Fabric, rope, and wooden road
signs with plastic reflector
Private collection, Germany

*Opposite right:*
**Wrapped Road Signs 1963**
181 x 62.5 x 47 cm
(71 ¼ x 24 ½ x 18 ½")
Fabric, rope, twine, lantern,
chain, road signs, and steel stand
Würth Collection, Künzelsau,
Germany

*Below:*
**Wrapped Vespa 1963–64**
102.9 x 170 x 58.4 cm
(40 ½ x 67 x 23")
Rope, polyethylene, and Vespa
motorcycle


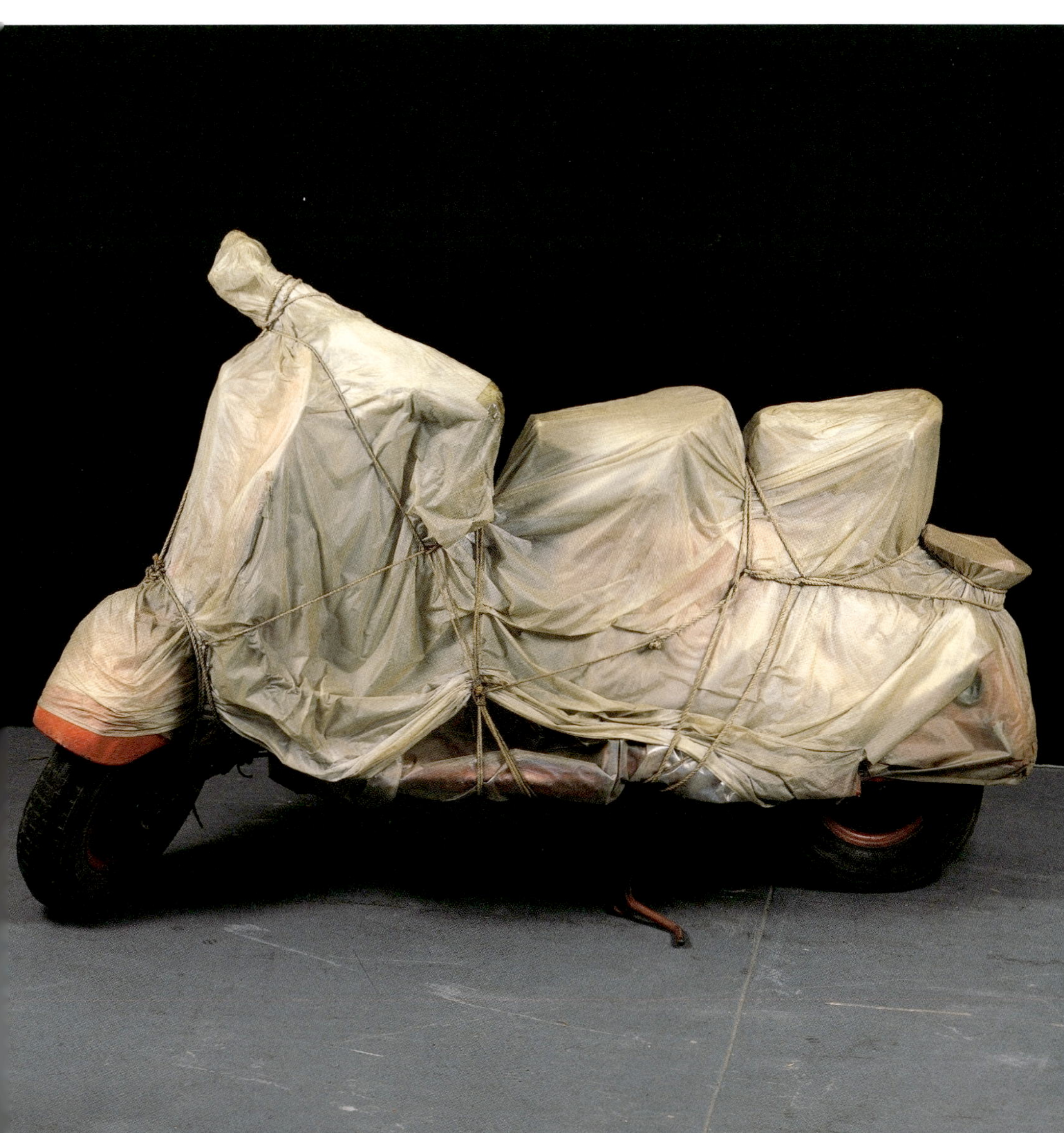

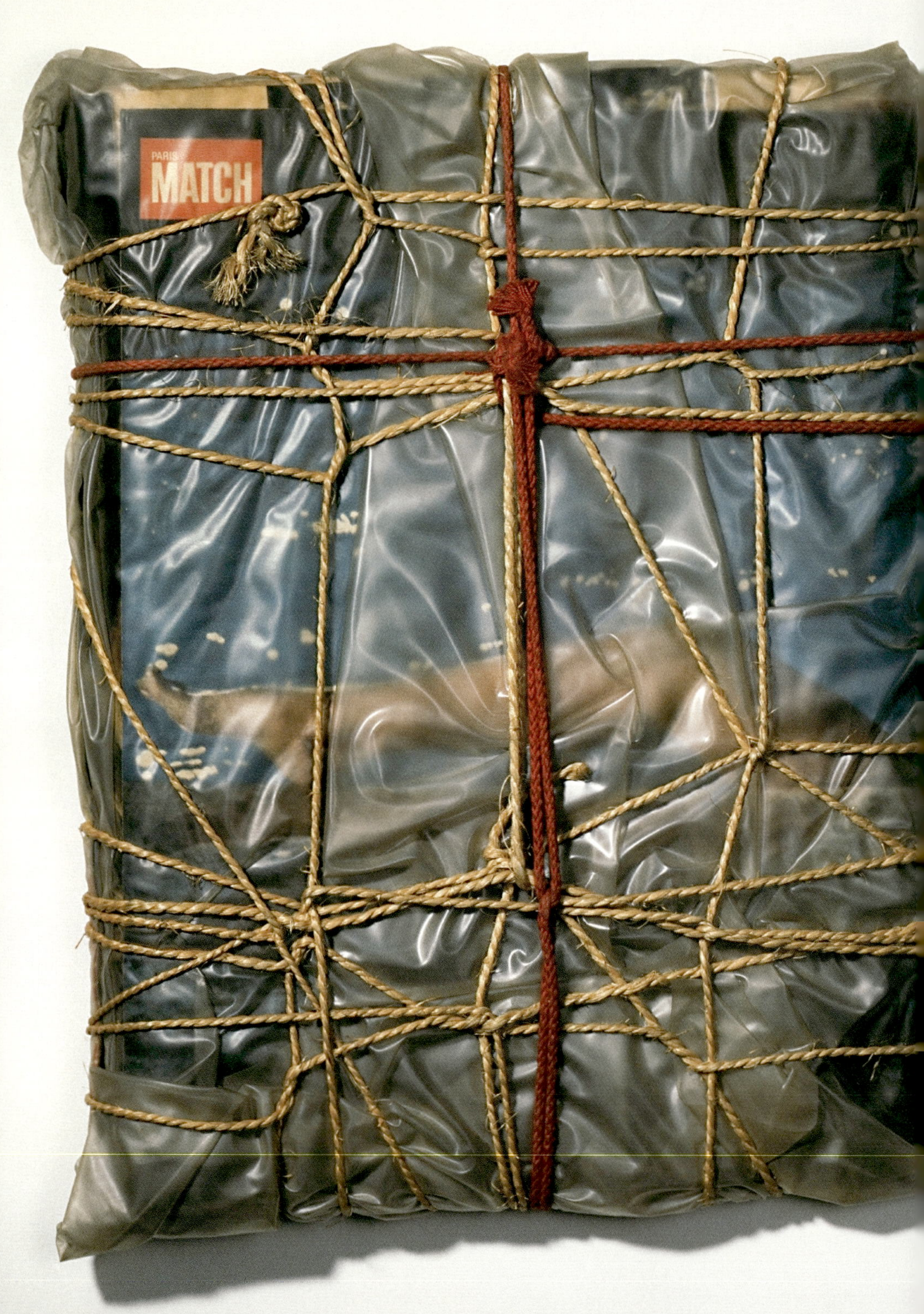

*Opposite:*
**Wrapped Magazine 1962**
38 x 30 x 5 cm (15 x 12 x 2″)
*Paris Match* magazines
(the leg of Marilyn Monroe),
polyethylene, rope, and twine
*Photo: Christian Bauer*


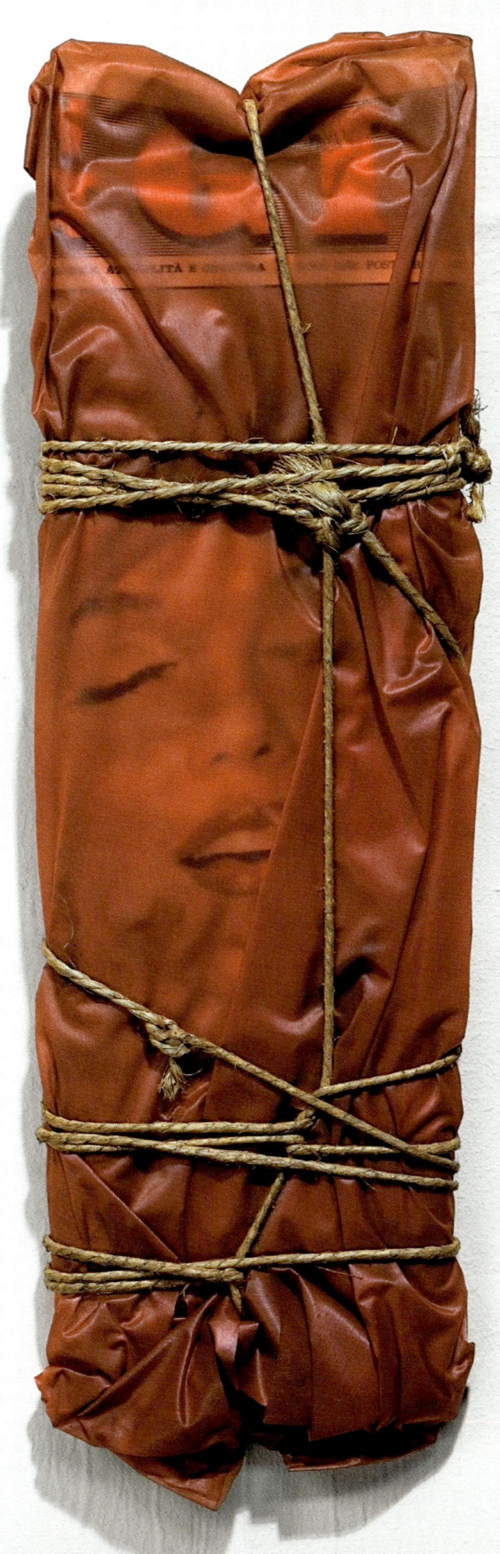


**Wrapped Magazine 1963**
40 x 13 x 3.5 cm
(15 ¾ x 5 ⅛ x 1 ½″)
Magazine (Marilyn Monroe),
polyethylene, and rope
Collection Samuel and Ronnie
Heyman, New York, USA
*Photo: Eeva-Inkeri*

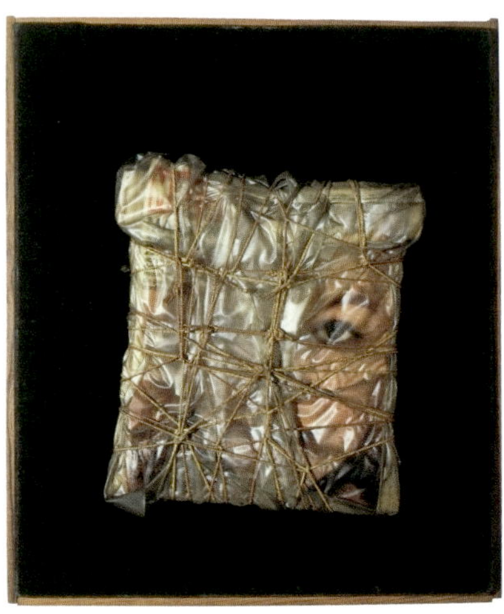



**Wrapped Magazines 1963**  58.5 x 50 x 2.5 cm
(23 x 19 ¾ x 1"). *Paris Match* magazines (Marilyn
Monroe). Polyethylene, and rope, mounted by the
artist on a green velvet-covered wooden board
Collection Mr. and Mrs. Giorgio Teglio,
Genoa, Italy. *Photo: Courtesy Giorgio Teglio*

*Below:*
**Wrapped Magazines 1964**
Magazines: 40.6 x 31.1 x 14.6 cm (16 x 12 ¼ x 5 ¾")
Board: 48.2 x 37.5 x 4.5 cm (19 x 14 ¾ x 2")
Polyethylene, rope, twine, and *Esquire* magazines
on wooden board

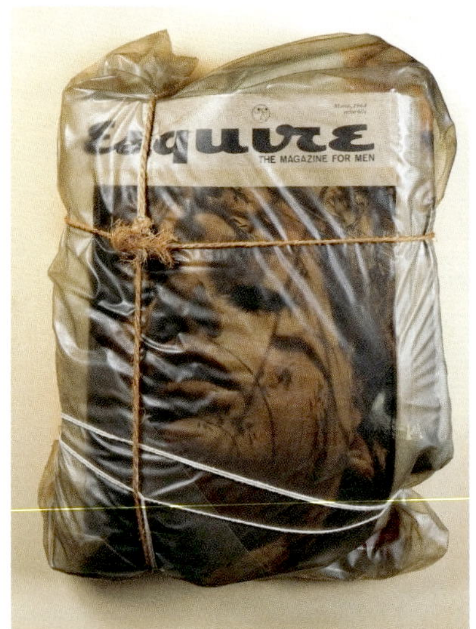

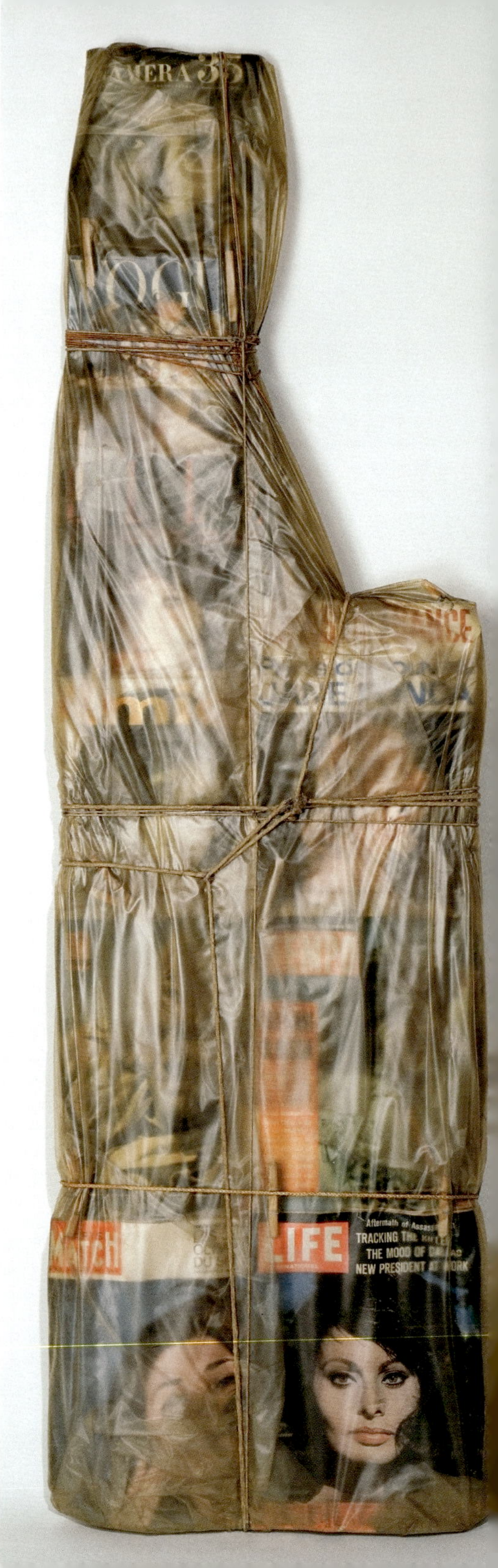

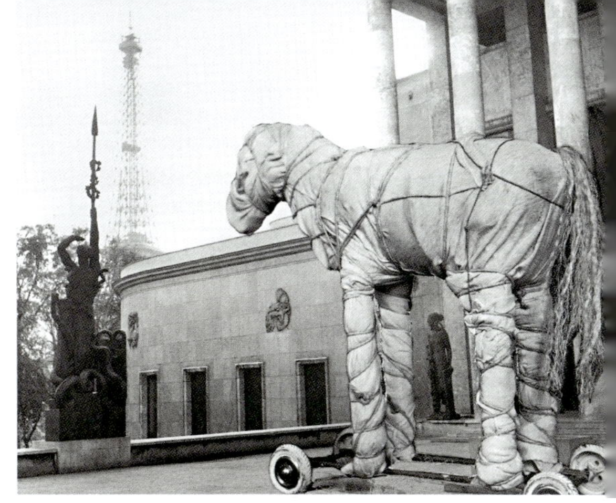

*Opposite right:*
**Wrapped Magazines 1964**
161.3 x 50.8 x 6.4 cm (63 ½ x 20 x 2 ½")
Polyethylene, rope, magazines, and wooden board
Musée d'Art et d'Histoire, Geneva, Switzerland

*Right:*
**Wrapped Horse. Cheval Jouet Empaqueté
(le Cheval de Troy), Projet pour Raymond Hains**
Collage 1963: 18.3 x 23.3 cm (7 ³⁄₁₆ x 9 ³⁄₈")
India ink and two photographs glued on paper
*Photo: Harry Shunk*

**Wrapped Toy Horse 1963** 40.6 x 50.8 x 12.7 cm (16 x 20 x 5"). Fabric, rope, twine, and Cyril's toy horse on wheels. Collection Sheila van der Marck, Huntington Woods, Michigan, USA. *Photo: Dirk Bakker*

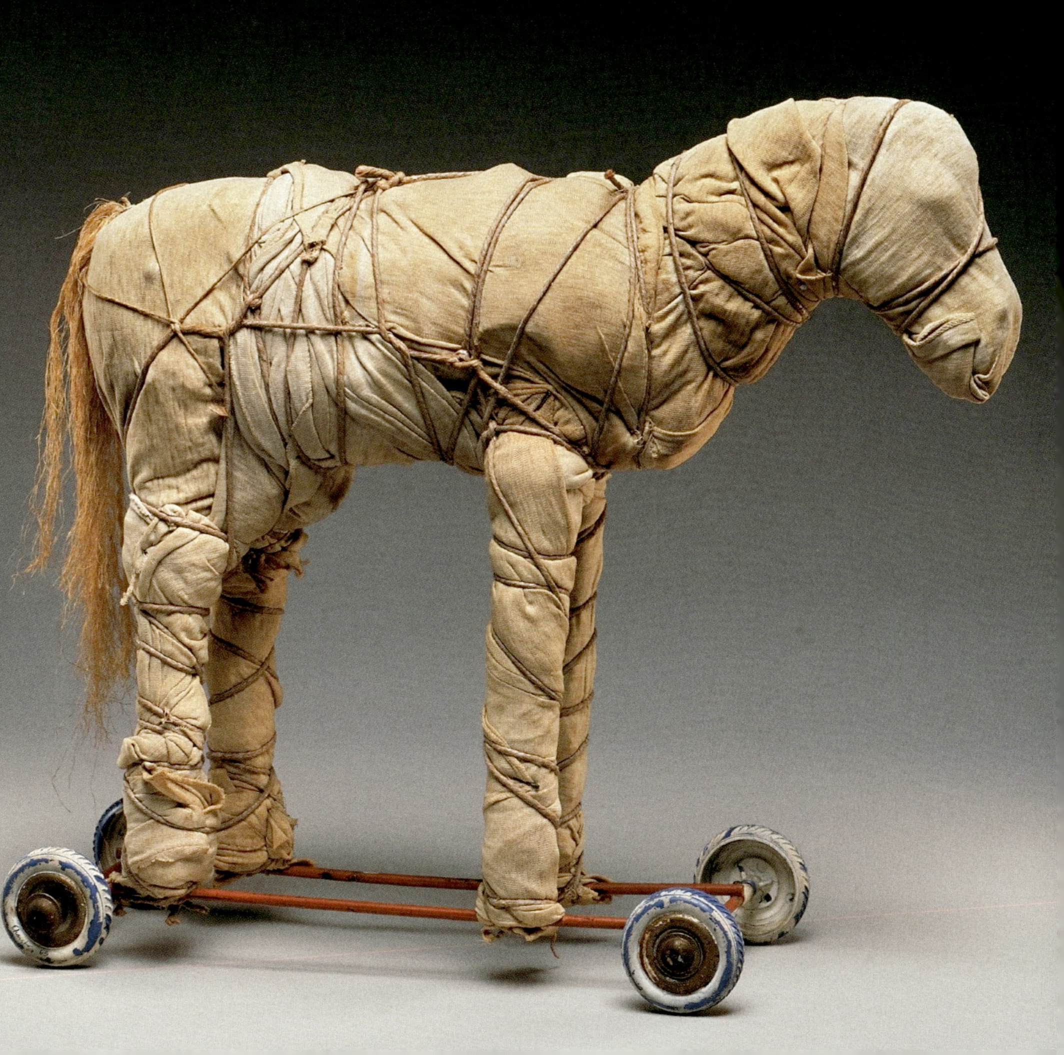

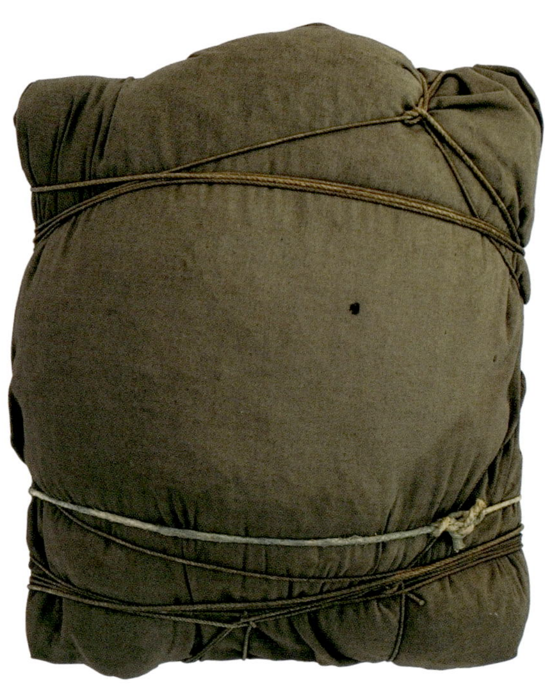

**Dark Package 1963**
**(Part 1 of Diptych)**
38 x 30.5 x 12.7 cm (15 x 12 x 5″)
Fabric, rope, and cord
Collection Roland Specker,
Berlin, Germany
*Photo: Wolfgang Kunz*

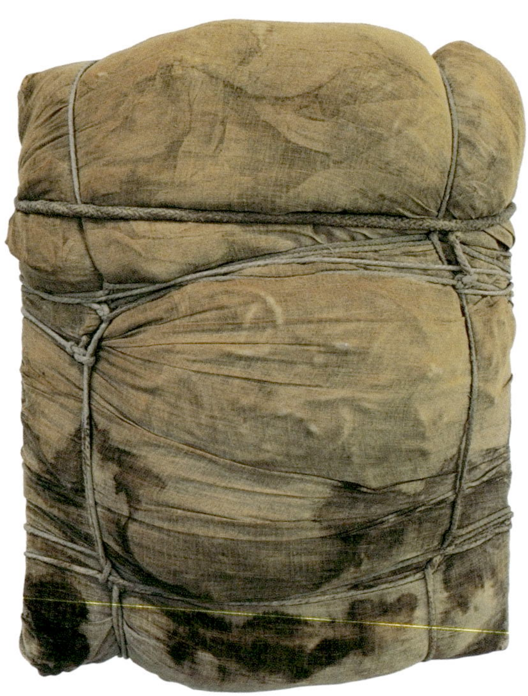

**Package 1963**
**(Part 2 of Diptych)**
38 x 30.5 x 12.7 cm (15 x 12 x 5″)
Fabric, rope, and cord
Collection Roland Specker,
Berlin, Germany
*Photo: Wolfgang Kunz*

**Wrapped Perambulator 1962**  95 x 95 x 55 cm (37 ½ x 37 ½ x 21¾"). Polyethylene, rope, and stroller

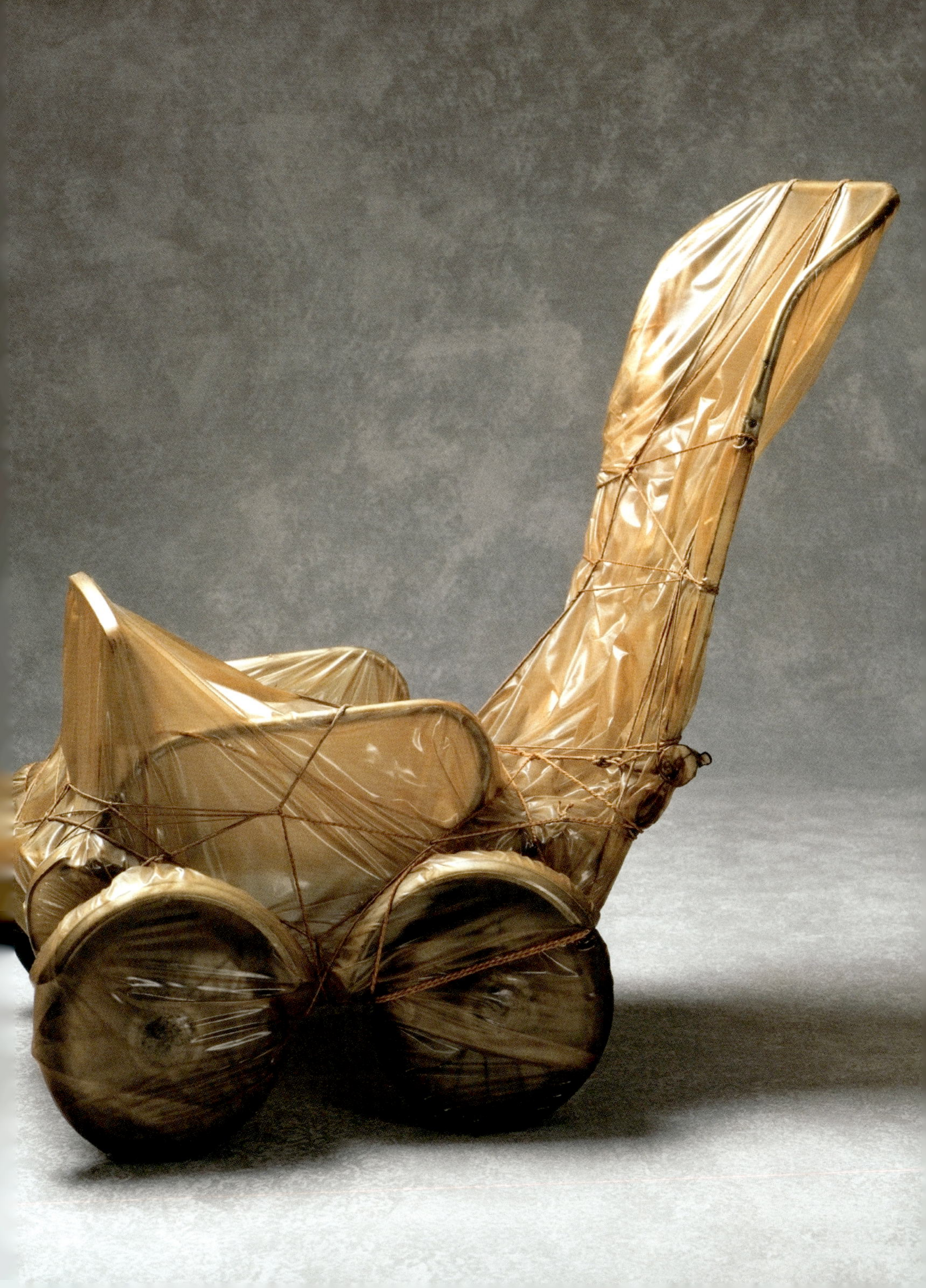

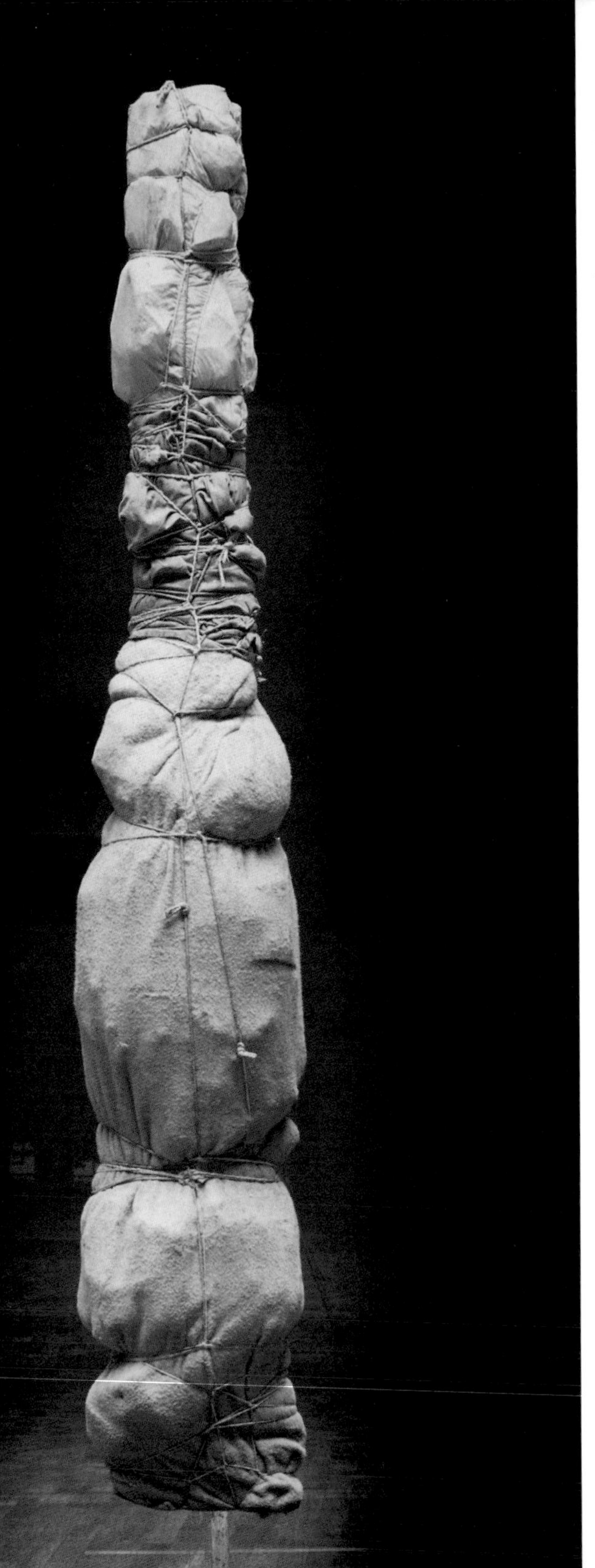

**Package** 1959
182.9 x 35.5 x 30.5 cm
(72 x 14 x 12″)
Fabric and rope
Musée d'Art Contemporain,
Marseille, France
*Photo: Raymond de Seynes*

*Opposite:*
**Package** 1963
107 x 84.8 x 30.6 cm
(42 ¼ x 33 ⅛ x 12″)
Fabric and rope
*Photo: Eeva-Inkeri*

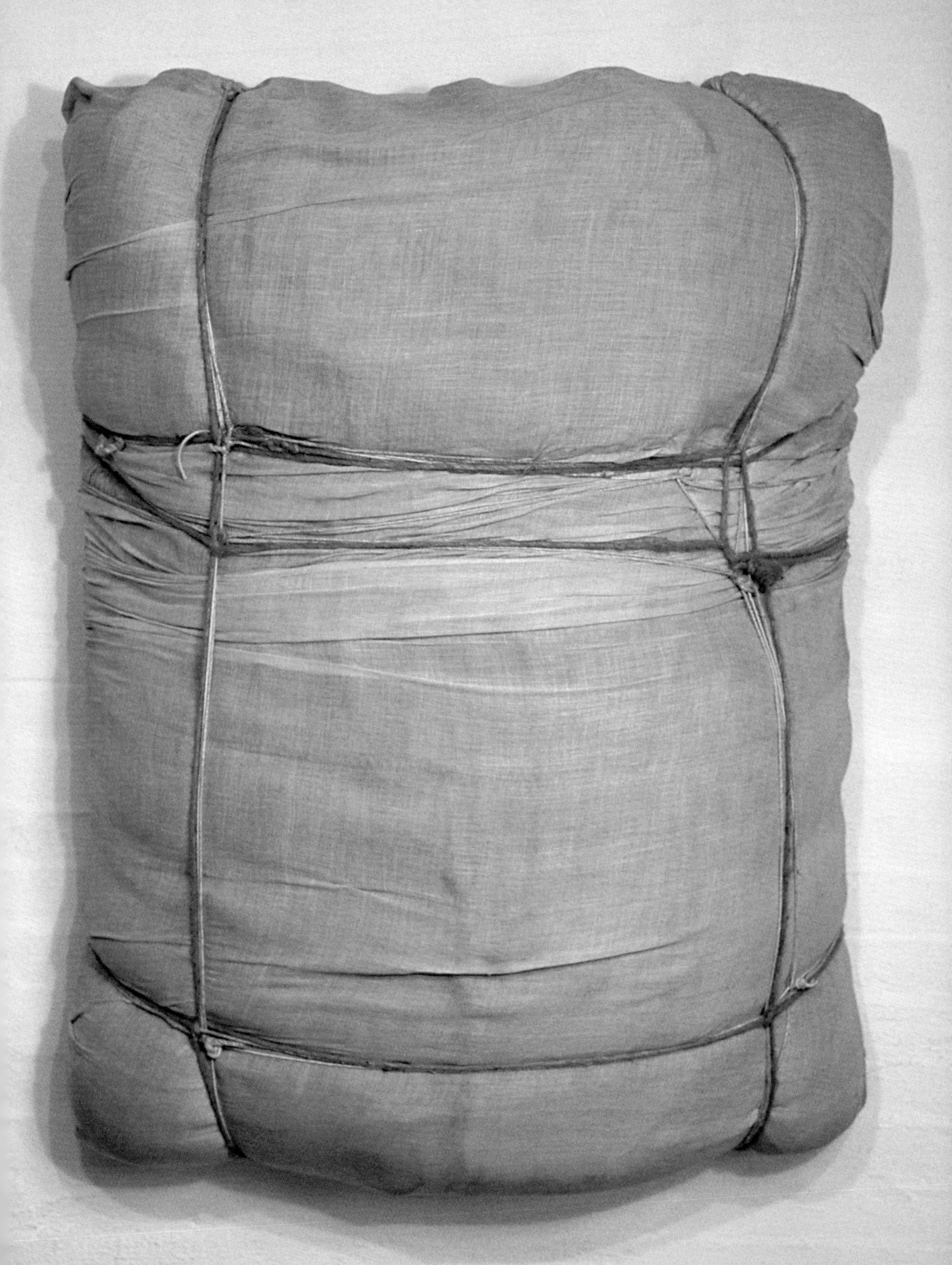

**Show Case 1963**
58 x 35 x 18 cm (22 ¾ x 13 ¾ x 7 ⅛″)
Wood, metal, Plexiglas, fabric, paper,
tape, and electric light
*Photo: Eeva-Inkeri*

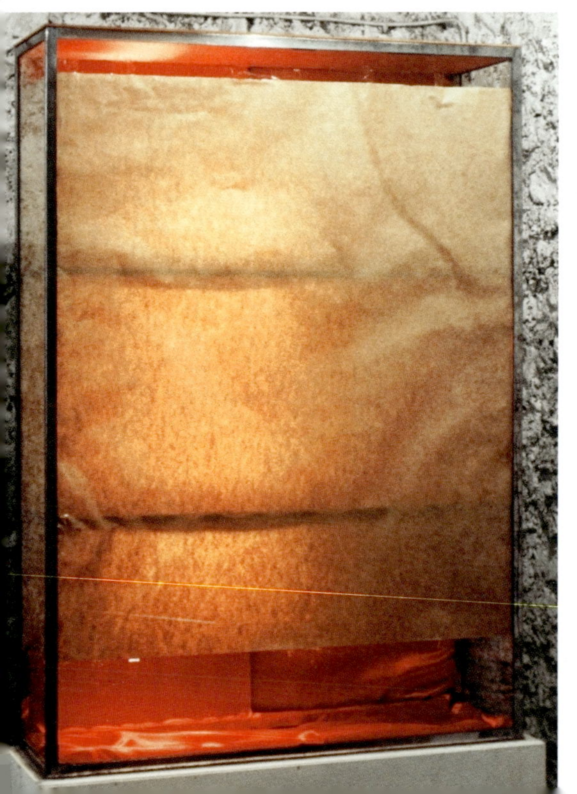

**Show Case 1963**
120 x 80 x 18 cm (47 ¼ x 31 ½ x 10″)
Glass, stainless steel, wrapping paper,
satin fabric, and electric light
Kröller-Müller Museum, Otterlo, the
Netherlands (former Visser Collection)
*Photo: Eeva-Inkeri*

*Opposite:*
**Show Case 1963**
150 x 50 x 36 cm (59 x 19 ¾ x 14 ⅛″)
Metal, glass, fabric, paint, and
electric light
*Photo: Courtesy Annely Juda Fine Art*

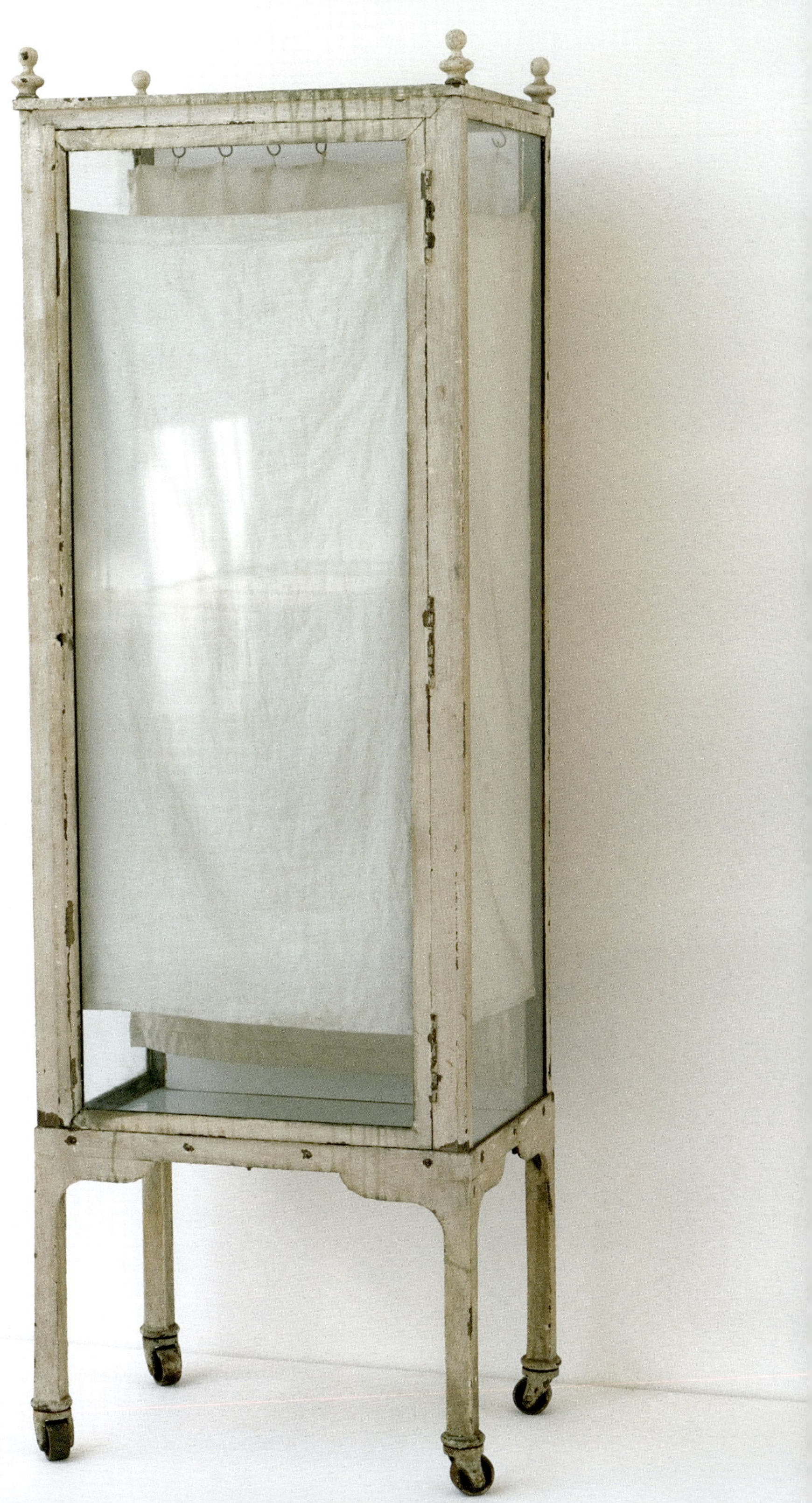

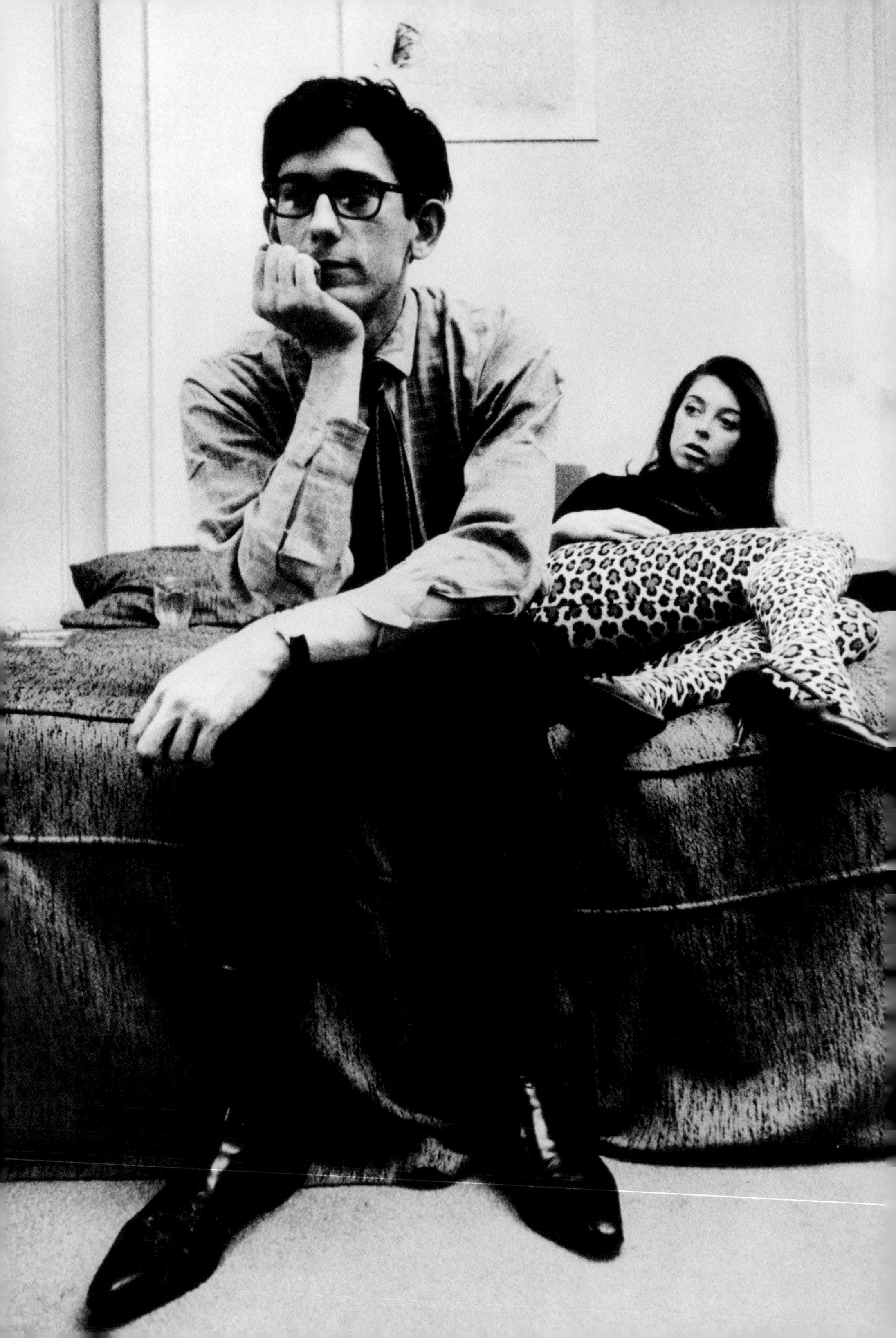

**1964**, New York, at the Chelsea Hotel. Christo and Jeanne-Claude in their room. They lived at the Chelsea Hotel from February to June and from September to December 1964, while they were working on their "Loft."

**1964**, im Chelsea Hotel in New York. Christo und Jeanne-Claude in ihrem Zimmer. Sie lebten von Februar bis Juni und von September bis Dezember 1964, während der Umbauarbeiten an ihrem „Loft", im Chelsea Hotel.

**1964**, New York, au Chelsea Hotel. Christo et Jeanne-Claude dans leur chambre d'hôtel. Ils vécurent au Chelsea Hotel entre février et juin, puis entre septembre et décembre 1964, pendant qu'ils travaillaient à leur « Loft ».

*Photo: Ugo Mulas*

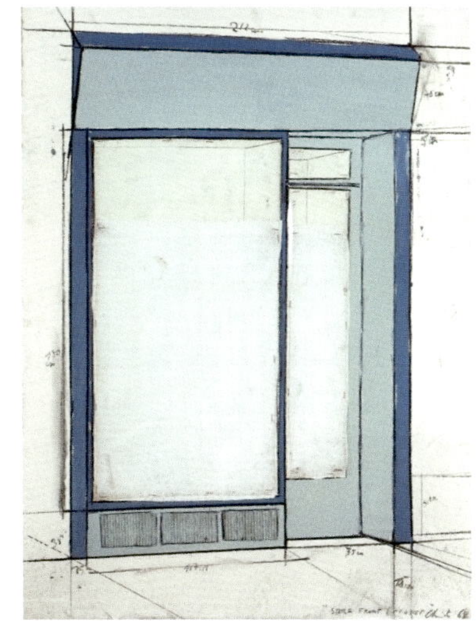

**Store Front, Project**
Collage 1964: 109 x 80.5 cm (43 x 31¾")
Pencil, enamel paint, charcoal, cardboard, fabric, Mylar, wax crayon, corrugated cardboard, and staples on board
*Photo: Eeva-Inkeri*

**Double Store-Front**
Collage 1964: 50.8 x 76.3 (22 x 30")
Pencil, enamel paint, black paper, brown paper, wax crayon, charcoal, pastel, and tape

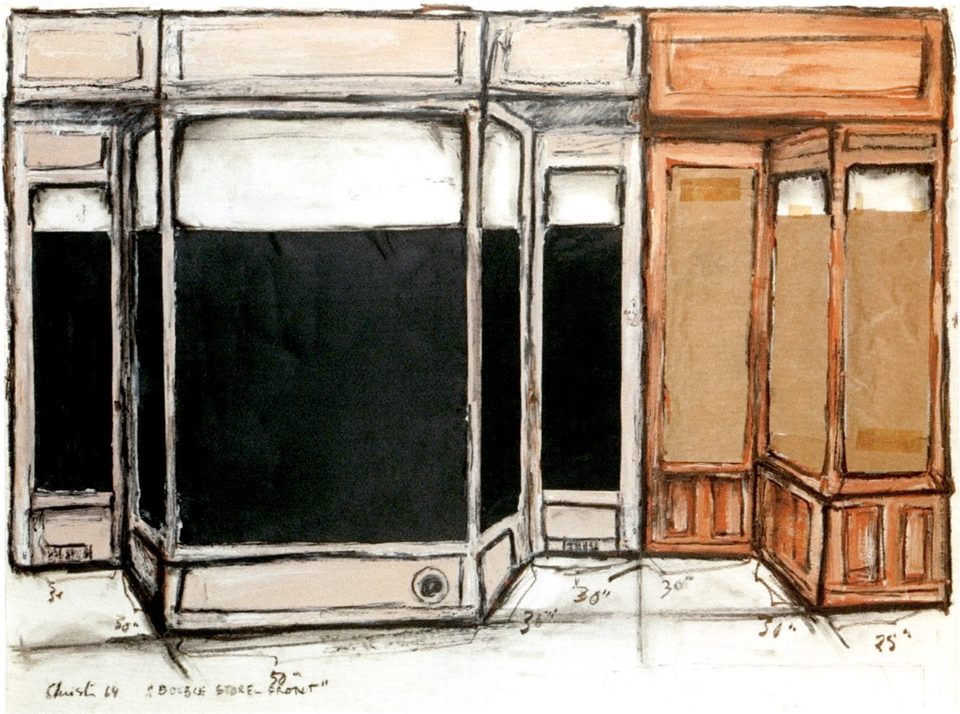

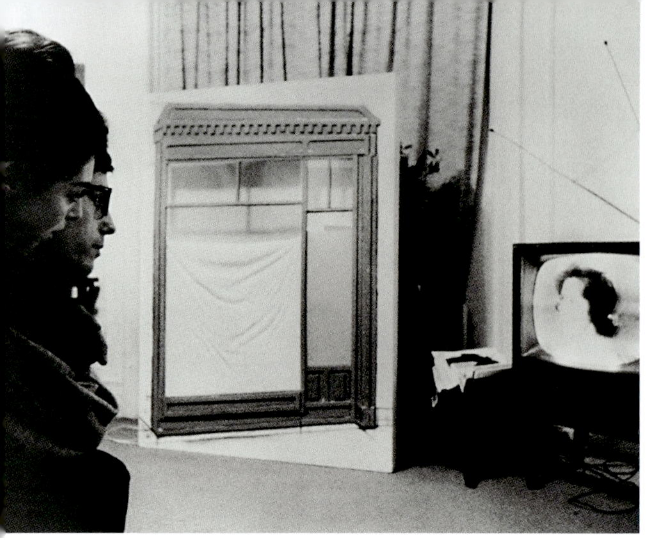



**Store Front Project**
Collage 1964: 162 x 123.2 x 10.8 cm (63¾ x 48½ x 4¼″)
Pencil, charcoal, fabric, enamel paint, and wood on wood
Frederick R. Weisman Art Foundation, Los Angeles,
California, USA
*Photo: Ferdinand Boesch*

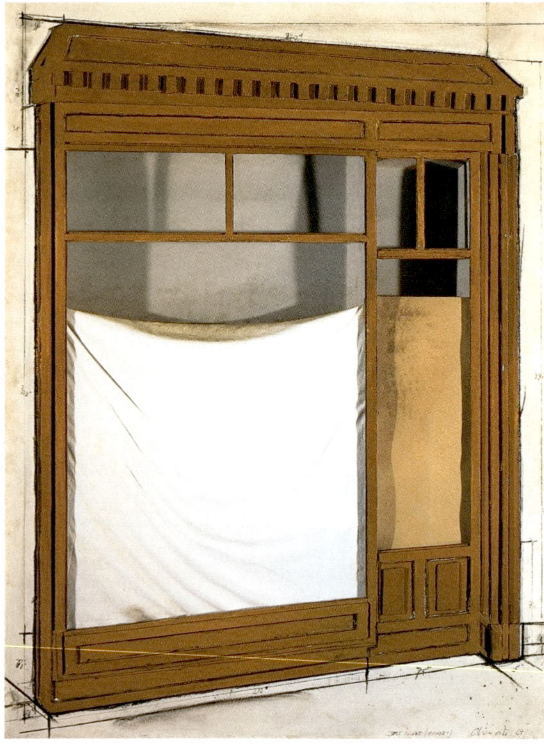

*Opposite top:*
**Store Front Project**
Collage 1964:
90 x 122 x 10 cm (35½ x 48 x 4″)
Pencil, wax crayon, wood, Masonite, cardboard,
brown wrapping paper, contact paper, fabric,
enamel paint, and electric light
Staatliche Museen zu Berlin, Nationalgalerie,
Berlin, Germany
*Photo: Jörg P. Anders*

*Opposite bottom:*
**Store Front (Project)**
Collage 1964:
122 x 160 x 13 cm (48 x 63 x 5⅛″)
Pencil, wood, Plexiglas, fabric, enamel paint,
paper, charcoal, and electric light
The Muscum of Modern Art, New York, USA
Gift of Agnes Gund
*Photo: Eeva-Inkeri*

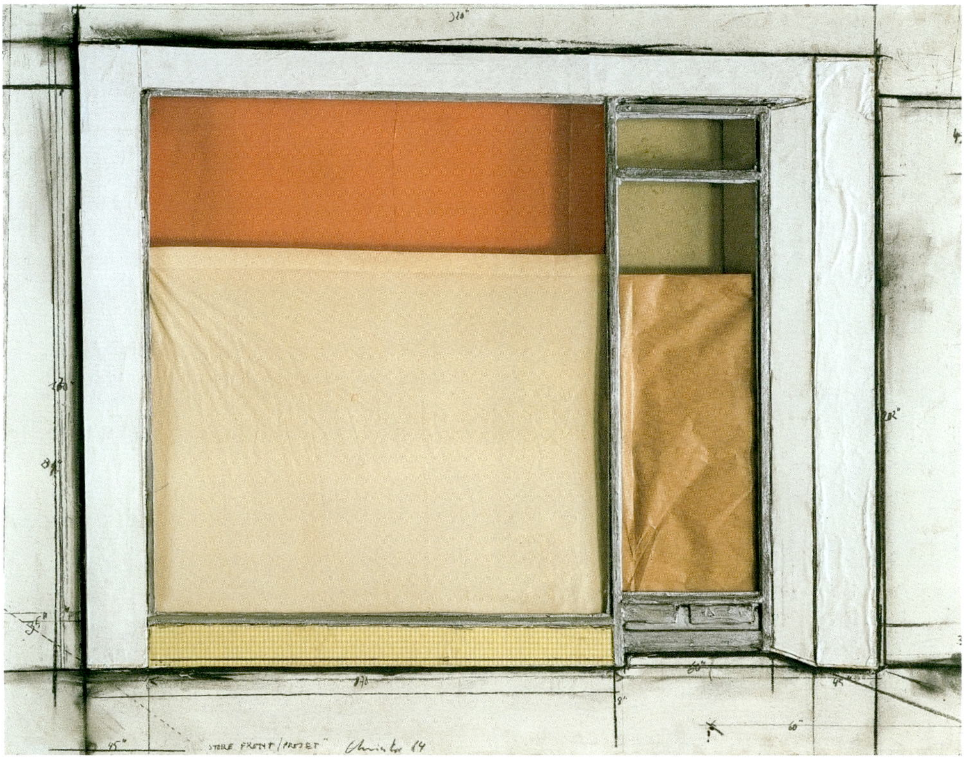

"STORE FRONT/PROJET" Christo 64

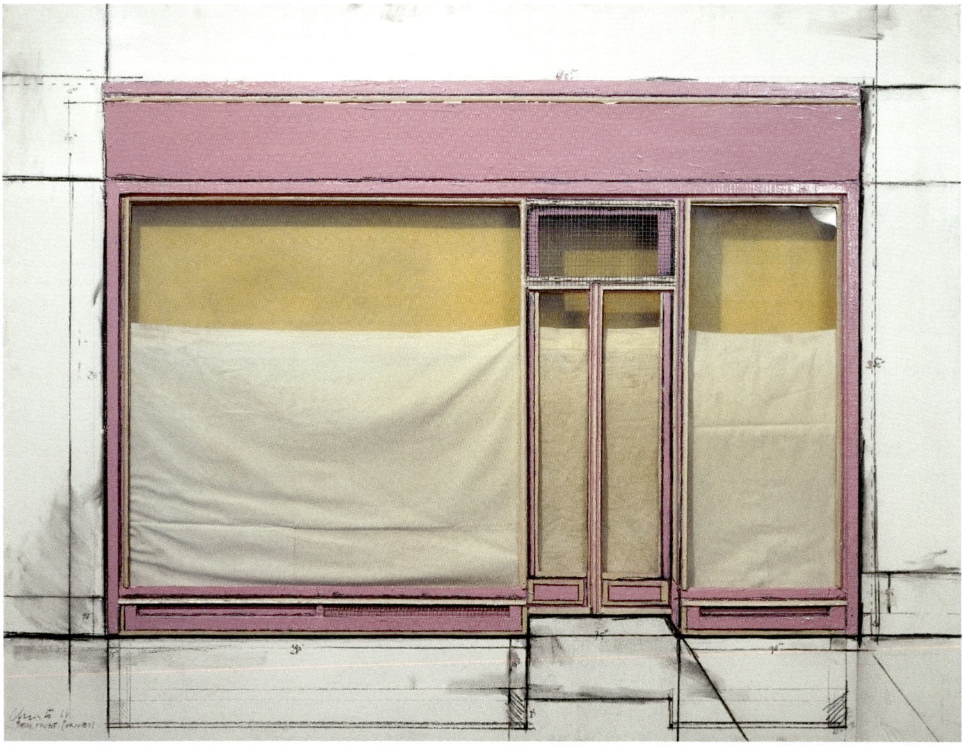

Christo 68
STORE FRONT (PROJECT)

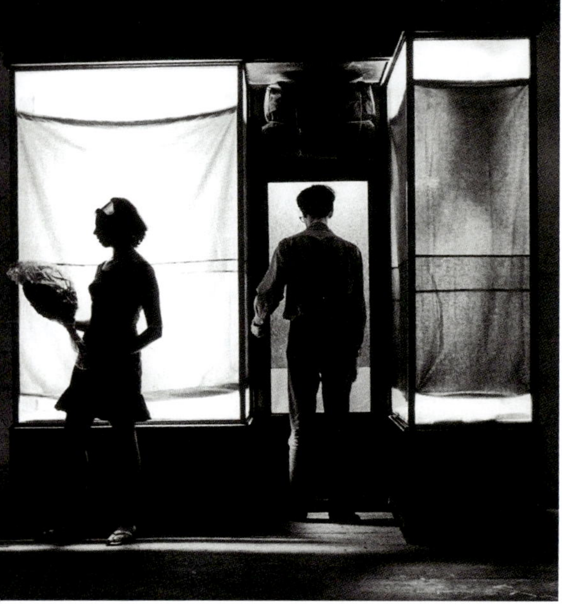

1964, New York. Jeanne-Claude and Christo in front of the *Green Store Front 1964*, which Christo built in their room at the Chelsea Hotel. This sculpture is composed of seven separate sections (see opposite page).

1964, New York. Jeanne-Claude und Christo vor der *Green Store Front 1964*, die Christo in ihrem Zimmer im Chelsea Hotel fertigte. Diese Skulptur besteht aus sieben einzelnen Teilen (siehe gegen-überliegende Seite).

1964, New York. Jeanne-Claude et Christo devant la *Green Store Front 1964*, que Christo construisit dans leur chambre au Chelsea Hotel. Cette sculp-ture est constituée de sept sections indépendantes (voir page ci-contre).

*Photo: Thomas Cugini*

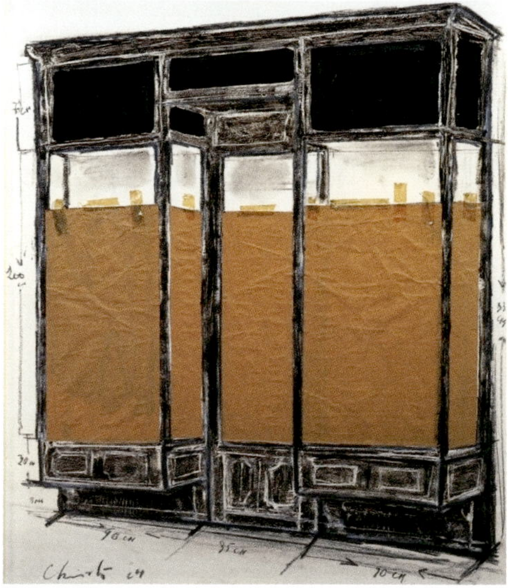

**Store Front Project**
Collage 1964: 66 x 50.8 cm (26 x 20″)
Charcoal, enamel paint, brown wrapping paper, and tape on card
Collection Teresa and Alvin Lane, Hanover, New Hampshire, USA

**Store Front (Project)**
Collage 1964: 122 x 96 x 8 cm (48 x 38 x 3⅛″)
Pencil, wood, enamel paint, wax crayon, fabric, paper, metal netting, cardboard, and electric light on wood
Israel Museum, Jerusalem, Israel. Gift of Mr. and Mrs. Stanley Bard, Englewood Cliffs, New Jersey, USA, and Jeanne-Claude, New York, USA
*Photo: Israel Museum, Avshalom Avital*

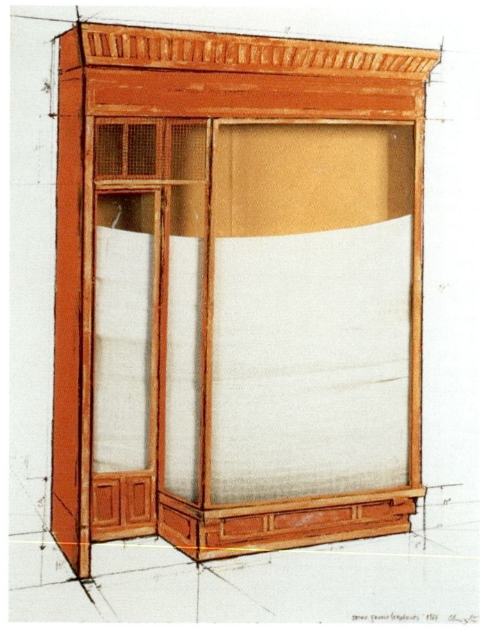

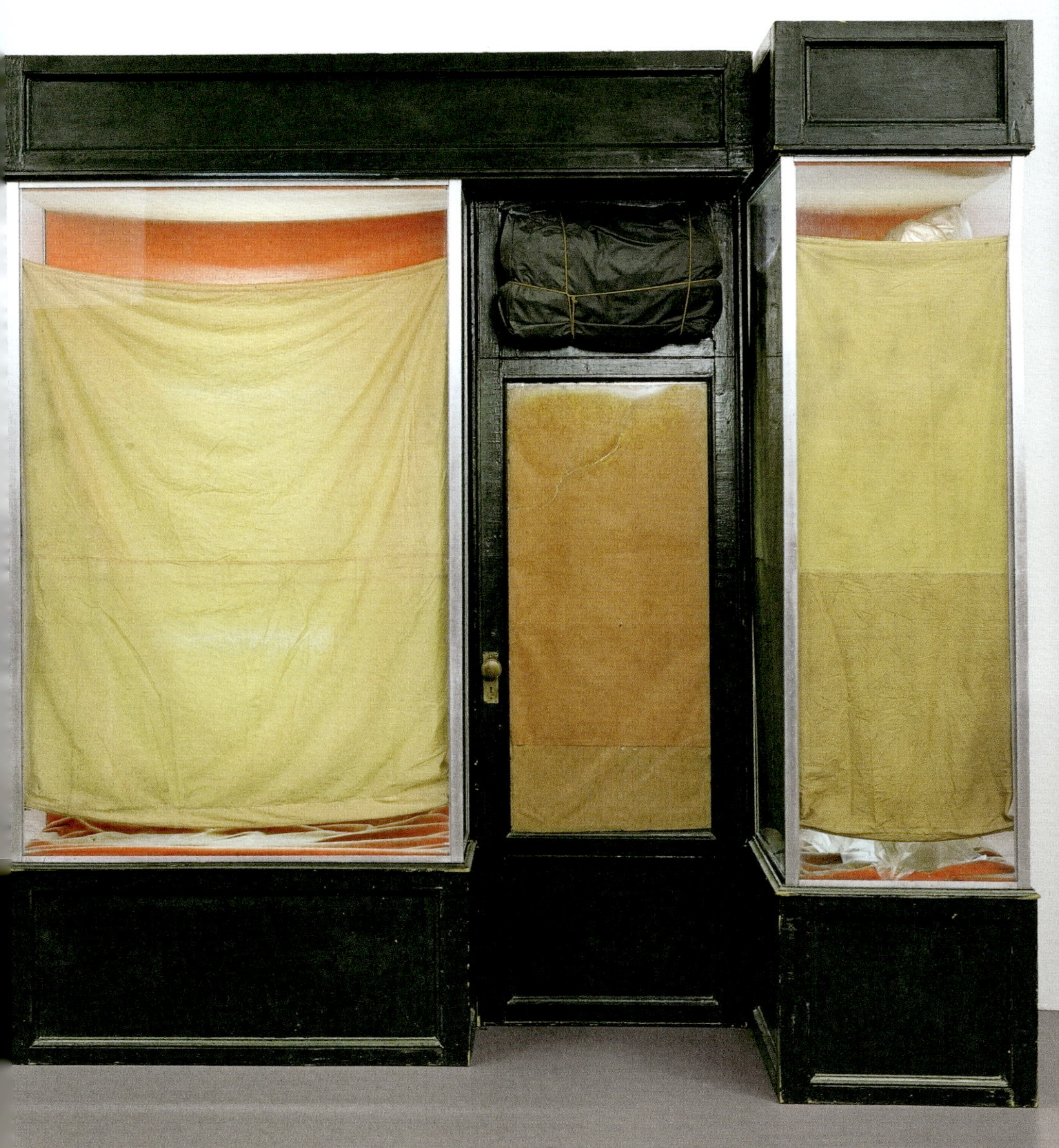

**Green Store Front 1964** 265.5 x 268 x 117 cm (104 ½ x 105 ½ x 46″). Enamel paint, wood, aluminum, Plexiglas, fabric, plastified fabric, rope, polyethylene, brass doorknob, brown wrapping paper, tape, and fluorescent light Hirshhorn Museum and Sculpture Garden, Smithsonian Institution, Washington, D.C., USA (Joseph H. Hirshhorn Purchase Fund). *Photo: Courtesy Hirshhorn Museum*

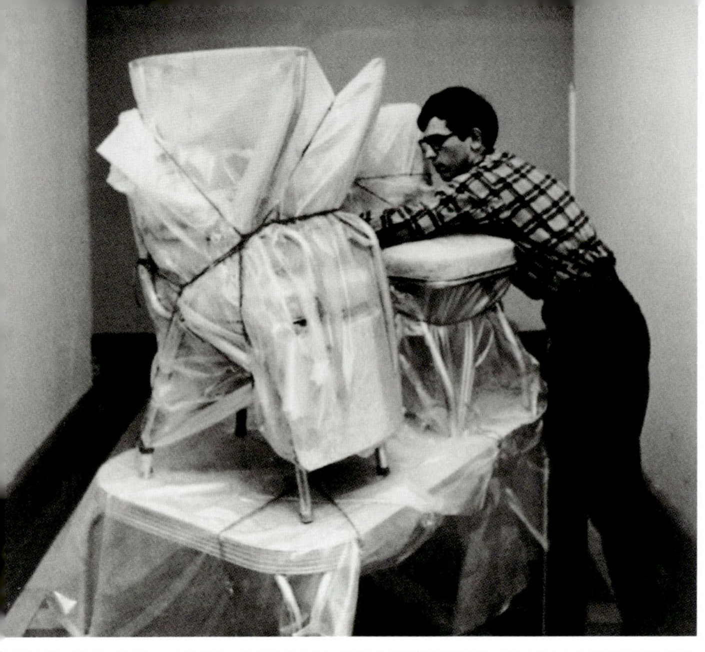



**1964**, New York, in the corridor of the Chelsea Hotel. Christo wrapping three chairs and a table borrowed from the kitchen of their hotel room. This work no longer exists.

**1964**, New York, im Flur des Chelsea Hotels. Christo verhüllt drei Stühle und einen Tisch, die er aus der Küche ihres Hotelzimmers ausgeliehen hat. Dieses Werk existiert nicht mehr.

**1964**, New York, dans le couloir du Chelsea Hotel. Christo empaquetant trois chaises et une table empruntées à la cuisine de leur chambre d'hôtel. Cette œuvre n'existe plus.

*Photo: Ugo Mulas*

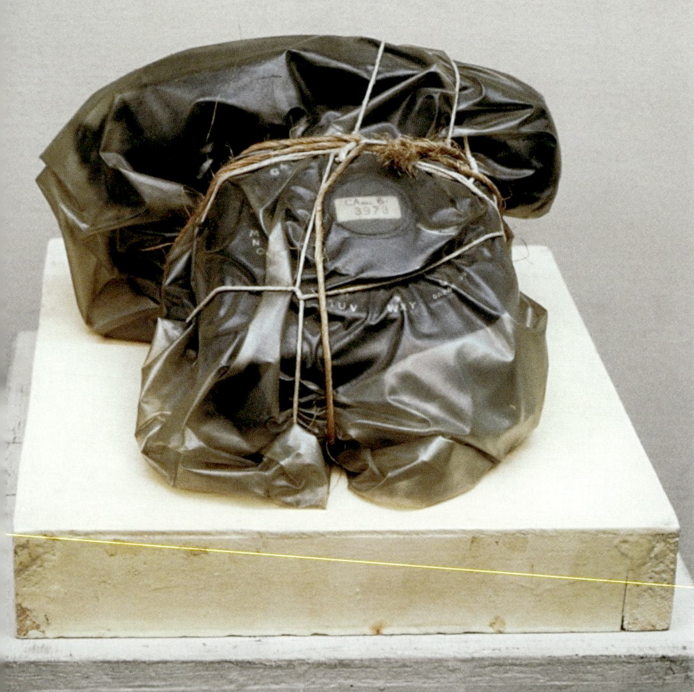

**Wrapped Telephone 1964**  (Canal 6 – 3973), including wooden base: 33.6 x 35.5 x 28 cm (13 ¼ x 14 x 11″). Rotary telephone, polyethylene, rope, and twine on a painted wooden base
Private collection

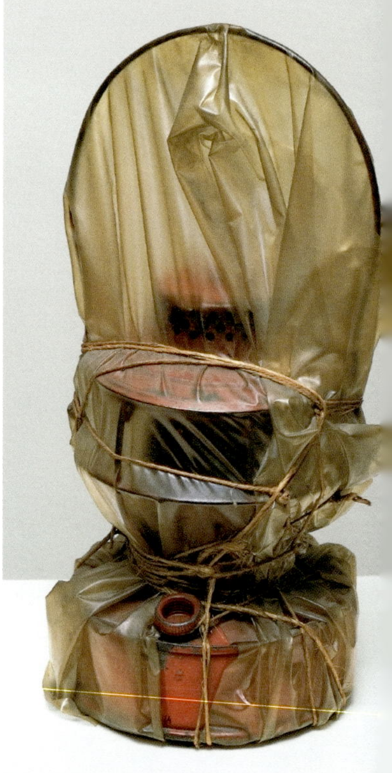

**Wrapped Lantern 1964**  38.5 x 16.5 cm (15 ½ x 6 ½″). Polyethylene, rope, and met lantern. Collection Jorge Helft, Buenos A Argentina. *Photo: D. James Dee*

## Chaise et Table Empaquetées, Projet pour Monument
## Empaqueté l'Usine à Bergeyk, Hollande

Collage 1964: 74.6 x 61.3 x 2.5 cm (29 ⅜ x 24 ⅛ x 1″)
Pencil, wax crayon, enamel paint, acrylic paint, charcoal,
rope, twine, and polyethylene on wood
Private collection, USA

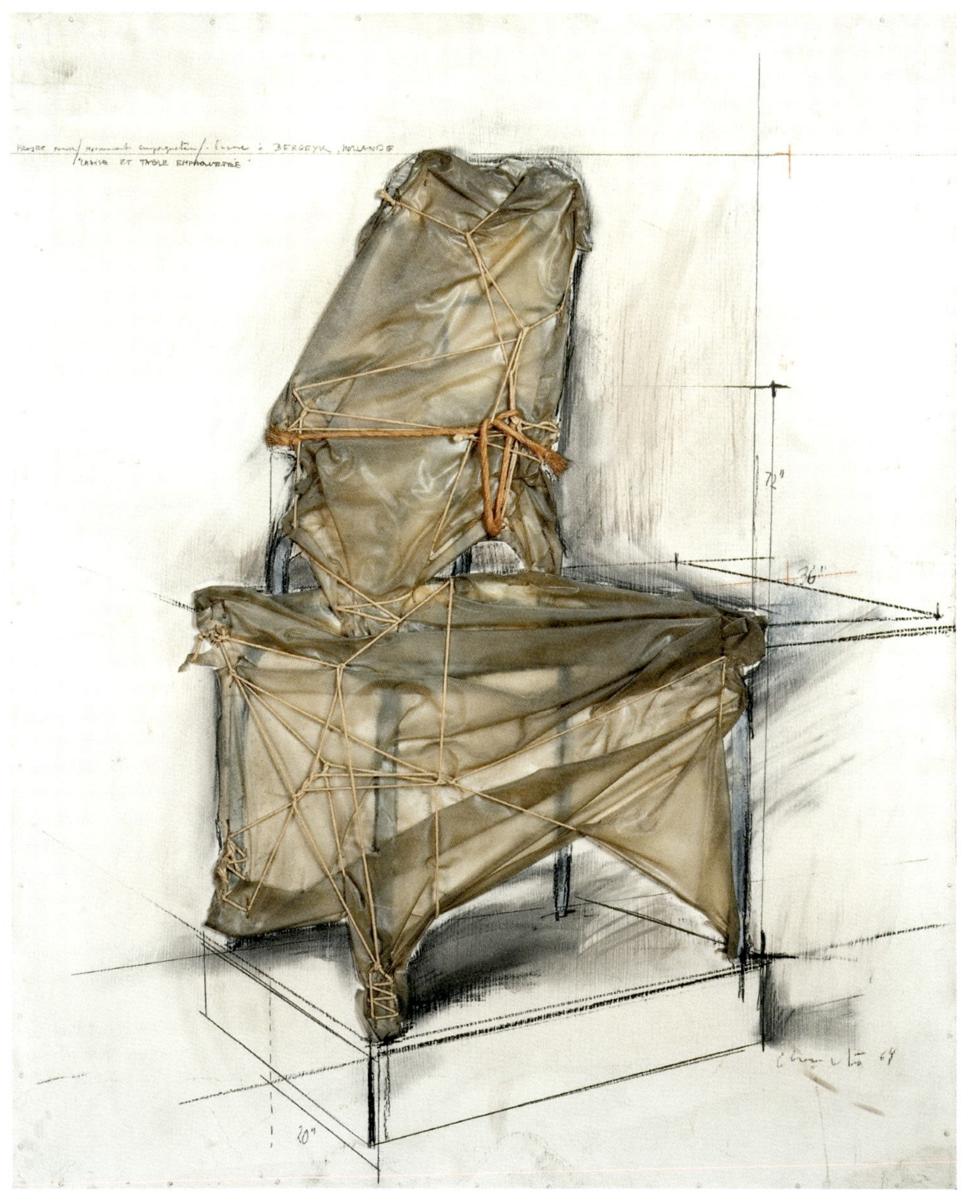

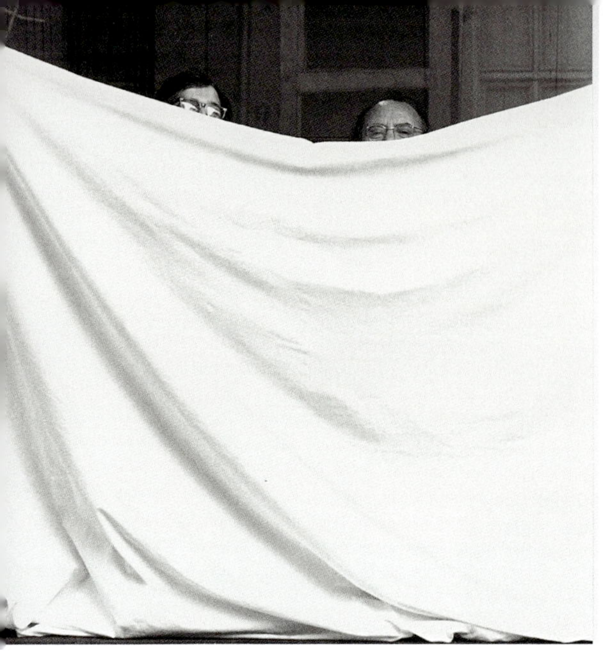



**Summer 1964.** Christo and gallery owner Alfred Schmela, peering out from inside Galerie Schmela, Hunsrückenstraße 16, Düsseldorf, Germany, where Christo's personal exhibition on *Store Fronts* is taking place.

**Sommer 1964.** Christo und der Galerist Alfred Schmela blicken aus der Galerie Schmela, Hunsrückenstraße 16, Düsseldorf, in der Christos Einzelausstellung zu *Store Fronts* stattfindet.

**Été 1964.** Christo et le galeriste Alfred Schmela regardant dans la rue depuis la galerie Schmela, Hunsrückenstraße 16, Düsseldorf, Allemagne, où se tient l'exposition personnelle de Christo sur les *Store Fronts*.

*Photo: Ad Petersen*

**Store Front**
Collage 1964: 70.5 x 61 x 10 cm (27 ¾ x 24 x 4″)
Pencil, wood, Masonite, Plexiglas, paper, wax crayon, charcoal, enamel paint, cardboard, tape, and electric light
Miyanomori Museum, Sapporo, Japan
*Photo: Eeva-Inkeri*

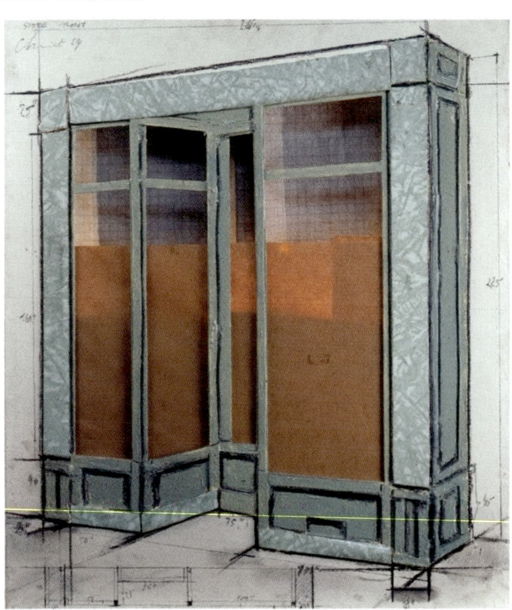

**Store Front (Project)**
Collage 1964: 90.2 x 58.5 cm (35 ½ x 23″)
Pencil, enamel paint, wood, fabric, charcoal, paper, Plexiglas, and electric light on wood
Collection Kimiko Powers, Carbondale, Colorado, USA
*Photo: Hugo Doetsch*

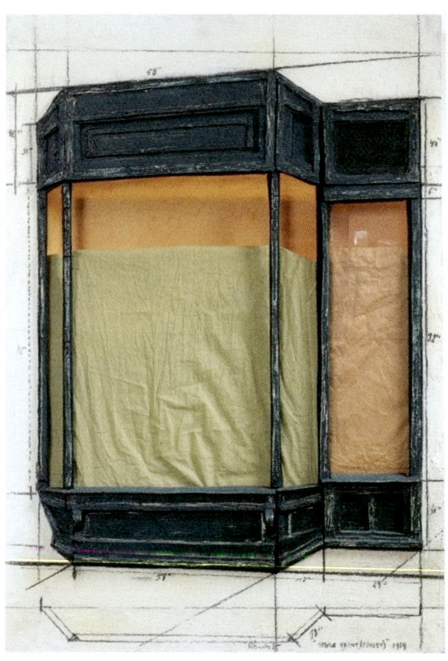

**Double Store Front Project**
Collage 1964:
30.4 x 45.3 cm (12 x 17 ⅞″)
Pencil, enamel paint, wax
crayon, fabric on tracing
paper, and paper
Kröller-Müller Museum,
Otterlo, the Netherlands
*Photo: Tom Haartsen*

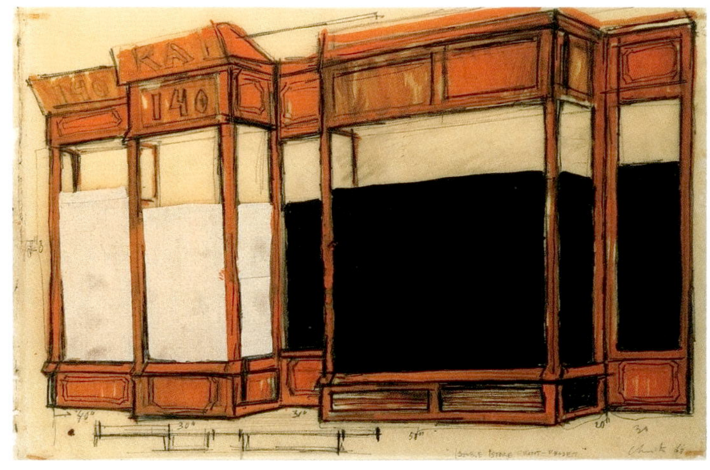

**Double Store-Front**
Collage 1964: 67.3 x 88.2 x 7.1 cm (26 ½ x 34 ¾ x 3″)
Wood, Plexiglas, fabric, cardboard, corrugated cardboard,
enamel paint, charcoal, and electric light on wood
Private collection, Switzerland
*Photo: Eeva-Inkeri*

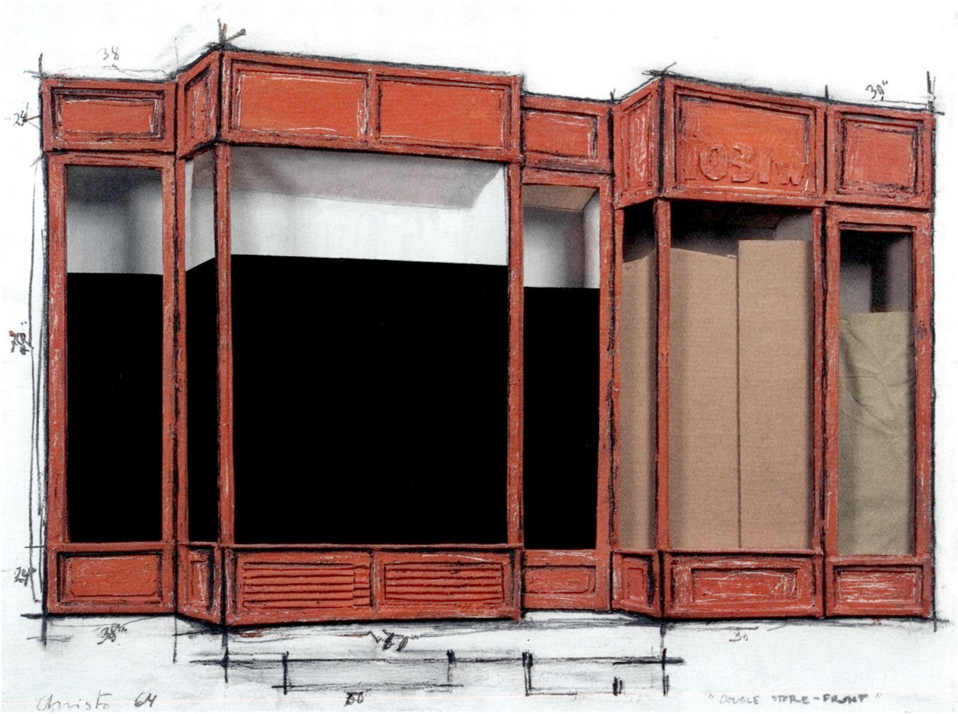

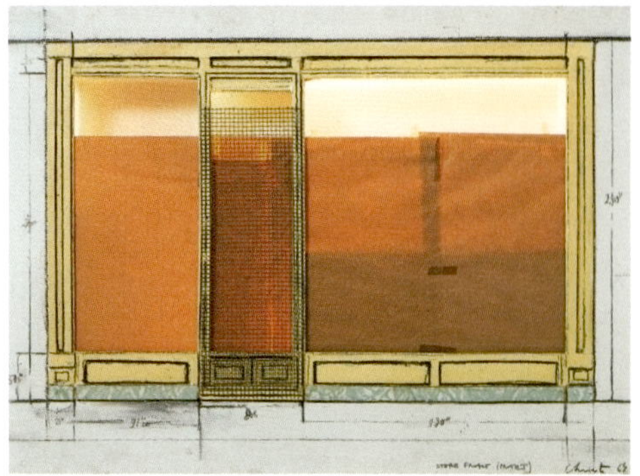

**Store Front (Project)**
Collage 1964: 70 x 104 x 10 cm (27 ½ x 41 x 4″)
Pencil, wax crayon, wood, enamel paint, tape,
Masonite, brown wrapping paper, steel mesh, and
electric light on wood
*Photo: Eeva-Inkeri*

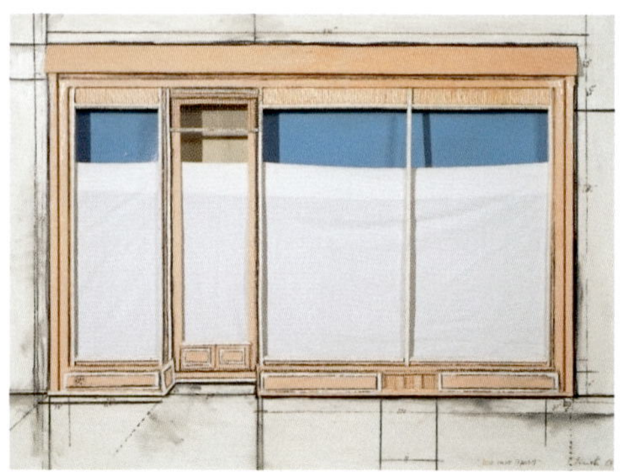

**Store Front (Project)**
Collage 1964: 122.5 x 160 x 10.2 cm (48 ¼ x 63 x 4″)
Pencil, wood, acrylic paint, enamel paint, Plexiglas,
charcoal, fabric, steel mesh, and electric light on wood
*Photo: Eeva-Inkeri*

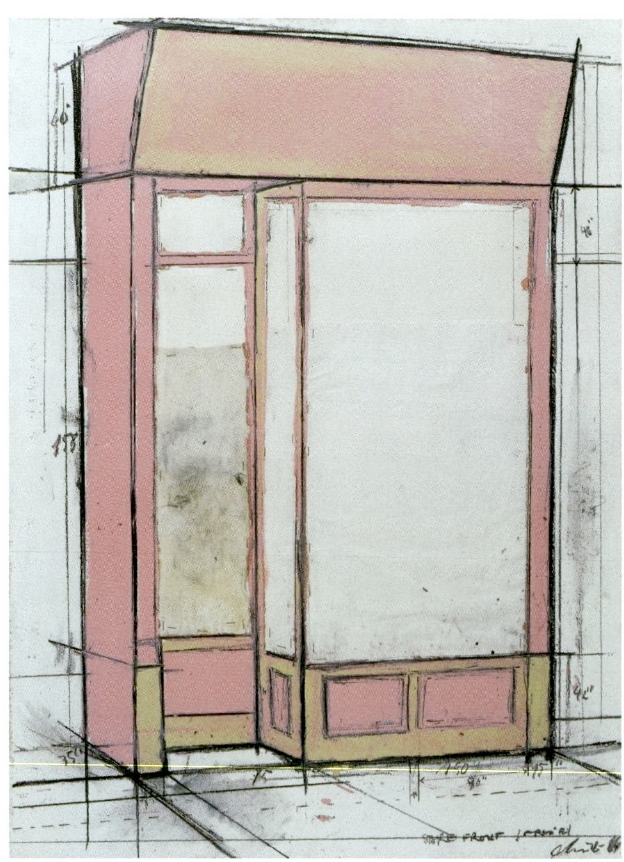

**Store Front (Project)**
Collage 1964:
109.5 x 81.4 x 2.5 cm (43 ⅛ x 32 x 1″)
Pencil, wax crayon, enamel paint,
charcoal, and fabric on wood
Collection Annely Juda Fine Art,
London, United Kingdom
*Photo: Courtesy Annely Juda Fine Art*

*Opposite:*
**Purple Store Front 1964**
235 x 220 x 35.3 cm (92 ⅝ x 86 ¾ x 13 ¾″)
Wood, enamel paint, Plexiglas, fabric,
paper, wire mesh, and electric light

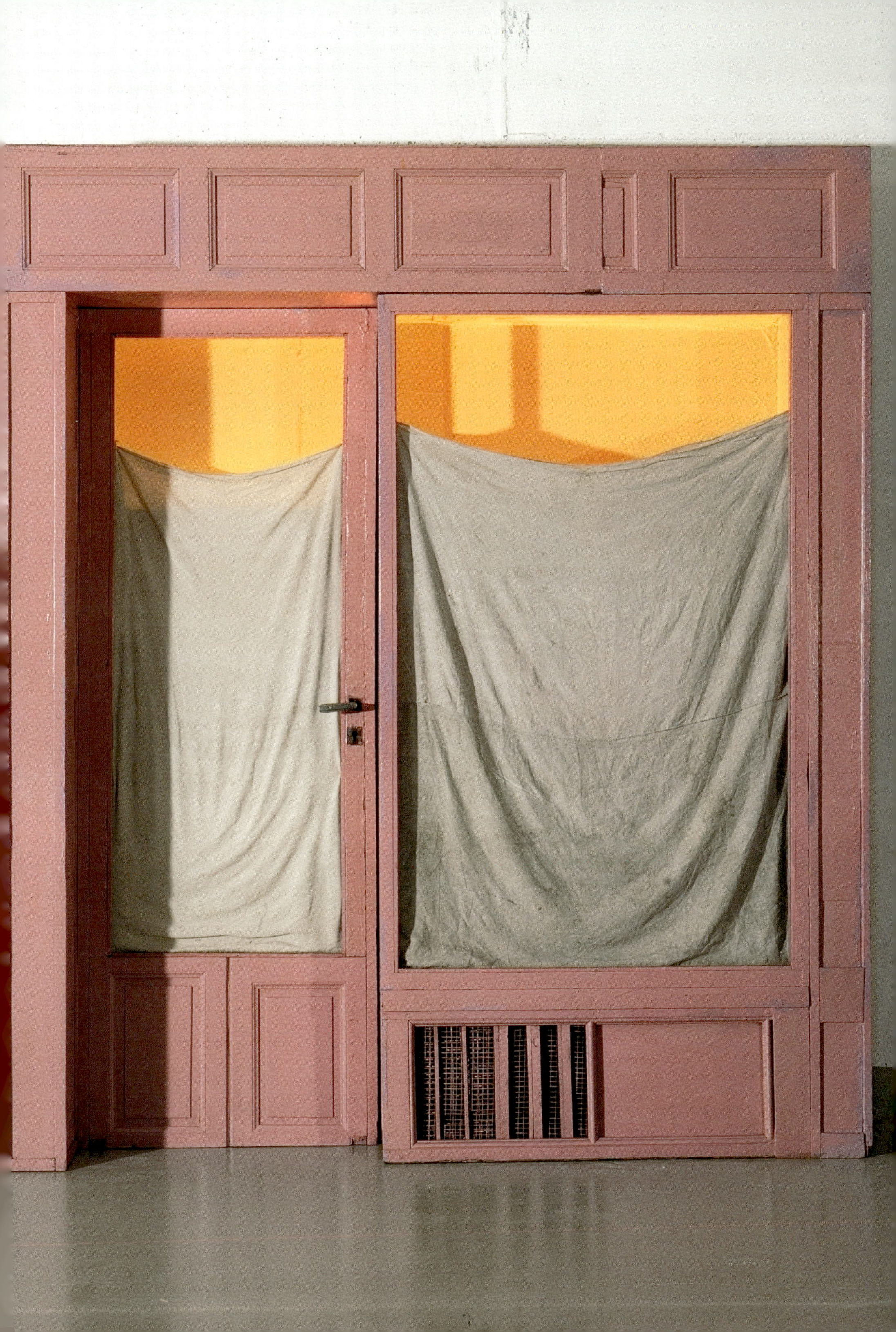

**February 1964**, at the bow of the *SS France*, 5 am. Arriving from Paris and passing under the unfinished Verrazano-Narrows Bridge, with the Statue of Liberty on their left, suddenly, in the morning mist, Christo and Jeanne-Claude saw it: downtown Manhattan. Those tall buildings just like the view on a postcard! Later, when the artists met with the buildings' owners to request permission to wrap the buildings, the answers were negative.

**Februar 1964**, am Bug der *SS France*, 5 Uhr. Bei ihrer Ankunft aus Paris sahen Christo und Jeanne-Claude, während sie mit der Freiheitsstatue zu ihrer Linken unter der unvollendeten Verrazano-Narrows Bridge hindurchfuhren, plötzlich im Morgennebel Downtown Manhattan. Diese hohen Gebäude, genau wie auf einer Ansichtskarte! Als die Künstler später die Hausbesitzer darum baten, die Gebäude verhüllen zu dürfen, fiel die Antwort negativ aus.

**Février 1964**, 5 heures du matin, à la proue du *France*. Venant de Paris et passant sous le pont Verrazano-Narrows encore inachevé, la statue de la Liberté à leur gauche, dans la brume matinale, Christo et Jeanne-Claude l'aperçurent soudain: Downtown Manhattan. Tous ces immeubles – exactement comme une carte postale! Plus tard, quand les artistes rencontrèrent les propriétaires pour obtenir l'autorisation d'empaqueter les immeubles, les réponses furent négatives.


**Packed Building (20 Exchange Place)**
Drawing 1964: 71 x 56 cm (28 x 22″)
Pencil and wash
Collection Janet Kardon, New York, USA

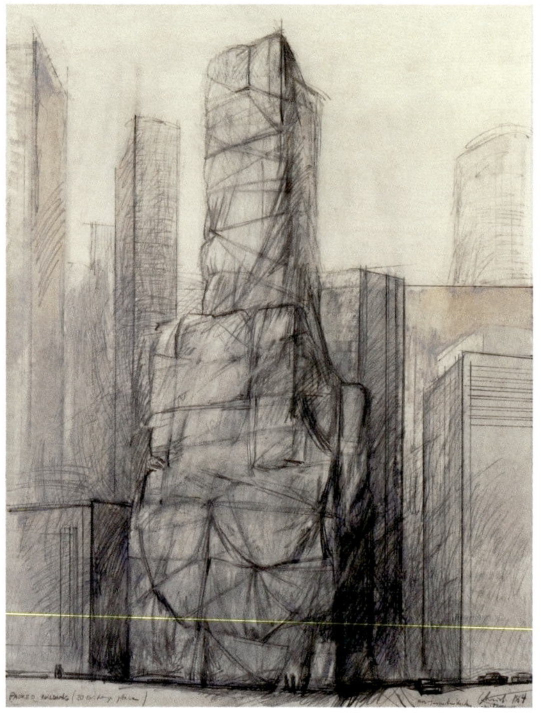

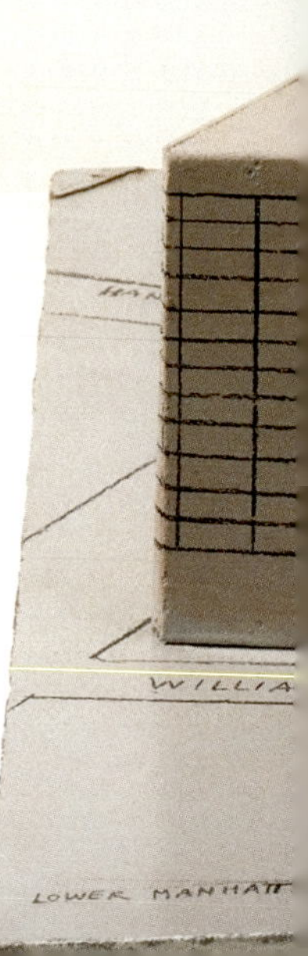

Lower Manhattan Packed Building (Project) 20 Exchange Place
Scale model 1964: 73.7 x 51 x 56 cm (29 x 20 x 22″). Fabric, rope, twine, wood, pencil, wax crayon, and enamel paint


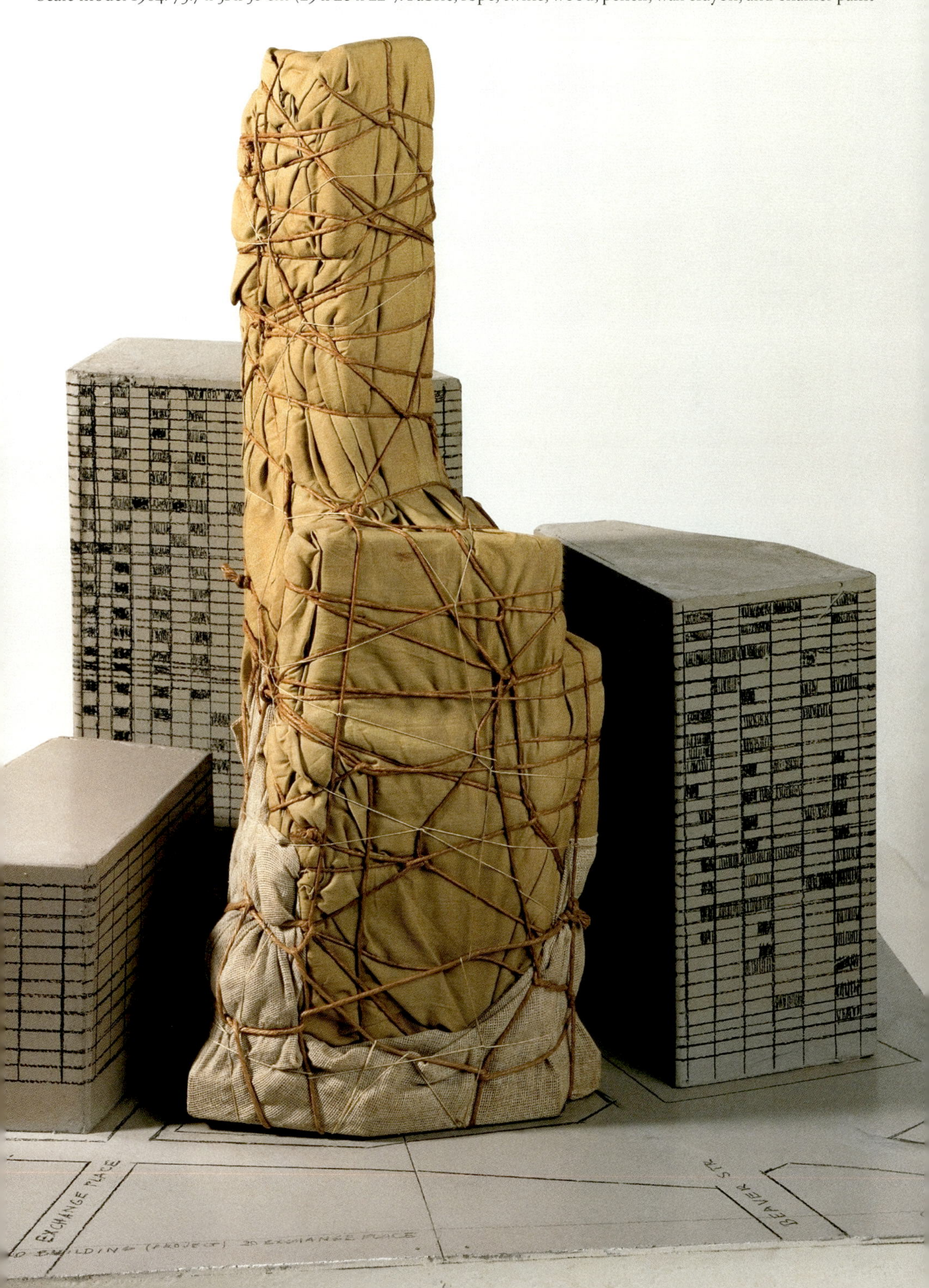

EXCHANGE PLACE
BEAVER STR
D BUILDING (PROJECT) 20 EXCHANGE PLACE

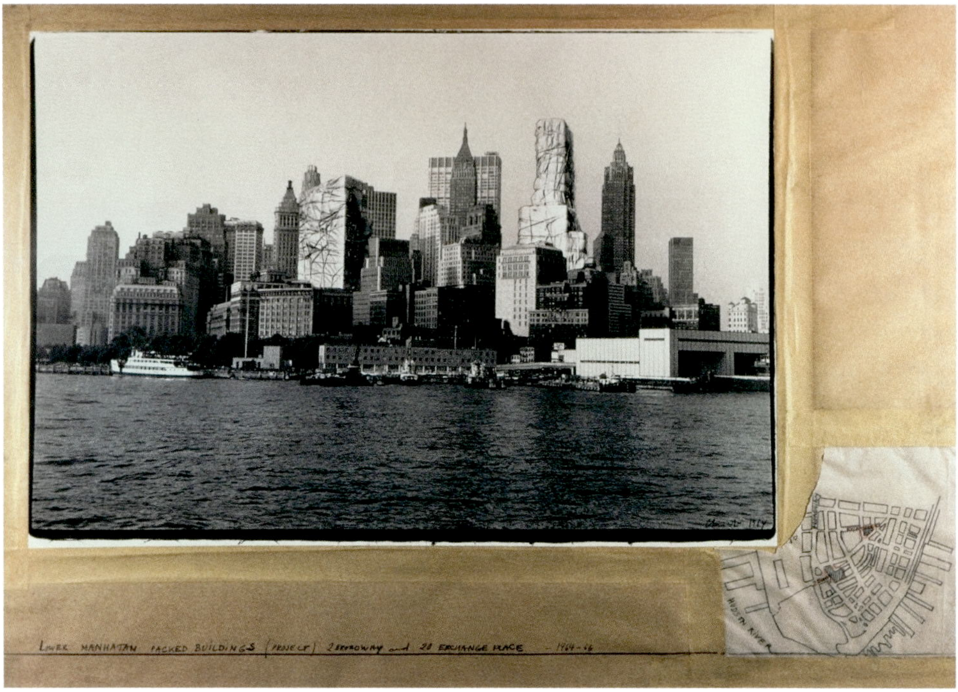

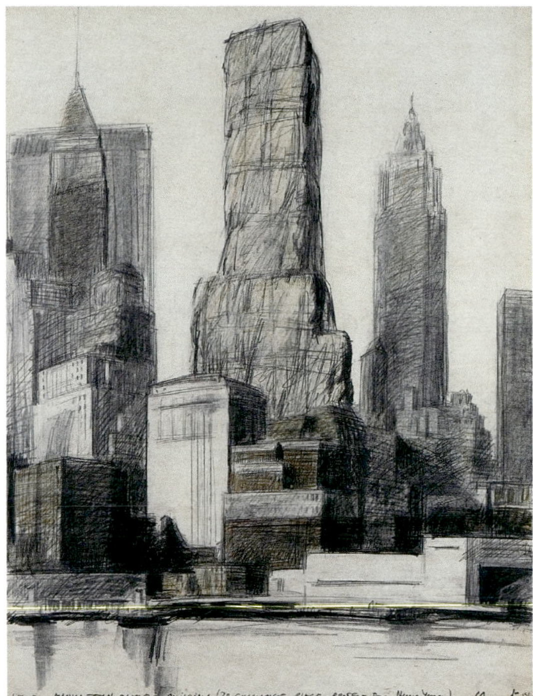



*Above:*

**Lower Manhattan Packed Buildings
(Project) 2 Broadway and 20 Exchange Place**
Collaged photographs and drawing 1964–66:
52 x 75 cm (20 ½ x 29 ½")
Pencil, charcoal, photographs by Raymond
de Seynes, tracing paper, and tape on board
Formerly in the collection of Horace Solomon,
New York, USA
This work is presently lost.
*Photo: Raymond de Seynes*

*Left:*

**Lower Manhattan Packed Building
(20 Exchange Place – Project for New York)**
Drawing 1966: 71 x 56 cm (28 x 22")
Pencil, charcoal, and wax crayon
Collection Serge Krupp-von Sury, Lausanne,
Switzerland

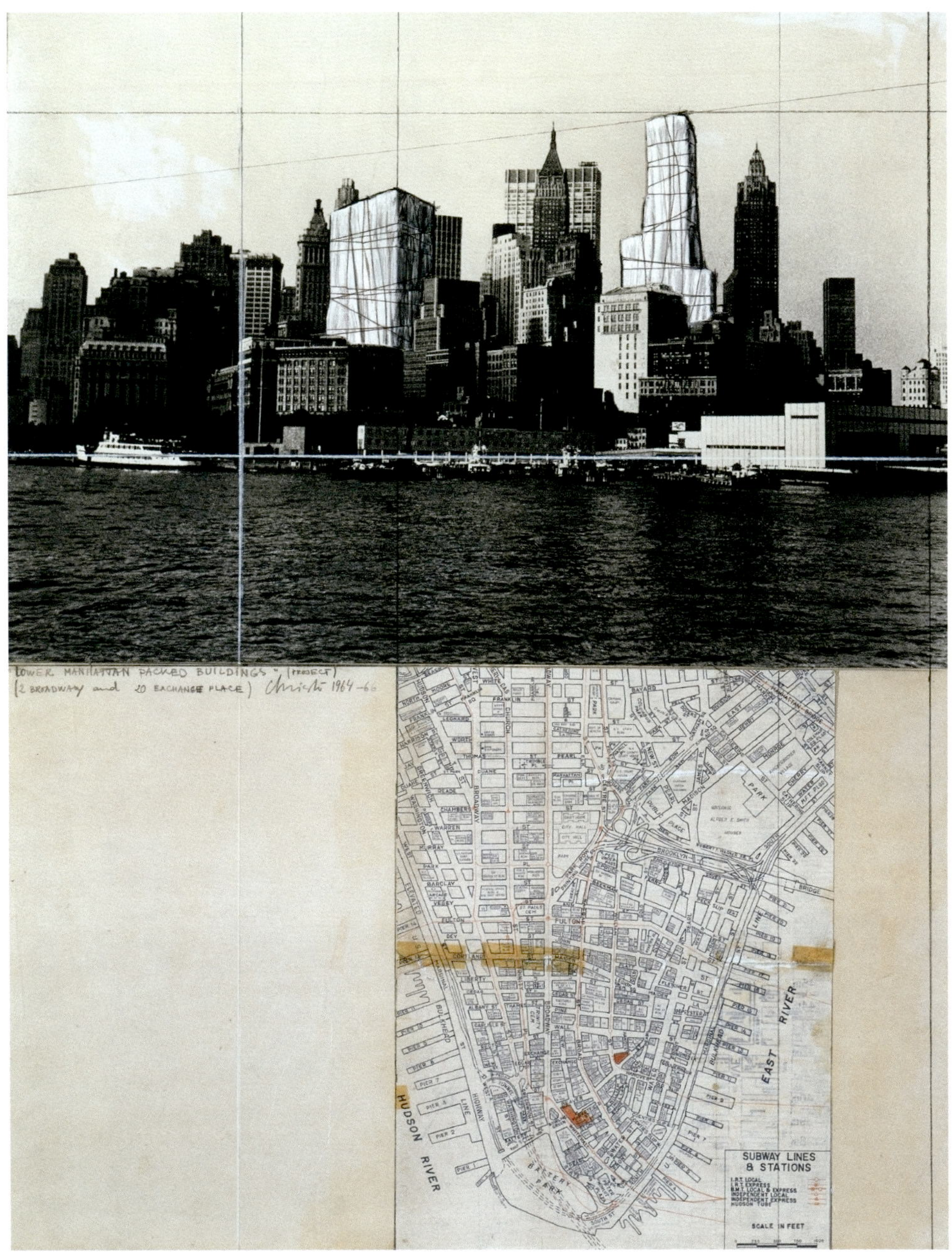



**Lower Manhattan Packed Buildings (Project) (2 Broadway and 20 Exchange Place)**
Collage 1964–66: 69.8 x 54.6 cm (27 ½ x 21 ½″)
Pencil, fabric, twine, photograph by Jeanne-Claude, charcoal, wax crayon, ballpoint pen, map, and tape
*Photo: Jeanne-Claude*

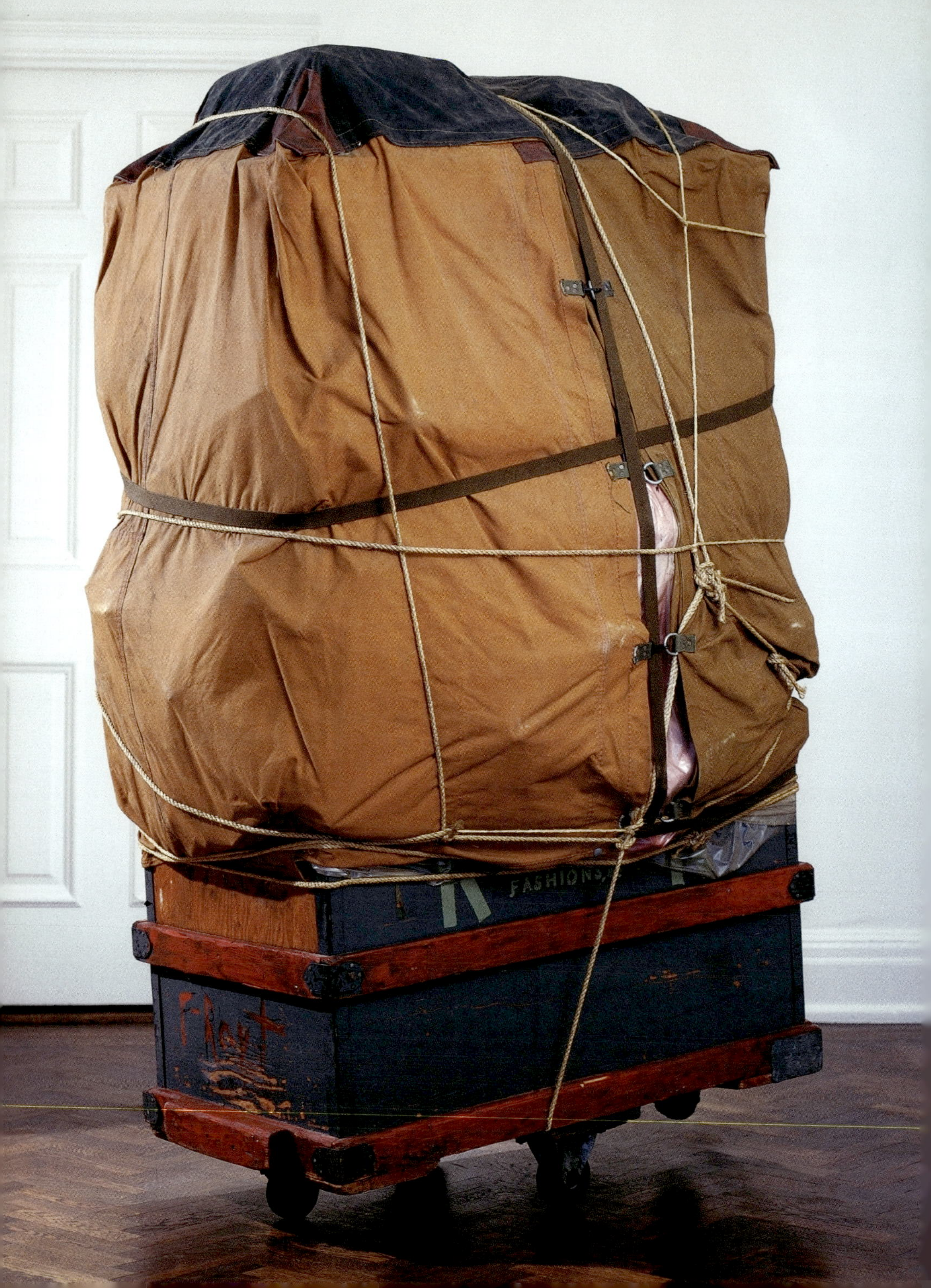

**"Dolly" 1964** 183 x 101.5 x 82 cm (72 x 40 x 32 ¼"). Wooden box, tarpaulin, polyethylene, rope, girth, and metal wheels. *Photo: Eeva-Inkeri*

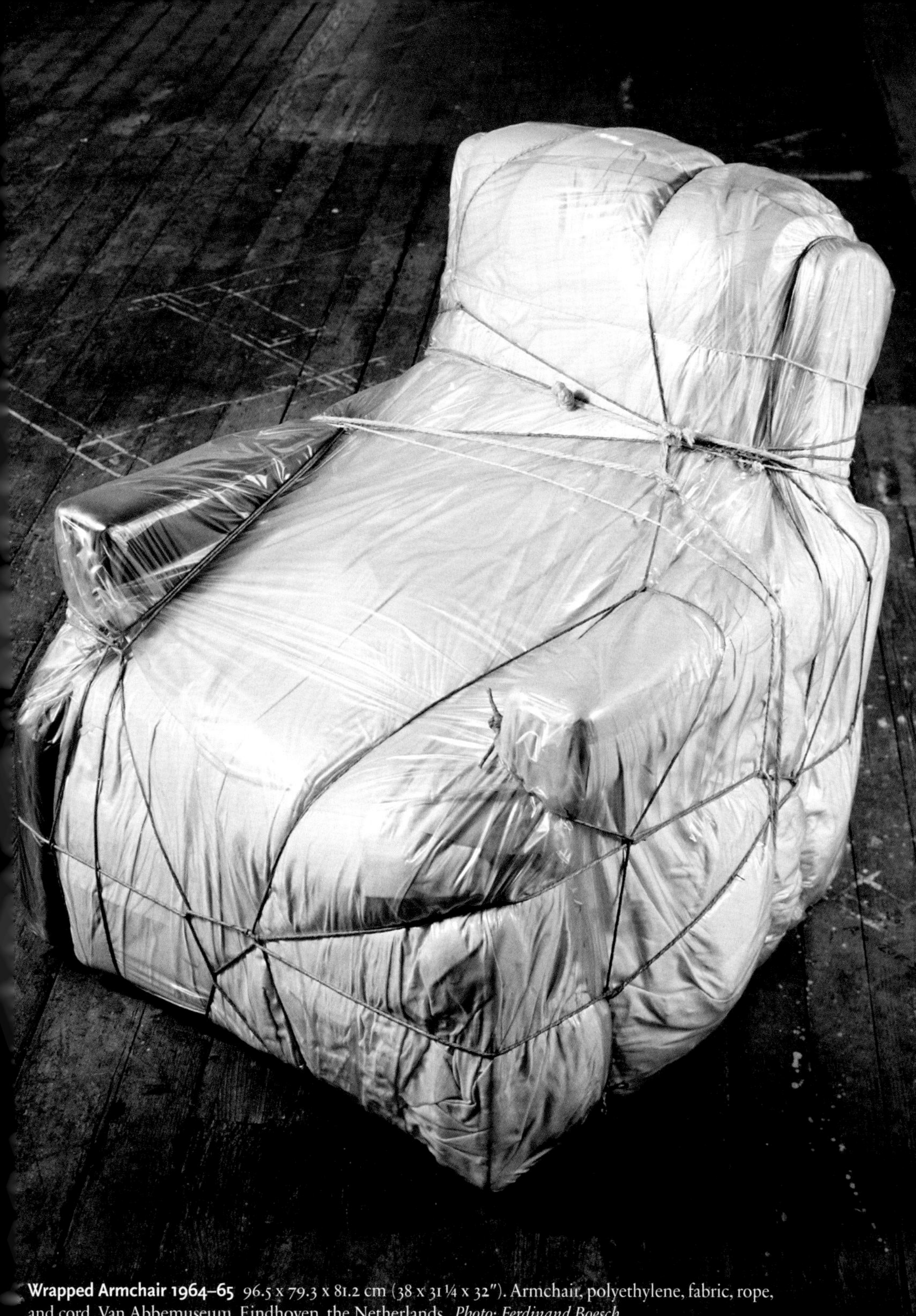

**Wrapped Armchair 1964–65**  96.5 x 79.3 x 81.2 cm (38 x 31 ¼ x 32″). Armchair, polyethylene, fabric, rope, and cord. Van Abbemuseum, Eindhoven, the Netherlands. *Photo: Ferdinand Boesch*

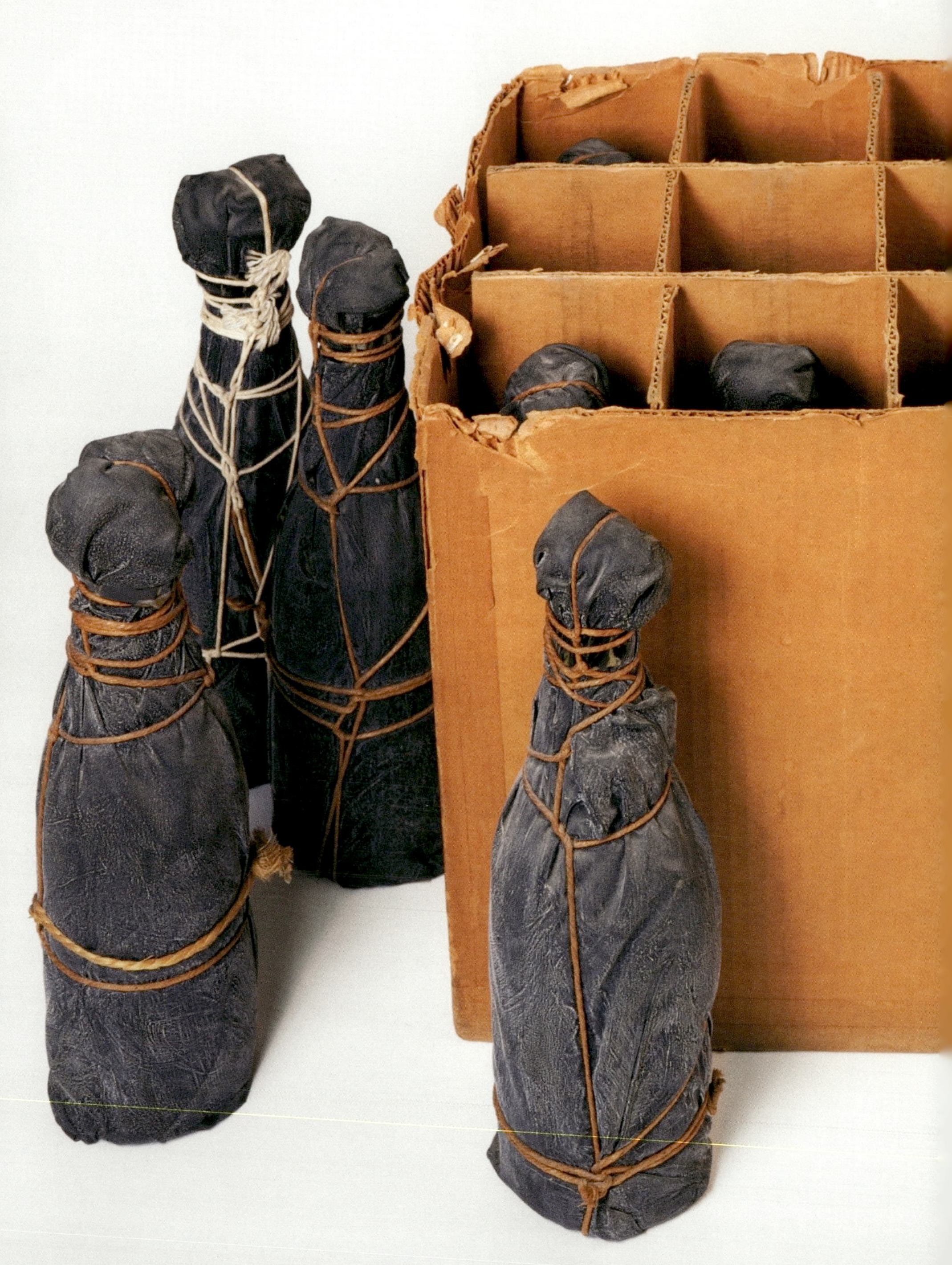

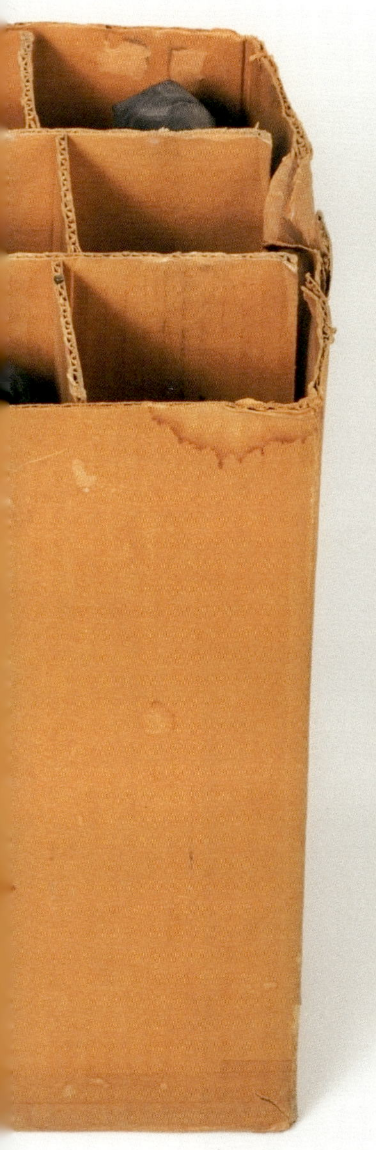

*Right top:*
**Package 1965**
17 x 7.5 x 4 cm
(6 ¾ x 3 x 1 ½″)
Fabric, rope, and twine

*Right bottom:*
**Package 1965**
17.2 x 6 x 4.2 cm
(6 ¾ x 2 ⅜ x 1 ⅝″)
Plastified fabric, rope,
and twine
The Jan T. and Marica Vilcek
Collection, Promised gift to
The Vilcek Foundation,
New York, USA

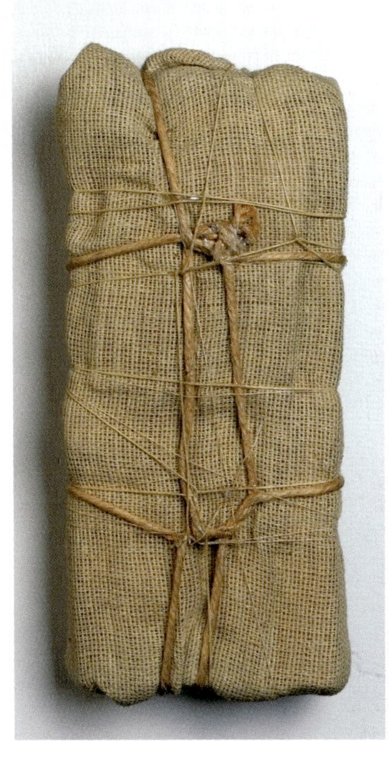

*Left:*
**Nine Wrapped Champagne
Bottles and a Cardboard
Case 1965**
Each bottle: 30.5 x 9 cm
(12 x 3 ½″)
Box: 33 x 35 x 28 cm
(13 x 13 ¾ x 11″)
Plastified fabric, rope, twine,
glass bottles, and cardboard
Collection Agnes Gund,
New York, USA

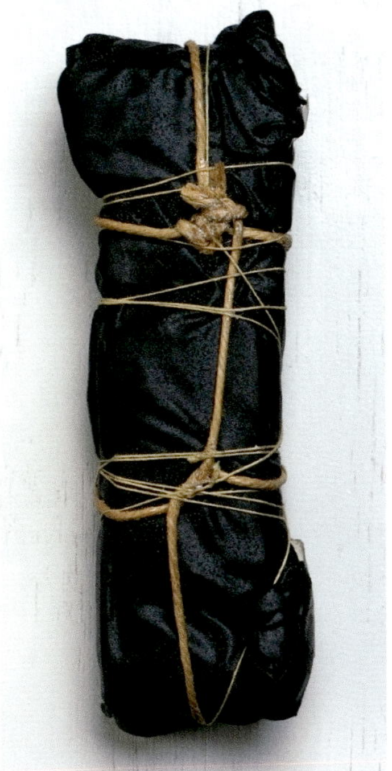

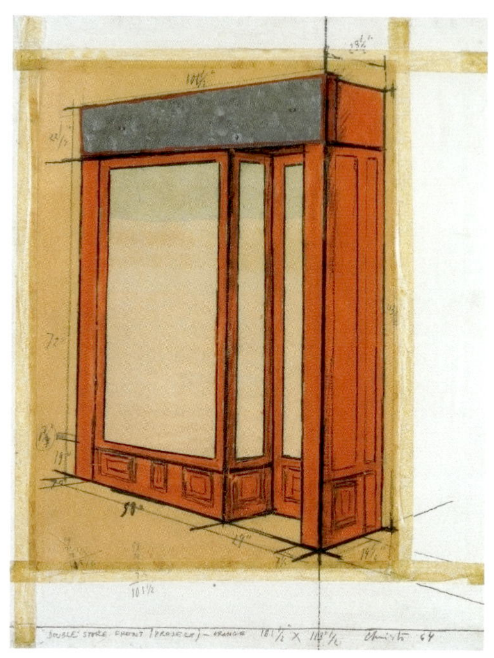

**Double Store Front (Project) – orange**
Collage 1964: 38 x 30 cm (15 x 11¾″)
Pencil, enamel paint, fabric, wax crayon, charcoal,
galvanized metal, tracing paper, and tape on card
Collection Rira, Germany
*Photo: Courtesy Collection Rira*

*Opposite:*
**Orange Store Front 1964–65**
284 x 257 x 60.6 cm (112 ½ x 101 ⅛ x 23 ⅞″)
Wood, enamel paint, Plexiglas, fabric, brass, Masonite,
galvanized metal, and electric light
Museum of Contemporary Art, Chicago, Illinois,
USA. Gift of Natalie and Irving Forman
*Photo: Courtesy Museum of Contemporary Art, Chicago*

*Below:*
**Double Store Front (Project orange and yellow
from Merrin Paint Co. Inc. New York)**
Collage 1965–66: 96 x 122 x 6.4 cm (37¾ x 48 x 2 ½″)
Pencil, wax crayon, wood, Masonite, enamel paint,
fabric, Plexiglas, galvanized metal, cardboard, and
electric light on wood
Collection Mr. Tom Anderson, Florida, USA
*Photo: Robyn Roslund*

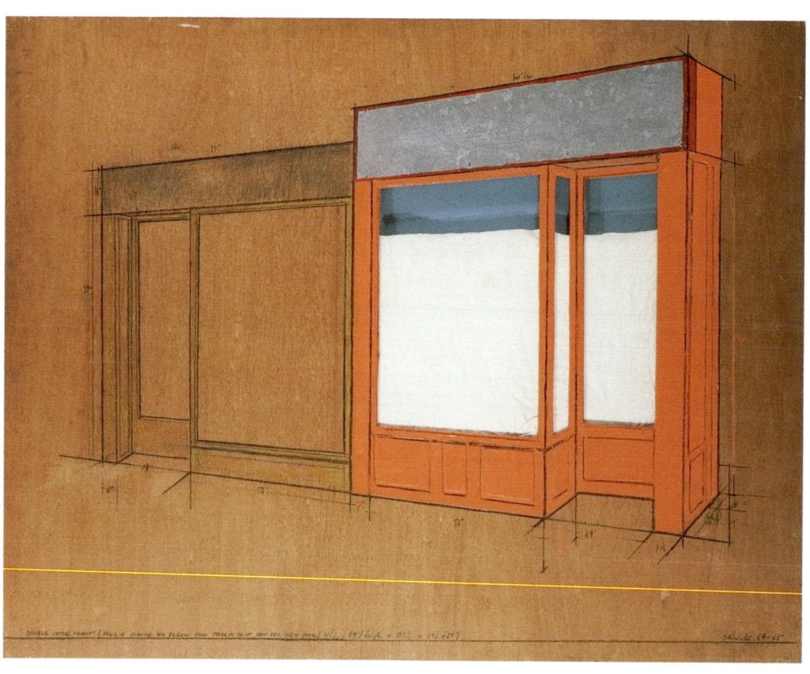

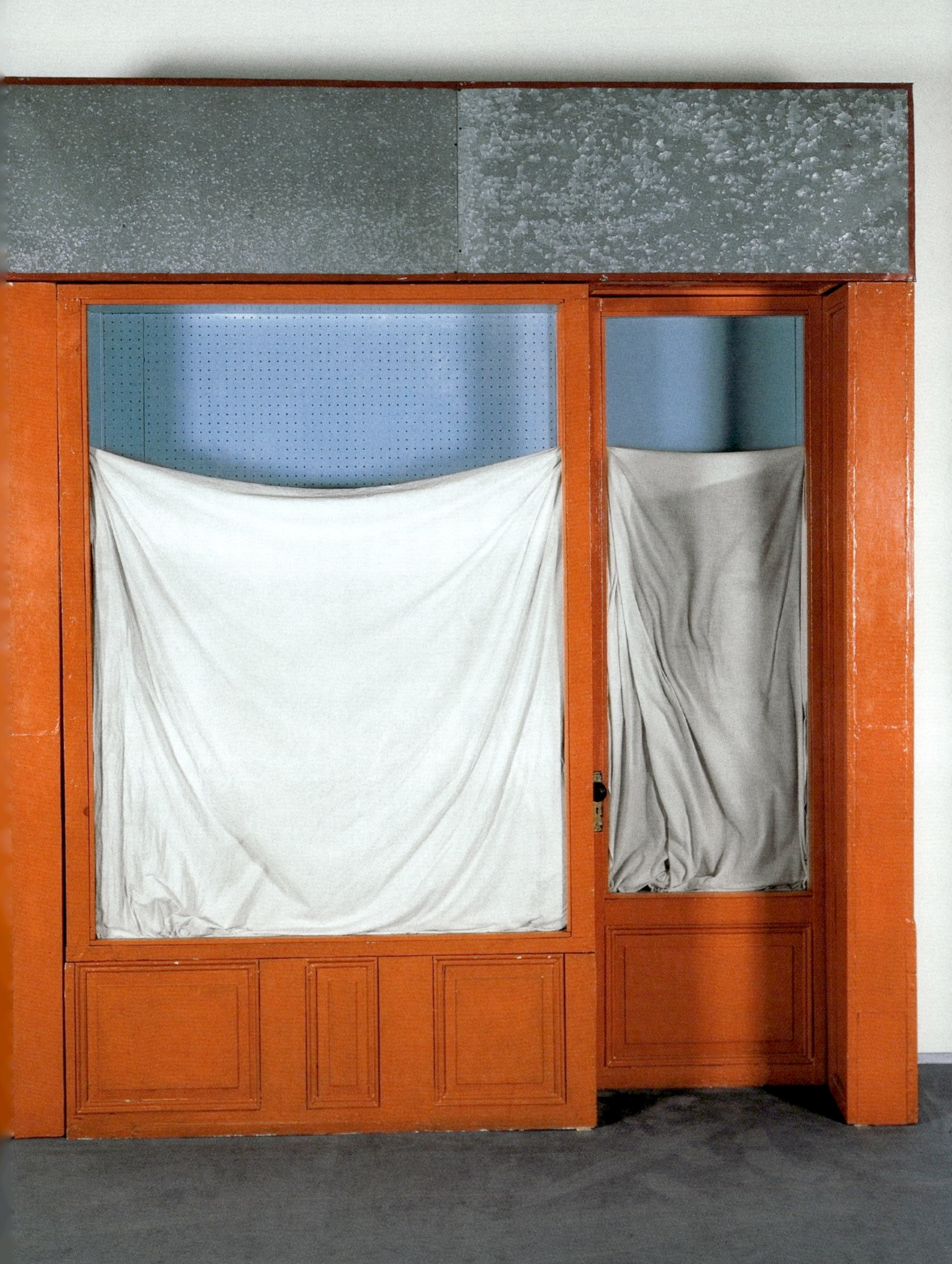

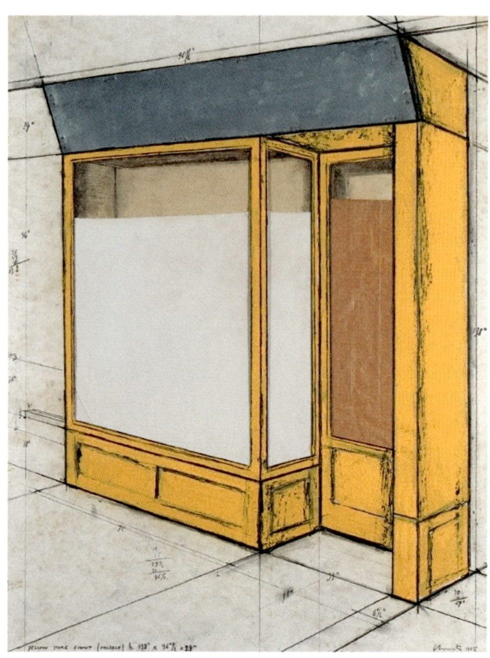

**Yellow Store Front (Project)**
Collage 1965: 71 x 56 cm (28 x 22″)
Pencil, wax crayon, galvanized metal, fabric,
cardboard, enamel paint, charcoal, Plexiglas, and
brown wrapping paper
Private collection, Stockholm, Sweden

*Opposite:*
**Yellow Store Front 1965**
249 x 224 x 40.6 cm (98 x 88 ¼ x 16″)
Wood, Plexiglas, fabric, brown paper, galvanized
metal, pegboard, corrugated cardboard, and
electric light

*Below:*
**Double Store Front (Project orange and yellow
from Merrin Paint Co. Inc. New York)**
Collage 1964–65: 61 x 73.5 x 5 cm (24 x 29 x 2″)
Pencil, wax crayon, wood, Plexiglas, enamel paint,
fabric, galvanized metal, brown wrapping paper,
tape, and cardboard on wood
Albright-Knox Art Gallery, Buffalo, New York, USA
Gift of Mr. and Mrs. David K. Anderson to the
Martha Jackson Collection
*Photo: Courtesy Albright-Knox Art Gallery*

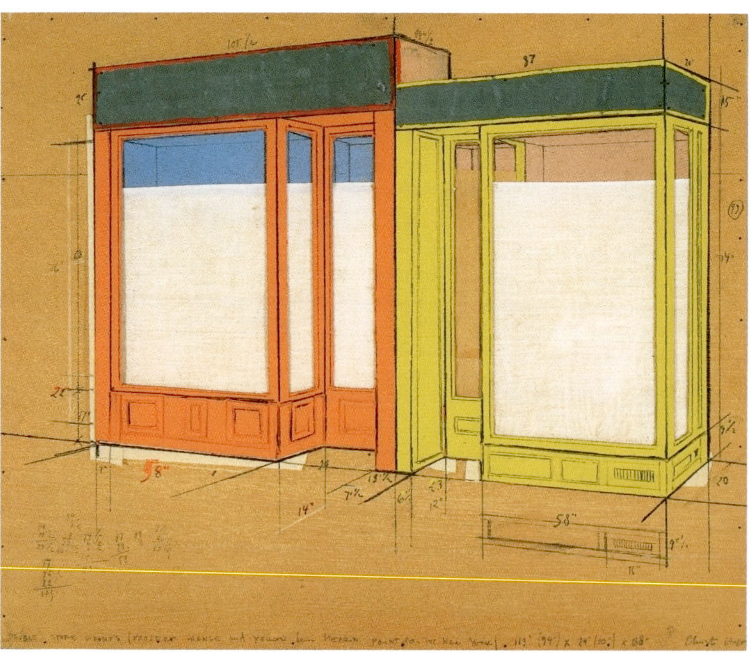

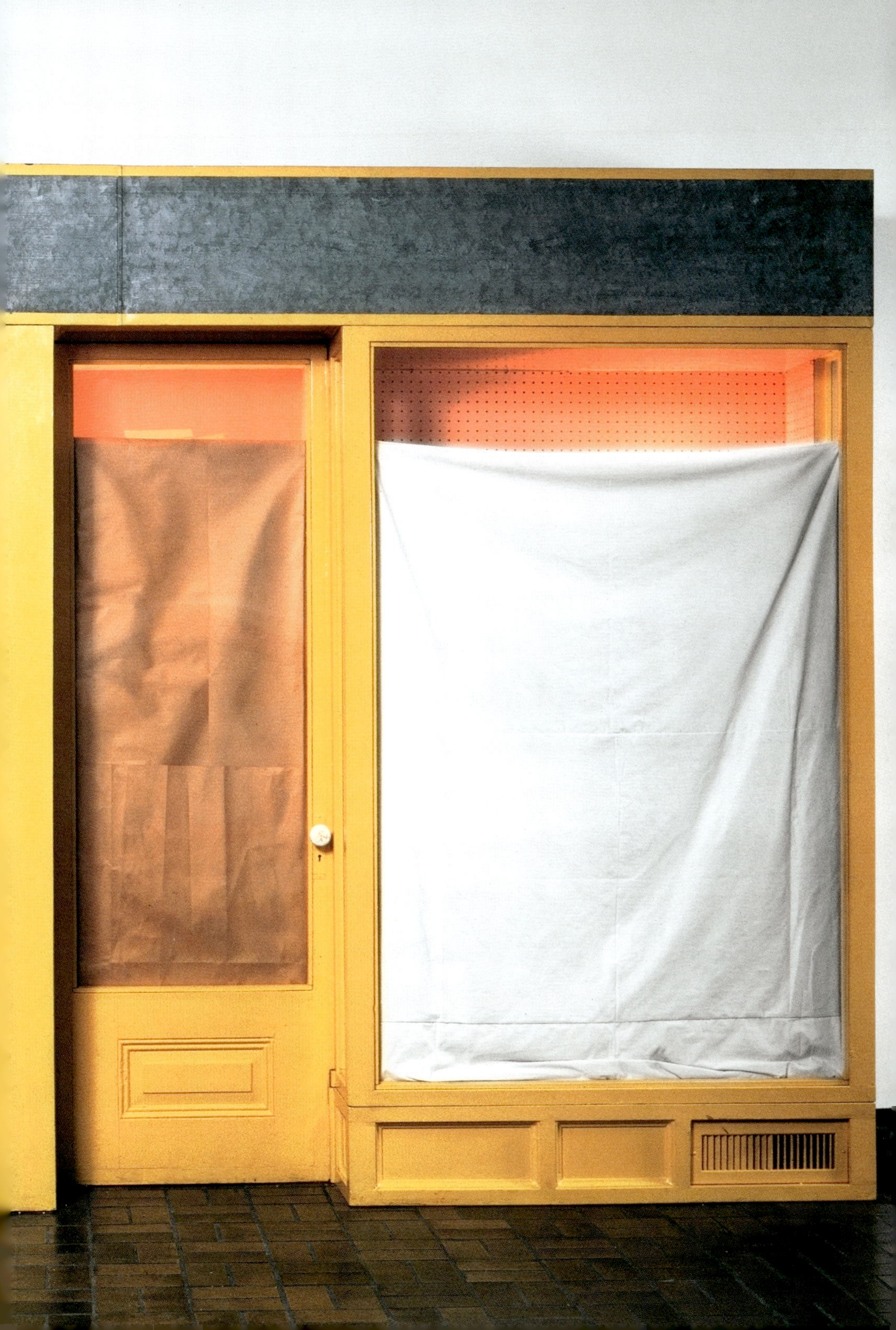

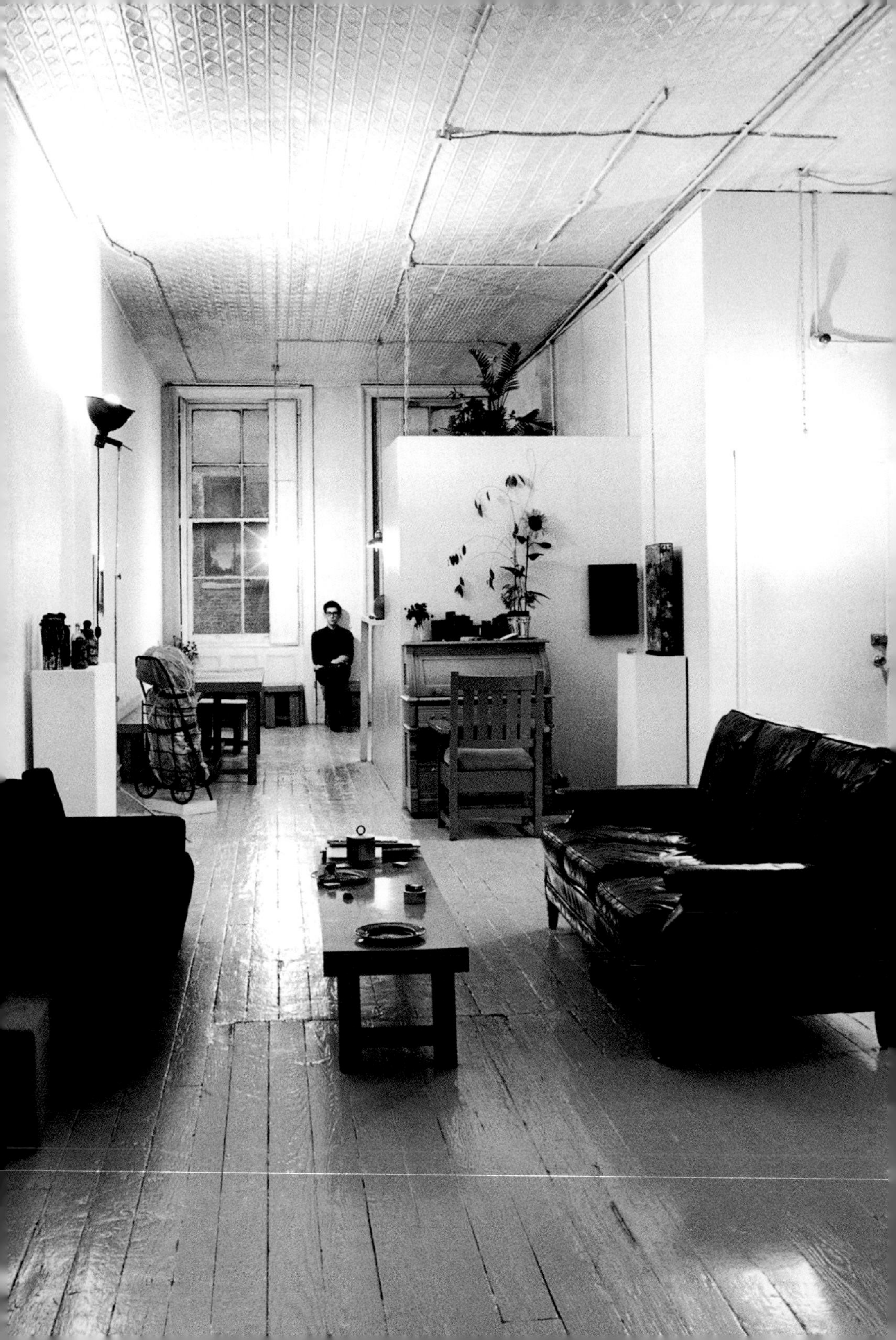

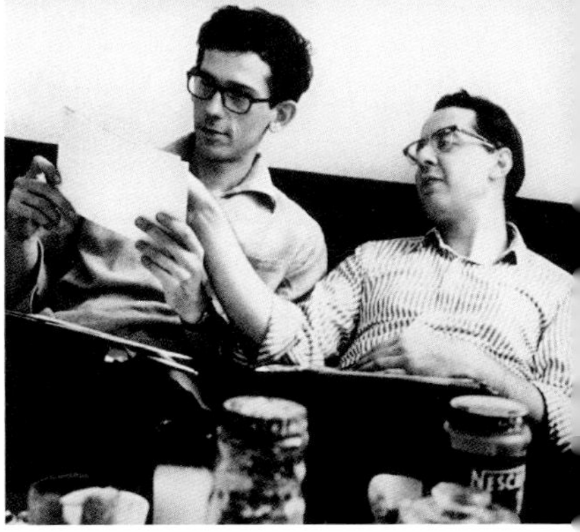

*Opposite:* **1965**, New York. Christo at home. The coffee table, the dining room table, and the stools were built by Christo. The red leather couch on the right was purchased on Canal Street for five dollars.

*Gegenüber:* **1965**, New York. Christo zu Hause. Den Couchtisch, den Esstisch und die Stühle hat Christo gezimmert. Das rote Ledersofa rechts wurde für fünf Dollar in der Canal Street erworben.

*Page ci-contre:* **1965**, New York. Christo chez lui. La table basse, la table de la salle à manger et les tabourets furent construits par Christo. Le canapé en cuir rouge (à droite) fut acheté à Canal Street pour cinq dollars.

*Photo: Ugo Mulas*

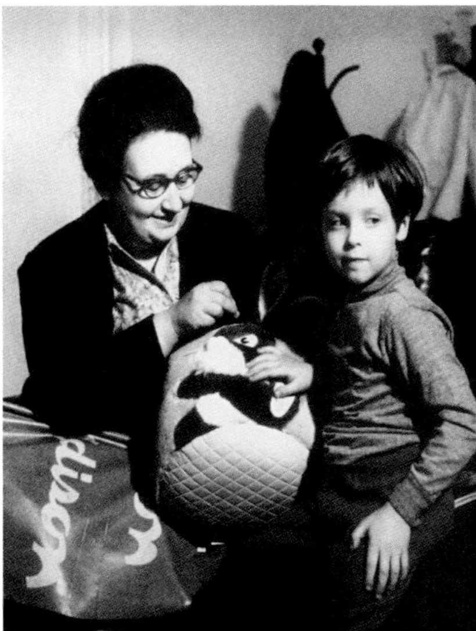

*Top:* **1965**, New York, in Christo and Jeanne-Claude's living room. Christo and art writer David Bourdon choose photographs and documents for a forthcoming book by Edizioni Apollinaire, Milan, Italy.

*Oben:* **1965**, New York, in Christos und Jeanne-Claudes Wohnzimmer. Christo und der Autor David Bourdon wählen Fotos und Dokumente für das Buch aus, das bei Edizioni Apollinaire in Mailand, Italien, erscheinen soll.

*En haut:* **1965**, New York, dans le salon de Christo et Jeanne-Claude. Christo et l'écrivain David Bourdon choisissent des photographies et des documents pour le futur livre publié aux Edizioni Apollinaire, Milan, Italie.

*Photo: Jeanne-Claude*

*Center:* **1965**, New York. During one of her visits, art dealer Ileana Sonnabend, sewing Cyril's torn stuffed toy.

*Mitte:* **1965**, New York. Während eines Besuchs näht die Kunsthändlerin Ileana Sonnabend Cyrils zerfetztes Kuscheltier wieder zusammen.

*Au centre:* **1965**, New York. Pendant une de ses visites, la galeriste Ileana Sonnabend raccommodant le lapin en peluche de Cyril.

*Photo: Jeanne-Claude*

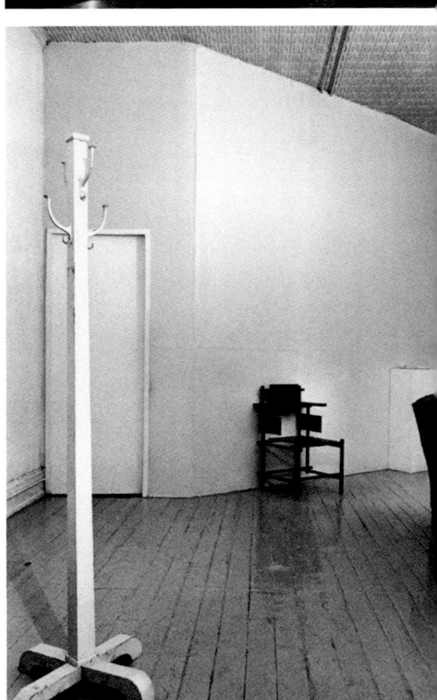

*Bottom:* **1965**, New York. Cyril's bedroom is behind the slanted living room wall. Christo and Jeanne-Claude emigrated to New York in September 1964, with their most precious possessions: their son Cyril, two mattresses, and their signed 1919 Gerrit Rietveld armchair.

*Unten:* **1965**, New York. Cyrils Schlafzimmer liegt hinter der abgeschrägten Wand des Wohnzimmers. Christo und Jeanne-Claude wanderten im September 1964 mit ihren wertvollsten Besitztümern nach New York aus: ihrem Sohn Cyril, zwei Matratzen und ihrem signierten Gerrit-Rietveld-Lehnstuhl von 1919.

*En bas:* **1965**, New York. La chambre à coucher de Cyril se trouve derrière le mur incliné du salon. Christo et Jeanne-Claude émigrèrent à New York en septembre 1964 avec leurs biens les plus précieux: leur fils Cyril, deux matelas et leur fauteuil signé Gerrit Rietveld 1919.

*Photo: Ugo Mulas*

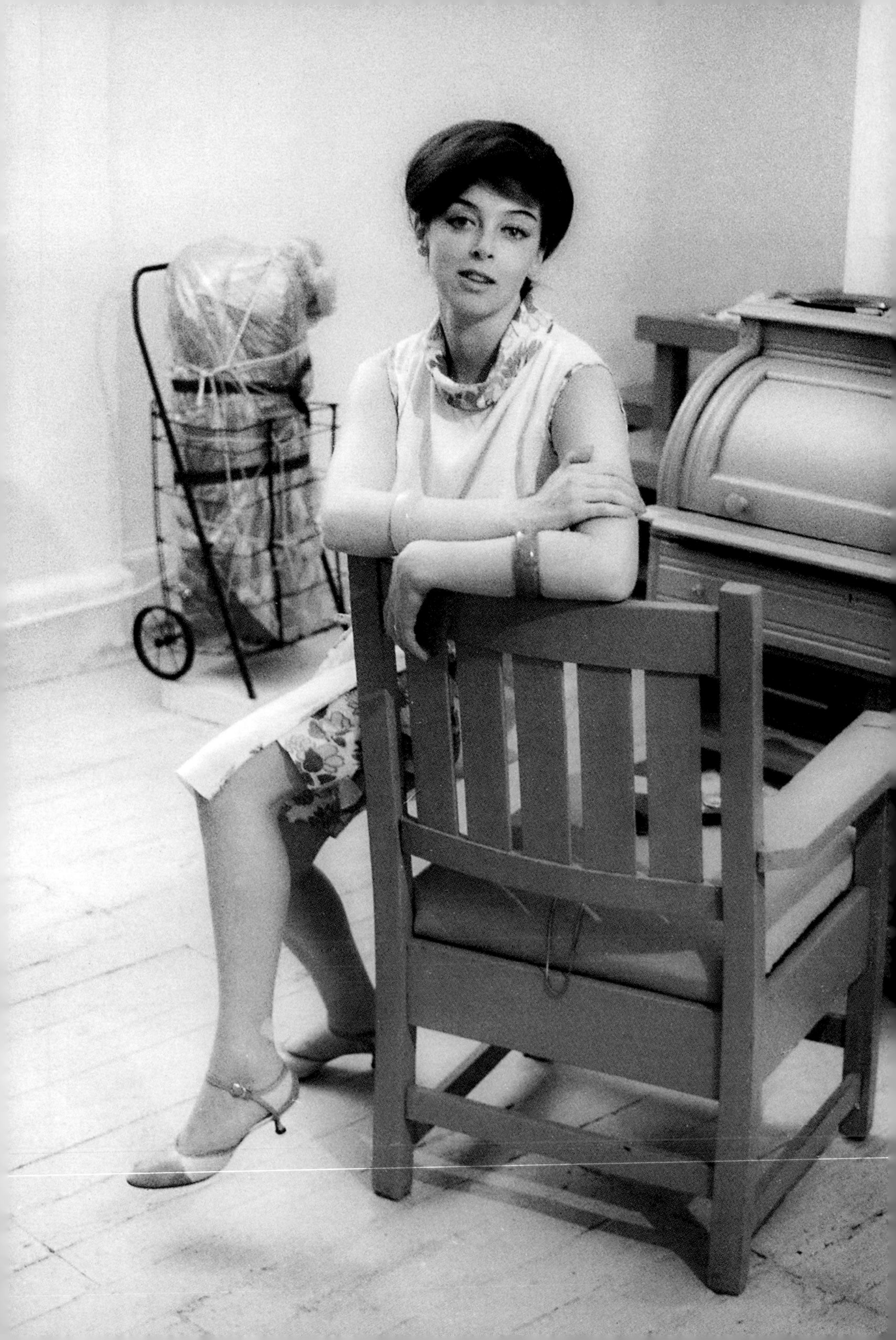

**Wrapped Portrait of Jeanne-Claude 1966**  99 x 83.8 x 6.4 cm (39 x 33 x 2½″). Oil-on-canvas portrait painted and signed by Christo Javacheff, wrapped with polyethylene, fabric, rope, and cloth belting, signed by Christo. Würth Collection, Künzelsau, Germany

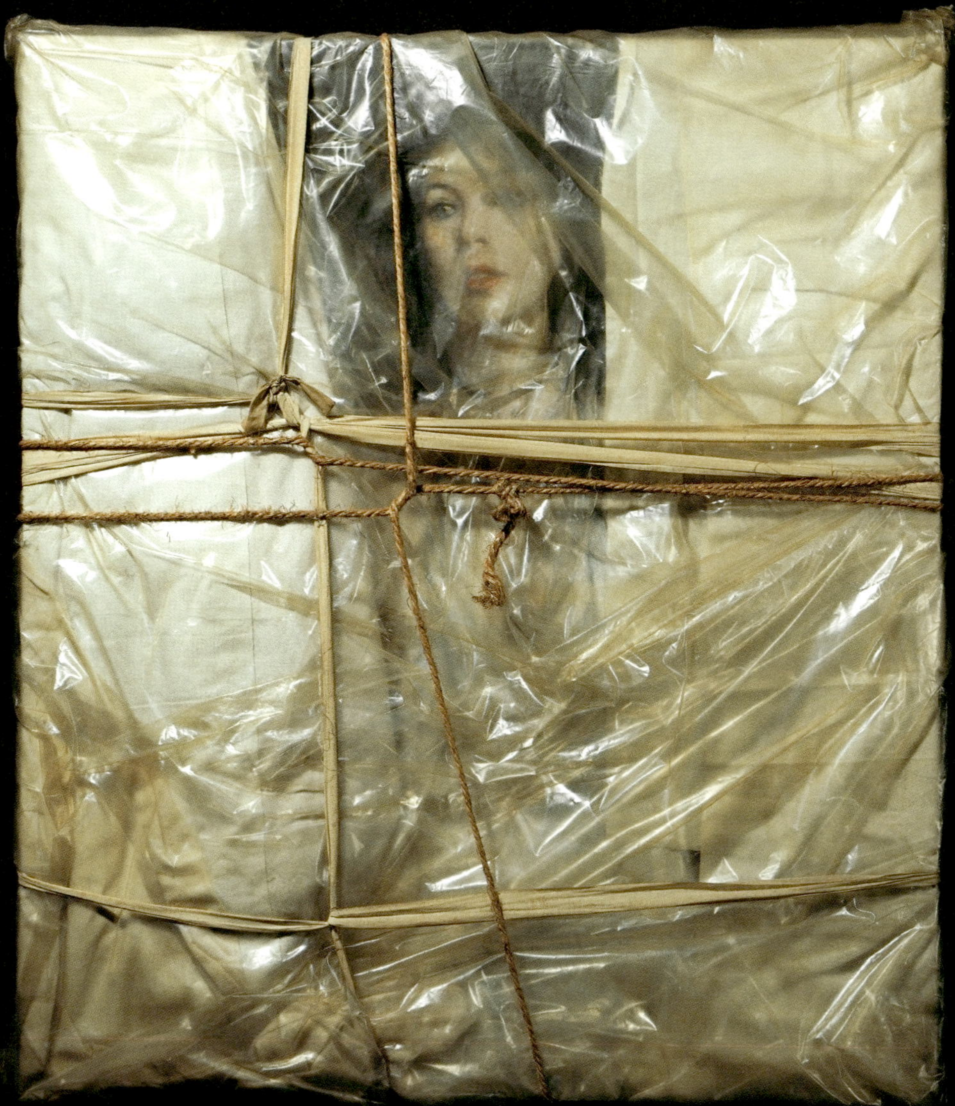

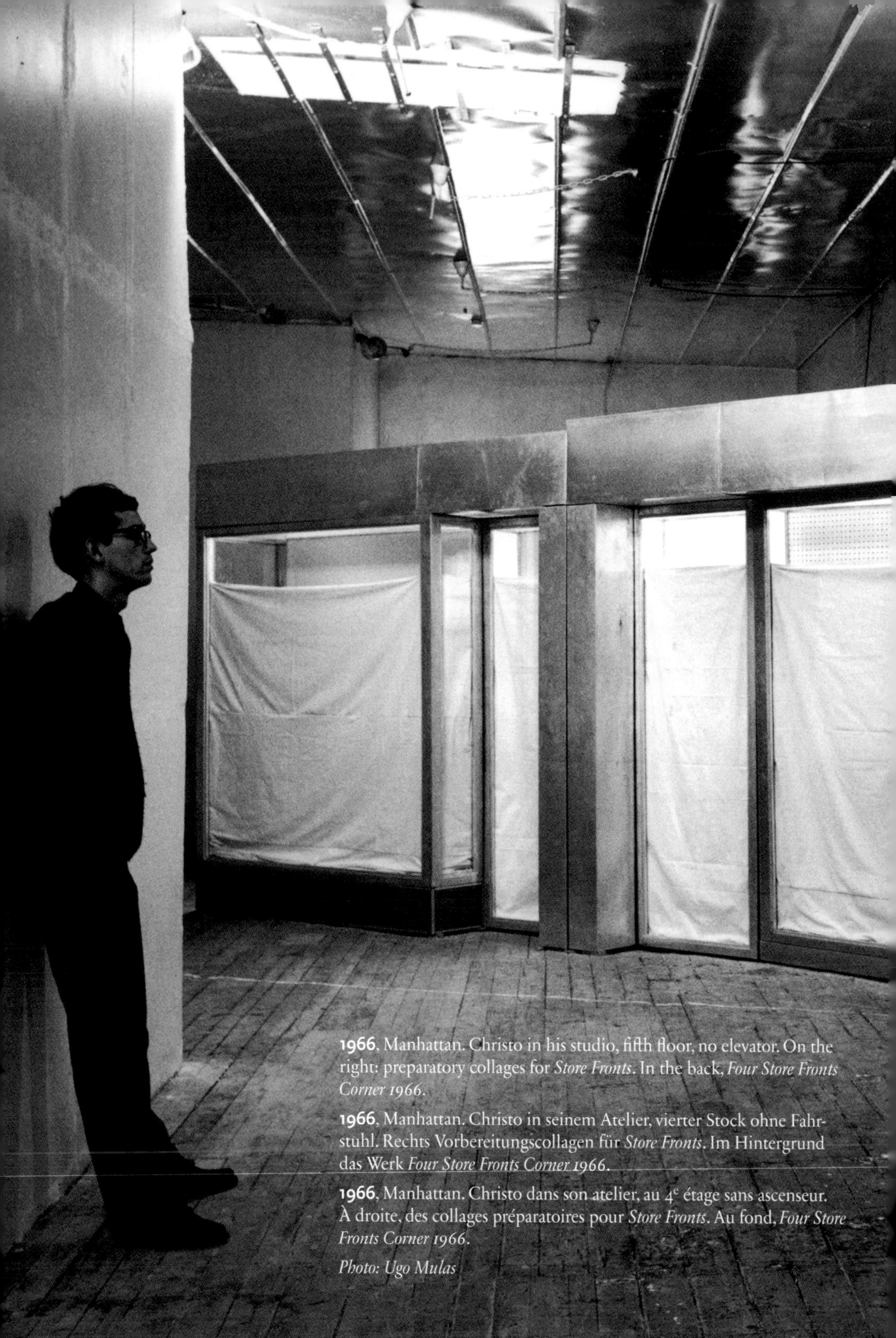

**1966**, Manhattan. Christo in his studio, fifth floor, no elevator. On the right: preparatory collages for *Store Fronts*. In the back, *Four Store Fronts Corner* 1966.

**1966**, Manhattan. Christo in seinem Atelier, vierter Stock ohne Fahrstuhl. Rechts Vorbereitungscollagen für *Store Fronts*. Im Hintergrund das Werk *Four Store Fronts Corner* 1966.

**1966**, Manhattan. Christo dans son atelier, au 4ᵉ étage sans ascenseur. À droite, des collages préparatoires pour *Store Fronts*. Au fond, *Four Store Fronts Corner* 1966.

*Photo: Ugo Mulas*

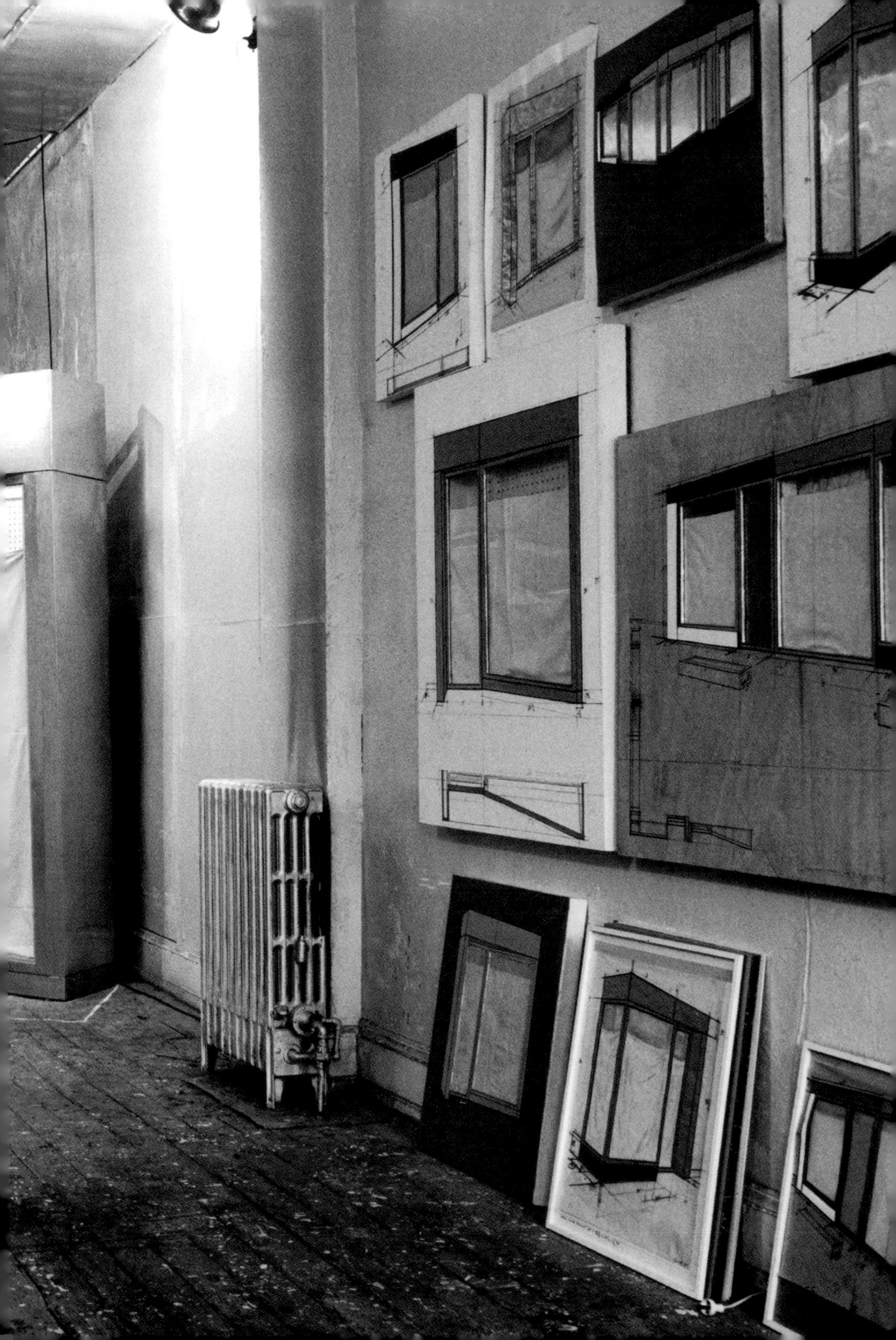

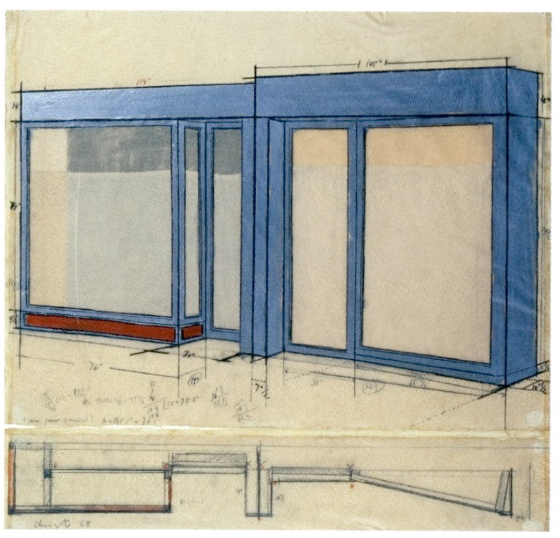

### Store Front (Project)
Collage 1965: 61 x 73.7 cm (24 x 29")
Pencil, enamel paint, fabric, charcoal, wax crayon,
tracing paper, and tape
*Photo: Eeva-Inkeri*

### Store Front (Project: Part I)
Collage 1964–65: 71 x 55 x 5 cm (28 x 21⅛ x 2")
Pencil, fabric, enamel paint, wax crayon, Plexiglas,
cardboard, and wood
Collection Luisella Zignone, Biella, Italy

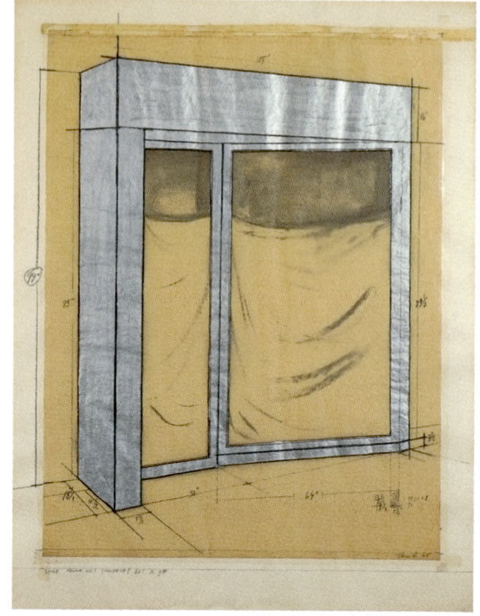

### Store Front, No. 1 (Project)
Collage 1965: 71 x 56 cm (28 x 22")
Pencil, wax crayon, enamel paint, charcoal,
tracing paper, and tape on card
The Schulhof Collection, New York, USA

### Store Front (Project: Part I, II, III and IV
– part II < 90°)
Collage 1964–65: 56 x 71 cm (22 x 28")
Pencil, enamel paint, charcoal, fabric, tracing
paper, and tape on card, in aluminum frame
made by Christo
Collection Dr. Robert Calle, Paris, France

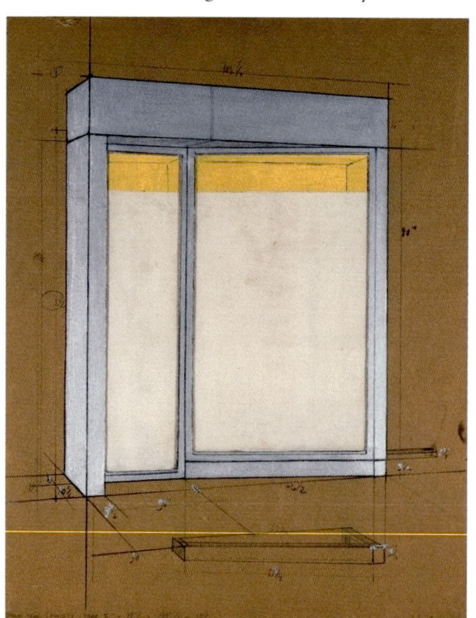

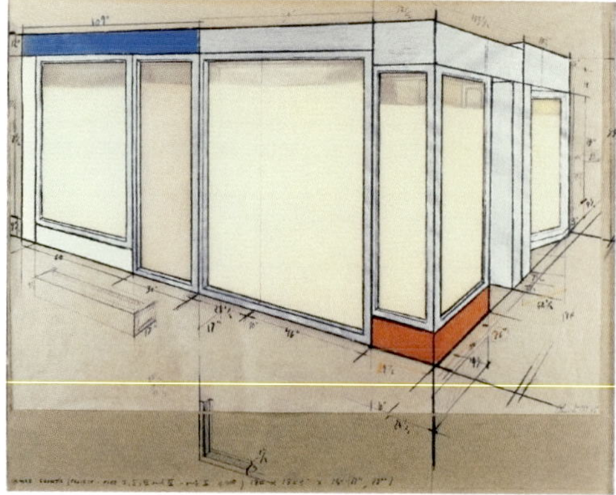

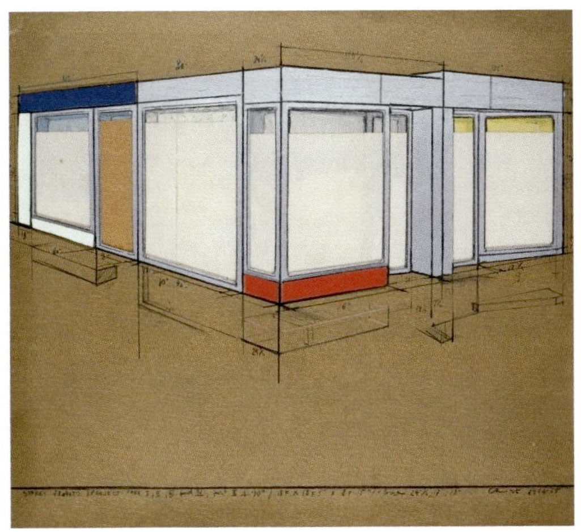

**Store Front (Project: Part I, II, III and IV, part II ∢ 90°)**
Collage 1964–65: 58.5 x 63.5 x 5 cm (23 x 25 x 2″)
Pencil, enamel paint, charcoal, wax crayon, fabric,
brown wrapping paper, Plexiglas, wood, and lacquered
Masonite on brown cardboard
Collection Dr. and Mrs. Martin Weissman,
Birmingham, Michigan, USA
*Photo: Eeva-Inkeri*

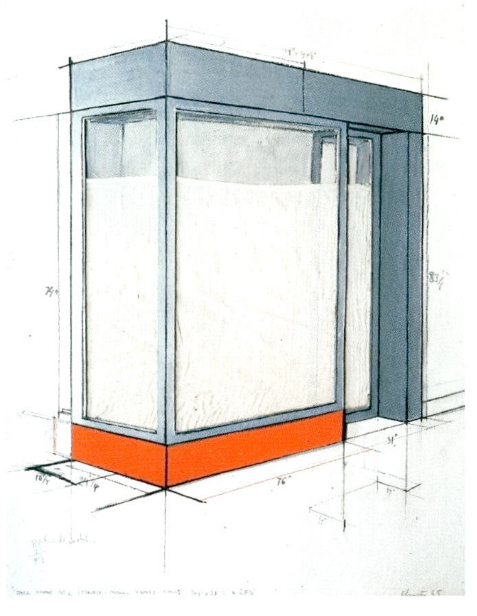

**Store Front No. 2,**
**Project Corner 4 Store Fronts**
Collage 1965: 74 x 58.4 x 4.8 cm (29⅛ x 23 x 2″)
Pencil, wax crayon, enamel paint, acrylic paint,
fabric, Plexiglas, lacquered Masonite, charcoal,
and cardboard on wood
Private collection, France
*Photo: Patrick Goetelen*

**Store Front,**
**Project Part IV, III and II**
Collage 1964–65:
96.5 x 122 x 10 cm
(38 x 48 x 4″)
Pencil, enamel paint,
fabric, Plexiglas, brown
wrapping paper, wax
crayon, charcoal,
cardboard, electric light,
and lacquered Masonite
on wood
Collection Lilja Art
Fund Foundation,
Switzerland
*Photo: Eeva-Inkeri*

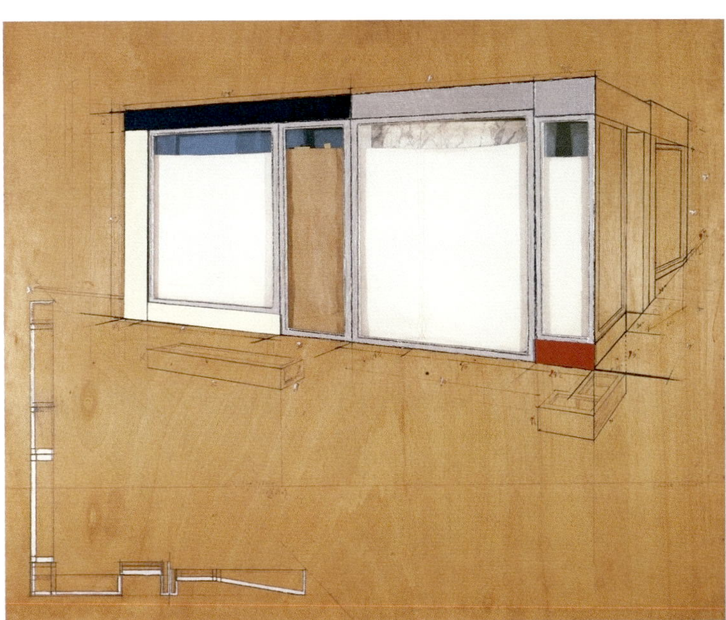

Christo built this *Four Store Fronts Corner* for his first personal exhibition in the United States, at the Leo Castelli Gallery, 4 East 77th Street, New York, in 1966. The work filled the large exhibition room of the gallery. The visitors could not view the entire sculpture at once; they had to walk along one side at a time. Preparatory works for various *Store Fronts* were exhibited in the smaller room of the gallery.

Christo fertigte diese *Four Store Fronts Corner* für seine erste Einzelausstellung in den Vereinigten Staaten in der Galerie Leo Castelli, 4 East 77 Street, New York, im Jahr 1966. Die Arbeit fand kaum Platz in dem großen Ausstellungsraum der Galerie. Die Besucher konnten nicht die ganze Skulptur auf einmal sehen. Sie mussten eine Seite nach der anderen daran entlanggehen. Vorbereitende Arbeiten für verschiedene *Store Fronts* wurden im kleineren Raum der Galerie ausgestellt.

Christo construisit ce *Four Store Fronts Corner* pour sa première exposition personnelle aux États-Unis, présentée en 1966 à la Leo Castelli Gallery, 4 East 77 Street, New York. Cette œuvre occupait toute la grande salle d'exposition de la galerie. Les visiteurs ne pouvaient embrasser la sculpture d'un seul coup d'œil et ne pouvaient en longer qu'un seul côté à la fois. Des œuvres préparatoires pour différentes *Store Fronts* furent présentées dans une petite salle de la galerie.

**Four Store Fronts Corner 1964–65 (Parts IV, III, II and I)**
248 x 569 x 61 cm (8′1½″ x 18′8″ x 2′). Galvanized metal, clear and colored Plexiglas,
Masonite, wood, aluminum, fabric, brown wrapping paper, tape, and electric light
Donated by the artist to the Centre Pompidou, Paris, in 2019
*Photo: Eeva-Inkeri*

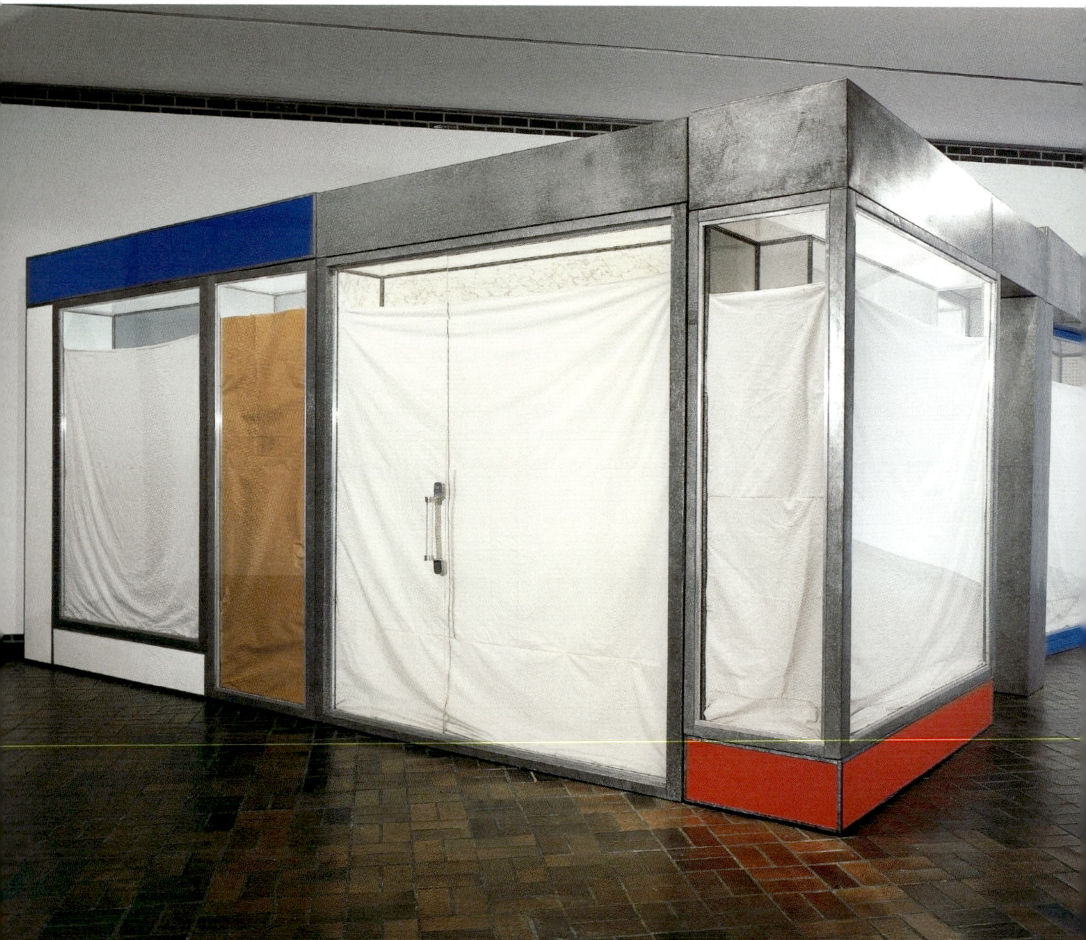

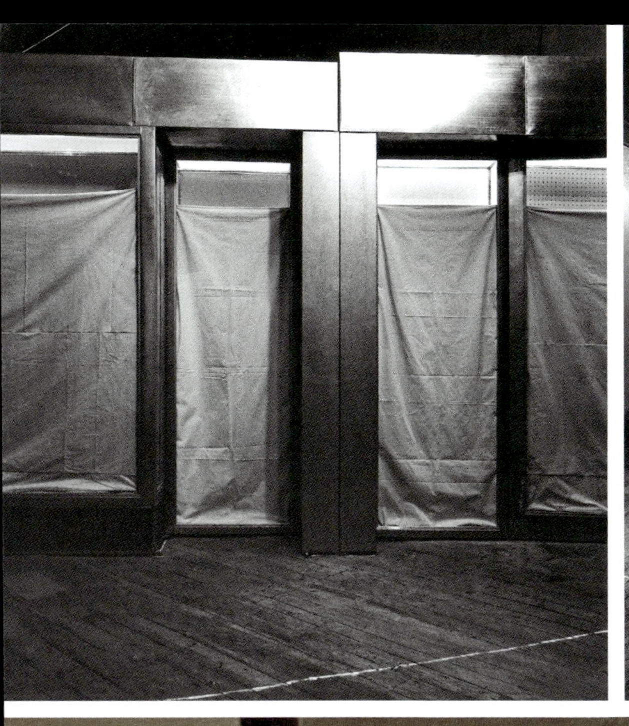
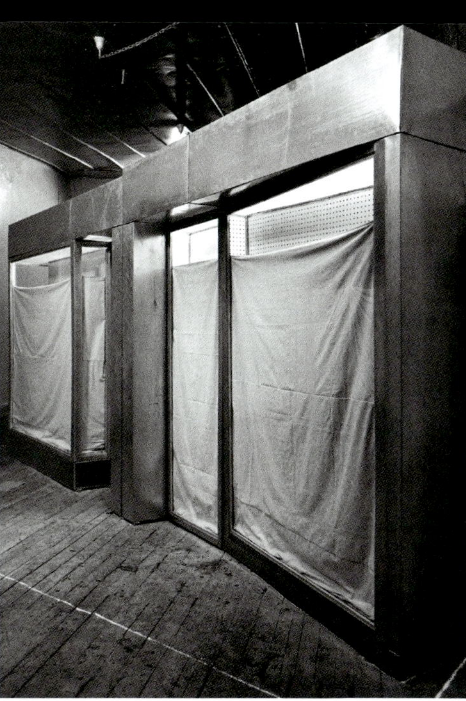

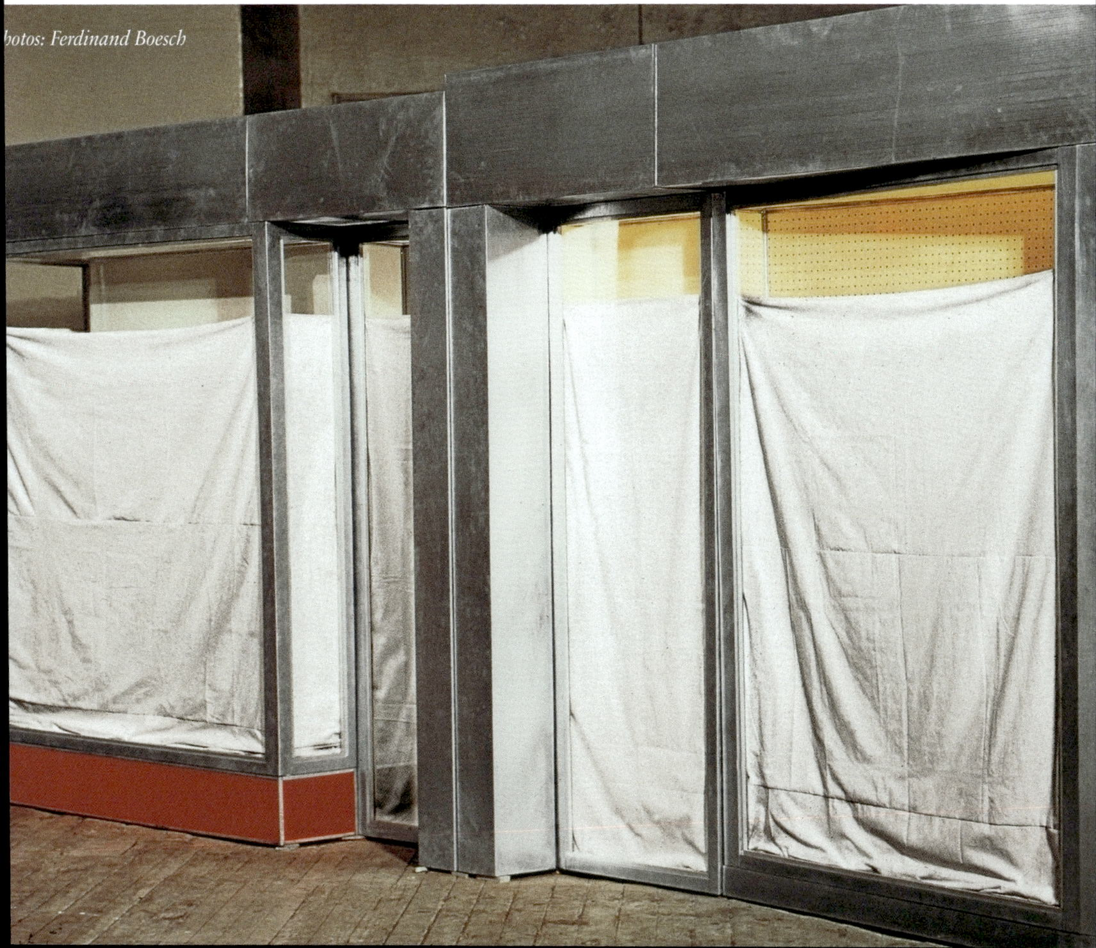

Photos: Ferdinand Boesch

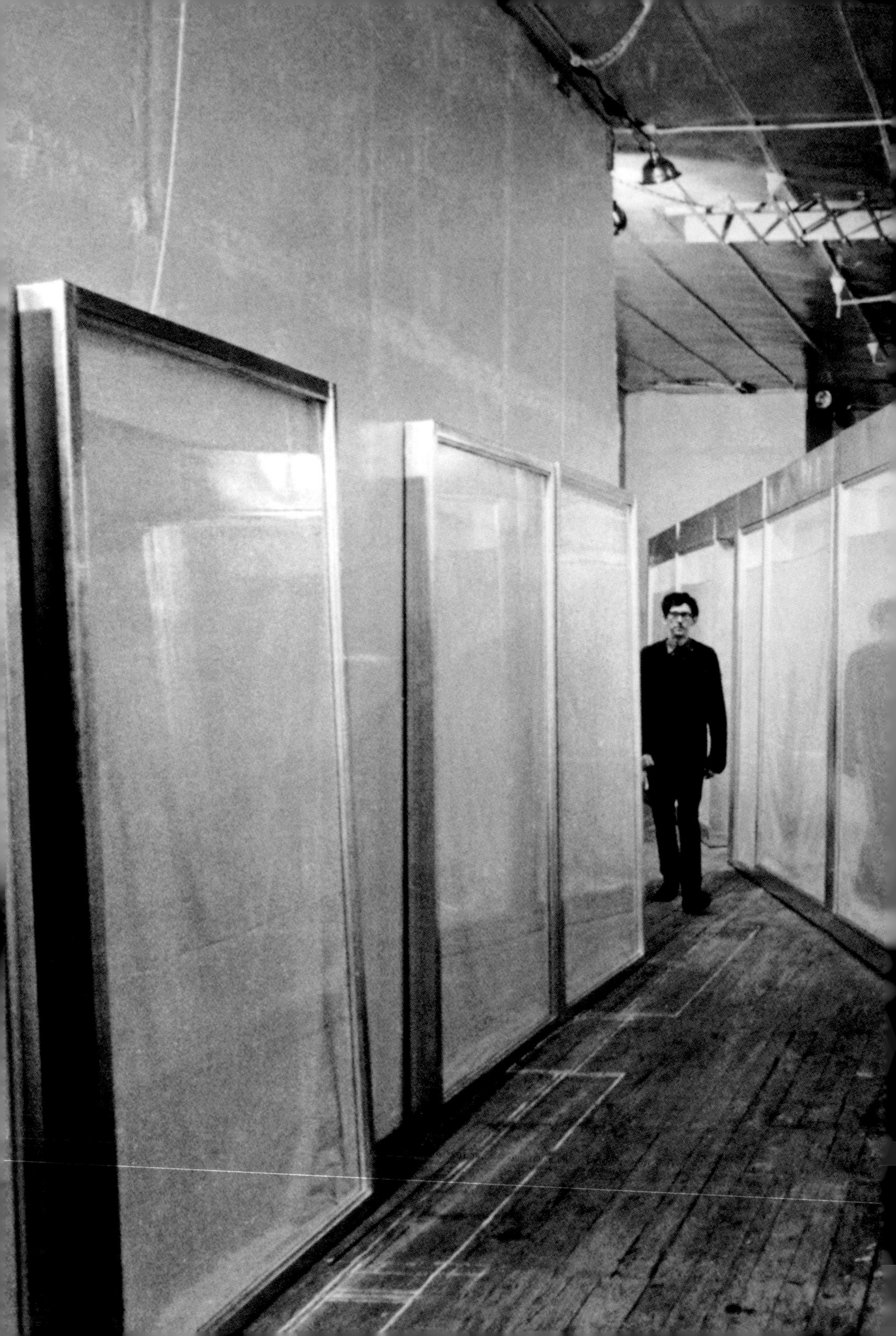

**1966**, New York. Christo in his studio with some
of the 1965–66 *Show Windows* (on the left) and
*Three Store Fronts* 1965–66 (on the right).

**1966**, New York. Christo in seinem Atelier mit
einigen seiner *Show Windows* aus den Jahren
1965–66 (links) und *Three Store Fronts* 1965–66 (rechts).

**1966**, New York. Christo dans son atelier avec
quelques-unes de ses *Show Windows* de 1965–66
(à gauche) et *Three Store Fronts* 1965–66 (à droite).

*Photo: Ferdinand Boesch*

**Green Show
Window 1965**
217 x 119 x 8 cm
(85 ⅜ x 46 ⅞ x 3 ⅛")
Wood, Plexiglas,
enamel paint, acrylic
paint, and pegboard
Collection Annely
Juda Fine Art,
London, United
Kingdom
*Photo: Ronny Karlsson*

*Opposite:*
**Show Window
1965–66**
214 x 122.7 x 8 cm
(84 ¼ x 48 ¼ x 3 ⅛")
Galvanized metal,
fabric, aluminum,
wood, Plexiglas, and
lacquered Masonite
Collection Luisella
Zignone, Biella, Italy

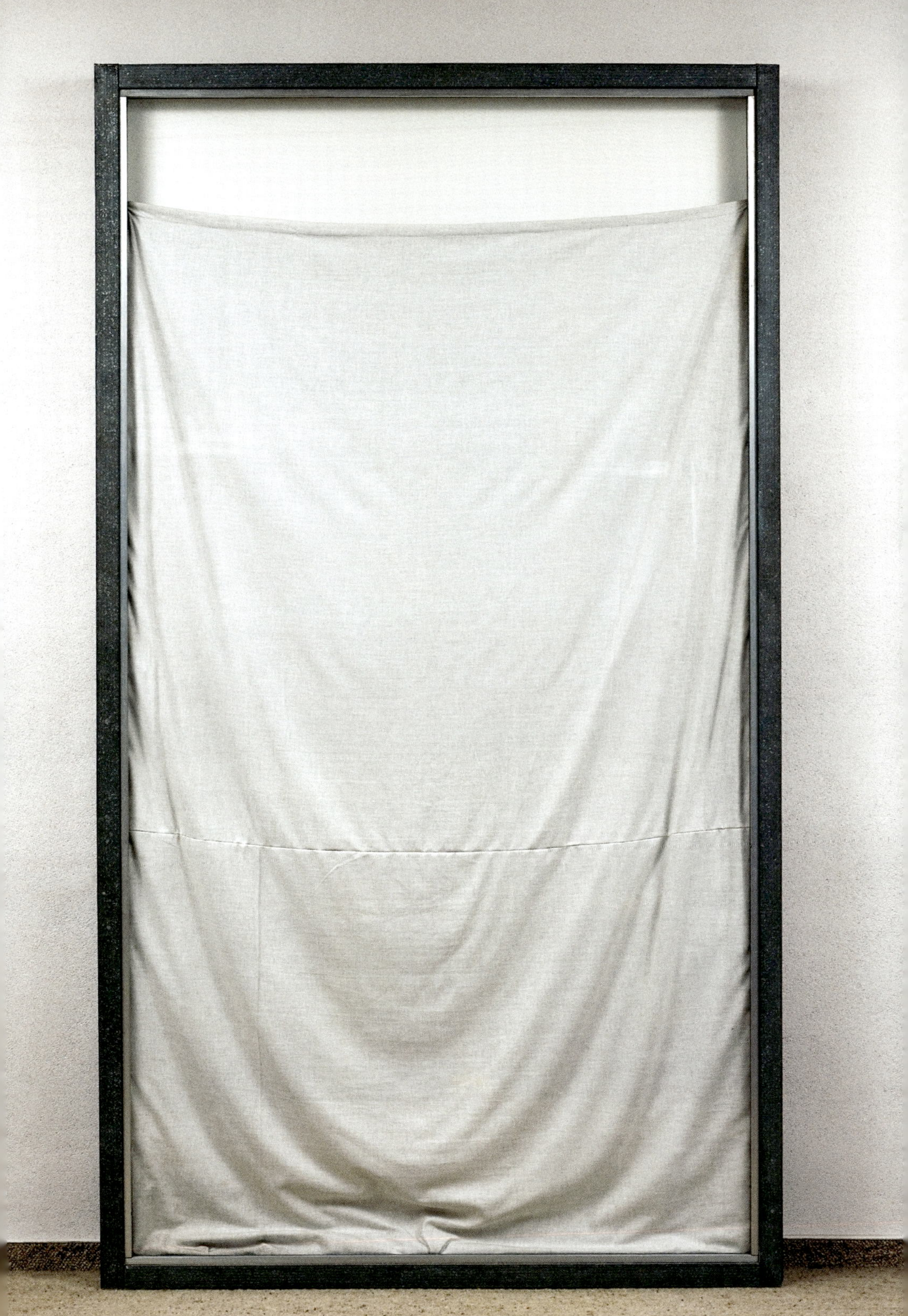

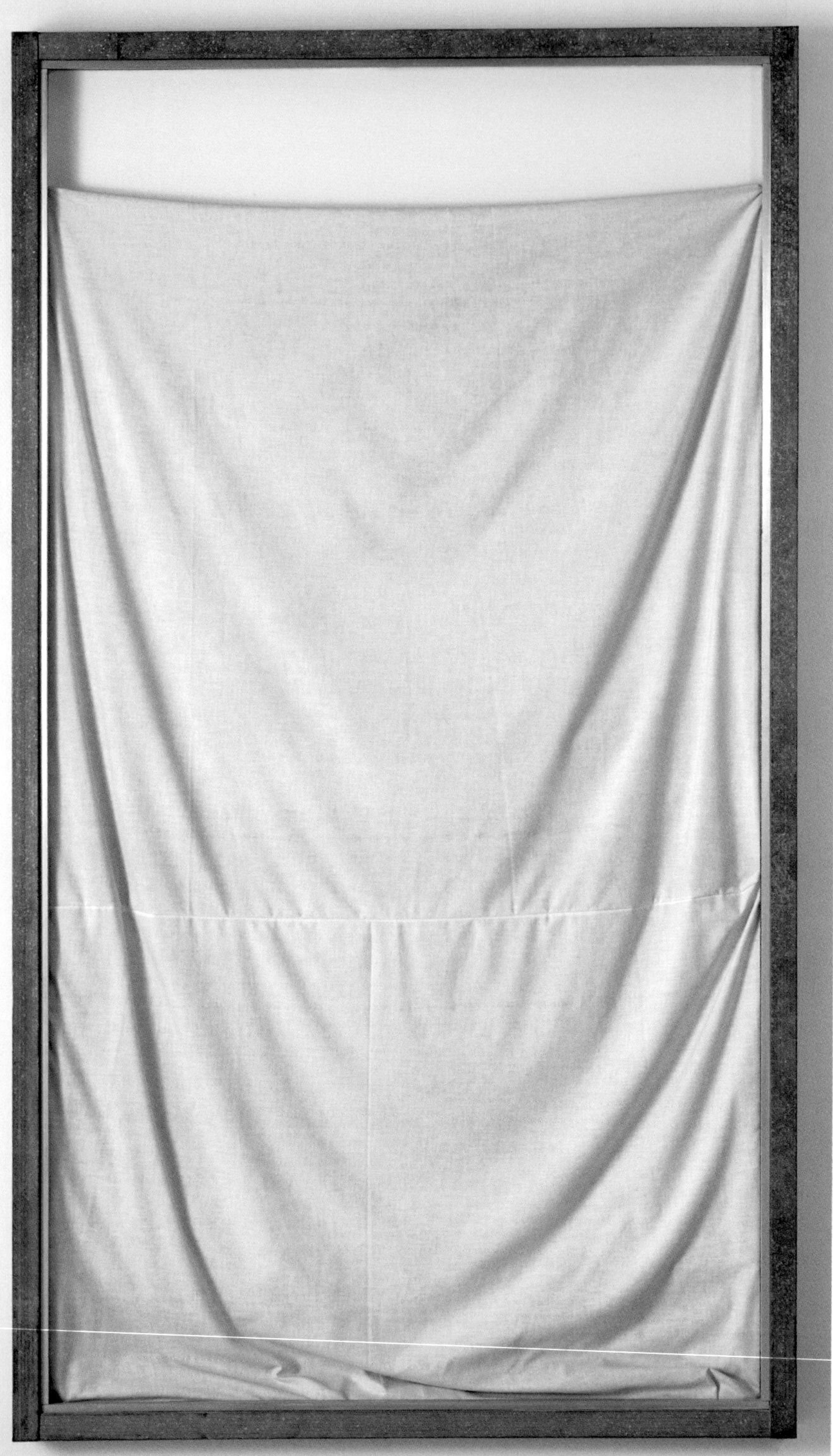

**Show Window**
**1965–66**
213 x 122 x 9 cm
(84 x 48 x 3 ½″)
Galvanized metal,
wood, Plexiglas,
fabric, lacquered
Masonite, and
aluminum
Collection John
Kaldor, Sydney,
Australia

*Opposite:*
**Show Window**
**1965–66**
213.3 x 132 x 9 cm
(84 x 52 x 3 ½″)
Galvanized metal,
aluminum, fabric,
Plexiglas, wood,
and Masonite
Collection Anny
De Decker, on loan
to the Middelheim
Museum, Antwerp,
Belgium
*Photo: Courtesy Anny
De Decker*

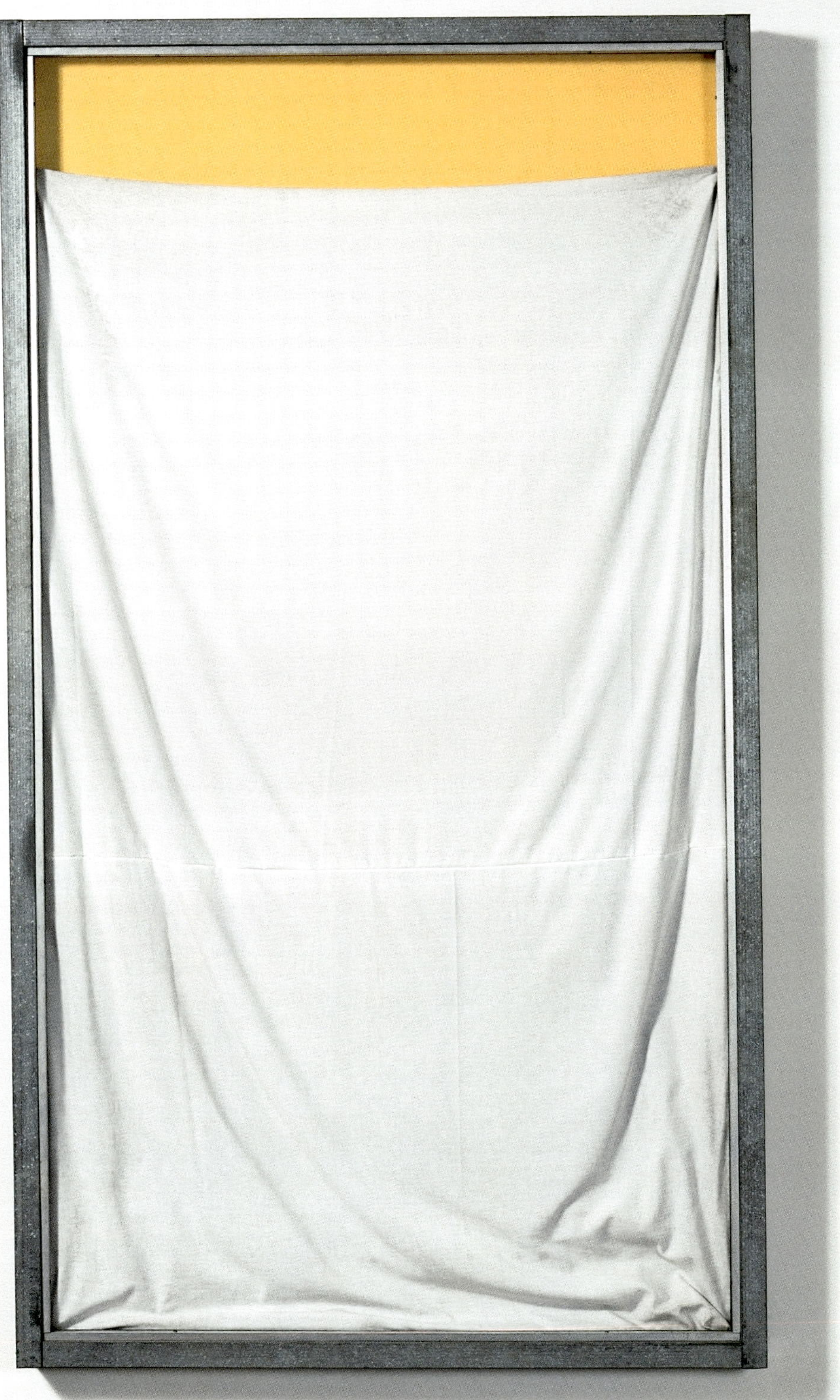

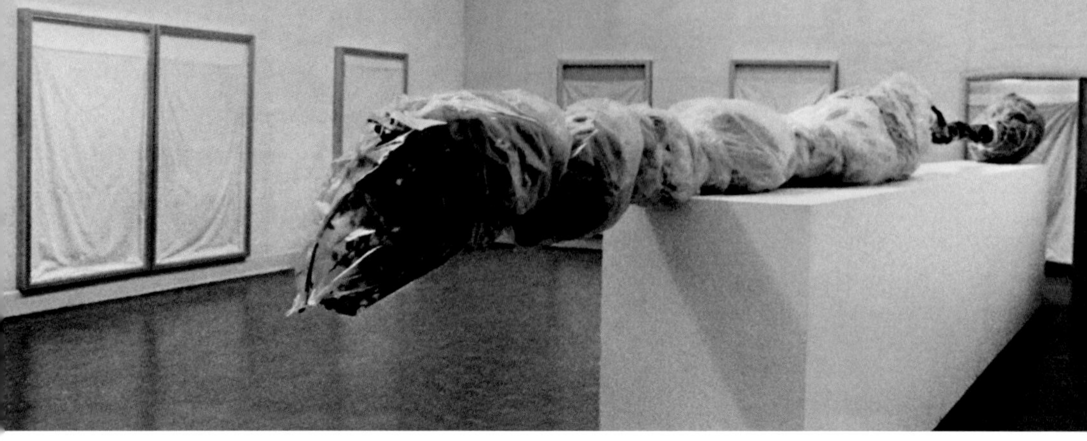

**Double Show Window 1965**  Each: 78 x 61 x 5 cm (30¾ x 24 x 2″). Galvanized metal, wood, aluminum, Plexiglas, and paint. Kröller-Müller Museum, Otterlo, the Netherlands.  *Photo: Kröller-Müller Museum Archives*

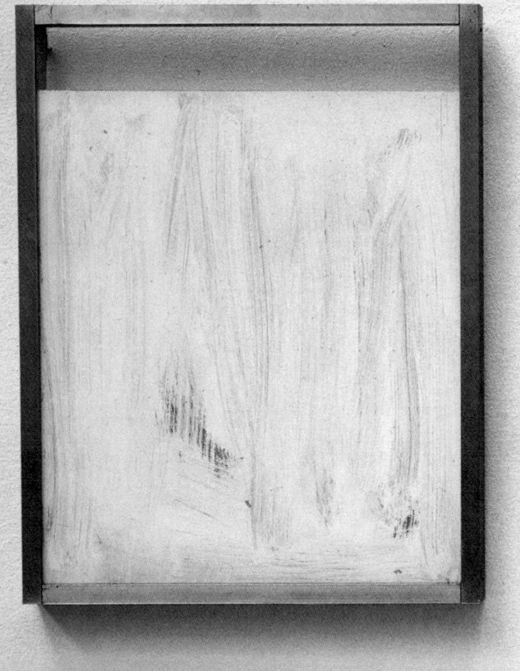

Opposite:
**1966**, Eindhoven, the Netherlands, Van Abbemuseum.
Partial view of the exhibition *Show Windows* and
*Wrapped Tree*.

**1966**, Eindhoven, Niederlande, Van Abbemuseum.
Teilansicht der Ausstellung *Show Windows* und
*Wrapped Tree*.

**1966**, Eindhoven, Pays-Bas, Van Abbemuseum.
Vue partielle de l'exposition *Show Windows* et *Arbre
Empaqueté*.

Photo: Ad Petersen

Below:
**Double Show Window 1965–66**
Overall: 213 x 244 x 9.5 cm
(84 x 96 x 3¾″)
Galvanized metal, fabric, aluminum,
wood, Plexiglas, and Masonite
Kröller-Müller Museum, Otterlo,
the Netherlands
Photo: Kröller-Müller Museum Archives

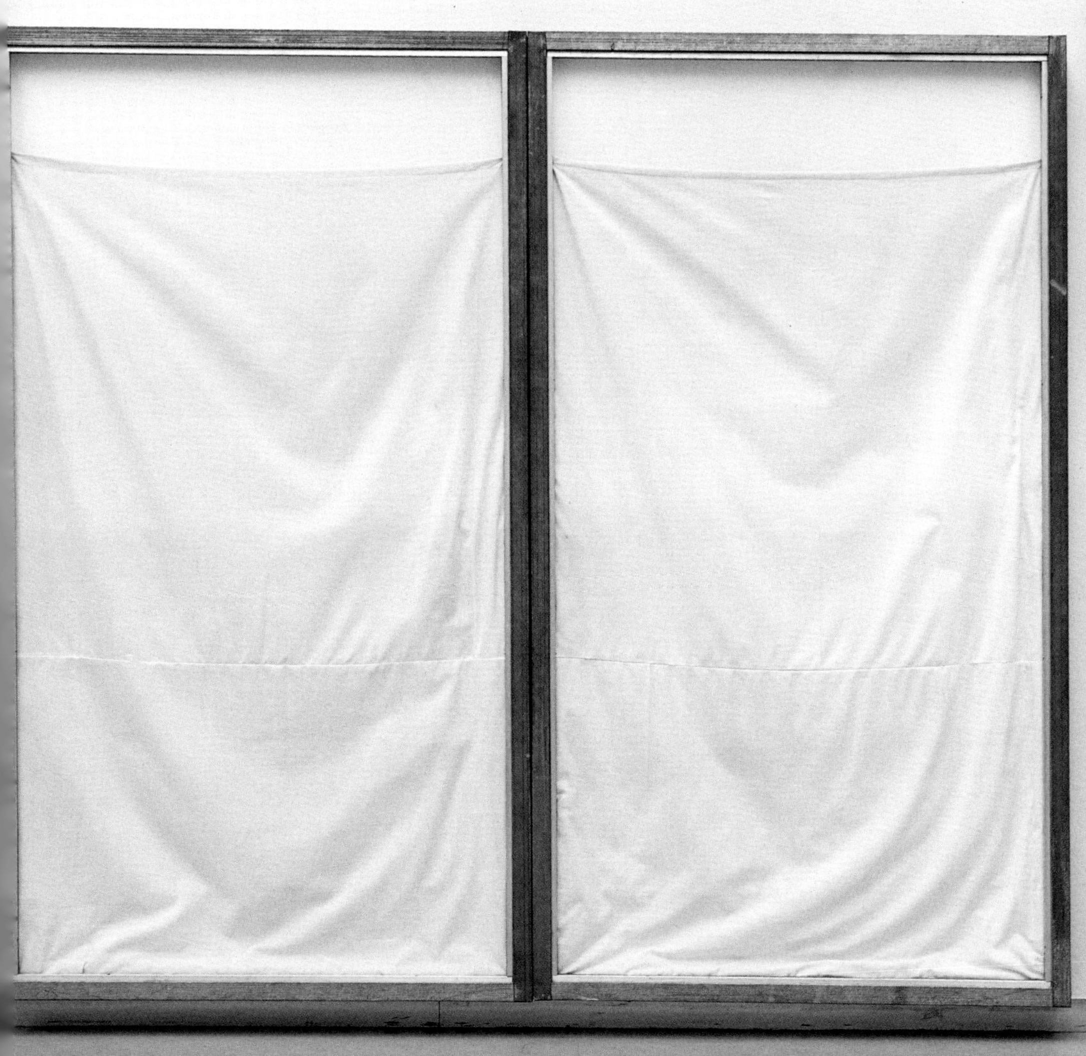

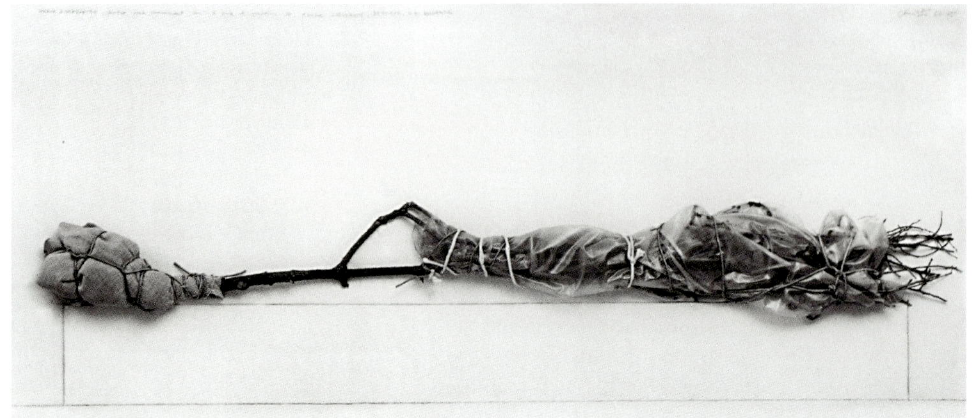

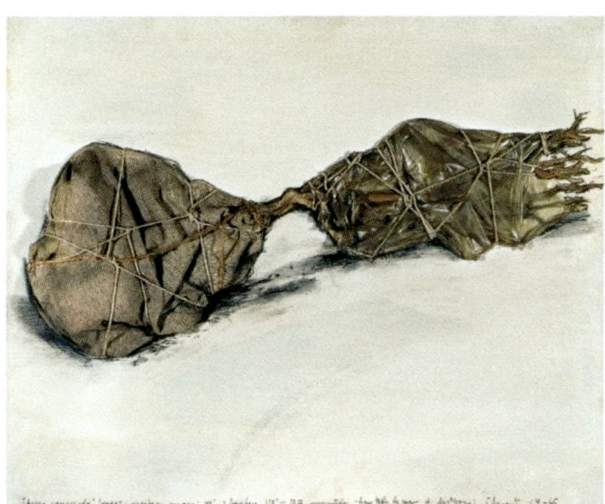

**Arbre Empaqueté, Projet pour Monument dans la Salle de Réception de l'Usine Spectrum, Bergeyk, NB, Hollande**
Scale model 1964–65: 52 x 123 x 10 cm (20 ½ x 48 ½ x 4″)
Pencil, charcoal, polyethylene, tree branch, fabric, rope, and twine
Collection Becht, Naarden, the Netherlands
*Photo: Studio Hartland, Amsterdam*

*Left:*
**Arbre Empaqueté Projet**
Collage 1964–65: 61 x 74 x 5 cm (24 x 29 ⅛ x 2″)
Pencil, charcoal, polyethylene, cardboard, fabric, acrylic paint, rope, and twine on wood
Private collection

**Wrapped Tree 1966**  10 m x 81 cm diameter (33′ x 32″ diameter). White birch tree, jute fabric, polyethylene, and rope. This work no longer exists. Formerly collection Christoph Vowinckel, Cologne, Germany
*Photo: Ab de Jager*

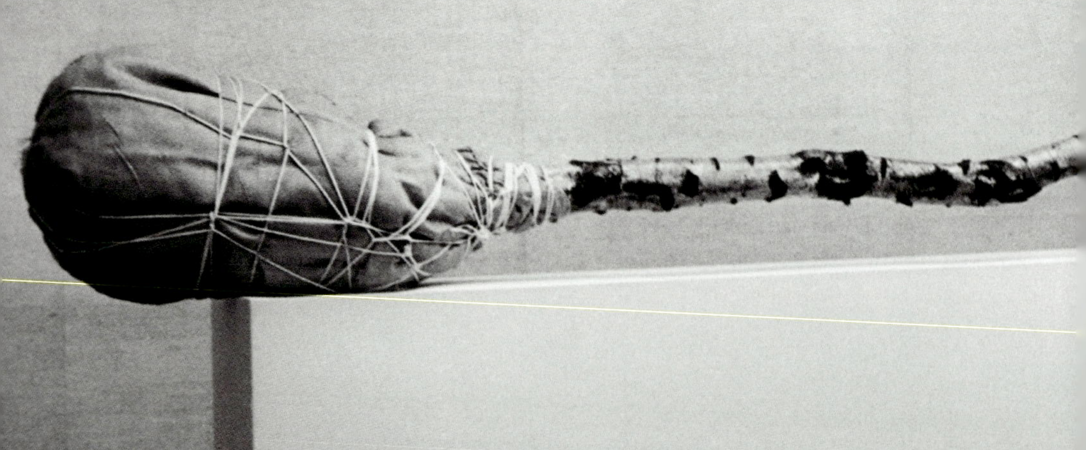

**Arbre Empaqueté,
Projet de Monument
pour l'Usine T'Spectrum
à Bergeyk, Hollande**
Collage 1964–65:
73 x 122 x 7.6 cm
(28 ¾ x 48 x 3″)
Pencil, charcoal, acrylic,
and enamel paint, fabric,
polyethylene, rope, twine,
cardboard, and wood
Private collection, Europe

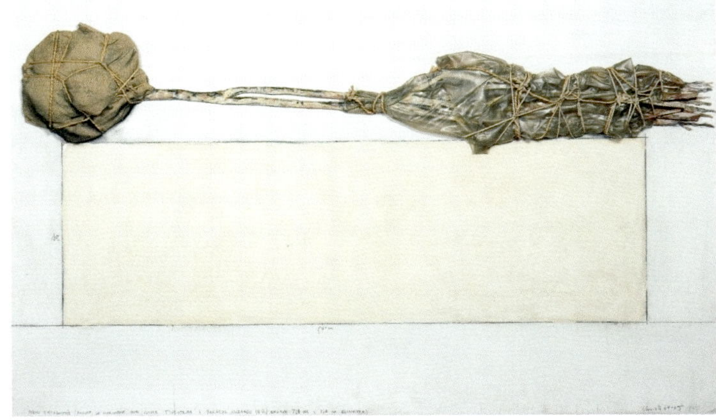

**Empaquetage d'un Arbre, Projet pour l'Usine
T'Spectrum Bergeyk, NB, Hollande**
Collage 1964–65: 61 x 73.5 cm (24 x 29″)
Pencil, fabric, polyethylene, rope, twine,
wax crayon, paint, and cardboard on wood

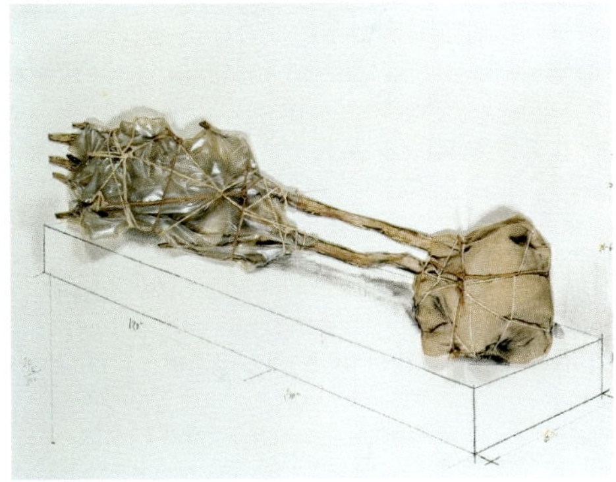

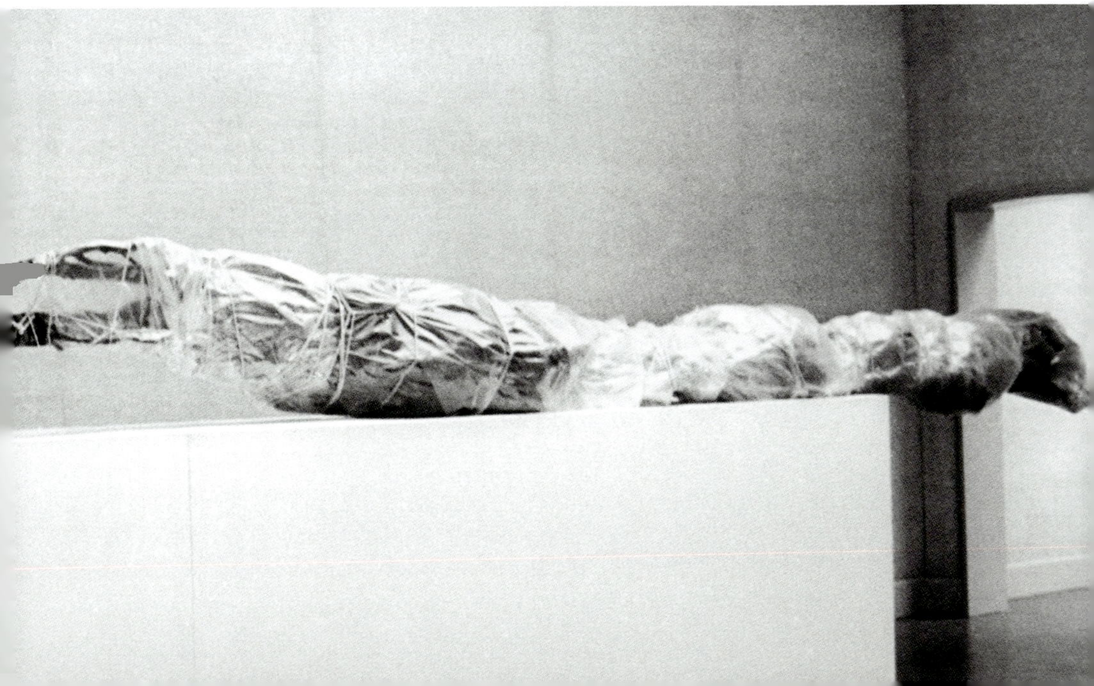

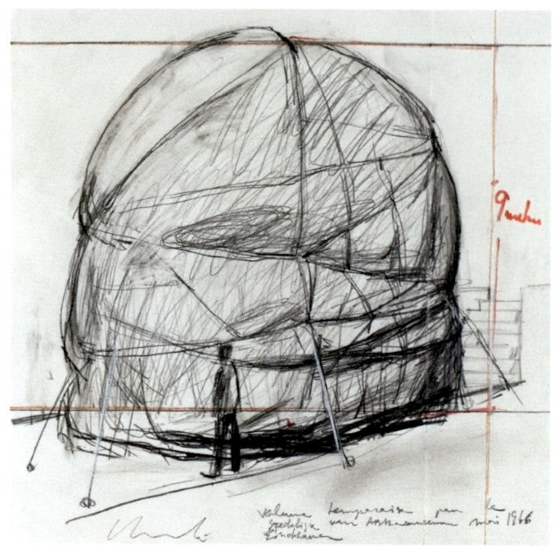



**Volume Temporaire pour le Stedelijk Van Abbemuseum, Mai 1966, Eindhoven**
Drawing 1966: 28 x 28 cm (11 x 11″)
Pencil, wax crayon, and permanent marker

*Opposite:*
**Air Package 1966, Van Abbemuseum, Eindhoven, the Netherlands**
Diameter: 518 cm (17 ft.)
Air, polyethylene, rubberized fabric, rope, and steel cables
This work no longer exists.
*Photo: Ab de Jager*

In 1966, Christo and Jeanne-Claude abruptly began packaging a relatively immaterial substance: plain air. To date, they have made three air-inflated packages, one of which is the world's largest inflated sculpture. […] The first such package, simply titled *Air Package*, consisted of a ready-made, rubberized canvas balloon 5.18 meters (17 feet) in diameter which the artists shrouded in polyethylene and rope and moored by steel cables in front of the Van Abbemuseum in Eindhoven, the Netherlands. […] The most significant thing about the *Air Package* is that it did not do anything. Neither buoyant nor free-floating, it was incapable of changing shape or location. It did not pulsate, throb, or move, and was irresponsive to outer air pressure. Wrapped, tied and secured by guy wires, the captive balloon was a balloon contrary to nature. In their denial of the kinetic nature of balloons, the artists were consistent with Christo's early packages in which use and function are denied. […]

Im Jahr 1966 begannen Christo und Jeanne-Claude plötzlich, einen relativ immateriellen Stoff zu verpacken: bloße Luft. Bislang haben sie drei luftgefüllte Pakete gefertigt, eines davon ist die größte aufgeblasene Skulptur der Welt. […] Das erste solche Paket mit dem schlichten Titel *Air Package* bestand aus einem vorgefertigten Ballon aus gummierter Leinwand von 5,18 Meter Durchmesser, den die Künstler mit Polyäthylen und Seilen verschnürten und mit Stahlseilen vor dem Van Abbemuseum in Eindhoven, Niederlande, befestigten. […] Am auffälligsten am *Air Package* war, dass es nichts tat. Es war weder elastisch noch freischwebend und konnte daher weder seine Gestalt noch seinen Ort verändern. Es pulsierte, flatterte

oder bewegte sich nicht und reagierte auch nicht auf Luftdruck von außen. Eingepackt, festgezurrt und gesichert durch Abspanndrähte, war der gefangene Ballon ein widernatürlicher Ballon. In ihrer Leugnung der kinetischen Natur von Ballons standen die Künstler in Einklang mit Christos frühen Verpackungen, die sich einem Nutzen oder einer Funktion verweigern. […]

En 1966, du jour au lendemain, Christo et Jeanne-Claude commencèrent à empaqueter une substance relativement immatérielle : l'air. À ce jour, ils ont réalisé trois empaquetages gonflés à l'air, dont l'un est la plus grande sculpture gonflable au monde. […] Le premier empaquetage de ce type, simplement intitulé *Air Package*, était constitué d'un ready-made, ballon en toile gommée de 5,18 mètres de diamètre que les artistes enveloppèrent de polyéthylène et de cordes, amarré à l'aide de filins d'acier devant le Van Abbemuseum à Eindhoven, Pays-Bas. […] La chose la plus remarquable concernant *Air Package* était que cette œuvre ne faisait rien. Elle ne flottait pas et ne pouvait d'ailleurs flotter, elle ne pouvait changer de forme ni d'emplacement. Elle ne frémissait ni ne palpitait, ne bougeait ni ne réagissait à la pression de l'air extérieur. Empaqueté, encordé et amarré par des filins, le ballon captif était contre nature. En niant la nature cinétique des ballons, les artistes s'inscrivaient dans le sillage des premiers empaquetages de Christo, qui déniaient toute utilité et tout caractère fonctionnel. […]

*Excerpt from the book / Auszug aus dem Buch / Extrait du livre:* Christo, *David Bourdon*
*Harry N. Abrams, Inc., Publishers, New York © 1970*

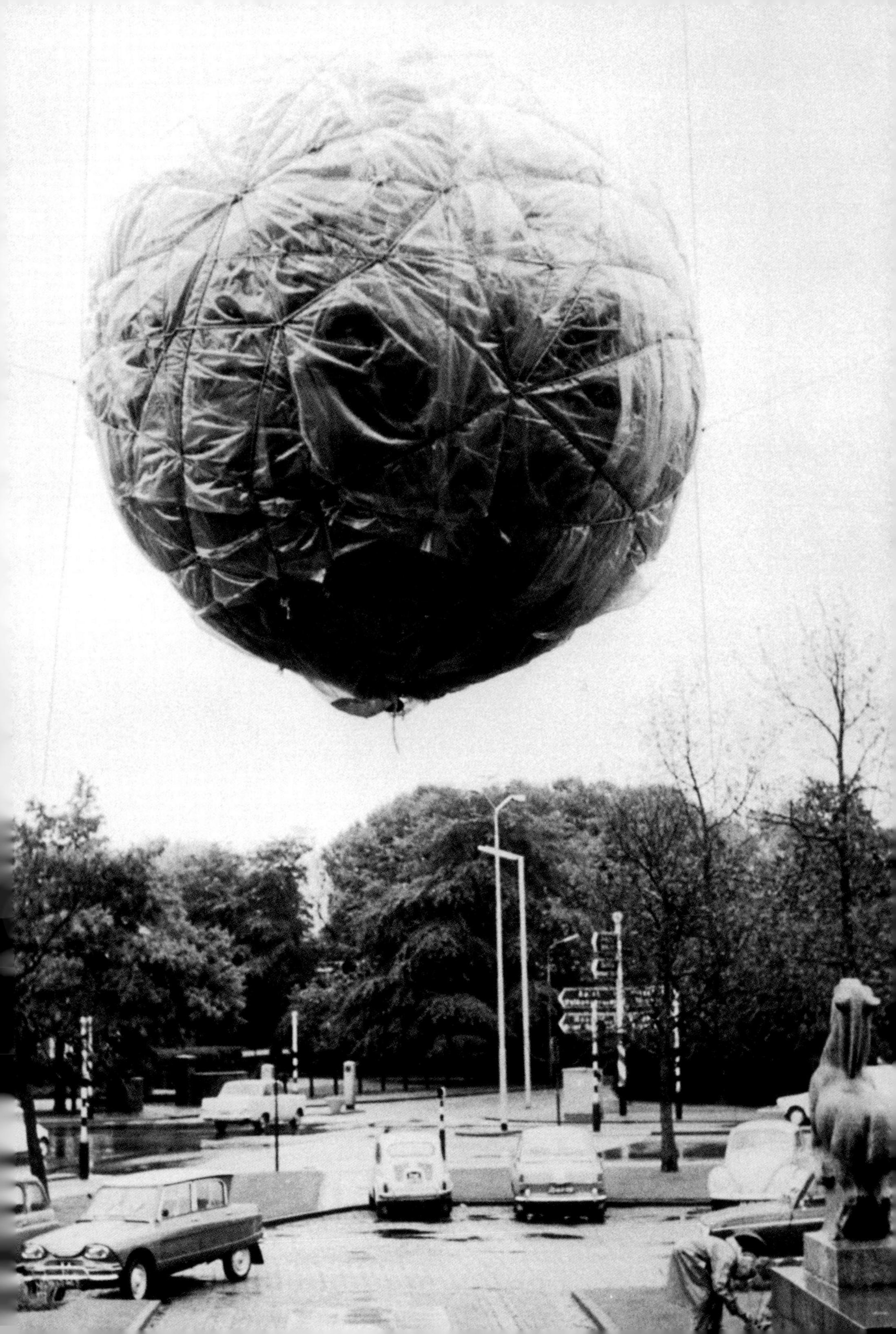

**The Philadelphia Store Front 1967**

372.7 x 654 x 49.5 cm (146 ¾ x 257 ½ x 19 ½")
Wood, Plexiglas, brown wrapping paper, metal, paint,
electric light, and tape
Property of the estate of the artist and Philadelphia Jewish Film and
Media
*Photo: Will Brown*

*Below:*

**Store Front (Project) for Museum of Merchandise,
Arts Council, 407 S. Broad Str.**

Collage 1966–67: 71 x 56 x 5 cm (28 x 20 x 2")
Pencil, enamel paint, Plexiglas, brown wrapping paper,
tape, wax crayon, cardboard, and acrylic paint on wood
Collection Jutta Sawade, Berlin, Germany
*Photo: Eeva-Inkeri*

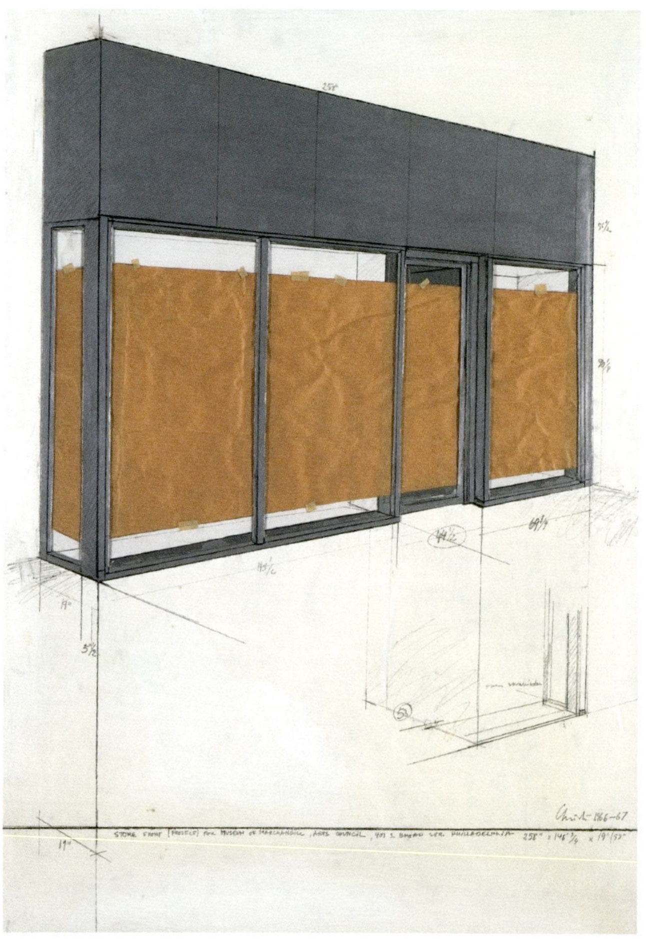

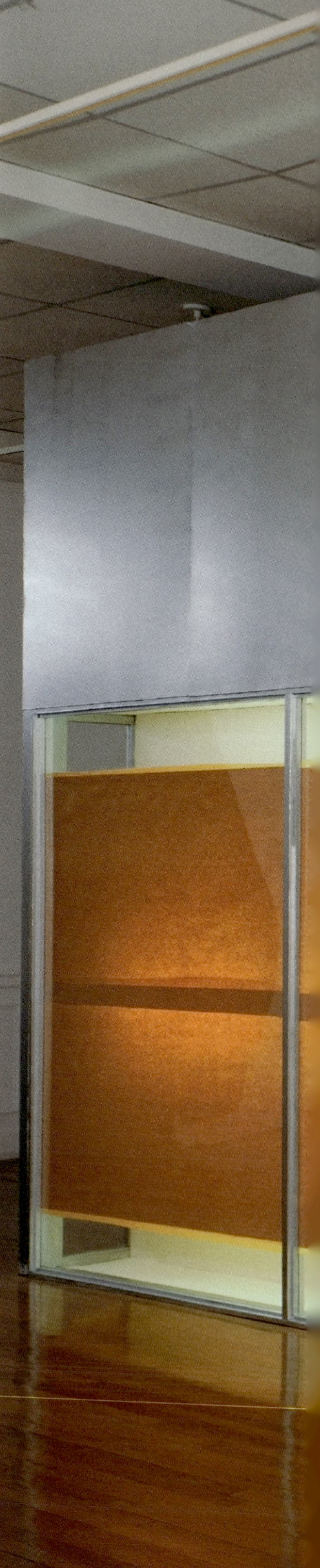

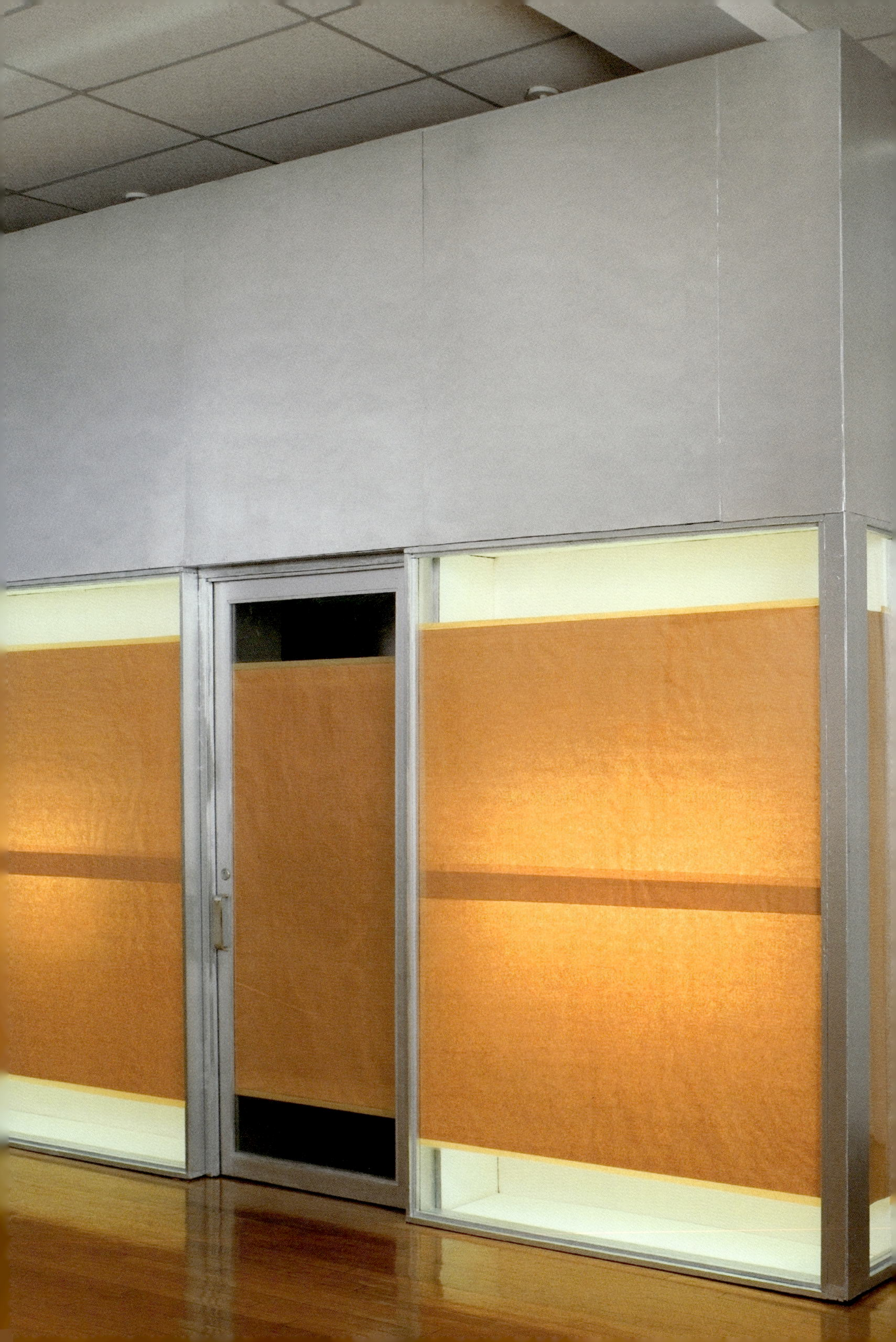

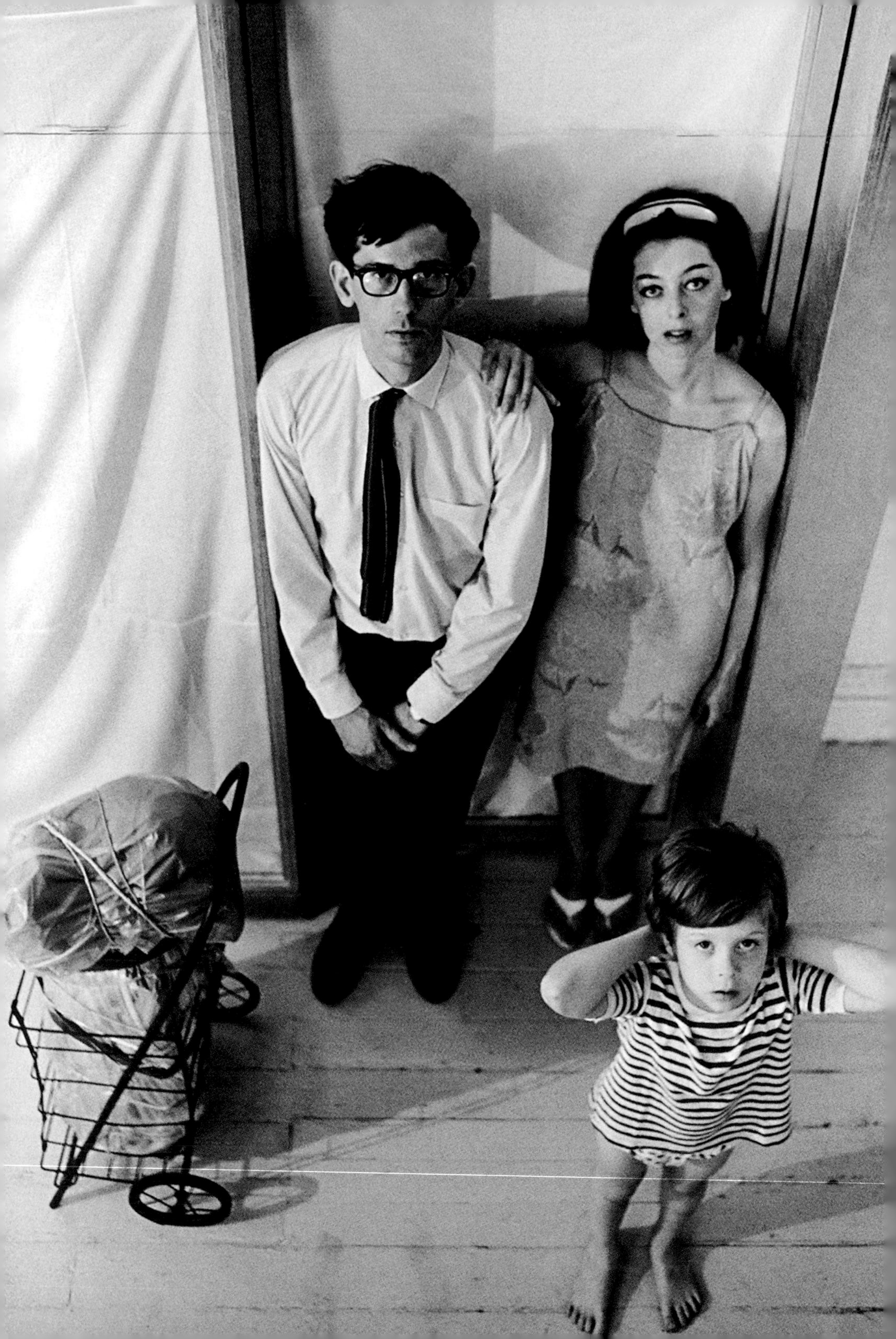

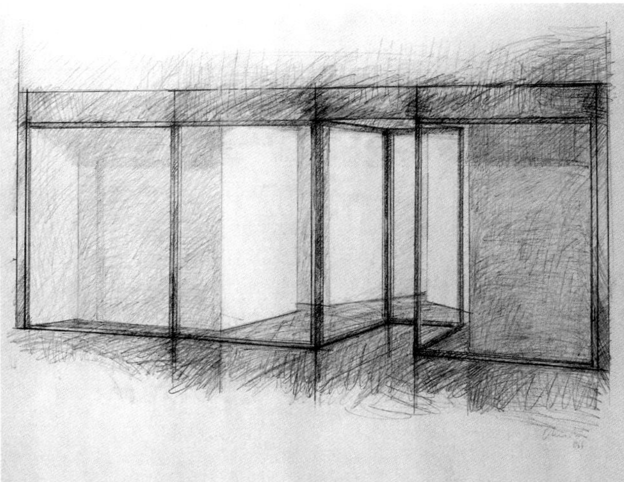

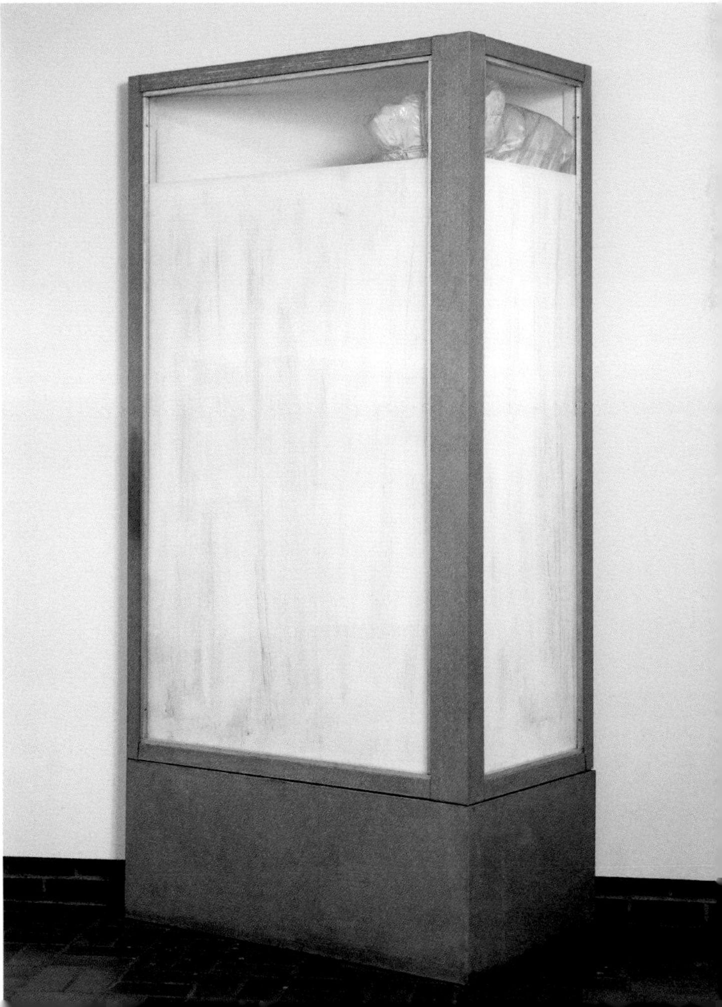

*Opposite:* **1966**, New York City. In their living room, Christo, Jeanne-Claude, and Cyril with *Package in a Shopping Cart 1964* in front of the *Store Front 1965–66*. That *Store Front* was later acquired by the Museum of Contemporary Art San Diego, La Jolla, which owns the second largest collection of works by Christo in the United States, after the National Gallery, Washington, D.C.

*Links:* **1966**, New York. Christo, Jeanne-Claude und Cyril in ihrem Wohnzimmer mit *Package in a Shopping Cart 1964* vor der *Store Front 1965–66.* Jene *Store Front* erwarb später das Museum of Contemporary Art San Diego, La Jolla, das nach der National Gallery in Washington, D.C., über die größte Sammlung von Christo-Werken in den Vereinigten Staaten verfügt.

*Page ci-contre:* **1966**, New York. Dans leur salon, Christo, Jeanne-Claude et Cyril avec *Package in a Shopping Cart 1964,* devant *Store Front 1965–66.* Cette *Store Front* fut acquise plus tard par le Museum of Contemporary Art San Diego, La Jolla, qui possède la plus importante collection d'œuvres de Christo aux États-Unis après la National Gallery, Washington, D.C.
*Photo: Thomas Cugini*

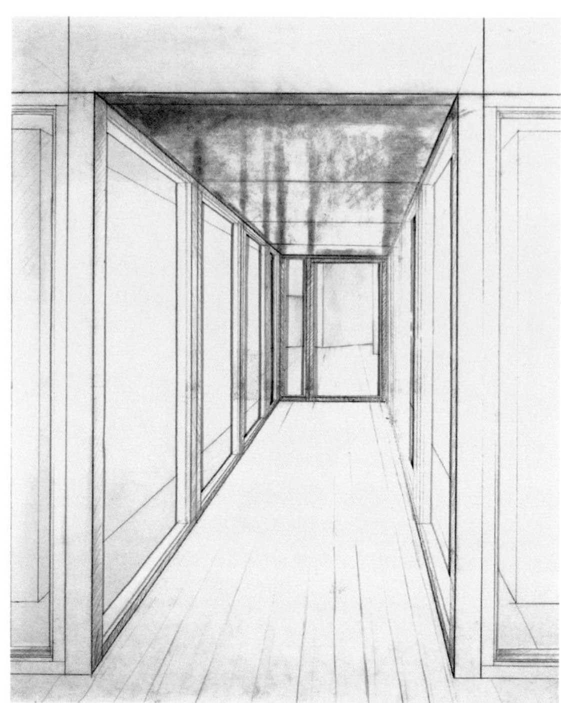



**Corridor Store Front, Project**
Collage 1966–67: 70 x 55.5 cm (27 ⅝ x 21 ⅝")
Pencil, charcoal, Plexiglas, and cardboard
Collection Andreas and Gertrud Vowinckel,
Cologne, Germany

*Below:*

**Project for the Back Room of
Corridor Store Front**
Drawing 1967: 71 x 56 cm (28 x 22")
Pencil, enamel paint, wax crayon,
and charcoal
Museum of Contemporary Art,
Los Angeles, California, USA
Partial gift of Marjorie L. Fasman

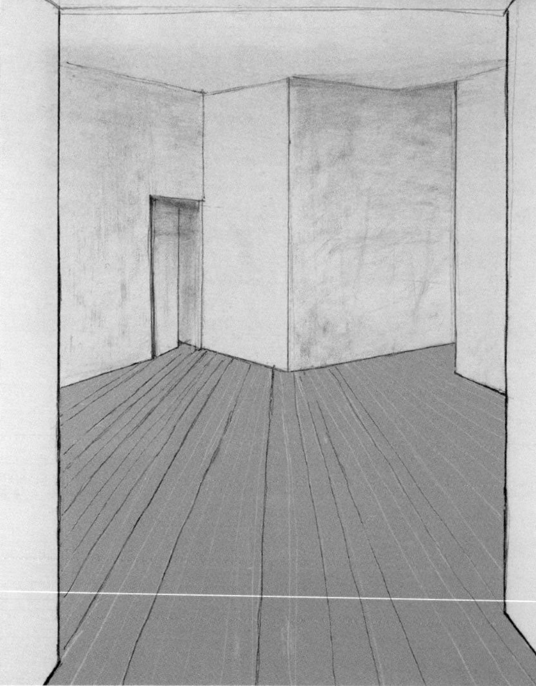

*Opposite top:*

**Corridor Store Front, Project**
Scale model 1966–67:
51.8 x 72.4 x 152.6 cm (20 ⅜ x 28 ½ x 60 ⅛")
Wood, Plexiglas, cardboard, acrylic paint,
enamel paint, wax crayon, charcoal, and
electric light
National Gallery of Art, Washington, D.C.,
USA. Gift of a private collector in honor of
Dorothy and Herbert Vogel

*Opposite bottom left:*

**Corridor Store Front (Project)**
Collage 1966–68: 71 x 56 cm (28 x 22")
Pencil, charcoal, board, and Plexiglas,
on board
Collection Mary Elizabeth Sterling,
New York, USA

*Opposite bottom right:*

**Corridor Store Front**
Collage 1966–67: 71 x 56 cm (28 x 22")
Pencil, charcoal, photograph, Plexiglas, and
cardboard on two superimposed boards
Collection Kimiko Powers, Carbondale,
Colorado, USA. *Photo: Hugo Doetsch*

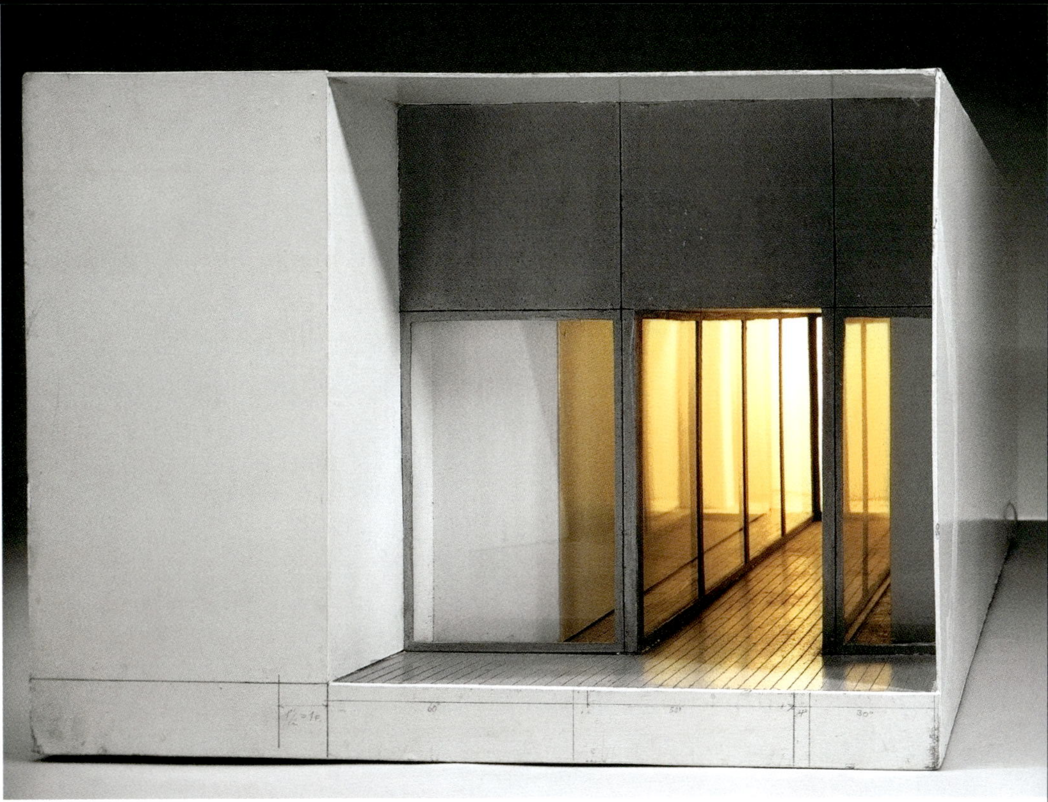

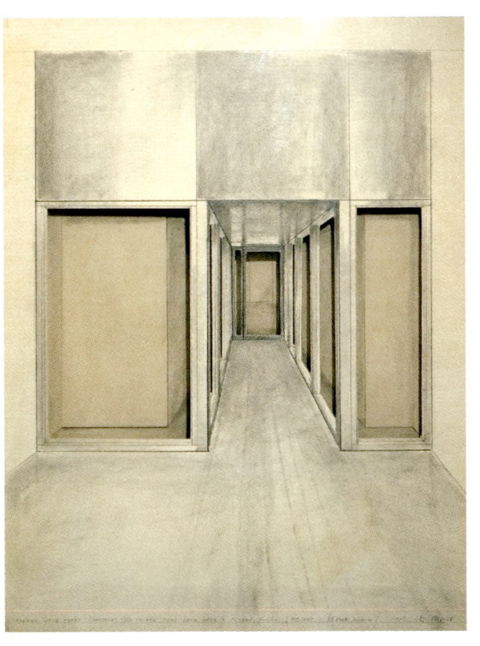

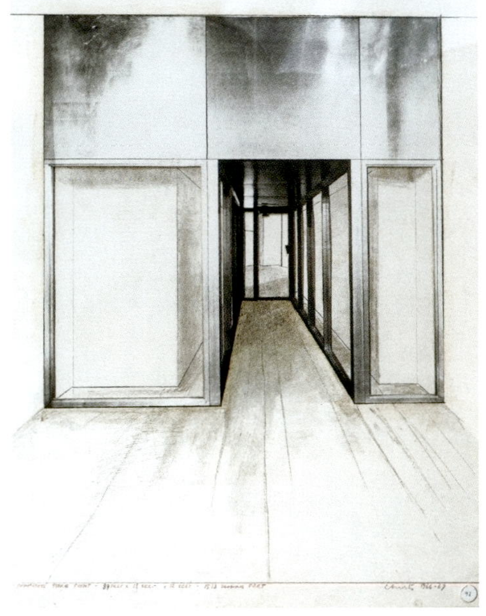

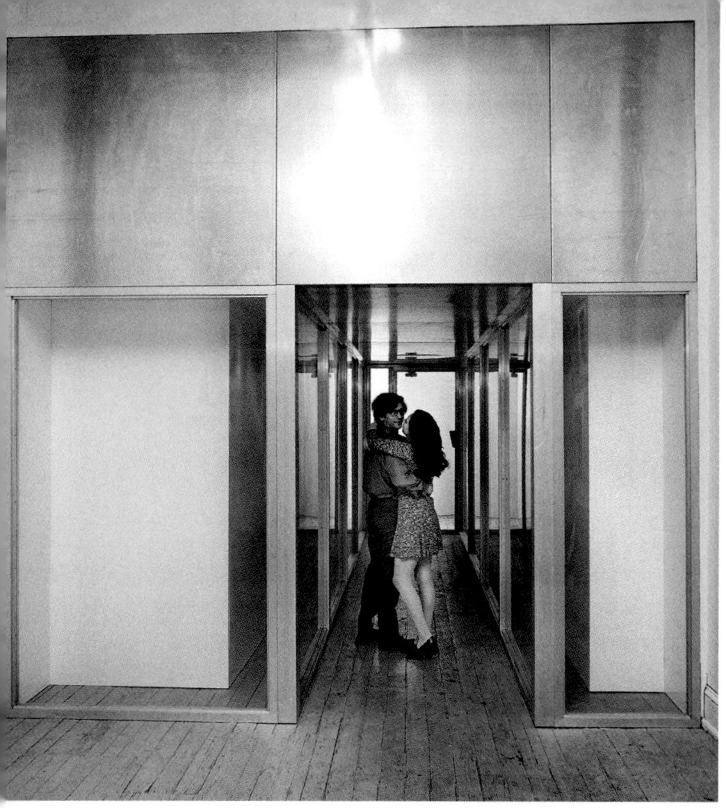

**1966**, New York. Christo could build only the front part of *Corridor Store Front* in his 21 meter (72 foot) long studio. The back room could not fit in its entirety. The total surface area of this sculpture (front part and back room) is 140 square meters (1,513 square feet).

**1966**, New York. In seinem 21 Meter langen Atelier konnte Christo nur den vorderen Teil der *Corridor Store Front* bauen. Der hintere Teil passte nicht ganz hinein. Die gesamte Grundfläche dieser Skulptur (vorderer Teil und rückwärtiger Raum) beträgt 140 Quadratmeter.

**1966**, New York. Dans son atelier de 21 mètres de long, Christo put seulement construire la partie avant de *Corridor Store Front*. L'arrière-salle ne pouvait y tenir entièrement. La surface totale de cette sculpture, façade et arrière-salle comprises, est de 140 mètres carrés.

*Photo: Ferdinand Boesch*

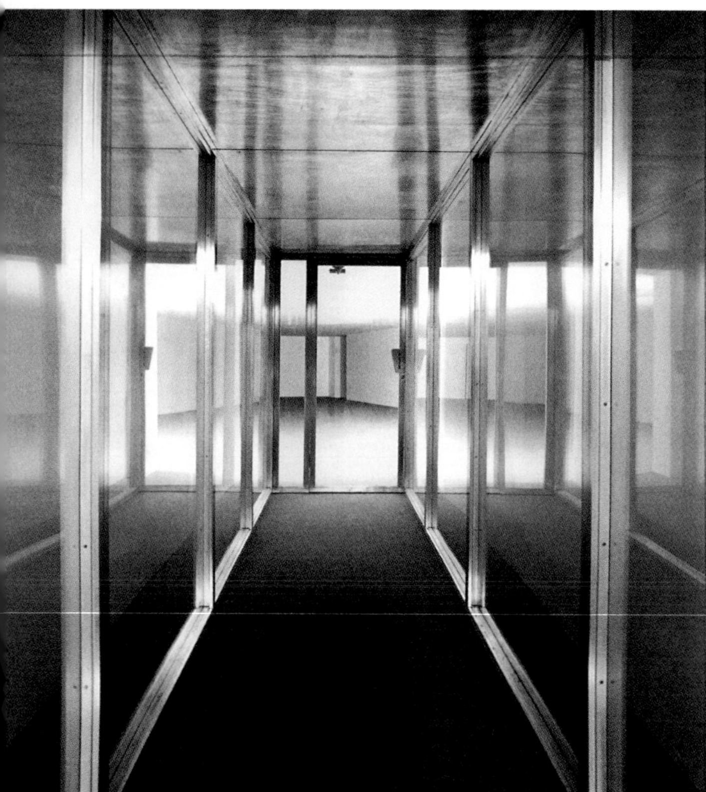

*Left:*
**Corridor Store Front 1967–68**
Exhibited in 1977 at the Kunstverein, Stuttgart, Germany
Façade: 3.63 x 3.63 m (12 x 12 ft.)
Length: 27 m (88′7 ft.)

*Opposite:*
**Corridor Store Front 1967–68**
Aluminum, wood, Plexiglas, paint, and electric light
Property of the estate of the artist and the estate of Daniel Varenne, Geneva, Switzerland
*Photo: Ferdinand Boesch*

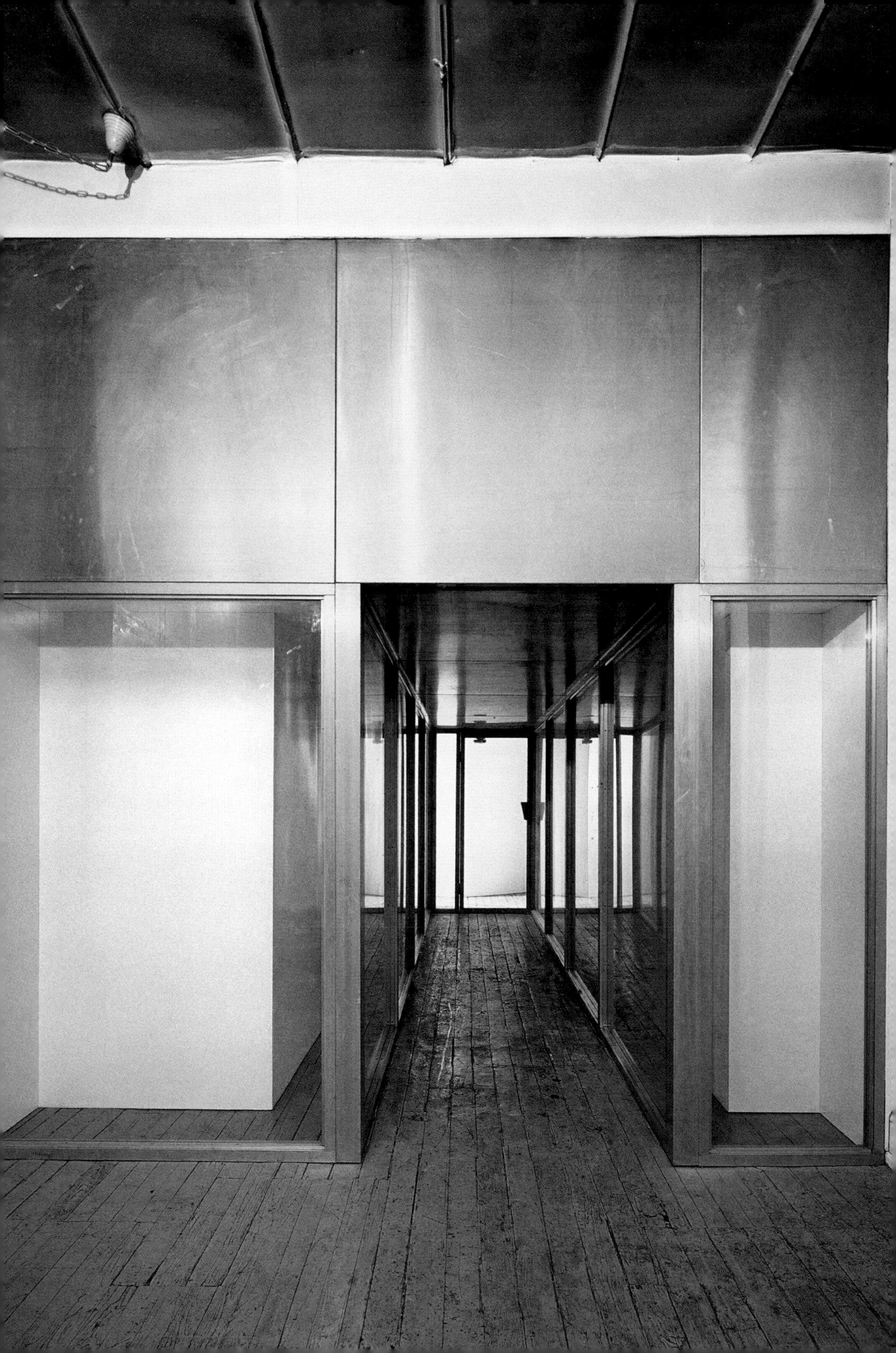

**Corridor Store Front 1967–68 Back Room**

At the end of the corridor, one reaches a locked Plexiglas door. Through the door, one can see the "back room," which no one may enter. A large empty room with white walls. On the right wall, an indication of a door that is not there. On the left side of the back wall there is a door, slightly ajar.

Am Ende des Korridors erreicht man eine verschlossene Tür aus Plexiglas. Durch die Tür kann man in das „Hinterzimmer" schauen, das niemand betreten darf. Ein großes leeres Zimmer mit weißen Wänden. An der rechten Wand ein Hinweis auf eine Tür, die es nicht gibt. Auf der linken Seite der Rückwand gibt es eine Tür, die einen Spalt offen steht.

Au bout du couloir, on bute sur une porte en plexiglas fermée à clef. Par cette porte, on aperçoit la « back room » dans laquelle personne ne peut entrer. Une grande salle vide avec des murs blancs. Sur le mur de droite se trouve l'indication d'une porte qui n'existe pas. À gauche sur le mur arrière se trouve une porte légèrement entrebâillée.

*Photo: Klaus Baum*



View of the "back room" of the *Corridor Store Front* as installed at Musée d'art moderne et contemporain, Geneva, Switzerland.

Ansicht des „Hinterzimmers" der *Corridor Store Front* während der Aufstellung im Musée d'art moderne et contemporain, Genf, Schweiz.

Vue de l'« arrière-salle » de la *Corridor Store Front*, telle qu'installée au Musée d'art moderne et contemporain, Genève, Suisse.

*Photo: Courtesy MAMCO*

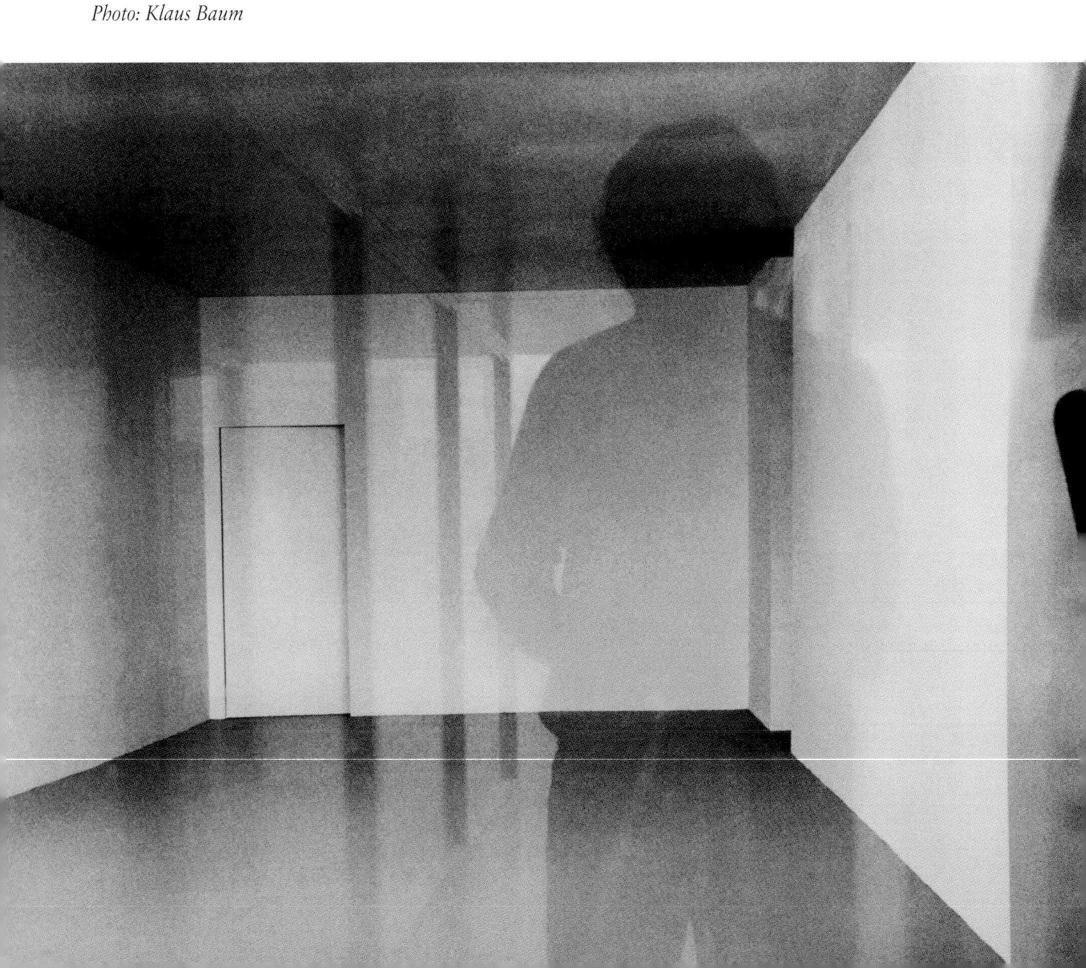

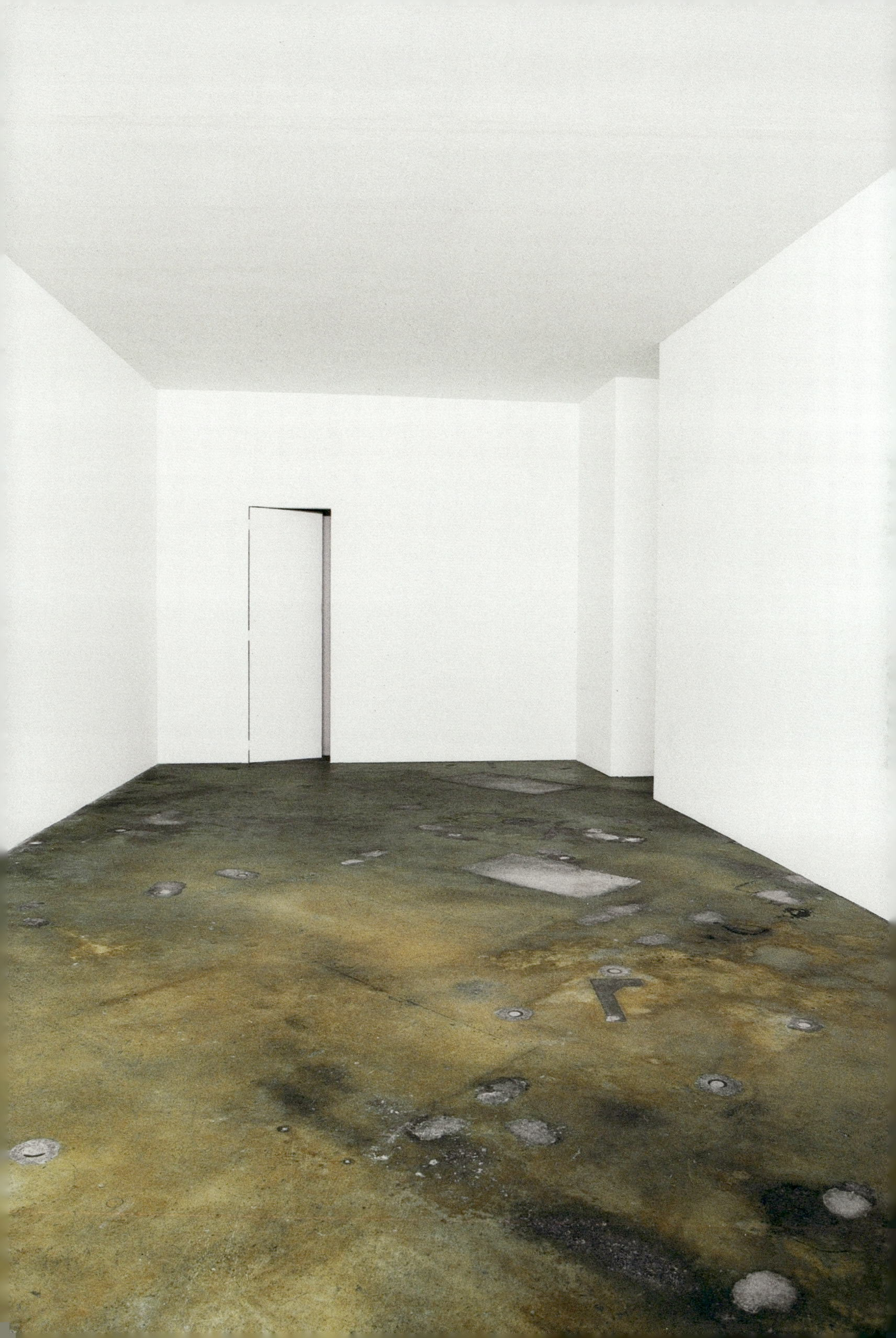

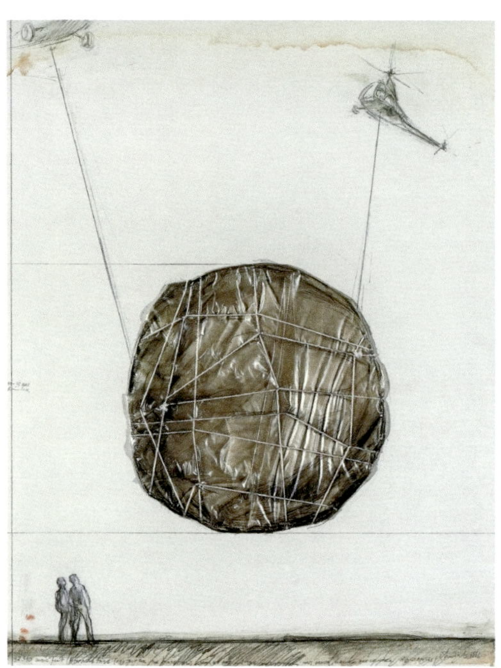

**42,390 Cubic Feet Empaquetage (Project for the Minneapolis School of Art and the Contemporary Arts Group Walker Art Center, Minneapolis)**
Collage 1966: 71 x 56 cm (28 x 22″)
Pencil, polyethylene, twine, cardboard, wax crayon, and charcoal
Collection Lilja Art Fund Foundation, Switzerland
*Photo: Eeva-Inkeri*

*Below:*
**Volume Temporaire, Empaquetage pour Minneapolis School of Art – 24–28 Octobre 1966**
Scale model 1966:
30.1 x 68.5 x 70.5 cm (11 ⅞ x 27 x 27 ⅜″)
Pencil, wax crayon, polyethylene, fabric, twine, plastic figure, paint, and wood
The Museum of Modern Art, New York, USA
Gift of Mr. and Mrs. Armand P. Bartos, New York, USA
*Photo: Courtesy The Museum of Modern Art*

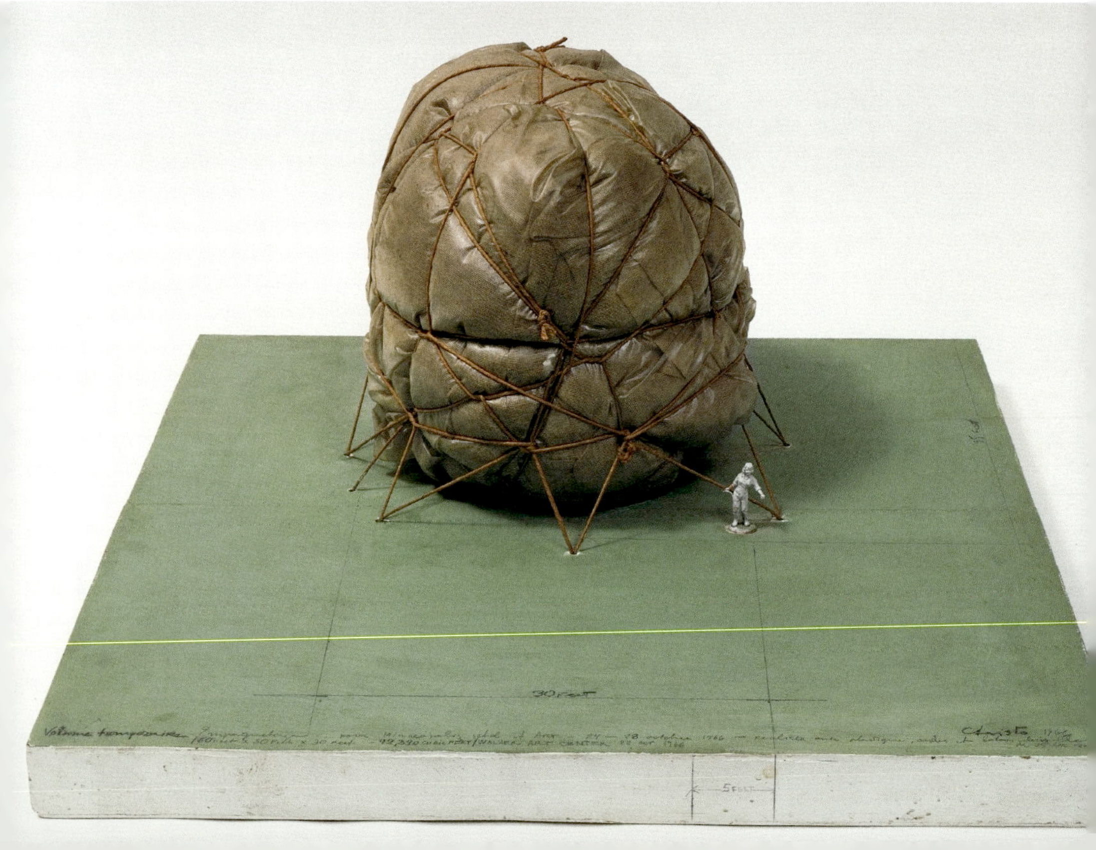

**Volume Temporaire, Empaquetage pour Minneapolis School of Art – 24–28 Octobre 1966**
Drawing 1966: 71 x 56 cm (28 x 22″)
Pencil, pastel, and charcoal on brown wrapping paper
Musées Royaux des Beaux-Arts, Brussels, Belgium
*Photo: Eeva-Inkeri*

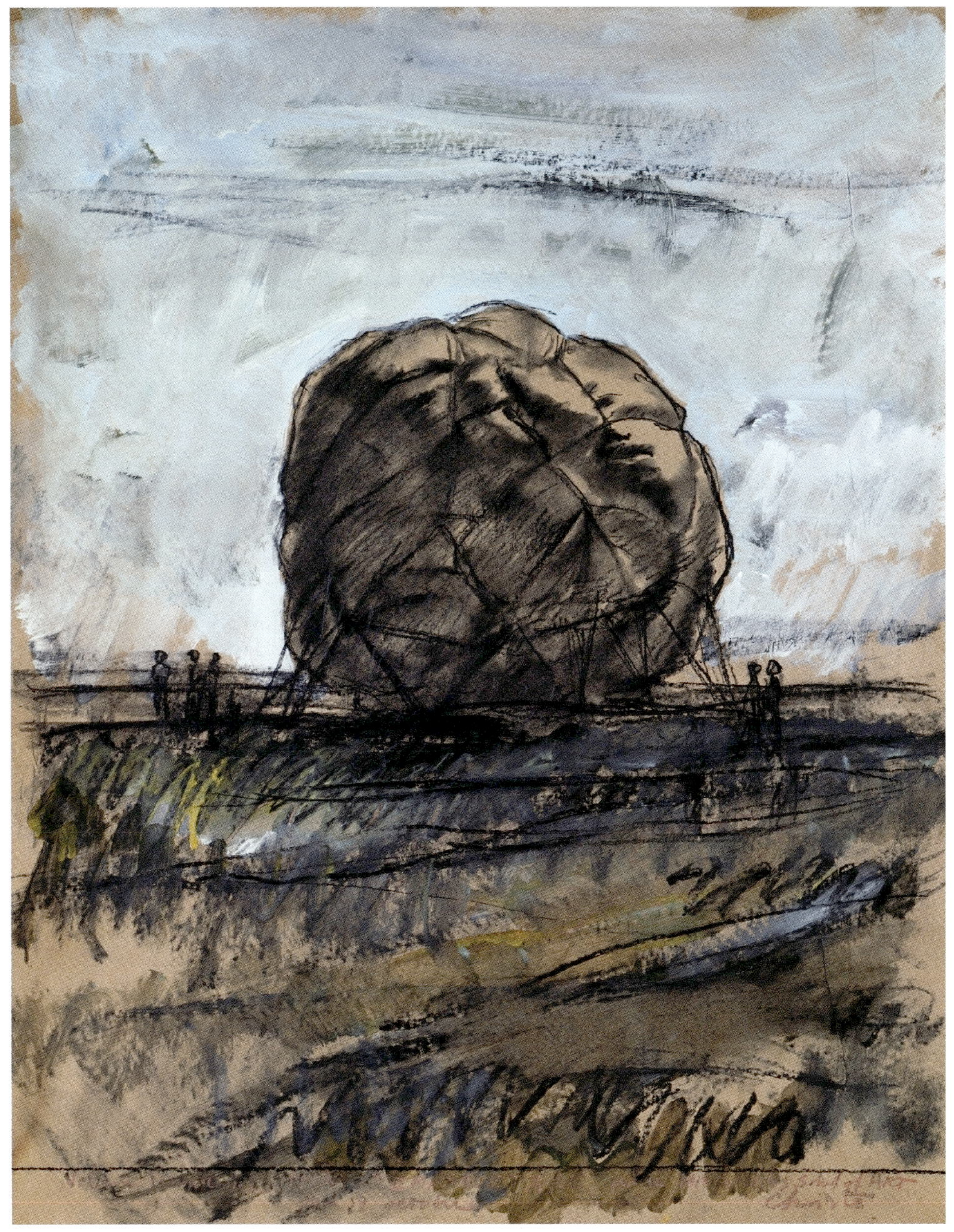

# 42,390 Cubic Feet Package, Minneapolis, Minnesota, 1966

In October 1966, at the Minneapolis School of Art, Christo and Jeanne-Claude, with the assistance of 147 students, completed the *42,390 Cubic Feet Package*.

The core of the air package was comprised of four United States Army high altitude research balloons, each measuring about 5.5 meters (18 feet) in height and 7.6 meters (25 feet) in diameter, each independently sealed, plus 2,800 colored balloons, averaging 71 centimeters (28 inches) in diameter. All the balloons were inflated, sealed and then wrapped in 720 square meters (8,000 square feet) of clear polyethylene, which was sealed with Mylar tape and secured with 914 meters (3,000 feet) of Manila rope. The resulting oblong package was further inflated by two air blowers.

Christo and Jeanne-Claude originally intended to fly the *42,390 Cubic Feet Package* (1,200 cubic meters) from the school campus to the front lawn of the nearby Minneapolis Institute of Arts. Although the high altitude research balloons individually weighed a mere ten pounds, the total weight of the air package was 226 kilograms (500 pounds). Because of gusty air turbulence, the Aviation Agency forbade the planned airlift and the helicopter lifted the air package only 6 meters (20 feet) off the ground. In return for an original drawing, art collectors and friends of the artists Helen and David Johnson paid for the rental of the helicopter and the pilot's fee. To cover the other costs of the project, Christo created an edition of 100 *Wrapped Boxes* that, unlike Christo's usual wrapping, resembled ordinary parcels and were mailed to members of the Contemporary Arts Group. Those members who inadvertently opened the mailed boxes found inside each one a signed and numbered certificate stating: "You have just destroyed a work of art."

Im Oktober 1966 wurde unter der Leitung von Christo und Jeanne-Claude von 147 Studenten der Minneapolis School of Art das *42,390 Cubic Feet Package* realisiert.

Der Kern des *Air Package* bestand aus vier einzeln versiegelten Höhenforschungsballons der US-Armee, je 5,50 Meter hoch mit einem Durchmesser von 7,60 Metern. Außerdem enthielt das *Air Package* 2.800 farbige Ballons mit einem mittleren Durchmesser von 71 Zentimetern. All diese Ballons wurden aufgeblasen, versiegelt und dann in eine 720 Quadratmeter große, klare Polyäthylenplane eingehüllt, die ihrerseits mit Mylar-Band versiegelt und mit 914 Meter Hanfseil gesichert wurde. Schließlich wurde dieses längliche Paket mit zwei Gebläsen ganz mit Luft gefüllt.

Christo und Jeanne-Claude hatten ursprünglich vor, das *42,390 Cubic Feet Package* (1.200 Kubikmeter) vom Campus zur Rasenfläche vor dem nahe gelegenen Minneapolis Institute of Arts fliegen zu lassen. Obwohl die Höhenforschungsballons jeder für sich nur jeweils 4,5 kg wogen, betrug das Gesamtgewicht des *Air Package* 226 kg. Wegen stürmischen Wetters untersagte die Luftfahrtbehörde den geplanten Aufstieg in die Luft; der Hubschrauber durfte das *Air Package* nur sechs Meter vom Boden hochheben. Der Hubschraubereinsatz wurde von Helen und David Johnson finanziert; als Gegenleistung erhielten sie eine Originalzeichnung. Die restlichen Projektkosten wurden durch eine Edition von 100 *Wrapped Boxes* gedeckt, die im Gegensatz zu Christos anderen Verhüllungsobjekten wie ganz normale Päckchen aussahen. Diese Päckchen wurden den Mitgliedern der Contemporary Arts Group des Walker Art Center per Post zugestellt, und diejenigen, die ihr Päckchen gedankenlos öffneten, entdeckten in dem Karton ein signiertes und nummeriertes Zertifikat, auf dem zu lesen war, dass sie soeben ein Kunstwerk zerstört hatten.

En octobre 1966, à la Minneapolis School of Art, assistés de 147 étudiants, Christo et Jeanne-Claude réalisèrent cet empaquetage de quelque 1.200 mètres cubes.

Le noyau de l'empaquetage d'air était composé de quatre ballons d'observation de haute altitude de l'armée américaine, mesurant chacun 5,50 mètres de haut et 7,60 mètres de diamètre, chacun étanchéifié indépendamment, et de 2.800 ballons colorés de 71 centimètres de diamètre en moyenne. Tous les ballons furent gonflés, étanchéifiés, puis empaquetés dans 720 mètres carrés de polyéthylène transparent étanchéifiés par des bandes adhésives de Mylar et sécurisés à l'aide de 914 mètres de corde de chanvre. L'empaquetage oblong qui en résultait fut ensuite gonflé à l'aide de deux souffleries.

Initialement, Christo et Jeanne-Claude avaient prévu de faire voler le *42,390 Cubic Feet Package* (1.200 mètres cubes) du campus de l'école jusqu'à l'esplanade gazonnée du proche Minneapolis Institute of Arts. Bien que le poids des ballons d'observation de haute altitude fût d'à peine 5 kilogrammes chacun, l'ensemble pesait 226 kilogrammes. En raison du vent qui soufflait en rafales, l'autorité aérienne interdit le transport par air initialement prévu, et l'hélicoptère ne put soulever l'empaquetage d'air qu'à 6 mètres au-dessus du sol. Helen et David Johnson payèrent la location de l'hélicoptère et la rémunération du pilote en échange d'un dessin original. Pour couvrir les autres frais du projet, Christo créa une édition de 100 *Wrapped Boxes* qui, contrairement aux empaquetages habituels de Christo, ressemblaient à des colis ordinaires et furent envoyés par la poste aux membres du «Contemporary Arts Group». Les membres qui ouvrirent le colis par inadvertance y trouvèrent un certificat numéroté et signé indiquant : «Vous venez de détruire une œuvre d'art.»

**42,390 Cubic Feet Package, Minneapolis, Minnesota, 1966**
18.18 m (60 ft.) x 6.36 m (21 ft.) diameter. Total weight: 226 kg (500 lbs). Polyethylene, four high altitude research balloons, 2,800 colored balloons, 914 m (3,000 ft.) manila rope, and Mylar tape
*Photo: Carroll T. Hartwell*

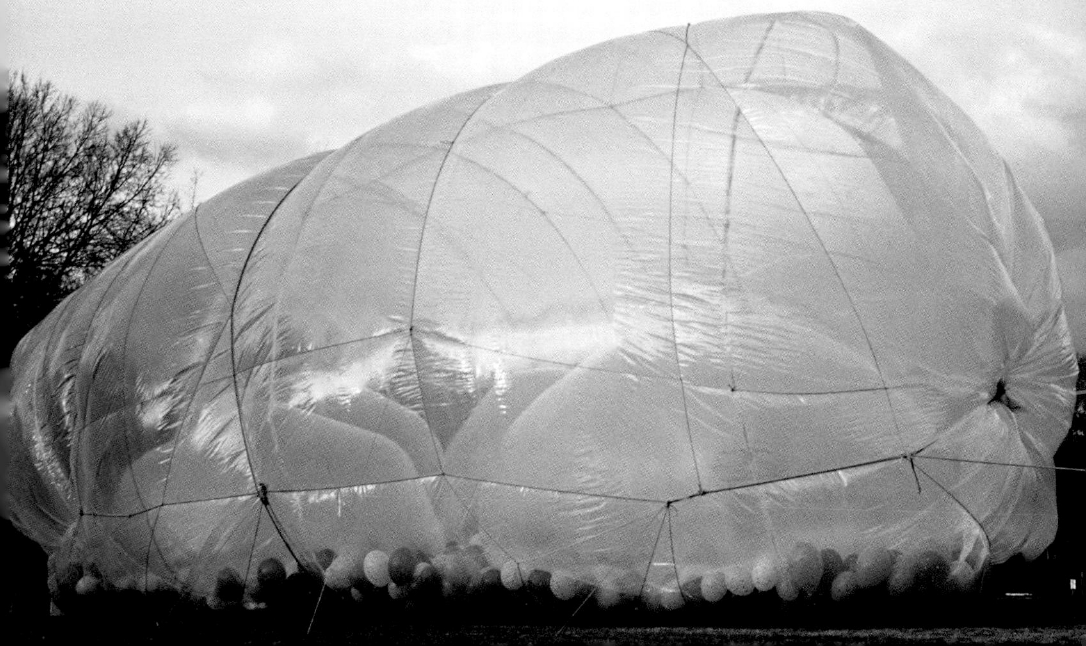

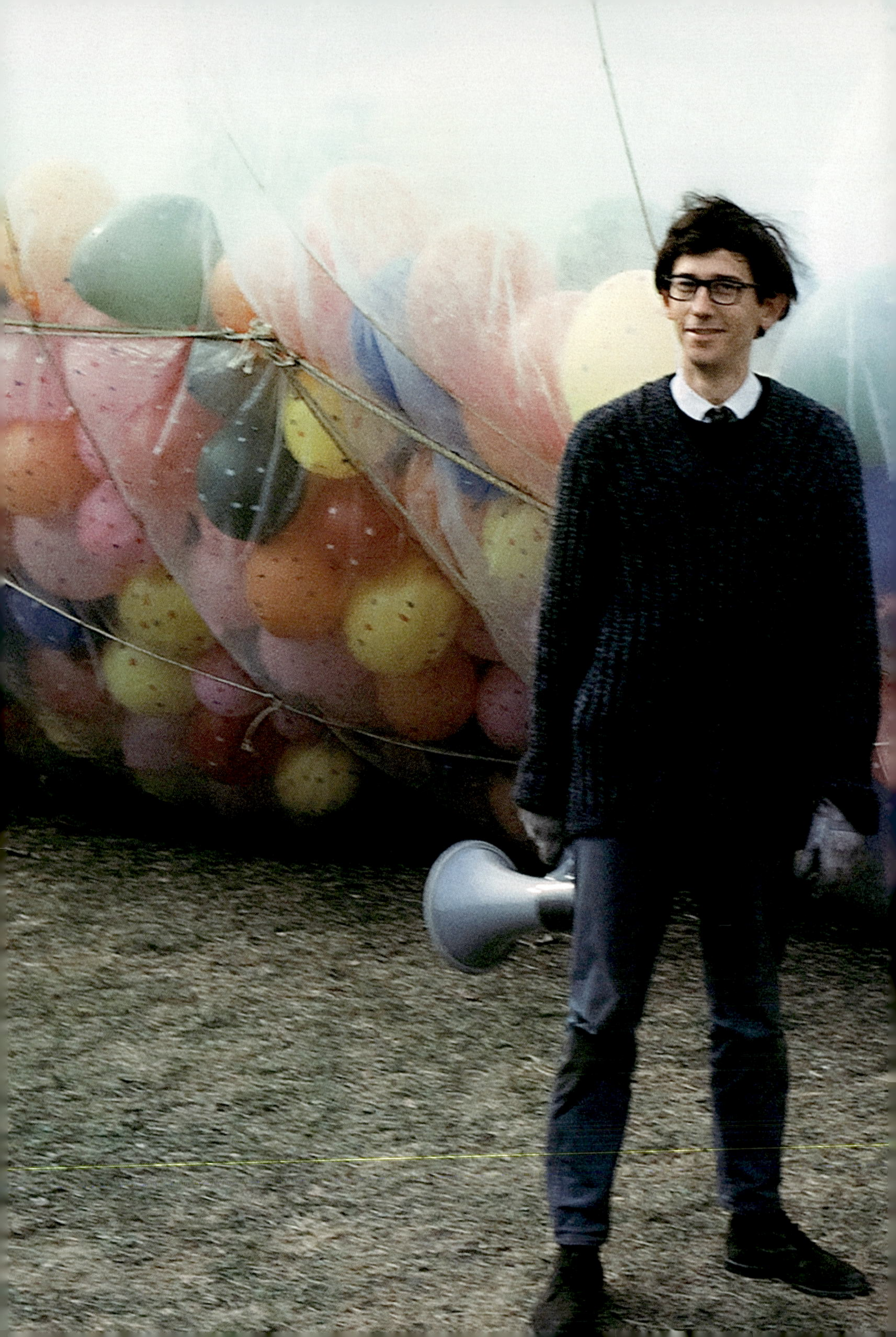

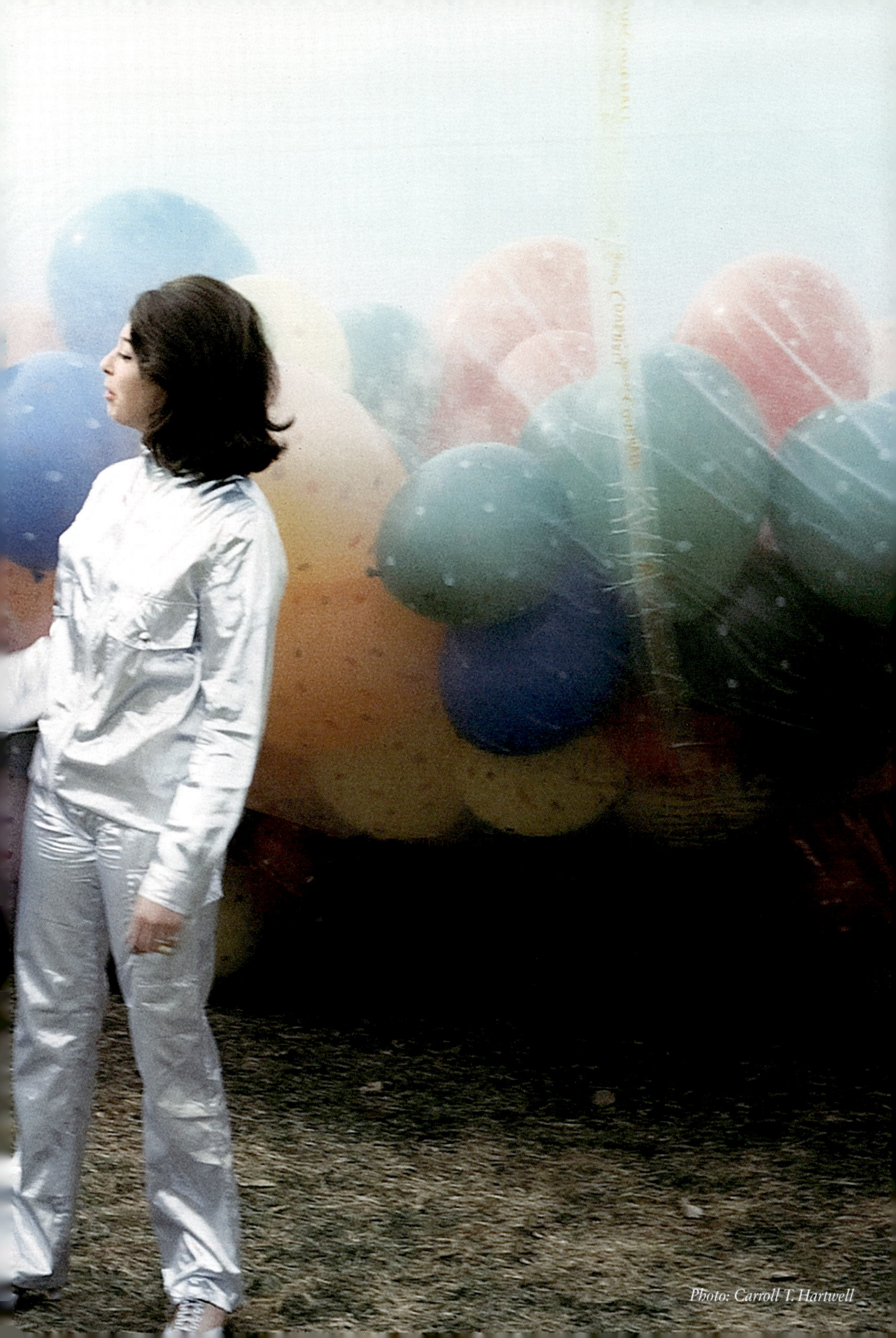
Photo: Carroll T. Hartwell

One of Christo and Jeanne-Claude's earliest attempted assaults upon nature was in a 1966 project for *Wrapped Trees*, which involved bundling the crowns of about forty live trees near the City Art Museum in Forest Park, St. Louis. Nursery trees are commonly found with both their roots and crowns wrapped and it is also common to see trees temporarily wrapped as protection against frost or during transport. But it would have been a startling sight to see a grove of trees with shrouded crowns in a natural park setting. Christo and Jeanne-Claude wanted to wrap the trees in winter, when they are leafless and dormant, but the project fell through because the university that owned the park opposed it.

Zu Christos und Jeanne-Claudes frühesten Versuchen, auf die Natur zuzugreifen, gehörte 1966 das Projekt *Verhüllte Bäume*, zu dem die Bündelung der Kronen von etwa 40 lebenden Bäumen in der Nähe des City Art Museum im Forest Park von St. Louis gehörte. Bei Bäumen in Baumschulen ist es üblich, Wurzeln und Kronen einzupacken, und auch andere Bäume sieht man zum Schutz vor Frost oder beim Transport häufig vorübergehend verpackt. Aber ein Wäldchen aus Bäumen mit verhüllten Kronen in einer natürlichen Parkumgebung wäre schon ein verblüffender Anblick gewesen. Christo und Jeanne-Claude wollten die Bäume im Winter verhüllen, wenn sie keine Blätter hatten und ruhten, doch das Projekt fiel durch – die Universität, der der Park gehörte, erhob Einspruch.

Une des premières tentatives de Christo et Jeanne-Claude de s'en prendre à la nature eut lieu en 1966 dans le cadre d'un projet d'*Arbres Empaquetés* qui prévoyait l'empaquetage des cimes de quarante arbres plantés près du City Art Museum, à Forest Park, Saint-Louis. Les arbres des pépiniéristes sont généralement présentés cime et racines empaquetées, et il est tout aussi courant de voir des arbres empaquetés temporairement pour les préserver du gel en cas de transport. Mais ç'aurait été une vision stupéfiante de voir tout un bosquet d'arbres aux cimes empaquetées dans un parc naturel. Christo et Jeanne-Claude souhaitaient empaqueter les arbres en hiver, au moment où ils sont défeuillés et dormants, mais le projet ne put aboutir parce que l'université propriétaire du parc s'y opposa.

*Excerpt from the book / Auszug aus dem Buch /*
*Extrait du livre:* Christo, *David Bourdon*
*Harry N. Abrams, Inc., Publishers, New York © 1970*

**Wrapped Trees, Project for Forest Park, St. Louis, Missouri** Scale model 1966–67: 29 x 76 x 76 cm (11 ½ x 30 x 30″). Polyethylene, rope, wood, plastic, and paint. *Photo: Eeva-Inkeri*

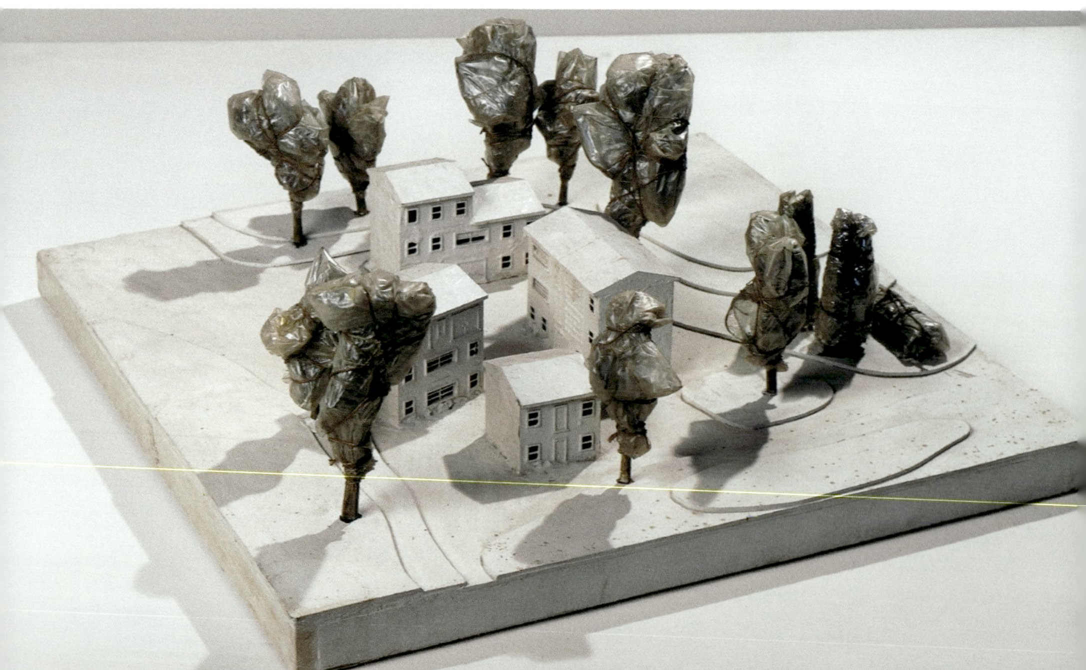

**3 Chênes Empaquetés, Projet pour la
Fondation Marguerite et Aimé Maeght,
St. Paul de Vence, France**
Collage 1967: 71 x 64 cm (28 x 25¼″)
Pencil, polyethylene, rope, twine,
cardboard, paint, and wax crayon on wood
Private collection, Switzerland
*Photo: Eeva-Inkeri*

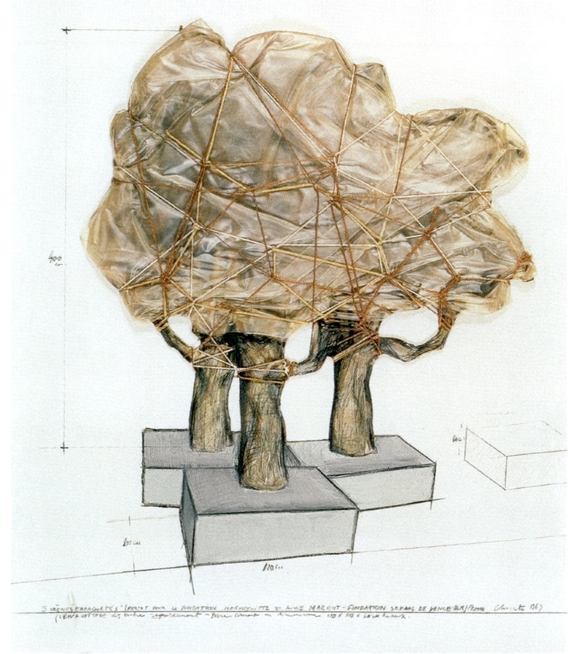

**Packed Trees (Temporary Monument –
4 Months Duration), Forest Park,
St. Louis, Missouri**
Collage 1966–67:
71 x 58.4 cm (28 x 23″)
Pencil, enamel paint, wax crayon,
photograph, and tracing paper
Saint Louis Art Museum, Missouri, USA.
Gift of Christo and Jeanne-Claude and
museum purchase: Eliza McMillan Fund
*Photo: Courtesy Saint Louis Art Museum*

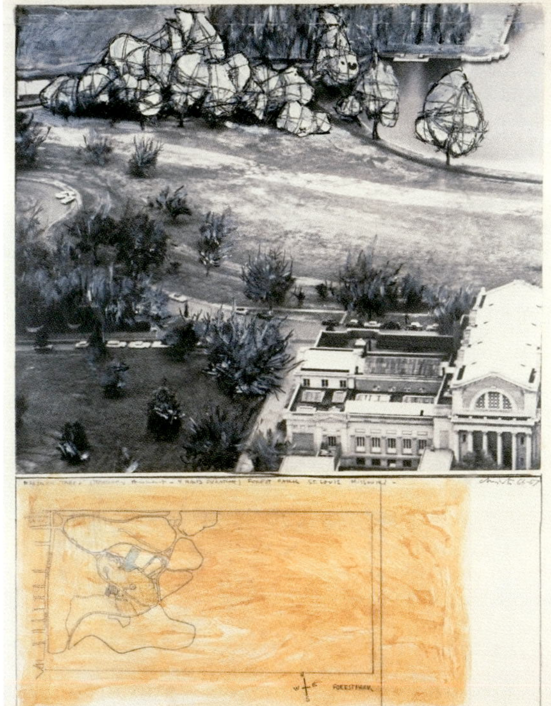

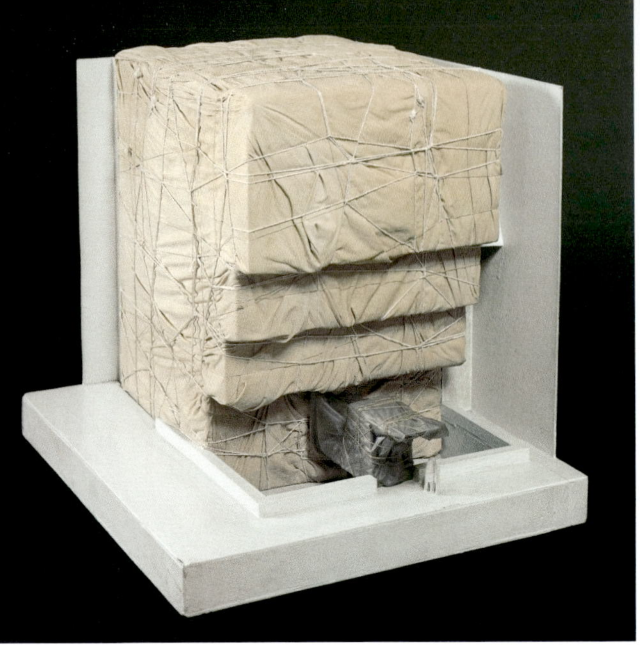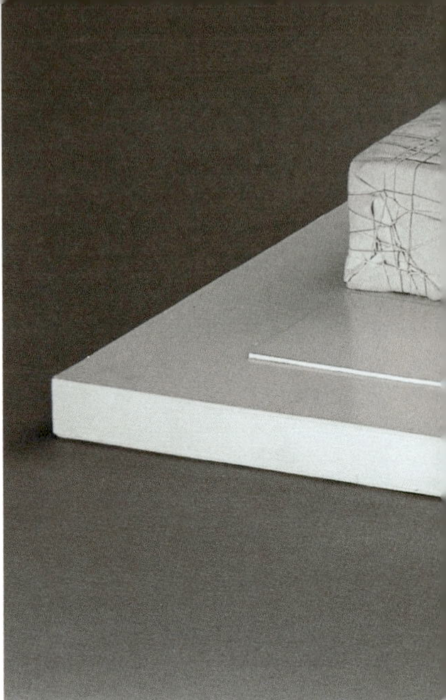

**Whitney Museum of American Art Packed,
Project for New York City**
Scale model 1967: 48.5 x 48.5 x 54.8 cm (19 ⅛ x 19 ⅛ x 21 ⅝")
Fabric, twine, rope, polyethylene, wood, and paint
Würth Collection, Künzelsau, Germany
*Photo: Eeva-Inkeri*

Although the early projects for wrapped buildings were not realized, the photomontages and scale models indicated the scope of Christo and Jeanne-Claude's imagination and made an intellectual impact upon those who saw them. The first promising projects for wrapped buildings had one thing in common—they all fell through. […] All were museums, the most sympathetic of institutions, yet the most bedeviled by civic and administrative problems.

Obwohl die frühen Projekte zur Verhüllung von Gebäuden nicht realisiert wurden, zeigen die Fotomontagen und maßstabsgetreuen Modelle, wie hochfliegend Christos und Jeanne-Claudes Fantasie war. Sie hinterließen bei denen, die sie sahen, einen tiefen Eindruck. Die ersten vielversprechenden Projekte der Gebäudeverhüllung hatten eines gemeinsam – sie fielen alle durch. […] Dabei ging es immer um Museen, also höchst verständnisvolle Institutionen, die sich aber mit Behörden und Verwaltungen herumschlagen mussten.

Bien que les premiers projets d'immeubles empaquetés n'aient pas pu être réalisés, les photomontages et les maquettes à l'échelle montraient l'étendue de l'imagination de Christo et Jeanne-Claude, et eurent un impact intellectuel sur ceux qui purent les voir. Les premiers projets prometteurs pour des immeubles empaquetés avaient un élément commun – aucun ne fut réalisé. […] Il s'agissait toujours de musées, les institutions les plus compréhensives, mais aussi les plus contrariées par des problèmes avec la municipalité et l'administration.

*Excerpt from the book / Auszug aus dem Buch / Extrait du livre:* Christo, *David Bourdon Harry N. Abrams, Inc., Publishers, New York © 1970*

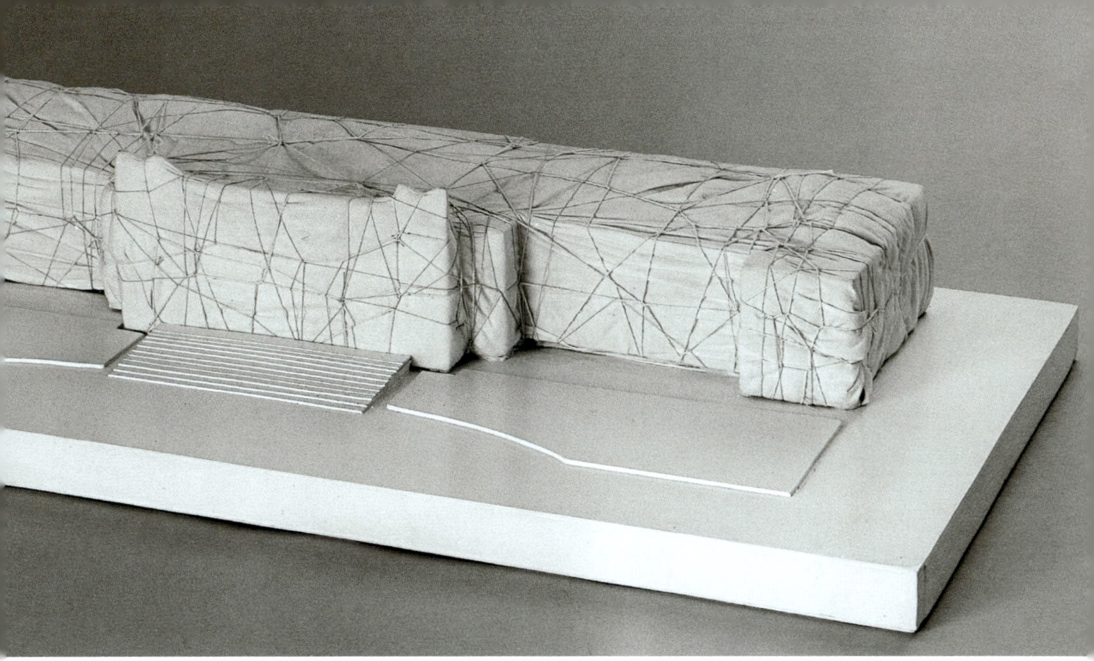

*Above:*

**Wrapped Museum, Project for Galleria Nazionale d'Arte Moderna, Rome, Italy**
Scale model 1967–68: 25.4 x 122 x 51 cm (10 x 48 x 24")
Fabric, twine, and wood, on painted wooden base
The Menil Collection, Houston, Texas, USA
*Photo: Hickey-Robertson*

*Below:*

**Empaquetage of a Public Building
(The National Gallery, Rome, Italy)**
Collage 1967: 35.5 x 56 cm (14 x 22")
Pencil, collaged photographs, wax crayon,
hand-drawn map on tracing paper, and tape
Collection Ealan Wingate, New York, USA

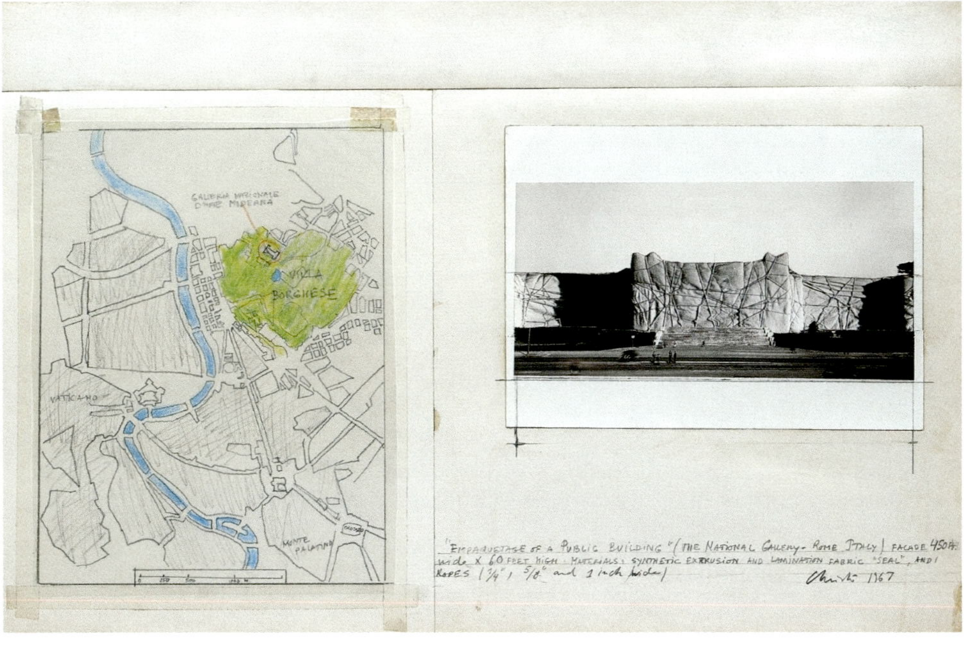

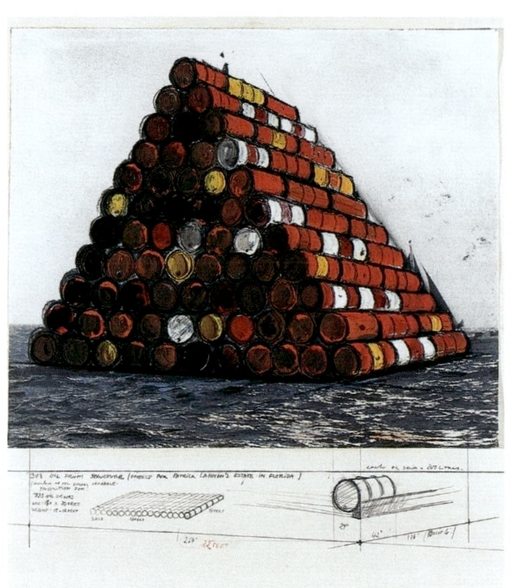

**303 Oil Drums Structure (Project for Patrick Lannan's Estate in Florida)**
Collage 1967: 65.5 x 53.5 cm (25¾ x 21″)
Pencil, enamel paint, wax crayon, and photograph
Private collection, Berlin, Germany

*Below:*
**4584 Tonneaux Metalliques pour Salle I, Galleria Nazionale d'Arte Moderna, Roma, Italy**
Collage 1967: 55.3 x 70.5 cm (21¾ x 27¾″)
Pencil, enamel paint, wax crayon, and cut-out printed paper
The Menil Collection, Houston, Texas, USA
*Photo: Hester and Hardaway*

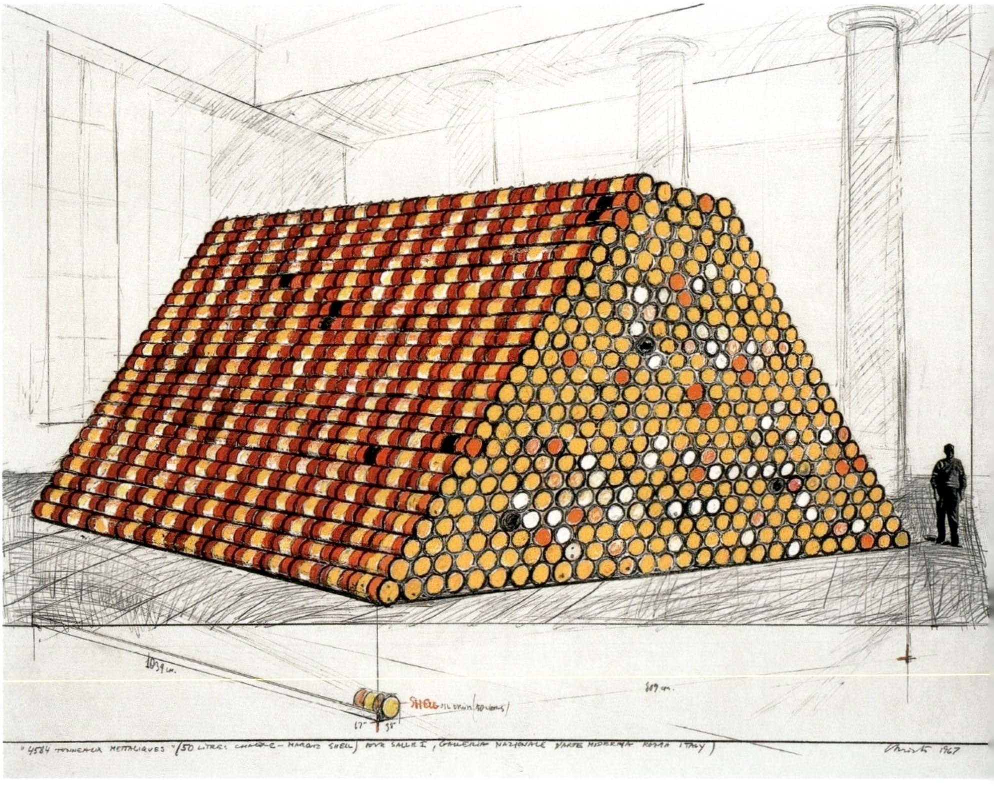

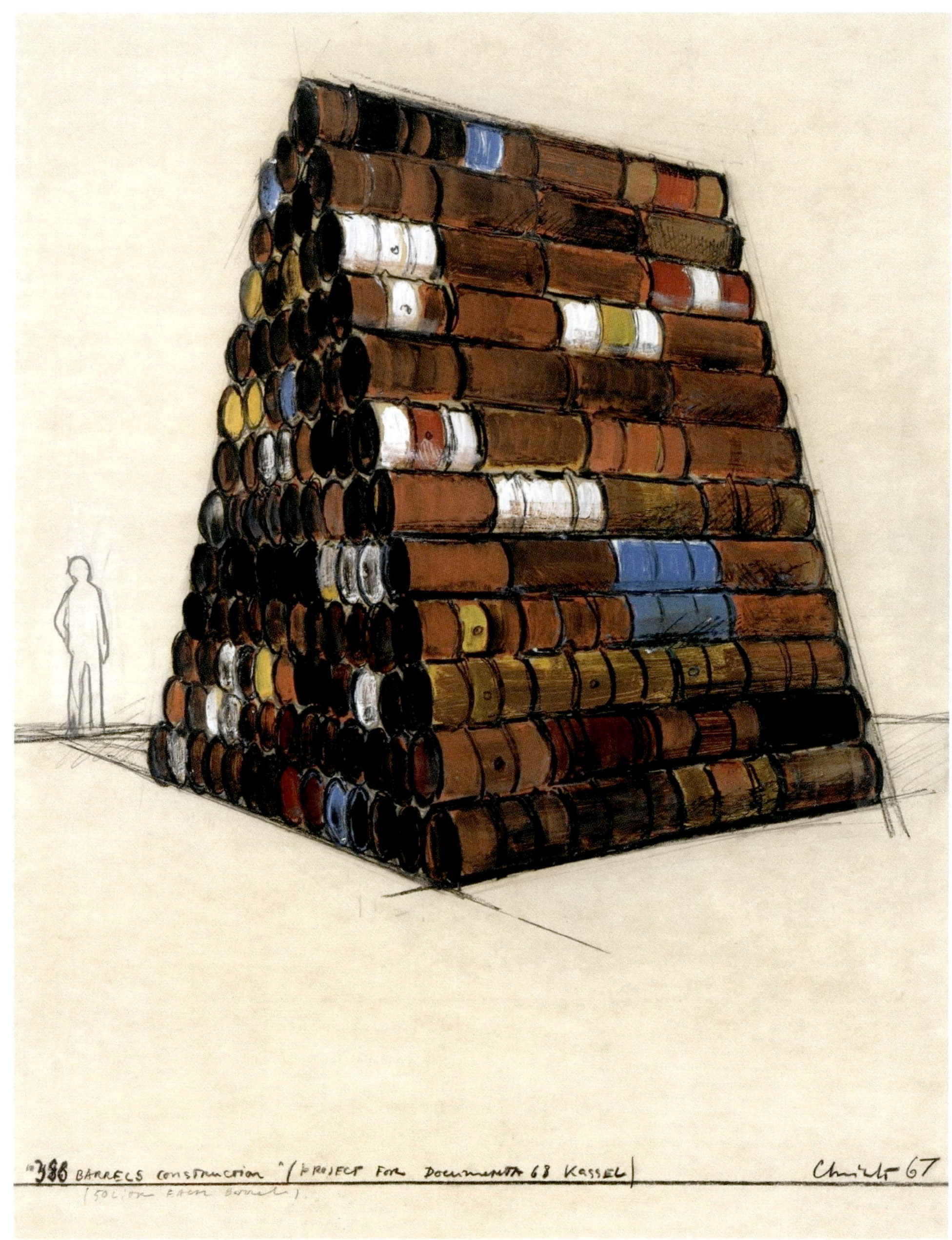

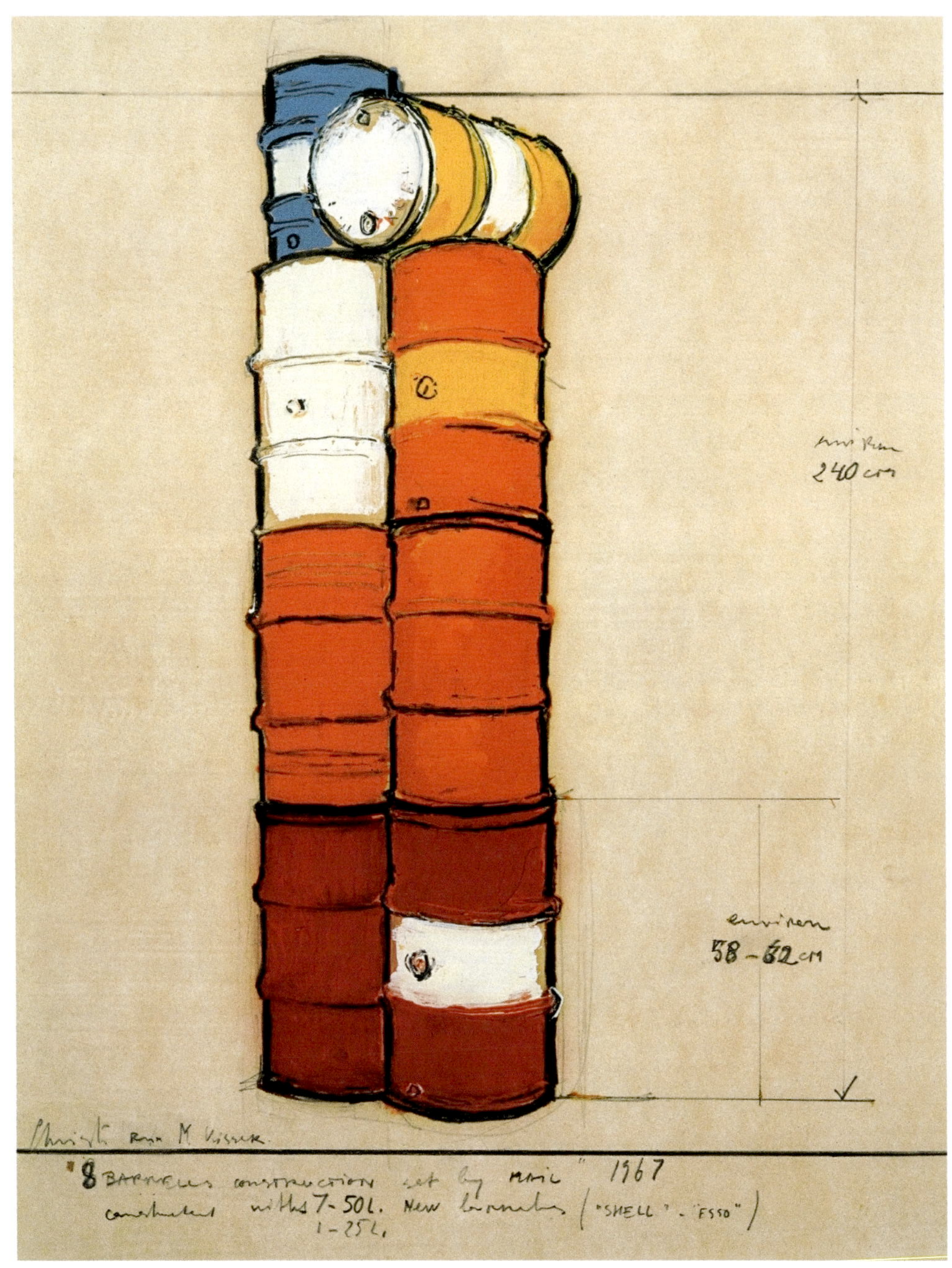



**8 Barrels Construction Sent by Mail**
Drawing 1967: 35.7 x 26.8 cm (14 x 10 ½"). Pencil, enamel paint, and wax crayon
Kröller-Müller Museum, Otterlo, the Netherlands (former Visser Collection)
*Photo: Tom Haartsen*

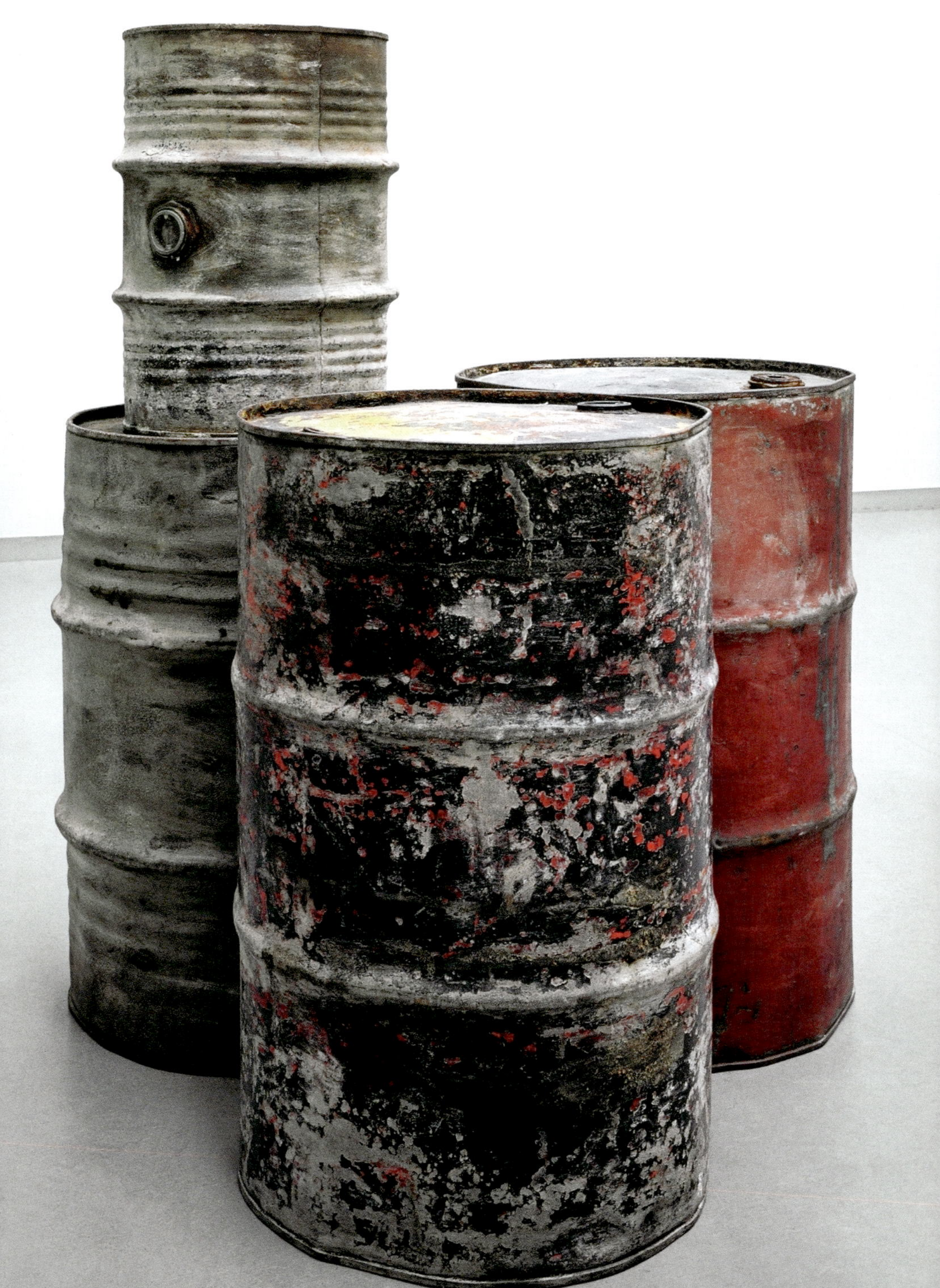

**4 Barrels Construction 1966**  Steel barrels. Height: 165 cm (65″). Kröller-Müller Museum, Otterlo, the Netherlands
*Photo: Cary Markerink*

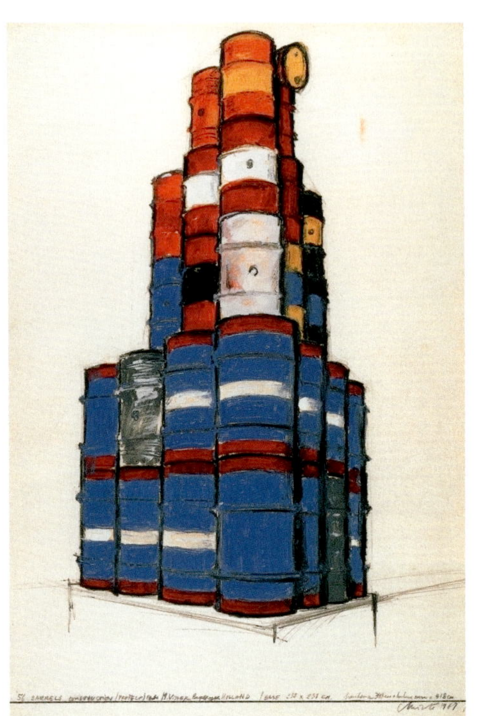




Opposite:


**56 Oil Barrels Structure 1966–67**
4.65 x 2.40 x 2.40 m (13 ¼ x 8 x 8 ft.)
Kröller-Müller Museum, Otterlo, the Netherlands
Donated by Martin and Mia Visser
*Photo: Kröller-Müller Museum Archives*

This work was realized in 1967, in the garden of the artists' friends and art collectors Martin and Mia Visser, in Bergeyk, the Netherlands. They later donated it to the Kröller-Müller Museum to become part of the museum's sculpture park.

Dieses Werk wurde 1967 im Garten der mit den Künstlern befreundeten Sammler Martin und Mia Visser in Bergeyk, Niederlande, realisiert. Später stifteten sie es dem Kröller-Müller-Museum für den dortigen Skulpturenpark.

Cette œuvre fut réalisée en 1967 à Bergeyk, Pays-Bas, dans le jardin de Martin et Mia Visser, collectionneurs et amis des deux artistes. Ils la donnèrent plus tard au musée Kröller-Müller pour son parc de sculptures.

*Above:*

**56 Oil Barrels Construction (Project)**
**For M. Visser, Bergeyk, Holland**
Drawing 1967: 70 x 47.5 cm (27 ½ x 18 ¾")
Pencil, enamel paint, and wax crayon
Kröller-Müller Museum, Otterlo, the
Netherlands (former Visser Collection)
*Photo: Kröller-Müller Museum Archives*

*Right:*

**56 Barrels (Oil Drums Stacked,**
**each 102 x 58 cm of 57 x 38 cm diam.)**
**Project for Rijksmuseum Kröller-Müller,**
**in Memory of Mia Visser**
Collage 1977: 71 x 56 cm (28 x 22")
Pencil, charcoal, enamel paint, wax crayon,
and photograph. Kröller-Müller Museum,
Otterlo, the Netherlands
*Photo: Kröller-Müller Museum Archives*

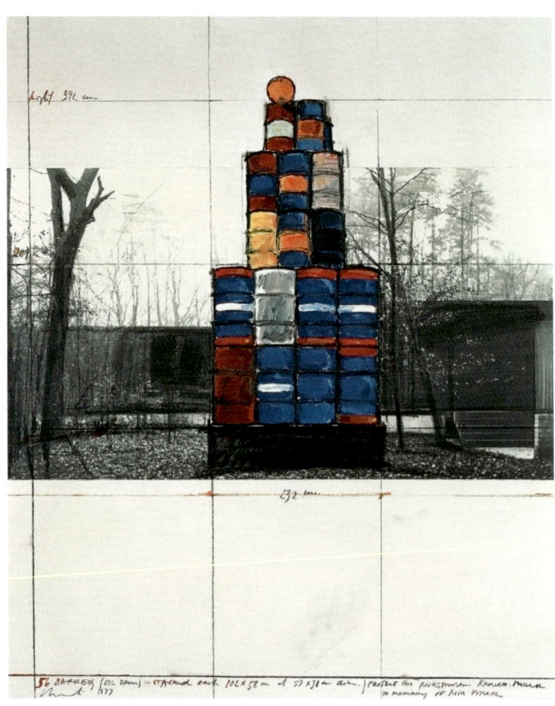

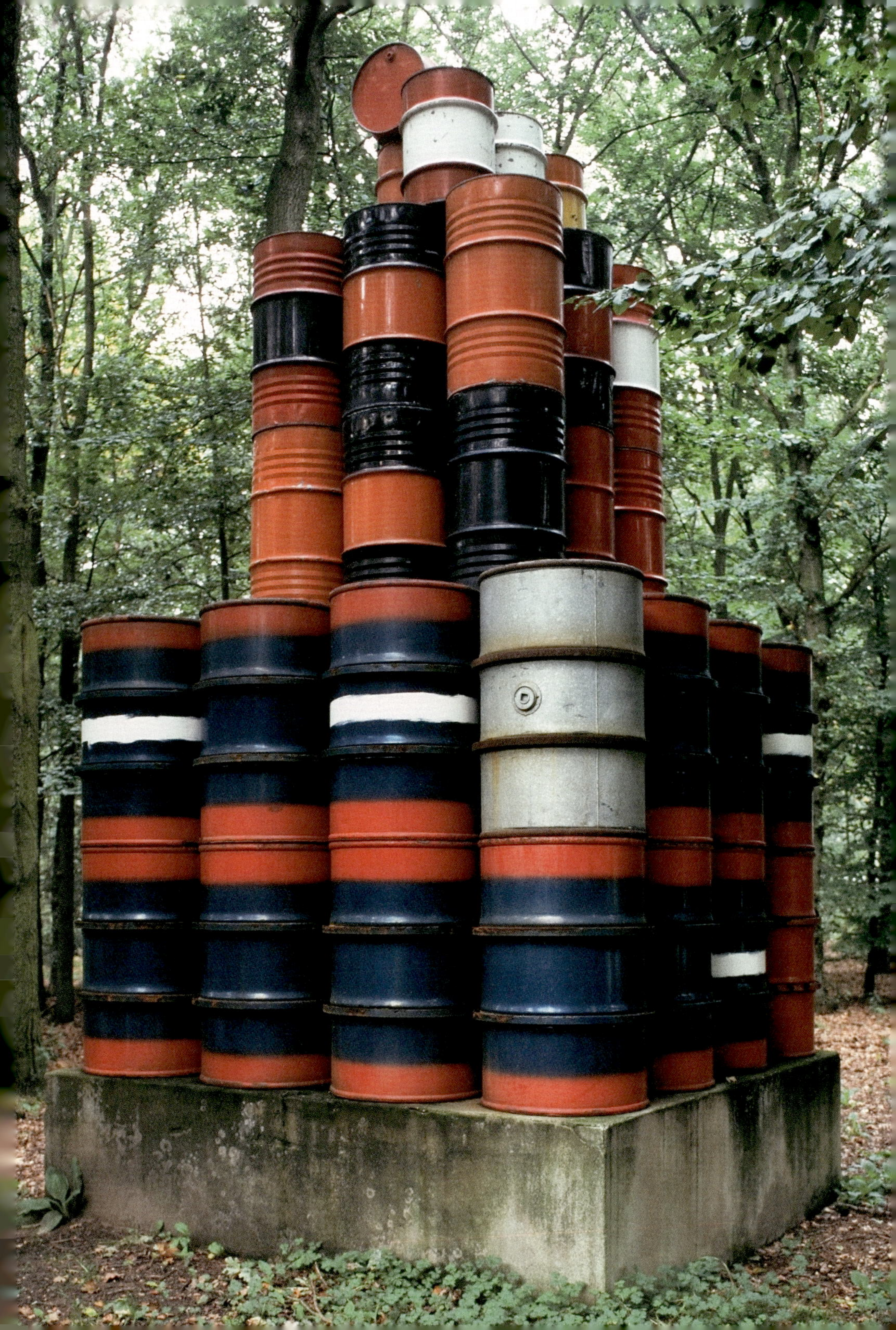

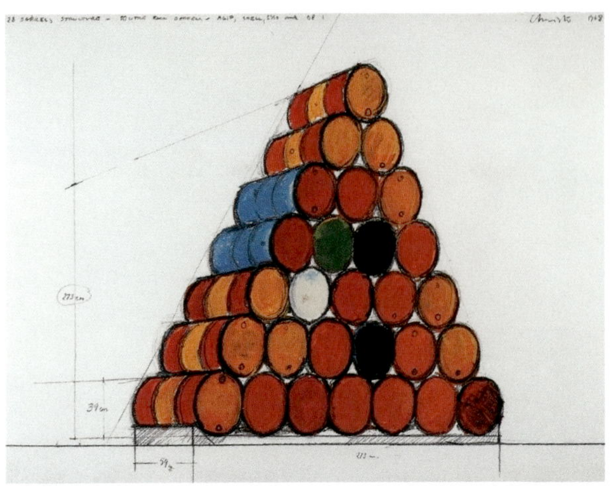

**28 Barrels Structure, 50 liter each barrel: Agip, Shell, Esso and BP**
Drawing 1968:
50.6 x 72.5 cm (19 ⅞ x 28 ½″)
Pencil, enamel paint, and wax crayon,
in an aluminum frame made by Christo
Collection Giorgio Marconi, Milan, Italy

*Below:*
**28 Barrels Structure 1968**
Oil barrels:
265 x 275 x 68 cm (104 ¼ x 108 x 26 ¼″)
Collection Giorgio Marconi, Milan, Italy

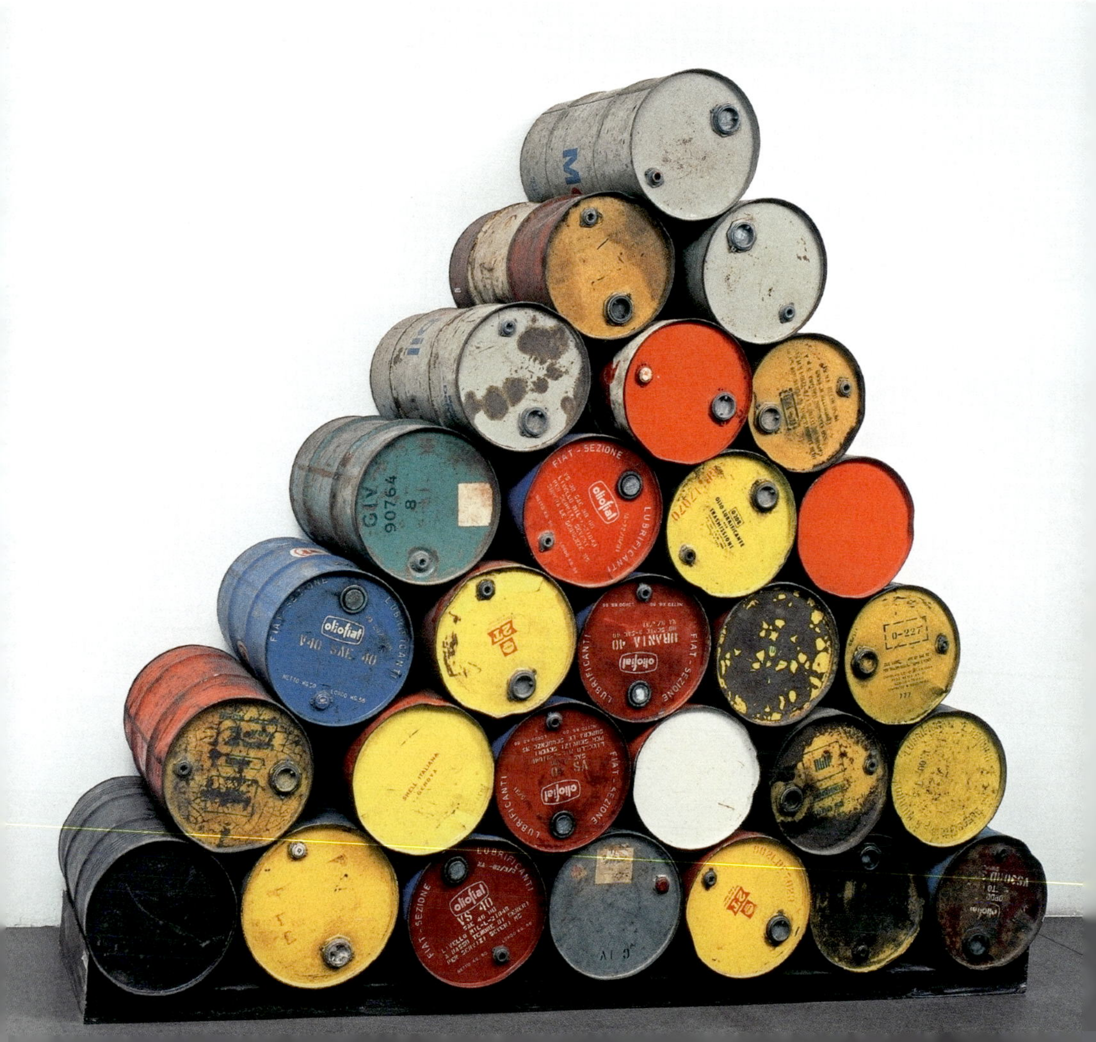

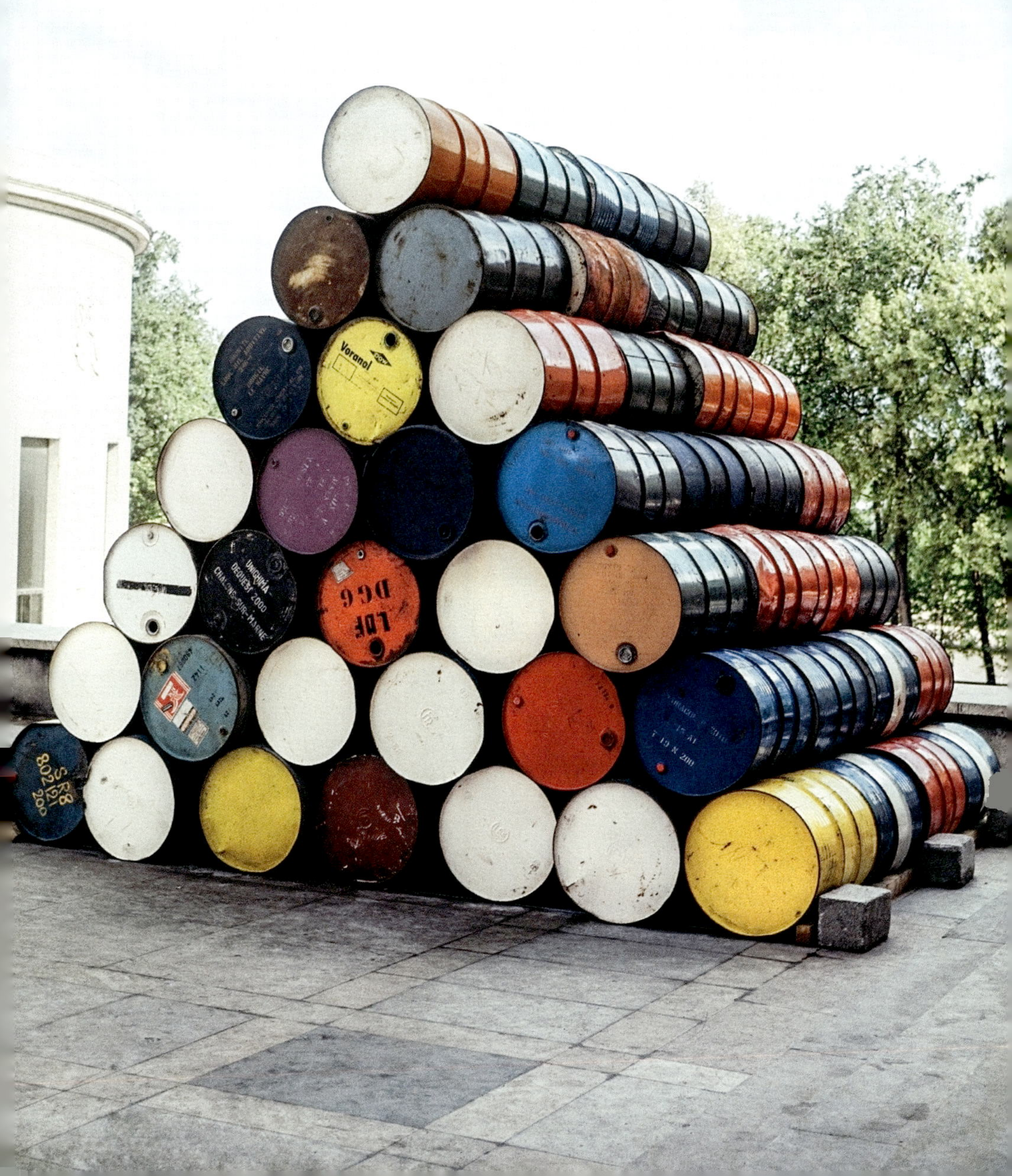

**112 Barrels Structure 1968**
4 x 4 x 3.6 meters (157 x 157 x 142″). Temporary installation on the Esplanade of the Palais de Tokyo, Paris, France
*Photo: Jacques Caumont*

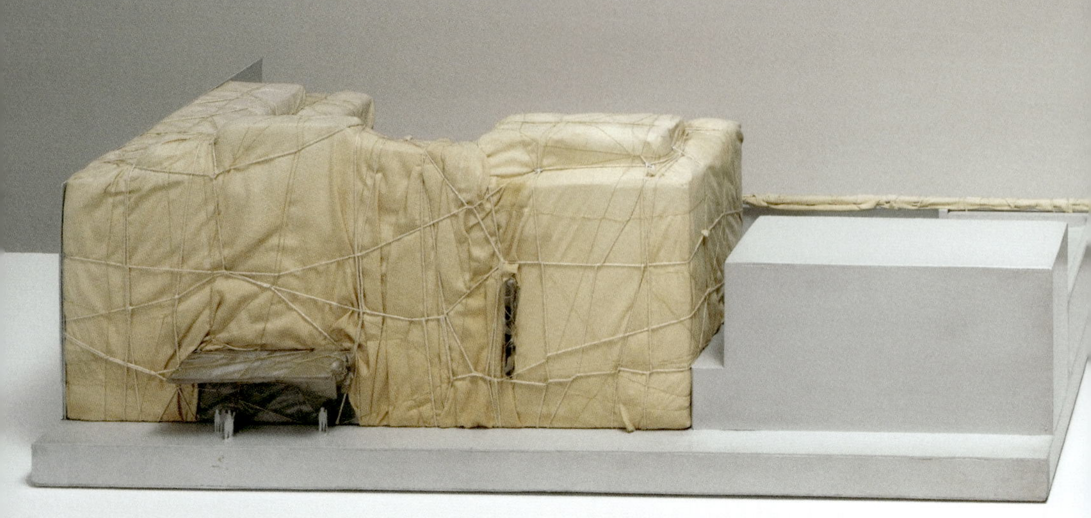

**1968**, New York. The Museum of Modern Art would have been the first *Wrapped Public Building*. Professor William S. Rubin, chief curator at The Museum of Modern Art in New York City, initiated efforts to obtain permission to wrap the museum. When the insurance company warned that coverage would cease to be in effect the moment that the wrapping of the museum started, the project was canceled.
The museum organized a personal exhibition that was initially planned to take place at the same time as the now-canceled museum wrapping. The exhibition, entitled "A Non-Event," presented most of Christo's preparatory drawings, collages, and scale models relating to the artists' projects for MoMA.

**1968**, New York. Das Museum of Modern Art sollte das erste *Verhüllte öffentliche Gebäude* sein. Professor William S. Rubin, der Chefkurator am Museum of Modern Art in New York City, bemühte sich um eine Genehmigung für die Verhüllung des Museums. Als jedoch die Versicherungsgesellschaft warnte, dass der Versicherungsschutz mit Beginn der Verhüllung des Museums erlöschen würde, wurde das Projekt abgesagt.
Das Museum organisierte eine Einzelausstellung, die ursprünglich zeitgleich mit der inzwischen abgesagten Museumsverhüllung stattfinden sollte. Die Ausstellung mit dem Titel „A Non-Event" zeigte die meisten von Christos vorbereitenden Zeichnungen, Collagen und maßstabsgetreuen Modellen zu den Projekten der Künstler für das MoMA.

**1968**, New York. Le Museum of Modern Art aurait pu être le premier *Édifice Public Empaqueté*. Le professeur William S. Rubin, conservateur en chef du Museum of Modern Art de New York, entama des démarches pour obtenir les autorisations nécessaires à l'empaquetage du musée. Lorsque la compagnie d'assurances avertit qu'elle cesserait d'en assurer la couverture du jour où l'empaquetage commencerait, le projet a été annulé.
Le musée organisa une exposition personnelle qui, à l'origine, aurait dû avoir lieu en même temps que l'empaquetage. Intitulée « Non-Event » [« Non-Événement »], elle présentait la plupart des dessins préparatoires, collages et maquettes réalisés par le duo lors de ses projets pour le MoMA.

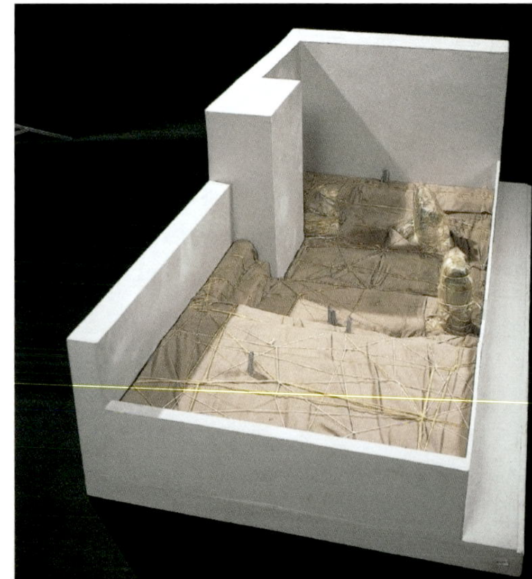

**The Museum of Modern Art Wrapped,
Project for New York**
Scale model 1968:
40.6 x 122.2 x 61.2 cm (16 x 48⅛ x 24⅛")
Fabric, rope, twine, polyethylene, and
painted wood
The Museum of Modern Art, New York
City, USA. Gift of Dominique and John
de Menil
*Photo: Eeva-Inkeri*

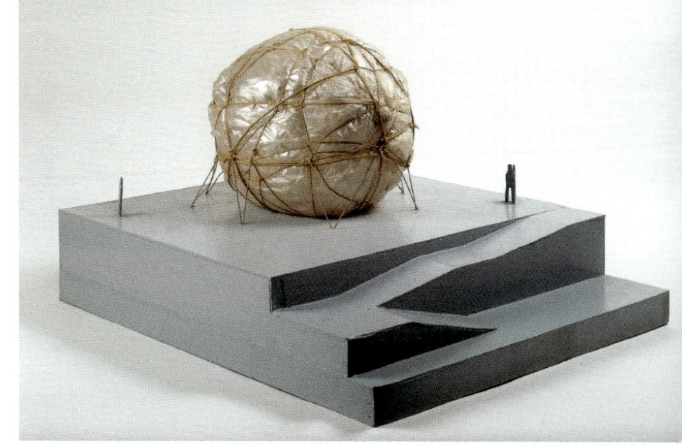

*Above:*
**Air Package, Project for the Garden of The Museum of
Modern Art, New York City**
Scale model 1968: 42 x 61 x 73.5 cm (16 ½ x 24 x 29")
Polyethylene, rope, Plexiglas globe, wood, and enamel paint
National Gallery of Art, Washington, D.C., USA. Gift of a private
collector in honor of Dorothy and Herbert Vogel
*Photo: Eeva-Inkeri*

*Right top:*
**Mastaba, Stacked Oil Barrels, Project for
The Museum of Modern Art, New York**
Scale model 1968:
20.3 x 51 x 61 cm (8 x 20 x 24")
Wood, enamel paint, and Plexiglas
*Photo: Courtesy Galerie Gmurzynska*

*Right bottom:*
**Wall of Oil Barrels on West 53rd Street,
Project for The Museum of Modern Art,
New York**
Scale model 1968:
41 x 122.6 x 75.8 cm (16 ⅛ x 48 ½ x 29 ⅞")
Wood, enamel paint, and acrylic paint
*Photo: Courtesy Galerie Gmurzynska*

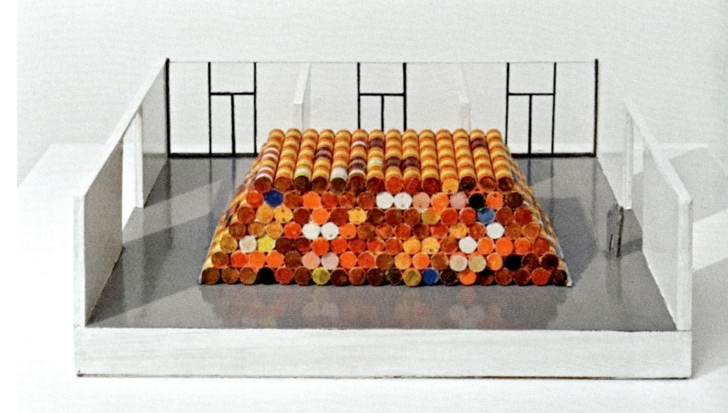

*Opposite:*
**Wrapped Trees and Sculpture
Garden, Project for The Museum
of Modern Art, New York City**
Scale model 1968:
35.5 x 122 x 61 cm (14 x 48 x 24")
Fabric, rope, twine, polyethylene,
wood, and paint
*Photo: Eeva-Inkeri*

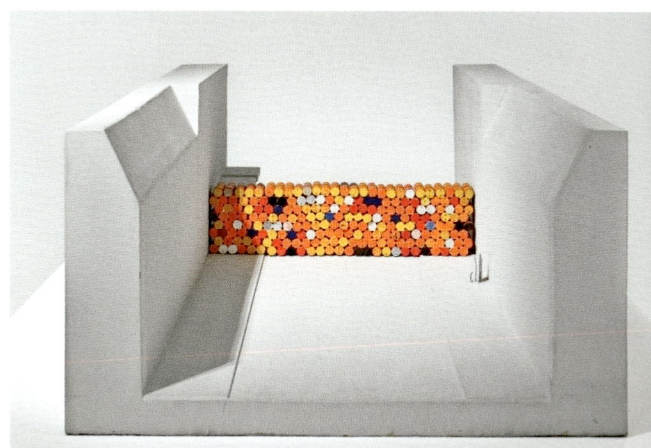

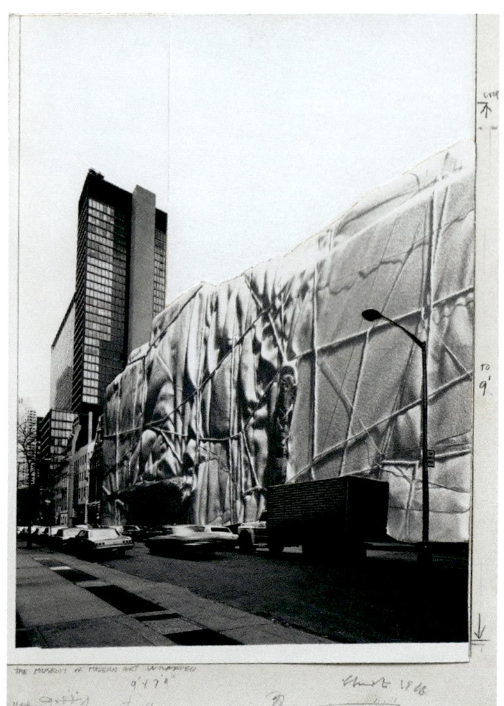

**The Museum of Modern Art Wrapped**
Collaged photographs 1968:
38 x 28 cm (15 x 11″)
Pencil, paint, and two photographs by
Ferdinand Boesch, mounted on board
*Photo: Christian Bauer*

*Below left:*
**Wall of Oil Drums, Project for The Museum
of Modern Art, at 53 Street**
Collage 1968: 71 x 56 cm (28 x 22″)
Pencil, enamel paint, wax crayon, photograph,
map, and tape
Private collection, Belgium

*Below right:*
**The Museum of Modern Art Wrapped
(Project)**
Collaged photographs 1968:
30.2 x 20.2 cm (11 7/8 x 8″)
Pencil and two photographs by Ferdinand
Boesch, mounted on board
*Photo: Christian Bauer*

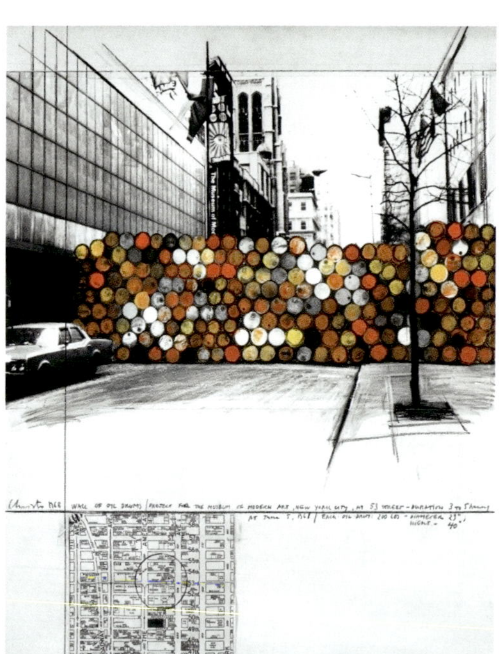

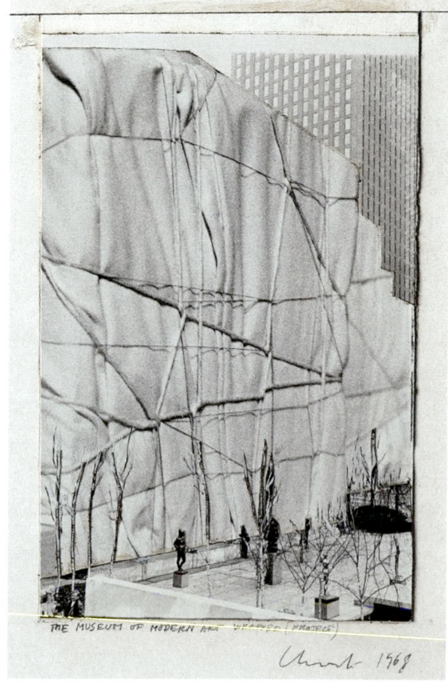

## The Abby Aldrich Rockefeller Sculpture Garden
## of The Museum of Modern Art, NY, Packed (Project)

Drawing 1968: 71 x 56 cm (28 x 22"). Pencil on paper
Collection Marina French, New York, USA

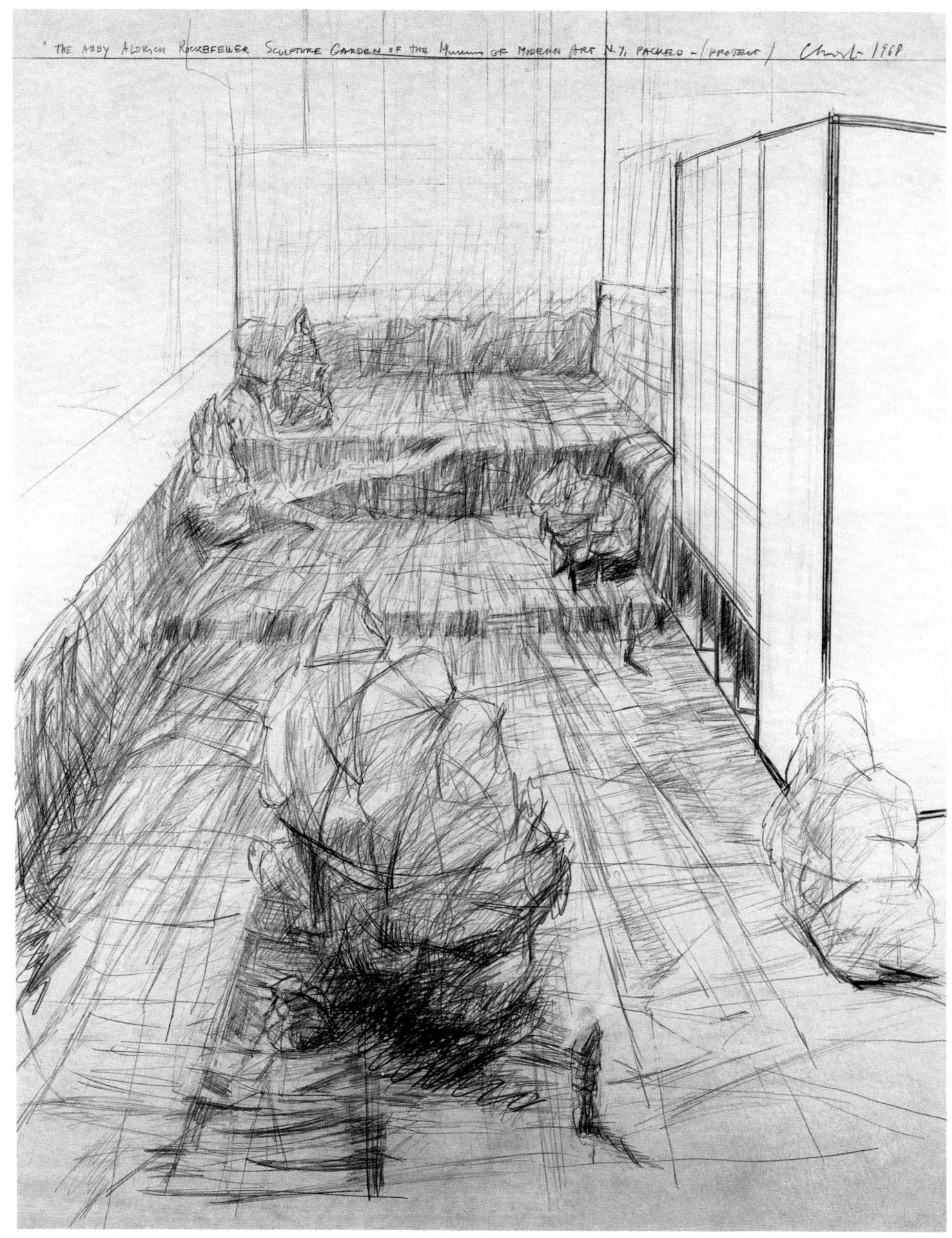

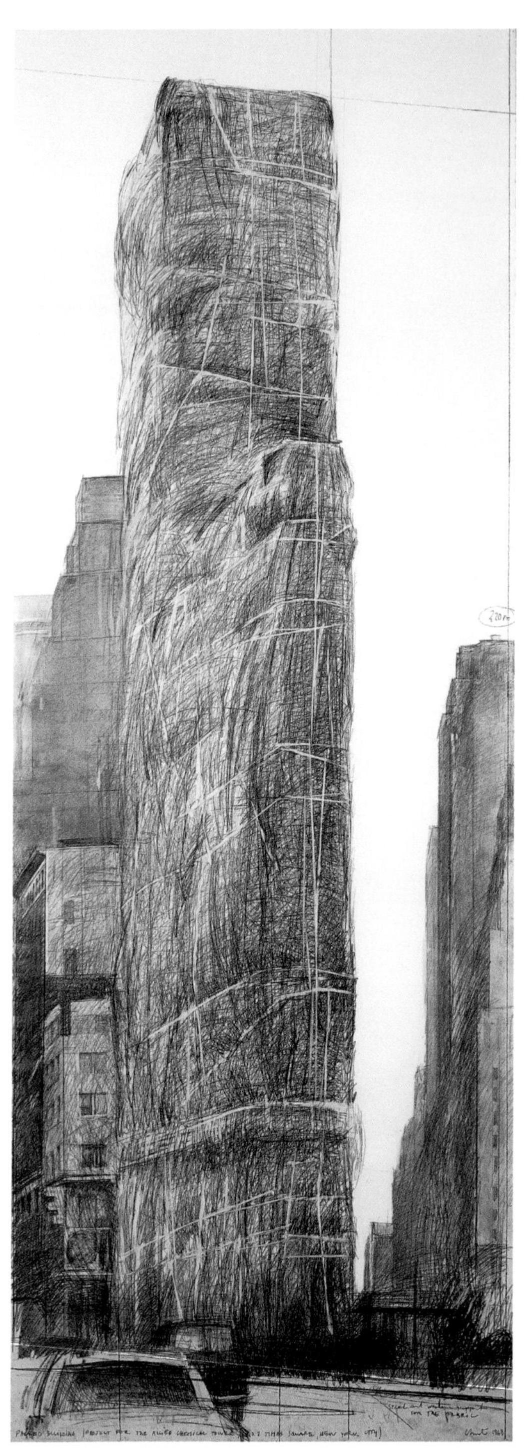

In early 1968, friend and art collector John Powers
introduced Christo and Jeanne-Claude to the
chairman of the board of Allied Chemical Corporation, hoping to get permission to wrap the
Allied Chemical Tower, No. 1 Times Square in
Manhattan, the former headquarters of *The New
York Times*. After a few weeks of negotiations, the
board refused to allow the artists to wrap the
building.

Anfang 1968 machte der Kunstsammler John
Powers Christo und Jeanne-Claude mit dem
Aufsichtsratsvorsitzenden der Allied Chemical
Corporation bekannt – in der Hoffnung, die
Genehmigung zum Verhüllen des Allied Che-
mical Tower, Times Square Nr. 1 in Manhattan,
des früheren Hauptsitzes der *New York Times*,
zu erhalten. Nachdem man einige Wochen ver-
handelt hatte, verweigerte der Aufsichtsrat den
Künstlern die Erlaubnis zum Verhüllen des
Gebäudes.

Début 1968, le collectionneur et ami des deux
artistes John Powers présenta Christo et Jeanne-
Claude au président du conseil d'administration
de l'Allied Chemical Corporation, espérant
obtenir l'autorisation d'empaqueter la Allied
Chemical Tower (1, Times Square, Manhattan) et
ancien siège du *New York Times*. Après plusieurs
semaines de négociations, le conseil refusa aux
artistes le droit d'empaqueter le bâtiment.

**Packed Building (Project for the Allied Chemical
Tower, No. 1 Times Square, New York City)**
Drawing 1968: 244 x 91.5 cm (96 x 36″)
Pencil, wax crayon, and wash
Collection Adrian Keller, New York City, USA

*Right:*

**Packed Building, Project for 1 Times Square,
Allied Chemical Tower, New York**
Scale model 1968: 68.6 x 50.8 x 81.2 cm (27 x 20 x 32″)
Fabric, twine, rope, polyethylene, wood, and paint
*Photo: Eeva-Inkeri*

*Below left:*

**Packed Building (Project for 1 Times Square,
Allied Chemical Tower NY)**
Collaged photographs 1968: 46 x 26 cm (18⅛ x 10¼″)
Pencil, photographs by Harry Shunk, wax crayon,
tape, ballpoint pen, and map
*Photo: Harry Shunk*

*Below right:*

**Packed Building (Project for 1 Times Square,
Allied Chemical Tower NY)**
Collage 1968: 46 x 26 cm (18⅛ x 10¼″)
Pencil, charcoal, wax crayon, photographs by
Harry Shunk, and tape. *Photo: Harry Shunk*

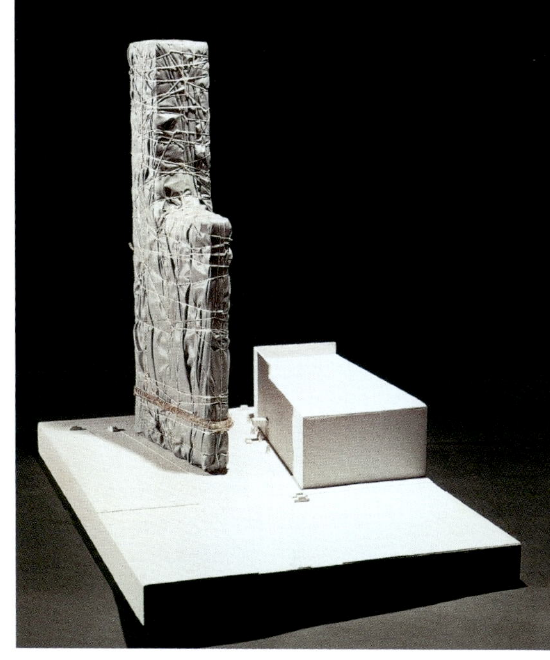

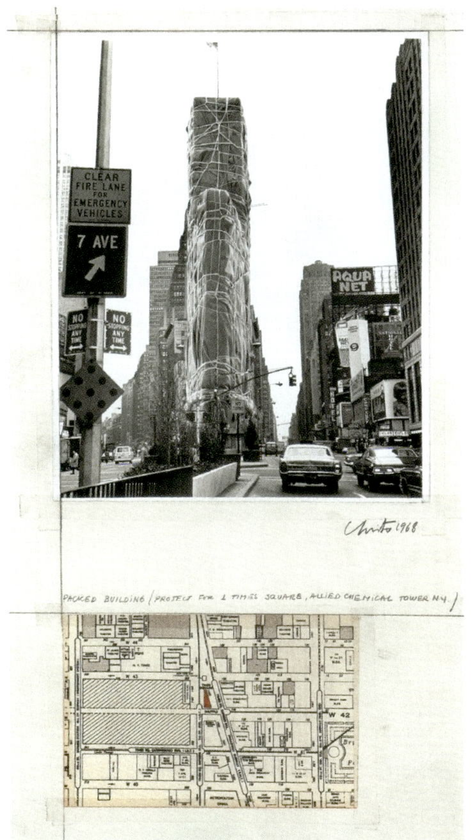


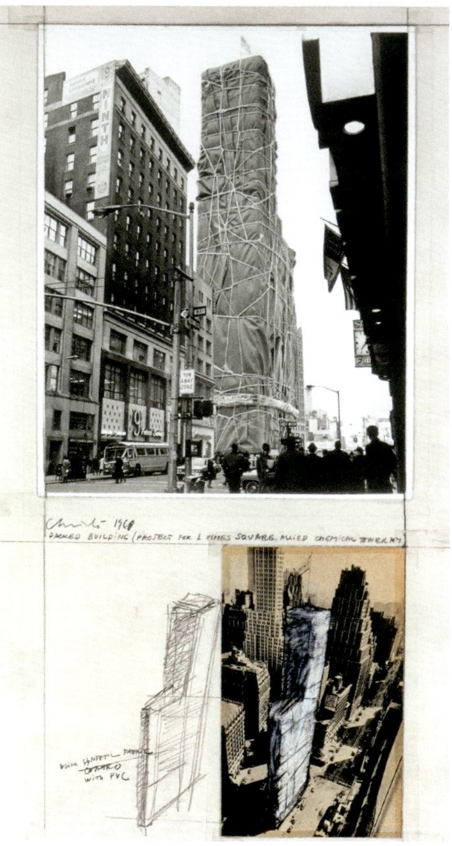

# Wrapped Buildings: Monumental Packages for Urban Spaces…

[…] A Swiss art museum, the Kunsthalle in Bern, gave the artists their first opportunity to fully wrap an entire building. July 1968 marked the fiftieth anniversary of the museum and the event was celebrated with an international group show of environmental works by twelve artists. As one of the dozen participants, Christo and Jeanne-Claude showed nothing inside the museum, but literally packaged the entire exhibition. "We took the environments by eleven other artists," Christo remarked with amusement, "and wrapped them. We had our whole environment inside."

The artists shrouded the Kunsthalle with 2,430 square meters (27,000 square feet) of reinforced polyethylene, which was left over from the discarded first skin of the Kassel *Air Package*, secured it with 3,050 meters (10,000 feet) of nylon rope and made a slit in front of the main entrance so visitors could enter the building. The Kunsthalle is a bulky-looking building, despite its curved walls and sloping roof, but its hulking silhouette was considerably softened by the mantle of translucent polyethylene. The only architectural elements that remained visible with any sharpness and clarity were the contours of the roof and cornices. The sides of the building were luxuriously swagged and the plastic veiling was continually animated by soft, billowing folds and an always-changing pattern of glimmering highlights.

The wrapping process took six days with the help of eleven construction workers. Because no nails could be driven into the building, special wooden supports had to be built for fastening the fabric to the building and at one point, to facilitate work on the roof, the local fire brigade was called upon to lend a hydraulic ladder.

Insurance companies refused to underwrite the Kunsthalle and its valuable contents during the period it was wrapped, so to guard against possible fire and vandalism, the museum's director Harald Szeemann had six watchmen posted around the building at all times. As this proved to be quite expensive, the building was unwrapped after one week. […]

[…] Ein Schweizer Museum, die Kunsthalle Bern, bot Christo und Jeanne-Claude erstmals die Gelegenheit, ein ganzes Gebäude zu verhüllen. Im Juli 1968 fand zur Feier des 50. Jahrestags der Museumsgründung eine internationale Gruppenausstellung mit Environments von zwölf Künstlern statt. Zu ihnen gehörten auch Christo und Jeanne-Claude, aber sie stellten nichts im Inneren des Museums aus, sondern verhüllten gleich die ganze Ausstellung. Christo erklärte dazu amüsiert: „Wir nahmen die Environments der anderen elf Künstler und verhüllten sie. So hatten wir unser ganzes Environment drin."

Christo und Jeanne-Claude verhüllten die Kunsthalle mit 2.430 Quadratmetern verstärktem Polyäthylen, die von der ausrangierten ersten Haut des Kasseler *Air Package* übrig geblieben waren, befestigten sie mit 3.050 Metern Nylonseil und schnitten die Hülle vor dem Haupteingang auf, damit die Besucher das Gebäude betreten konnten. Trotz der geschwungenen Mauern und des Schrägdachs wirkte die Kunsthalle recht massig, aber die lichtdurchlässige Hülle milderte die plumpe Silhouette beträchtlich. Einigermaßen klar und deutlich sichtbar blieben nur die Dach- und Gesimskonturen. Die Seiten des Gebäudes wurden großzügig umformt, sodass die Polyäthylenhülle von weichen, bewegten Falten und einem beständig wechselnden Muster von Glitzerpunkten belebt schien.

Die Umhüllung dauerte sechs Tage; elf Bauarbeiter waren beteiligt. Da in das Gebäude keine Halterungen eingeschlagen werden durften, mussten für die Befestigung der Gebäudeummantelung spezielle Holzgerüste gebaut werden, und für die Arbeit auf dem Dach half einmal sogar die örtliche Feuerwehr mit einer ausfahrbaren Leiter aus. Da sich die Versicherungen weigerten, während der Zeit der Verhüllung für die Kunsthalle und ihren wertvollen Inhalt die Garantie zu übernehmen, postierte Museumsdirektor Harald Szeemann zum Schutz vor möglichem Feuer und Vandalismus rund um die Uhr sechs Wachleute um das Museum. Weil sich dies als recht kostspielig erwies, wurde das Museum nach einer Woche wieder enthüllt. […]


[…] Un musée suisse, la Kunsthalle de Berne, offrit aux artistes la première opportunité d'empaqueter intégralement un édifice. En juillet 1968, le musée fêtait ses cinquante ans d'existence, et l'événement fut célébré par une exposition de groupe internationale présentant les œuvres environnementales de douze artistes. Christo et Jeanne-Claude n'exposèrent aucune œuvre à l'intérieur du musée, mais empaquetèrent littéralement toute l'exposition. «Nous avons pris les environnements de onze autres artistes», observait Christo non sans amusement, «et les avons empaquetés. Nous avions notre propre environnement à l'intérieur.»

Les artistes enveloppèrent la Kunsthalle de 2.430 mètres carrés de bâche polyéthylène renforcée, excédent de la première enveloppe de l'*Air Package* de Kassel, sécurisèrent l'ensemble avec 3.050 mètres de corde de nylon et réalisèrent une échancrure devant l'entrée principale pour permettre aux visiteurs d'accéder à l'intérieur du musée. Si le bâtiment de la Kunsthalle présente un aspect massif malgré ses murs incurvés et son toit incliné, son imposante silhouette était considérablement adoucie par l'enveloppe de polyéthylène translucide. Les seuls éléments d'architecture encore visibles avec quelque netteté et lisibilité étaient les lignes du toit et des corniches. Les flancs de l'édifice étaient luxueusement ballonnés et le voile de plastique était partout animé de plis doux et ondulants et d'un motif sans cesse changeant de reflets chatoyants.

L'empaquetage demanda six jours de travail et fut réalisé avec l'aide de onze ouvriers du bâtiment. Comme aucun clou ne pouvait être planté dans l'édifice, il fallut monter des supports de bois spéciaux permettant de fixer la bâche sur l'édifice. Pour faciliter le travail au niveau de la toiture, on dut faire appel à la brigade des pompiers du quartier, qui mit à disposition une échelle hydraulique. Les compagnies d'assurances refusèrent de couvrir la Kunsthalle et les valeurs qu'elle contenait pendant toute la période où le bâtiment se trouva empaqueté. Pour parer les feux et les vandalismes toujours possibles, le directeur du musée Harald Szeemann posta six gardes en permanence autour du bâtiment. Cette mesure s'avérant assez coûteuse, le musée fut désempaqueté au bout d'une semaine. […]


*Excerpt from the book / Auszug aus dem Buch / Extrait du livre:* Christo, *David Bourdon Harry N. Abrams, Inc., Publishers, New York* © *1970*

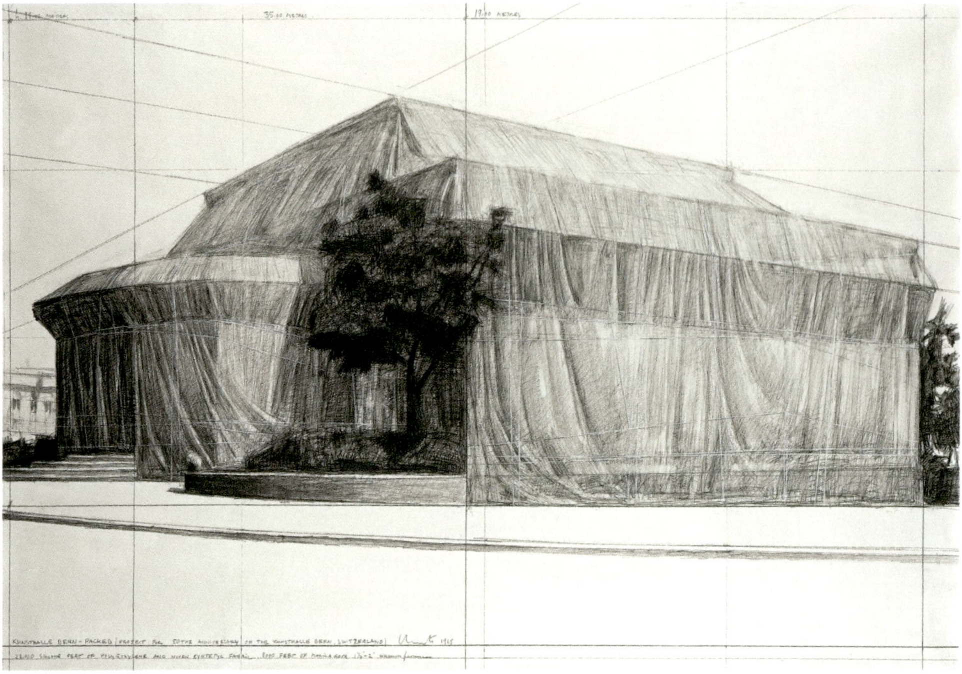

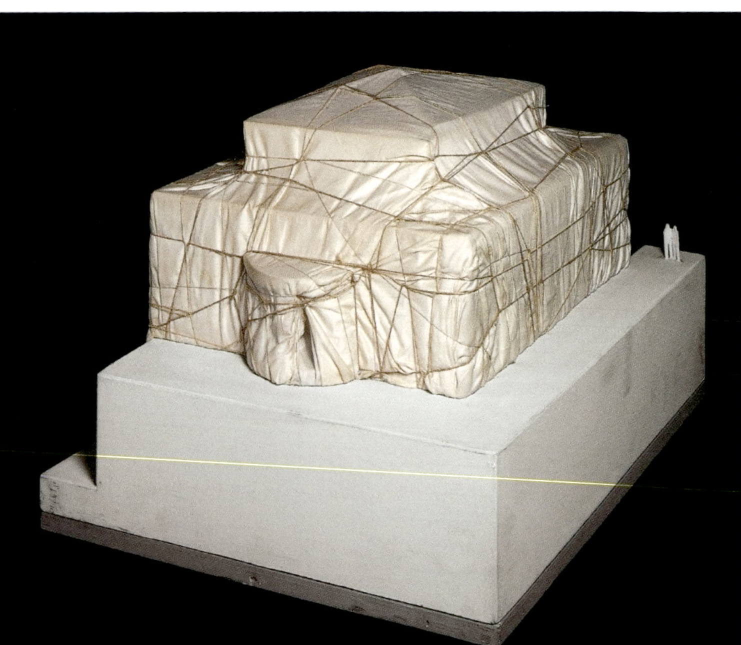

**Kunsthalle Bern – Packed (Project for 50th Anniversary
of the Kunsthalle, Bern, Switzerland)**
Drawing 1968: 101.5 x 152.5 cm (40 x 60″)
Pencil, wax crayon, and wash
Würth Collection, Künzelsau, Germany

**Kunsthalle Wrapped, Project**
Scale model 1967:
59.7 x 71.5 x 92.2 cm
(23 ½ x 28 ⅛ x 36 ¼″)
Fabric, twine, rope, Masonite,
wood, and acrylic paint
Würth Collection, Künzelsau,
Germany

**Kunsthalle Bern Packed (Project for 50th Anniversary of the Kunsthalle, Bern, Switzerland)**
Collaged photographs 1968:
44.5 x 33 cm (17 ½ x 13 ¼")
Pencil, photographs by Harry Shunk, map, wax crayon, and tape
Würth Collection, Künzelsau, Germany

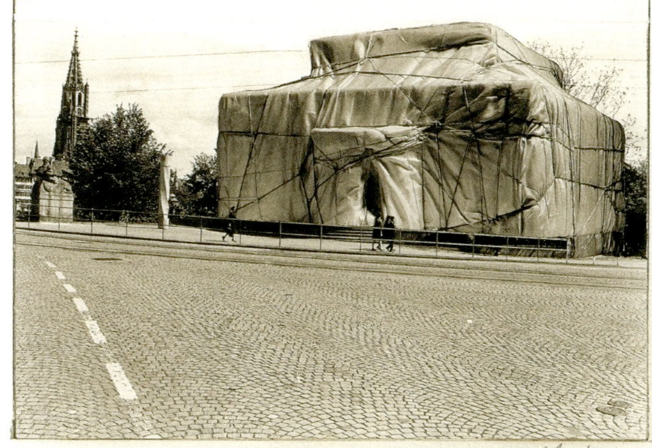

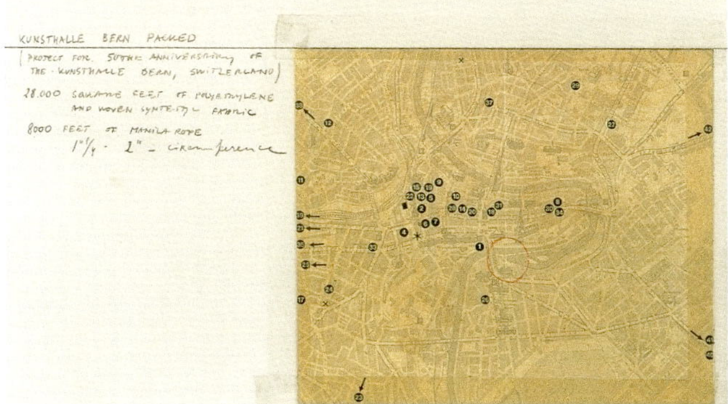

**Kunsthalle Bern – Packed (Project for 50th Anniversary)**
Collage 1968: 56 x 71 cm (22 x 28")
Pencil, fabric, polyethylene, twine, thread, charcoal, and cut-out photograph on cardboard
Private collection, Europe

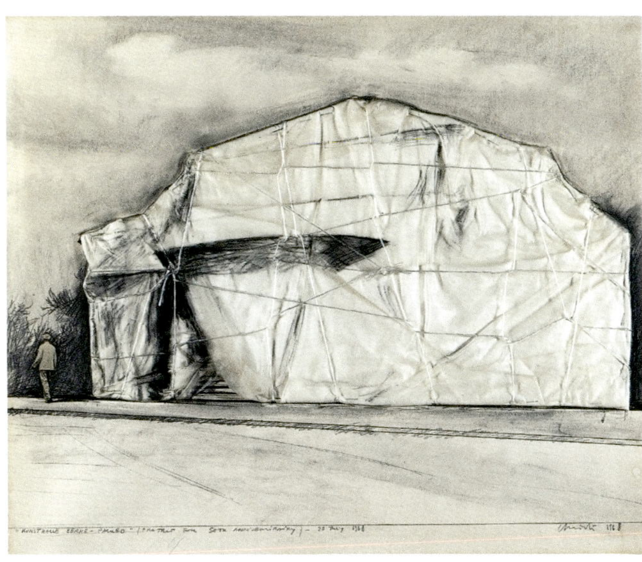

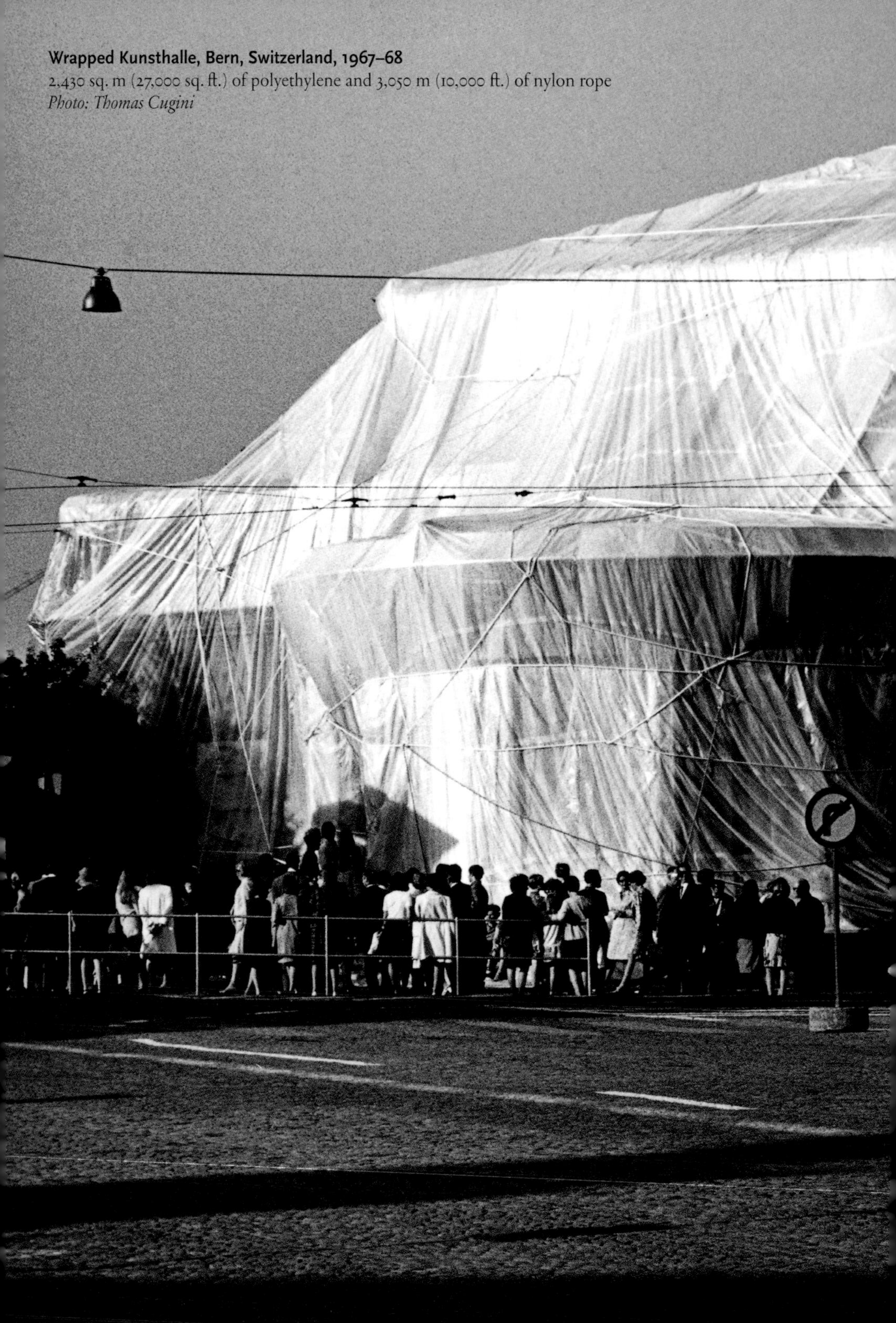


**Wrapped Kunsthalle, Bern, Switzerland, 1967–68**
2,430 sq. m (27,000 sq. ft.) of polyethylene and 3,050 m (10,000 ft.) of nylon rope
*Photo: Thomas Cugini*

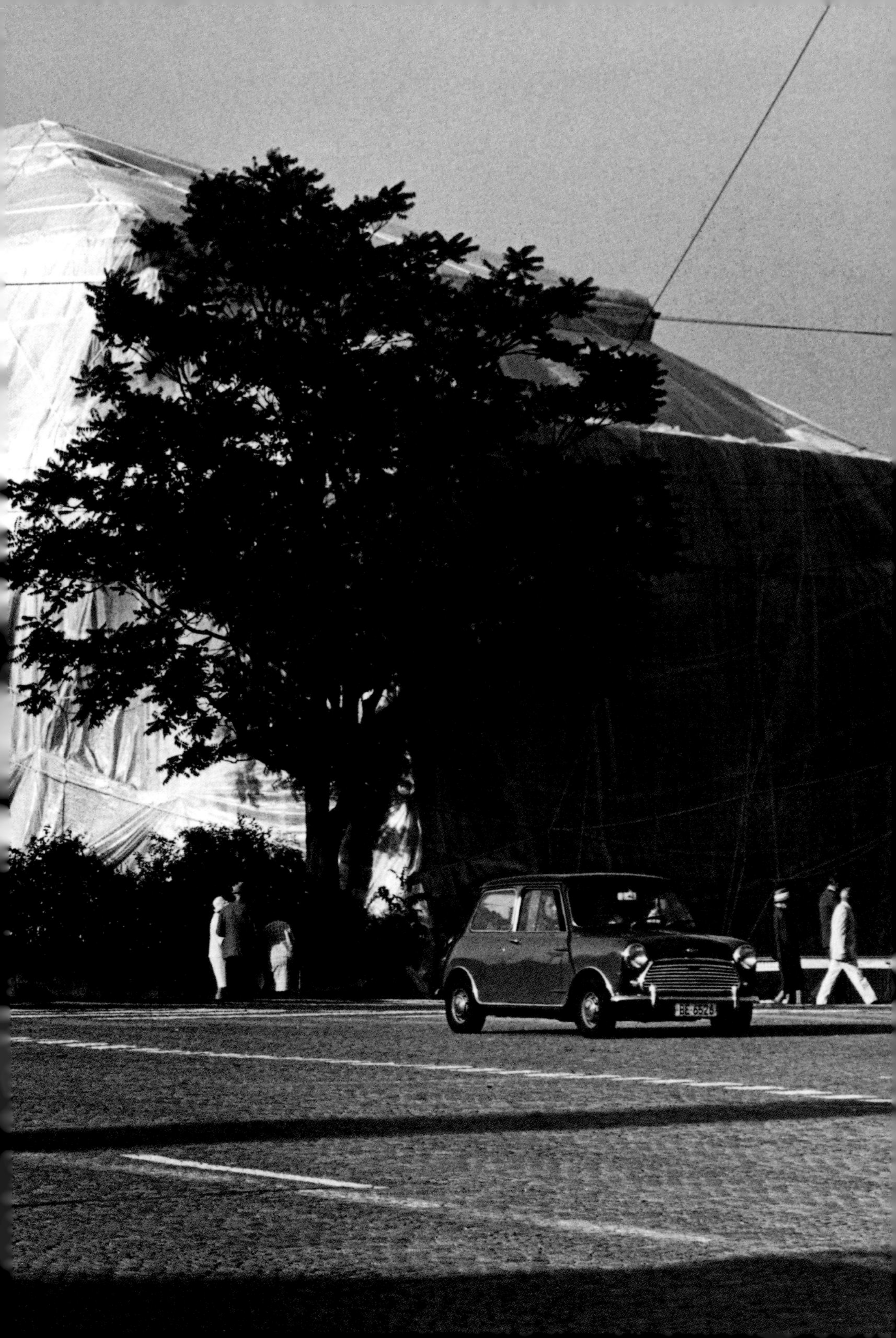

[…] In July 1968, in conjunction with the Festival of Two Worlds, Christo and Jeanne-Claude almost wrapped the Spoleto opera house, the three-story-high *Teatro Nuovo*, an eighteenth-century building that is one of the principal attractions of the small mountaintop town in Central Italy. Again, Christo and Jeanne-Claude were prevented from wrapping the building, this time by fire laws.

While Christo was working in Switzerland, creating the *Wrapped Kunsthalle, Bern*, Jeanne-Claude was invited to look around the town of Spoleto and, instead of the opera house, after consulting Christo on the telephone, she chose to wrap a medieval tower and a Baroque fountain at the market place. The tall square tower, standing like a shrouded sentinel at one end of a medieval causeway, was one of the first landmarks on the road winding into Spoleto, providing an eerie indication of the curious blend of old and new cultures at the Festival of Two Worlds.

In the main piazza in the center of town, the wrapped fountain struck a festive note, with the white woven polypropylene fabric and rope extending over the entire side of a four-story building, the silhouette of which resembled a Baroque church façade. The cloth shimmered like white satin in the sunlight and became tremulous in the slightest whisper of a breeze. Both wrappings remained up for three weeks, the duration of the festival.

[…] Because of the simultaneous timing of the two projects in Italy and Switzerland, Christo never saw the *Wrapped Tower* and the *Wrapped Fountain* in Spoleto, while Jeanne-Claude never saw the *Wrapped Kunsthalle* in Bern. That same summer, together, they completed the *5,600 Cubicmeter Package* in Kassel, Germany.

[…] Im Juli 1968 wäre es Christo und Jeanne-Claude beinahe gelungen, in Verbindung mit dem Festival der Zwei Welten das Opernhaus von Spoleto, das Teatro Nuovo, zu verhüllen, ein dreistöckiges Gebäude aus dem 18. Jahrhundert, das zu den Hauptsehenswürdigkeiten der kleinen mittelitalienischen Bergstadt zählt. Doch wieder kam etwas dazwischen; diesmal waren es die Brandschutzvorschriften.

Christo arbeitete in der Schweiz an der *Verhüllten Kunsthalle, Bern* und Jeanne-Claude, die sich in Spoleto aufhielt, wurde eingeladen, sich in der Stadt nach einem Ersatz für das Opernhaus umzusehen. Nach telefonischer Rücksprache mit Christo entschied sie sich für die Verhüllung eines mittelalterlichen Turms und eines Barockbrunnens auf dem Marktplatz. Der viereckige Turm stand wie ein verkleideter Wächter an einem Ende einer mittelalterlichen Chaussee und war eines der ersten Wahrzeichen an der sich nach Spoleto hinaufwindenden Straße. Er vermittelte einen gespenstischen Vorgeschmack auf die seltsame Mischung alter und neuer Kulturen beim Festival der Zwei Welten.

Auf der Piazza in der Stadtmitte verbreitete
der verhüllte Brunnen eine festliche Atmosphäre mit dem weißen Polypropylengewebe und
den Seilen, die eine Seite des vierstöckigen Aufbaus umschlangen, der an eine barocke Kirchen-
fassade erinnerte. Das Tuch schimmerte wie
weißer Satin in der Sonne und begann bei der
leisesten Brise zu rascheln. Beide Verhüllungen
blieben während der gesamten drei Wochen des
Festivals unverändert. […]

[…] Durch die zeitliche Überschneidung der
beiden Projekte in Italien und der Schweiz hat
Christo den *Verhüllten mittelalterlichen Turm* und
den *Verhüllten Brunnen* in Spoleto nie gesehen,
während Jeanne-Claude die *Verhüllte Kunsthalle,
Bern* nie zu Gesicht bekam. Im gleichen Sommer realisierten sie gemeinsam das *5,600 Cubicmeter Package* in Kassel.


[…] En juillet 1968, dans le cadre du festival
des Deux-Mondes, Christo et Jeanne-Claude
parvinrent presque à empaqueter l'opéra de
Spolète, c'est-à-dire les trois étages du Teatro
Nuovo, un édifice du XVIIIᵉ siècle qui est l'une
des principales attractions touristiques de cette
petite ville accrochée sur une montagne du
centre de l'Italie. Une fois de plus, Christo et
Jeanne-Claude ne purent empaqueter l'édifice,
cette fois-ci à cause des normes incendie.

Pendant que Christo travaillait en Suisse, où
il empaquetait la Kunsthalle de Berne, Jeanne-
Claude visitait la ville de Spolète. Après s'être
consultée par téléphone avec Christo, au lieu
de l'opéra, elle choisit d'empaqueter une tour
médiévale et la fontaine baroque de la place
du marché, en plein centre-ville.

Dressée comme une sentinelle à la fin d'une
chaussée médiévale, la grande tour carrée était
un des premiers monuments visibles de la route
sinueuse accédant à Spolète et marquait un
signal du curieux mélange d'anciennes et de
nouvelles cultures au festival des Deux-Mondes.
Sur la place centrale de la ville, la fontaine empaquetée donnait une note festive avec sa toile de
polypropylène blanche encordée se moulant sur
toute la façade d'un bâtiment de quatre étages,
dont la silhouette évoquait une église baroque.
La toile chatoyait au soleil comme du satin
blanc et frissonnait au moindre souffle de vent.
Les deux empaquetages restèrent en place pendant trois semaines, c'est-à-dire pendant toute
la durée du festival.

[…] Les deux projets étant réalisés simultanément en Italie et en Suisse, Christo ne vit
jamais la *Tour Empaquetée* et la *Fontaine
Empaquetée* à Spolète, tandis que Jeanne-Claude
ne vit jamais la *Kunsthalle Berne Empaquetée*.
Le même été, ils allaient achever ensemble le
*5,600 Cubicmeter Package* à Kassel, en Allemagne.


*Excerpt from the book / Auszug aus dem Buch /
Extrait du livre:* Christo, *David Bourdon
Harry N. Abrams, Inc., Publishers, New York* © 1970

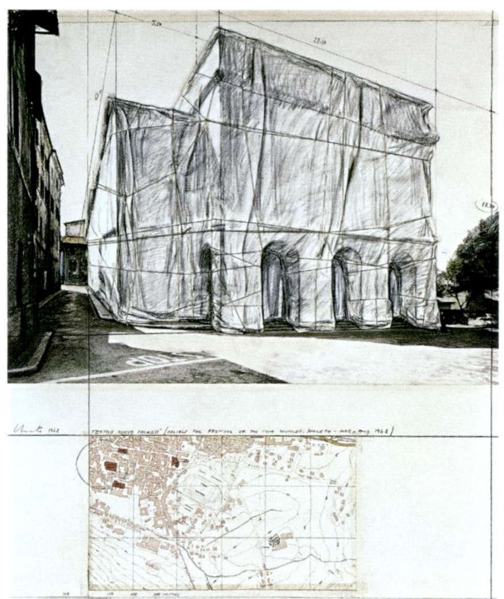

**Teatro Nuovo Packed (Project for Festival of
Two Worlds, Spoleto – June–July 1968)**
Collage 1968: 71 x 56 cm (28 x 22″)
Pencil, fabric, twine, photograph, wax crayon,
charcoal, map, and tape
Collection Lilja Art Fund Foundation, Switzerland
*Photo: Eeva-Inkeri*

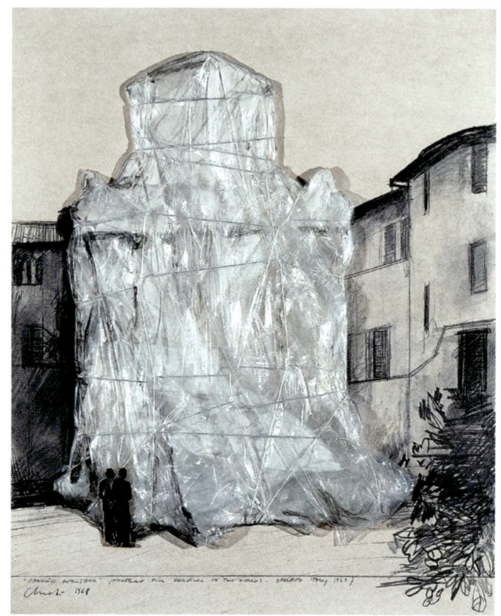

**Packed Fountain (Project for Festival of
Two Worlds – Spoleto, Italy 1968)**
Collage 1968: 71.5 x 56.5 cm (28 ¼ x 22 ¼″)
Pencil, polyethylene, rope, wax crayon, charcoal,
and cardboard
Wilhelm Lehmbruck Museum, Duisburg, Germany

*Below:*
**Wrapped Teatro Nuovo, Project for Spoleto**
Scale model 1968: 34 x 108 x 139 cm (13 ¼ x 42 ½ x 54 ¾″)
Fabric, twine, rope, wood, and paint

*Opposite:*
**Wrapped Fountain, Piazza Mercato,
Spoleto, Italy 1968**
*Photo: Jeanne-Claude*

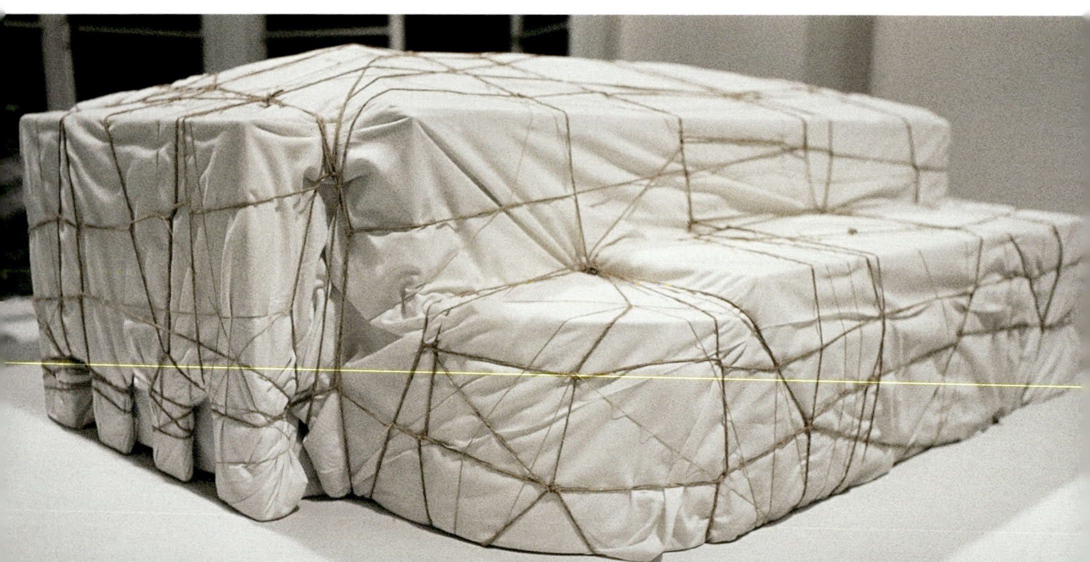

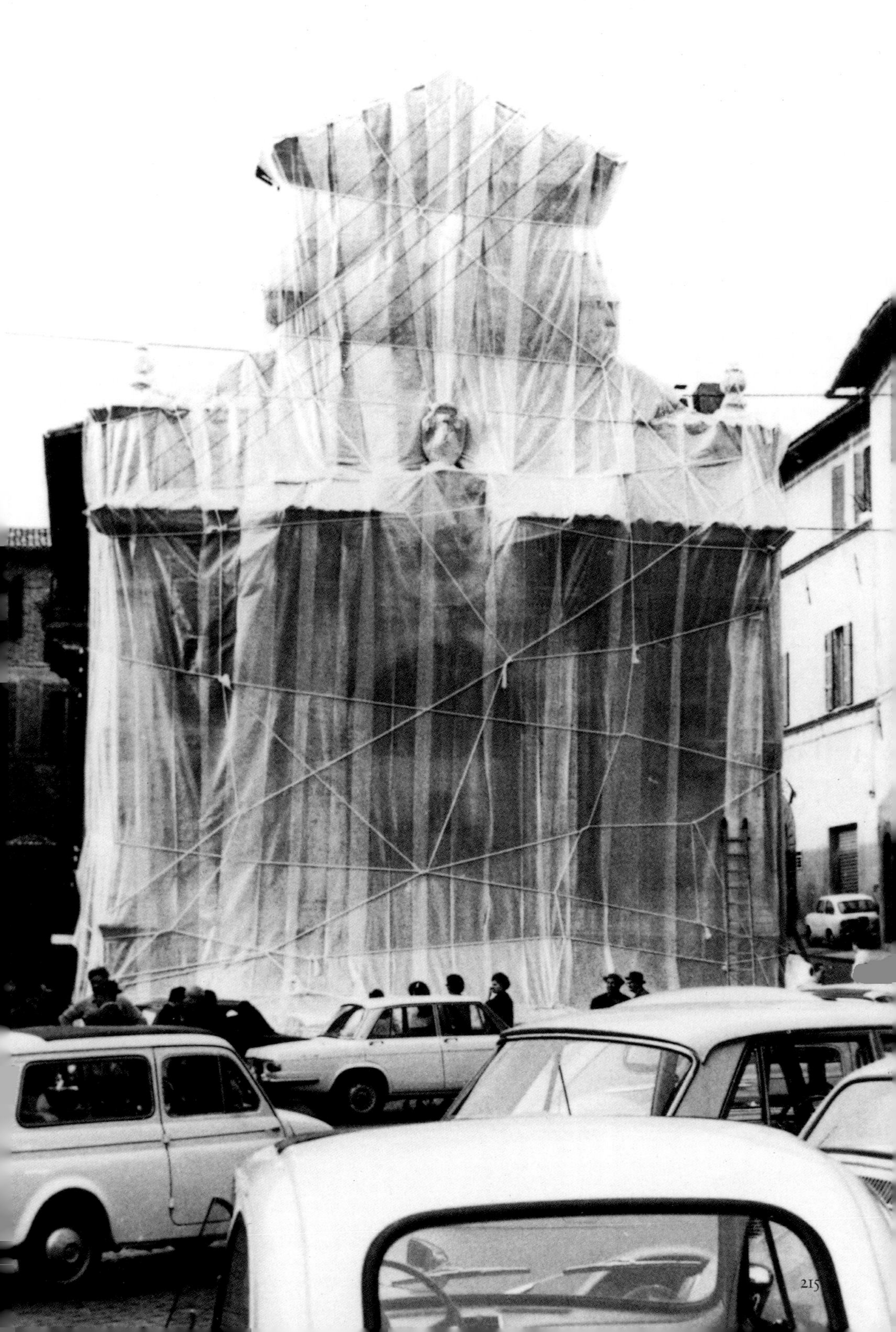

# 5,600 Cubicmeter Package, documenta IV, Kassel, 1967–68

At the occasion of the *documenta IV* in 1968, in Kassel, Germany, Christo and Jeanne-Claude created the largest ever inflated structure without a skeleton. After three unsuccessful attempts, it was erected on August 3, 1968, with the assistance of five cranes, two of which were 70.1 meters (216.5 feet) high and weighed 200 tons each. The pair of giant cranes, the tallest Europe had to offer, had been operating separately in northern France and in Hamburg, Germany. It took two weeks just to make arrangements for both cranes to arrive simultaneously in Kassel, to elevate the inflated air package from its horizontal position on the ground to its vertical position.

The 6,000 kg (13,227 lb.) air package consisted of an envelope made of 2,000 square meters (22,222 square feet) of Trevira fabric coated with PVC and tied with ropes. The heat-sealed fabric envelope was restrained by a net made of 3,500 meters (11,483 feet) of rope specially prepared by professional riggers and secured by 1,200 knots. The elevation took 9 hours. Once elevated, the *5,600 Cubicmeter Package* stood 85 meters (279 feet.) tall, with a diameter of 10 meters (33 feet)

Chief engineer Dimiter Zagoroff designed a three-and-a-half ton, 11-meter (36-foot) diameter steel cradle-like base to support the air package 11 meters (36 feet) above the ground. The steel cradle was hinged on a central steel column anchored in a one-ton concrete foundation.

Air pressure was maintained by a centrifugal blower run by a variable-speed electric motor. A gasoline generator stood by in case of power failure. To keep the air package in its vertical position, steel guy wires were anchored to 12 embedded concrete foundations, six 10-ton and six 18-ton, which were completely removed when the air package was taken down three months later.

All expenses of the project were borne by Christo and Jeanne-Claude through the sale of original drawings, collages, and early works of the 1950s and '60s.

The land was restored to its original condition.

Anlässlich der *documenta IV* in Kassel 1968 errichteten Christo und Jeanne-Claude die größte jemals geschaffene aufblasbare skelettlose Struktur. Nach drei erfolglosen Versuchen wurde sie schließlich am 3. August 1968 mithilfe von fünf Kränen errichtet, von denen zwei 70,1 Meter hoch waren und jeweils 200 Tonnen wogen. Die beiden Kräne, die größten, die ganz Europa zu bieten hatte, waren in Nordfrankreich und in Hamburg im Einsatz. Es dauerte allein zwei Wochen, um sicherzustellen, dass beide Kräne gleichzeitig in Kassel waren, um so das Luftpaket aus seiner horizontalen Position auf dem Boden in die Vertikale zu befördern.

Das 6.000 Kilogramm schwere Luftpaket bestand aus einer Hülle aus 2.000 Quadratmetern PVC-beschichtetem und mit Seilen gesichertem Treviragewebe. Die versiegelte Gewebehülle wurde von einem Netz aus 3.500 Metern speziell gefertigtem Seil und 1.200 Knoten in Form gehalten. Die Aufrichtung dauerte neun Stunden. Im aufgerichteten Zustand maß das *5,600 Cubicmeter Package* 85 Meter in der Höhe und 10 Meter im Durchmesser.

Chefingenieur Dimiter Zagoroff entwickelte eine 3,5 Tonnen schwere, trichterförmige Stahlkonstruktion mit einem Durchmesser von 11

Metern, um das Luftpaket 11 Meter über dem Grund in Position zu halten. Die Stahlkonstruktion war durch ein Scharnier mit einer zentralen Stahlstütze verbunden, die wiederum in einem eine Tonne schweren Betonfundament verankert war. Der permanente Luftdruck wurde garantiert durch einen Zentrifugallüfter, der von einem Elektromotor betrieben wurde. Ein benzinbetriebener Stromgenerator stand bereit, um einen möglichen Stromausfall zu überbrücken.

Um das Luftpaket in seiner vertikalen Position zu halten, wurden Stahlkabel zu 12 Betonfundamenten gespannt, sechs mit einem Gewicht von 10 Tonnen, sechs mit einem Gewicht von 18 Tonnen, die allesamt wieder entfernt wurden, als das Luftpaket nach drei Monaten demontiert wurde.

Alle Kosten des Projektes wurden von Christo und Jeanne-Claude durch den Verkauf von Originalzeichnungen, Collagen und frühen Werken der 1950er- und 60er-Jahre getragen.

Der Platz wurde in seinen Ursprungszustand zurückversetzt.


À l'occasion de la *documenta IV* en 1968, à Kassel, en Allemagne, Christo et Jeanne-Claude créèrent la plus grande structure gonflable sans ossature jamais réalisée. Après trois essais infructueux, elle fut dressée le 3 août avec l'assistance de cinq grues, dont deux mesuraient 70,1 mètres de haut et pesaient 200 tonnes chacune. Ces deux grues géantes, les plus hautes que l'Europe pouvait offrir, étaient séparément en cours d'utilisation dans le nord de la France et à Hambourg, en Allemagne, et il fallut deux semaines pour faire en sorte qu'elles arrivent simultanément à Kassel, pour élever l'empaquetage gonflé d'air de sa position horizontale au sol vers sa position verticale.

Les 6.000 kilogrammes d'empaquetage d'air consistaient en une enveloppe faite de 2.000 mètres carrés de toile de Trévira enduite de PVC entourée de cordes. L'enveloppe de toile thermocollée était retenue par un filet fait de 3.500 mètres de corde, spécialement préparé par des gréeurs professionnels et fixé par 1.200 nœuds. L'élévation prit 9 heures. Une fois élevée, l'œuvre d'art temporaire mesurait 85 mètres de haut et 10 mètres de diamètre.

L'ingénieur en chef Dimiter Zagoroff conçut une base en acier, semblable à un berceau, de 3 tonnes et demie et de 11 mètres de diamètre, pour supporter l'empaquetage d'air à 11 mètres au dessus du sol. Le berceau comportait une colonne centrale en acier articulée qui fut ancrée dans une fondation d'une tonne de béton. La pression de l'air était maintenue par un souffleur centrifuge constant qui fonctionnait grâce à un moteur électrique à vitesse variable. Un groupe électrogène restait à proximité, en cas de coupure de courant.

Pour maintenir l'empaquetage d'air en position verticale, des câbles d'amarrage en acier étaient ancrés sous terre à 12 fondations en béton, six de 10 tonnes et six de 18 tonnes, qui furent complètement enlevées quand l'œuvre d'art temporaire fut déposée trois mois plus tard.

Toutes les dépenses furent payées par Christo et Jeanne-Claude grâce à la vente d'œuvres préparatoires faites par Christo : dessins, collages, maquettes, ainsi que de lithographies et empaquetages anciens.

Le lieu fut remis en son état premier.

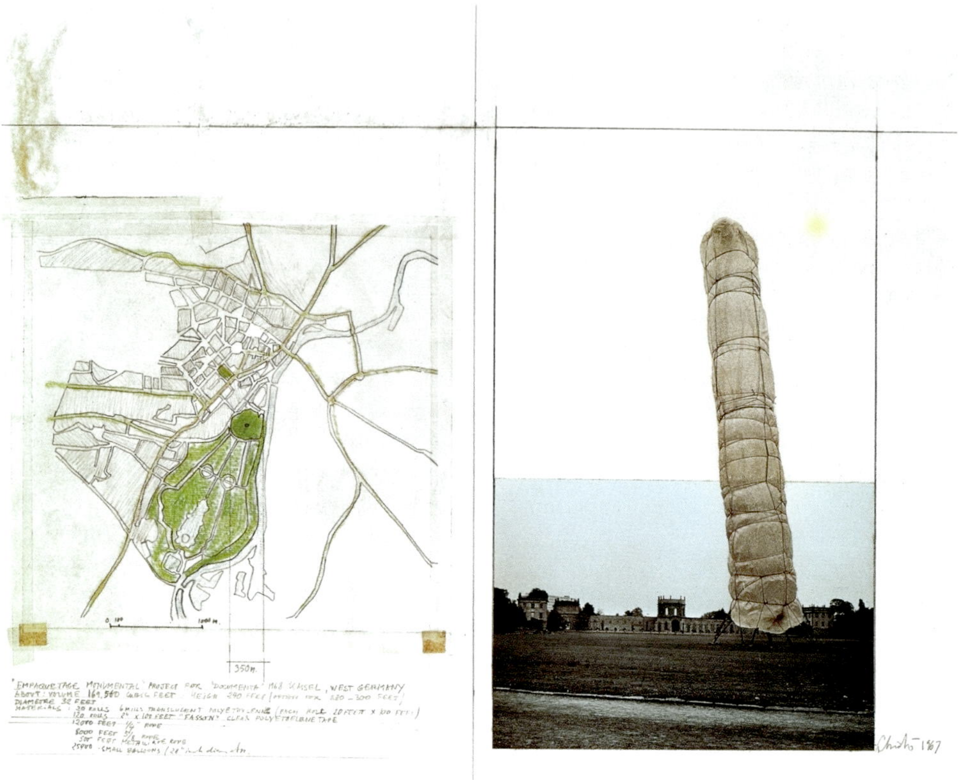

**Empaquetage Monumental, Project for documenta 1968, Kassel, West Germany**
Collaged photographs 1967: 49 x 61.2 cm (19 ½ x 24 ⅛″)
Pencil, wax crayon, tracing paper, photographs, and tape
*Photo: Eeva-Inkeri*

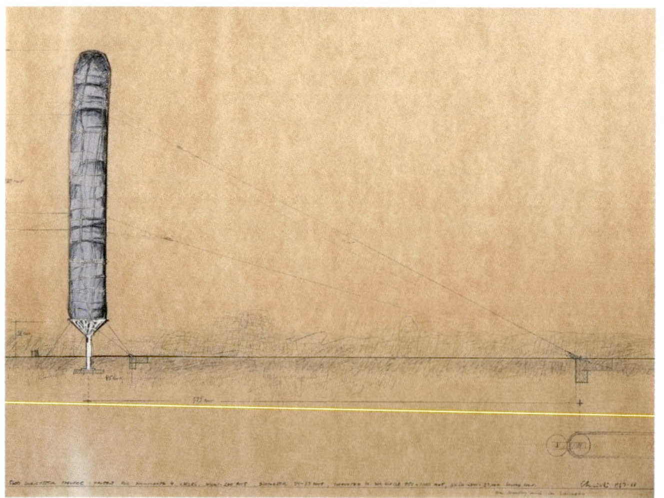

*Left:*
**5,600 Cubicmeter Package,
Project for documenta 4, Kassel**
Collage 1967–68:
56 x 71 cm (22 x 28″)
Pencil, wax crayon, enamel
paint, cardboard, plastified fabric,
and twine
Collection The Metropolitan
Museum of Art, New York, USA

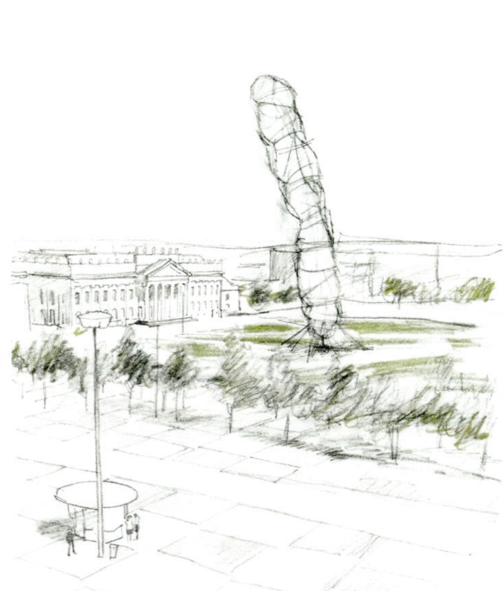


**Projet pour Empaquetage
Monumental pour documenta 1968**
Drawing 1967:
35.5 x 25.5 cm (14 x 10″)
Pencil and wax crayon on tracing
paper on paper
Collection Kimiko Powers, Carbondale,
Colorado, USA
*Photo: Hugo Doetsch*

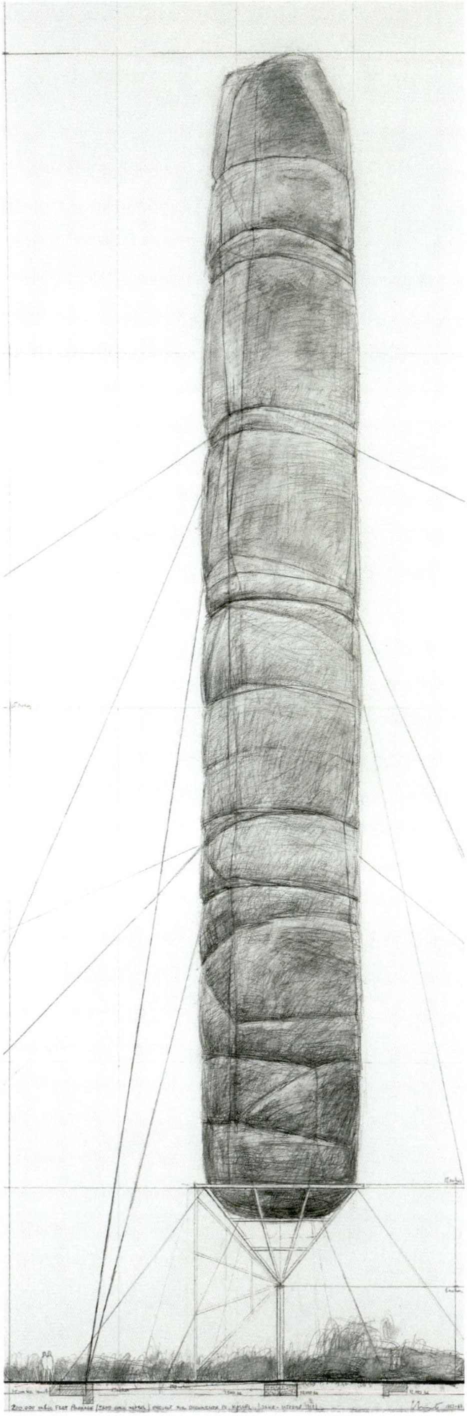

*Right:*
**200,000 Cubic Feet Package
(5,600 Cubic Meters)
Project for documenta IV, Kassel
(June–October 1968)**
Drawing 1968:
244 x 91.5 cm (96 x 36″)
Pencil, charcoal, and wash
Würth Collection, Künzelsau, Germany

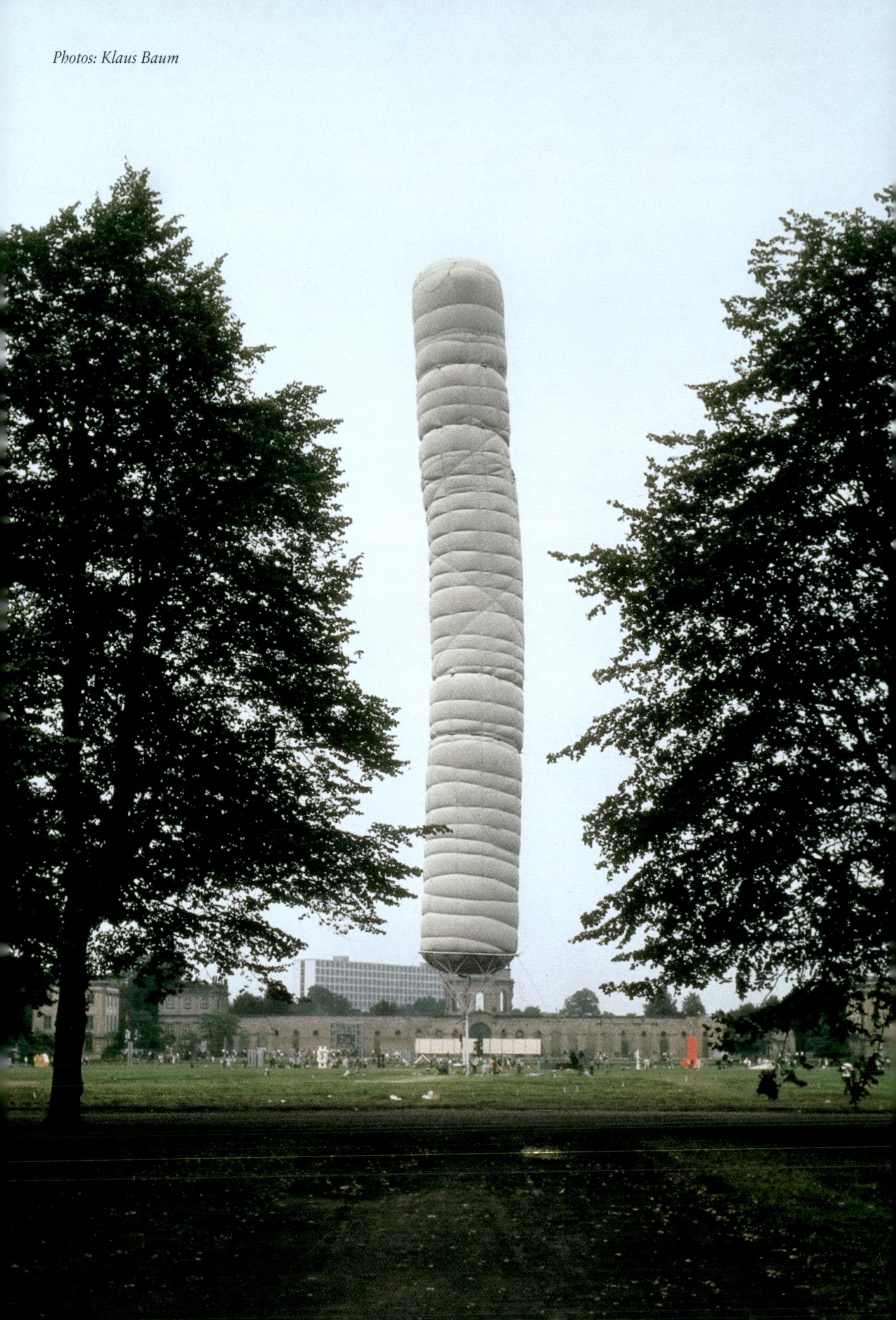
Photos: Klaus Baum

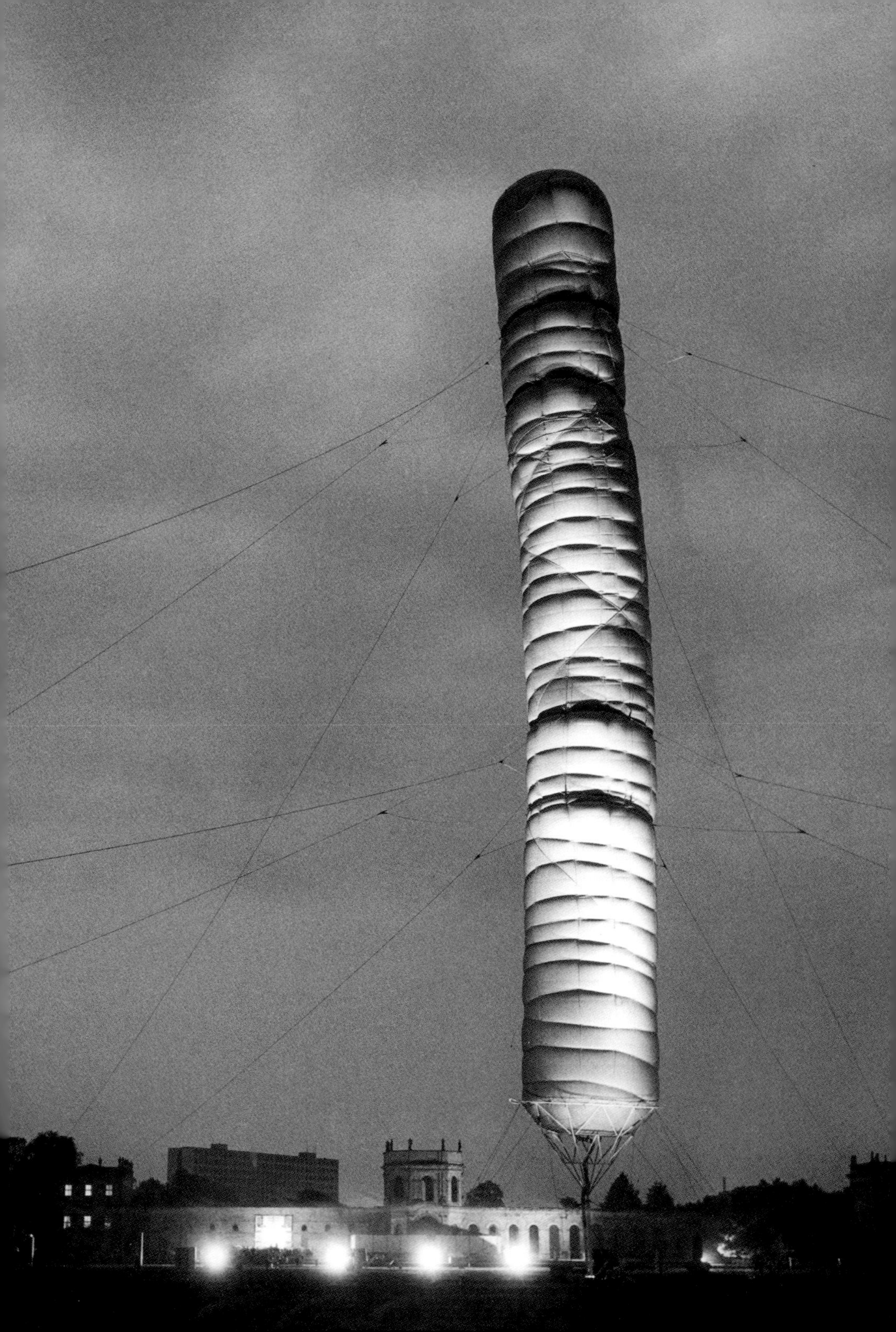

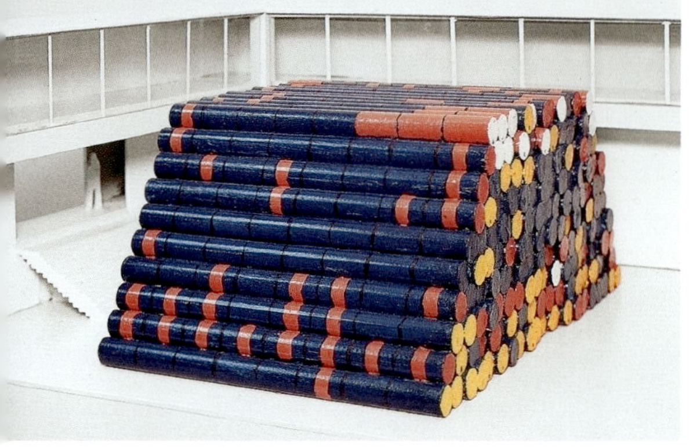

**1,240 Oil Barrels, Project for the Institute
of Contemporary Art, Philadelphia**
Scale model 1968:
26.7 x 61 x 54 cm (10 ½ x 24 x 21 ½")
Pencil, wood, enamel paint, wax crayon,
Plexiglas, and acrylic paint
Collection Robert Abrams, New York, USA
*Photo: Eeva-Inkeri*

*Below:*
**1,566 Oil Drums, Project for Institute of
Contemporary Art, Philadelphia**
Drawing 1968: 56 x 71 cm (22 x 28")
Pencil, enamel paint, wax crayon, and charcoal
on brown cardboard
Collection Michael Eads, Jamaica Plain,
Massachusetts, USA

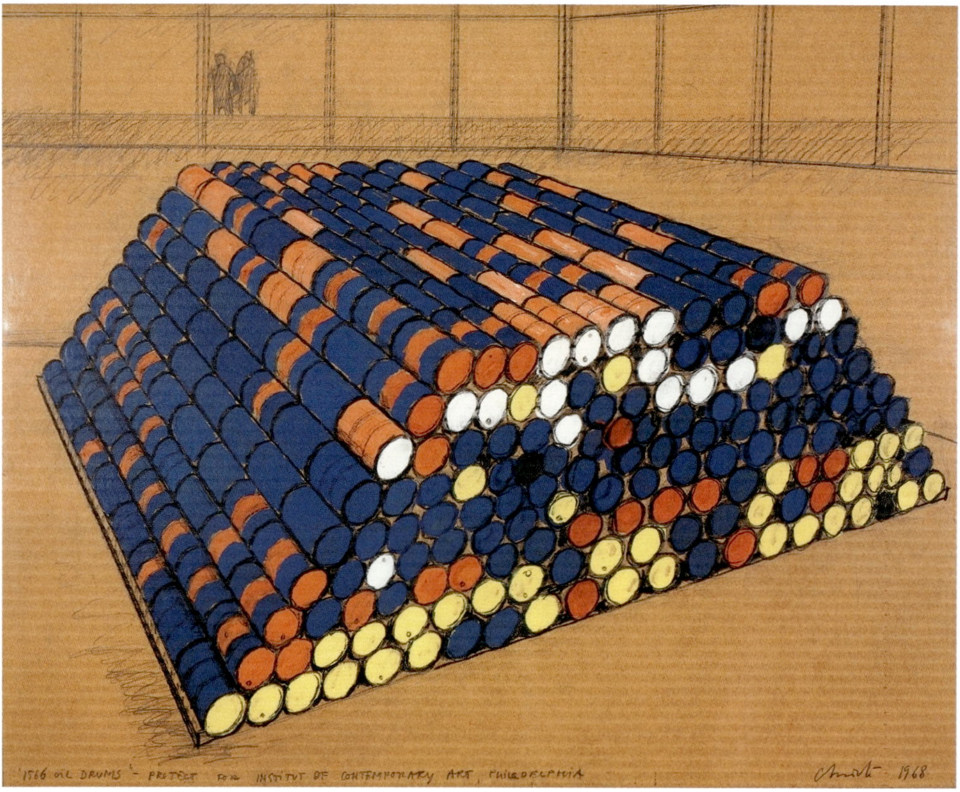

Art collectors and friends Nathaniel and Judith
Lieb paid for the rental of the barrels so that
Christo could realize his first *Mastaba*.

Da die mit ihm befreundeten Kunstsammler
Nathaniel und Judith Lieb die Miete für die Fässer
übernahmen, konnte Christo seine erste *Mastaba*
realisieren.

Les amis collectionneurs Nathaniel et Judith Lieb
payèrent la location des barils et permirent ainsi
à Christo de réaliser son premier *Mastaba*.

**1,566 Oil Drums for Institute
of Contemporary Art,
Philadelphia, Pennsylvania**
Drawing 1968:
56 x 71 cm (22 x 28″)
Pencil, enamel paint, wax crayon,
charcoal, and photograph on
brown cardboard
Collection George Weston
Limited, Toronto, Canada

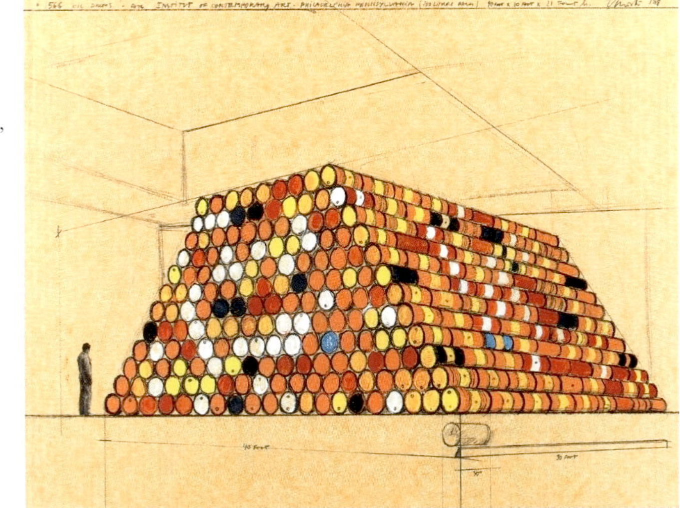

*Below:*
**1,240 Oil Barrels Mastaba 1968
(Detail)**
Temporary installation at the
Institute of Contemporary Art,
Philadelphia
6.1 x 9.15 x 12.2 m (20 x 30 x 40 ft.)
*Photo: Harry Shunk*

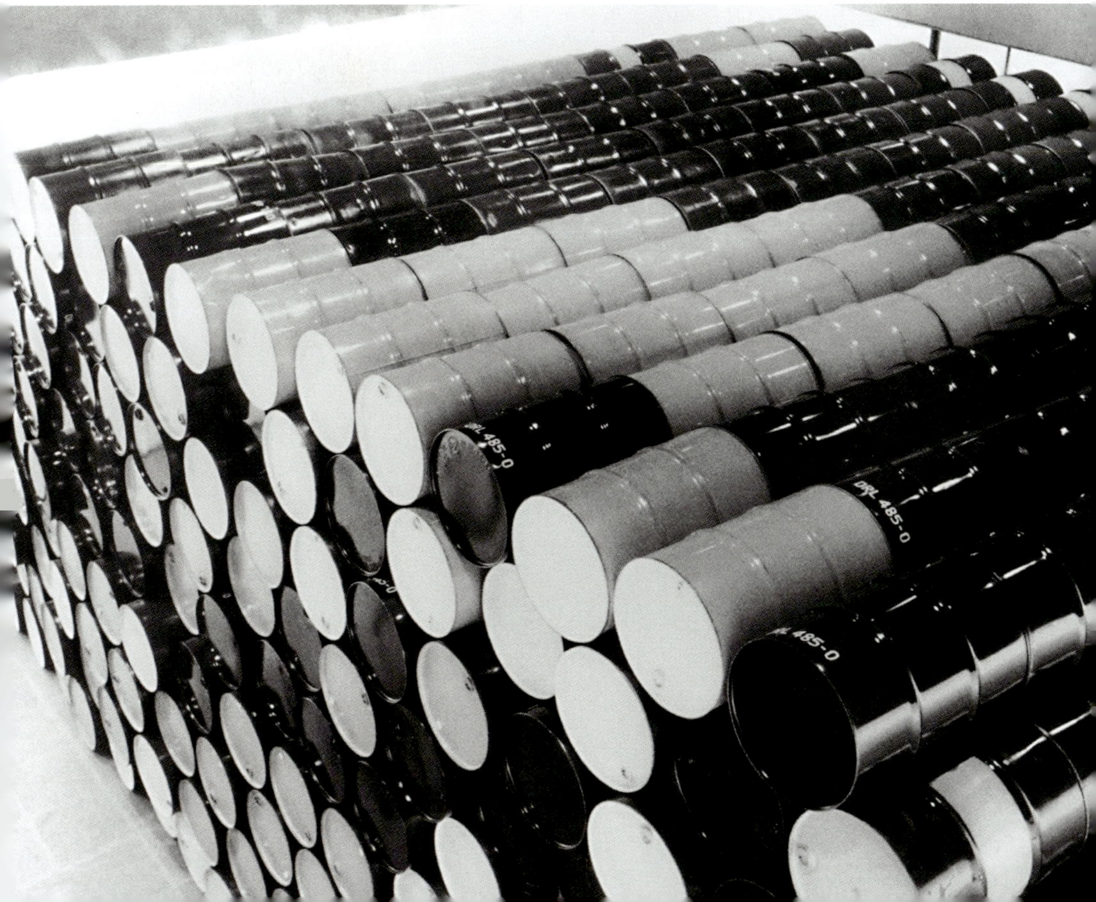

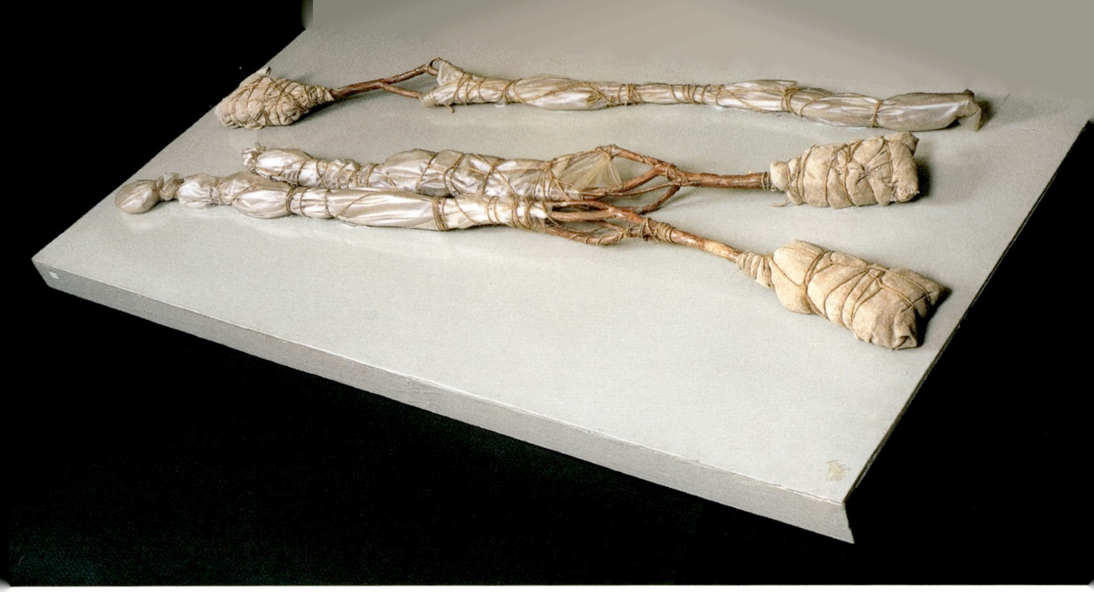

*Above:*
**Three Wrapped Trees, Project for The Museum
of Modern Art, New York, USA**
Scale model 1968: 5 x 117 x 54 cm (2 x 46 x 21 ¼")
Polyethylene, rope, branches, wood, fabric, and paint
Collection Lilja Art Fund Foundation, Switzerland
*Photo: Eeva-Inkeri*

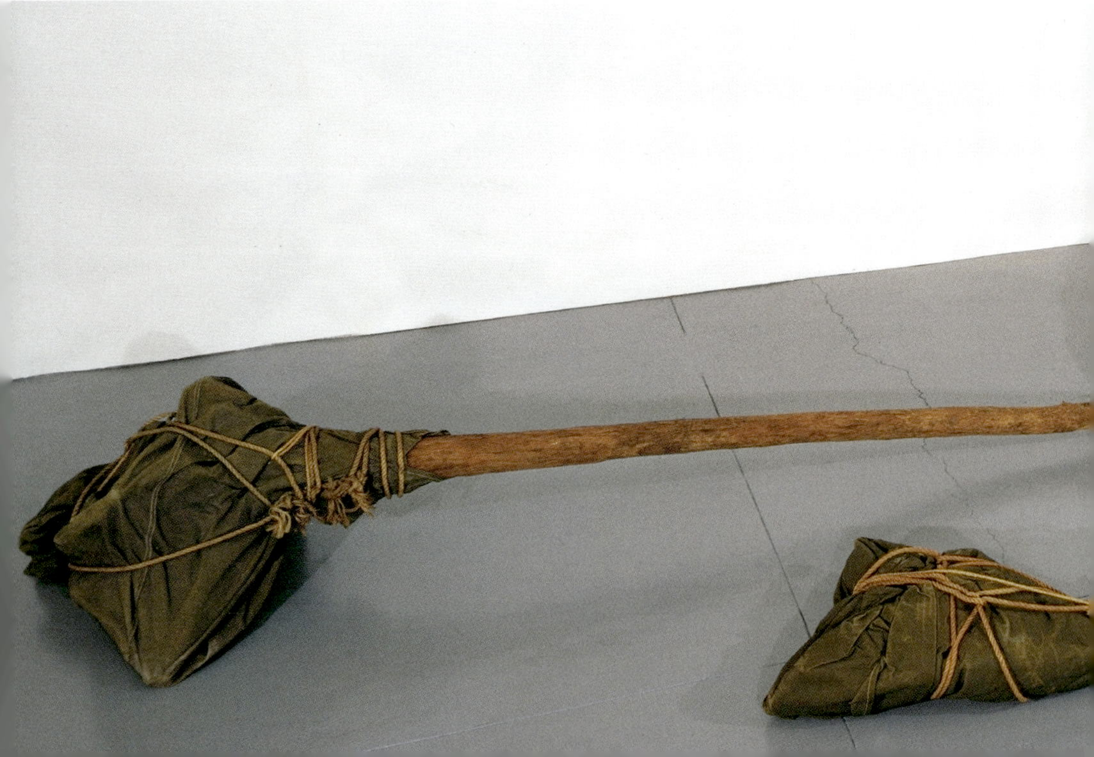

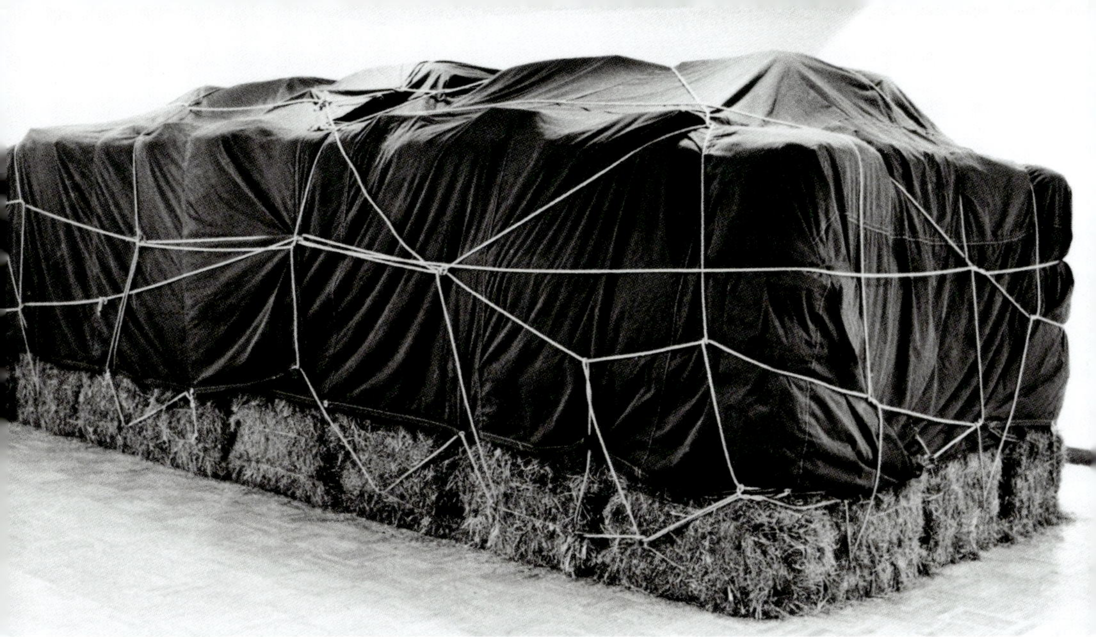

*Above:*
**Wrapped Hay 1968**
Temporary installation at the Institute of Con-
temporary Art, Philadelphia, Pennsylvania, USA
2.4 x 3.6 x 6 m (8 x 12 x 20 ft.)
Hay bales, tarpaulin, and rope
*Photo: Harry Shunk*

*Below:*
**Two Wrapped Trees 1969**
91 x 950 x 91 cm (35¾ x 374 x 35¾") and
91 x 518 x 45.5 cm (35¾ x 204 x 18")
Polyethylene, tarpaulin, rope, and two eucalyptus trees
Collection John Kaldor, Sydney, Australia
*Photo: Courtesy John Kaldor*

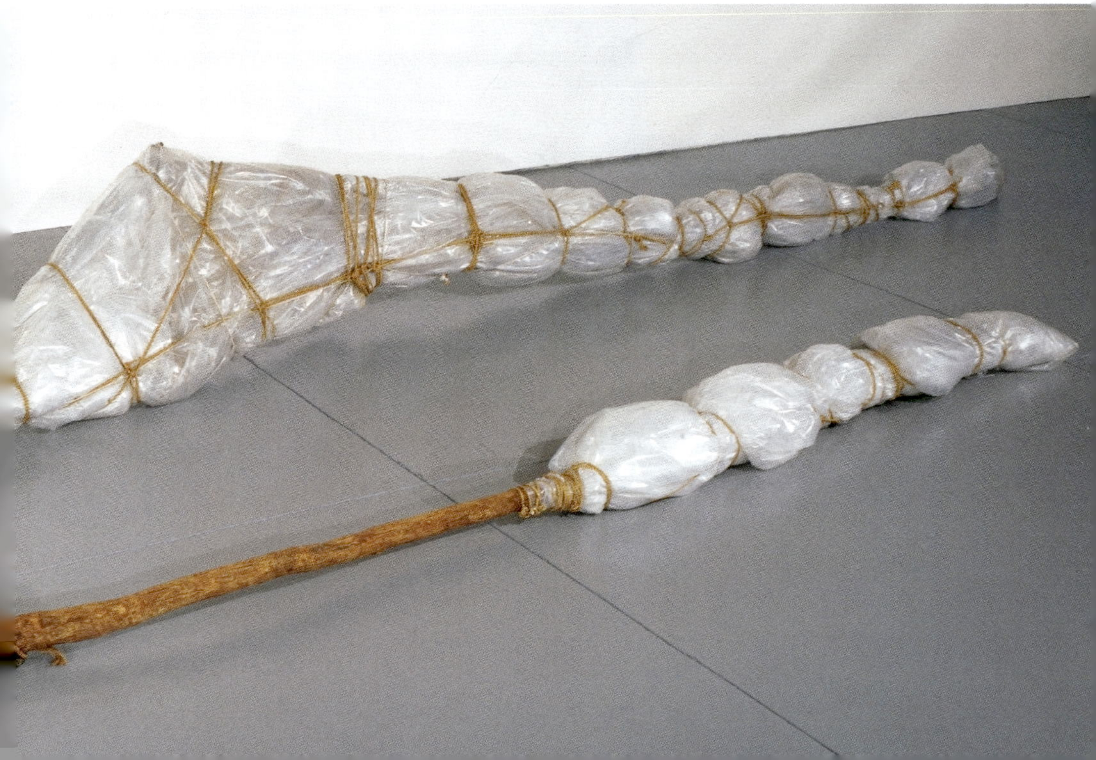

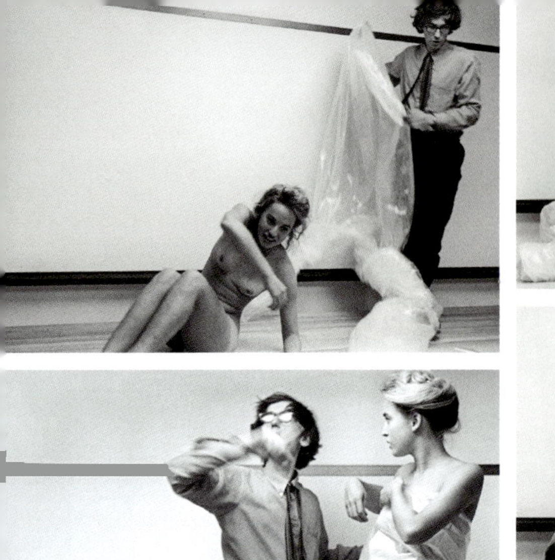
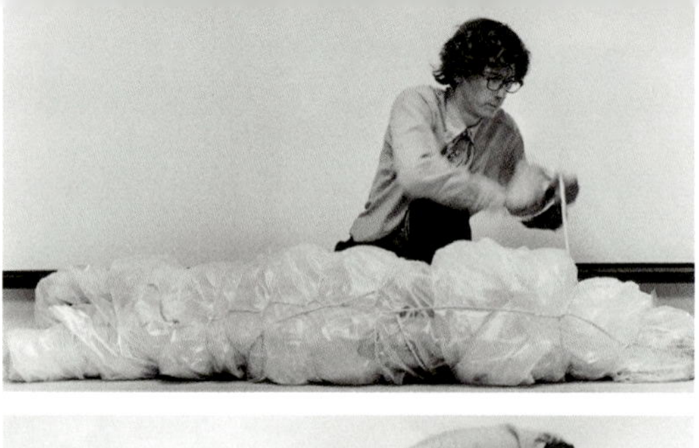
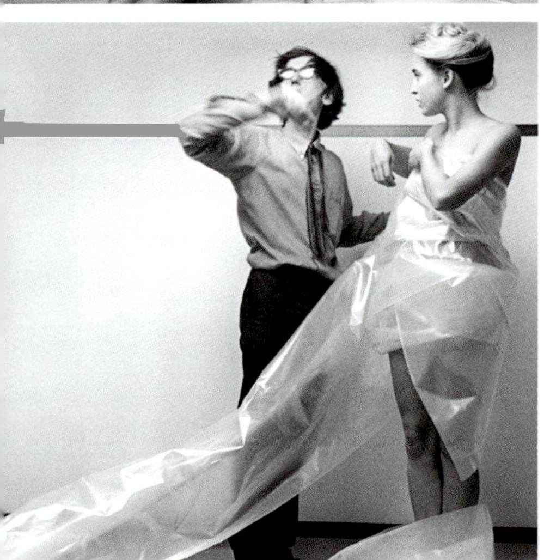
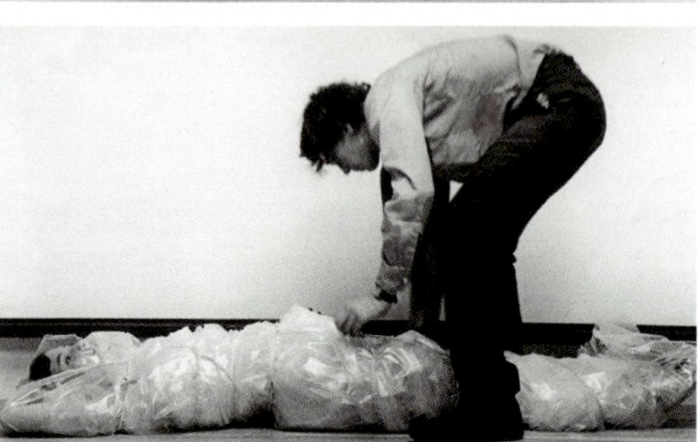
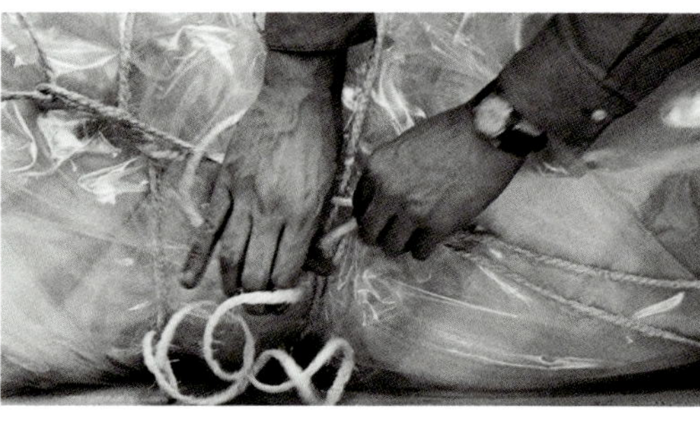
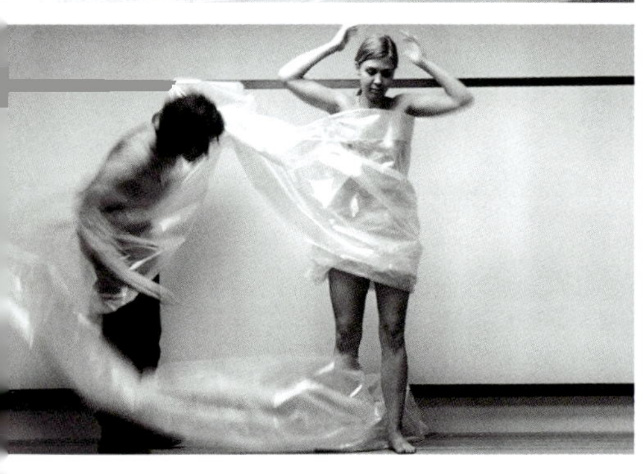
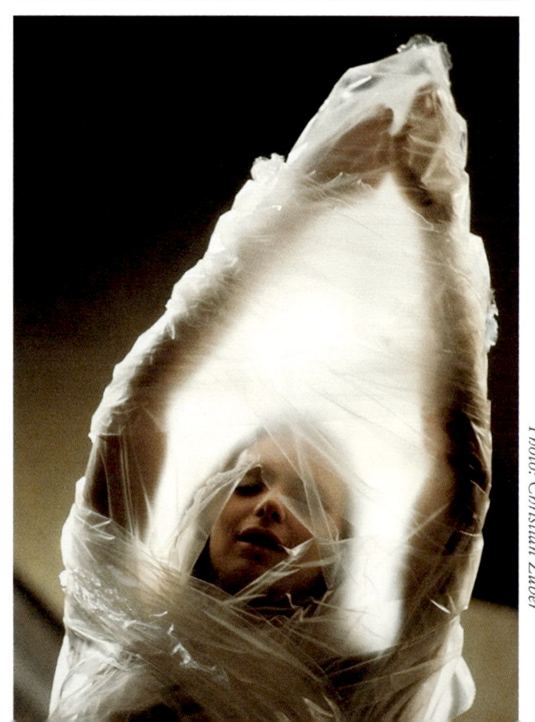
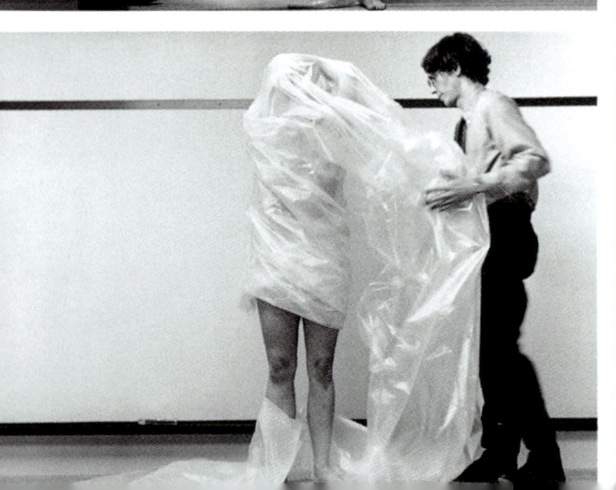

Photo: Christian Zuber

**1967.** At the home of friend and art dealer Gordon
Loksley in Minneapolis, Minnesota, USA, Christo
created *Three Wrapped Women*.
**1968.** For the opening night of his personal exhibition at the Institute of Contemporary Art of
the University of Pennsylvania, Christo realized
*Seven Wrapped Women*, which were exhibited on
low pedestals. The Dean of the Architecture Department, which administrated the ICA, requested
that the seven young women wear body stockings.
Christo, furious at hearing this, left Philadelphia
for New York. On the telephone, the ICA trustees
told Christo that they would work out the problem.
Christo and Jeanne-Claude took the train back to
Philadelphia and he wrapped the seven naked
women.

**1967.** Im Haus des mit ihm befreundeten Kunst-
händlers Gordon Loksley in Minneapolis, Minnesota, USA, realisierte Christo die *Three Wrapped
Women*.
**1968.** Für die Eröffnung seiner Einzelausstellung
im Institute of Contemporary Art (ICA) der University of Pennsylvania realisierte Christo *Seven
Wrapped Women*, die auf niedrigen Sockeln ausgestellt wurden. Der Dekan der Architekturabteilung,
der das ICA verwaltete, forderte, dass die sieben
jungen Frauen Bodys trugen. Voller Wut über diese
Nachricht machte sich Christo von Philadelphia
nach New York auf. Doch die Kuratoren des ICA
sicherten Christo telefonisch zu, das Problem zu
lösen. Christo und Jeanne-Claude kehrten mit dem
Zug nach Philadelphia zurück, und er verhüllte die
sieben nackten Frauen.

**1967.** Christo réalisa *Three Wrapped Women* chez
un ami galeriste, Gordon Loksley, à Minneapolis,
Minnesota, États-Unis.
**1968.** Pour le vernissage de son exposition personnelle à l'Institute of Contemporary Art of the
University of Pennsylvania, Christo réalisa *Seven
Wrapped Women* qui furent exposées sur socles
bas. Le doyen du département d'architecture,
qui administrait l'ICA, exigea que les sept jeunes
femmes portent des maillots de corps. En apprenant
la nouvelle, Christo, furieux quitta Philadelphie
pour New York. Au téléphone, les membres du
conseil d'administration dirent à Christo qu'ils
allaient résoudre le problème. Christo et Jeanne-
Claude revinrent alors à Philadelphie par le train et
Christo empaqueta les sept femmes nues.

*Photos: Harry Shunk*

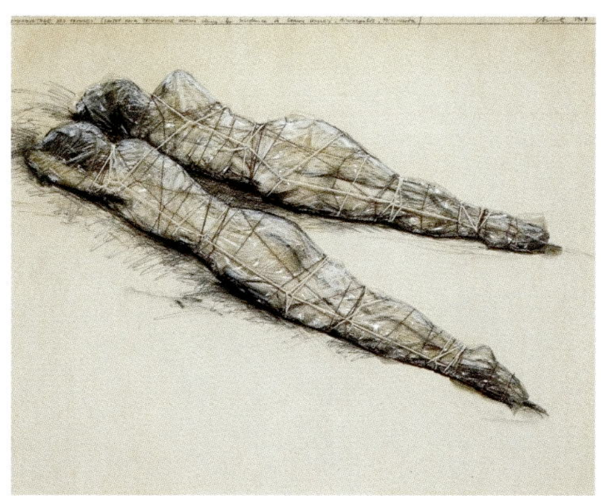

**Empaquetage des Femmes
(Projet pour Temporaire Action dans la Résidence
de Gordon Loksley, Minneapolis, Minnesota)**
Collage 1967: 56 x 71 cm (22 x 28″)
Pencil, polyethylene, twine, rope, cardboard,
enamel paint, charcoal, and wax crayon
*Photo: Eeva-Inkeri*

**Pour le Film "Empaquetage d'une Femme"
Faire en London et Düsseldorf – 1963 – May.
Camera Ch. Wilp**
Drawing 1963: 71 x 56 cm (28 x 22″)
Pencil on paper

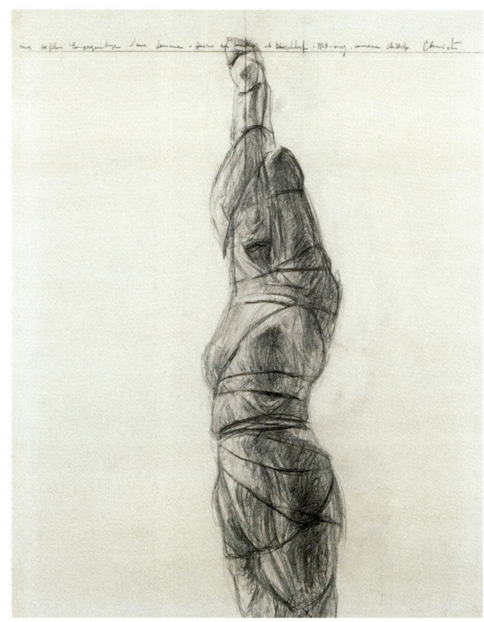

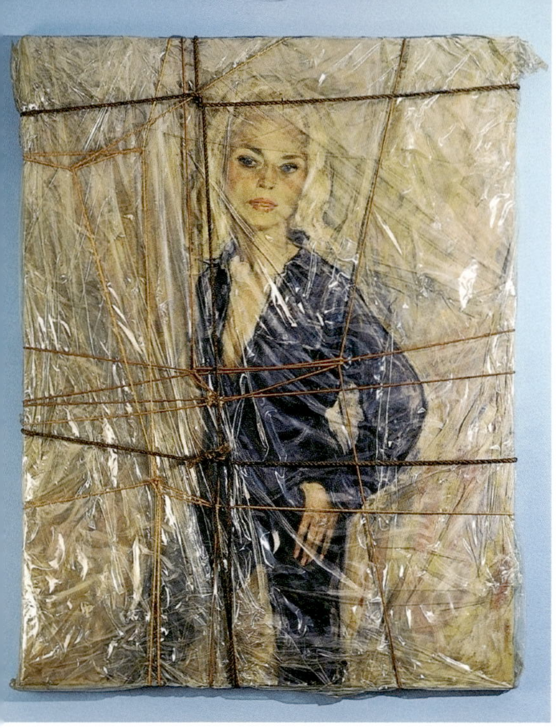 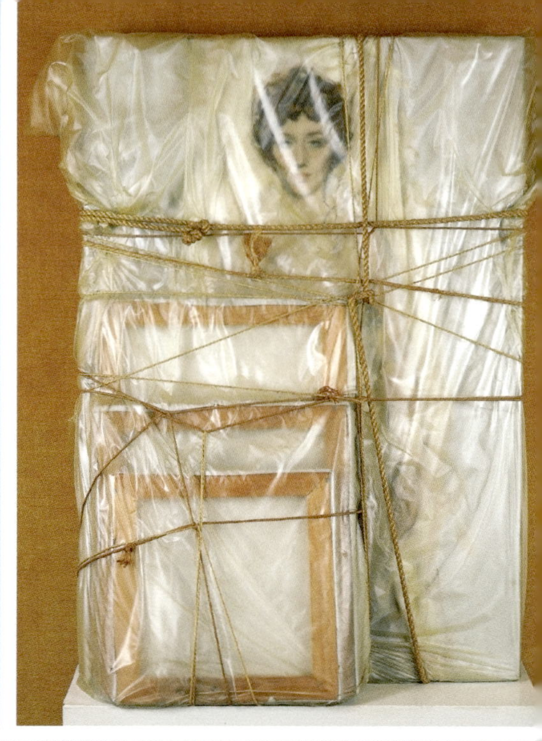

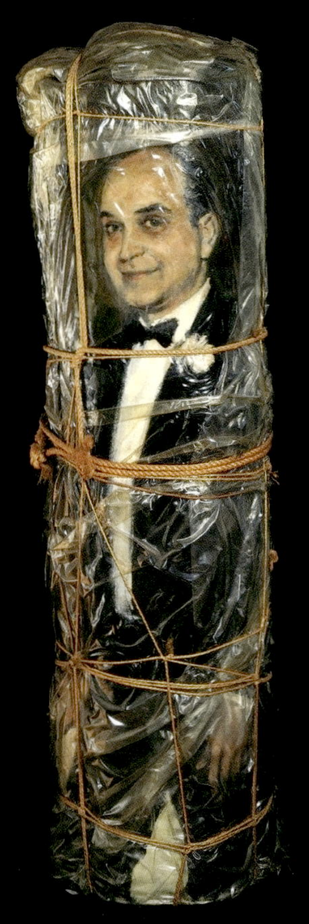 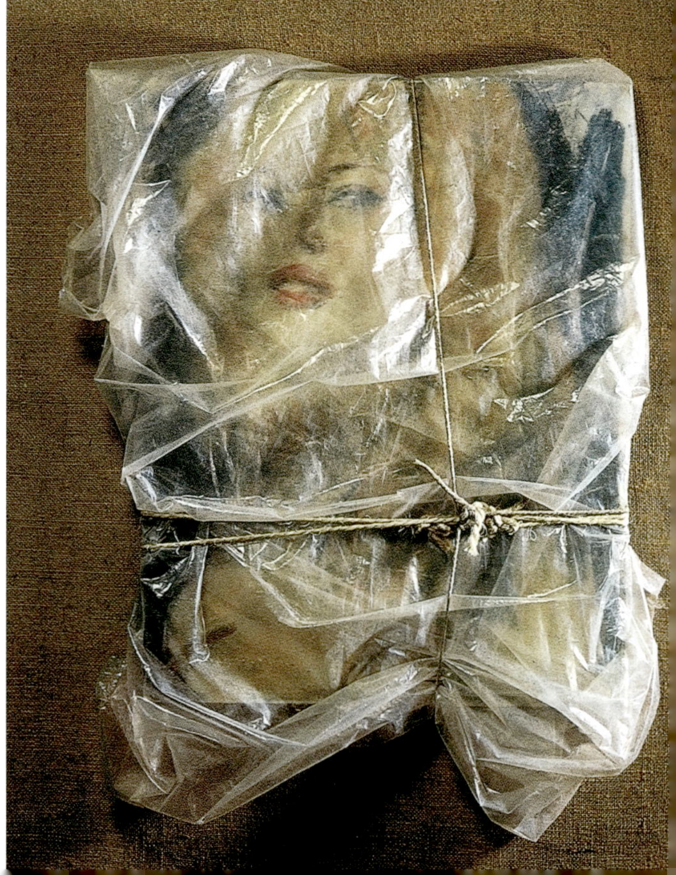

**Wrapped Portrait of Holly 1966–67**
122 x 94 x 3.8 cm (48 x 37 x 1½″)
Pencil and oil-on-canvas portrait painted
by Christo Javacheff, wrapped by Christo
in polyethylene, rope, and cord
Private collection, the Netherlands

*Opposite, top right:*
**Wrapped Portrait of Judith Lieb 1969**
104 x 73.6 x 28 cm (41 x 29 x 11″)
Oil-on-canvas portrait, wrapped in
polyethylene, cord, twine, and rope,
with three other stretched canvases
Collection Annely Juda Fine Art,
London, United Kingdom

*Opposite, bottom left:*
**Wrapped Portrait of Horace 1967**
114.3 x 51 cm (45 x 20″)
A rolled-up oil-on-canvas portrait painted
by Christo Javacheff, wrapped by Christo,
in polyethylene, rope, and cord
Collection Anita Solomon, New York City,
USA

*Opposite, bottom right:*
**Wrapped Portrait of Brigitte Bardot 1962**
77 x 62.5 x 7 cm (30 ¼ x 24 ¾ x 2 ¾″)
Oil-on-canvas portrait by Christo Javacheff,
wrapped by Christo in polyethylene and rope,
mounted on jute-covered wood
Private collection

**Wedding Dress 1967**
Train: 130 x 187 x 135 cm (51 x 74 x 53″)
Satin, silk, silk cord, and silk rope (as worn by Wendy)
*Photo: Ferdinand Boesch*

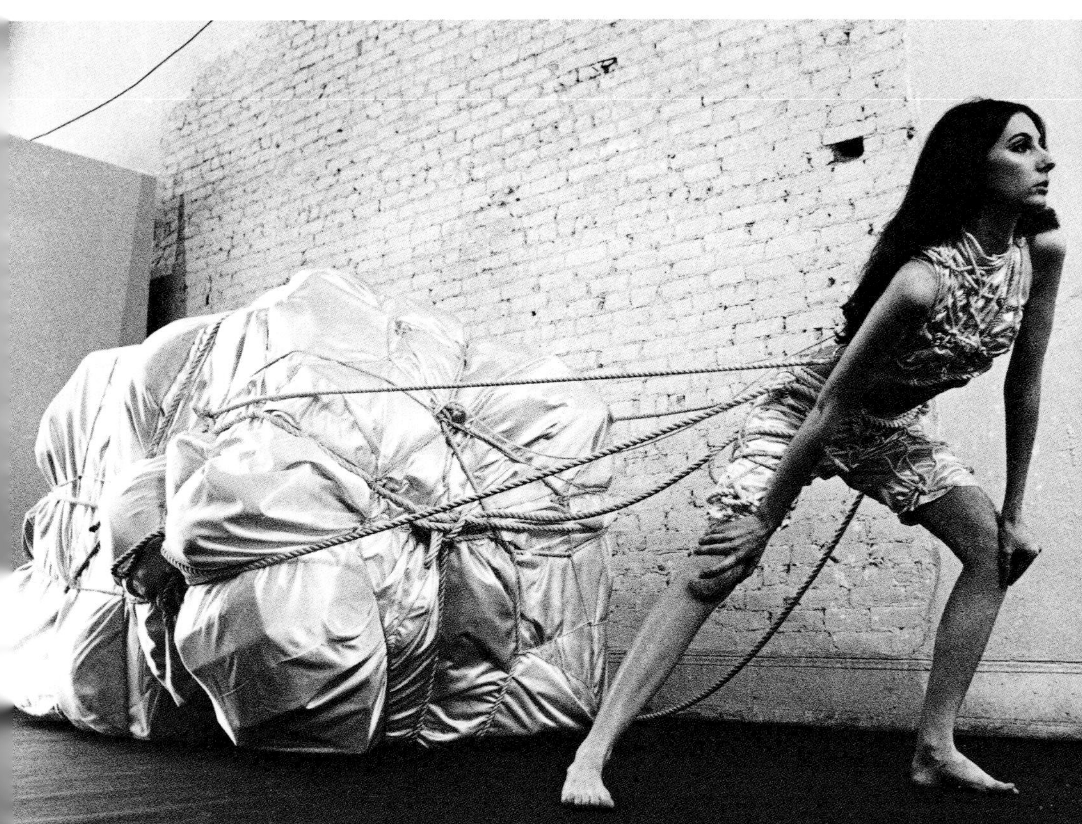

Starting at the end of 1967, Christo and Jeanne-Claude (having never been to California) wrote letters to museum directors in that state, asking for help in locating a portion of coastline that could be wrapped. The artists explained that they would pay for all the expenses of the project. All museum directors gave the same answer: "a coastline cannot be wrapped." Then, in 1968, John Kaldor, a young Australian art collector, entered the life of Christo and Jeanne-Claude. The artists asked him to find a coast that could be wrapped.

Ab dem Jahresende 1967 schrieben Christo und Jeanne-Claude (die nie in Kalifornien gewesen waren) Briefe an die Direktoren von Museen in diesem US-Bundesstaat und baten um Hilfe bei der Suche nach einer Küste, die verhüllt werden könnte. Die Künstler erklärten, sie würden für alle Kosten des

Projekts aufkommen. Von allen Museumsdirektoren kam dieselbe Antwort: „Eine Küste lässt sich nicht verhüllen." Dann trat 1968 der junge australische Kunstsammler John Kaldor in Christos und Jeanne-Claudes Leben. Sie baten ihn, eine Küste ausfindig zu machen, die sich verhüllen ließe.

Dès la fin de l'année 1967, Christo et Jeanne-Claude (qui n'avaient jamais été en Californie) écrivirent aux directeurs des musées de cet État demandant leur aide pour trouver une portion de côte susceptible d'être empaquetée. Les artistes expliquaient qu'ils couvriraient tous les frais liés au projet. Tous les directeurs de musées firent la même réponse : « Une côte ne peut être empaquetée. » Puis, en 1968, John Kaldor, un jeune collectionneur australien, entra dans la vie de Christo et Jeanne-Claude. Ils lui demandèrent de trouver une côte pouvant être empaquetée.

**15 Miles Packed Coast, Project for the West Coast of the USA** Collage 1968: 56 x 71.6 cm (22 x 28³⁄₁₆″)
Pencil, polyethylene, rope, twine, wax crayon, charcoal, cardboard, and paint on wood
Philadelphia Museum of Art, Philadelphia, Pennsylvania, USA. *Photo: Courtesy Philadelphia Museum of Art*

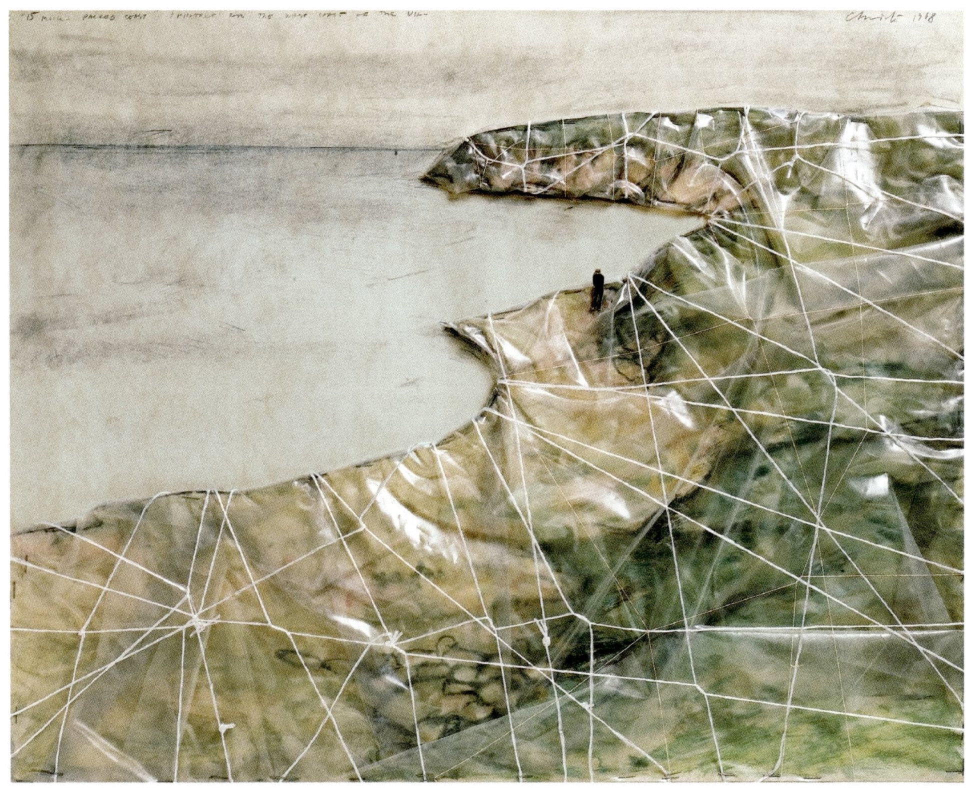

**Packed Coast (Project for the
West Coast – 15 Miles Long)**
Collage 1968: 55 x 45 cm (21 5/8 x 17 3/4″)
Pencil, polyethylene, twine, rope, enamel paint,
wax crayon, photograph, and charcoal
Collection Rosa Sandretto, Milan, Italy
*Photo: Harry Shunk*

*Below:*
**Packed Hills – Project for Packing –
30 Hectares Area**
Collage 1968: 56 x 71 cm (22 x 28″)
Pencil, polyethylene, twine, wax crayon,
paint, charcoal, and cardboard
Collection Lilja Art Fund Foundation,
Switzerland
*Photo: Eeva-Inkeri*

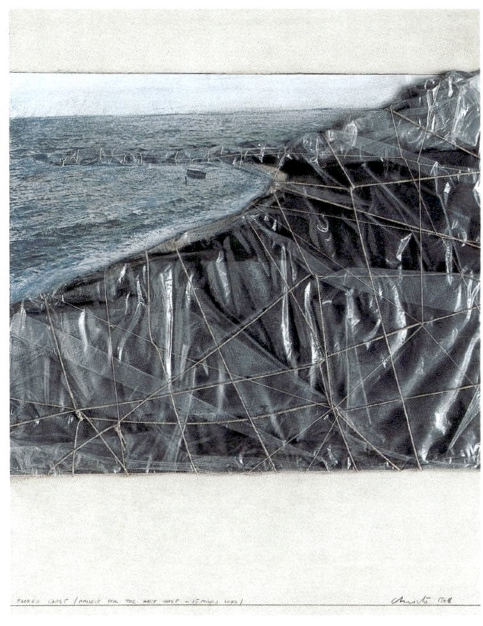

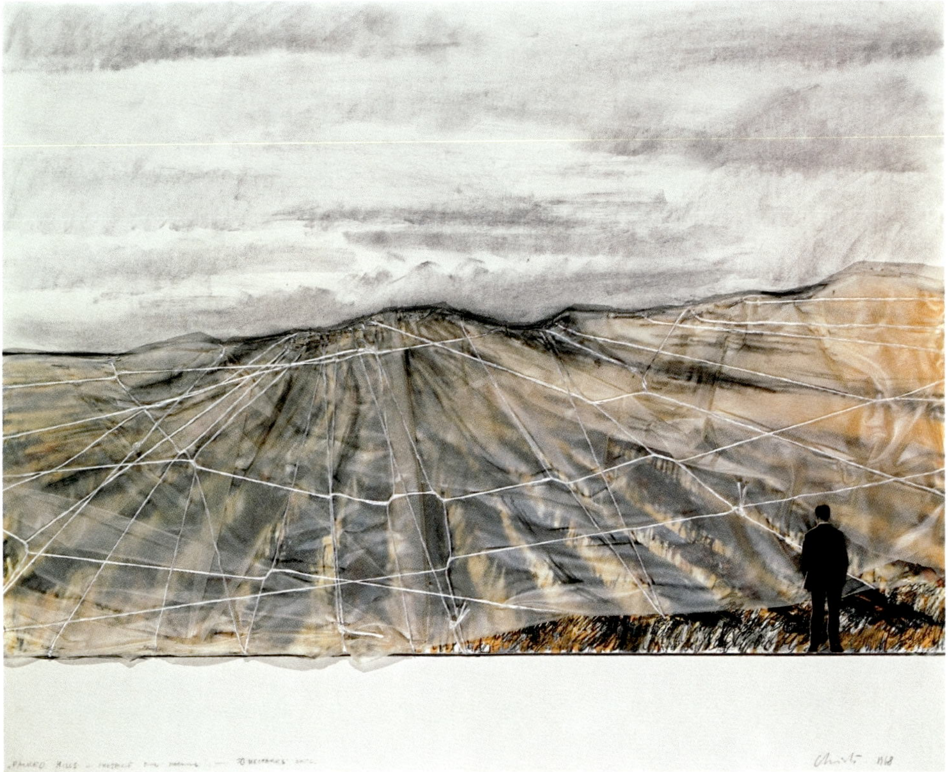

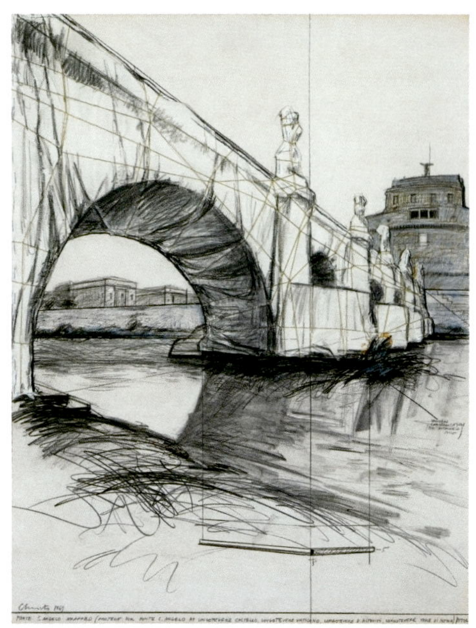

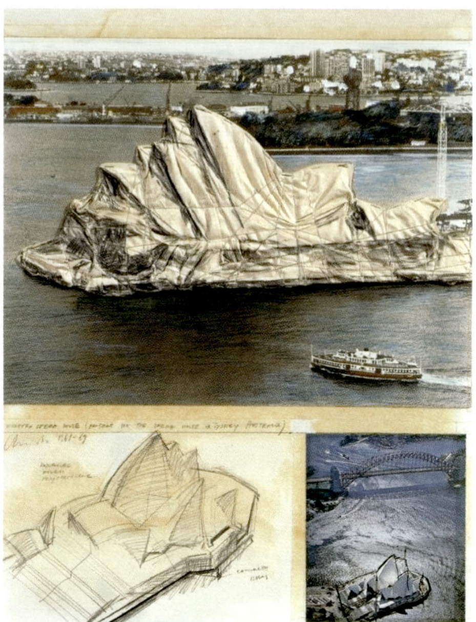

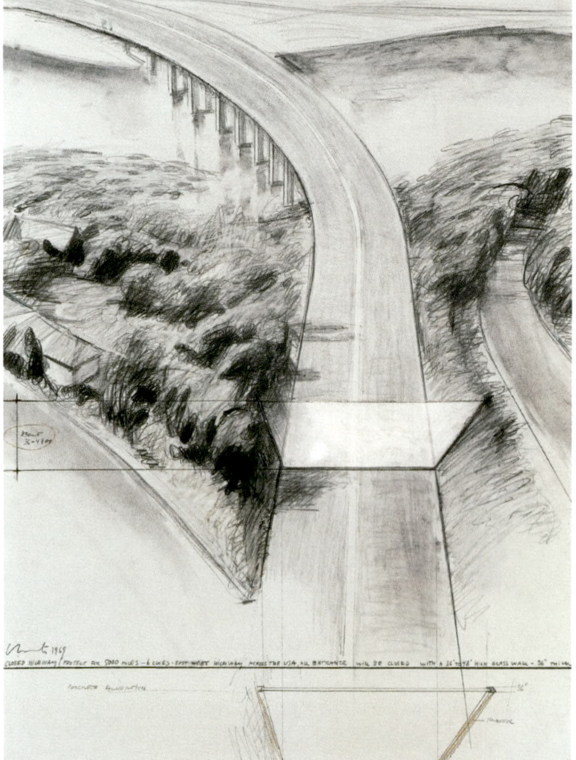



**Ponte S. Angelo Wrapped,
Project for Rome**
Collage 1969: 71 x 56 cm (28 x 22″)
Pencil, fabric, twine, charcoal, and
wax crayon
Collection George Weston Limited,
Toronto, Canada
*Photo: Courtesy Weston Collection*

*Top right:*

**Wrapped Opera House, Project for the
Opera House in Sydney, Australia**
Collage 1969: 71 x 56 cm (28 x 22″)
Pencil, fabric, twine, photographs,
pastel, wax crayon, charcoal, and tape
Collection Naomi Milgrom Kaldor,
Melbourne, Australia
*Photo: Harry Shunk*

*Left:*

**Closed Highway, Project for
5000 Miles, 6 Lanes, East-West
Highway, Across the USA**
Collage 1969: 71.5 x 56 cm (28⅛ x 22″)
Pencil, wax crayon, Plexiglas, and wash
Private collection, France
*Photo: Patrick Goetelen*

Christo and Jeanne-Claude have worked with trees
for many years: in 1966 a 10 meter (33 foot) long
*Wrapped Tree* was part of a personal exhibition at the
Van Abbemuseum in Eindhoven, the Netherlands.
*Wrapped Trees* was proposed for the park adjacent to
the Saint Louis Art Museum, Missouri.
In 1969, the artists requested permission for *Wrapped
Trees, Project for 380 Trees, Avenue des Champs-Élysées,
Paris,* which was denied by Maurice Papon, Prefect
of Paris.

Christo und Jeanne-Claude haben über viele Jahre
mit Bäumen gearbeitet: 1966 gehörte ein 10 Meter
langer *Verhüllter Baum* zu einer Einzelausstellung
im Van Abbemuseum in Eindhoven, Niederlande.
*Verhüllte Bäume* wurde für den an das Saint Louis
Art Museum, Missouri, USA, angrenzenden Park
vorgeschlagen.
1969 bemühten sich die Künstler um eine Genehmigung für *Wrapped Trees, Project for 380 Trees, Avenue
des Champs-Élysées, Paris,* die der Präfekt von Paris,
Maurice Papon, nicht erteilte.

Christo et Jeanne-Claude ont travaillé avec des
arbres pendant de nombreuses années : dès 1966,
un *Wrapped Tree* de 10 mètres faisait partie d'une
exposition personnelle au Van Abbemuseum,
à Eindhoven, Pays-Bas.
*Wrapped Trees* a été proposé pour le parc mitoyen
du Saint Louis Art Museum, Missouri, États-Unis.
En 1969, pour réaliser *Wrapped Trees, Project for
380 Trees, Avenue des Champs-Élysées, Paris,* les artistes
déposèrent une demande d'autorisation qui fut
rejetée par le préfet de Paris, Maurice Papon.

**380 Wrapped Trees (Project for
Avenue des Champs-Élysées in Paris)**
Collage 1969: 72 x 112 cm (28 ⅜ x 44″)
Pencil, polyethylene, twine, wax crayon, charcoal,
photographs, map, and tape
Fonds National d'Art Contemporain, en dépôt
au Musée d'Art Moderne, Nice, France
*Photo: Muriel Aussens*

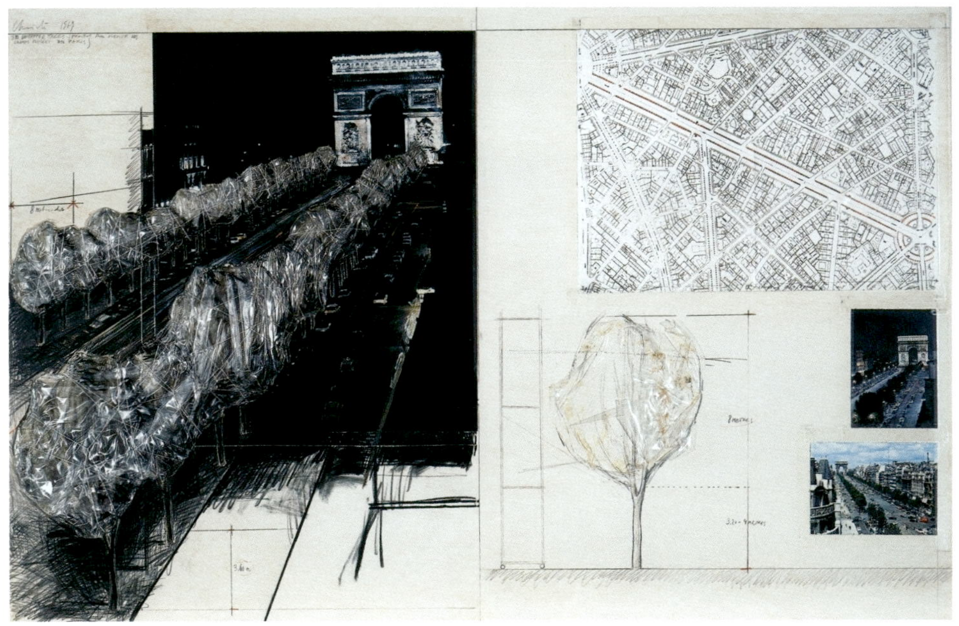

**Wrapped Paintings 1968**  246.4 x 184,1 x 21.6 cm (97 x 72 ½ x 8 ½")
Tarpaulin, rope, and wood. Würth Collection, Künzelsau, Germany

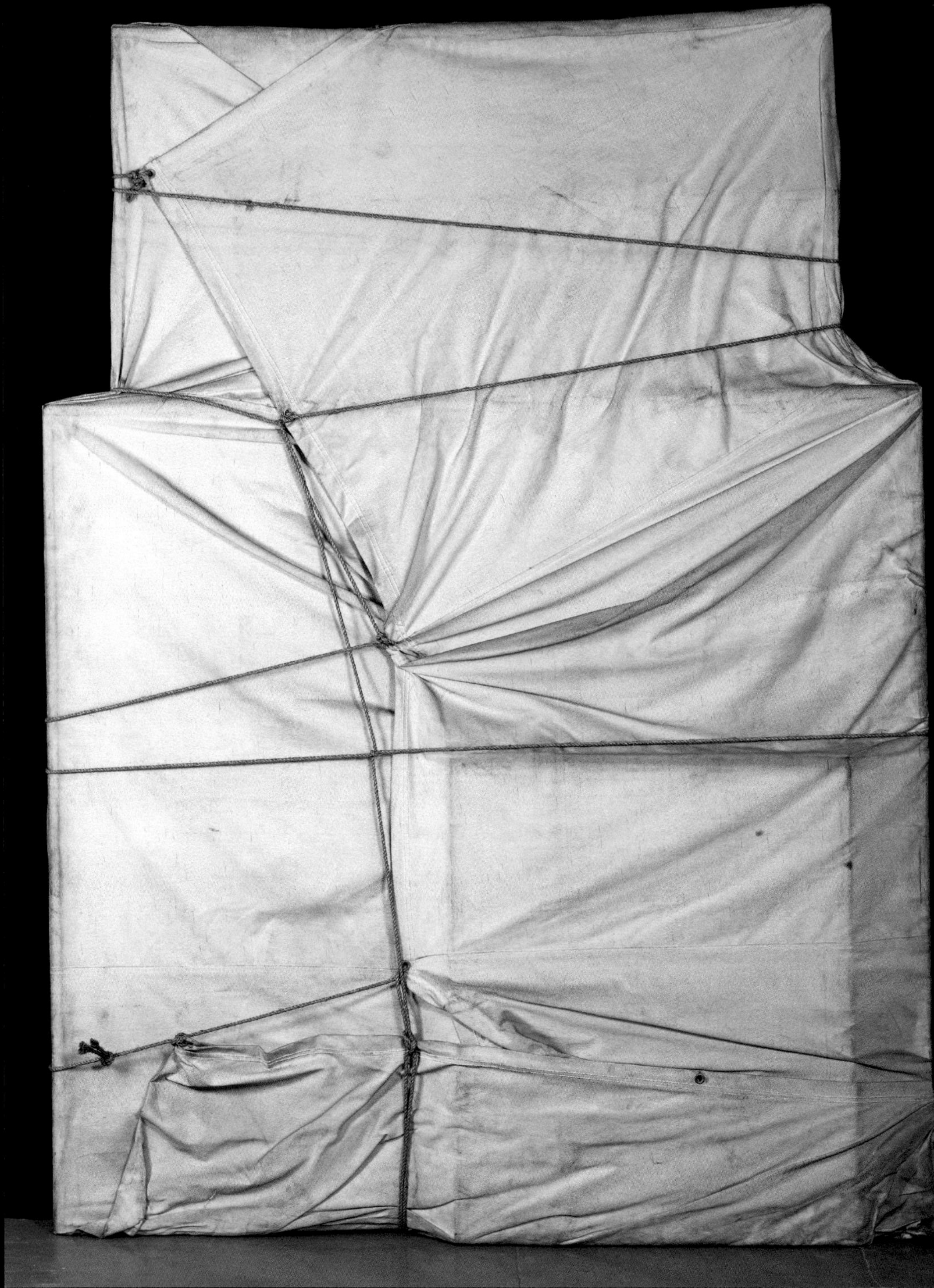

**Wrapped Paintings 1968**  300 x 162 x 18 cm (10 ft. x 5 ft. 4″ x 7″). Tarpaulin, rope, and wood
Collection John Kaldor, Sydney, Australia.  *Photo: Eeva-Inkeri*

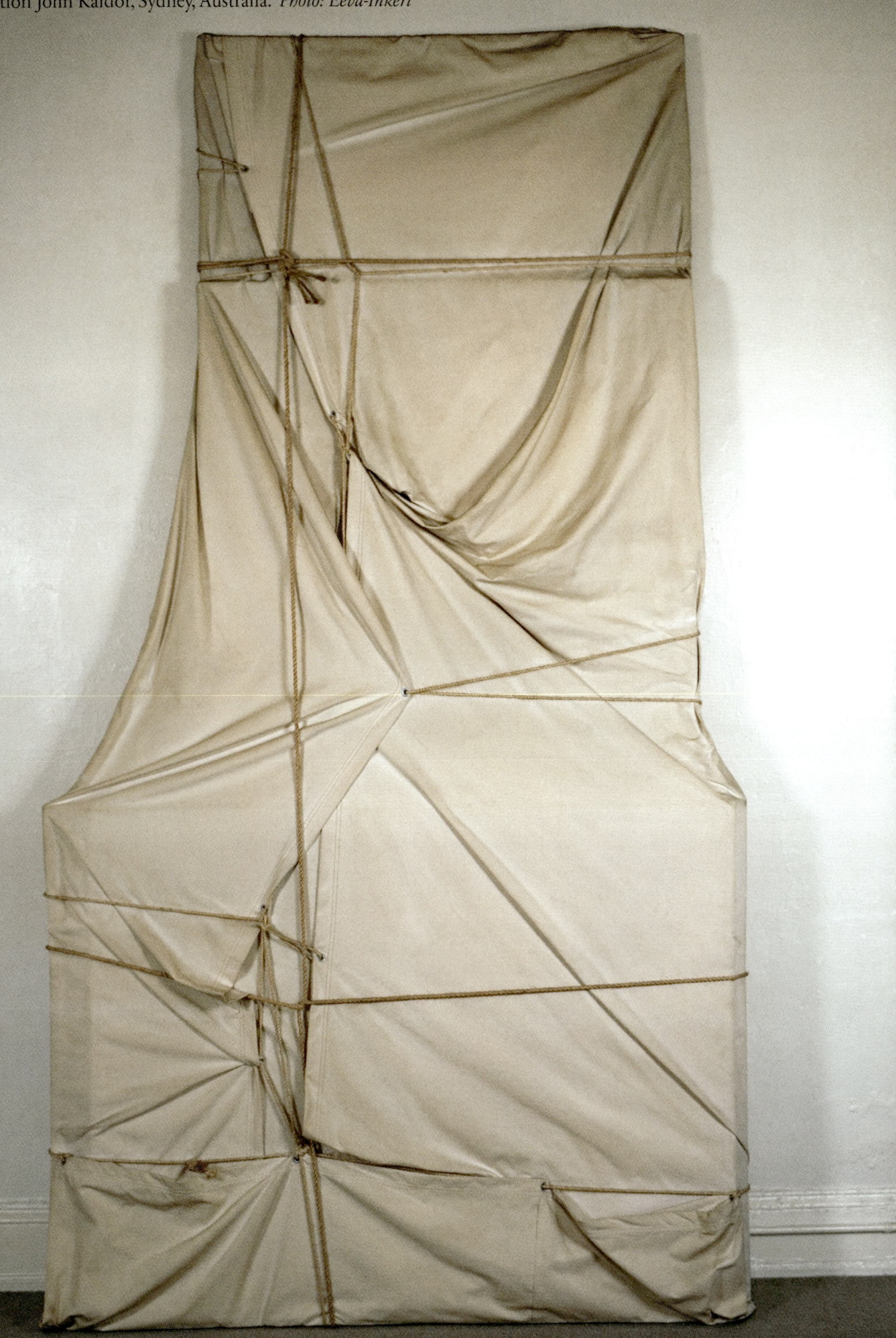

# Wrapped Museum of Contemporary Art, Chicago, 1968–69

[…] If any building ever needed wrapping, it was Chicago's Museum of Contemporary Art, a banal, one-story edifice (with a below-ground gallery) having about as much architectural charm as an old shoe box. Built in the early 1900s, it had once been a bakery and, later, the headquarters of Playboy Enterprises. Christo and Jeanne-Claude considered the building "perfect," because "it looks like a package already, very anonymous. Its façade is a fake wall covering the original structure." Although they had just wrapped the Kunsthalle Bern in translucent polypropylene, the artists decided "for aesthetic reasons" to shroud the Chicago museum in greenish-brown tarpaulin, which would give greater physical presence to the building.

The wrapping commenced on January 15, 1969. Students from the school of the Chicago Art Institute of Design assisted for two days on the outside of the building, which was garbed in 900 square meters (10,000 square feet) of heavy tarpaulin and 1,219 meters (4,000 feet) of Manila rope. No exits were covered, no windows existed to cover, and small openings were cut in the tarpaulin to keep the building's air vents unobstructed. To be doubly safe, the museum's director, Jan van der Marck, prevailed upon Christo and Jeanne-Claude not to wrap the roof of the museum. The finished package had a stateliness and sobriety that considerably enhanced the building. In contrast to the Bern Kunsthalle, with its translucent veil billowing like a loose summer garment, the Chicago museum was tightly swathed in heavy tarpaulins, as if bundled against the city's blustery winter winds and snow. As a finishing touch, Christo wrapped the vertical signpost outside the museum in transparent polyethylene. […]

In conjunction with the wrapping of the museum, the artists made a complementary work for the interior, *Wrapped Floor and Stairway* […] When the painters were through they removed their drop cloths and Christo and Jeanne-Claude laid 2,800 square feet of their off-white drop cloth, secured with ropes. The cotton drop cloths had been carefully selected for their particular color and texture. […]

[…] Wenn es je ein Gebäude gab, das der Verhüllung bedurfte, dann war es das Museum of Contemporary Art in Chicago, denn der einstöckige Bau (mit unterirdischer Galerie) besitzt ungefähr so viel Charme wie ein alter Schuhkarton. Das Anfang des ersten Jahrzehnts des 20. Jahrhunderts entstandene Gebäude hatte zunächst als Bäckerei und später als Hauptquartier von Playboy Enterprises gedient. Christo und Jeanne-Claude hielten das Gebäude für „perfekt", weil „es an sich schon wie ein Paket aussieht, nämlich sehr anonym. Seine Fassade ist eine unechte Mauer, hinter der sich die Originalstruktur verbirgt." Obwohl sie die Kunsthalle Bern in lichtdurchlässiges Polyäthylen gehüllt hatten, entschieden sich die Künstler „aus ästhetischen Gründen" bei der Verhüllung des Chicagoer Museums für grünlich-braune Persenning, um dem Gebäude eine größere physische Präsenz zu verleihen.

Die Verhüllungsaktion begann am 15. Januar 1969. Studenten des Art Institute of Design in Chicago halfen zwei Tage lang, die Außenseite des Gebäudes mit 900 Quadratmetern schwerer Persenning zu verhüllen und mit 1.219 Metern Manila-Hanfseil zu verschnüren. Die Ausgänge blieben unverhängt, Fenster gab es ohnehin keine, und kleine Schlitze in der Persenning sorgten für die ungehinderte Luftzirkulation. Als weitere Sicherheitsmaßnahme setzte Museumsdirektor Jan van der Marck bei Christo und Jeanne-Claude durch, dass das Dach unverhüllt blieb. Das fertige Paket hatte etwas Stattliches und Nüchternes, das dem Gebäude sehr zugute kam. Im Gegensatz zur Berner Kunsthalle mit ihrem lichtdurchlässigen Polyäthylenschleier, der sich wie ein loses Sommerkleid blähte, wurde das Museum in Chicago eng mit schwerer Persenning umschnürt, als sollte es gegen die böigen Winterwinde und den Schnee der Stadt sicher verpackt werden. Zum Schluss verhüllte Christo schließlich die Plakatsäule vor dem Museum mit durchsichtigem Polyäthylen. [...]

Neben der Verhüllung des Museums realisierten Christo und Jeanne-Claude zusätzlich das Werk *Verhüllter Boden und verhülltes Treppenhaus* für den Innenbereich [...] Als die Anstreicher ihre Arbeit beendet und ihre Abdecktücher mitgenommen hatten, legten Christo und Jeanne-Claude ihre 260 Quadratmeter Abdeckung in gebrochenem Weiß aus und sicherten sie mit Seilen. Das Baumwolltuch war mit besonderem Augenmerk auf seine Farbe und Gewebestruktur ausgewählt worden. [...]

[...] S'il est un musée qui eut jamais besoin d'être empaqueté, c'est le Museum of Contemporary Art de Chicago, bâtiment banal d'un seul niveau (avec un espace d'exposition au sous-sol) qui présente à peu près le même intérêt architectural qu'un carton à chaussures. Construit au début des années 1900, il avait abrité une boulangerie avant de devenir plus tard le siège de Playboy Enterprises. Christo et Jeanne-Claude considéraient ce bâtiment comme « parfait » parce qu'il « ressemble déjà à un empaquetage, très anonyme. Sa façade est constituée d'un faux mur masquant la structure originale ». Bien qu'ils eussent tout juste empaqueté la Kunsthalle de Berne dans du polypropylène translucide, « pour des raisons esthétiques », les artistes décidèrent d'envelopper le musée de Chicago de

bâches vert-brun qui conféreraient une présence physique accrue au bâtiment.

L'empaquetage débuta le 15 janvier 1969. Des étudiants du Chicago Art Institute of Design aidèrent les artistes pendant deux jours à l'extérieur du bâtiment, qui fut revêtu de 900 mètres carrés de bâche épaisse et de 1.219 mètres de corde de Manille. Aucune issue ne fut couverte, il n'y avait aucune fenêtre à couvrir et de petites ouvertures furent découpées dans la toile pour laisser les bouches d'aération dégagées. Deux précautions valant mieux qu'une, le directeur du musée, Jan van der Marck, persuada Christo et Jeanne-Claude de ne pas empaqueter la toiture. L'empaquetage achevé avait une majesté et une sobriété qui mettaient fortement en valeur le bâtiment. Contrairement au cas de la Kunsthalle de Berne, avec son voile translucide ondulant comme une robe d'été légère, le musée de Chicago était étroitement enveloppé dans de lourdes bâches, comme pour se protéger des vents cinglants et de la neige de l'hiver. Comme touche finale, Christo empaqueta dans du polyéthylène transparent le poteau indicateur dressé à l'extérieur du musée. [...]

Parallèlement à l'empaquetage extérieur du musée, les artistes réalisèrent une œuvre complémentaire à l'intérieur, *Sols et Escaliers Empaquetés* [...] Quand les peintres eurent achevé ce travail, ils débarrassèrent leurs bâches, et Christo et Jeanne-Claude posèrent 260 mètres carrés de leur propre bâche de peintre blanc cassé qu'ils sécurisèrent avec des cordes. Les bâches en coton avaient été soigneusement sélectionnées pour leur couleur et leur texture particulières. [...]

*Excerpt from the book / Auszug aus dem Buch / Extrait du livre:* Christo, *David Bourdon Harry N. Abrams, Inc., Publishers, New York* © 1970

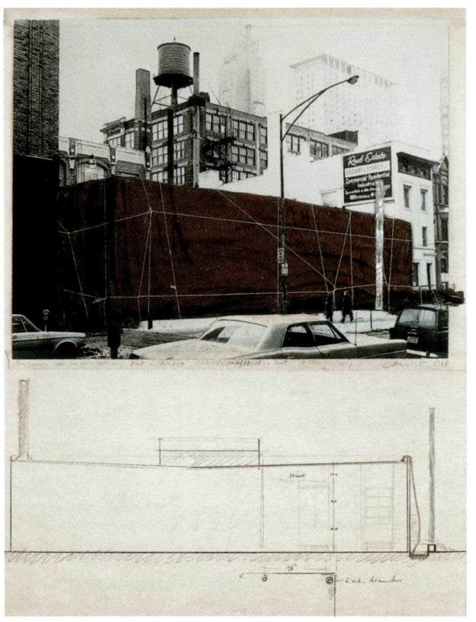

**Museum of Contemporary Art Chicago
Packed, Project**
Collage 1968: 67.6 x 53 cm (26 ⅝ x 20 ⅞″)
Pencil, tarpaulin, twine, polyethylene, photograph
by Harry Shunk, wax crayon, cardboard, and tape
Museum of Contemporary Art, Chicago, USA
Gift of Joseph and Jory Shapiro, Chicago
*Photo: Courtesy Museum of Contemporary Art, Chicago*

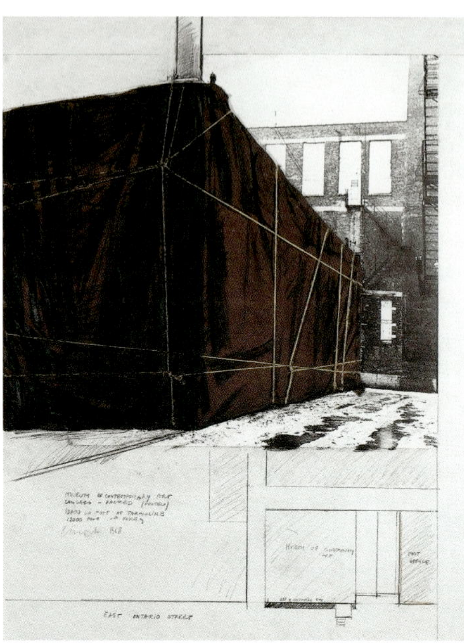

**Museum of Contemporary Art Chicago
– Packed (Project)**
Collage 1968: 71 x 56 cm (28 x 22″)
Pencil, fabric, twine, photograph by
Harry Shunk, and wax crayon
Collection Pérez Art Museum Miami, Miami, USA.
Gift of Maria Bechily and Scott Hodes, Miami
*Photo: Harry Shunk*

**Wrapped Museum, Project for the Museum of Contemporary Art, Chicago**
Scale model 1969: 33 x 122 x 61 cm (13 x 48 x 24″). Fabric, rope, twine, polyethylene,
wood, cardboard, and acrylic paint. Collection Phyllis Lambert, Montreal, Canada
*Photo: Michel Boulet, © Centre Canadien d'Architecture Canadian Centre for Architecture, Montréal, Canada*

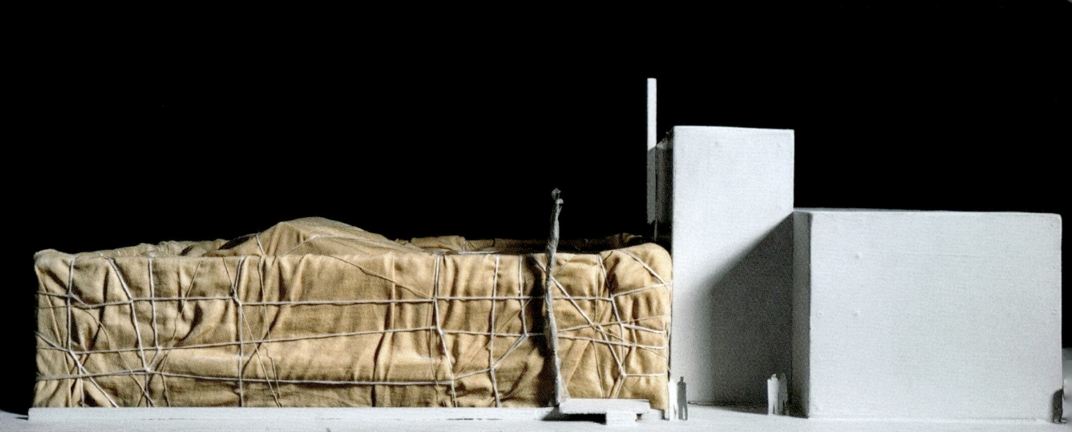

## Museum of Contemporary Art Chicago Packed, Project

Collage 1968: 71 x 56 cm (28 x 22")
Pencil, fabric, twine, rope, polyethylene, wax crayon, charcoal, and cardboard
Miyanomori Art Museum, Sapporo, Japan. *Photo: Eeva-Inkeri*

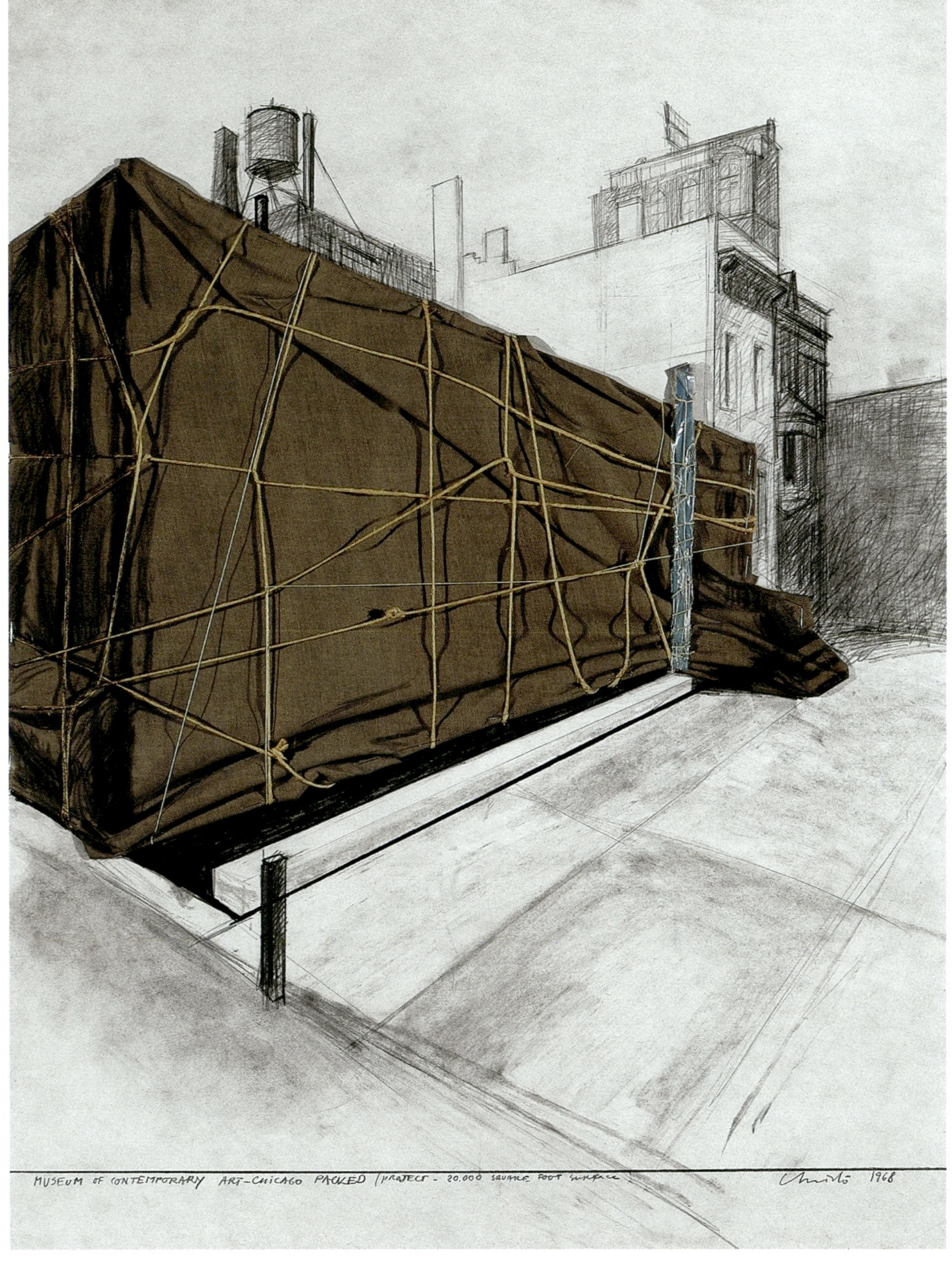

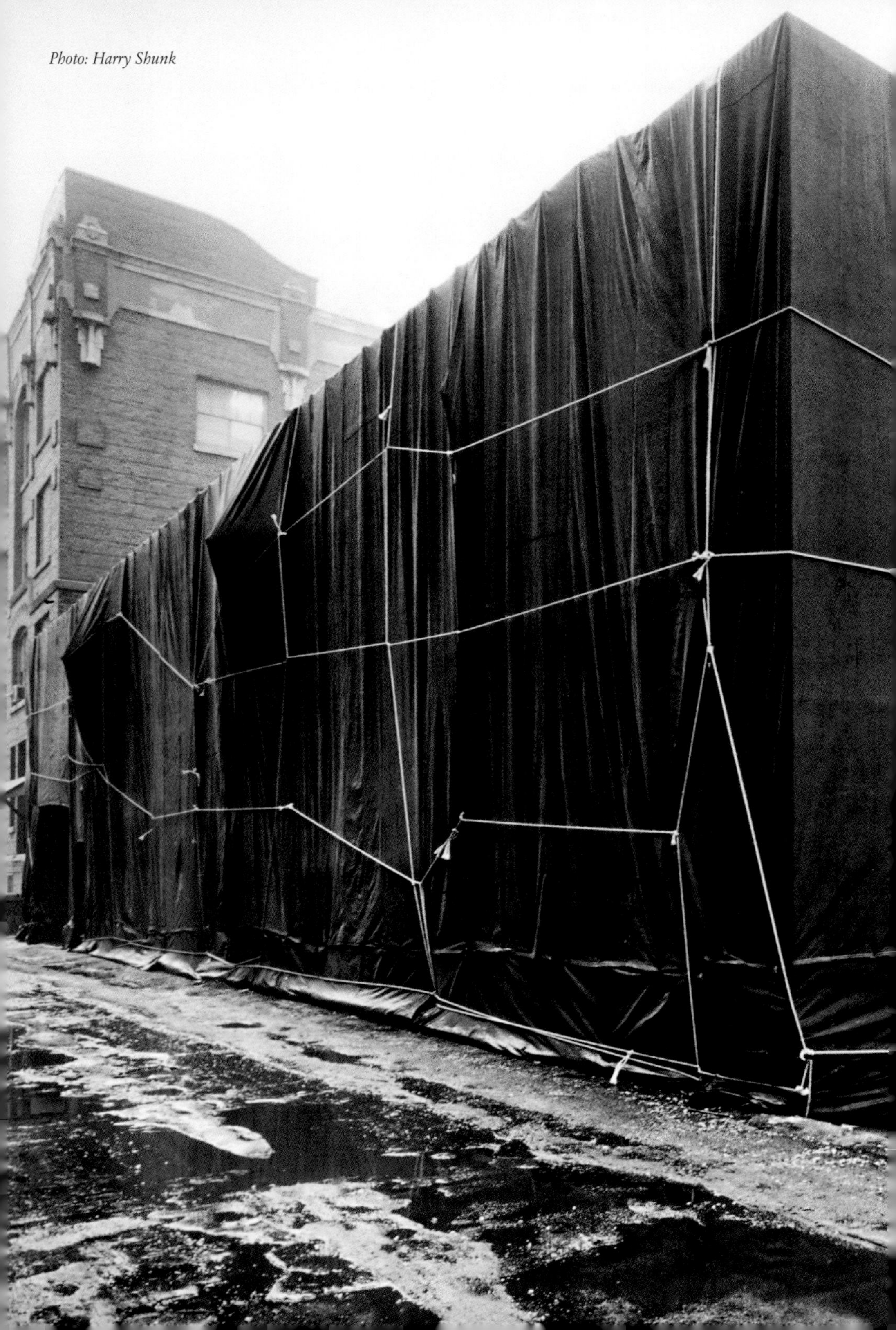
Photo: Harry Shunk

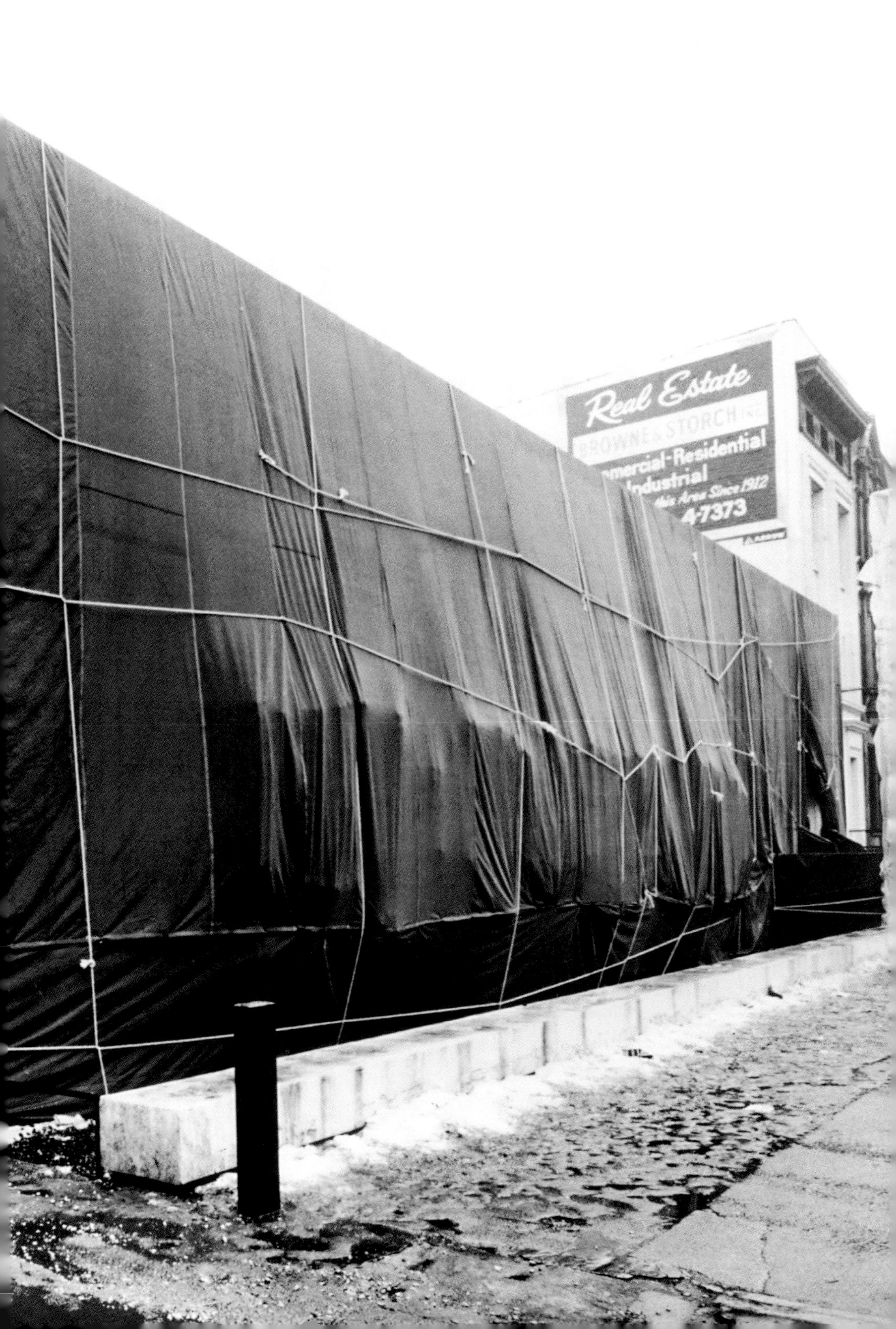

Real Estate
BROWNE & STORCH INC
mercial-Residential
Industrial
this Area Since 1912
4-7373

# Wrapped Coast, One Million Square Feet, Little Bay, Sydney, Australia, 1968–69
Coordinator: John Kaldor

Little Bay, property of Prince Henry Hospital, is located 14.5 kilometers (9 miles) southeast of the center of Sydney. The cliff-lined South Pacific Ocean shore area that was wrapped is approximately 2.4 kilometers (1.5 miles) long, 46 to 244 meters (150 to 800 feet) wide, 26 meters (85 feet) high at the northern cliffs and was at sea level at the southern sandy beach.

One million square feet (92,900 square meters) of erosion-control fabric (synthetic woven fiber usually manufactured for agricultural purposes) were used for the wrapping. 56.3 kilometers (35 miles) of polypropylene rope, 1.5 centimeters (0.6 inches) in diameter, tied the fabric to the rocks.

Ramset guns fired 25,000 charges of fasteners, threaded studs and clips to secure the rope to the rocks.

Major Ninian Melville, retired from the Army Corps of Engineers, was in charge of the climbers and workers at the site. 17,000 manpower hours, over a period of four weeks, were expended by 15 professional mountain climbers, and 110 other workers: architecture and art students from the University of Sydney and East Sydney Technical College, as well as a number of Australian artists and teachers. All climbers and workers were paid, with the exception of 11 architecture students who refused to be paid.

The project was financed entirely by Christo and Jeanne-Claude through the sale of Christo's original preparatory drawings, collages, scale models, early *Packages* and *Wrapped Objects* of the 1950s and 1960s, and lithographs. The artists do not accept sponsorship of any kind.

The coast remained wrapped for a period of ten weeks beginning on October 28, 1969. Upon the project's completion all materials were removed and recycled and the site was returned to its original condition.

Die Little Bay ist im Besitz des Prince-Henry-Hospitals und liegt 14,5 Kilometer südöstlich vom Zentrum Sydneys. Das felsige Küstengebiet des Südpazifiks, das verhüllt wurde, ist etwa 2,4 Kilometer lang und zwischen 46 und 244 Meter breit. An den nördlichen Klippen erreicht es eine Höhe von 26 Metern, während es im Süden auf einen Sandstrand ausläuft.

92.900 Quadratmeter synthetisches Erosionsschutzgewebe, das normalerweise für landwirtschaftliche Zwecke hergestellt wird, wurde für die Verhüllung verwendet. 56,3 Kilometer Polypropylenseil mit einem Durchmesser von 1,5 Zentimetern hielten das Gewebe an den Felsen fest. Mit Bolzenschussapparaten wurden 25.000 Ladungen Bolzen, Gewindeschrauben und Klammern in den Felsen geschossen, um das Seil daran zu befestigen.

Ninian Melville, ein Major des Armeekorps der Ingenieure im Ruhestand, beaufsichtigte die Bergsteiger und Arbeiter vor Ort. 17.000 Arbeitsstunden wurden in vier Wochen von 15 ausgebildeten Bergsteigern und 110 weiteren Hilfskräften, zum Teil Kunst- und Architekturstudenten von der Universität Sydney und von der Technischen Hochschule in Ost-Sydney, sowie einer ganzen Anzahl australischer Künstler und Lehrer für das Projekt aufgewandt. Mit Ausnahme von elf Architekturstudenten, die keine Bezahlung annehmen wollten, wurden alle Bergsteiger und Arbeiter bezahlt.

Das Projekt wurde von Christo und Jeanne-Claude durch den Verkauf von Vorstudien, Zeichnungen, Collagen, Modellen, frühen *Packages* und verhüllten Objekten aus den 1950er- und 1960er-Jahren sowie Originallithografien finanziert.Die Künstler akzeptieren keine Sponsorengelder jedweder Art.

Die Küste blieb ab dem 28. Oktober 1969 für zehn Wochen verhüllt. Anschließend wurden alle Materialien entfernt, und die Küste erhielt ihr natürliches Aussehen zurück.


Little Bay, propriété du Prince Henry Hospital, est située à 14,5 kilomètres au sud-est du centre de Sydney. Le site au bord de l'océan Pacifique sud qui fut empaqueté est d'une longueur de 2,4 kilomètres, sa largeur variant de 46 à 244 mètres, et sa hauteur de 26 mètres, aux falaises du nord, jusqu'au niveau de la mer sur la plage de sable, au sud.

92.900 mètres carrés de toile anti-érosion (une fibre synthétique tissée, habituellement fabriquée pour des usages agricoles) furent utilisés pour l'empaquetage. 56,3 kilomètres de corde de polypropylène de 1,5 centimètre de diamètre fixèrent la toile aux rochers. Des pistolets Ramset tirèrent 25.000 charges de pitons, de pointes à tête filetée et d'attaches afin de maintenir la corde aux rochers.

Ninian Melville, un commandant du génie militaire australien à la retraite, dirigeait les alpinistes et les ouvriers sur le site. 17.000 heures de travail furent fournies pendant quatre semaines par 15 alpinistes professionnels et 110 autres personnes, parmi lesquelles des étudiants en architecture et en art de l'université de Sydney et de l'École technique de Sydney-Est, ainsi que des artistes et enseignants australiens. Tous les alpinistes et les ouvriers furent payés, sauf 11 étudiants d'architecture qui refusèrent d'être rémunérés.

Le projet fut financé par Christo et Jeanne-Claude grâce à la vente d'œuvres préparatoires faites par Christo : dessins, collages, maquettes ainsi que des empaquetages anciens des années 1950 et 1960 et des lithographies.

La côte resta empaquetée pendant 10 semaines à partir du 28 octobre 1969. Ensuite tous les matériaux furent enlevés, recyclés, et le site revint à son état d'origine.

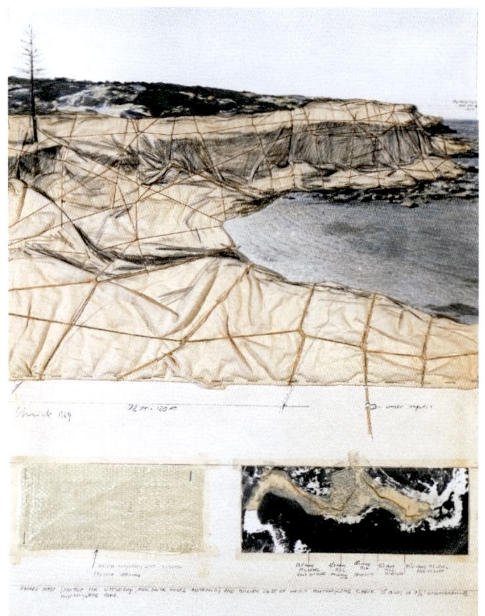

**Packed Coast, Project for Little Bay,
New South Wales Australia, One Million sq ft of
Woven Polypropylene Ribbon near Sydney**
Collage 1969: 71 x 55.9 cm (28 x 22″)
Pencil, fabric, wax crayon, rope, twine, photograph,
aerial photograph, tracing paper, fabric sample,
tape, and staples
National Gallery of Art, Washington, D.C., USA
Gift of Dorothy and Herbert Vogel

**Packed Coast, Project for Little Bay,
New South Wales, Australia One Million
Square Feet of Erosion Control Mesh**
Collage 1969: 71 x 56 cm (28 x 22″)
Pencil, fabric, wax crayon, twine, rope, and
charcoal
Collection Teresa Lane, USA

**Wrapped Coast, Project for Little Bay, Sydney, Australia**
Scale model 1968: 19 x 245 x 81.5 cm (7 ½ x 96 ½ x 32 1/16″). Fabric, rope, Plexiglas, paint, and wood
Collection Galleria Tega, Milan, Italy. *Photo: Sigwart Korn*

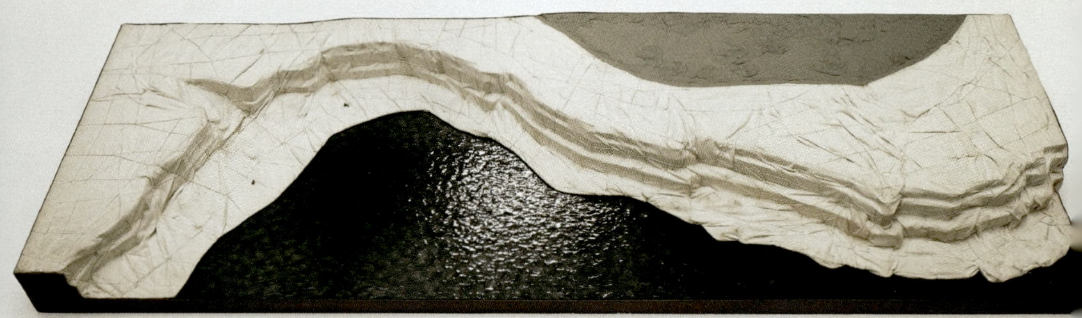

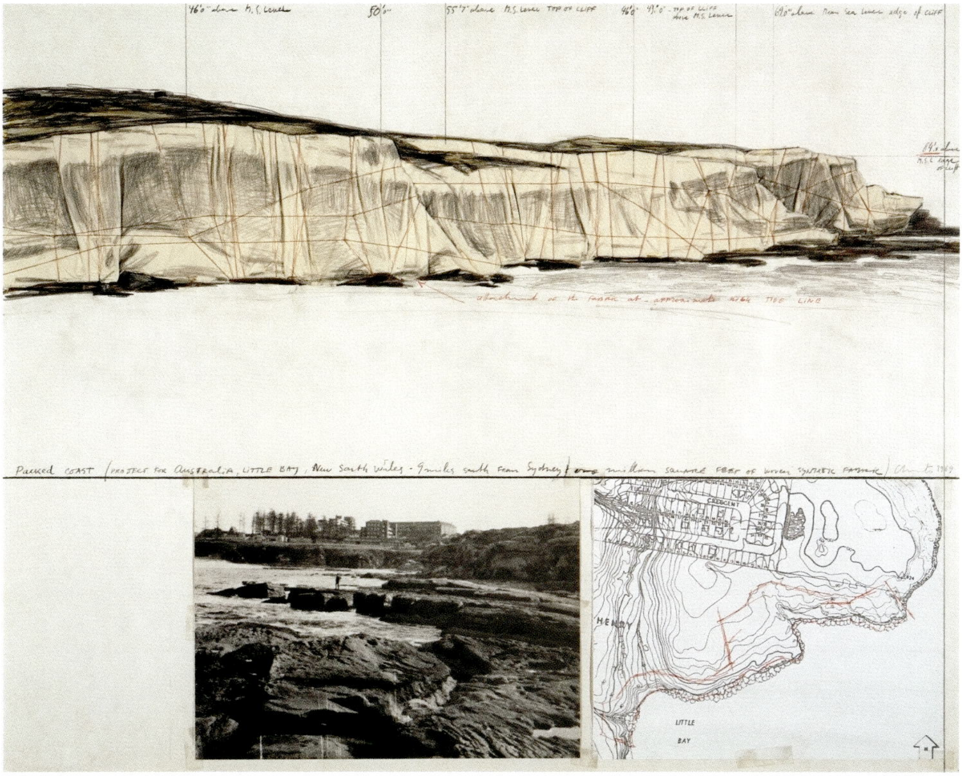

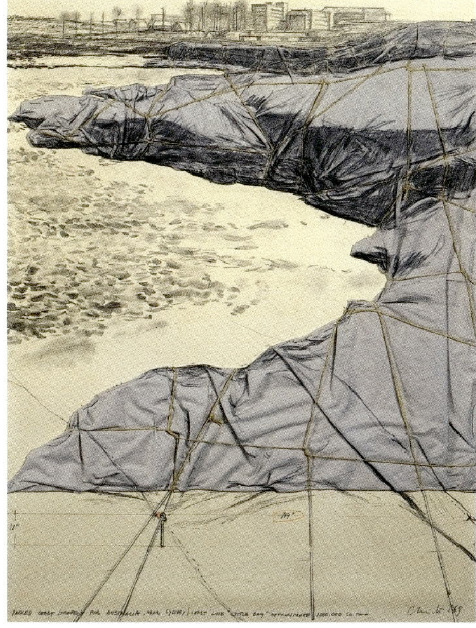

*Above:*

**Packed Coast, Project for Australia, Little Bay,
New South Wales, 9 Miles South from Sydney**
Collage 1969: 56 x 71 cm (22 x 28″)
Pencil, fabric, twine, charcoal, wax crayon,
photograph by Harry Shunk, ballpoint pen,
topographic map, and tape
Würth Collection, Künzelsau, Germany
*Photo: Harry Shunk*

*Right:*

**Packed Coast, Project for Australia,
near Sydney, Coast Line "Little Bay"**
Collage 1969: 71 x 55.8 cm (28 x 22″)
Pencil, charcoal, fabric, rope, twine,
wax crayon, and staples
Collection Vittorio Disetti, Italy

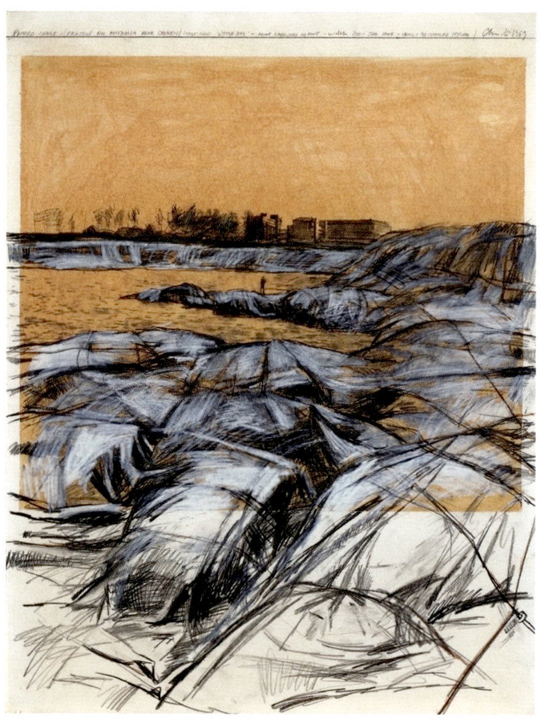

**Packed Coast, Project for Australia
near Sydney Coast Line "Little Bay"**
Collage 1969: 71 x 56 cm (28 x 22″)
Pencil, charcoal, tracing paper, and
wax crayon on paper
(Part of the *Wrapped Coast
Documentation Exhibition*)
*Photo: Eeva-Inkeri*

The wrapping of Little Bay was begun October 5, 1969. The erosion-control fabric had been woven and sewn into wide panels at an off-site factory. The bolts of fabric were first placed in position on the ground, where seamstresses stitched together three rolls before the fabric was draped on the site. The first area to be fully wrapped was a gully filled with large boulders and debris, where the surrounding cliffs averaged 15 meters (50 feet) in height. Located between the beach to the west and the 25.6-meter-high (84 feet) cliffs to the east, the gully had previously been used as a refuse dump.

Die Verhüllung der Little Bay wurde am 5. Oktober 1969 in Angriff genommen. Das Erosionsschutzgewebe war außerhalb des Geländes gefertigt und zu breiten Bahnen zusammengenäht worden. Zunächst wurden die Stoffballen vor Ort auf den Boden gelegt, wo Näherinnen drei Rollen zusammenhefteten, bevor das Gewebe ausgebreitet wurde. Die erste Region, die vollständig verhüllt wurde, war eine mit großen Felsbrocken und Geröll gefüllte Rinne, an der die angrenzenden Klippen im Schnitt eine Höhe von 15 Metern erreichten. Dieser Bereich zwischen dem Strand im Westen und den 25,60 Meter hohen Klippen im Osten hatte als Müllabladeplatz gedient.

L'empaquetage de Little Bay débuta le 5 octobre 1969. La toile anti-érosion avait été tissée et cousue en larges lés dans une usine locale. Les rouleaux de toile furent d'abord mis en place au sol, où des couturières les cousirent trois par trois avant que la toile vienne draper le site. La première zone à être entièrement couverte fut un goulet rempli de gros rochers et de débris, où les falaises environnantes s'élevaient à une quinzaine de mètres en moyenne. Ce «Gully» entre la plage à l'ouest et les falaises de plus de 25 mètres à l'est avait servi de décharge publique.

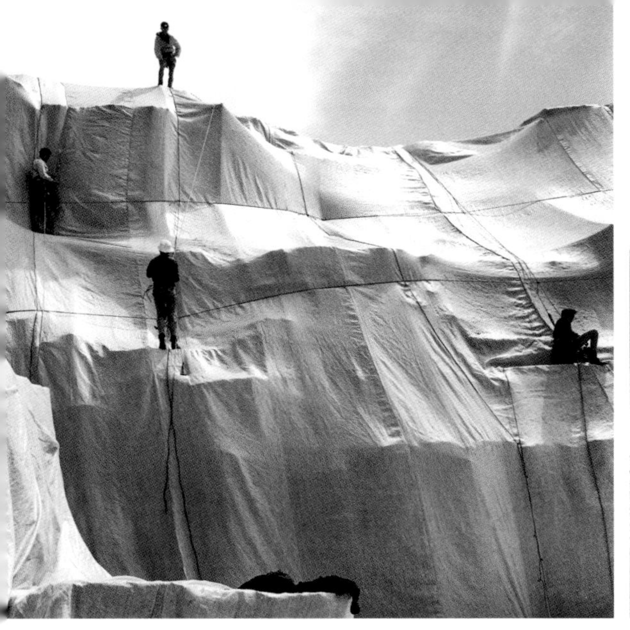
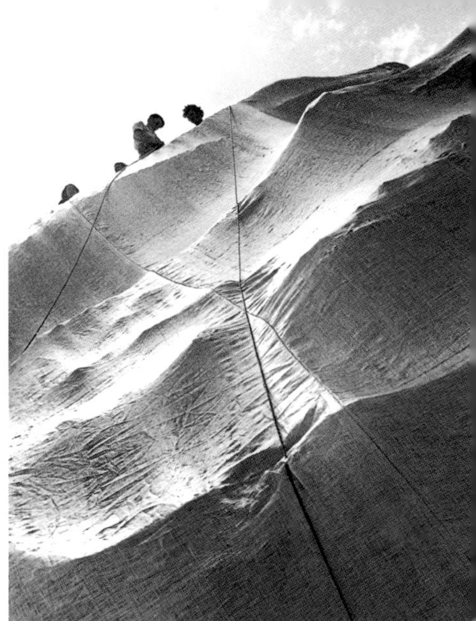

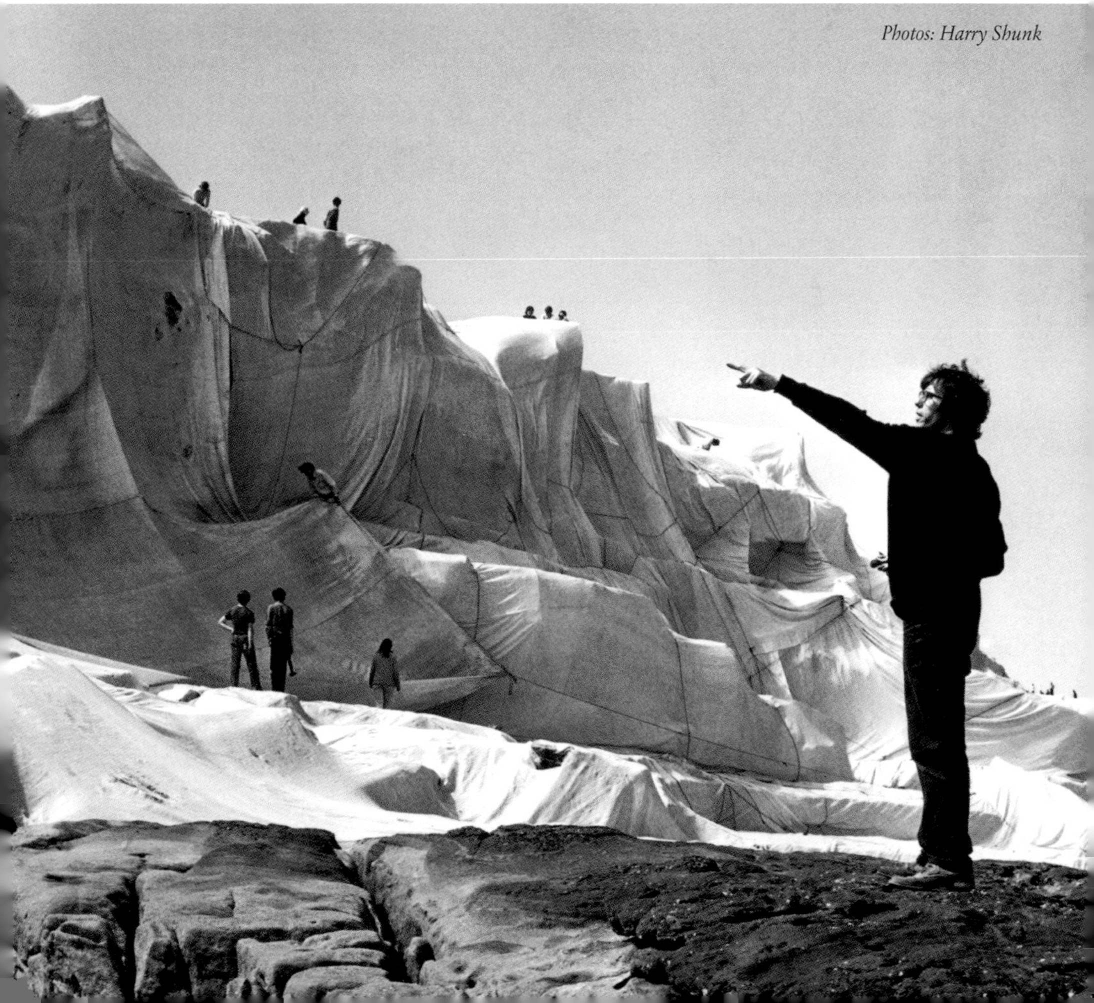

*Photos: Harry Shunk*

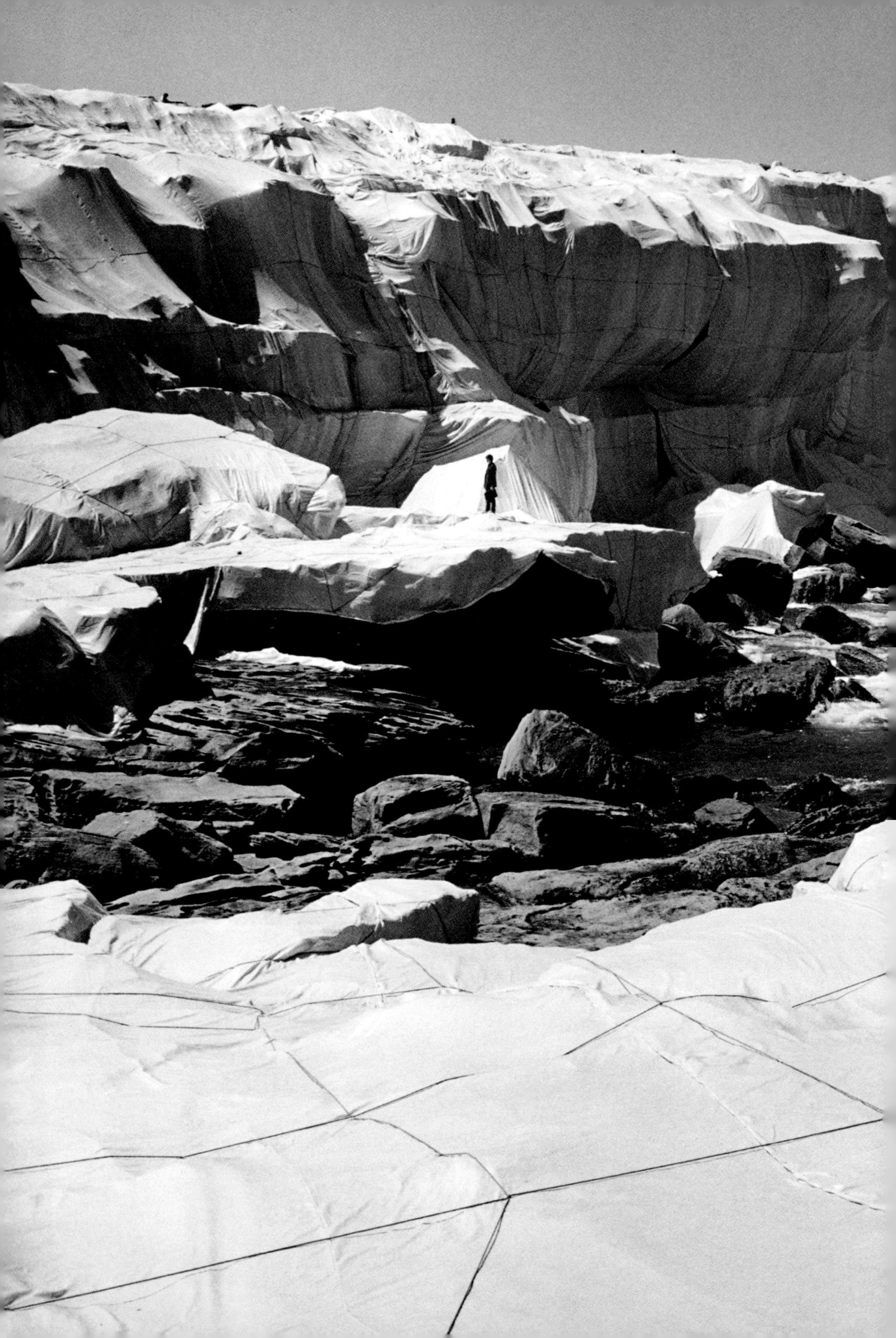

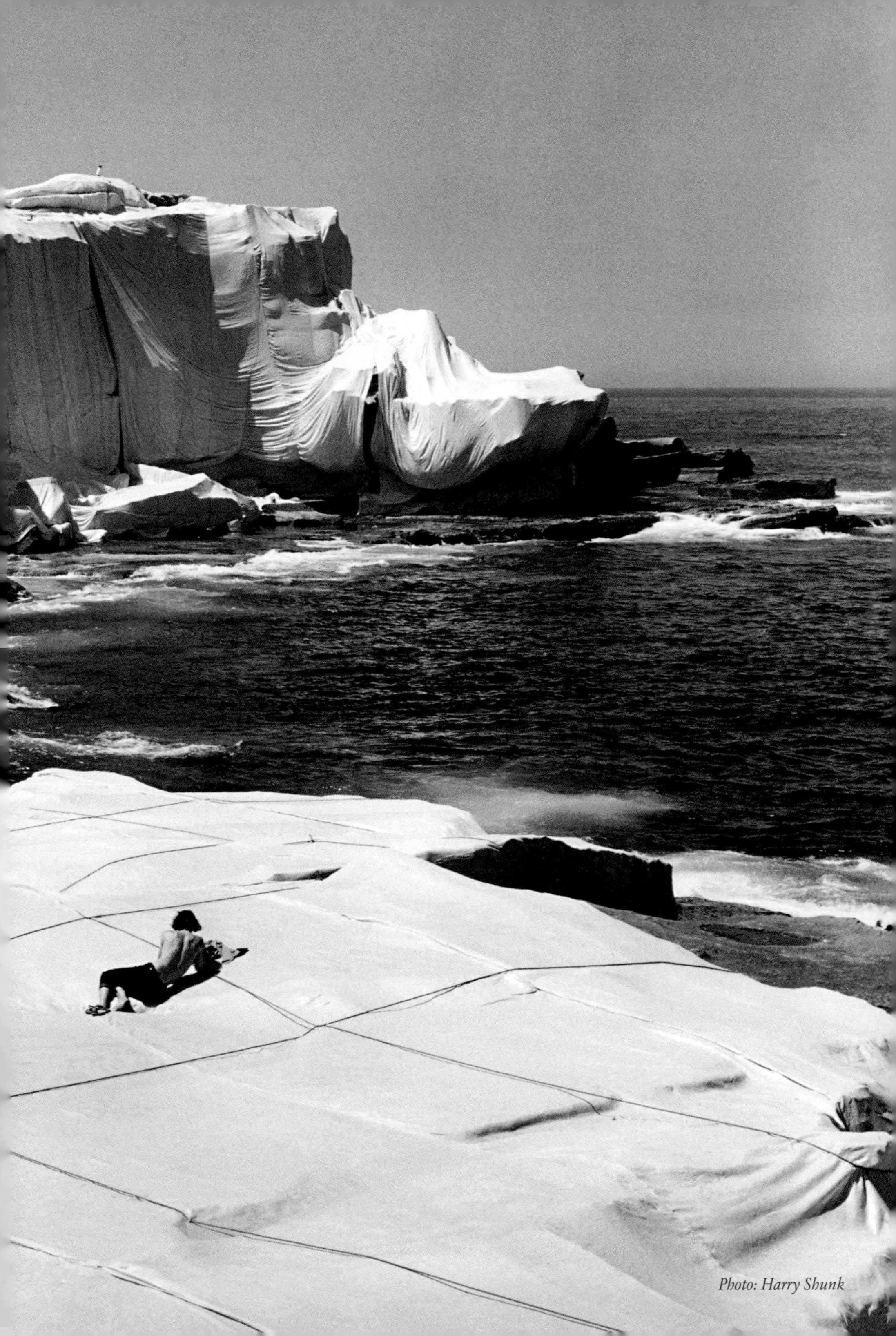
Photo: Harry Shunk

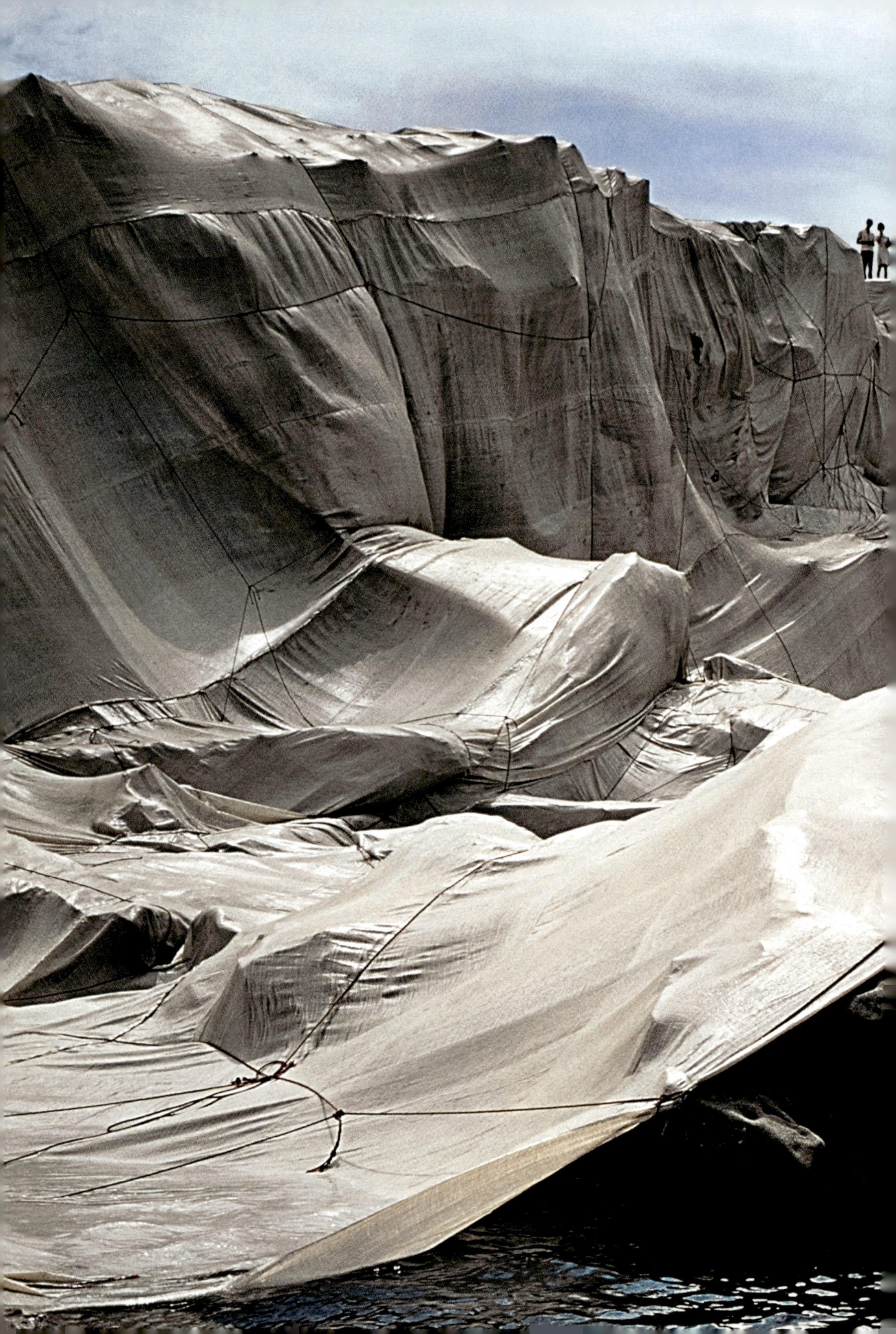

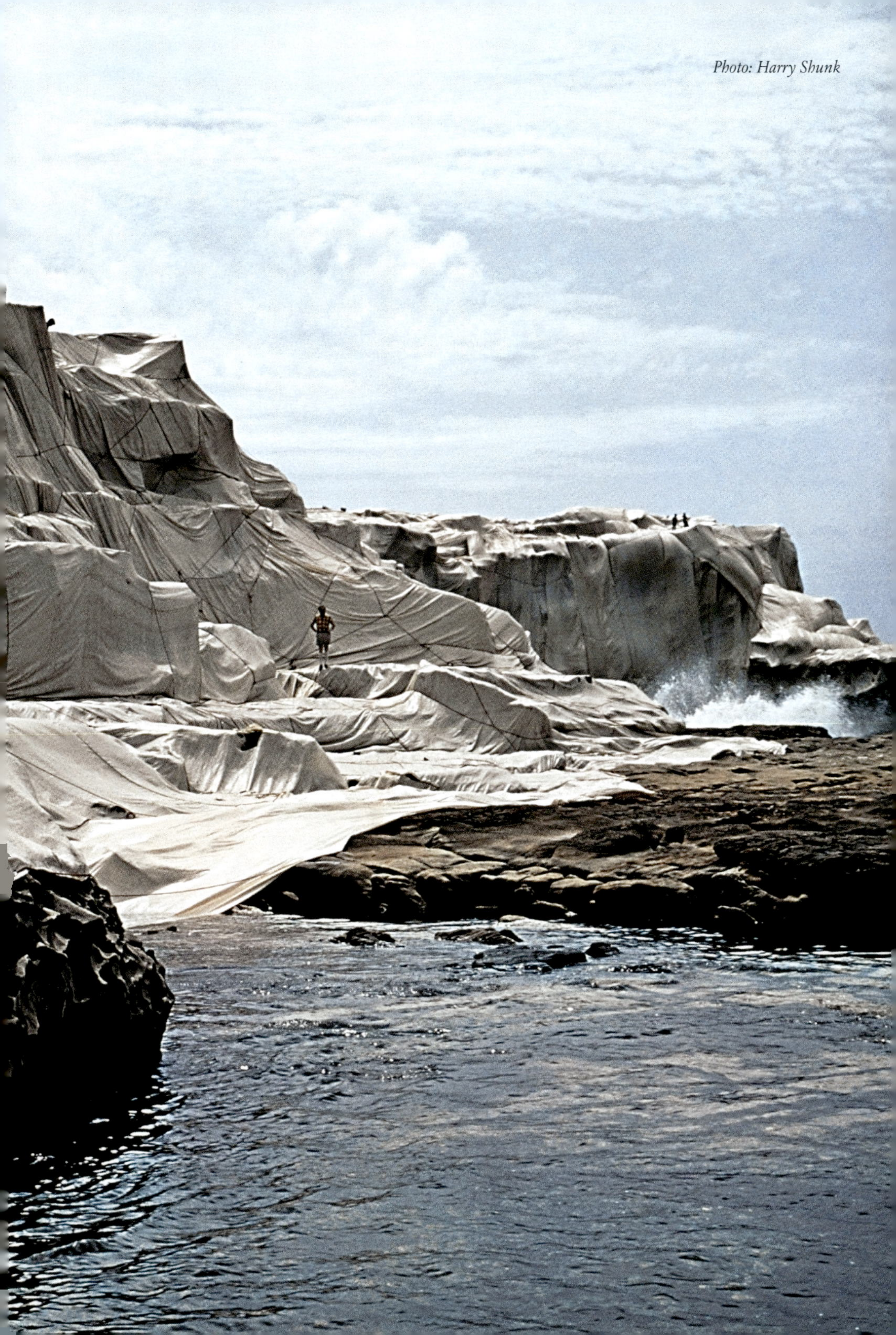
Photo: Harry Shunk

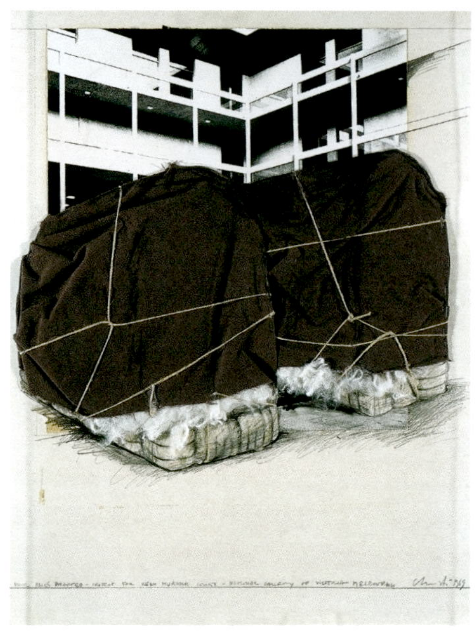

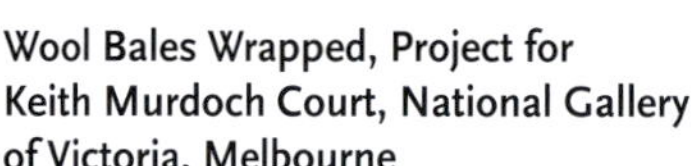

**Wool Bales Wrapped, Project for
Keith Murdoch Court, National Gallery
of Victoria, Melbourne**
Collage 1969: 71 x 56 cm (28 x 22″)
Pencil, tarpaulin, rope, photograph,
wax crayon, and cotton
The Cleveland Museum of Art, Cleveland,
Ohio, USA. Gift of Agnes Gund
*Photo: Courtesy The Cleveland Museum of Art*

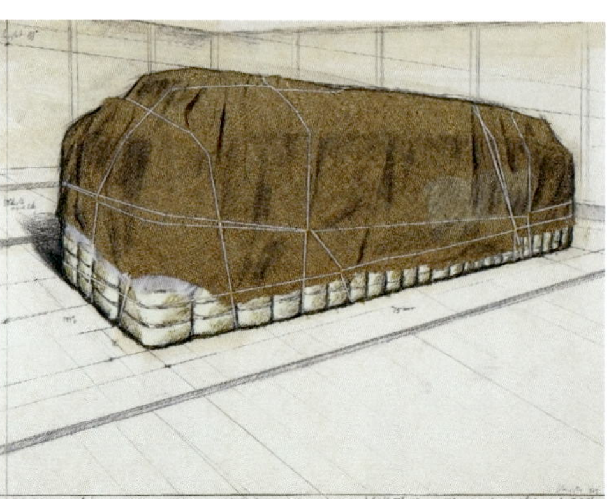

**Wool Bales Wrapped, Project for Keith Murdoch
Court, Gallery of Victoria, Melbourne**
Collage 1969: 56 x 71 cm (22 x 28″)
Pencil, jute fabric, twine, cotton, enamel paint,
wax crayon, and charcoal
Collection Falckenberg, Hamburg, Germany

*Below:*
**Wrapped Wool Bales, Keith Murdoch Court,
National Gallery of Victoria, Melbourne,
Australia, 1969**
Wool bales, tarpaulin, rope, and wool
Temporary installation, October 1969
*Photo: J. P. Mehes*

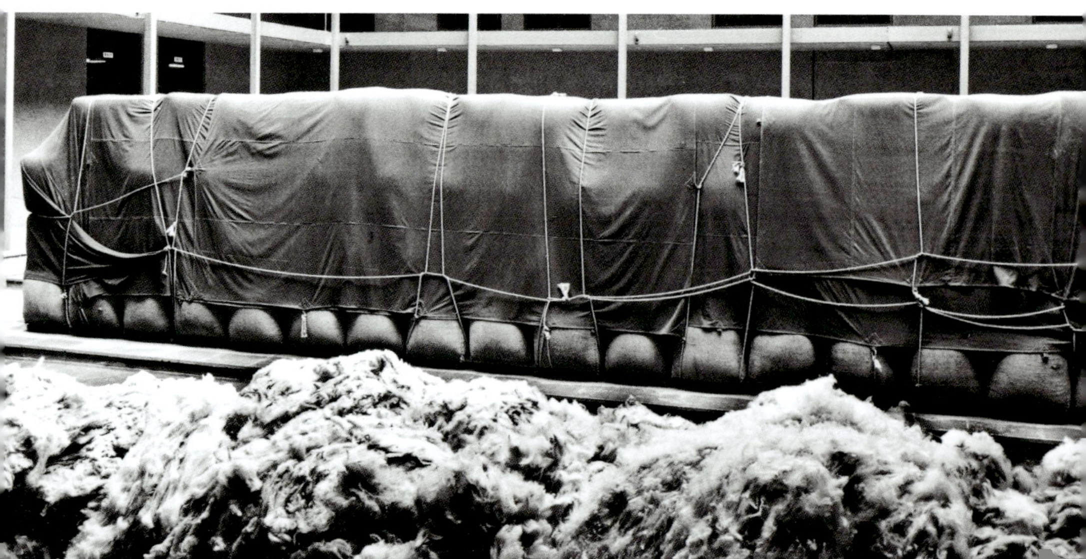

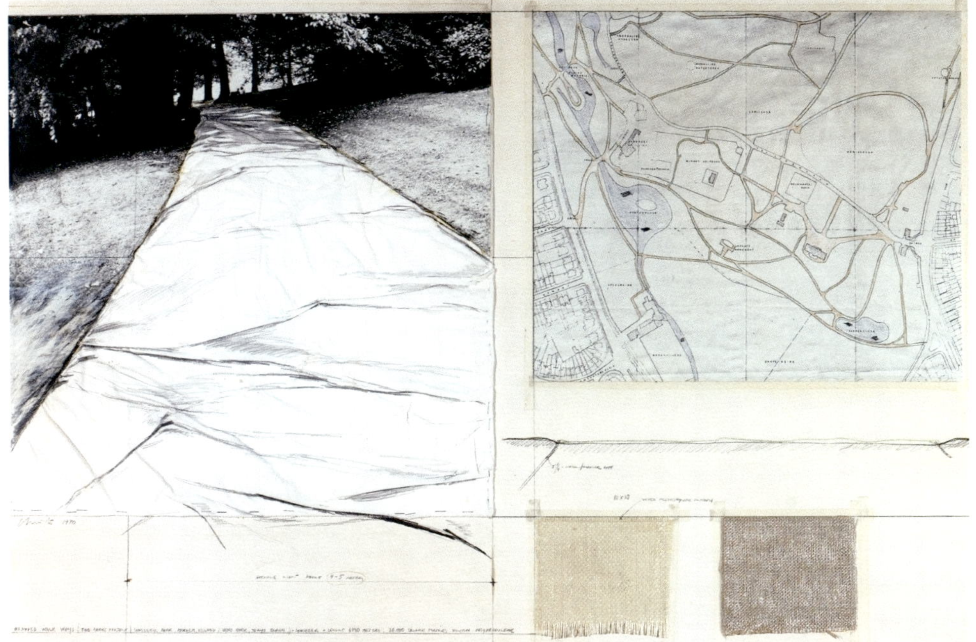

**Wrapped Walk Ways, Project for Ueno Park, Tokyo, Japan**
Collage 1969: 71 x 56 cm (28 x 22")
Pencil, fabric, wax crayon, photograph, charcoal, map, and tape
Private collection, Japan. *Photo: Harry Shunk*

**Fall 1969**. On their way to Australia to work on
*Wrapped Coast*, Christo, Jeanne-Claude, and Cyril
made a 10-day stop in Japan. The artists' discovery of
Japan inspired them to create *Wrapped Walk Ways*, a
two-part project linking Europe and Japan. Unsuccessful in obtaining permission from the Japanese
authorities for Ueno Park in Tokyo, and from the
Dutch authorities for Sonsbeek Park Arnheim, the
project was later reimagined for Kansas City. *Wrapped
Walk Ways* was completed in 1978, in Kansas City,
Missouri, as a single work. The idea of creating a two-
part project came to fruition many years later with
*The Umbrellas, Japan–USA, 1984–91*.

**Herbst 1969**. Auf ihrem Weg nach Australien zur
Arbeit an der *Wrapped Coast* legten Christo, Jeanne-
Claude und Cyril einen zehntägigen Zwischenstopp
in Japan ein. Die Entdeckung dieses Landes inspirier-
te die Künstler zu den *Verhüllten Parkwegen*, einem
Projekt aus zwei Teilen, das Europa und Japan mitei-
nander verbinden sollte. Ihre Bemühungen, von den
japanischen Behörden für den Ueno Park in Tokio

und von den niederländischen Behörden für den
Sonsbeek Park in Arnheim eine Genehmigung zu
erhalten, blieben erfolglos. *Verhüllte Parkwege* wurde
1978 in Kansas City, Missouri, als einzelne Arbeit
vollendet. Die Idee eines zweiteiligen Projekts wurde
viele Jahre später verwirklicht: *The Umbrellas, Japan–
USA, 1984–91*.

**Automne 1969**. Pendant leur voyage vers l'Australie
pour réaliser la *Côte empaquetée*, Christo, Jeanne-
Claude et Cyril s'arrêtèrent dix jours au Japon. La
découverte du pays inspira aux artistes la création des
*Wrapped Walk Ways*, projet en deux parties devant
relier l'Europe et le Japon. Ils tentèrent en vain d'obtenir les autorisations nécessaires à la réalisation du
projet auprès des autorités japonaises pour le parc
d'Uneo à Tokyo, et auprès des autorités néerlandaises
pour le parc Sonsbeek à Arnheim. *Wrapped Walk
Ways* furent réalisés en 1978 comme œuvre unique
à Kansas City, Missouri. L'idée d'un projet bipartite
fut finalement concrétisée en 1991 avec *The Umbrellas,
Japan–USA, 1984–91*.

## One Million Stacked Oil Drums, Project for Houston – Galveston Area, Texas

Collage 1970: 71 x 56 cm (28 x 22")
Pencil, photograph by Harry Shunk, wax crayon, charcoal, map, and tape
*Photo: Harry Shunk*

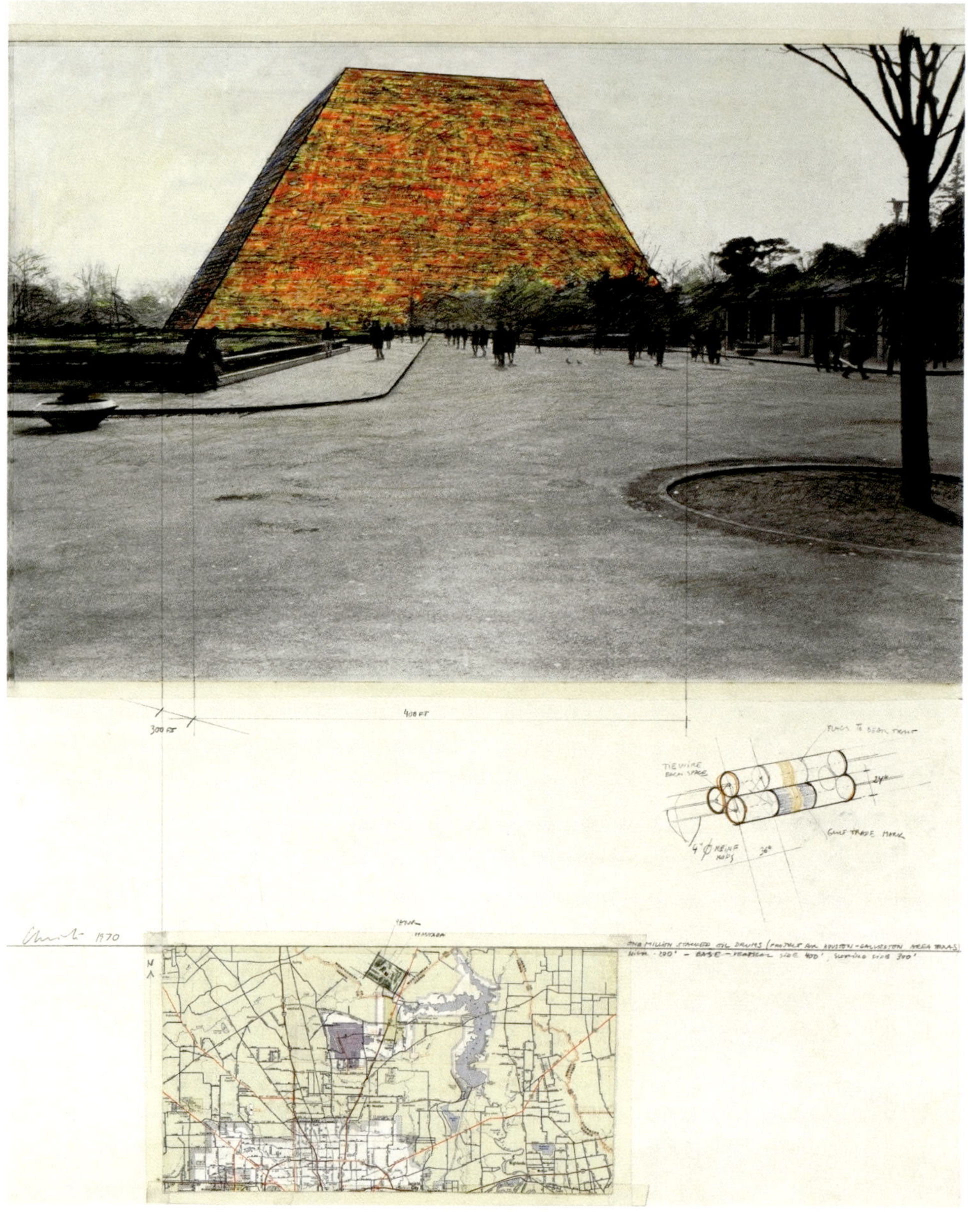

Since 1958, the artists have created numerous works using oil barrels: *Wrapped Oil Barrels 1958; Stacked Oil Barrels and Dockside Packages, 1961, Cologne, Germany; Barrels Structures 1962, Gentilly, France; Wall of Oil Barrels – The Iron Curtain, Rue Visconti, Paris, 1961–62; 56 Oil Barrels Structure 1966–67; The Mastaba of 1,240 Oil Barrels, Institute of Contemporary Art, Philadelphia, 1968; The Wall – 13,000 Oil Barrels, 1998–99,* an indoor installation in the Gasometer Oberhausen, Germany; and *The London Mastaba, Serpentine Lake, Hyde Park, 2016–18.*

Seit 1958 haben die Künstler zahlreiche Werke geschaffen, bei denen Ölfässer zum Einsatz kamen: *Wrapped Oil Barrels 1958; Stacked Oil Barrels and Dockside Package, 1961, Köln; Barrels Structures 1962, Gentilly, Frankreich; Wall of Oil Barrels – The Iron Curtain, Rue Visconti, Paris, 1961–62; 56 Oil Barrels Structure*

*1966–67; The Mastaba of 1,240 Oil Barrels, Institute of Contemporary Art, Philadelphia, 1968; The Wall – 13.000 Ölfässer, 1998–99,* eine Indoor-Installation im Gasometer Oberhausen und *The London Mastaba, Serpentine Lake, Hyde Park, 2016–18.*

Depuis 1958, les artistes ont créé de nombreuses œuvres utilisant des barils de pétrole: *Wrapped Oil Barrels 1958; Stacked Oil Barrels and Dockside Package, 1961, Cologne, Allemagne; Barrels Structures 1962, Gentilly, France; Le Rideau de Fer – Mur de Barils de Pétrole, rue Visconti, Paris, 1961–62; 56 Oil Barrels Structure 1966–67; The Mastaba of 1,240 Oil Barrels, Institute of Contemporary Art, Philadelphie, 1968; The Wall – 13.000 Barils de Pétrole, 1998–99,* une installation intérieure dans le gazomètre, Oberhausen, Allemagne, et *The London Mastaba, lac Serpentine, Hyde Park, 2016–18.*

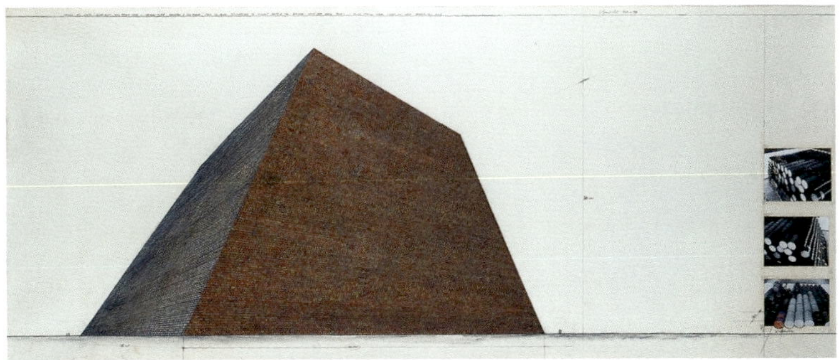

**Stacked Oil Barrels, Project for Houston – Galveston Area, Texas**
Drawing 1969–70:
91 x 230 cm
(35 ¾ x 90 ½")
Pencil, charcoal, wax crayon, three photographs by Harry Shunk, and tape
Private collection

**Houston Mastaba, Stacked Oil Drums, Project for Houston – Galveston Area, Texas**
Drawing 1969–70:
91.5 x 165 cm (36 x 65")
Pencil, wax crayon, pastel, charcoal, and cardboard

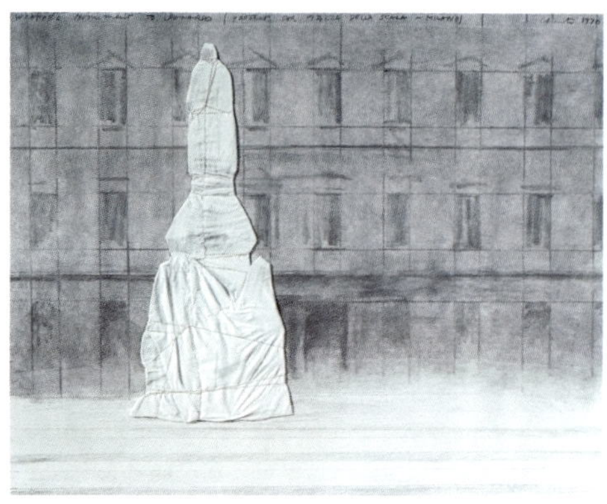

**Wrapped Monument to Leonardo,
Project for Piazza della Scala, Milano**

Collage 1970: 56 x 71 cm (22 x 28")
Pencil, fabric, twine, charcoal, and wash
Collection Lilja Art Fund Foundation, Switzerland
*Photo: Harry Shunk*

**Wrapped Monument to Vittorio Emanuele,
Project for Piazza del Duomo, Milano**

Collage 1970: 71 x 56 cm (28 x 22")
Pencil, fabric, twine, charcoal, pastel,
wax crayon, and map
Victoria and Albert Museum, London,
United Kingdom
*Photo: Harry Shunk*

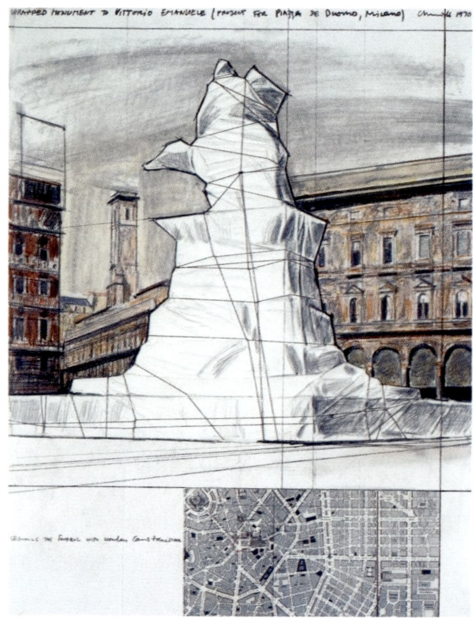

## Wrapped Monuments, Milan, Italy, 1970

The monument to the king of Italy, Vittorio Emanuele II,
on Piazza del Duomo, and the monument to Leonardo
da Vinci, on Piazza della Scala, were wrapped with polypropylene fabric and red polypropylene rope in the fall
of 1970 in Milan, Italy. The fabric was sewn in patterns
that, when installed, allowed it to have ample folds.
The Monument to Vittorio Emanuele II is located in
front of the late 14th-century cathedral, the Duomo,
while the Monument to Leonardo da Vinci is situated in
front of the 18th-century La Scala Theater and the Milan
City Hall. All expenses were borne by the artists.
The *Wrapped Monument to Vittorio Emanuele* remained for
two days, while the *Wrapped Monument to Leonardo da
Vinci* remained for one week.

## Verhüllte Denkmäler, Mailand, Italien, 1970

Die Statue des Königs von Italien, Vittorio Emanuele,
auf der Piazza del Duomo und das Standbild Leonardo
da Vincis auf der Piazza della Scala in Mailand wurden
im Herbst 1970 mit Polypropylengewebe und roten Poly-
propylenseilen verhüllt. Der Stoff wurde im Voraus nach
einem Schnittmuster zugenäht, das einen reichlichen
Faltenwurf erlaubte.
Die Statue von Vittorio Emanuele befindet sich vor dem
Dom aus dem späten 14. Jahrhundert, während das Standbild Leonardo da Vincis sich vor dem Opernhaus „La
Scala" aus dem 18. Jahrhundert und dem Mailänder Rat-
haus befindet. Alle Ausgaben trugen die Künstler selbst.
Die Statue von Vittorio Emanuele blieb für zwei Tage
verhüllt, während das *Verhüllte Denkmal für Leonardo da
Vinci* eine Woche lang zu sehen war.

## Monuments Empaquetés, Milan, Italie, 1970

Le monument au roi d'Italie Victor-Emmanuel, sur la
Piazza del Duomo, et le monument à Léonard de Vinci,
sur la Piazza della Scala, furent empaquetés à l'automne
1970 à Milan, Italie, avec de la toile polypropylène et
des cordes en polypropylène rouge. La toile avait été
préalablement cousue d'après des patrons prévoyant
d'amples plissés.
Le monument à Victor-Emmanuel est situé devant la
cathédrale de la fin du XIVᵉ siècle, le «Duomo», tandis
que le monument à Léonard de Vinci se dresse devant
le «Teatro alla Scala» du XVIIIᵉ et l'hôtel de ville de Milan.
Tous les frais liés au projet furent supportés
par les artistes.
L'empaquetage du monument à Victor-Emmanuel fut
retiré après deux jours, tandis que le *Monument à Léonard
de Vinci Empaqueté* resta en place pendant une semaine.

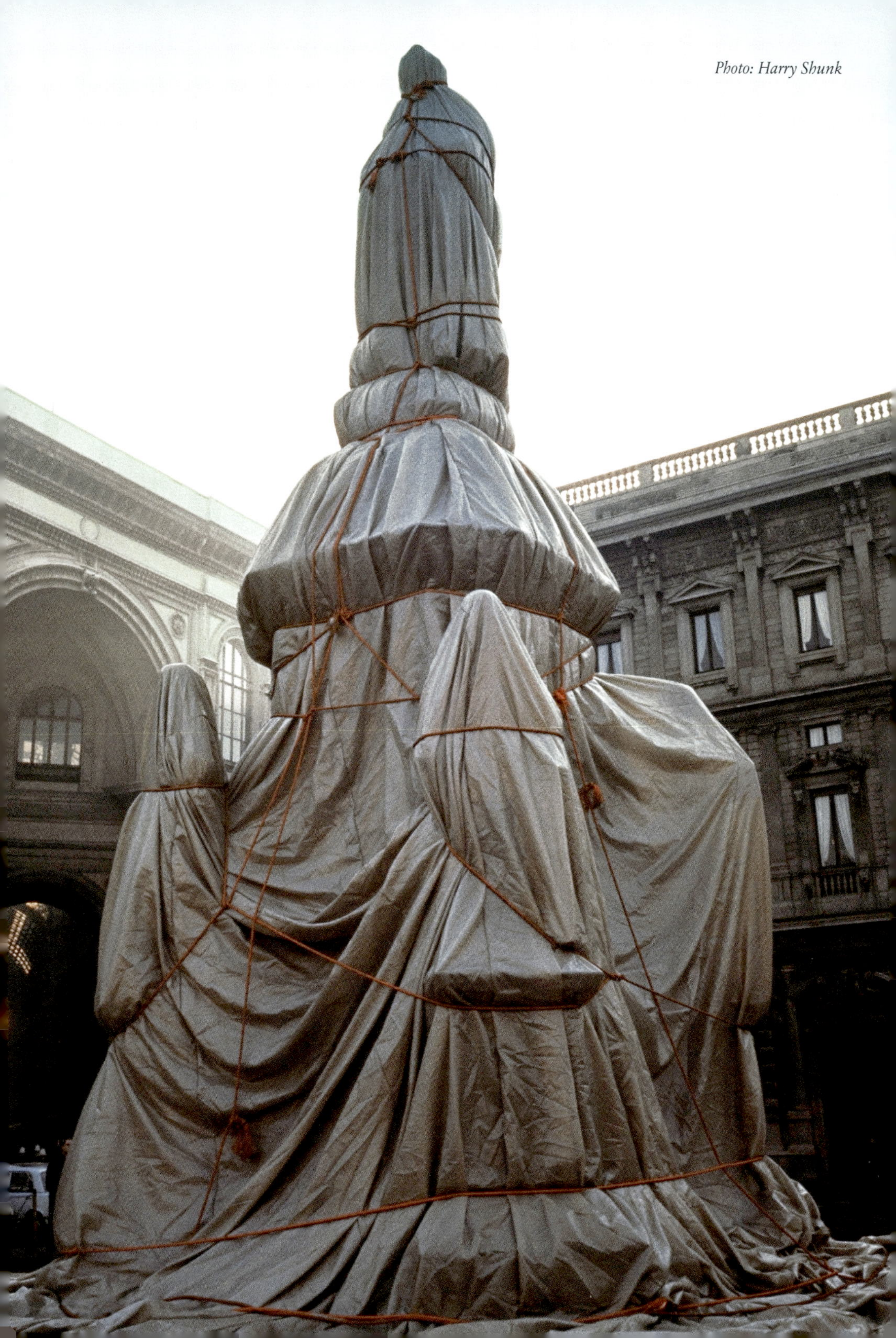
Photo: Harry Shunk

### Wrapped Monument to Vittorio Emanuele, Milan, 1970

**1970**, Milan, Italy. Unemployment is at its highest. Workers from the south of Italy are recruited to strike against the government around the wrapped monument. The site, which lies in front of the Duomo, is chosen by the organizers for its central location as well as for the media attention it is attracting due to the *Wrapped Monument to Vittorio Emanuele II*.

### Verhülltes Denkmal für Vittorio Emanuele, Mailand, 1970

**1970**, Mailand, Italien. Die Arbeitslosigkeit hat einen Höchststand erreicht. Arbeiter aus Süditalien werden dafür gewonnen, rund um das verhüllte Denkmal aus Protest gegen die Regierung zu streiken. Dieser Platz im Herzen der Stadt vor dem Dom wurde von den Organisatoren auch deshalb gewählt, weil das *Verhüllte Denkmal für Vittorio Emanuele* für Medienaufmerksamkeit sorgte.

### Monument à Victor-Emmanuel Empaqueté, Milan, 1970

**1970**, Milan, Italie. Le chômage bat des records. Des ouvriers du sud de l'Italie sont appelés à manifester contre le gouvernement autour du monument empaqueté. En plein centre-ville, devant le « Duomo », la cathédrale de Milan, ce site a été choisi par les organisateurs parce que le *Monument à Victor-Emmanuel Empaqueté* attirait beaucoup les médias.

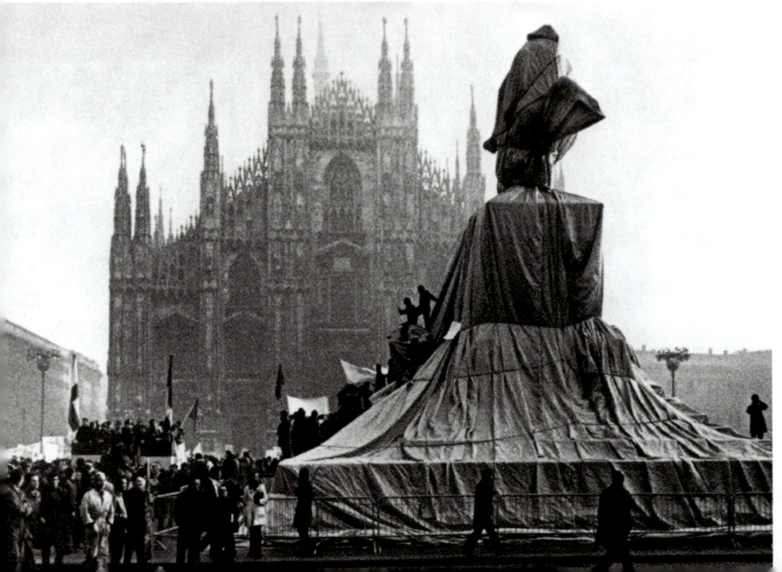

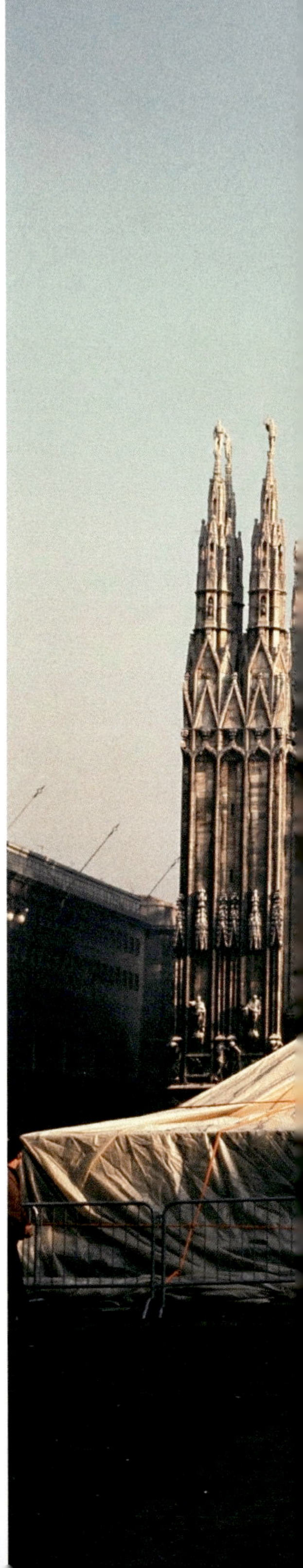

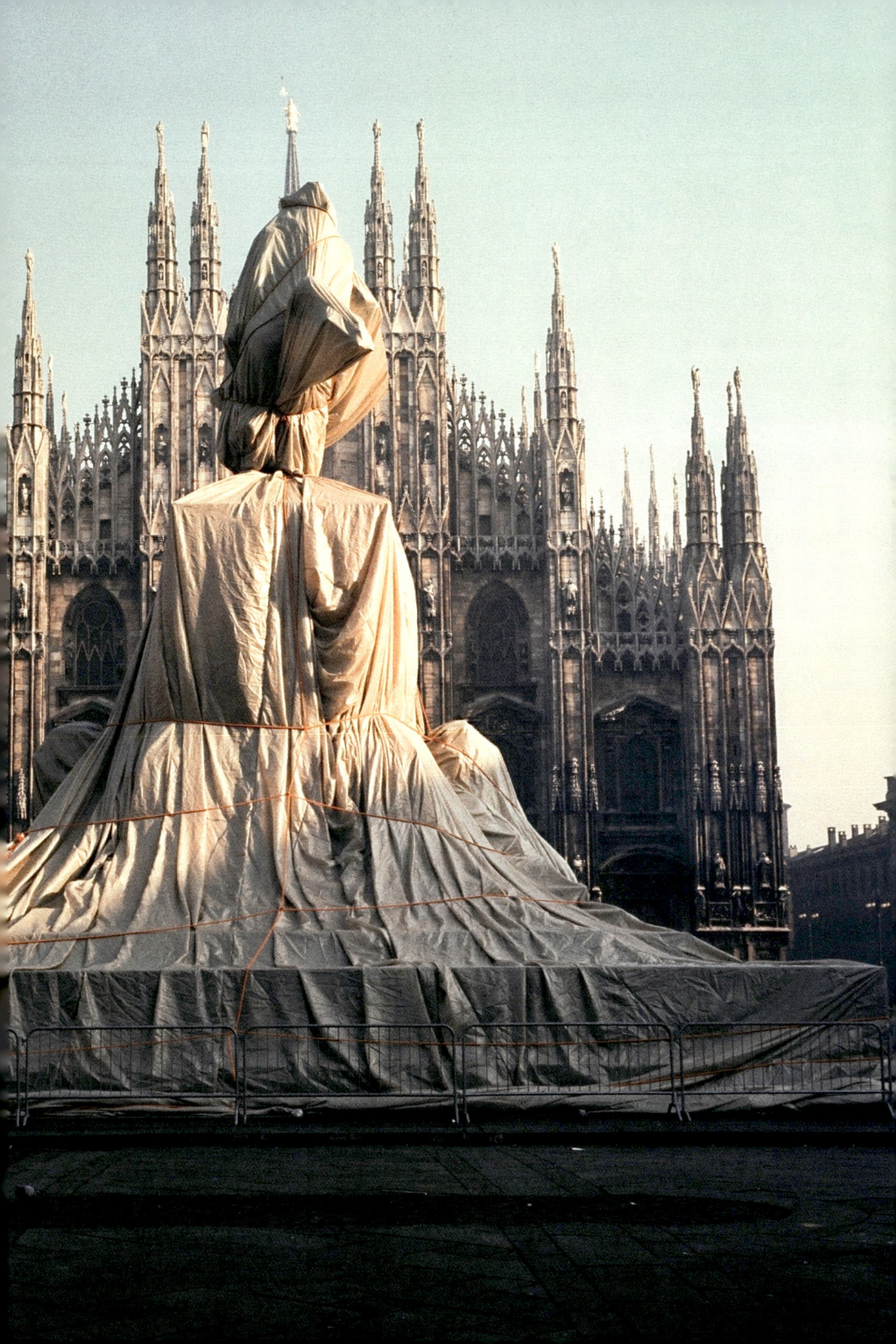

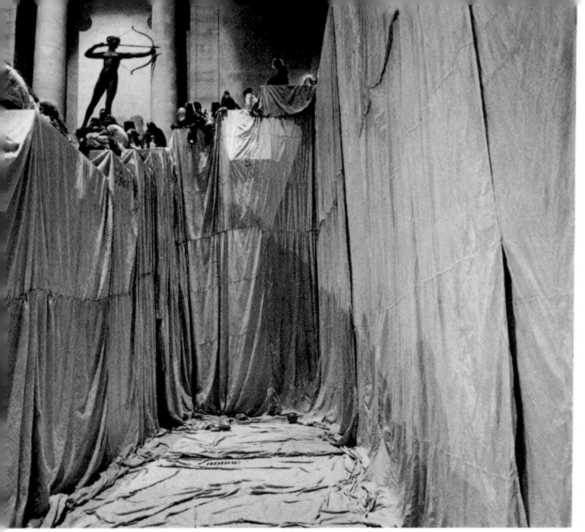

## Wrapped Stairway, Floor and Walls

In 1970, university students in Philadelphia asked Christo and Jeanne-Claude to create a work of art to celebrate the first "Earth Day." The artists requested permission from Evan Turner, director of the Philadelphia Museum, to realize *Wrapped Stairway, Floor and Walls at the Philadelphia Museum of Art, 1970*, in the museum's grand entrance. With the help of the students, using house painters' cotton drop cloths, the artists completed the work in two days. The work of art remained in place for two weeks.

*Photos: Harry Shunk*

## Verhülltes Treppenhaus, verhüllter Fußboden und verhüllte Wände

1970 baten Studierende der Universität in Philadelphia Christo und Jeanne-Claude, ein Werk zu schaffen, um den ersten „Earth Day" zu begehen. Die Künstler ersuchten den Museumsdirektor Evan Turner um die Genehmigung, im Eingangsbereich das Werk *Verhülltes Treppenhaus, verhüllter Fußboden und verhüllte Wände im Philadelphia Museum of Art, 1970,* verwirklichen zu dürfen. Mithilfe der Studenten und unter Benutzung von Baumwoll-Abdecktüchern aus dem Anstreichergewerbe stellten die Künstler die Arbeit binnen zwei Tagen fertig. Das Werk blieb dort zwei Wochen bestehen.

## Escalier, Sol et Murs Empaquetés

En 1970, des étudiants de l'université de Philadelphie demandèrent à Christo et Jeanne-Claude de créer une œuvre pour la première « Journée mondiale de la Terre ». Les artistes demandèrent au directeur du Philadelphia Museum, Evan Turner, l'autorisation de réaliser *Escalier, Sol et Murs Empaquetés au Philadelphia Museum of Art, 1970* dans le grand hall d'entrée du musée. Avec l'aide des étudiants, utilisant des bâches de peintre en coton, les artistes achevèrent cette œuvre en l'espace de deux jours. L'œuvre resta ensuite en place pendant deux semaines.

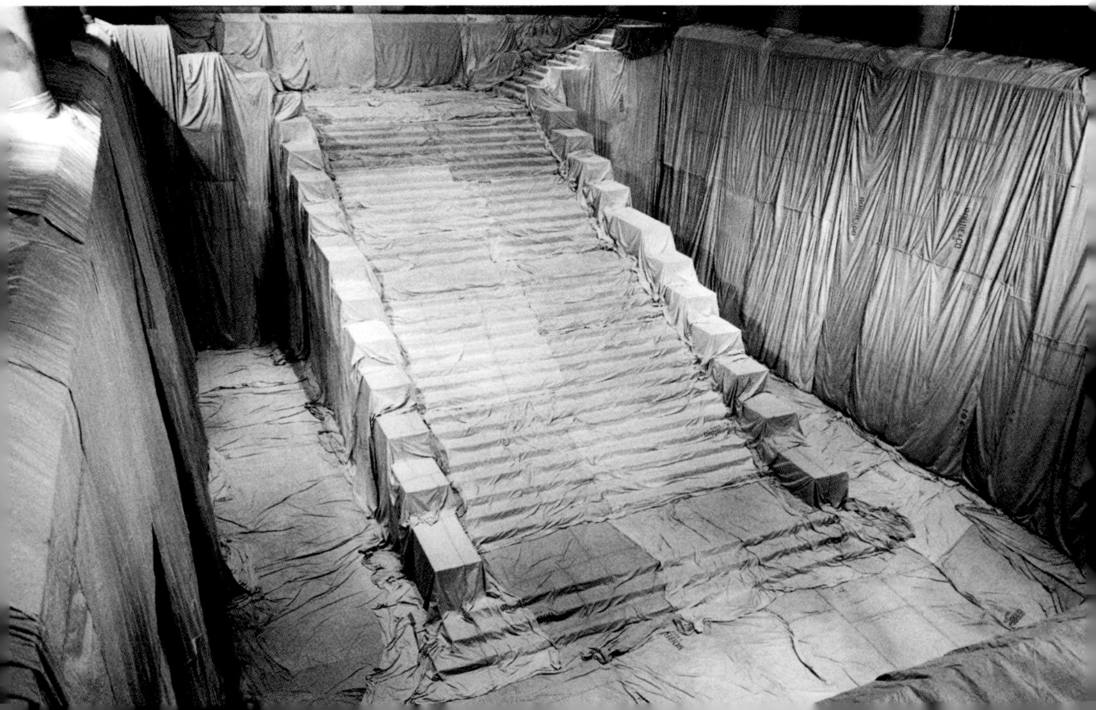

## Wrapped Floor, Wrapped Stairs, Covered Windows and Wrapped Walk Ways, Haus Lange, Krefeld, Germany, 1971

Christo and Jeanne-Claude placed brown wrapping paper on the inside part of the glass of all the windows, creating a diffused honey-colored light throughout the interior. The artists covered the floor and stairs with folds of house painters' cotton fabric drop cloths which they had shipped from Chicago. At the same time, the artists covered some of the walkways in the garden of the museum. The installation was completed on May 9, 1971, and remained in place until June 27, 1971.

## Verhüllter Fußboden, verhüllte Treppen, bedeckte Fenster und verhüllte Parkwege, Haus Lange, Krefeld, 1971

Christo und Jeanne-Claude brachten an allen Fenstern innen an der Scheibe braunes Packpapier an und schufen so im gesamten Inneren ein diffuses honigfarbenes Licht. Die Künstler bedeckten den Fußboden und die Treppen mit Lagen von Baumwoll-Abdecktüchern aus dem Anstreichergewerbe, die aus Chicago geliefert worden waren. Gleichzeitig bedeckten sie einige der Parkwege im Garten des Museums. Die Installation war am 9. Mai 1971 abgeschlossen und blieb bis zum 27. Juni 1971 vor Ort bestehen.

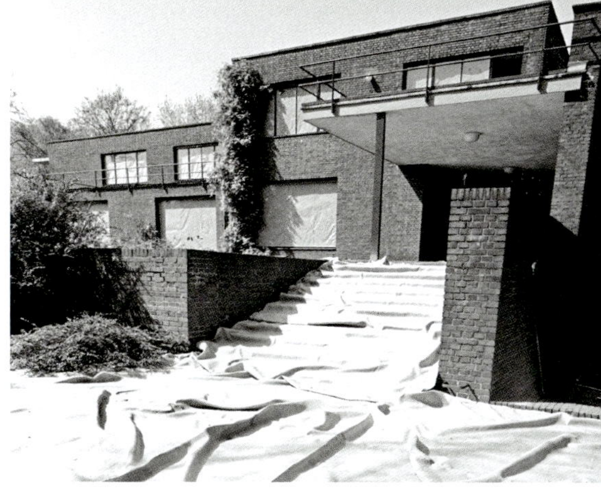

## Sol Empaqueté, Escaliers Empaquetés, Fenêtres Couvertes et Allées Empaquetées, Haus Lange, Krefeld, Allemagne, 1971

Christo et Jeanne-Claude masquèrent toutes les fenêtres de papier d'emballage brun, produisant ainsi une lumière diffuse couleur miel dans tout l'intérieur du bâtiment. Les artistes couvrirent le sol et les escaliers de bâches de peintre en coton livrées de Chicago. En même temps, ils couvrirent aussi certaines allées du jardin du musée. L'installation fut achevée le 9 mai 1971 et resta en place jusqu'au 27 juin de la même année.

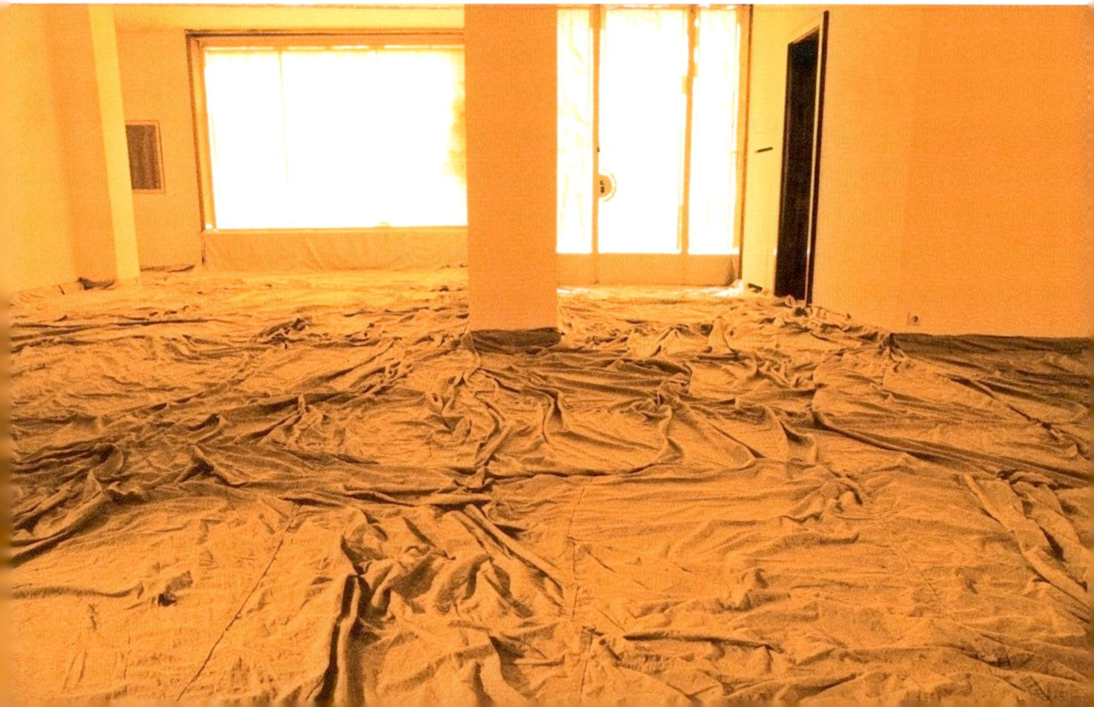

# Valley Curtain, Rifle, Colorado, 1970–72

On August 10, 1972, in Rifle, Colorado, between Grand Junction and Glenwood Springs in the Grand Hogback Mountain Range, at 11 am a group of 35 construction workers and 64 temporary helpers, art school and college students, and itinerant art workers tied down the last of 27 ropes that secured the 13,192 square meters (142,000 square feet) of woven nylon fabric orange Curtain to its moorings at Rifle Gap, 7 miles (11.3 km) north of Rifle, on Highway 325.

*Valley Curtain* was designed by Dimiter Zagoroff and John Thomson of Unipolycon of Lynn, Massachusetts, and Dr. Ernest C. Harris of Ken R. White Company, Denver, Colorado. It was built by A and H Builders, Inc., of Boulder, Colorado, President Theodore Dougherty, under the site supervision of Henry B. Leininger. Because the Curtain was suspended at a width of 381 meters (1,250 feet) and a height curving from 111 meters (365 feet) at each end to 55.5 meters (182 feet) at the center, the Curtain remained clear of the slopes and the valley bottom. A 3-meter (10-foot) skirt attached to the lower part of the Curtain visually completed the area between the thimbles and the ground.

An outer cocoon enclosed the fully fitted Curtain for protection during transit and at the time of its raising into position and securing to the 11 cable-clamps connections at the four main upper cables. The cables spanned 417 meters (1,368 feet), weighed 49,895 kilograms (110,000 pounds) and were anchored to 784 metric tons (784 short tons) of concrete foundations. An inner cocoon, integral to the Curtain, added insurance. The bottom of the Curtain was laced to a 7.6-centimeter (3-inch) diameter Dacron rope from which the control and tie-down lines ran to the 27 anchors.

The *Valley Curtain* project took 28 months to complete. Christo and Jeanne-Claude's tempo-rary work of art was financed by the Valley Curtain Corporation through the sale of the studies, preparatory drawings and collages, scale models, early works and original lithographs. The artists do not accept sponsorship of any kind.

On August 11, 1972, 28 hours after completion of the *Valley Curtain*, a gale estimated in excess of 96.6 kph (60 mph) made it necessary to start the removal.

Am 10. August 1972 um 11 Uhr morgens zog eine Gruppe von 35 Bauarbeitern und 64 Helfern (Kunstschüler, Studenten, wandernde Kunstarbeiter) in Rifle, Colorado, das letzte von insgesamt 27 Seilen auf, die den Vorhang aus 13.192 Quadratmetern orangefarbenem Nylongewebe an seiner Verankerung hielten. Der Vorhang hing zwischen Grand Junction und Glenwood Springs in der Rifle-Schlucht, 11,3 Kilometer nördlich von Rifle über dem Highway 325.

Der *Valley Curtain* wurde von Dimiter Zagoroff, John Thomson von der Firma Unipolycon aus Lynn, Massachusetts, und von Dr. Ernest C. Harris von der Firma Ken R. White in Denver, Colorado, entworfen. Er wurde von der A and H Builders, Inc. (Vorsitzender: Theodore Dougherty) aus Boulder, Colorado, unter der Aufsicht von Henry B. Leininger erbaut. Der Vorhang, der eine Breite von 381 Metern und eine Höhe von 111 Metern an den Seiten und 55,5 Metern in der Mitte hatte, hing leicht durchgebogen über dem Tal und ließ so die seitlichen Böschungen und den Boden des Tales frei. Ein drei Meter langer Saum, der am unteren Teil des Vorhangs angebracht war, vervollständigte optisch den Raum zwischen den Metallringen und dem Boden.

Der fertiggestellte Vorhang befand sich beim Transport und während er in Position gebracht

und an den 11 Drahtseilklemmenverbindungen
der vier oberen Hauptseile befestigt wurde, in
einer kokonartigen Schutzhülle. Die Kabel
überspannten das Tal auf einer Breite von 417
Metern, wogen 49.895 Kilogramm und waren
an 784 Tonnen Betonfundamenten verankert.
Ein innerer, in den Vorhang integrierter Schutz-
kokon verlieh zusätzliche Sicherheit. Das untere
Ende des Vorhangs war an ein 7,6 Zentimeter
starkes Dacronseil geschnürt, von dem aus die
Kontroll- und Zugleinen zu den 27 Verankerungen liefen.

Das Projekt *Valley Curtain* brauchte 28 Monate bis zu seiner Vollendung. Dieses temporäre
Kunstwerk von Christo und Jeanne-Claude wurde von der Valley Curtain Corporation durch
den Verkauf von Studien, vorbereitenden Zeichnungen, Collagen, Modellen, früheren Werken
und Originallithografien finanziert. Die Künstler akzeptieren keinerlei Fördermittel aus öffentlicher oder privater Hand.

Am 11. August 1972, 28 Stunden nach seiner
Vollendung, musste der *Valley Curtain* wegen eines Sturms, der sich mit einer Geschwindigkeit
von fast 100 Stundenkilometern näherte, wieder
abgebaut werden.


Le 10 août 1972, à Rifle, Colorado, entre Grand
Junction et Glenwood Spring dans la chaîne des
montagnes du Grand Hogback, à 11 heures du
matin, un groupe de 35 métalliers et 64 aides
temporaires, étudiants d'écoles d'art, collégiens
et travailleurs itinérants, ajustèrent la dernière
des 27 cordes qui fixaient à ses amarres les 13.192
mètres carrés de toile de nylon tissée du rideau
orange, au col de Rifle, à 11 kilomètres au nord
de la ville de Rifle, sur la route nationale 325.

Les études pour *Le Rideau dans la Vallée* ont
été faites par les ingénieurs Dimiter Zagoroff et
John Thomson de l'Unipolycon de Lynn,
Massachusetts, et le Dr. Ernest C. Harris de la
Ken R. White Company de Denver, Colorado.
Le rideau fut construit par A and H Builders,
Inc., Boulder, Colorado, dirigé par Theodore
Dougherty, et son chef de chantier Henry B.
Leininger. Le rideau avait une largeur de 381
mètres et une hauteur qui allait en s'incurvant,
de 111 mètres à chaque extrémité à 55,50 mètres
au centre. Il laissait libre les pentes et le bas de
la vallée. Une bordure de 3 mètres attachée à la
partie basse du rideau complétait visuellement
l'espace entre les attaches basses et le sol.

Un cocon externe contenait le rideau et les
cordes pour les protéger pendant leur transport,
lors de sa mise en place et de sa fixation aux
onze points d'attache sur les 4 câbles supérieurs
principaux. Les câbles mesuraient à l'empan
417 mètres, pesaient 49.895 kilogrammes,
et étaient ancrés à des fondations en béton
de 784 tonnes.

Une ganse interne, partie intégrante du
rideau, apportait une sécurité supplémentaire.
Le bas du rideau était fixé à une corde en dacron
de 7,60 centimètres de diamètre, à partir de laquelle des lignes de réglage et de fixation au sol
partaient vers 27 points d'ancrage en béton.

Il a fallu 28 mois pour réaliser le projet
*Le Rideau dans la Vallée*. Comme pour tous leurs
projets, l'œuvre d'art temporaire a été financée
par Christo et Jeanne-Claude, par la vente de
dessins, collages et maquettes préparatoires, ainsi
que d'œuvres anciennes et de lithographies.
Les artistes n'acceptent pas de sponsors.

Le 11 août 1972, 28 heures après la réalisation
du *Rideau dans la Vallée*, des vents estimés à plus
de 100 km/h rendirent nécessaire de commencer
le démontage.

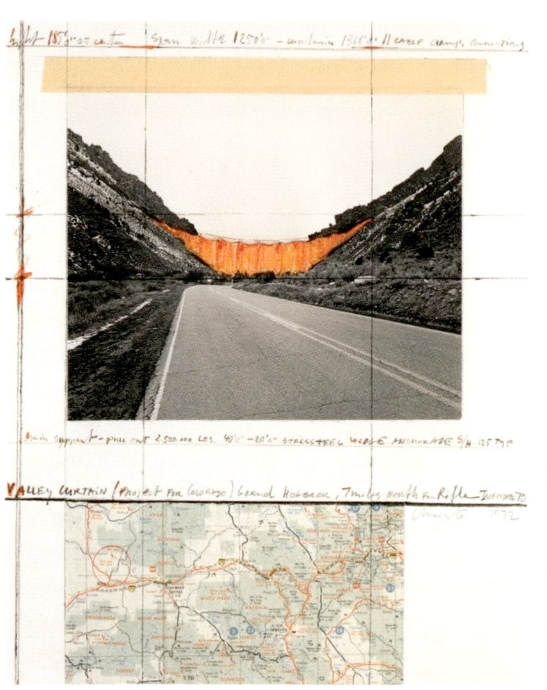

**Valley Curtain, Project for Colorado, Grand Hogback**
Collage 1972: 35.5 x 28 cm (14 x 11″)
Pencil, enamel paint, wax crayon, photograph by Harry Shunk, map, and tape
*Photo: Harry Shunk*

*Below:*
**Valley Curtain, Project for Colorado, Rifle, Grand Hogback**
Drawing 1972 in two parts: 81.5 x 244 cm and 91.4 x 244 cm (32 x 96″ and 36 x 96″)
Pencil, wax crayon, charcoal, ballpoint pen, technical data, topographic map, and tape
Collection Lilja Art Fund Foundation, Switzerland

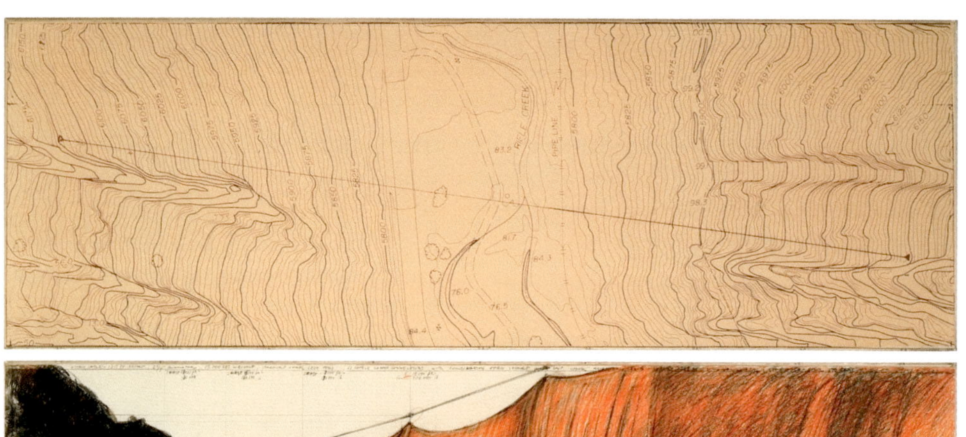

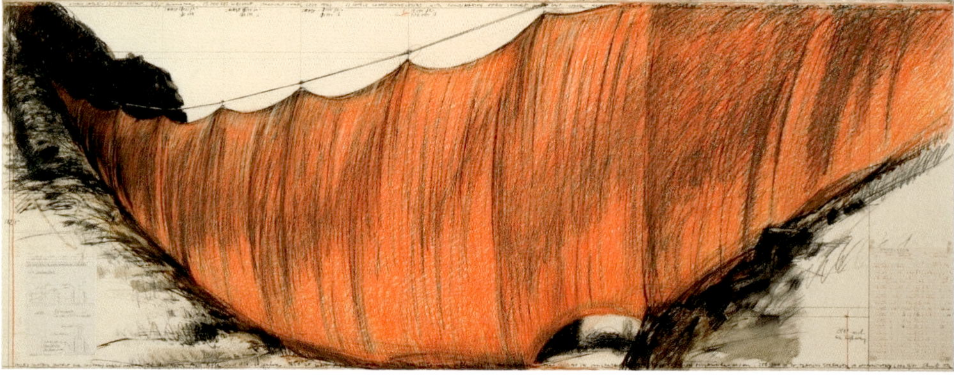

**Valley Curtain, Project for
Aspen, Colorado**
Collage 1970:
56 x 71 cm (22 x 28″)
Pencil, fabric, charcoal, wax
crayon, wash, and staples
Private collection, Europe
*Photo: Eeva-Inkeri*

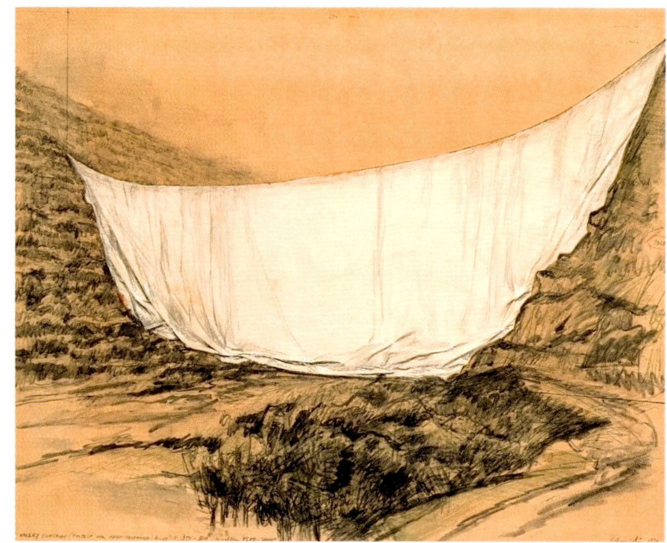

**Valley Curtain, Project for
Colorado, Grand Hogback**
Collage 1972:
71 x 56 cm (28 x 22″)
Pencil, fabric, charcoal,
wax crayon, enamel paint,
ballpoint pen, and staples
Collection Andrée Mijnssen,
Switzerland
*Photo: Harry Shunk*

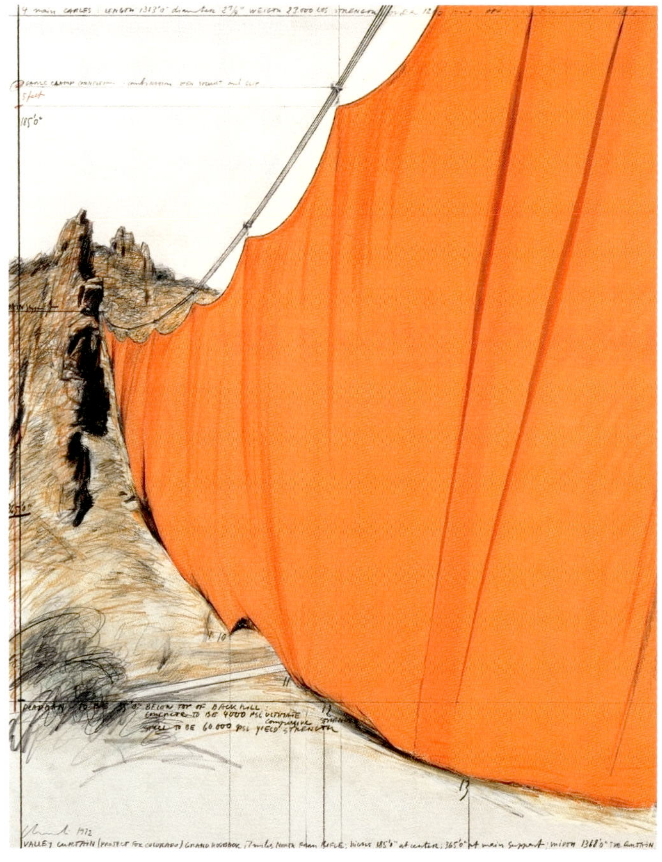

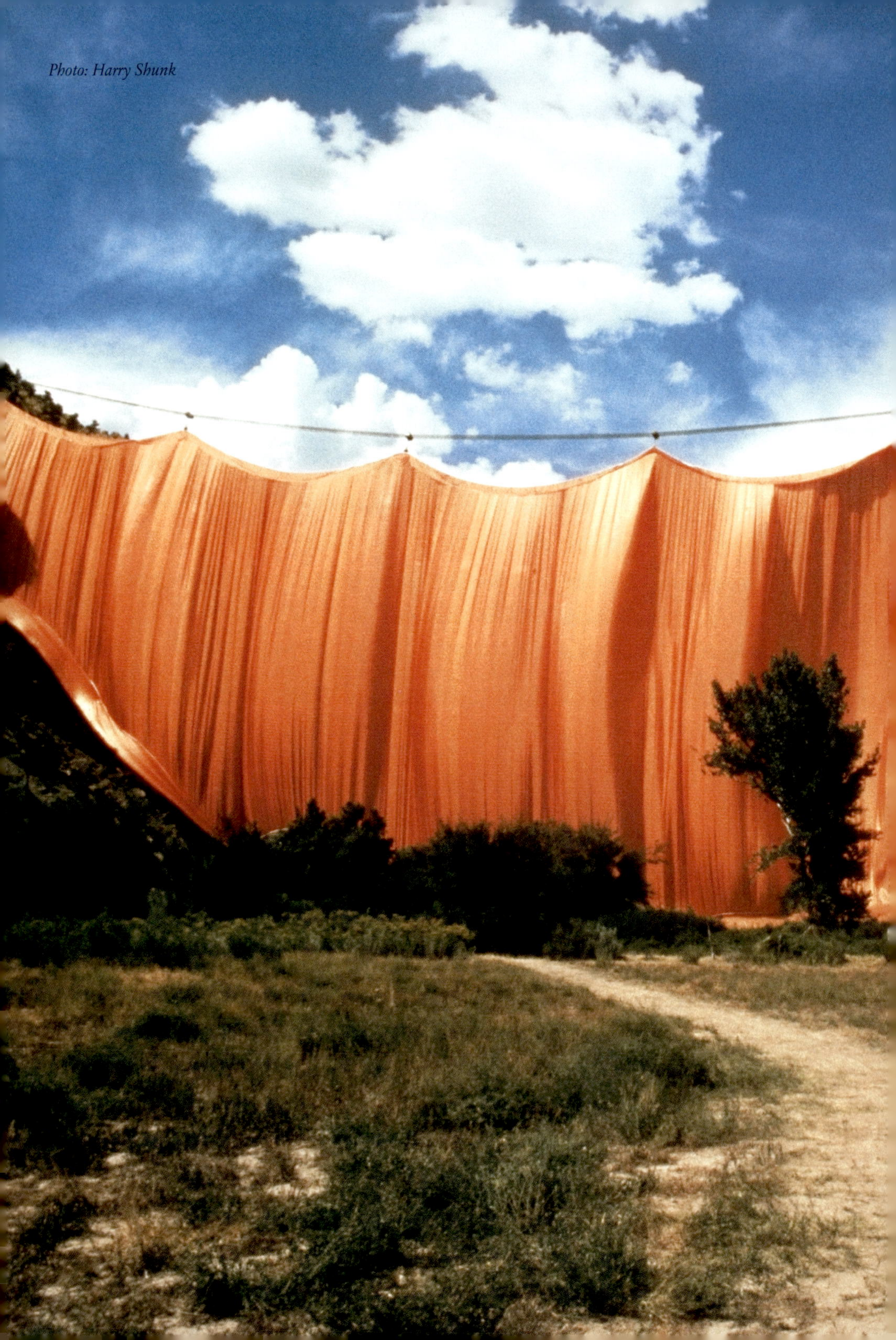
Photo: Harry Shunk

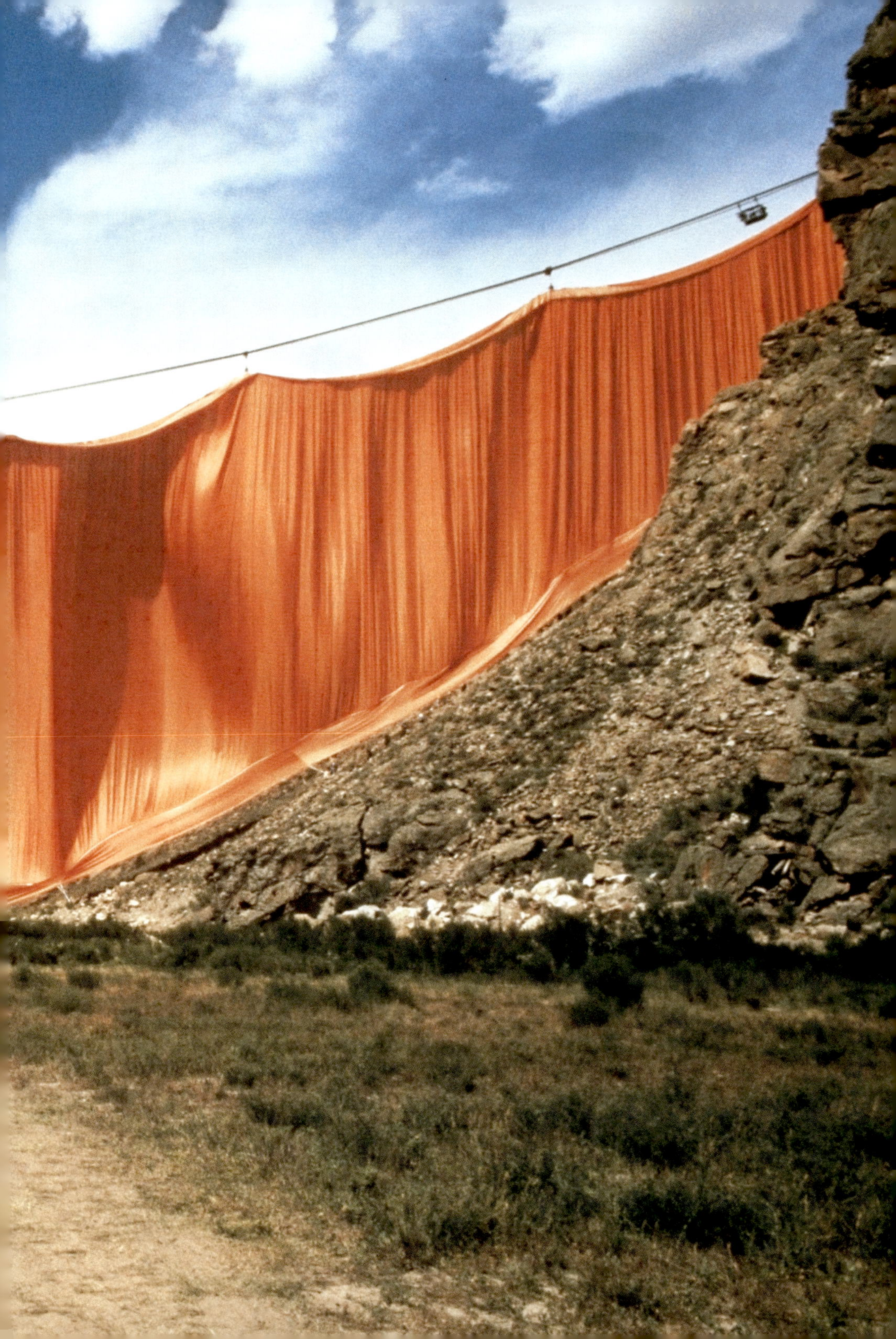

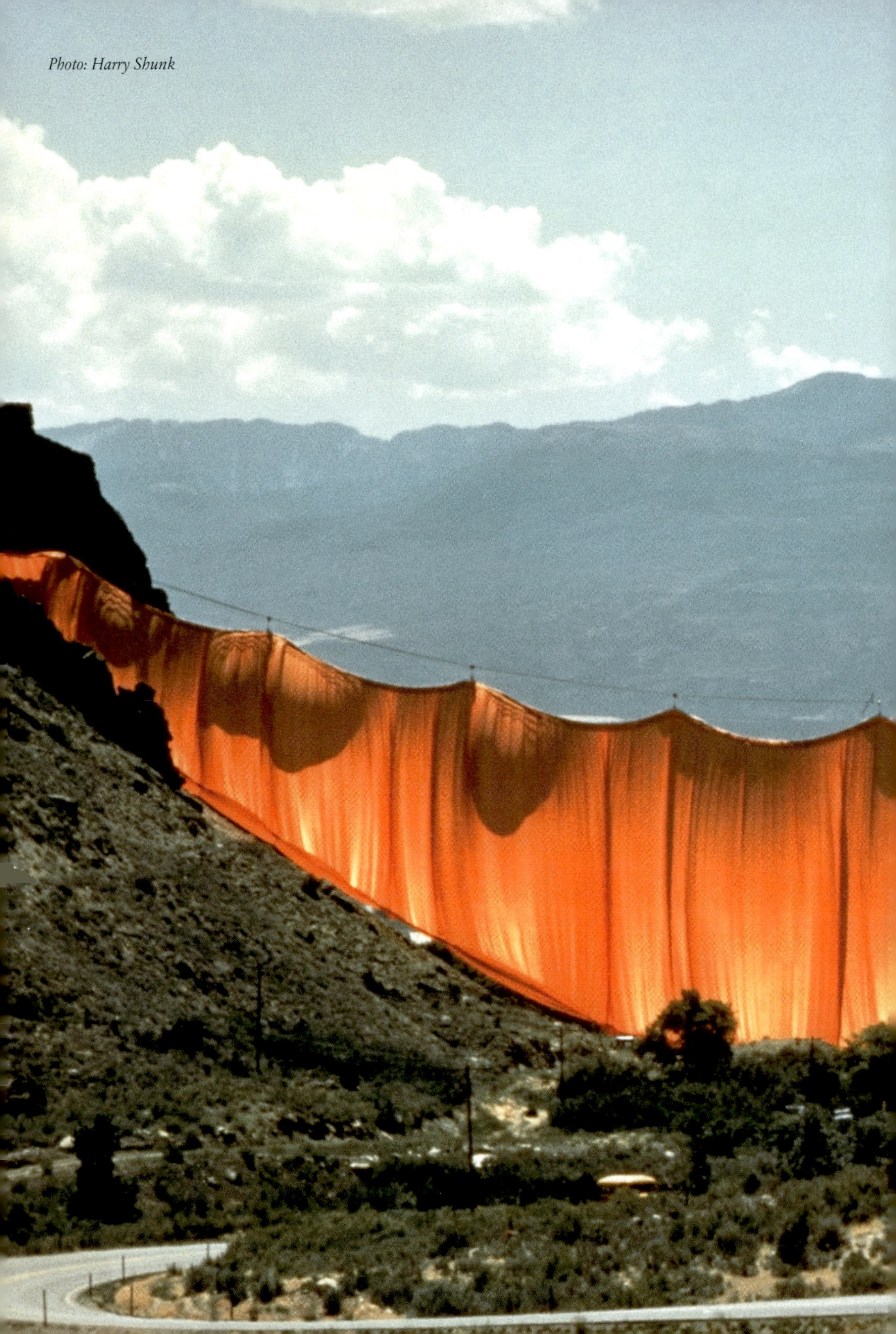
Photo: Harry Shunk

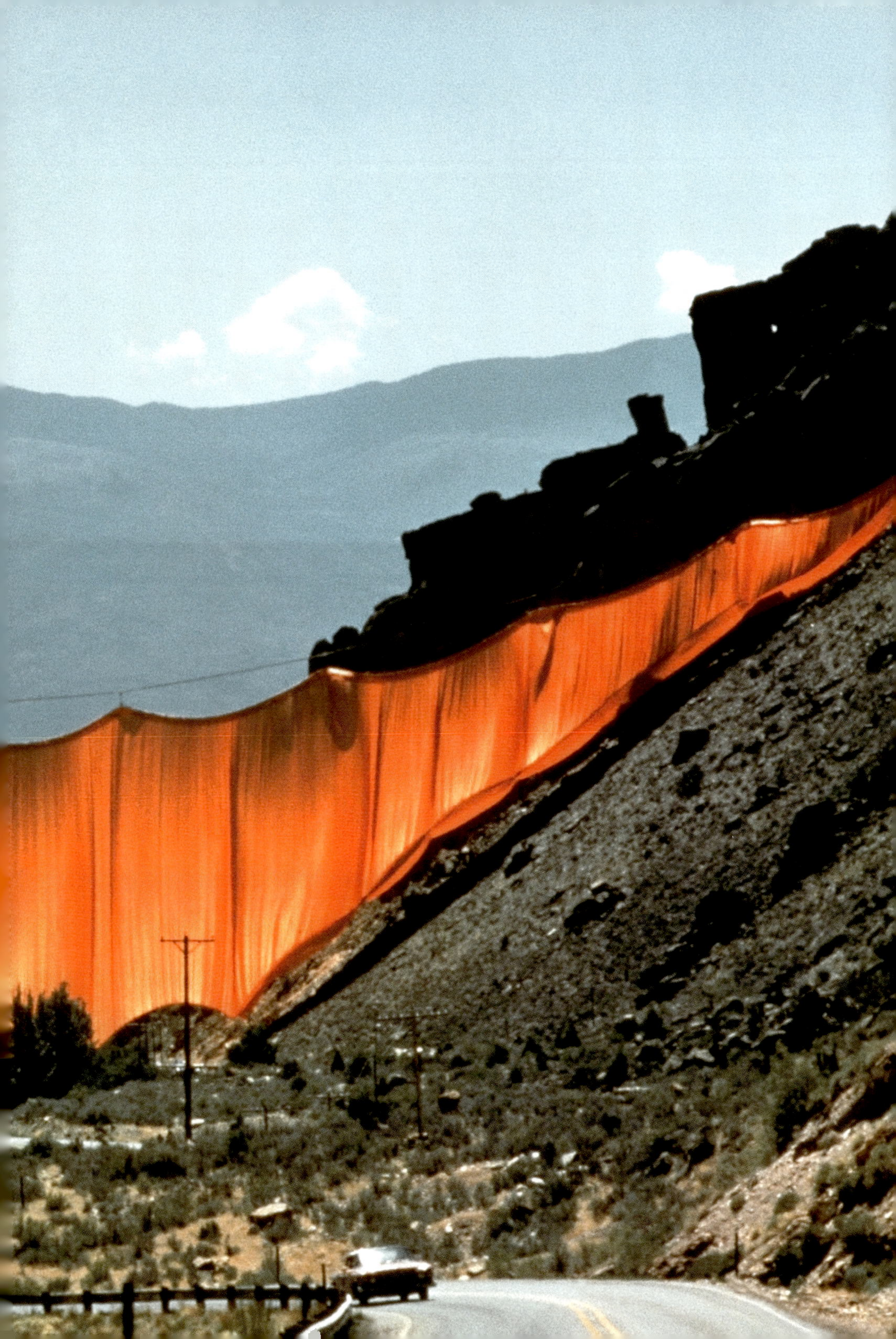

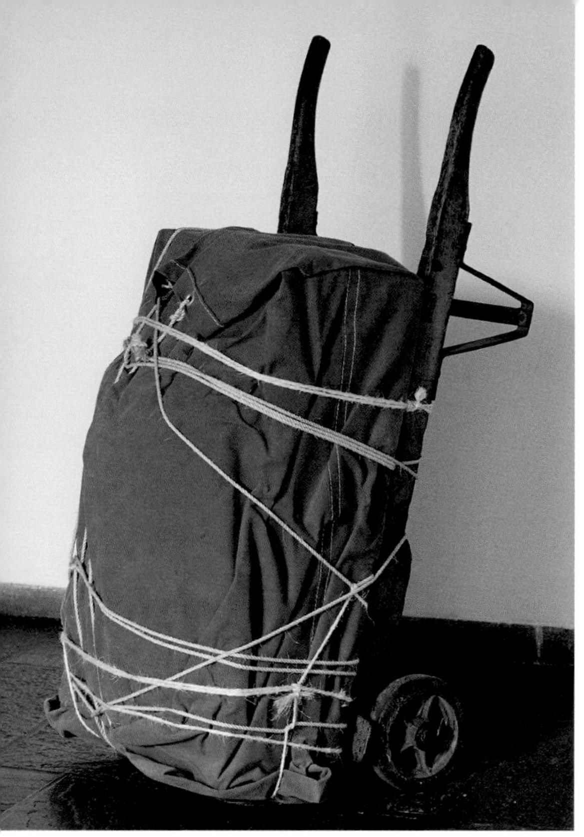

*Opposite:*
**Otterlo Mastaba, Project for the Kröller-Müller Museum, Otterlo**
Drawing 1973:
71 x 56 cm (28 x 22″)
Pencil and charcoal
*Photo: Eeva-Inkeri*

*Left:*
**Package on Hand Truck 1973**
132 x 76 x 78.8 cm (52 x 30 x 31″)
Tarpaulin, wood and steel hand truck, and rope
The Whitney Museum of American Art,
New York, USA. Gift of Agnes Gund
*Photo: Eeva-Inkeri*

*Below:*
**Wrapped Carozza 1970–71**
220 x 160 x 520 cm (87 x 63 x 205″)
Tarpaulin, fabric, horse carriage, and rope
Private collection, Milan, Italy

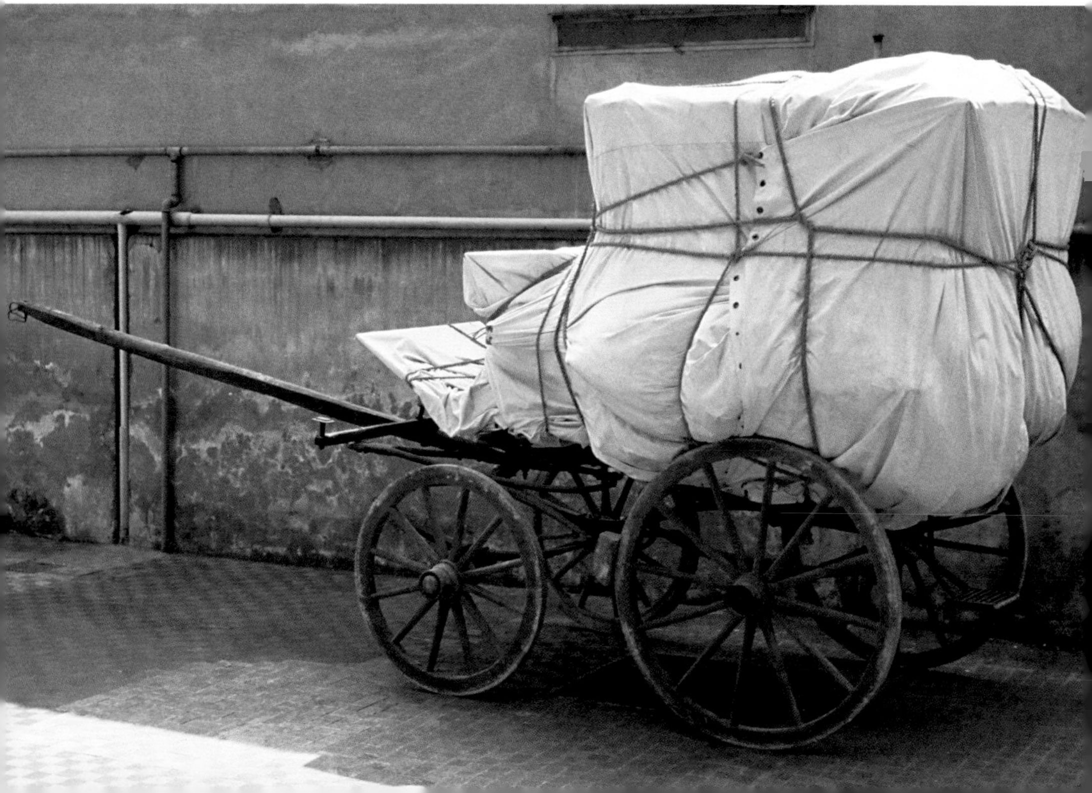

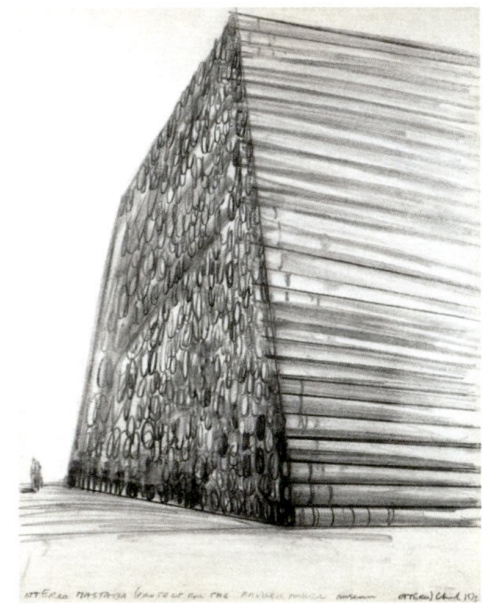


*Below:*

**Dutch Mastaba, Project for
Kröller-Müller Museum, Otterlo**
Drawing 1973: 56 x 71 cm (22 x 28″)
Pencil, charcoal, wax crayon, and
enamel paint. *Photo: Eeva-Inkeri*

After unsuccessful attempts to realize the *Texas Mastaba* between 1969 and 1971, Christo and Jeanne-Claude proposed, in 1973, *the Otterlo Mastaba* to be placed in the parking lot of the Kröller-Müller Museum in Otterlo, the Netherlands. This new location was chosen because of the museum's large collection of Christo's works. The *Otterlo Mastaba* was never realized. A few years later, in 1977, Christo made his first preparatory drawing for *The Mastaba of Abu Dhabi*.

Nachdem sie 1969 und 1971 vergeblich versucht hatten, die *Texas Mastaba* zu verwirklichen, schlugen Christo und Jeanne-Claude 1973 vor, die *Otterlo Mastaba* auf dem Parkplatz des Kröller-Müller-Museums in Otterlo, Niederlande, aufzustellen. Die Wahl fiel auf diesen Ort, weil das Museum eine große Sammlung von Christos Werken besitzt. Die *Otterlo Mastaba* wurde nie realisiert. Ein paar Jahre später, 1977, fertigte Christo seine erste Vorbereitungszeichnung für *The Mastaba of Abu Dhabi*.

En 1973, après plusieurs tentatives infructueuses pour réaliser le *Texas Mastaba* entre 1969 et 1971, Christo et Jeanne-Claude proposèrent que le *Otterlo Mastaba* soit placé sur le parking du musée Kröller-Müller à Otterlo, Pays-Bas. Ce nouvel emplacement fut choisi parce que le musée possède une importante collection d'œuvres de Christo. Le *Otterlo Mastaba* ne fut pas réalisé. Quelques années plus tard, en 1977, Christo faisait son premier dessin préparatoire pour *The Mastaba of Abu Dhabi*.

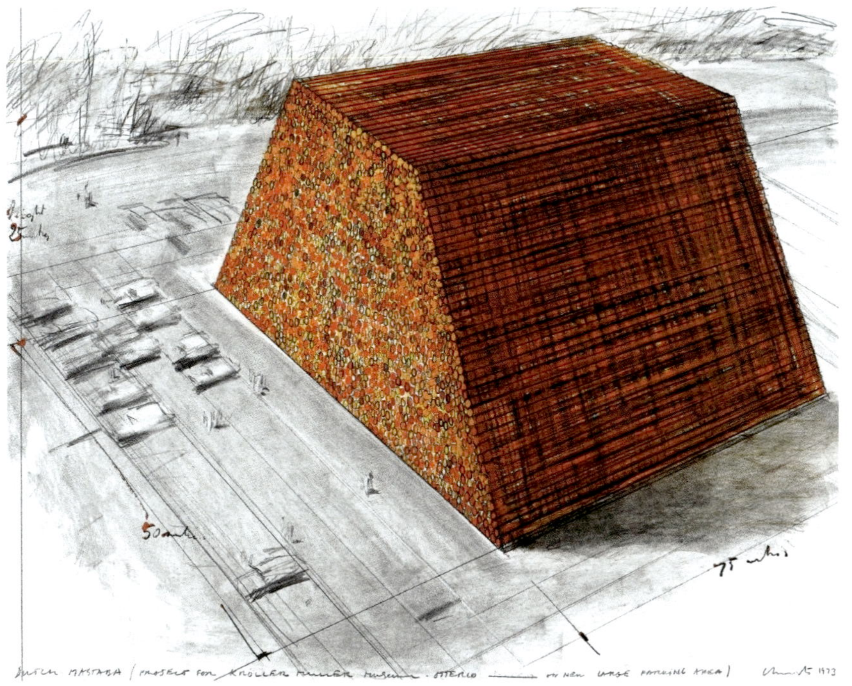

## The Wall – Wrapped Roman Wall
## Via Veneto and Villa Borghese, Rome, Italy, 1973–74

*Height: 15 meters (49 feet), length: 250 meters (820 feet), width: varying between 4 and 5.5 meters (13 and 18 feet), materials: woven polypropylene fabric and Dacron rope*

Situated at the end of the Via Veneto, one of the busiest avenues of Rome, Italy, and at the edge of the gardens of the Villa Borghese, the 2,000-year-old wall was built by the Emperor Marcus Aurelius and used to surround the City of Rome.

In February and March 1974, for a period of 40 days, the Wall was wrapped in polypropylene and rope, covering both sides, the top, and the arches of the Wall. Forty construction workers completed the temporary work of art in four days. The project was coordinated by longtime friend Guido Le Noci, owner of the Galleria Apollinaire, who had given Christo two personal exhibitions in 1963.

Out of the four arches that were wrapped, three arches were heavily used by car traffic and one arch was reserved for pedestrians.

*The Wall – Wrapped Roman Wall* was financed by Christo and Jeanne-Claude through the sale of preparatory studies made by Christo: drawings, collages, scale models, as well as early packages and lithographs. The artists do not accept sponsorship of any kind.

After 40 days the workers started the removal and all materials were recycled.

*Höhe: 15 Meter, Länge: 250 Meter, Breite: zwischen 4 und 5,5 Meter, Material: Polypropylengewebe und Dacronseile*

Die vor 2.000 Jahren von Kaiser Marcus Aurelius erbaute Stadtmauer liegt am Ende einer der belebtesten Straßen Roms, der Via Veneto, und am Rand der Gärten der Villa Borghese.

Im Februar und März 1974 wurde die Mauer für einen Zeitraum von 40 Tagen mit Polypropylengewebe und Seilen vollständig verhüllt. Vierzig Arbeiter vollendeten das zeitlich begrenzte Kunstwerk innerhalb von vier Tagen. Das Projekt wurde koordiniert von Guido Le Noci, einem langjährigen Freund und Besitzer der Galerie Apollinaire, der Christo 1963 zwei Einzelausstellungen ermöglicht hatte.

Von den vier verhüllten Brückenbögen wurden drei vom Autoverkehr genutzt, während einer den Fußgängern vorbehalten blieb.

*Die Mauer – Verhüllte römische Stadtmauer* wurde von Christo und Jeanne-Claude durch den Verkauf von Vorstudien, Zeichnungen, Collagen, Modellen sowie frühen *Packages* und Lithografien finanziert. Die Künstler akzeptieren keinerlei Fördermittel aus öffentlicher oder privater Hand.

Nach 40 Tagen begannen die Arbeiter mit der Entfernung. Alles Material wurde recycelt.

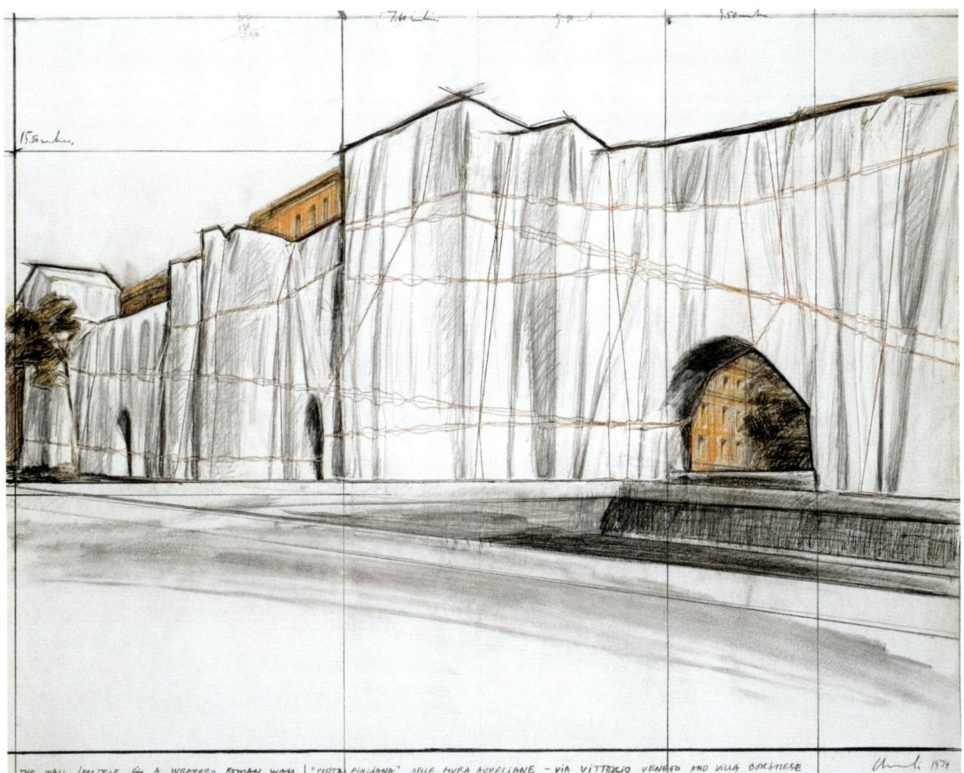


**The Wall, Project for a Wrapped Roman Wall, "Porta Pinciana" Delle Mure Aureliane**
Collage 1974: 56 x 71 cm (22 x 28″). Pencil, fabric, twine, wax crayon, charcoal, wash, and staples

*Hauteur : 15 mètres, longueur : 250 mètres,*
*largeur : variant entre 4 et 5,5 mètres,*
*matériaux : toile de polypropylène tissé et cordes*
*en dacron*

Situé à la fin de la Via Veneto, une des avenues les plus animées de Rome, en Italie, et en bordure des jardins de la Villa Borghèse, le mur vieux de 2.000 ans a été construit par l'empereur Marc Aurèle afin de ceinturer la ville de Rome. Pendant 40 jours, en février et mars 1974, le mur fut empaqueté dans de la toile de polypropylène et de la corde en dacron couvrant les deux côtés du mur, la partie plate du sommet et les arches. Quarante ouvriers de construction achevèrent la réalisation de l'œuvre d'art temporaire en 4 jours.

Le projet fut coordonné par un grand ami, Guido Le Noci, propriétaire de la galerie Apollinaire de Milan, où Christo avait eu deux expositions personnelles en 1963.

Des quatre arches qui étaient empaquetées, trois étaient empruntées de manière intensive par la circulation automobile et une arche était réservée aux piétons.

*Le Mur – Mur Romain Empaqueté* fut financé par Christo et Jeanne-Claude au travers de la vente d'études préparatoires faites par Christo : dessins, collages, maquettes, ainsi que des empaquetages anciens et des lithographies. Les artistes n'acceptent pas de sponsors.

Après 40 jours, les ouvriers commencèrent la dépose et tous les matériaux furent recyclés.

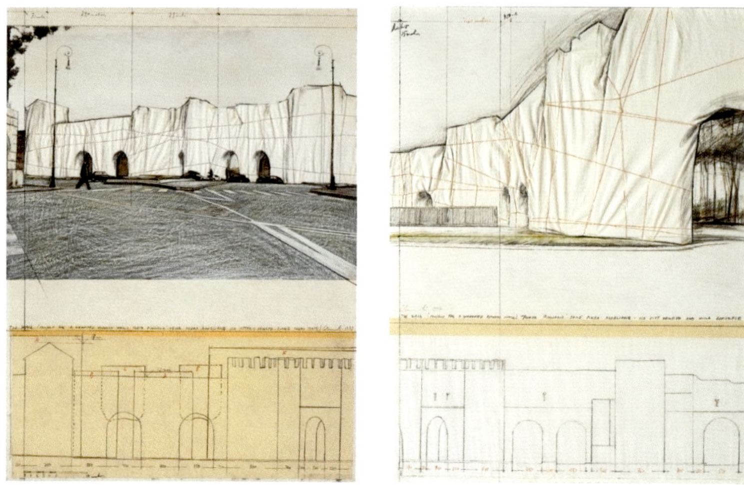



*Below:*

**The Wall, Project for a Wrapped Roman Wall, "Porta Pinciana" Delle Mure Aureliane**
Drawing 1973: 81.5 x 244 cm (36 x 96"). Pencil, wax crayon, and charcoal. Private collection, Europe

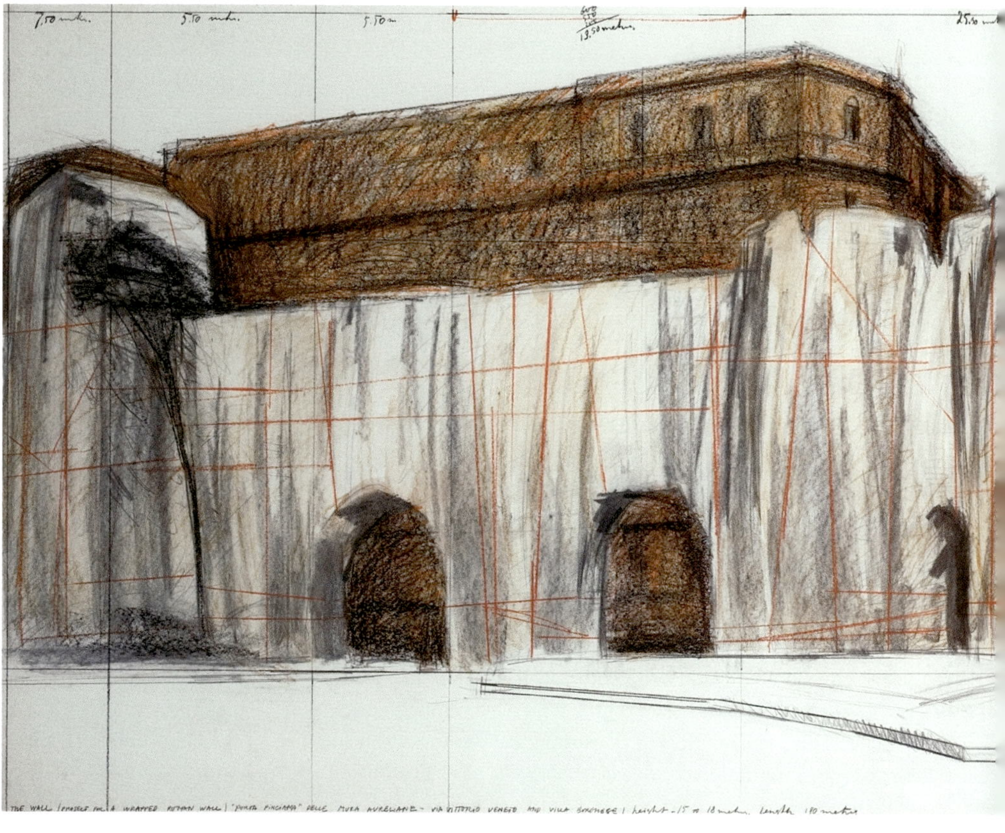

*Opposite far left:*
**The Wall, Project for a Wrapped Roman Wall,**
**"Porta Pinciana" Delle Mure Aureliane**
Collage 1973: 71 x 56 cm (28 x 22"). Pencil, wax crayon,
charcoal, fabric, twine, ballpoint pen, pastel, photograph,
technical data on tracing paper, staples, and tape
*Photo: Harry Shunk*

*Opposite left:*
**The Wall, Project for a Wrapped Roman Wall,**
**"Porta Pinciana" Delle Mure Aureliane**
Collage 1974: 71 x 56 cm (28 x 22"). Pencil, fabric, twine, wax
crayon, charcoal, ballpoint pen, pastel, technical data, and tape
*Photo: Harry Shunk*

*Right:*
**The Wall, Project for a Wrapped Roman Wall,**
**"Porta Pinciana" Delle Mure Aureliane**
Drawing 1974: 165 x 106.6 cm (65 x 42"). Pencil, charcoal,
and wax crayon. Würth Collection, Künzelsau, Germany
*Photo: Eeva-Inkeri*

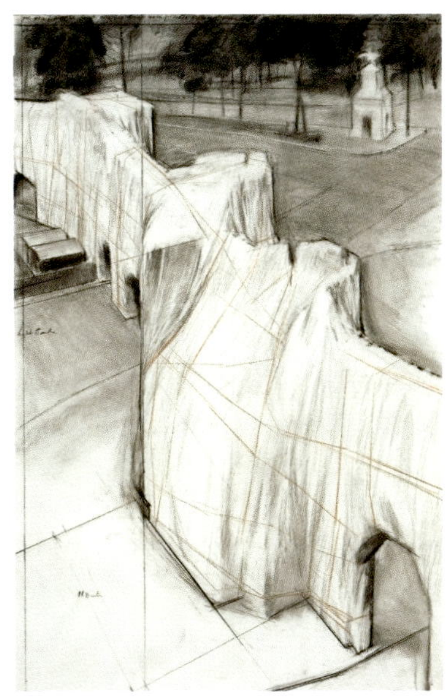

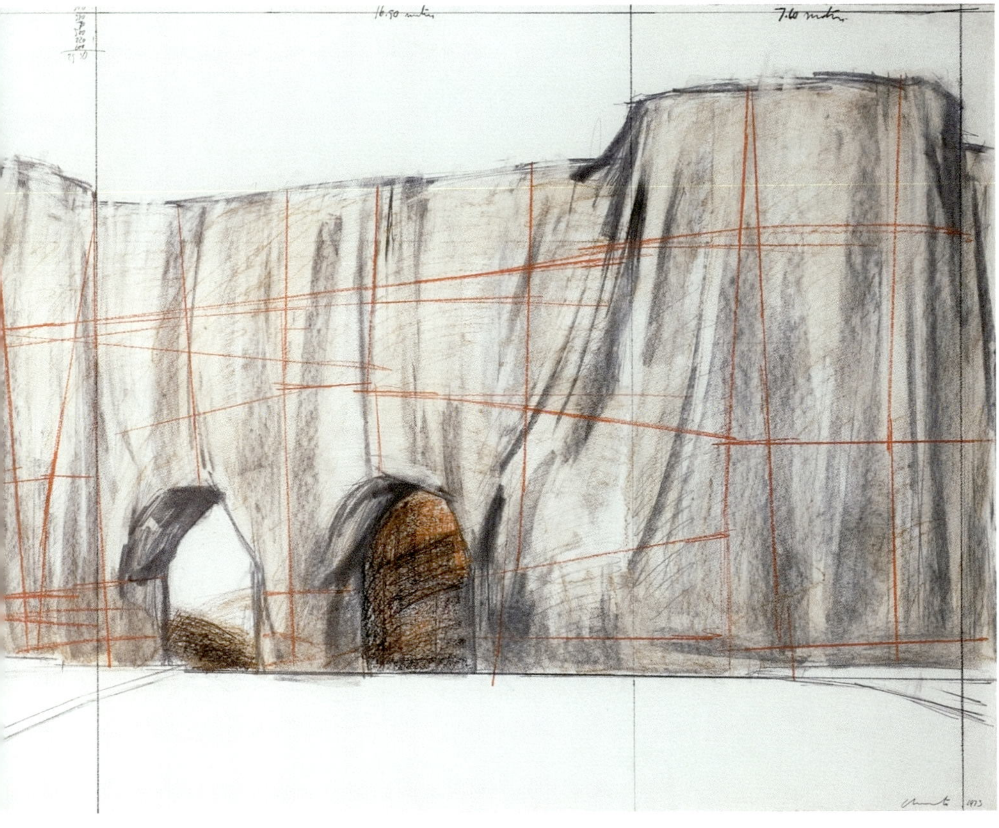

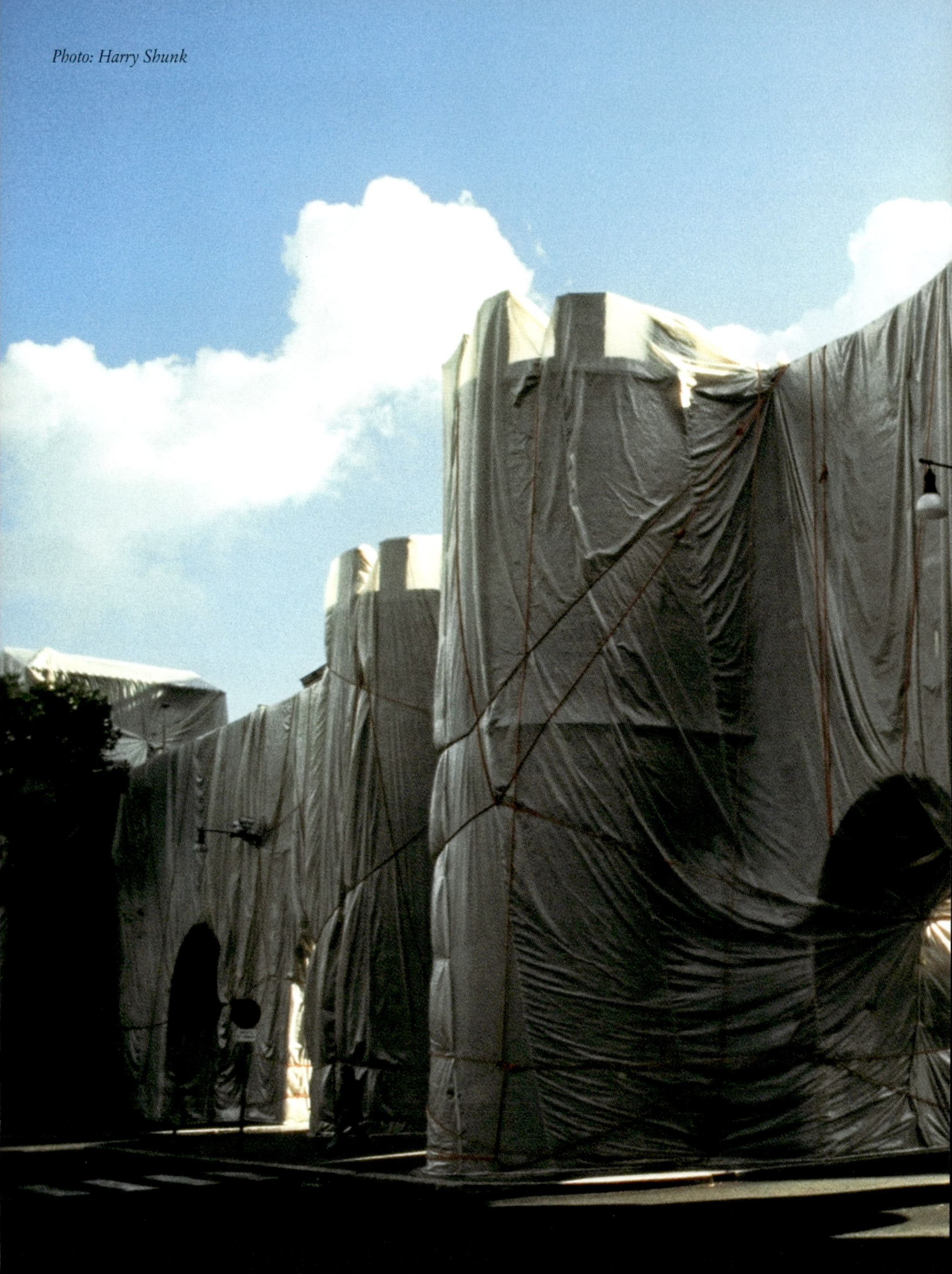

Photo: Harry Shunk

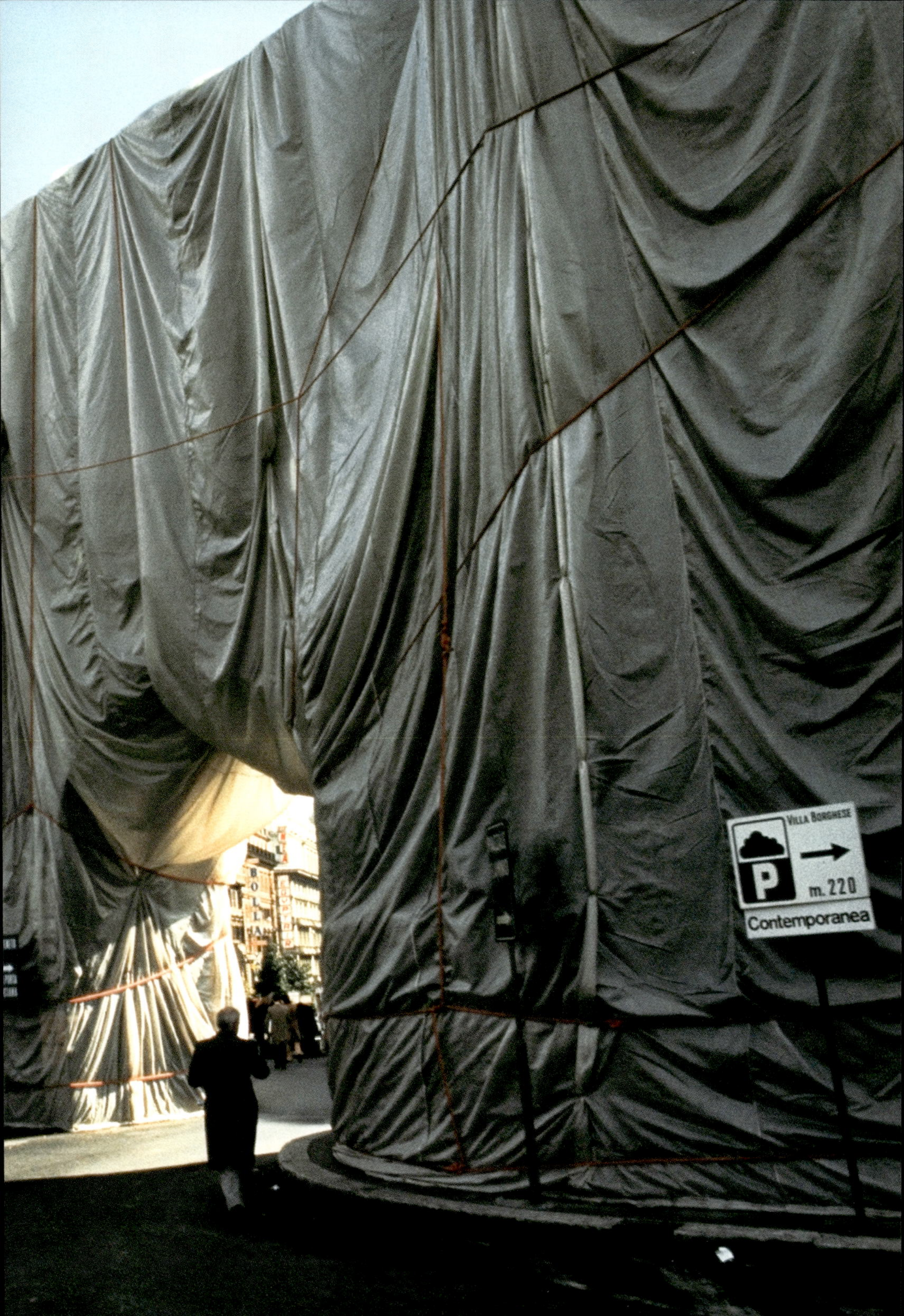

Villa Borghese
P
m. 220
Contemporanea

# Ocean Front, Newport, Rhode Island, 1974

*Width: 128 meters (420 feet)*
*Length: 97.5 meters (320 feet)*

For a period of eight days, 13,500 square meters (150,000 square feet) of white woven polypropylene floating fabric covered the surface of the water of a half-moon-shaped cove at King's Beach in Newport, Rhode Island. The cove is located on the southern exposure of Ocean Drive, facing the portion of Long Island Sound that meets the Atlantic.

*Ocean Front*, a temporary work of art, was financed by Christo and Jeanne-Claude through the sale of preparatory studies created by Christo: drawings, collages and scale models, as well as early works of the 1950s and 1960s and original lithographs. The artists do not accept sponsorship of any kind.

Unipolycon engineers Dimiter (Mitko) Zagoroff and James Fuller designed the project and supervised its construction. The project was coordinated by William and Gail Crimmins. Work began at 6:00 am on Monday, August 19, 1974. The bundled fabric was passed from the truck to pairs of non-skilled workers wearing life jackets. They carried the 2,722 kg (6,000 pound) load of fabric to the water on two-by-fours stretched between them.

The fabric was laced to a 128 meter (420 foot) long wooden boom secured with twelve

Danforth anchors, holding in place the frontal edge of the floating fabric; 42 rebar stakes were driven into the shoreline rocks to secure the inland edges of the fabric that extended to the beach and rocks.

The installation was completed in eight hours. The work of art remained for eight days.

*Breite: 128 Meter*
*Länge: 97,5 Meter*

Für die Dauer von acht Tagen bedeckten 13.500 Quadratmeter schwimmendes weißes Polypropylengewebe die Wasseroberfläche einer halbmondförmigen kleinen Bucht bei King's Beach in Newport, Rhode Island. Die Bucht liegt an der Südseite des Ocean Drive, an dem Teil des Long Island Sounds, der bei Rhode Island mit dem Atlantik zusammentrifft.

Alle Ausgaben für das temporäre Kunstwerk *Ocean Front* wurden von Christo und Jeanne-Claude durch den Verkauf von Vorstudien, Zeichnungen, Collagen, Modellen und Originallithografien aus den 1950er und 1960er-Jahren bezahlt. Die Künstler akzeptieren keinerlei Fördermittel aus öffentlicher oder privater Hand.

Die Konstruktion wurde von den Unipolycon-Ingenieuren Dimiter (Mitko) Zagoroff und James Fuller entwickelt und überwacht. Das Pro-

jekt wurde koordiniert von William und Gail
Crimmins. Die Arbeit begann am Montag, dem
19. August 1974, um 6.00 Uhr. Das gebündelte
Gewebe wurde vom Lastwagen aus an ungelern-
te Arbeiter weitergegeben, die Schwimmwesten
trugen. Paarweise trugen sie die insgesamt 2.722
Kilogramm schwere, auf Bretter verteilte Last
zum Wasser. Das Gewebe wurde an einem 128
Meter langen, mit zwölf Danforth-Ankern gesi-
cherten hölzernen Schwimmbaum befestigt, um
den vorderen Rand des schwimmenden Gewebes im Wasser zu fixieren. In die Felsen um die
Bucht wurden 42 Stahlpfähle getrieben, um den
Rand des Gewebes zu sichern, der den Strand
und die Felsen bedeckte.

Die Installation wurde innerhalb von acht
Stunden ausgeführt. Das Kunstwerk blieb acht
Tage vor Ort bestehen.

*Largeur: 128 mètres*
*Longueur: 97,5 mètres*

Pendant huit jours, 13.500 mètres carrés
de toile flottante de polypropylène tissé blanc
couvrirent la surface de l'eau, dans une anse en
forme de demi-lune à King's Beach à Newport,
Rhode Island. Elle est située au sud d'Ocean
Drive, faisant face à la partie du Long Island
Sound qui rencontre l'océan Atlantique.

*Ocean Front*, une œuvre d'art temporaire, fut
financée par Christo et Jeanne-Claude au travers
de la vente d'études préparatoires de Christo :
dessins, collages et maquettes, ainsi que des
œuvres des années 1950 et 1960 et des lithographies originales. Les artistes n'acceptent pas de
sponsors.

Les ingénieurs de la compagnie Unipolycon,
Dimiter (Mitko) Zagoroff et James Fuller,
réalisèrent les études techniques pour le projet
et supervisèrent la construction. Le projet fut
coordonné par William et Gail Crimmins. Le
travail commença à 6 heures du matin le lundi
19 août 1974. La toile pliée fut déchargée du
camion par des ouvriers non professionnels
portant des gilets de sauvetage. Placés deux par
deux, ils portèrent les 2.722 kilogrammes de toile
posée sur des barres de bois et firent glisser la
toile sur l'eau. La toile flottante était lacée à une
« boom » (bôme) en bois de 128 mètres, fixée par
douze ancres Danforth, afin de maintenir en
place le bord frontal. 42 piquets de contrebarres
furent ancrés dans les rochers du littoral afin de
fixer, côté terre, les bords de la toile qui recou-
vraient la plage et les rochers.

L'installation fut réalisée en huit heures.
L'œuvre resta en place pendant huit jours.

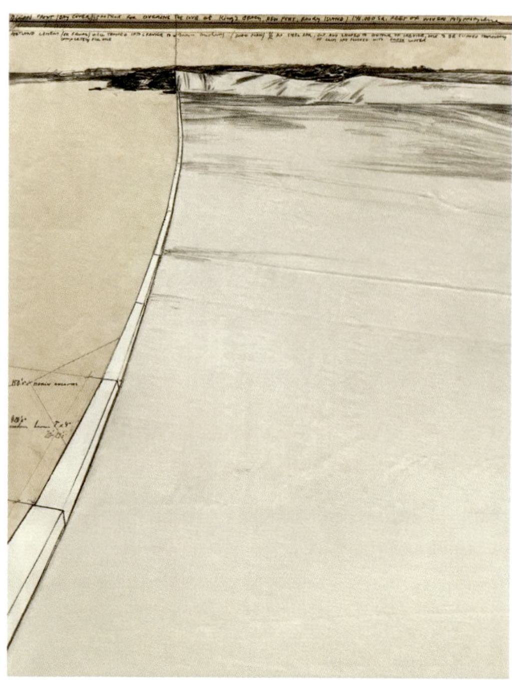

**Ocean Front (Bay Cover - Project for covering the Cove at King's Beach, New Port, Rhode Island)**
Collage 1974: 71 x 56 cm (28 x 22″)
Pencil, fabric, enamel paint, charcoal, and cardboard

*Below:*
**Ocean Front (Bay Cover) Project for covering the Cove of King's Beach, Newport**
Drawing 1974: 91,5 x 127 cm (36 x 60″)
Pencil, charcoal, paste, and crayon
Collection Lilja Art Fund Foundation, Switzerland

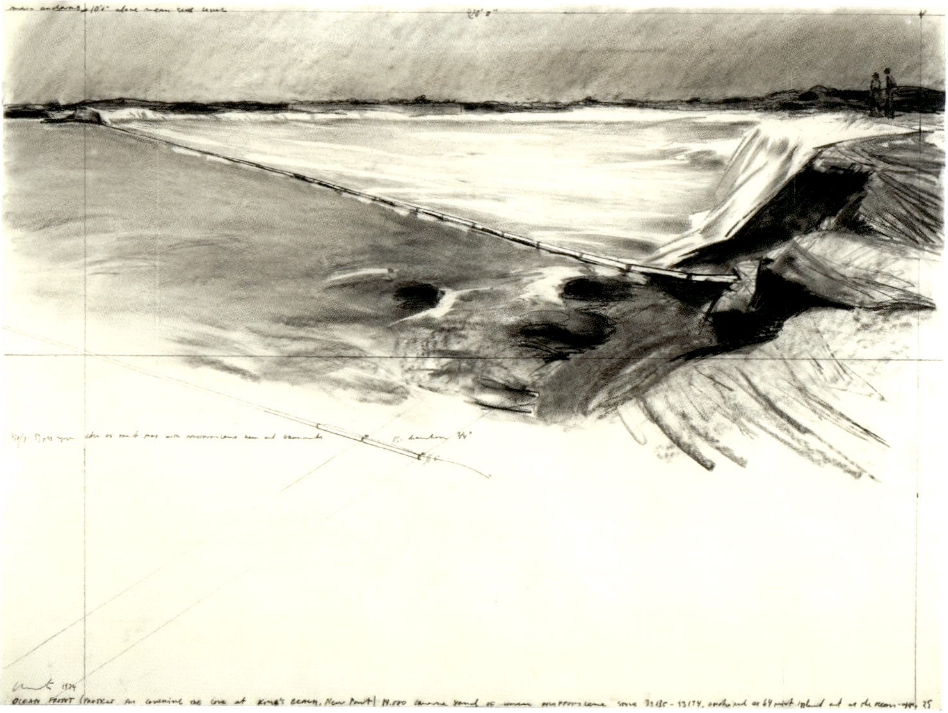

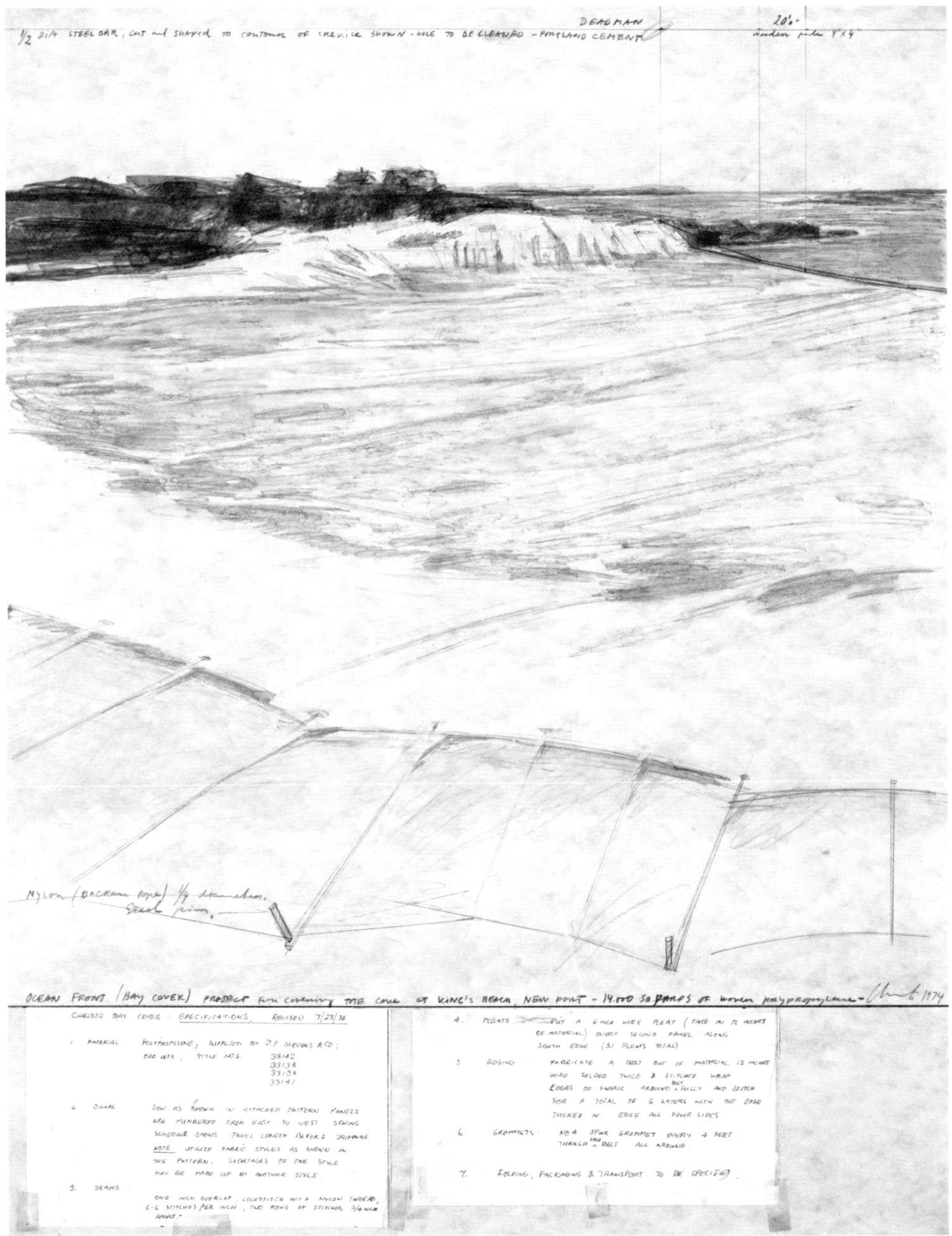

**Ocean Front (Project for covering
the Cove of King's Beach, Newport)**
Collage 1974: 71 x 56 cm (28 x 22″)
Pencil, charcoal, wax crayon, ballpoint
pen, technical data, and tape

**Wrapped Monument to Farel, Calvin, Beze, Knox**
**Le Mur des Réformateurs, Project for Geneva**
Drawing 1977: 71 x 56 cm (28 x 22″)
Pencil, charcoal, pastel, wax crayon, and photograph
Private collection, Europe


**Wrapped Monument to General Dufour, 3 Parts**
**Project for Geneva, Switzerland**
Collage 1975: 71 x 56 cm (28 x 22″). Pencil, fabric,
twine, and photograph.  *Photo: Eeva-Inkeri*

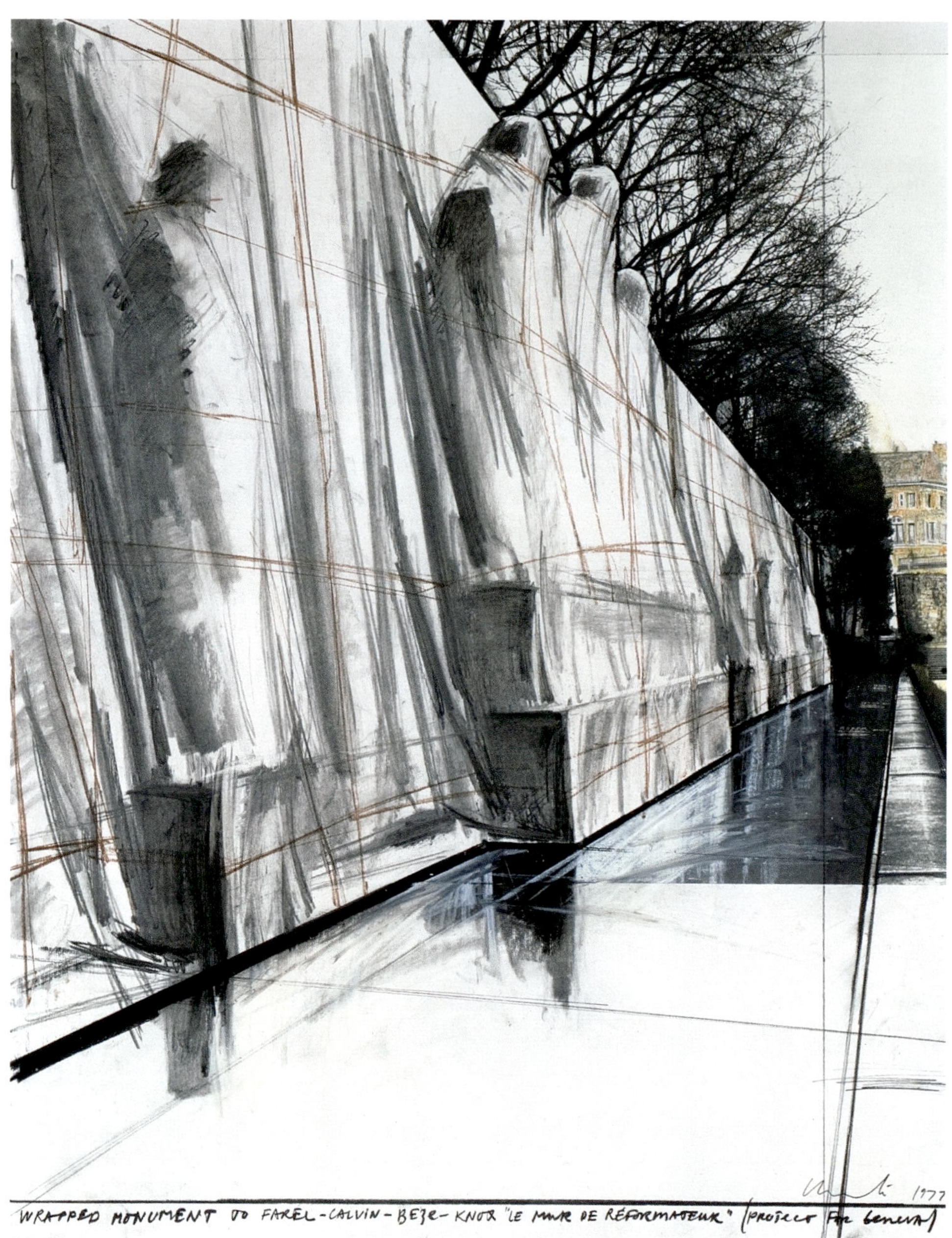

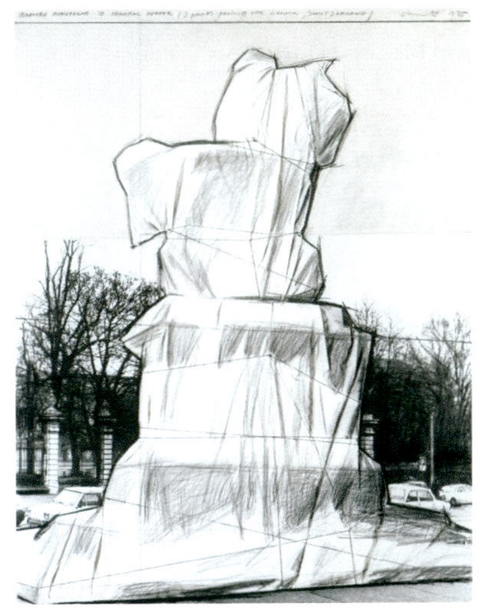

Christo had lived in Geneva for several months before arriving in Paris in 1958. After moving to Paris, Christo often went back to Geneva to paint oil-on-canvas portraits in order to earn a living, since his early works were not yet selling. He was signing the portraits with his family name, "Javacheff." Familiar with that city's landmarks, he proposed, in 1974, a project for Geneva, in three parts that were to be simultaneous: *Wrapped Mur des Réformateurs*, *Wrapped Monument to Général Dufour* and *Wrapped Jet d'Eau*.

Bevor er 1958 nach Paris kam, hatte Christo mehrere Monate in Genf gelebt und kehrte auch danach oft dorthin zurück, um mit Ölporträts auf Leinwand seinen Lebensunterhalt zu sichern, denn seine frühen Werke verkauften sich noch nicht. Er signierte seine Porträts mit seinem Familiennamen „Javacheff". Da er mit den Sehenswürdigkeiten der Stadt vertraut war, schlug er 1974 ein Projekt für Genf vor, das aus drei gleichzeitig verwirklichten Teilen bestehen sollte: *Verhüllte Mur des Réformateurs*, *Verhülltes Denkmal für Général Dufour* und *Verhüllter Jet d'Eau*.

Avant d'arriver à Paris en 1958, Christo avait vécu plusieurs mois à Genève. Il y retourna souvent pour peindre des portraits à l'huile sur toile qui lui permettaient de gagner sa vie, car ses premières œuvres ne se vendaient pas encore. Il signait les portraits de son nom de famille « Javacheff ». Connaissant bien les différents sites de cette ville, en 1974, il proposa pour Genève un projet en trois parties devant être réalisées simultanément : le *Mur des Réformateurs Empaqueté*, le *Monument au Général Dufour Empaqueté* et le *Jet d'Eau Empaqueté*.

*Below left:*
**Le Jet d'Eau Wrapped, Part of 3 Geneva Proposals Project for City of Geneva, Switzerland**
Drawing 1974: 71 x 56 cm (28 x 22″)
Pencil, wax crayon, charcoal, and wash
Private collection

*Below right:*
**Le Jet d'Eau Wrapped, 3 Parts Project for Geneva**
Collage 1974: 56 x 71 cm (22 x 28″)
Pencil, fabric, twine, wax crayon, charcoal, wash, and ballpoint pen. Private collection, Europe. *Photo: Eeva-Inkeri*

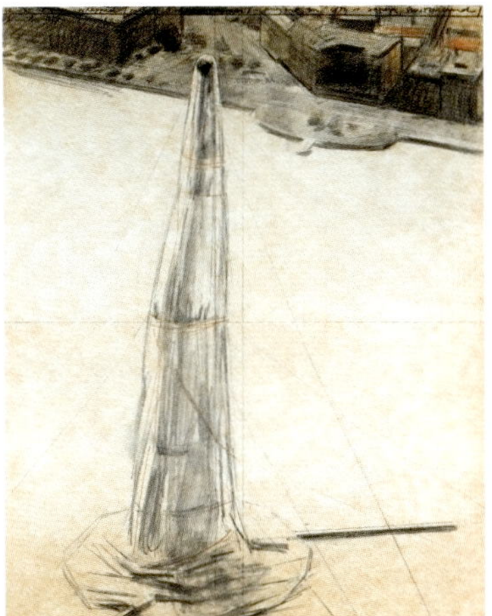

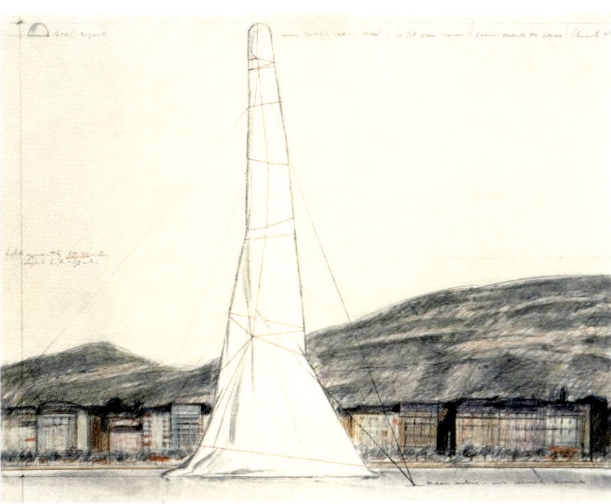

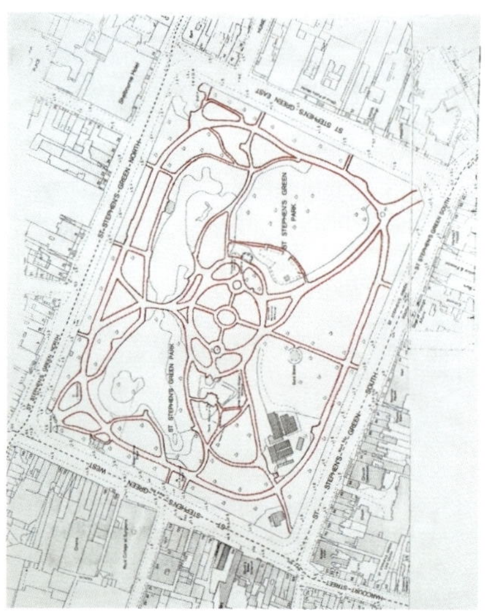

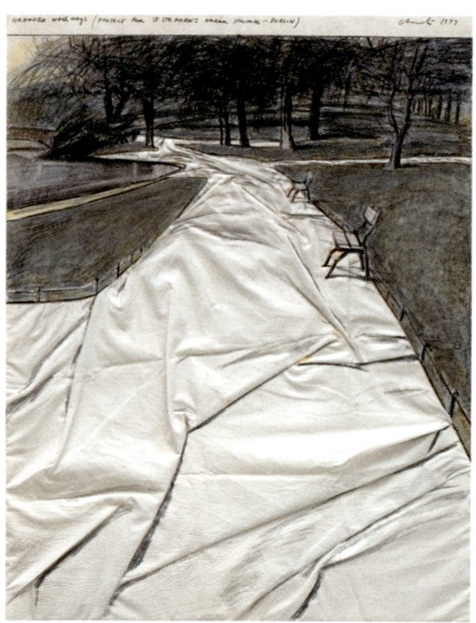

**Wrapped Walk Ways**
**Project St. Stephen's Green Park, Dublin**
Collage 1977 in two parts: 71 x 56 cm and
71 x 56 cm (28 x 22″ and 28 x 22″)
Pencil, fabric, charcoal, pastel, wax crayon,
staples, and map
Collection Mr. and Mrs. Walter Eischoenfeld,
Seattle, Washington, USA
*Photo: Ken Wagner*

The 1969 idea of the two-park project for Japan and the Netherlands having been abandoned, Christo and Jeanne-Claude, encouraged by their Irish friends Dorothy and Robin Walker, with the Dublin City Gallery, The Hugh Lane, then tried to do a *Wrapped Walk Ways* in Dublin's St. Stephen's Green Park. The authorities refused the permit.

Nachdem sie die 1969 entwickelte Idee eines Projekts für zwei Parks in Japan und den Niederlanden aufgegeben hatten, versuchten Christo und Jeanne-Claude, ermutigt durch ihre irischen Freunde Dorothy und Robin Walker sowie unterstützt von der Dublin City Gallery, The Hugh Lane, *Wrapped Walk Ways* im St. Stephen's Green Park in Dublin zu verwirklichen. Sie erhielten keine behördliche Genehmigung.

L'idée de 1969 – une œuvre réalisée simultanément dans deux parcs, l'un au Japon, l'autre aux Pays-Bas – ayant été abandonnée, Christo et Jeanne-Claude, encouragés par leurs amis Dorothy et Robin Walker et soutenus par la Dublin City Gallery, The Hugh Lane, tentèrent ensuite de réaliser *Wrapped Walk Ways* dans le St. Stephen's Green Park à Dublin. Les autorités rejetèrent la demande d'autorisation.

*Opposite:* During the opening of *The Wall – Wrapped Roman Wall, Rome, 1973–74, A Documentation Exhibition* at the Museum of the 20th Century, in Vienna, Austria, the director asked Christo to think about the possibility of a project for Vienna, because the artist had lived and studied there in 1957. The city still has several indestructible reinforced concrete air raid defense towers, built during the Second World War. Christo proposed to wrap the one in the Esterhazy Park. The authorities refused the permit.

*Gegenüber:* Während der Eröffnung der Ausstellung *The Wall – Wrapped Roman Wall, Rome, 1973–74, A Documentation Exhibition* im Museum des 20. Jahrhunderts in Wien legte der Direktor Christo nahe, über ein mögliches Projekt in Wien nachzudenken, schließlich hatte der Künstler dort 1957 gelebt und studiert. In der Stadt gibt es mehrere unzerstörbare Flaktürme aus Eisenbeton aus dem Zweiten Weltkrieg. Christo schlug vor, den Flakturm im Esterhazy-Park zu verhüllen. Er erhielt dafür keine behördliche Genehmigung.

*Page ci-contre:* Pendant l'inauguration de l'exposition *The Wall – Wrapped Roman Wall, Rome, 1973–74, A Documentation Exhibition* au Museum des 20. Jahrhunderts, Vienne, Autriche, le directeur du musée demanda à Christo de réfléchir à un projet pour Vienne, où l'artiste avait vécu et étudié en 1957. La ville abritait encore plusieurs tours de défense anti-aérienne indestructibles en béton armé datant de la Seconde Guerre mondiale. Christo proposa d'empaqueter celle du parc Esterhazy. Les autorités rejetèrent la demande d'autorisation.

**The Tower, Project for a Wrapped Air Raid Defence Tower, Esterhazy Park, Wien**
Collage 1976: 71 x 56 cm (28 x 22")
Pencil, fabric, twine, charcoal, pastel, wax crayon, photograph, map, and tape
Collection Lentos Art Museum, Linz, Austria
*Photo: Eeva-Inkeri*

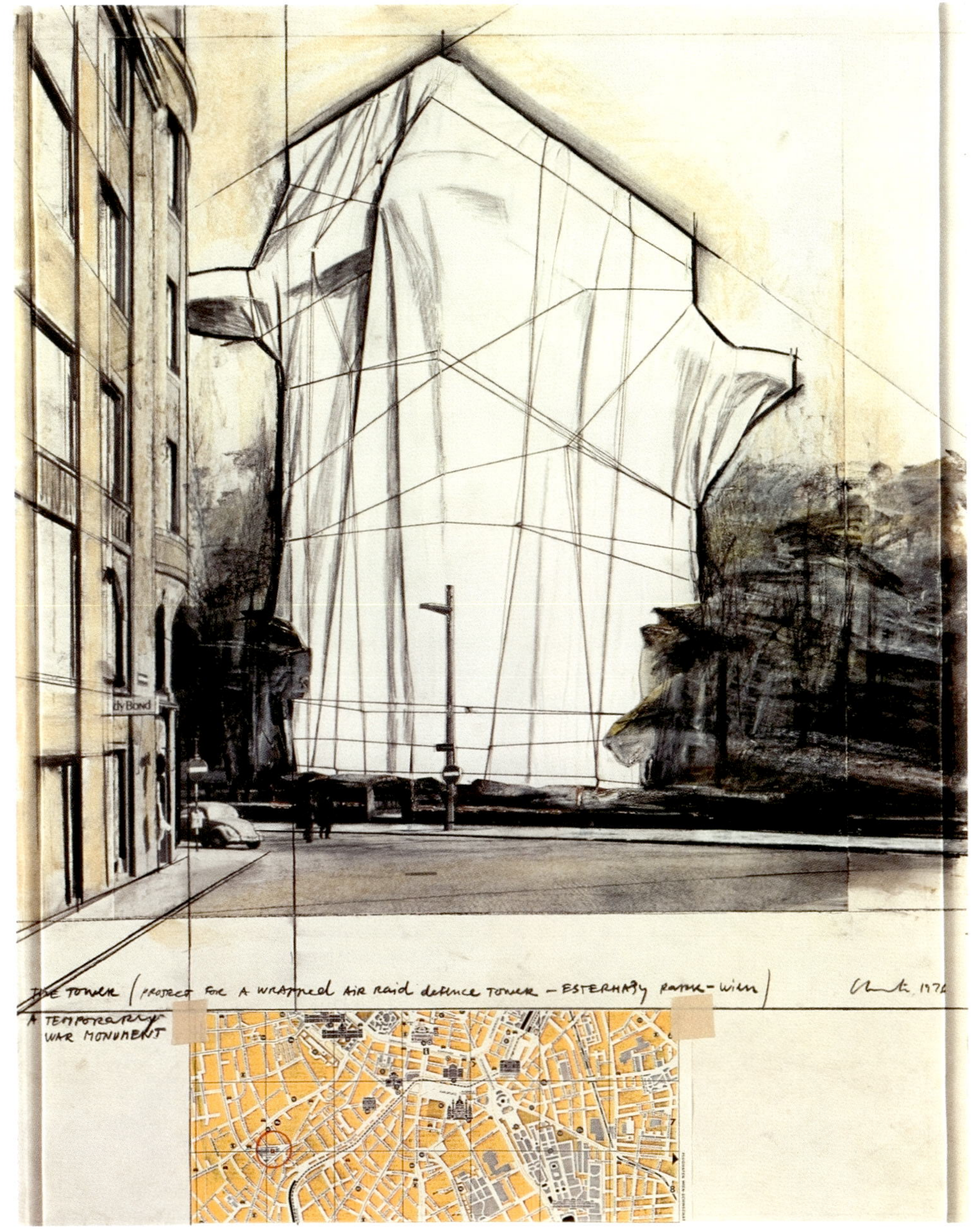

# Running Fence
## Sonoma and Marin Counties, California, 1972–76

*Running Fence*, 5.5 meters (18 feet) high, 39.4 kilometers (24.5 miles) long, extending east-west near Freeway 101, north of San Francisco, on the private properties of 59 ranchers, following the rolling hills and dropping down to the Pacific Ocean at Bodega Bay. *Running Fence* was completed on September 10, 1976.

The art project consisted of 42 months of collaborative efforts, the ranchers' participation, 18 public hearings, three sessions at the Superior Courts of California, the drafting of a 450-page Environmental Impact Report and the temporary use of the hills, the sky, and the ocean.

All expenses for the temporary work of art were paid by Christo and Jeanne-Claude through the sale of studies, preparatory drawings and collages, scale models, and original lithographs. The artists do not accept sponsorship of any kind.

*Running Fence* was made of 200,000 square meters (240,000 square yards) of heavy woven white nylon fabric, hung from a steel cable strung between 2,050 steel poles (each 6.4 meters/21 feet long, 8.9 centimeters/3.5 inches in diameter) embedded 91 centimeters (3 feet) into the ground, using no concrete and braced laterally with guy wires (145 kilometers (90 miles) of steel cable) and 14,000 earth anchors. The top and bottom edges of the 2,050 fabric panels were secured to the upper and lower cables by 350,000 hooks.

All parts of *Running Fence*'s structure were designed for complete removal and no visible evidence of *Running Fence* remains on the hills of Sonoma and Marin Counties.

As it had been agreed with the ranchers and the county, state and federal agencies, the removal of *Running Fence* started 14 days after its completion and all materials were given to the ranchers.

*Running Fence* crossed 14 roads and the town of Valley Ford, leaving passage for cars, cattle, and wildlife. It was designed to be viewed by following 65 kilometers (40 miles) of public roads in Sonoma and Marin Counties.

Der *Running Fence*, 5,5 Meter hoch und 39,4 Kilometer lang, wurde am 10. September 1976 vollendet. Er erstreckte sich von Ost nach West, nahe der Autostraße 101, beginnend im Norden von San Francisco, quer über den Besitz von 59 Ranchern laufend, folgte dem Verlauf der Hügel und endete im Pazifischen Ozean in der Bodega-Bucht.

Das Kunstprojekt bestand aus 42 Monaten gemeinsamer Anstrengungen und Bemühungen, aus der Teilnahme der Rancher, aus 18 öffentlichen Anhörungen, drei Sitzungen an Obergerichten in Kalifornien, aus der Abfassung eines 450 Seiten starken Berichtes über die Umweltauswirkungen des Projektes und der temporären Nutzung der Hügel und Berge, des Himmels und des Meeres.

Alle Ausgaben für dieses temporäre Kunstwerk wurden von Christo und Jeanne-Claude durch den Verkauf von Vorstudien, Zeichnungen, Collagen, Modellen und Originallithografien bezahlt. Die Künstler akzeptieren keine Sponsorengelder jedweder Art.

Der *Running Fence* bestand aus 200 000 Quadratmetern schwerem weißen Nylongewebe, das von einem Stahlkabel herabhing. Das Kabel war zwischen 2.050 Stahlpfähle (jeder davon 6,4 Meter hoch, 9 Zentimeter im Durchmesser) gespannt, die 1 Meter tief in den Boden eingegraben waren. Dabei wurde kein Beton benutzt, sondern die Pfähle wurden durch Spanndrähte mit insgesamt 145 Kilometern Länge seitlich

abgespannt. Diese waren mit 14.000 Ankern
in der Erde befestigt. Die oberen und unteren
Enden der 2.050 Gewebesegmente wurden mit
350.000 Haken an den oberen und unteren
Kabeln gesichert.

Alle Teile des *Running Fence* waren für
den völligen Abbau ausgearbeitet, und es gibt
keine Anzeichen mehr dafür, dass er je auf
den Hügeln der Bezirke Sonoma und Marin
gestanden hat.

Entsprechend den mit den Ranchern, dem
Bezirk, dem Staat und den föderativen Behörden
getroffenen Vereinbarungen begann 14 Tage
nach seiner Vollendung der Abbau des *Running
Fence*, und alle verwendeten Materialien wurden
den Ranchern überlassen.

Der *Running Fence* kreuzte 14 Straßen und
die Stadt Valley Ford, wobei für Autos, Vieh und
wilde Tiere Durchgangsmöglichkeiten blieben.
Der *Running Fence* war so ausgerichtet, dass man
auf den öffentlichen Straßen der Bezirke Sonoma und Marin über 65 Kilometer an ihm ent-
langfahren und ihn so in seinem ganzen Ausmaß sehen konnte.


*Running Fence*, 5,5 mètres de haut et 39,4 kilomètres de long, fut réalisée par Christo et Jeanne-
Claude le 10 septembre 1976. Elle s'étendait d'est
en ouest près de l'Autoroute 101, au nord de
San Francisco, sur les propriétés privées de 59
«ranchers» (éleveurs de bovins), elle suivait le
vallonnement des collines et disparaissait dans
l'océan Pacifique à Bodega Bay.

L'œuvre d'art consista en 42 mois d'efforts
collectifs, la participation des éleveurs, 18 au-
diences publiques, trois séances à la Cour su-
prême de Californie, la rédaction d'une étude
de 450 pages sur la possibilité d'un impact sur
l'environnement et l'utilisation temporaire des
collines, du ciel et de l'océan.

Toutes les dépenses furent payées par Christo
et Jeanne-Claude au travers de la vente d'œuvres
préparatoires faites par Christo : dessins, collages,
maquettes, ainsi que des œuvres et des lithographies. Les artistes n'acceptent pas de sponsoring
d'aucune sorte.

*Running Fence* était faite de 200.000 mètres
carrés d'une toile blanche de nylon tissé, accrochée à un câble d'acier tendu entre 2.050 poteaux d'acier (chacun d'une hauteur de
6,4 mètres et de 8,9 centimètres de diamètre)
enfoncés à 1 mètre dans le sol, sans utilisation de
béton et amarrés latéralement à 14.000 ancres
par des haubans d'acier (145 kilomètres de câble).

Les bords supérieur et inférieur des 2.050
panneaux de toile furent fixés aux câbles supérieurs et inférieurs par 350.000 crochets d'acier.
Tous les éléments de la structure de *Running
Fence* furent conçus afin que le démontage soit
complet et pour qu'aucune trace visible de
l'œuvre ne subsiste sur les collines des comtés
de Sonoma et de Marin.

Ainsi qu'il en avait été convenu avec les propriétaires privés, les comtés, l'État et les agences
fédérales, la dépose de *Running Fence* commença
quatorze jours après sa réalisation et tous les matériaux furent donnés aux éleveurs.

*Running Fence* traversait quatorze routes et le
village de Valley Ford, livrant passage aux voitures, au bétail et à la faune.

L'œuvre d'art temporaire avait été conçue par
Christo et Jeanne-Claude de manière à être vue
en voiture en suivant 65 kilomètres de routes
publiques dans les comtés de Sonoma et Marin.

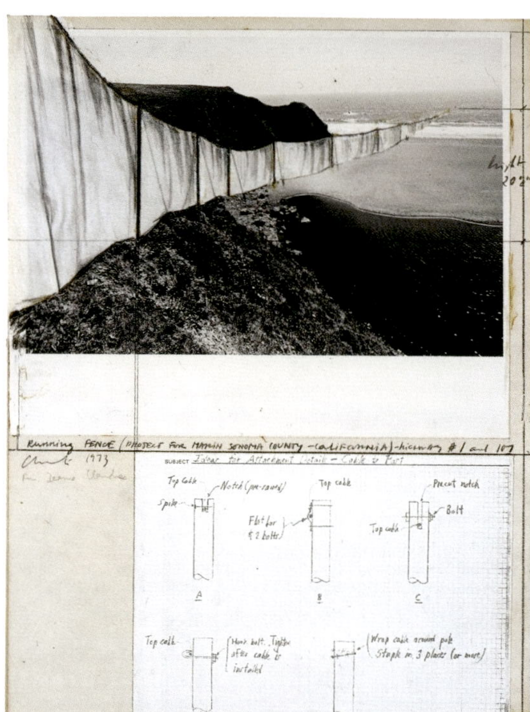

**Running Fence, Project for
Marin and Sonoma Counties, California**
Collage 1973: 35.5 x 27 cm (14 x 10 5/8")
Pencil, fabric, photograph by Harry Shunk,
wax crayon, and technical data
*Photo: Harry Shunk*

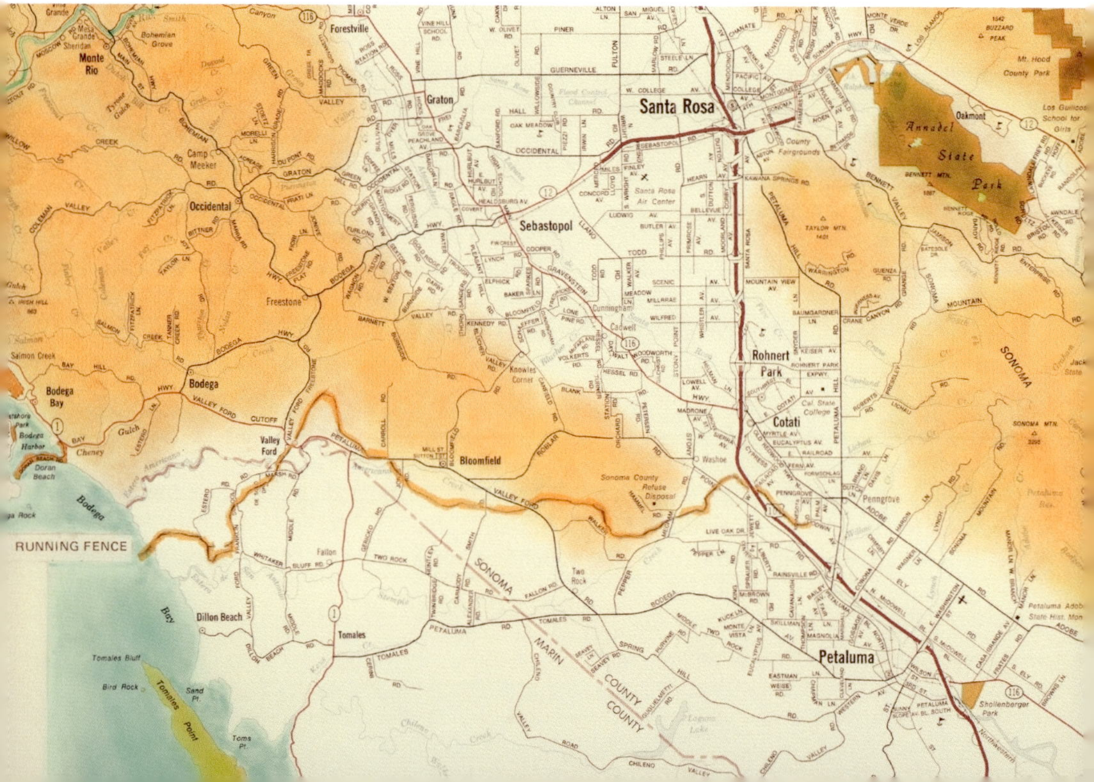

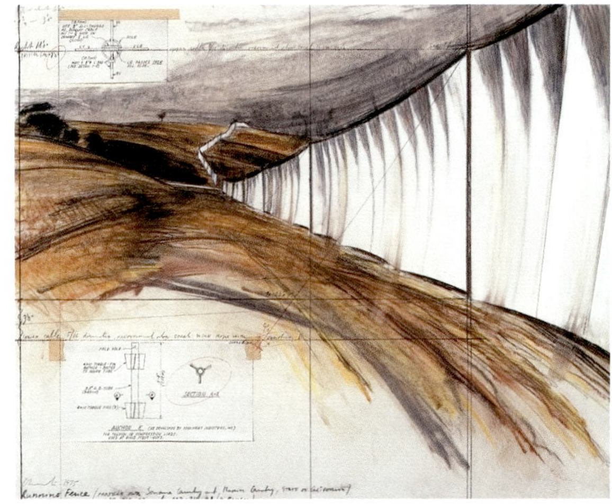

**Running Fence, Project for
Sonoma County and Marin County,
State of California**
Collage 1975: 56 x 71 cm (22 x 28″)
Pencil, wax crayon, fabric, charcoal,
pastel, technical data, and tape
*Photo: Eeva-Inkeri*

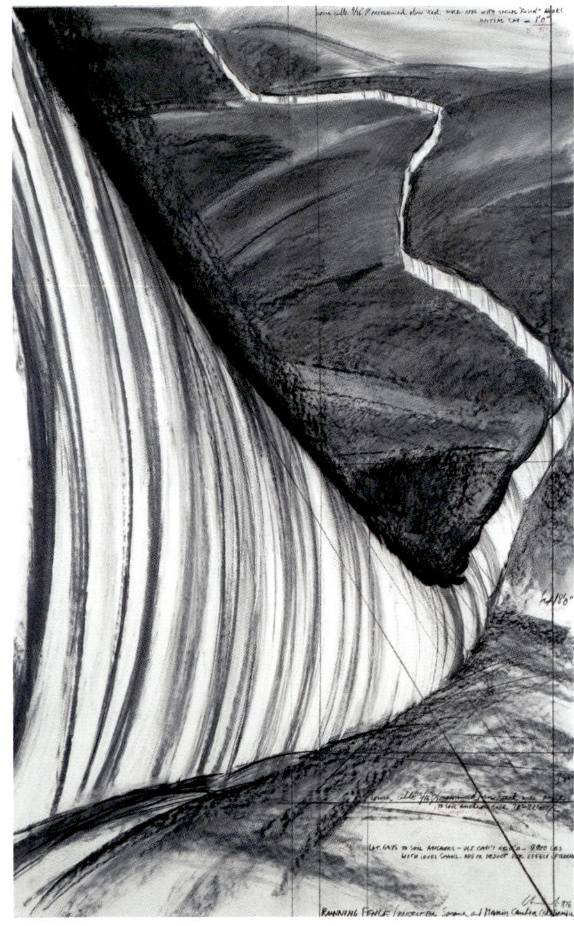

*Right:*
**Running Fence, Project for Sonoma
and Marin Counties, California**
Drawing 1976: 165 x 106.6 cm (65 x 42″)
Pencil, charcoal, and ballpoint pen
Smithsonian American Art Museum,
Washington, D.C., USA (Part of the
*Running Fence Documentation Exhibition*)

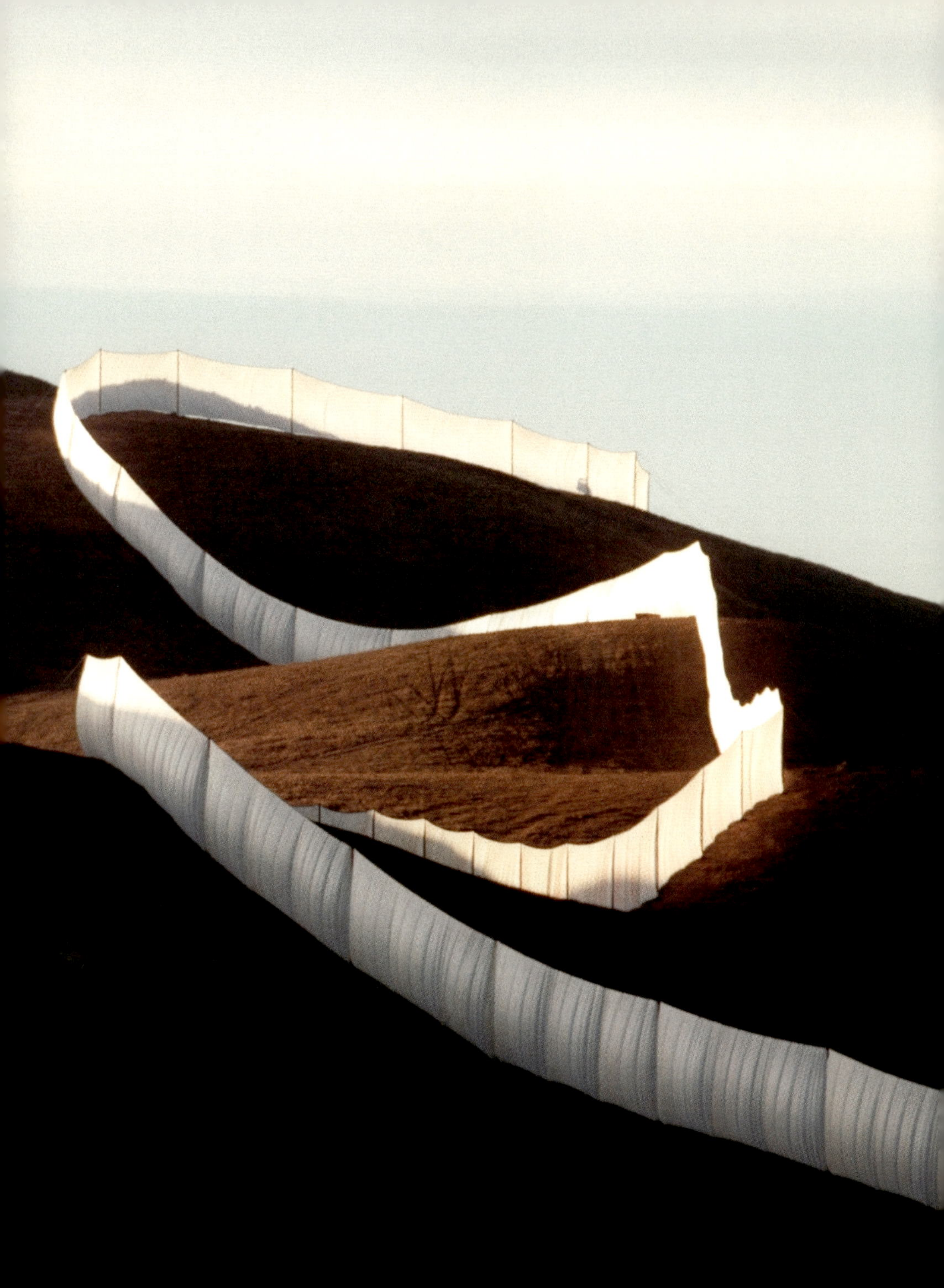

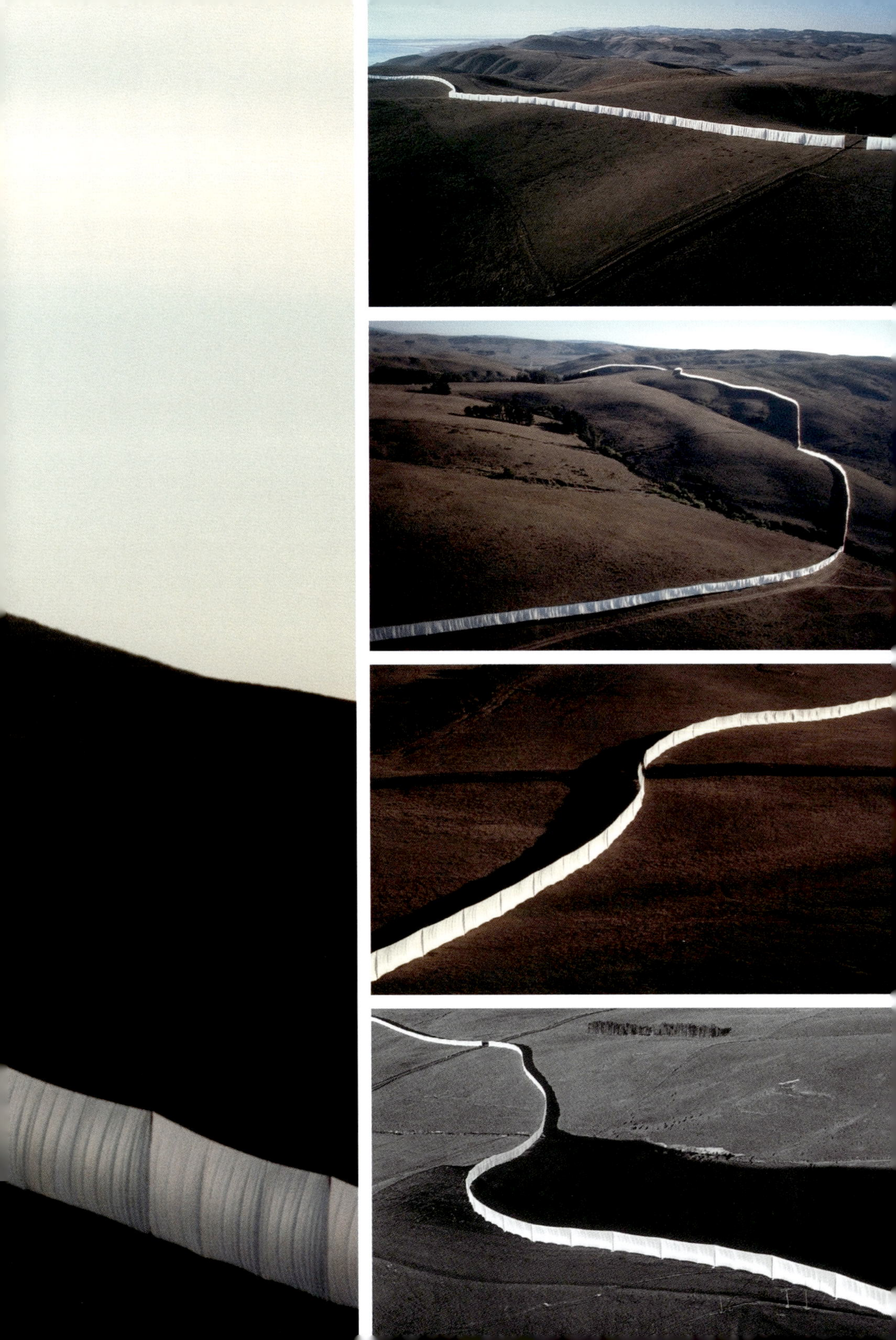

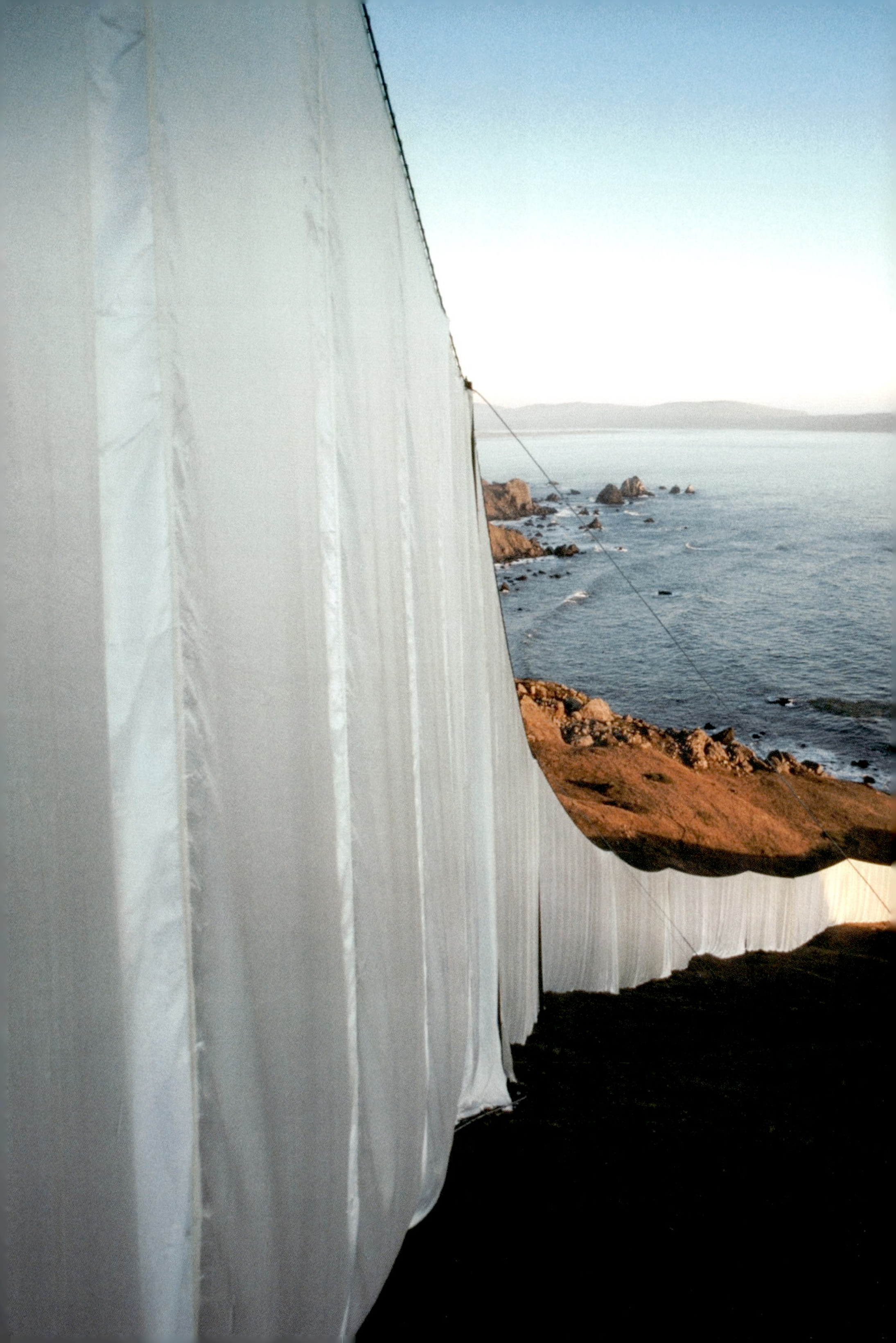

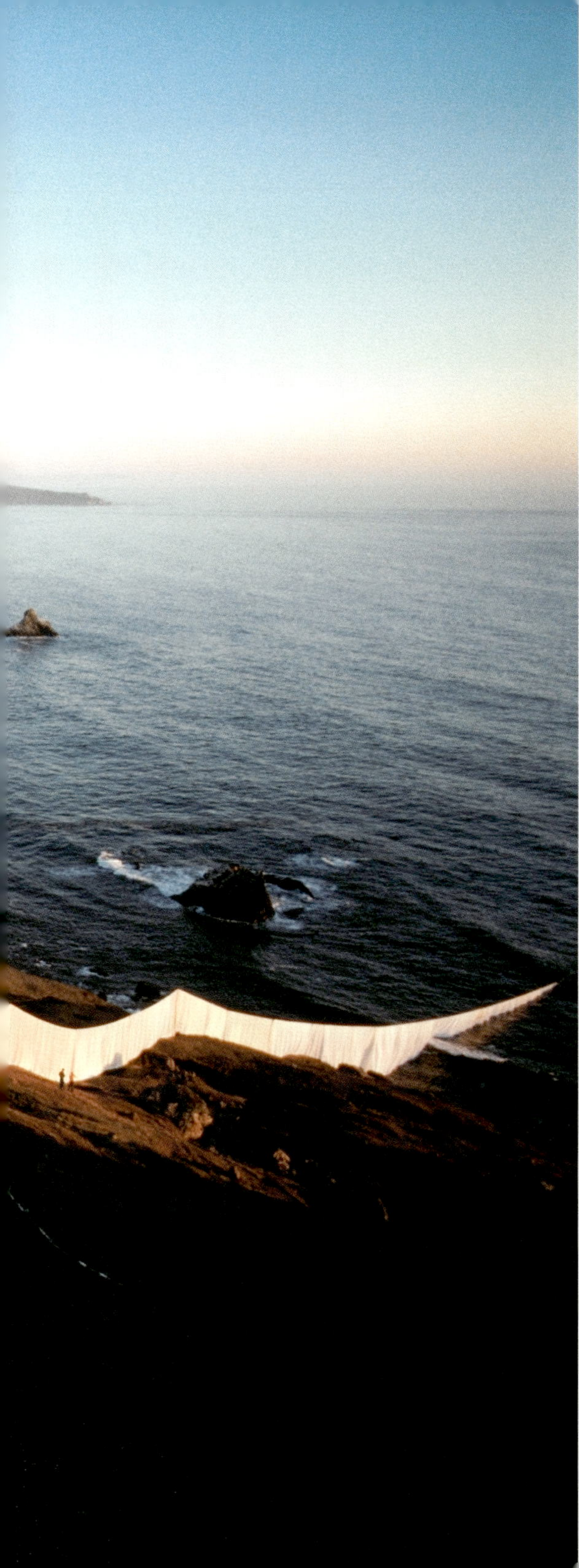

*Left:* Running Fence meets the Pacific Ocean. In the background: Tomales Bay and Dillon Beach.
*Below:* From the waves of the Pacific, *Running Fence* climbs onto Ballatore's land.

*Links:* Der *Running Fence* trifft auf den Pazifik. Im Hintergrund: Tomales Bay und Dillon Beach.
*Unten:* Von den Wellen des Pazifiks klettert der *Running Fence* bis zu Ballatores Land.

*À gauche:* La *Barrière* atteint l'océan Pacifique. À l'arrière-plan, Tomales Bay et Dillon Beach.
*Ci-dessous:* La *Barrière* émergeant des vagues de l'océan Pacifique et grimpant sur les terres des Ballatore.

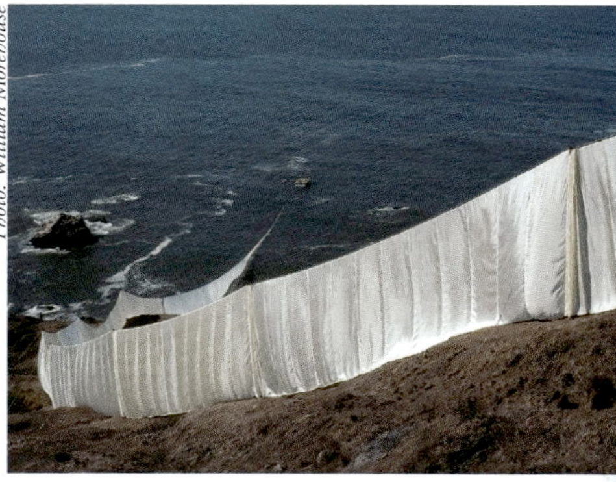

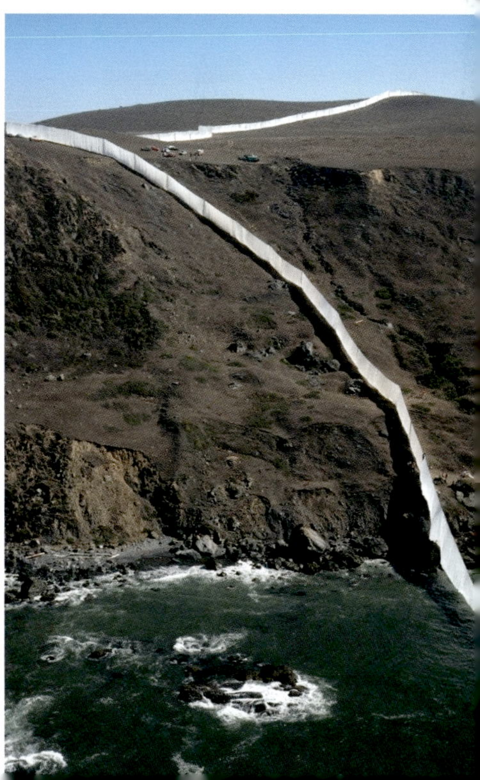

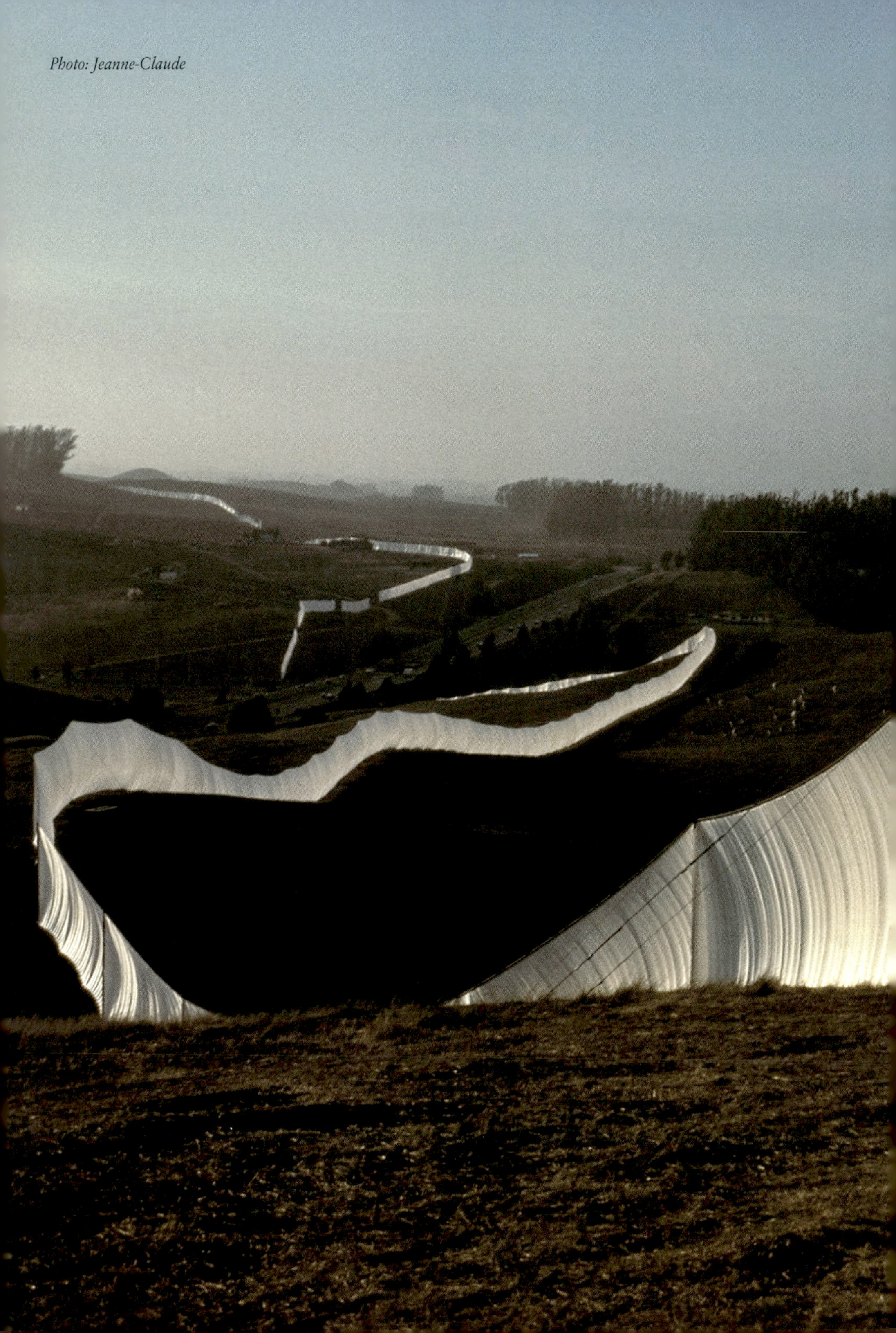
Photo: Jeanne-Claude

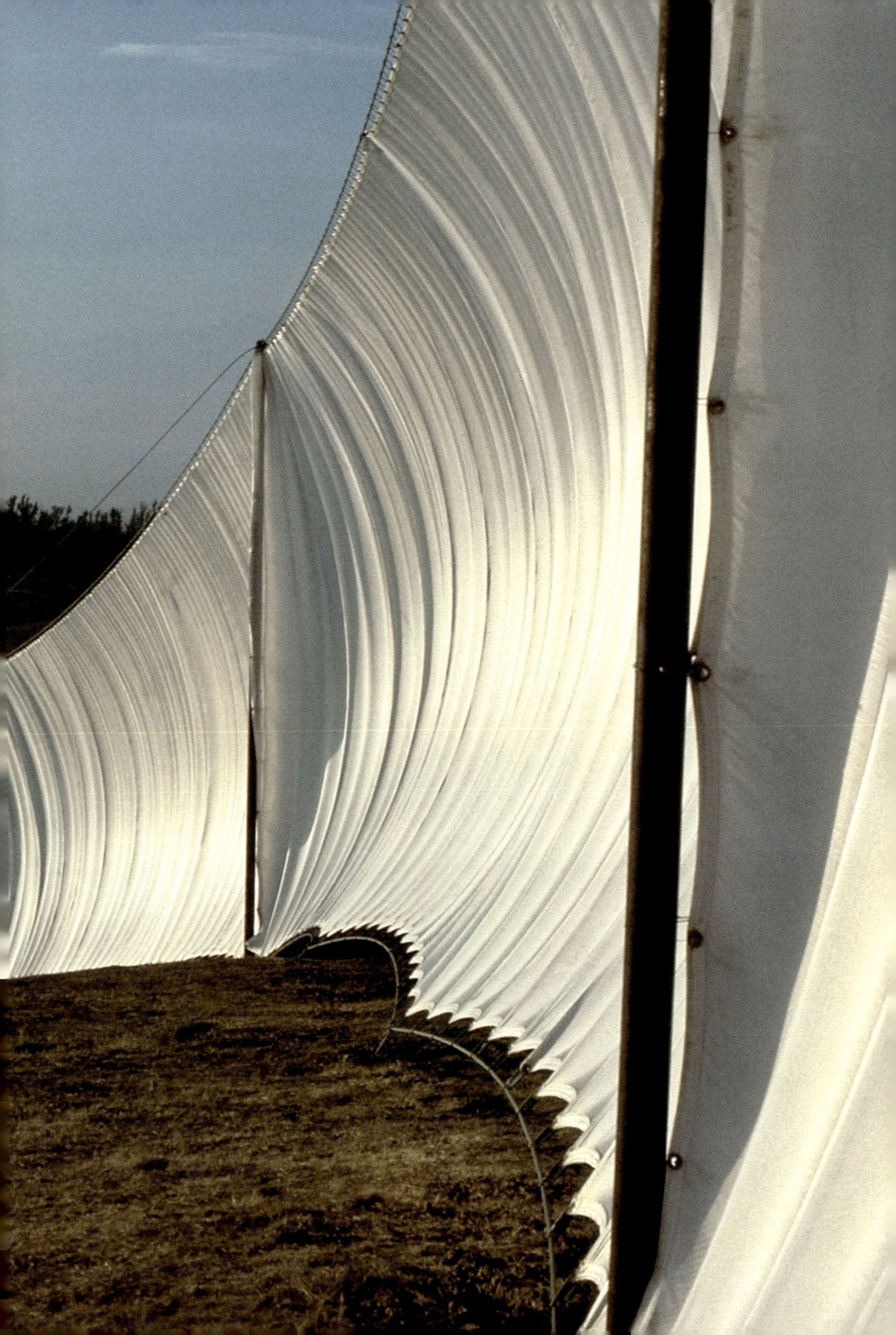

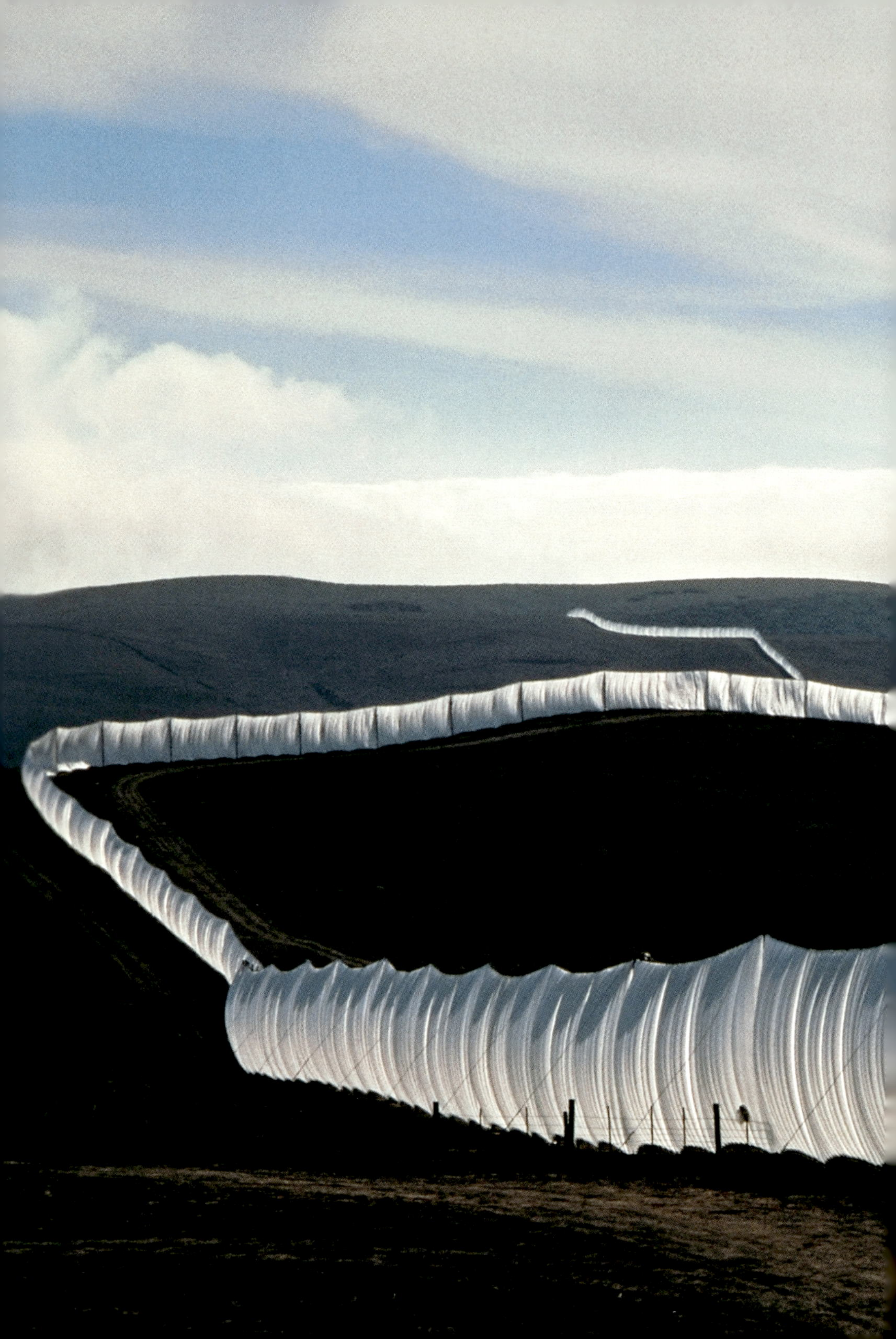

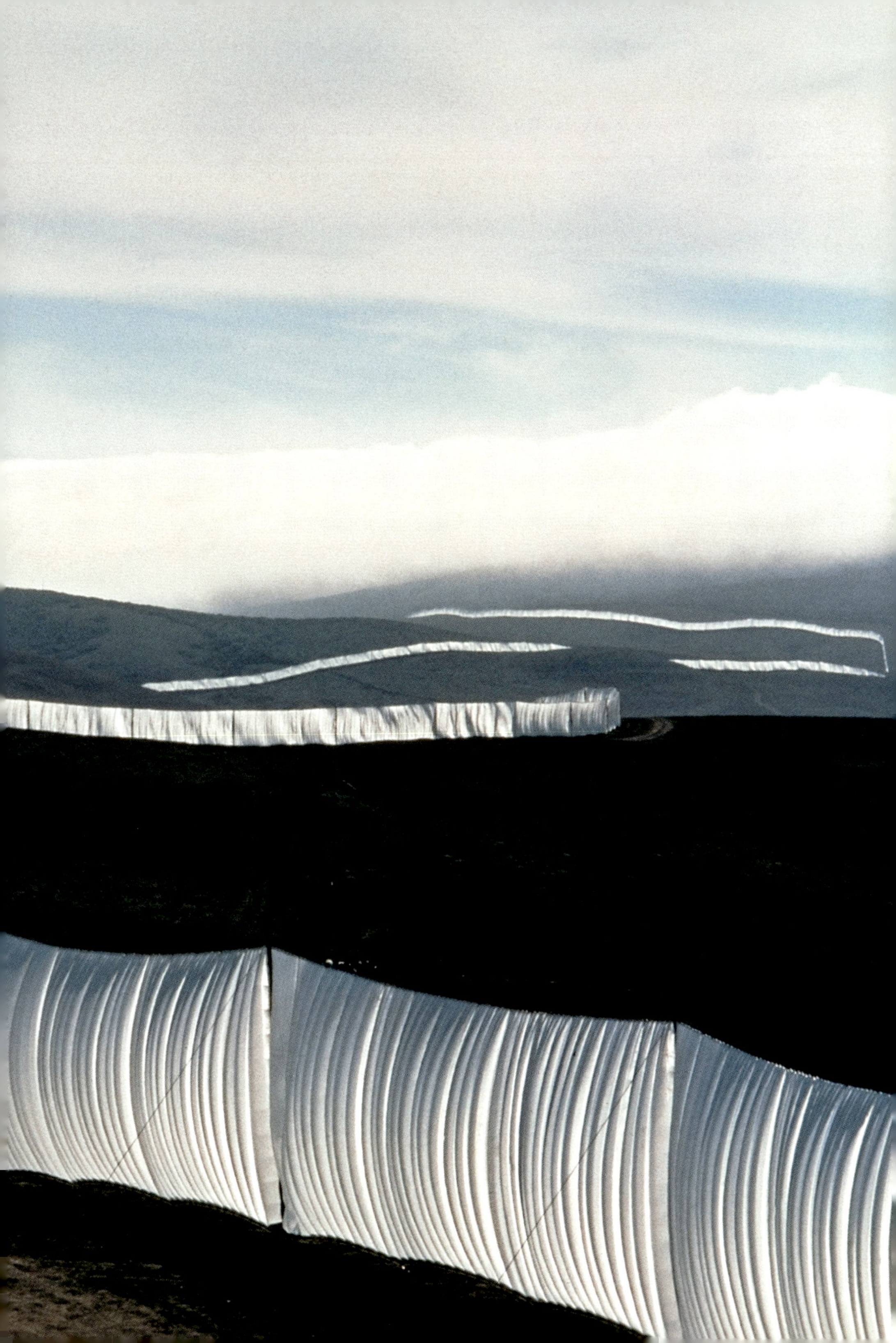

*Wrapped Walk Ways*, in Jacob Loose Memorial Park, Kansas City, Missouri, consisted of the installation of 12,540 square meters (135,000 square feet) of saffron-colored nylon fabric covering 4.4 kilometers (2.7 miles) of formal garden walkways and jogging paths.

Installation began on Monday, October 2, 1978, and was completed on Wednesday, October 4. 84 people were employed by A. L. Huber & Sons, a Kansas City building contractor, to install the fabric. There were 13 construction workers, four professional seamstresses and 67 students. The coordinators were James Fuller, Theodore Dougherty and Dimiter Zagoroff. After 15,850 meters (52,000 feet) of seams and hems had been sewn in a West Virginia factory, professional seamstresses, using portable sewing machines and assisted by many workers, completed the sewing in the park. The cloth was secured in place by 34,500 steel spikes (each 17.8 x 0.8 centimeters or 7 x 5/16 inches) driven into the soil through brass grommets along the sides of the fabric, and 40,000 staples into wooden planks on the stairways.

All expenses related to *Wrapped Walk Ways* were borne by Christo and Jeanne-Claude, as in all their other projects, through the sale of preparatory works created by Christo: drawings and collages, as well as earlier works and original lithographs. The artists do not accept sponsorship of any kind.

The temporary work of art remained in the park until October 16, 1978, after which the material was removed and given to the Kansas City Parks Department for recycling, and the park was restored to its original condition.

Das Projekt *Verhüllte Parkwege* im Jacob Loose Park in Kansas City, Missouri, bestand aus der Installation von 12.540 Quadratmetern safranfarbenem Nylongewebe, das 4,4 Kilometer reguläre Parkwege und Joggingpfade bedeckte.

Die Installation wurde am Montag, den 2. Oktober 1978, begonnen und sie wurde am Mittwoch, den 4. Oktober 1978, fertiggestellt. A. L. Huber & Sons, ein Bauunternehmer aus Kansas City, hatte 84 Personen angestellt, um das Gewebe auszulegen. 13 Konstrukteure, vier ausgebildete Näherinnen und 67 Studenten waren dabei. James Fuller, Theodore Dougherty und Dimiter Zagoroff koordinierten das Projekt. Nachdem 15.850 Meter Nähte und Säume in einer Fabrik in West Virginia vorbereitet worden waren, vervollständigten ausgebildete Näherinnen mit tragbaren Nähmaschinen und zahlreichen Helfern die Näharbeiten im Park. Das Gewebe wurde mit 34.500 Stahlstiften (je 18 Zentimeter lang, 8 Millimeter Durchmesser), die durch seitlich am Gewebe angebrachte Messingösen in den Boden getrieben worden waren, in seiner Position gehalten. An unebenen Stellen und Treppen wurden die Wege mit Holzrändern versehen, an denen das Gewebe mit 40.000 Tackerklammern befestigt wurde.

Das Projekt *Verhüllte Parkwege* wurde von Christo und Jeanne-Claude durch den Verkauf von Vorstudien, Zeichnungen, Collagen, Modellen sowie früheren Werken und Originallithografien finanziert. Die Künstler akzeptieren keine Sponsorengelder jedweder Art.

Das temporäre Kunstwerk verblieb bis zum 16. Oktober 1978 im Park, anschließend wurde das Material entfernt und der Parkverwaltung von Kansas City zur Wiederverwertung übergeben. Der Park wurde wieder gänzlich in seinen ursprünglichen Zustand gebracht.


*Wrapped Walk Ways* dans le parc public Jacob-Loose à Kansas City, Missouri, consistaient en l'installation de 12.541 mètres carrés de toile de nylon de couleur safran couvrant 4,4 kilomètres d'allées piétonnières du parc et des parterres du jardin.

L'installation commença le lundi 2 octobre 1978 et fut achevée le mercredi 4 octobre.

84 personnes, dont 13 ouvriers du bâtiment, 4 couturières et 67 étudiants, furent employés par la compagnie A. L. Huber & Sons, une entreprise en bâtiment de Kansas City. James Fuller, Theodore Dougherty et Dimiter Zagoroff coordonnèrent le projet. Après que 15.850 mètres de coutures et d'ourlets eurent été cousus dans une usine de West Virginia, des couturières, aidées par des ouvriers, terminèrent la couture dans le parc, à la main et avec des machines à coudre portables. Le tissu fut fixé sur les allées par 34.500 piquets d'acier (18 centimètres de long, 8 millimètres de diamètre) enfoncés dans la terre aux bords extérieurs des chemins, au travers d'œillets en laiton placés le long des bords de la toile, et par 40.000 agrafes sur les escaliers qui avaient préalablement été recouverts de bois.

Ainsi qu'ils le font pour tous leurs projets, les dépenses relatives aux *Wrapped Walk Ways* furent prises en charge par Christo et Jeanne-Claude à travers la vente d'études préparatoires faites par Christo : dessins et collages, ainsi que des empaquetages anciens et des lithographies. Les artistes n'acceptent pas de sponsors.

L'œuvre d'art temporaire resta dans le parc pendant deux semaines, après quoi le parc fut remis en son état premier et les matériaux donnés au département des Parcs de Kansas City afin d'être recyclés.

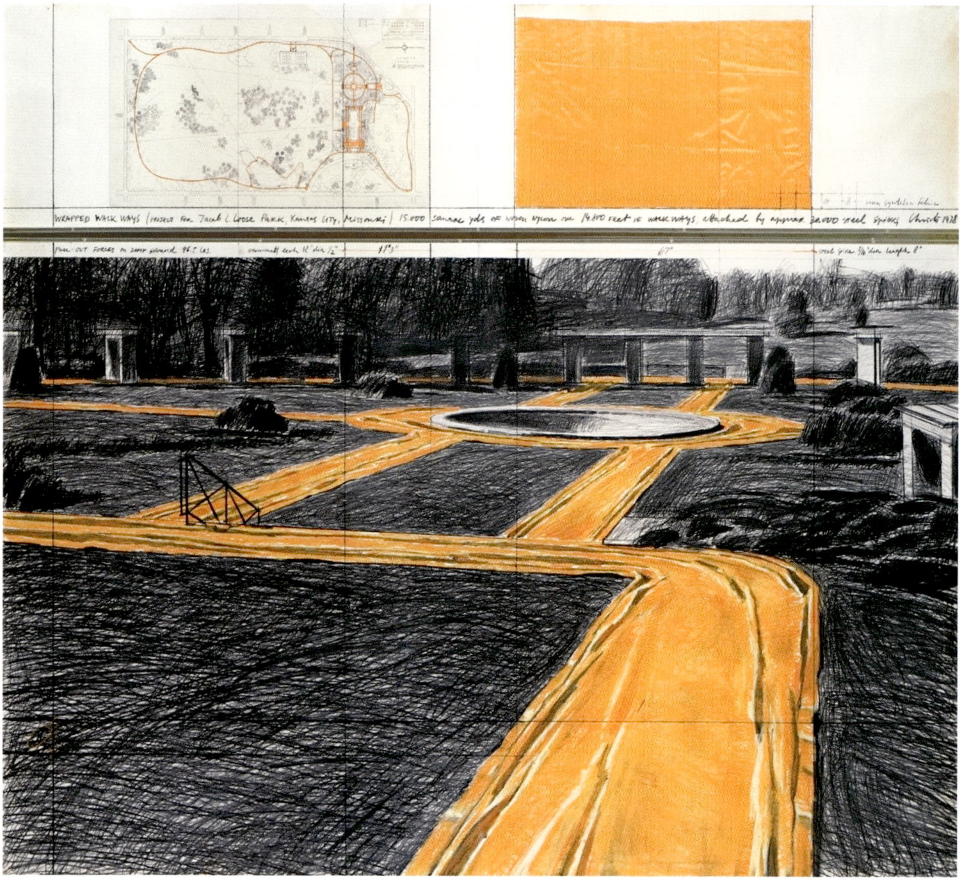

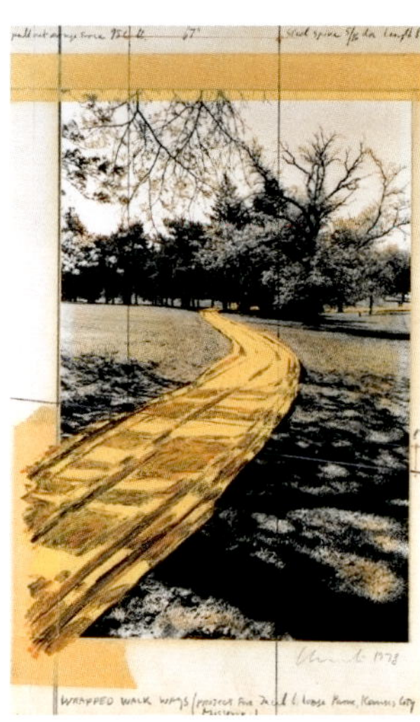

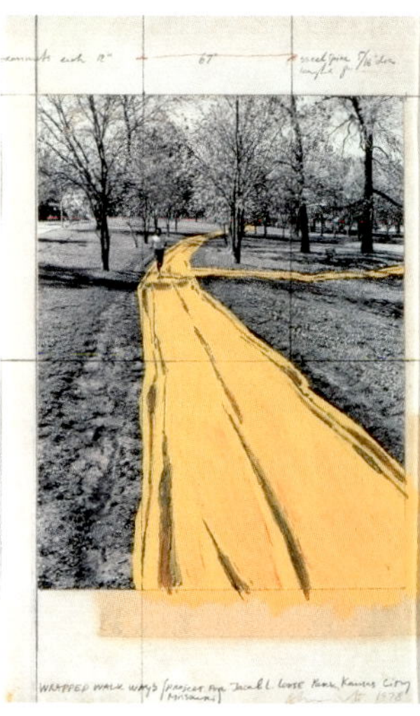

*Far left:*

**Wrapped Walk Ways, Project for Jacob L. Loose Park, Kansas City, Missouri**

Collage 1978:

37.8 x 23.8 cm (14⅞ x 9⅜″)

Pencil, enamel paint, photograph by Wolfgang Volz, ballpoint pen, wax crayon, and tape

*Left:*

**Wrapped Walk Ways, Project for Jacob L. Loose Park, Kansas City, Missouri**

Collage 1978:

37.8 x 24 cm (14⅞ x 9½″)

Pencil, enamel paint, photograph by Wolfgang Volz, wax crayon, and tape

**Wrapped Walk Ways, Project for Loose Park, Kansas City, Missouri**
Collage 1978 in two parts:
71 x 28 cm and 71 x 56 cm
(28 x 11″ and 28 x 22″)
Pencil, charcoal, pastel, fabric, photograph by Wolfgang Volz, wax crayon, and map

*Opposite:*
**Wrapped Walk Ways, Project for Jacob L. Loose Park, Kansas City, Missouri**
Drawing 1978 in two parts:
38 x 165 cm and 106.6 x 165 cm
(15 x 65″ and 42 x 65″)
Pencil, charcoal, pastel, wax crayon, fabric sample, and map
The Nelson-Atkins Museum of Art, Kansas City, Missouri, USA

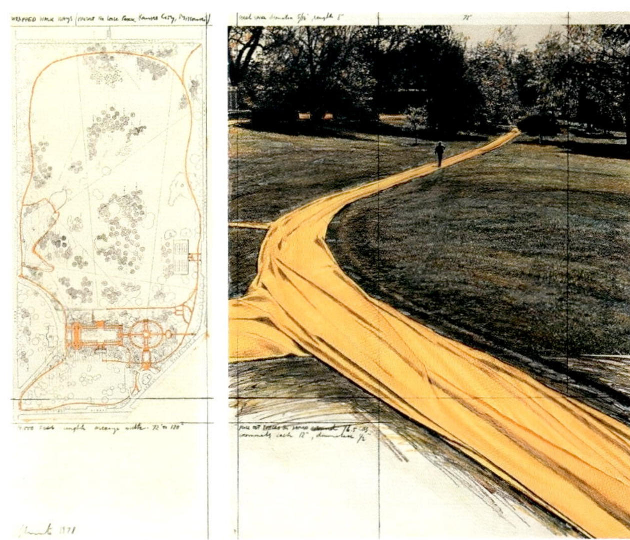

**Wrapped Walk Ways, Project for Jacob L. Loose Park, Kansas City, Missouri**
Collage 1978:
71.1 x 55.9 cm (28 x 22″)
Pencil, charcoal, pastel, photograph by Wolfgang Volz, wax crayon, and map
Collection Pérez Art Museum Miami, Miami, USA. Gift of Maria Bechily and Scott Hodes, Miami

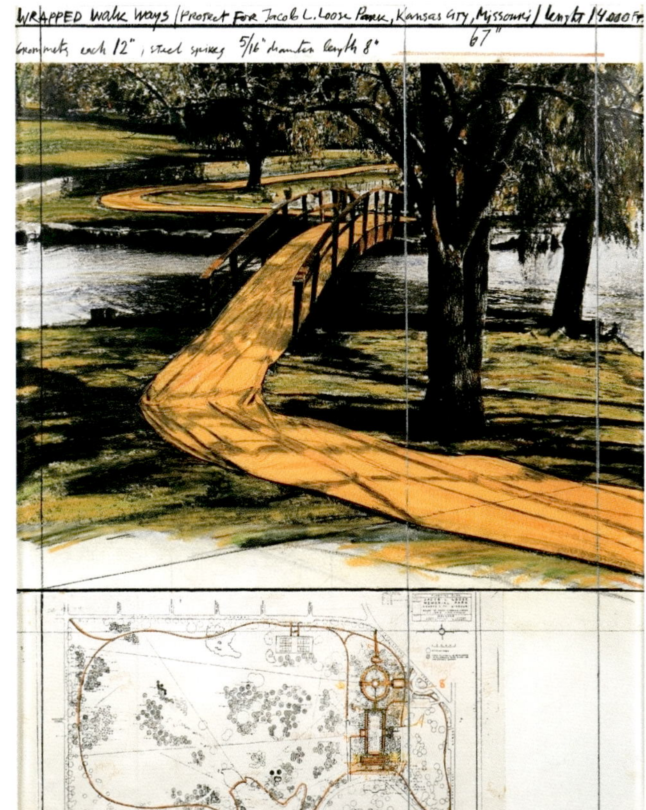

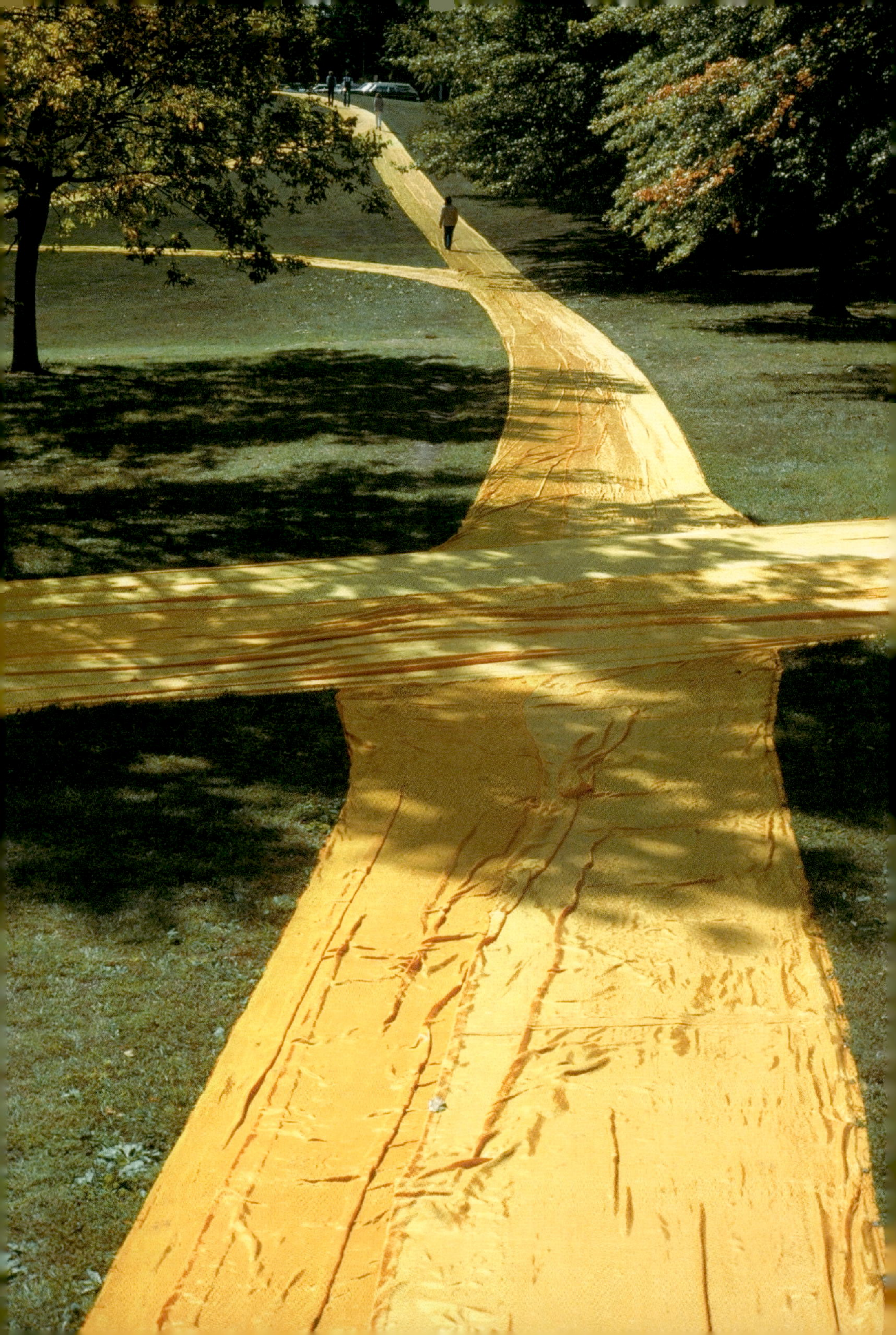

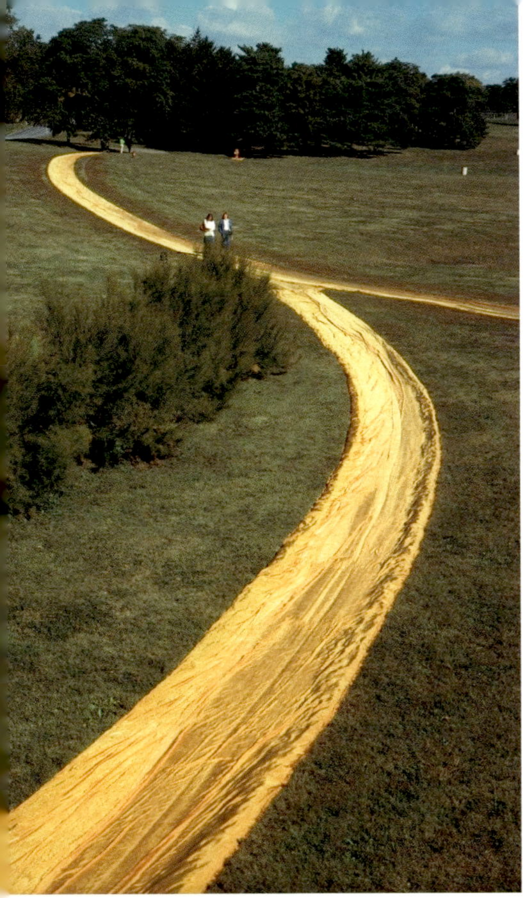

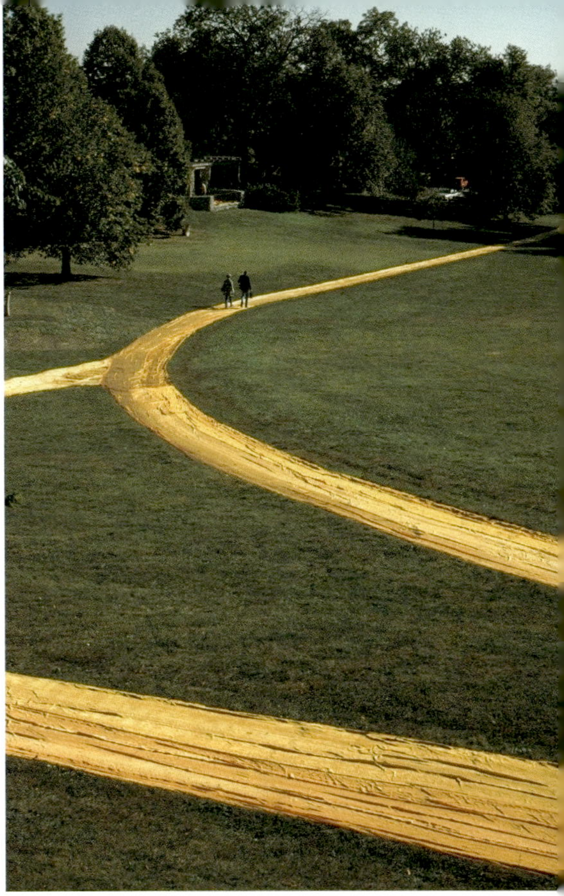

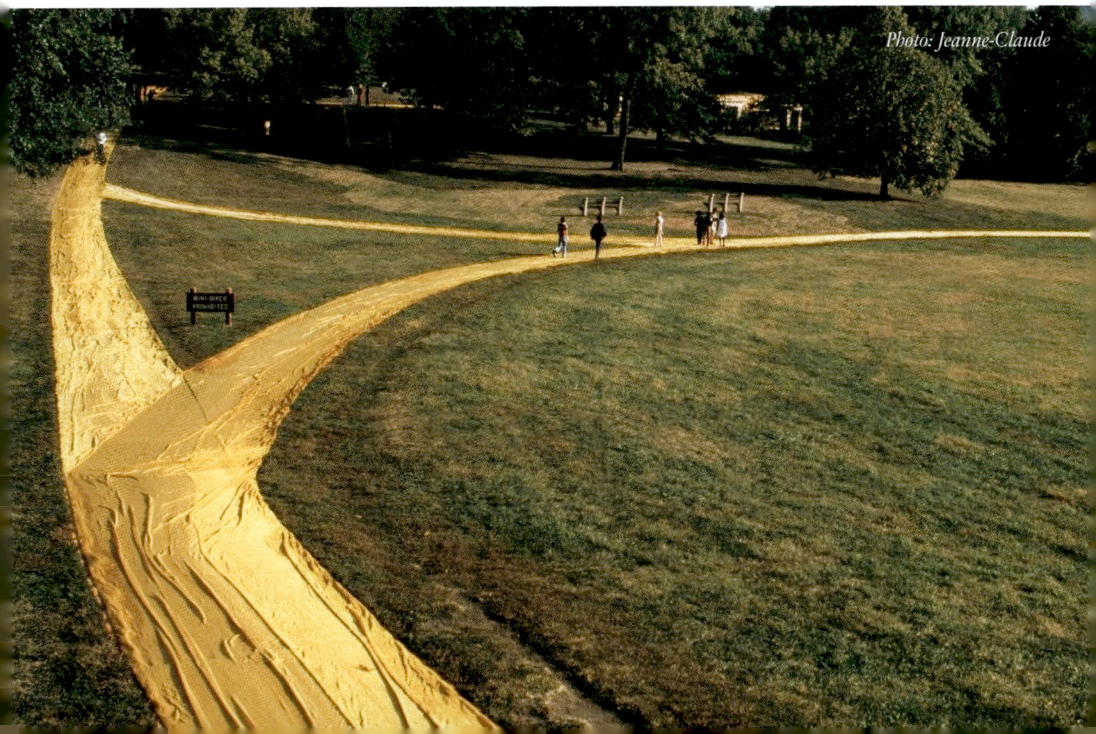

*Photo: Jeanne-Claude*

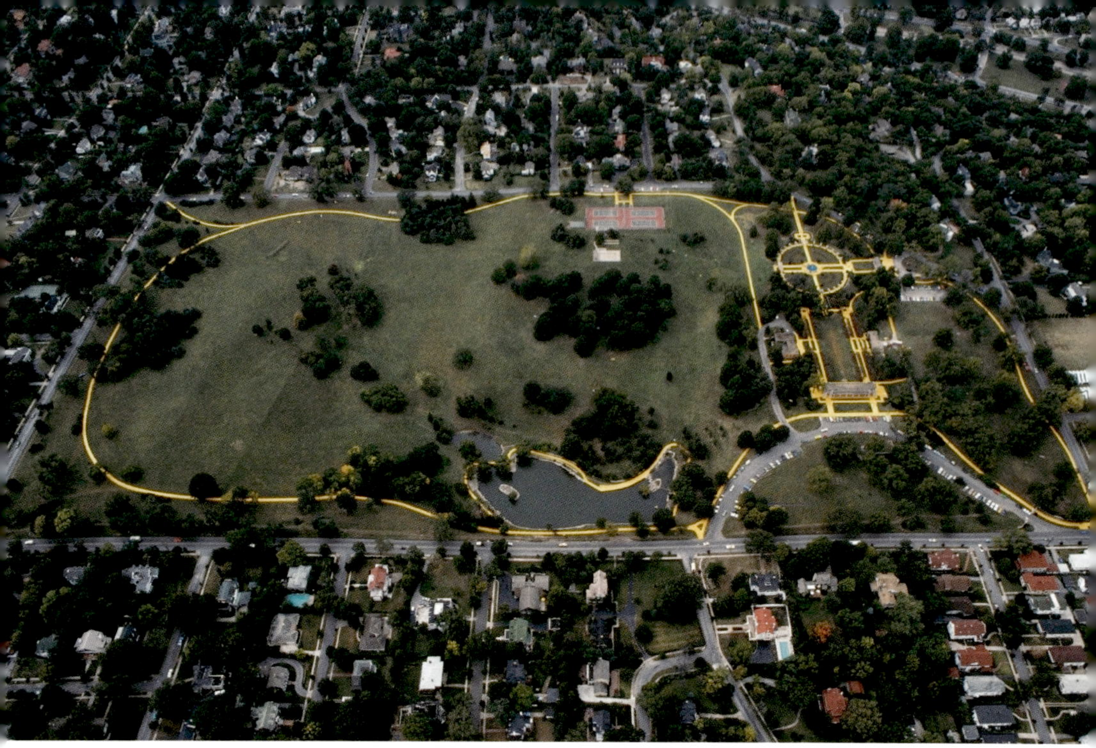

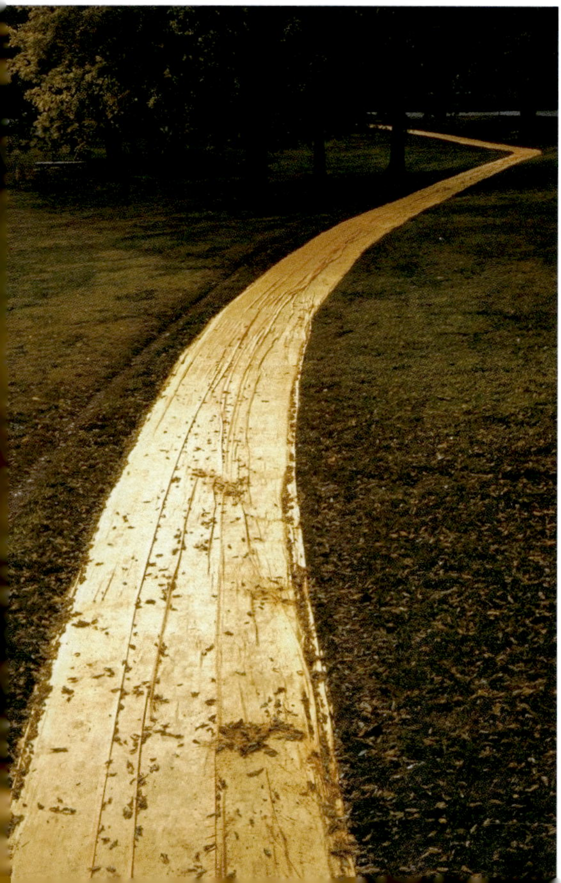

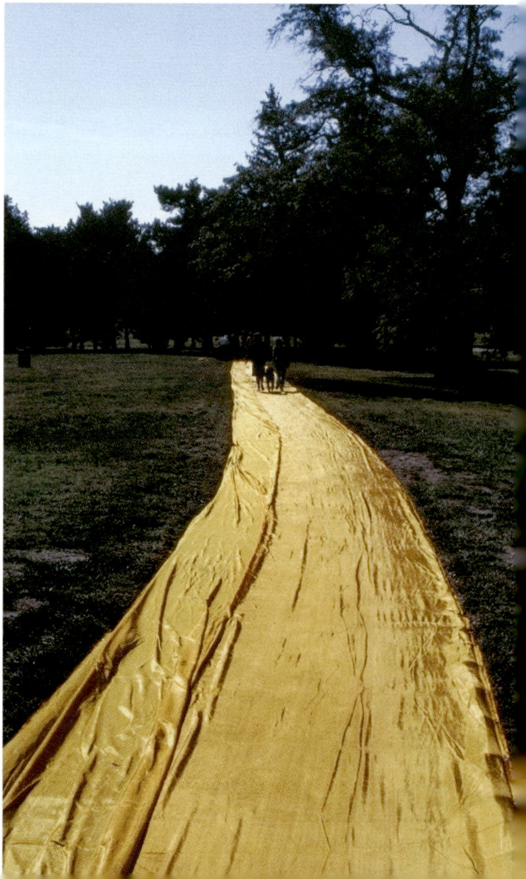

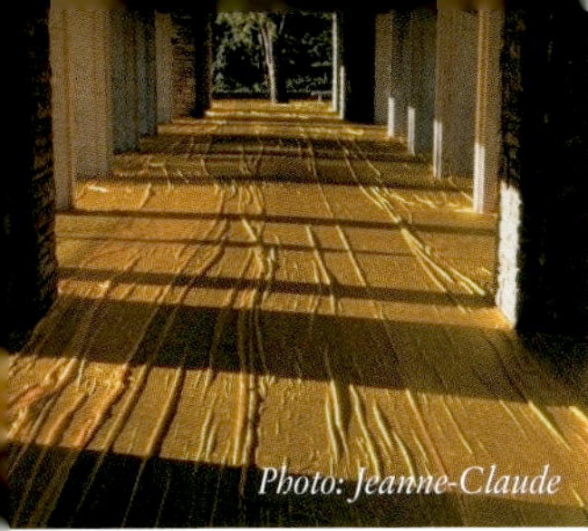
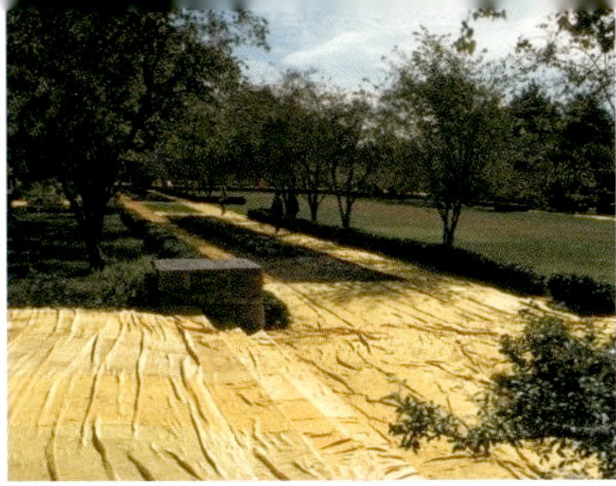
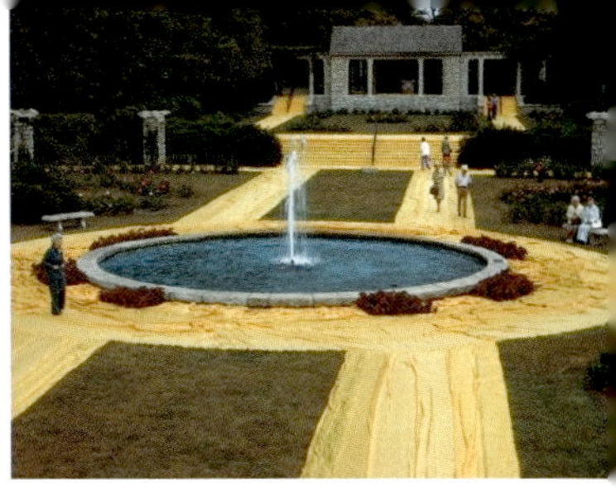



*Left:* The contrast between the formal northern part and the more open areas.
*Links:* Kontrast zwischen der formalen Anlage im Nordteil und den offeneren Zonen.
*À gauche:* Contraste entre la partie nord, plus formelle, et les espaces plus dégagés.

*Above:* The pavilion, near the northern entrance to the park, suggests the interior setting of an Asian temple.
*Oben:* Der Pavillon nahe dem Nordeingang des Parks lässt an das Innere eines asiatischen Tempels denken.
*En haut:* Près de l'entrée nord du parc, le pavillon évoque l'intérieur d'un temple asiatique.

*Below:* The Rose Gardens. A group of visitors, holding their shoes in their hands, approached the artists and said, "Your work is beautiful. We experienced it with our bare feet. We are a group of blind people."
*Unten:* Die Rosengärten. Mit den Schuhen in der Hand kam eine Besuchergruppe zu den Künstlern und erklärte: „Ihre Arbeit ist wunderschön. Wir haben sie barfuß erlebt. Wir sind eine Gruppe von Blinden."
*En bas:* Les roseraies. Un groupe de visiteurs tenant leurs chaussures à la main approchèrent les artistes et leur dirent : « Votre œuvre est très belle. Nous avons pu l'éprouver avec nos pieds nus. Nous sommes un groupe d'aveugles.»

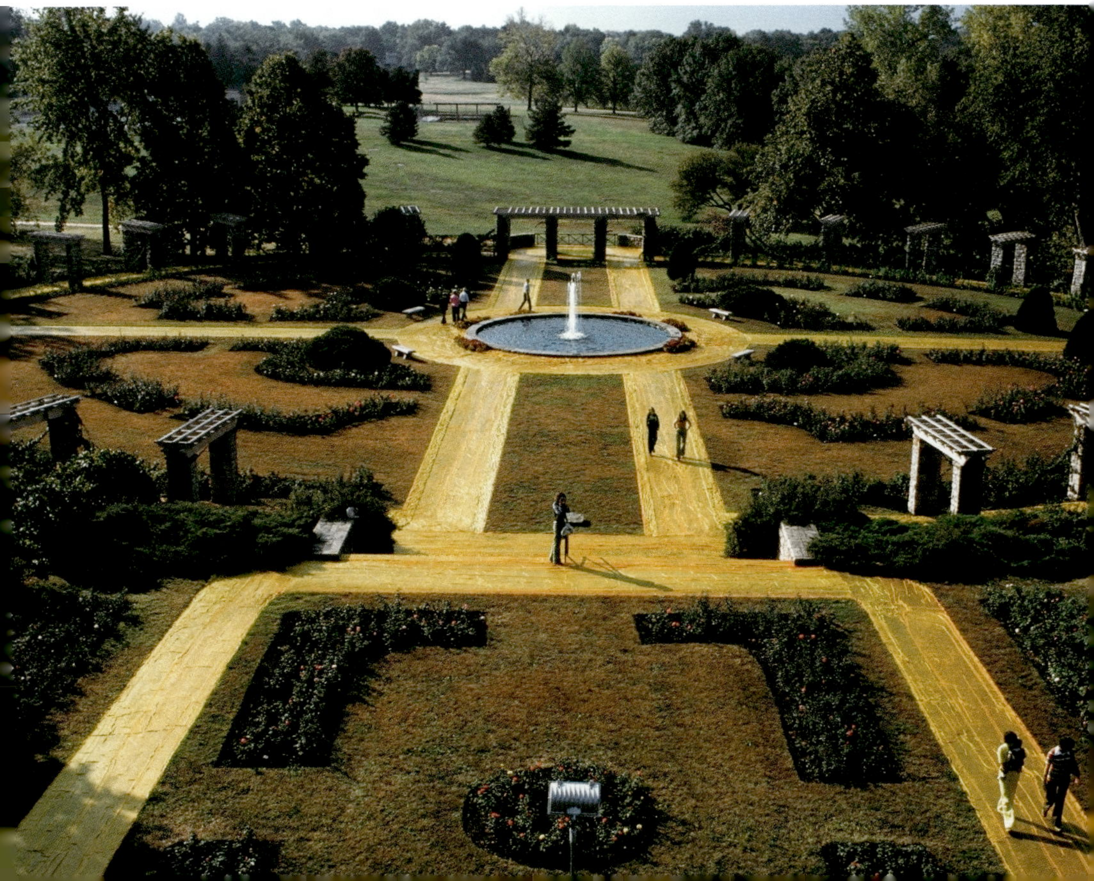

# Surrounded Islands
## Biscayne Bay, Greater Miami, Florida, 1980–83

On May 7, 1983, the installation of *Surrounded Islands* was completed in Biscayne Bay, between the city of Miami, North Miami, the Village of Miami Shores and Miami Beach. Eleven of the islands situated in the area of Bakers Haulover Cut, Broad Causeway, 79th Street Causeway, Julia Tuttle Causeway, and Venetian Causeway were surrounded with 603,870 square meters (6.5 million square feet) of floating pink woven polypropylene fabric covering the surface of the water and extending out 61 meters (200 feet) from each island into the Bay. The fabric was sewn into 79 patterns to follow the contours of the eleven islands.

For two weeks, *Surrounded Islands*, spreading over 11.3 kilometers (7 miles), was seen, approached and enjoyed by the public, from the causeways, the land, the water and the air. The luminous pink color of the shiny fabric was in harmony with the tropical vegetation of the uninhabited verdant islands, the light of the Miami sky and the colors of the shallow waters of Biscayne Bay.

Since April 1981, attorneys Joseph Z. Fleming, Joseph W. Landers, marine biologist Anitra Thorhaug, ornithologists Oscar Owre and Meri Cummings, mammal expert Daniel Odell, marine engineer John Michel, four consulting engineers, and builder-contractor Ted Dougherty of A and H Builders, Inc., had been working on the preparation of the *Surrounded Islands*. The marine and land crews picked up debris from the

eleven islands, putting refuse in bags and carting it away after they had removed some 40 tons of varied garbage: refrigerator doors, tires, kitchen sinks, mattresses, and an abandoned boat.

Permits were obtained from the following governmental agencies: The Governor of Florida and the Cabinet; the Dade County Commission; the Department of Environmental Regulation; the City of Miami Commission; the City of North Miami; the Village of Miami Shores; the U.S. Army Corps of Engineers; the Dade County Department of Environmental Resources Management.

The outer edge of the floating fabric was attached to a 30.5 centimeter (12 inch) diameter octagonal boom, in sections, of the same color as the fabric. The boom was connected to the radial anchor lines which extended from the anchors at the island to the 610 specially made anchors, spaced at 15.3 meter (50 foot) intervals, 76 meters (250 feet) beyond the perimeter of each island, driven into the limestone at the bottom of the bay. Earth anchors were driven into the land, near the foot of the trees, to secure the inland edge of the fabric, covering the surface of the beach and disappearing under the vegetation. The floating rafts of fabric and booms, varying from 3.7 to 6.7 meters (12 to 22 feet) in width and from 122 to 183 meters (400 to 600 feet) in length were towed through the bay to each island. There were eleven islands, but on two occasions, two islands were surrounded together as one configuration.

As with Christo and Jeanne-Claude's previous art projects, *Surrounded Islands* was entirely financed by the artists, through the sale of preparatory drawings, collages, and early works. The artists do not accept sponsorship of any kind.

On May 4, 1983, out of a total work force of 430, the unfurling crew began to blossom the pink fabric. *Surrounded Islands* was tended day and night by 120 monitors in inflatable boats.

*Surrounded Islands* was a work of art underlining the various elements and ways in which the people of Miami live, between land and water.

Am 7. Mai 1983 war die Installation der *Surrounded Islands* in der Biscayne Bay zwischen der Stadt Miami, North Miami, den Siedlungen Miami Shores und Miami Beach vollendet. Elf Inseln im Gebiet von Bakers Haulover Cut, Broad Causeway, 79th Street Causeway, Julia Tuttle Causeway und Venetian Causeway wurden mit 603.870 Quadratmetern pinkfarbenem Polypropylengewebe umsäumt, das auf der Wasseroberfläche schwamm und 61 Meter weit von den Inseln in die Bucht hineinragte. Das Gewebe war in 79 einzelnen Teilen genäht, um sich den Konturen der elf Inseln genau anpassen zu können.

Für die Dauer von zwei Wochen waren die *Surrounded Islands* auf einer Länge von 11,3 Kilometern zu sehen, die Zuschauer konnten sich an ihnen erfreuen und über die Verbindungsbrücken, über das Wasser, vom Land oder aus der Luft in ihre Nähe gelangen. Das leuchtende Pink des glänzenden Gewebes harmonierte mit der tropischen Vegetation der unbewohnten grünen Inseln, dem Licht des Himmels von Miami und den Farben der seichten Gewässer der Biscayne Bay.

Ab April 1981 arbeiteten die Rechtsanwälte Joseph Z. Fleming und Joseph W. Landers, die Meeresbiologin Anitra Thorhaug, die Vogelkundler Oscar Owre und Meri Cummings, der Zoologe Daniel Odell, der Ozeanograf John Michel, vier beratende Ingenieure und der Bauunternehmer Ted Dougherty von der A and H Builders, Inc. an den Vorbereitungen für die *Surrounded Islands*. Die Hilfskräfte auf dem Meer und an Land räumten Schutt und Müll von den elf Inseln, steckten alles in Säcke und transportierten diese ab, nachdem sie etwa 40 Tonnen verschiedenste Abfälle wie Kühlschranktüren, Reifen, Küchenspülen, Matten und ein verlassenes Boot eingesammelt hatten.

Genehmigungen mussten von folgenden Regierungsbehörden eingeholt werden: vom Gouverneur von Florida und seinem Kabinett, vom Rat der Gemeinde Dade, vom Department für Umweltbelange, vom Rat der Stadt Miami, von der Stadt North Miami, von des County Miami Shores, vom Ingenieurkorps der amerikanischen Armee und vom Department für Umweltressourcen-Management des County Dade.

Der äußere Rand des fließenden Gewebes war stückweise an einem achtkantigen
Schwimmbaum von 30,5 Zentimetern Durchmesser befestigt, der dieselbe Farbe wie das
Gewebe hatte. Der Schwimmbaum war mit
sternförmigen Ankerbändern verbunden, die
sich von den Verankerungen auf der Insel bis zu
den 610 speziell angefertigten Ankern erstreckten. Diese wurden in Abständen von 15 Metern
in einem Umkreis von 76 Metern um die Inseln
herum in den Kalksteinboden der Bucht getrieben. Auf der Landseite wurden Erdanker nahe
den Baumwurzeln in den Boden getrieben, um
die Seite des Gewebes, die den Strand der Insel
bedeckte und unter der Vegetation verschwand,
zu befestigen.

Die schwimmenden Flöße aus Gewebe und
Schwimmbäumen, die zwischen 3,7 und 7 Meter
breit und 122 bis 183 Meter lang waren, wurden
per Schiff durch die Bucht zu den einzelnen
Inseln geschleppt. Es gab insgesamt elf Inseln,
in zwei Fällen wurden jedoch zwei Inseln
gemeinsam umsäumt.

Wie alle vorangegangenen Kunstprojekte
wurde auch *Surrounded Islands* ausschließlich
von Christo und Jeanne-Claude durch den Verkauf von vorbereitenden Zeichnungen, Lithografien, Collagen und frühen Werken finanziert.
Die Künstler nehmen keinerlei Förderung
jedweder Art an.

Am 4. Mai 1983 begann das 430-köpfige Team
mit dem Entrollen des Gewebes und zauberte so
pinkfarbene Blüten auf das Wasser. 120 Monitore
in Schlauchbooten kümmerten sich Tag und
Nacht um die *Surrounded Islands*.

*Surrounded Islands* war ein Kunstwerk, das die
verschiedenen Bereiche und Lebensstile der zwischen Land und Wasser lebenden Einwohner
von Miami unterstrich.


L'installation de *Surrounded Islands* fut achevée
le 7 mai 1983.

Dans la baie de Biscayne, entre les villes de
Miami, Miami Nord, le Village de Miami Shores
et Miami Beach, onze des îles situées dans le
voisinage de Bakers Haulover Cut, Broad
Causeway, 79th Street Causeway, Julia Tuttle
Causeway et Venetian Causeway, furent entourées par 603.870 mètres carrés d'un tissu flottant
de polypropylène rose couvrant la surface de
l'eau et s'étendant sur la baie, sur 61 mètres autour de chacune de ces îles. La toile fut cousue
selon 79 patrons établis par les ingénieurs afin
de suivre les contours des onze îles.

Pendant deux semaines, *Les Îles Entourées*
qui s'étendaient sur 11,3 kilomètres ont été vues,
approchées et appréciées par le public depuis
les digues, les ponts, la terre, l'eau et les airs.
La lumineuse couleur rose de la toile brillante
s'harmonisait avec la végétation tropicale, le
caractère verdoyant des îles inhabitées, la lumière
du ciel de Miami et les riches couleurs des hauts-
fonds de Biscayne Bay.

Dès le mois d'avril 1981, les avocats Joseph Z. Fleming et Joseph W. Landers, la biologiste marine Anitra Thorhaug, les ornithologues Oscar Owre et Meri Cummings, l'expert en mammifères Daniel Odell, l'ingénieur marin John Michel, quatre ingénieurs consultants et l'entrepreneur de construction Theodore Dougherty, président de A and H Builders, Inc., avaient travaillé à la préparation des *Îles Entourées*.

Des équipes enlevèrent les détritus sur les onze îles, mettant en sacs les déchets après avoir enlevé 40 tonnes d'ordures diverses : portes de réfrigérateur, pneus, éviers de cuisine, matelas et un bateau abandonné.

Les permis furent obtenus des administrations d'État suivantes : le gouverneur de Floride et le cabinet de Floride, la commission du comté de Dade, le département de la Réglementation de l'environnement, la commission des villes de Miami, de Miami Nord, du Village de Miami Shores, du génie militaire des États-Unis, ainsi que de la direction des Ressources environnementales du département du comté de Dade.

Le bord externe de la toile flottante était attaché à un barrage flottant de section octogonale (vu de profil) de 30,5 centimètres de diamètre, de la même couleur que le tissu. Ces flotteurs étaient reliés à un système de fixation radial, sur des cordes qui s'étendaient depuis les points de fixation sur l'île jusqu'aux 610 ancres marines fabriquées spécialement. Celles-ci étaient espa-cées d'un intervalle de 15,3 mètres, situées à 76 mètres au-delà du périmètre de chaque île, et enfoncées dans le fond calcaire de la baie.

Des points de fixation à terre étaient ancrés dans le sol, à proximité du pied des arbres, afin de maintenir le bord interne de la toile qui couvrait la surface de la plage et disparaissait sous la végétation.

Les radeaux flottants composés de la toile retenue par un cocon et des flotteurs, dont les dimensions variaient de 3,7 à 6,7 mètres de large et de 122 à 183 mètres de long, furent remorqués à travers la baie vers chaque île.

Il y avait un total de onze îles, mais en deux occasions, deux îles furent entourées ensemble, en une configuration unique.

Comme tous les projets d'art précédents de Christo et Jeanne-Claude, *Les Îles Entourées* furent entièrement financées par les artistes au travers de la vente d'œuvres préparatoires : dessins, collages, et d'autres œuvres anciennes. Les artistes n'acceptent pas de sponsors.

Le 4 mai 1983, l'équipe de mise en place commença le déploiement de la toile rose. Un total de 430 personnes furent employées. *Les Îles Entourées* furent surveillées jour et nuit avec 15 bateaux pneumatiques par 120 moniteurs.

*Les Îles Entourées* était une œuvre d'art qui soulignait les divers éléments naturels du site et la façon dont les habitants de Miami vivent entre terre et eau.

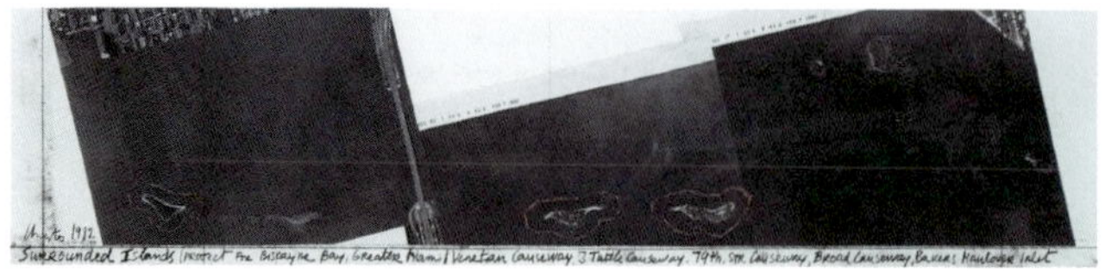

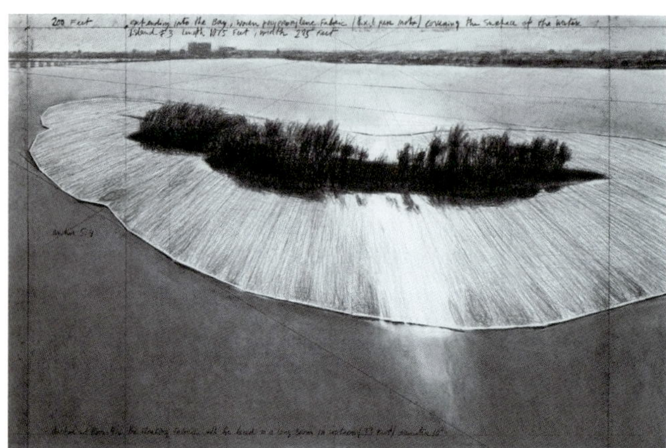

**Surrounded Islands, Project for
Biscayne Bay, Greater Miami**
Drawing 1982 in two parts:
38 x 165 cm and 106.6 x 165 cm
(15 x 65″ and 42 x 65″)
Pencil, charcoal, wax crayon,
and aerial photographs
(Part of the *Surrounded Islands
Documentation Exhibition*)

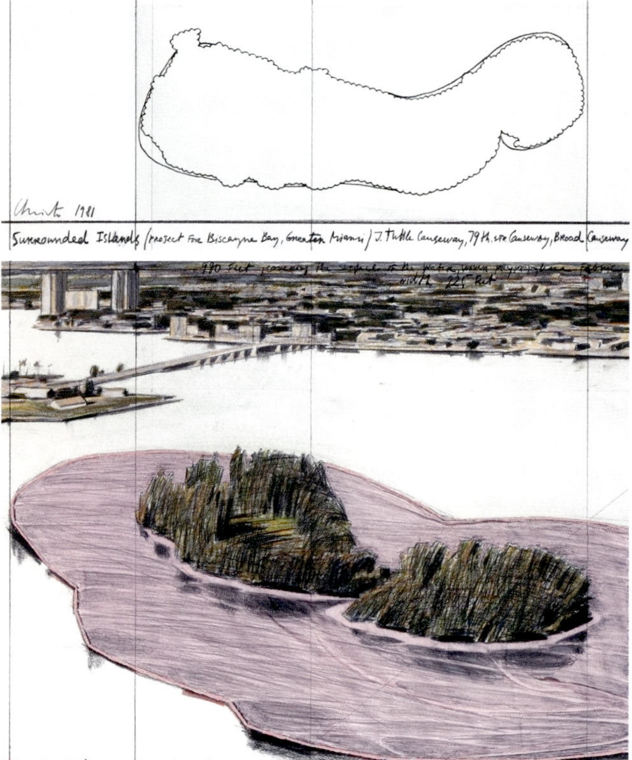

**Surrounded Islands, Project for
Biscayne Bay, Greater Miami**
Collage 1981 in two parts:
28 x 71 cm and 56 x 71 cm
(11 x 28″ and 22 x 28″)
Pencil, fabric, pastel, charcoal,
wax crayon, enamel paint, and
technical data
Collection Masa Yanagi, Japan

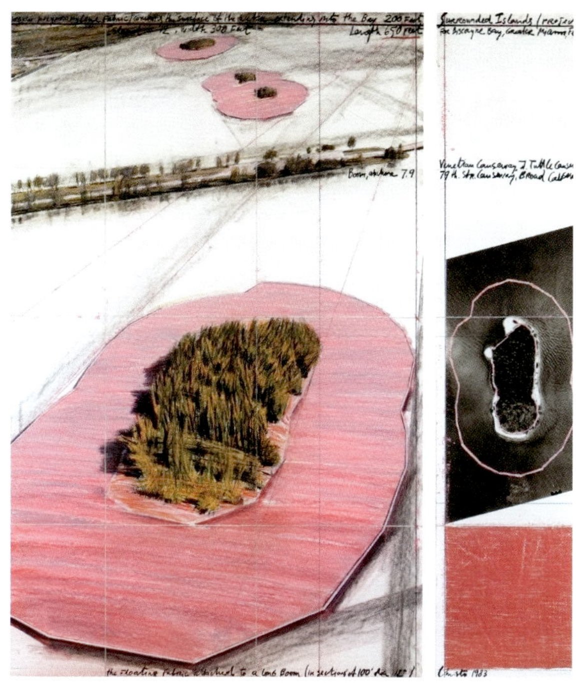

## Surrounded Islands, Project for Biscayne Bay, Greater Miami, Florida

Drawing 1983 in two parts:
165 x 106.6 cm and 165 x 38 cm
(65 x 42″ and 65 x 15″)
Pencil, pastel, charcoal, wax crayon,
enamel paint, and aerial photographs
National Gallery of Art, Washington, D.C.,
USA

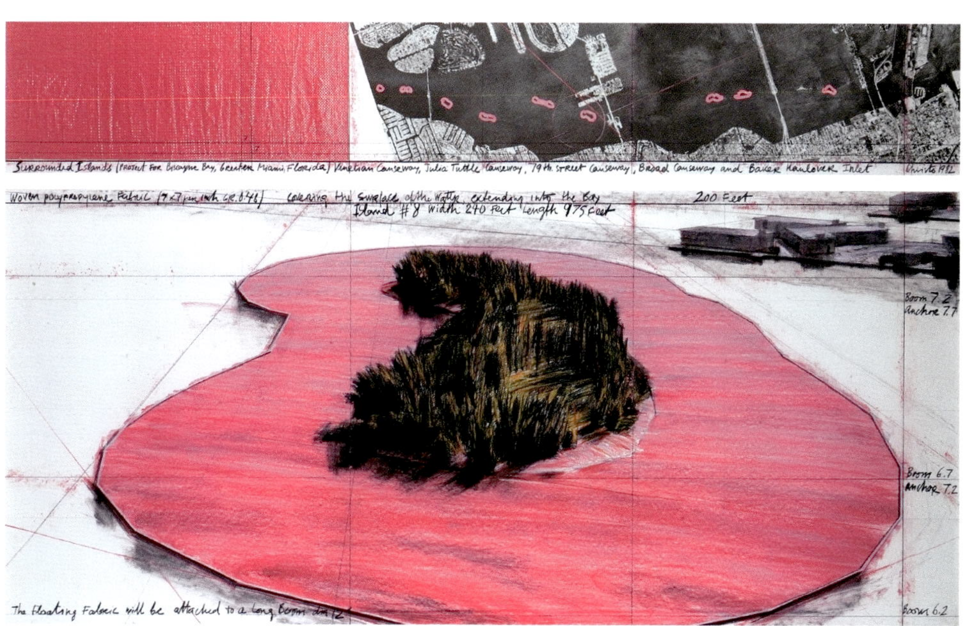

## Surrounded Islands, Project for Biscayne Bay, Greater Miami, Florida
Drawing 1982 in two parts: 38 x 244 cm and 106.6 x 244 cm (15 x 96″ and 42 x 96″)
Pencil, charcoal, pastel, wax crayon, enamel paint, aerial photograph, and fabric sample

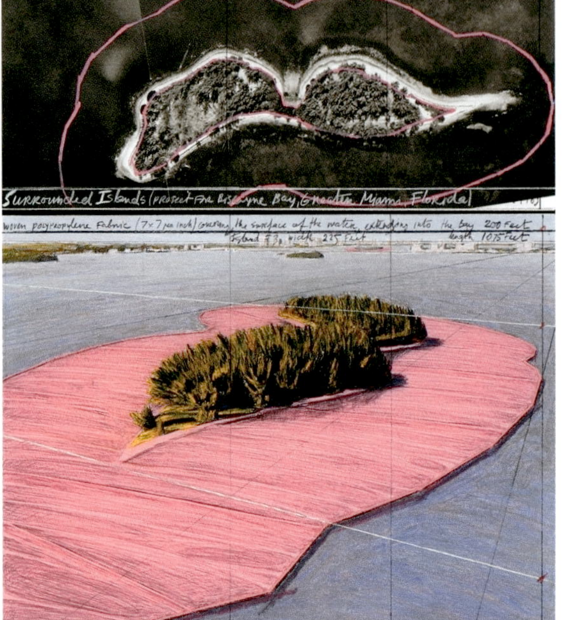


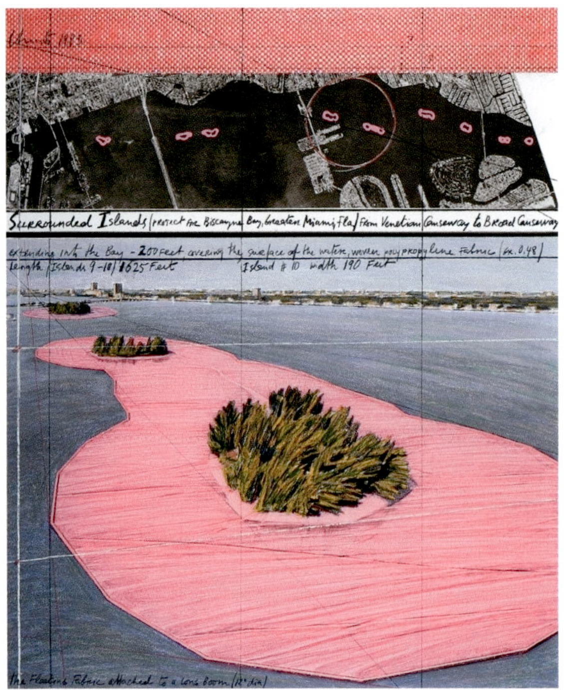


On two occasions, when two islands are too close to each other to accommodate the 61 meter (200 foot) wide "skirt," they are surrounded together like one island. Even though the unfurling and lacing began on all the islands at the same time, some are completed earlier than others. On May 7, the Islands 9 and 10 are the last part of the project to be laced, signaling the completion of *Surrounded Islands*.

Zweimal wurden zwei Inseln, die so nahe beieinanderliegen, dass die 61 Meter breite „Einfassung" nicht zwischen sie passte, wie eine Insel behandelt und gemeinsam umsäumt. Obwohl das Ausrollen und Verschnüren auf allen Inseln gleichzeitig begann, waren die Arbeiten an manchen Inseln schneller beendet als an anderen. Am 7. Mai wurden die Inseln Nr. 9 und 10 als letzter Teil des Projekts umsäumt. Damit war *Surrounded Islands* vollendet.

En deux occasions, quand deux îles sont trop proches pour permettre le déploiement de la « jupe » de 61 mètres, elles sont entourées ensemble comme une seule île. Bien que le déploiement et le laçage de la toile eussent débuté simultanément sur toutes les îles, certaines furent achevées avant d'autres. Le 7 mai, les îles n°9 et 10 furent les dernières à être lacées, marquant ainsi l'achèvement de *Surrounded Islands*.

*Left top:*

**Surrounded Islands, Project for Biscayne Bay, Greater Miami, Florida**
Collage 1983 in two parts: 28 x 71 cm and 56 x 71 cm (11 x 28″ and 22 x 28″)
Pencil, fabric, charcoal, wax crayon, pastel, enamel paint, and aerial photograph
Collection Betty and Joseph Fleming, Miami Beach, Florida, USA

*Left bottom:*

**Surrounded Islands, Project for Biscayne Bay, Greater Miami, Florida**
Collage 1983 in two parts: 28 x 71 cm and 56 x 71 cm (11 x 28″ and 22 x 28″)
Pencil, fabric, charcoal, wax crayon, pastel, enamel paint, fabric sample, and aerial photograph
Private collection, Europe

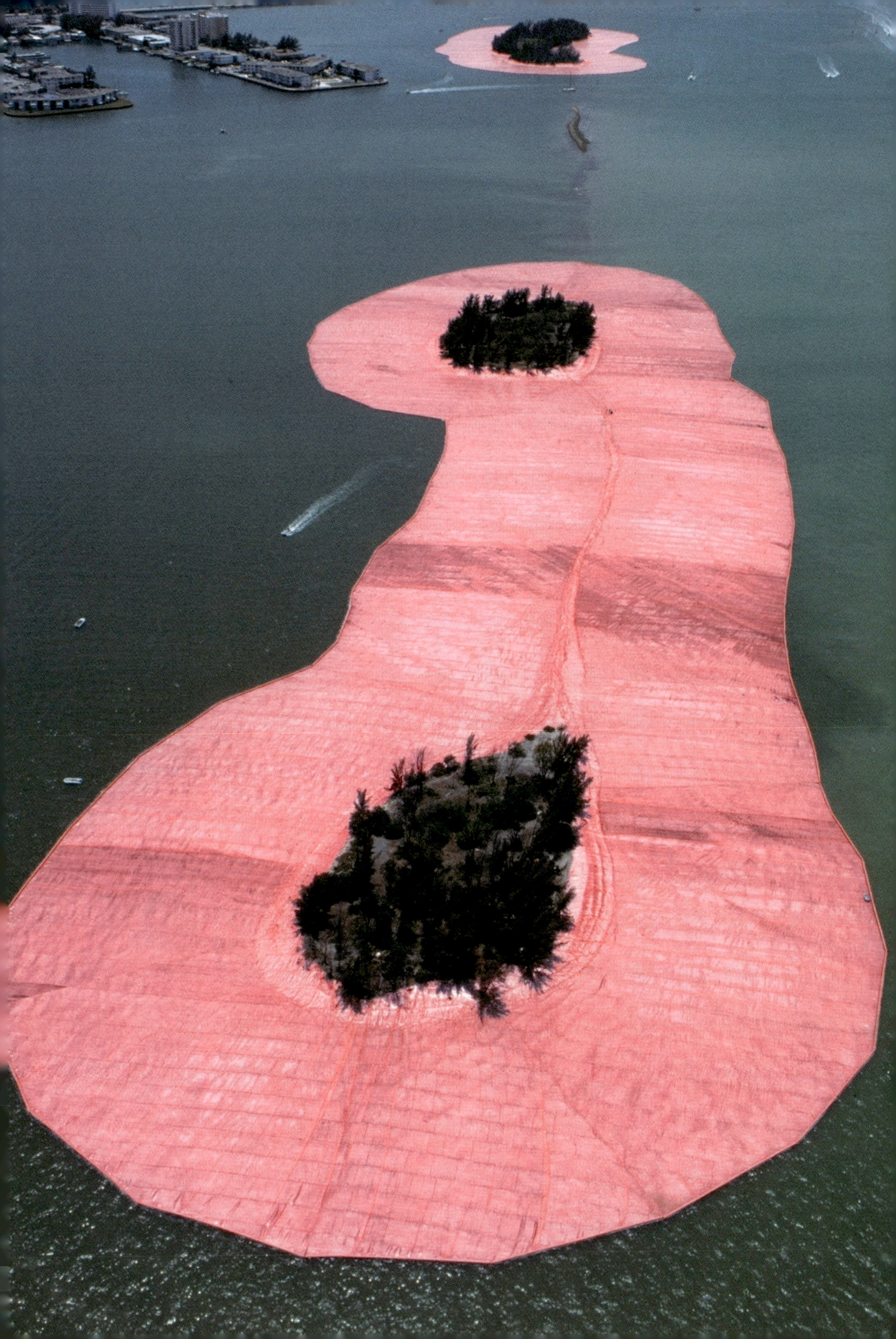

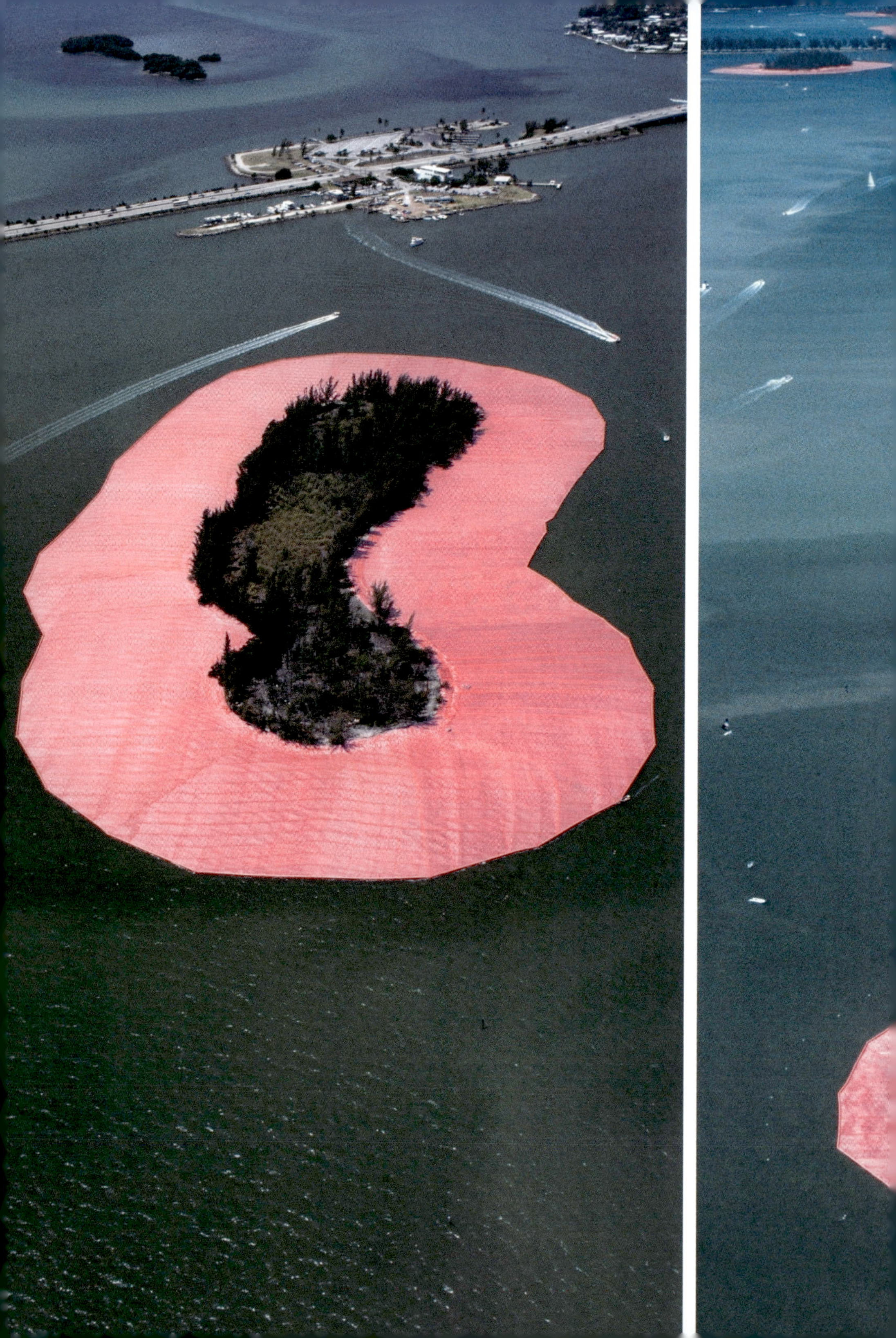

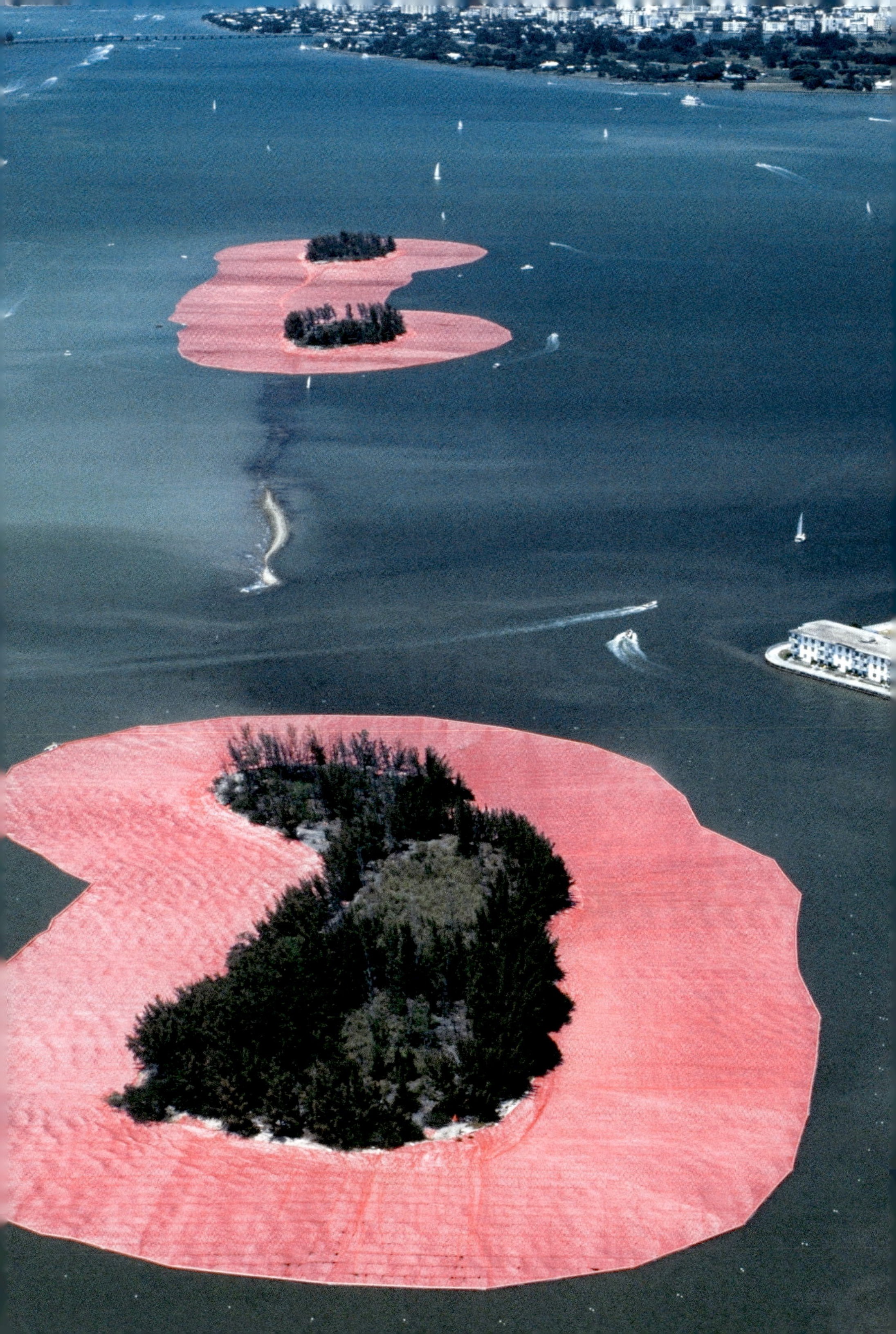

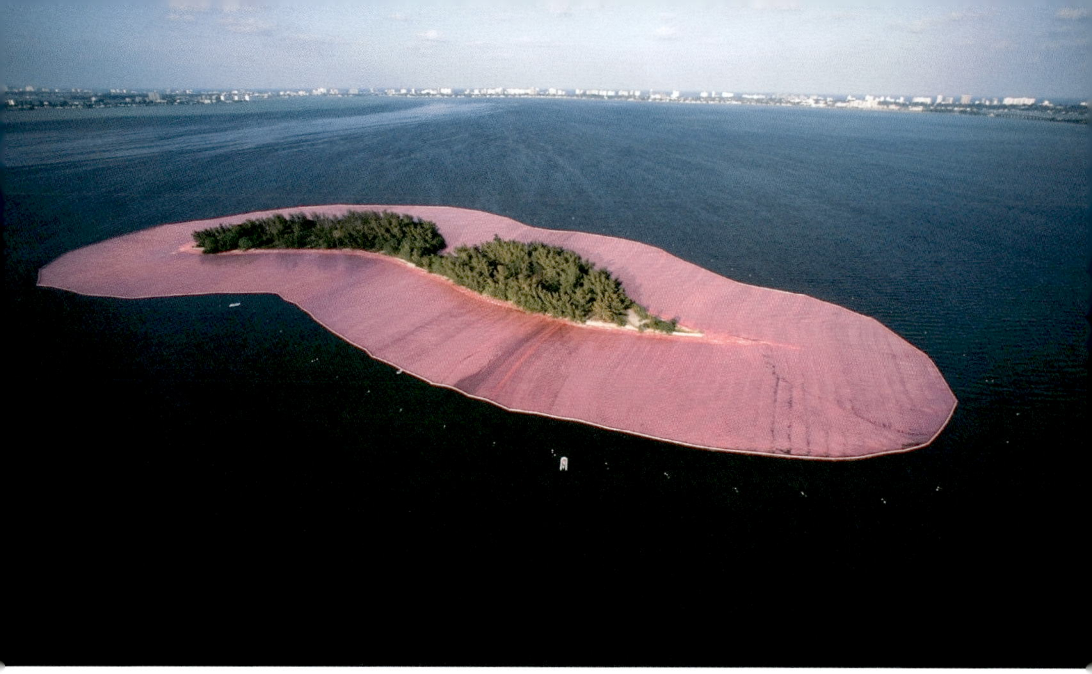

Island # 2 (*above*) with the Julia Tuttle Causeway and Miami Beach in the background.
Insel Nr. 2 (*oben*) mit dem Julia Tuttle Causeway und Miami Beach im Hintergrund.
L'île n° 2 (*ci-dessus*) ; à l'arrière-plan, la Julia Tuttle Causeway et Miami Beach.

Island # 13A and 13B (*below*) with Broad Causeway and Miami Shores Village in the background.
Inseln Nr. 13A und 13B (*unten*) mit dem Broad Causeway und der Gemeinde Miami Shores im Hintergrund.
Les îles n° 13A et 13B (*ci-dessous*) ; à l'arrière-plan, la Broad Causeway et le Village de Miami Shores.

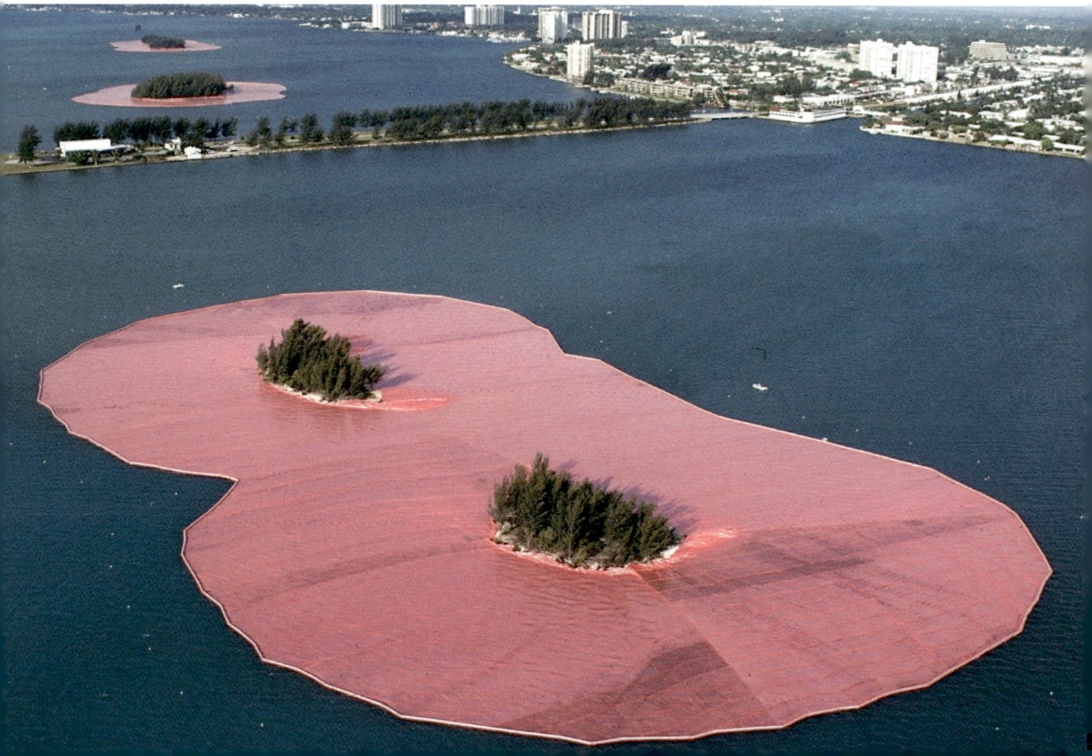

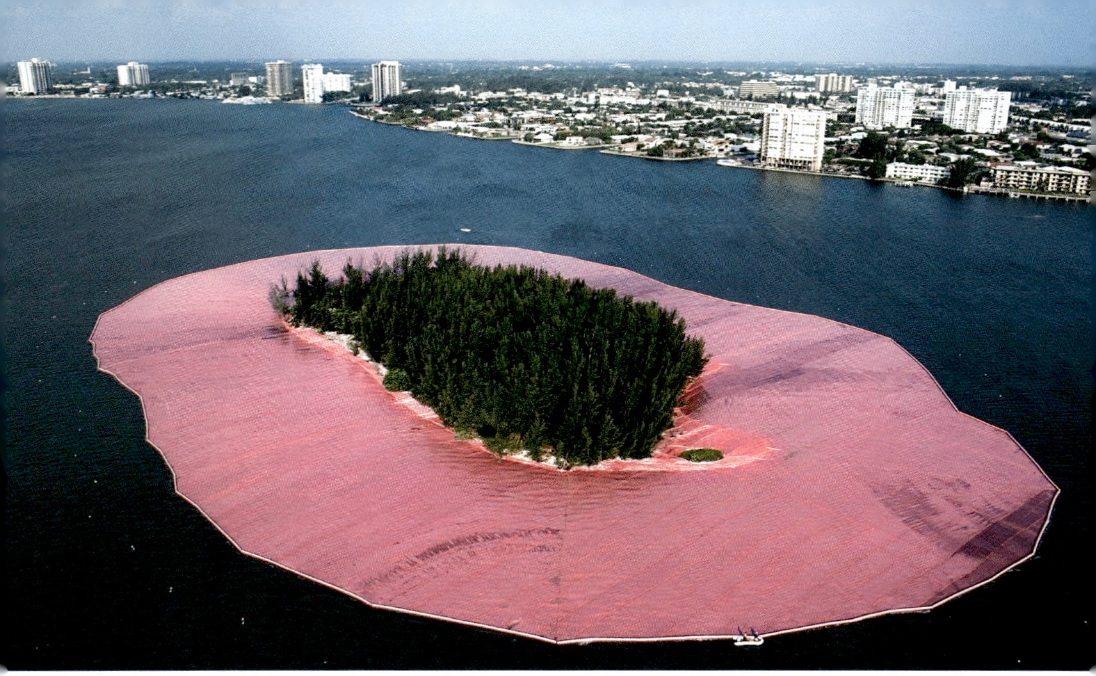

Island # 12 (*above*) with Miami Shores Village in the background and the "Sans-Souçi" estate.
Insel Nr. 12 (*oben*) mit der Gemeinde Miami Shores im Hintergrund und dem Anwesen „Sans-Souçi".
L'île n° 12 (*ci-dessus*); à l'arrière-plan, Miami Shores Village et la propriété «Sans-Souçi».

Island # 1 (*below*) with the Venetian Causeway and downtown Miami in the background.
Insel Nr. 1 (*unten*) mit dem Venetian Causeway und Downtown Miami im Hintergrund.
L'île n° 1 (*ci-dessous*); à l'arrière-plan, la Venetian Causeway et le centre-ville de Miami.

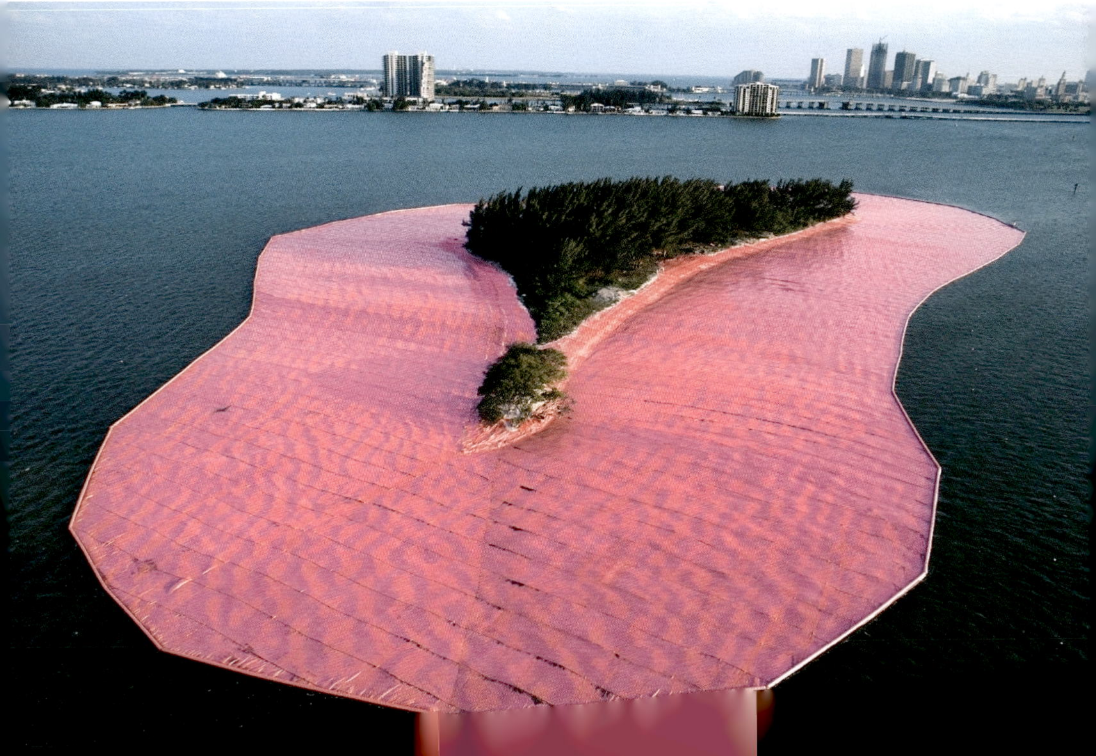

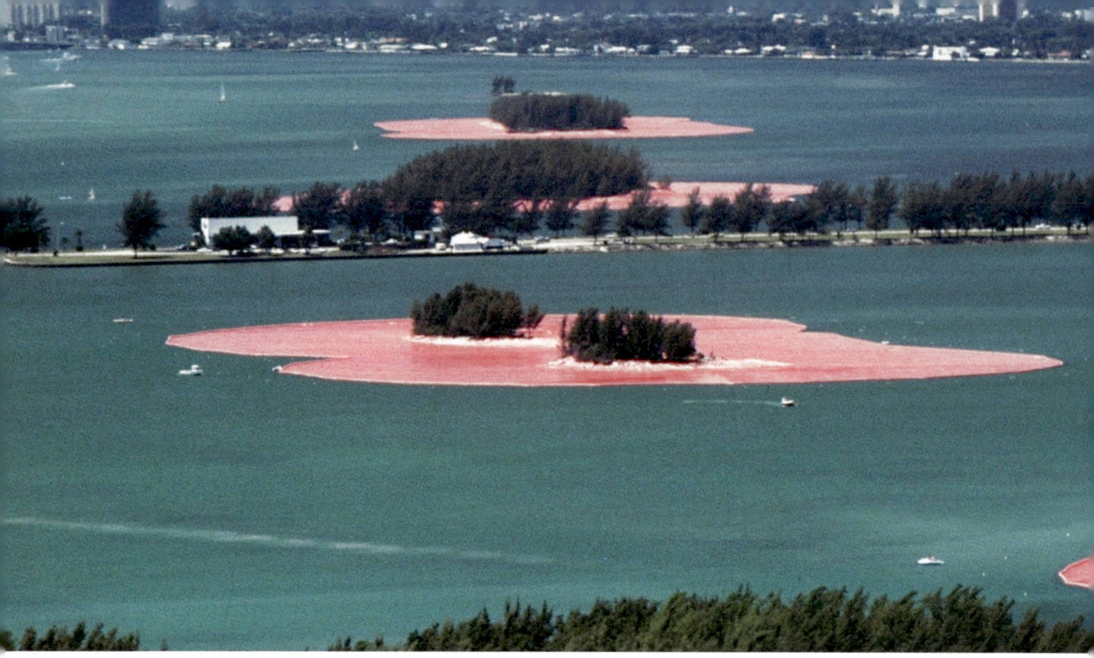

*Above:* Islands # 14 (*foreground*), # 13A and 13B, Broad Causeway, Islands # 12 and # 11 with Miami Shores Village in the background. *Below:* Island # 14 with Bay Harbor Village and the Atlantic Ocean.

*Oben:* Inseln Nr. 14 (*im Vordergrund*), 13A und 13B, Broad Causeway, Inseln Nr. 12 und 11 mit der Gemeinde Miami Shores im Hintergrund. *Unten:* Insel Nr. 14 mit der Gemeinde Bay Harbor und dem Atlantik.

*Ci-dessus:* Les îles n° 14 (*premier plan*), 13A et 13B, la Broad Causeway et les îles n° 12 et 11 ; à l'arrière-plan, Miami Shores Village. *Ci-dessous:* L'île n° 14 avec Bay Harbor Village et l'océan Atlantique.

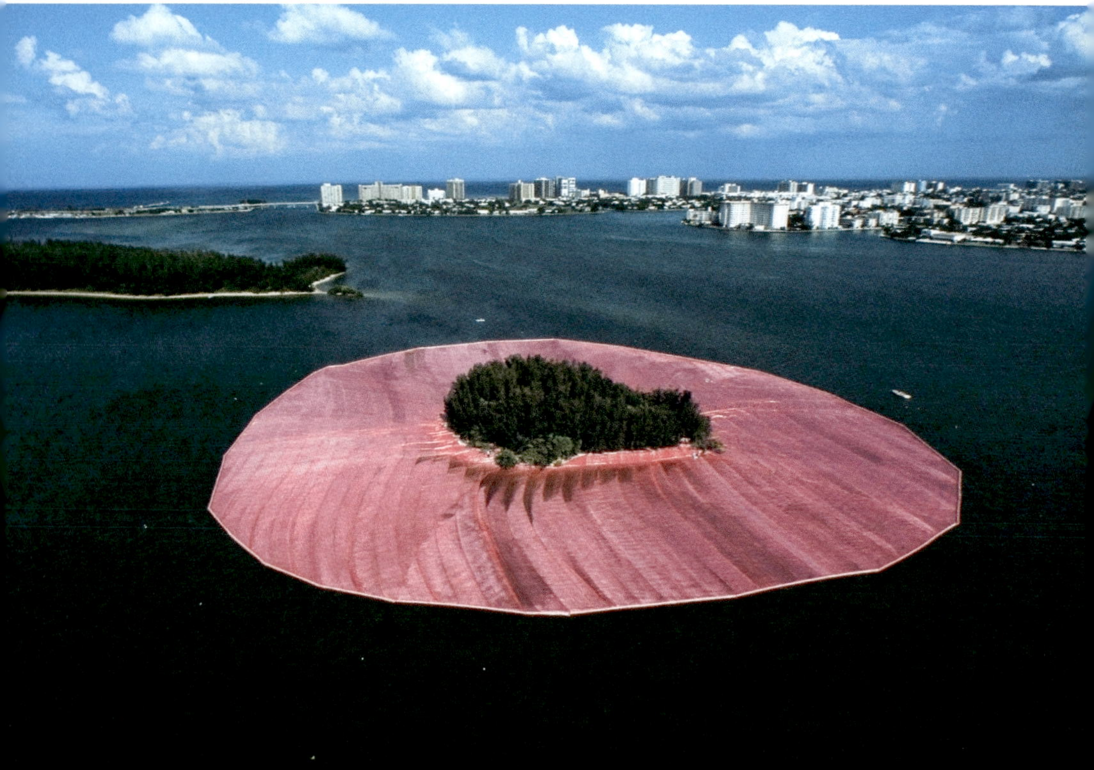

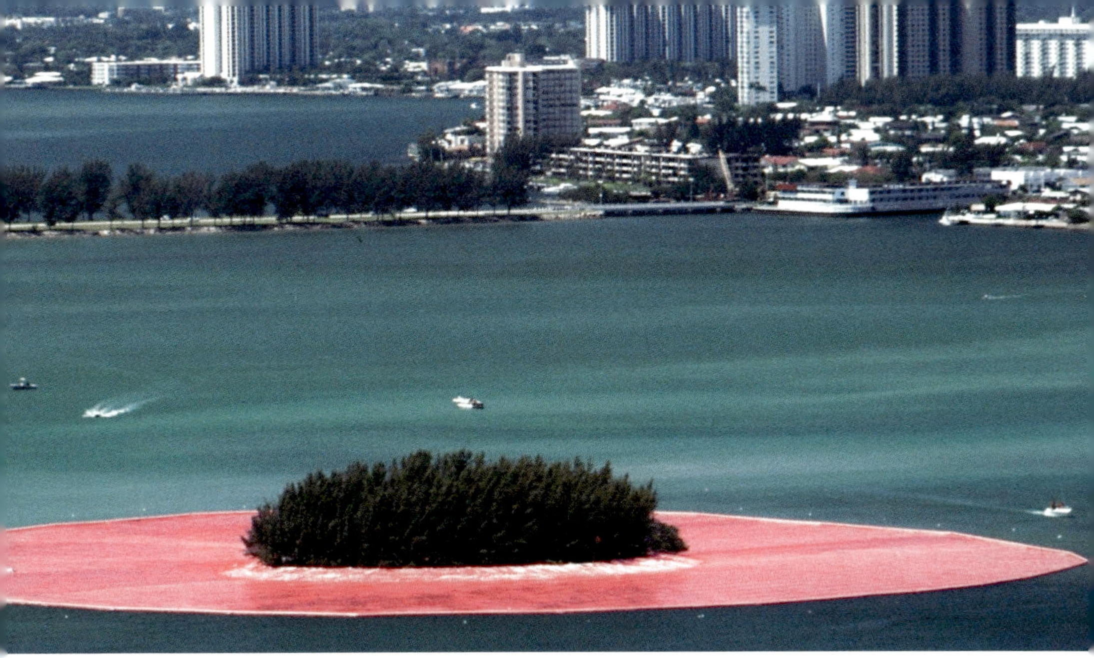

*Below:* Islands # 3 and # 2, Julia Tuttle Causeway, Island # 1 and downtown Miami in the background.
*Unten:* Inseln Nr. 3 und 2, Julia Tuttle Causeway, Insel Nr. 1 und Downtown Miami im Hintergrund.
*Ci-dessous:* Les îles n° 3 et 2, la Julia Tuttle Causeway, l'île n° 1 et le centre-ville de Miami à l'arrière-plan.

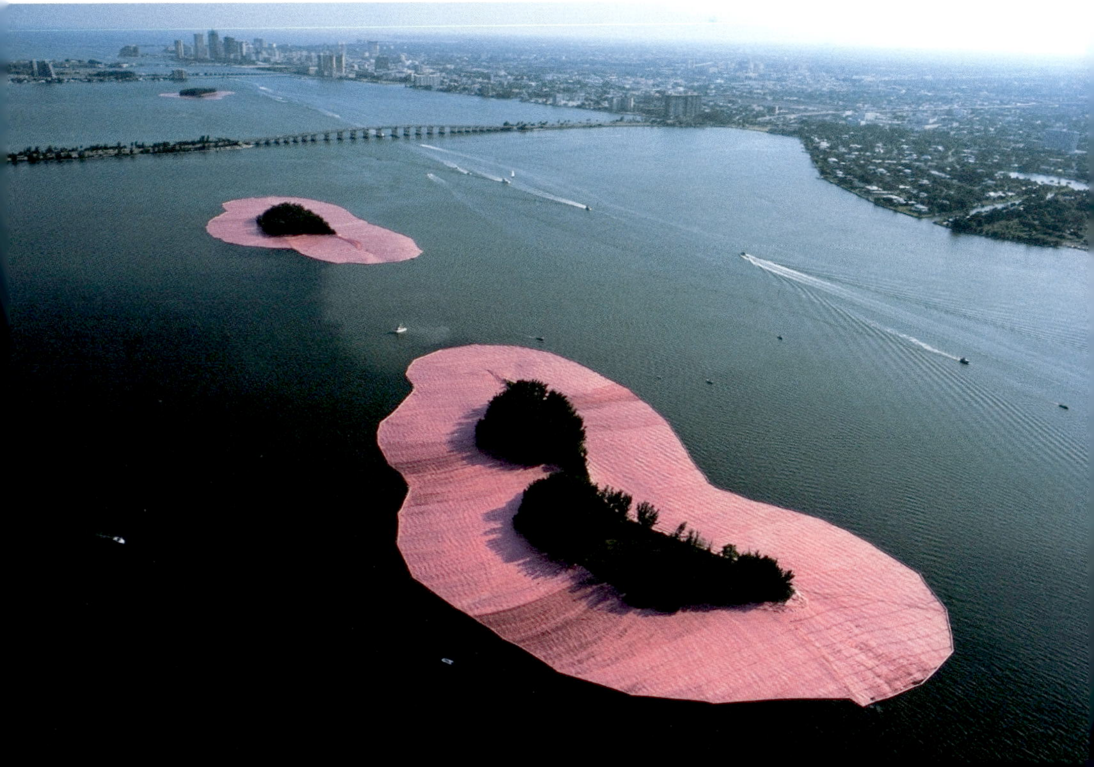

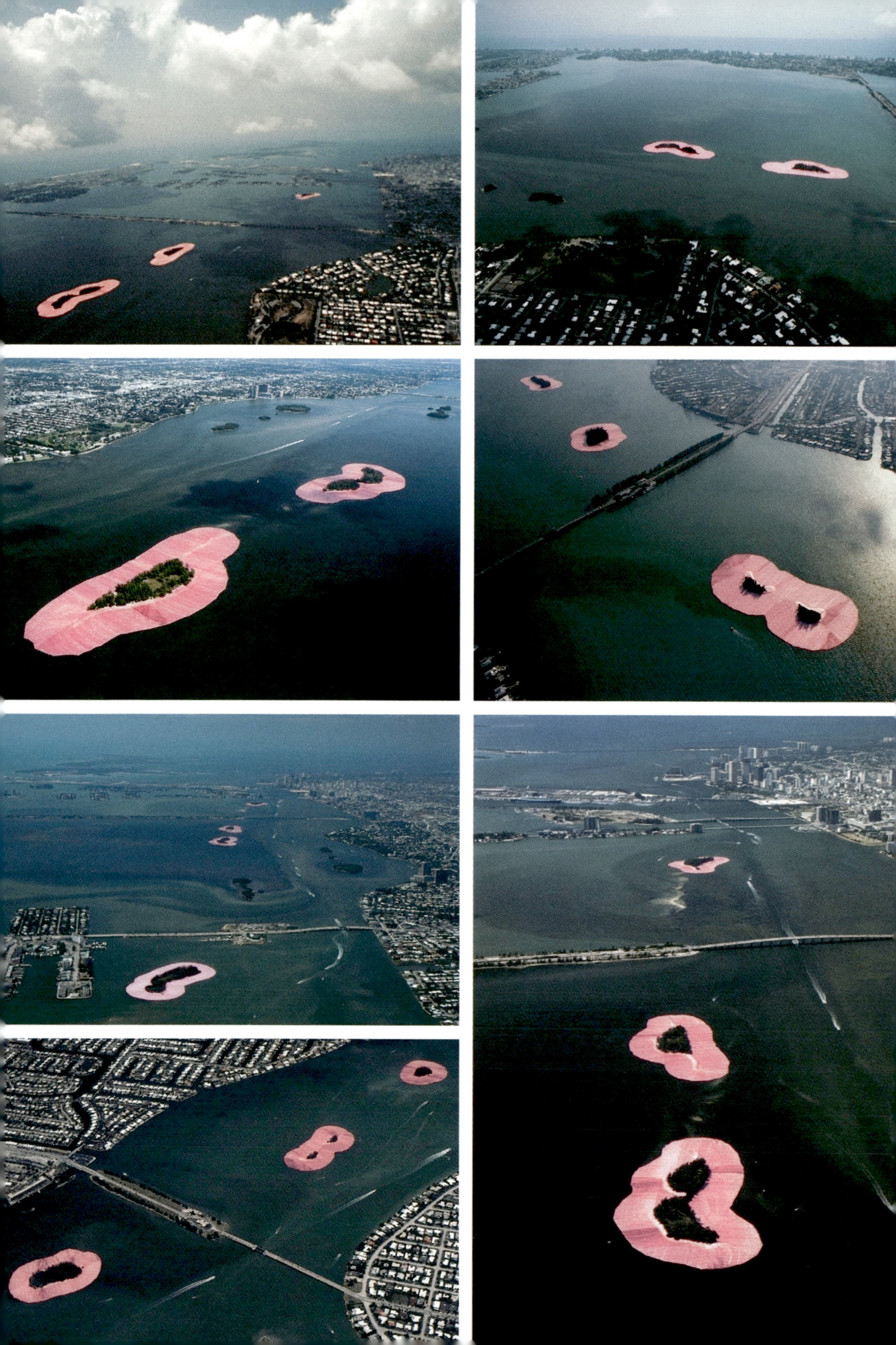

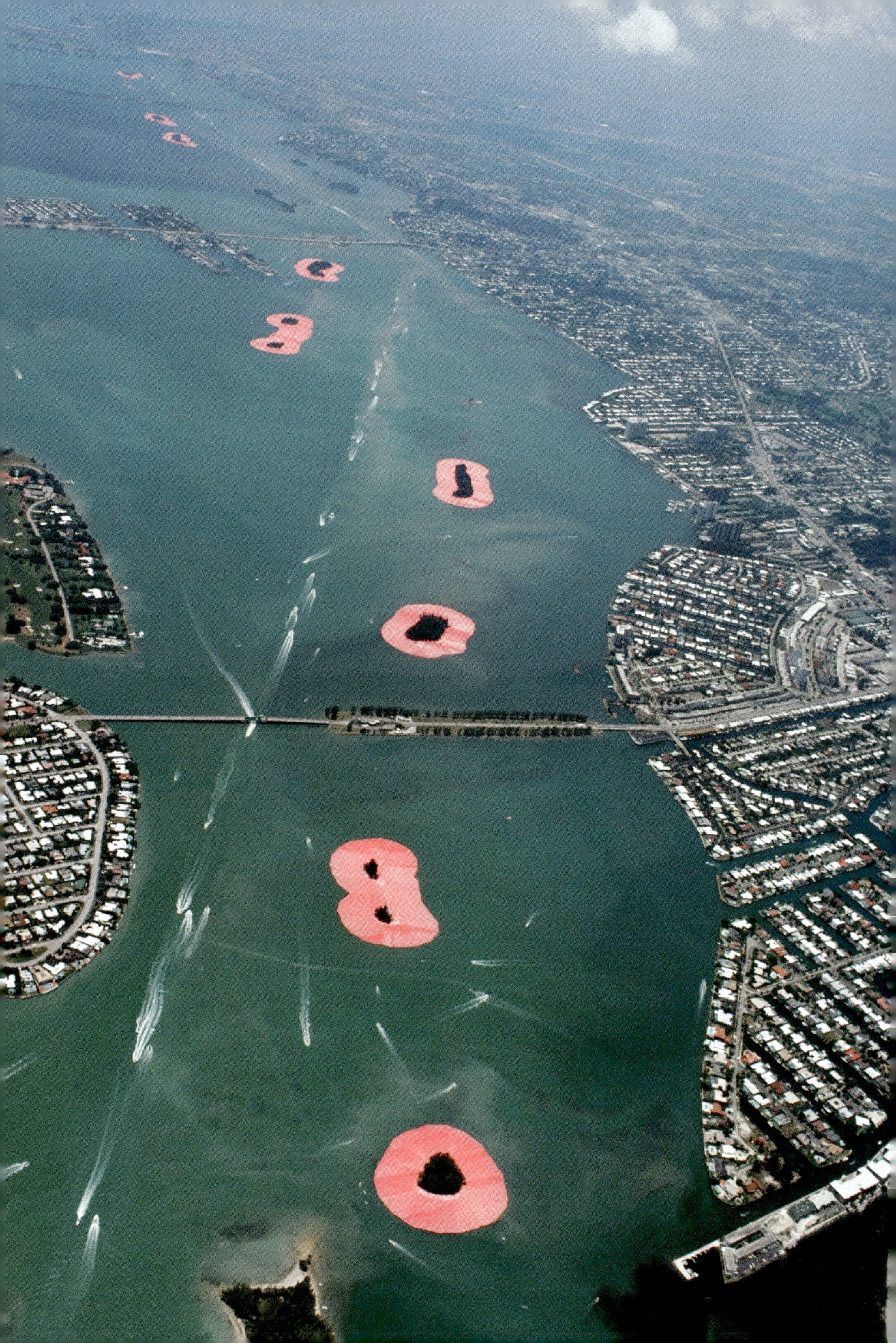

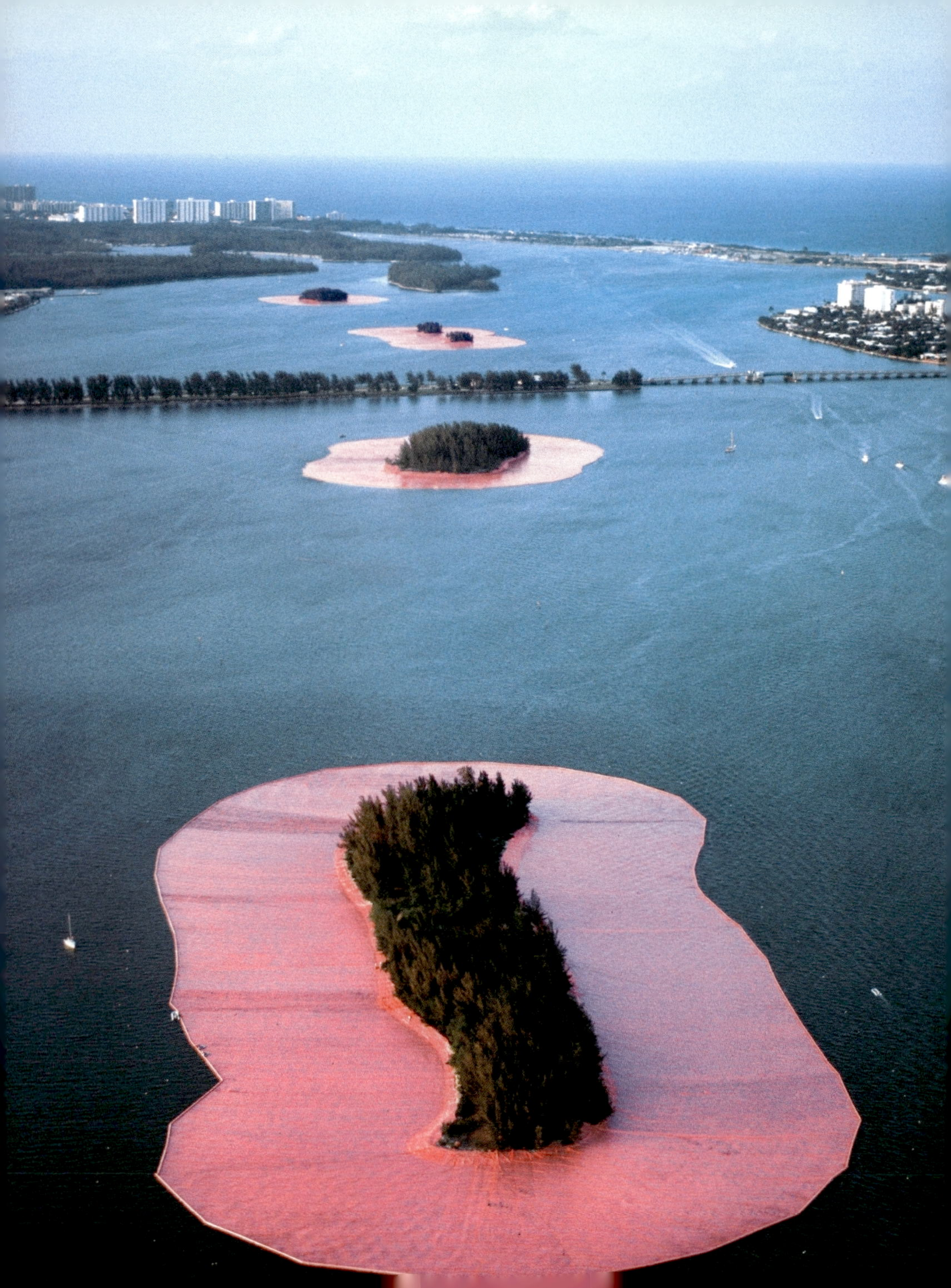

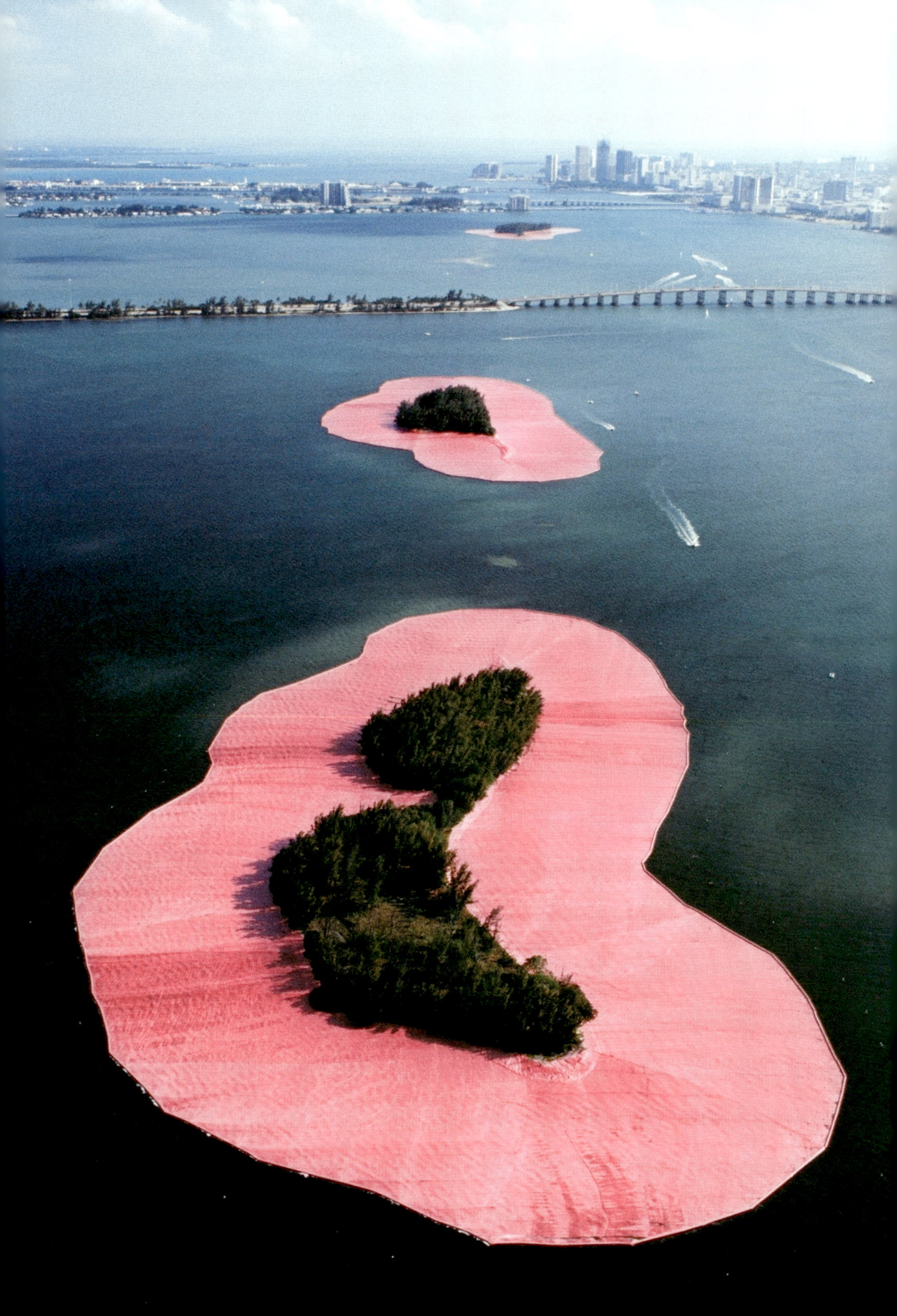

## Wrapped Monument to Cristobal Colón, Project for Barcelona

Collage 1984 in two parts: 71 x 28 cm and
71 x 56 cm (28 x 11″ and 28 x 22″)
Pencil, fabric, twine, charcoal, wax crayon,
pastel, and technical data
Private Collection, Europe

24 projects in urban and rural spaces and several large-scale indoor installations have been completed between 1961 and 2021. However, there have been 46 unrealized projects for which permission was not granted. There has been one exception: The *Wrapped Monument to Cristobal Colón, Project for Barcelona*, which was started in 1975. In 1984, after having received two refusals, the permit was granted, but the idea was no longer in the heart of the artists and Christo and Jeanne-Claude canceled the project.

Zwischen 1961 und 2021 wurden 24 Projekte in städtischen und ländlichen Räumen und mehrere großformatige Installationen in Innenräumen vollendet. Doch es bleiben 46 nicht verwirklichte Projekte, für die keine Genehmigung erteilt wurde. Es gibt eine Ausnahme: das *Wrapped Monument to Cristobal Colón, Project for Barcelona*, das 1975 begonnen wurde. Nach zwei Ablehnungen wurde 1984 die Genehmigung erteilt, doch den Künstlern war die Idee kein Herzensanliegen mehr, weshalb Christo und Jeanne-Claude das Projekt absagten.

24 projets dans des sites urbains ou ruraux et plusieurs grandes installations intérieures ont été réalisés entre 1961 et 2021. Il reste toutefois 46 projets non réalisés, pour lesquels les permis ne furent pas accordés. Une exception : le *Wrapped Monument to Cristobal Colón, Project for Barcelona*, commencé en 1975. Après deux refus, le permis fut accordé en 1984, mais l'idée n'était plus dans le cœur de Christo et Jeanne-Claude et les artistes annulèrent le projet.

## Wrapped Monument to Cristobal Colón, Project for Barcelona

Drawing 1984 in two parts: 244 x 38 cm and
244 x 106.6 cm (96 x 15″ and 96 x 42″)
Pencil, charcoal, wax crayon, and technical data
Collection La Caixa, Barcelona, Spain

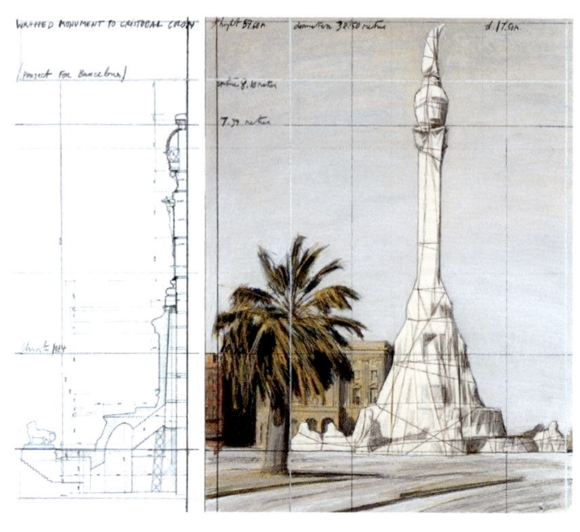


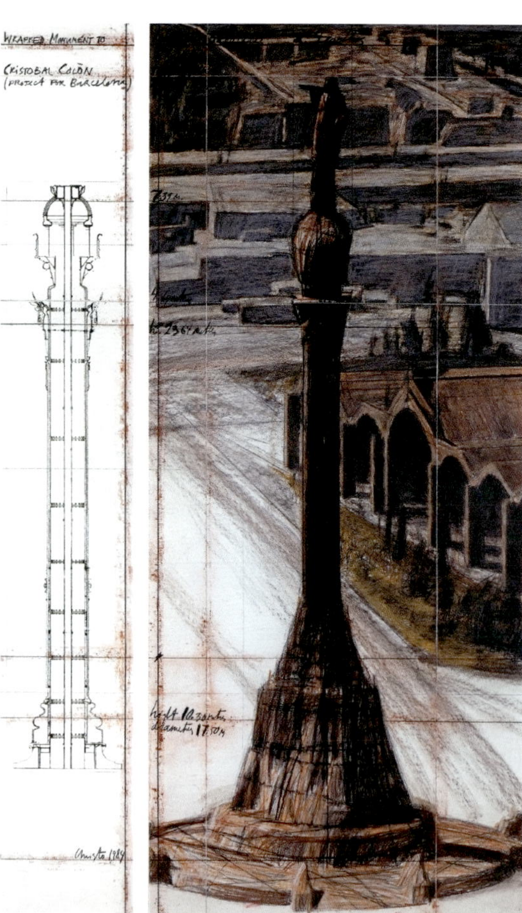

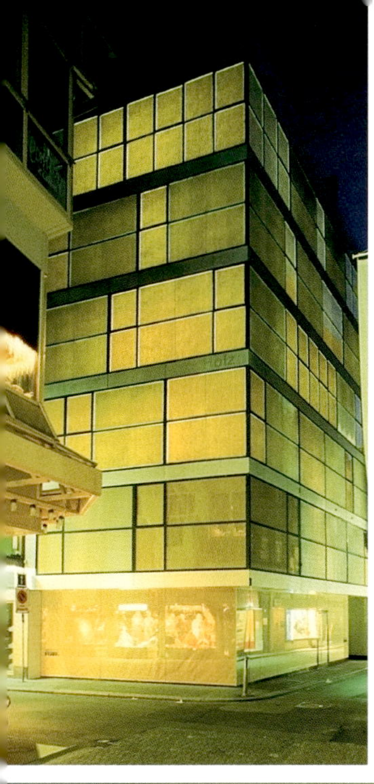

In June 1984, architect Marcus Diener founded the Architekturmuseum Basel, Switzerland. This building was originally designed by the architects Rasser and Vadi in 1959. For the inauguration of the museum, Christo and Jeanne-Claude created *Wrapped Floors and Stairways and Covered Windows*. The floors and stairs were covered with house painter cotton drop cloths. Brown paper was taped to the glass panes of the inside of the windows, creating a honey-colored light inside.

Im Juni 1984 gründete der Architekt Marcus Diener das Architekturmuseum Basel, Schweiz. Das Gebäude hatten ursprünglich 1959 die Architekten Rasser und Vadi entworfen. Zur Einweihung des Museums kreierten Christo und Jeanne-Claude *Verhüllte Fußböden und Treppen und bedeckte Fenster*. Die Böden und Treppen wurden mit Baumwoll-Abdecktüchern für den Hausanstrich bedeckt. Braunes Papier wurde innen auf die Fensterscheiben geklebt und schuf ein honigfarbenes Licht im Inneren.

En juin 1984, l'architecte Marcus Diener créait l'Architekturmuseum à Bâle, en Suisse. Cet immeuble avait été initialement conçu en 1959 par les architectes Rasser et Vadi. Christo et Jeanne-Claude créèrent *Sols et Escaliers Empaquetés et Fenêtres Couvertes* pour l'inauguration du musée. Les sols et les escaliers furent couverts de bâche de peintre en coton. L'intérieur des fenêtres fut masqué de papier brun créant une lumière couleur miel dans les espaces intérieurs.

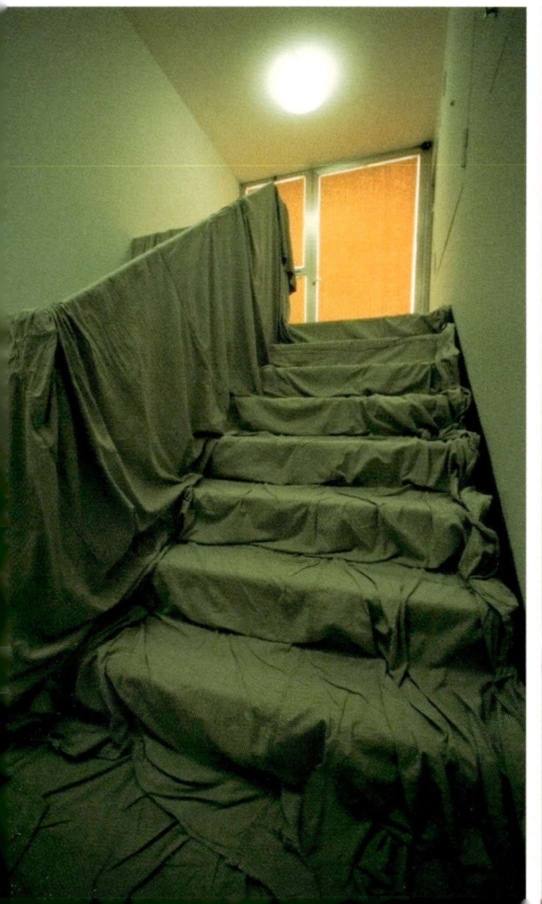

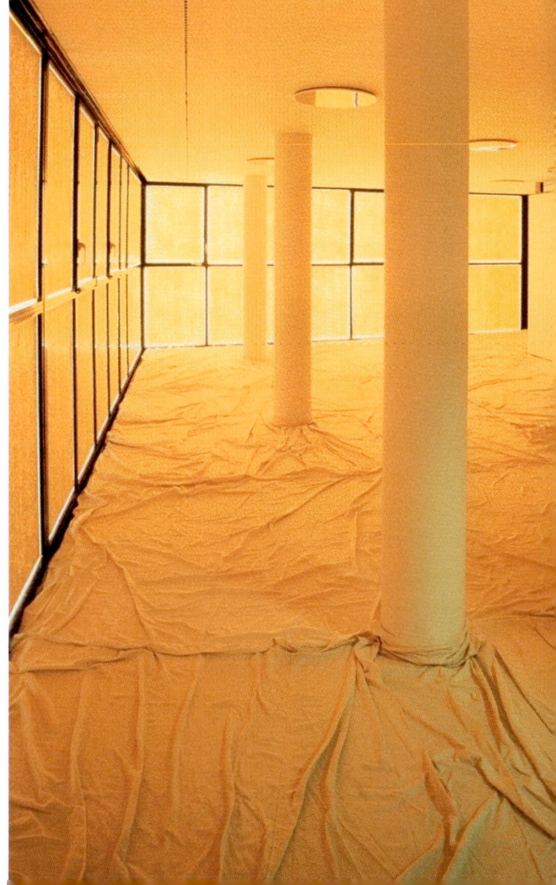

# The Pont Neuf Wrapped
## Paris, 1975–85

On September 22, 1985, a group of 300 professional workers completed the temporary work of art *The Pont Neuf Wrapped*. They had deployed 40,876 square meters (439,986 square feet) of woven polyamide fabric, silky in appearance and golden sandstone in color, covering:

- The sides and vaults of the twelve arches, without hindering river traffic
- The parapets down to the ground
- The sidewalks and curbs (pedestrians walked on the fabric)
- All the street lamps on both sides of the bridge
- The vertical part of the embankment on the western tip of the Île de la Cité
- The Esplanade of the Vert-Galant

The fabric was restrained by 13,076 meters (42,900 feet) of rope and secured by 12.1 metric tons (11.8 long tons) of steel chains that encircled the base of each tower, one meter (3.3 feet) underwater.

*The Pont Neuf Wrapped* was built by the Charpentiers de Paris (headed by Gérard Moulin) and French sub-contractors. They were assisted by American engineers (all of whom had worked on Christo and Jeanne-Claude's previous projects) under the direction of Theodore Dougherty: Vahé Aprahamian, August L. Huber, James Fuller, John Thomson, and Dimiter Zagoroff. After submitting the work method and detailed plans, Johannes Schaub, the Project Director, received approval for the project from the authorities of the City of Paris, the Department of the Seine, and the State.

600 monitors, in crews of 40, led by Simon Chaput, were working around the clock main-taining the project and giving information, until the removal of the project on October 7.

All expenses for *The Pont Neuf Wrapped* were borne by the artists as in their other projects through the sale of preparatory drawings and collages as well as earlier works. The artists do not accept sponsorship of any kind.

Begun under Henri III, the Pont-Neuf was completed in July 1606, during the reign of Henry IV. No other bridge in Paris offers such topographical and visual variety, today as in the past. From 1578 to 1890, the Pont-Neuf underwent continual changes and additions of the most extravagant sort, such as the construction of shops on the bridge under Soufflot, the building, demolition, rebuilding and once again demolition of the massive rococo structure which housed the Samaritaine's water pump.

Wrapping the Pont-Neuf continued this tradition of successive metamorphoses by a new sculptural dimension and transformed it, for 14 days, into a work of art.

Ropes held down the fabric to the bridge's surface and maintained the principal shapes, accentuating relief while emphasizing proportions and details of the Pont-Neuf, which has joined the left and right banks and the Île de la Cité, the heart of Paris, for over 400 years.

Am 22. September 1985 vollendete eine Gruppe von 300 professionellen Arbeitern das temporäre Kunstwerk *Der Verhüllte Pont Neuf*. Sie entfalteten 40.876 Quadratmeter eines Polyamidgewebes, das wie Seide aussah und die Farbe goldenen Sandsteins hatte. Das Gewebe bedeckte:

- Die Seiten und die Wölbungen der zwölf Brückenbögen, ohne dabei den Verkehr auf dem Fluss zu behindern
- Die Brückengeländer bis zum Boden
- Die Gehwege und die Bordsteine (Fußgänger liefen über das Gewebe)
- Alle Straßenlampen an beiden Seiten der Brücke
- Den vertikalen Teil des Anlegers an der westlichen Spitze der Île de la Cité
- Die Esplanade du Vert-Galant

Das Gewebe wurde von 13.076 Metern Seil gehalten und mit 12,1 Tonnen Stahlketten gesichert, die rund um das Fundament jedes Brückenpfeilers einen Meter unter der Wasseroberfläche lagen.

Ausgeführt wurden die Arbeiten am *Verhüllten Pont Neuf* von den Charpentiers de Paris (unter der Leitung von Gérard Moulin) und französischen Subunternehmern. Sie wurden dabei von amerikanischen Ingenieuren unterstützt, die unter der Leitung von Theodore Dougherty bereits bei vorangegangenen Projekten von Christo und Jeanne-Claude mitgearbeitet hatten: Vahé Aprahamian, August L. Huber, James Fuller, John Thomson und Dimiter Zagoroff. Der Leiter des Projekts, Johannes Schaub, hatte den zuständigen Stellen der Stadt Paris, des Departements Seine und des französischen Staates die Methoden und detaillierte Pläne des Werkes vorgelegt und deren Zustimmung erhalten. Bis zum 7. Oktober, als das Projekt wieder abgebaut wurde, waren 600 Monitore, jeweils in Gruppen zu 40 Leuten unter der Leitung von Simon Chaput rund um die Uhr damit beschäftigt, das Projekt zu bewachen, instand zu halten und Auskünfte zu geben.

Alle Ausgaben für den *Verhüllten Pont Neuf* wurden von Christo und Jeanne-Claude selbst getragen und wie bei ihren früheren Projekten durch den Verkauf von vorbereitenden Zeichnungen und Collagen sowie früheren Werke finanziert. Die Künstler nehmen keinerlei Förderung an.

Unter Henri III. begonnen, wurde der Pont-Neuf im Juli 1606 unter der Regierung von Henri IV. fertiggestellt. Bis heute bietet keine andere Brücke in Paris eine solche topografische und visuelle Vielfalt. Von 1578 bis 1890 unterlag der Pont-Neuf kontinuierlichen Änderungen und ihm wurden sehr ausgefallene Zusätze beigegeben, wie zum Beispiel Läden auf der Brücke unter Soufflot oder der Bau, Abriss, Wiederaufbau und nochmalige Abriss der massiven Rokokostrukturen, die die Wasserpumpe des Kaufhauses La Samaritaine beherbergten.

Die Verhüllung des Pont-Neuf setzte diese Tradition der sukzessiven Metamorphose durch eine neue skulpturale Dimension fort und verwandelte ihn für 14 Tage in ein Kunstwerk. Seile hielten das Gewebe dicht an der Oberfläche der Brücke, sodass die wesentlichen Umrisse erhalten wurden. Durch die Betonung der Proportionen und Details wurde das Relief des Pont-Neuf, der seit über 400 Jahren das rechte und das linke Seine-Ufer mit der Île de la Cité, dem Herzen der Stadt, verbindet, besonders herausgehoben.

Le 22 septembre 1985, un groupe de 300 ouvriers hautement qualifiés acheva l'œuvre d'art temporaire de Christo et Jeanne-Claude *Le Pont Neuf Empaqueté*. Ils avaient déployé 40.876 mètres carrés de toile polyamide tissée, d'apparence soyeuse, couleur « pierre de l'Île-de-France » pour recouvrir :

- les côtés et les voûtes des douze arches (sans gêner la circulation fluviale)
- les parapets jusqu'aux trottoirs
- les trottoirs et les caniveaux (les piétons marchaient sur la toile)
- les lampadaires des deux côtés du pont
- la partie verticale de la berge à la pointe de l'île de la Cité
- l'esplanade du Vert-Galant.

La toile était retenue par 13.076 mètres de cordes et fixée par 12,1 tonnes de chaînes d'acier qui encerclaient la base de chaque pile à un mètre sous l'eau.

*Le Pont Neuf Empaqueté* a été construit par la Compagnie des charpentiers de Paris dirigée par Gérard Moulin, et des entreprises sous-traitantes françaises ont été aidées par les ingénieurs américains qui ont travaillé aux projets précédents de Christo et Jeanne-Claude sous la direction de Theodore Dougherty : Vahé Aprahamian, August L. Huber, James Fuller, John Thomson et Dimiter Zagoroff. Johannes Schaub, le directeur du projet, avait exposé les méthodes de travail et les plans détaillés, et avait reçu, de la Ville de Paris, du département de la Seine et de l'État, les autorisations de réaliser cette œuvre d'art.

Constitués en équipes de 40 personnes, 600 moniteurs, sous la direction de Simon Chaput, ont assuré 24 heures sur 24 le bon entretien du projet et ont renseigné les passants jusqu'au démontage qui commença le 7 octobre.

Les dépenses concernant *Le Pont Neuf Empaqueté* furent financées par les artistes au travers de la vente d'études préparatoires faites par Christo : dessins, collages, maquettes, ainsi que d'empaquetages anciens et de lithographies. Les artistes n'acceptent pas de sponsors.

Commencé sous Henri III, le Pont-Neuf a été achevé en juillet 1606 sous le règne d'Henri IV. Aucun autre pont à Paris n'offre une telle variété topographique et visuelle. De 1578 à 1890, l'aspect du Pont-Neuf a continuellement changé, parfois même de façon extravagante : addition de boutiques sur le pont du temps de Soufflot, constructions et démolitions répétées du bâtiment rococo qui abritait la pompe à eau « La Samaritaine ».

En empaquetant le Pont-Neuf, Christo et Jeanne-Claude ont continué cette tradition de métamorphoses successives en lui donnant une nouvelle dimension sculpturale, et ont transformé le pont, pour quatorze jours, en une œuvre d'art. La toile soyeuse, fixée sur la structure du Pont-Neuf à l'aide de cordes, souligna et mit en relief les formes principales de ce pont qui unit la rive droite et la rive gauche à l'île de la Cité, cœur de Paris depuis plus de 400 ans.

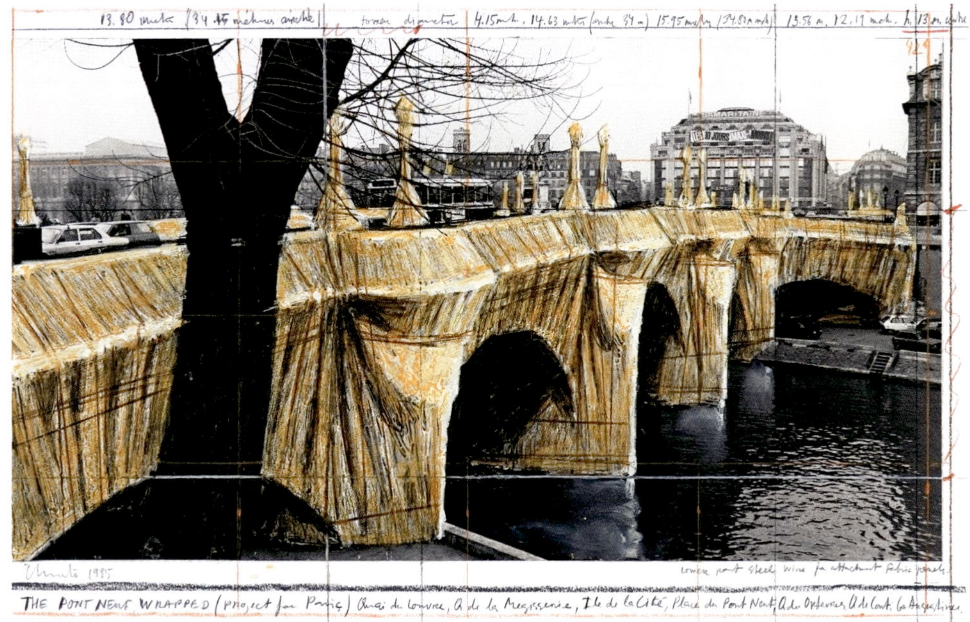

**The Pont Neuf Wrapped, Project for Paris**
Collage 1985: 35.5 x 56 cm (14 x 22″)
Pencil, enamel paint, photograph by Wolfgang Volz, and wax crayon
Private collection

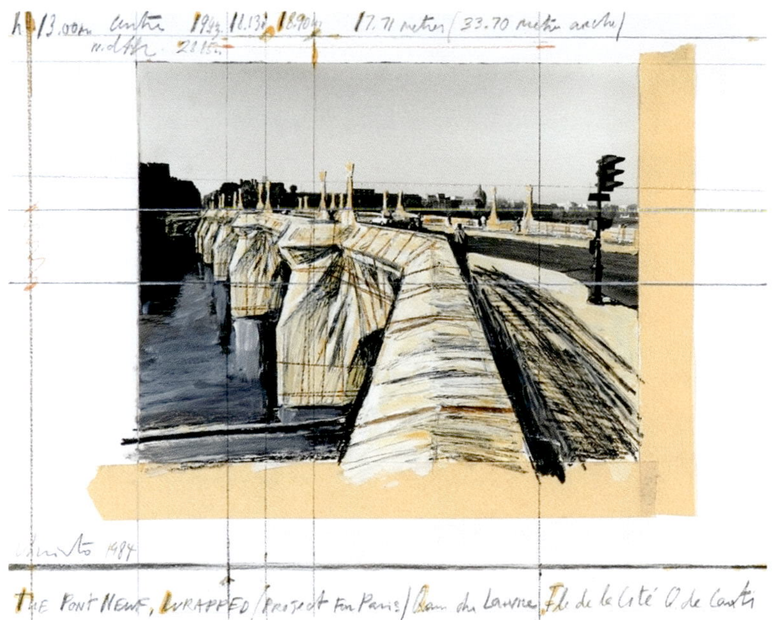

**The Pont Neuf
Wrapped,
Project for Paris**
Collage 1984:
28 x 35.5 cm (11 x 14″)
Pencil, enamel paint,
photograph by
Wolfgang Volz, wax
crayon, and tape

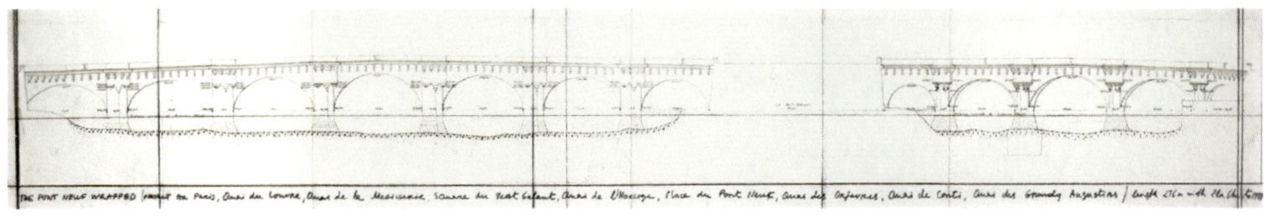

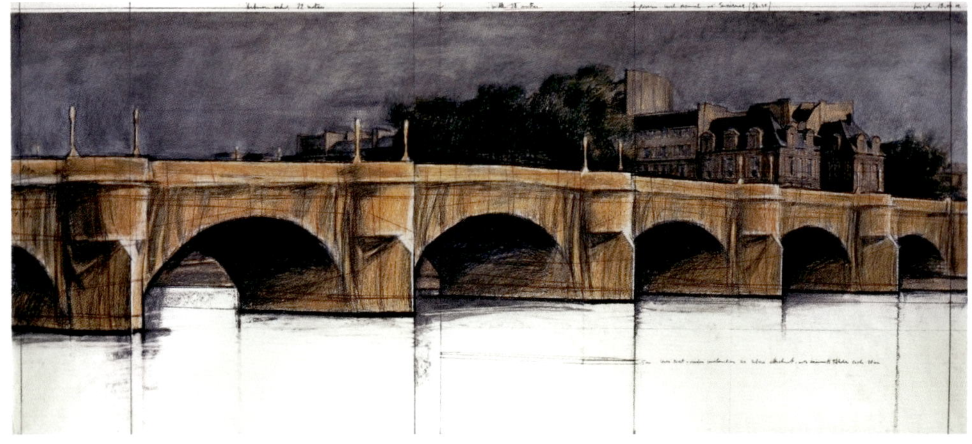

## The Pont Neuf Wrapped, Project for Paris

Drawing 1979 in two parts: 38 x 244 cm and 106.6 x 244 cm (15 x 96″ and 42 x 96″)
Pencil, pastel, charcoal, wax crayon, and technical data
Private collection, Zurich, Switzerland

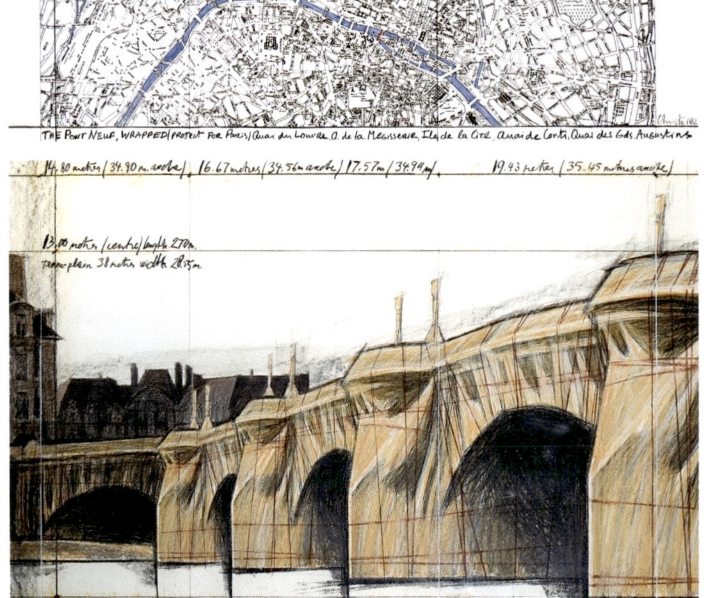

## The Pont Neuf Wrapped, Project for Paris

Drawing 1982 in two parts:
38 x 165 cm and 106.6 x 165 cm
(15 x 65″ and 42 x 65″)
Pencil, charcoal, wax crayon,
pastel, and map

# The Pont Neuf Wrapped, Project for Paris

Collage 1984: 71 x 56 cm (28 x 22")
Pencil, fabric, twine, charcoal, photograph by
Wolfgang Volz, pastel, wax crayon, and technical data
Private collection, Europe

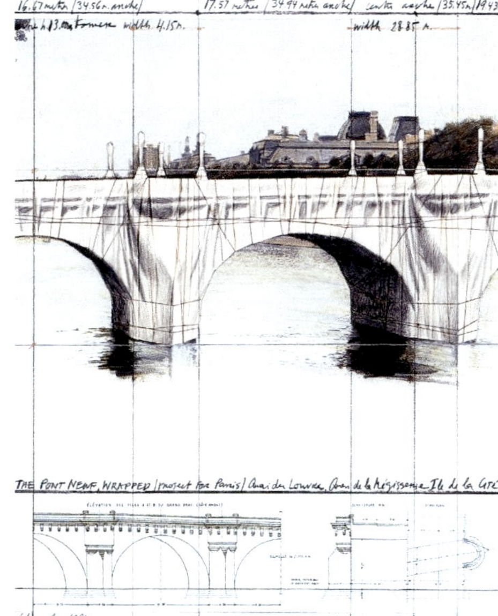

*Below:*

# The Pont Neuf Wrapped, Project for Paris

Collage 1976: 56 x 71 cm (22 x 28")
Pencil, fabric, twine, photograph by Wolfgang Volz,
wax crayon, pastel, charcoal, and map
Private collection

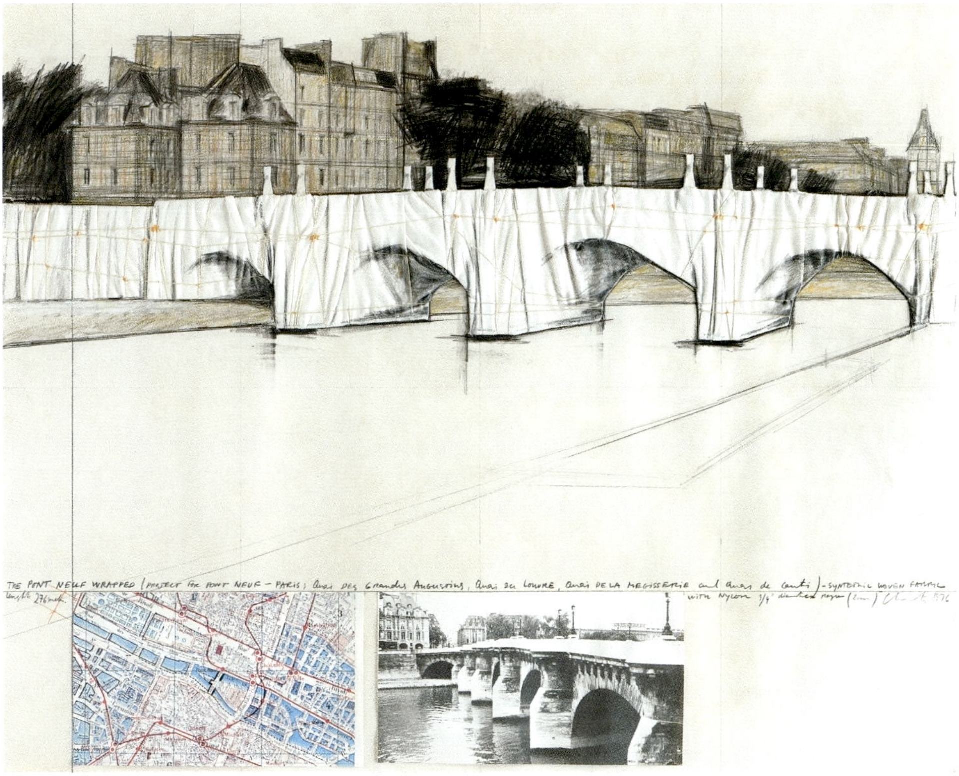

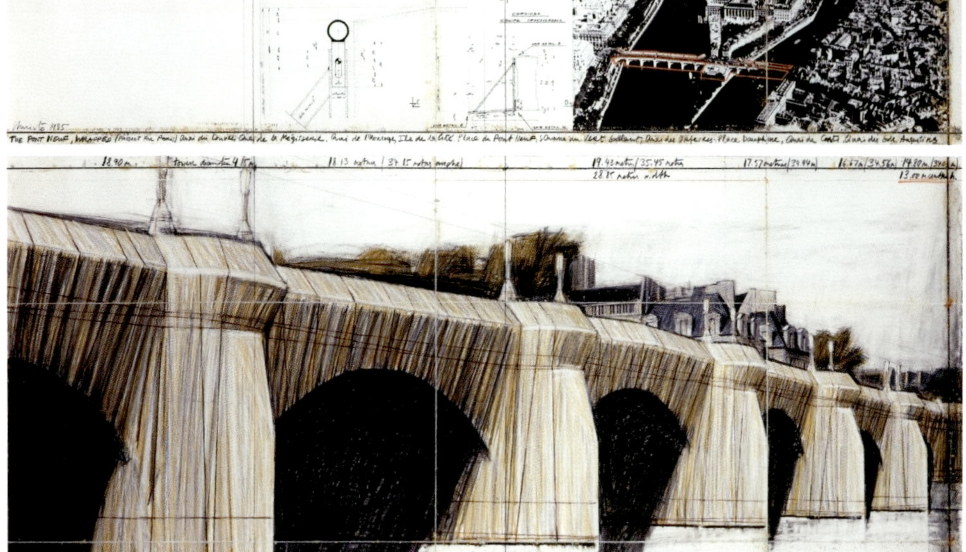

## The Pont Neuf Wrapped, Project for Paris

Drawing 1985 in two parts: 38 x 244 cm and 106.6 x 244 cm (15 x 96" and 42 x 96")
Pencil, pastel, charcoal, wax crayon, aerial photograph, and technical data
Private collection, Seoul, South Korea


## The Pont Neuf Wrapped, Project for Paris

Collage 1985 in two parts: 28 x 71 cm and 56 x 71 cm (11 x 28" and 22 x 28")
Pencil, fabric, twine, charcoal, wax crayon, pastel, and technical data
Private collection, Austin, Texas, USA

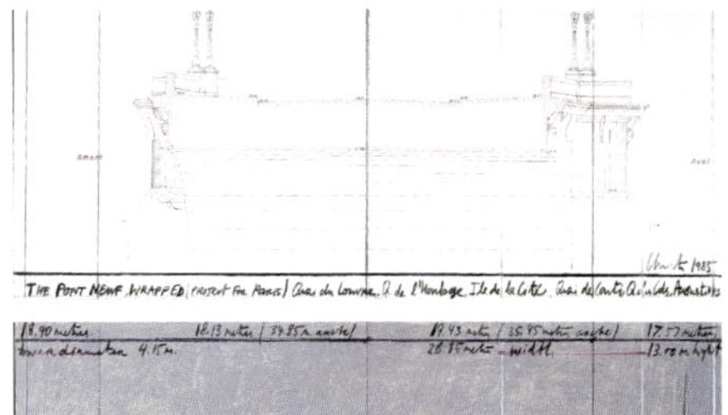

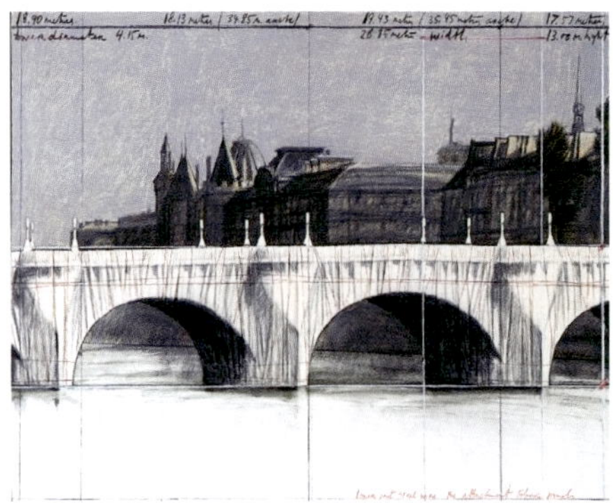

Earlier proposals to wrap an urban bridge were for the Ponte Sant'Angelo in Rome, 1967, and the Pont Alexandre III in Paris, 1972. In 1975 Christo and Jeanne-Claude proposed to wrap the Pont-Neuf, a favorite subject of artists for 400 years.

Frühere Vorschläge für die Verhüllung einer Brücke in einer Stadt bezogen sich 1967 auf den Ponte Sant'Angelo in Rom und 1972 auf den Pont Alexandre III in Paris. 1975 schlugen Christo und Jeanne-Claude vor, den Pont-Neuf zu verhüllen, der seit über 400 Jahren ein Lieblingsmotiv von Künstlern ist.

Parmi les précédentes propositions pour empaqueter un pont dans une ville, celle qui fut soumise en 1967 pour le Ponte Sant'Angelo à Rome, et celle de 1972 pour le pont Alexandre-III à Paris. En 1975, Christo et Jeanne-Claude proposèrent d'empaqueter le Pont-Neuf, sujet de prédilection de tous les artistes depuis 400 ans.

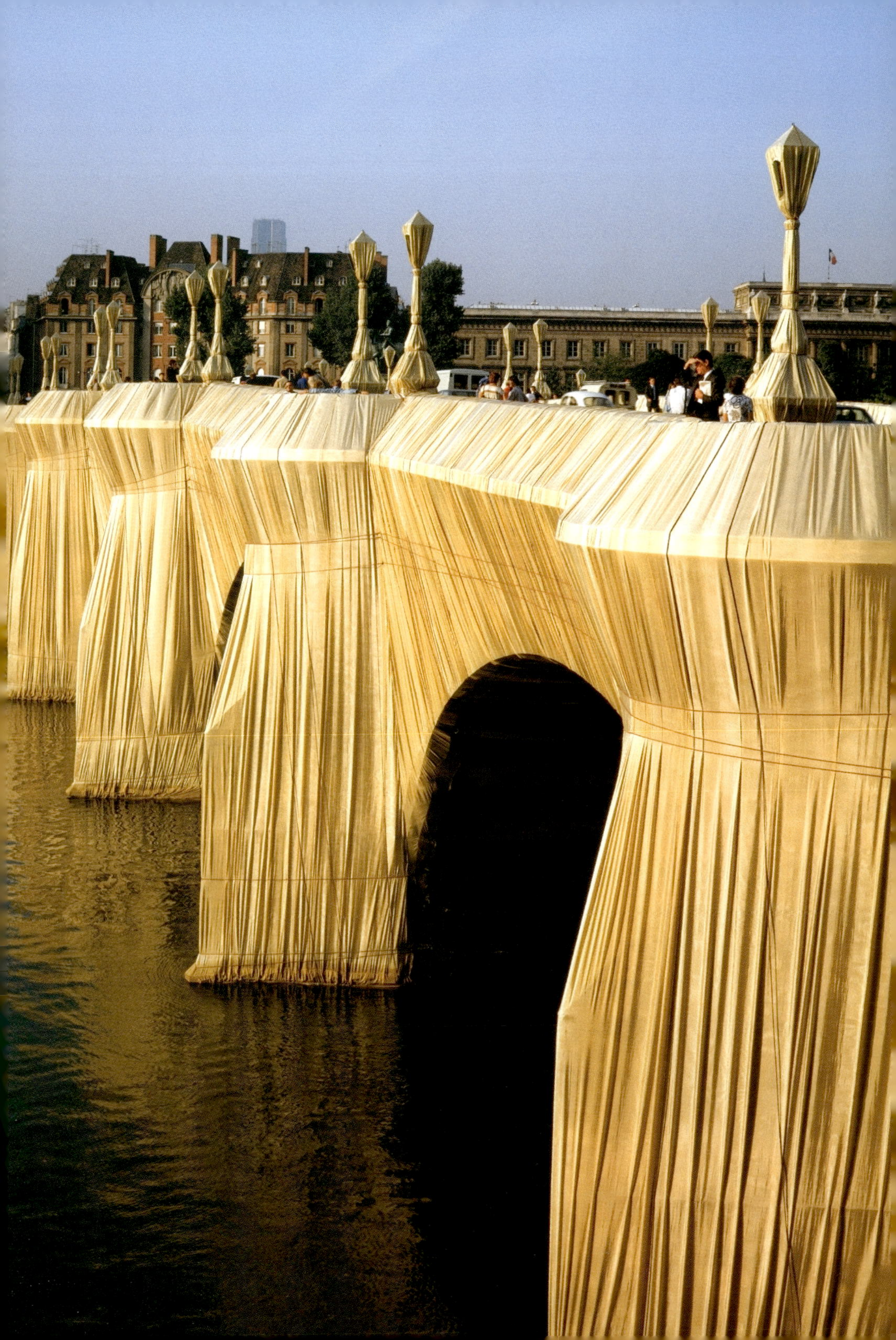

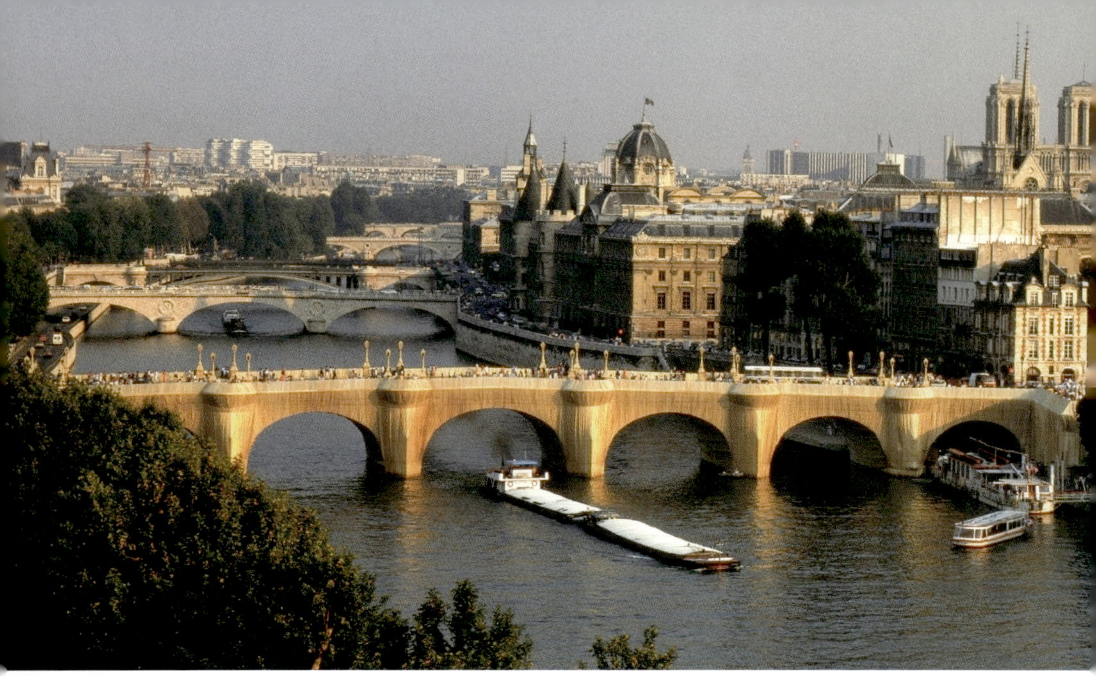

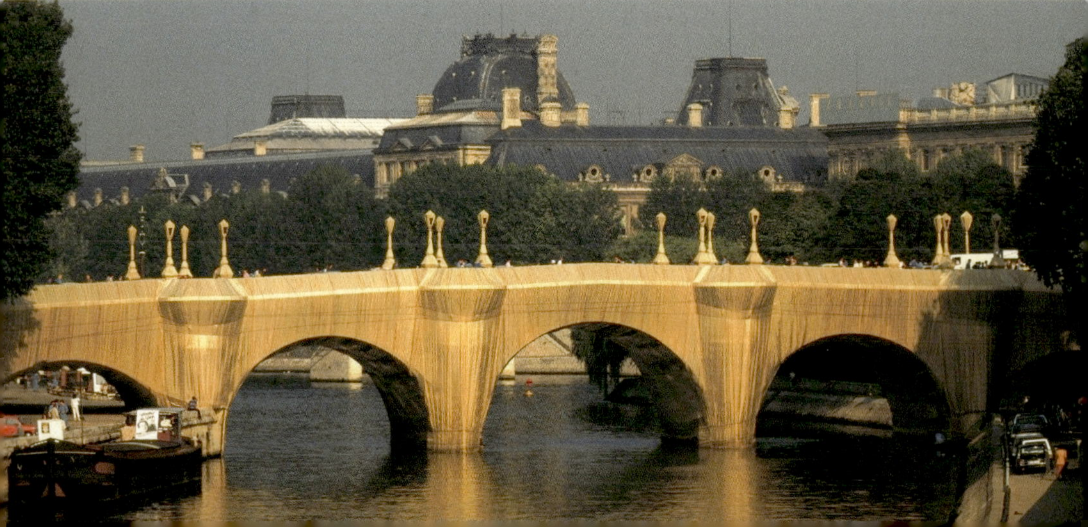

*Above:* The Pont-Neuf has twelve arches. Five arches join the Left Bank to the Île de la Cité, and seven arches join the Île de la Cité to the Right Bank. In the background, the conical towers of the 13th century Conciergerie which held, during the French Revolution, many famous prisoners: Queen Marie-Antoinette, Madame du Barry, Charlotte Corday, Danton and Robespierre. Slightly to the right, the two towers of Notre-Dame.

*Oben:* Der Pont-Neuf hat zwölf Bögen. Fünf Bögen verbinden das linke Seineufer mit der Île de la Cité und sieben die Île de la Cité mit dem rechten Seine-Ufer. Im Hintergrund die kegelförmigen Türme der Conciergerie aus dem 13. Jahrhundert, die während der Französischen Revolution viele berühmte Gefangene beherbergte: Königin Marie-Antoinette, Madame du Barry, Charlotte Corday, Danton und Robespierre. Etwas rechts davon die beiden Türme von Notre-Dame.

*En haut:* Le Pont-Neuf a douze arches. Cinq relient la rive gauche de la Seine à l'île de la Cité, et sept relient l'île de la Cité à la rive droite. À l'arrière-plan, les tours coniques (du XIII$^e$ siècle) de la Conciergerie, où de nombreux prisonniers célèbres furent emprisonnés pendant la Révolution française : la reine Marie-Antoinette, Madame du Barry, Charlotte Corday, Danton et Robespierre. Légèrement à droite, les deux tours de Notre-Dame.

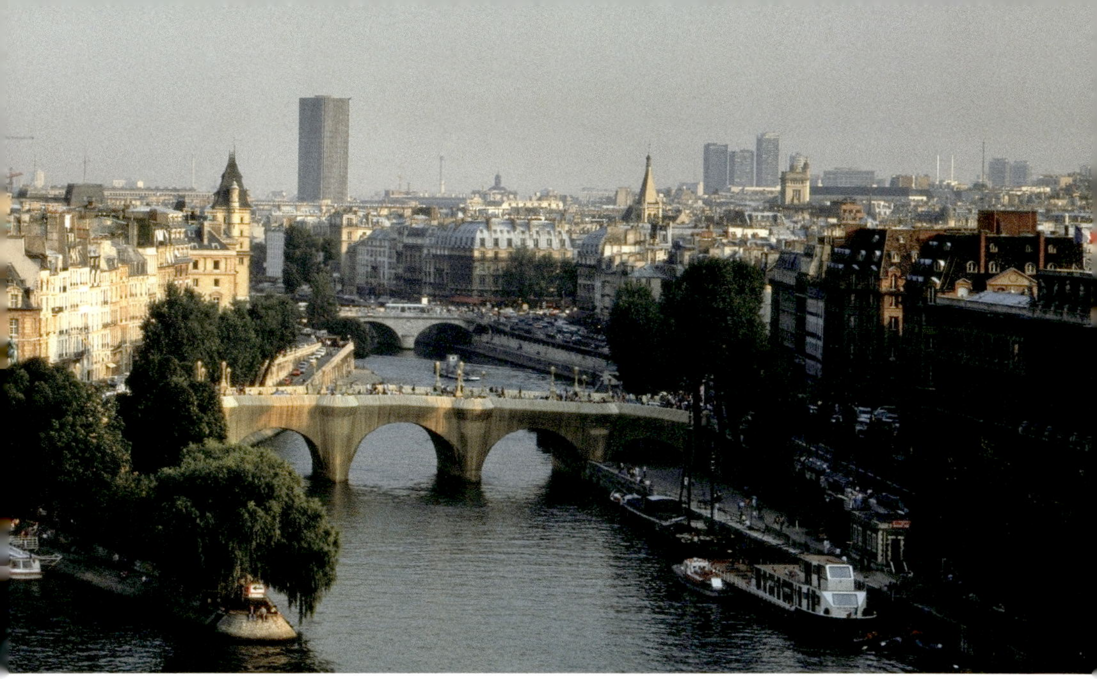

*Bottom left:* The commercial river traffic goes on
as usual. The Louvre, beyond the five arches of the
"Petit Bras" (small arm).
*Bottom right:* Behind the seven arches of the bridge's
"Grand Bras" (large arm) lies the Musée d'Orsay on
the left, and the Louvre on the right. On the right,
the flow of cars on the Voie Georges-Pompidou
passes under a wrapped arch.

*Unten links:* Der kommerzielle Schiffsverkehr auf
dem Fluss verläuft wie üblich. Der Louvre hinter
den fünf Bögen des „Petit Bras".
*Unten rechts:* Hinter den sieben Bögen des „Grand
Bras" liegt das Musée d'Orsay rechts und der
Louvre links. Rechts führt der Autoverkehr auf der
Voie Georges-Pompidou unter einem verhüllten
Bogen hindurch.

*En bas à gauche:* La navigation fluviale se poursuit
comme à l'ordinaire. Au-delà des cinq arches du
« petit bras », le Louvre.
*En bas à droite:* Derrière les sept arches du « grand
bras », à gauche, le musée d'Orsay, à droite, le Louvre.
À droite, le flot de voitures de la voie Georges-
Pompidou passant sous une arche empaquetée.

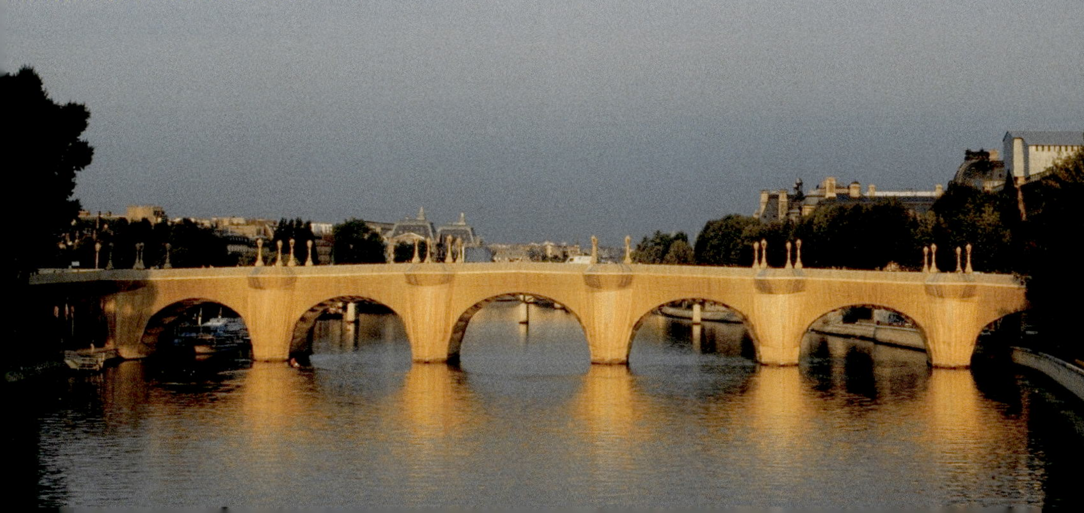

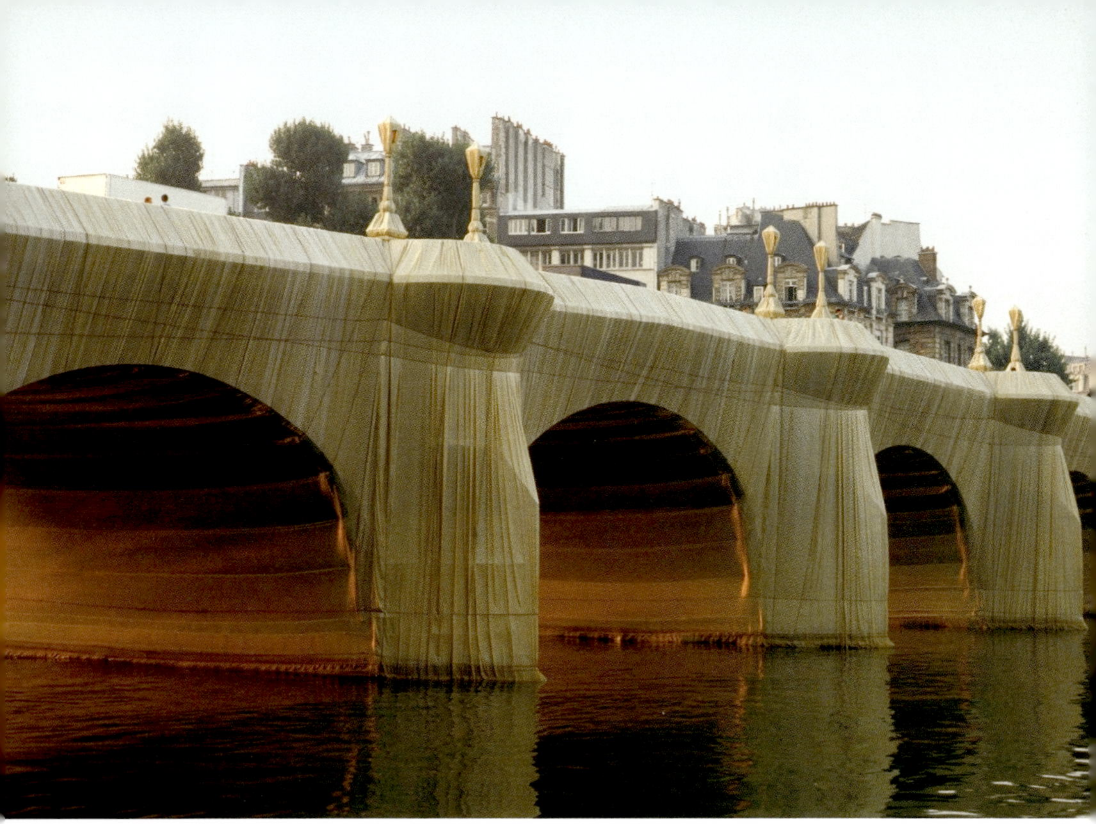

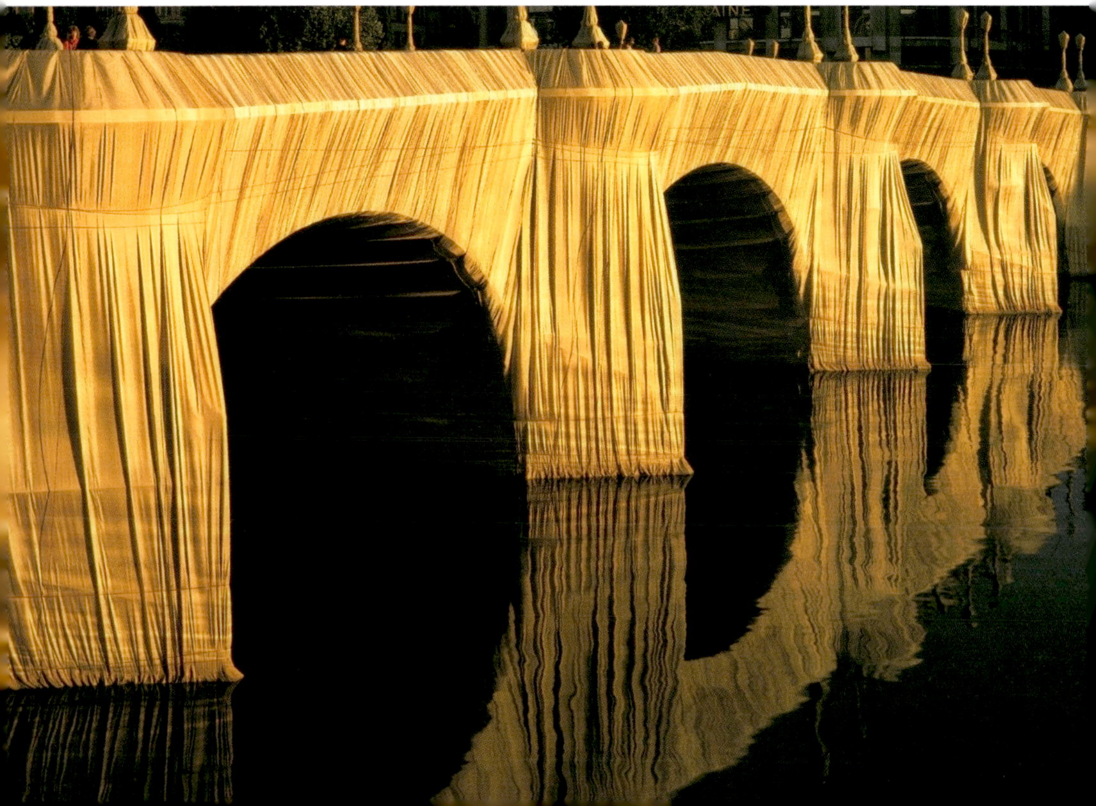

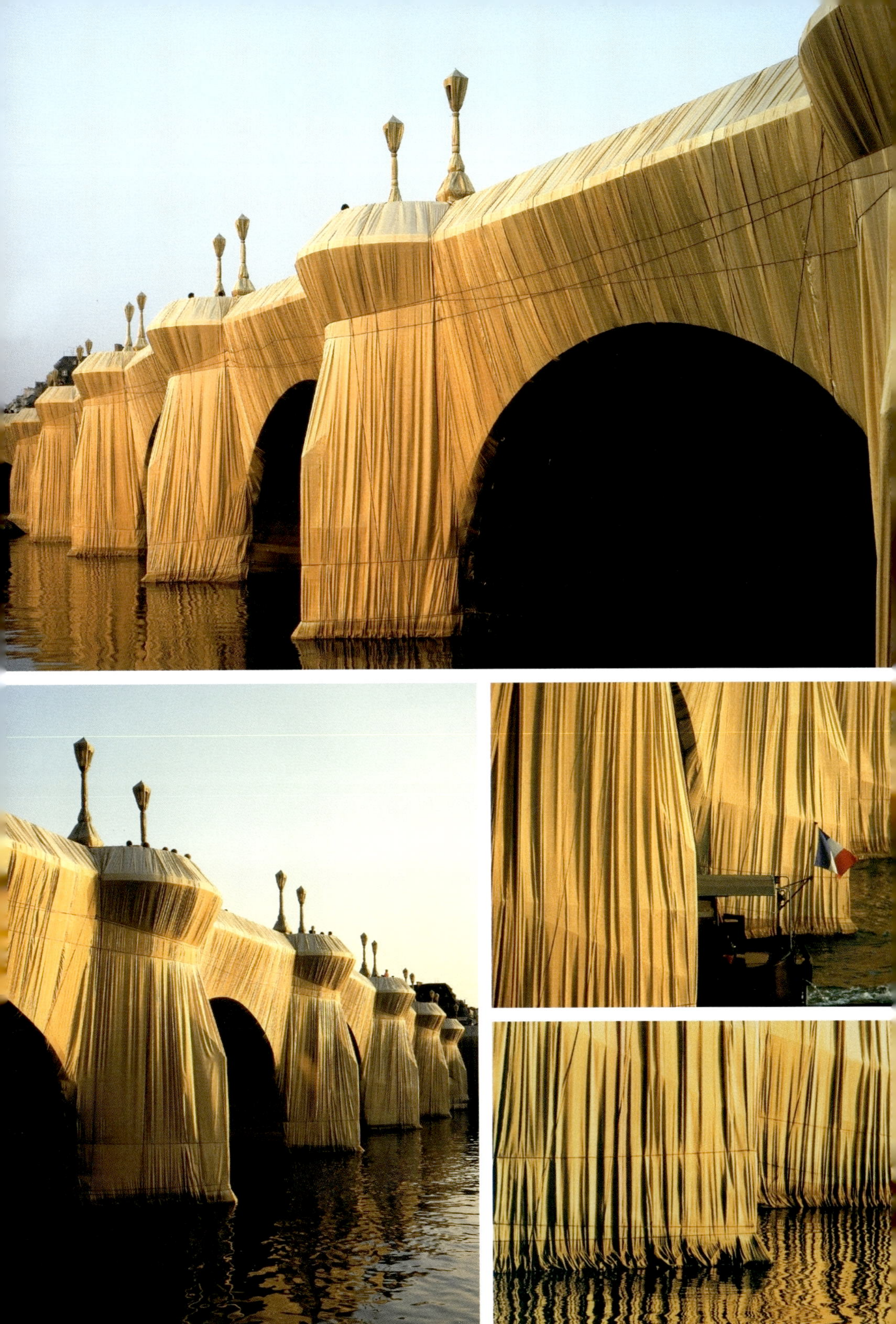

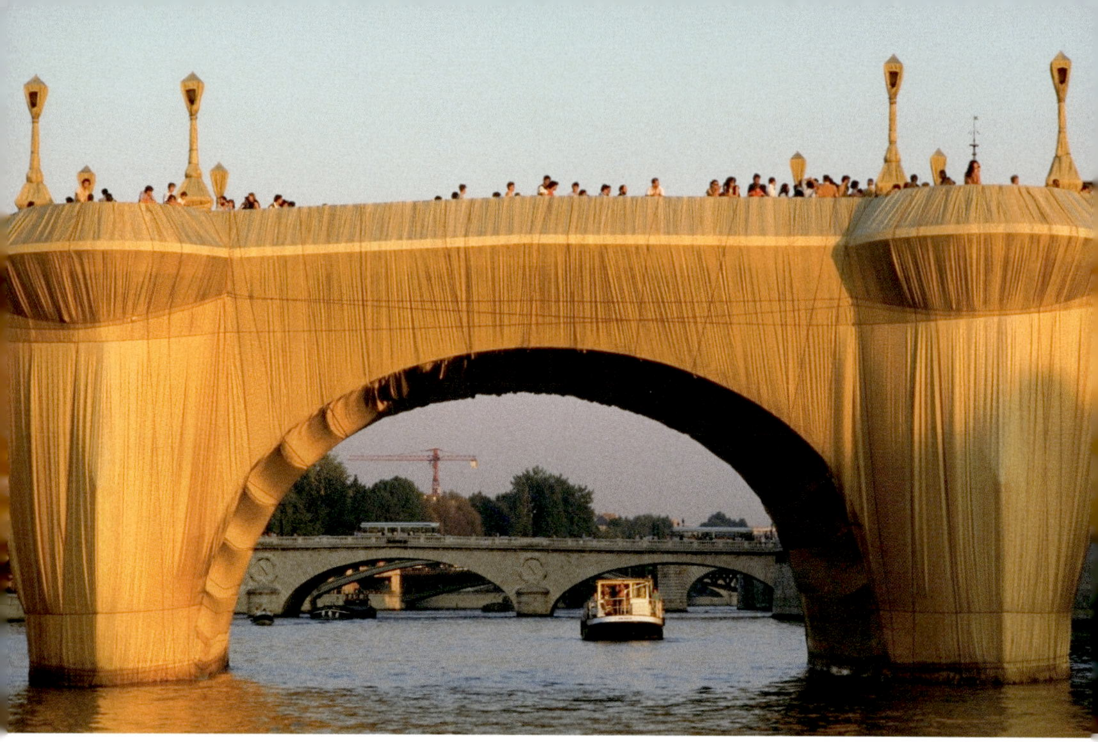

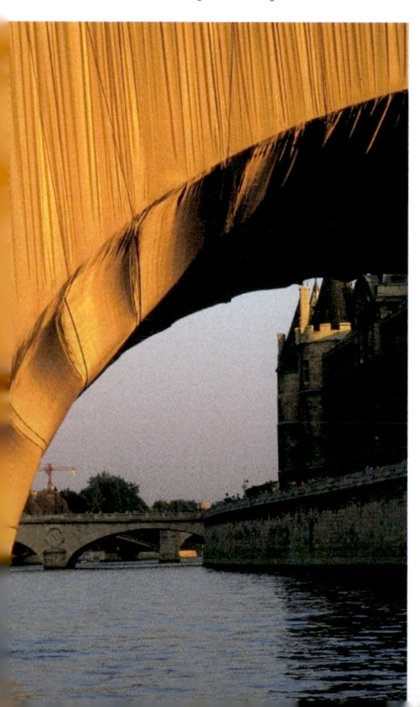

Seen through one of the arches of the "Grand Bras."
*Above:* The Pont Napoléon. *Below:* The Quai de l'Horloge and the Conciergerie.

Blick durch die Bögen des „Grand Bras".
*Oben:* Der Pont Napoléon. *Unten:* Der Quai de l'Horloge und die Conciergerie.

Vue à travers une des arches du « grand bras ».
*En haut:* Le pont Napoléon. *En bas:* Le quai de l'Horloge et la Conciergerie.

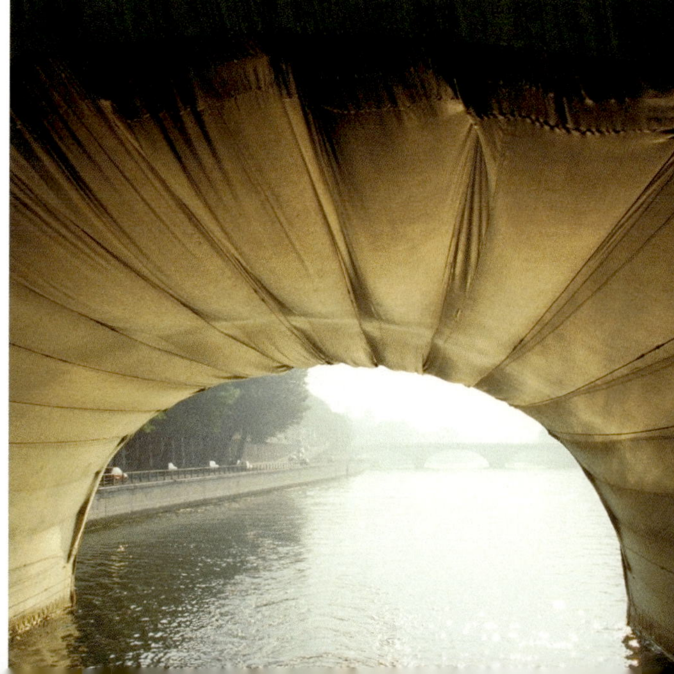

L'Esplanade du Vert-Galant (an affectionate name given by the French to King Henri IV that refers to his numerous affairs, which continued into his later years). King Henri IV's equestrian bronze statue faces the 16th-century buildings near the tip of the Île de la Cité. *Right:* On the right, behind the bridge, the Hôtel de la Monnaie.

Die Esplanade du Vert-Galant (Kosename der Franzosen für König Henri IV., der auf seine zahlreichen Affären selbst im hohen Alter anspielt). Sein Reiterstandbild blickt auf die Gebäude aus dem 16. Jahrhundert an der Spitze der Île de la Cité. *Rechts:* Rechts hinter der Brücke das Hôtel de la Monnaie.

L'esplanade du Vert-Galant, surnom affectueux donné à Henri IV par les Parisiens à cause des nombreuses maîtresses que ce roi eut jusqu'à un âge avancé. Sa statue équestre en bronze se dresse face aux immeubles du XVIᵉ siècle proches de la pointe de l'île de la Cité. *À droite :* Derrière le pont, l'hôtel de la Monnaie.

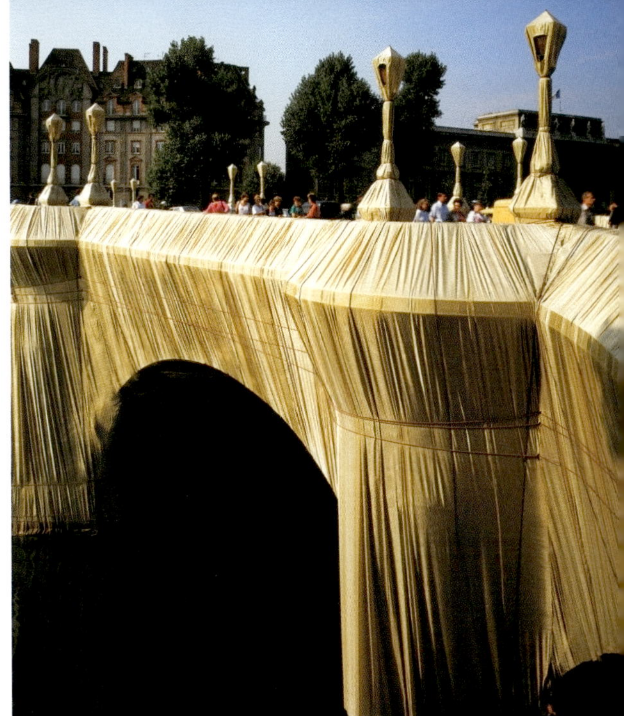

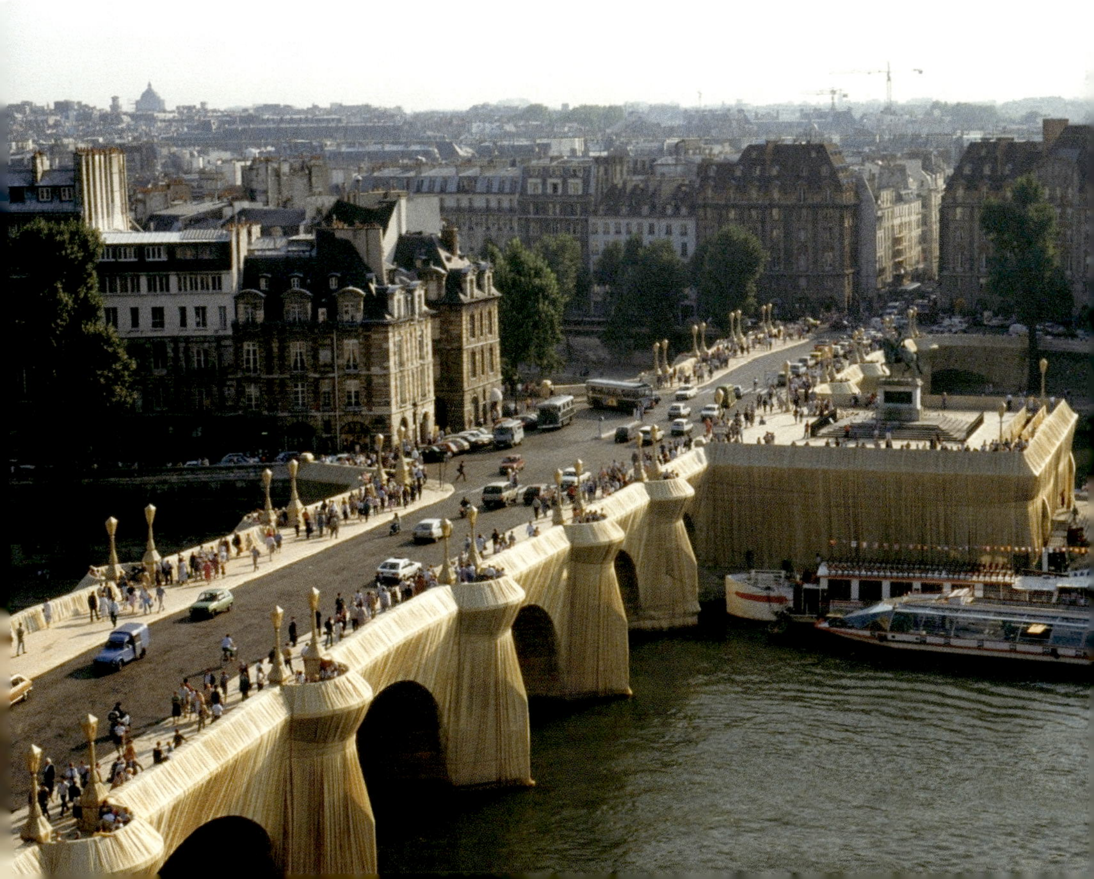

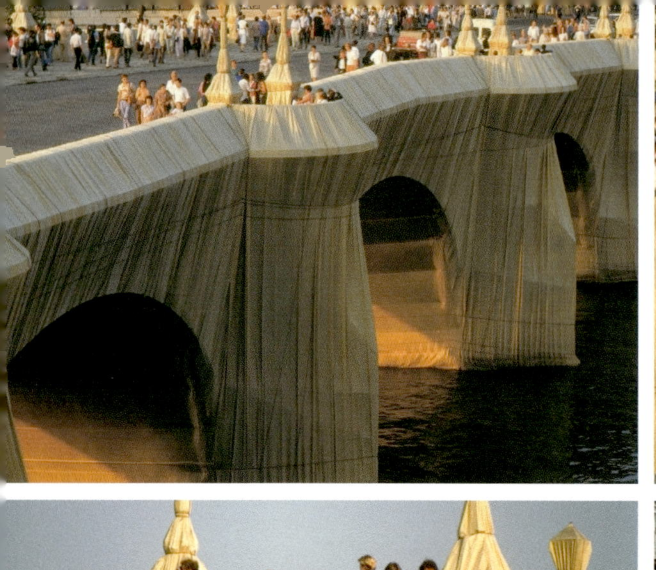
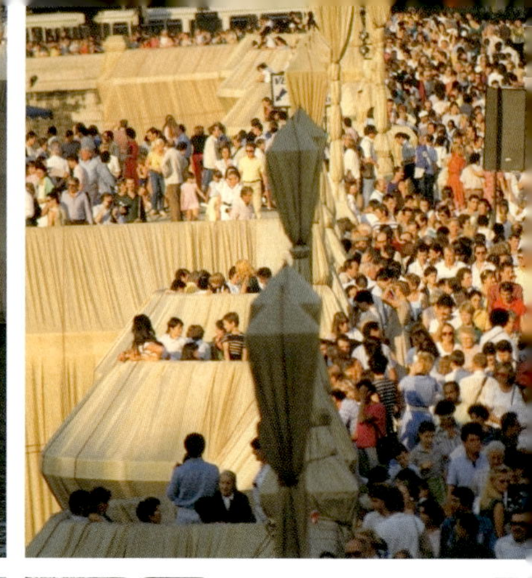
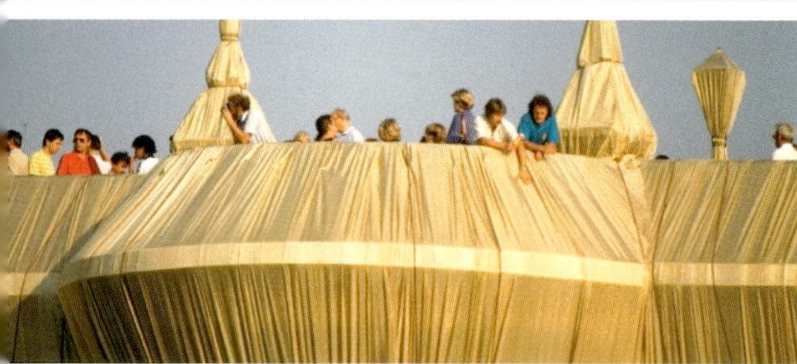
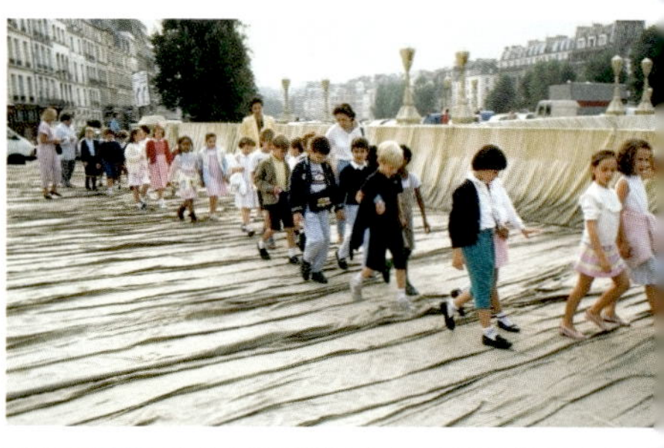
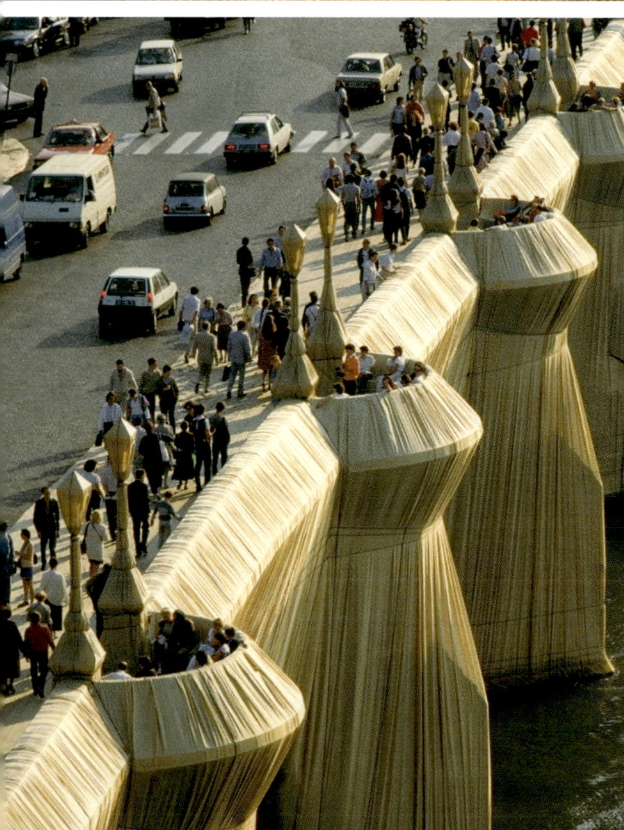
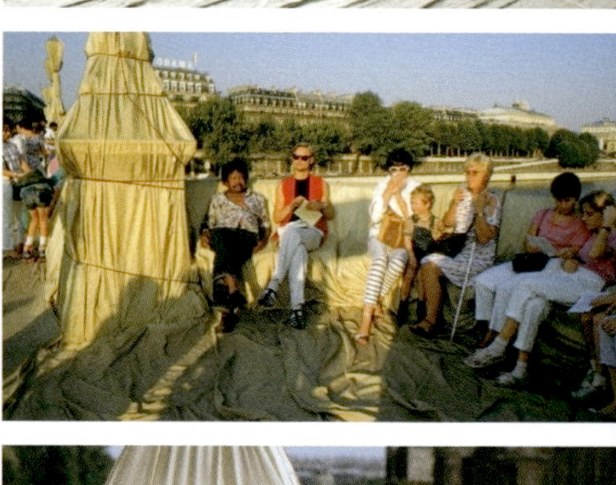
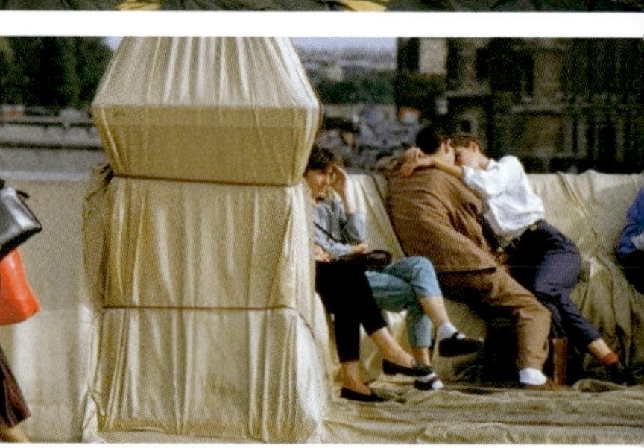
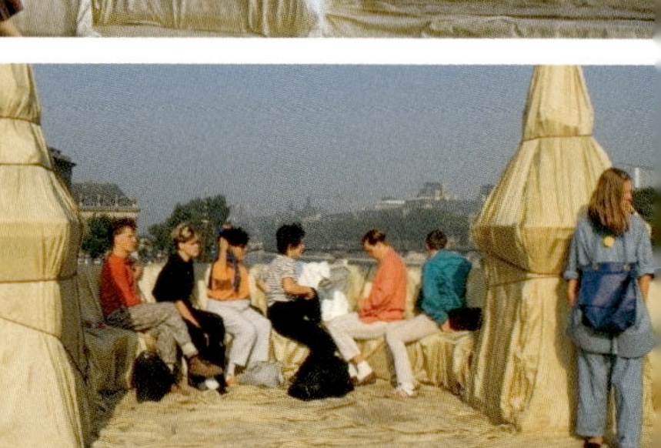

The police estimate that 200,000 people crossed the bridge the first day after the wrapping was completed. Willi Smith designed the blue uniforms of the 600 monitors. Under the supervision of Simon Chaput and Norbert de Guillebon, the monitors answer questions from visitors and distribute free fabric samples.
*Right:* The public can view all twelve wrapped arches from the pedestrian steel bridge La Passerelle du Pont des Arts.

Nach Schätzungen der Polizei gingen am ersten Tag nach Abschluss der Verhüllung 200.000 Menschen über die Brücke. Willi Smith entwarf die blauen Uniformen für die 600 Monitore. Unter der Leitung von Simon Chaput und Norbert de Guillebon beantworteten die Monitore Fragen von Besuchern und verteilten kostenlose Stoffproben.
*Rechts oben:* Die Öffentlichkeit hatte von der Passerelle du Pont des Arts, einer Eisenbrücke für Fußgänger, einen Blick auf alle zwölf verhüllten Bögen.

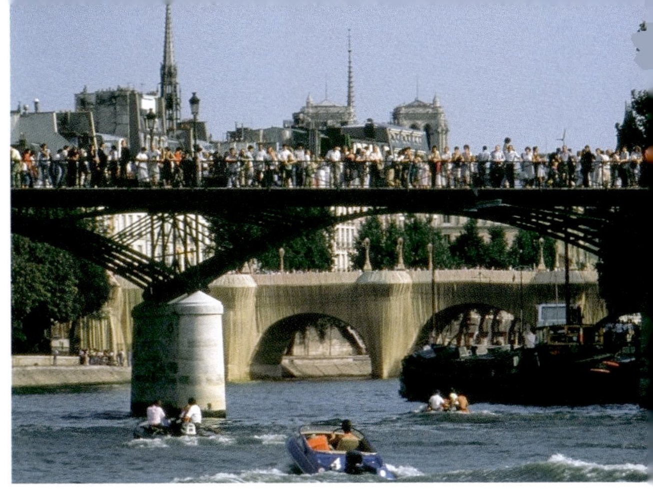

La police estime à 200.000 le nombre des visiteurs qui ont emprunté le pont le jour suivant l'achèvement de l'empaquetage. Les uniformes bleus des 600 moniteurs ont été conçus par Willi Smith. Sous la direction de Simon Chaput et Norbert de Guillebon, les moniteurs répondent aux questions des visiteurs et distribuent des échantillons de toile.
*Ci-dessus:* De la passerelle en acier du pont des Arts, le public peut voir l'ensemble les douze arches empaquetées.

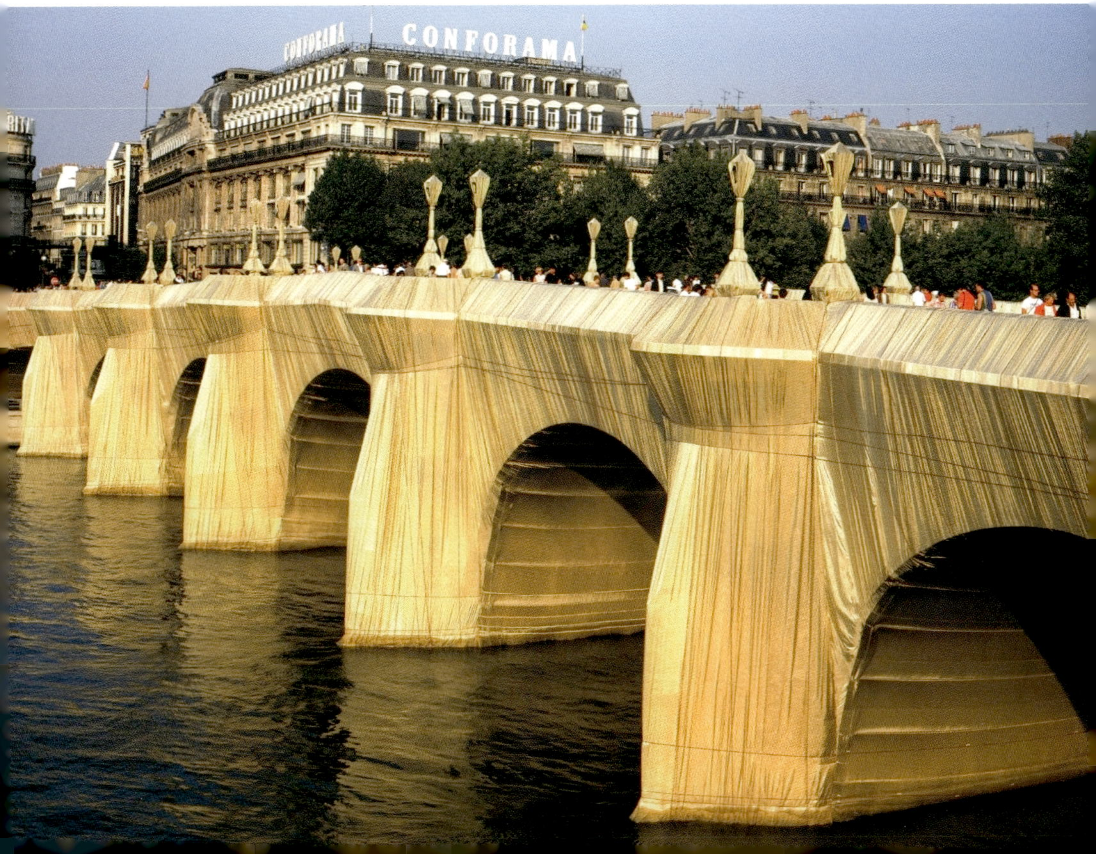

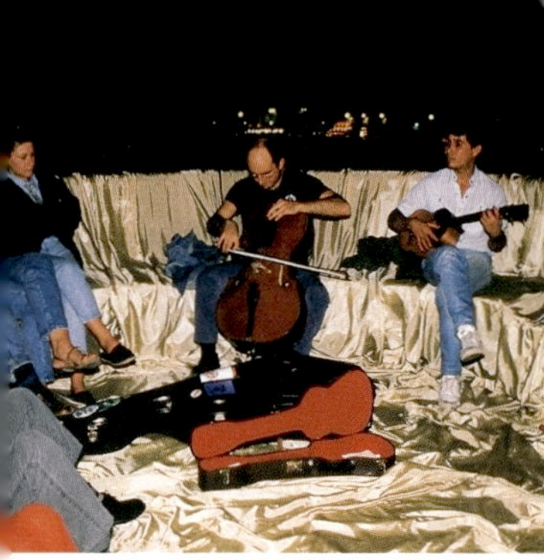 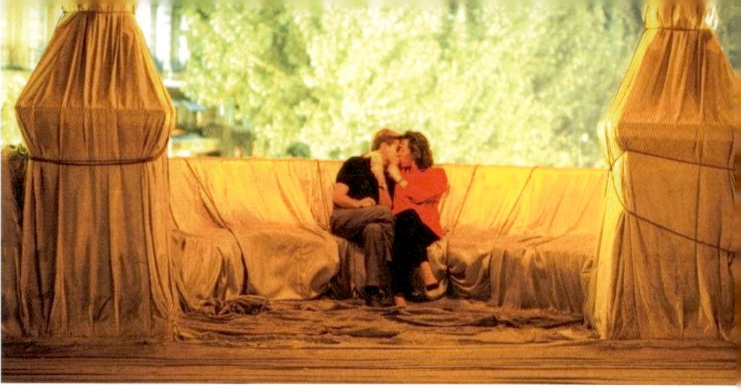

Throughout the night, the 24 balconies' padded benches host champagne parties, musical performances, and some intimate encounters.
*Opposite, top:* The first full moon of autumn brings to mind the words of 19th-century French poet Alfred de Musset: "La lune sur le clocher jauni, la lune comme un point sur un i." ("The moon above the steeple like a dot on an i.")

Die ganze Nacht hindurch fanden auf den gepolsterten Bänken der 24 Balkone Champagnerpartys, Musikaufführungen und einige intime Begegnungen statt.

*Gegenüberliegende Seite oben:* Die erste Vollmondnacht des Herbstes rief die Worte des französischen Dichters Alfred de Musset aus dem 19. Jahrhundert ins Gedächtnis: „La lune sur le clocher jauni, la lune comme un point sur un i." („Der Mond über dem Kirchturm wie ein Punkt auf einem i.")

Toute la nuit, les bancs rembourrés des 24 balcons accueillent des parties de champagne, des performances musicales et quelques rencontres intimes.
*Ci-contre, en haut:* La première pleine lune d'automne rappelle les vers d'Alfred de Musset: «La lune sur le clocher jauni, la lune comme un point sur un i.»

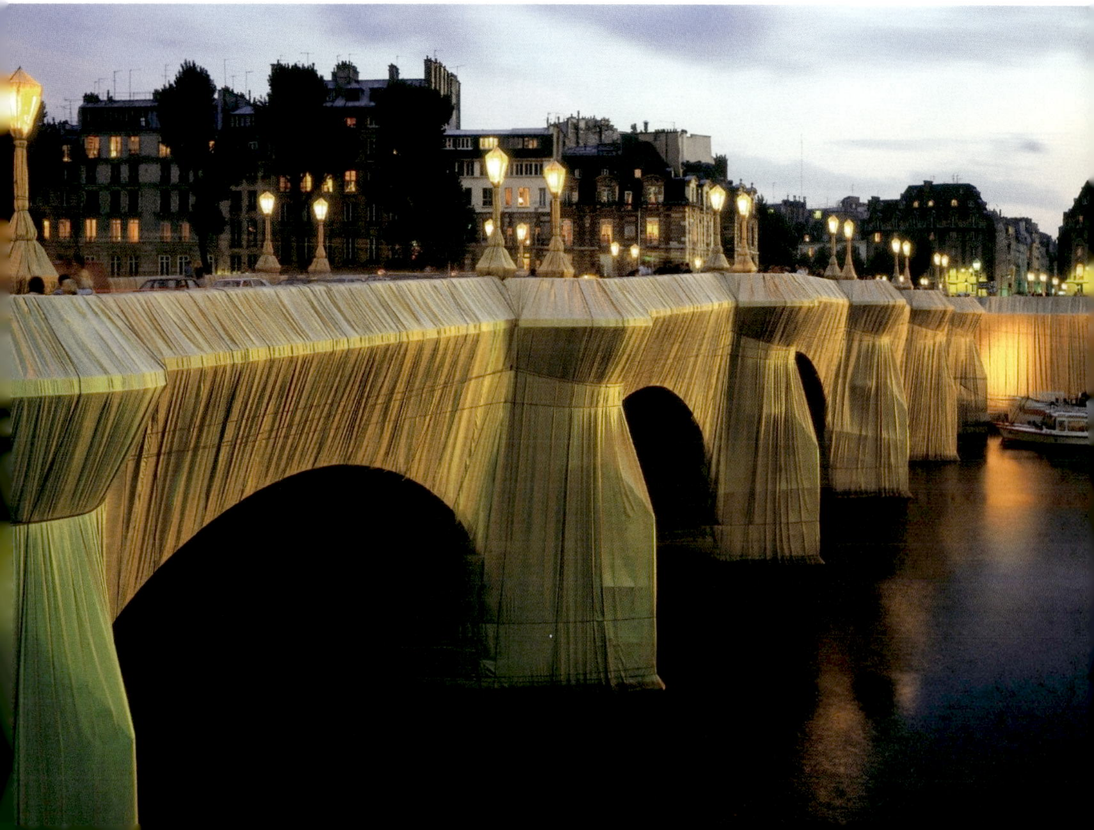

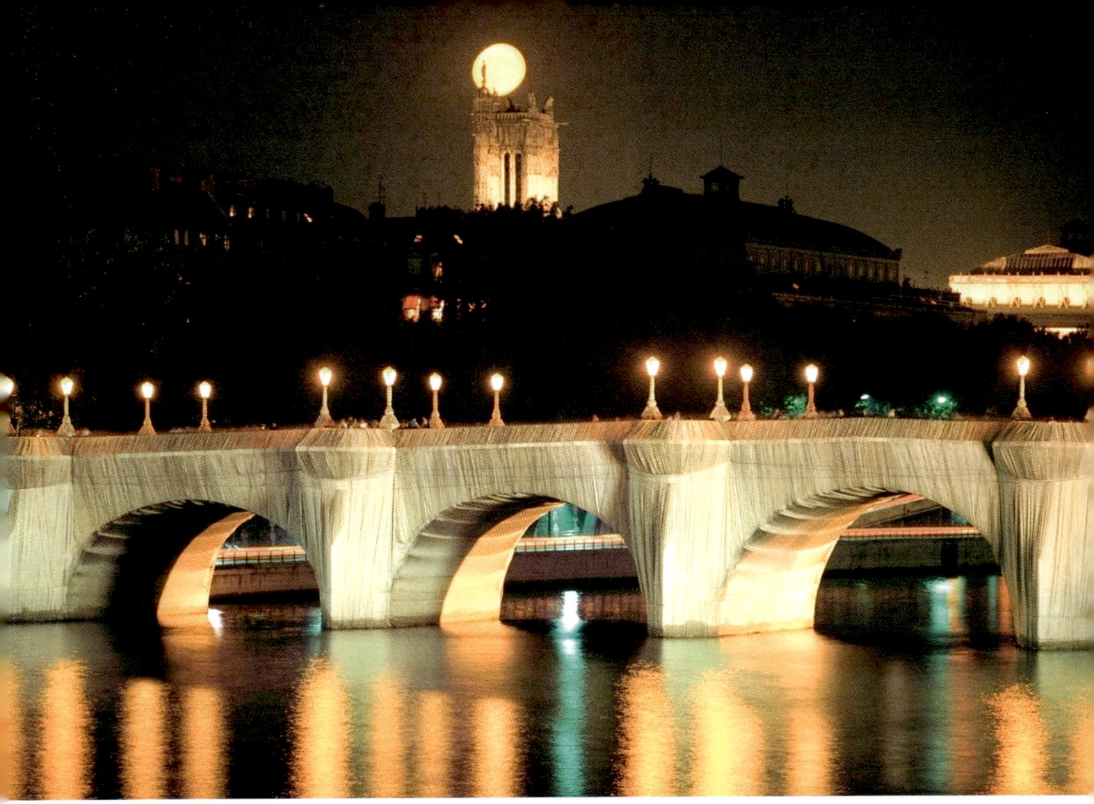

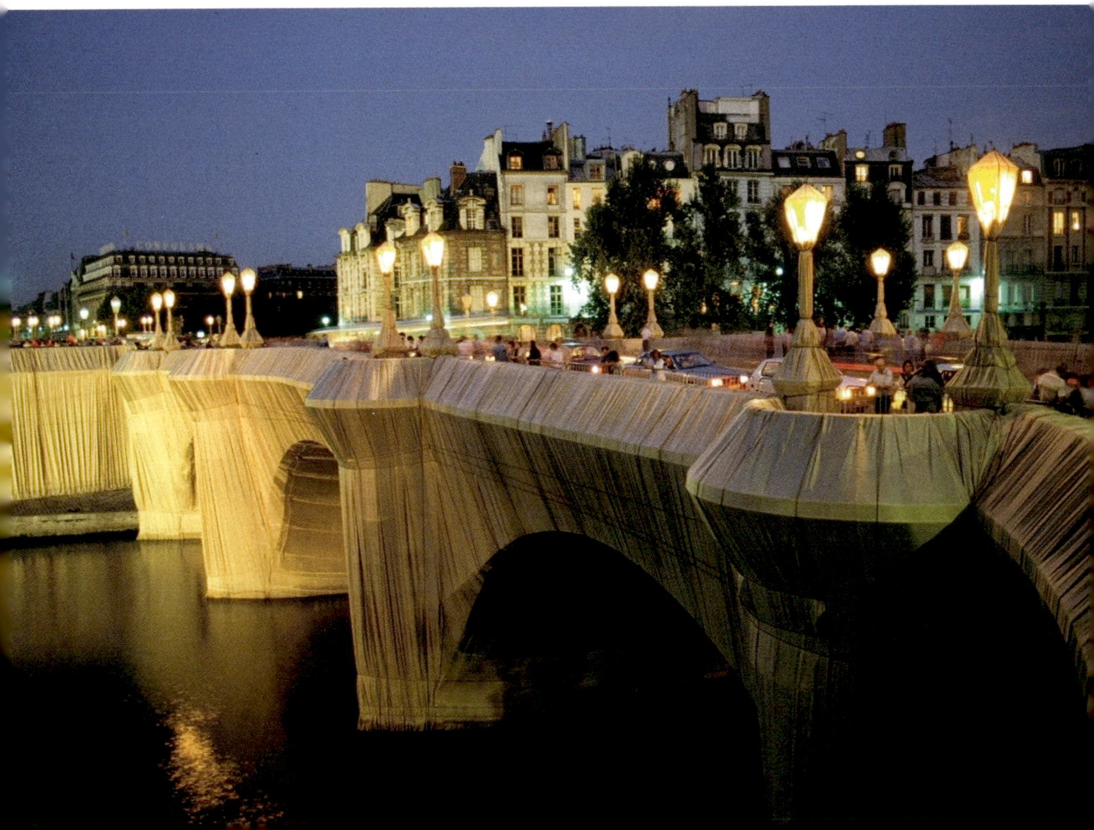

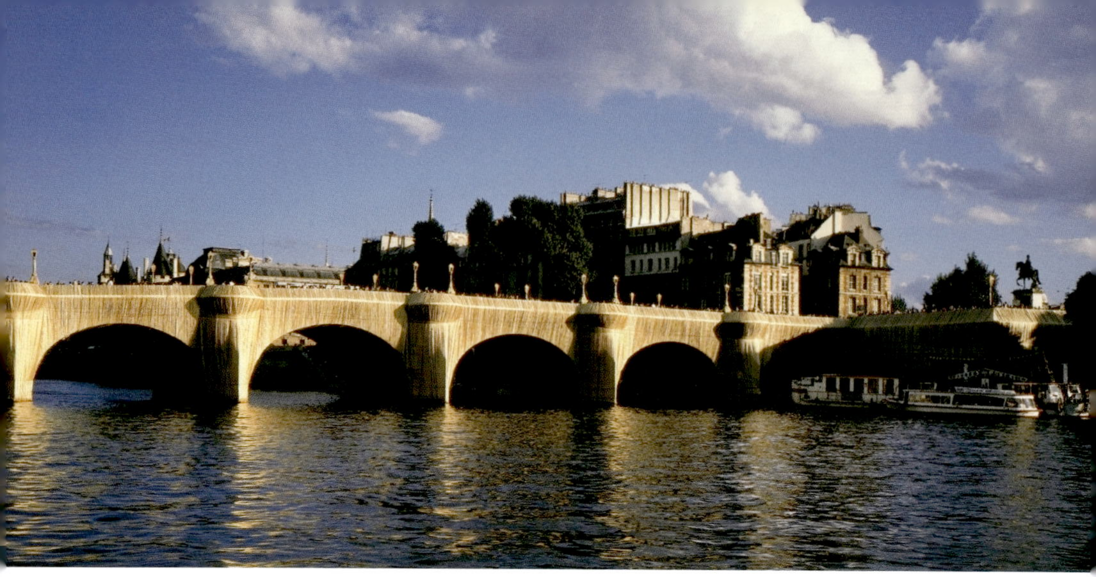

*Above:* The "Grand Bras" seen from downstream with the statue of Henri IV in the center of the Esplanade du Vert-Galant.
*Below: The Pont Neuf Wrapped* seen from upstream with the dome of the Académie Française and the Eiffel Tower in the background.

*Oben:* Der „Grand Bras" von flussabwärts aus gesehen mit der Statue von Henri IV. in der Mitte der Esplanade du Vert-Galant.

*Unten: Der Verhüllte Pont Neuf* von flussaufwärts aus gesehen mit der Kuppel der Académie Française und dem Eiffelturm im Hintergrund.

*Ci-dessus:* Le « grand bras » vu d'aval ; au centre de l'esplanade du Vert-Galant, la statue d'Henri IV.
*Ci-dessous: Le Pont Neuf Empaqueté* vu d'amont ; à l'arrière-plan, la coupole de l'Académie française et la tour Eiffel.

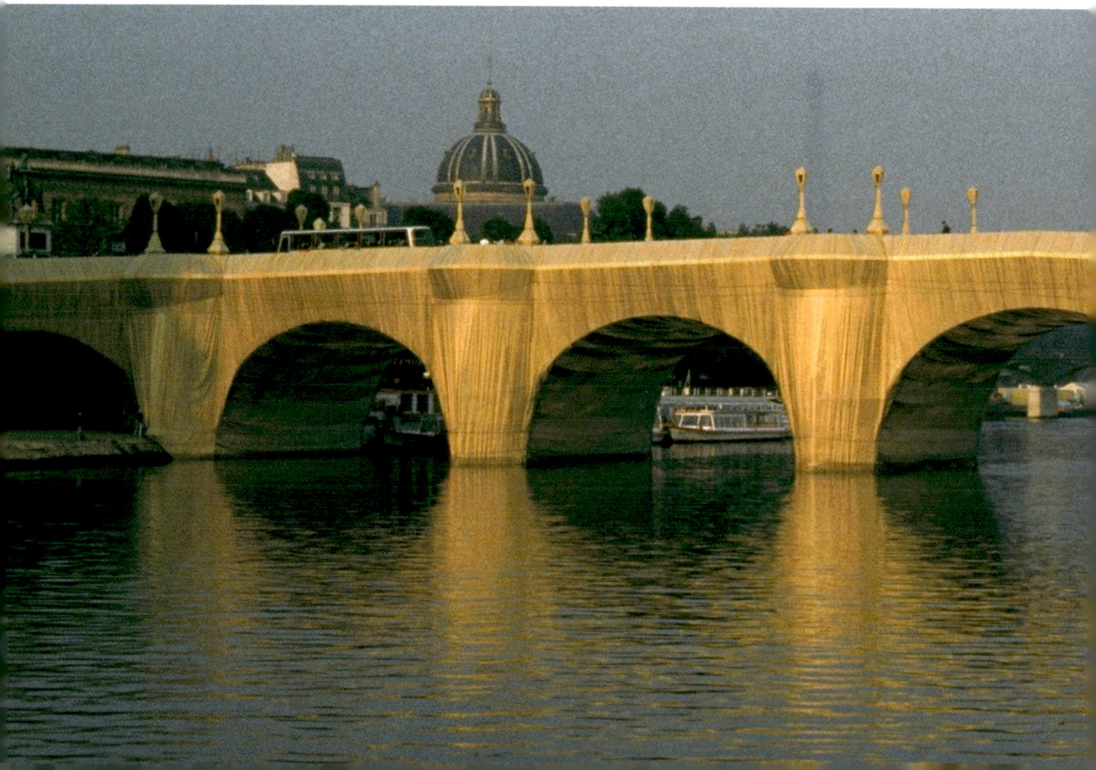

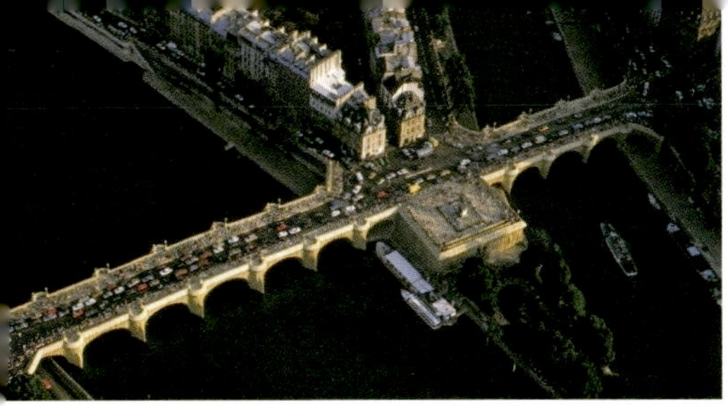

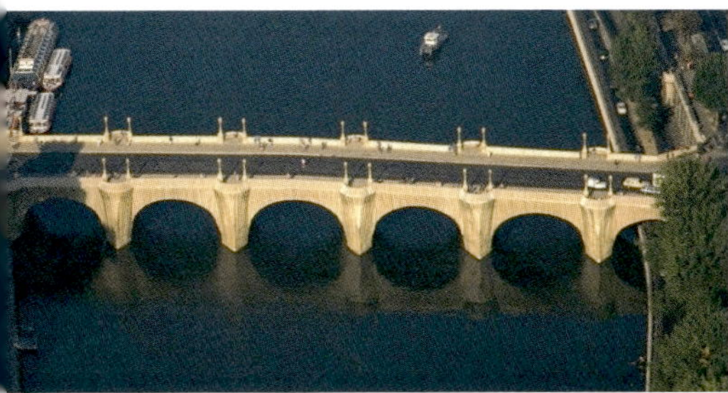

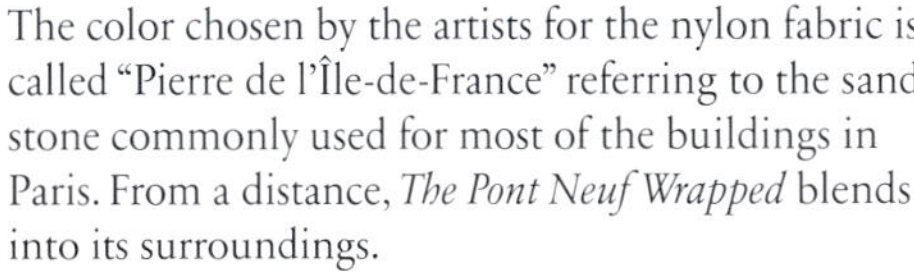

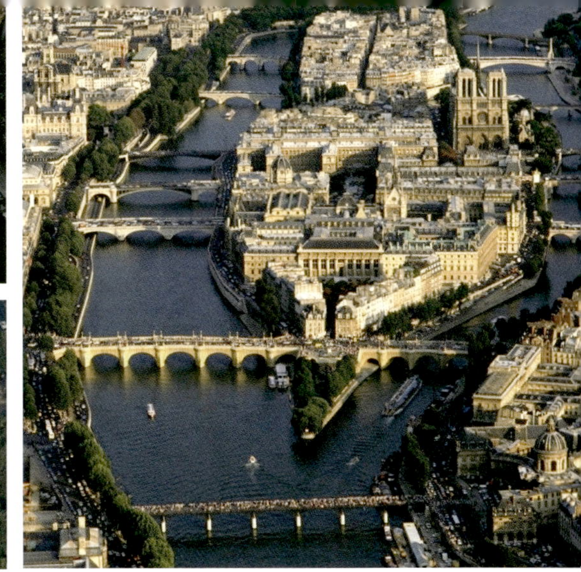

The color chosen by the artists for the nylon fabric is called "Pierre de l'Île-de-France" referring to the sandstone commonly used for most of the buildings in Paris. From a distance, *The Pont Neuf Wrapped* blends into its surroundings.

Die Farbe, die die Künstler für das Nylongewebe gewählt haben, heißt „Pierre de l'Île-de-France"; der Name bezieht sich auf den Sandstein, aus dem viele Gebäude in Paris erbaut sind. Aus der Ferne verschmilzt der *Verhüllte Pont Neuf* mit der Umgebung.

La couleur choisie par les artistes pour la toile en nylon est appelée « pierre de l'Île-de-France » par référence au grès couramment utilisé pour les immeubles parisiens. Vu à une certaine distance, *Le Pont Neuf Empaqueté* se fond dans son environnement.

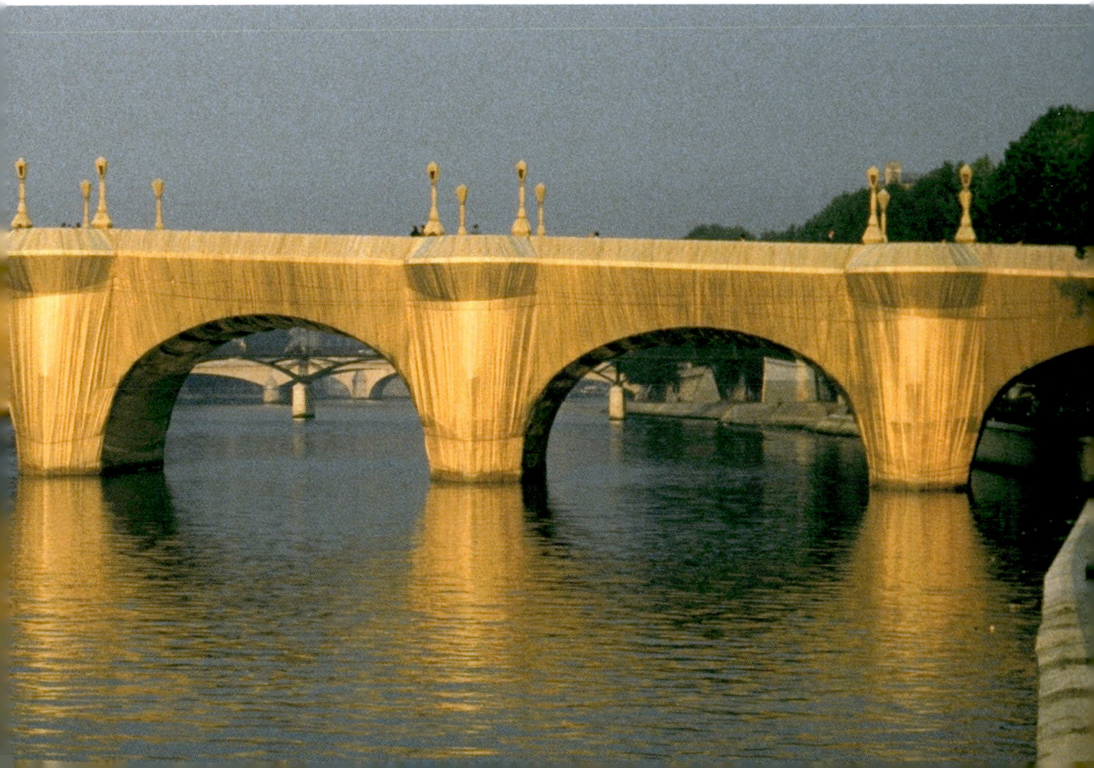

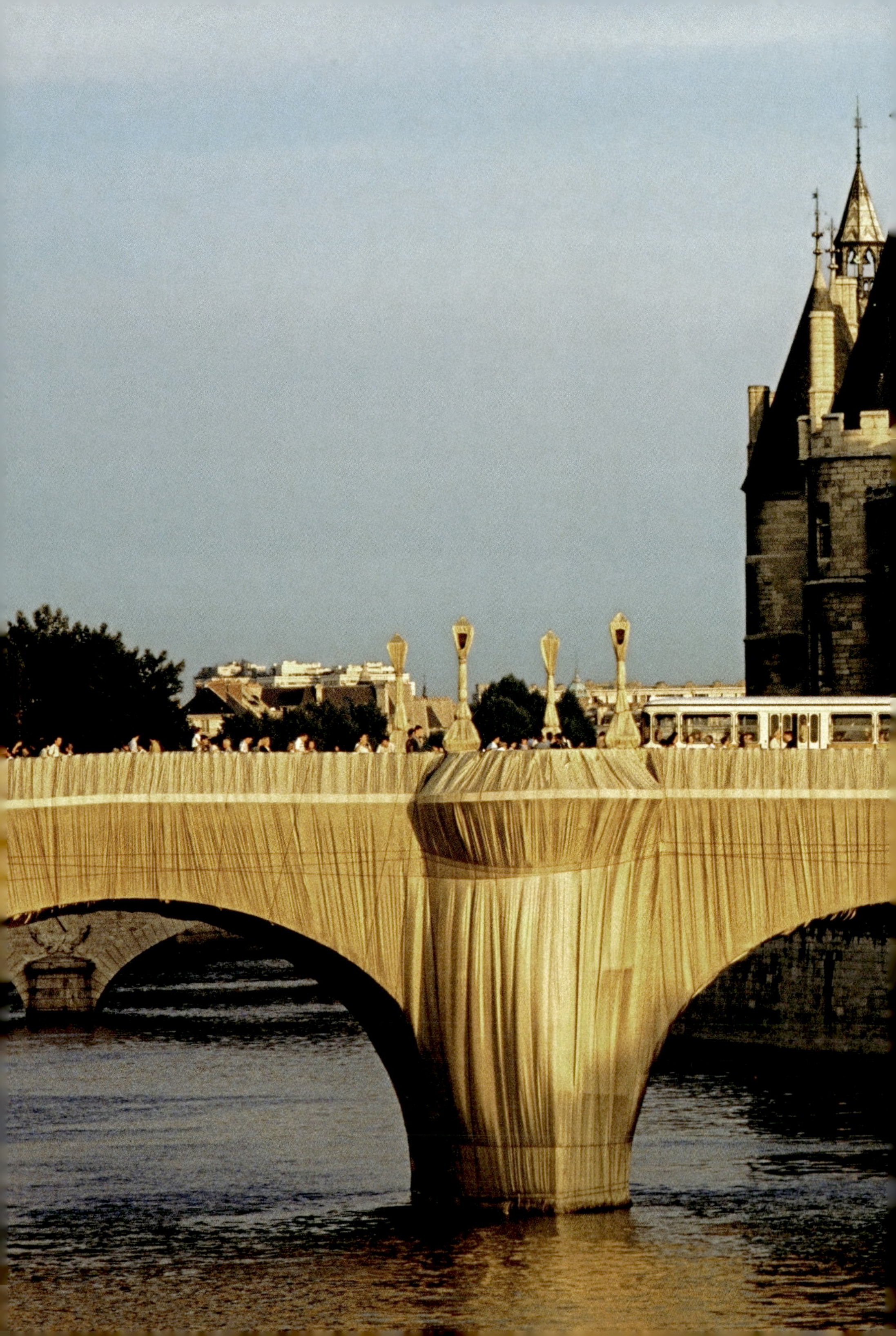

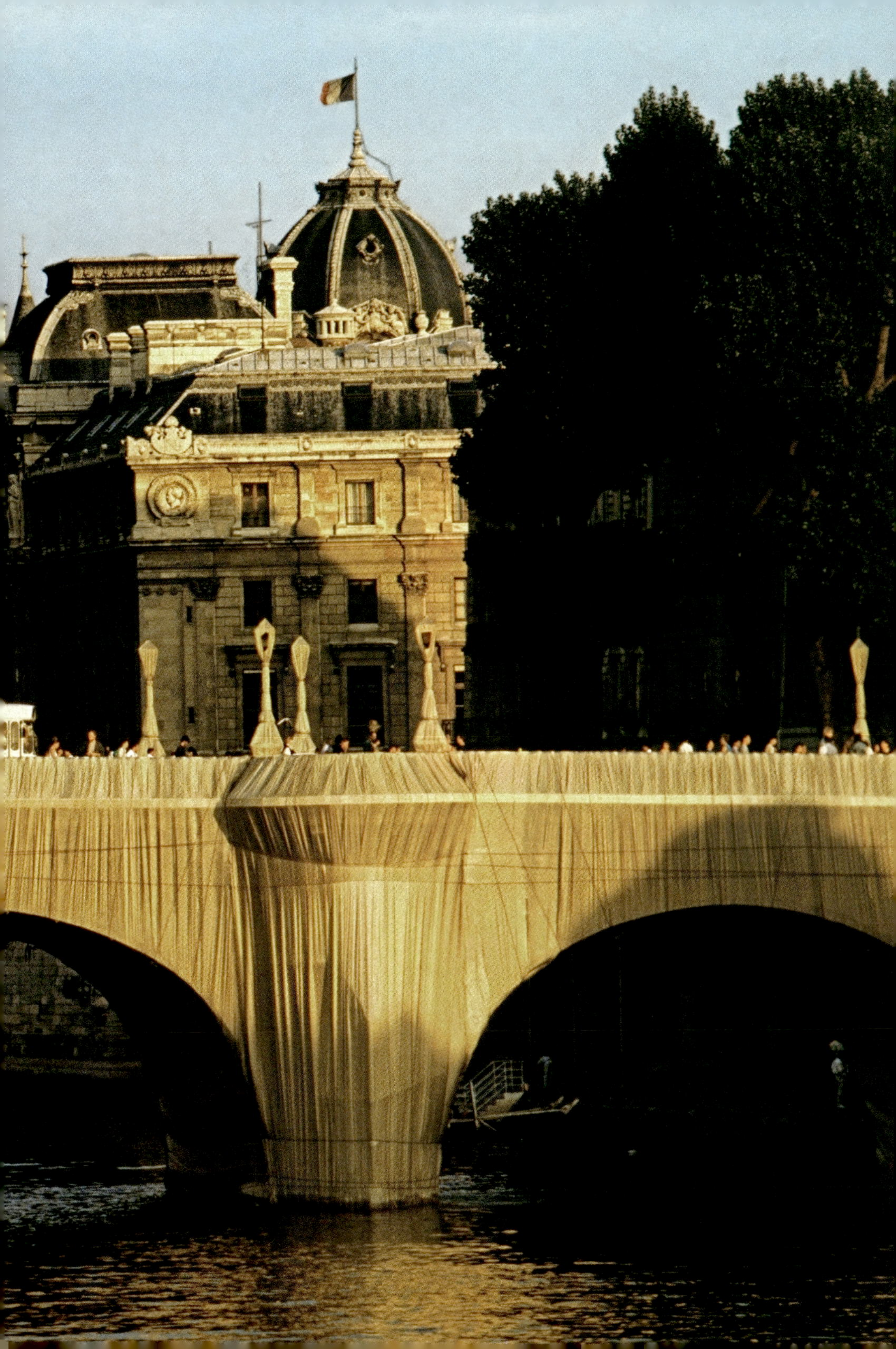

# The Umbrellas
## Japan–USA, 1984–91

At sunrise on October 9, 1991, Christo and Jeanne-Claude's 1,880 workers began to open the 3,100 umbrellas in Ibaraki and California, in the presence of the artists at both sites. This Japan-USA temporary work of art reflected the similarities and differences in the ways of life and the use of the land in two inland valleys, one 19 kilometers long (12 miles) in Japan, and the other 29 kilometers long (18 miles) in the USA.

In Japan, the valley is located north of Hitachiota and south of Satomi, 120 kilometers (75 miles) north of Tokyo, around Route 349 and the Sato River, in the Prefecture of Ibaraki, on the properties of 459 private landowners and governmental agencies.

In the USA, the valley is located 96.5 kilometers (60 miles) north of Los Angeles, along Interstate 5 and the Tejon Pass, between south of Gorman and Grapevine, on the properties of Tejon Ranch, 25 private landowners as well as governmental agencies.

Eleven manufacturers in Japan, USA, Germany and Canada prepared the various elements of the umbrellas: fabric, aluminum super-structure, steel frame bases, anchors, wooden base supports, bags, and molded base covers. All 3,100 umbrellas were assembled in Bakersfield, California, from where the 1,340 blue umbrellas were shipped to Japan.

Starting in December 1990, with a total work force of 500, Muto Construction Co. Ltd. in Ibaraki, and A.L. Huber & Sons in California installed the earth anchors and steel bases under the supervision of Site Managers Akira Kato in

Japan and Vince Davenport in the USA. The sitting platform-base covers were placed during August and September 1991. From September 19 to October 7, 1991, an additional construction work force began transporting the umbrellas to their assigned bases, bolted them to the receiving sleeves, and elevated the umbrellas to an upright closed position. On October 4, students, agricultural workers, and friends, 960 in USA and 920 in Japan, joined the work force to complete the installation of *The Umbrellas*. Each umbrella was 6 meters (19 feet 8 inches) high and 8.66 meters (26 feet 5 inches) in diameter.

Christo and Jeanne-Claude's $26 million temporary work of art was entirely financed by the artists through their "The Umbrellas, Joint Project for Japan and U.S.A. Corporation" (Jeanne-Claude Christo-Javacheff, president). The artists do not accept sponsorship. All previous projects by Christo and Jeanne-Claude have been financed in a similar manner through the sale of the studies, preparatory drawings, collages, scale models, early works, and original lithographs.

The removal started on October 27 and the land was restored to its original condition. The umbrellas were taken apart and most of the elements were recycled.

*The Umbrellas*, free standing dynamic modules, reflected the availability of the land in each valley, creating an invitational inner space, as houses without walls, or temporary settlements and related to the ephemeral character of the work of art.

In the precious and limited space of Japan, *The Umbrellas* were positioned intimately, close together and sometimes following the geometry of the rice fields. In the luxuriant vegetation enriched by water year round, *The Umbrellas* were blue. In the California vastness of uncultivated grazing land, the configuration of *The Umbrellas* was whimsical and spreading in every direction. The brown hills are covered by blond grass. In that dry landscape, *The Umbrellas* were yellow.

From October 9, 1991 for a period of 18 days, *The Umbrellas* were seen, approached, and enjoyed by the public, either by car from a distance and closer as they bordered the roads, or by walking under *The Umbrellas* in their luminous shadows.


Am 9. Oktober 1991 bei Sonnenaufgang begannen 1.880 Arbeiter damit, in Anwesenheit von Christo und Jeanne-Claude, die 3.100 Schirme in Ibaraki und Kalifornien zu öffnen. Dieses temporäre, japanisch-amerikanische Kunstwerk zeigte die Gemeinsamkeiten und Unterschiede der Lebensstile und der Landnutzung in den beiden im Landesinneren liegenden Tälern, das eine 19 Kilometer lang in Japan, das andere 29 Kilometer lang in den USA.

Das Tal in Japan liegt zwischen Hitachiota im Norden und Satomi im Süden, 120 Kilometer nördlich von Tokio, in der Umgebung der Schnellstraße 349 und des Sato-Flusses in der Präfektur Ibaraki und umfasst Land von 459 Privatbesitzern und Behörden.

Das Tal in den USA liegt 96,5 Kilometer nördlich von Los Angeles, längs der Interstate-Autobahn 5 und dem Tejon-Pass, zwischen dem Süden von Gorman und Grapevine, auf dem Gebiet der Tejon-Ranch sowie auf dem Land von 25 privaten Landeignern und Behörden.

Elf Fabriken in Japan, den USA, Deutschland und Kanada bereiteten die verschiedenen Bestandteile der Schirme vor: das Gewebe, die Aluminiumaufbauten, die Sockel-Stahlrahmen, die Anker, die unteren stützenden Holzelemente, die Sandsäcke und die Abdeckungen für die Schirmsockel. Alle 3.100 Schirme wurden in Bakersfield in Kalifornien montiert, von wo aus die 1.340 blauen Schirme nach Japan verschifft wurden.

Im Dezember 1990 begannen 500 Leute der Baugesellschaft Muto in Ibaraki und von A. L. Huber & Sons in Kalifornien damit, unter Aufsicht von Akira Kato in Japan und Vince Davenport in den USA, die Erdverankerungen und die Stahlsockel zu installieren. Die Sockelabdeckungen für die Schirme wurden zwischen August und September 1991 angebracht. Vom 19. September bis zum 7. Oktober 1991 brachte eine zusätzliche Mannschaft die Schirme zu den für sie vorgesehenen Standsockeln, schraubte sie an die Sockelzylinder und brachte sie in eine aufrechte Position. Die Schirme blieben dabei noch geschlossen. Am 4. Oktober 1991 stießen Studenten, Landarbeiter und Freunde, 960 in den USA und 920 in Japan, zu den Arbeitern, um die Installation der Schirme zu vervollständigen. Jeder Schirm war 6 Meter hoch und hatte einen Durchmesser von 8,66 Metern.

Das 26 Millionen Dollar teure temporäre Kunstwerk wurde voll und ganz von den Künstlern mithilfe ihrer Gesellschaft „The Umbrellas, Joint Project for Japan and U.S.A." (Vorsitzende: Jeanne-Claude Christo-Javacheff) finanziert. Die Künstler akzeptieren keine Form der Sponsorenfinanzierung. Auch alle vorangegangenen Projekte der Künstler wurden auf diese Weise, also durch den Verkauf von Studien, vorbereitenden Zeichnungen, Collagen, Modellen, früheren Werken und Originallithografien, finanziert.

Der Abbau begann am 27. Oktober, und der Landschaft wurde ihr ursprüngliches Aussehen zurückgegeben. Die Schirme wurden auseinandergenommen und wiederverwertet.

*The Umbrellas*, frei stehende dynamische Einheiten, spiegelten die Verfügbarkeit des Landes in den beiden Tälern und schufen einen einladenden Innenraum, wie Häuser ohne Wände oder vorübergehende Niederlassungen. Sie bezogen sich auf den vergänglichen Charakter dieses Kunstwerkes. In dem kostbaren, weil begrenzten Raum in Japan wurden die Schirme in intimer Nähe, teilweise der Geometrie der Reisfelder folgend, aufgestellt. In der wegen der ganzjährigen Regenzeit üppigen Vegetation waren die Schirme blau. In der kalifornischen Weite unkultivierten Graslandes war die Verteilung der Schirme willkürlich und erstreckte sich in alle Richtungen. Die braunen Hügel waren mit goldgelbem Gras bewachsen, und in dieser trockenen Landschaft waren die Schirme gelb.

Vom 9. Oktober 1991 an war das Projekt *The Umbrellas* für einen Zeitraum von 18 Tagen zu sehen, die Zuschauer konnten sich den Schirmen mit dem Auto oder zu Fuß nähern und sich an ihnen erfreuen. Man konnte sie mit dem Auto aus einiger Entfernung oder, dort wo sie an der Straße standen, von Nahem betrachten oder auch zu Fuß zwischen ihnen und in ihren leuchtenden Schatten spazieren gehen.

Le 9 octobre 1991, au lever du soleil, 1.880 ouvriers, en présence de Christo et Jeanne-Claude, commencèrent l'ouverture des 3.100 parasols en Ibaraki, Japon, et en Californie, États-Unis. Cette œuvre d'art temporaire en deux parties reflétait les similitudes et les différences dans les façons de vivre et d'utiliser la terre dans deux vallées situées à l'intérieur des terres, l'une d'une longueur de 19 kilomètres au Japon, l'autre de 29 kilomètres aux États-Unis.

Au Japon, la vallée est située au nord de Hitachita et au sud de Satomi, à 120 kilomètres au nord de Tokyo, le long de la route 349 et de la rivière Sato, dans la préfecture d'Ibaraki. Elle est composée de terrains publics et des parcelles de 459 propriétaires privés.

Aux États-Unis, la vallée est située à 96,5 kilomètres au nord de Los Angeles, le long de l'Interstate 5 et du col du Tejon, entre le sud de Gorman et Grapevine, sur les parcelles privées du Tejon Ranch, de 25 propriétaires privés ainsi que des domaines publics.

Onze usines au Japon, aux États-Unis, en Allemagne et au Canada préparèrent les divers éléments pour *The Umbrellas* : toile, superstructures en aluminium, bases d'ancrage en acier, fixations, couvertures moulées pour les bases et supports en bois pour les plates-formes. Les 3.100 parasols furent assemblés à Bakersfield en Californie, d'où 1.340 parasols bleus furent envoyés au Japon.

En décembre 1990, les compagnies de construction Muto, en Ibaraki, et A.L. Huber & Sons en Californie, commencèrent à installer, avec 500 ouvriers, les systèmes de fixation des ancres pour les bases en acier sous la surveillance des chefs de site Akira Kato, au Japon, et Vince Davenport aux États-Unis. Les plates-formes moulées pour servir de sièges furent placées sur les bases pendant les mois d'août et septembre 1991. Du 19 septembre au 7 octobre 1991, des ouvriers supplémentaires commencèrent à transporter les parasols vers les bases qui leur étaient attribuées, ils les boulonnèrent aux manchons de réception et dressèrent en position verticale les parasols fermés dans leurs housses de protection. Le 4 octobre, des étudiants, des ouvriers agricoles et des amis, 960 aux États-Unis et 920 au Japon, se sont joints à la main-d'œuvre pour achever l'installation des parasols. Chaque parasol mesurait 6 mètres de haut et 8,66 mètres de diamètre.

L'œuvre d'art temporaire a coûté à Christo et Jeanne-Claude 26 millions de dollars, financés par le biais de leur société « The Umbrellas, Joint Project for Japan and U.S.A. » (directrice : Jeanne-Claude Christo-Javacheff). Les artistes n'acceptent pas de sponsors. Tous les projets précédents furent financés de la même manière,

au travers de la vente d'œuvres préparatoires : dessins, collages et maquettes, ainsi que d'empaquetages anciens et des lithographies.

Le démontage commença le 27 octobre et le terrain fut remis en son état premier. Les parasols furent démontés et les matériaux recyclés.

*The Umbrellas*, modules dynamiques autonomes, reflétaient la disponibilité de la terre dans chaque vallée, tout en créant un espace interne accueillant, comme des maisons sans murs ou des installations temporaires, qui évoquent le caractère éphémère de l'œuvre d'art.

Dans l'espace précieux et limité du Japon, *The Umbrellas* étaient positionnés de manière intime, proches les uns des autres, suivant parfois la géométrie des rizières. Dans une végétation luxuriante enrichie par l'eau tout au long de l'année, les parasols étaient bleus.

En Californie, dans l'immensité d'une terre à pâturage non cultivée, la configuration des parasols était capricieuse et s'étendait dans toutes les directions. Les collines brunes sont recouvertes d'une herbe blonde séchée par le soleil. Dans ce paysage sec, les parasols étaient jaunes. À partir du 9 octobre 1991, *The Umbrellas* ont été vus, approchés et appréciés par le public pendant 18 jours, soit à distance en voiture ou à proximité au bord des routes, soit en marchant sous les parasols dans leurs ombres lumineuses.

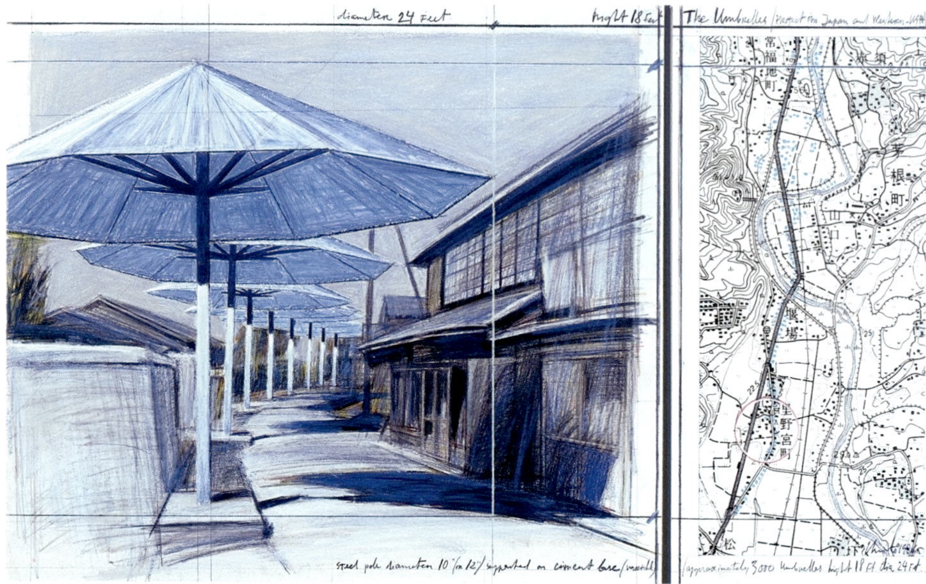





*Above:*

**The Umbrellas, Project for Japan and Western USA**
Collage 1986 in two parts:
66.7 x 77.5 cm and
66.7 x 30.5 cm
(26 ¼ x 30 ½″ and 26 ¼ x 12″)
Pencil, fabric, enamel paint,
pastel, charcoal, wax crayon,
and topographic map
Collection Jutta Sawade,
Berlin, Germany
*Photo: Eeva-Inkeri*

**The Umbrellas, Joint Project for Japan and USA**
Drawing 1990:
38.7 x 35.3 cm (15 ¼ x 13 ⅞″)
Pencil, charcoal, pastel, and
wax crayon

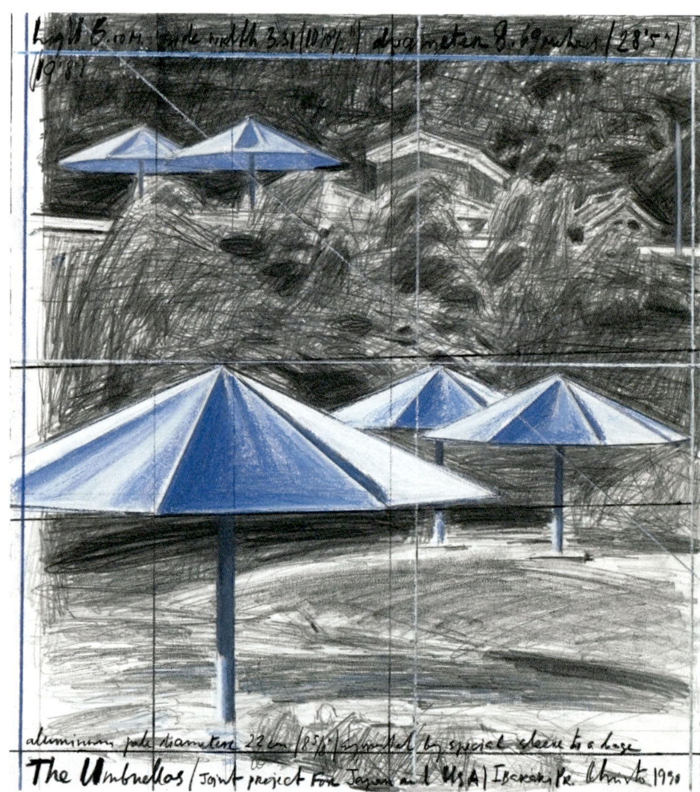

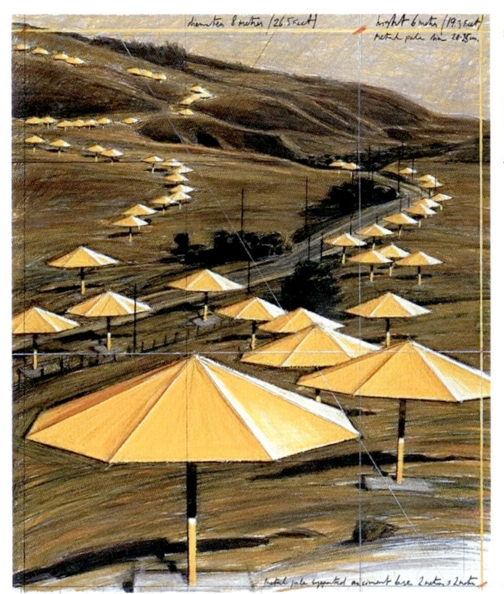
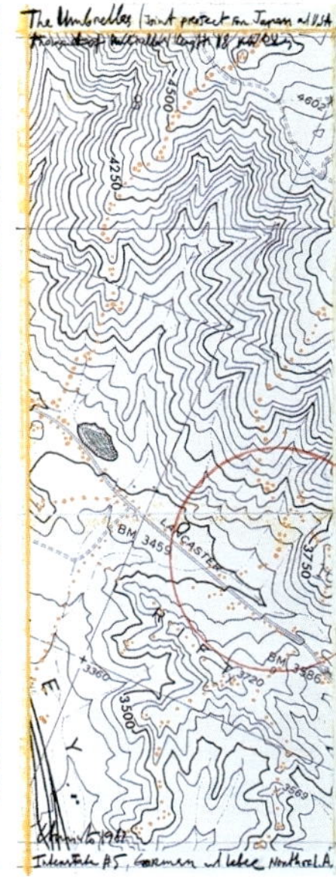

**The Umbrellas,
Joint Project for
Japan and USA**
Collage 1987 in two parts:
77.5 x 66.7 cm and
77.5 x 30.5 cm
(30 ½ x 26 ¼″ and
30 ½ x 12″)
Pencil, fabric, enamel
paint, pastel, charcoal,
wax crayon, tape, and
topographic map
Private collection,
Hong Kong

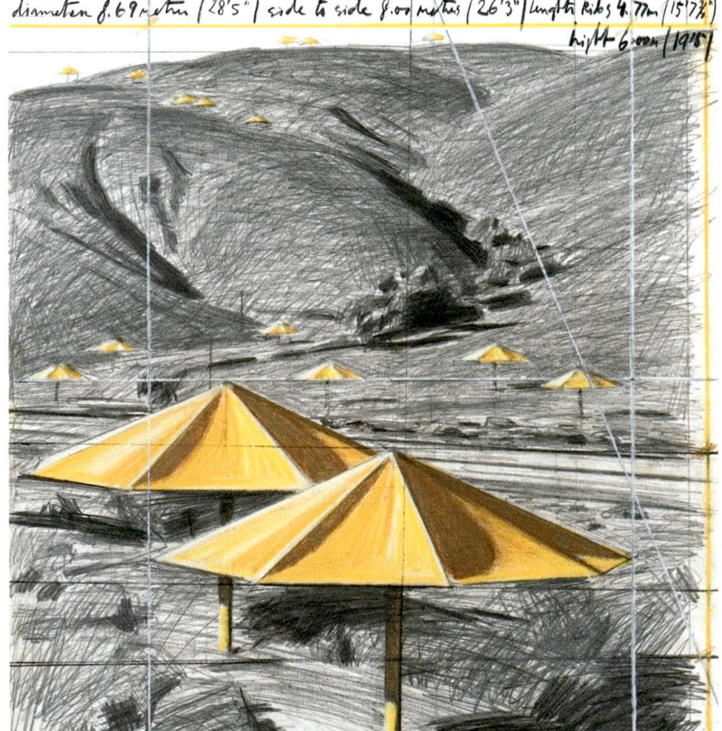

**The Umbrellas,
Joint Project for Japan
and USA**
Drawing 1990:
38.7 x 35.3 cm
(15 ¼ x 13 ⅞″)
Pencil, charcoal, pastel,
and wax crayon

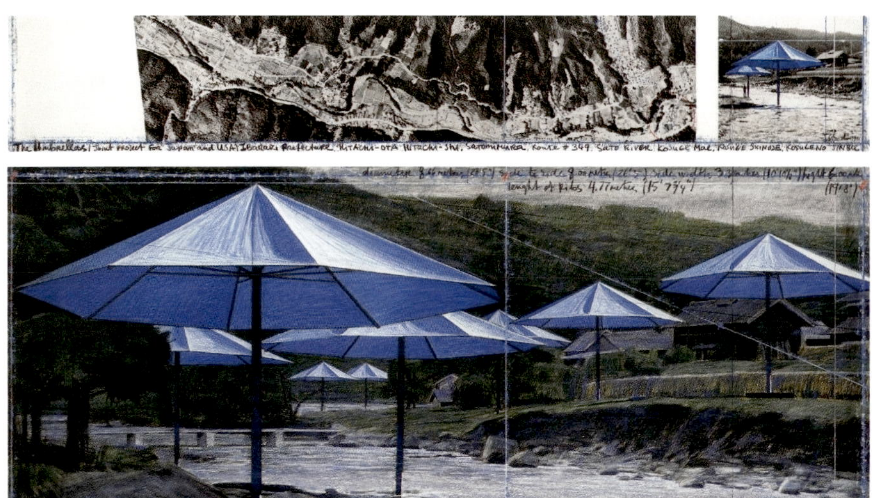

## The Umbrellas, Joint Project for Japan and USA
Drawing 1990 in two parts: 38 x 244 cm and 106.6 x 244 cm (15 x 96" and 42 x 96")
Pencil, charcoal, pastel, wax crayon, photograph by Wolfgang Volz,
enamel paint, and aerial photograph with topographic elevations
Private collection, New York City, USA


## The Umbrellas, Joint Project for Japan and USA
Drawing 1990 in two parts: 38 x 244 cm and 106.6 x 244 cm (15 x 96" and 42 x 96")
Pencil, charcoal, pastel, wax crayon, photograph by Wolfgang Volz, enamel paint, fabric sample,
tape, and topographic map. Private collection, California, USA

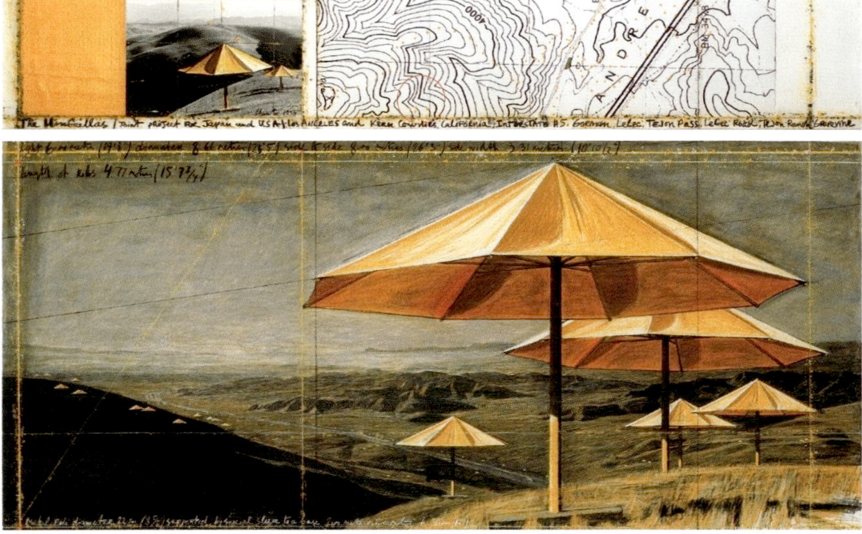

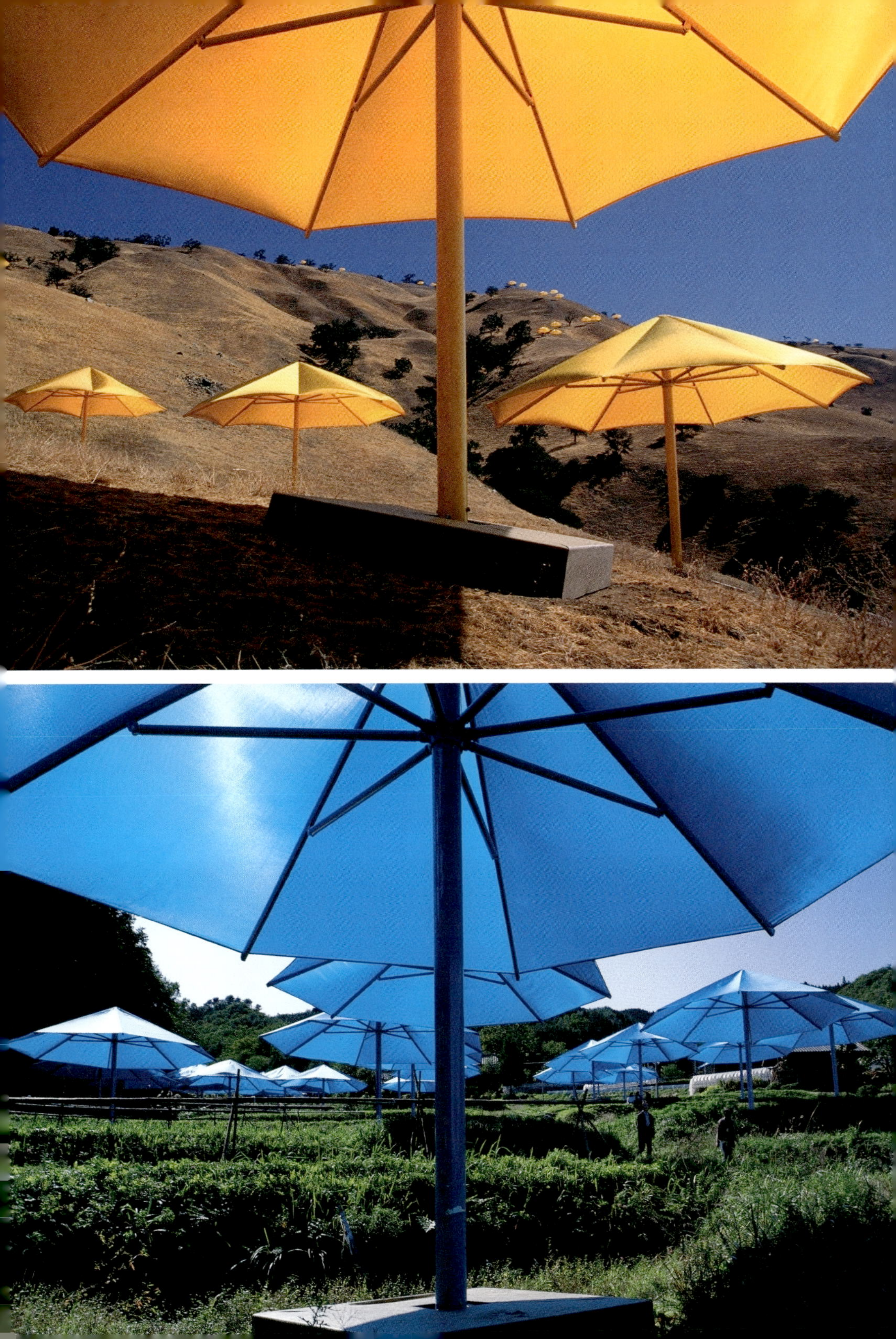

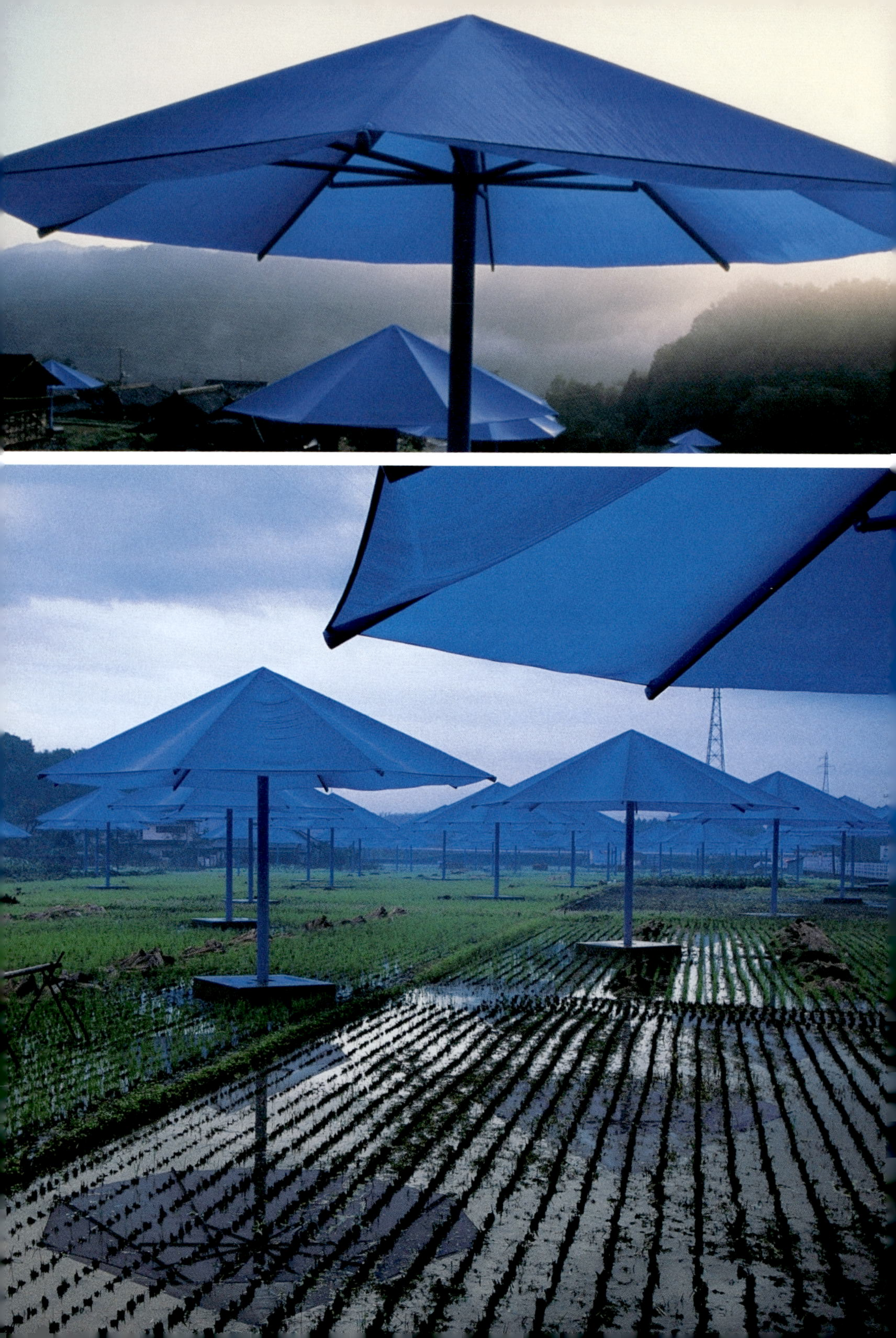

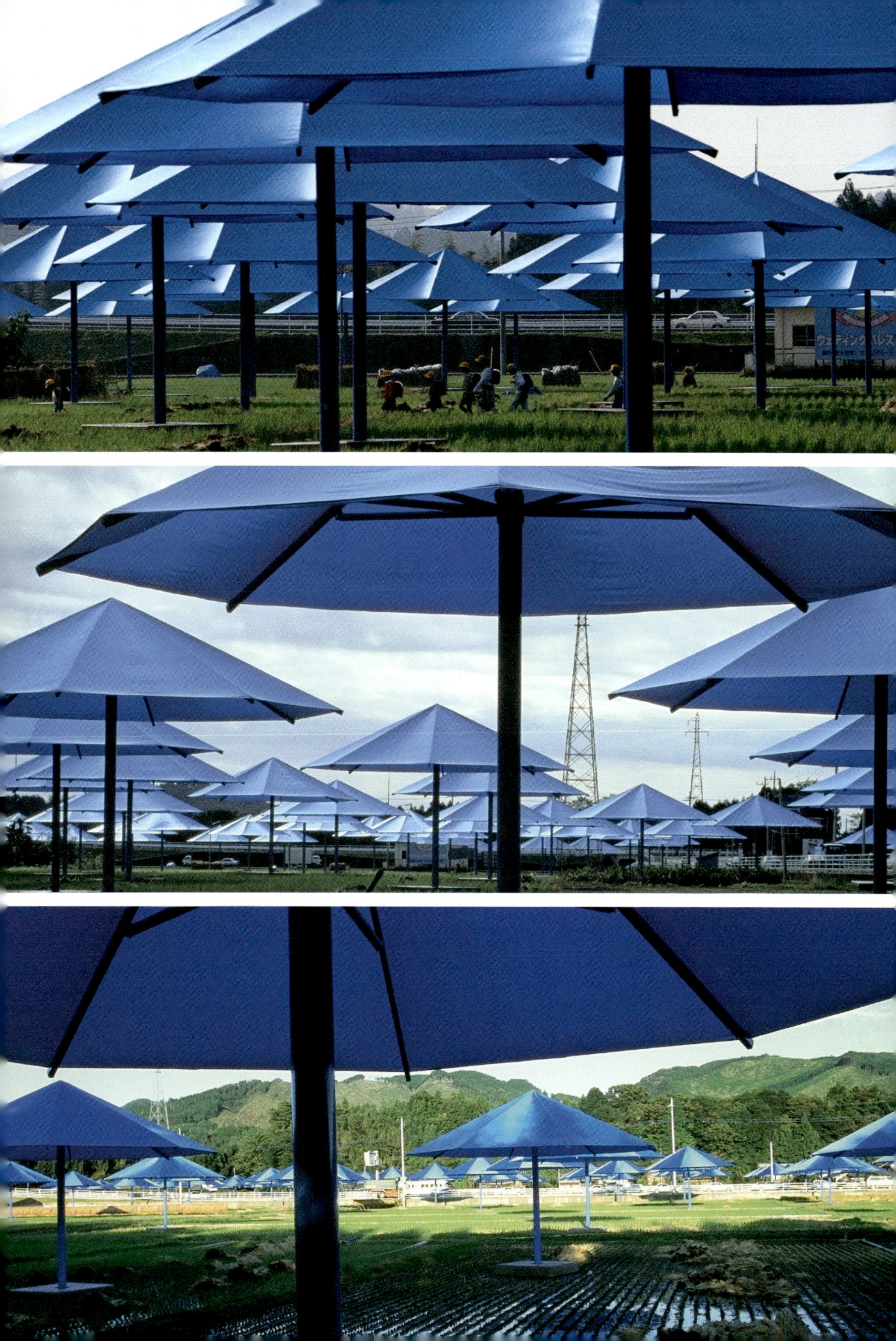

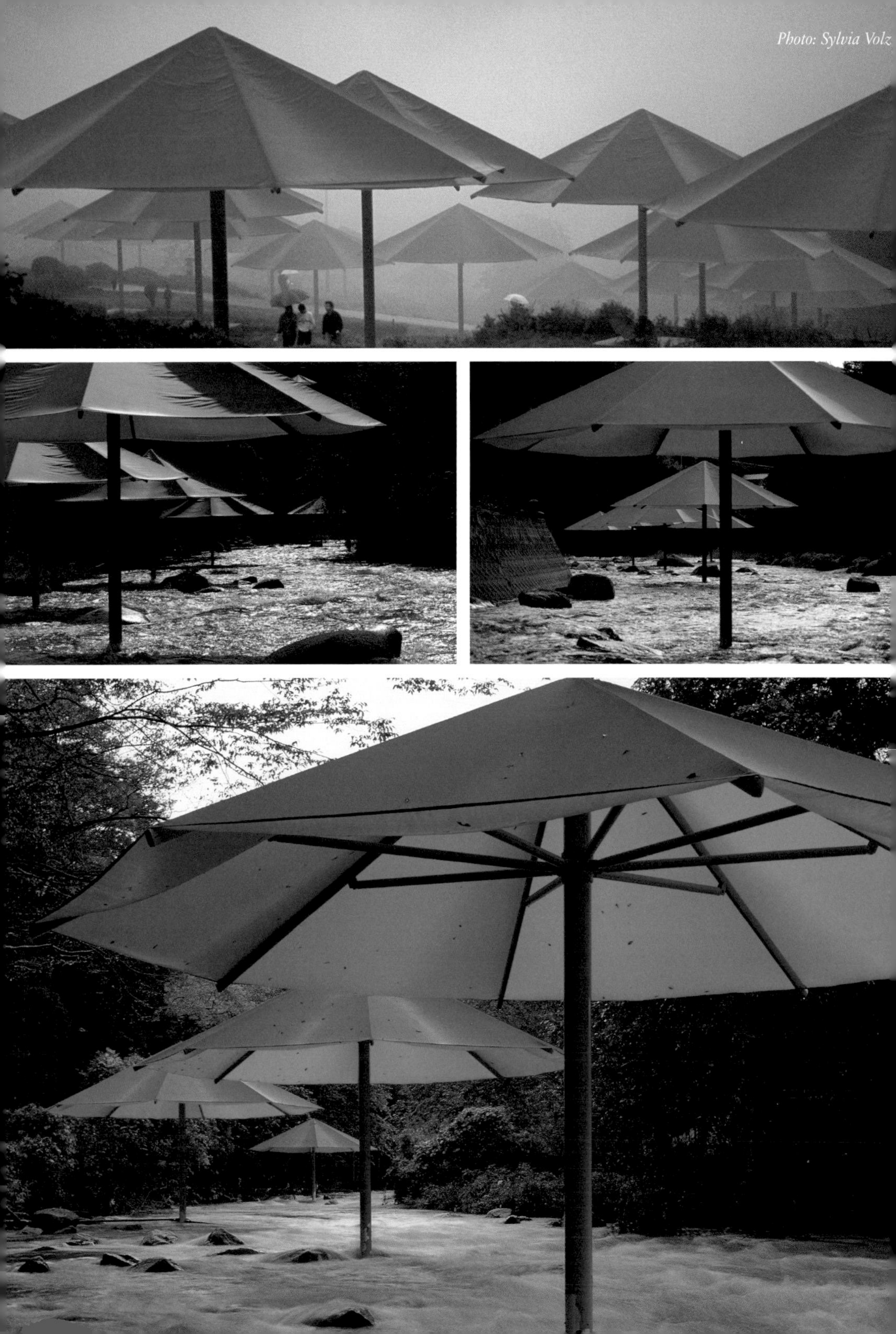
Photo: Sylvia Volz

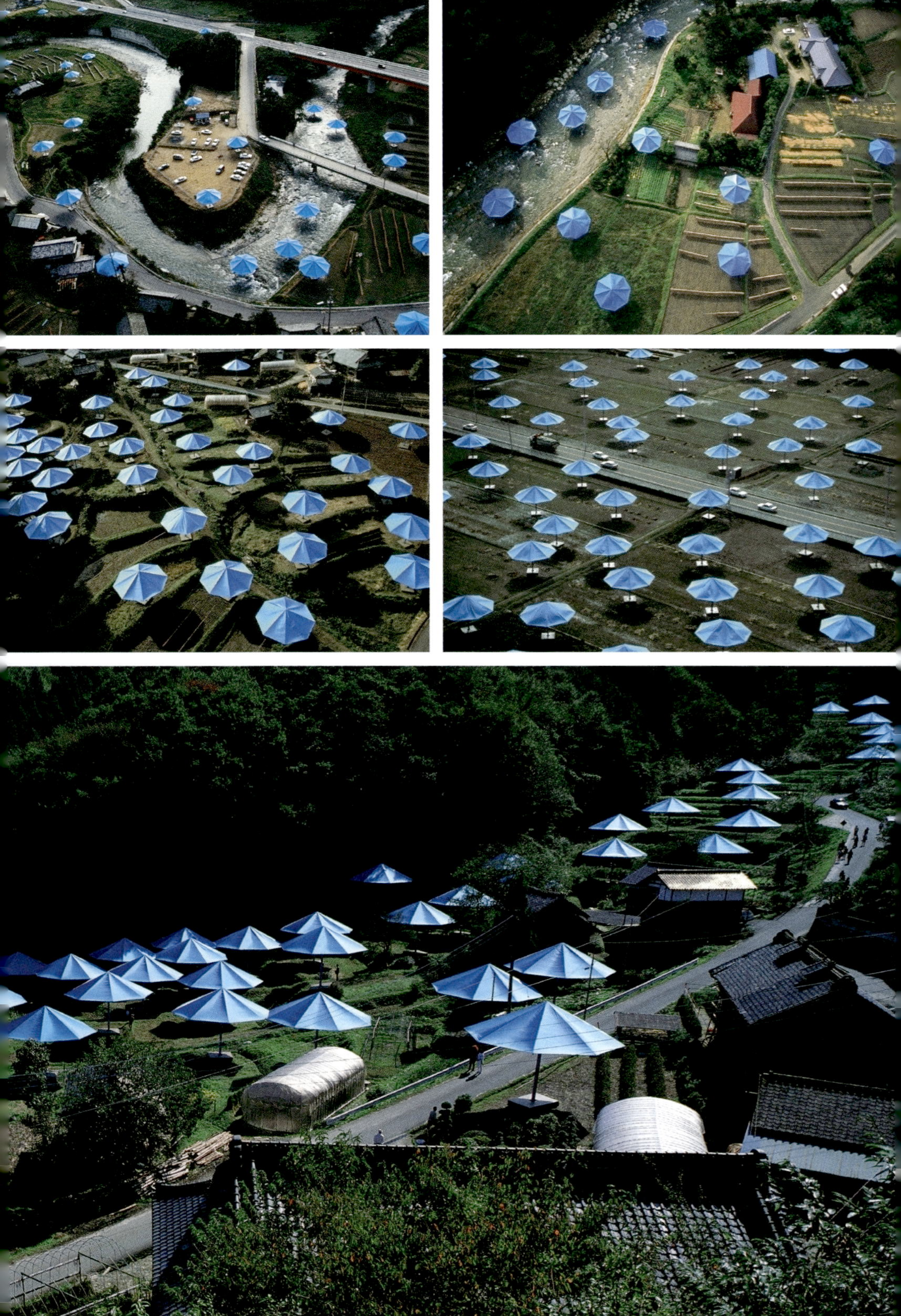

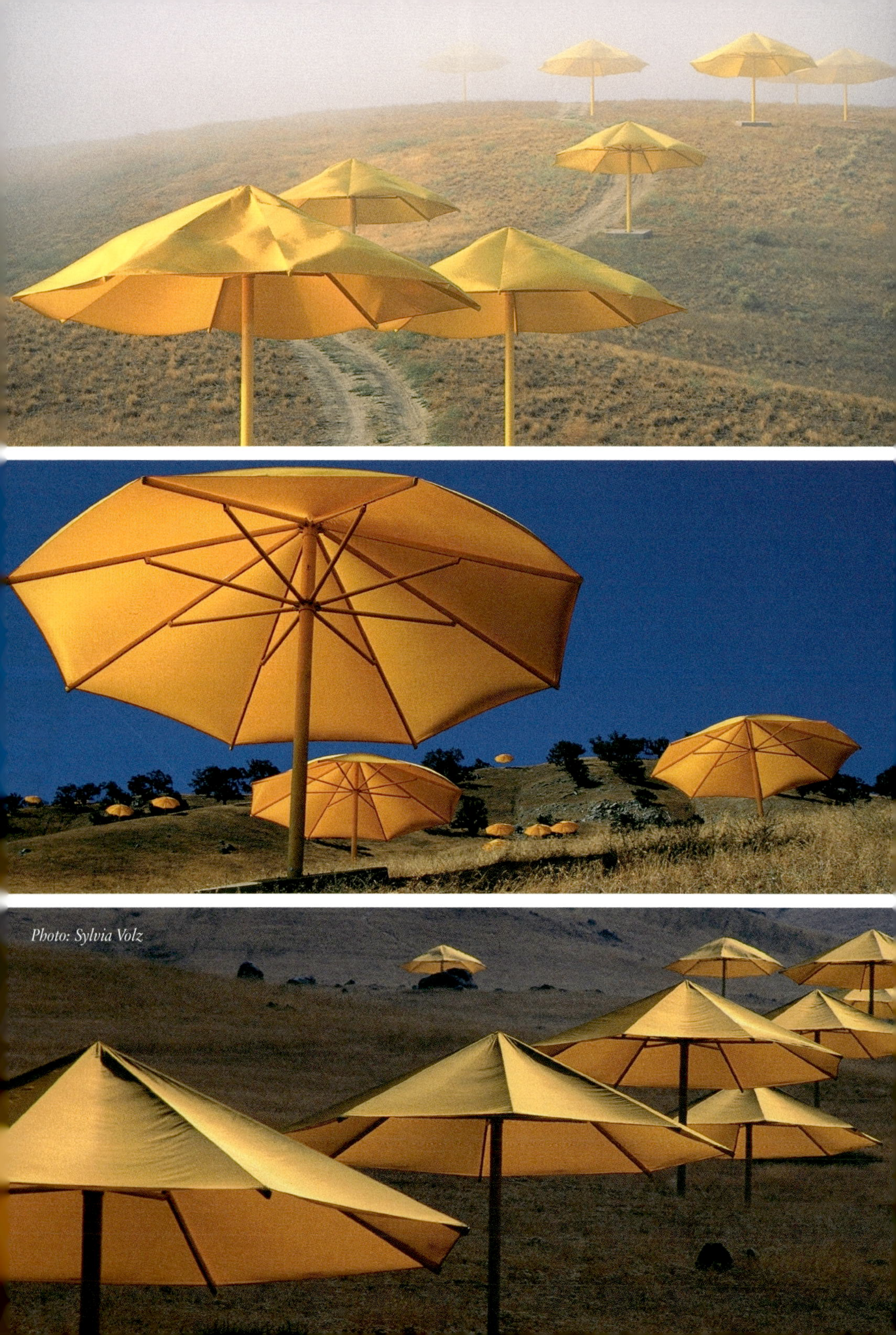


Photo: Sylvia Volz

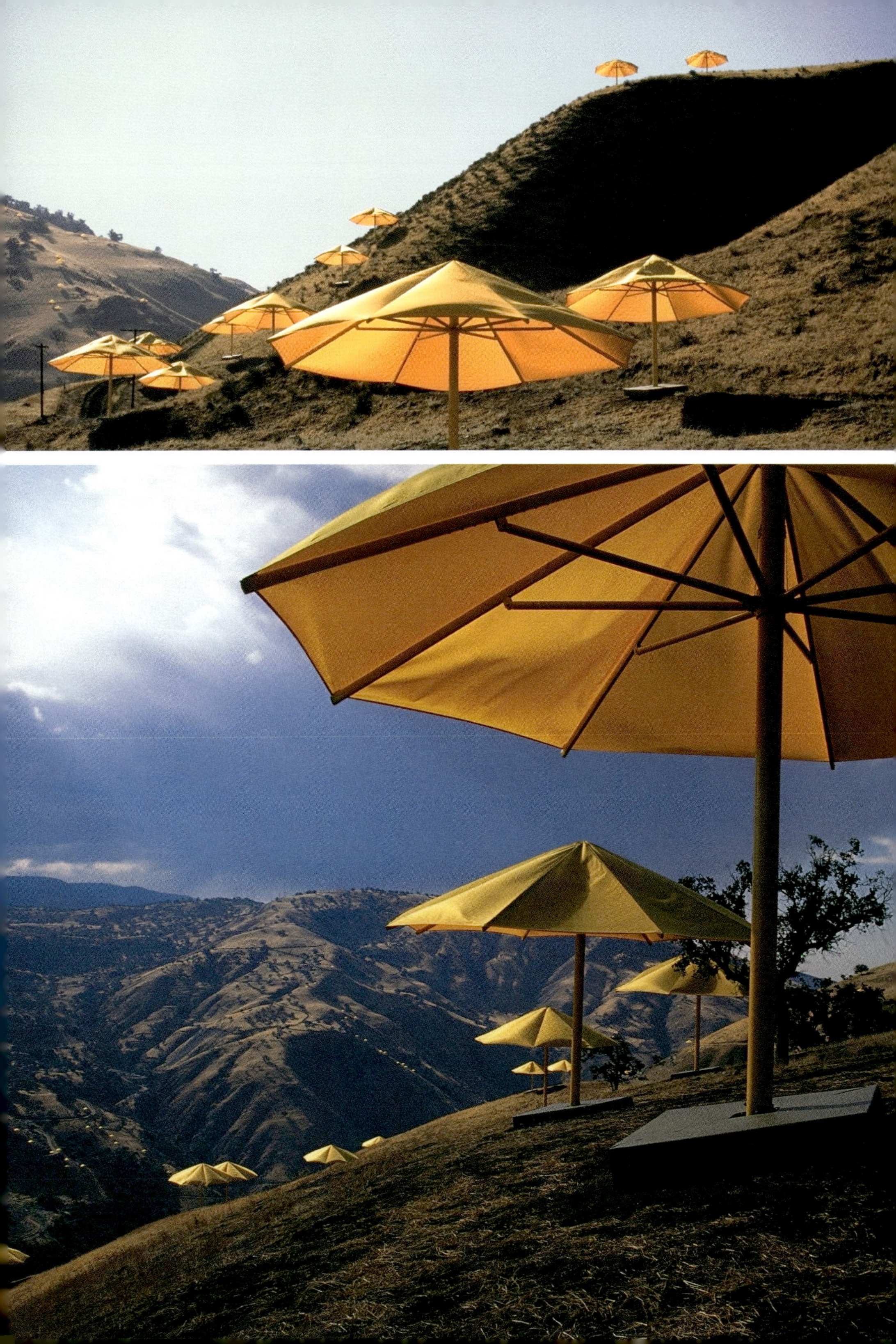

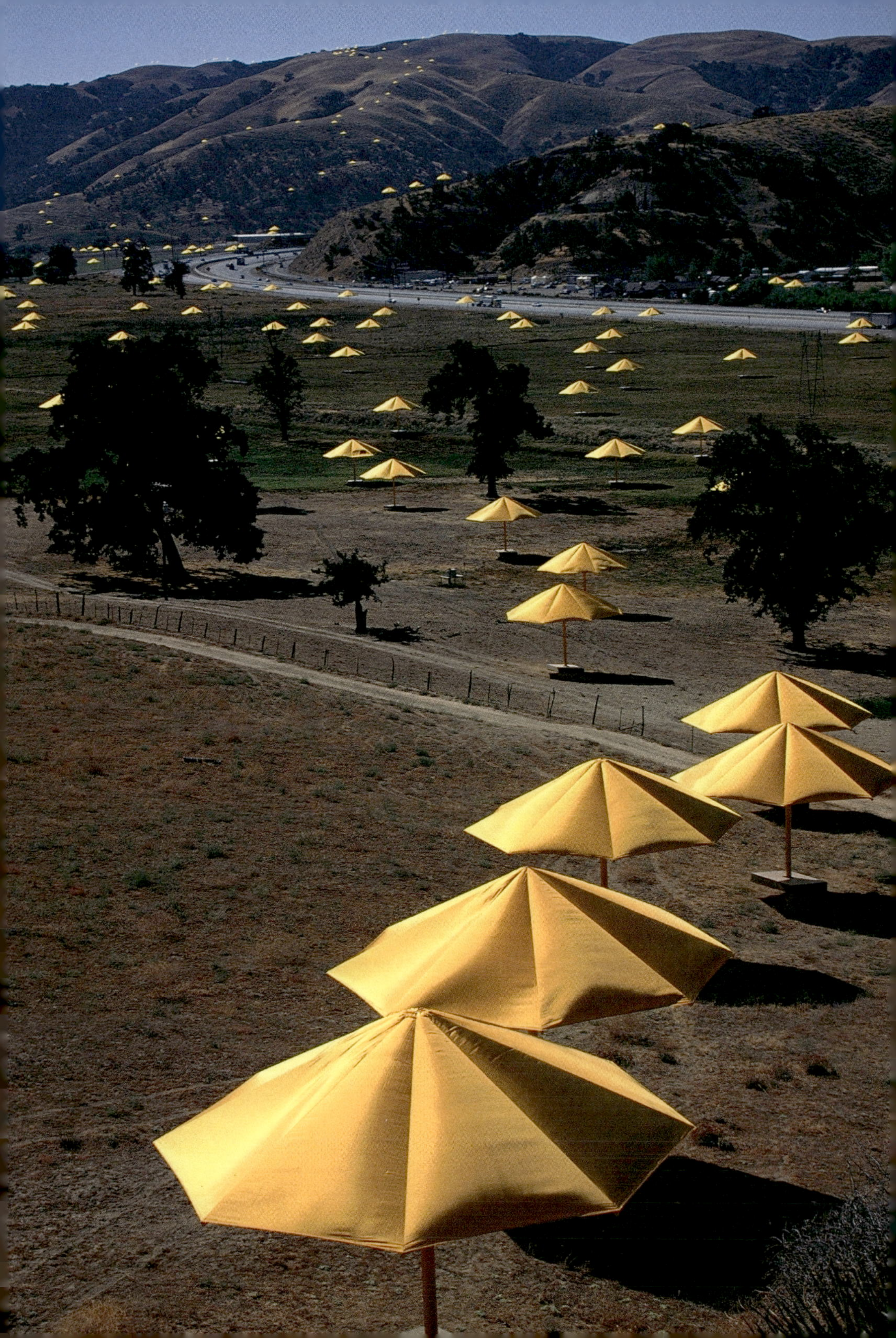

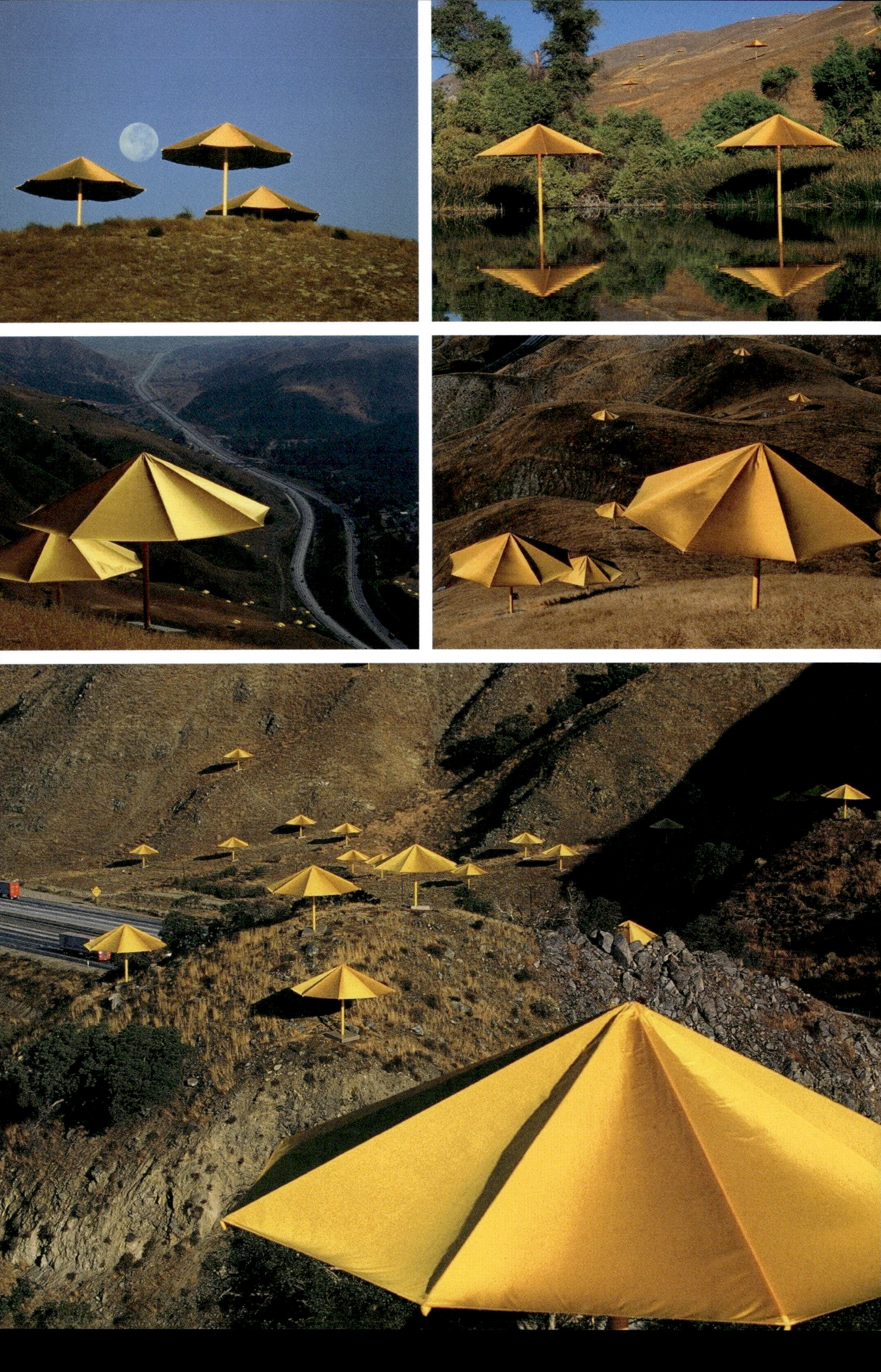

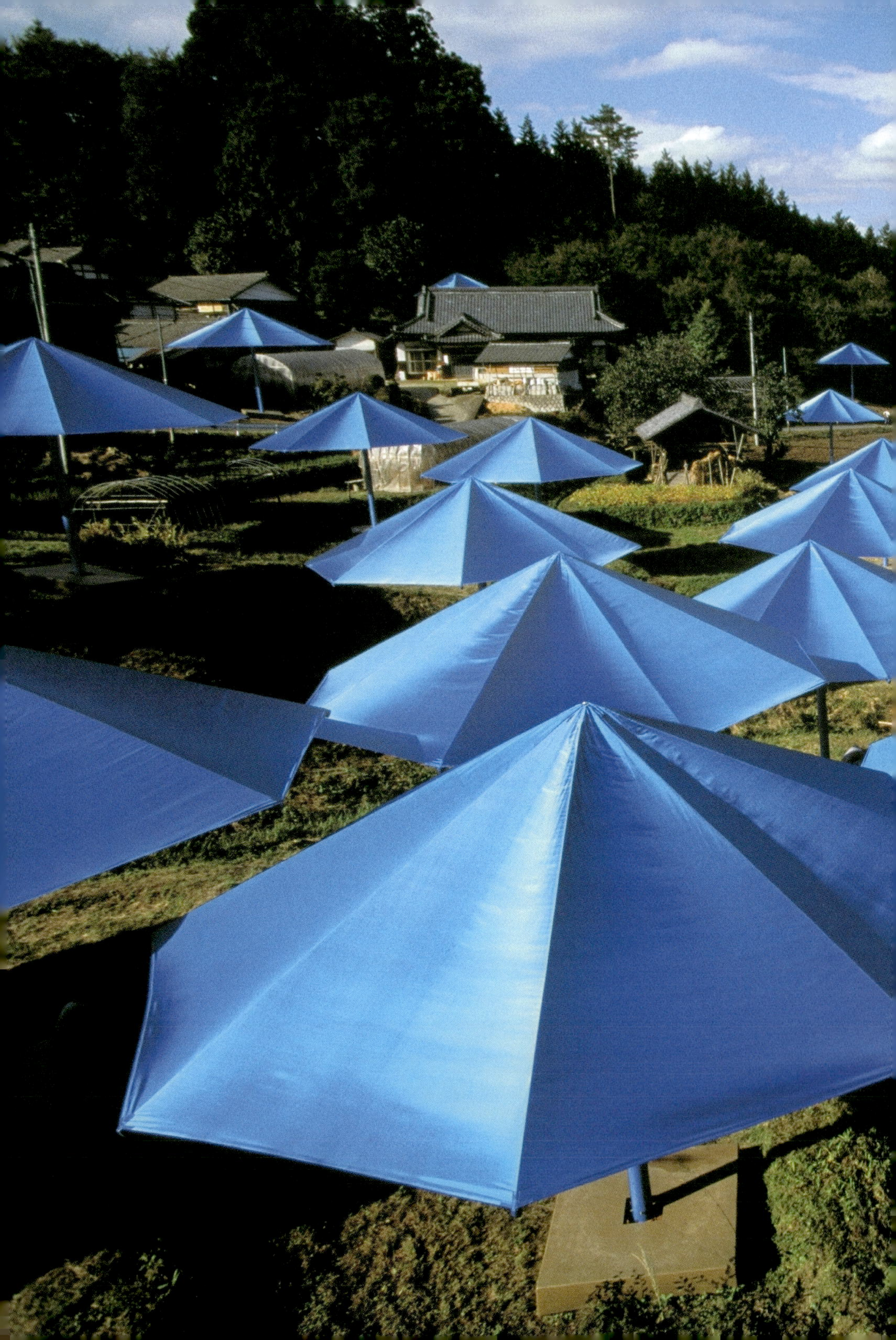

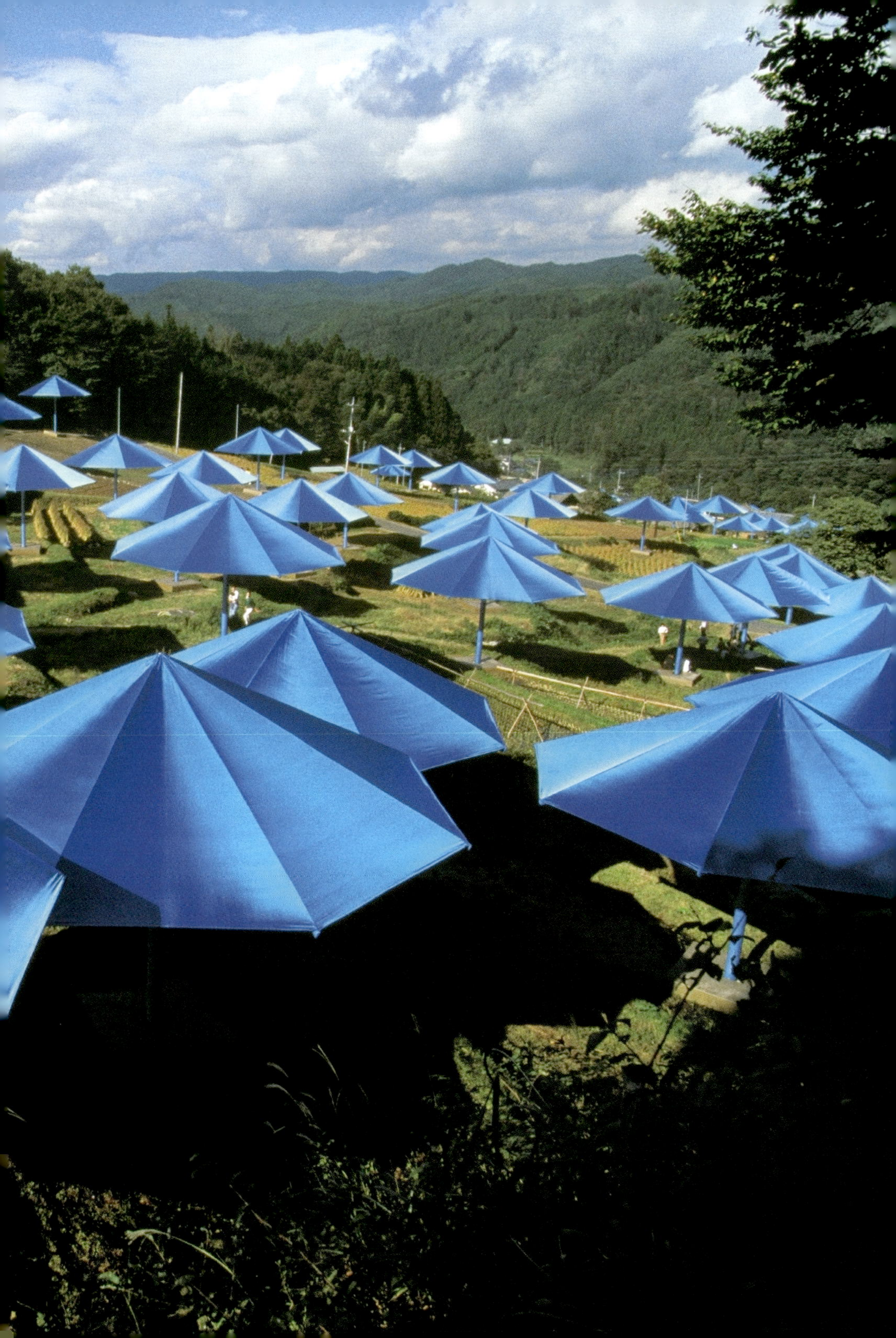

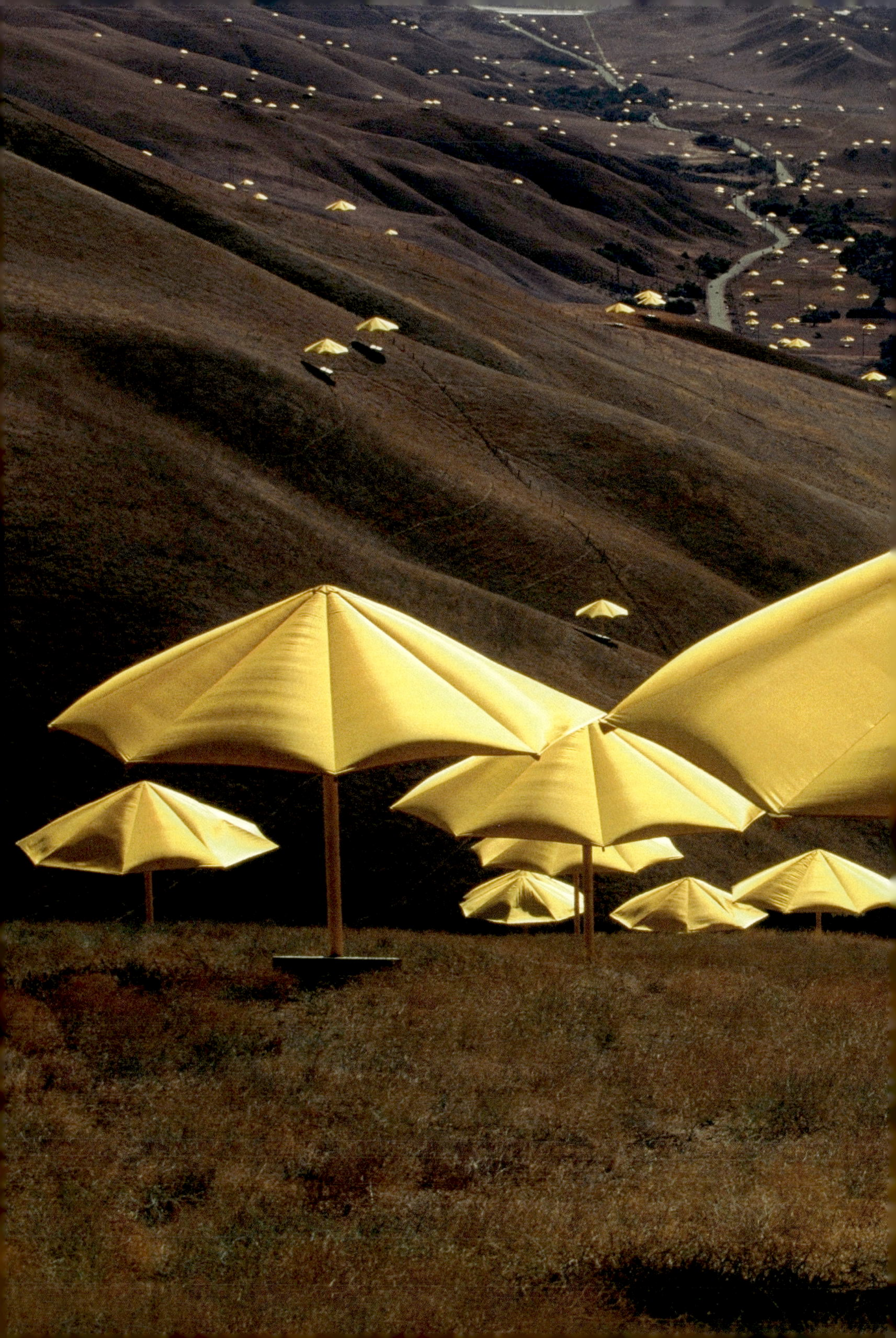

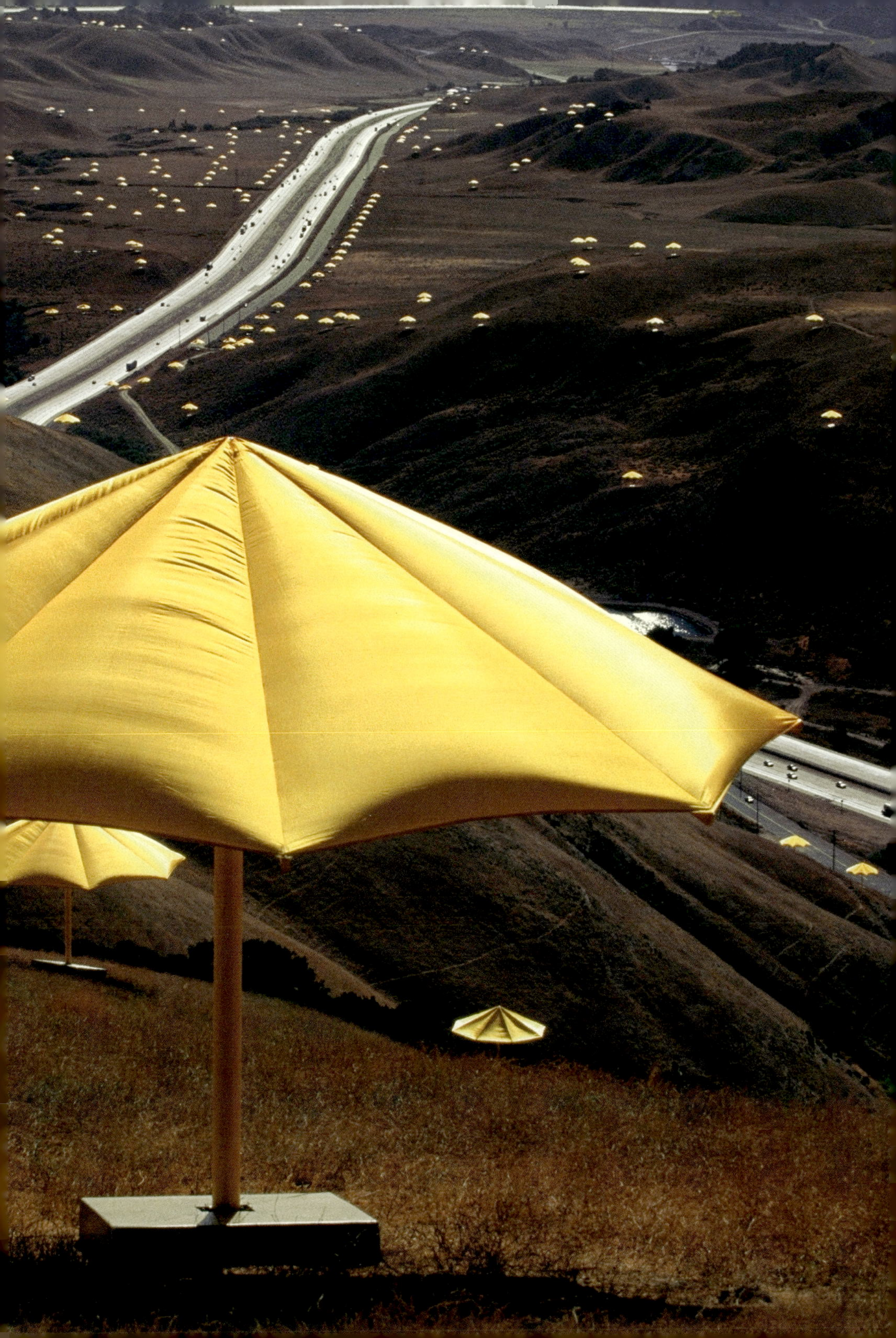

# Wrapped Floors and Stairways and Covered Windows
# Museum Würth, Künzelsau, Germany, 1994–95

From January 22 to January 27, 1995, Christo and Jeanne-Claude and their team created *Wrapped Floors and Stairways and Covered Windows* at the Museum Würth in Künzelsau, Germany. The temporary indoor installation was on view from January 29 to June 4, 1995.

Collector and entrepreneur Reinhold Würth invited the artists to have an exhibition in his museum on the occasion of the 50th anniversary of his company. The museum, planned and built by architects Maja Djordjevic-Müller and Siegfried Müller, was finished in 1991. After seeing the space, Christo and Jeanne-Claude decided against an exhibition and instead chose to create a temporary work of art for the interior of the museum.

*Wrapped Floors and Stairways and Covered Windows* involved the entire museum as well as a portion of the administrative building to ensure that both museum visitors and the company's employees could experience the work of art. A total of 2,900 square meters (31,215 square feet) of floor space was covered with 9,000 square meters (96,875 square feet) of painter's drop cloths. The walls of the museum remained completely bare. Additionally, 879 windows were covered with 3,450 square meters (37,135 sq. ft.) of brown wrapping paper, which created a honey-colored light in the room while obstructing the view outside.

The profusion of continuously changing folds of fabric on the floor emphasized the conscious action of walking on a surface that was visually rich in form and texture; the fabric also dampened the usual sounds of the space, creating a serene and calm ambience.

Vom 22. bis zum 27. Januar 1995 schufen Christo und Jeanne-Claude im Museum Würth in Künzelsau zusammen mit ihrem Team das Werk *Wrapped Floors and Stairways and Covered Windows*. Die temporäre Installation für den Innenraum war vom 29. Januar bis zum 4. Juni 1995 zu sehen.

Der Kunstsammler und Unternehmer Reinhold Würth hatte die Künstler anlässlich des 50. Geburtstages seiner Firma zu einer Ausstellung in seinem Museum eingeladen. Das von den Architekten Maja Djordjevic-Müller und Siegfried Müller geplante Gebäude war 1991 fertiggestellt worden. Nachdem Christo und Jeanne-Claude das Museum besucht hatten, entschieden sie sich gegen eine Ausstellung und schlugen stattdessen vor, im Inneren ein zeitlich begrenztes Kunstwerk zu schaffen.

*Wrapped Floors and Stairways and Covered Windows* erstreckte sich über das gesamte Museum sowie einen Teil des angeschlossenen

Verwaltungsgebäudes, um das Kunstwerk sowohl für die Museumsbesucher als auch die Mitarbeiter erfahrbar zu machen. Insgesamt wurde eine Fläche von 2.900 Quadratmetern mit 9.000 Quadratmetern Baumwollstoff bedeckt, der üblicherweise von Malern als Spritzschutz verwendet wird. Die Wände des Museums blieben vollkommen leer. Zusätzlich wurden 879 Fenster mit 3.450 Quadratmetern braunem Packpapier bedeckt, das ein honigfarbenes Licht in den Räumen erzeugte und gleichzeitig den Blick nach außen versperrte.

Der üppige, sich ständig ändernde Faltenwurf betonte den Akt des Gehens und lenkte den Fokus auf den Boden, dessen Form und Textur. Der Stoff dämpfte auch die Geräusche in den Räumen und schuf so eine von Ruhe und Heiterkeit geprägte Atmosphäre.

Du 22 au 27 janvier 1995, Christo et Jeanne-Claude aidés de leur équipe ont créé *Wrapped Floors and Stairways and Covered Windows* au Museum Würth à Künzelsau (Allemagne). Cette installation intérieure temporaire est restée visible du 29 janvier au 4 juin 1995.

À l'occasion du cinquantième anniversaire de sa société, le collectionneur et chef d'entreprise Reinhold Würth avait convié le couple d'artistes à organiser une exposition dans son musée. Celui-ci, conçu et réalisé par les architectes Maja Djordjevic-Müller et Siegfried Müller, avait été achevé en 1991. Après avoir repéré les lieux, Christo et Jeanne-Claude ont préféré, plutôt qu'une exposition, créer une œuvre temporaire dans le bâtiment.

*Wrapped Floors and Stairways and Covered Windows* concernait le musée tout entier ainsi qu'une partie du bâtiment administratif pour permettre aux visiteurs comme aux employés d'en profiter.

Au total, 2.900 mètres carrés d'espace au sol ont été recouverts de 9.000 mètres carrés de toile de protection pour peintres en bâtiment. Les murs, eux, sont restés entièrement nus. De plus, 879 fenêtres ont été masquées par 3.450 mètres carrés de papier Kraft, ce qui a apporté dans la salle une lumière couleur miel tout en occultant la vue sur l'extérieur.

Les plis au sol, innombrables et orientés en tous sens, rendaient encore plus conscient l'acte de marcher sur une surface visuellement riche de formes et de textures ; de plus, la toile amortissait les bruits habituels de cet espace en créant une ambiance sereine et tranquille.

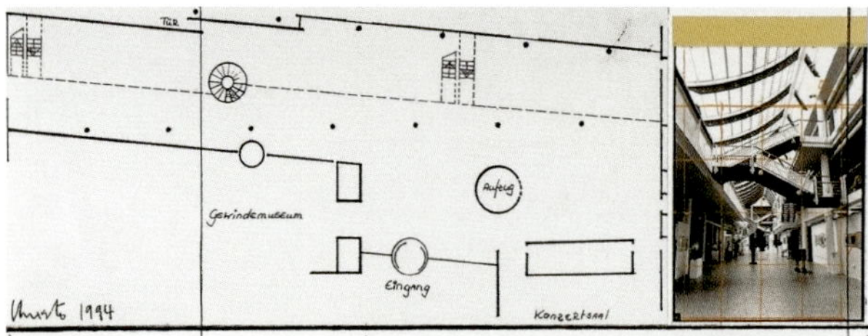

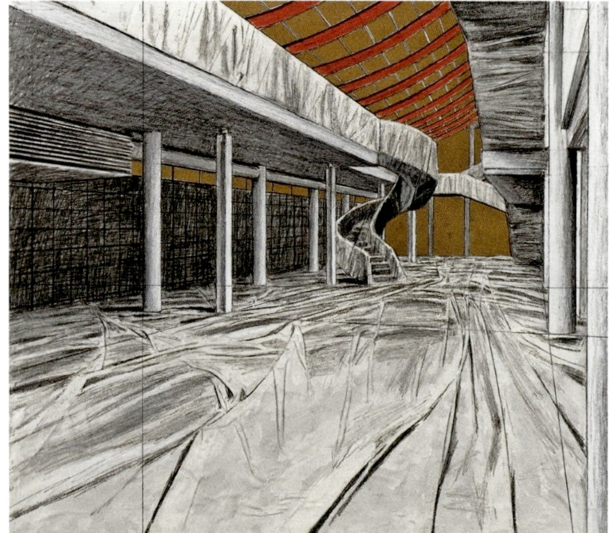

**Wrapped Floors and Covered Windows (Project for Museum Würth, Künzelsau, Germany)**
Collage 1994 in two parts:
30.5 x 77.5 cm and 66.7 x 77.5 cm
(12 x 30 ½″ and 26 ¼ x 30 ½″)
Pencil, fabric, brown wrapping paper, enamel paint, pastel, photograph by Wolfgang Volz, wax crayon, tape, and technical data
Würth Collection, Künzelsau, Germany

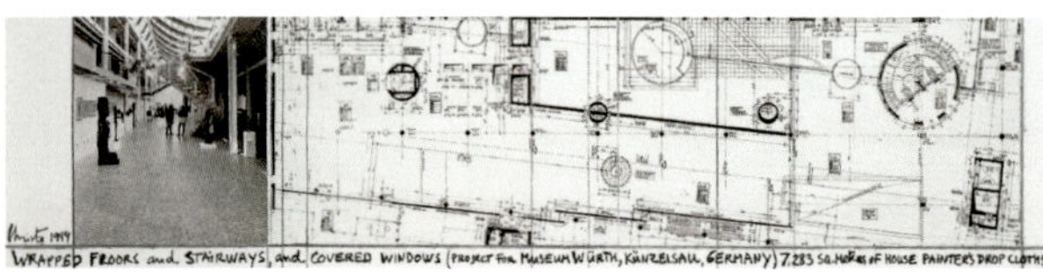

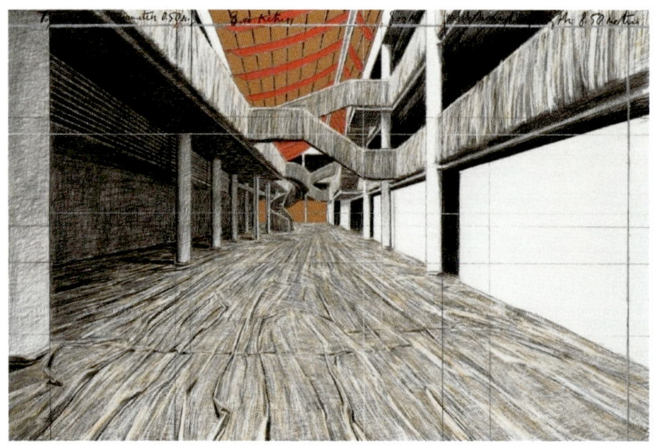

**Wrapped Floors and Stairways, and Covered Windows (Project for Museum Würth, Künzelsau, Germany)**
Drawing 1994 in two parts:
38 x 165 cm and 106.6 x 165 cm
(15 x 65″ and 42 x 65″)
Pencil, charcoal, pastel, brown wrapping paper, photograph by Wolfgang Volz, and technical data
Würth Collection, Künzelsau, Germany

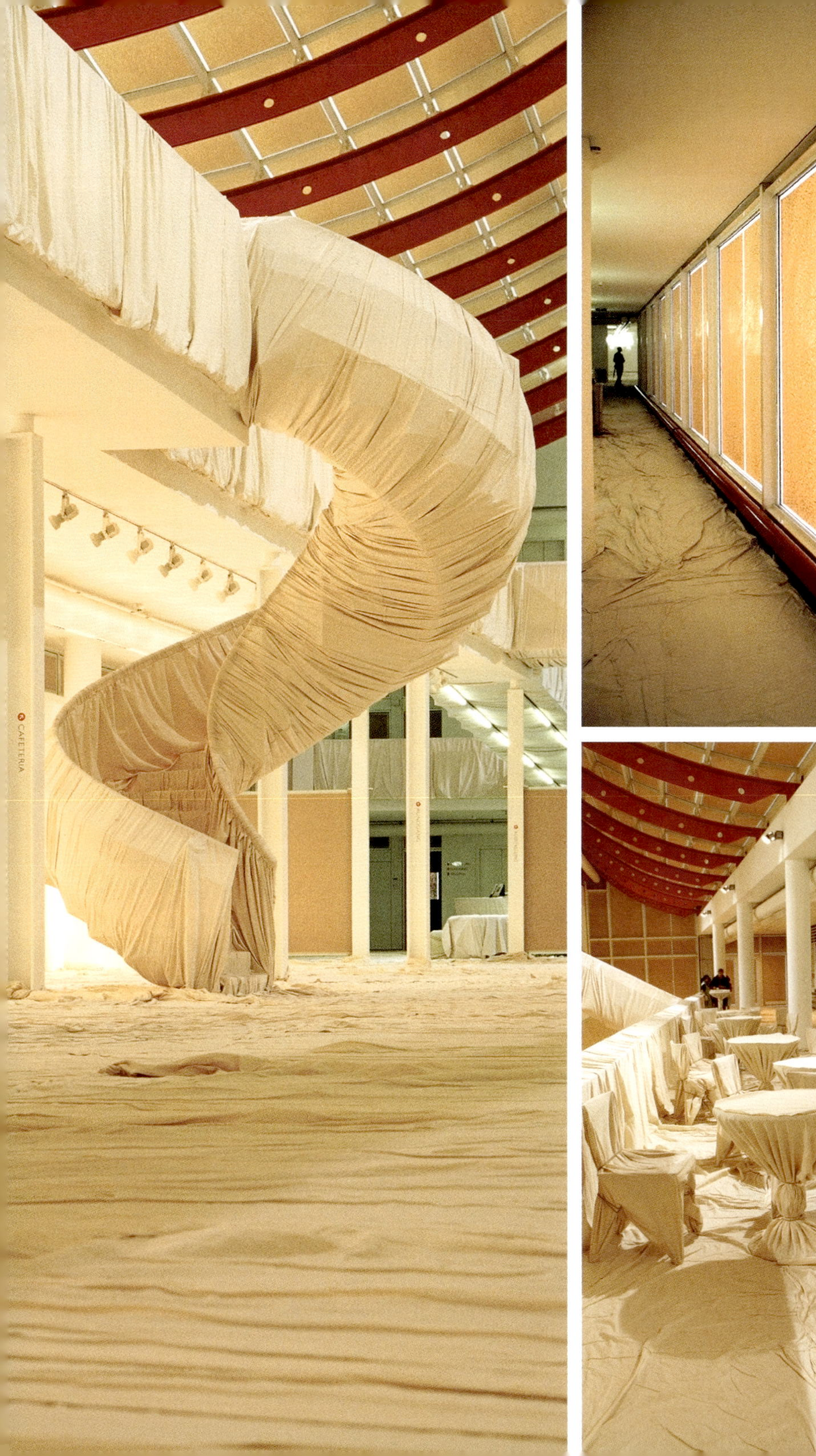

# Wrapped Reichstag
## Berlin, 1971–95

After a struggle spanning the 1970s, 1980s, and 1990s, the wrapping of the Reichstag was completed on June 24, 1995, by a work force of 90 professional climbers and 120 installation workers. The Reichstag remained wrapped for 14 days and all materials were recycled.

100,000 square meters (1,076,000 square feet) of thick woven polypropylene fabric with an aluminum surface and 15,600 meters (51,181 feet) of blue polypropylene rope, diameter 3.2 cm (1.25 inch), were used for the wrapping of the Reichstag. The façades, the towers and the roof were covered by 70 tailor-made fabric panels, twice as much fabric as the surface of the building.

The work of art was entirely financed by the artists, as have all their projects, through the sale of preparatory studies, drawings, collages, scale models as well as early works and original lithographs. The artists do not accept sponsorship of any kind.

The *Wrapped Reichstag* represents not only 24 years of effort in the lives of the artists but also years of teamwork by its leading members Michael S. Cullen, Wolfgang and Sylvia Volz, and Roland Specker.

The Reichstag stands up in an open, strangely metaphysical area. The building has experienced its own continuous changes and perturbations: built in 1894, burned in 1933, almost destroyed in 1945, it was restored in the 1960s, but the Reichstag always remained the symbol of Democracy.

Throughout the history of art, the use of fabric has been a fascination for artists. From the most ancient times to the present, fabric forming folds, pleats, and draperies is a significant part of paintings, frescoes, reliefs, and sculptures made of wood, stone, and bronze. The use of fabric on the Reichstag follows the classical tradition.

Fabric, like clothing or skin, is fragile; it translates the unique quality of impermanence.

For a period of two weeks, the richness of the silvery fabric, shaped by the blue ropes, created a sumptuous flow of vertical folds highlighting the features and proportions of the imposing structure, revealing the essence of the Reichstag.

Nach langem Ringen, das sich durch die 1970er-, 1980er- und 1990er-Jahre zog, wurde die Verhüllung des Reichstagsgebäudes am 24. Juni 1995 von einer Mannschaft, bestehend aus 90 Gewerbekletterern und 120 Montagearbeitern, vollendet. Der Reichstag blieb 14 Tage lang verhüllt, und alle Materialien wurden recycelt. 100.000 Quadratmeter dickes Polypropylengewebe mit einer aluminisierten Oberfläche und 15.600 Meter blaues Polypropylenseil mit einem Durchmesser von 3,2 Zentimetern wurden für die Verhüllung des Reichstags benutzt. Die Fassaden, die Türme und das Dach wurden mit 70 speziell dafür zugeschnittenen Gewebepaneelen bedeckt, der doppelten Menge der Oberfläche des Gebäudes.

Das Kunstwerk wurde wie alle anderen Projekte der Künstler ausschließlich aus eigenen Mitteln finanziert, durch den Verkauf von Vorstudien, Zeichnungen, Collagen, maßstabsgerechten Modellen, früheren Arbeiten und Originallithografien. Die Künstler akzeptieren keinerlei Fördermittel aus öffentlicher oder privater Hand.

Der *Verhüllte Reichstag* steht nicht nur für die 24-jährigen Bemühungen im Leben der Künstler, sondern auch für viele Jahre Teamarbeit der leitenden Mitglieder Michael S. Cullen, Wolfgang und Sylvia Volz und Roland Specker.

Der Reichstag steht auf einem weithin offenen Gelände, das geradezu metaphysische

Assoziationen weckt. Das Gebäude hat ständige
Wechsel und Erschütterungen erlebt. Fertig-
gestellt im Jahr 1894, wurde es 1933 in Brand ge-
steckt, 1945 fast völlig zerstört und in den 1960er-
Jahren wieder aufgebaut. Doch immer blieb der
Reichstag ein Symbol für die Demokratie.

Die ganze Kunstgeschichte hindurch waren
Künstler von Stoffen und Geweben fasziniert.
Von der frühesten Zeit bis zur Gegenwart ist die
Struktur von Stoffen – Faltenwürfe, Plissees,
Draperien – ein bedeutender Bestandteil von
Gemälden, Fresken, Reliefs und Skulpturen
aus Holz, Stein und Bronze. Die Verhüllung des
Reichstags folgt dieser klassischen Tradition.
Stoffbahnen – wie die Kleidung oder die Haut –
haben etwas Zartes und Empfindliches, sie ver-
deutlichen die einzigartige Qualität des
Vergänglichen.

Für einen Zeitraum von zwei Wochen ergab
die verschwenderische Fülle des silbrig glänzenden, mit blauen Seilen vertäuten Gewebes einen
üppigen Fluss vertikaler Falten, die Bestandteile
und Proportionen des imposanten Baus hervor-
hoben und die wesentlichen Merkmale des
Reichstagsgebäudes vor Augen führten.


Après une lutte qui s'étendit sur les années 1970,
1980 et 1990, l'empaquetage du Reichstag fut
réalisé le 24 juin 1995 par des équipes de 90
alpinistes professionnels et 120 ouvriers. Le
Reichstag resta empaqueté pendant 14 jours
et les matériaux furent recyclés.

100.000 mètres carrés d'une toile épaisse de
polypropylène tissée enduite d'une fine couche
d'aluminium et 15.600 mètres de corde bleue en
polypropylène de 3,2 centimètres de diamètre
furent utilisés pour l'empaquetage du Reichstag.

Les façades, les tours et le toit furent couverts
par 70 panneaux de toile cousue sur mesure,
représentant deux fois plus de tissu que la
surface du bâtiment.

L'œuvre d'art a été financée par les artistes,
comme tous leurs projets, par la vente d'études
préparatoires : dessins, collages, maquettes et
lithographies, ainsi que des empaquetages anciens. Les artistes n'acceptent pas de sponsors.

Le *Reichstag Empaqueté* représente non seulement 24 années d'efforts dans la vie des artistes,
mais aussi des années de travail d'équipe avec
leurs plus importants associés : Michael S.
Cullen, Sylvia et Wolfgang Volz et Roland
Specker.

Le Reichstag se dresse dans un lieu ouvert
et étrangement métaphysique. Le bâtiment a
continuellement subi ses propres changements
et perturbations : construit en 1894, incendié en
1933, quasiment détruit en 1945, il fut restauré
dans les années 1960, mais le Reichstag est
toujours resté un symbole de démocratie.

Tout au long de l'histoire de l'art, l'usage
du tissu a été un objet de fascination pour les
artistes. Des temps les plus reculés jusqu'à nos
jours, l'étoffe qui forme des pans, des plis et des
draperies, est une partie significative des pein-
tures, des fresques, des reliefs et des sculptures
réalisés en bois, en pierre ou en bronze.
L'utilisation de toile sur le Reichstag s'inscrit
dans cette tradition classique. Le tissu, comme
l'action de se vêtir ou comme une peau, est fragile, il traduit la qualité unique de l'éphémère.

La richesse de la toile argentée, modelée par
les cordes bleues, créa pendant deux semaines
un somptueux drapé de plis verticaux mettant
en relief les caractéristiques et les proportions
de cette imposante structure, révélant l'essence
du Reichstag.

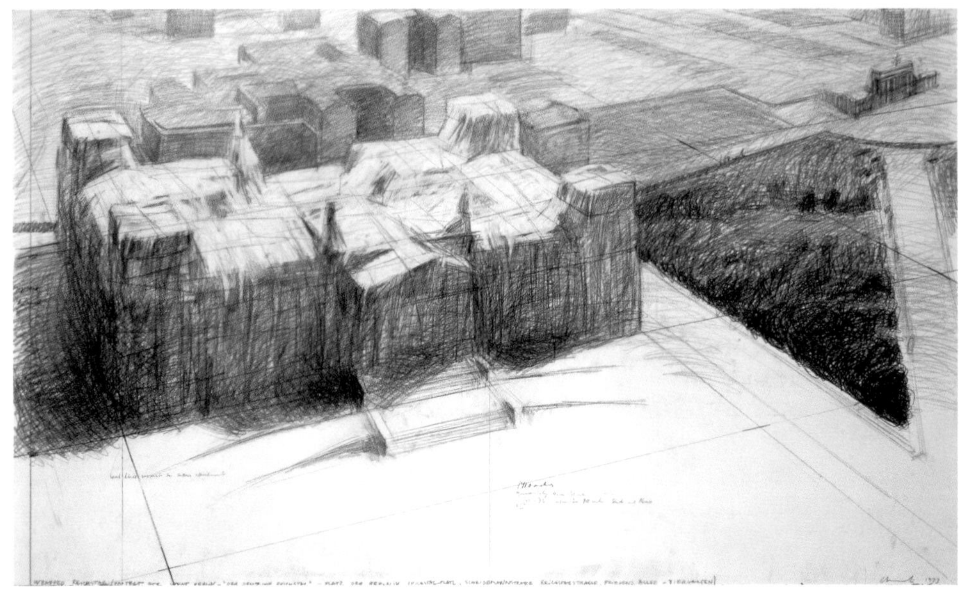

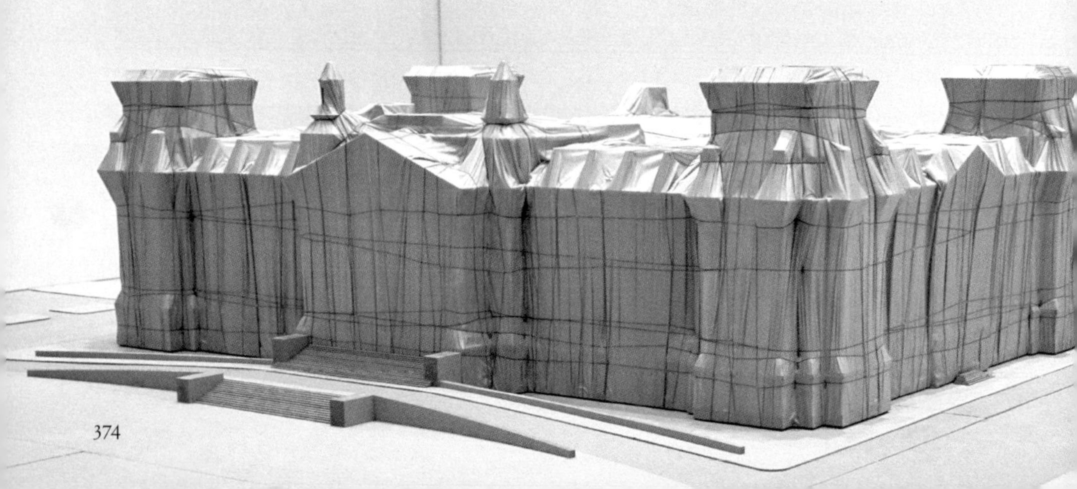

<table>
<tr><td>

*Above:*
**Wrapped Reichstag, Project for West Berlin**
Drawing 1973: 91 x 152 cm (36 x 60")
Pencil and wax crayon
(Part of the *Wrapped Reichstag Documentation Exhibition*)
Collection Lars Windhorst. Permanent loan at the Deutscher
Bundestag, Berlin, Germany


*Below:*
**Wrapped Reichstag, Project for Berlin**
Scale model 1981 (Detail): 85 x 426 x 486 cm (33 ½ x 167 ¾ x 191 ¼")
Fabric, twine, wood, and paint
(Part of the *Wrapped Reichstag Documentation Exhibition*)
Collection Lars Windhorst. Permanent loan at the Deutscher
Bundestag, Berlin, Germany

</td><td>

*Opposite top:*
**Wrapped Reichstag, Project for**
**Der Deutsche Reichstag, Berlin**
Collage 1977: 56 x 71 cm (22 x 28")
Pencil, fabric, twine, pastel, charcoal,
and wax crayon


*Opposite bottom:*
**Wrapped Reichstag, Project for**
**Der Deutsche Reichstag, Berlin**
Collage 1978: 56 x 71 cm (22 x 28")
Pencil, fabric, twine, charcoal,
wax crayon, pastel, and ballpoint pen
Private collection, Germany
*Photo: Eeva-Inkeri*

</td></tr>
</table>

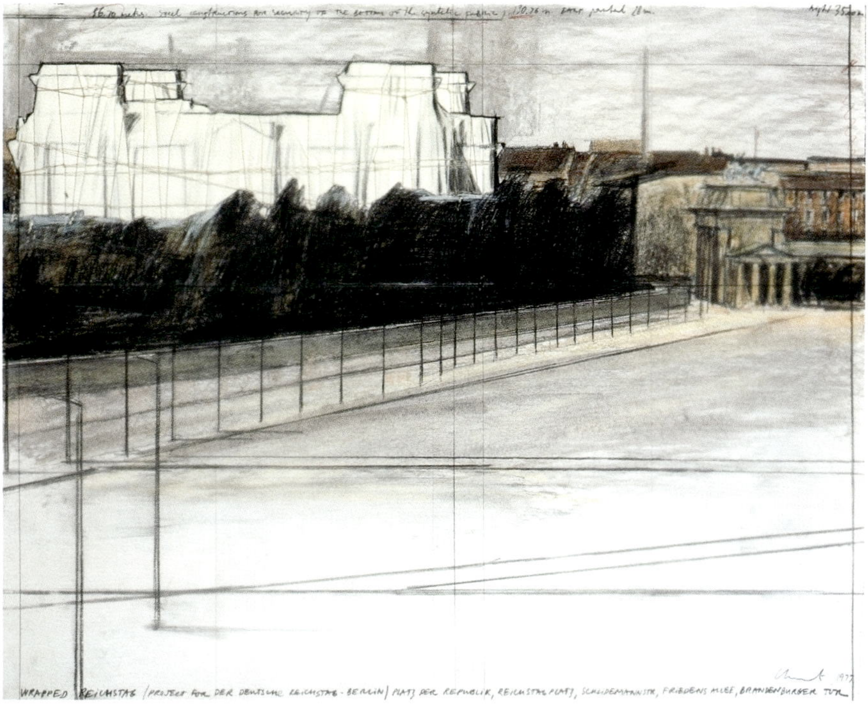

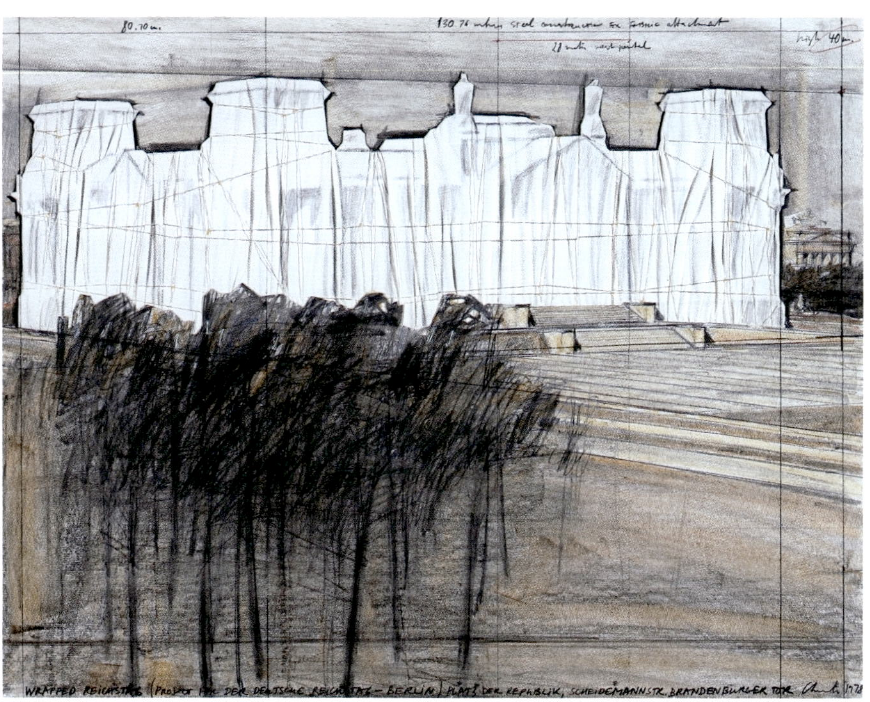

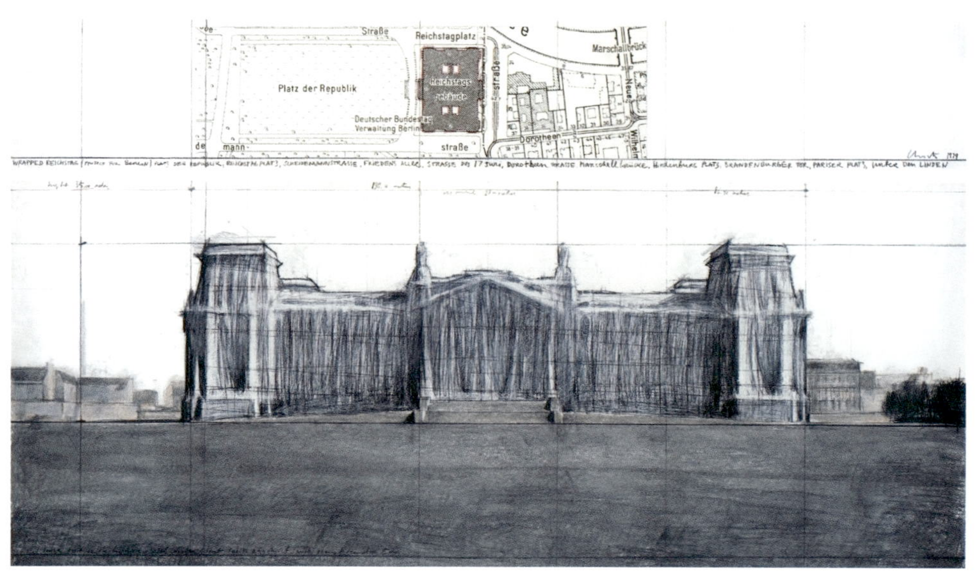

**Wrapped Reichstag, Project for Berlin**
Drawing 1979 in two parts: 38 x 244 cm and 106.6 x 244 cm (15 x 96″ and 42 x 96″)
Pencil, charcoal, pastel, wax crayon, and map
(Part of the *Wrapped Reichstag Documentation Exhibition*)
Collection Lars Windhorst. Permanent loan at the Deutscher Bundestag, Berlin, Germany

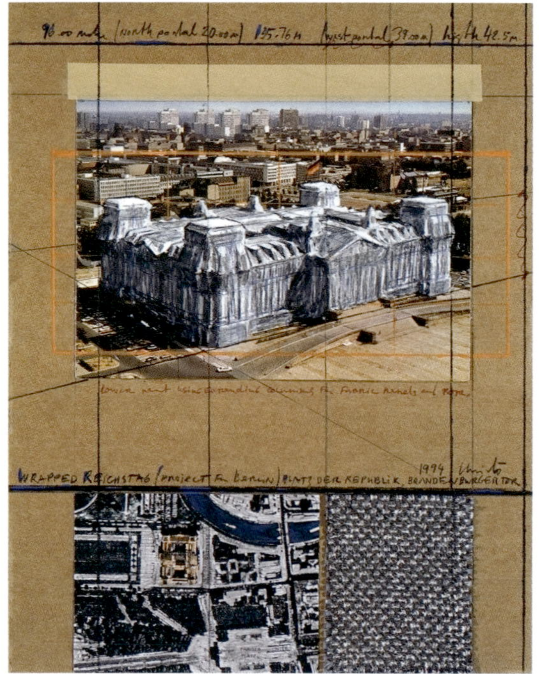

**Wrapped Reichstag,
Project for Berlin**
Collage 1994: 35.5 x 28 cm (14 x 11″)
Pencil, enamel paint, postcard, pastel,
charcoal, wax crayon, ballpoint pen, map,
fabric sample, and tape on brown/grey
cardboard
*Photo: R. Koehler*

**Wrapped Reichstag, Project for Berlin**
Collage 1995 in two parts:
30.5 x 77.5 cm and 66.7 x 77.5 cm
(12 x 30 ½″ and 26 ¼ x 30 ½″)
Pencil, fabric, twine, charcoal,
wax crayon, pastel, aerial photograph,
and fabric sample
Private collection, Germany

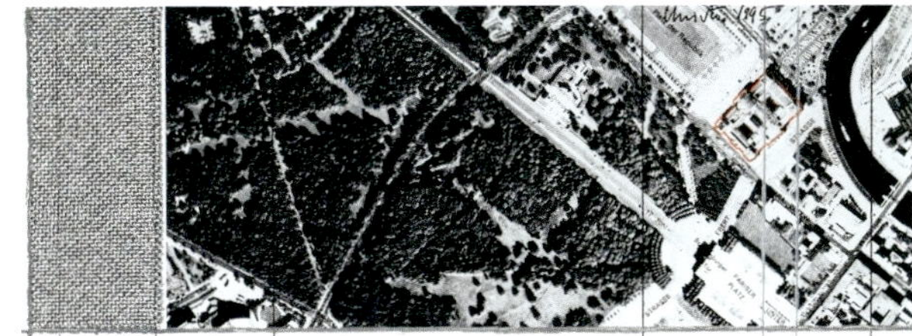

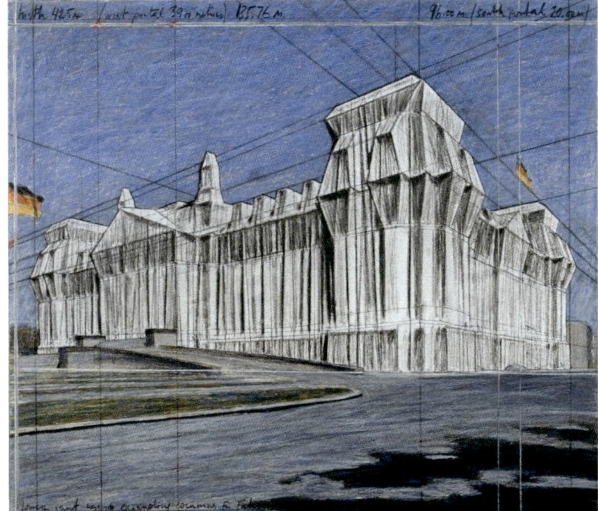

*Below:*
**Wrapped Reichstag, Project for Berlin**
Drawing 1995 in two parts:
38 x 244 cm and 106.6 x 244 cm
(15 x 96″ and 42 x 96″)
Pencil, charcoal, pastel, wax crayon,
fabric sample, and architectural data

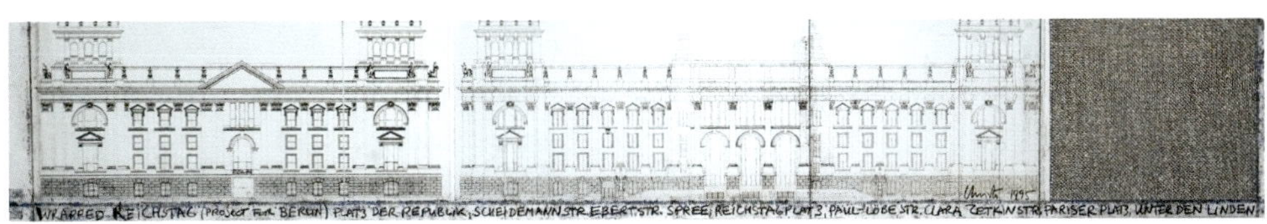

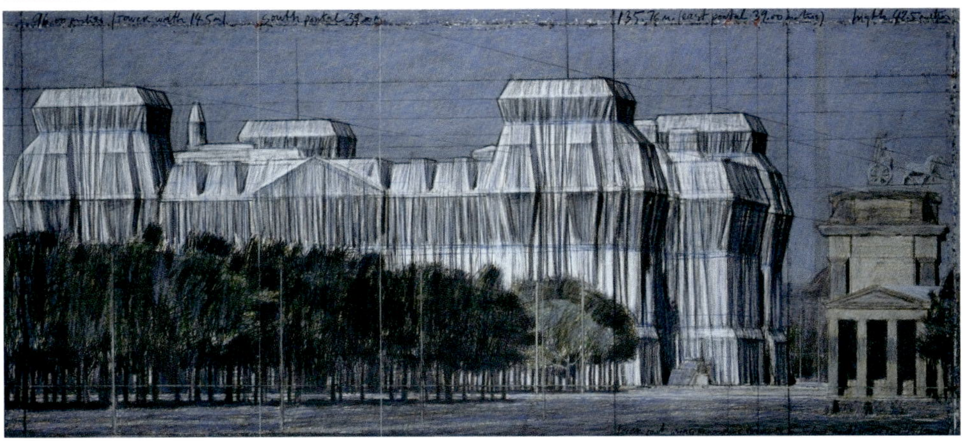

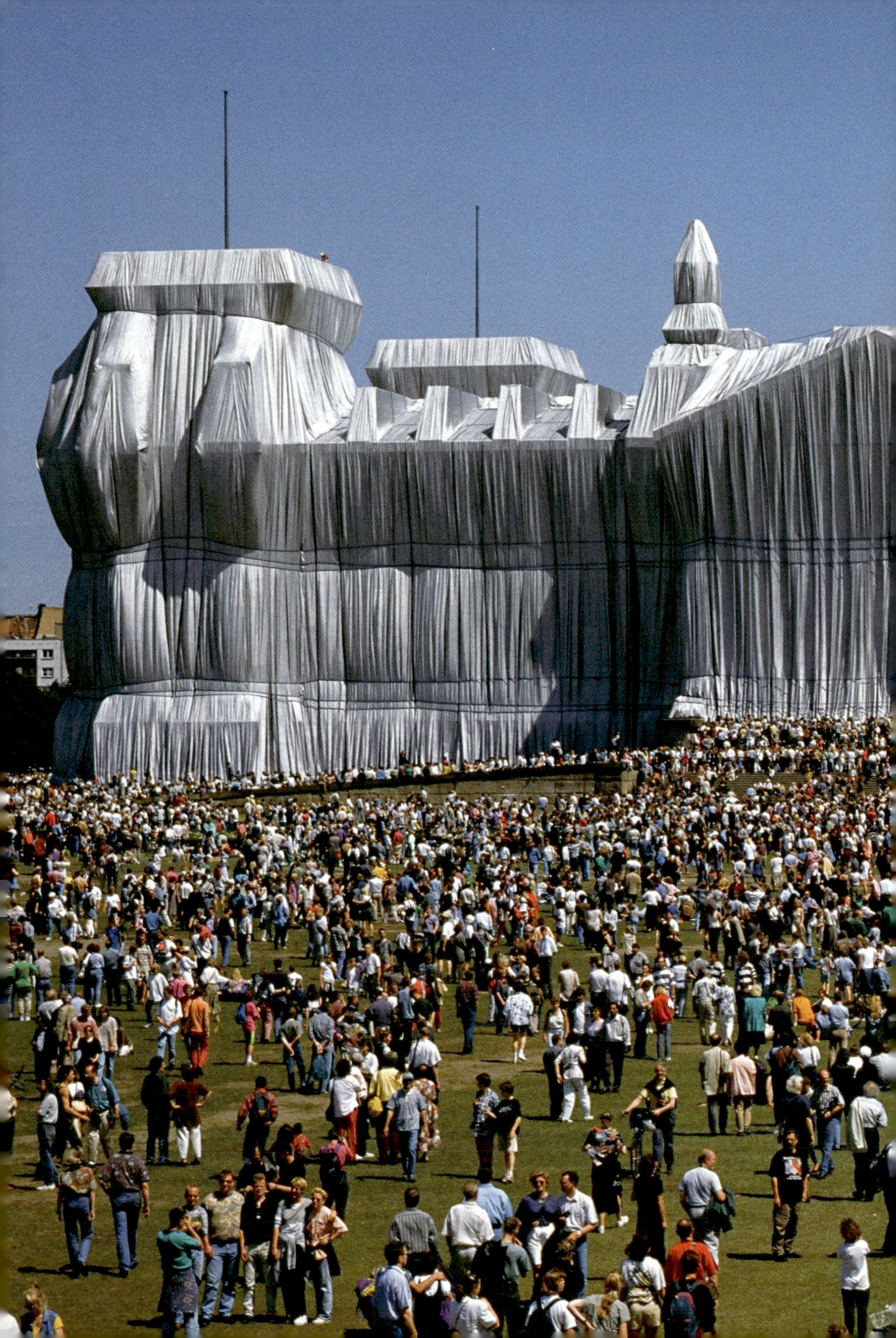

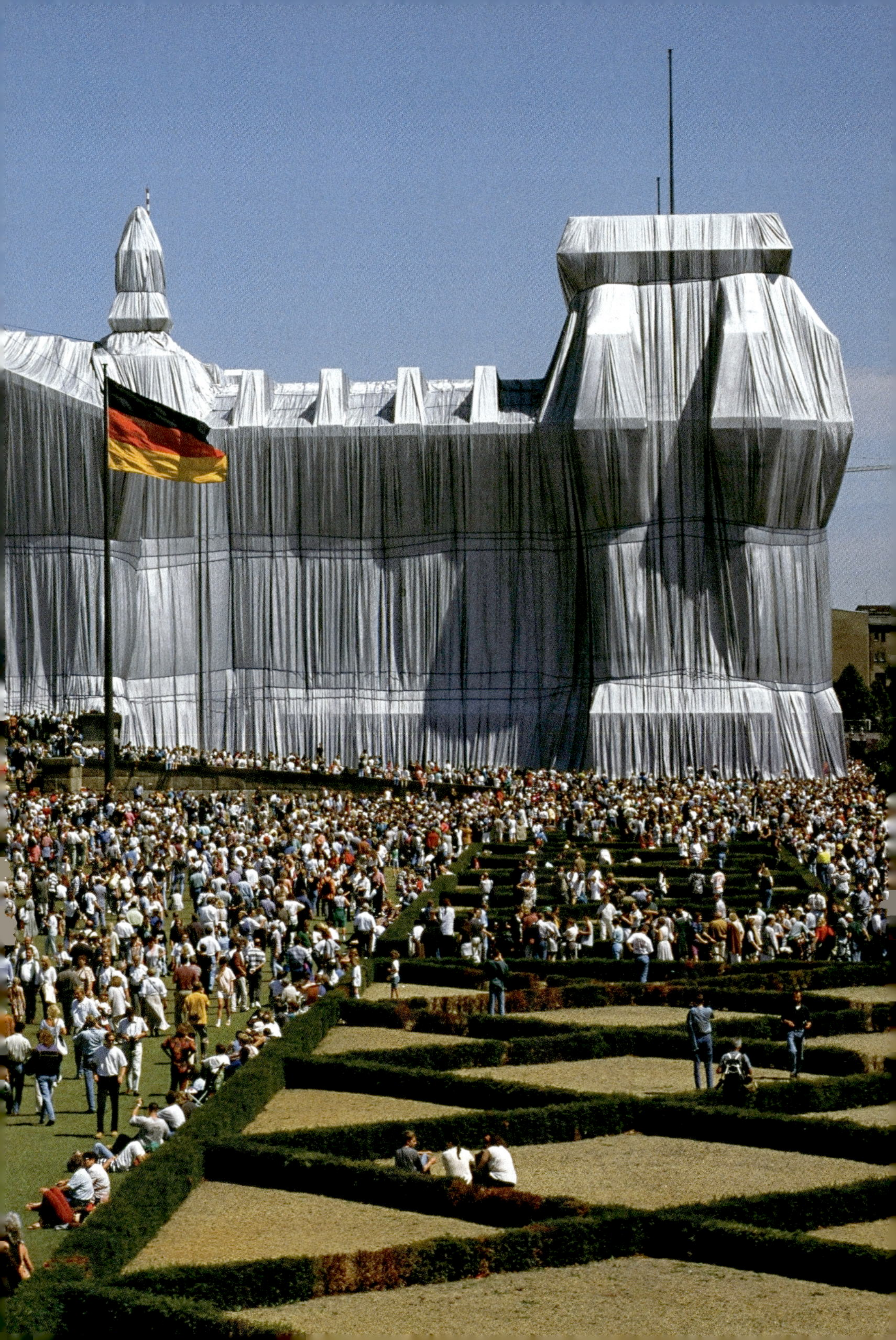

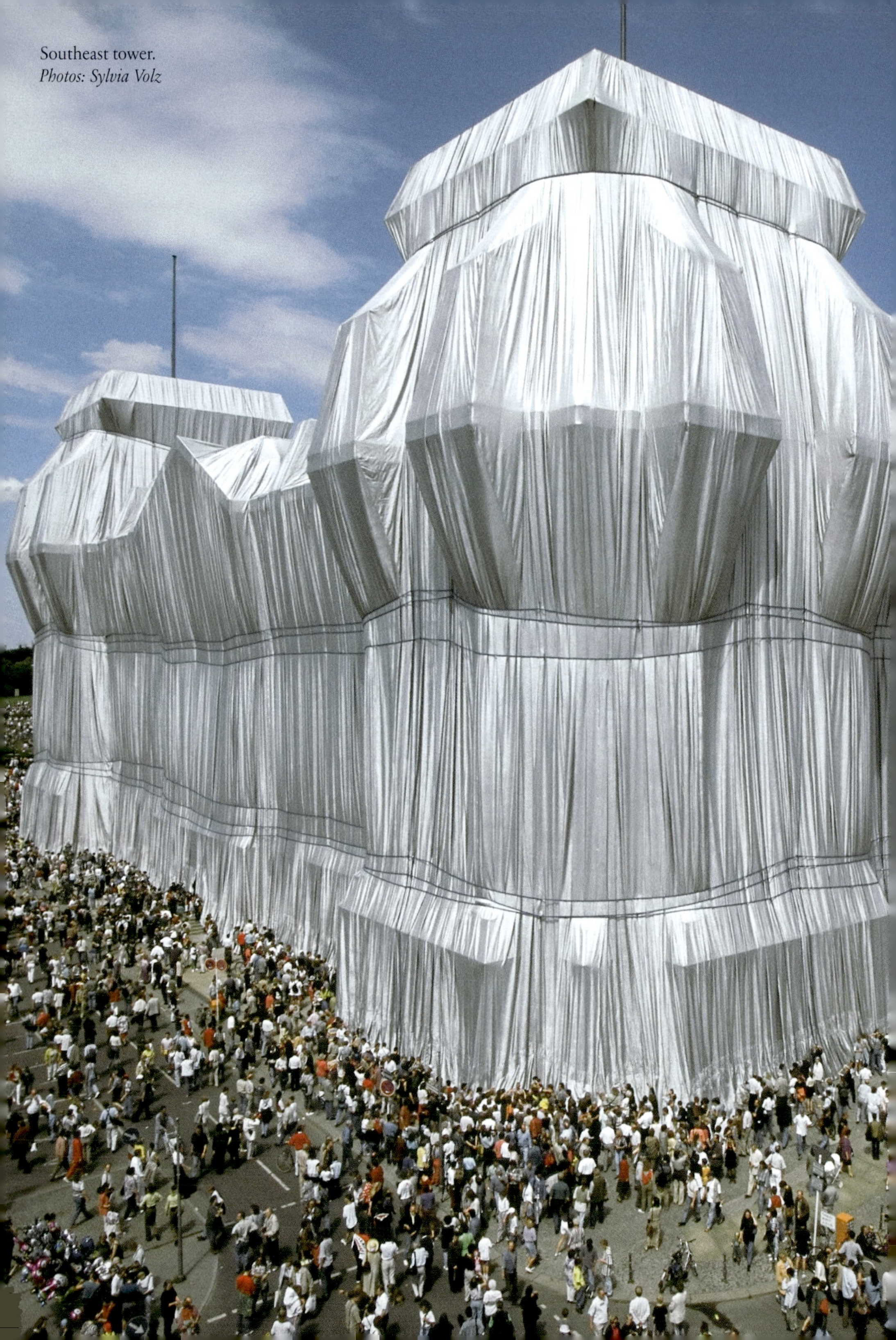

Southeast tower.
*Photos: Sylvia Volz*

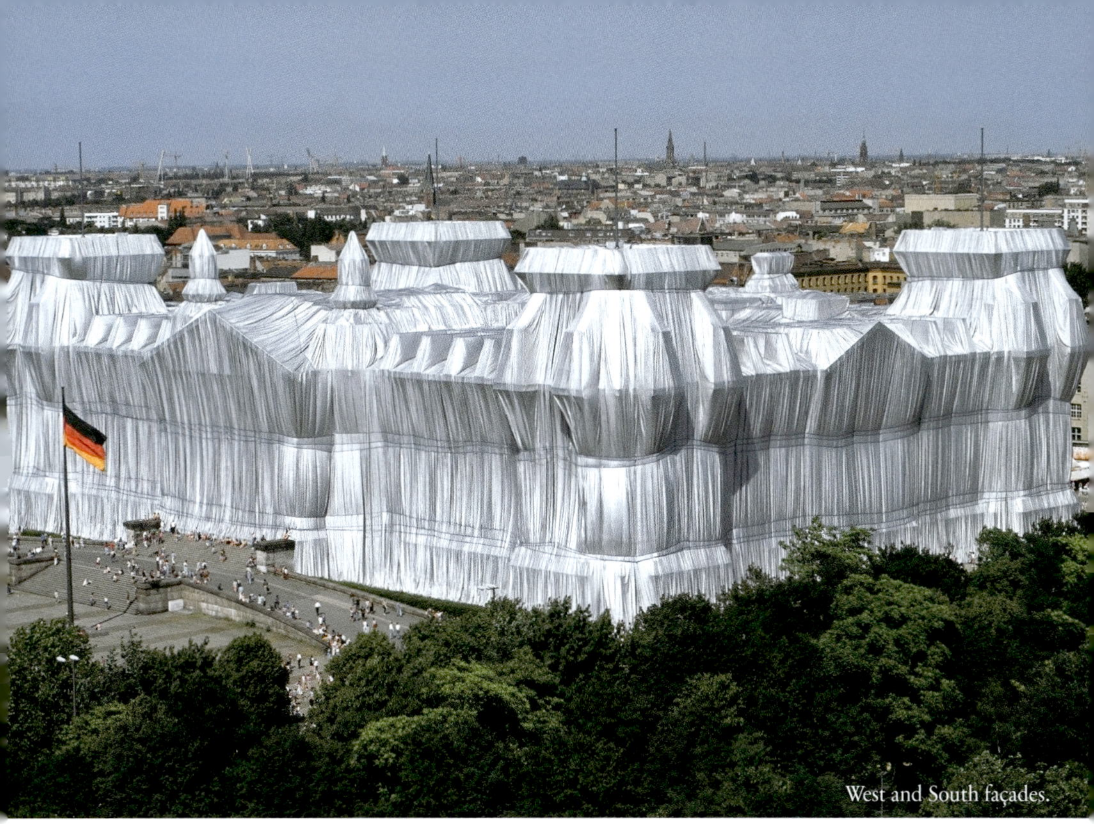

West and South façades.

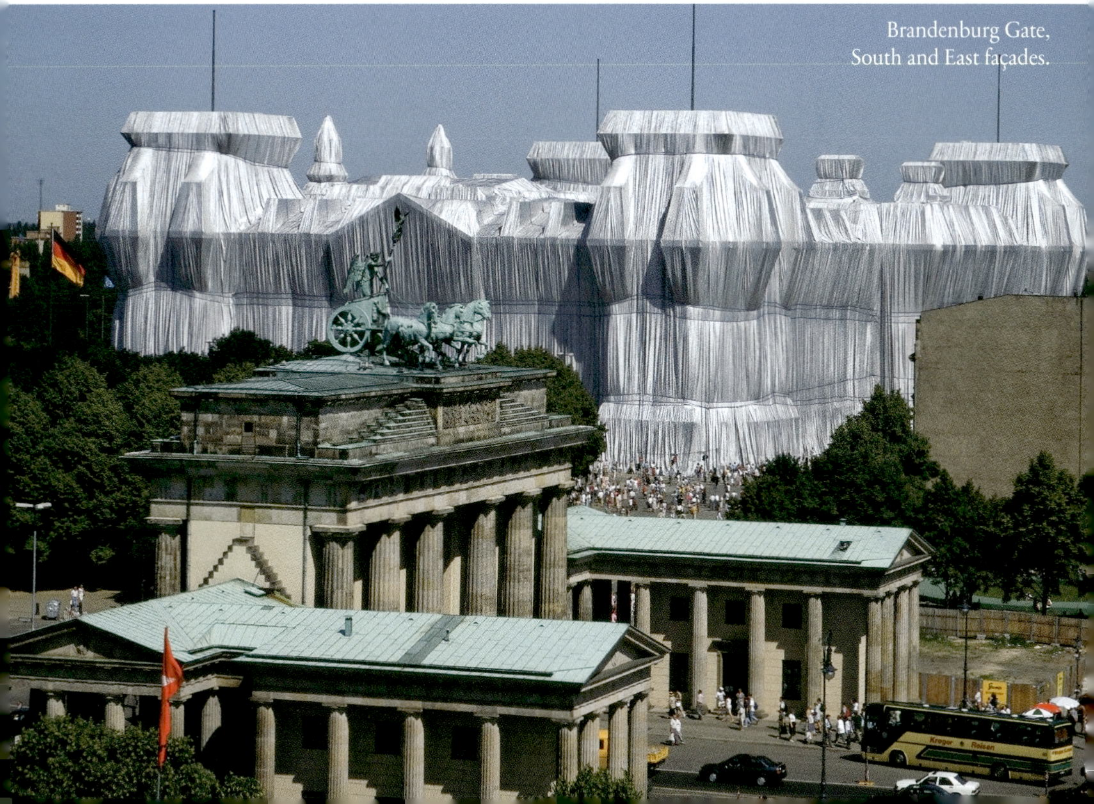

Brandenburg Gate,
South and East façades.

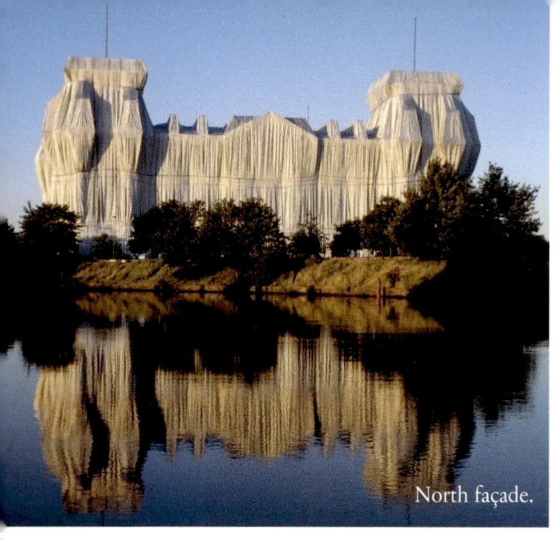
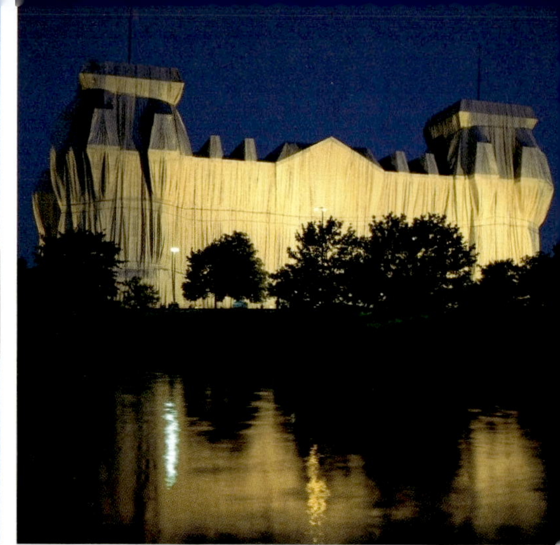

North façade.

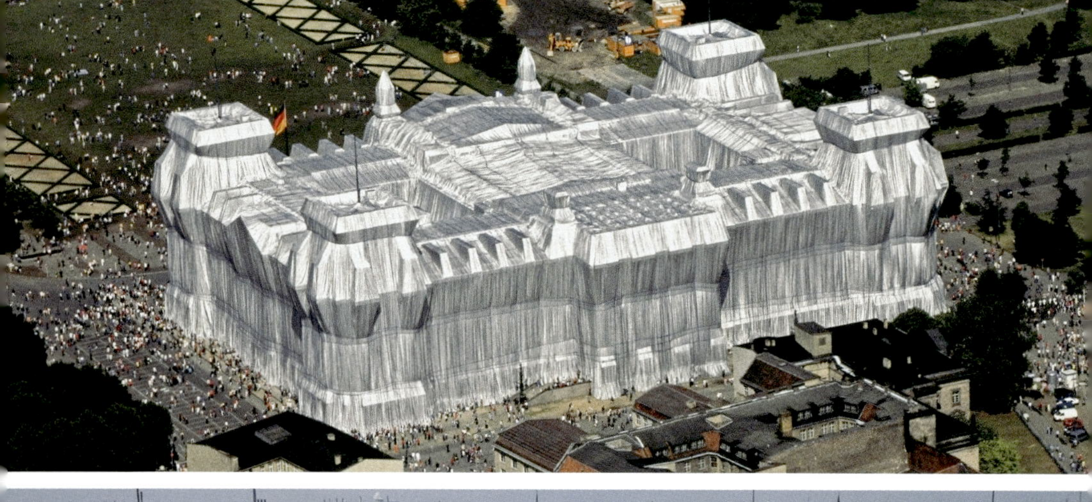

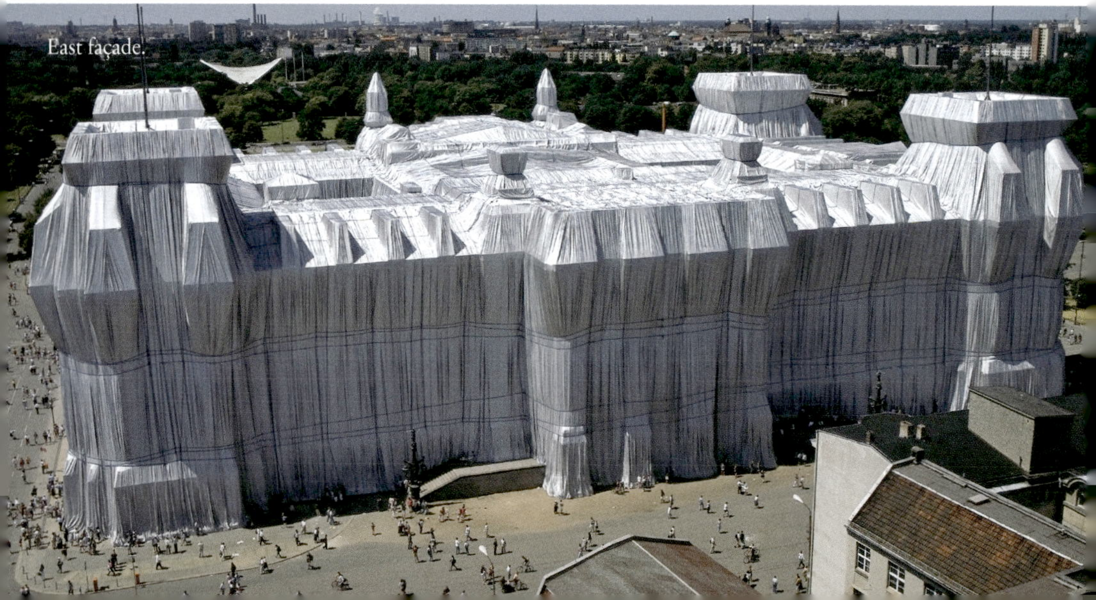

East façade.

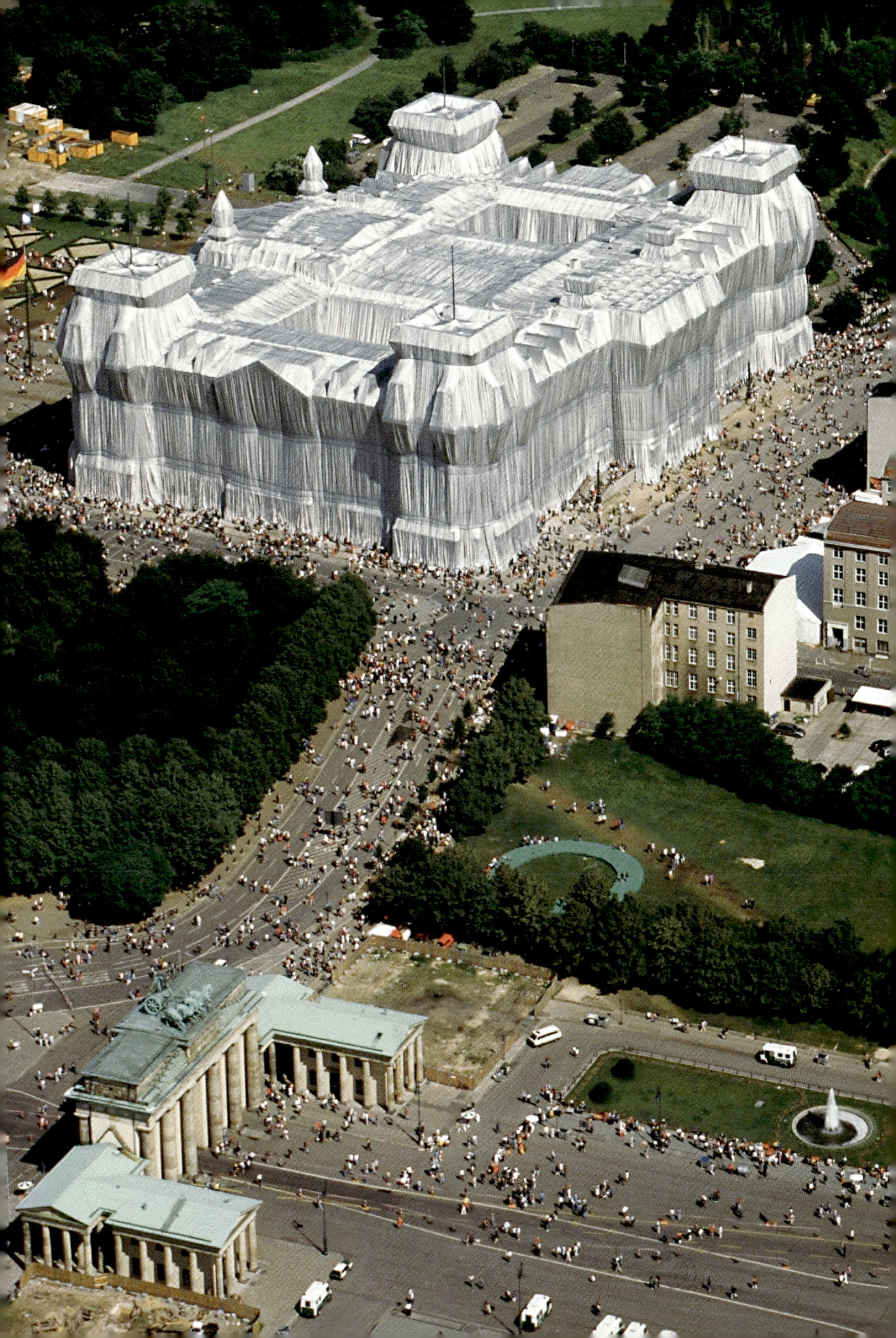

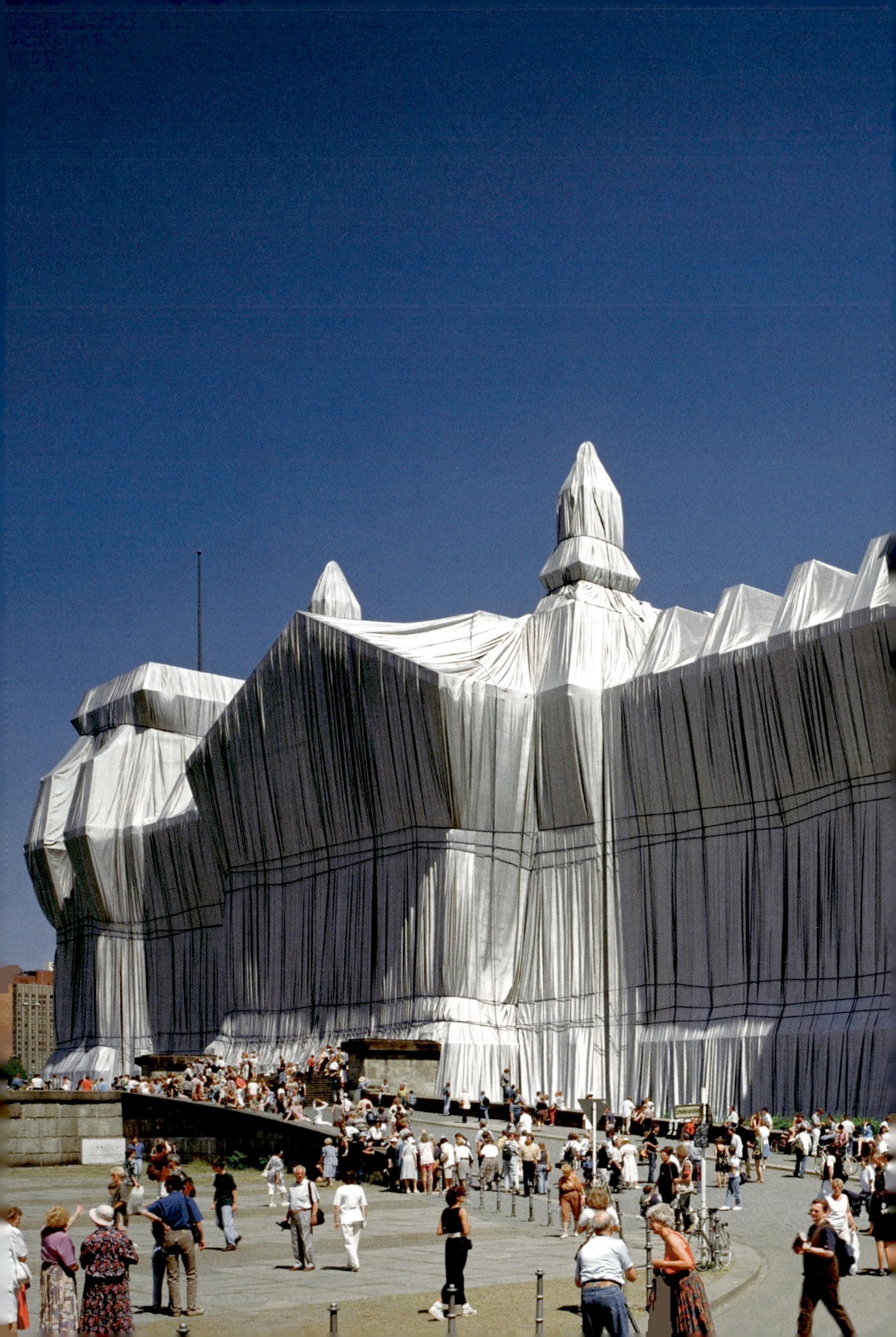

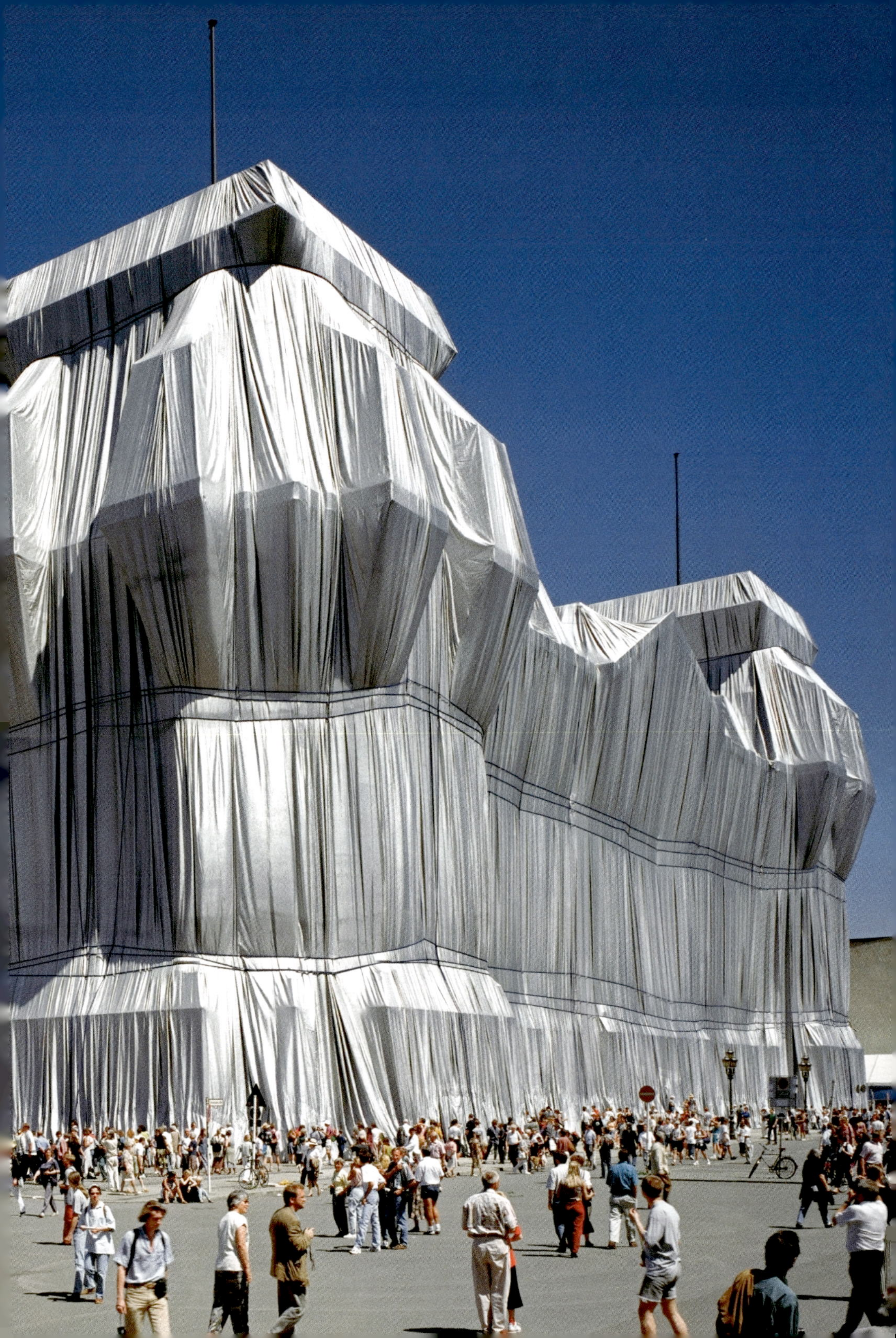

# Wrapped Trees
## Fondation Beyeler and Berower Park, Riehen, Switzerland, 1997–98

Starting on Friday, November 13, 1998, 178 trees were wrapped with 55,000 square meters (592,034 square feet) of woven polyester fabric (used every winter in Japan to protect trees from frost and heavy snow) and 23.1 kilometers (14.35 miles) of rope. The wrapping was completed on November 22.

The trees are located in the park around the Fondation Beyeler and in the adjacent meadow as well as along the creek of Berower Park, northeast of Basel, at the German border. The height of the trees varied between 25 meters (82 feet) and two meters (6.56 feet) with a diameter from 14.5 meters (47 feet) to one meter (3.25 feet).

The project was organized by Josy Kraft, Project Director, and by Wolfgang and Sylvia Volz, Project Managers, who also surveyed the trees and designed the sewing patterns for each tree. J. Schilgen GmbH & Co. KG, Emsdetten, Germany, wove the fabric. Günter Heckmann, Emsdetten, Germany, cut and sewed the fabric. Meister & Cie AG, Hasle-Rüegsau, Switzerland, manufactured the ropes. Field manager Frank Seltenheim of Seilpartner, Berlin, Germany, directed eight teams working simultaneously: ten climbers, three tree pruners and twenty workers.

As they have always done, Christo and Jeanne-Claude paid the expenses of the project themselves through the sale of original works to museums, private collectors, and galleries. The artists do not accept any sponsorship.

The wrapping was removed on December 14, 1998, and the materials were recycled. Christo and Jeanne-Claude have worked with trees for many years: In 1966, *Wrapped Trees* was proposed for the park adjacent to the Saint Louis Art Museum, Missouri, the permission was denied. In 1969, the artists requested permission for *Wrapped Trees, Project for 330 Trees, Avenue des Champs-Élysées, Paris*. This was denied by Maurice Papon, Prefect of Paris. The *Wrapped Trees* in Riehen were the outcome of 32 years of effort.

The branches of the *Wrapped Trees* pushing the translucent fabric outward created dynamic volumes of light and shadow, moving in the wind with new forms and surfaces shaped by the ropes on the fabric.

Ab Freitag, den 13. November 1998, wurden 178 Bäume mit 55.000 Quadratmetern Polyestergewebe und 23,1 Kilometern Seil verhüllt. Diese Art von Gewebe wird jeden Winter in Japan benutzt, um die Bäume vor Frost und schwerem Schnee zu schützen. Am 22. November war die Verhüllung vollendet.

Die Bäume stehen im Park um die Fondation Beyeler und auf dem benachbarten Feld sowie entlang des Bachtals im Berower Park nordöstlich von Basel an der Grenze zu Deutschland. Die Höhe der Bäume variiert zwischen 2 und 25 Metern mit einem Durchmesser von einem bis 14,5 Metern.

Das Projekt wurde organisiert von Josy Kraft, Projektdirektor, und Wolfgang und Sylvia Volz, Projektmanager, die auch die Bäume ausgemessen und die Schnittmuster für jeden Baum erstellt hatten. Die J. Schilgen GmbH & Co. KG, Emsdetten, hat den Stoff gewebt, Günter Heckmann, Emsdetten, hat das Gewebe zugeschnitten und alle Baumhüllen genäht. Meister & Cie AG, Hasle-Rüegsau, Schweiz, haben die Seile hergestellt. Frank Seltenheim, von Seilpartner GbR, Berlin, hat die acht gleichzeitig arbeitenden Teams geleitet: zehn Kletterer, drei Baumpfleger und zwanzig Arbeiter.

Wie immer wurden die Kosten des Projekts von Christo und Jeanne-Claude durch den Verkauf der Originalkunstwerke an Museen,

Privatsammler und Galerien selbst getragen. Die Künstler nehmen keinerlei Förderung jedweder Art an.

Am 14. Dezember wurden die Verhüllungen entfernt, und alle Materialien wurden wiederverwertet. Christo und Jeanne-Claude arbeiteten schon seit vielen Jahren mit Bäumen. Im Jahr 1966 war *Verhüllte Bäume* ein Vorschlag für den Park neben dem Saint Louis Art Museum in Missouri, der an der Genehmigung scheiterte. 1969 versuchten die Künstler, die Genehmigung für *Wrapped Trees, Project for 330 Trees, Avenue des Champs-Élysées, Paris*, zu erhalten. Das Projekt wurde aber von Maurice Papon, dem damaligen Präfekten von Paris, abgelehnt. Das Projekt *Verhüllte Bäume* in Riehen war das Ergebnis von 32 Jahren Anstrengung.

Die Äste der *Verhüllten Bäume* drückten das durchsichtige Gewebe nach außen, schufen dynamische Volumina mit Licht und Schatten, die sich im Wind mit neuen Formen und Oberflächen bewegten, geformt durch die Seile auf dem Stoff.


L'empaquetage de 178 arbres avec 55.000 mètres carrés de toile de polyester (utilisée chaque hiver au Japon pour protéger les arbres fragiles du gel et de l'accumulation de neige) et 23,1 kilomètres de cordes débuta à Riehen le vendredi 13 novembre 1998 et fut achevé le 22 novembre.

Les arbres sont situés dans le parc entourant la Fondation Beyeler, dans le parc public dit Berower Park et au bord de la petite rivière qui le traverse au nord-est de Bâle, près de la frontière allemande. La hauteur des arbres variait de 2 à 25 mètres, leur diamètre de 1 à 14,50 mètres.

L'organisation du projet fut assurée par le directeur de projet Josy Kraft et les «managers» du projet Wolfgang et Sylvia Volz, qui avaient également effectué les relevés topographiques et dessiné les patrons de couture pour chaque arbre. L'entreprise J. Schilgen GmbH & Co. KG, Emsdetten, Allemagne, fut chargée du tissage de la toile. Günter Heckmann, Emsdetten, en assura la coupe et la couture. Les cordes furent fabriquées par la corderie Meister & Cie AG, Hasle-Rüegsau, Suisse. Le chef de chantier Frank Seltenheim, de l'entreprise Seilpartner GmbH, Berlin, dirigea les huit équipes travaillant simultanément et composées chacune de dix alpinistes, trois élagueurs et vingt ouvriers.

Comme ils l'ont fait pour tous leurs projets précédents, Christo et Jeanne-Claude ont financé *Les Arbres Empaquetés* par la vente d'œuvres originales de Christo à des musées, des collectionneurs et des galeries. Les artistes n'acceptent aucun sponsor, quel qu'il soit.

Le projet fut démonté le 14 décembre 1998 et les matériaux furent recyclés. Christo et Jeanne-Claude travaillaient avec des arbres depuis de nombreuses années: en 1966, le projet *Wrapped Trees* proposé pour le parc mitoyen du Saint Louis Art Museum, Missouri, fut refusé. En 1969, pour pouvoir réaliser *Wrapped Trees, Project for 330 Trees, Avenue des Champs-Élysées, Paris*, les artistes déposèrent une demande d'autorisation qui fut rejetée par le préfet de Paris, Maurice Papon. *Les Arbres Empaquetés, Fondation Beyeler et Berower Park, Riehen, Suisse* représentent l'aboutissement de 32 années d'efforts.

Les branches des *Arbres Empaquetés*, en repoussant la toile translucide vers l'extérieur, créaient des volumes dynamiques d'ombre et de lumière, bougeant au gré du vent, et faisaient apparaître de nouvelles formes et surfaces induites par les cordes enserrant la toile.

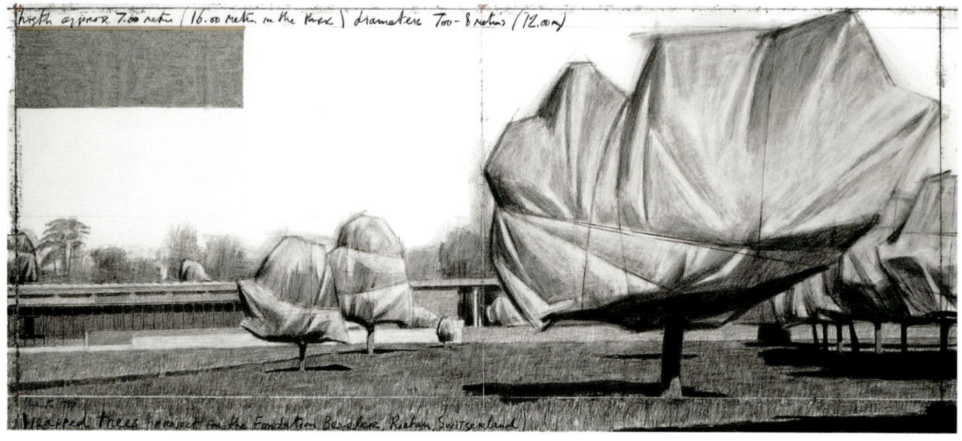



*Above:*

**Wrapped Trees, Project for the Fondation Beyeler, Riehen**
Drawing 1997: 106.6 x 244 cm (42 x 96"). Pencil, charcoal, pastel,
wax crayon, and fabric sample. Private collection, Switzerland

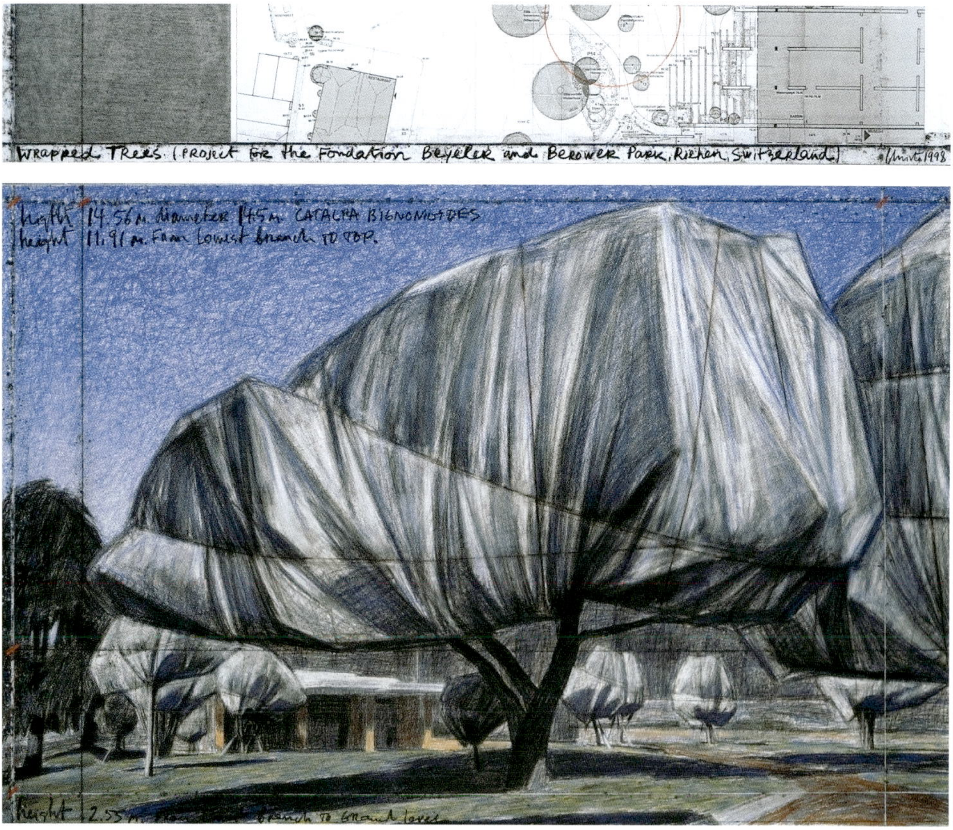

388

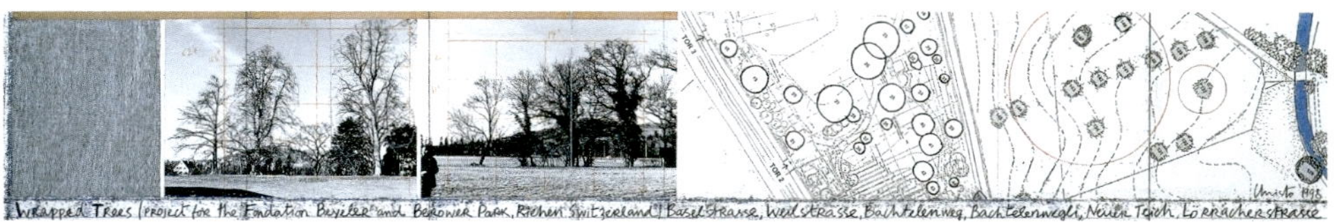


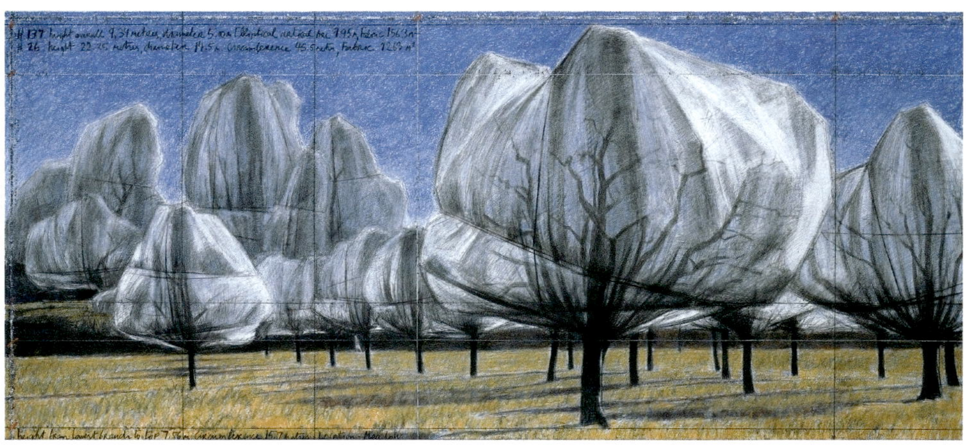

**Wrapped Trees, Project for the Fondation Beyeler and Berower Park, Riehen, Switzerland**
Drawing 1998 in two parts: 38 x 244 cm and 106.6 x 244 cm (15 x 96" and 42 x 96")
Pencil, charcoal, pastel, wax crayon, photographs by Wolfgang Volz, fabric sample, topographic map, and tape
The Collection of George Weston Limited, Toronto, Canada

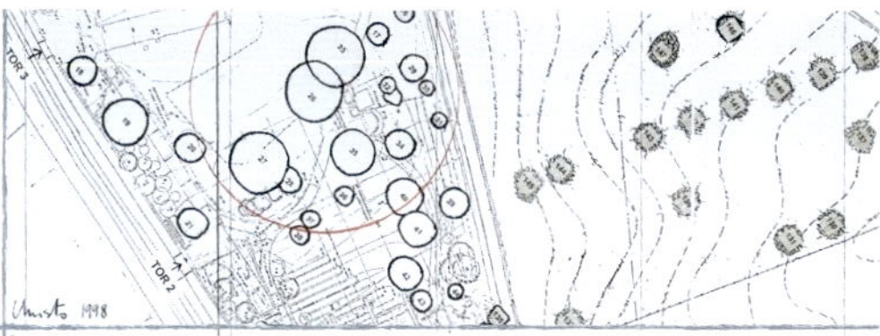


*Right:*
**Wrapped Trees, Project for Fondation Beyeler and Berower Park, Riehen, Switzerland**
Collage 1998 in two parts: 30.5 x 77.5 cm and
66.7 x 77.5 cm (12 x 30½" and 26¼ x 30½")
Pencil, fabric, twine, pastel, wax crayon, charcoal,
and topographic map
Private collection, Switzerland

*Opposite:*
**Wrapped Trees, Project for Fondation Beyeler
and Berower Park, Riehen, Switzerland**
Drawing 1998 in two parts: 38 x 165 cm and
106.6 x 165 cm (15 x 65" and 42 x 65")
Pencil, charcoal, pastel, wax crayon, fabric sample,
technical data, topographic map, and tape
Fondation Beyeler, Riehen, Switzerland

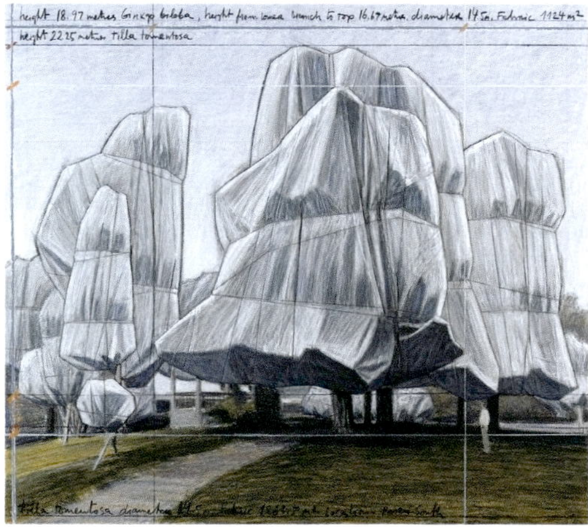

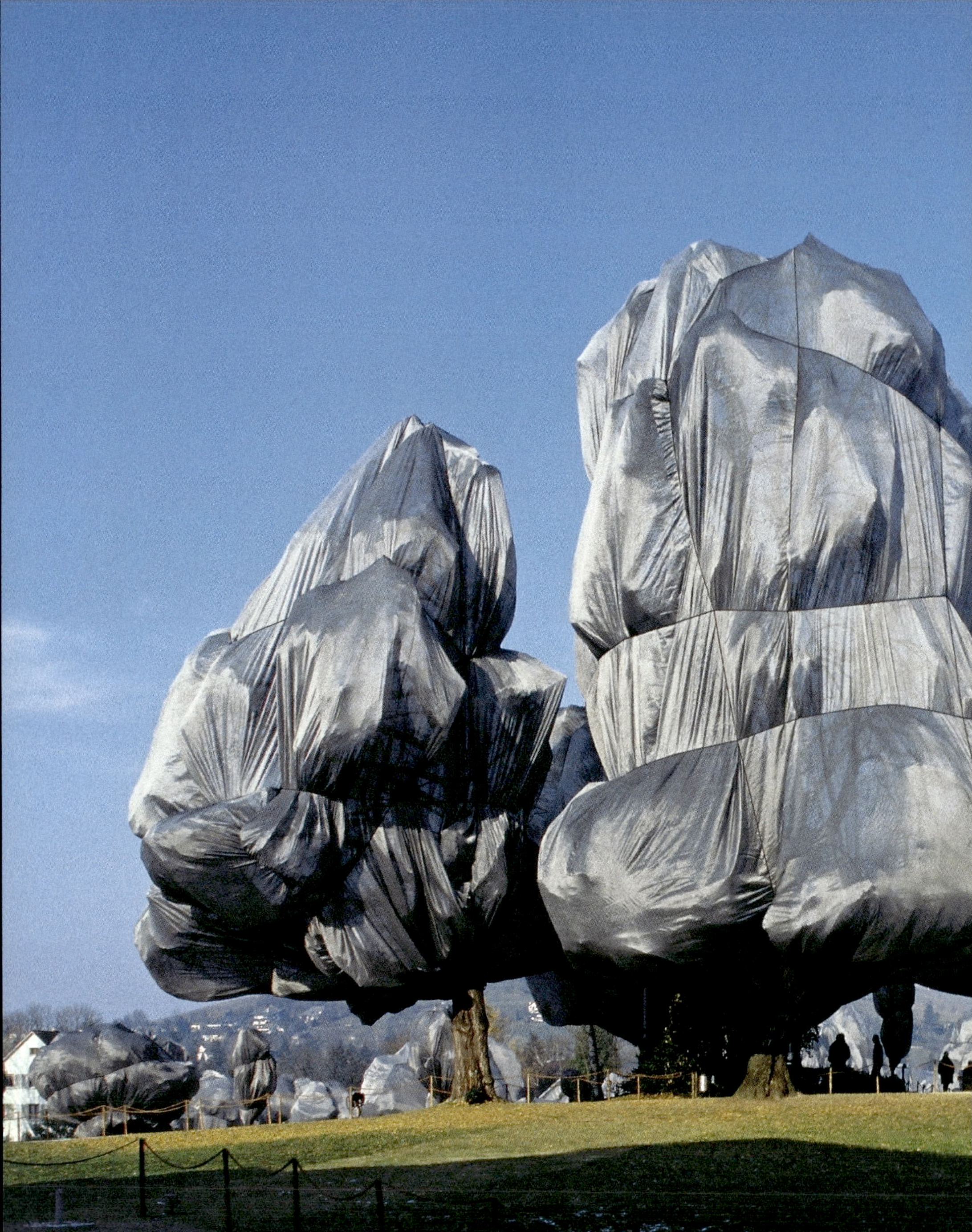

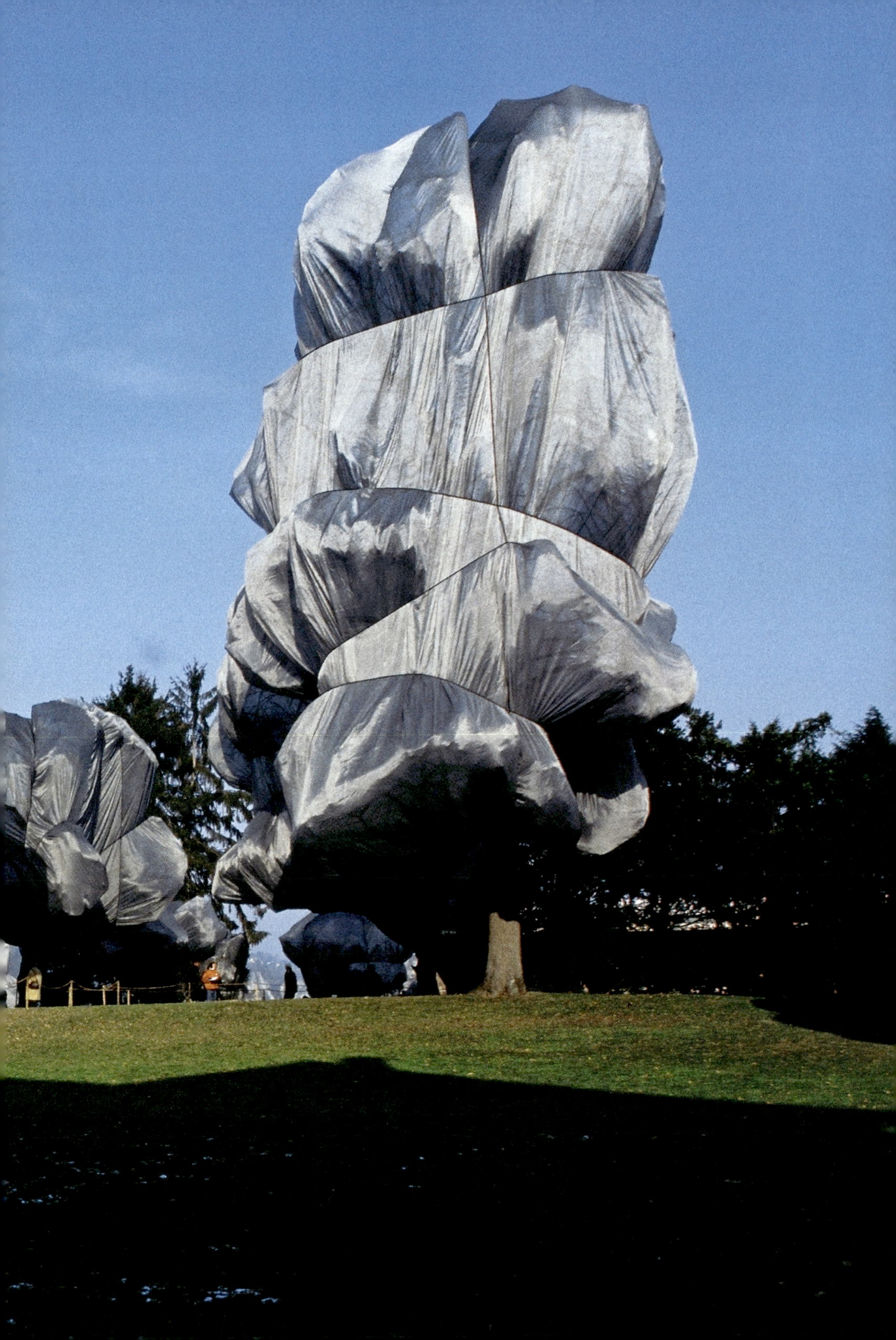

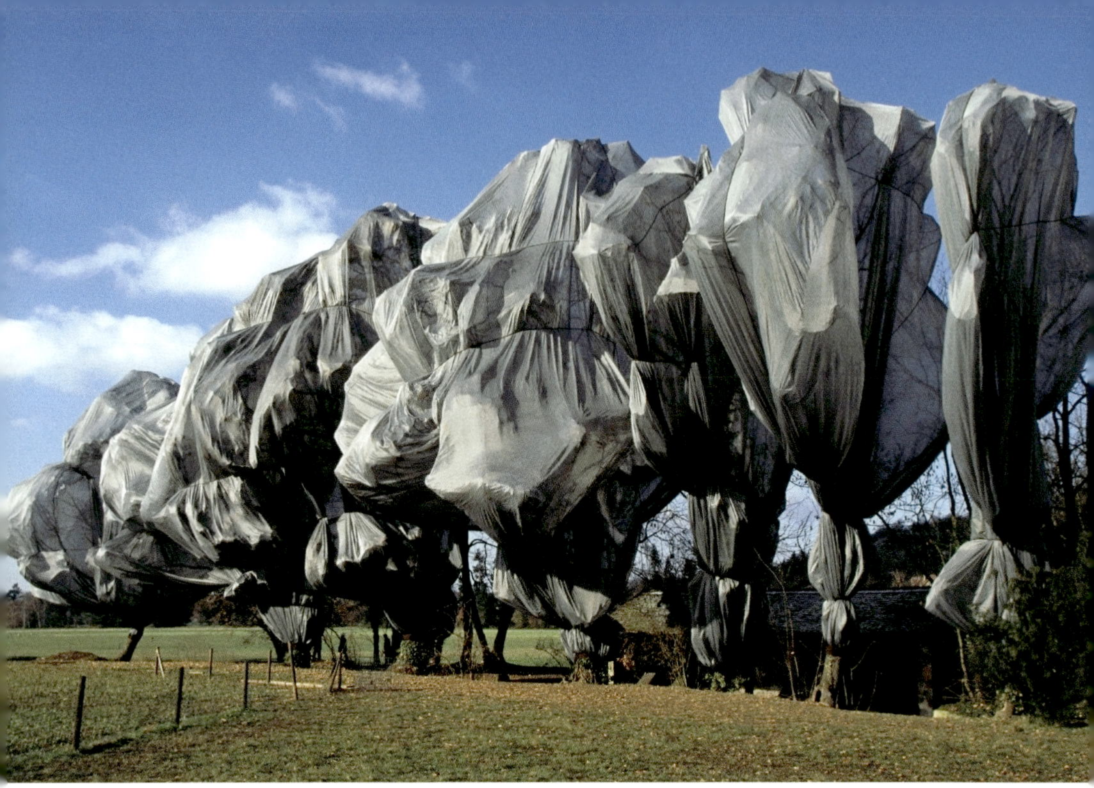

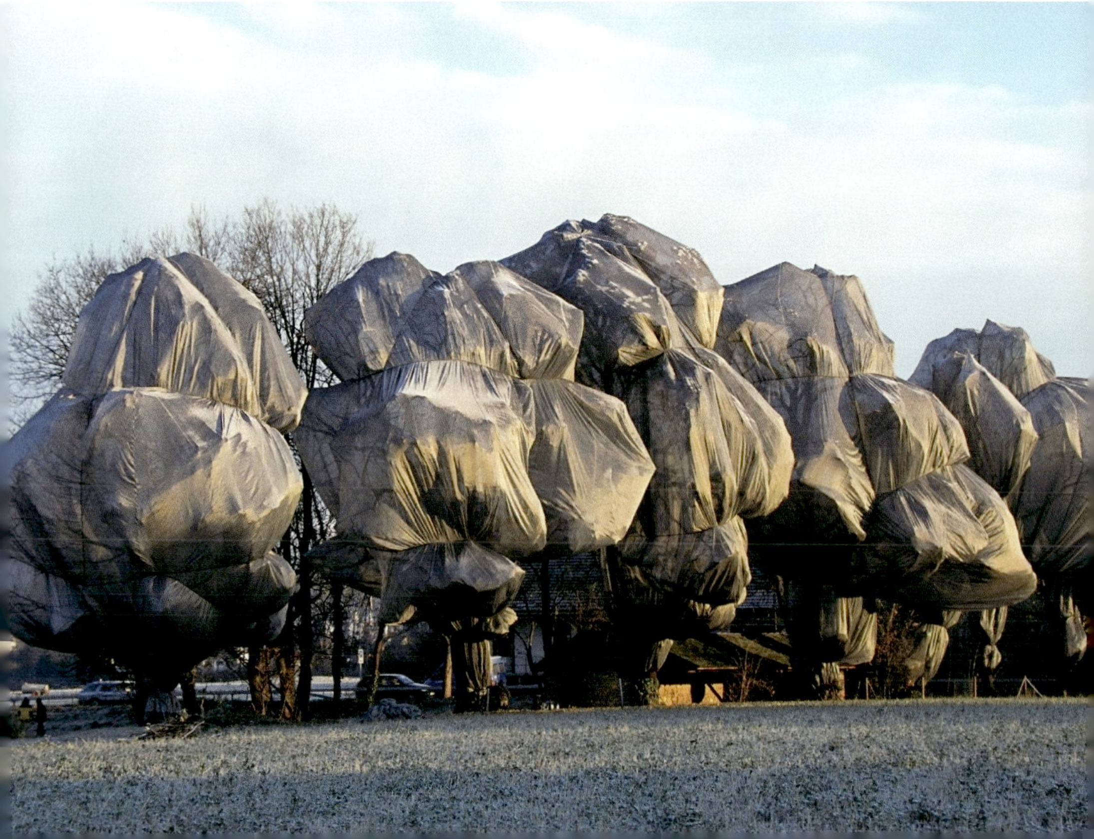

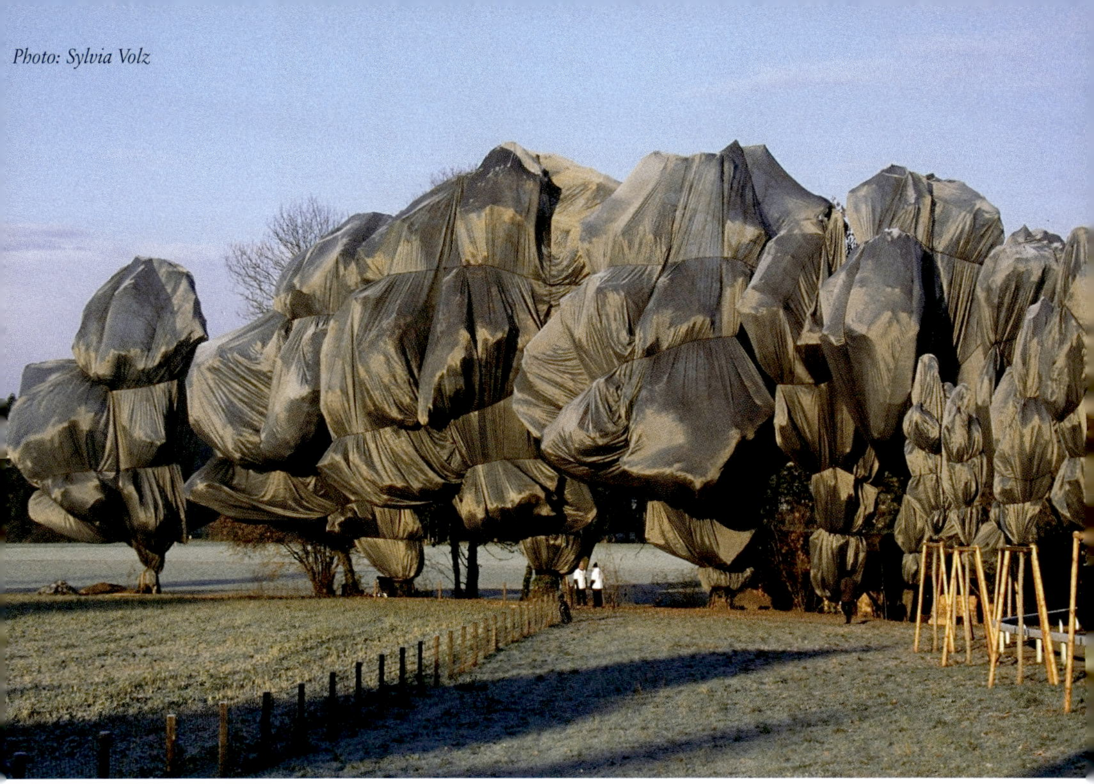

*Photo: Sylvia Volz*

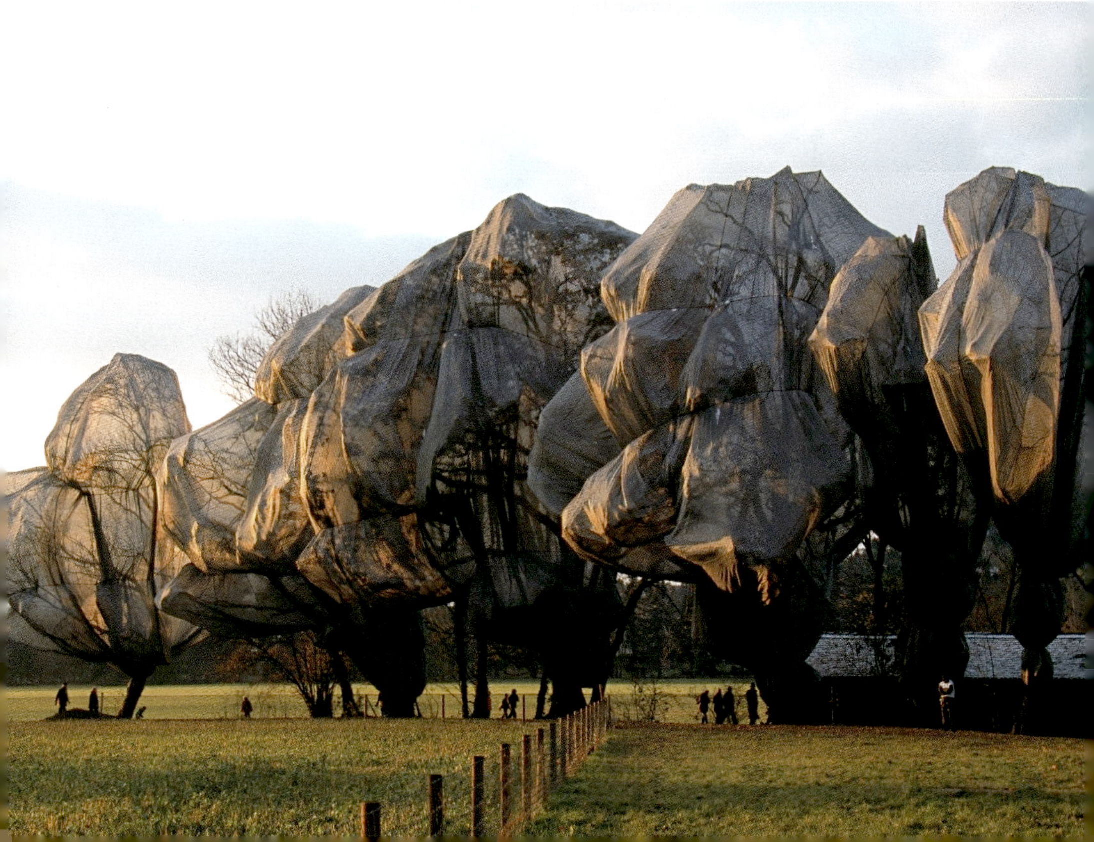

*Photo: Sylvia Volz*

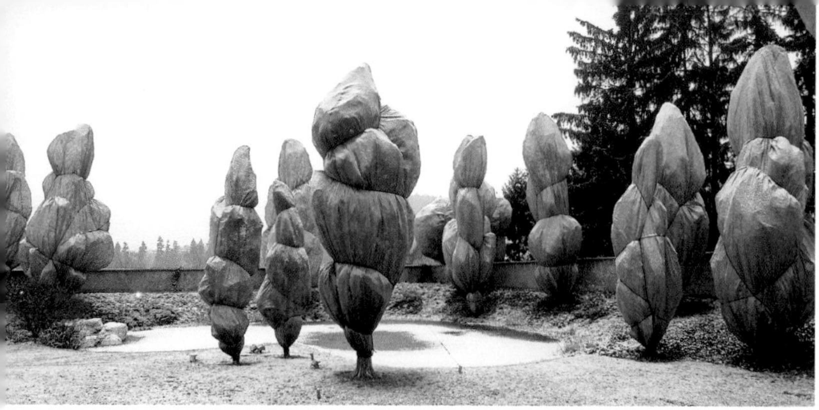

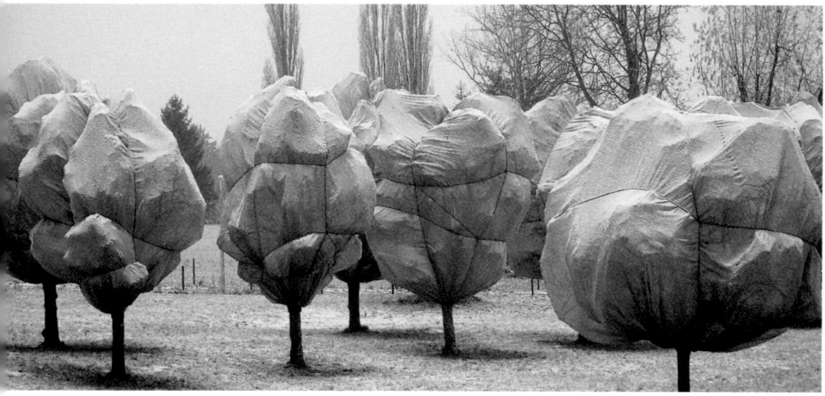

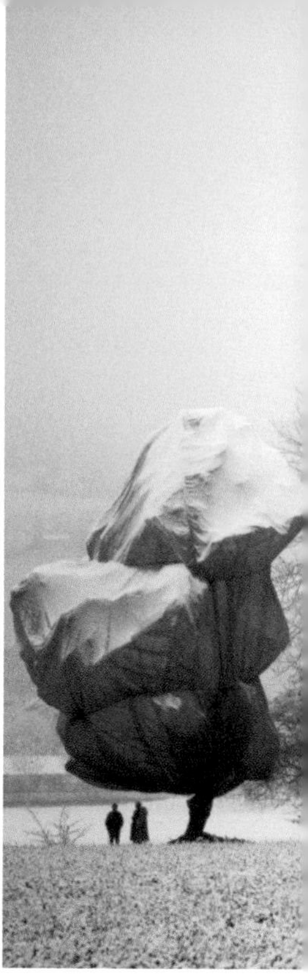

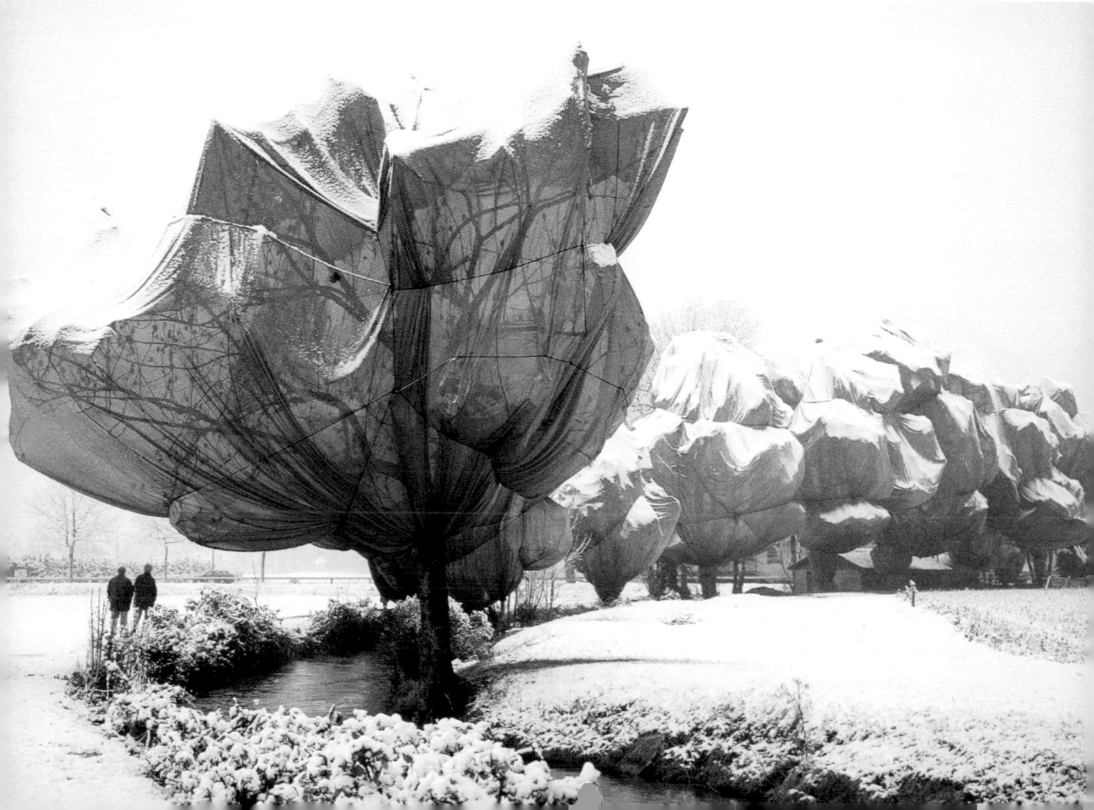

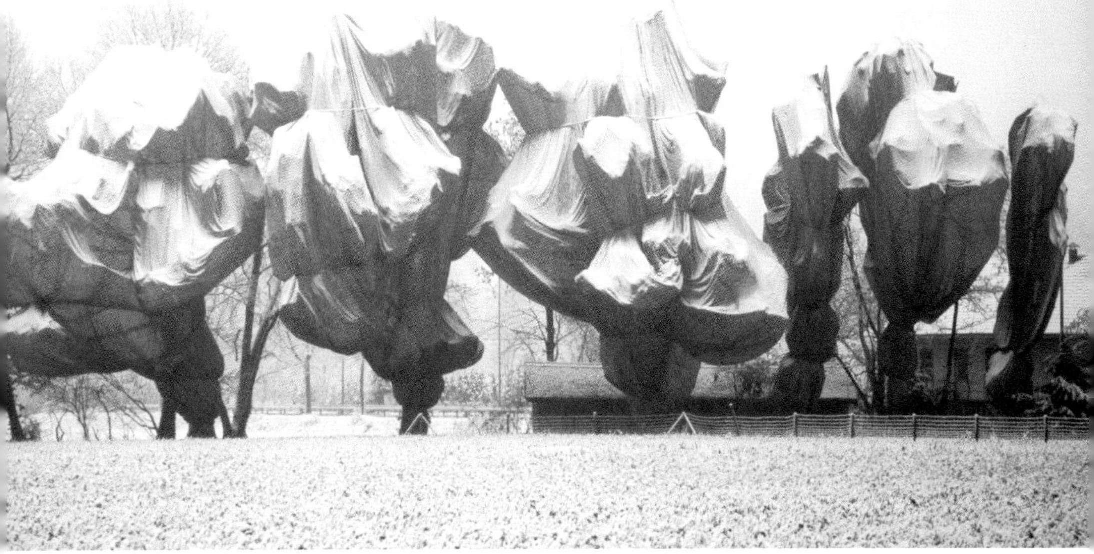

Photo: Sylvia Volz

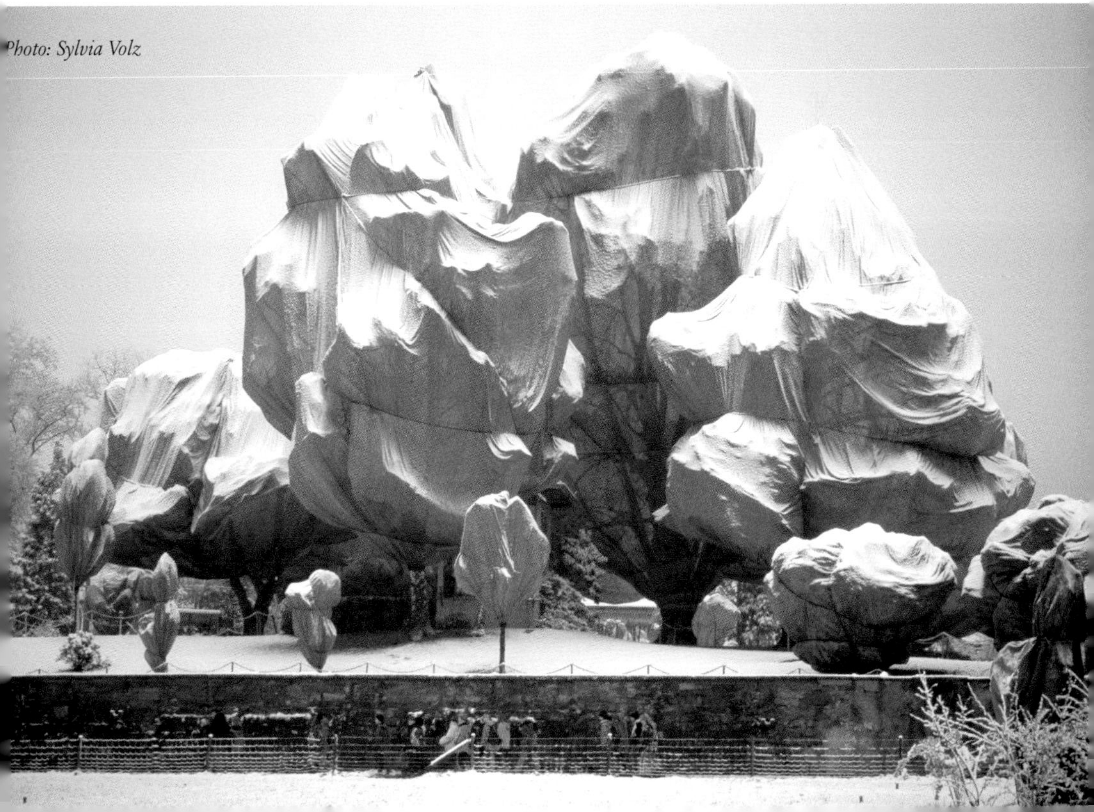

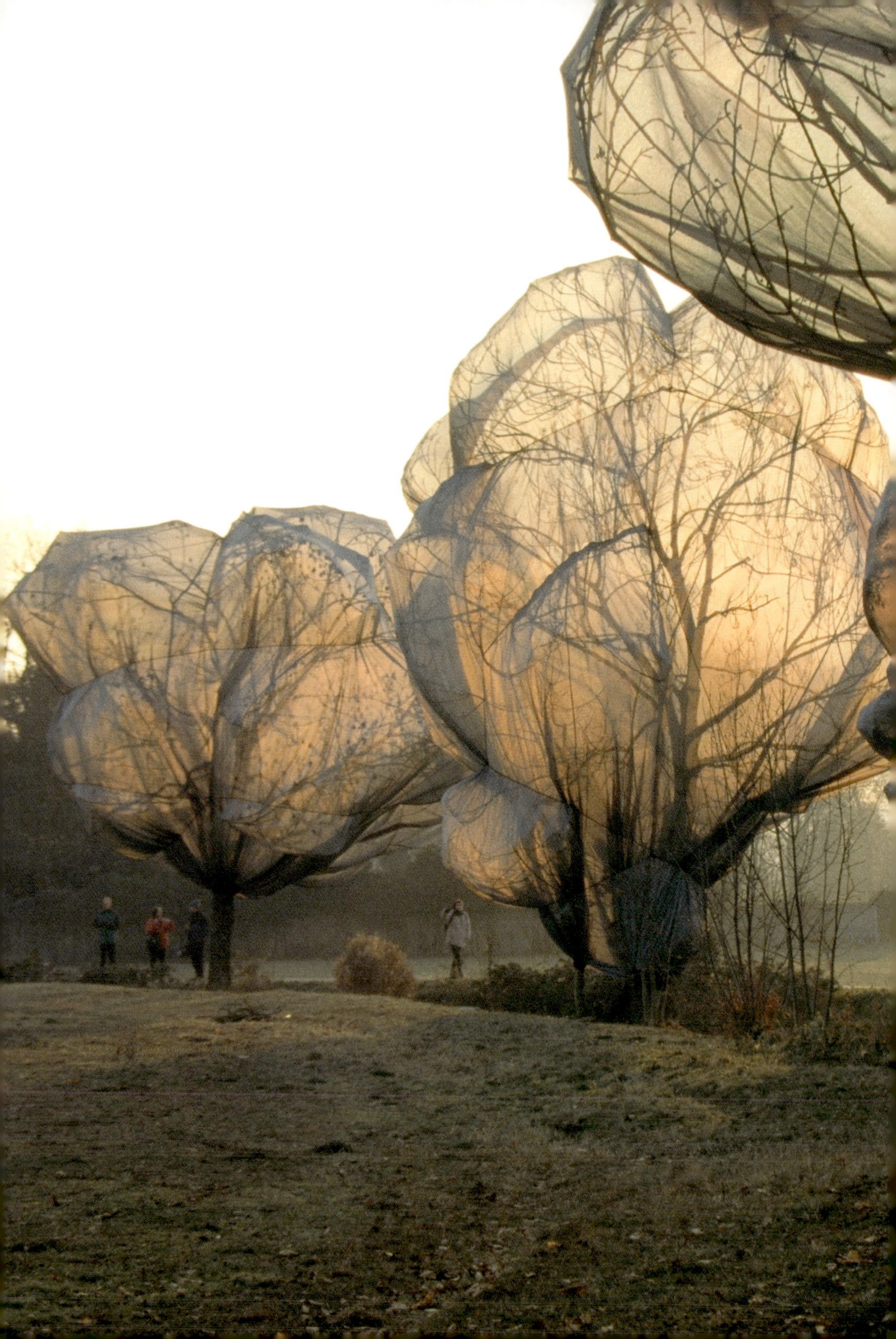

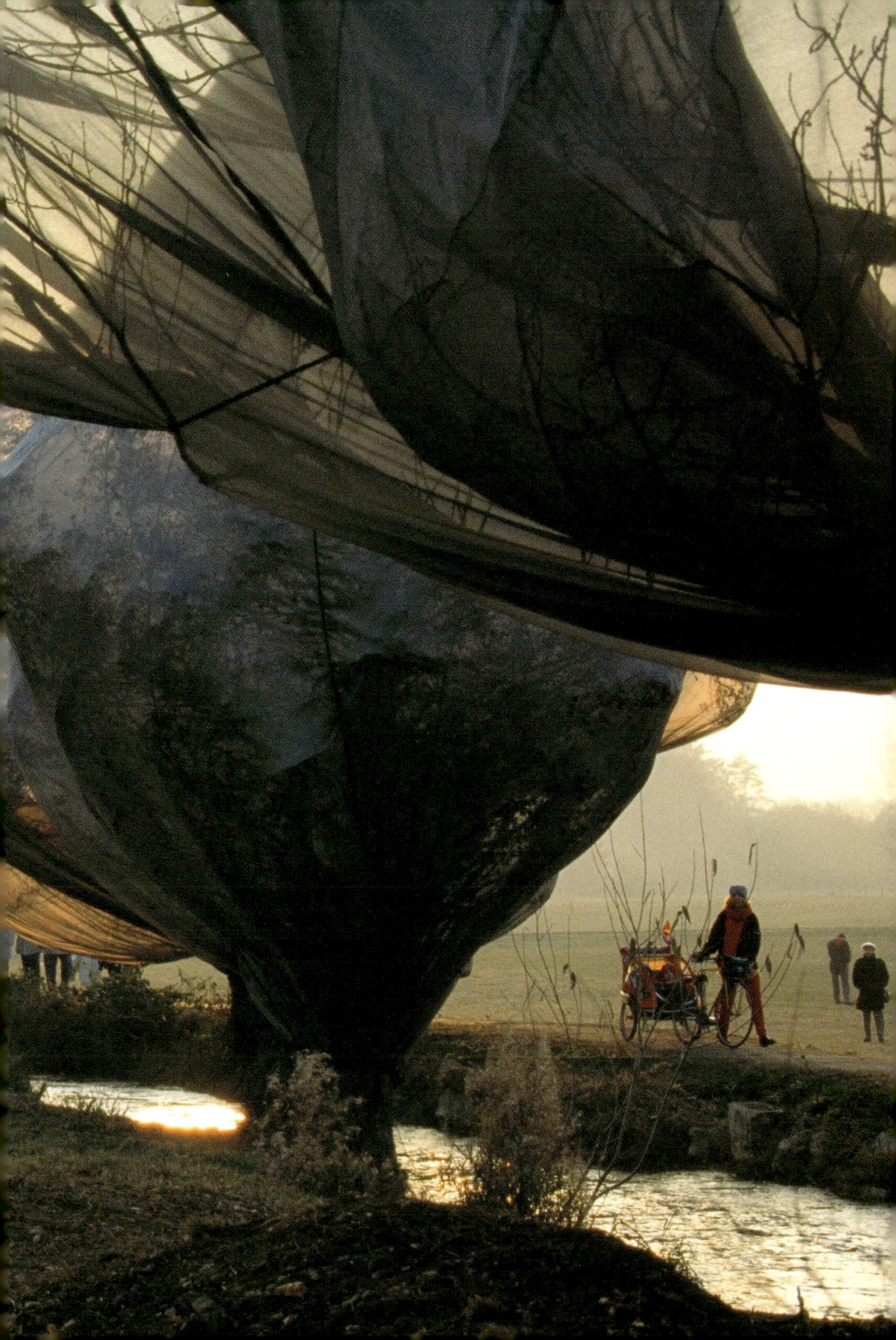

# The Wall – 13,000 Oil Barrels
## Gasometer Oberhausen, Germany, 1998–99

The indoor installation was completed on April 6, 1999, in the Gasometer Oberhausen and remained until mid-October 1999.

The Gasometer, one of the largest gas tanks in the world, 117 meters (384 feet) high by 68 meters (223 feet) in diameter, was built between 1927 and 1929 to store the gas (a by-product of the industrial production of iron ore). Christo and Jeanne-Claude were invited by IBA Emscher Park Organization (founded by the state of North Rhine-Westphalia in 1989 to improve the infrastructure of the Ruhrregion), to exhibit in the Gasometer Oberhausen.

The 13,000 oil barrels wall was 26 meters (85 feet) tall and 68 meters (223 feet) wide with a depth of 7.23 meters (24 feet), and spanned the distance from wall to wall of the Gasometer. The barrels (208 liter capacity each) were connected to a structural core made of steel scaffolding structure to which they were bolted. The entire wall of barrels was supported by steel pillars resting on the foundation of the Gasometer, and not connected to the steel structure of the Gasometer. The barrels had been specially painted in bright industrial yellow, deep orange, ultramarine blue, sky blue, rock gray, light ivory, and grass green. The barrels were stacked following a predetermined pattern. 45% of the barrels were yellow, 30% deep orange, and between 2% and 6.6% for the other colors. The total weight of the wall was 300 tons. After the exhibition, *The Wall* was removed and all materials went back to their usual industrial uses.

The artists' friend and exclusive photographer, Wolfgang Volz, was the Project Director in charge of the planning and construction of *The Wall*.

The use of oil barrels follows a tradition in the work of Christo and Jeanne-Claude since the 1958 *Wrapped Oil Barrels; Stacked Oil Barrels* and *Dockside Packages, 1961,* in Cologne, Germany; the *Barrels Structures 1962* in Gentilly, France; *The Iron Curtain – Wall of Oil Barrels, Rue Visconti, Paris, 1961–62; 56 Oil Barrels Structure 1966–67,* donated by Martin and Mia Visser to the Kröller-Müller Museum, Otterlo, Holland; *The Mastaba of 1,240 Oil Barrels, 1968,* Institute of Contemporary Art, Philadelphia.

Within the dark enclosure of the gas container the multicolored mosaic of 13,000 oil barrels wall stood out with luminosity.

Die Inneninstallation im Gasometer Oberhausen war am 6. April 1999 vollendet und blieb bis Mitte Oktober 1999 bestehen.

Mit einer Höhe von 117 Metern und einem Durchmesser von 68 Metern ist der Gasometer einer der größten der Welt. Er wurde in den Jahren 1927 bis 1929 zur Zwischenlagerung von Gas erbaut, das bei der Eisenverhüttung entsteht. Christo und Jeanne-Claude wurden von der IBA Emscher Park (1989 vom Land Nordrhein-Westfalen ins Leben gerufen, um die Infrastruktur des Ruhrgebietes zu verbessern) eingeladen, im Gasometer Oberhausen auszustellen.

Die Wand aus 13.000 Ölfässern war 26 Meter hoch und 68 Meter breit mit einer Tiefe von 7,23 Metern und füllte den Gasometer von Wand zu Wand. Die Fässer mit einem Fassungsvermögen von jeweils 208 Litern waren mit einem Wandkern aus Gerüstbaumaterialien verbunden. Mit dieser Konstruktion waren die Fässer verschraubt, und die Wand wurde durch die Schwerlaststützen auf dem Fundament des Gasometers direkt getragen. Dadurch stand die Fässerwand frei und ohne konstruktive Verbindung mit der Stahlkonstruktion des Gasometers. Die Ölfässer hatten eine Speziallackierung in Signalgelb, Blutorange, Ultramarinblau, Himmelblau, Steingrau, Hellelfenbein und Grasgrün erhalten. Die Ölfässerwand wurde nach einer genauen Vorlage aufgebaut. 45 % der Fässer waren signalgelb, 30 % blutorange, und zwischen 2 und 6,6 % waren in anderen Farben lackiert. Die Fässerwand mit der Unterkonstruktion wog 300 Tonnen. Nach dem Abbau wurden sämtliche Materialien in der Industrie wiederverwendet.

Der Freund und Exklusivfotograf der Künstler, Wolfgang Volz, war der Projektleiter für die Planung und den Bau von *The Wall*.

Der Einsatz von Ölfässern folgt einer Tradition in der Arbeit von Christo und Jeanne-Claude: *Wrapped Oil Barrels, 1958; Stacked Oil Barrels* und *Dockside Packages 1961* in Köln; *Barrels Structures 1962* in Gentilly, Frankreich; *The Iron Curtain – Wall of Oil Barrels, Rue Visconti, Paris, 1961–62; 56 Oil Barrels Structure 1966–67,* gestiftet von Martin und Mia Visser an das Kröller-Müller Museum in Otterlo, Niederlande; *Mastaba of 1.240 Oil Barrels 1968*, Institute of Contemporary Art, Philadelphia.

In der dunklen Geschlossenheit des Gasbehälters stach das vielfältige Farbmosaik der 13.000 Ölfässer leuchtend hervor.


L'installation intérieure fut achevée le 6 avril 1999 dans le gazomètre d'Oberhausen et resta en place jusqu'à la mi-octobre 1999.

Le gazomètre d'Oberhausen, un des plus grands réservoirs de gaz au monde (117 mètres de haut sur 68 mètres de diamètre), fut construit entre 1927 et 1929 pour stocker le gaz issu de la transformation industrielle du minerai de fer. Christo et Jeanne-Claude furent invités à exposer dans le gazomètre d'Oberhausen par l'organisation IBA Emscher Park (fondée en 1989 par le Land de Rhénanie-du-Nord-Westphalie pour améliorer les infrastructures de la Ruhr).

*Le Mur* de 13.000 barils de pétrole mesurait 26 mètres de haut sur 68 mètres de large pour une profondeur de 7,23 mètres, et s'étendait d'un mur à l'autre du gazomètre. Les barils de 208 litres étaient solidaires d'une structure interne faite d'éléments d'échafaudages en acier à laquelle ils étaient boulonnés. L'ensemble du mur de barils reposait sur des piliers d'acier posés à même les fondations du gazomètre, sans être relié à la structure en acier du gazomètre lui-même. Les barils avaient été spécialement peints en jaune intense, orange foncé, bleu outremer, bleu ciel, gris roche, ivoire clair et vert gazon. Les barils furent empilés selon une trame prédéfinie. 45 % des barils étaient jaunes, 30 % orange foncé, le pourcentage des autres couleurs variait entre 2 et 6,6 %. Le poids total du *Mur* était de 300 tonnes. Après la période d'exposition, l'œuvre fut démontée et les matériaux retournèrent à leur utilisation industrielle habituelle.

Wolfgang Volz, ami et photographe exclusif des artistes, fut le directeur de projet chargé de la planification et de la construction du *Mur*.

L'emploi de barils de pétrole s'inscrit dans une tradition au sein de l'œuvre de Christo et Jeanne-Claude, depuis *Wrapped Oil Barrels 1958; Stacked Oil Barrels* et *Dockside Packages, 1961,* Cologne, Allemagne; *Barrels Structures 1962,* Gentilly, France; *Le Rideau de Fer – Mur de Barils de Pétrole, Rue Visconti, Paris, 1961–62; 56 Oil Barrels Structure 1966–67,* que Martin et Mia Visser donnèrent au musée Kröller-Müller, Otterlo, Pays-Bas; *The Mastaba of 1.240 Oil Barrels, 1968*, Institute of Contemporary Art, Philadelphie.

Dans l'enceinte du réservoir de gaz plongé dans la pénombre, la mosaïque multicolore du mur de 13.000 barils de pétrole se démarquait par sa luminosité.

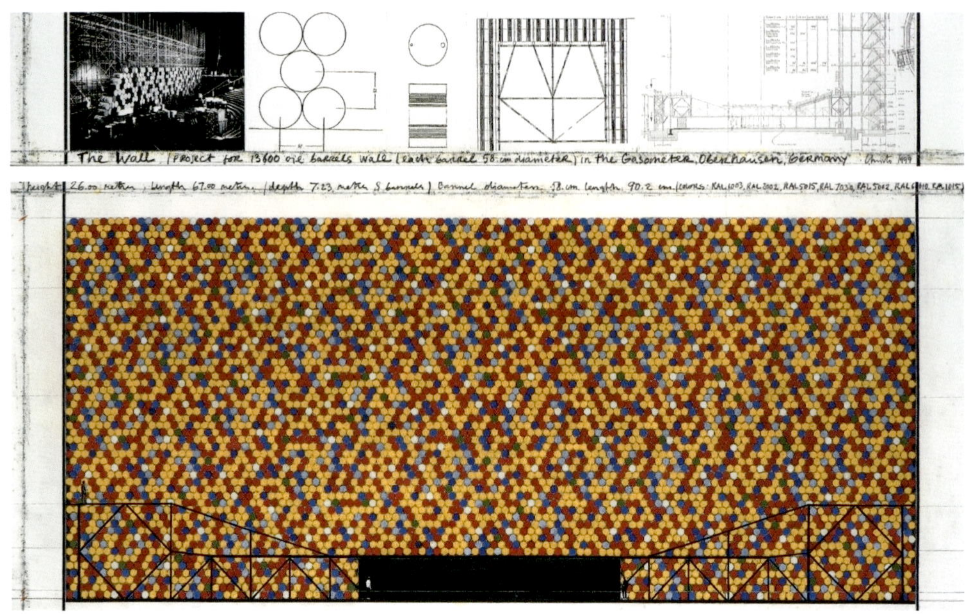

*Below:*

**The Wall, Project for 13,000 Oil Barrels Wall in the Gasometer, Oberhausen, Germany**
Collage 1999 in two parts: 70.5 x 77.5 cm and 70.5 x 30.5 cm (27 ¾ x 30 ½″ and 27 ¾ x 12″)
Pencil, wax crayon, pastel, charcoal, enamel paint, technical data, and tape

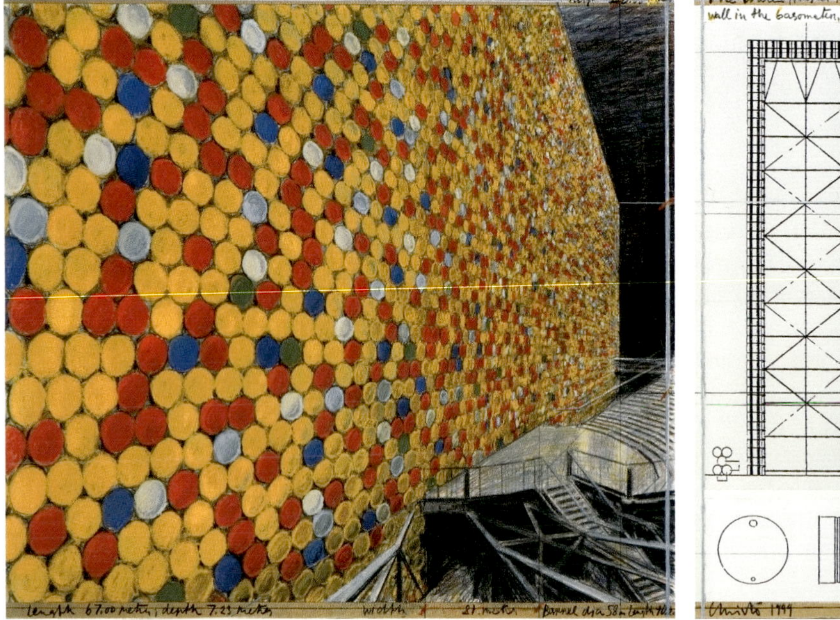

*Opposite:*

**The Wall, Project for 13,000 Oil Barrels Wall**
Drawing 1999 in two parts: 38 x 244 cm and
106.6 x 244 cm (15 x 96″ and 42 x 96″)
Pencil, charcoal, pastel, photograph by Wolfgang
Volz, wax crayon, and technical data
Würth Collection, Künzelsau, Germany

*Below:*

**The Wall, Project for Gasometer,
Oberhausen, Germany**
Drawing 1999: 77.5 x 70.5 cm
(30 ½ x 27 ¾″)
Pencil, enamel paint, pastel,
charcoal, and tape


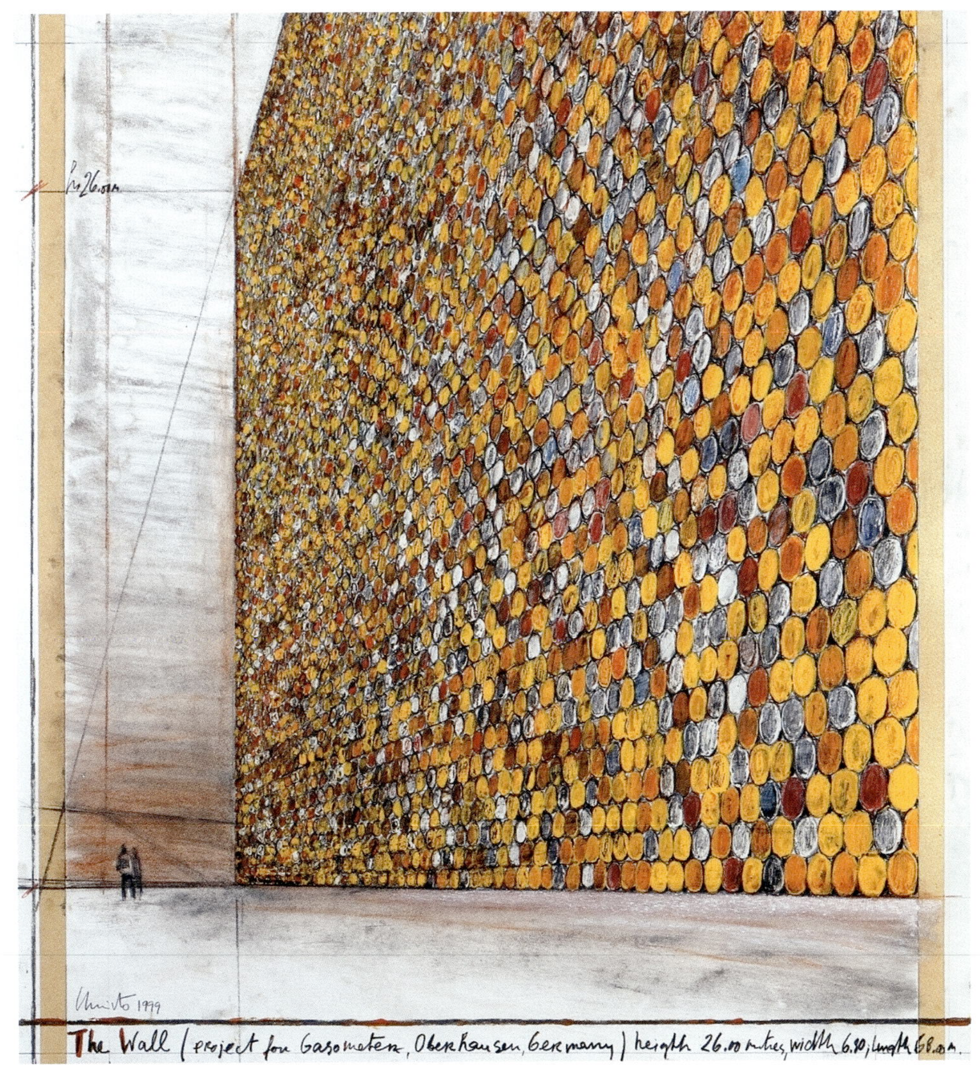

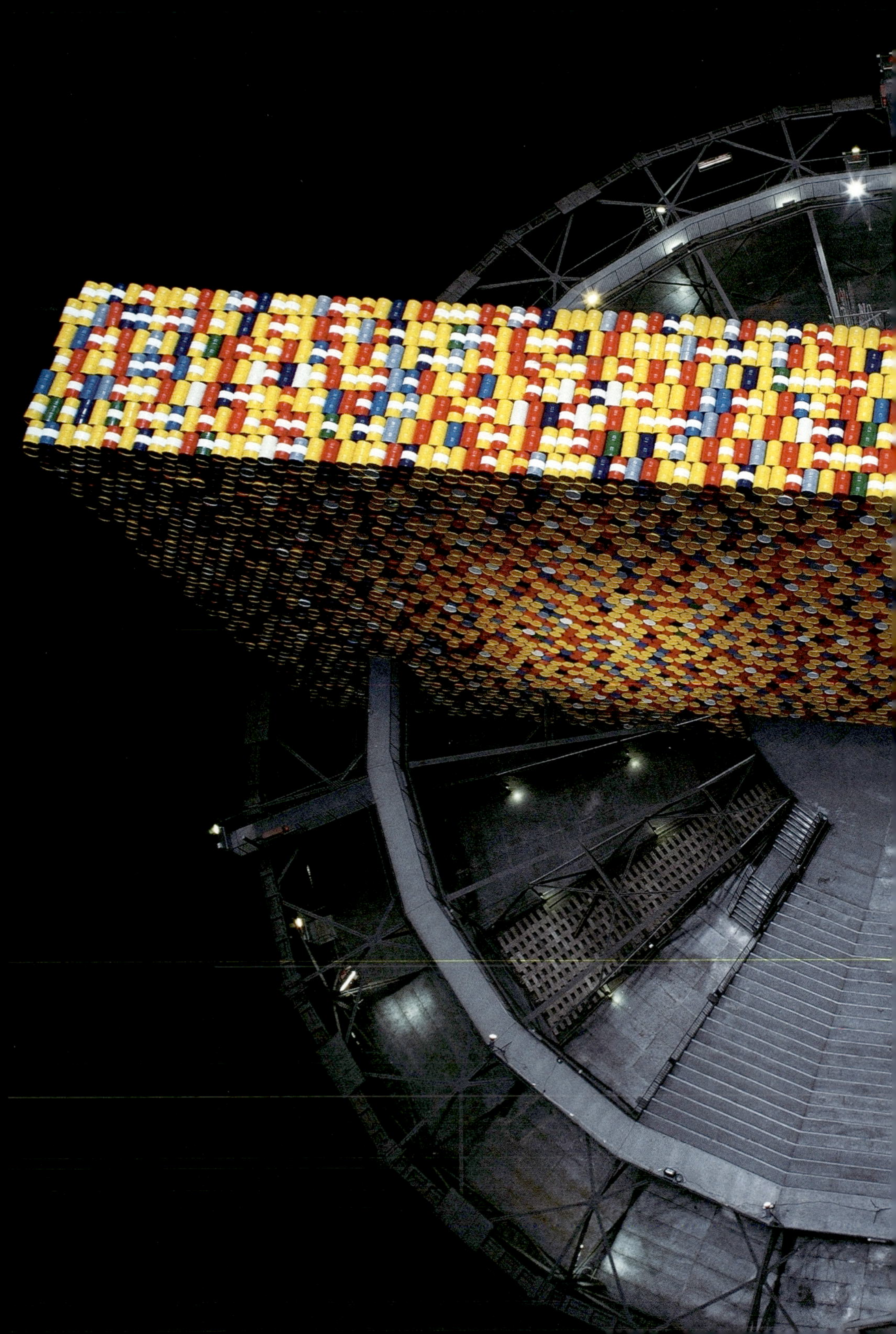

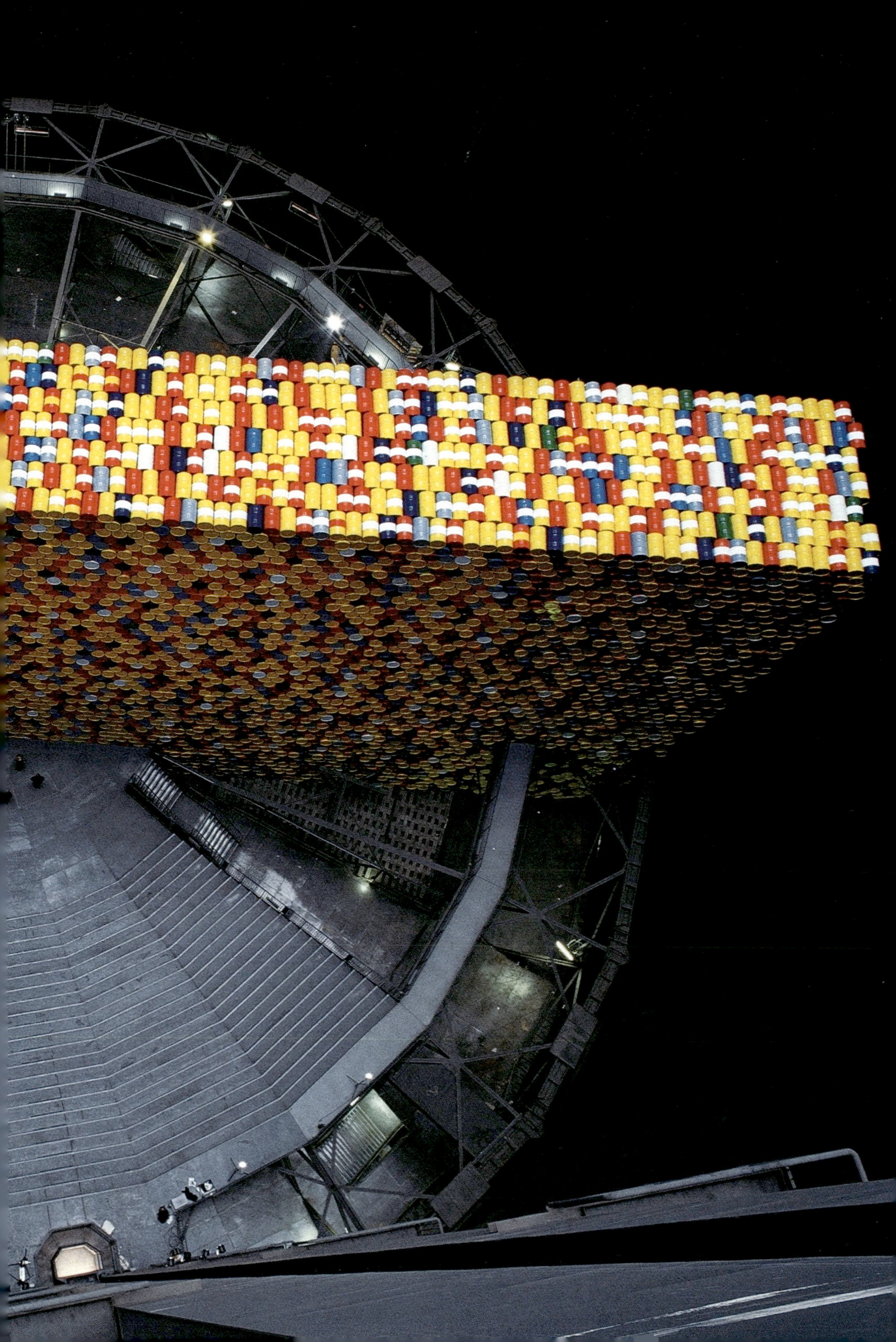

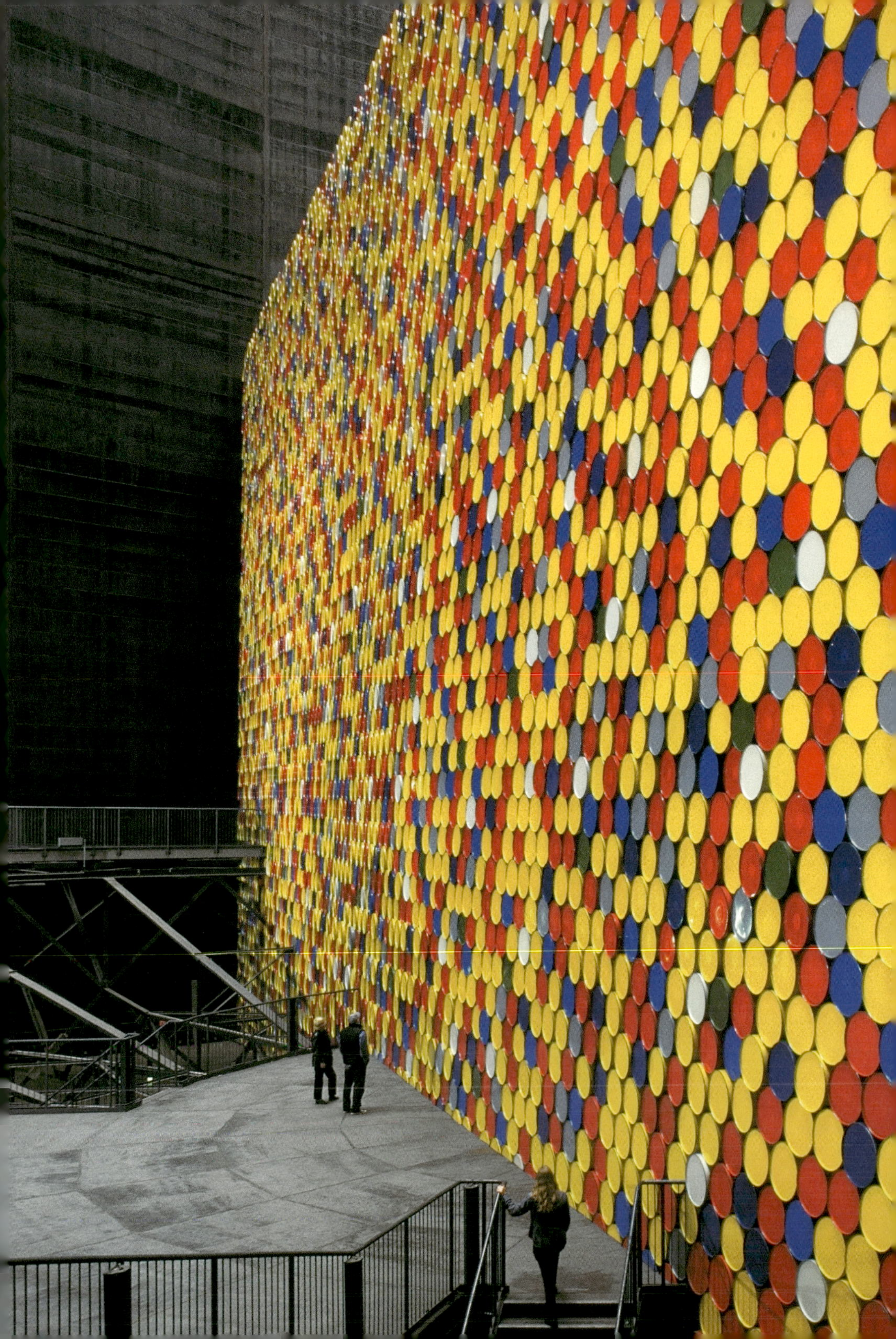

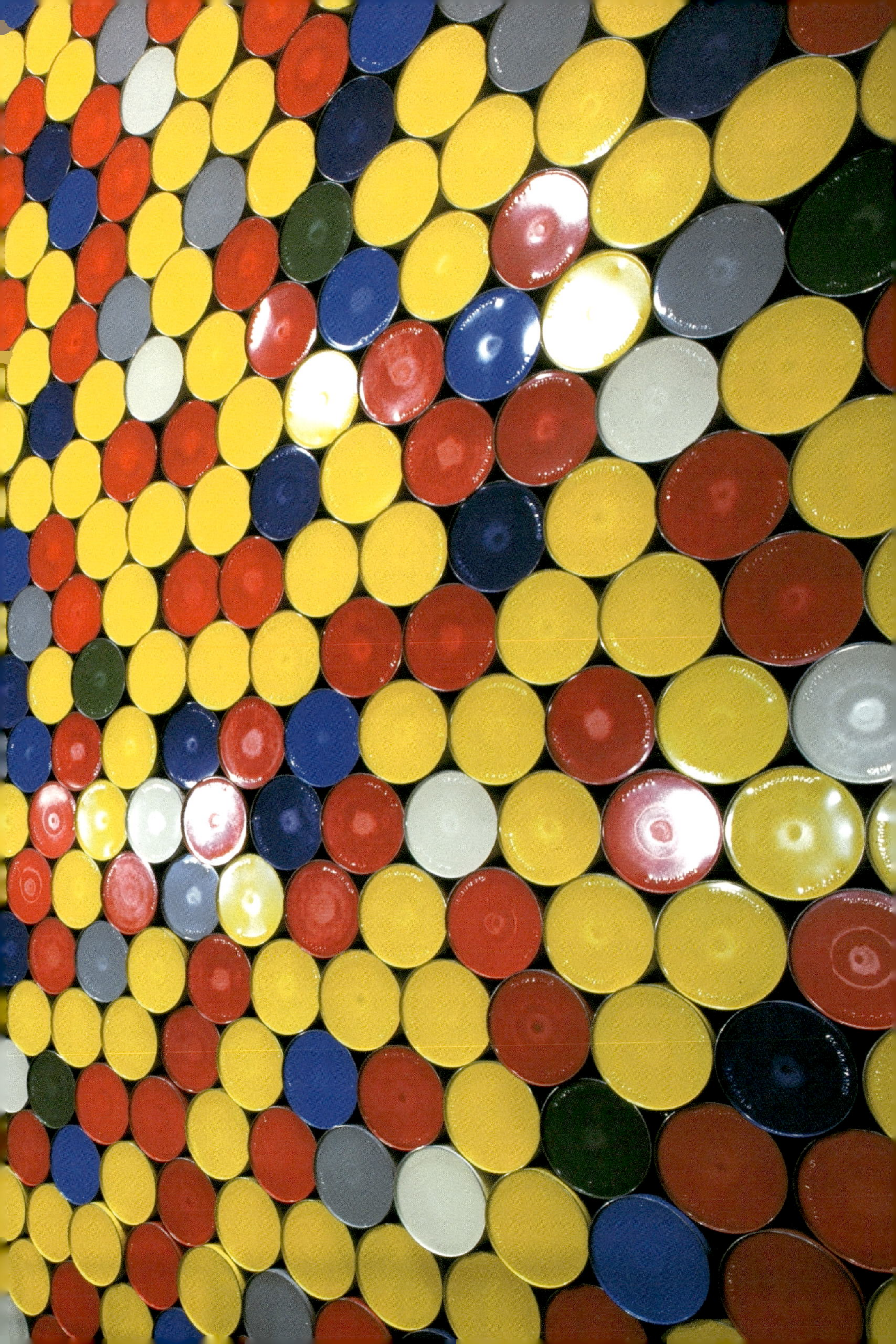

# The Gates
## Central Park, New York City, 1979–2005

*Chief Engineer and Director of Construction:*
*Vince Davenport*
*Project Director: Jonita Davenport*
*Exclusive Photographer: Wolfgang Volz*

The installation in Central Park was completed with the blooming of the 7,503 fabric panels on February 12, 2005.

The 7,503 gates were 4.87 meters (16 feet) tall and varied in width from 1.68 to 5.48 meters (5 feet 6 inches to 18 feet) according to the 25 different widths of walkways, on 37 kilometers (23 miles) of walkways in Central Park. Free hanging saffron colored fabric panels, suspended from the horizontal top part of the gates, came down to approximately 2.13 meters (7 feet) above the ground. The gates were spaced at 3.65 meter (12 feet) intervals, except where low branches extended above the walkways. The gates and the fabric panels could be seen from far away through the leafless branches of the trees. The work of art remained for 16 days, then the gates were removed and the materials recycled. The 12.7 cm (5 inch) square vertical and horizontal poles were extruded in 96.5 km (60 miles) of saffron colored vinyl. The vertical poles were secured by 15,006 narrow steel base footings, 278–380 kilograms (613–837 pounds) each, positioned on the paved surfaces. No holes were made in the ground. The gates' components were fabricated, off-site, by seven manufacturers located on the East Coast of the USA. The weaving and sewing of the fabric panels was done in Germany.

In teams of eight, 600 workers wearing "The Gates" uniforms, were responsible for installing 100 gates per team. The monitoring and removal teams included an additional 300 uniformed workers. The monitors assisted the public and gave information. All workers were financially compensated and received breakfast and one hot meal a day. Professional security worked in the park after dark.

*The Gates* was entirely financed by Christo and Jeanne-Claude, as they have done for all their previous projects. The artists do not accept sponsorship or donations.

The grid pattern of the city blocks surrounding Central Park was reflected in the rectangular structure of the commanding saffron colored poles while the serpentine design of the walkways and the organic forms of the bare branches of the trees were mirrored in the continuously changing rounded and sensual movements of the free flowing fabric panels in the wind.

The people of New York continued to use the park as usual. For those who walked through *The Gates*, following the walkways, the saffron colored fabric was a golden ceiling creating warm shadows. When seen from the buildings surrounding Central Park, *The Gates* seemed like a golden river appearing and disappearing through the bare branches of the trees and highlighting the shape of the meandering footpaths.

*Chefingenieur und Konstruktionsleiter:*
*Vince Davenport*
*Projektleiterin: Jonita Davenport*
*Exklusivfotograf: Wolfgang Volz*

Die Installation im Central Park wurde mit
dem „Erblühen" von 7.503 Gewebebahnen am
12. Februar 2005 beendet.

Die 7.503 Tore waren 4,87 Meter hoch, variier-
ten in ihrer Breite entsprechend den 25 verschiedenen Breiten der Parkwege zwischen 1,68 und
5,48 Metern und standen auf 37 Kilometern Gehwegen im Central Park. Frei hängende safranfarbene Gewebebahnen schwebten von der oberen horizontalen Stange der Tore herab bis auf
eine ungefähre Höhe von 2,13 Metern über dem
Boden. Die Tore standen in Abständen von 3,65
Metern, außer dort, wo tiefe Äste über die Wege
ragten. Die Tore und Gewebebahnen konnten
von Weitem durch die blätterlosen Zweige der
Bäume gesehen werden. Das Kunstwerk verblieb
16 Tage lang, dann wurden die Tore abgebaut
und die Materialien recycelt. Die vertikalen und
horizontalen Stangen mit einem Querschnitt
von 12,7 x 12,7 Zentimetern wurden aus safranfarbenem Vinyl in einer Gesamtlänge von
96,5 Kilometer extrudiert. Die senkrechten Stangen wurden durch 15.006 schmale Stahlsockelgewichte (278 bis 380 Kilogramm) gesichert, die
auf den befestigten Wegen positioniert wurden.
Es wurden keine Löcher in den Boden gebohrt.
Die Komponenten der Tore wurden von sieben
Herstellern an der amerikanischen Ostküste an-
gefertigt. Die Stoffpaneele wurden in Deutschland gewebt und vernäht.

In Achterteams waren 600 Arbeiter in *The-
Gates*-Uniformen verantwortlich, jeweils 100 der
Tore aufzubauen. Die Mannschaft der Monitore
und die Abbaumannschaft umfassten zusätzlich
300 uniformierte Mitarbeiter. Die Monitore im
Park waren den Besuchern behilflich und infor-
mierten über das Projekt. Alle Arbeiter wurden
bezahlt und bekamen Frühstück und ein war-
mes Essen pro Tag. Nach Anbruch der Dunkel-
heit waren professionelle Sicherheitskräfte im
Park präsent.

So wie Christo und Jeanne-Claude es bei
den vorherigen Projekten immer getan haben,
wurde auch *The Gates* vollständig von den
Künstlern finanziert. Die Künstler akzeptieren
keinerlei Sponsorengelder oder Spenden.

Die geometrische, gitterartige Anlage der
den Central Park umgebenden Häuserblocks
von Manhattan wurde durch die rechteckige
Form der eindrucksvollen safranfarbenen Tore
widergespiegelt, während die gewundenen Parkwege und die organische Form der kahlen Äste
sich in den ständig wechselnden runden und
sinnlichen Bewegungen der frei im Wind
schwebenden Gewebebahnen wiederfanden.

Die New Yorker nutzten den Park weiter wie
gewöhnlich. Für diejenigen, die durch *The Gates*
gingen, den Parkwegen folgend, erschien der
safranfarbene Stoff wie ein goldenes Dach, das
warme Schatten warf. Der Blick von den Gebäuden rund um den Central Park ließ *The Gates*
wie einen goldenen Fluss erscheinen, der immer
wieder unter den nackten Ästen der Bäume verschwand und wieder auftauchte und die Form
der gewundenen Parkwege hervorhob.

*Ingénieur en chef et direction du chantier:*
*Vince Davenport*
*Chef de projet: Jonita Davenport*
*Photographe exclusif: Wolfgang Volz*

L'installation à Central Park fut achevée le 12 février 2005 avec la floraison des 7.503 panneaux de toile.

Les 7.503 portiques mesuraient 4,87 mètres de haut pour une largeur variant entre 1,68 et 5,48 mètres selon les 25 différentes largeurs des allées, et une longueur de 37 kilomètres d'allées dans Central Park. Les panneaux de toile couleur safran tombant de la traverse des portiques descendaient à environ 2,13 mètres au-dessus du sol. Les portiques étaient espacés de 3,65 mètres, sauf dans les cas où des branches basses s'étendaient sur les allées. Les poteaux et les panneaux de toile étaient visibles de très loin à travers les branches des arbres défeuillés. L'œuvre resta en place pendant 16 jours, puis les portiques furent démontés et tous les matériaux furent recyclés. Pour la fabrication des poteaux et des traverses de section carrée de 12,7 centimètres de côté, 96,5 kilomètres de vinyle teinté couleur safran furent extrudés. Les poteaux étaient fixés sur 15.006 bases en acier étroites pesant chacune 278 à 380 kilogrammes et posées à même les pavements. Aucun trou ne fut creusé dans le sol. Les éléments des portiques furent fabriqués hors site par sept entreprises de la côte est des États-Unis. Le tissage et la couture des panneaux de toile furent réalisés en Allemagne.

Par équipes de huit, 600 employés en uniforme «The Gates» furent chargés de l'installa-tion de 100 portiques par équipe. Les équipes de surveillance et de dépose furent en outre augmentées de 300 employés en uniforme. Les moniteurs aidaient le public et distribuaient des informations. Tous les employés reçurent une compensation financière, un petit déjeuner et un repas par jour. Des agents de sécurité professionnels travaillaient dans le parc à la tombée de la nuit.

Comme cela a été le cas de tous leurs précédents projets, *The Gates* a été entièrement financé par Christo et Jeanne-Claude. Les artistes n'acceptent aucun sponsor ni aucun don.

La trame géométrique des rues entourant Central Park était reprise dans la structure rectangulaire des poteaux teintés couleur safran, tandis que le dessin serpentin des allées et les formes organiques des branches d'arbres défeuil-lées étaient reprises dans les mouvements toujours changeants, ondulants et sensuels des panneaux de toile flottant librement au vent.

Les New-Yorkais purent continuer d'utiliser le parc comme à l'accoutumée. À ceux qui passèrent sous les portiques en marchant dans les allées, la toile couleur safran faisait un plafond doré projetant des ombres chaleureuses. Vu depuis les bâtiments entourant Central Park, *The Gates* ressemblait à une rivière d'or apparaissant et disparaissant à travers les branches nues des arbres et soulignant les méandres des allées.

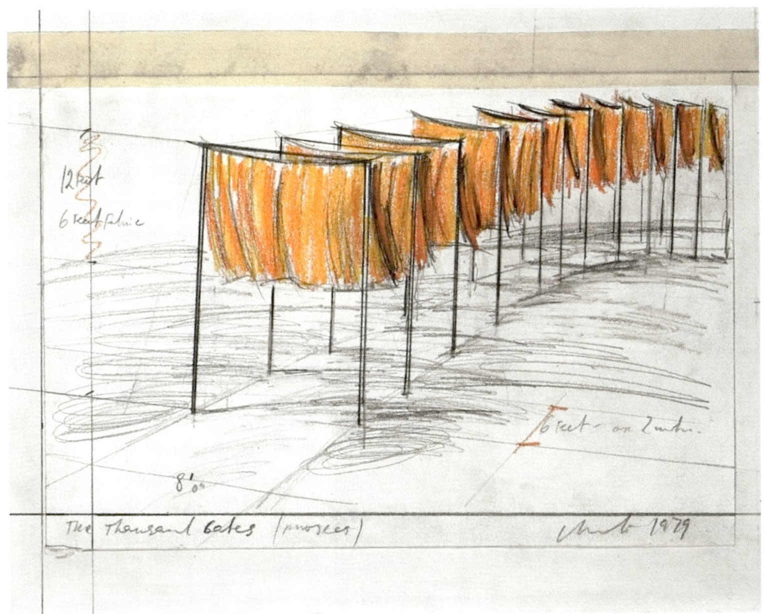



**The Thousand Gates, Project**
Drawing 1979:
28 x 35.5 cm (11 x 14")
Pencil, charcoal, pastel, and tape
(Part of *The Gates Documentation Exhibition*)
*Photo: Eeva-Inkeri*

**The Gates, Project for Central Park, New York City**
Collage 1980: 71 x 56 cm (28 x 22")
Pencil, fabric, pastel, photograph by Wolfgang Volz, and wax crayon
(Part of *The Gates Documentation Exhibition*)

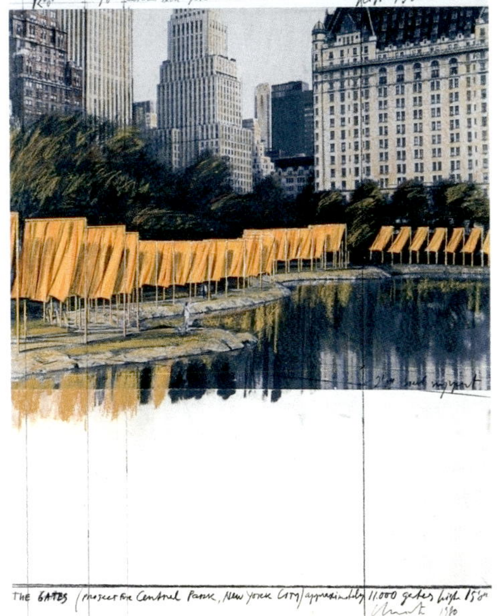

**The Gates, Project for Central Park, New York City**
Collage 1980: 71 x 56 cm (28 x 22")
Pencil, fabric, pastel, photograph by Wolfgang Volz, wax crayon, and fabric sample
(Part of *The Gates Documentation Exhibition*)

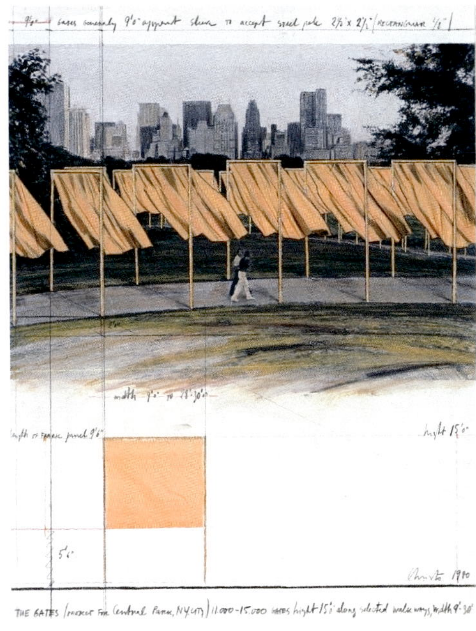

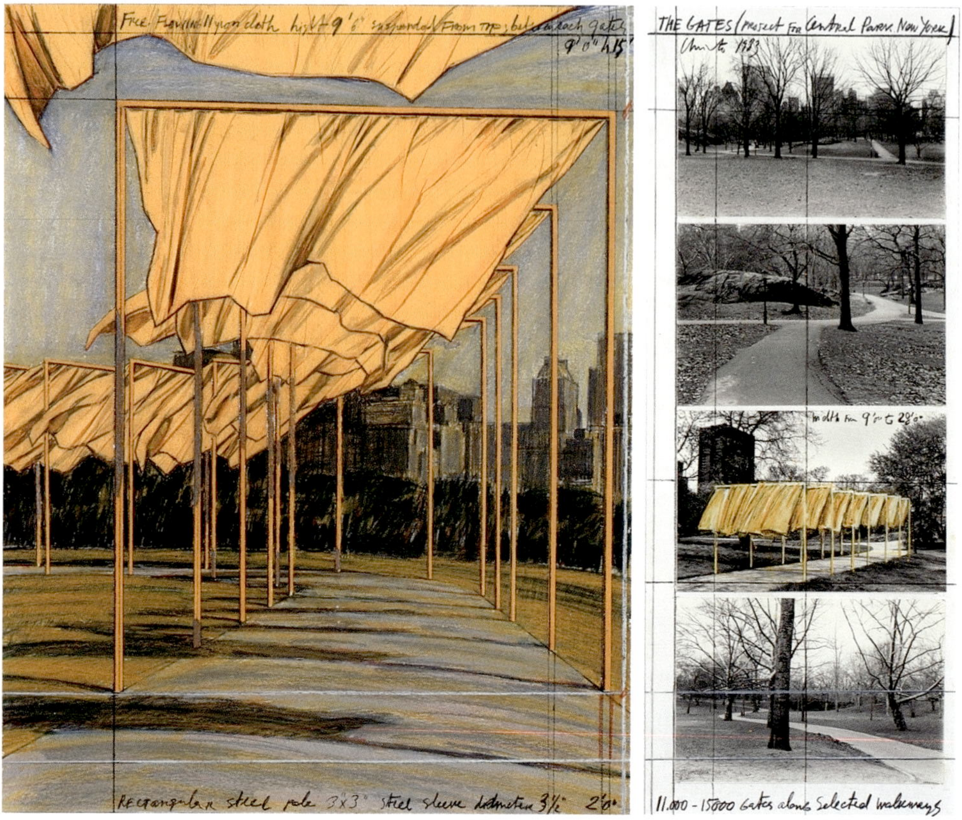

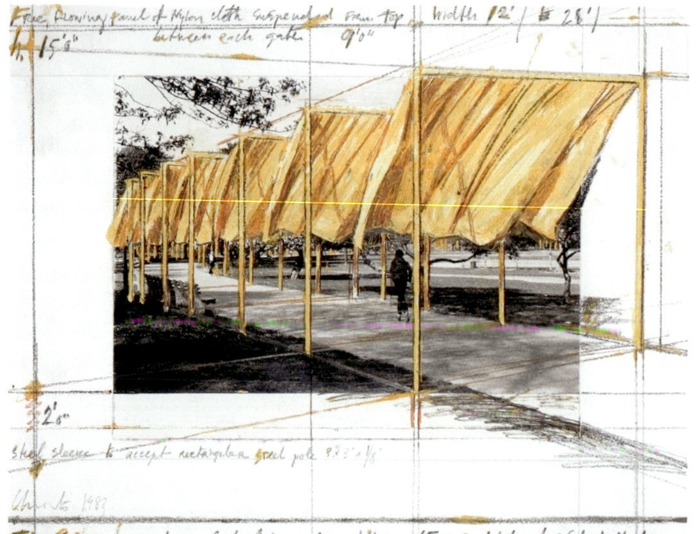



*Above:*

**The Gates, Project for
Central Park, New York City**
Collage 1983 in two parts:
71 x 56 cm and 71 x 28 cm
(28 x 22″ and 28 x 11″)
Pencil, fabric, enamel paint,
4 photographs by Wolfgang
Volz, wax crayon, and charcoal
Private collection, Europe

**The Gates, Project for
Central Park, New York City**
Collage 1983:
28 x 35.5 cm (11 x 14″)
Pencil, enamel paint,
photograph by Wolfgang
Volz, wax crayon, and
charcoal
Private collection, Sweden

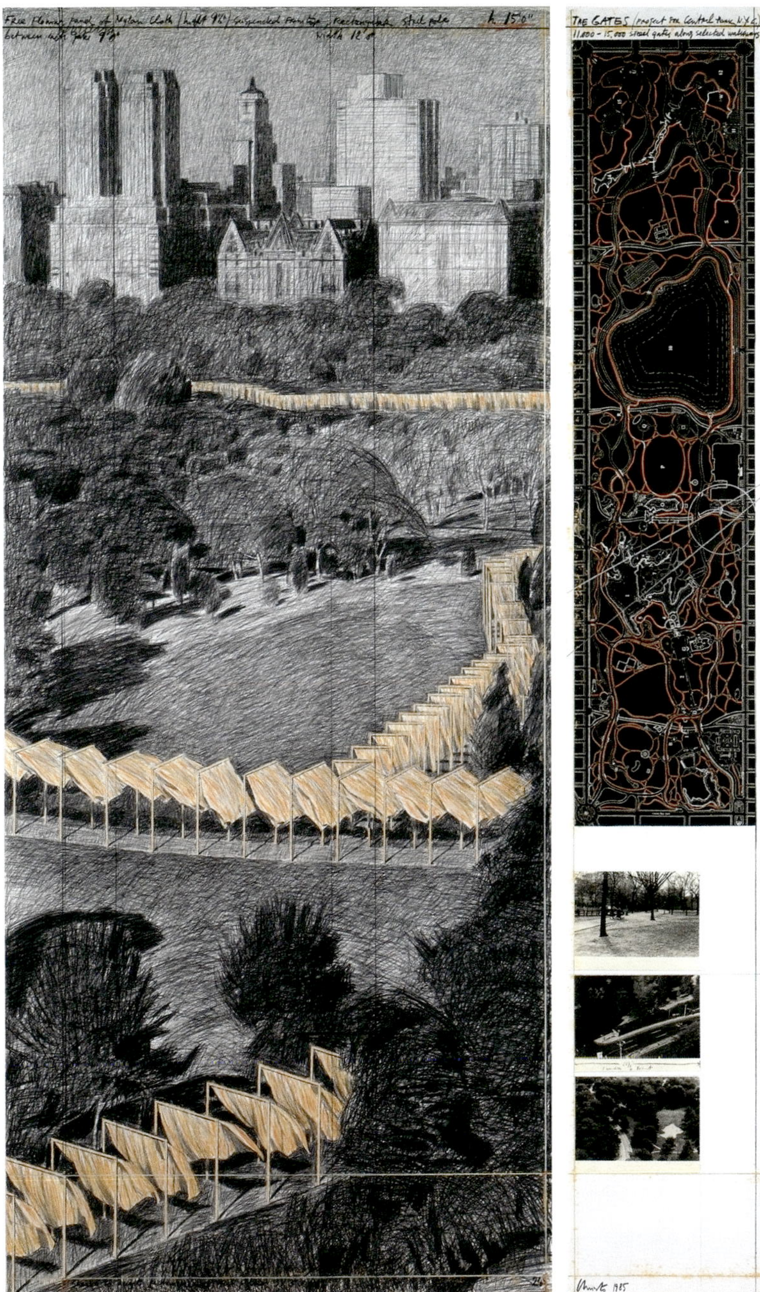


**The Gates, Project for Central Park, New York City**
Drawing 1985 in two parts: 244 x 106.6 cm and 244 x 38 cm (96 x 42″ and 96 x 15″)
Pencil, charcoal, wax crayon, 3 photographs by Wolfgang Volz, pastel, and map
Collection John Kaldor, Sydney, Australia

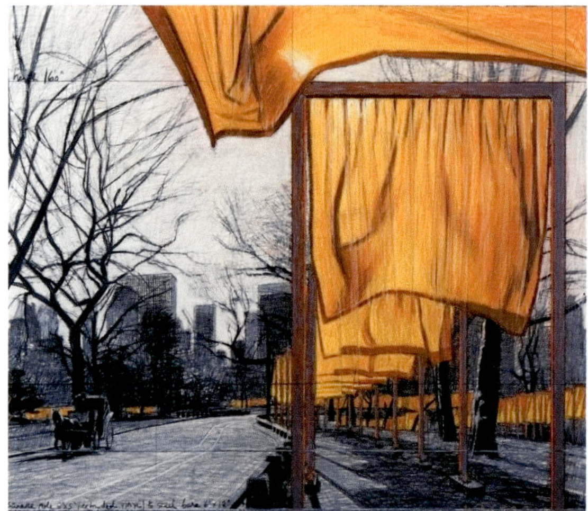



**The Gates, Project for Central Park, New York City**

Collage 2004 in two parts: 30.5 x 77.5 cm and 66.7 x 77.5 cm (12 x 30 ½″ and 26 ¼ x 30 ½″)
Pencil, fabric, charcoal, wax crayon, pastel, enamel paint, fabric sample, and map
Private collection, Florida, USA

*Opposite:*

**The Gates, Project for Central Park, New York City**

Drawing 2003 in two parts: 244 x 38 cm and 244 x 106.6 cm (96 x 15″ and 42 x 96″)
Pencil, charcoal, pastel, wax crayon, enamel paint, fabric sample, hand-drawn map, and technical data
The Solomon R. Guggenheim Museum, New York City, USA. Gift of Peter Lewis

*Below:*

**The Gates, Project for Central Park, New York City**

Collage 2004 in two parts: 77.5 x 30.5 cm and 77.5 x 66.7 cm (30 ½ x 12″ and 30 ½ x 26 ¼″)
Pencil, fabric, wax crayon, charcoal, enamel paint, pastel, map, and fabric sample
Private collection, New York, USA

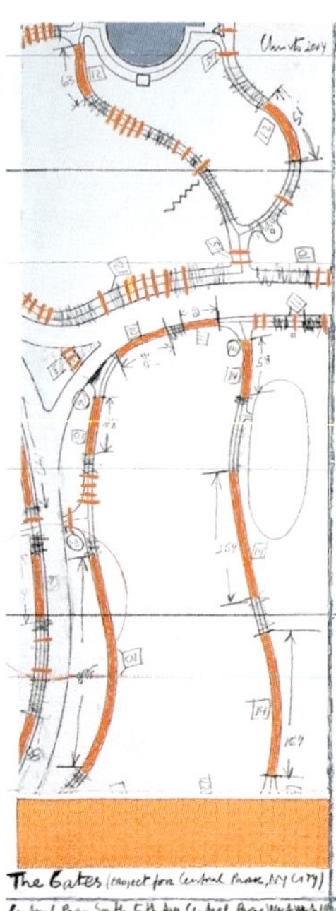

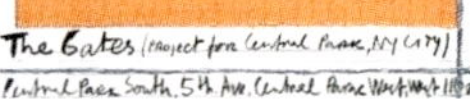



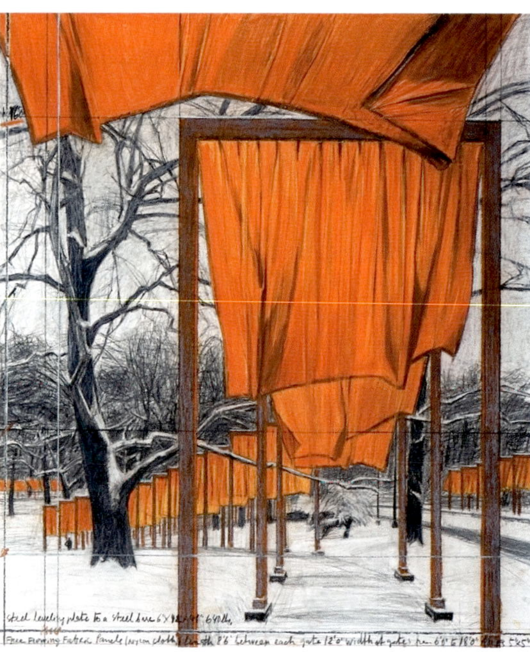

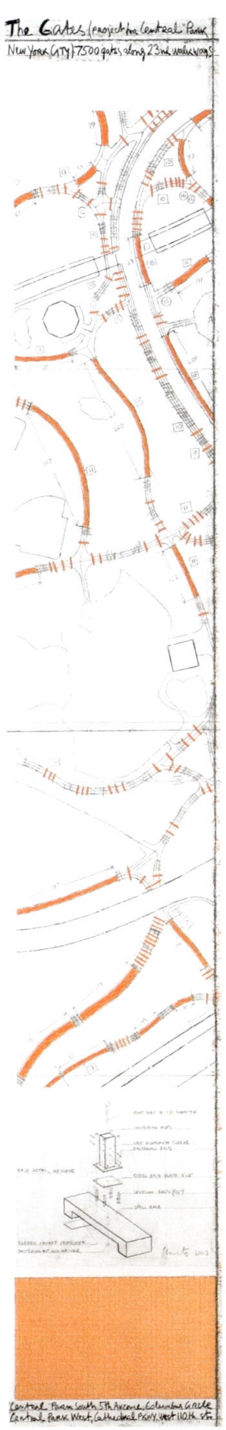
The Gates (project for Central Park
New York City) 7500 gates along 23 mi walkways
Central Park South 5th Avenue Columbus Circle
Central Park West, Cathedral Pkwy, West 110th St

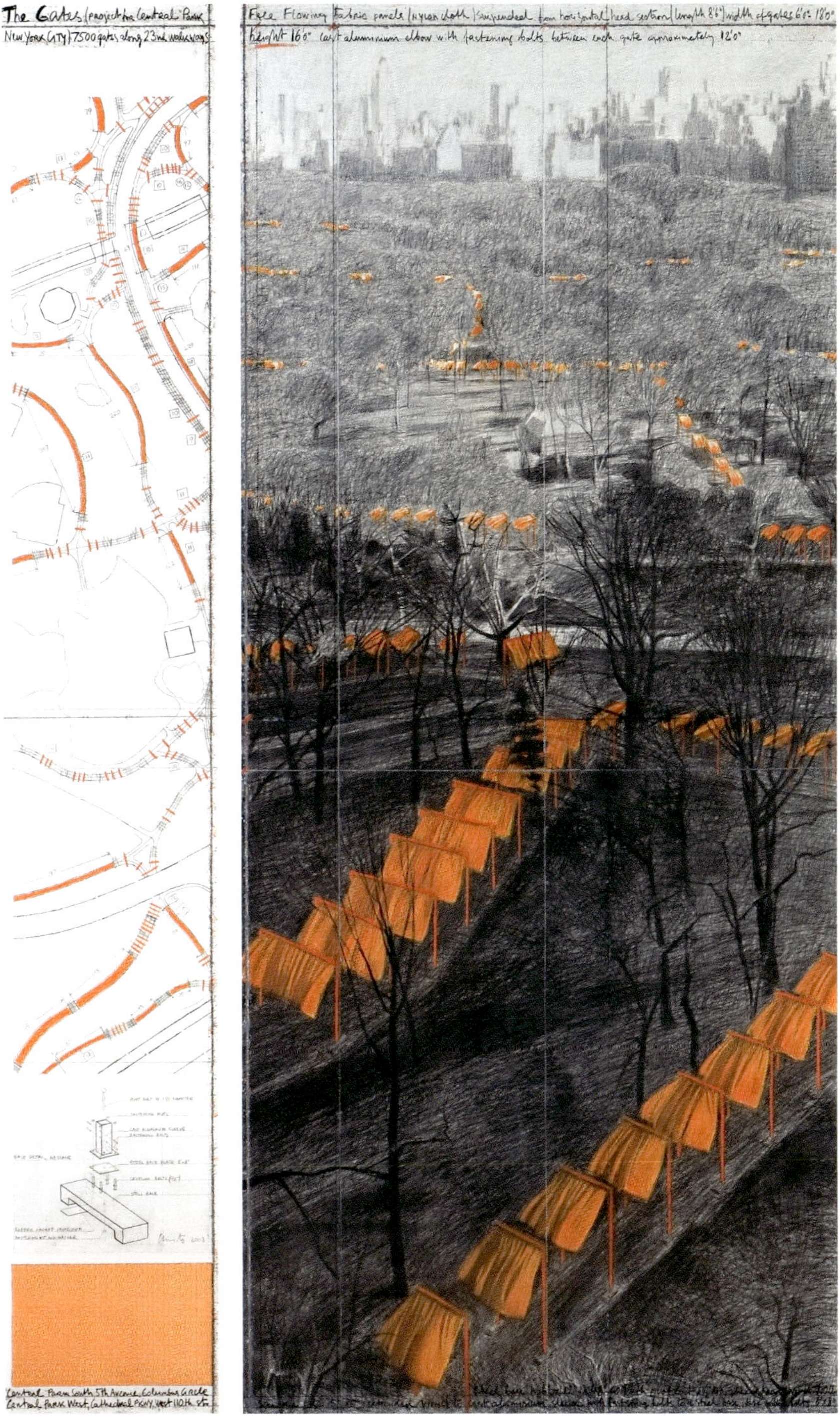

Free Flowing fabric panels (nylon cloth) suspended from horizontal head section (length 8'6") width of gates 6'0"-18'0"
height 16'0" cast aluminum elbow with fastening bolts between each gate approximately 12'0"

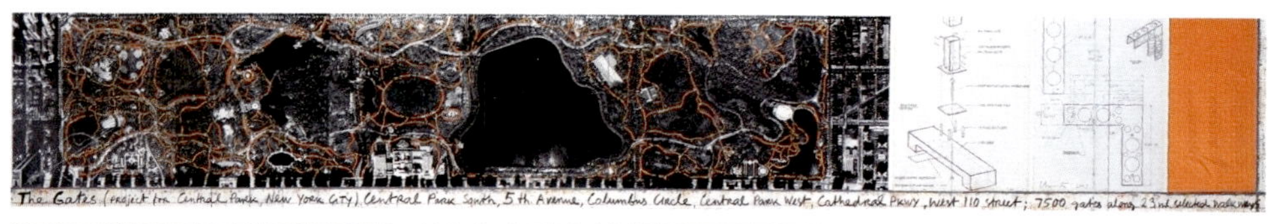

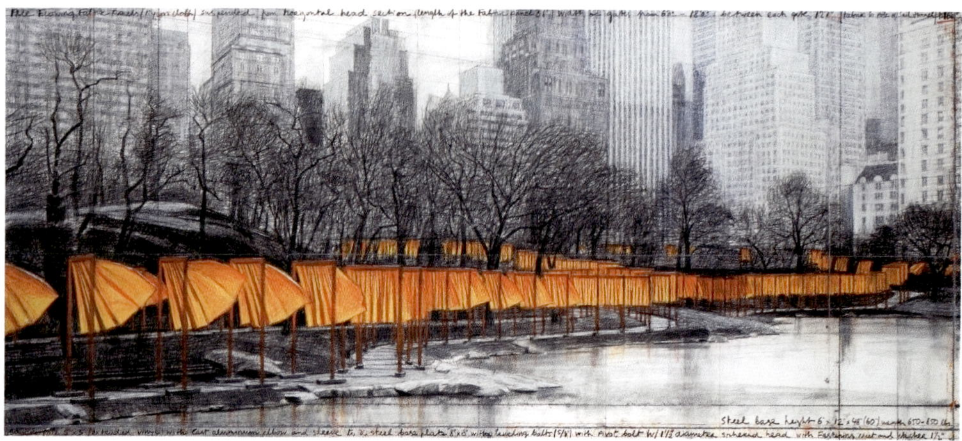

## The Gates, Project for Central Park, New York City

Drawing 2003 in two parts: 38 x 244 cm and 106.6 x 244 cm (15 x 96″ and 42 x 96″)
Pencil, charcoal, pastel, wax crayon, fabric sample, aerial photograph, and hand-drawn technical data
Whitney Museum of American Art, New York City, USA. Gift of Melva Bucksbaum and Raymond Learsy

## The Gates, Project for Central Park, New York City

Collage 2004: 21.5 x 28 cm (8 ½ x 11″)
Pencil, enamel paint, photograph by Wolfgang Volz, wax crayon, fabric sample, map, and tape
Collection Jonita and Vince Davenport, Seattle, Washington, USA

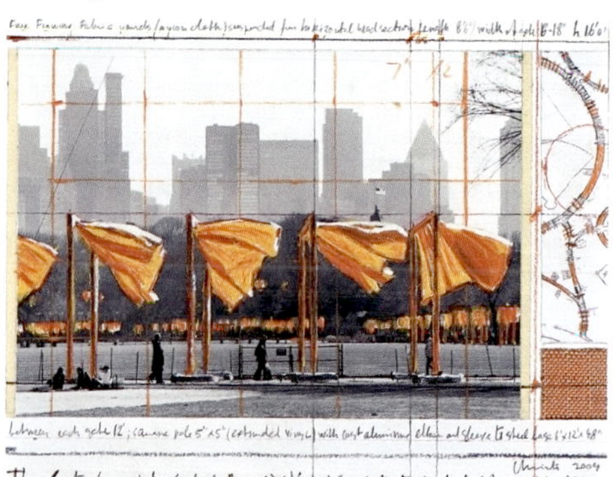

## The Gates, Project for Central Park, New York City

Collage 2005: 21.5 x 28 cm (8 ½ x 11″)
Pencil, enamel paint, photograph by Wolfgang Volz, wax crayon, fabric sample, map, and tape
Private collection, Bal Harbour, Florida, USA

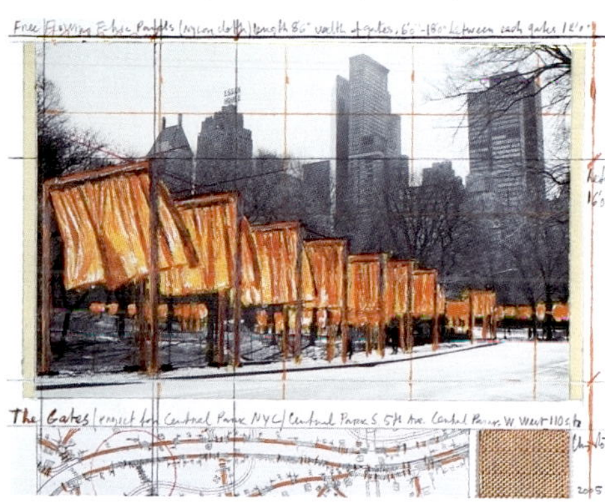

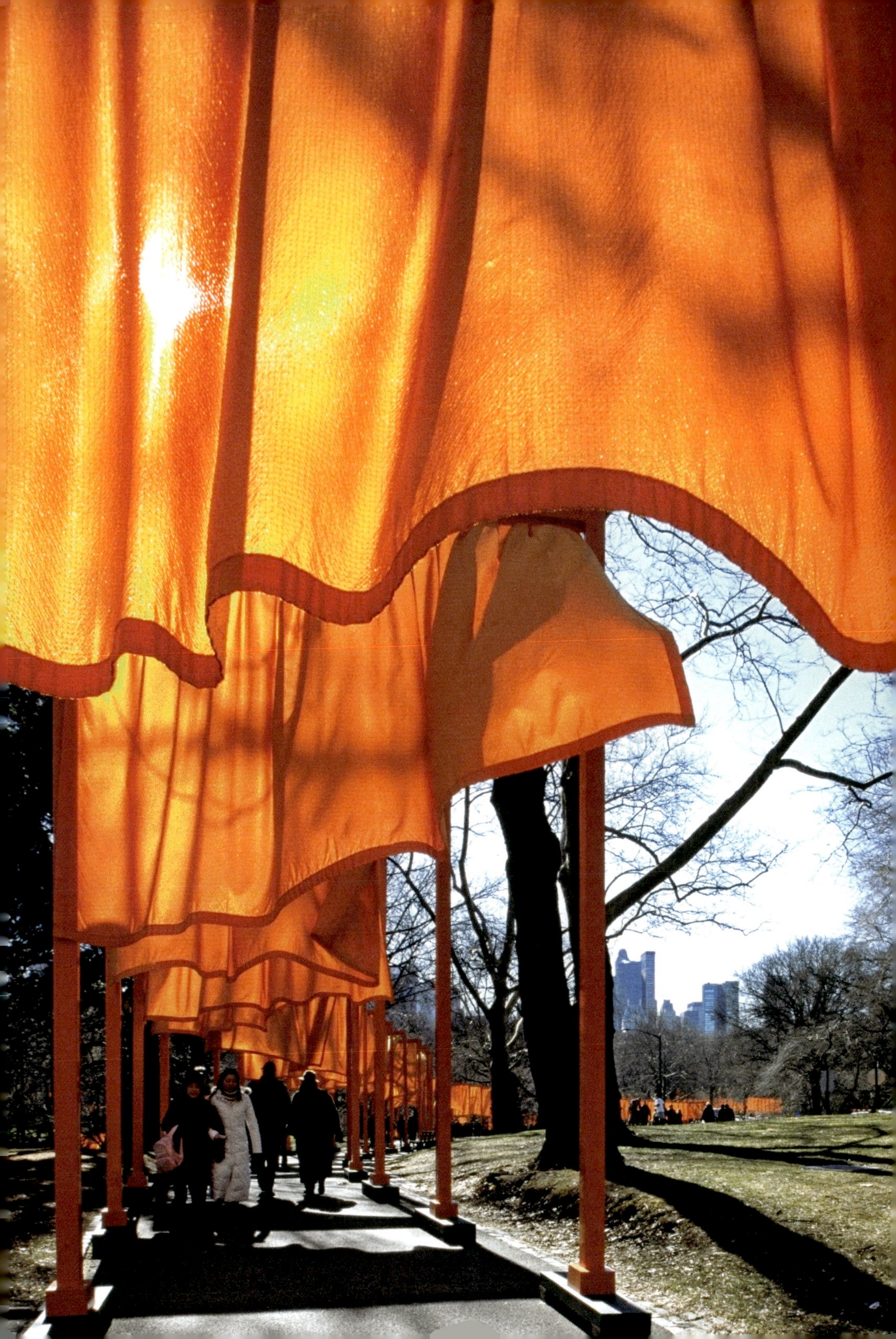

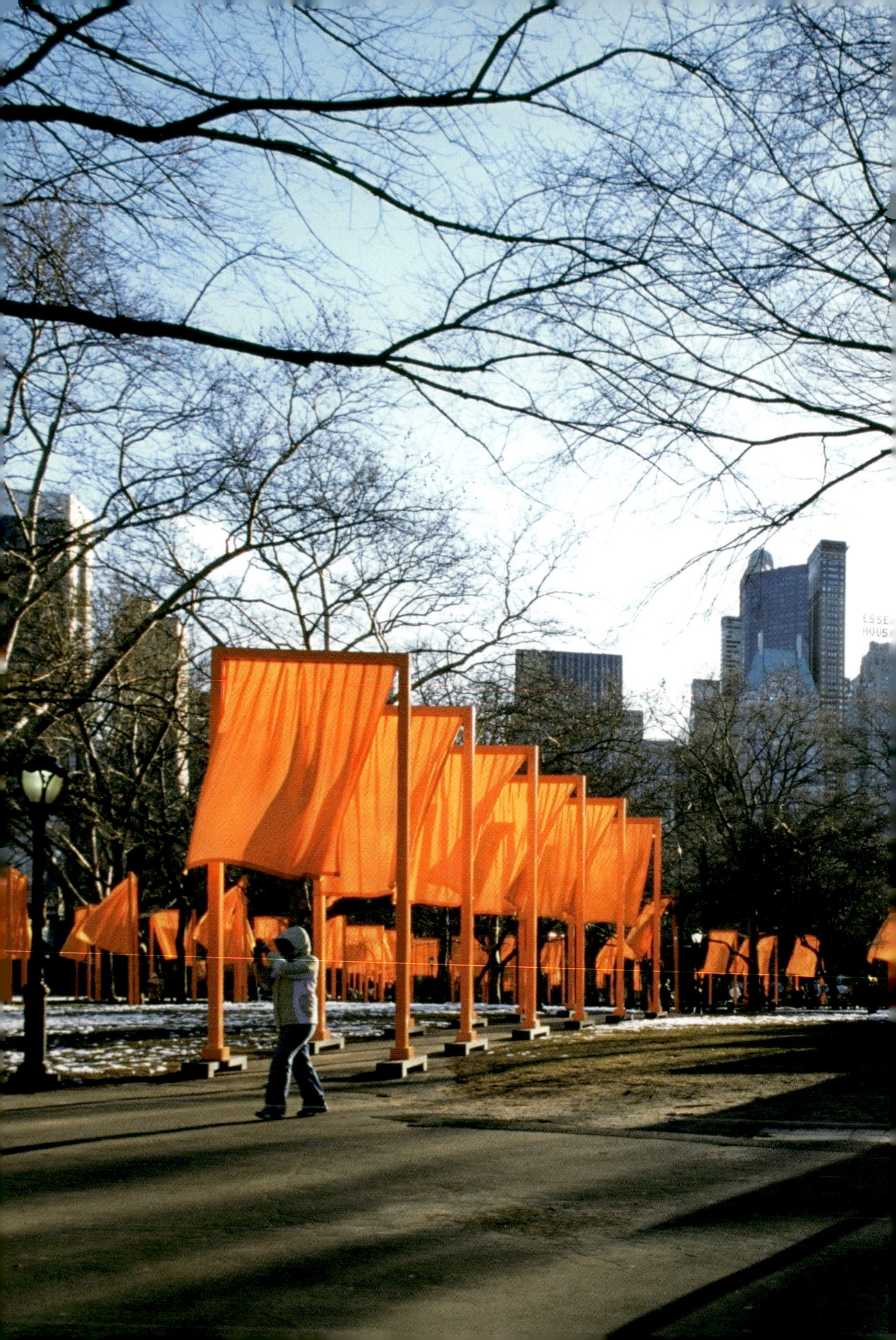

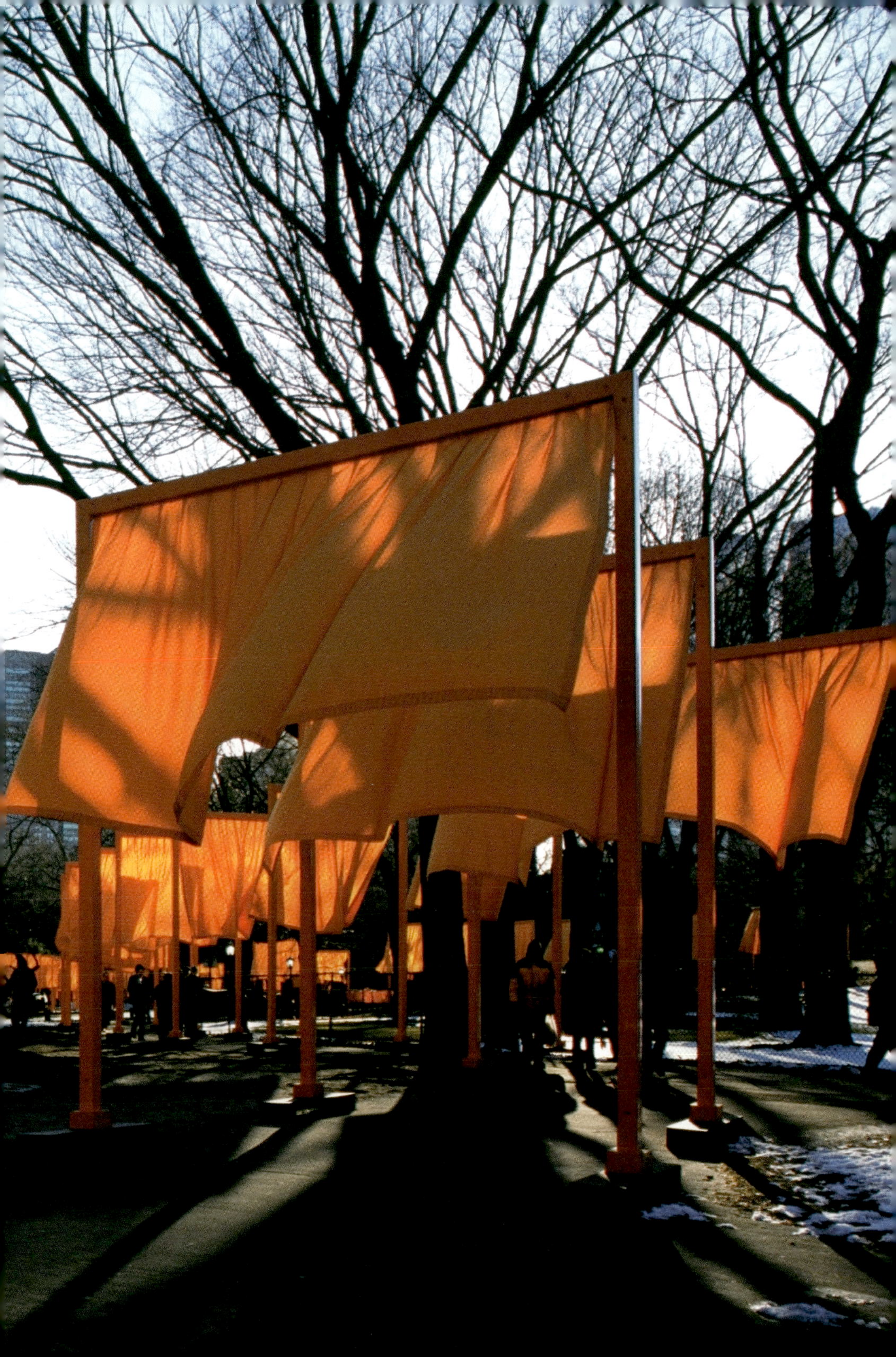

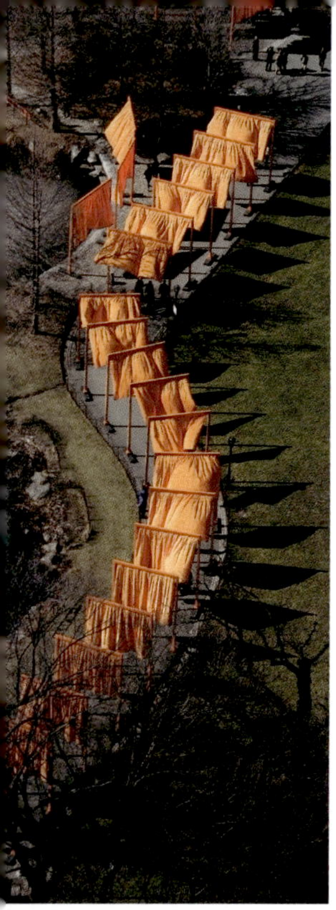

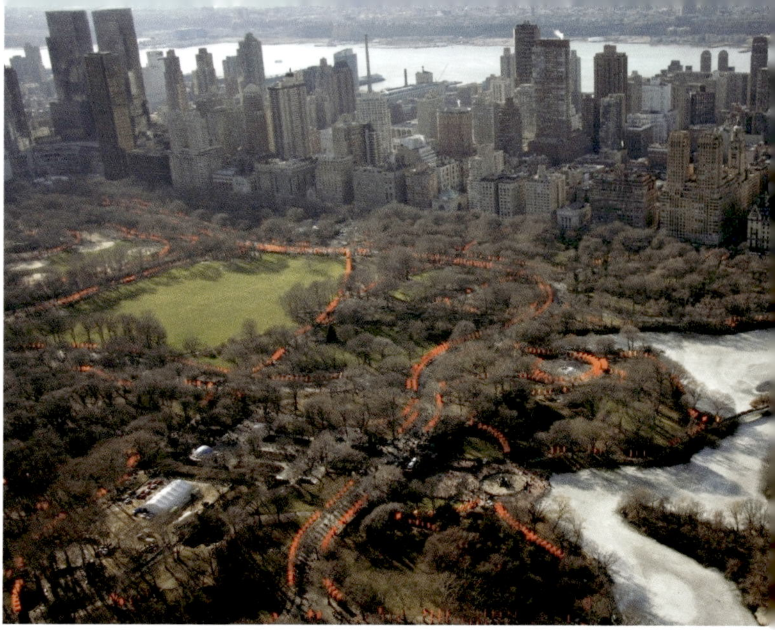

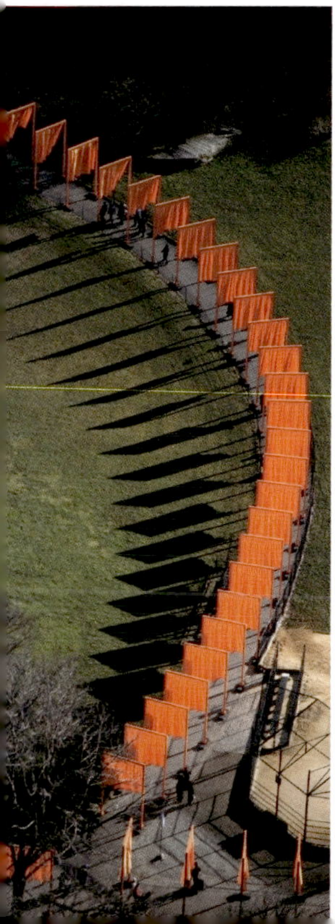

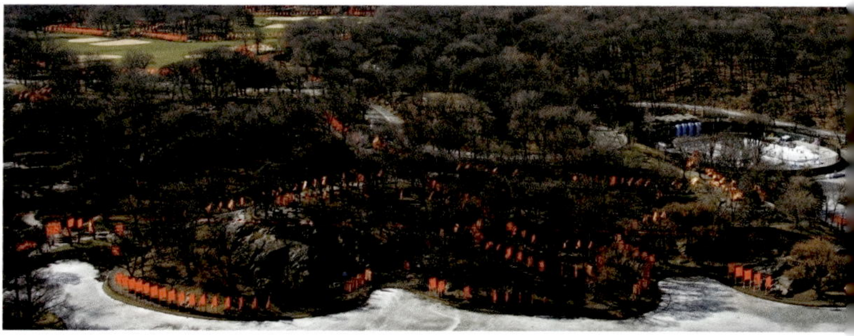

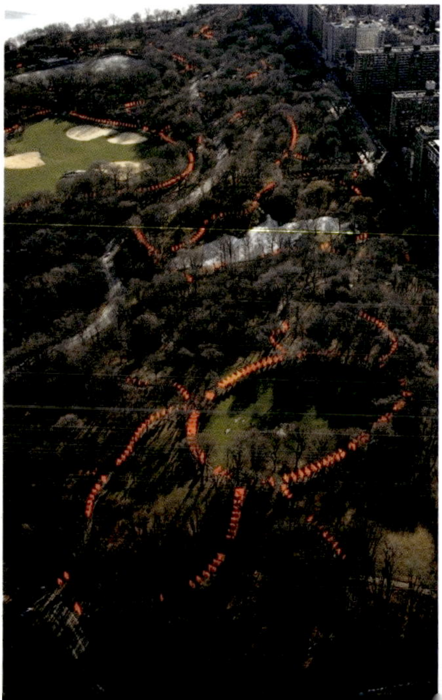

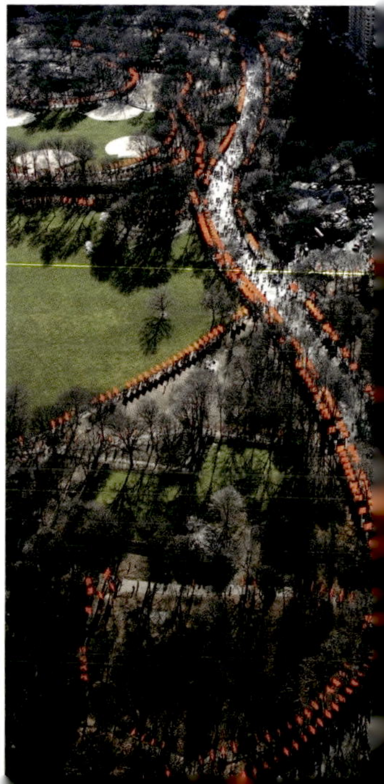

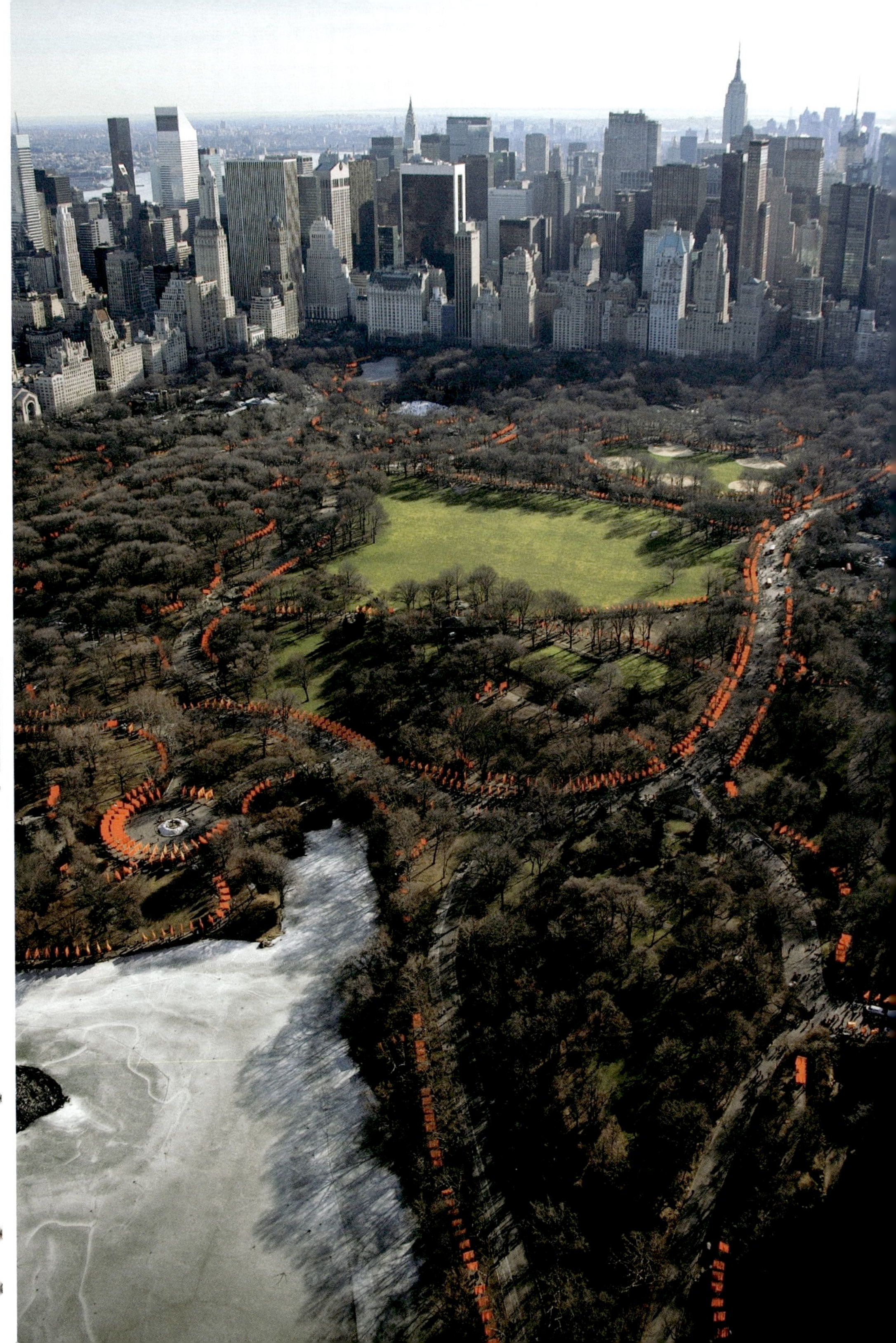

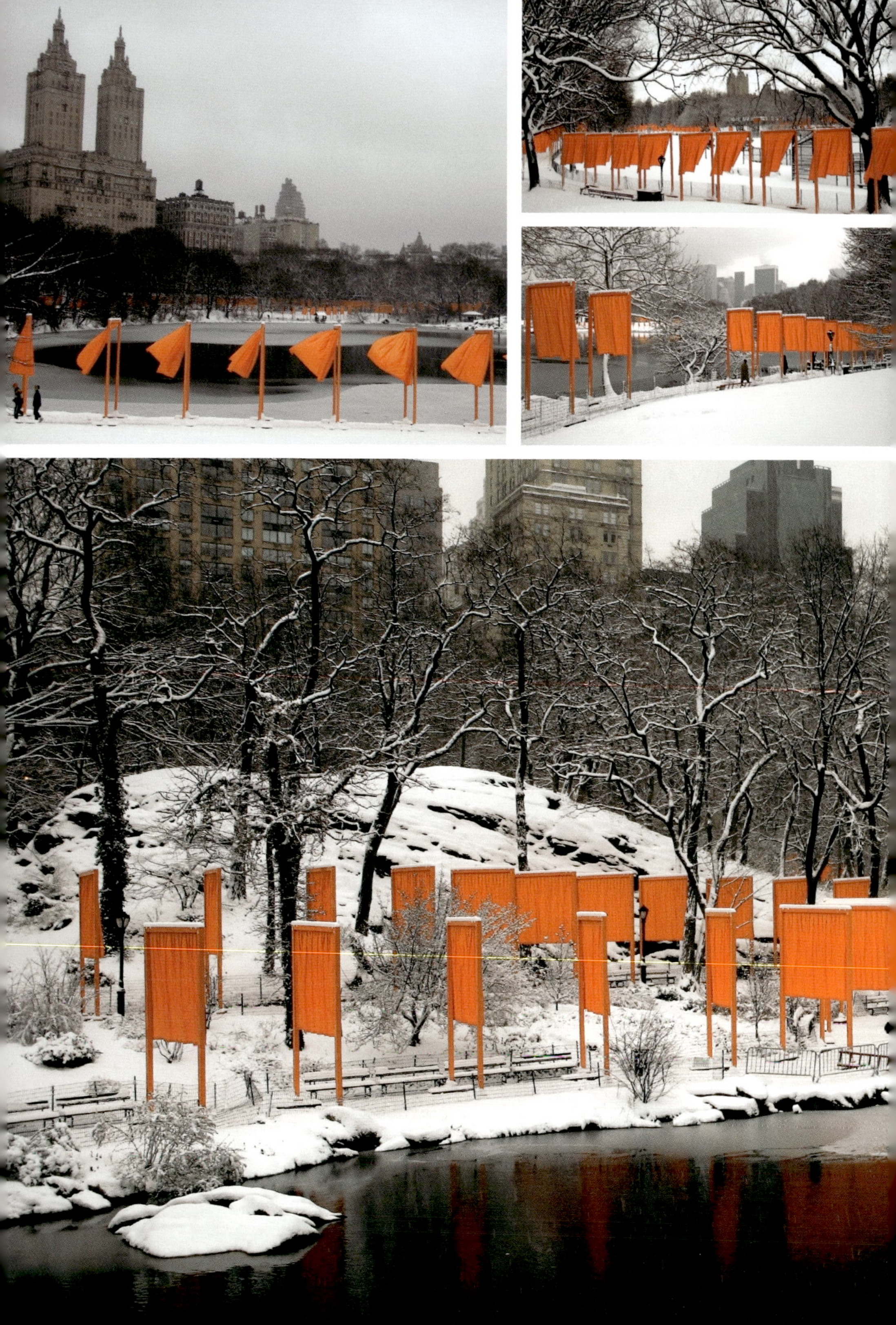

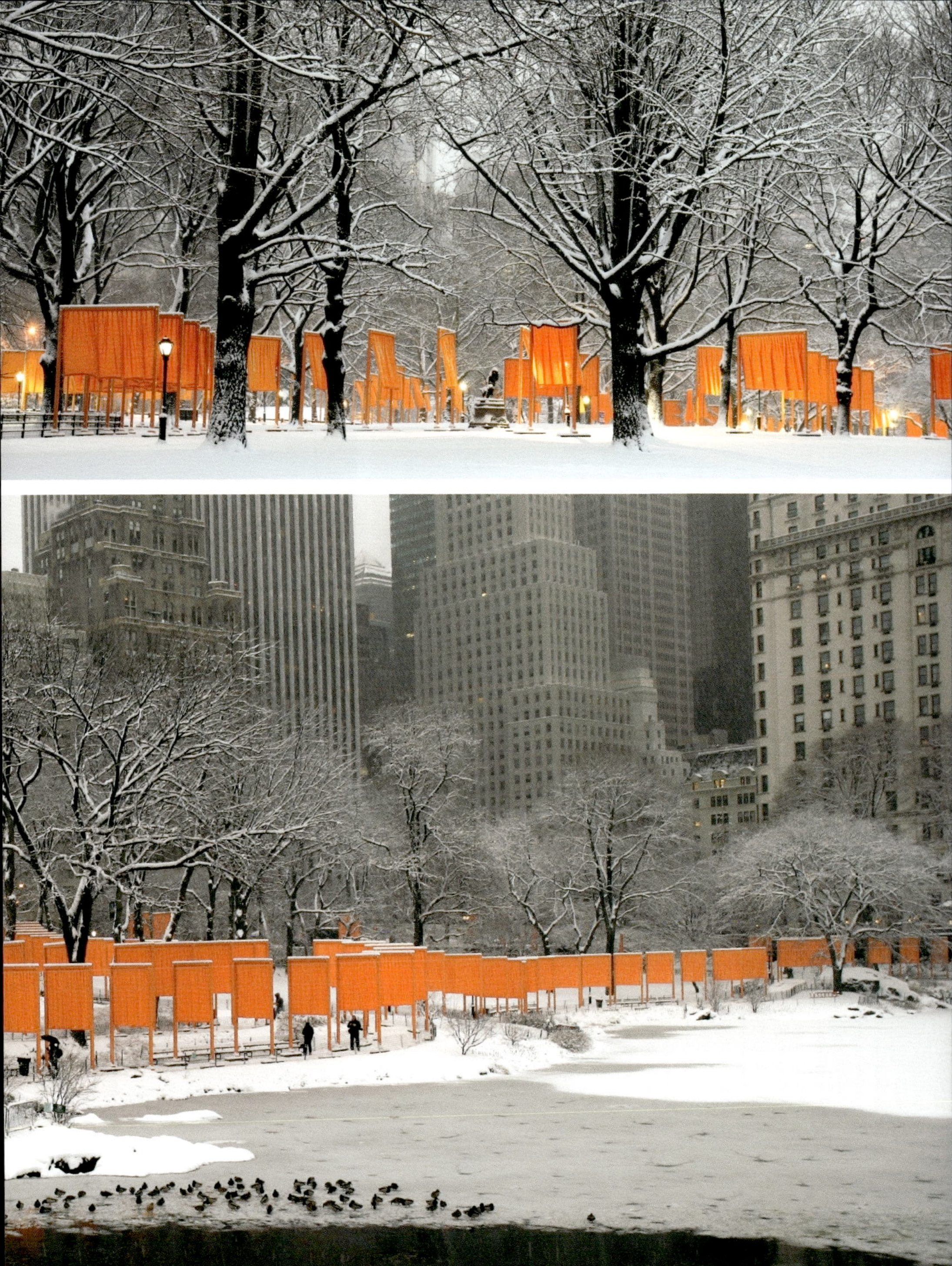

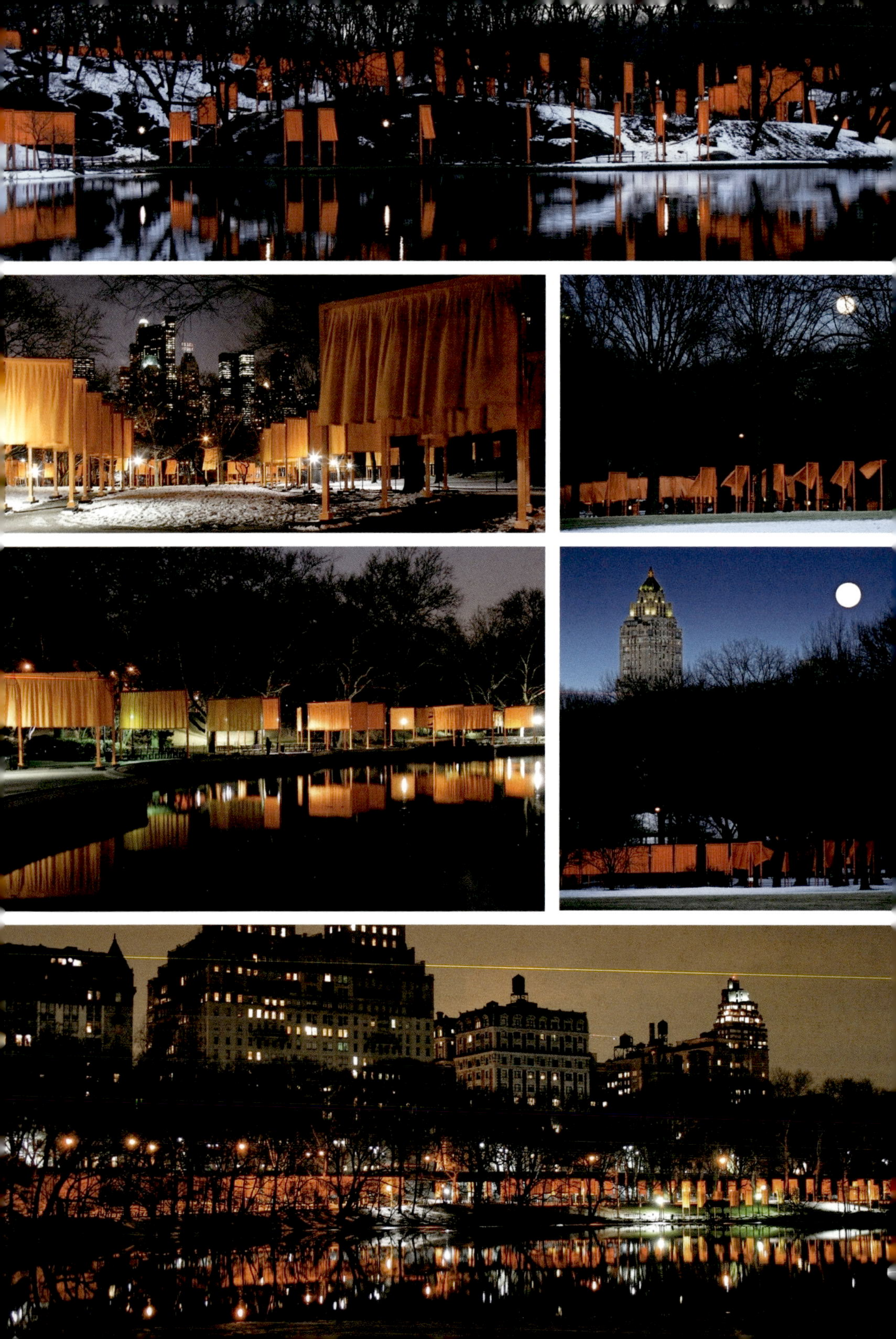

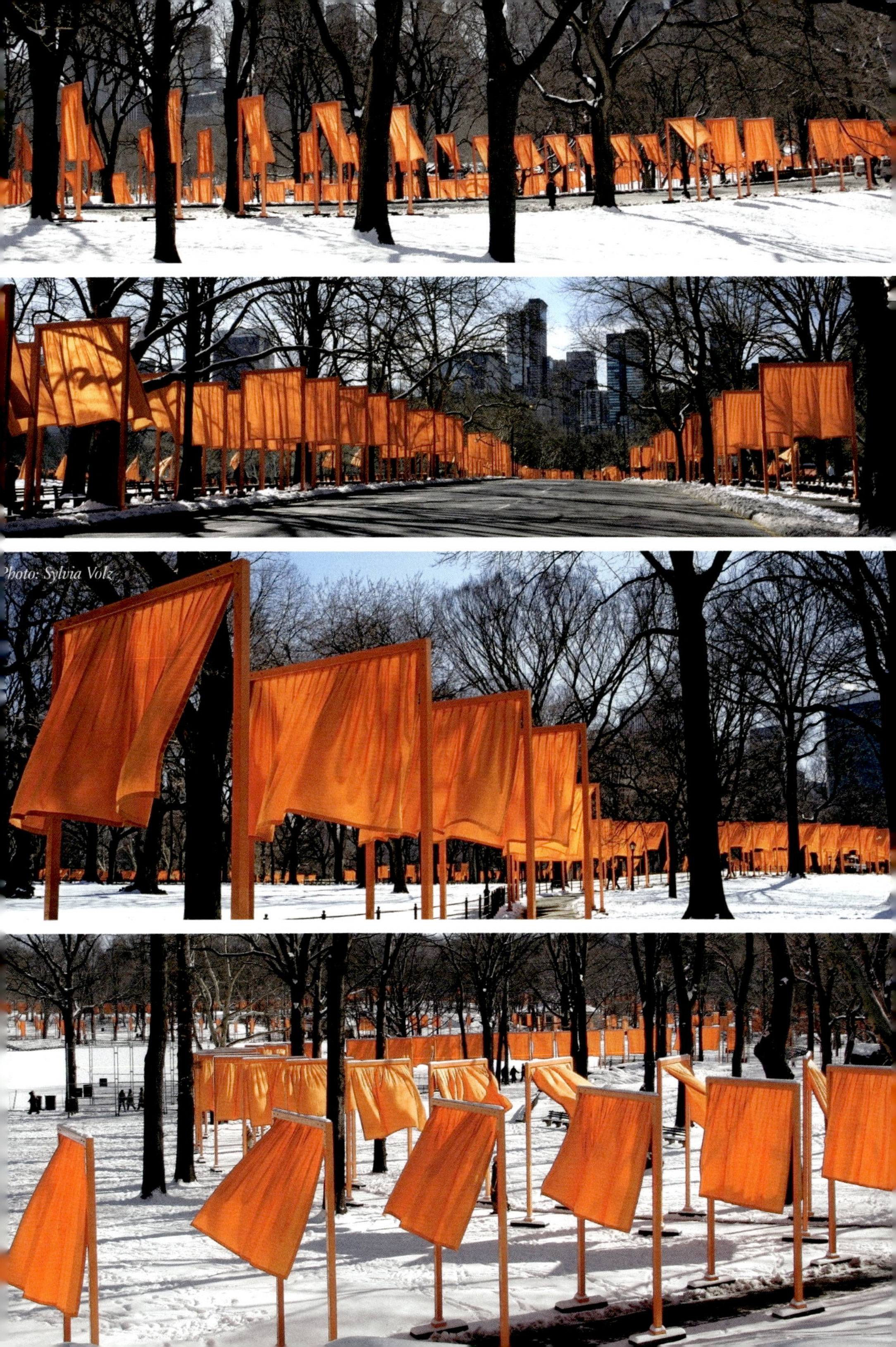
Photo: Sylvia Volz

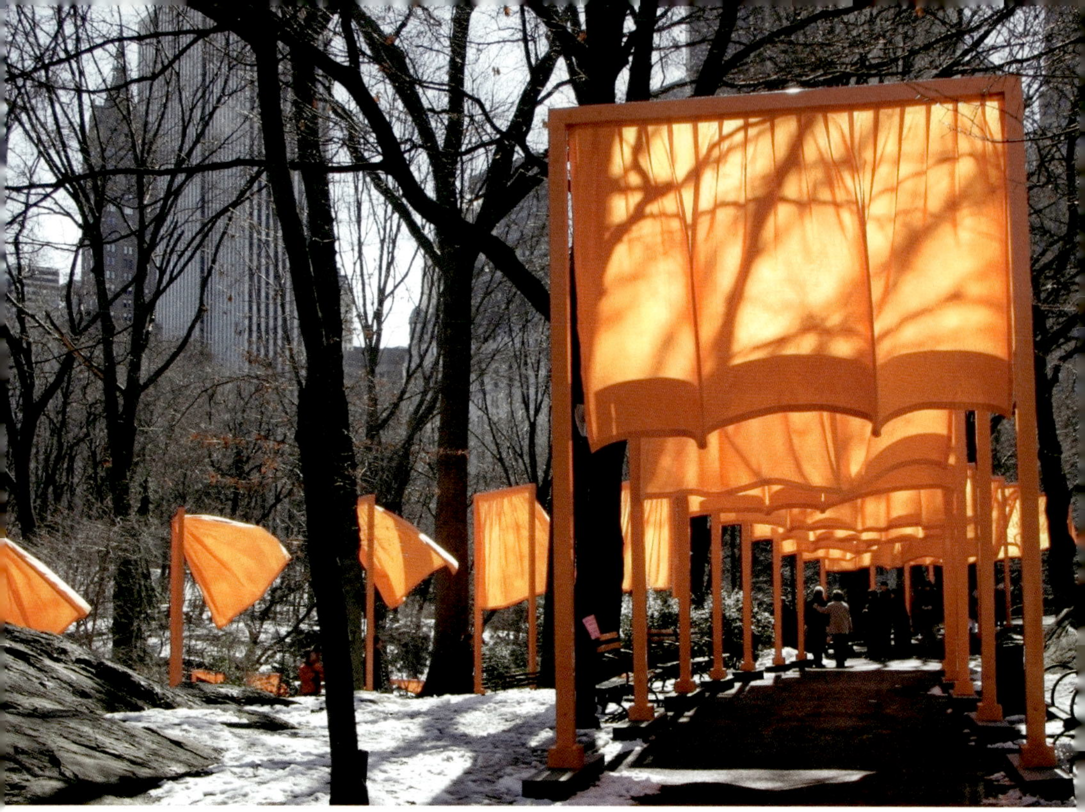

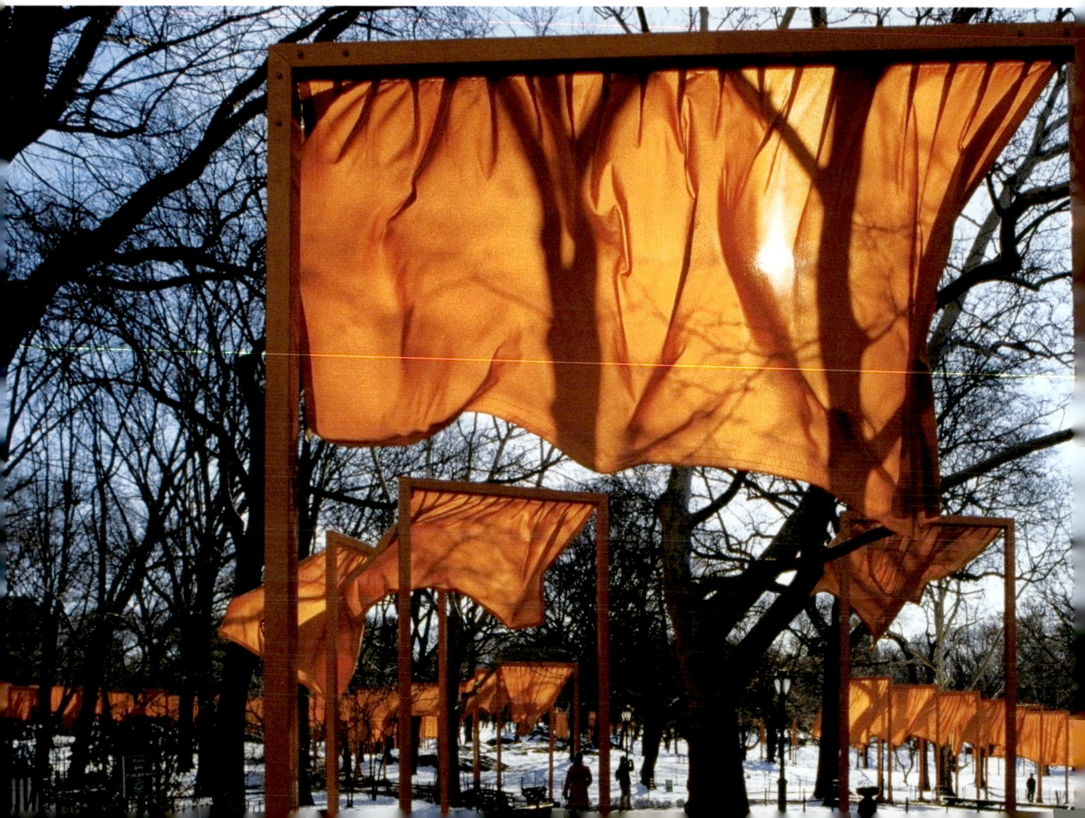

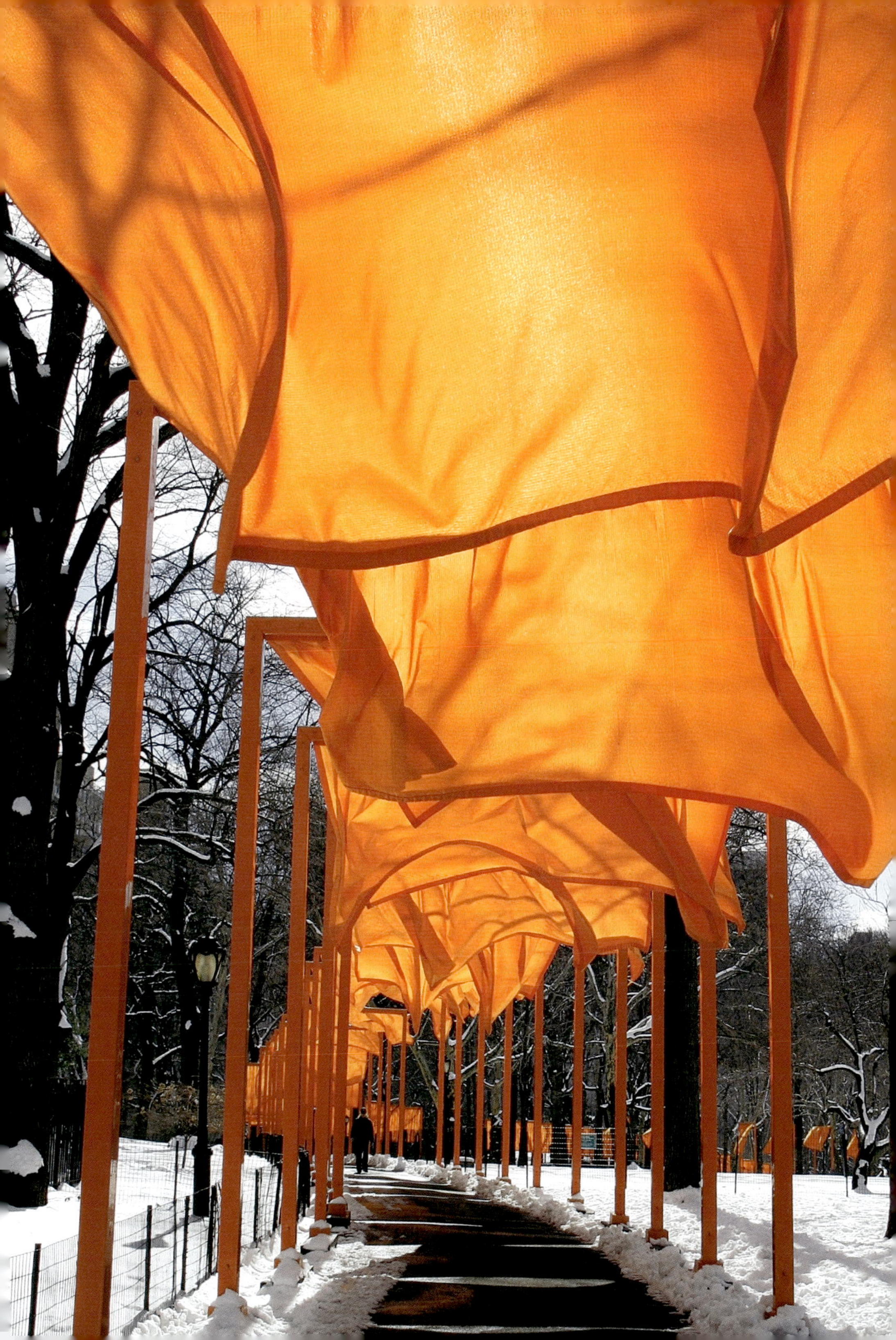

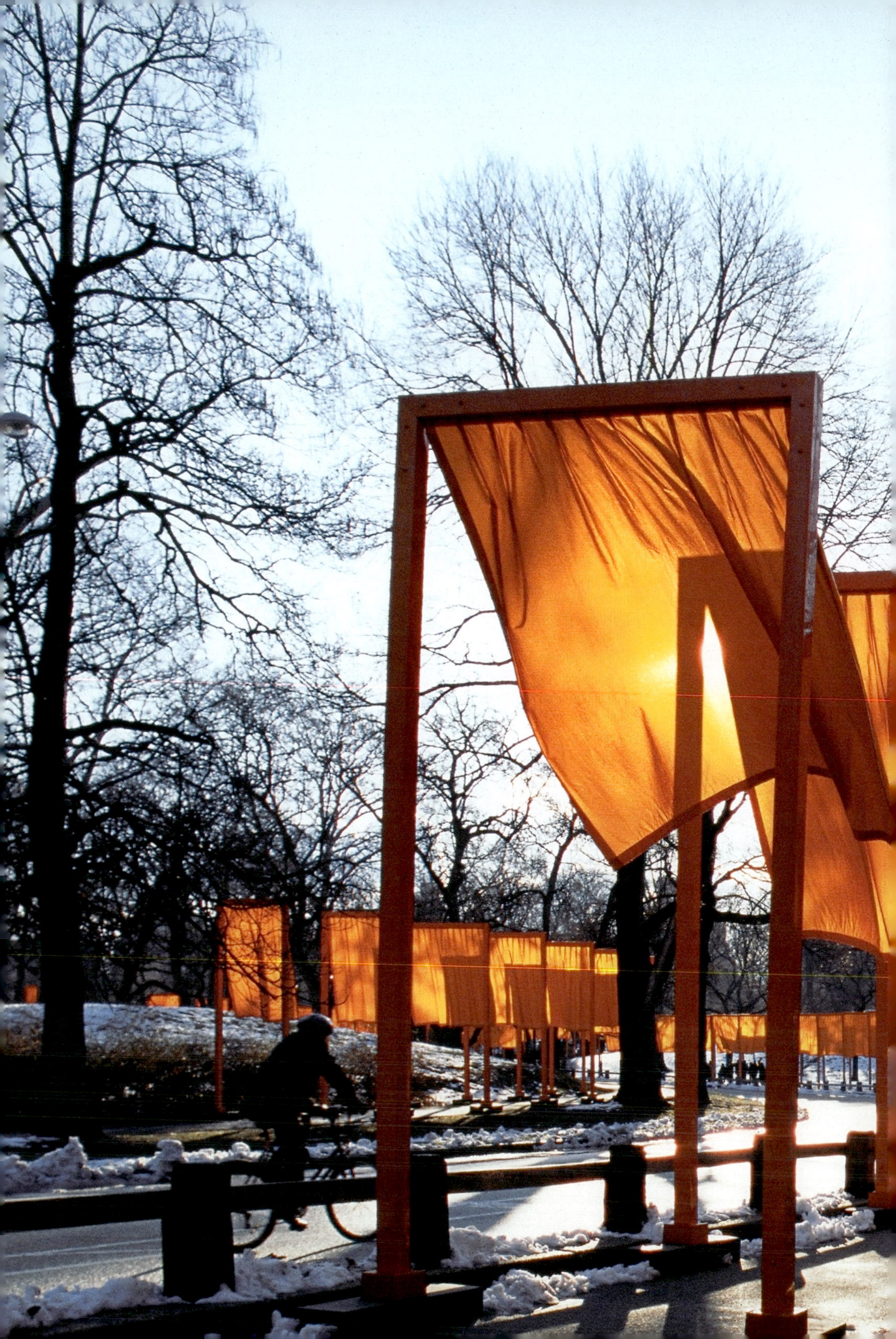

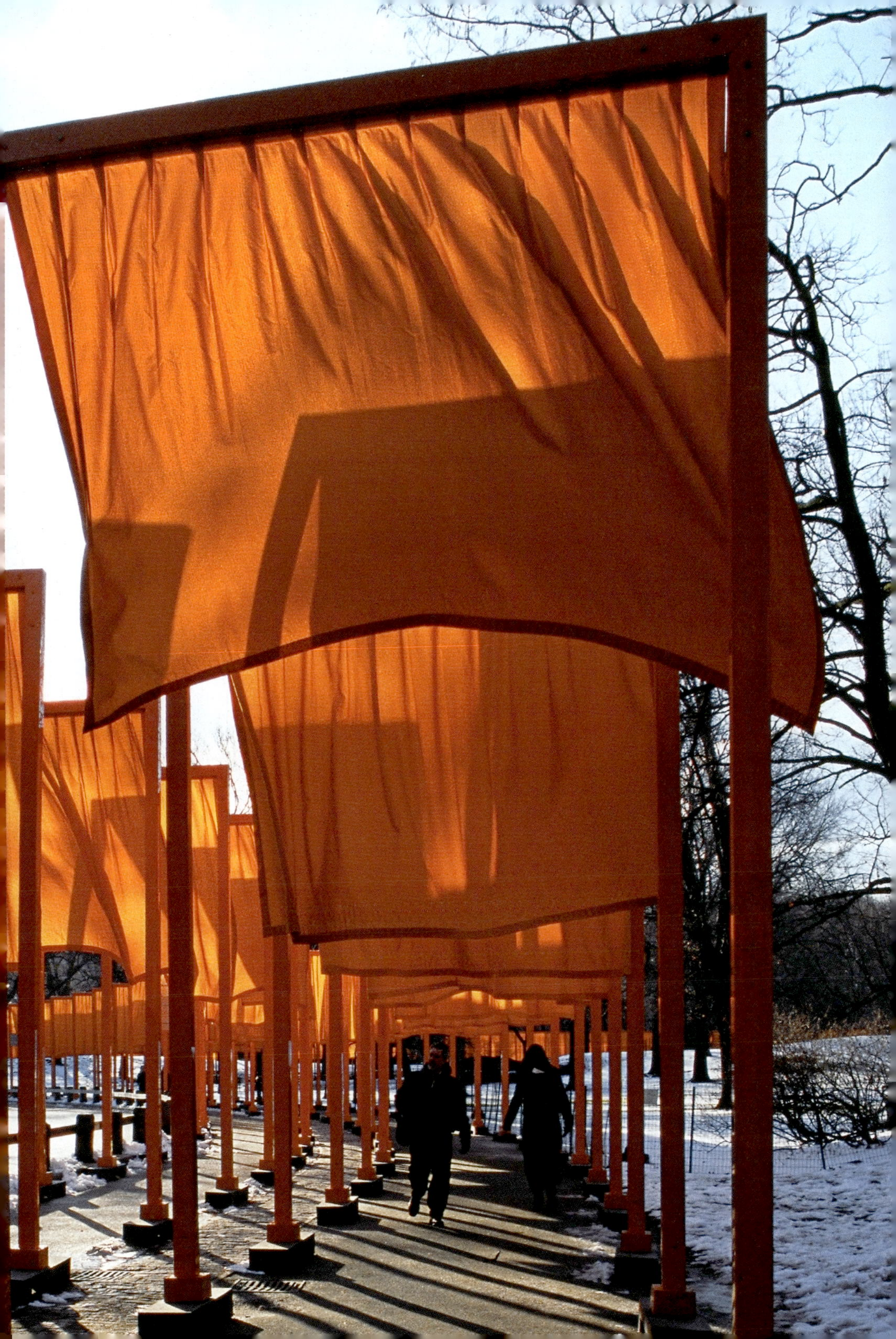

# Big Air Package
## Gasometer Oberhausen, Germany, 2010–13

*Big Air Package*, a project for the Gasometer Oberhausen, Germany, was conceived in 2010, completed in early 2013, and on view from March 16 to December 30, 2013. The sculpture, installed inside the Gasometer Oberhausen, was made from 20,350 square meters (219,000 square feet) of semitransparent polyester fabric and 4,500 meters (14,800 feet) of polypropylene rope. The inflated fabric envelope was 90 meters (295 feet) high with a diameter of 50 meters (164 feet), a volume of 177,000 cubic meters (6,250,000 cubic feet), and a total weight of 5,300 kilograms (11,700 pounds).

The Gasometer Oberhausen was built between 1927 and 1929 to store blast furnace gas generated as a by-product of the industrial processing of iron ore. It is one of the largest gas tanks in the world, measuring 117 meters (384 feet) in height by 68 meters (223 feet) in diameter.

*Big Air Package* could be experienced from both the outside and the inside of the sculpture. It nearly spanned the entire wall-to-wall distance inside the gasometer, leaving only a small passage for visitors to walk around the sculpture. Airlocks also allowed visitors to enter the self-supporting package, which was kept upright by two air fans creating a constant pressure of 0.27 millibars (27 pascals).

Christo and Jeanne-Claude created their first sculpture involving air in 1966. The artists' last

air package was erected at *documenta IV* in Kassel in 1968. The sculpture, *5,600 Cubicmeter Package*, stood 85 meters (280 feet) tall, with a diameter of 10 meters (32.8 feet) and a volume of 5,600 cubic meters (198,000 cubic feet).

*Big Air Package* was the largest-ever inflated fabric envelope without a skeleton. The work of art was a cathedral of air and was illuminated by the gasometer's skylights, which created a diffused light inside the sculpture.

Das *Big Air Package*, ein Projekt für den Gasometer Oberhausen, wurde im Jahr 2010 konzipiert und konnte im Frühjahr 2013 realisiert werden. Es war vom 16. März bis zum 30. Dezember 2013 zu sehen. Die Skulptur, die im Inneren des Gasometers Oberhausen installiert wurde, bestand aus 20.350 Quadratmetern semitransparentem Polyestergewebe sowie 4.500 Metern Polypropylenseil. Die aufgeblasene Stoffhülle war 90 Meter hoch und hatte einen Durchmesser von 50 Metern, ein Volumen von 177.000 Kubikmetern und ein Gewicht von 5.300 Kilogramm.

Der Gasometer Oberhausen wurde in den Jahren 1927 bis 1929 zur Zwischenlagerung von Gas erbaut, das bei der Eisenverhüttung entsteht. Mit einer Höhe von 117 Metern und einem Durchmesser von 68 Metern ist der Gasometer einer der größten der Welt.

Das *Big Air Package* war gleichermaßen von außen wie von innen erlebbar. Es reichte annähernd von Wand zu Wand, sodass nur eine schmale Passage blieb, um die Skulptur zu umkreisen. Luftschleusen ermöglichten es den Besuchern, ins Innere des Paketes zu gelangen, das sich selbst trug und von zwei Gebläsen aufrecht gehalten wurde, die einen konstanten Innendruck von 27 Pascal (0,27 Millibar) erzeugten.

Christo und Jeanne-Claude hatten erstmals 1966 eine Skulptur aus Luft geschaffen. Ihr letztes Luftpaket entstand 1968 anlässlich der *documenta IV* in Kassel. Das *5,600 Cubicmeter Package* war 85 Meter hoch, hatte einen Durchmesser von zehn Metern und ein Volumen von 5.600 Kubikmetern.

Das *Big Air Package* war die größte jemals geschaffene Hülle, die ohne ein Skelett auskam. Das Kunstwerk glich einer Kathedrale aus Luft und wurde durch die Dachfenster des Gasometers in ein diffuses Licht getaucht.


*Big Air Package*, projet pour le gazomètre d'Oberhausen (Allemagne), a été conçu en 2010, achevé au début de 2013 et ouvert au public du 16 mars au 30 décembre 2013. Installée à l'intérieur du gazomètre, la sculpture a nécessité 20.350 mètres carrés de tissu polyester semi-transparent et 4.500 mètres de corde polypropylène. Un fois gonflée, cette enveloppe textile mesurait 90 mètres de hauteur pour un diamètre de 50 mètres, un volume de 177.000 mètres carrés et un poids total de 5.300 kilogrammes. Le gazomètre d'Oberhausen avait été construit entre 1927 et 1929 pour stocker les «gaz de gueulard», sous-produits de hauts fourneaux servant à la fusion du minerai de fer. Avec ses 117 mètres de hauteur et ses 68 mètres de diamètre, c'est l'un des plus grands réservoirs de gaz au monde.

*Big Air Package* était visible de l'extérieur et de l'intérieur. Occupant presque toute la section intérieure du gazomètre, il ne laissait aux visiteurs qu'un étroit passage pour tourner autour. Des sas leur permettaient de pénétrer dans le gigantesque ballon autoporteur, lequel était maintenu à la verticale par deux ventilateurs assurant une pression constante de 27 pascals (0,27 millibars).

Christo et Jeanne-Claude ont créé leur première sculpture à base d'air en 1966. Leur dernier emballage gonflable a été installé à la *documenta IV* de Kassel en 1968. Cette pièce, *5,600 Cubicmeter Package*, possédait une hauteur de 85 mètres, un diamètre de 10 mètres et un volume de 5.600 mètres carrés.

*Big Air Package* a été la plus grande enveloppe textile jamais gonflée sans armature. Cette cathédrale d'air était éclairée par les lucarnes du gazomètre, ce qui créait une lumière diffuse à l'intérieur.

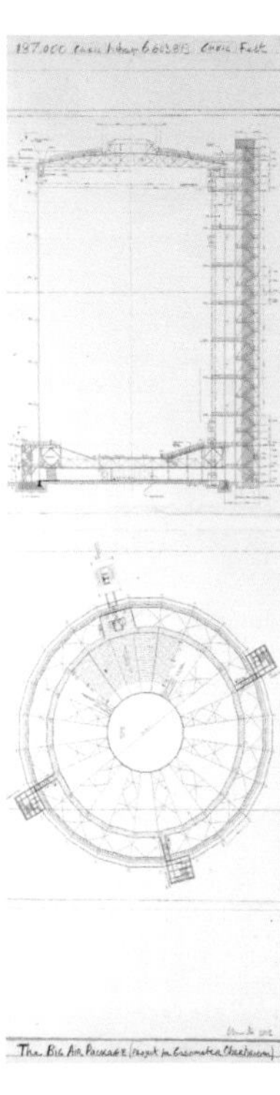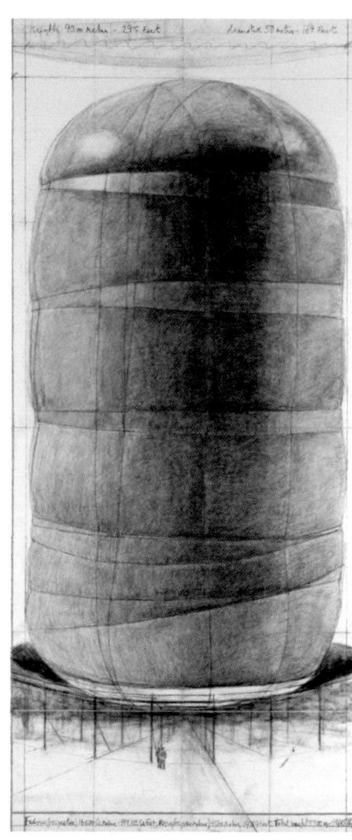

**The Big Air Package (Project for Gasometer, Oberhausen)**
Drawing 2012 in two parts:
244 x 71.1 cm and 244 x 106.6 cm
(96 x 28" and 96 x 42")
Pencil, charcoal, pastel, wax crayon, wash, and architectural plans

*Below:*
**Big Air Package, Gasometer Oberhausen, Germany, 2010–13**
90 meters (295 feet) high, 50 meters (164 feet) wide, 177,000 cubic meters (6,250,000 cubic feet) volume, 20,350 square meters (219,000 square feet) of semi-transparent polyester fabric, and 4,500 meters (14,800 feet) of polypropylene rope

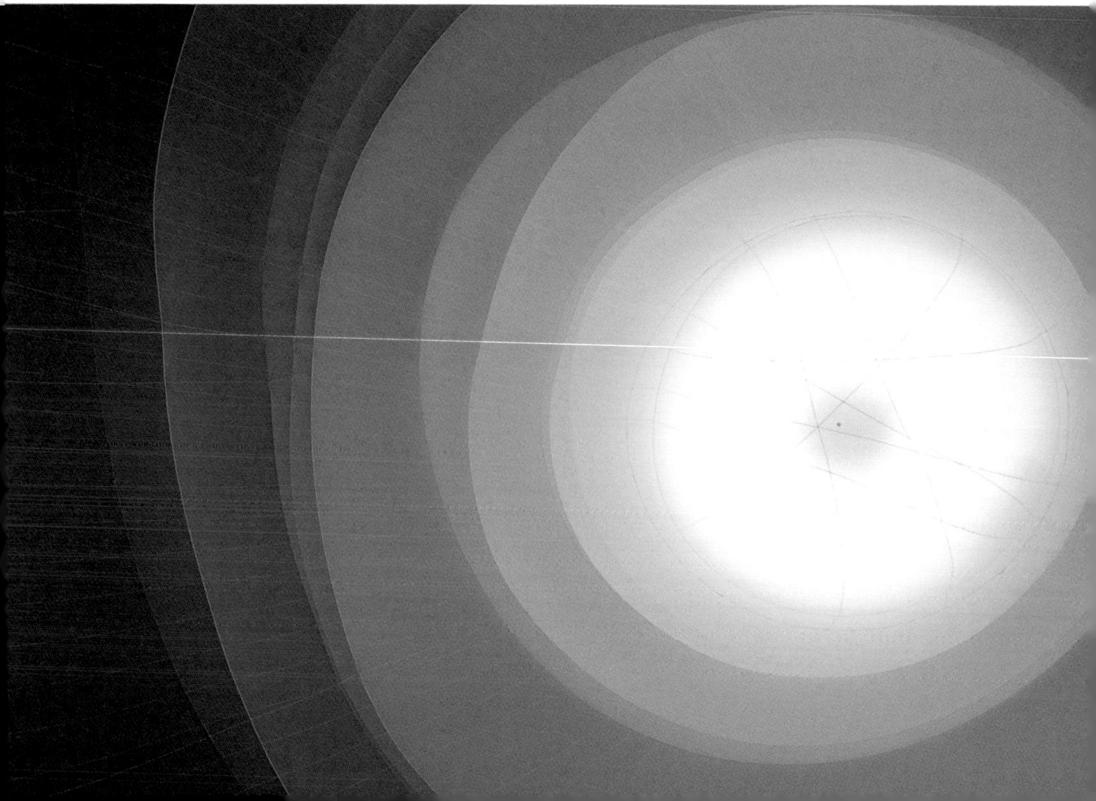

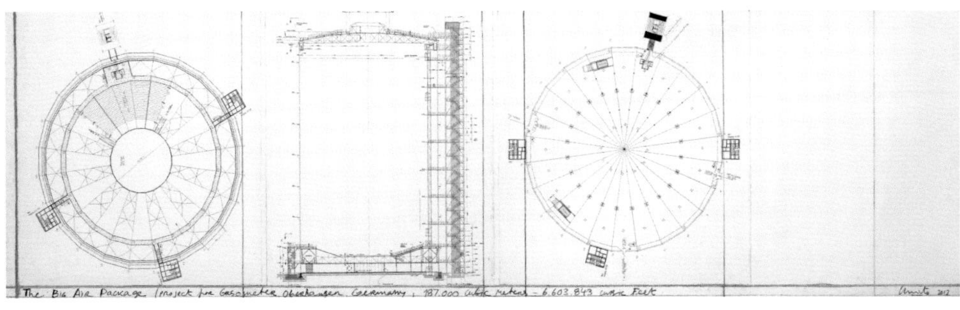

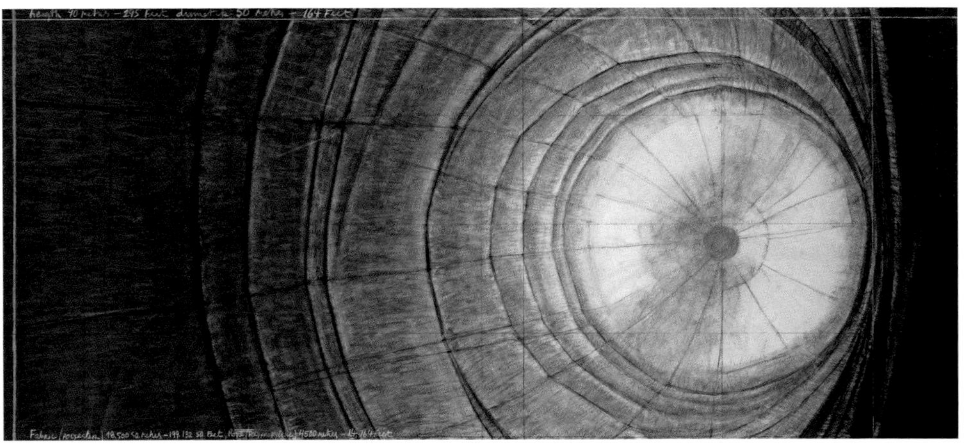

*Above:*

**The Big Air Package (Project for Gasometer, Oberhausen, Germany, 187,000 Cubic Meters – 6,603,843 Cubic Feet)**
Drawing 2012 in two parts: 71.1 x 244 cm and
106.6 x 244 cm (28 x 96″ and 42 x 96″)
Pencil, charcoal, pastel, wax crayon, wash, and
architectural plans

**The Big Air Package (Project for Gasometer, Oberhausen, Germany)**
Drawing 2010: 32.7 x 22.5 cm (12 ⅞ x 8 ⅞″)
Pencil and pastel on card

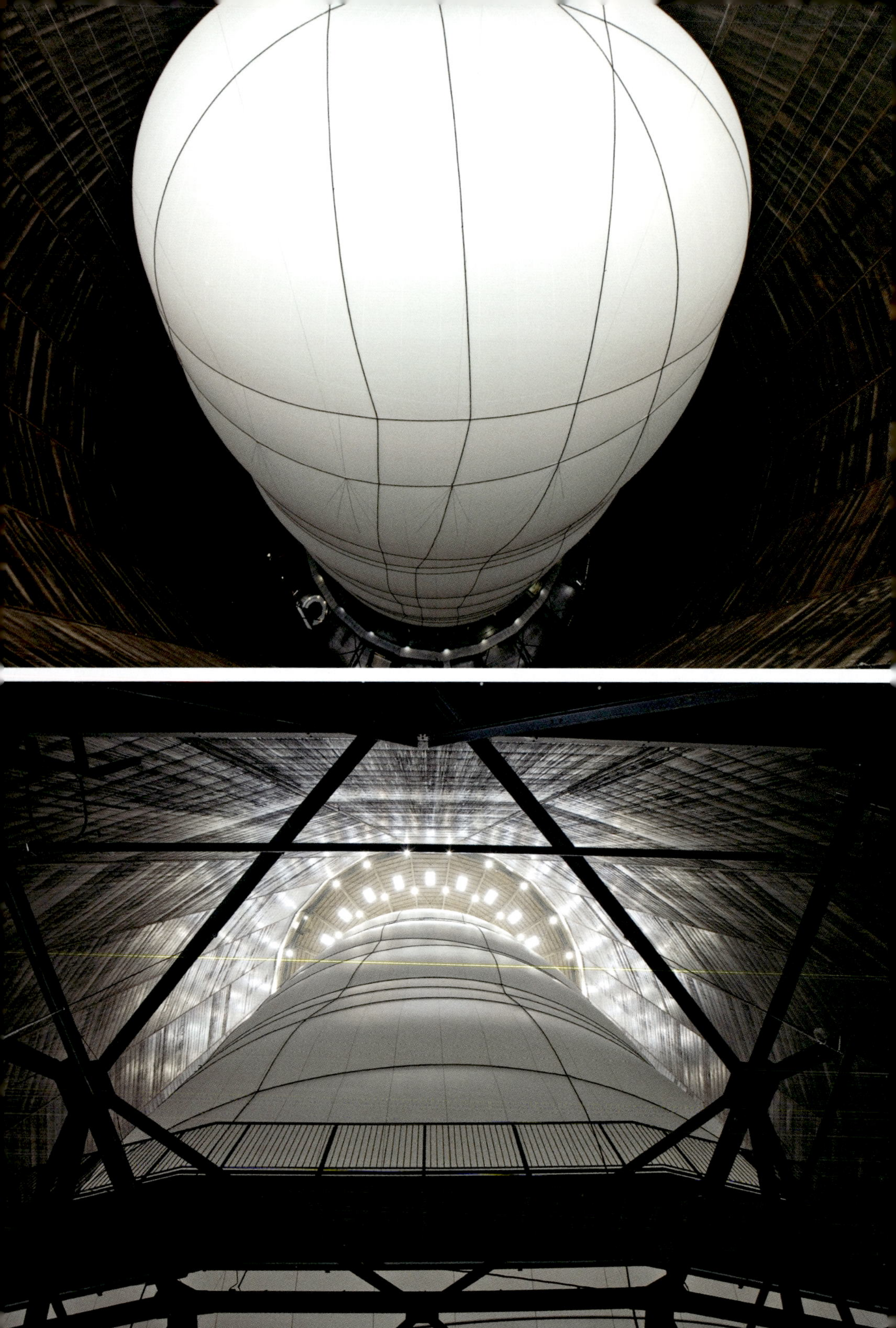

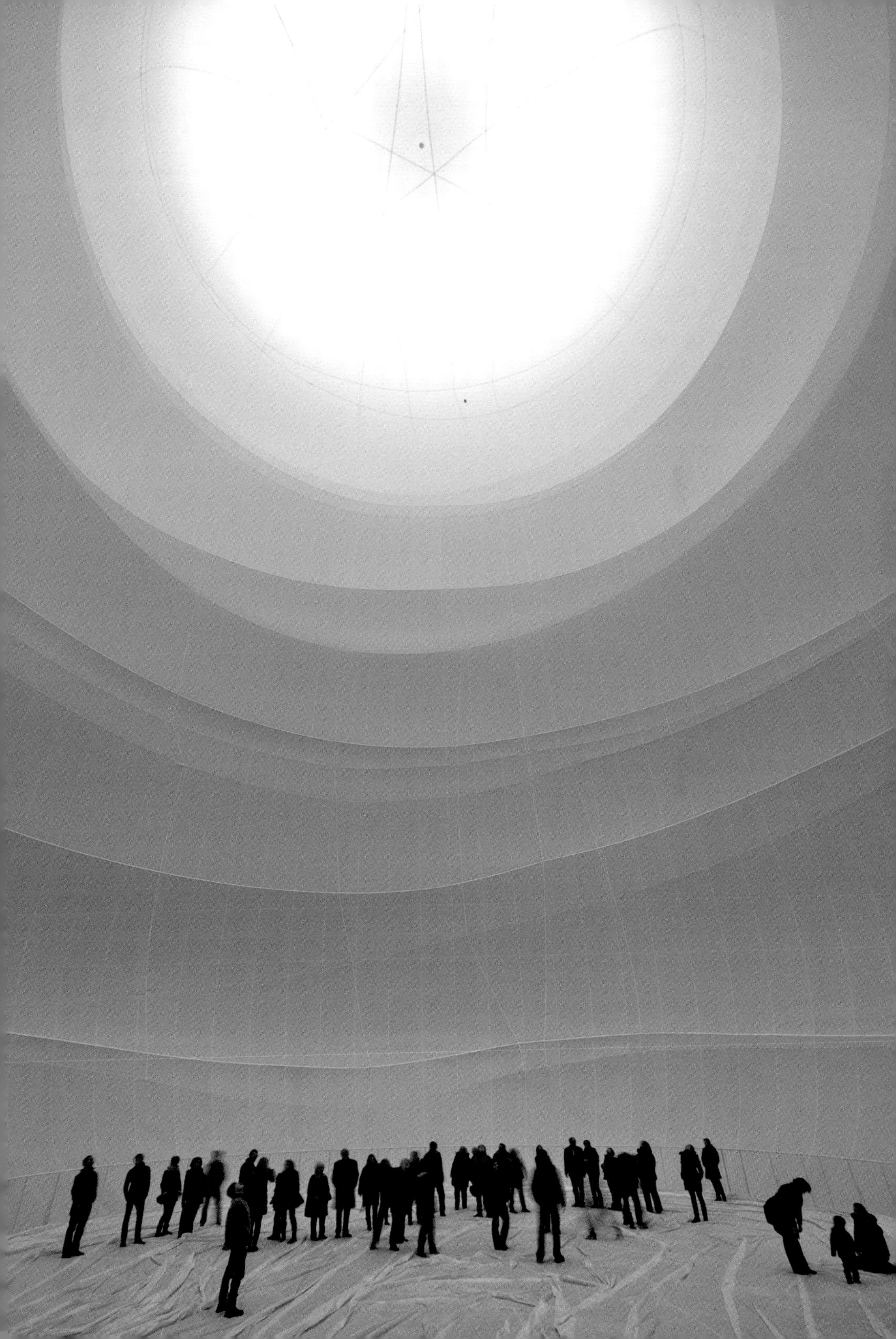

# The Mastaba for the Fondation Maeght
## Saint-Paul-de-Vence, France, 2015–16

Christo and Jeanne-Claude's history with the Fondation Maeght began in 1968 when Christo was invited to participate in a group show at the foundation's location in the French town of Saint-Paul-de-Vence. Christo proposed the creation of a temporary mastaba made from oil barrels that would be installed in the museum's famous Giacometti courtyard. While Christo created several preparatory collages that envisioned the work, the installation was never realized. Instead, he presented three wrapped trees, laid horizontally, their roots and branches wrapped with fabric and polyethylene. In 1985, Christo and Jeanne-Claude returned to Saint-Paul-de-Vence to present the *Surrounded Islands Documentation Exhibition*. Thirty years later, in 2015, Christo was offered another solo exhibition at the institution. Then deeply involved with *The Mastaba, Project for the United Arab Emirates*, Christo decided to create an exhibition that focused solely on his and Jeanne-Claude's long history of using barrels to create works of art. In addition to the exhibition inside the foundation, he proposed the creation of a mastaba that was even more ambitious than the one he had attempted nearly 50 years before. Located in the courtyard and contrasting with the museum's architecture and gardens designed by Josep Lluís Sert, *The Mastaba for the Fondation Maeght* was completed in June 2016 and consisted of 1,106 multicolored oil barrels. The sculpture was 9 meters (30 feet) high, 10 meters (33 feet) long, and 9 meters (30 feet) wide. The temporary sculpture was on view for six months.

Seit 1968 sind Christo und Jeanne-Claude eng mit der im französischen Saint-Paul-de-Vence gelegenen Fondation Maeght verbunden. Christo war von der Stiftung in jenem Jahr eingeladen worden, sich an einer Gruppenausstellung zu beteiligen, und hatte vorgeschlagen, eine zeitlich begrenze Mastaba aus Ölfässern im berühmten Giacometti-Hof zu errichten. Obwohl Christo diverse vorbereitende Studien schuf, um seine Idee zu visualisieren, wurde das Projekt nie verwirklicht. Stattdessen präsentierte Christo drei liegende Bäume, deren Wurzeln und Äste er mit Stoff und Polyethylen verhüllt hatte. 1985 kehrten Christo und Jeanne-Claude nach Saint-Paul-de-Vence zurück, um dort die Dokumentationsausstellung zum Projekt *Surrounded Islands* zu präsentieren. 2015 schließlich, 30 Jahre später, lud das Museum Christo erneut zu einer Einzelausstellung ein. Da er mitten in den Planungen für *Die Mastaba, Projekt für die Vereinigten Arabischen Emirate* steckte, entschied sich Christo für eine Ausstellung, die die Entwicklung und lange Geschichte ihrer Ölfässer-Projekte nacherzählen sollte. Zusätzlich schlug er vor, im Außenraum eine Mastaba zu errichten, die weit ambitionierter ausfallen sollte als jene, die er 50 Jahre zuvor zu realisieren versucht hatte. *Die Mastaba für die Fondation Maeght* wurde im Juni 2016 im Innenhof des Museums fertiggestellt, wo sie mit der von Josep Lluís Sert entworfenen Architektur und dem angrenzenden Skulpturengarten kontrastierte. Die Skulptur bestand aus 1.106 bunt lackierten Ölfässern, war neun Meter hoch, zehn Meter lang und neun Meter breit. Die zeitlich begrenze Installation war für sechs Monate zu sehen

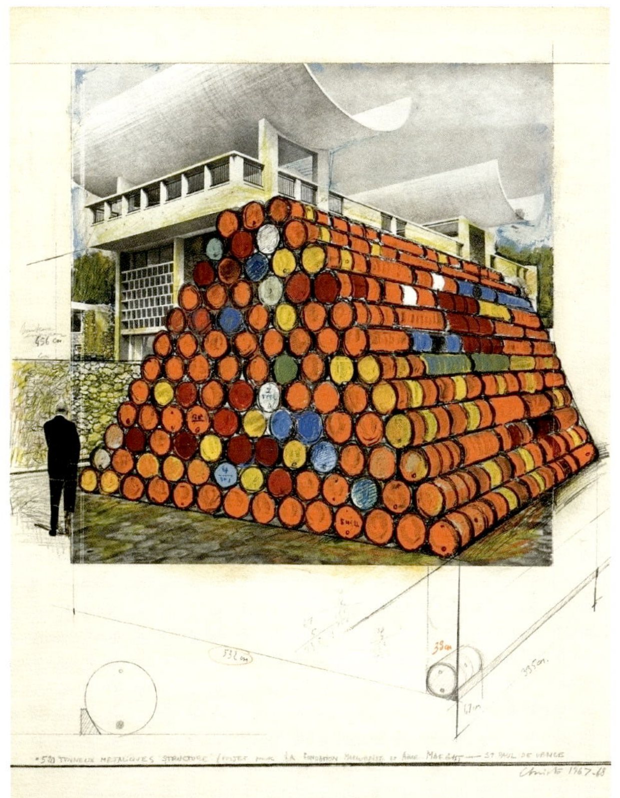



**520 Tonneaux Métalliques Structure (Projet pour la Fondation Marguerite et Aimé Maeght – St. Paul de Vence, France)**
Collage 1967–68: 71 x 56 cm (22 x 28″)
Pencil, wash, wax crayon, crayon, and photograph
Collection Fondation Marguerite et Aimé Maeght, Saint-Paul-de-Vence, France
*Photo: Claude Germain, Archives Fondation Maeght*

L'histoire de Christo et Jeanne-Claude avec la Fondation Maeght a commencé en 1968 lorsque Christo fut invité à y participer pour une exposition collective. Il proposa d'édifier dans la célèbre cour Giacometti du musée un mastaba temporaire à base de barils de pétrole. Christo réalisa plusieurs collages préparatoires pour donner une idée de l'œuvre, mais ce projet demeura lettre morte. Pour le remplacer, il proposa trois arbres emballés, couchés horizontalement, les racines et les branches empaquetées de tissu et de polyéthylène. En 1985, Christo et Jeanne-Claude revinrent à Saint-Paul-de-Vence pour présenter l'exposition documentaire *Surrounded Islands*. Trente ans plus tard, en 2015, Christo se vit proposer une nouvelle exposition personnelle à la Fondation. Alors fortement investi dans

*Le Mastaba, Projet pour les Émirats Arabes Unis*, il décida d'organiser une exposition inspirée par le long compagnonnage que Jeanne-Claude et lui entretenaient avec ce matériau artistique qu'est le baril. En plus de l'exposition présentée à l'intérieur, il proposa la réalisation d'un mastaba encore plus ambitieux que celui envisagé un demi-siècle plus tôt : installé dans la cour, contrastant avec l'architecture et les jardins dessinés par Josep Lluís Sert, *Le Mastaba de la Fondation Maeght*, constitué de 1.106 barils de pétrole multicolores, fut achevé en juin 2016. Cette pièce mesurait neuf mètres de haut, dix mètres de long et neuf mètres de large. Elle resta visible pendant six mois.

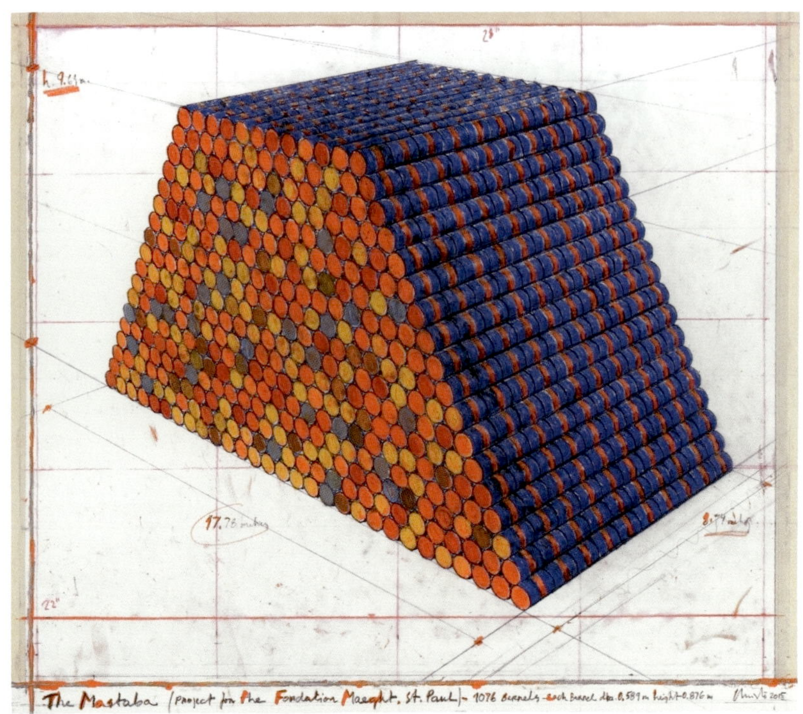

**The Mastaba (Project for the Fondation Maeght, St. Paul) 1076 Barrels**
Drawing 2015: 66.7 x 77.5 cm (26 ¼ x 30 ½")
Pencil, wax crayon, enamel paint, vellum, and tape

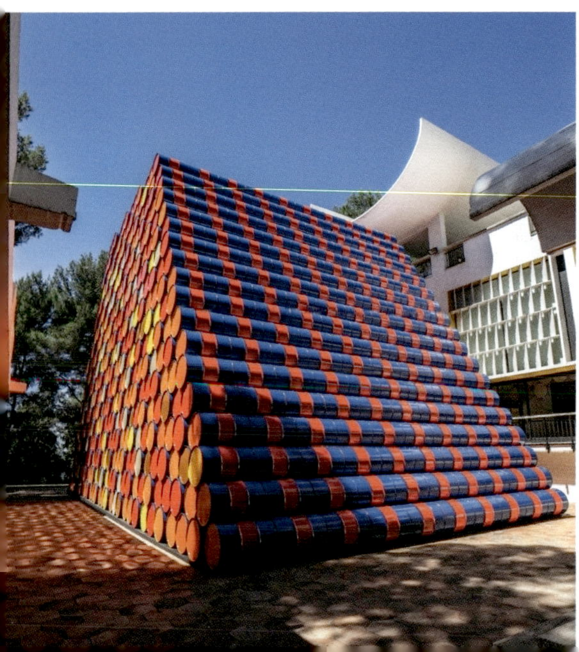

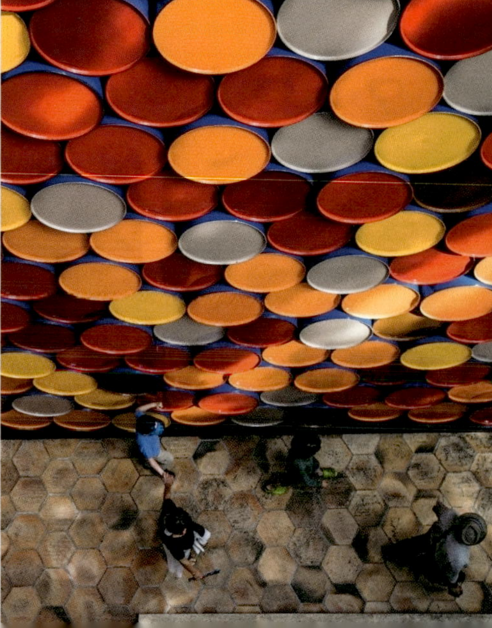

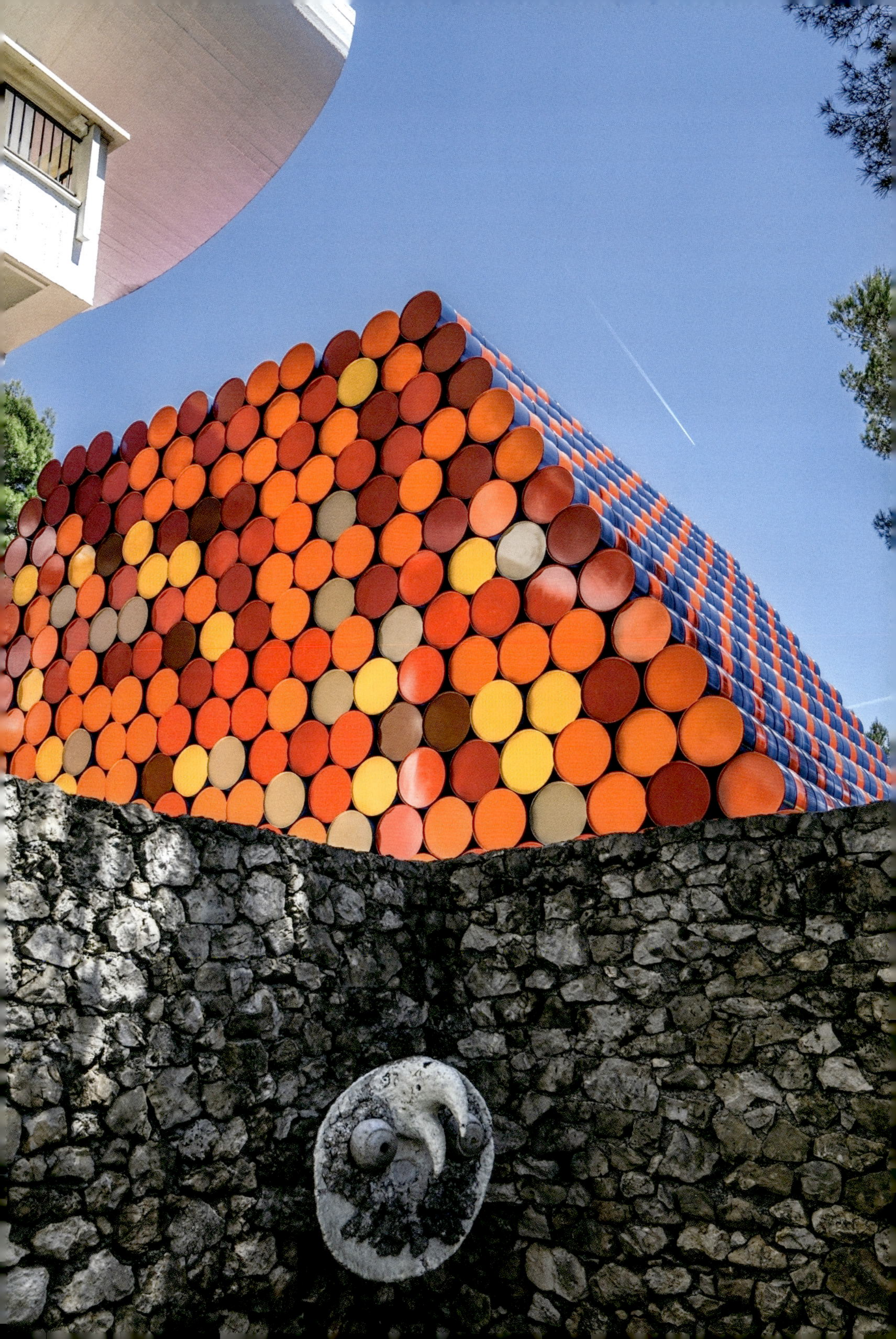

# The Floating Piers
## Lake Iseo, Italy, 2014–16

For sixteen days – June 18 through July 3, 2016 – Italy's Lake Iseo was reimagined. 100,000 square meters (1,076,391 square feet.) of shimmering yellow fabric, carried by a modular floating dock system of 220,000 high-density polyethylene cubes, undulated with the movement of the waves as *The Floating Piers* rose just above the surface of the water.

Visitors were able to experience the work of art by walking on it from Sulzano to Monte Isola and to the island of San Paolo, which was framed by *The Floating Piers*. The mountains surrounding the lake offered a bird's-eye view of *The Floating Piers*, exposing unnoticed angles and altering viewers' perspectives. Lake Iseo is located 100 kilometers (62 miles) east of Milan and 200 kilometers (124 miles) west of Venice.

"Like all our projects, *The Floating Piers* was absolutely free and open to the public," said Christo. "There were no tickets, no openings, no reservations, and no owners. *The Floating Piers* were an extension of the street and belonged to everyone."

A 3-kilometer-long walkway (1.9-mile) was created as *The Floating Piers* extended across the water of Lake Iseo. The piers were 16 meters (52 feet) wide and approximately 35 centimeters (14 inches) high with sloping sides. The fabric continued along 2.5 kilometers (1.6 miles) of pedestrian streets in Sulzano and Peschiera Maraglio.

"Those who experienced *The Floating Piers* felt like they were walking on water – or perhaps the back of a whale," said Christo. "The light and water transformed the bright yellow fabric to shades of red and gold throughout the sixteen days."

In the spring and summer of 2014, Christo; Vladimir Yavachev, Operations Director;

Wolfgang Volz, Project Manager and official photographer; and Josy Kraft, registrar and curator, scouted the lakes of Northern Italy to find the site for the project. Along with Project Director Germano Celant, they found Lake Iseo to be the most inspiring location and, along with a team of professionals from around the world, began the work to realize *The Floating Piers*.

*The Floating Piers* was the culmination of a nearly 50-year journey to realize a floating walkway. Christo and Jeanne-Claude first conceived a floating walkway in 1970 with their attempt to create *Wrapped Inflated Pier* in the Rio de la Plata in Buenos Aires, Argentina, but the project was never completed. In 1996, the work was reimagined as *The Daiba Project*, for Tokyo, Japan, a floating walkway that would connect two islands in Tokyo Bay. This project was also never realized. The project remained in Christo and Jeanne-Claude's hearts and minds until the completion of *The Floating Piers* in June of 2016.

*The Floating Piers* was Christo's first large-scale project since Christo and Jeanne-Claude realized *The Gates* in 2005, and since Jeanne-Claude passed away in 2009. As with all of Christo and Jeanne-Claude's projects, *The Floating Piers* was funded entirely through the sale of Christo's original works of art.

After the 16-day exhibition, all components were removed and industrially recycled.

16 Tage lang – vom 18. Juni bis zum 3. Juli 2016 – wurde Italiens Iseosee mit neuem Leben erfüllt. 100.000 Quadratmeter schimmerndes gelbes Gewebe, getragen von einem modularen Docksystem aus 220.000 Schwimmwürfeln aus hoch verdichtetem Polyethylen, folgte dem Auf und Ab der Wellen. Die *Floating Piers* bewegten sich so nur knapp über der Wasseroberfläche.

Die Besucher erlebten das Kunstwerk, indem sie auf den Stegen von Sulzano nach Monte Isola und zur Insel San Paolo spazierten, die von den *Floating Piers* eingerahmt wurde. Die Blicke von den Bergen rund um den See erlaubten es, die *Floating Piers* aus der Vogelperspektive zu betrachten; sie boten ungeahnte Blickwinkel und wechselnde Perspektiven. Der Iseosee liegt 100 Kilometer östlich von Mailand und 200 Kilometer westlich von Venedig.

„Wie bei sämtlichen unserer Projekte war auch *The Floating Piers* kostenlos und für jedermann frei zugänglich", so Christo. „Es gab keine Eintrittskarten, keine Eröffnungsfeier, keine Reservierungen und keine Besitzer. *The Floating Piers* war eine Verlängerung der Straße und gehörte damit allen."

Indem sich die *Floating Piers* über das Wasser des Iseosees erstreckten, schufen sie einen drei Kilometer langen Gehweg. Die schwimmenden Stege waren 16 Meter breit, ragten ungefähr 35 Zentimeter aus dem See heraus und fielen zu den Seiten hin auf Wasserniveau ab. Der gelbe Stoff setzte sich auf den Gehwegen von Sulzano und Peschiera Maraglio fort.

„Diejenigen, die *The Floating Piers* erlebten, hatten das Gefühl, auf dem Wasser zu gehen oder auf dem Rücken eines Wals", so Christo. „An allen sechzehn Tagen verwandelten Licht und Wasser das leuchtend gelbe Gewebe in verschiedene Schattierungen von Rot und Gold."

Im Frühjahr und Sommer 2014 hatten Christo, Vladimir Yavachev (Technischer Leiter), Wolfgang Volz (Projektmanager und Exklusivfotograf) und Josy Kraft (Christos Registrar) die norditalienischen Seen besucht. Zusammen mit Projektdirektor Germano Celant wählten sie den Iseosee als geeignetsten Ort aus. Von diesem Moment an arbeiteten sie zusammen mit einem internationalen Team an der Realisierung von *The Floating Piers*.

Die Verwirklichung des Projektes bildete den Höhepunkt eines fast 50-jährigen Bestrebens, einen auf dem Wasser schwimmenden Fußgängerweg zu kreieren. *The Floating Piers* geht zurück auf eine Idee von Christo und Jeanne-Claude aus dem Jahr 1970, als sie sich darum bemühten, im argentinischen Río de la Plata bei Buenos Aires einen *Wrapped Inflated Pier* zu errichten – ein Vorhaben, das nie realisiert wurde. Im Jahr 1996 wurde die Idee unter dem Titel *The Daiba Project* wiederbelebt. In der Bucht von Tokio, Japan, sollte ein schwimmender Steg zwei Inseln mit dem Festland verbinden. Auch dieses Projekt wurde nicht verwirklicht. Trotzdem blieb die Idee stets in den Gedanken und Herzen der Künstler verankert, bis sie schließlich im Juni 2016 in Form der *Floating Piers* Realität wurde.

Es war Christos erstes Großprojekt, seit Christo und Jeanne-Claude im Jahr 2005 *The Gates* realisiert hatten, und außerdem das erste Projekt seit Jeanne-Claudes Tod 2009. So wie bei allen Projekten von Christo und Jeanne-Claude wurde *The Floating Piers* ausschließlich mit dem Erlös aus dem Verkauf von Christos Originalkunstwerken finanziert.

Nach 16 Tagen Ausstellungszeit wurden alle Bestandteile wieder entfernt und industriell recycled.

Pendant seize jours du 18 juin au 3 juillet 2016 le lac italien d'Iseo s'est trouvé réinventé : 100.000 mètres carrés de tissu d'un jaune éclatant, supportés par un système modulaire de quais flottants constitué de 220.000 tubes en polyéthylène haute densité, ondulaient avec le mouvement des vagues pour permettre aux *Floating Piers* de se déployer au ras de l'eau.

Les visiteurs pouvaient découvrir cette œuvre d'art en l'empruntant à pied de Sulzano à Monte Isola et jusqu'à l'îlot de San Paolo dont elle faisait le tour. Offrant une vue aérienne sur l'ensemble, les montagnes environnantes en dévoilaient des vues inattendues et modifiaient les perspectives des spectateurs. Le lac d'Iseo se trouve à 100 kilomètres à l'est de Milan et à 200 kilomètres à l'ouest de Venise.

« Comme tous nos projets, *The Floating Piers* était absolument gratuit et ouvert au public, explique Christo. Il n'y avait ni billets, ni horaires, ni réservations, ni propriétaires. *The Floating Piers* était un prolongement de la rue et appartenait à tout le monde. »

*The Floating Piers* offrait une déambulation de 3 kilomètres sur les eaux du lac d'Iseo. Les pontons aux bords inclinés mesuraient 16 mètres de largeur et environ 35 centimètres de hauteur. Leur revêtement textile se prolongeait sur 2,5 kilomètres de rue piétonnes dans Sulzano et Peschiera Maraglio.

« Ceux qui ont pu profiter de *The Floating Piers* ont eu l'impression de marcher sur l'eau – ou peut-être sur le dos d'une baleine, poursuit Christo. Pendant ces seize jours, la lumière et l'eau ont donné au tissu jaune vif des teintes rouges et or. »

Au printemps et à l'été 2014, Christo, Vladimir Yavachev (directeur des opérations), Wolfgang Volz (chef de projet et photographe officiel) et Josy Kraft (secrétaire et commissaire) ont sillonné les lacs du nord de l'Italie à la recherche d'un site. En compagnie de Germano Celant (directeur du projet), ils ont vu dans le lac d'Iseo le lieu le plus propice et, avec une équipe de professionnels du monde entier, ont commencé à plancher sur *The Floating Piers*.

*The Floating Piers* a marqué l'aboutissement d'une quête de près de cinquante ans, celle de réaliser une passerelle flottante. Christo et Jeanne-Claude avaient conçu la première en 1970 en tentant de créer *Wrapped Inflated Pier [Ponton gonflable emballé]* sur le Rio de la Plata à Buenos Aires, mais ce projet ne vit jamais le jour. En 1996, il en projetèrent un autre pour Tokyo, *The Daiba Project [Le projet Daiba]*, un chemin flottant reliant deux îles dans la baie de Tokyo. Là encore, cette œuvre ne fut jamais réalisée. Mais l'idée ne quitta ni le cœur ni l'esprit de Christo et Jeanne-Claude jusqu'à la réalisation de *The Floating Piers* en juin 2016.

*The Floating Piers* fut le premier projet de grande ampleur de Christo depuis *The Gates* (2005), imaginé avec sa compagne, et depuis le décès de celle-ci en 2009. Comme tous leurs projets, *The Floating Piers* fut entièrement financé par la vente d'œuvres d'art originales de Christo.

Au terme des seize jours d'exposition, tous les matériaux furent évacués et recyclés industriellement.

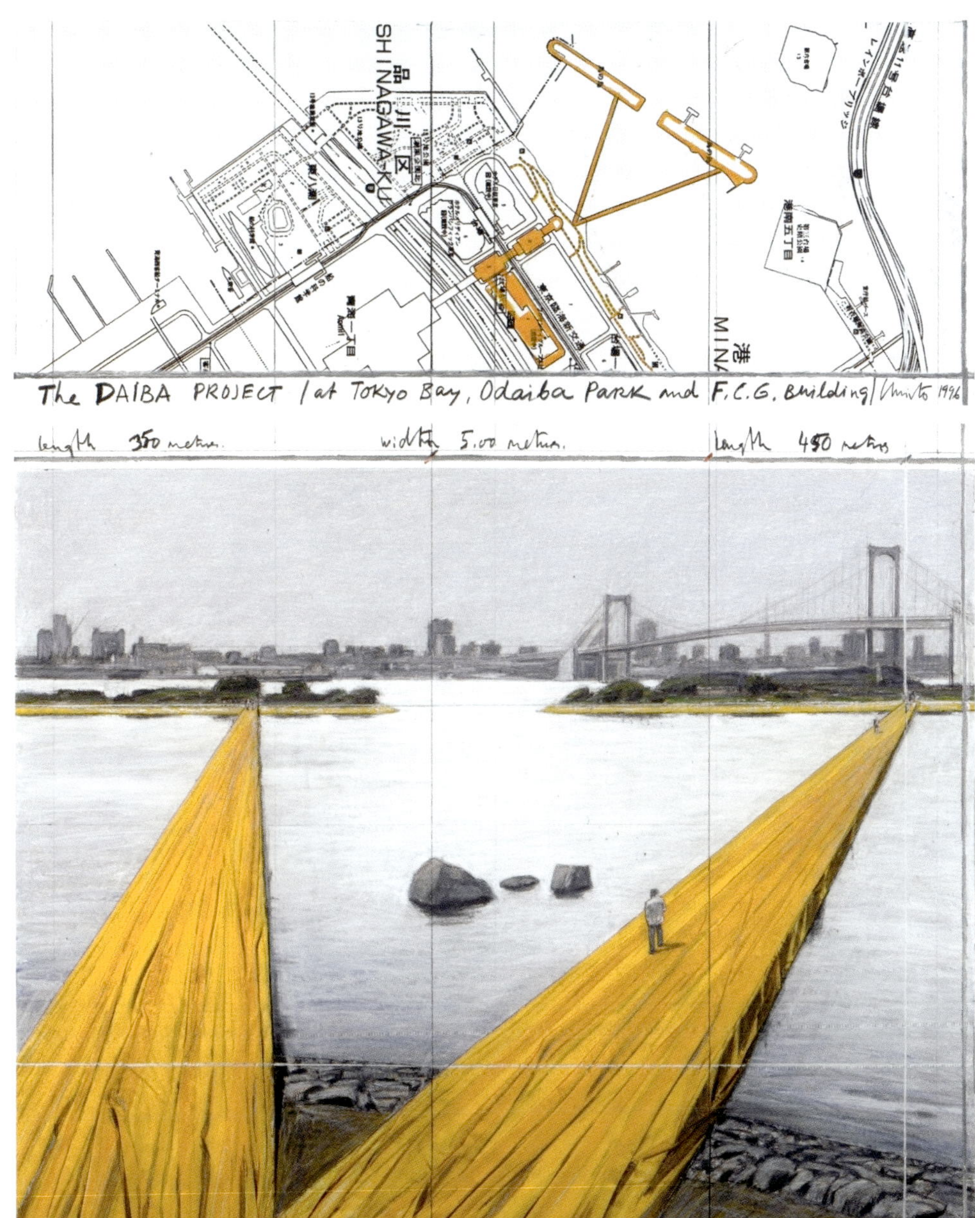


**The Daiba Project (at Tokyo Bay, Odaiba Park and F. C. G. Building)**
Collage 1996 in two parts: 30.5 x 77.5 cm and 66.7 x 77.5 cm
(12 x 30 ½″ and 26 ¼ x 30 ½″)
Pencil, fabric, pastel, wax crayon, and map

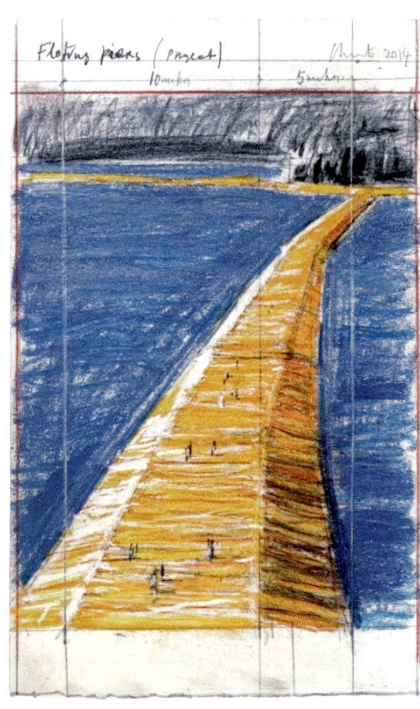

**Floating Piers (Project)**
Drawing 2014: 35.2 x 22.2 cm (13 ⅞ x 8 ¾″)
Pencil, charcoal, and pastel

## The Floating Piers (Project for Lake Iseo, Italy)

Drawing 2014 in two parts: 38 x 244 cm and 106.6 x 244 cm (15 x 96″ and 42 x 96″)
Pencil, charcoal, wax crayon, pastel, enamel paint, hand-drawn map, cut-out photographs
by Wolfgang Volz, fabric sample, and tape. Private collection

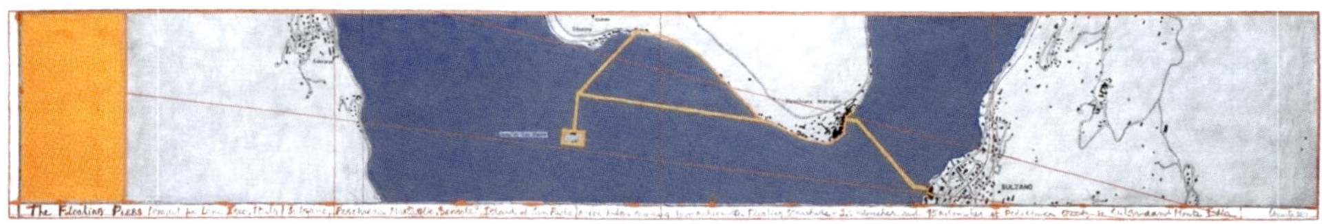

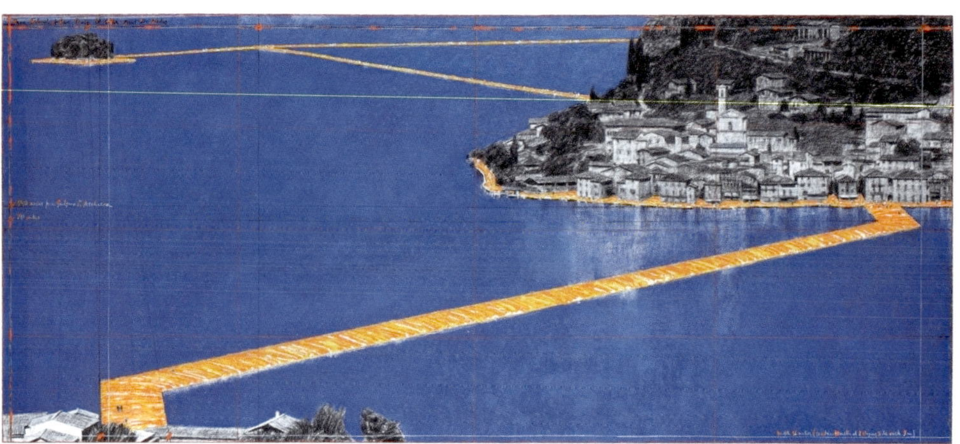

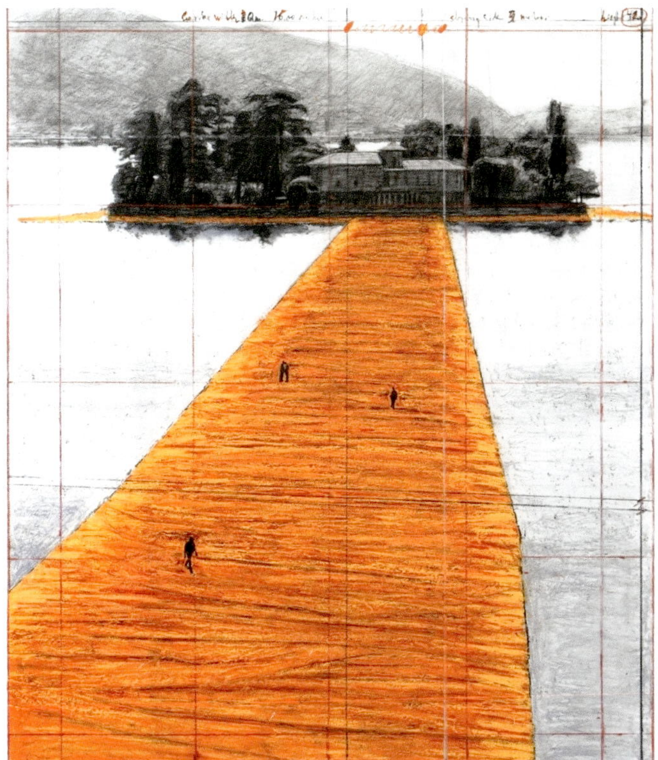
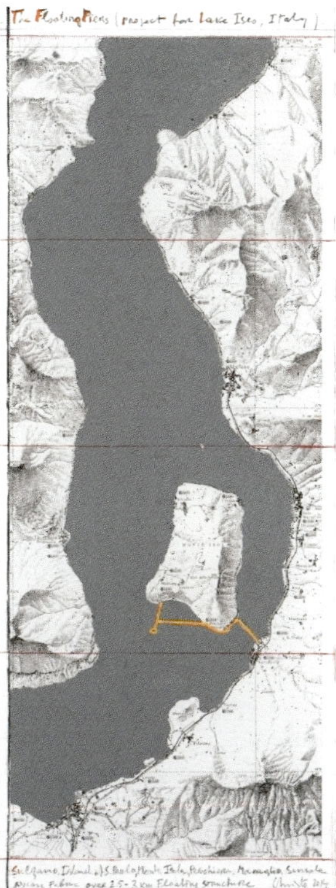

*Above:*

**The Floating Piers (Project for Lake Iseo, Italy)**
Collage 2014 in two parts: 77.5 x 66.6 cm and
77.5 x 30.5 cm (30 ½ x 26 ¼″ and 30 ½ x 12″)
Pencil, charcoal, pastel, wax crayon,
fabric, enamel paint, cut-out photographs
by Wolfgang Volz, and map
Private collection

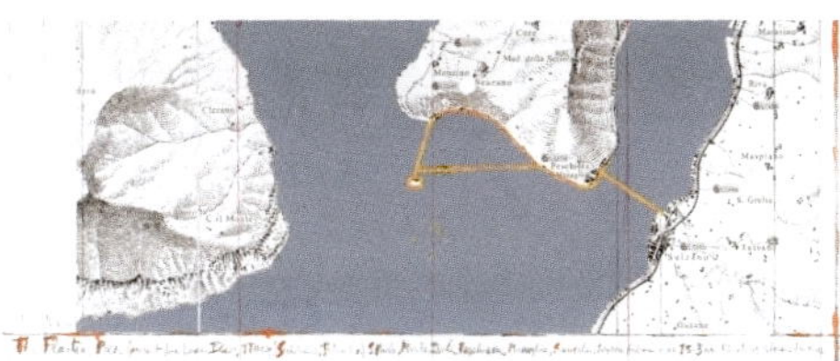

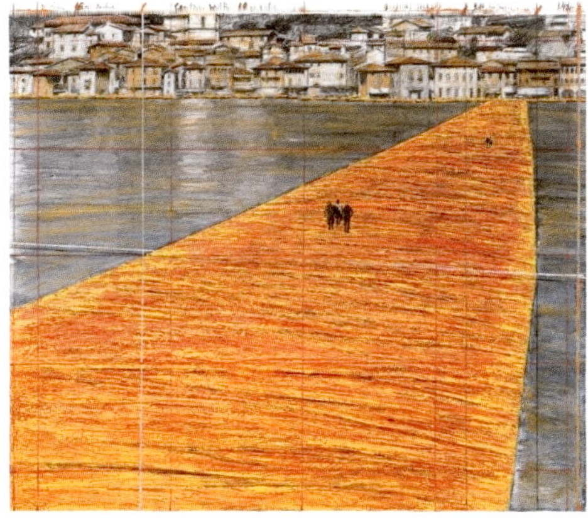

**The Floating Piers (Project for Lake Iseo, Italy)**
Drawing 2016 in two parts: 38 x 165 cm and
106.6 x 165 cm (15 x 65″ and 42 x 65″)
Pencil, charcoal, wax crayon, pastel, enamel
paint, cut-out photograph by Wolfgang Volz,
fabric sample, tape, hand-drawn technical data,
and topographic map
Würth Collection, Künzelsau, Germany

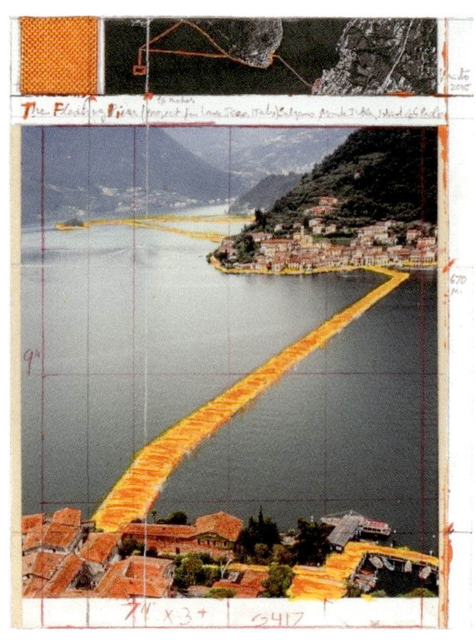

**The Floating Piers (Project for Lake Iseo, Italy)**
Collage 2015: 28 x 21.5 cm (11 x 8 ½")
Pencil, wax crayon, enamel paint, photographs by
Wolfgang Volz, aerial photograph, fabric sample, and tape
Private collection

*Opposite:*
**The Floating Piers (Project for Lake Iseo, Italy)**
Drawing 2015 in two parts: 244 x 106.6 cm and
244 x 38 cm (96 x 42" and 96 x 15")
Pencil, charcoal, pastel, wax crayon, enamel paint,
cut-out photographs by Wolfgang Volz, fabric sample,
hand-drawn map with engineering data, and tape
Würth Collection, Künzelsau, Germany

**The Floating Piers (Project for Lake Iseo, Italy)**
Collage 2014: 48.3 x 55.9 cm (19 x 28")
Pencil, enamel paint, wax crayon,
photograph by Wolfgang Volz, and tape

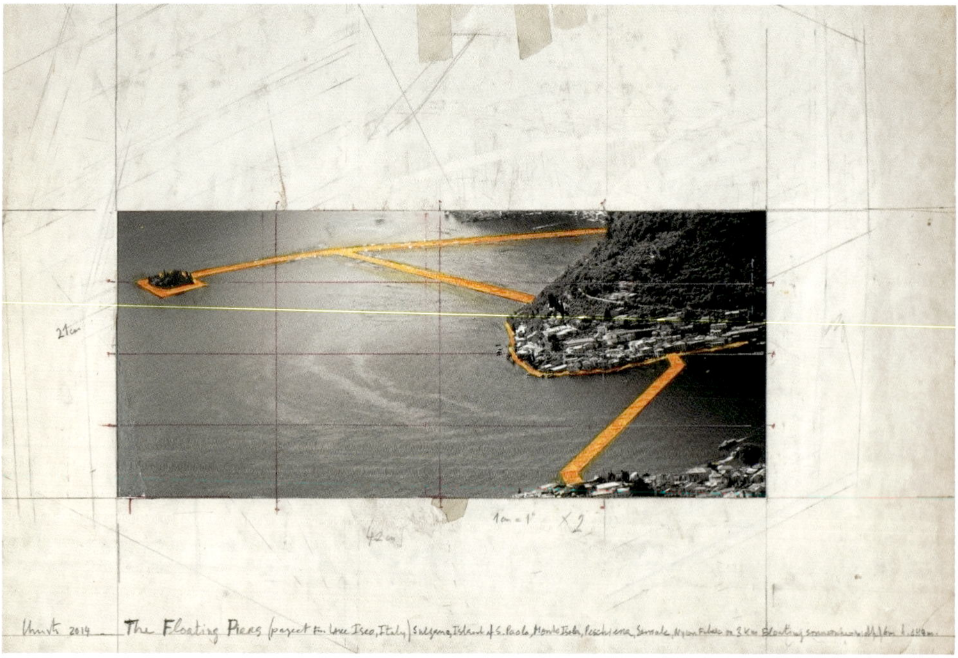

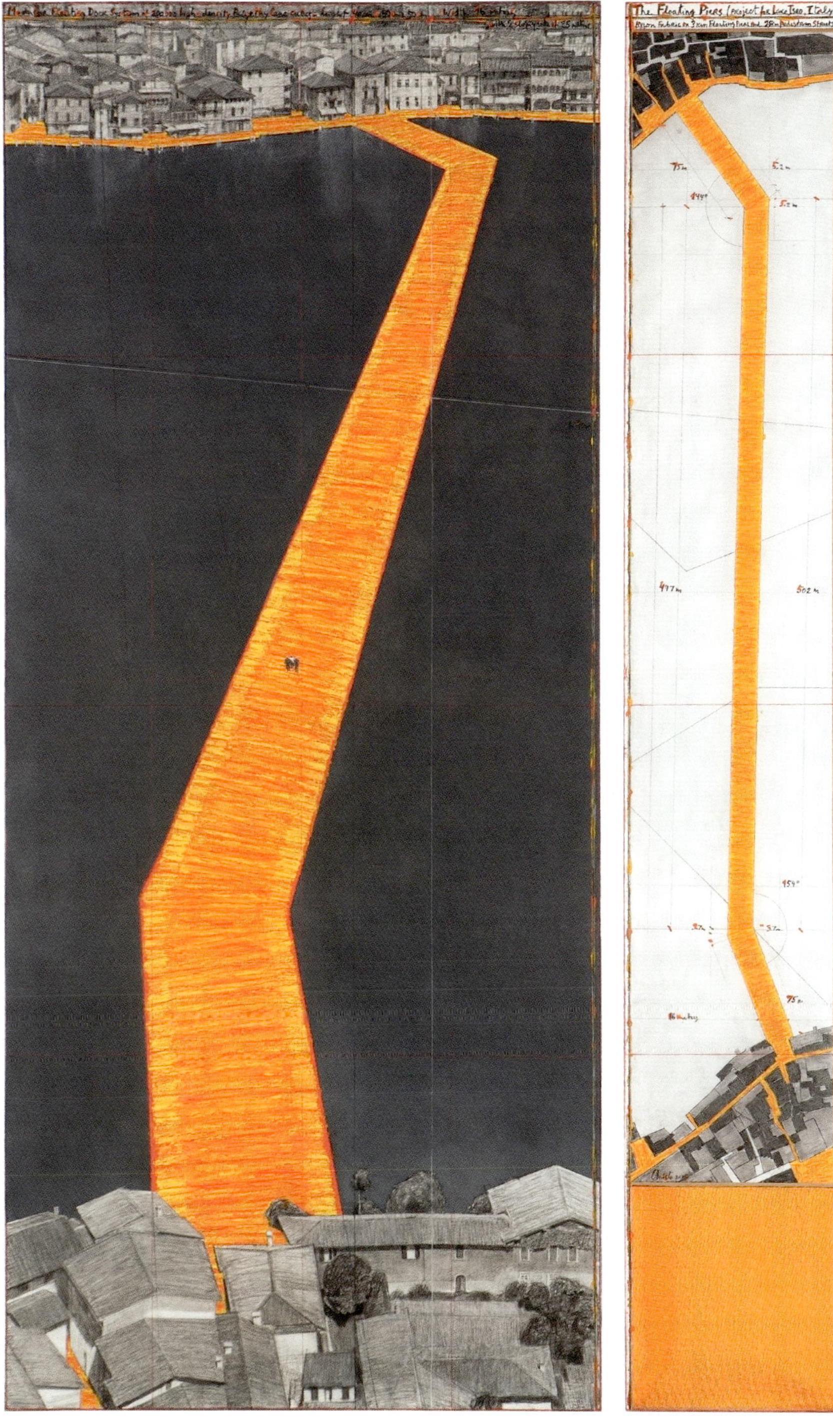


445

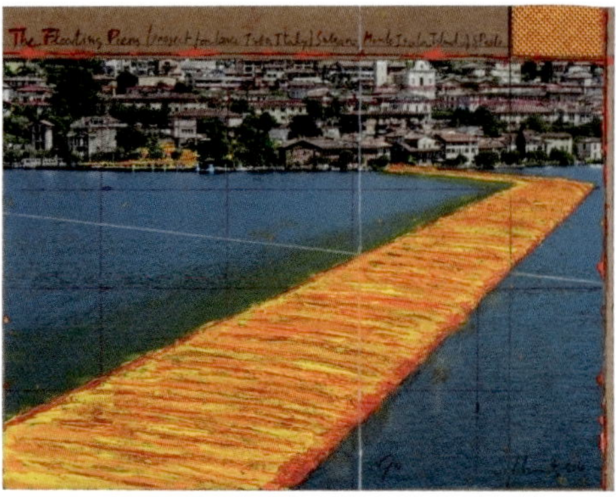

**The Floating Piers (Project for Lake Iseo, Italy)**
Collage 2016: 21.5 x 28 cm (8 ½ x 11″)
Pencil, wax crayon, enamel paint,
photograph by Wolfgang Volz, and
fabric sample on brown board

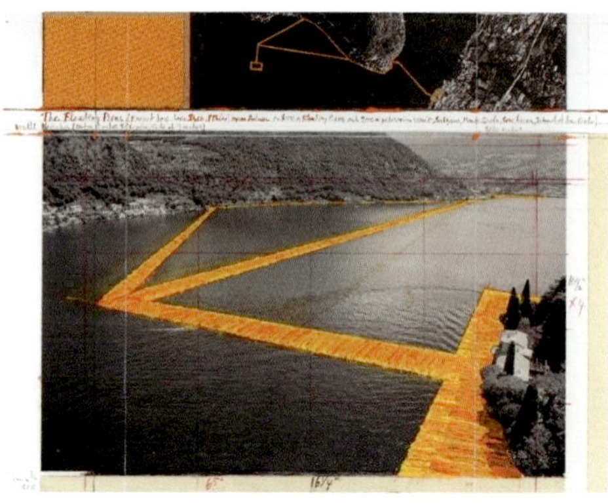

**The Floating Piers (Project for Lake Iseo, Italy)**
Collage 2015: 43.2 x 55.9 cm (17 x 22″)
Pencil, wax crayon, enamel paint, photograph
by Wolfgang Volz, aerial photograph,
fabric sample, and tape
Würth Collection, Künzelsau, Germany

**The Floating Piers (Project for Lake Iseo, Italy)**
Drawing 2015 in two parts: 38 x 244 cm and 106.6 x 244 cm (15 x 96″ and 42 x 96″)
Pencil, charcoal, wax crayon, pastel, enamel paint, hand-drawn technical data and map,
cut-out photographs by Wolfgang Volz, fabric sample, and tape
Private collection

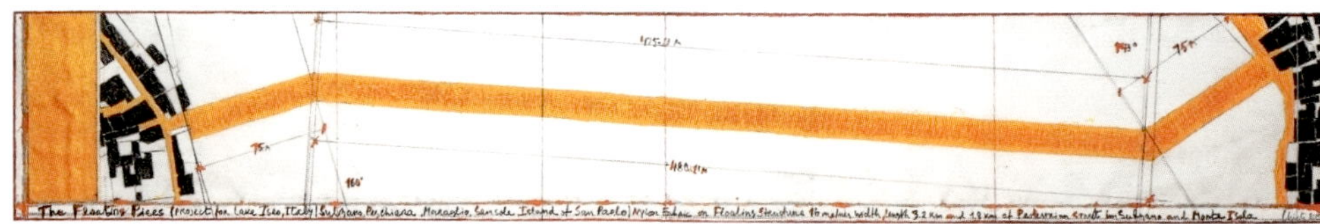

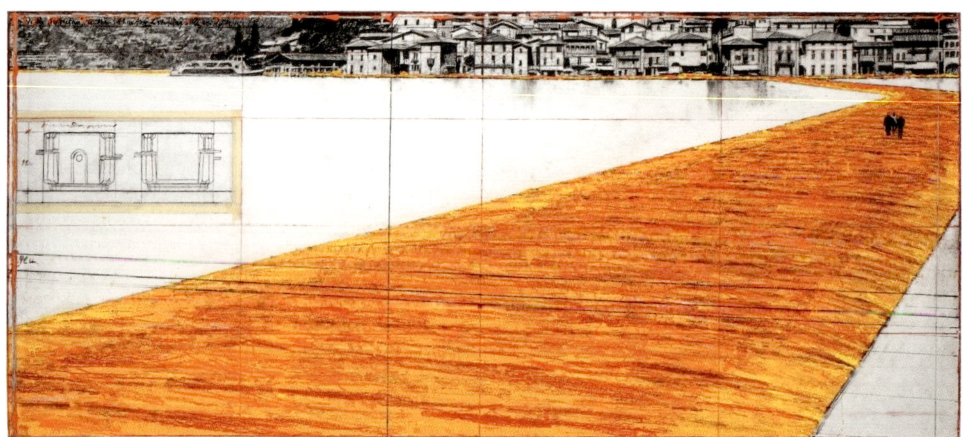

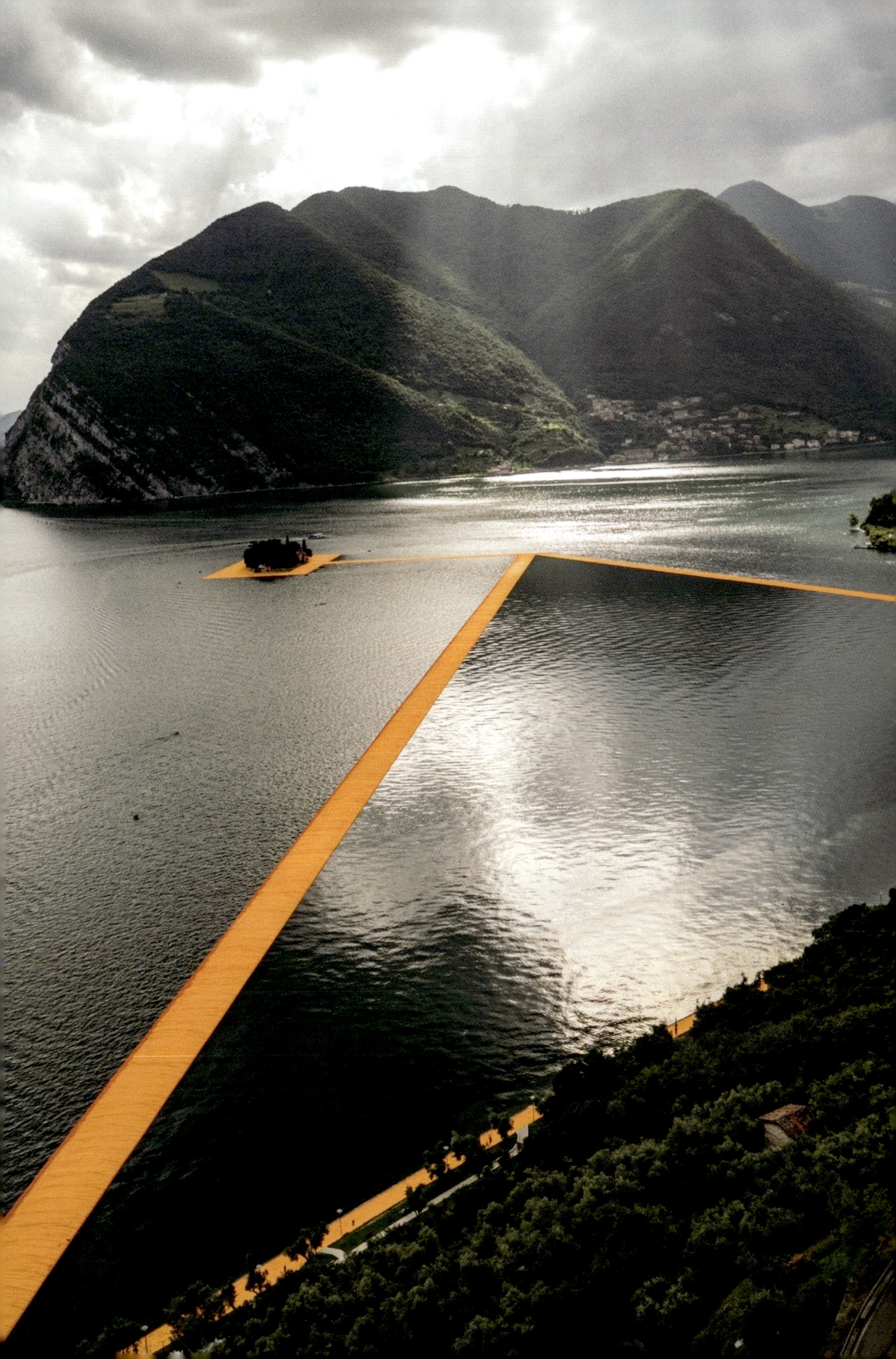

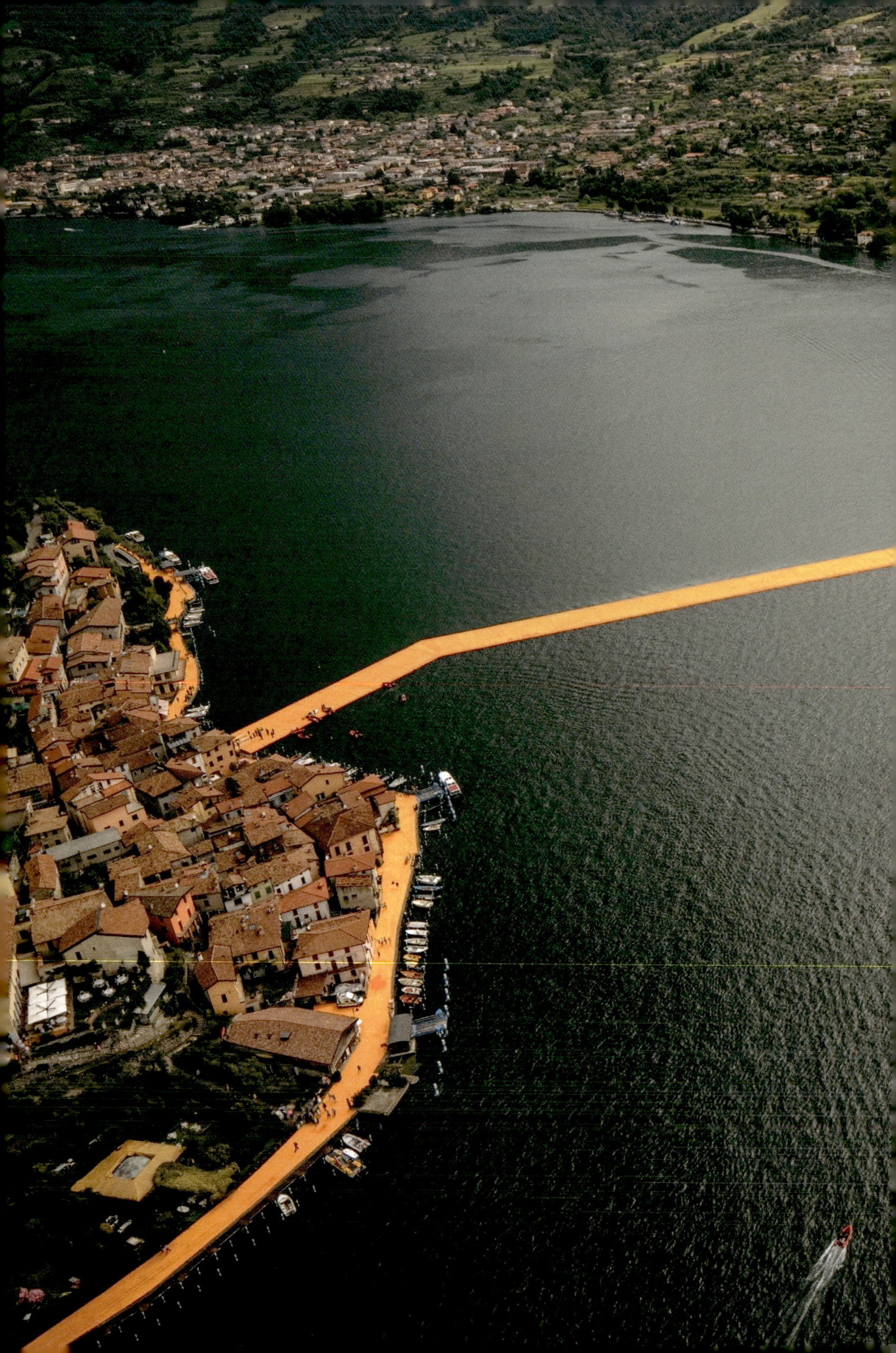

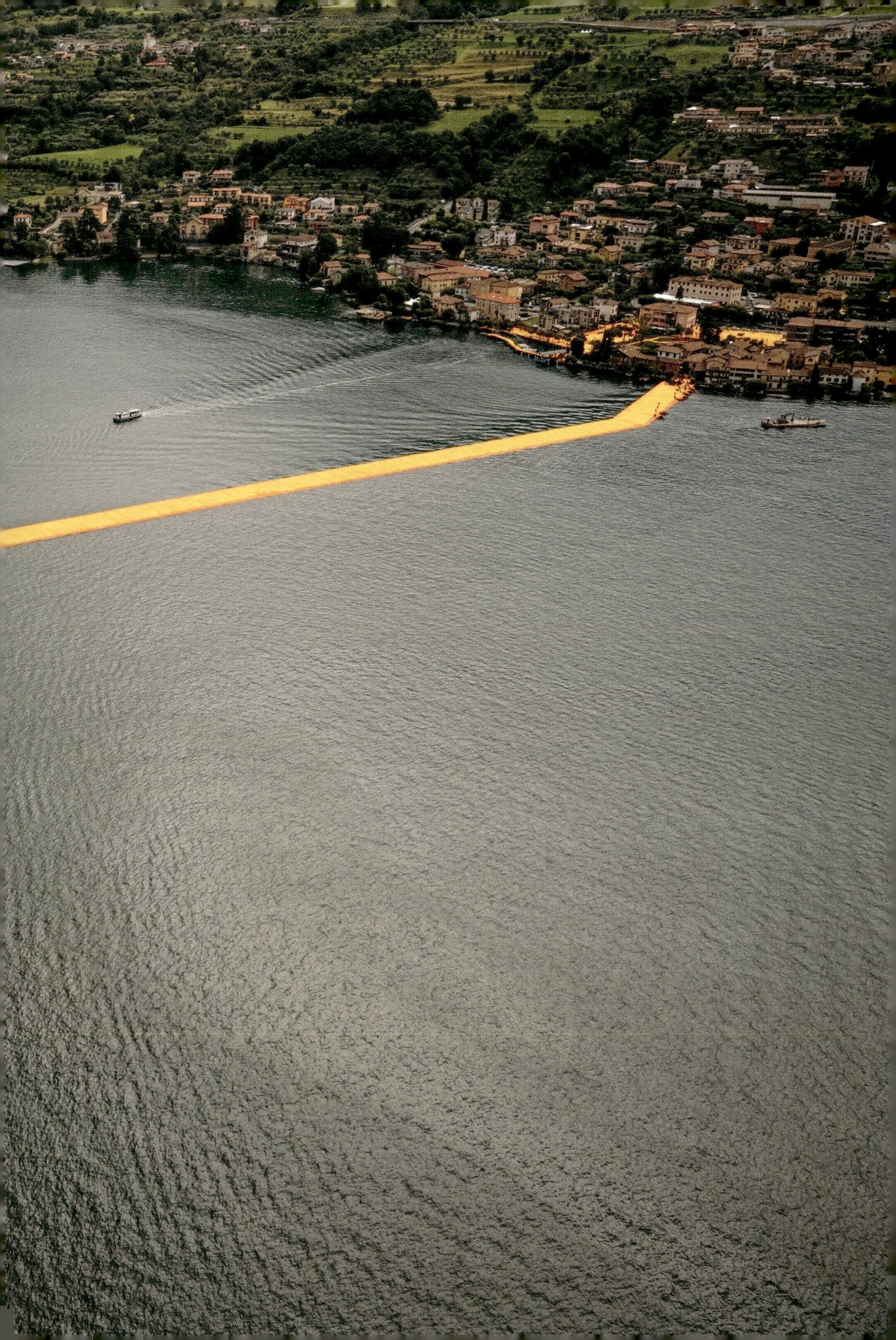

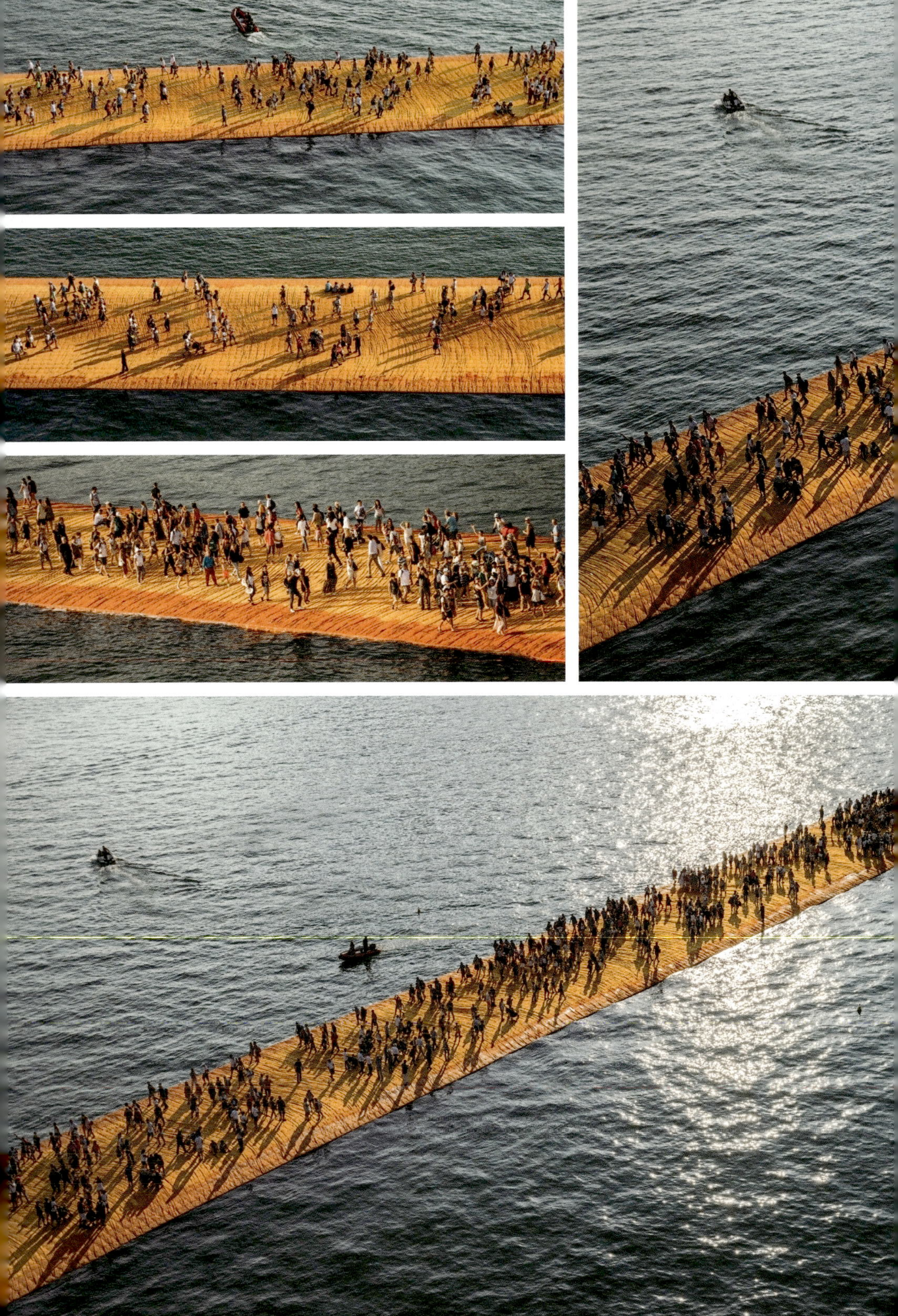

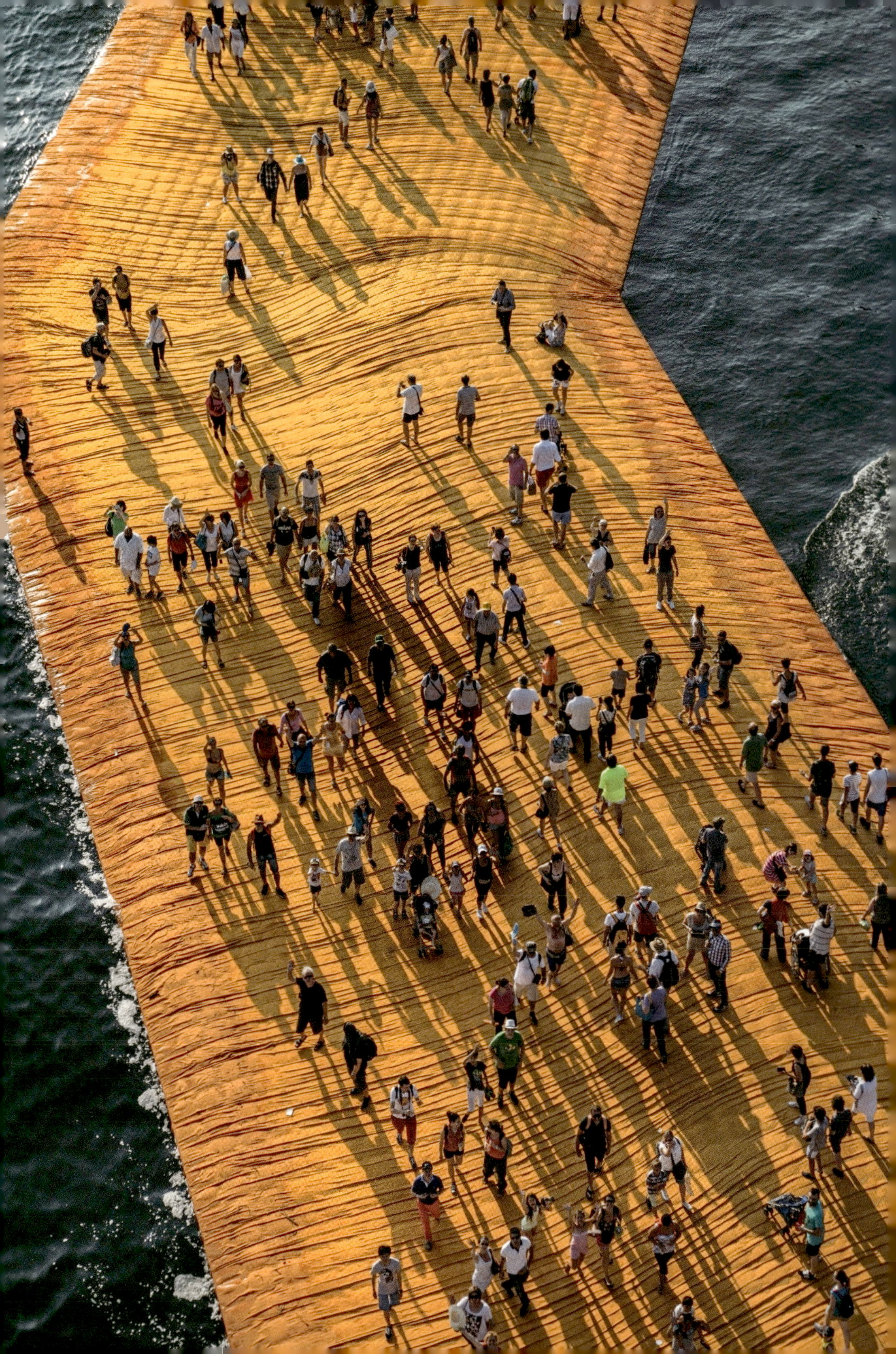

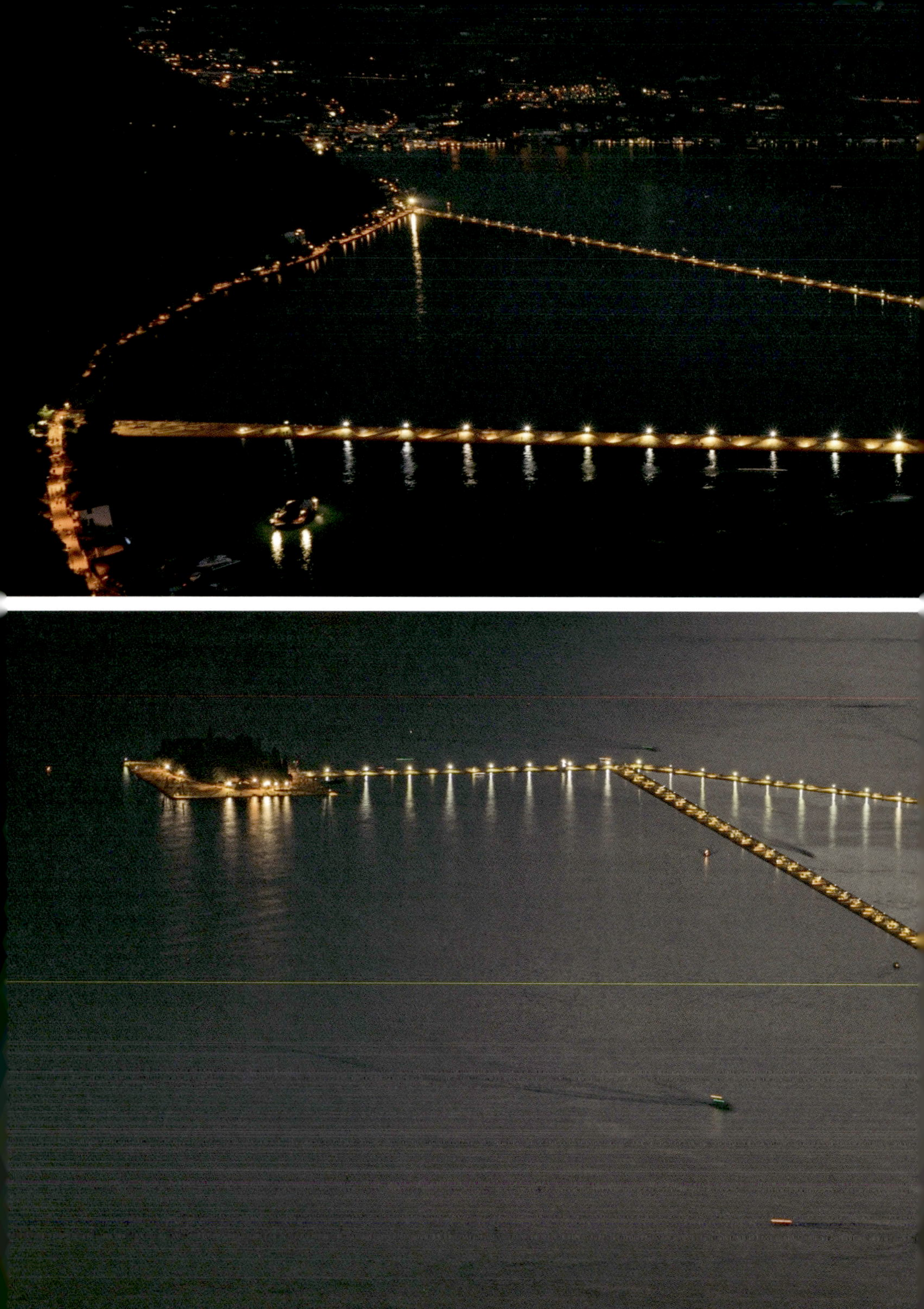

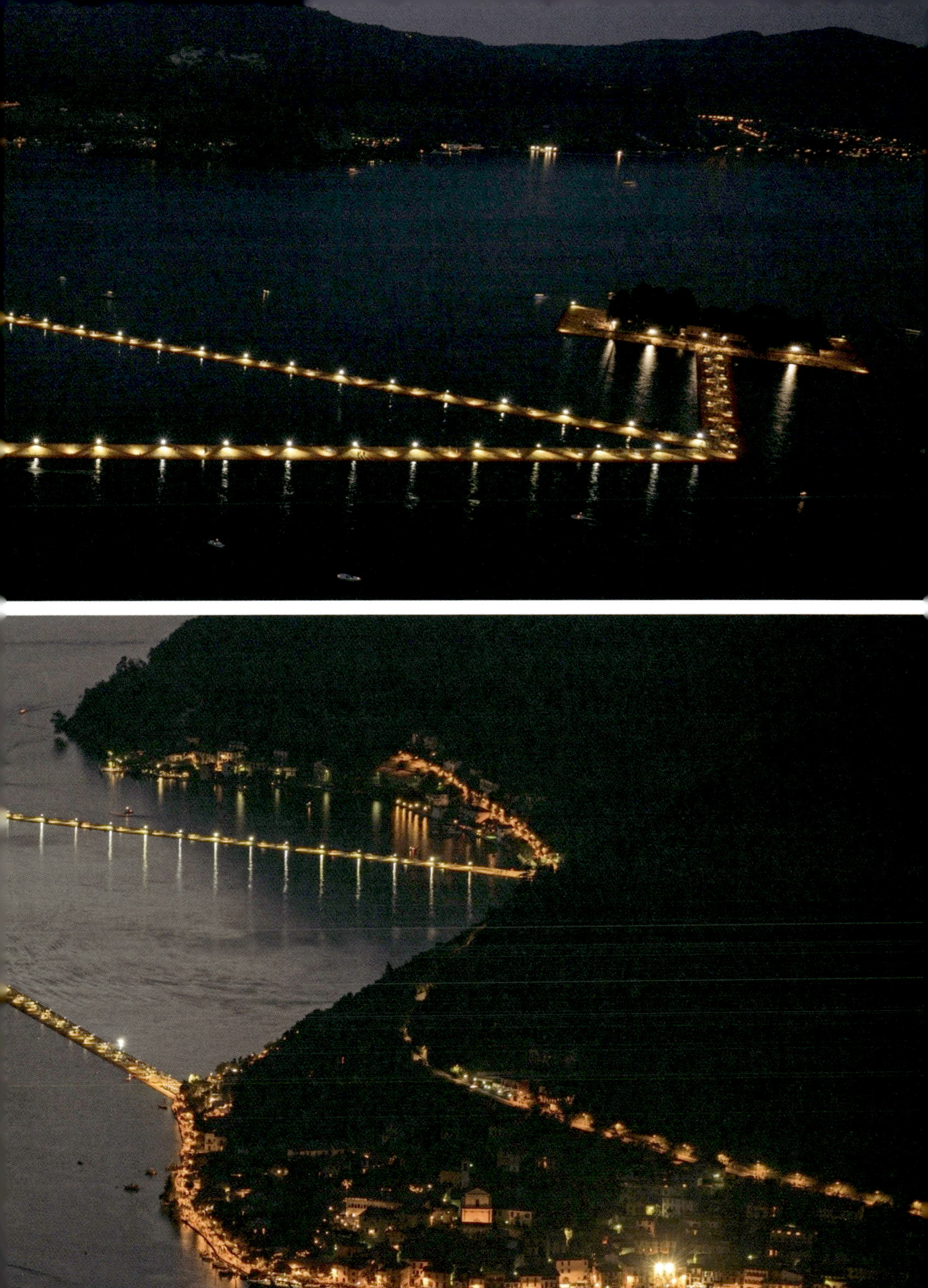

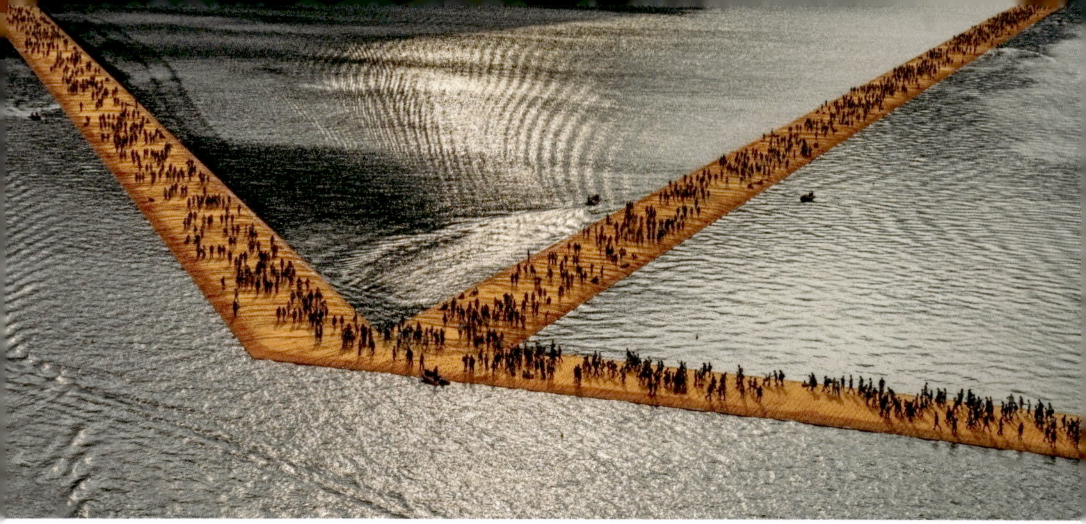

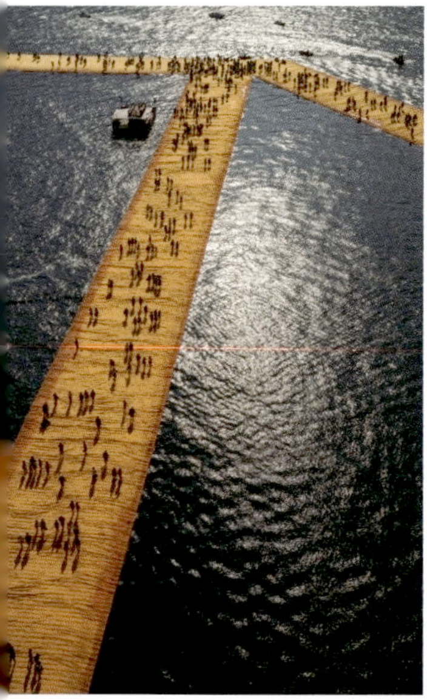

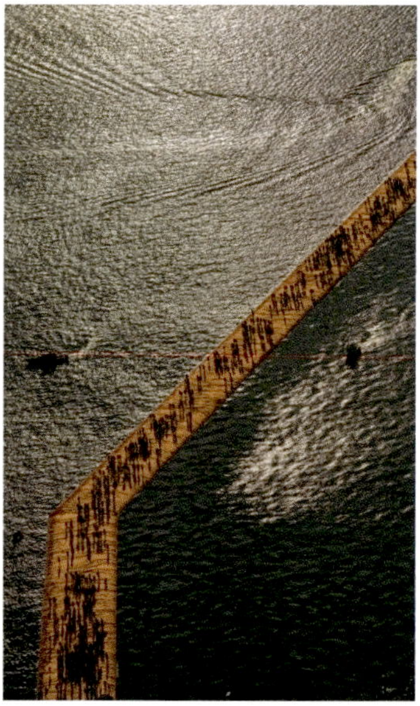

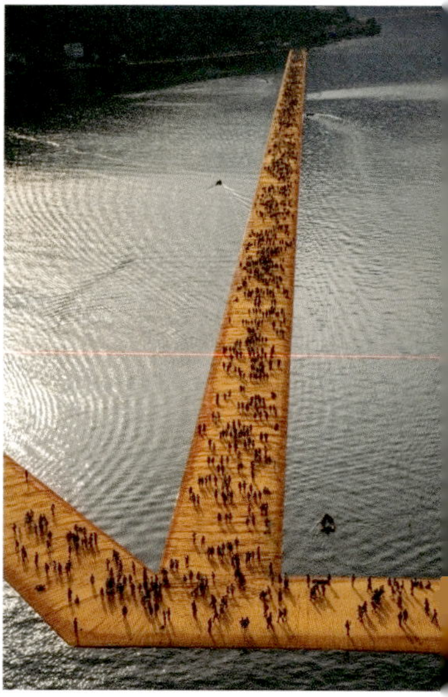

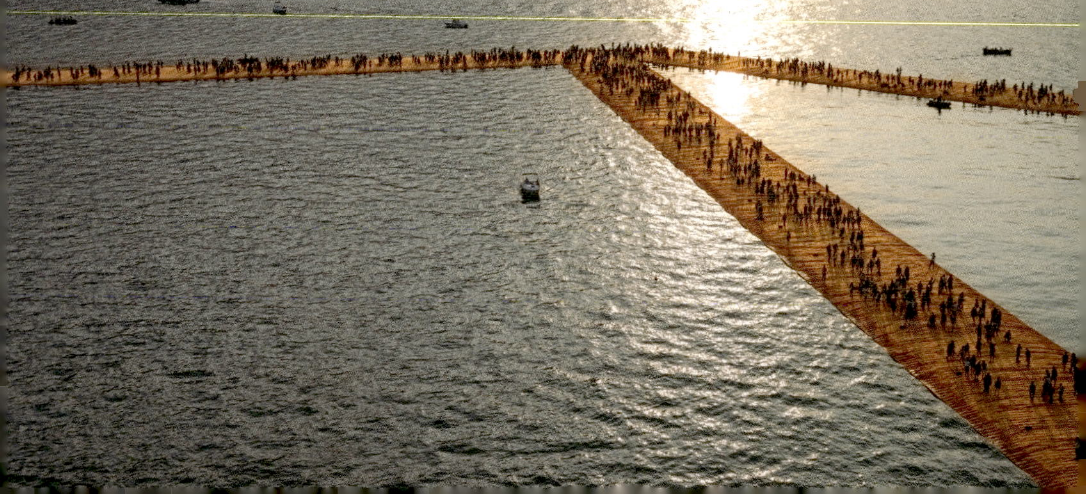

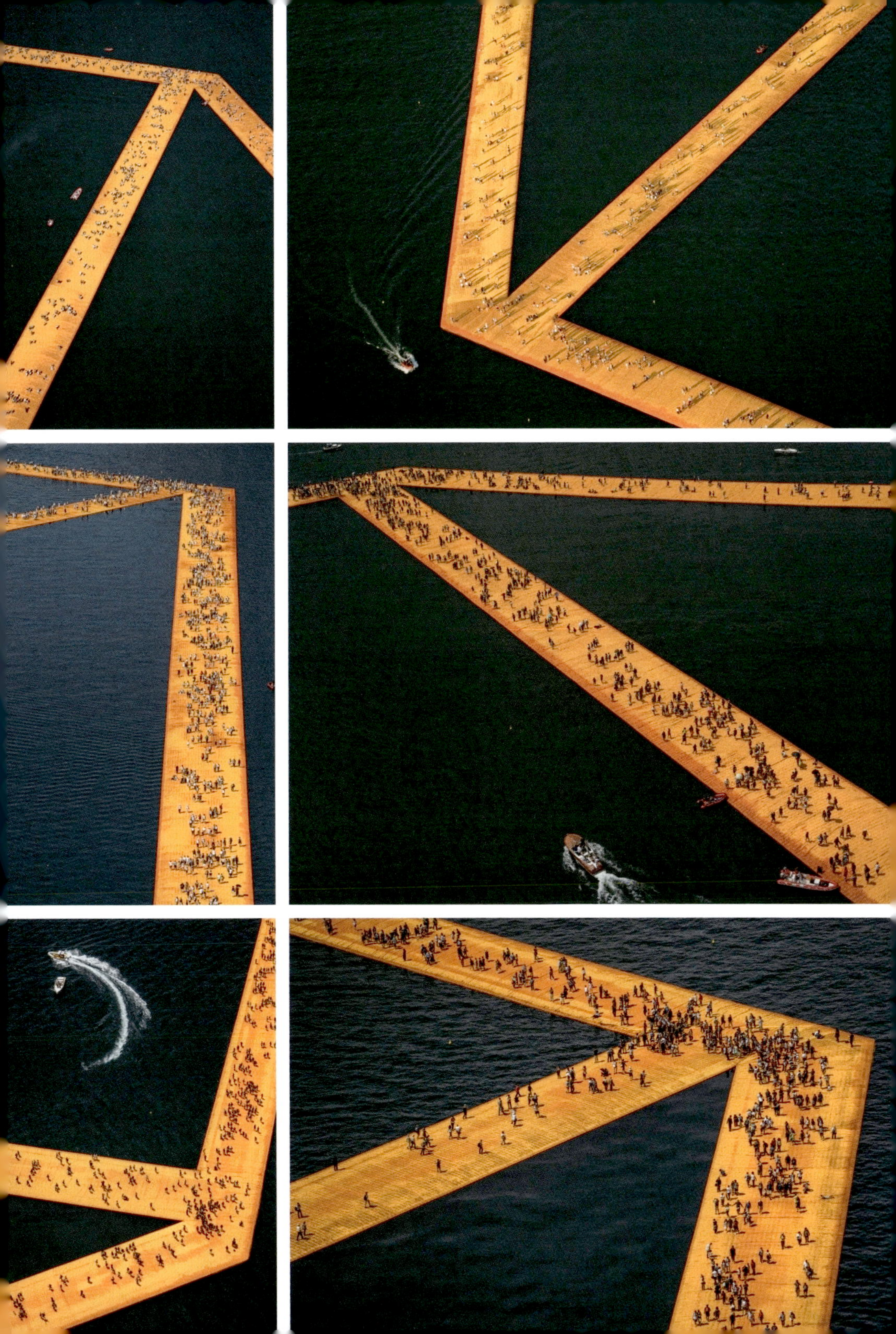

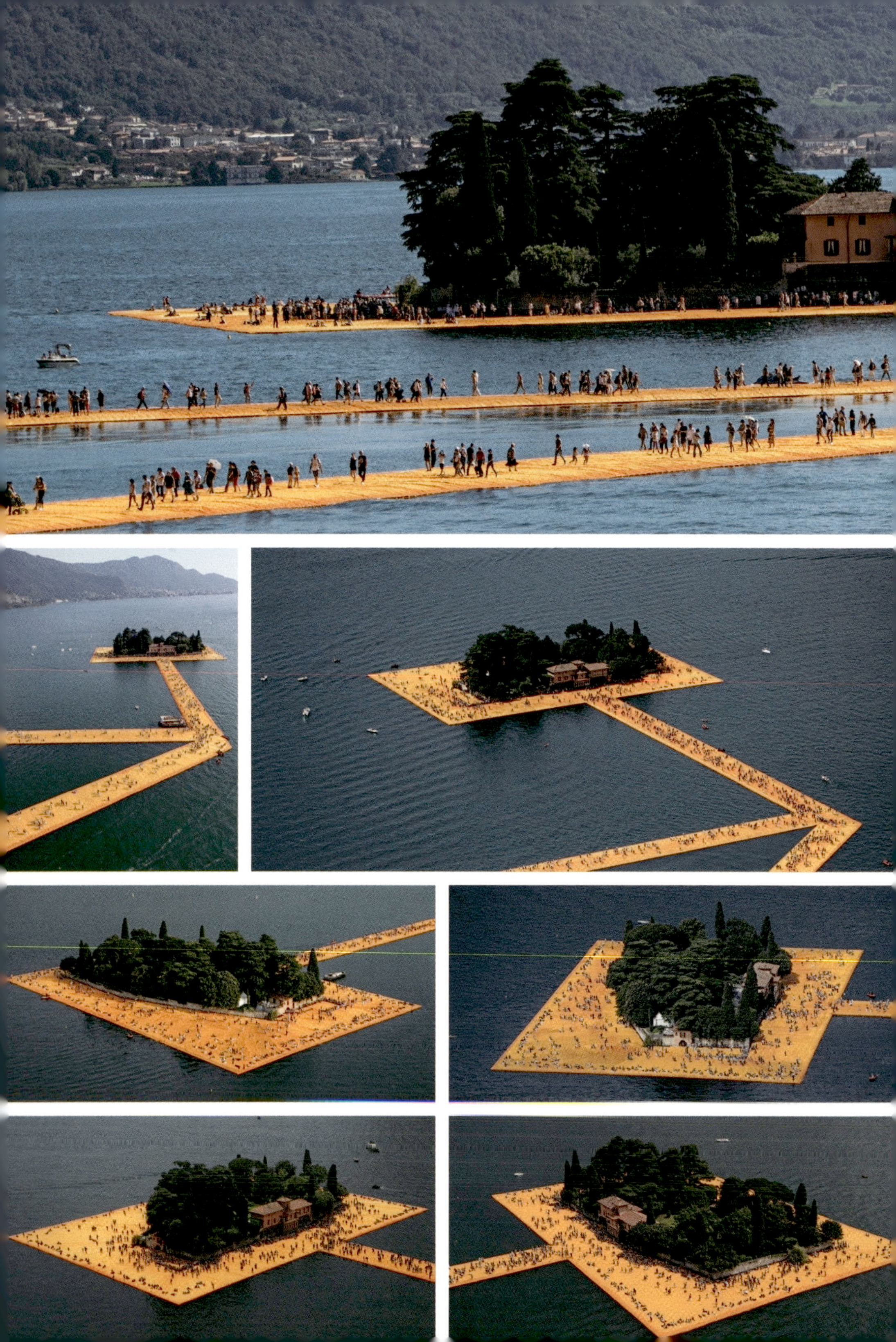

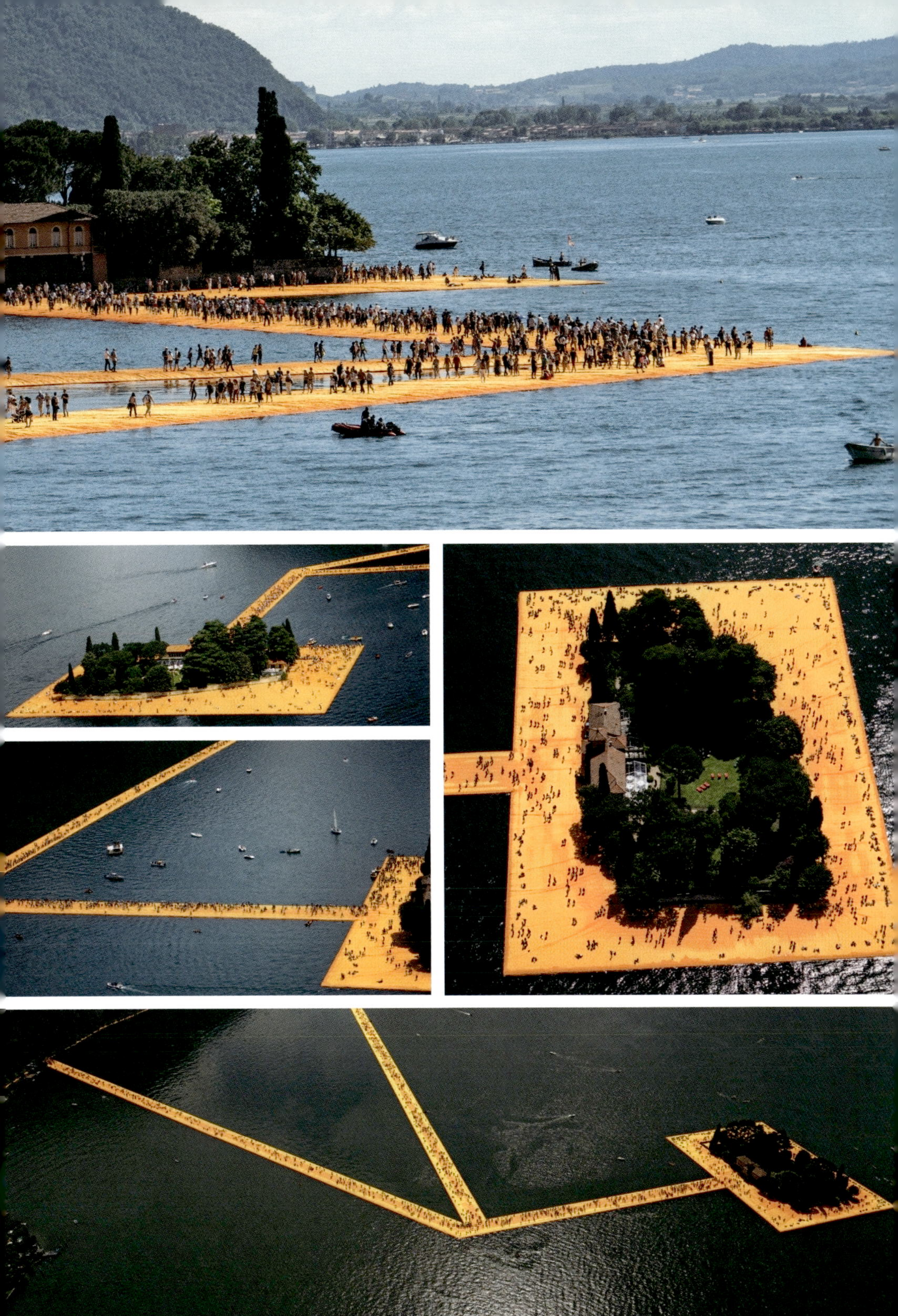

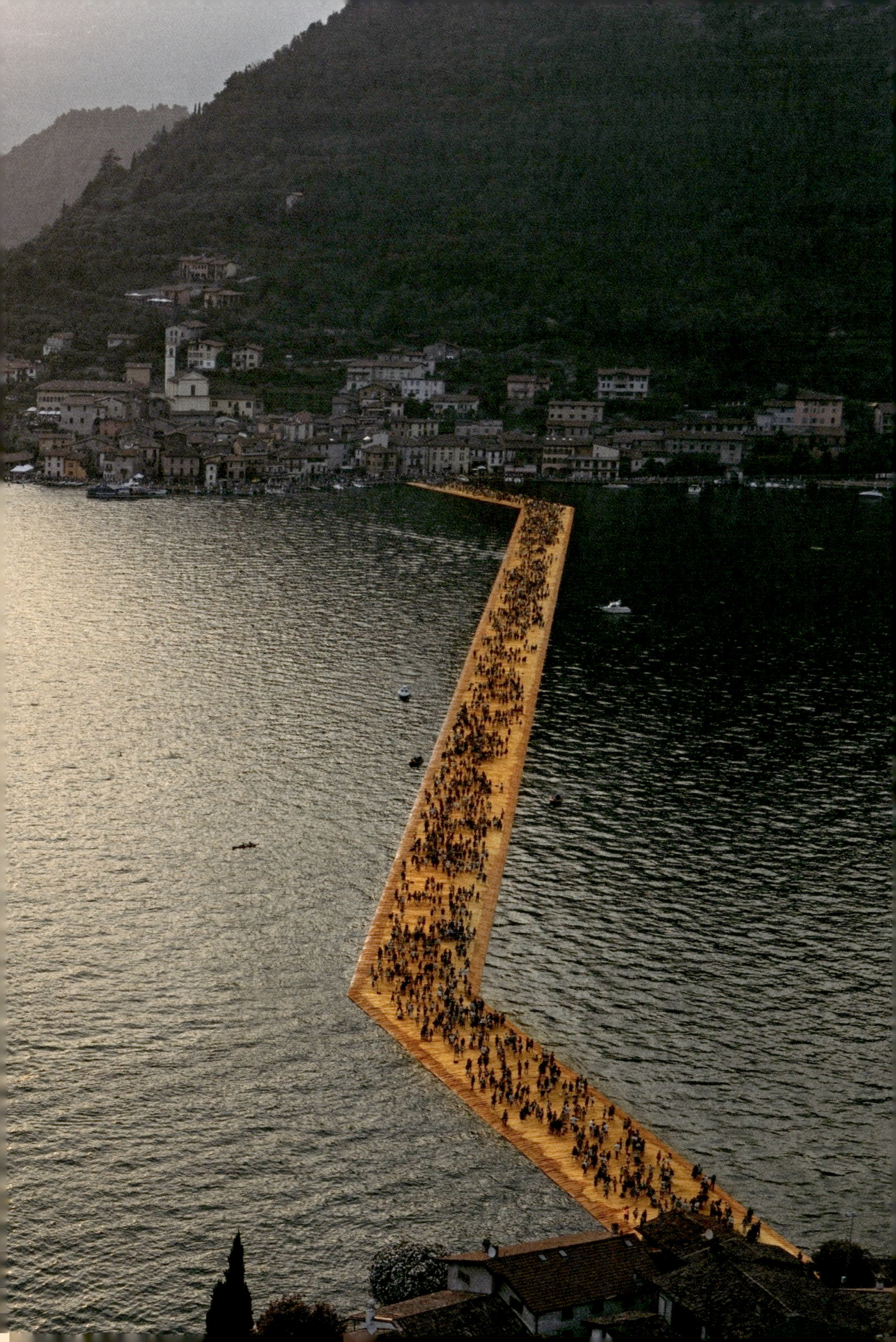

# The London Mastaba
## Serpentine Lake, Hyde Park, 2016–18

From June 18 to September 23, 2018, Christo and Jeanne-Claude's temporary sculpture, *The London Mastaba*, floated atop Hyde Park's Serpentine Lake in the center of London, United Kingdom. The temporary sculpture, Christo's first major public outdoor work in the UK, coincided with an exhibition at the Serpentine Galleries detailing Christo and Jeanne-Claude's 60-year history of working with oil barrels.

*The London Mastaba* consisted of 7,506 horizontally stacked barrels on a floating platform in the Serpentine Lake. The sculpture's floating platform was made from interlocking high-density polyethylene cubes. On top of the platform, a steel scaffolding frame was constructed to, on which the barrels were attached. The massive sculpture, weighing a total of 600 metric tons (660 US tons), was anchored to the lakebed with 32 anchors. Its footprint covered approximately 1% of the total surface area of the lake.

As with all of Christo and Jeanne-Claude's projects, *The London Mastaba, Serpentine Lake, Hyde Park, 2016–18* was funded entirely through the sale of Christo's original works of art. No public money is used for Christo's projects and he does not accept sponsorship.

Vom 18. Juni bis zum 23. September 2018 schwamm Christo und Jeanne-Claudes temporäre Skulptur *The London Mastaba* auf dem Serpentine-See im Londoner Hyde Park im Zentrum der Metropole. Es handelte sich um das erste für den Außenraum konzipierte Kunstwerk, das Christo in Großbritannien realisieren konnte. Parallel dazu zeigten die Serpentine Galleries eine Ausstellung über die Entwicklung und 60-jährige Geschichte von Christo und Jeanne-Claudes Ölfässer-Projekten.

*The London Mastaba* bestand aus insgesamt 7.506 horizontal gestapelten Fässern, die mit Hilfe einer schwimmenden Plattform auf dem Serpentine-See schwammen. Die Plattform selbst bestand aus modularen Schwimmwürfeln aus hoch verdichtetem Polyethylen. Die Fässer waren im Inneren mit einem Gerüst verbunden, das auf der Plattform ruhte. Die Skulptur wog insgesamt 600 Tonnen und wurde durch 32 Anker auf dem Boden des Sees in Position gehalten. Die Grundfläche der Mastaba bedeckte ungefähr 1 % der Oberfläche des Sees.

Wie bei allen Projekten von Christo und Jeanne-Claude wurde auch *The London Mastaba, Serpentine Lake, Hyde Park, 2016–18* ausschließlich durch den Verkauf von Christos Originalkunstwerken finanziert. Christo akzeptiert keine Sponsorengelder oder Geld aus öffentlicher Hand.

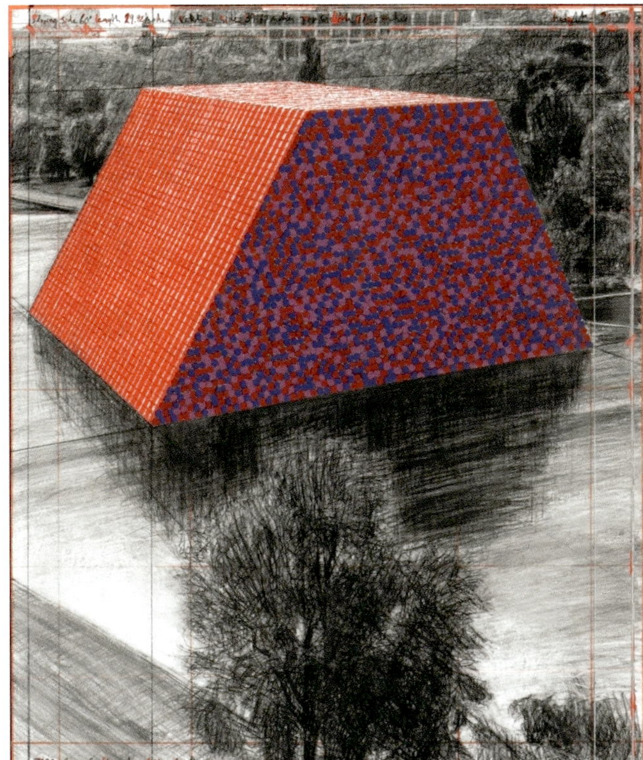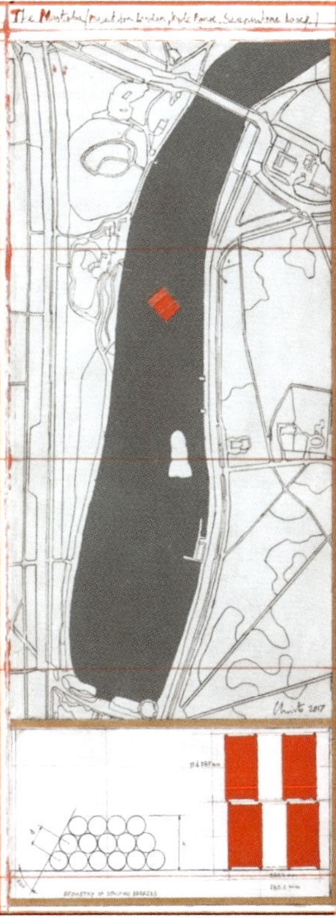

## The Mastaba (Project for London, Hyde Park, Serpentine Lake)

Collage 2017 in two parts: 77.5 x 66.7 cm and 77.5 x 30.5 cm (30 ½ x 26 ¼″ and 30 ½ x 12″)
Pencil, charcoal, enamel paint, hand-drawn technical data, map on vellum, and tape
Collection Linda & Guy Pieters, St-Martens-Latem, Belgium

Du 18 juin au 23 septembre 2018, la sculpture temporaire de Christo et Jeanne-Claude, *The London Mastaba* a flotté sur le lac Serpentine à Hyde Park au centre de Londres. Première œuvre publique en plein air de Christo au Royaume-Uni, cette installation temporaire coïncidait avec une exposition aux Serpentine Galleries retraçant les soixante ans de travail de Christo et Jeanne-Claude sur les barils de pétrole.

*The London Mastaba* se composait de 7.506 barils empilés horizontalement sur une plate-forme flottant sur le lac. Celle-ci était constituée de cubes emboîtés en polyéthylène haute densité. Sur la plate-forme avait été monté un bâti en échafaudages métalliques auquel les barils furent fixés. Cette imposante sculpture d'un poids total de 600 tonnes était arrimée au fond du lac par 32 ancres. Elle occupait environ 1 % de la superficie totale du lac.

Comme tous les projets de Christo et Jeanne-Claude, *The London Mastaba* fut entièrement financé par la vente d'œuvres d'art originales de Christo. Aucun argent public n'intervient dans ses projets et il refuse tout mécénat.

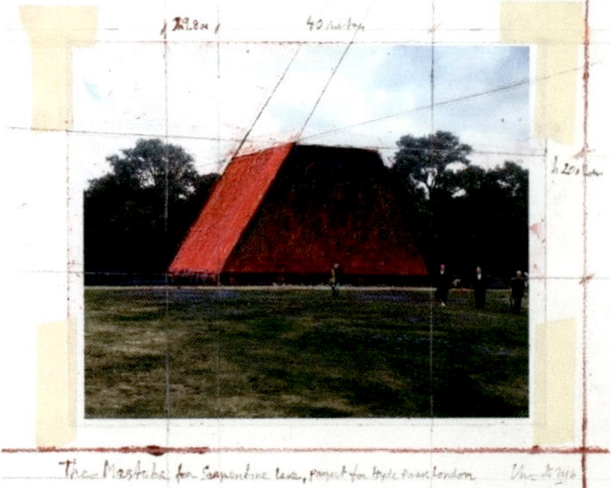

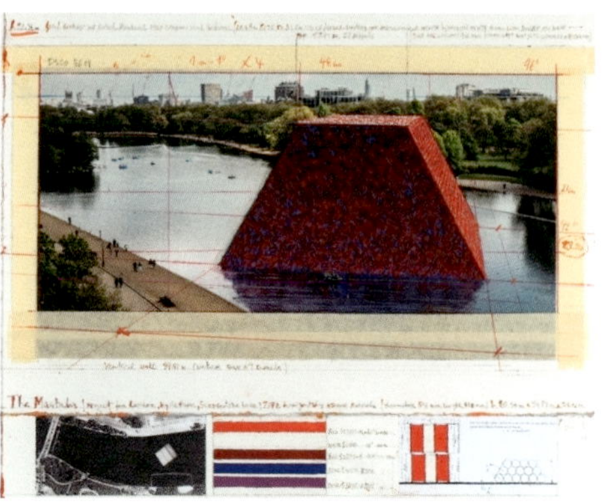

**The Mastaba for Serpentine Lake,
Project for Hyde Park, London**
Collage 2016: 28 x 35.5 cm (11 x 14″)
Pencil, wax crayon, enamel paint, photograph
by Vladimir Yavachev, and tape

**The Mastaba (Project for London, Hyde Park,
Serpentine Lake)**
Collage 2018: 43.1 x 55.9 cm (17 x 22″)
Pencil, wax crayon, enamel paint, color photograph
by Wolfgang Volz, aerial photograph, technical data,
Mylar, and tape

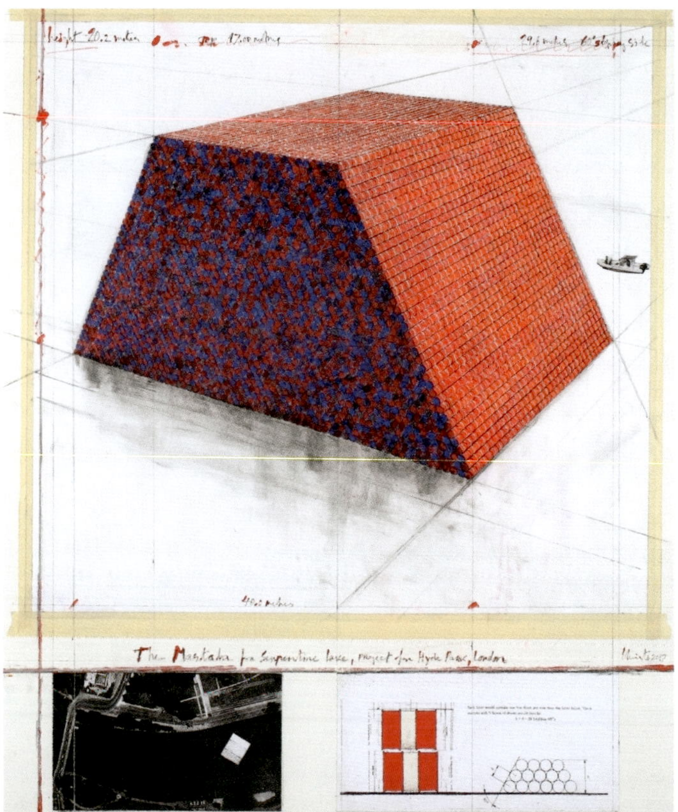

**The Mastaba for Serpentine
Lake, Project for Hyde Park,
London**
Collage 2017:
77.5 x 66.4 cm (30 ½ x 26″)
Pencil, wax crayon, enamel
paint, photograph by Wolfgang Volz, aerial photograph,
technical data, and tape

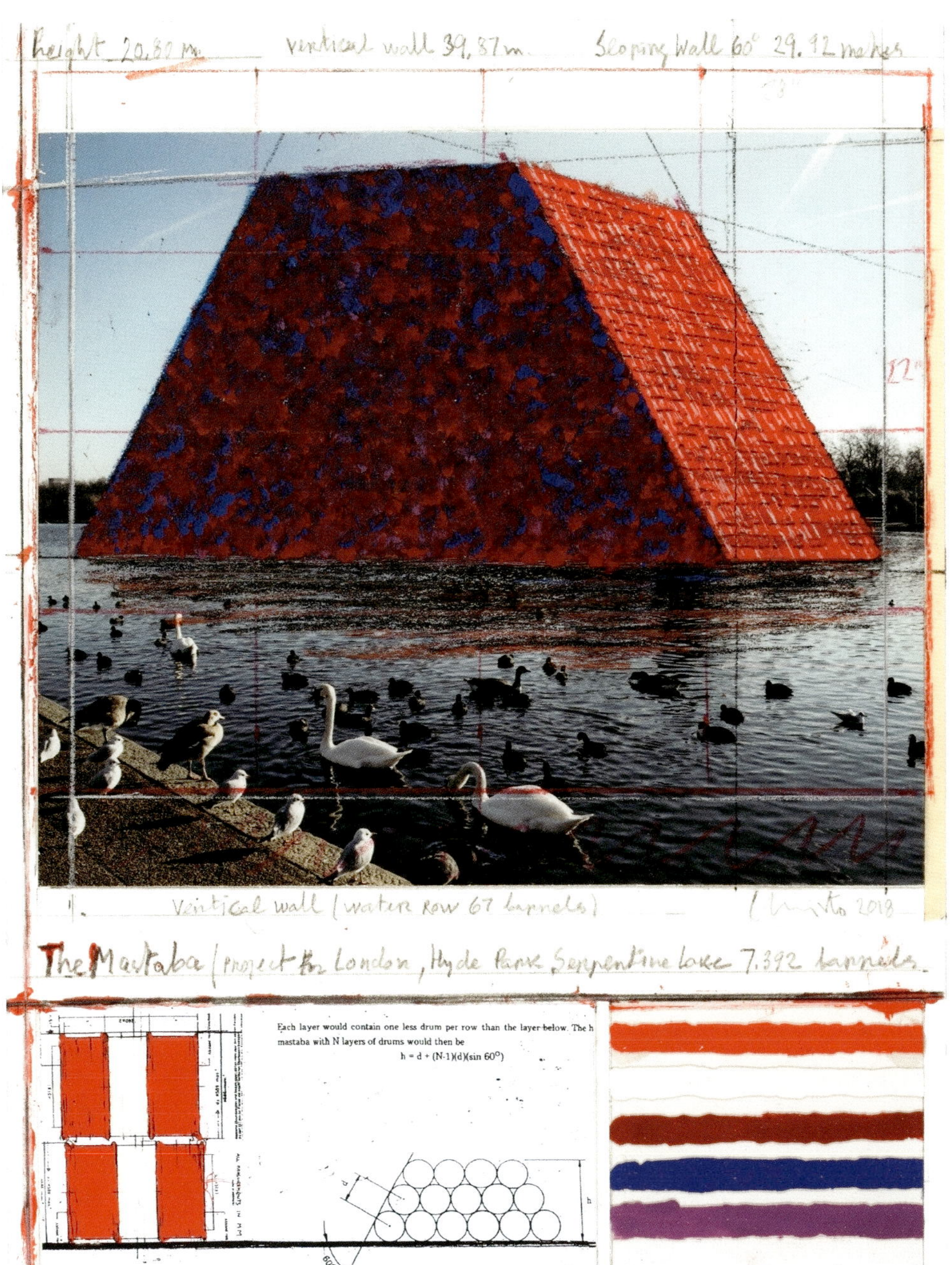


**The Mastaba (Project for London, Hyde Park, Serpentine Lake)**
Collage 2018: 28 x 21.5 cm (11 x 8 ½″)
Pencil, wax crayon, enamel paint, photograph by Wolfgang Volz,
technical data, Mylar, and tape. Private collection

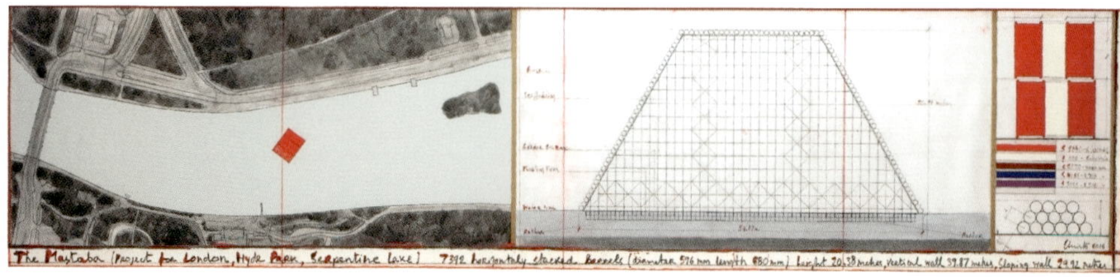

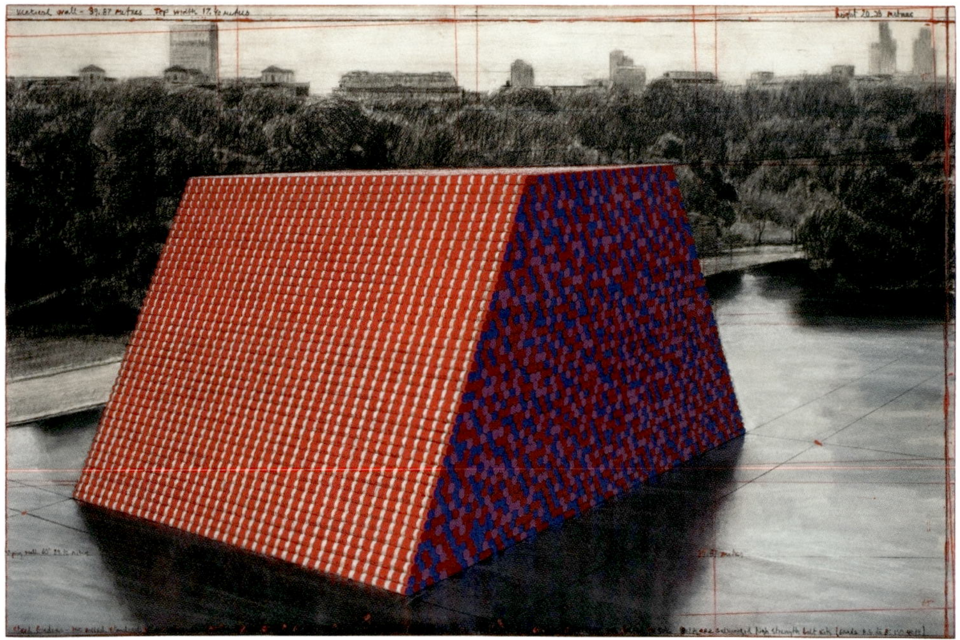

**The Mastaba (Project for London,
Hyde Park, Serpentine Lake)**
Drawing 2018 in two parts:
38 x 165 cm and 106.6 x 165 cm (15 x 65″ and 42 x 65″)
Pencil, charcoal, pastel, enamel paint, map on
vellum, hand-drawn technical data, and tape
Private collection

*Opposite:*
**The Mastaba (Project for London,
Hyde Park, Serpentine Lake)**
Drawing 2017 in two parts: 38 x 244 cm and
106.6 x 244 cm (15 x 96″ and 42 x 96″)
Pencil, charcoal, enamel paint, hand-drawn map
on vellum, hand-drawn technical data, and tape
Private collection

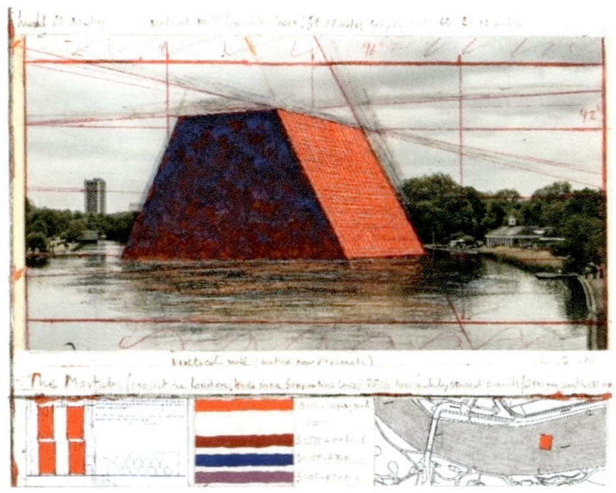
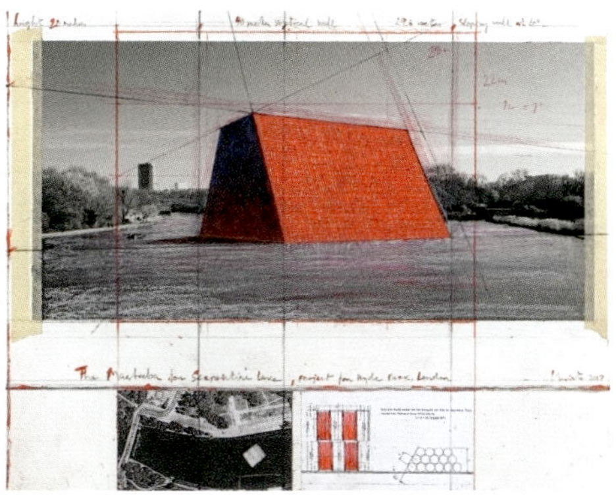

**The Mastaba (Project for London,
Hyde Park, Serpentine Lake)**
Collage 2018: 21.5 x 28 cm (8 ½ x 11″)
Pencil, wax crayon, enamel paint, color photograph
by Wolfgang Volz, map, technical data, Mylar, and
tape

**The Mastaba for Serpentine Lake,
Project for Hyde Park, London**
Collage 2017: 36.8 x 47.9 cm (14 ½ x 18⅞″)
Pencil, wax crayon, enamel paint, photograph
by Wolfgang Volz, aerial photograph,
technical data, and tape

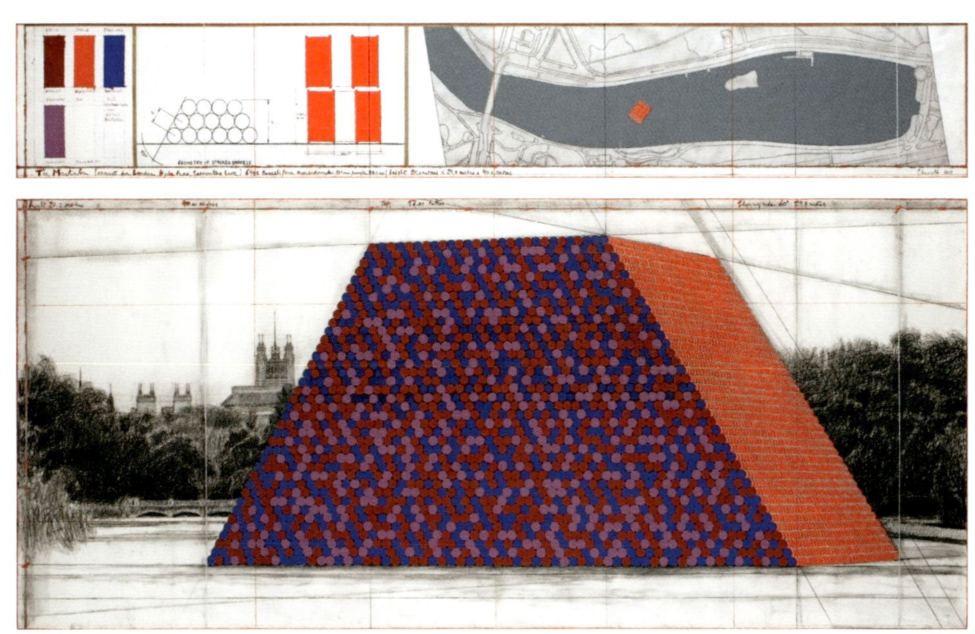

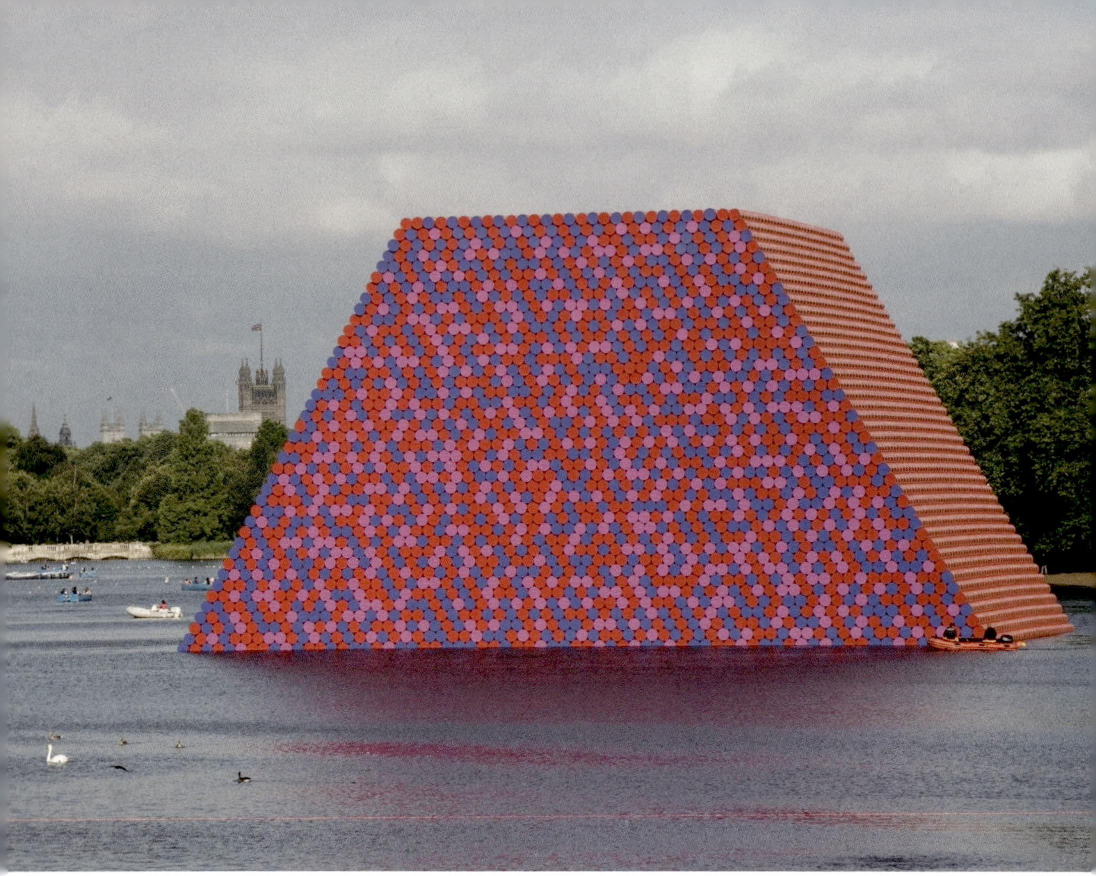

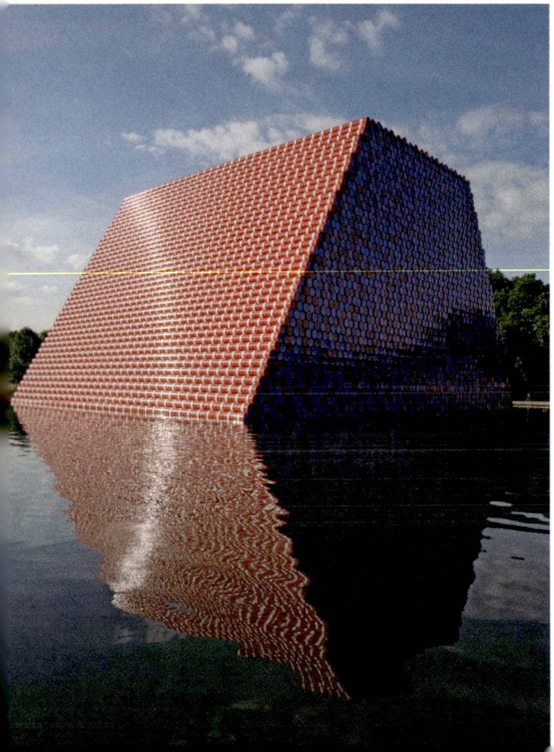

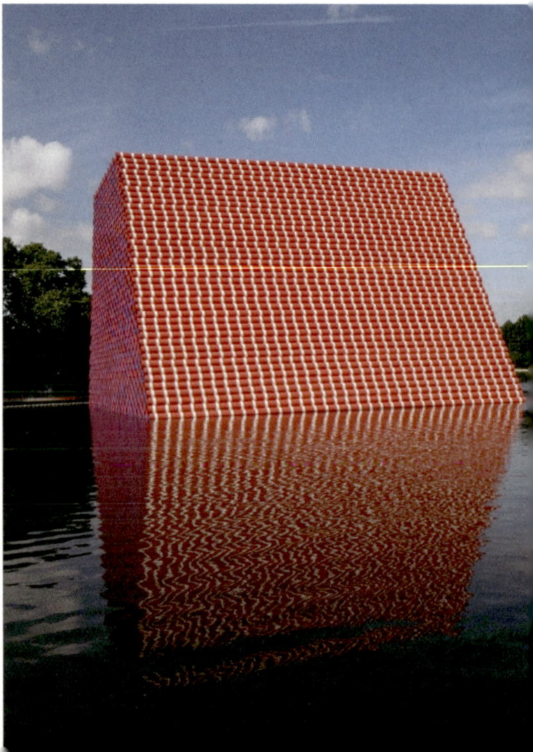

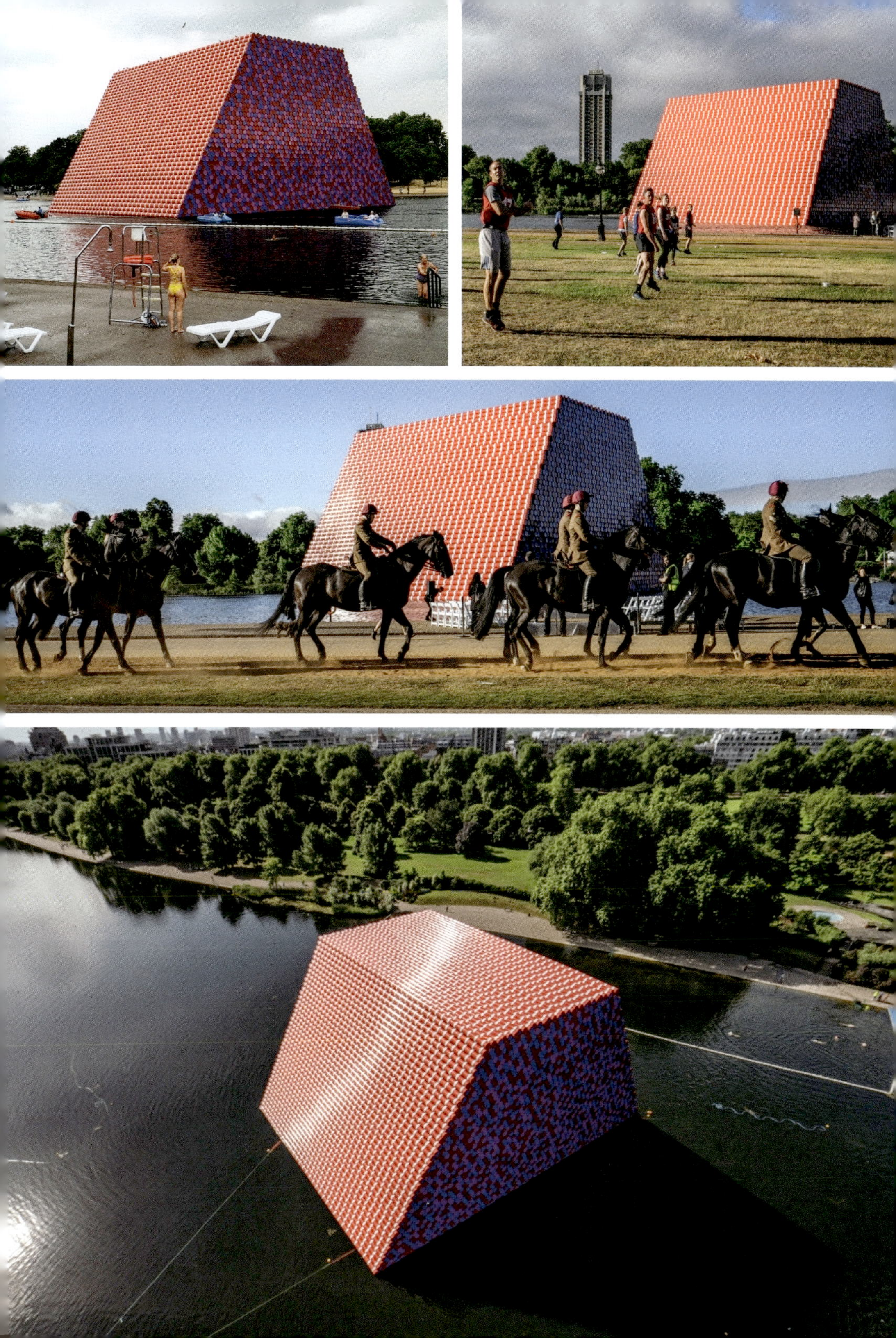

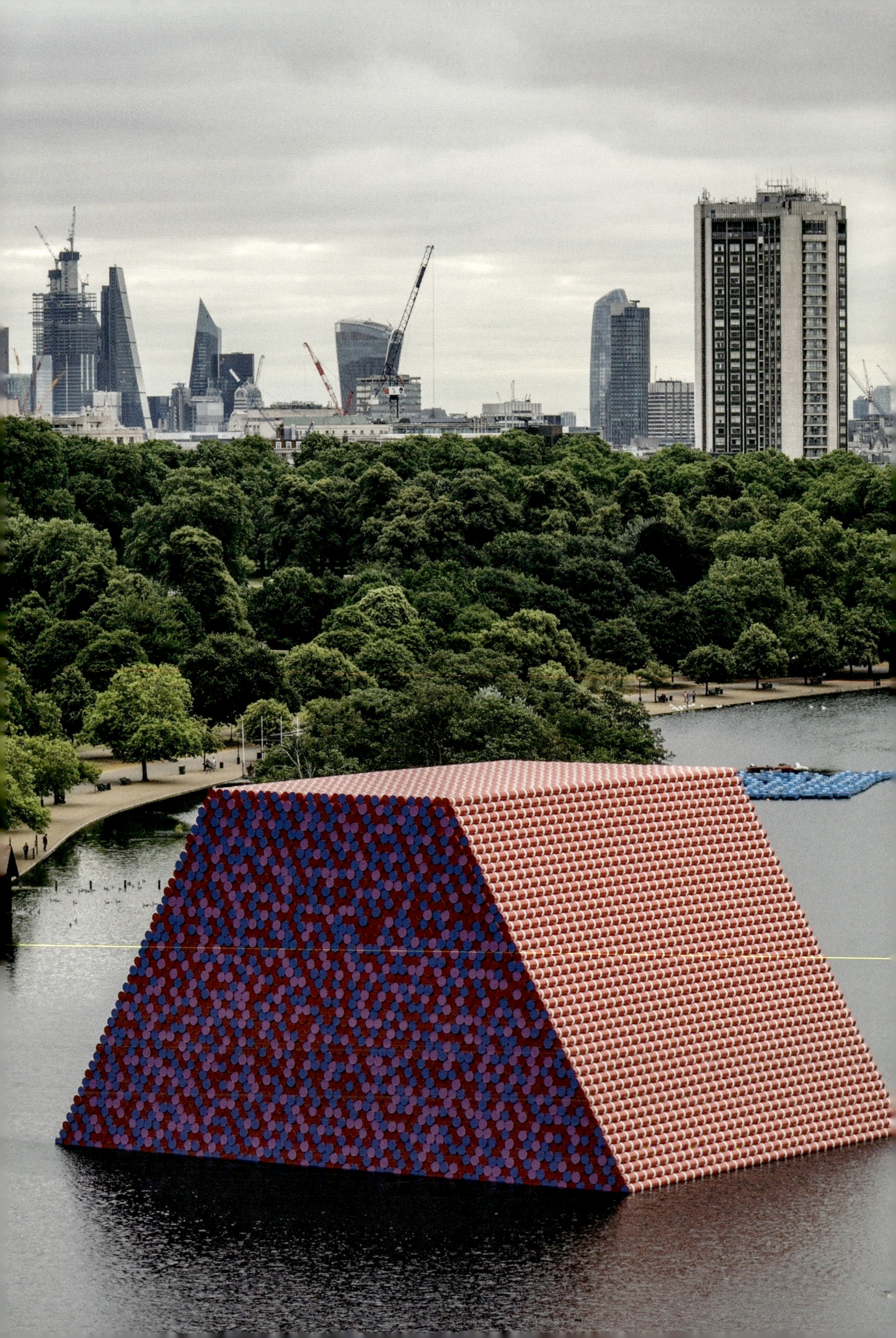

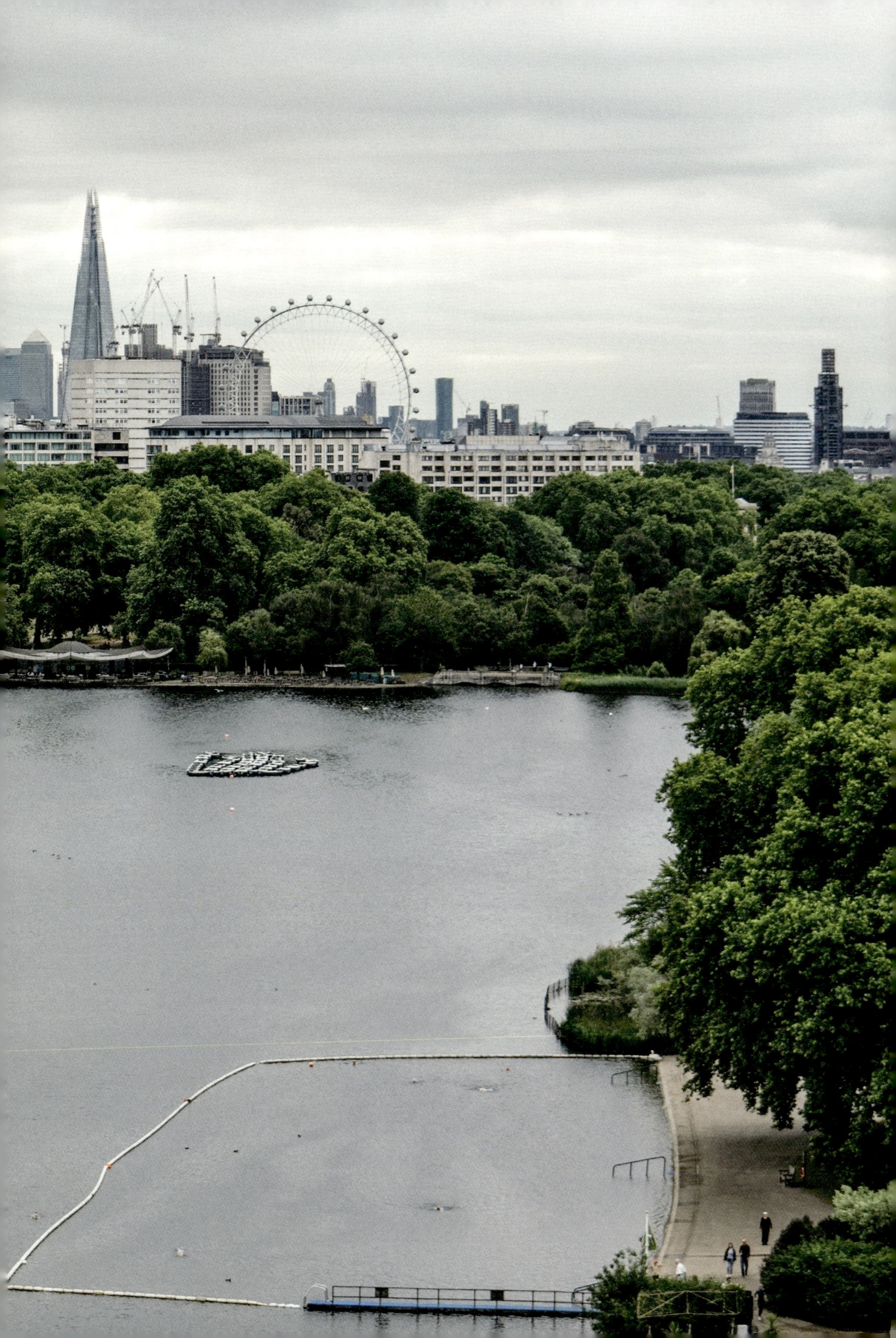

# Over The River
## Project for the Arkansas River, State of Colorado, USA

Christo and Jeanne-Claude's vision for the temporary work of art, *Over The River, Project for the Arkansas River, State of Colorado*, was conceived in 1992. As envisioned, *Over The River* would include 9.5 kilometers (5.9 miles) of silvery, luminous fabric panels that would be suspended high above the water in eight distinct areas along a 67.6-kilometer (42-mile) stretch of the Arkansas River between Cañon City and Salida in south-central Colorado. The river, popular among rafters and kayakers, also runs alongside U.S. highway 50; these features would allow *Over The River* to be seen from above and below, creating images of shimmering waves of fabric that would highlight the landscape's dramatic contours.

The artists and their team, led by Project Director Jonita Davenport and Director of Construction Vince Davenport, traveled 22,530 kilometers (14,000 miles) in the Rocky Mountains in search of a site for the project before finally choosing the Arkansas River in 1996. They traveled many of these same roads over the following 20 years as they engaged in countless town hall meetings, lectures, exhibitions, and hearings to explain the artists' vision to the local population. Additionally, several life-size tests helped the artists determine the work of art's final design.

In order to mitigate potential effects to the local environment and the nearby communities, as well as to receive the necessary permits for the project, the artists completed an Environmental Impact Statement (EIS). It was the first time this federal requirement – usually reserved for major projects such as bridges, highways, dams, and airports – had ever been used for a work of art.

While Christo had previously received all federal, state, and local permits necessary to realize *Over The River*, he canceled the project in January 2017 in response to the changes in the political environment. Instead, he would devote all of his energy, time, and resources to the realization of *The Mastaba, Project for the United Arab Emirates*.

Christo und Jeanne-Claudes Idee für das temporäre Kunstwerk *Over The River, Project for the Arkansas River, State of Colorado* stammt aus dem Jahr 1992. Der Entwurf der Künstler sah vor, den Fluss auf einer Gesamtlänge von 9,5 Kilometern (verteilt auf acht ausgewählte Bereiche innerhalb eines insgesamt 67,6 Kilometer langen Abschnitts zwischen Cañon City und Salida im US-Bundesstaat Colorado) mit schimmernden Gewebebahnen zu überspannen, die hoch über der Wasseroberfläche schweben sollten. Der bei Raftern und Kajakfahrern beliebte Fluss verläuft auf dieser Teilstrecke parallel zum U.S. Highway 50, sodass das Projekt sowohl von oben als auch von unten aus hätte erlebt werden können, während das schimmernde Gewebe mit seinen Wellenbewegungen die dramatischen Umrisse der Natur betont hätte.

Zusammen mit ihrem Team und unter Anführung von Projektleiterin Jonita Davenport und Konstruktionsleiter Vince Davenport reisten die Künstler auf der Suche nach einem geeigneten Fluss 22.530 Kilometer durch die Rocky Mountains, bevor sie sich 1996 für den Arkansas-Fluss entschieden. In den folgenden 20 Jahren kehrten sie unzählige Male zurück, um bei

Bürgerversammlungen und Anhörungen, durch Vorträge und Ausstellungen der lokalen Bevölkerung ihr Vorhaben zu erläutern. Zusätzlich halfen den Künstlern mehrere 1:1-Tests, das endgültige Aussehen des Projektes zu bestimmen.

Um die möglichen Auswirkungen auf die Umwelt und die angrenzenden Gemeinden zu minimieren und um die nötigen Genehmigungen für das Projekt zu erhalten, durchliefen die Künstler eine Umweltverträglichkeitsprüfung (Environmental Impact Statement, kurz: EIS). Es war das erste Mal, dass dieses staatliche Verfahren, das normalerweise Großprojekten wie Brücken, Autobahnen, Dämmen oder Flughäfen vorbehalten ist, bei einem Kunstwerk zur Anwendung kam.

Obwohl er zuvor sämtliche Genehmigungen zur Realisierung von *Over The River* auf bundesstaatlicher, staatlicher und lokaler Ebene erhalten hatte, sagte Christo das Projekt im Januar 2017 aufgrund der neuen politischen Gegebenheiten ab. Stattdessen konzentrierte er seine gesamte Energie, Zeit und Ressourcen auf die Realisierung von *Die Mastaba, Projekt für die Vereinigten Arabischen Emirate.*


Christo et Jeanne-Claude ont entamé une réflexion sur l'œuvre temporaire *Over The River, Project for the Arkansas River, State of Colorado* en 1992. Dans leur idée, *Over The River* devait comporter 9,5 kilomètres de panneaux en tissu lumineux argenté, suspendus au-dessus de l'eau dans huit zones distinctes réparties sur un tronçon de 67,6 kilomètres de la rivière Arkansas entre Cañon City et Salida dans le centre du Colorado. Prisée des amateurs de rafting et de kayak, la rivière longe également l'autoroute U.S. 50, ce qui permettrait à *Over The River* d'être vue du dessus et du dessous en créant des ondes de tissu miroitantes où se reflèteraient les spectaculaires reliefs du paysage.

Les artistes et leur équipe dirigée par Jonita Davenport, responsable du projet, et Vince Davenport, responsable de sa construction, ont parcouru 22.530 kilomètres dans les montagnes Rocheuses en quête d'un site propice avant de choisir, en 1996, celui de la rivière Arkansas. Vingt ans durant, il ont ensuite sillonné la plupart de ces routes pour participer à d'innombrables réunions d'élus, conférences, expositions et débats afin d'exposer la vision des artistes aux populations locales. En outre, plusieurs essais grandeur nature ont aidé les concepteurs de l'œuvre à arrêter sa forme définitive.

Pour atténuer les effets potentiels sur l'environnement local et les communautés proches et pour obtenir les autorisations requises, les artistes ont produit une étude d'impact environnemental (EIS). C'était la première fois qu'une procédure fédérale – habituellement réservée aux grands ouvrages tels que ponts, autoroutes, barrages et aéroports – était mise en œuvre pour une œuvre d'art.

Bien qu'ayant obtenu toutes les autorisations fédérales, d'État et locales pour réaliser *Over The River*, Christo a renoncé à ce projet en janvier 2017 à la suite des changements intervenus sur la scène politique. Il compte désormais consacrer la totalité de son énergie, de son temps et de ses ressources à la réalisation du *Mastaba, Projet pour les Émirats Arabes Unis.*

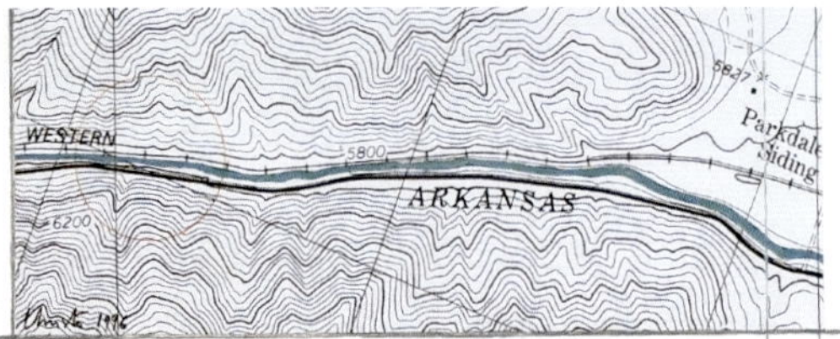

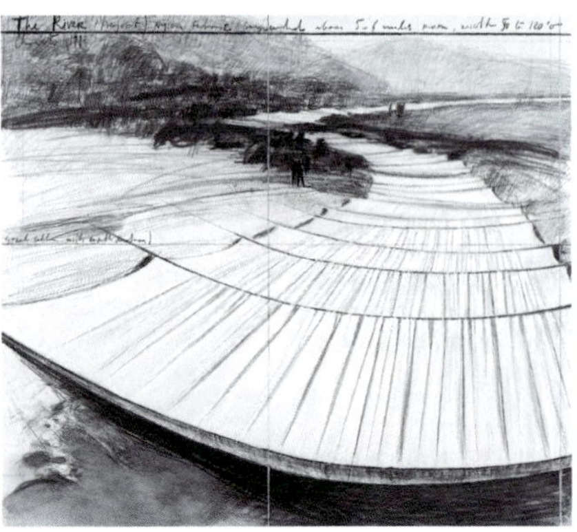

**The River, Project**
Collage 1992: 66.7 x 77.5 cm (26 ¼ x 30 ½")
Pencil, fabric, wash, and charcoal

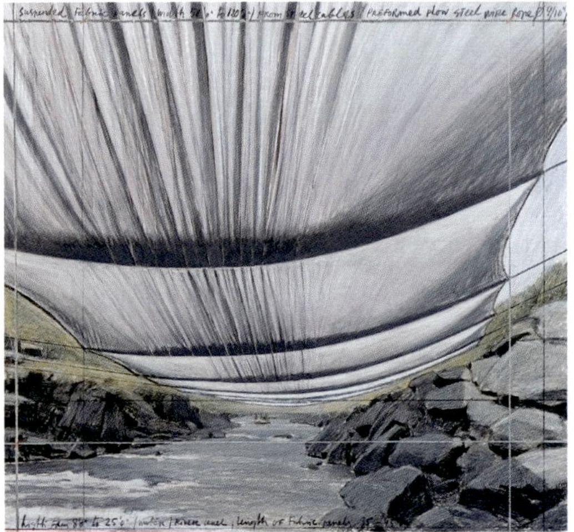

*Left:*
**Over The River, Project for Arkansas River, State of Colorado**
Collage 1996 in two parts: 30.5 x 77.5 cm and 66.7 x 77.5 cm (12 x 30 ½" and 26 ¼ x 30 ½")
Pencil, fabric, pastel, charcoal, wax crayon, and topographic map
Private collection, Europe

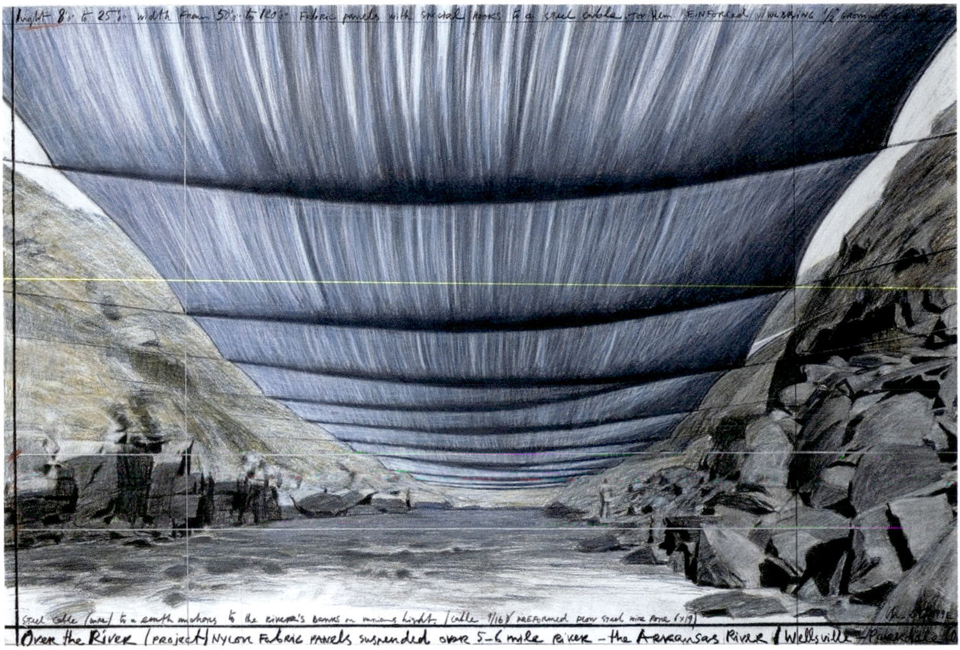

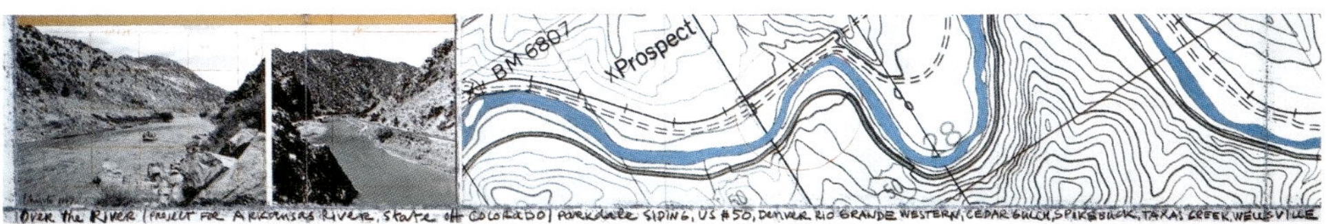


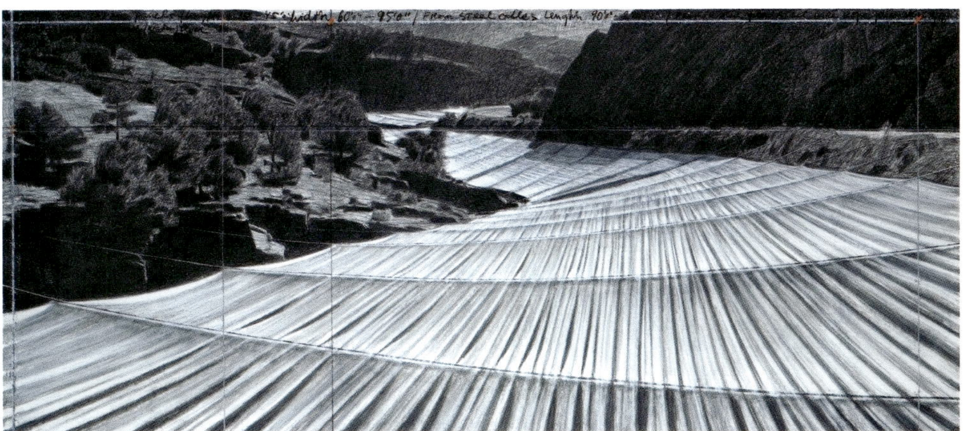

*Above:*

**Over The River, Project for the Arkansas River, State of Colorado**

Drawing 1997 in two parts:
38 x 244 cm and 106.6 x 244 cm (15 x 96″ and 42 x 96″)
Pencil, pastel, charcoal, photographs by Wolfgang
Volz, wax crayon, topographic map, and tape
Collection Ingrid and Thomas Jochheim,
Recklinghausen, Germany

*Below:*

**Over The River, Project for Arkansas River, State of Colorado**

Collage 1993 in two parts:
77.5 x 66.7 cm and 77.5 x 30.5 cm
(30 ½ x 26 ¼″ and 30 ½ x 12″)
Pencil, fabric, twine, pastel, charcoal, wax
crayon, and topographic map
Private collection, Europe

*Opposite:*

**Over The River, Project**
Drawing 1992:
106.6 x 165 cm (42 x 65″)
Pencil, charcoal, pastel,
and wax crayon
Collection Museum of Con-
temporary Art San Diego,
La Jolla, California, USA
Bequest of David C. Copley
*Photo: Simon Chaput*

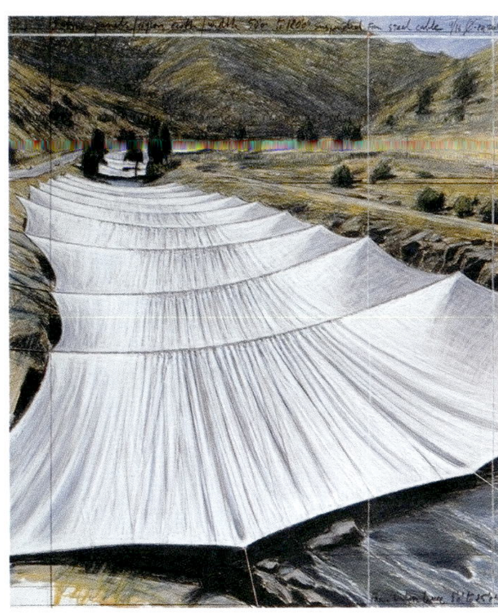

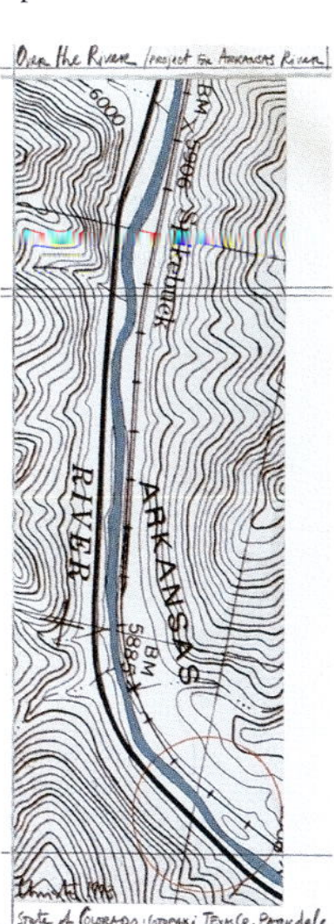

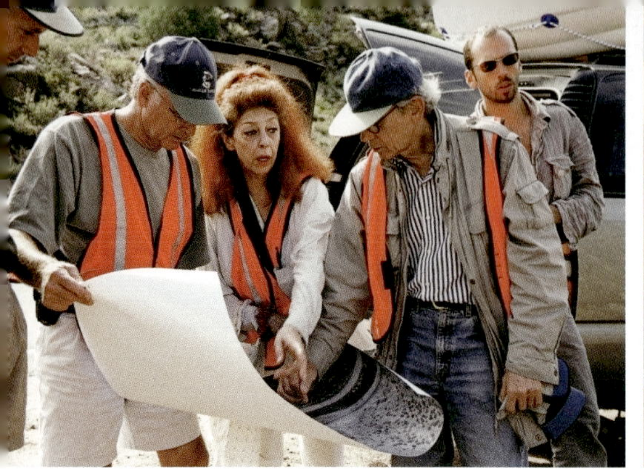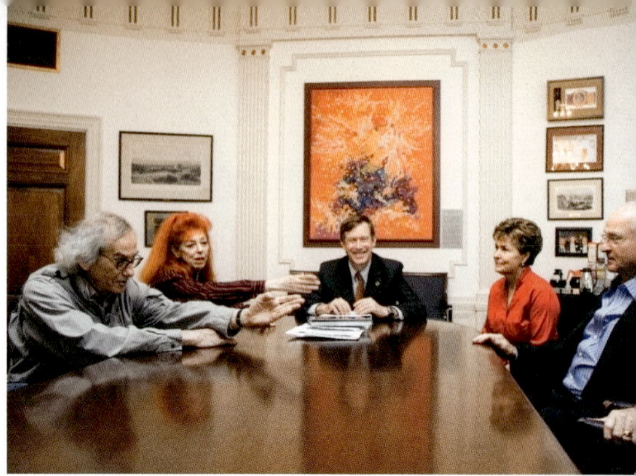

*Top left:* In August 2000, Christo, Jeanne-Claude and their team conduct a "river walk" survey of the Arkansas River. For a week they work at surveying and precisely marking the segments and interruptions on the photographic maps specially prepared after an overflight above the course of the river. Vince Davenport indicates where he needs to place some of the approximately 8,992 anchors needed to secure the 911 fabric panels. In general, all fabric panels have the same length, from cable to cable, but the width varies according to the width of the flow of water. The fabric will extend only over the water, not over the banks. In this image: Vince Davenport, Jeanne-Claude, Christo, and Vladimir Yavachev.

*Top right:* June 21, 2006, Christo, Jeanne-Claude, Jonita and Vince Davenport meet with John W. Hickenlooper, former Governor of Colorado and, at that time Mayor of Denver, to update him on the permit process for *Over The River*. John W. Hickenlooper has a lifelong interest in the arts; he is supportive of the project and offers his assistance.

*Oben links:* Im August 2000 erkundeten Christo, Jeanne-Claude und ihr Team eine Woche lang zu Fuß den Arkansas-Fluss. Auf speziellen Luftbildern, die während eines Überflugs aufgenommen worden waren, markierten sie präzise die zu überspannenden Abschnitte und Unterbrechungen. Zusätzlich verzeichnete Vince Davenport die Positionen der voraussichtlich 8.992 Anker, die benötigt worden wären, um die insgesamt 911 Stoffpanele zu sichern. Grundsätzlich hatten alle Gewebebahnen dieselbe Länge gehabt, da der Abstand von Kabel zu Kabel stets identisch war. Lediglich die Breite hätte sich je nach Breite des Flusslaufs geändert. Der Stoff hätte ausschließlich über das Wasser gespannt werden sollen, nicht über das Flussufer. Hier im Bild: Vince Davenport, Jeanne-Claude, Christo und Vladimir Yavachev.

*Oben rechts:* Am 21. Juni 2006 trafen sich Christo, Jeanne-Claude, Jonita und Vince Davenport mit John W. Hickenlooper, ehemaliger Gouverneur von Colorado und zu jener Zeit Bürgermeister von Denver, um ihn über den Fortschritt des Genehmigungsprozesses für *Over The River* zu informieren. Hickenlooper hatte seit jeher ein großes Interesse an Kunst, unterstützte das Projekt und bot seine Hilfe an.

*Ci-dessus, à gauche :* En août 2000, Christo, Jeanne-Claude et leur équipe procèdent à une étude linéaire de la rivière Arkansas. Pendant une semaine, ils repèrent avec précision les segments et les discontinuités sur les cartes photographiques spécialement préparées après un survol de la rivière. Vince Davenport indique les endroits où il doit implanter certains des quelque 8.992 ancrages nécessaires à l'arrimage des 911 panneaux textiles. En principe, tous ces panneaux ont la même longueur d'un câble à l'autre, mais leur largeur varie en fonction de celle du cours d'eau. Le tissu recouvrira uniquement l'eau, non les berges. Sur cette image figurent Vince Davenport, Jeanne-Claude, Christo et Vladimir Yavachev.

*Ci-dessus, à droite :* Le 21 juin 2006, Christo, Jeanne-Claude, Jonita et Vince Davenport rencontrent John W. Hickenlooper, ancien gouverneur du Colorado et, à l'époque, maire de Denver, pour le tenir informé sur la procédure d'autorisation de *Over The River*. John W. Hickenlooper s'intéresse depuis toujours aux arts ; favorable au projet, il propose son assistance.

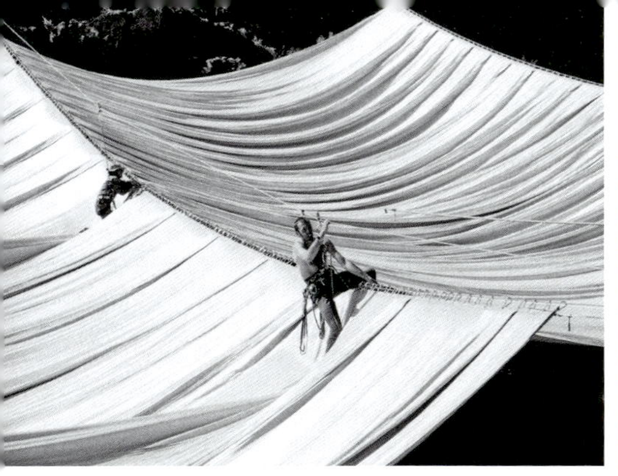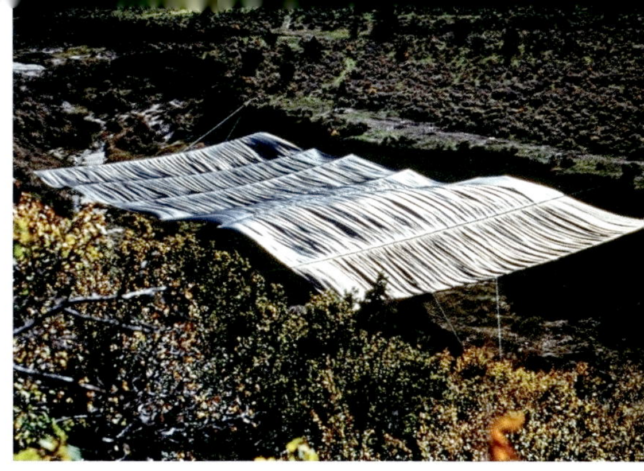

At Sherry and Dave Farney's 3 X Ranch, near Grand Junction, Colorado, far from the Arkansas River, four life-size prototypes are constructed between 1997 and 1999. 18 different fabric panels are used. The team also tested different methods of installation and removal using a variety of hooks, soil anchors, cables, clamps, and grommets.

Auf der „3 X Ranch" von Sherry und Dave Farney in der Nähe von Grand Junction in Colorado, fernab vom Arkansas-Fluss, fanden zwischen 1997 und 1999 vier 1:1-Tests an zuvor entwickelten Prototypen statt. Insgesamt 18 unterschiedliche Stoffpaneele wurden getestet. Zudem prüfte das Team verschiedene Möglichkeiten des Auf- und Abbaus und erprobte unterschiedlichste Arten von Haken, Bodenankern, Kabeln, Klammern und Ösen.

Dans le « 3 X Ranch » de Sherry et Dave Farney près de Grand Junction (Colorado), loin de la rivière Arkansas, quatre prototypes grandeur nature sont mis en place entre 1997 et 1999. 18 panneaux textiles différents sont utilisés. L'équipe teste également diverses méthodes de pose et de dépose avec toutes sortes de crochets, d'ancrages au sol, de câbles, de pinces et de passe-câbles.

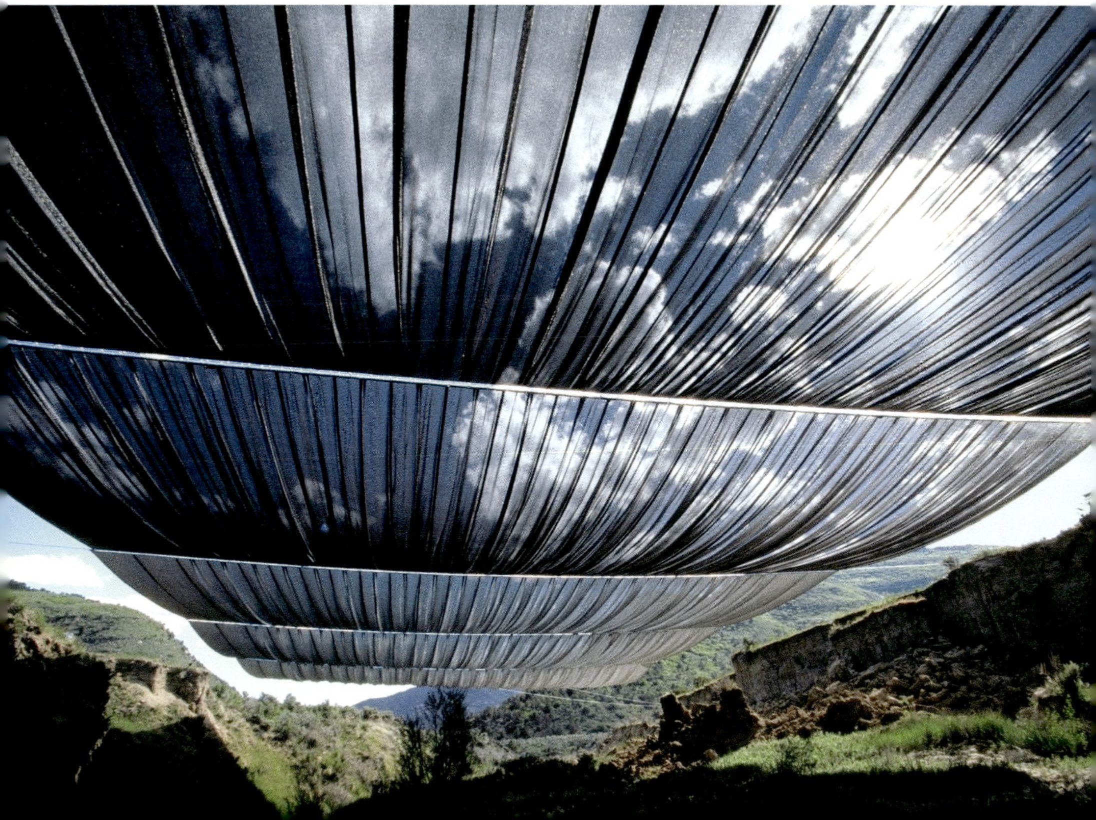

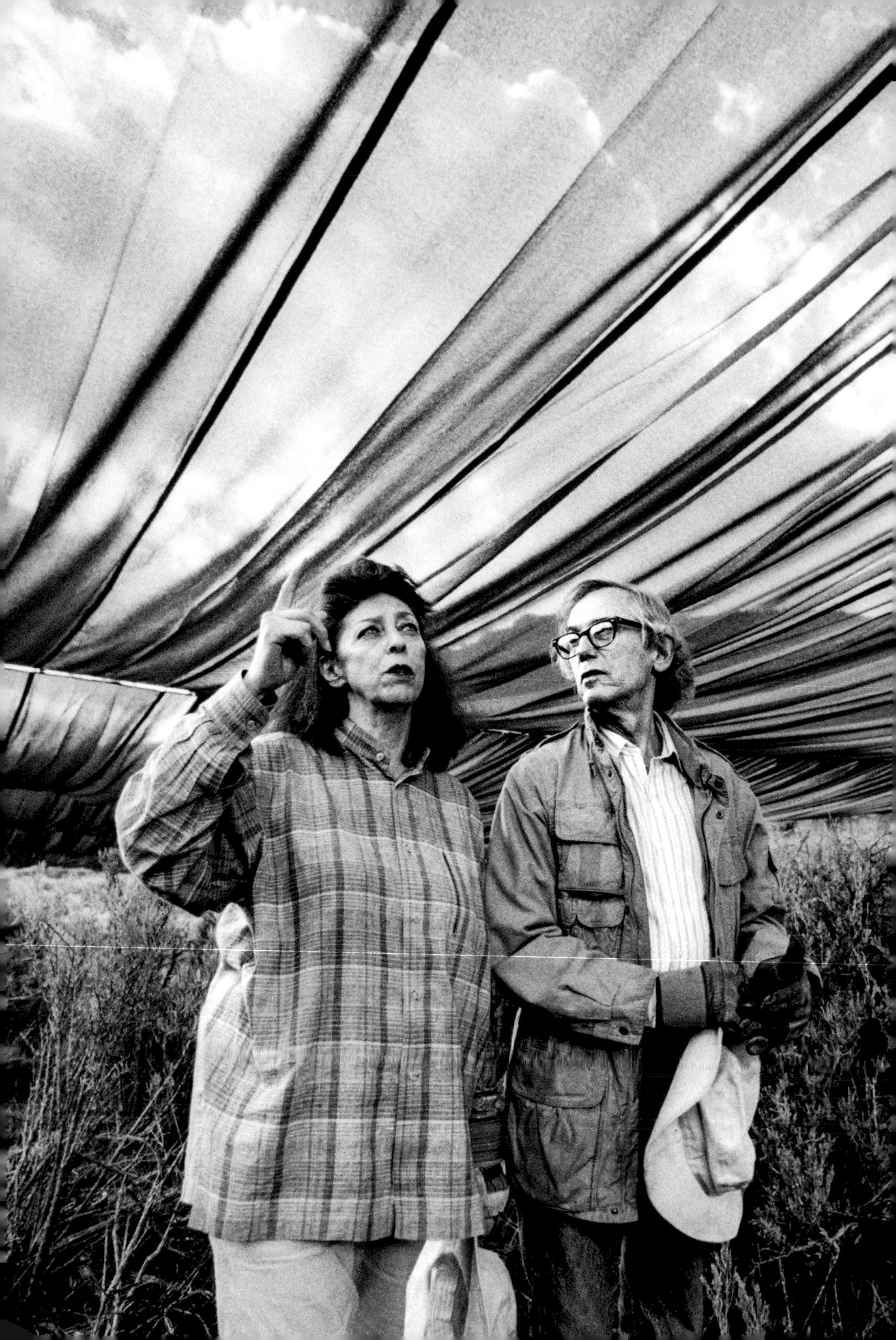

**Over The River,
Project for Arkansas River,
State of Colorado**
Drawing 2006 in two
parts: 38 x 165 cm and
106.6 x 165 cm (15 x 65"
and 42 x 65")
Pencil, charcoal, pastel,
wax crayon, enamel paint,
aerial photograph with
topographic elevation,
and fabric sample
Private collection, Belgium

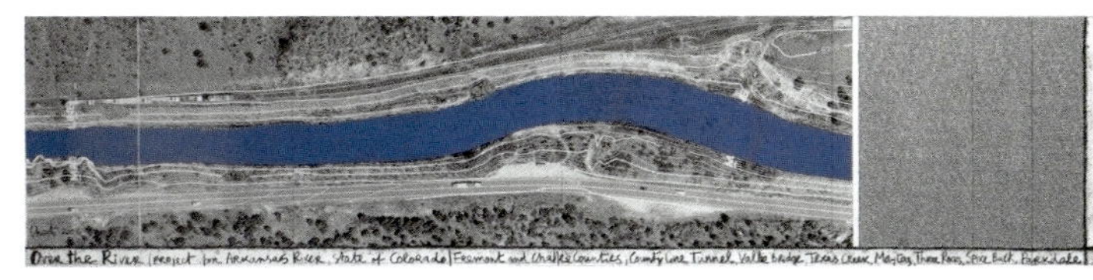

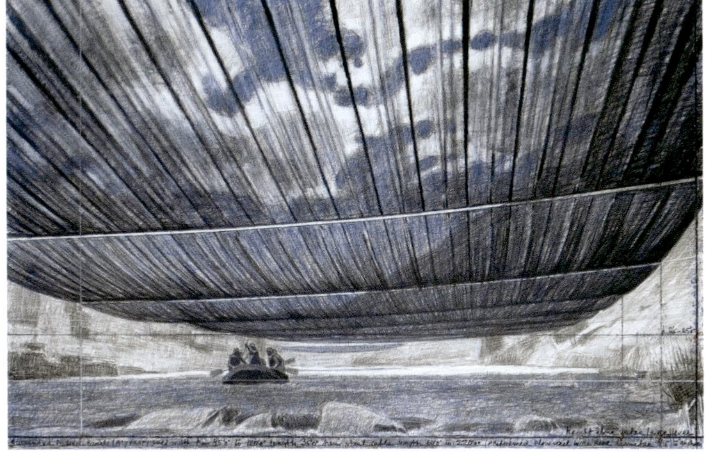

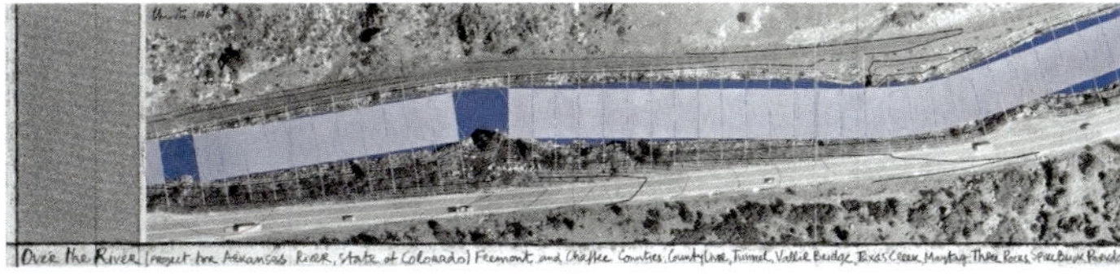

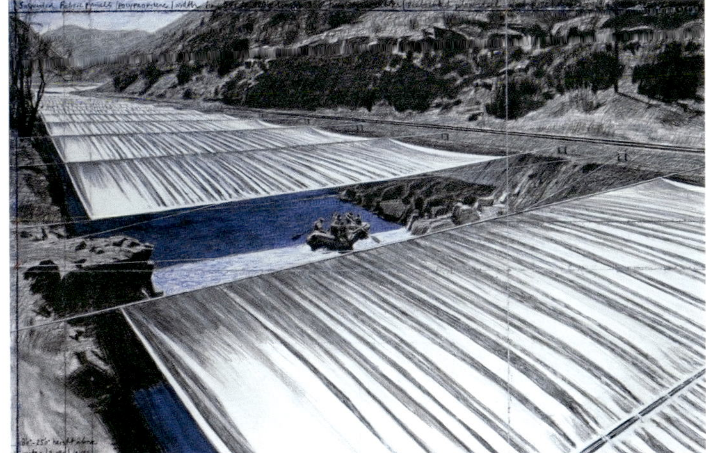

**Over The River,
Project for Arkansas River,
State of Colorado**
Drawing 2006 in two
parts: 38 x 165 cm and
106.6 x 165 cm (15 x 65"
and 42 x 65")
Pencil, charcoal, pastel,
wax crayon, enamel paint,
aerial photograph with
topographic elevation,
and fabric sample
Private collection, Europe

## Over The River, Project for Arkansas River, State of Colorado

Drawing 2008 in two parts: 38 x 244 cm and 106.6 x 244 cm (15 x 96″ and 42 x 96″)
Pencil, pastel, charcoal, wax crayon, enamel paint, fabric sample, aerial photograph
with topographic elevations, and technical data. Private collection, Europe

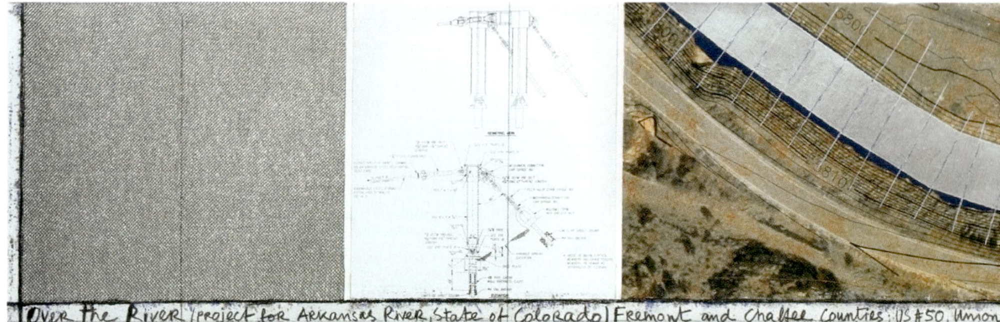

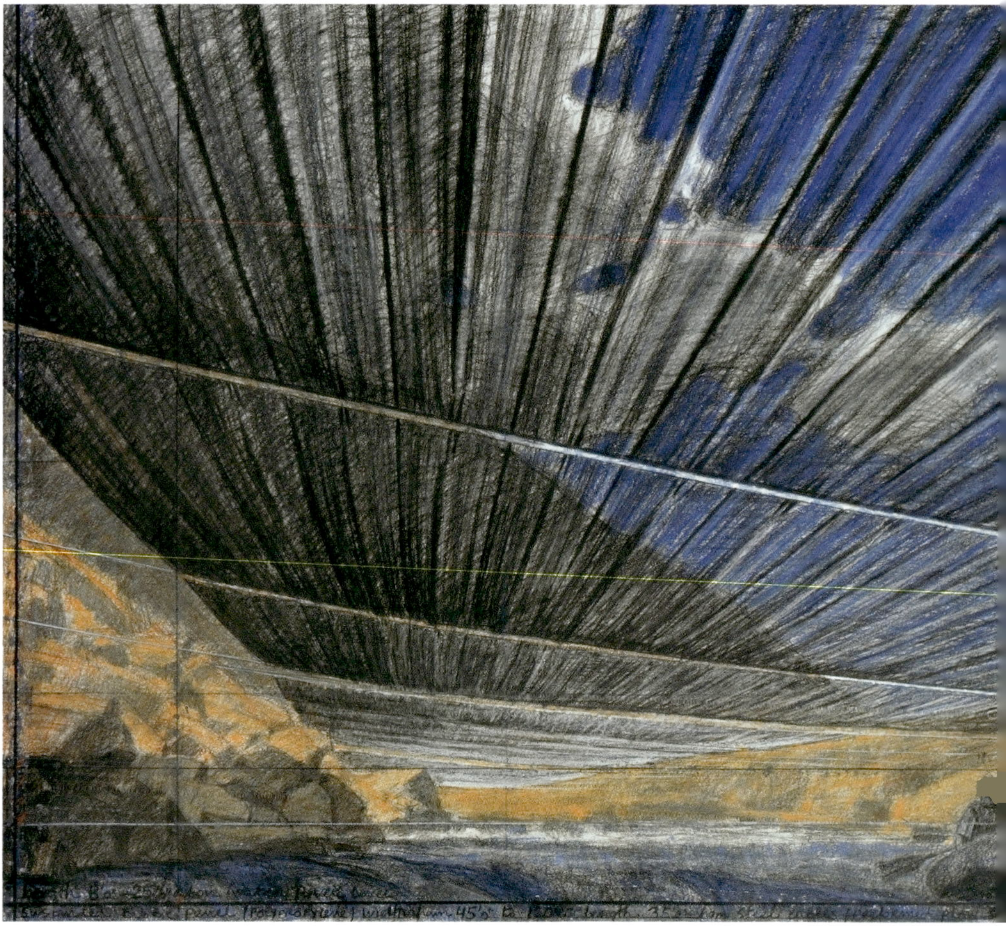

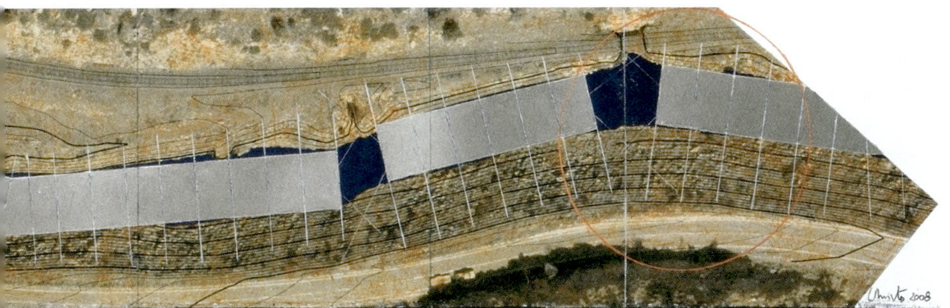

Christo 2008
yline, Tunnel, Vallie Bridge, Texas Creek, Maytag, Three Rocks, Spike Buck, Parkdale, Salida, Cañon City

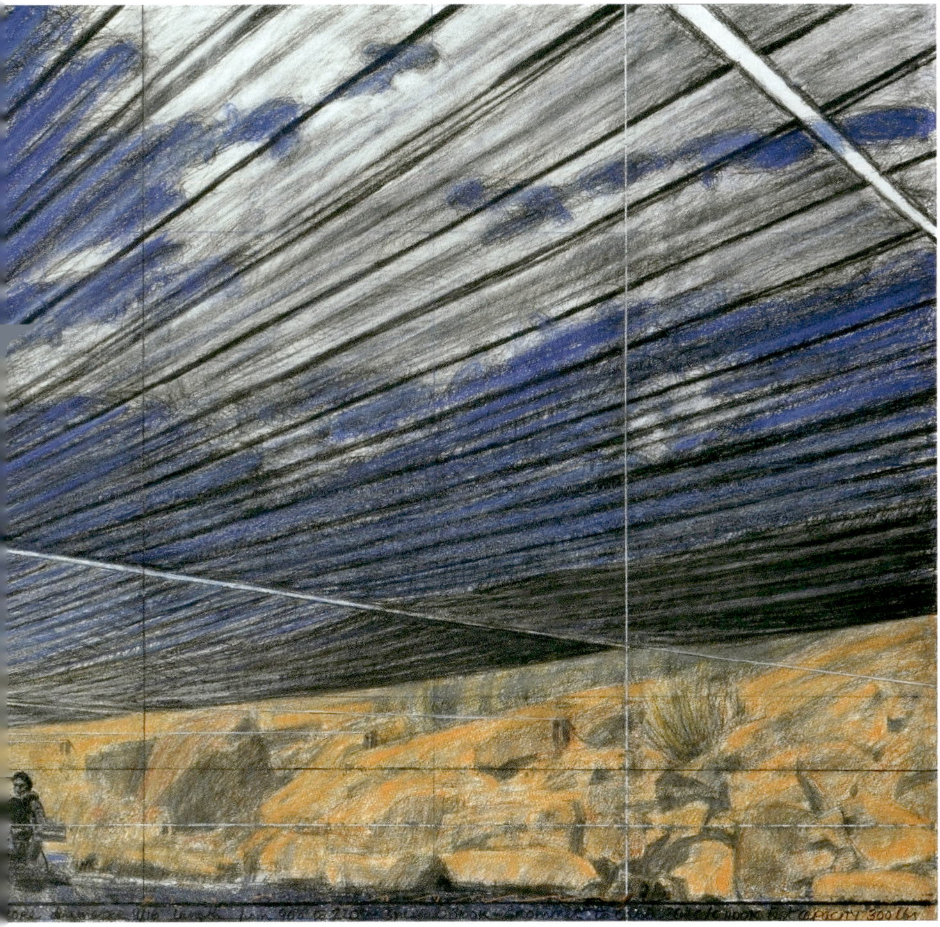

# L'Arc de Triomphe, Wrapped
# Paris, 1961–2021

*L'Arc de Triomphe, Wrapped*, a temporary artwork for Paris, was on view for 16 days from Saturday, September 18 to Sunday, October 3, 2021. The project was realized in partnership with the Centre des monuments nationaux (CMN) and in coordination with the City of Paris. It also received the support of the Centre Pompidou. The Arc de Triomphe was wrapped in 25,000 square meters of recyclable polypropylene fabric in silvery blue and 3,000 meters of red rope.

In 1961, three years after they met in Paris, Christo and Jeanne-Claude began creating works of art in public spaces. One of their projects was to wrap a public building. When he arrived in Paris, Christo rented a small room near the Arc de Triomphe and was fascinated by the monument. In 1962, he made a photomontage of the Arc de Triomphe wrapped, seen from the Avenue Foch and, in 1988, a collage. In 2021, the project was finally realized.

*L'Arc de Triomphe, Wrapped* was entirely funded by the Estate of Christo V. Javacheff, through the sale of Christo's preparatory studies, drawings, and collages of the project as well as scale models, works from the 1950s and 1960s, and original lithographs on other subjects. It received no public funds.

The Centre des monuments nationaux, the government institution that manages the Arc de Triomphe, was pleased about the realization of a project that demonstrated its commitment to contemporary creation and that honored one of the most emblematic monuments in Paris and in France.

The Eternal Flame, in front of the Tomb of the Unknown Soldier at the Arc de Triomphe, continued to burn throughout the installation, display, and dismantling of the artwork. As always, veterans' associations and volunteers committed to the values of the French Republic ensured the continuity of remembrance and the daily ceremony of rekindling the flame that pays homage to the Unknown Soldier and those who lost their lives fighting for France.

Per Christo's wishes, *L'Arc de Triomphe, Wrapped* was completed by his team after his death.

Der *Verhüllte Triumphbogen*, ein temporäres Kunstwerk für Paris, war von Samstag, dem 18. September, bis Sonntag, dem 3. Oktober 2021, 16 Tage lang zu sehen. Das Projekt wurde in Zusammenarbeit mit dem Centre des monuments nationaux (CMN) und in Abstimmung mit der Stadt Paris realisiert sowie vom Centre Pompidou unterstützt. Der Triumphbogen wurde mit insgesamt 25.000 Quadratmetern recycelbarem silber-blauem Polypropylenstoff und 3.000 Metern rotem Seil verhüllt.

1961, drei Jahre nachdem sie sich in Paris kennengelernt hatten, machten Christo und Jeanne-Claude erstmals den Vorschlag, ein öffentliches Gebäude zu verhüllen. Nach seiner Ankunft in Paris mietete Christo ein Dienstmädchenzimmer in der Nähe des Triumphbogens und war seitdem von dem Denkmal fasziniert. 1962 fertigte er eine Fotomontage des verhüllten Triumphbogens bei Nacht, von der Avenue Foch aus gesehen, und 1988 eine weitere

Collage. 60 Jahre später wurde das Vorhaben schließlich Wirklichkeit.

Das Projekt wurde vollständig vom Nachlass des Künstlers durch den Verkauf von Christos Vorstudien, Zeichnungen, Collagen, Modellen und frühen Werken aus den 1950er- und 1960er-Jahren sowie Originallithografien zu anderen Projekten finanziert. Es wurden keine öffentlichen Gelder verwendet.

Das Centre des monuments nationaux, die Regierungsbehörde, die den Triumphbogen verwaltet, zeigte sich hoch erfreut über die Realisierung des Projekts, das die Offenheit der Behörde gegenüber zeitgenössischer Kunst unterstrich und einem der symbolträchtigsten Monumente von Paris und Frankreich seine Ehre erwies.

Die Ewige Flamme vor dem Grabmal des Unbekannten Soldaten brannte während des gesamten Aufbaus, während der Laufzeit des Projekts sowie während des Abbaus ununterbrochen weiter. Wie immer sorgten Veteranenverbände und Freiwillige, die sich den Werten der Französischen Republik verschrieben haben, für die Kontinuität des Gedenkens und die tägliche Zeremonie des Wiederentzündens der Flamme, die dem Unbekannten Soldaten und denen huldigt, die ihr Leben im Kampf für Frankreich verloren haben.

Gemäß Christos Wunsch wurde der *Verhüllte Triumphbogen* nach seinem Tod durch sein Team fertiggestellt.

*L'Arc de Triomphe, Empaqueté*, une œuvre d'art temporaire pour Paris, a été visible seize jours, du samedi 18 septembre au dimanche 3 octobre 2021. Le projet fut réalisé en partenariat avec le Centre des monuments nationaux (CMN) et en coordination avec la Ville de Paris. Il a reçu aussi le soutien du Centre Pompidou. L'Arc de triomphe a été empaqueté dans 25.000 mètres carrés de tissu recyclable en polypropylène argent bleuté et avec 3.000 mètres de corde rouge.

En 1961, trois ans après s'être rencontrés à Paris, Christo et Jeanne-Claude commencent à concevoir des œuvres temporaires dans l'espace public. L'un de leurs projets était d'empaqueter un édifice public. À son arrivée à Paris, Christo loue une chambre de bonne à proximité de l'Arc de triomphe, et dès lors le monument ne cessera de l'attirer. En 1962, il réalise un photomontage de l'Arc de triomphe empaqueté vu depuis l'avenue Foch et, en 1988, un collage. Soixante ans plus tard, le projet a finalement été concrétisé.

Le projet a été entièrement autofinancé par l'Estate of Christo V. Javacheff grâce à la vente d'œuvres originales de Christo : collages et dessins préparatoires, maquettes, œuvres des années 1950-1960 et lithographies. Il n'a bénéficié d'aucun autre financement public ou privé.

Le Centre des monuments nationaux (CMM), qui assure au nom de l'État la conservation et l'ouverture au public de l'Arc de triomphe, s'est félicité de la réalisation d'un projet qui témoigne de son engagement en faveur de la création contemporaine et de la mise en valeur de l'un des monuments les plus emblématiques de Paris et de France.

La Flamme de la Nation devant la tombe du Soldat inconnu, sous l'Arc de triomphe, a continué de brûler pendant le montage et le démontage, ainsi que durant toute la période où l'œuvre était visible. Associations, bénévoles et volontaires attachés aux valeurs de la République s'y relayaient pour assurer la continuité du souvenir et de la mémoire. Les cérémonies quotidiennes du ravivage de la Flamme ainsi que les hommages au Soldat inconnu avaient lieu dans la solennité requise.

Selon le vœu de Christo, *L'Arc de Triomphe, Empaqueté* a été achevé par son équipe.

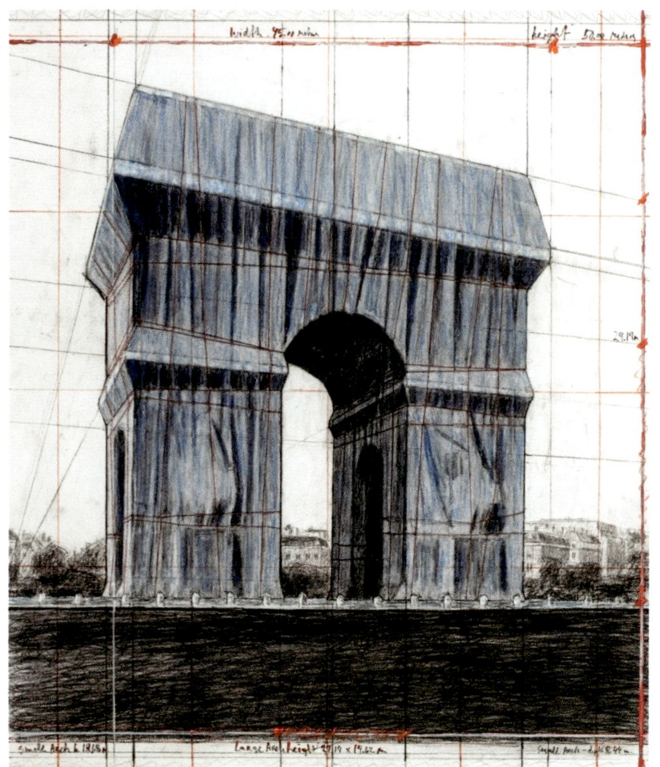

width 95.00 metan
height 50.00 metan
Small Arch h 18.68 m
Large Arch height 27/19 x 14.62 m


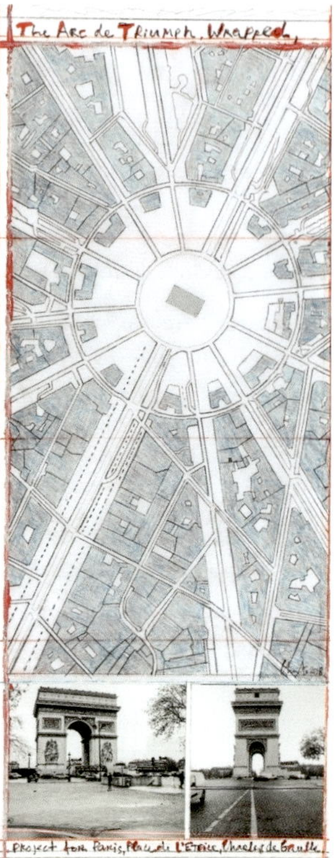

The Arc de Triumph, Wrapped
Project for Paris, Place de L'Étoile, Charles de Gaulle


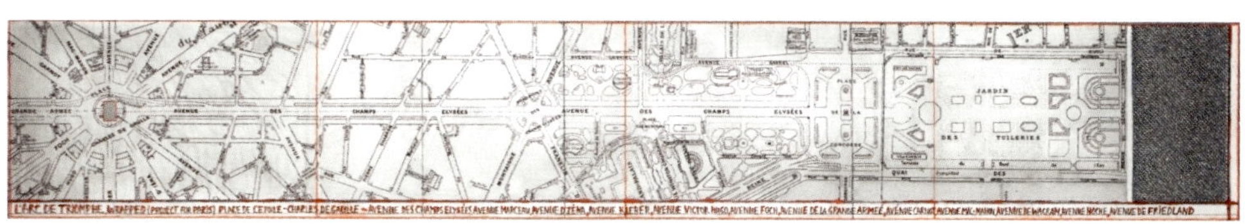

JARDIN DES TUILERIES
L'ARC DE TRIOMPHE, WRAPPED (PROJECT FOR PARIS) PLACE DE L'ETOILE - CHARLES DE GAULLE - AVENUE DES CHAMPS ELYSEES, AVENUE MARCEAU, AVENUE D'IENA, AVENUE KLEBER, AVENUE VICTOR HUGO, AVENUE FOCH, AVENUE DE LA GRANDE ARMEE, AVENUE CARNOT, AVENUE MAC-MAHON, AVENUE DE WAGRAM, AVENUE HOCHE, AVENUE DE FRIEDLAND


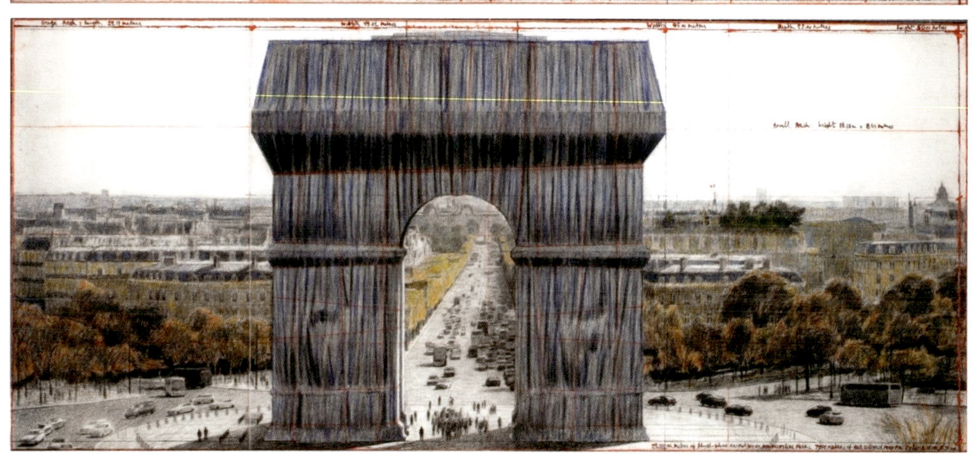

*Opposite top:*
**L'Arc de Triomphe, Wrapped, Project for Paris**
Collage 2018 in two parts: 77.5 x 66.7 cm and 77.5 x 30.5 cm (30 ½ x 26 ¼″ and 30 ½ x 12″) Pencil, charcoal, wax crayon, fabric, twine, enamel paint, map, and tape Private collection, Europe

*Opposite bottom:*
**L'Arc de Triomphe, Wrapped (Project for Paris) Place de l'Étoile – Charles de Gaulle**
Drawing 2020 in two parts: 38 x 244 cm and 106.6 x 244 cm (15 x 96″ and 42 x 96″). Pencil, charcoal, pastel, wax crayon, enamel paint, map, and fabric sample. Private collection, France

*Below:*
**The Arc de Triumph (Project for Paris) Wrapped**
Drawing 2018: 77.5 x 66.7 cm (30 ½ x 26 ¼″) Pencil, charcoal, pastel, wax crayon, enamel paint, and tape on brown board Private collection

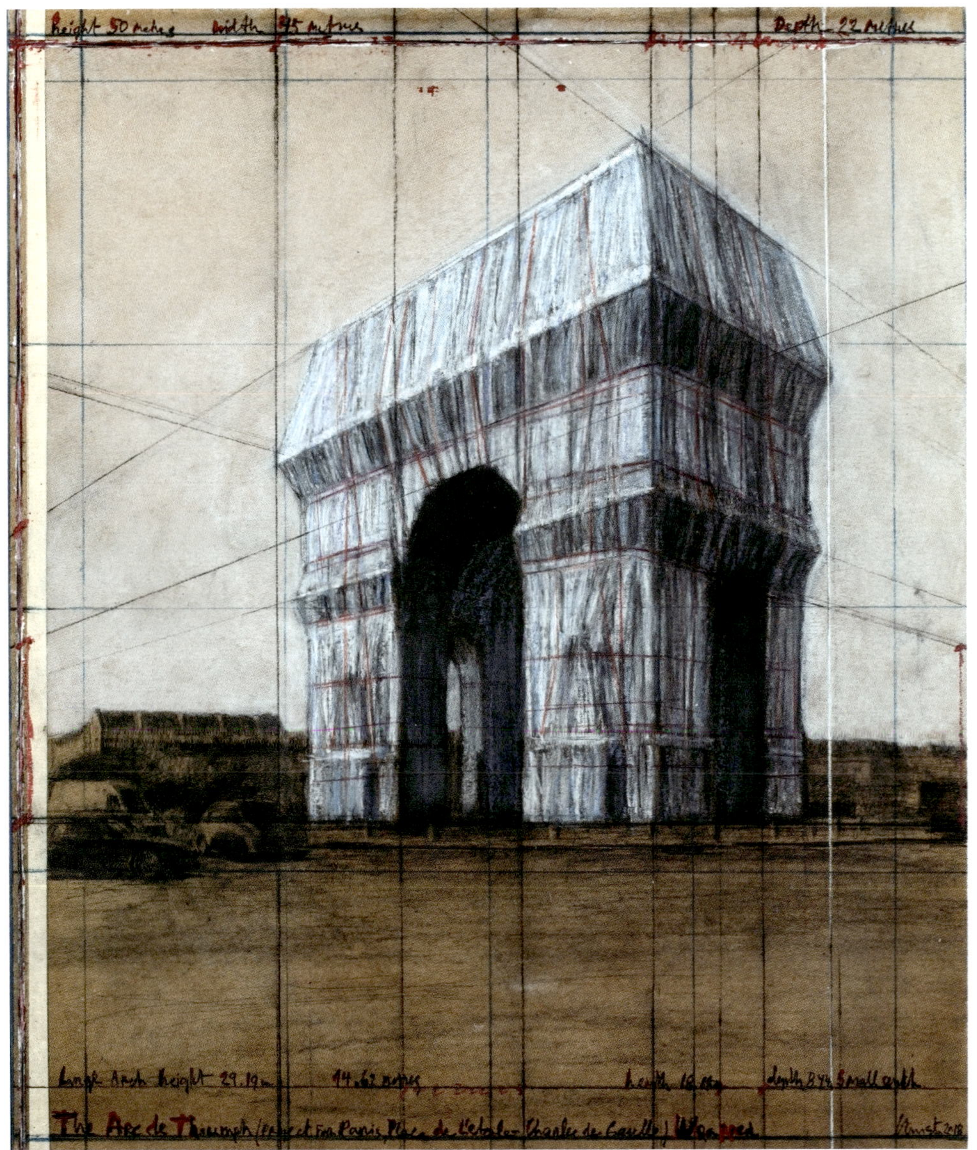

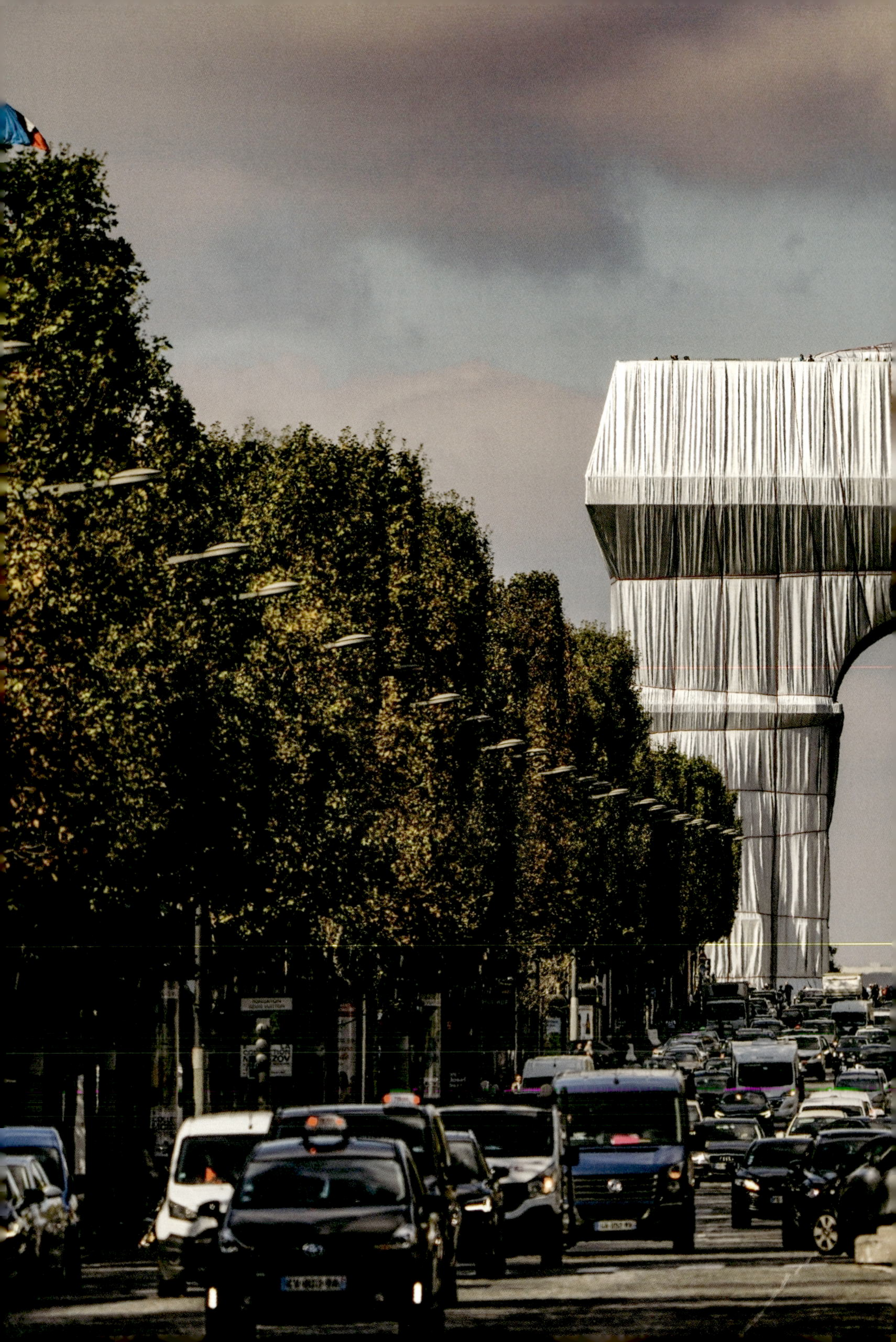

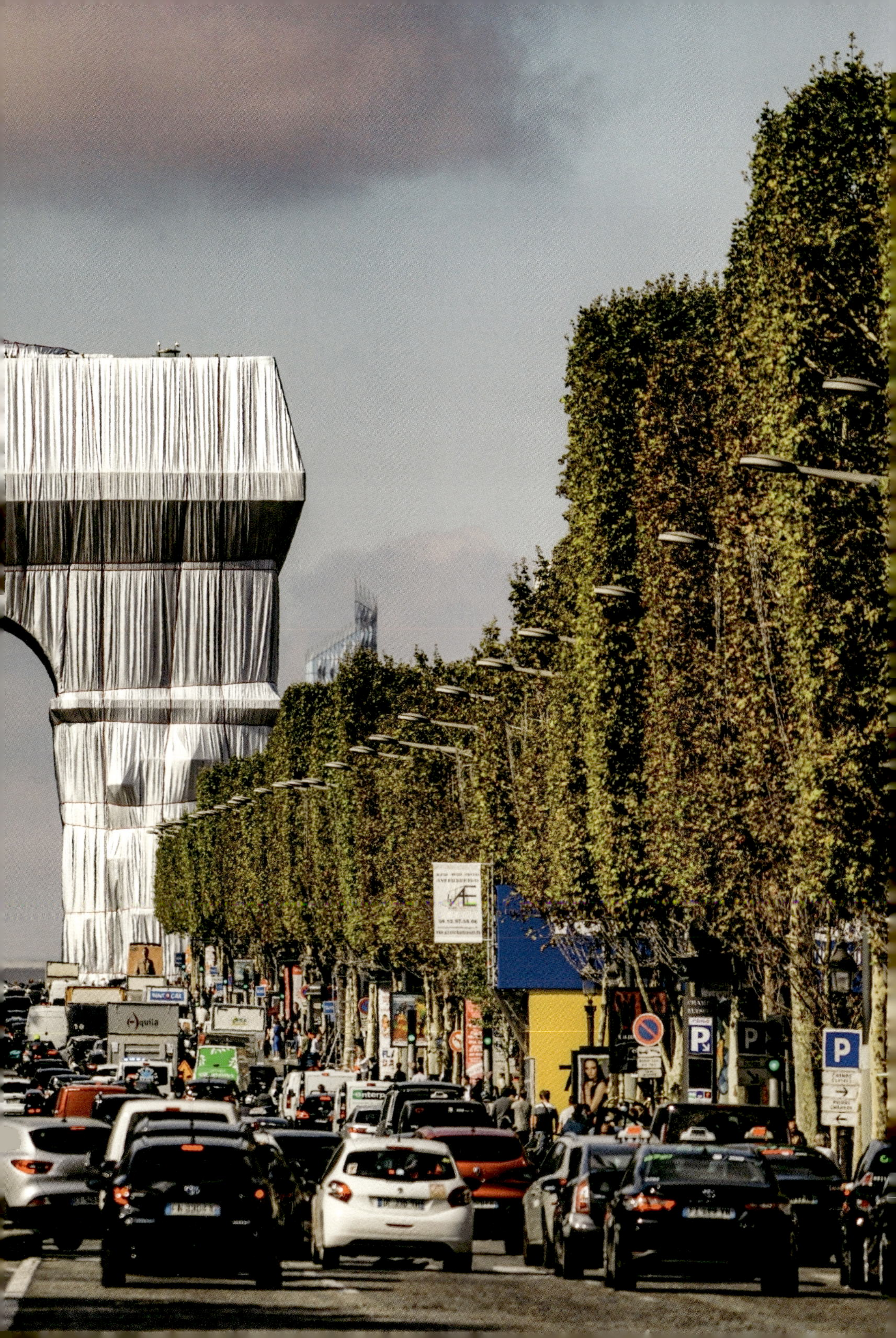

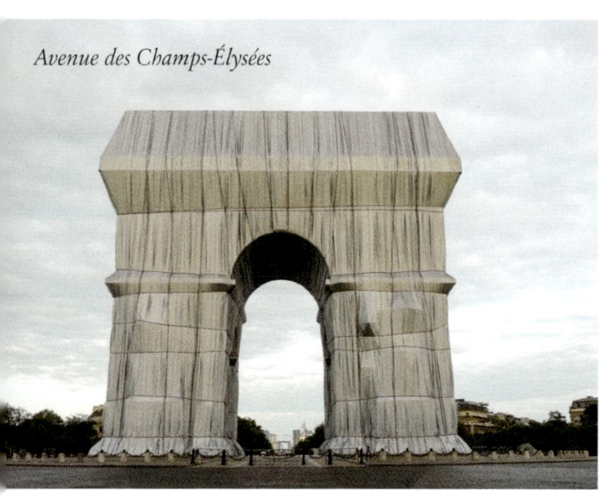

Avenue des Champs-Élysées

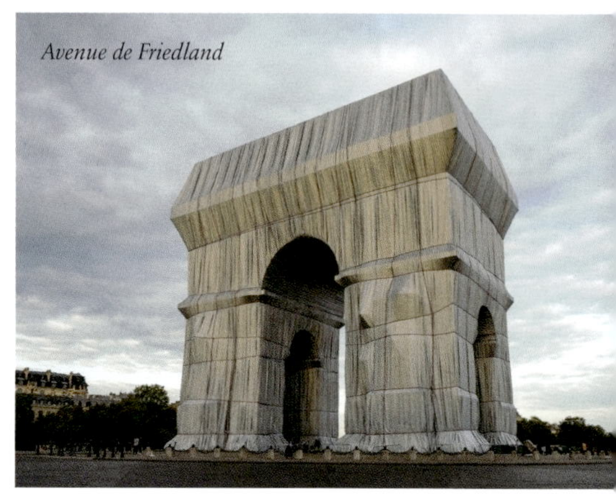

Avenue de Friedland

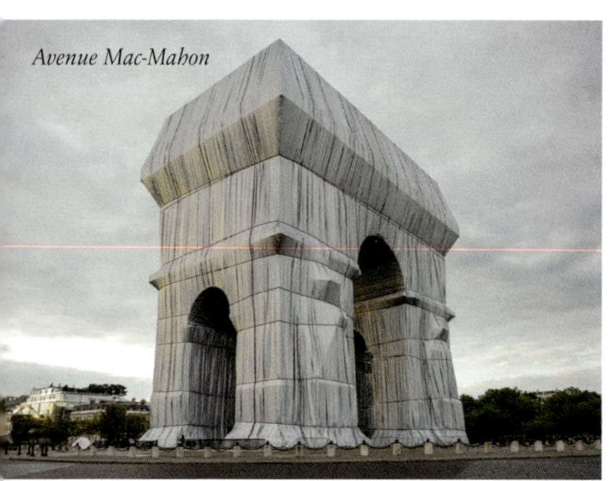

Avenue Mac-Mahon

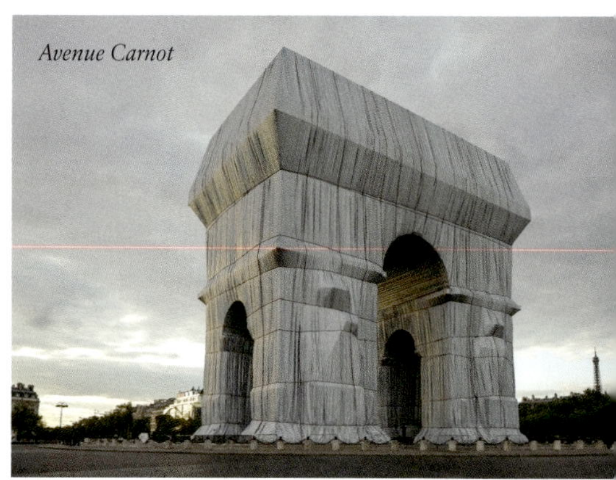

Avenue Carnot

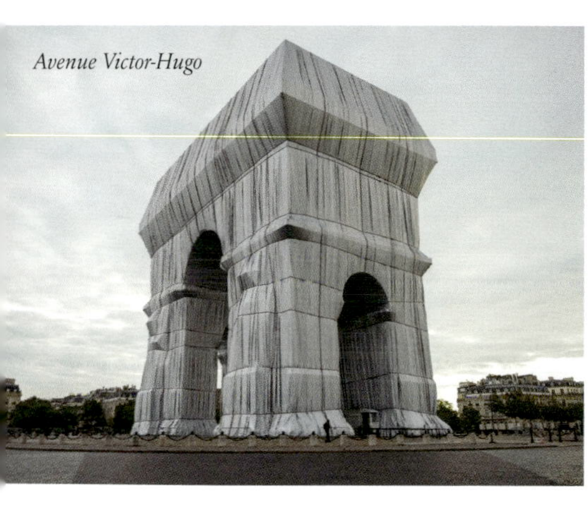

Avenue Victor-Hugo

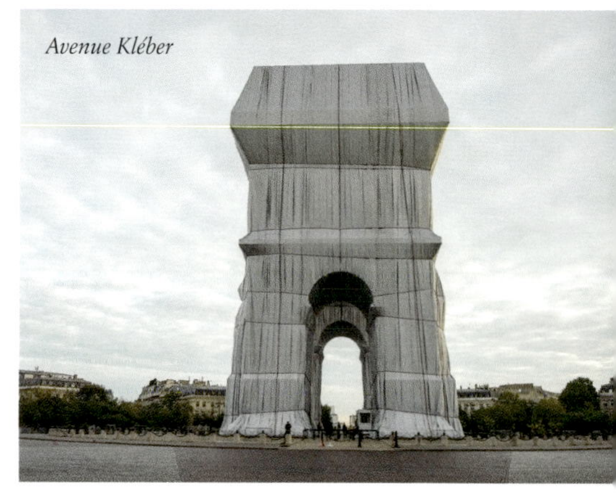

Avenue Kléber

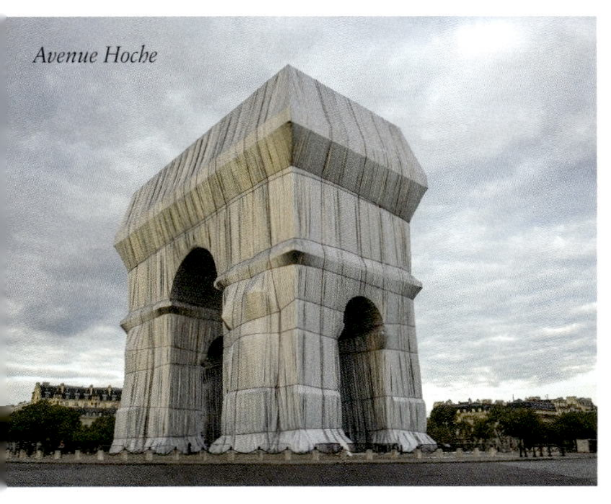

*Avenue Hoche*

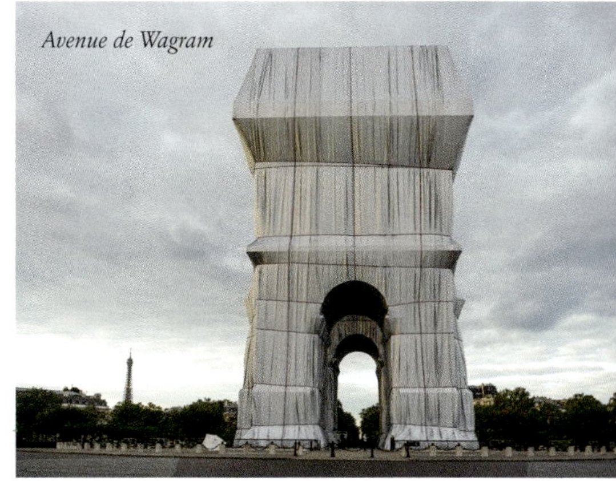

*Avenue de Wagram*

*Photos: Benjamin Loyseau*

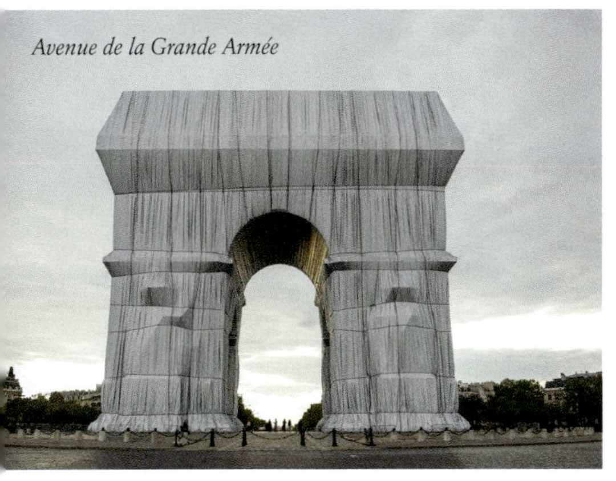

*Avenue de la Grande Armée*

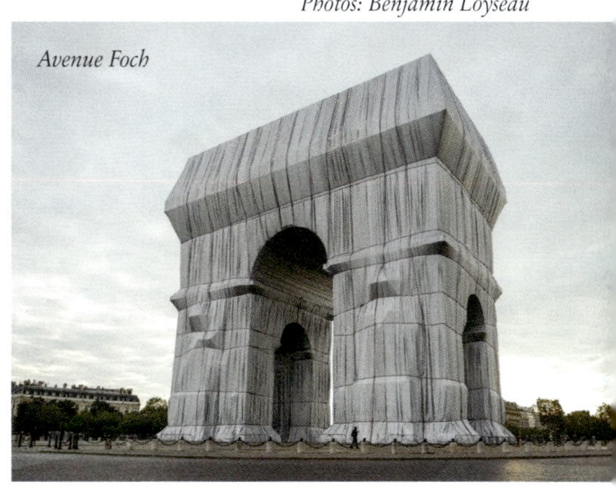

*Avenue Foch*

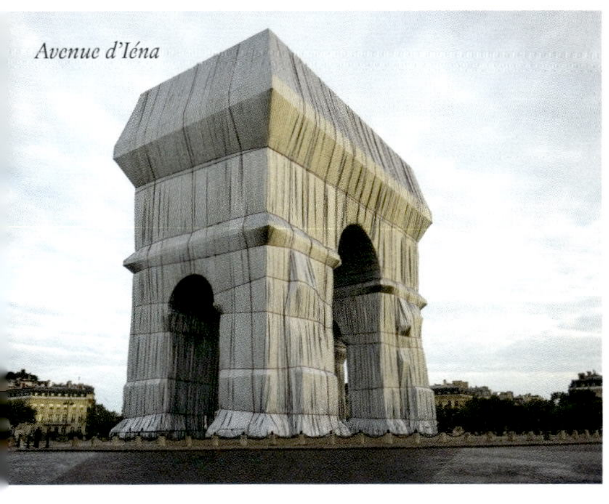

*Avenue d'Iéna*

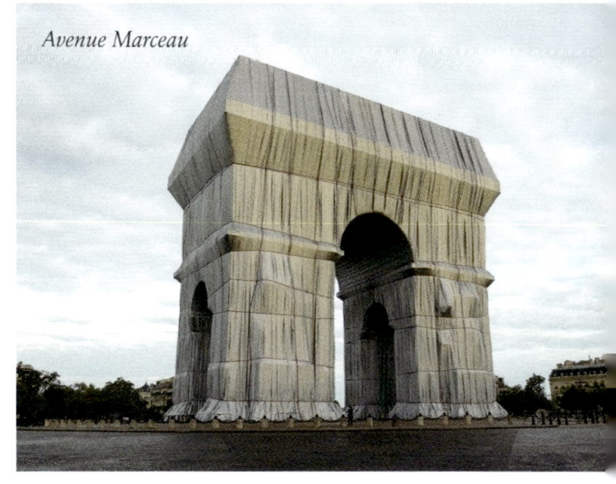

*Avenue Marceau*

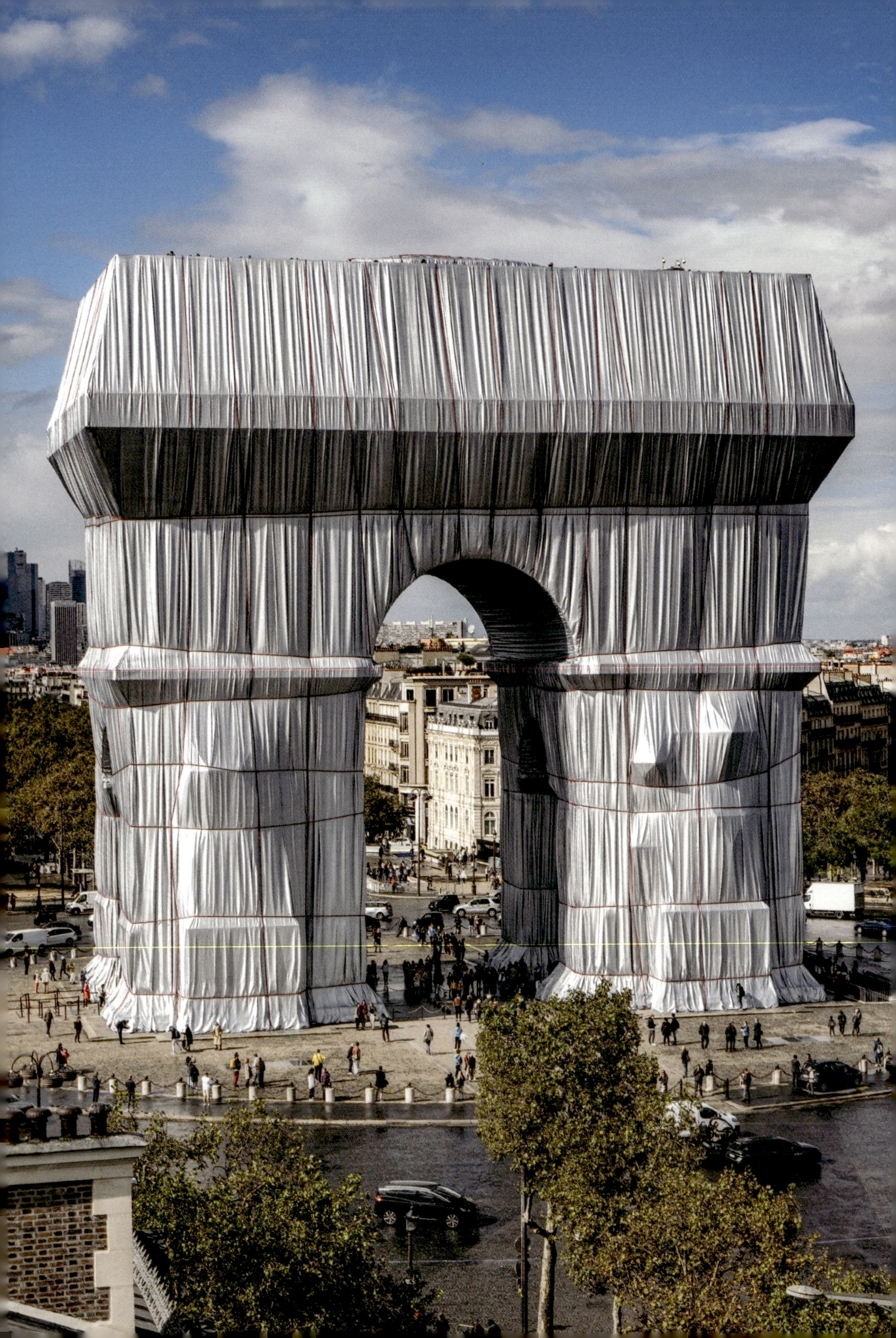

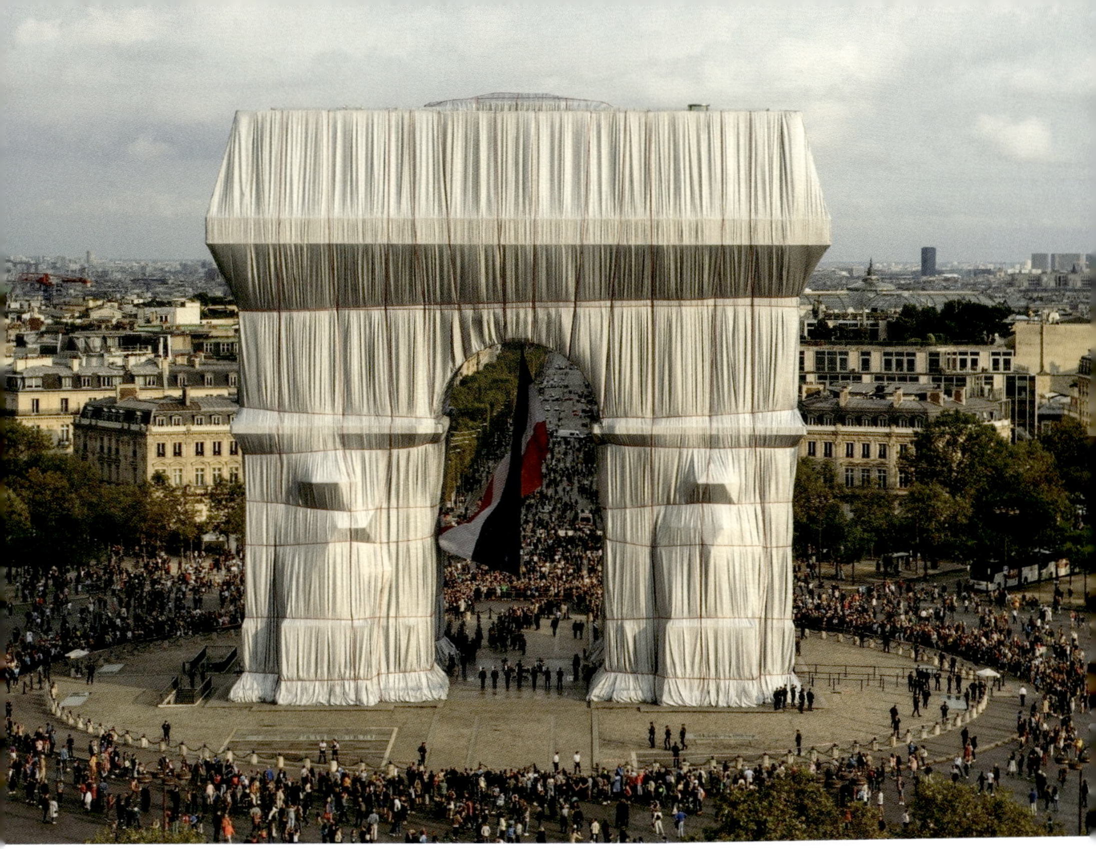

Photo above: Benjamin Loyseau

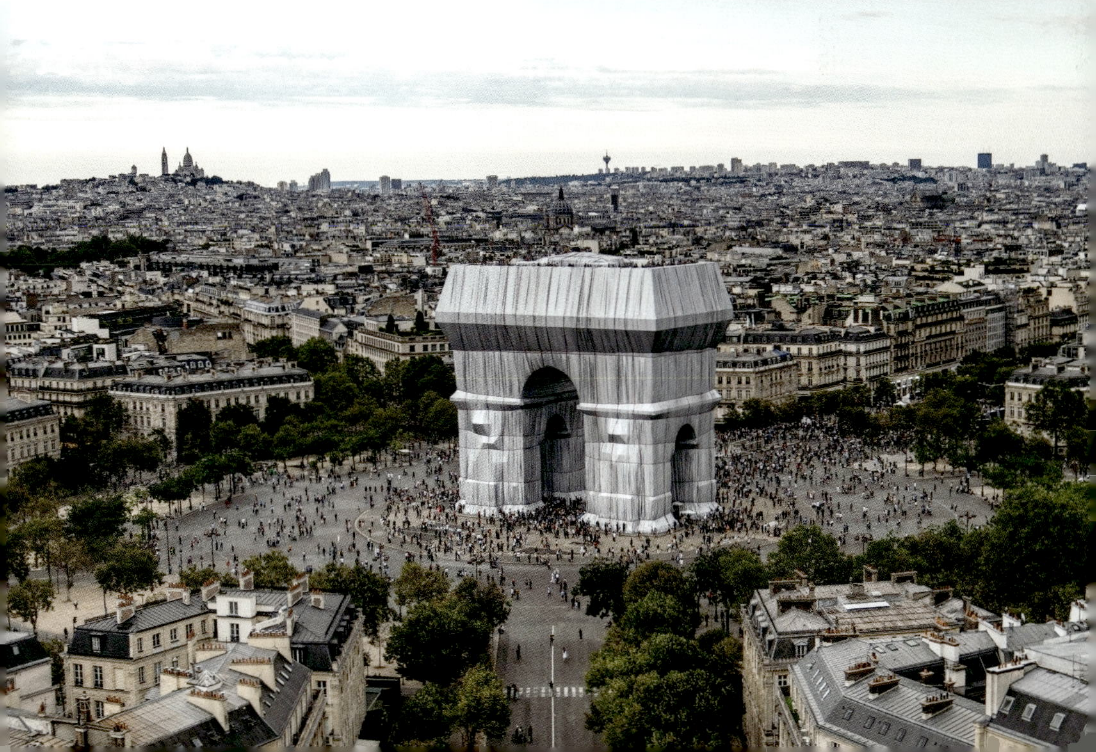

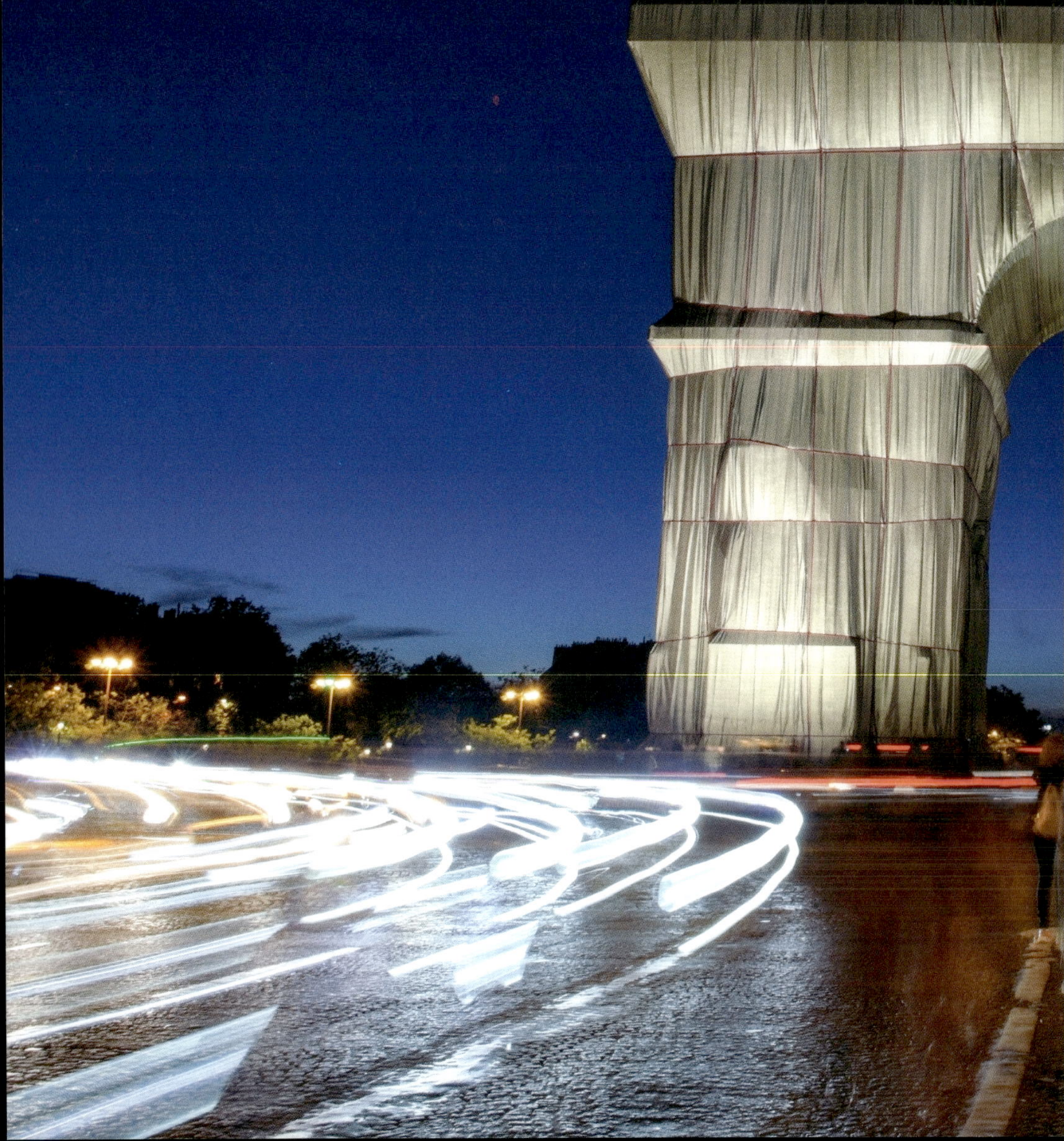

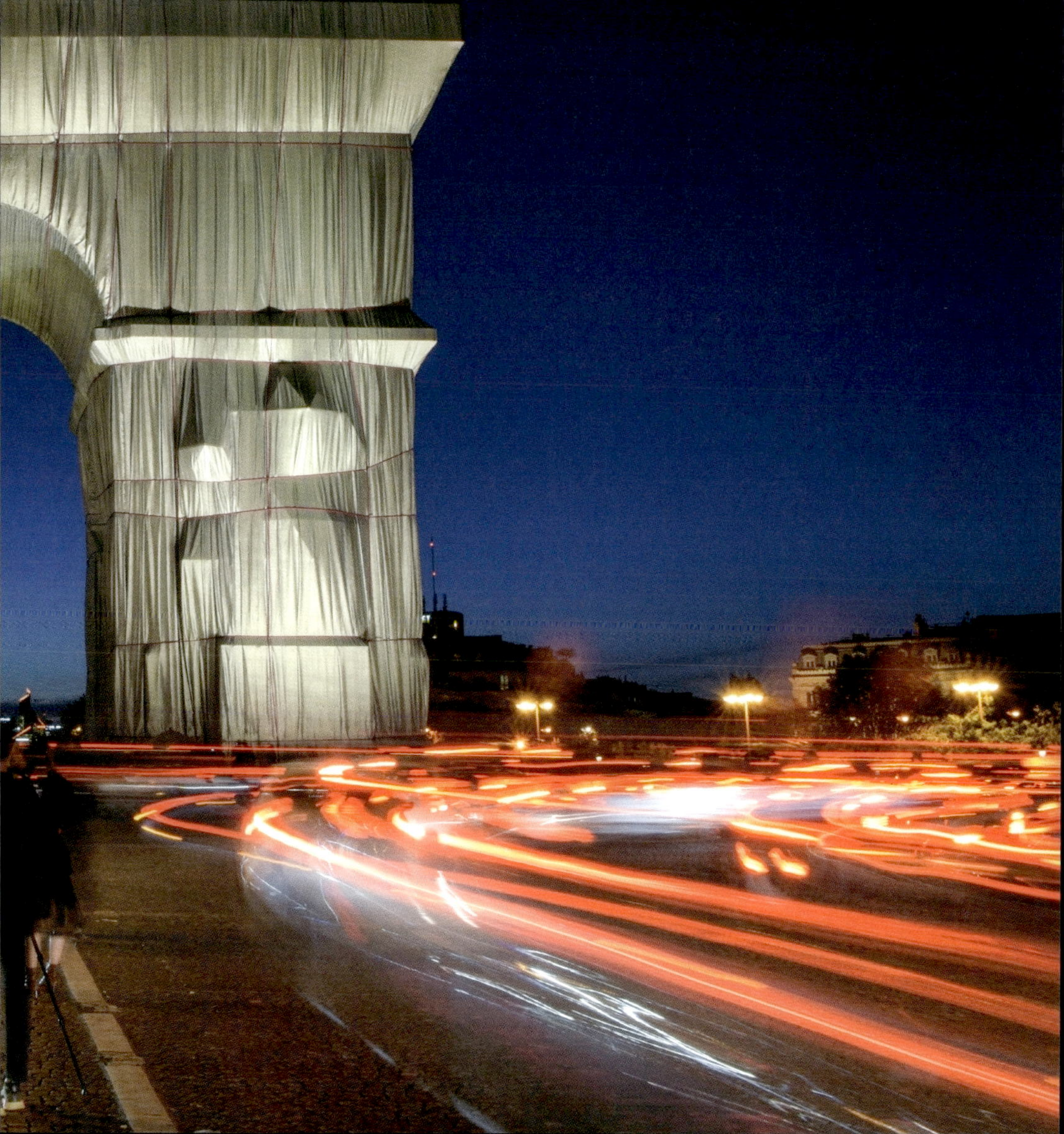

# The Mastaba
# Project for the United Arab Emirates

*The Mastaba, Project for the United Arab Emirates* will be Christo and Jeanne-Claude's final project and their only permanent, large-scale public artwork.

Conceived in 1977, it will be the largest contemporary sculpture (in volume) in the world, made from 410,000 multicolored barrels to form a colorful mosaic, echoing Islamic architecture.

*The Mastaba* will be 150 meters (492 feet) high, 300 meters (984 feet) long at the vertical walls, and 225 meters (738 feet) wide at the 60-degree slanted walls. The colors and the positioning of the 55-gallon steel barrels were selected by Christo and Jeanne-Claude in 1979, the year in which the artists visited the United Arab Emirates for the first time.

The proposed location is inland, approximately 160 kilometers (100 miles) south of the city of Abu Dhabi in the desert of Liwa.

In 2007 and 2008, Christo and Jeanne-Claude contracted professors of engineering from ETH Zürich (Swiss Federal Institute of Technology Zurich), University of Illinois at Urbana-Champaign in the US, Cambridge University in the UK, and Hosei University in Tokyo, Japan, to prepare structural feasibility studies about *The Mastaba*. All four teams worked independently and did not know of one another.

The artists then hired the German engineering firm Schlaich Bergermann Partner, in Stuttgart, to analyze these reports. The Hosei University concept was found to be the most technically sound and innovative. Once government approval is granted, the construction period will take at least three years. The entire substructure as well as the layer of barrels will be assembled flat on the ground. Ten elevation towers will make it possible to raise the entire structure on rails to its final position in about two weeks.

In 2012, Christo commissioned PricewaterhouseCoopers and Albright Stonebridge Group to conduct analyses on the social and economic benefits of *The Mastaba*. Like all of Christo and Jeanne-Claude's projects, *The Mastaba* will be self-financed and will not require government funding.

Christo and Jeanne-Claude's relationship with Abu Dhabi goes back to 1979 when they first visited the Emirate. They returned many times after, creating a long-standing friendship with the people of Abu Dhabi.

*Die Mastaba, Projekt für die Vereinigten Arabischen Emirate* wird Christo und Jeanne-Claudes einziges dauerhaftes Großprojekt und zugleich ihr letztes Kunstwerk sein.

Es hat seinen Ursprung im Jahr 1977 und wird (gemessen am Volumen) die größte zeitgenössische Skulptur der Welt sein, bestehend aus 410.000 Fässern unterschiedlicher Farbe, die zusammen ein leuchtendes Mosaik formen, das an islamische Architektur erinnert.

Die *Mastaba* wird 150 Meter hoch sein, an den senkrechten Wänden 300 Meter messen und an den um 60 Grad geneigten Wänden 225 Meter tief sein. Die Farbauswahl und die Anordnung der Fässer wurden von Christo und Jeanne-Claude bereits festgelegt, nachdem sie Abu Dhabi 1979 erstmals besucht hatten.

Der für das Projekt vorgesehene Standort liegt im Landesinneren, rund 160 Kilometer südlich der Stadt Abu Dhabi in der Liwa-Wüste.

In den Jahren 2007 und 2008 beauftragten Christo und Jeanne-Claude die führenden Professoren für Ingenieurwissenschaften an der ETH Zürich (Eidgenössische Technische Hochschule Zürich), der University of Illinois at Urbana-Champaign, der University of Cambridge in Großbritannien und der Hosei University in Tokio, Japan, damit, Machbarkeitsstudien zu erstellen. Alle vier Teams arbeiteten unabhängig voneinander und wussten jeweils nichts über die anderen Gruppen.

Anschließend beauftragten die Künstler die deutschen Ingenieure von Schlaich Bergermann

Partner in Stuttgart, die Ergebnisse zu analysieren. Dabei stellte sich heraus, dass das Konzept der Hosei University das technisch stichhaltigste und gleichzeitig innovativste ist. Nach Erteilung der behördlichen Genehmigung wird die Bauzeit mindestens drei Jahre in Anspruch nehmen. Die gesamte Unterkonstruktion sowie die Fässer selbst werden flach auf dem Boden montiert. Zehn Türme werden es dann ermöglichen, die gesamte auf Gleisen ruhende Struktur innerhalb von zwei Wochen in ihre endgültige Position zu heben.

Im Jahr 2012 beauftragte Christo PricewaterhouseCoopers und die Albright Stonebridge Group damit, eine Studie über den sozialen und ökonomischen Nutzen der *Mastaba* zu erstellen. Wie alle Projekte von Christo und Jeanne-Claude, wird sich auch die *Mastaba* selbst finanzieren und nicht auf öffentliche Gelder angewiesen sein.

Christo und Jeanne-Claudes Beziehung zu Abu Dhabi reicht zurück bis ins Jahr 1979, als sie das Emirat erstmals besuchten. Seitdem sind sie viele Male zurückgekehrt und haben eine anhaltende Freundschaft zu den Menschen vor Ort aufgebaut.

*Le Mastaba, Projet pour les Émirats Arabes Unis* aura été la dernière création de Christo et Jeanne-Claude et leur seule œuvre permanente d'art public à grande échelle.

Imaginé dès 1977, constitué de 410.000 barils multicolores formant une mosaïque chamarée rappelant l'architecture islamique, le *Mastaba* sera la plus grande sculpture contemporaine du monde.

*Le Mastaba* mesurera 150 mètres de haut, 300 mètres de long à la base et 225 mètres de long au sommet. Les couleurs et le positionnement de ses barils d'acier de 55 gallons ont été déterminés par Christo et Jeanne-Claude en 1979, année de leur première visite aux Émirats arabes unis.

Le lieu proposé se trouve au cœur du désert de Liwa, à environ 160 kilomètres au sud de la ville d'Abou Dhabi.

En 2007 et 2008, à la demande de Christo et Jeanne-Claude, des professeurs d'ingénierie de l'ETH Zürich (Institut fédéral de technologie), de l'Université de l'Illinois à Urbana-Champaign aux États-Unis, de l'Université de Cambridge en Grande-Bretagne et de l'Université Hosei à Tokyo avaient étudié la faisabilité structurelle du projet. Les quatre équipes avaient travaillé indépendamment, sans se connaître.

Les artistes avaient ensuite engagé le cabinet d'ingénierie allemand Schlaich Bergermann Partner de Stuttgart, pour analyser leurs rapports. Celui de l'Université Hosei fut jugé le plus novateur et le plus satisfaisant sur le plan

technique. Une fois les autorisations gouvernementales obtenues, la période de construction est estimée à au moins trois ans. L'entière structure et les strates de barils seront assemblées à plat au sol. Puis des tours de levage relèveront l'ensemble sur des rails pour le conduire à sa position finale, en deux semaines environ.

En 2012, à la demande de Christo, PricewaterhouseCoopers et Albright Stonebridge Group avaient analysé les bénéfices sociaux et économiques de *Le Mastaba*. Comme dans chaque projet des deux artistes, celui-ci sera autofinancé, sans subventions publiques.

Les relations de Christo et Jeanne-Claude avec Abou Dhabi remontent à 1979, lors de premiers repérages dans l'émirat. Grâce à de nombreuses visites ultérieures, ils avaient fini par établir des liens d'amitiés durables avec leurs interlocuteurs d'Abou Dhabi.

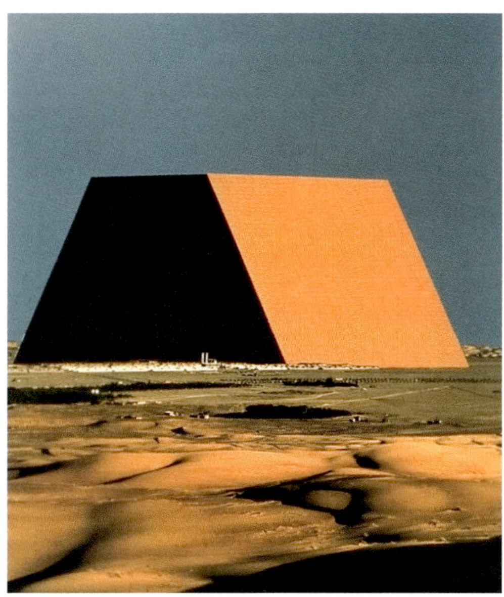
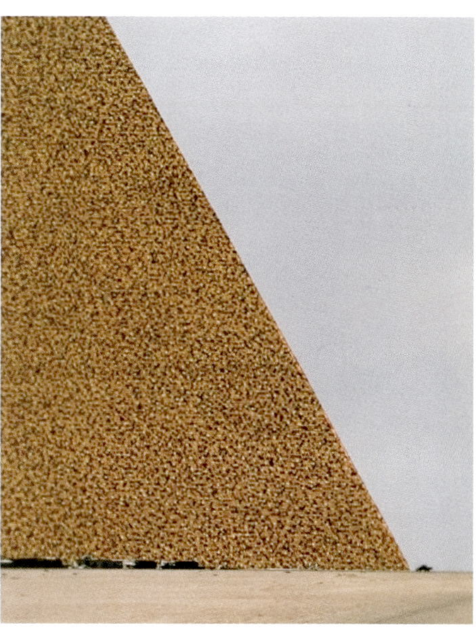

## The Mastaba of Abu Dhabi, Project for the United Arab Emirates

Details of collages-photomontages 1979: each 56 x 35.5 cm (22 x 14″)
Pencil and charcoal, with photographs of the scale model and of the landscapes by Wolfgang Volz

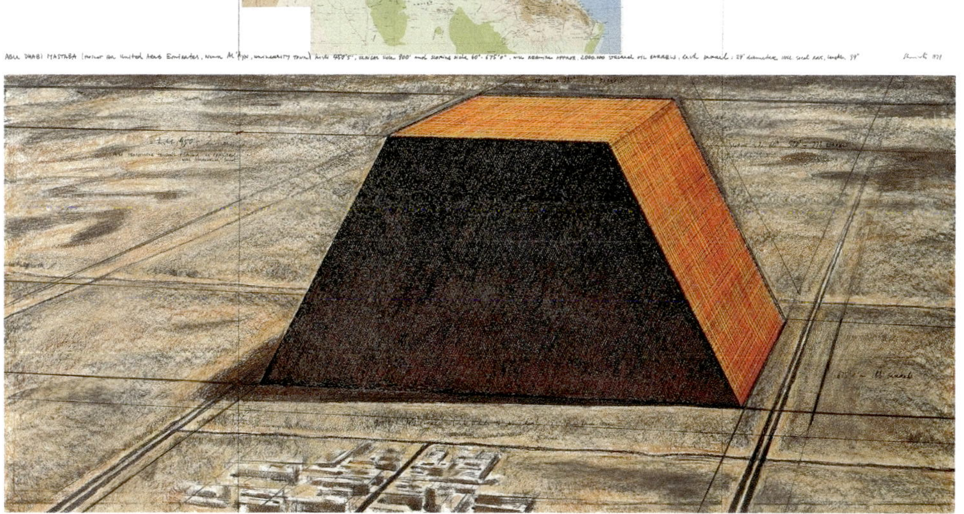

## Abu Dhabi Mastaba (Project for United Arab Emirates near Al'Ayn, University Town)

Drawing 1978 in two parts: 38 x 244 cm and 106.6 x 244 cm (15 x 96″ and 42 x 96″)
Pencil, charcoal, pastel, wax crayon, and map

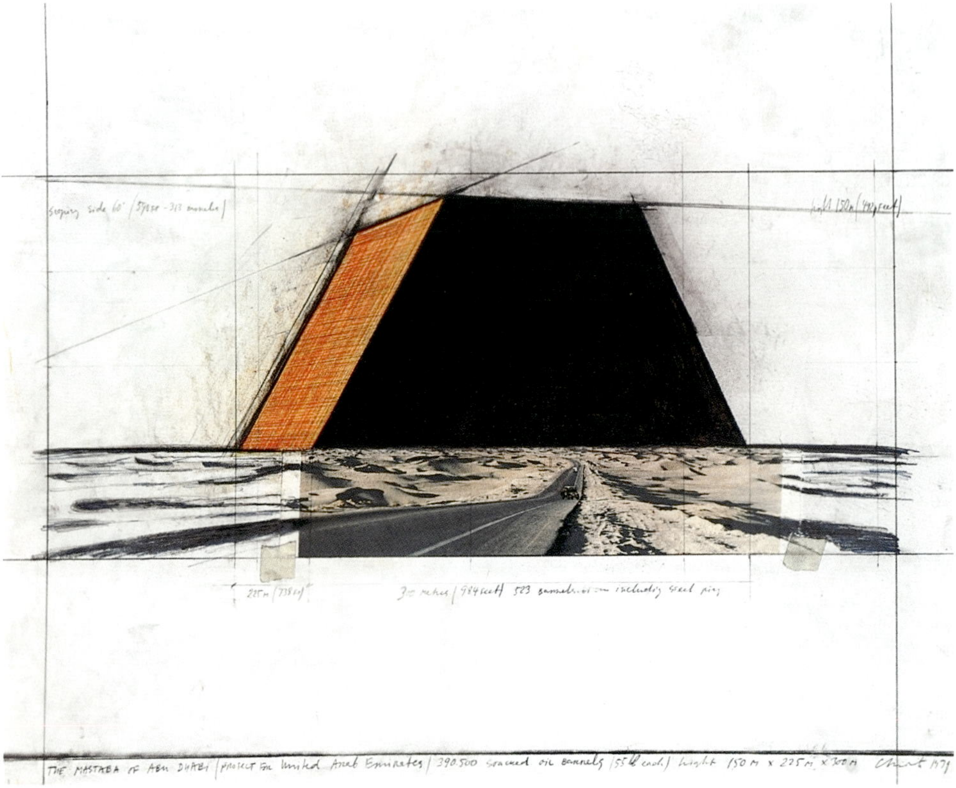

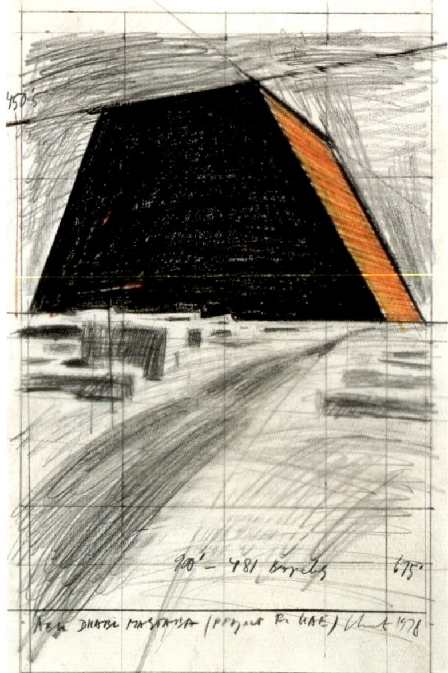

**The Mastaba of Abu Dhabi
(Project for United Arab Emirates)**
Collage 1979: 56 x 71 cm (22 x 28″)
Pencil, wax crayon, pastel, photograph
by Wolfgang Volz, charcoal, and tape

*Opposite:*
**Abu Dhabi Mastaba
(Project for United Arab Emirates)**
Drawing 1977: 56 x 71 cm (22 x 28″)
Pencil, wax crayon, pastel, and charcoal
*Photo: Eeva-Inkeri*

**Abu Dhabi Mastaba
(Project for UAE)**
Drawing 1978: 34 x 23 cm (13 ½ x 9″)
Pencil, wax crayon, and charcoal
*Photo: Eeva-Inkeri*

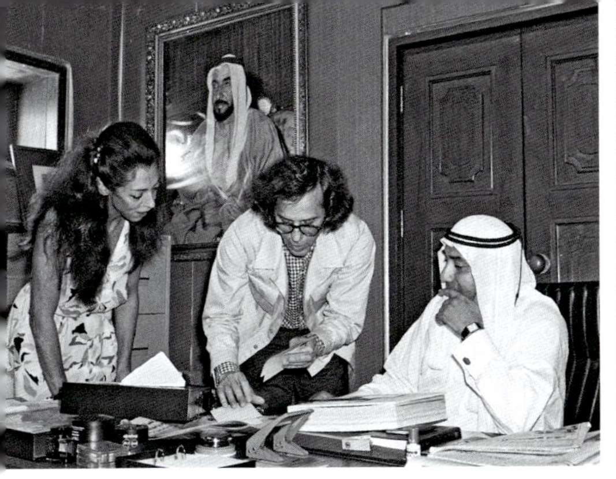

**May 1980**, Jeanne-Claude and Christo with His Excellency Ali Al Bedoor, United Arab Emirates Minister of Education and Director of Cultural Affairs.

**Im Mai 1980** trafen sich Jeanne-Claude und Christo mit Seiner Exzellenz Ali Al Bedoor, Bildungsminister und Direktor für kulturelle Angelegenheiten der Vereinigten Arabischen Emirate.

**Mai 1980**, Jeanne-Claude et Christo avec Son Excellence Ali Al Bedoor, ministre de l'Éducation et directeur des Affaires culturelles des Émirats arabes unis.

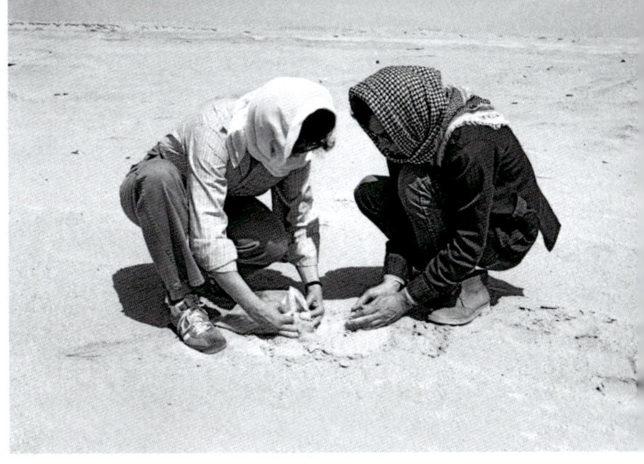

Jeanne-Claude and Christo collect sand for *The Mastaba* scale model.

Jeanne-Claude und Christo beim Sammeln von Sand für das maßstabsgetreue Modell der *Mastaba*.

Jeanne-Claude et Christo ramassent du sable pour la maquette du *Mastaba*.

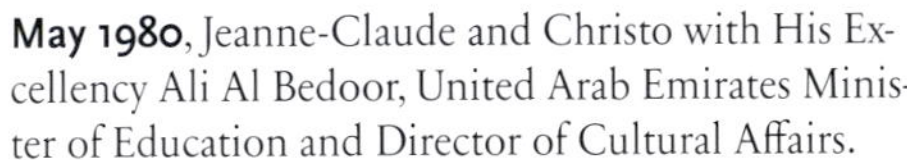

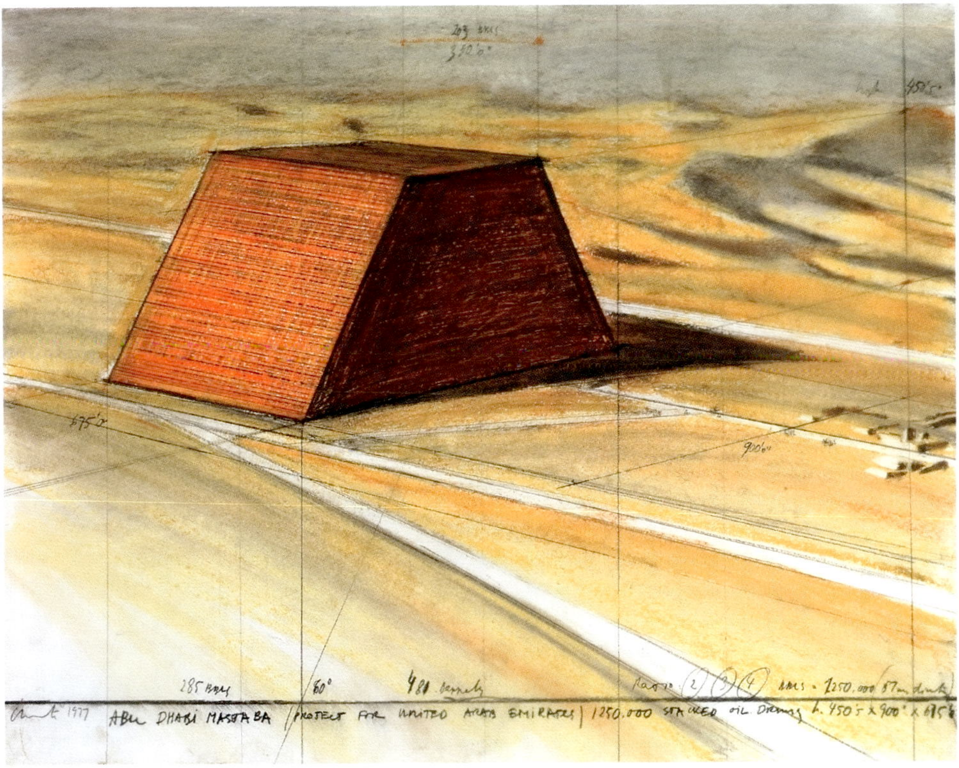

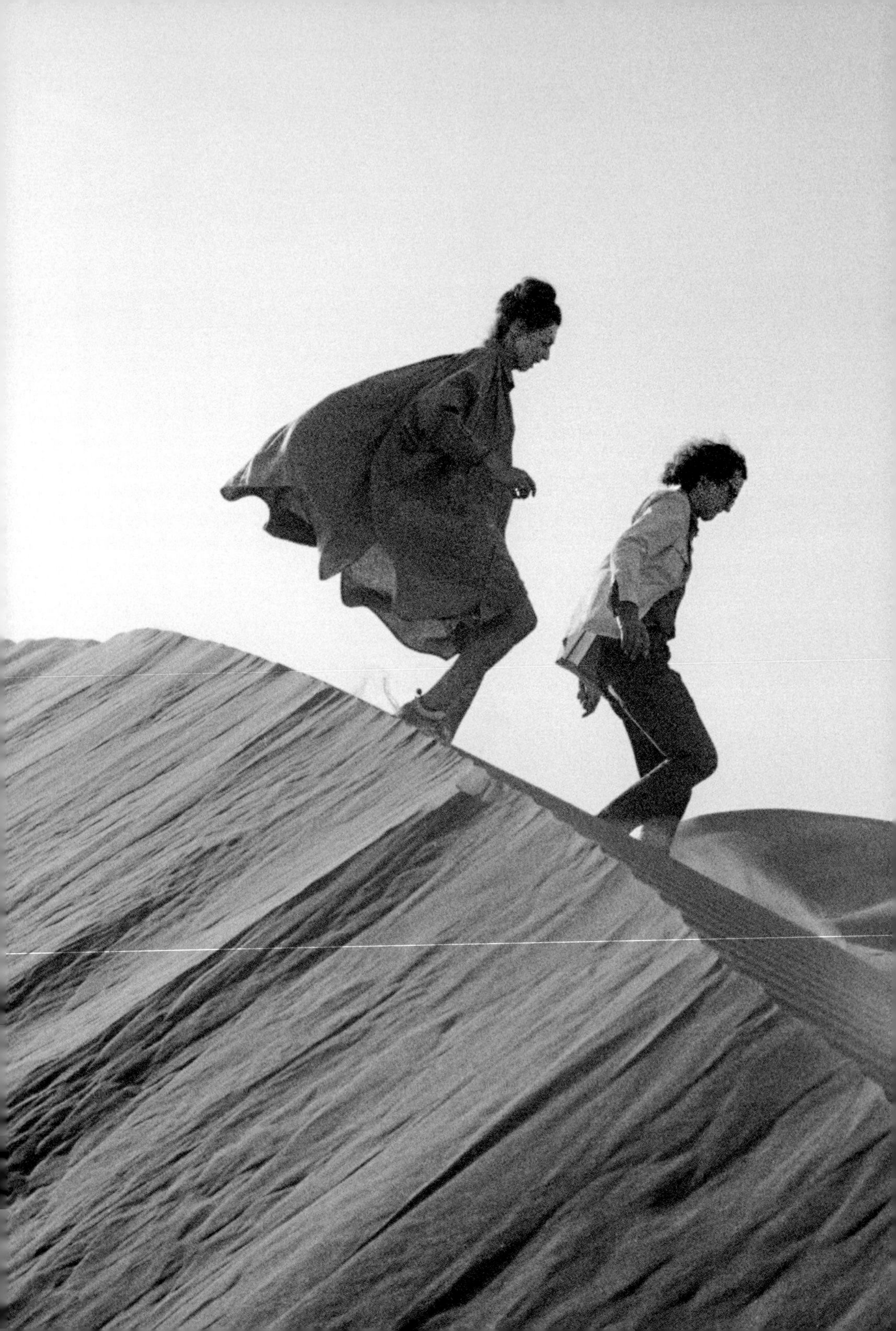

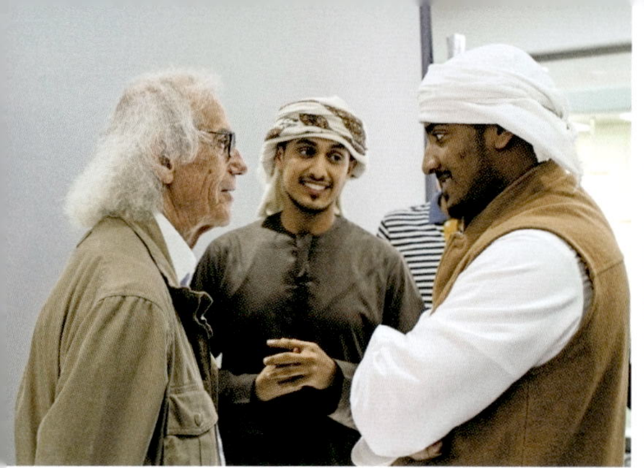
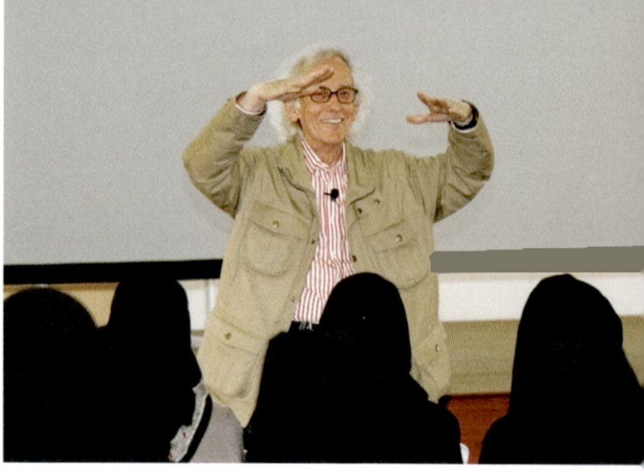

*Above, from left to right:* Christo gives several lectures in the Emirate of Abu Dhabi in 2012.

**February 13**, after his lecture, Christo chats with students from the Higher College of Technology in Abu Dhabi.
**February 9**, Christo lectures at the Higher College of Technology in Madinat Zayed.
**November 21**, at the offices of the Western Region Development Council in Abu Dhabi, first meeting with H. E. Mohamed Hamad bin Azzan Al Mazrouei, Director General of the Western Region Development Council (WRDC).
**May 29**, Christo discusses *The Mastaba* project with H. H. Sheikh Hamdan bin Zayed Al Nahyan, Ruler's Representative in the Western Region of Abu Dhabi, at his home.

*Oben, von links nach rechts:* Im Jahr 2012 hielt Christo diverse Vorträge im Emirat Abu Dhabi.

**13. Februar**. Nach seinem Vortrag unterhielt sich Christo mit Studenten vom Higher College of Technology in Abu Dhabi.
**9. Februar**. Christo bei einem Vortrag am Higher College of Technology in Madinat Zayed.
**21. November**. In den Büroräumen des Western Region Development Council in Abu Dhabi fand das erste Treffen mit Seiner Exzellenz Mohamed Hamad bin Azzan Al Mazrouei statt, dem Generaldirektor des Western Region Development Council (WRDC).
**29. Mai**. Christo diskutierte die *Mastaba* mit Seiner Hoheit Sheikh Hamdan bin Zayed Al Nahyan, dem Vertreter des Emirs in der Western Region von Abu Dhabi, in dessen Haus.

*The Mastaba* in comparison to the Great Pyramid of Giza in Egypt.

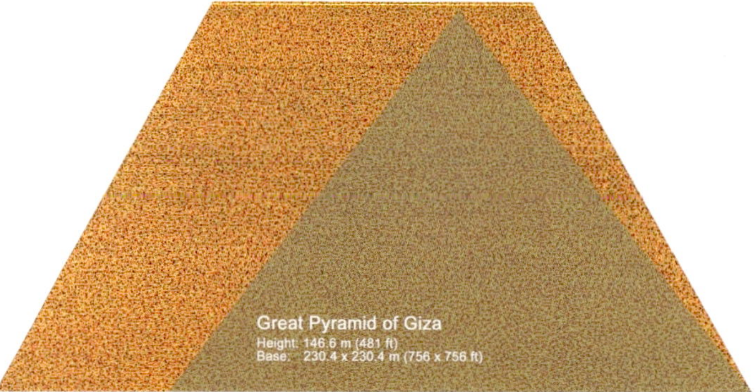


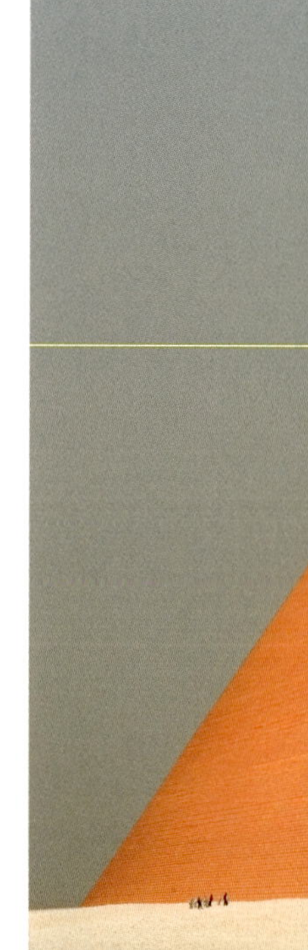

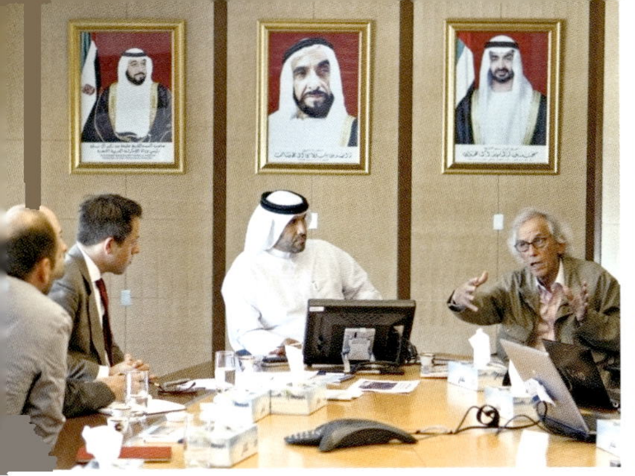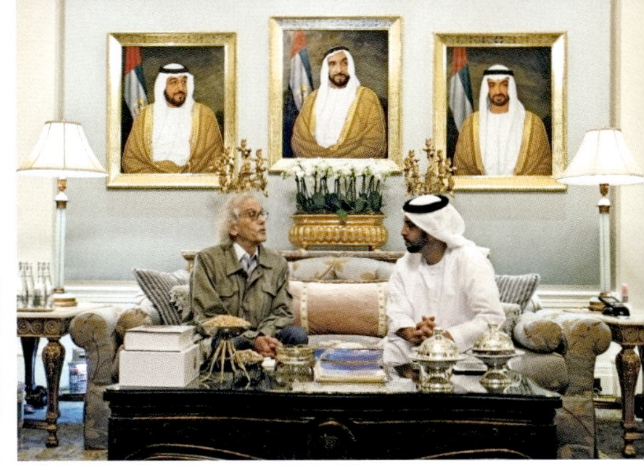



**Le 13 février**, après sa conférence, Christo s'entretient
avec des étudiants de l'École supérieure technique
d'Abu Dhabi.
**Le 9 février**, Christo donne une conférence à l'École
supérieure technique de Madinat Zayed.
**Le 21 novembre**, dans les bureaux du Conseil d'aménagement de la région ouest à Abu Dhabi, première
réunion avec S. E. Mohamed Hamad bin Azzan Al
Mazrouei.
**Le 29 mai**, Christo discute du projet du *Mastaba*
avec S. A. Sheikh Hamdan bin Zayed Al Nahyan, représentant du souverain pour la région ouest d'Abu Dhabi,
dans la résidence de celui-ci.

**The Mastaba**
Scale model 1979:
82.5 x 244 x 244 cm (32 ½ x 96 x 96″)
Enamel paint, wood, sand, and cardboard

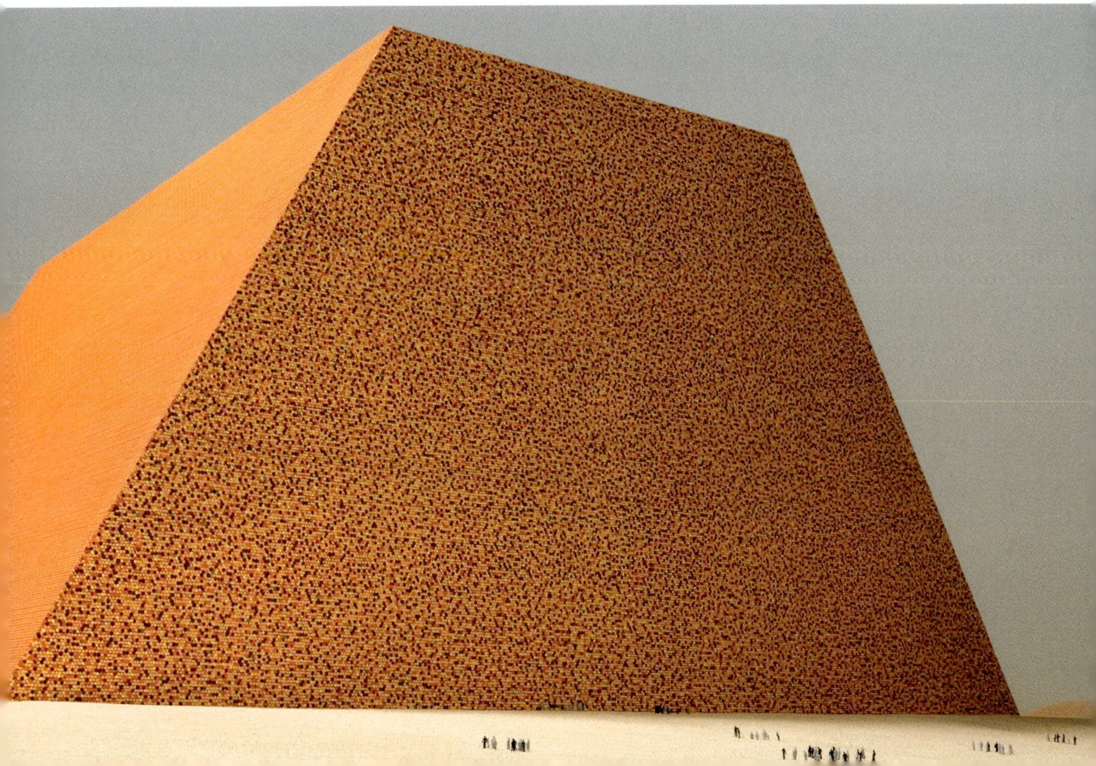

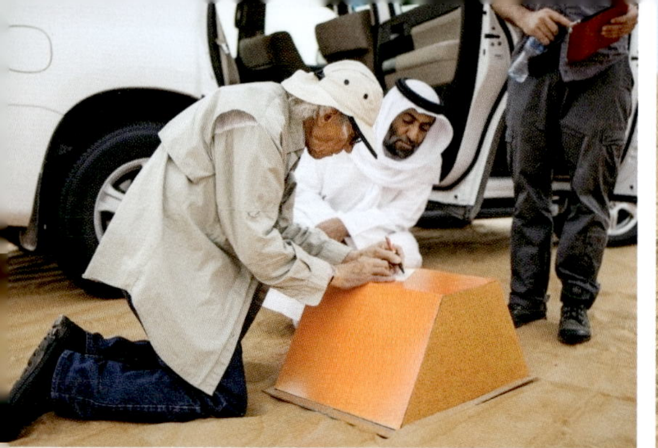

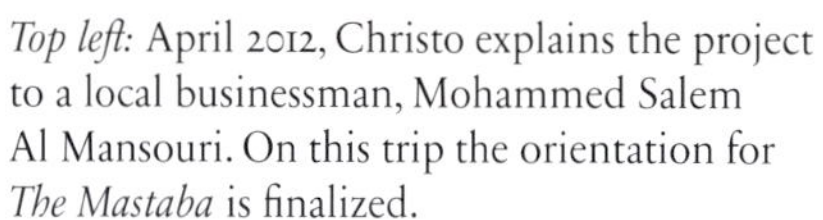

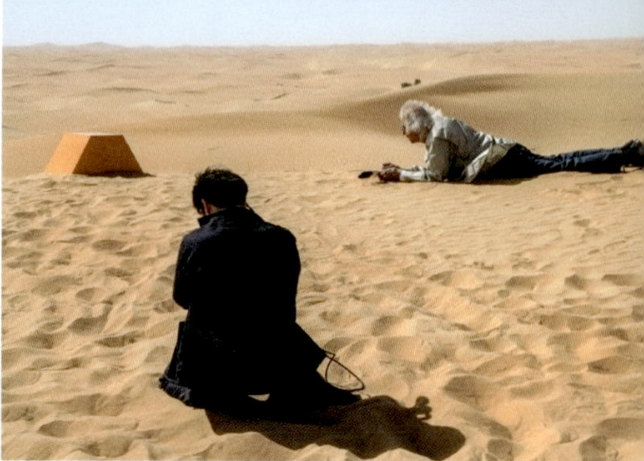

*Top left:* April 2012, Christo explains the project
to a local businessman, Mohammed Salem
Al Mansouri. On this trip the orientation for
*The Mastaba* is finalized.
*Top right:* In April 2017, using the scale model, Christo
and his team appraise new locations for
*The Mastaba*. Filmmaker Pietro Daviddi also takes
footage, capturing both the process and the effect the
placement and light have on the scale model.

*Oben links:* April 2012. Christo erläuterte das Projekt
Mohammed Salem Al Mansouri, einem örtlichen
Geschäftsmann. Während dieser Reise wurde die
Ausrichtung der *Mastaba* final entschieden.
*Oben rechts:* Im April 2017 begutachteten Christo und

sein Team unter Verwendung eines maßstabsgetreu-
en Modells mögliche alternative Standorte für die
*Mastaba*. Filmemacher Pietro Daviddi fertigte Auf-
nahmen, um festzuhalten, welchen Effekt die Ausrichtung und das Licht auf das Modell haben.

*Ci-dessus, à gauche:* En avril 2012, Christo expose le
projet à Mohammed Salem Al Mansouri, homme
d'affaires local. L'orientation du *Mastaba* est définitivement arrêtée lors de ce déplacement.
*Ci-dessus, à droite:* En avril 2017, à l'aide de la maquette, Christo et son équipe évaluent de nouveaux
sites pour implanter le *Mastaba*. Le cinéaste Pietro
Daviddi les filme pour garder trace des effets de
l'orientation et de la lumière sur la maquette.

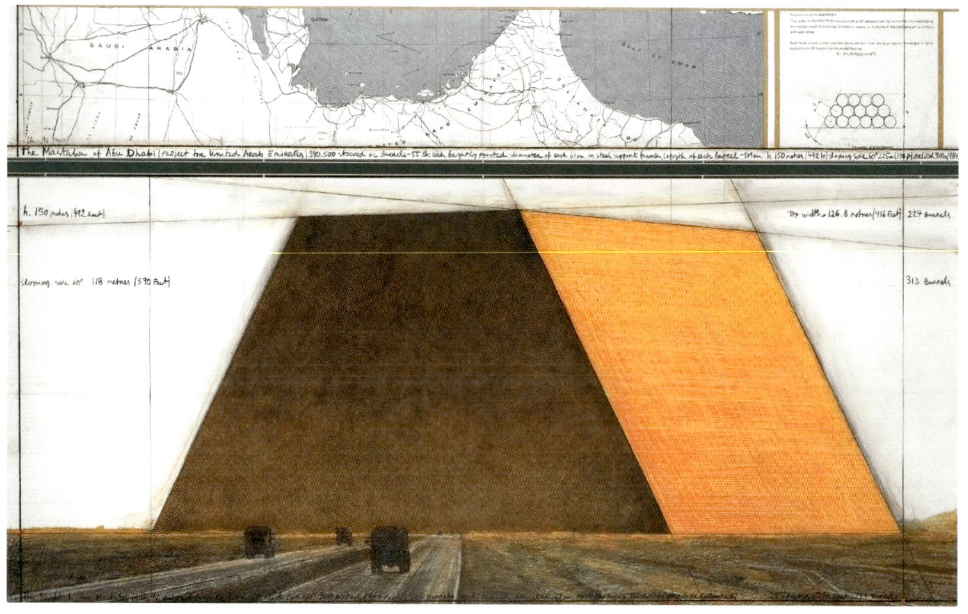

**The Mastaba of Abu Dhabi
(Project for United Arab Emirates)**
Drawing 2007 in two parts:
38 x 165 cm and 106.6 x 165 cm
(15 x 65″ and 42 x 65″)
Pencil, charcoal, wax crayon, pastel, hand-drawn
technical data, map, enamel paint, and tape
Private collection, Abu Dhabi, UAE


**The Mastaba (Project For Abu Dhabi,
United Arab Emirates)**
Drawing 2013 in two parts:
165 x 38 cm and 165 x 106.6 cm
(65 x 15″and 65 x 42″)
Pencil, charcoal, wax crayon, hand-drawn
technical data and map, enamel paint, wash,
and tape

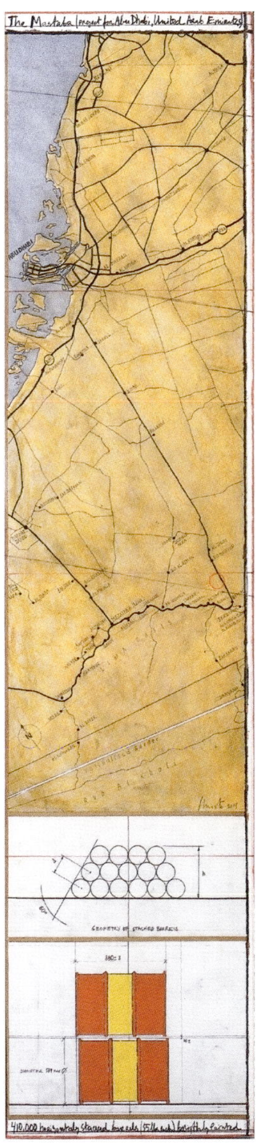

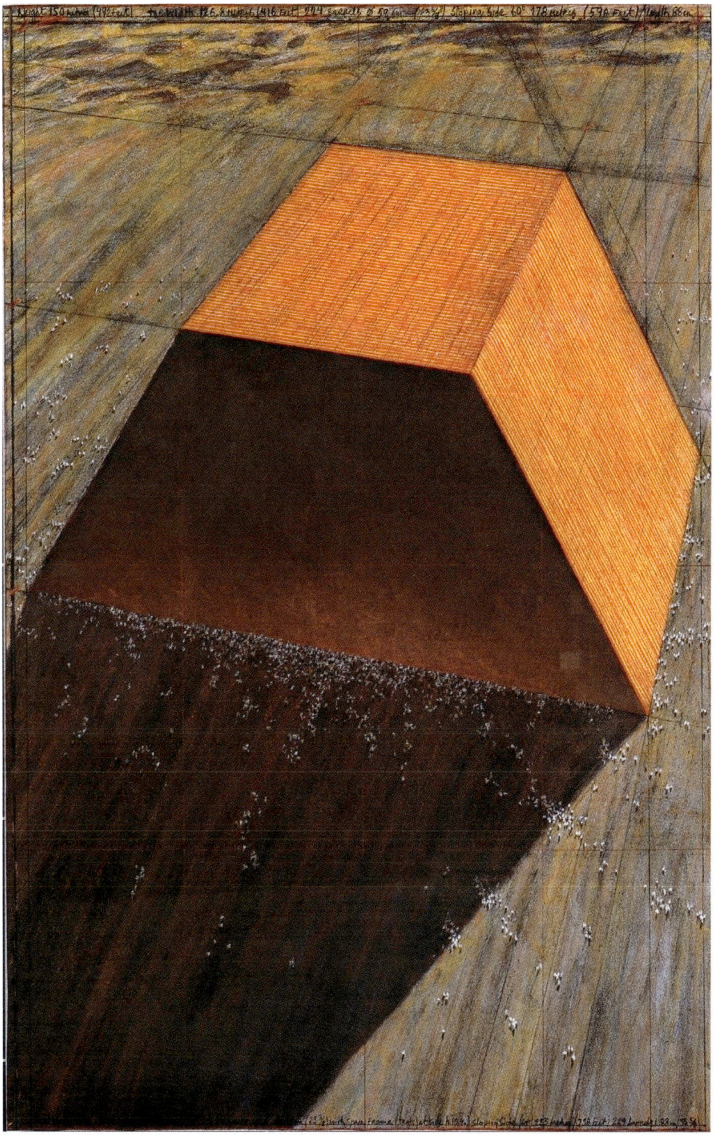

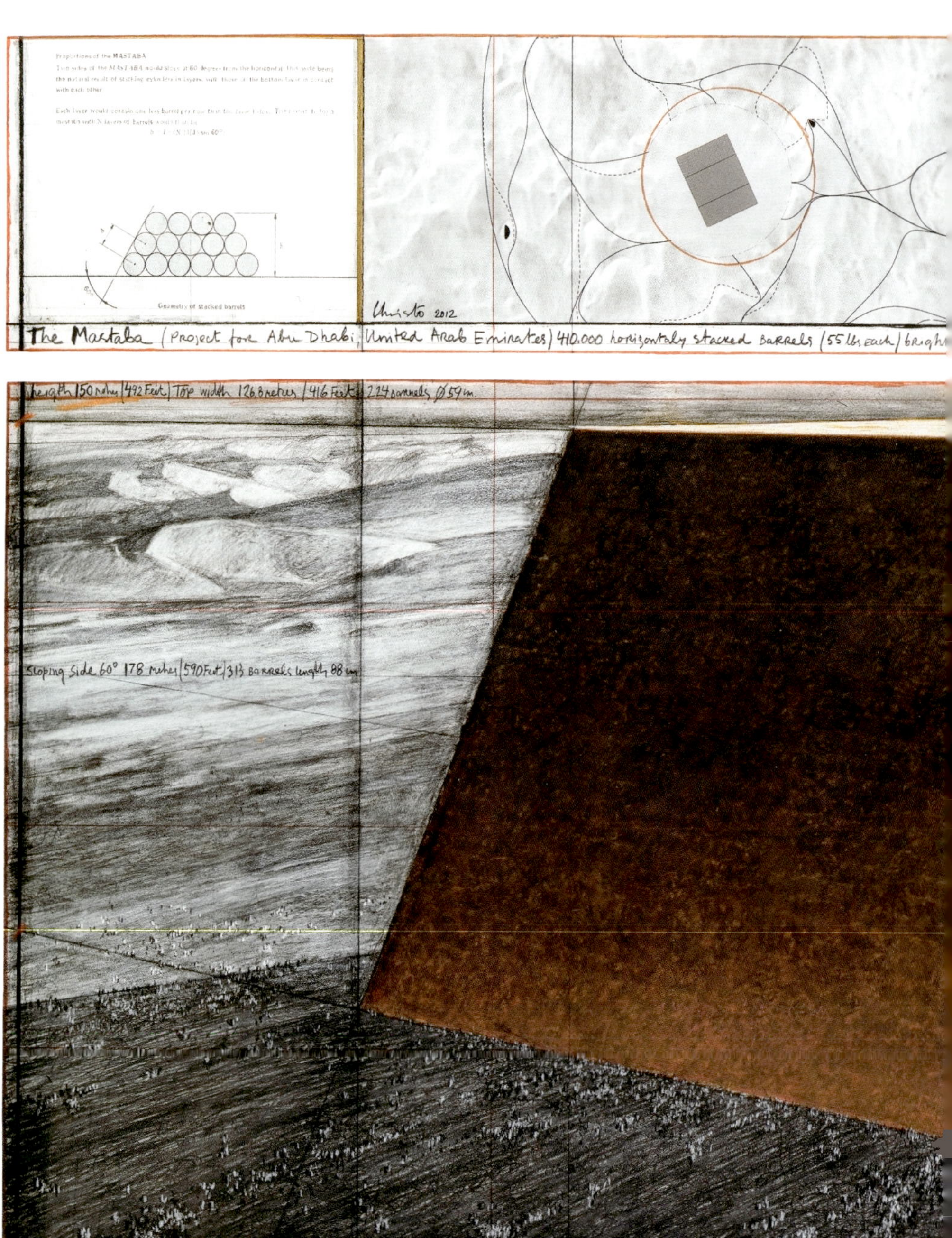

Proportions of the MASTABA
Geometry of stacked barrels
Christo 2012
The Mastaba (Project for Abu Dhabi, United Arab Emirates) 40.000 horizontaly stacked barrels (55 lbs each) bright
height 150 metres (492 Feet) Top width 126.8 metres (416 Feet) 224 barrels Ø 59 m.
Sloping side 60° 178 metres (590 Feet) 313 barrels length 88 m
VERTICAL side 300 metres (984 Feet) 1523 barrels     each diameter 58 cm (23 3/8)

# The Mastaba (Project for Abu Dhabi, United Arab Emirates)

Drawing 2012 in two parts: 38 x 244 cm and 106.6 x 244 cm (15 x 96″ and 42 x 96″)
Pencil, charcoal, enamel paint, wax crayon, pastel, technical data, and map. Private collection

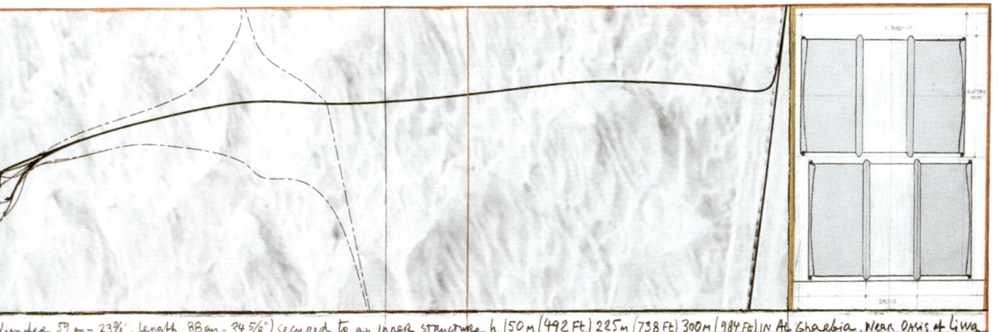

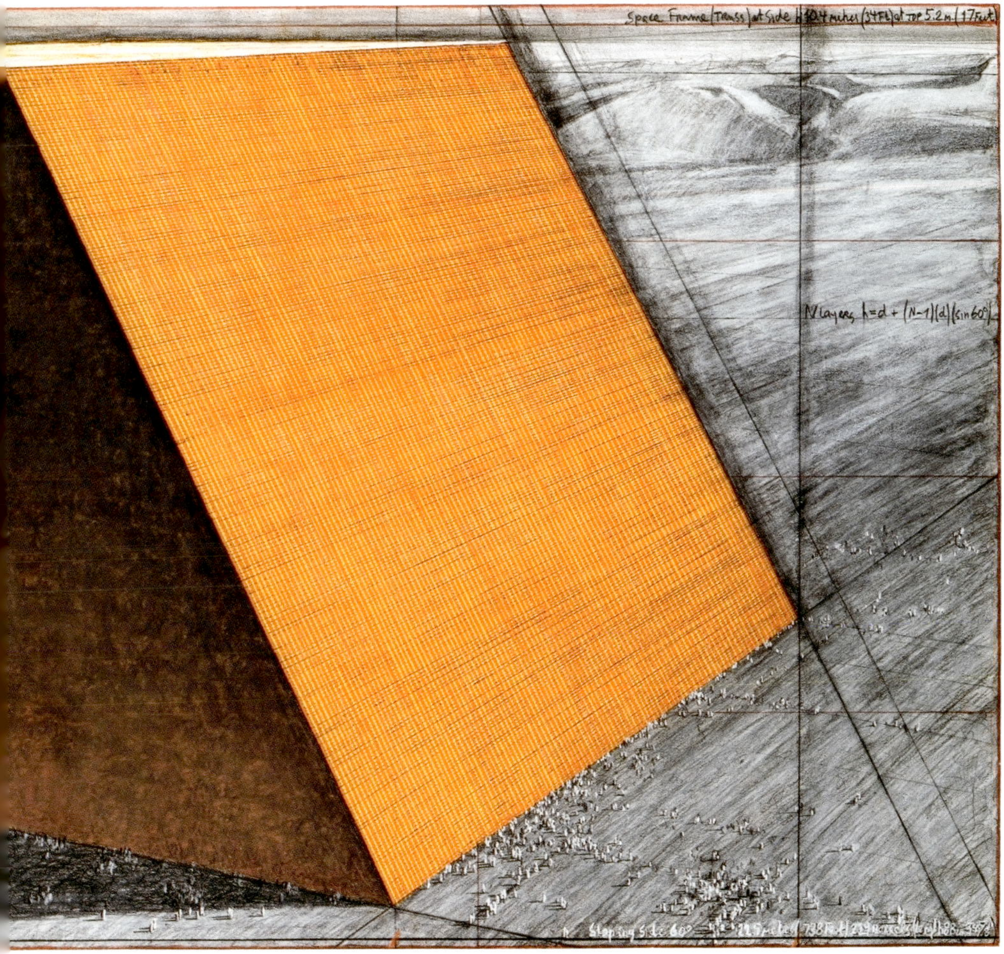

# Biography

**1935**
*Christo*: American, Bulgarian born Christo Vladimirov Javacheff, June 13, Gabrovo, of an industrialist family. He died on May 31, 2020, in New York City.
*Jeanne-Claude*: American, French born Jeanne-Claude Marie Denat de Guillebon, June 13, Casablanca, of a French military family, educated in France and Switzerland. She died on November 18, 2009, in New York City.

**1952**
Jeanne-Claude: Baccalauréat in Latin and Philosophy, University of Tunis.

**1953–56**
Christo: Studies at Fine Arts Academy, Sofia. 1956, arrival in Prague.

**1957**
Christo studies one semester at the Vienna Fine Arts Academy.

**1958**
Christo arrives in Paris, where he meets Jeanne-Claude. *Packages* and *Wrapped Objects*.

**1960**
Birth of their son, Cyril, May 11. Poet and writer.

**1961**
*Project for a Wrapping of a Public Building*.
*Stacked Oil Barrels* and *Dockside Packages* at Cologne Harbor, their first collaboration.

**1962**
*The Iron Curtain – Wall of Oil Barrels, Rue Visconti, Paris, 1961–62*. *Stacked Oil Barrels*, Gentilly, near Paris.
*Wrapped Woman*, London.

**1963**
*Show Cases*.

**1964**
Establishment of permanent residence in New York City.
*Store Fronts* and *Show Windows*.

**1966**
*Air Package* and *Wrapped Tree*, Van Abbemuseum, Eindhoven, the Netherlands.
*42,390 Cubic Feet Package* at the Walker Art Center and the Minneapolis School of Art.

**1968**
*Wrapped Fountain* and *Wrapped Medieval Tower*, Spoleto. Wrapping of a public building: *Wrapped Kunsthalle Bern, 1967–68*.
*5,600 Cubicmeter Package*, documenta IV, Kassel, 1967–68, an air package 85 meters (279 feet) high, with a diameter of 10 meters (33 feet).
*Corridor Store Front*, total area: 140 square meters (1,500 square feet).
*1,240 Oil Barrels Mastaba* and *Two Tons of Stacked Hay*, Institute of Contemporary Art, Philadelphia.

**1969**
*Wrapped Museum of Contemporary Art, Chicago, 1968–69*, 900 square meters (10,000 square feet) of tarpaulin. *Wrapped Floor and Stairway*, Museum of Contemporary Art, Chicago, 260 square meters (2,800 square feet) of drop cloths.
*Wrapped Coast, One Million Square Feet, Little Bay, Sydney, Australia, 1968–69*, 92,900 square meters (one million square feet) erosion control fabric and 56 kilometers (36 miles) of ropes.
Project for stacked oil barrels: *Houston Mastaba, Texas*, 1,249,000 barrels.
Project for *Closed Highway*.

**1970**
Wrapped monuments, Milan: *Wrapped Monument to Vittorio Emanuele, Piazza del Duomo; Wrapped Monument to Leonardo da Vinci, Piazza della Scala*.

**1971**
*Wrapped Floor, Wrapped Stairs, Covered Windows and Wrapped Walk Ways*, Haus Lange, Krefeld, Germany.

**1972**
*Valley Curtain, Grand Hogback, Rifle, Colorado, 1970–72*, width: 381 meters (1,250 feet), height: 111 meters (365 feet), 13,192 square meters (142,000 square feet) of nylon fabric, 49,895 kilograms (110,000 lbs.) of steel cables, 784 metric tons of concrete.

**1974**
*The Wall – Wrapped Roman Wall,
Via Veneto and Villa Borghese, Rome,
Italy, 1973–74.*
*Ocean Front, Newport, Rhode Island,*
13,500 square meters (150,000 square
feet) of floating polypropylene
fabric over the ocean.

**1976**
*Running Fence, Sonoma and Marin
Counties, California, 1972–76,*
5.50 meters (18 feet) high, 39.4 kilometers (24 ½ miles) long, 200,000
square meters (240,000 square
yards) of woven nylon fabric,
145 kilometers (90 miles) of steel
cables, 2,050 steel poles.

**1977**
*The Mastaba, Project for the United
Arab Emirates,* in progress.

**1978**
*Wrapped Walk Ways, Jacob Loose
Park, Kansas City, Missouri, 1977–78,*
12,540 square meters (15,000 square
yards) of woven nylon fabric over
4.4 kilometers (2.8 miles) of
walkways.

**1983**
*Surrounded Islands, Biscayne Bay,
Greater Miami, Florida, 1980–83,*
603,870 square meters (6.5 million
square feet) of pink woven polypropylene floating fabric.

**1984**
*Wrapped Floors and Stairways and
Covered Windows,* Architektur-
museum, Basel, Switzerland.

**1985**
*The Pont Neuf Wrapped, Paris,
1975–85,* 40,876 square meters
(454,178 square feet) of woven
polyamide fabric, 42,900 feet of
rope.

**1991**
*The Umbrellas, Japan–USA, 1984–91,*
1,340 blue umbrellas in Ibaraki,
Japan; 1,760 yellow umbrellas in
California, USA, each: 6 meters (19
feet 8 inches) high, diameter: 8.66
meters (28 feet 6 inches).

**1992**
*Over The River, Project for the
Arkansas River, Colorado, USA,*
canceled in 2017.

**1995**
*Wrapped Floors and Stairways and
Covered Windows,* Museum Würth,
Künzelsau, Germany.
*Wrapped Reichstag, Berlin, 1971–95,*
100,000 square meters (1,076,000
square feet) of polypropylene
fabric, 15,600 meters (51,181 feet) of
rope and 200 metric tons of steel.

**1998**
*Wrapped Trees, Fondation Beyeler
and Berower Park, Riehen, Switzerland 1997–98,* 178 trees, 53,283
square meters (592,034 square feet)
of woven polyester fabric, 23 kilometers (14.3 miles) of rope.

**1999**
*The Wall – 13,000 Oil Barrels,
Gasometer Oberhausen, Germany,
1998–99,* an indoor installation.

**2005**
*The Gates, Central Park, New York
City, 1979–2005,* 7,503 vinyl gates,
with free-flowing nylon fabric
panels, anchored to 15,006 steel
bases on 37 kilometers (23 miles)
of walkways.

**2013**
*Big Air Package, Gasometer
Oberhausen, Germany, 2010–13,* 90
meters (295 feet) high, diameter:
50 meters (164 feet), volume:
177,000 cubic meters (6,250,000
cubic feet).

**2016**
*The Floating Piers, Lake Iseo, Italy,
2014–16,* 100,000 square meters
(1,076,391 square feet) of shimmering yellow fabric, carried by a
modular floating dock system of
220,000 high-density polyethylene
cubes, creating a 3-kilometer-
(1.9-mile) long walkway across the
water.

**2018**
*The London Mastaba, Serpentine
Lake, Hyde Park, London, 2016–18,*
7,506 horizontally stacked barrels
on a floating platform in
Serpentine Lake. Size of the temporary sculpture: 20 meters (65.5
feet) high x 30 meters (90 feet)
wide (at the 60° slanted walls) x
40 meters (130 feet) long.

**2021**
*L'Arc de Triomphe, Wrapped, Paris,
1961–2021,* 25,000 square meters
(269,097 square feet) of recyclable
silvery blue polypropylene fabric
and 3,000 meters (1.86 miles) of recyclable red polypropylene rope.

# Biografie

**1935**
*Christo*: Amerikaner, geboren am
13. Juni als Christo Vladimirov
Javacheff als Sohn einer Industriellenfamilie in Gabrowo, Bulgarien.
Starb am 31. Mai 2020 in New York.
*Jeanne-Claude*: Amerikanerin,
geboren am 13. Juni als Jeanne-
Claude Marie Denat de Guillebon
in Casablanca, Marokko, als Tochter einer französischen Militärfamilie, aufgewachsen in Frankreich und in der Schweiz. Starb am
18. November 2009 in New York.

**1952**
Jeanne-Claude: Baccalauréat in
Latein und Philosophie, Universität von Tunis.

**1953–56**
Christo: Studium an der Kunstakademie, Sofia. 1956 Ankunft in Prag.

**1957**
Christo studiert ein Semester an
der Wiener Akademie der Künste.

**1958**
Christo: Ankunft in Paris, wo er
Jeanne-Claude kennenlernt.
*Packages* und *Verhüllte Objekte*.

**1960**
Geburt ihres Sohnes Cyril am
11. Mai. Poet und Schriftsteller.

**1961**
*Projekt für ein verhülltes öffentliches
Gebäude*.
*Stacked Oil Barrels* und *Dockside
Packages* im Kölner Hafen, ihre
erste gemeinsame Arbeit.

**1962**
*The Iron Curtain – Wall of Oil Barrels, Rue Visconti, Paris, 1961–62*.
*Gestapelte Ölfässer*, Gentilly bei
Paris.
*Verhüllte Frau*, London.

**1963**
*Show Cases*.

**1964**
Christo und Jeanne-Claude lassen
sich in New York City nieder. *Store
Fronts* und *Show Windows*.

**1966**
*Air Package* und *Verhüllter Baum*,
Van Abbemuseum, Eindhoven,
Niederlande.
*42,390 Cubic Feet Package*, Walker
Art Center und Minneapolis
School of Art.

**1968**
*Verhüllter Brunnen* und *Verhüllter
mittelalterlicher Turm*, Spoleto.
Verhüllung eines öffentlichen
Gebäudes: *Verhüllte Kunsthalle,
Bern, 1967–68*.
*5.600 Cubicmeter Package, documenta IV, Kassel, 1967–68*, ein 85 Meter
hohes Luftpaket mit einem Durchmesser von 10 Metern.
*Corridor Store Front*, Gesamtfläche
140 Quadratmeter.
*1.240 Oil Barrels Mastaba* und *Two
Tons of Stacked Hay*, Institute of
Contemporary Art, Philadelphia.

**1969**
*Verhülltes Museum of Contemporary
Art, Chicago, 1968–69*, 900 Quadratmeter Abdeckplane.

*Verhüllter Fußboden und verhüllte
Treppen*, Museum of Contemporary Art, Chicago, 260 Quadratmeter
Abdeckplane.
*Verhüllte Küste, Little Bay, Sydney,
Australien, 1968–69*, 92.900 Quadratmeter Erosionsschutzgewebe
und 56 Kilometer Seil.
Projekt für gestapelte Ölfässer:
*Houston Mastaba*, Texas, 1.249.000
Ölfässer.
Projekt für einen *Closed Highway*.

**1970**
Verhüllte Denkmäler, Mailand:
*Verhülltes Denkmal für Vittorio
Emanuele, Piazza del Duomo* und
*Verhülltes Denkmal für Leonardo da
Vinci, Piazza della Scala*.

**1971**
*Verhüllter Fußboden, verhüllte
Treppen, bedeckte Fenster und
verhüllte Parkwege*, Haus Lange,
Krefeld.

**1972**
*Valley Curtain, Grand Hogback,
Rifle, Colorado, 1970–72*, Breite:
381 Meter; Höhe: 111 Meter, 13.192
Quadratmeter Nylongewebe,
49.895 Kilogramm Stahlkabel,
784 Tonnen Beton.

**1974**
*Die Mauer – Verhüllte römische
Stadtmauer, Via Veneto und Villa
Borghese, Rom, Italien, 1973–74*.
*Ocean Front, Newport, Rhode Island*,
13.500 Quadratmeter Polypropylengewebe auf der Meeresoberfläche.

**1976**
*Running Fence, Sonoma und Marin
Counties, Kalifornien, 1972–76,*
5,5 Meter hoch, 39,4 Kilometer
lang, 200.000 Quadratmeter Nylongewebe, 145 Kilometer Stahlseil,
2.050 Stahlpfosten.

**1977**
*Die Mastaba, Projekt für die
Vereinigten Arabischen Emirate,*
in Vorbereitung.

**1978**
*Verhüllte Parkwege, Jacob Loose Park,
Kansas City, Missouri, 1977–78,*
12.540 Quadratmeter Nylongewebe
auf 4,4 Kilometern Parkwegen.

**1983**
*Surrounded Islands, Biscayne Bay,
Greater Miami, Florida, 1980–83,*
603.870 Quadratmeter pinkfarbe-
nes Polypropylengewebe.

**1984**
*Verhüllte Fußböden und Treppen
und bedeckte Fenster,* Architekturmuseum Basel.

**1985**
*Der Verhüllte Pont Neuf, Paris,
1975–85,* 40.876 Quadratmeter
Polyamidgewebe, 13.076 Meter
Seil.

**1991**
*The Umbrellas, Japan – USA, 1984–
91,* 1.340 blaue Schirme in Ibaraki,
Japan, 1.760 gelbe Schirme in Kali-
fornien, USA. Höhe: 6 Meter;
Durchmesser: 8,66 Meter.

**1992**
*Over The River, Projekt für den
Arkansas River, Colorado, USA,* im
Jahr 2017 abgesagt.

**1995**
*Verhüllte Fußböden und Treppen und
bedeckte Fenster,* Museum Würth,
Künzelsau, Deutschland.
*Verhüllter Reichstag, Berlin, 1971–95,*
100.000 Quadratmeter Polypropylengewebe, 15.600 Meter Seil und
200 Tonnen Stahl.

**1998**
*Verhüllte Bäume, Fondation Beyeler
und Berower Park, Riehen, Schweiz,
1997–98,* 178 Bäume, 53.283
Quadratmeter Polyestergewebe,
23 Kilometer Seil.

**1999**
*The Wall – 13.000 Ölfässer, Gasometer
Oberhausen, Deutschland, 1998–99,*
eine Installation für den
Innenraum.

**2005**
*The Gates, Central Park, New York
City, 1979–2005,* 7.503 Vinyltore
mit frei herabhängenden Nylon-
gewebebahnen, gesichert durch
15.006 Stahlsockelgewichte auf
37 Kilometern Parkwegen.

**2013**
*Big Air Package, Gasometer Ober-
hausen, Deutschland, 2010–13,* ein
90 Meter hohes Luftpaket mit
einem Durchmesser von 50 Metern
und einem Volumen von 177.000
Kubikmetern.

**2016**
*The Floating Piers, Iseosee, Italien,
2014–16,* ein drei Kilometer langer
Gehweg über dem Wasser, bestehend aus 100.000 Quadratmetern
schimmerndem gelben Gewebe,
getragen von einem modularen
Docksystem aus 220.000 Schwimmwürfeln aus hoch verdichtetem
Polyethylen.

**2018**
*The London Mastaba, Serpentine-See,
Hyde Park, London, 2016–18,* eine
temporäre Skulptur aus 7.506 horizontal gestapelten Ölfässern auf
einer schwimmenden Plattform
auf dem Serpentine-See. Maße:
20 Meter hoch, 30 Meter breit
(an den um 60° geneigten Seiten),
40 Meter lang.

**2021**
*Verhüllter Triumphbogen, Paris,
1961–2021,* 25.000 Quadratmeter
recycelbarer silber-blauer Polypropylenstoff und 3.000 Meter
recycelbares rotes Polypropylenseil.

# Biographie

**1935**
*Christo*: Américain, né Christo
Vladimirov Javacheff, le 13 juin,
à Gabrovo, d'une famille d'indus-
triels bulgares. Il décède le 31 mai
2020 à New York.
*Jeanne-Claude*: Américaine, née
Jeanne-Claude Marie Denat de
Guillebon, le 13 juin, à Casablanca,
d'une famille de militaires français.
Elle décède le 18 novembre 2009 à
New York.

**1952**
Jeanne-Claude: baccalauréat de
latin et philosophie, Université
de Tunis.

**1953–56**
Christo: études à l'Académie
des beaux-arts de Sofia.
1956, arrive à Prague.

**1957**
Christo: un semestre d'études à
l'Académie des beaux-arts de Vienne.

**1958**
Christo arrive à Paris. *Empaquetages* et *Objets Empaquetés*.

**1960**
Naissance de leur fils, Cyril,
le 11 mai. Poète et écrivain.

**1961**
*Projet pour l'Empaquetage d'un
Édifice Public.*
*Empilement de Barils de Pétrole* et
*Dockside Packages*, au port de Co-
logne, leur première collaboration.

**1962**
*Le Rideau de Fer – Mur de Barils de
Pétrole, Rue Visconti, Paris, 1961–62.*
*Empilement de Barils de Pétrole*,
Gentilly, près de Paris.
*Femme Empaquetée*, Londres.

**1963**
*Show Cases.*

**1964**
Christo et Jeanne-Claude
s'installent à New York.
*Store Fronts* et *Show Windows*.

**1966**
*Air Package* et *Arbre Empaqueté*,
Van Abbemuseum, Eindhoven,
Pays-Bas.
*42,390 Cubic Feet Package*, Walker
Art Center et Minneapolis School
of Art.

**1968**
*Fontaine Empaquetée* et *Tour
Médiévale Empaquetée*, Spolète.
Empaquetage d'un édifice public:
*Kunsthalle Berne Empaquetée*,
*1967–68.*
*5.600 Cubicmeter Package*, documenta IV, Kassel, 1967–68, empaquetage
d'air de 85 mètres de haut et de
10 mètres de diamètre.
*Corridor Store Front*, de 140 mètres
carrés,
*1.240 Oil Barrels Mastaba* et *Two
Tons of Stacked Hay*, Institute of
Contemporary Art, Philadelphia.

**1969**
*Museum of Contemporary Art
Empaqueté, Chicago, 1968–69*,
900 mètres carrés de bâche.
*Sol et Escaliers Empaquetés*,
Museum of Contemporary Art,
Chicago.
*Côte Empaquetée, Little Bay, Sydney,
Australie, 1968–69, 92.900* mètres
carrés de tissu anti-érosion et
58 kilomètres de cordage.
Projet pour barils empilés:
*Houston Mastaba, Texas,*
1.249.000 barils.
Projet pour *Closed Highway*.

**1970**
Monuments empaquetés, Milan:
*Monument à Victor-Emmanuel
Empaqueté, Piazza del Duomo,*
et *Monument à Léonard de Vinci
Empaqueté, Piazza della Scala.*

**1971**
*Sol Empaqueté, Escaliers Empaquetés,
Fenêtres Couvertes et Allées Empa-
quetées*, Haus Lange, Krefeld,
Allemagne.

**1972**
*Valley Curtain, Grand Hogback,
Rifle, Colorado, 1970–72*, largeur:
381 mètres, hauteur: 111 mètres,
13.192 mètres carrés de toile de
nylon, 49.895 kilogrammes de
câbles d'acier, 784 tonnes de béton.